TRATADO DE DERECHO ADMINISTRATIVO

Tomo IV: El Procedimiento Administrativo

Allan R. Brewer-Carías

Profesor de la Universidad Central de Venezuela (desde 1963)
Simón Bolívar Professor, University of Cambridge (1985–1986)
Professeur Associé, Université de Paris II (1989–1990)
Adjunct Professor of Law, Columbia Law School, New York (2006–2008)

TRATADO DE DERECHO ADMINISTRATIVO

Derecho Público en Iberoamérica

TOMO IV

EL PROCEDIMIENTO ADMINISTRATIVO

FUNDACIÓN DE DERECHO PÚBLICO
EDITORIAL JURÍDICA VENEZOLANA

CARACAS 2013

Primera Edición Tapa dura, 2013

Editorial CivitasAranzadi S.A.
Camino de Galar, 15,
31190 Cizur Menor, Navarra, España
ISBN: 978-84-470-4410-8 (Obra Completa) (Tapa dura)
ISBN: 978-84-470-4390-3 (Tomo IV) (Tapa dura)
Depósito Legal NA 934/2013

Primera Edición Tapa rústica, 2013

http://www.allanbrewercarias.com
Email: allan@brewercarias.com
Fundación de Derecho Público
Editorial Jurídica Venezolana
Avda. Francisco Solano López, Torre Oasis, P.B., Local 4, Sabana Grande,
Apartado 17.598 – Caracas, 1015, Venezuela
Teléfono 762.25.53, 762.38.42. Fax. 763.5239
http://www.editorialjuridicavenezolana.com.ve
Email fejv@cantv.net

Hecho el Depósito de Ley
ISBN: 978-980-365-205-0 (Obra Completa) (Tapa rústica)
ISBN: 978-980-365-209-8 / (Tomo IV) (Tapa rústica)
Depósito Legal lf54020133403074
Texto levantado por Francis Gil, Mirna Pinto, Arelis Torres
Time New Roman, Interlineado Exacto 11, Mancha 13x19,5

PLAN GENERAL DE LA OBRA

TOMO I
EL DERECHO ADMINISTRATIVO Y SUS PRINCIPIOS FUNDAMENTALES

TOMO II
LA ADMINISTRACIÓN PÚBLICA

TOMO III
LOS ACTOS ADMINISTRATIVOS Y LOS CONTRATOS ADMINISTRATIVOS.

TOMO IV
EL PROCEDIMIENTO ADMINISTRATIVO

TOMO V
LA ACCIÓN DE LA ADMINISTRACIÓN: PODERES, POTESTADES Y RELACIONES CON LOS ADMINISTRADOS

TOMO VI
LA JURISDICCIÓN CONTENCIOSO ADMINISTRATIVA

PLAN GENERAL
DEL TOMO IV

LIBRO PRIMERO:

SOBRE LA CODIFICACIÓN DEL DERECHO ADMINISTRATIVO Y DEL PROCEDIMIENTO ADMINISTRATIVO EN AMÉRICA LATINA (APROXIMACIONES SOBRE EL MISMO TEMA)

LIBRO SEGUNDO:

PRINCIPIOS DEL PROCEDIMIENTO ADMINISTRATIVO (1990)

LIBRO QUINTO:

SOBRE LOS RECURSOS ADMINISTRATIVOS

LIBRO SEXTO:

PRINCIPIOS DEL PROCEDIMIENTO ADMINISTRATIVO EN AMÉRICA LATINA (ESTUDIO DE DERECHO COMPARADO) (2003)

LIBRO PRIMERO:

SOBRE LA CODIFICACIÓN DEL DERECHO ADMINISTRATIVO Y DEL PROCEDIMIENTO ADMINISTRATIVO EN AMÉRICA LATINA (APROXIMACIONES SOBRE EL MISMO TEMA)

Este Libro Primero del Tomo IV de este *Tratado de Derecho Administrativo* sobre el tema de *El procedimiento administrativo* está conformada por varios estudios de aproximación general al régimen de los procedimientos administrativos en América Latina, la mayoría de los cuales fueron escritos partiendo del estudio de algunas de las leyes específicas más importantes en la materia, como la argentina, la colombiana, la peruana y la venezolana. Dichos estudios son los siguientes: "Principios del Procedimiento Administrativo. Hacia un estándar continental," publicado en Christian Steiner (Ed), *Procedimiento y Justicia Administrativa en América Latina,* Konrad Adenauer Stiftung, México 2009, pp. 163-199; "La Ley de Procedimientos Administrativos de Argentina de 1972 en el inicio del proceso de positivización de los principios del procedimiento administrativo en América Latina," elaborado para su publicación en la obra colectiva coordinada por Héctor M. Pozo Gowland, David A. Halperin, Fernando Juan Lima, Oscar Aguilar Valdez, *Ley Nacional de Procedimientos Administrativos. 40° aniversario de su sanción 1972-2012*, Buenos Aires 2012; "Régimen general del procedimiento administrativo en la Ley Orgánica de Procedimientos Administrativos de Venezuela de 1981," elaborado para la obra colectiva coordinada por Héctor M. Pozo Gowland, David A. Halperin, Fernando Juan Lima, Oscar Aguilar Valdez, *Ley Nacional de Procedimientos Administrativos. 40° aniversario de su sanción 1972-2012*, Buenos Aires 2012; "Los Principios del Procedimiento Administrativo en el nuevo Código de Procedimiento Administrativo y de lo Contencioso Administrativo de Colombia (Ley 1437 De 2011), a la luz del derecho comparado latinoamericano," publicado en el libro: *Seminario Internacional de Presentación del Nuevo Código de Procedimiento Administrativo y de lo Contencioso Administrativo, Ley 1437 de 2011. Memorias*, Consejo de Estado, Bogotá 2011, pp. 115-144; "La regulación del procedimiento administrativo en América Latina (con ocasión de la primera década de la Ley N° 27.444 del Procedimiento Administrativo General del Perú 2001-2011)," elaborado para su publicación en *Revista de la Facultad de*

***Derecho de la Pontificia Universidad Católica del Perú*, en su número destinado a conmemorar el décimo aniversario de la Ley N° 27.444 del Procedimiento Administrativo General del Perú; "Los principios de legalidad y eficacia en las leyes de Procedimientos Administrativos en América Latina", en *IV Jornadas Internacionales de Derecho Administrativo Allan Randolph Brewer-Carías*, Caracas 9-12 noviembre de 1998, FUNEDA, Caracas 1998, pp. 21-90; y "El tratamiento del principio de la legalidad en las leyes de procedimiento administrativo de América Latina," en Domingo García Belaúnde *et al.*, *Homenaje a Valentín Paniagua*, Fondo Editorial de la Pontificia Universidad Católica del Perú, Lima, 2010, pp. 340-360.**

Sección Primera: LA POSITIVIZACIÓN DE LOS PRINCIPIOS GENERALES DEL PROCEDIMIENTO ADMINISTRATIVO EN AMÉRICA LATINA; HACIA UN ESTÁNDAR CONTINENTAL (2009)

Esta Sección Primera recoge el estudio "Principios del Procedimiento Administrativo. Hacia un estándar continental," publicado en Christian Steiner (Ed), *Procedimiento y Justicia Administrativa en América Latina,* Konrad Adenauer Stiftung, Konrad Adenauer, México 2009, pp. 163-199.

I. LA CODIFICACIÓN DEL DERECHO ADMINISTRATIVO EN AMÉRICA LATINA A TRAVÉS DE LA REGULACIÓN DEL PROCEDIMIENTO ADMINISTRATIVO

El signo más importante de la evolución del derecho administrativo en América Latina durante las últimas décadas ha sido el proceso de su codificación, particularmente a través de la sanción de leyes reguladoras del procedimiento administrativo en general. En la actualidad, casi todos los países de la región cuentan con leyes de esta naturaleza, y en todos ellos, el derecho administrativo, sin duda, puede siempre dividirse en dos grandes etapas en su evolución, referidas a antes y después de la sanción de dichas leyes.

Las leyes de procedimiento administrativo, por tanto, en todos los países comenzaron a darle un nuevo enfoque al objeto de la disciplina, la Administración Pública, comenzándose a regular con amplitud y precisión tanto su actividad sustantiva como los aspectos centrales de su relación con los administrados. Estas leyes difirieron de las que antes existían relativas básicamente a la organización interna de la Administración, regulándose entonces el conjunto de situaciones jurídicas en las cuales se encuentran tanto la Administración como los administrados en sus relaciones recíprocas, es decir, el conjunto de poderes, prerrogativas y obligaciones de la Administración, por una parte; y por la otra, los derechos y obligaciones de los particulares en sus relaciones con aquella.

Siendo ese el sentido central de la regulación de las leyes, las mismas cambiaron totalmente la situación tradicional de estas relaciones entre Administración y particular, en la cual el balance estaba a favor de la Administración, con amplias regulaciones sobre sus poderes, potestades y prerrogativas y las obligaciones de los administrados, y pocas sobre sus derechos. Ese balance fue el que cambió sustancialmente a partir de la sanción de las leyes de procedimiento administrativo buscándose entonces una situación de equilibrio entre poderes de la Administración y derechos de los particulares, que se garantizan. Ello, por otra parte, es la esencia del principio de la legalidad y de las regulaciones jurídicas sobre la Administración: el equilibrio que tiene que existir entre poderes y prerrogativas administrativas y derechos de los particulares.

Al cambiar totalmente el balance de esos dos extremos y establecerse un equilibrio, las leyes de procedimiento administrativo, al establecer formas generales de la actuación de la Administración, originaron en todos los países un cambio de actitud y de forma y método de actuar de la Administración, a los efectos de lograr que dejara de ser la Administración prepotente que sólo concedía dádivas o favores al administrado, quien por su parte, no tenía derechos, ni cómo reclamarlos y era aplastado y a veces vejado por la Administración. Con las nuevas leyes se sentaron las bases para que ello cambiara, pues del administrado que la Administración iba a enfrentar ya no era uno indefenso, sino uno bien armado con muchos derechos legales y con muchos mecanismos jurídicos para garantizar esos derechos y controlar cualquier actitud que significara la desmejora de esas garantías.

Este proceso de transformación del derecho administrativo mediante la codificación del procedimiento, se inició en Argentina donde se sancionó la primera de las leyes nacionales sobre procedimientos administrativos que se han dictado en América Latina, que fue la Ley de Procedimientos Administrativos, N° 19.549 de 1972, reformada por la Ley N° 21.682.

Luego siguió el Decreto con fuerza de ley N° 640/973, sobre Procedimientos Administrativos, dictado en Uruguay en 1973, sustituido por el Decreto 500/991 de 1991, sobre Normas Generales de Actuación Administrativa y Regulación del Procedimiento en la Administración Central.

Un lustro más tarde se sancionó la Ley General de la Administración Pública de Costa Rica, de 1978, la cual no sólo reguló el procedimiento administrativo, sino todos los aspectos esenciales del derecho administrativo, por lo que constituyó casi un "manual" de esta rama del derecho redactado en forma de artículos.

En ellos se encuentra explicado el derecho administrativo como si se tratase del desarrollo de un programa de un curso sobre esta disciplina, expuesto en un muy hermoso y rico texto. Es un ejemplo claro de la codificación, no sólo del procedimiento administrativo sino, como se dijo, de todo el derecho administrativo.

Posteriormente siguió la Ley Orgánica de Procedimientos Administrativos de Venezuela, de 1981; la cual, en la materia, fue luego complementada, con la Ley sobre Simplificación de Trámites Administrativos (Decreto-Ley N° 368 de 05-10-99, reformada en 2008) y con la Ley Orgánica de la Administración Pública de 17-10-01, también reformada en 2008.

Unos años más tarde, en 1984, se produjo la reforma del Código Contencioso Administrativo de Colombia, al cual se le incorporó un nuevo "Libro" sobre "Procedimientos Administrativos", también complementado con las disposiciones del Decreto N° 266 de 2000 de Normas para la Simplificación Administrativa.

En 1987, por otra parte, se dictó la Ley de Procedimiento Administrativo de Honduras; y luego de un período de casi diez años, se dictó en México, la Ley Federal de Procedimiento Administrativo de 1994; en Brasil, la Ley N° 9.784 que regula el proceso administrativo en el ámbito de la Administración Pública Federal de 29-01-99; en Panamá, la Ley N° 38 de 31 de julio de 2000, del Estatuto Orgánico de la Procuraduría de la Administración, regula el Procedimiento Administrativo General y dicta disposiciones especiales; en Perú, la Ley N° 27.444 del Procedimiento Administrativo General, de abril de 2001; en Bolivia, la Ley N° 2341 de 23 de abril de 2002 sobre Ley de Procedimiento Administrativo; y en Chile, la Ley N° 19.880 de 29 de mayo de 2003, de Ley de Procedimientos Administrativos. En Ecuador también se dictó el Estatuto del Régimen Jurídico Administrativo de la Función Ejecutiva por Decreto Ejecutivo N° 1634 de 1994, que regula aspectos del procedimiento administrativo.

Siguiendo la evolución histórica de la legislación relativa al derecho administrativo, este conjunto de leyes generalmente ha tenido, en cada país, antecedente en disposiciones reglamentarias, incluso establecidas como normativa general, como fue el caso de Uruguay. Igualmente, como antecedente reglamentario general, debe citarse el Reglamento de Normas Generales de Procedimiento Administrativo de Perú, dictado por Decreto Supremo N° 006-67-56 de 1967, el cual, en principio, fue el primer cuerpo normativo sobre el tema en América Latina.

Todos estos textos, en una forma u otra, tienen un rasgo común y es la influencia de la legislación española a través de las ya derogadas Ley de Régimen Jurídico de la Administración del Estado de 1957 y Ley de Procedimientos Administrativos de 1958. Estos textos fueron sustituidos en España por la Ley 30/1992 de Régimen Jurídico de las Administraciones Públicas y del Procedimiento Administrativo Común (modificada por Ley 4/1999 de 13 de enero de 1999), la cual, por otra parte, influyó en la redacción de la Ley peruana de 2001. Por tanto, en una forma u otra, los textos españoles han influido toda la legislación de América Latina, aún cuando en algunos casos más directamente que en otros, como por ejemplo ha sido el caso de la Ley Orgánica de Procedimientos Administrativos venezolana de 1981.

Otro rasgo común de este conjunto normativo es que abarcan todo el proceso de producción de las decisiones administrativas, lo que conduce a una muy importante regulación en relación con los actos administrativos. Por ello puede considerarse que casi todas estas leyes, son básicamente, leyes relativas al régimen jurídico del acto administrativo. Así se resume en la Ley del Perú, en cuyo artículo 29, al definir el procedimiento administrativo, se lo entiende como él:

> "Conjunto de actos y diligencias tramitados en las entidades, conducentes a la emisión de un acto administrativo que produzca efectos jurídicos individuales o individualizables sobre intereses, obligaciones o derechos de los administrados."

En todo caso, estas regulaciones legales sobre el procedimiento administrativo han tenido en toda América Latina, la enorme importancia de haber contribuido no sólo al desarrollo del derecho administrativo sino por sobre todo al afianzamiento del principio de la legalidad.

En todos los países de América Latina, la motivación central de estos cuerpos normativos reguladores tanto del procedimiento como de los actos administrativos, ha sido, por una parte, el establecimiento de un régimen de la acción de la Administración para la producción de sus actos administrativos y por la otra, la previsión de un régimen de garantías de los administrados frente a la Administración. Estas leyes reflejan, por ello, como se ha dicho anteriormente, la lucha permanente que ha caracterizado al propio derecho administrativo, dirigida a la búsqueda de un balance entre los privilegios de la Administración y los derechos de los particulares. De allí que las mismas regulen el desarrollo de la actividad de la Administración para obtener la adecuada satisfacción de los intereses públicos, y además, busquen que los derechos de los administrados estén debidamente garantizados.

Por ello, por ejemplo, en los Considerandos de la Ley de Honduras de 1987 se señala que en el Estado Moderno:

> "La satisfacción de los intereses públicos exige el respeto de las formas creadas como garantía de los derechos de los particulares frente a la actividad administrativa."

Asimismo, en los Considerandos del Decreto 500/991 de Uruguay, se precisó la motivación de todo su conjunto normativo, al establecer que tiene por objeto regular la actuación de la Administración:

> "A fin de servir con objetividad los intereses generales con sometimiento pleno al Derecho y para mejor tutelar los derechos e intereses legítimos de los administrados."

De ello resulta este rasgo común de las regulaciones sobre procedimientos administrativos, de buscar el mejor cumplimiento de los fines de la Administración y servir con objetividad los intereses generales y, a la vez, tutelar los derechos e intereses de los particulares. Eso lo señala expresamente, por ejemplo tanto el artículo 1° de la Ley 9.784 de Brasil, como el artículo III (finalidad) del Título Preliminar de la Ley 27.444 del Perú.

Pero además, también puede identificarse como otra motivación general de las leyes de procedimiento administrativo al establecer las formas de la actuación de la Administración en sus relaciones con los particulares, que se realice con el menor formalismo posible. Por ello, en los mismos Considerandos del Decreto uruguayo se señaló, también, que el texto tiene por objeto agilizar y dar flexibilidad al procedimiento administrativo, "evitando la realización o exigencias de trámites, formulismos o recaudos innecesarios o arbitrarios que compliquen o dificulten su desenvolvimiento".

II. LA ENUMERACIÓN DE LOS PRINCIPIOS DEL PROCEDIMIENTO ADMINISTRATIVO EN LAS LEYES LATINOAMERICANAS

Una característica general de estas leyes de procedimiento administrativo en América Latina, es la enumeración en el propio texto de las leyes, del conjunto de principios generales sobre los mismos,[1] los cuales, por tanto, no se tienen que deducir por interpretación, permitiendo así, al juez contencioso administrativo o de control de la actividad administrativa, tener más precisas herramientas de control sobre la actuación administrativa. Incluso, en algunos casos, los principios se han establecido con rango constitucional, como es el caso de la Constitución de Venezuela de 1999, en cuyo artículo 141 se precisa que:

---

1 *V.* en general sobre este tema, lo que hemos expuesto en los siguientes trabajos: Allan R. Brewer-Carías, *Principios del procedimiento administrativo,* Prólogo de Eduardo García de Enterría, Editorial Civitas, Madrid 1990; *Les principes de la procédure administrative non contentieuse. Études de Droit Comparé (France, Espagne, Amérique Latine)*, Prólogo de Franck Moderne, Editorial Económica, París 1992; también publicado en *Etudes de droit public comparé,* Académie International de Droit Comparé, Ed. Bruylant, Bruxelles 2001, pp. 161-274; y *Principios del Procedimiento en América Latina,* Universidad del Rosario, Editorial Legis, Bogotá 2003.

Artículo 141: La Administración Pública está al servicio de los ciudadanos y se fundamenta en los principios de honestidad, participación, celeridad, eficacia, eficiencia, transparencia, rendición de cuentas y responsabilidad en el ejercicio de la función pública, con sometimiento pleno a la ley y al derecho.

Pero en general, ha sido en las leyes de procedimiento administrativo donde se han enumerado estos principios.

Se destaca, como ejemplo la Ley de Honduras, en cuyos Considerandos se precisó que "la actividad administrativa debe estar presidida por principios de economía, simplicidad, celeridad y eficacia que garanticen la buena marcha de la Administración", a fin de lograr una pronta y efectiva satisfacción del interés general (art. 19).

Asimismo, la Ley argentina expresamente señaló en su artículo 1,b que los principios que rigen en el procedimiento administrativo, son la "celeridad, economía, sencillez y eficacia en los trámites".

En el caso de Venezuela, además de los principios de celeridad, economía, sencillez y eficacia, la Ley Orgánica de Procedimientos Administrativos agregó el principio de imparcialidad (art. 30) y, adicionalmente, la Ley de Simplificación de Trámites Administrativos de 1999, reformada en 2008 enumeró los siguientes principios en los cuales se debe fundamentar la simplificación de trámites administrativos: "conforme a los cuales se deben elaborar los planes de simplificación, que son: "simplicidad, transparencia, celeridad, eficacia, eficiencia, rendición de cuentas, solidaridad, presunción de buena fe del interesado o interesada, responsabilidad en el ejercicio de la función pública, desconcentración en la toma de decisiones por parte de los órganos de dirección y su actuación debe estar dirigida al servicio de las personas."

Estos principios los repitió el artículo 10 de la Ley Orgánica de la Administración Pública de 2001, reformada en 2008, al precisar que su actividad se debe desarrollar con base en "los principios de economía, celeridad, simplicidad, rendición de cuentas, eficacia, eficiencia, proporcionalidad, oportunidad, objetividad, imparcialidad, participación, honestidad, accesibilidad, uniformidad, modernidad, transparencia, buena fe, paralelismo de la forma y responsabilidad en el ejercicio de la misma, con sometimiento pleno a la ley y al derecho, y con supresión de las formalidades no esenciales." A la norma se agregó, además, la indicación de que "La simplificación de los trámites administrativos, así como la supresión de los que fueren innecesarios será tarea permanente de los órganos y entes de la Administración Pública, de conformidad con los principios y normas que establezca la ley correspondiente."

En Ecuador, igualmente, la Ley de Modernización del Estado precisó que los procesos de modernización se deben sujetar a los principios de eficiencia, agilidad, transparencia, coparticipación en la gestión pública y solidaridad social.

En el Código de Colombia, además de todos estos principios, se agregaron otros como los de publicidad, contradicción y conformidad con el propio Código (art. 3); es decir, el principio de legalidad objetiva.

En la Ley Federal de México, se siguió la misma orientación del texto colombiano, y se agregó a la enumeración, también, el principio de la buena fe (art. 13).

Hay otros textos, como el Decreto del Uruguay, donde la enunciación de los principios es muy extensa y comprensiva, como resulta de su artículo 2, conforme al cual la Administración Pública debe servir con objetividad los intereses generales con sometimiento pleno al derecho y debe actuar de acuerdo a los siguientes principios generales:

a) Imparcialidad; b) Legalidad objetiva; c) Impulsión de oficio; d) Verdad material; e) Economía, celeridad y eficacia; f) Informalismo en favor del administrado; g) Flexibilidad, materialidad y ausencia de ritualismos; h) Delegación material; i) Debido procedimiento; j) Contradicción; k) Buena fe, lealtad y presunción de verdad salvo prueba en contrario; l) Motivación de la decisión; y m) Gratuidad.

En el mismo sentido se destaca la Ley de Brasil, la cual destinó al tema de los principios del procedimiento administrativo un extenso artículo (art. 2), en el cual se enumeran además de un conjunto de criterios que deben guiar los procedimientos administrativos, los "*principios da legalidade, finalidade, motivaçao, razoabilidade, proporcionalidade, moralidade, ampla defesa, contraditório, segurança juridica, interesse público e eficiência.*"

Con la Ley del Perú de 2001 se produjo un avance fundamental en este proceso de positivización de los principios del procedimiento administrativo, al precisar en el artículo IV del Título Preliminar que el procedimiento administrativo, sin perjuicio de la vigencia de otros principios general del derecho administrativo, se sustenta fundamentalmente en los siguientes principios, que se enumeran a título enunciativo y no taxativo: principio de legalidad; principio del debido procedimiento; principio del impulso de oficio; principio de razonabilidad; principio de imparcialidad; principio de informalismo; principio de presunción de veracidad; principio de conducta procedimental; principio de celeridad; principio de eficacia; principio de verdad material; principio de participación; principio de simplicidad; principio de uniformidad; principio de predictibilidad; principio de privilegio de controles posteriores. Una enunciación similar, de carácter exhaustivo se puede encontrar en la Ley de Bolivia de 2002, en la cual el artículo 4 enumera e incluso define los siguientes principios a los que debe sujetarse la Administración Pública:

"a) *Principio fundamental*: El desempeño de la función pública está destinado exclusivamente a servir los intereses de la colectividad;

b) *Principio de autotutela*: La Administración Pública dicta actos que efectos sobre los ciudadanos y podrá ejecutar según corresponda por sí misma sus propios actos, sin perjuicio del control judicial posterior;

c) *Principio de sometimiento pleno a la ley*: La Administración Pública sus actos con sometimiento pleno a la ley, asegurando a los administrados el debido proceso;

d) *Principio de verdad material*: La Administración Pública investigará la verdad material en oposición a la verdad formal que rige el procedimiento civil;

e) *Principio de buena fe*: En la relación de los particulares con la Administración Pública se presume el principio de buena fe. La confianza, la cooperación y la lealtad en la actuación de los servidores públicos y de los ciudadanos; orientarán el procedimiento administrativo;

f) *Principio de imparcialidad*: Las autoridades administrativas actuarán en defensa del interés general, evitando todo género de discriminación o diferencia entre los administrados;

g) *Principio de legalidad y presunción de legitimidad*: Las actuaciones de la Administración Pública por estar sometidas plenamente a la Ley, se presumen legítimas, salvo expresa declaración judicial en contrario;

h) *Principio de jerarquía normativa*: La actividad y actuación administrativa y, particularmente las facultades reglamentarias atribuidas por esta Ley, observarán la jerarquía normativa establecida por la Constitución Política del Estado y las leyes;

i) *Principio de control judicial*: El Poder Judicial, controla la actividad de la Administración Pública conforme a la Constitución Política del Estado y las normas legales aplicables;

j) *Principio de eficacia*: Todo procedimiento administrativo debe lograr su finalidad, evitando dilaciones indebidas;

k) *Principio de economía, simplicidad y celeridad*: Los procedimientos administrativos se desarrollarán con economía, simplicidad y celeridad, evitando la realización de trámites, formalismos o diligencias innecesarias;

l) *Principio de informalismo*: La inobservancia de exigencias formales no esenciales por parte del administrado, que puedan ser cumplidas posteriormente, podrán ser excusadas y ello no interrumpirá el procedimiento administrativo;

m) *Principio de publicidad*: La actividad y actuación de la Administración es pública, salvo que ésta u otras leyes la limiten;

n) *Principio de impulso de oficio*: La Administración Pública está obligada a impulsar el procedimiento en todos los trámites en los que medie el interés público;

o) *Principio de gratuidad*: Los particulares sólo estarán obligados a realizar prestaciones personales o patrimoniales en favor de la Administración Pública, cuando la Ley o norma jurídica expresamente lo establezca; y,

p) *Principio de proporcionalidad*: La Administración Pública actuará con sometimiento a los fines establecidos en la presente Ley y utilizará los medios adecuados para su cumplimiento."

En la Ley N° 38 de Panamá, entre las misiones de la Procuraduría de la Administración se indica la "coadyuvar a que la Administración Pública desarrolle su gestión con estricto apego a los principios de legalidad, calidad, transparencia, eficiencia, eficacia y moralidad en la prestación de los servicios públicos" (art. 3,2); y luego en su artículo 34 se precisa que "las actuaciones administrativas en todas las entidades públicas se efectuarán con arreglo a normas de informalidad, imparcialidad, uniformidad, economía, celeridad y eficacia, garantizando la realización oportuna de la función administrativa, sin menoscabo del debido proceso legal, con objetividad y con apego al principio de estricta legalidad."

Por último, en la Ley N° 19.880 de Procedimientos administrativos de Chile de 2003, también se indica que el procedimiento administrativo estará sometido a los principios de escrituración, gratuidad, celeridad, conclusivo, economía procedimental, contradictoriedad, imparcialidad, abstención, no formalización, inexcusabilidad, impugnabilidad, transparencia y publicidad (Art. 4).

Estos principios, además, como lo señala el artículo 2 de la Ley de Brasil, deben servir como criterio interpretativo para resolver las cuestiones que puedan suscitarse en la aplicación de las normas de procedimiento. En el mismo sentido, se regula en la Ley de Honduras (art. 19 y 114) y la Ley del Perú (artículo IV del Título preliminar), donde se señaló no sólo que los principios deben servir de criterio interpretativo para resolver las cuestiones que puedan suscitarse en la aplicación de las reglas de procedimiento, sino además, como parámetros para la generación de otras disposiciones administrativas de carácter general, y para suplir los vacíos en el ordenamiento administrativo.

Por ello, una enumeración extensísima de principios del procedimiento administrativo, como la contenida en las leyes de Brasil, de Uruguay y de Perú, sin duda, como se dijo, tiene la ventaja de permitir al juez contencioso-administrativo ejercer un control más efectivo y con mayor amplitud en relación con la actividad administrativa.

Pero por supuesto, mucho más importante que la sola enumeración de los principios, es la definición en los textos legales del contenido de los mismos, como ocurre con el artículo 4 de la Ley de Bolivia antes mencionado. Es lo que hacen el Código colombiano (art. 2) y más extensamente, la Ley del Perú, en la cual su artículo IV.1.2 del Título Preliminar dispuso que los administrados deben gozar de todos los derechos y garantías inherentes al debido procedimiento administrativo, el cual se rige por los principios de derecho administrativo, que comprende el derecho a exponer sus argumentos, a ofrecer y producir pruebas y a obtener una decisión motivada y fundada en derecho.

Por otra parte, al referirse al principio de celeridad, el mismo artículo 2 del Código colombiano señala que en virtud del mismo:

> "Las autoridades tendrán el impulso oficioso de los procedimientos, suprimirán los trámites innecesarios, utilizarán formularios para actuaciones en serie cuando la naturaleza de ellas lo haga posible y sin que ello releve a las autoridades de la obligación de considerar todos los argumentos y pruebas de los interesados."

La Ley del Perú, por su parte, en relación con este mismo principio de celeridad, dispuso en el artículo IV, 1.9 del Título Preliminar, como obligación para quienes participan en el procedimiento, el que deben ajustar su actuación de tal modo que:

> "Se dote al trámite de la máxima dinámica posible, evitando actuaciones procesales que dificulten su desenvolvimiento o constituyan meros formalismos, a fin de alcanzar una decisión en tiempo razonable, sin que ello releve a las autoridades del respeto al debido procedimiento o vulnere el ordenamiento."

Por otra parte, en cuanto al principio de la eficacia, la norma del Código colombiano señala que el mismo tiene por objeto lograr la finalidad del procedimiento "removiendo de oficio los obstáculos puramente formales y evitando decisiones inhibitorias".

La Ley del Perú, en relación con este principio de la eficacia, en el mismo artículo IV del Título Preliminar, es aún más explícita, al señalar:

> "1.10 *Principio de eficacia.* Los sujetos del procedimiento administrativo deben hacer prevalecer el cumplimiento de la finalidad del acto procedimental, sobre aquellos formalismos cuya realización no incida en su validez, no determinen aspectos importantes en la decisión final, no disminuyan las garantías del procedimiento, ni causen indefensión a los administrados.
>
> En todos los supuestos de aplicación de este principio, la finalidad del acto que se privilegie sobre las formalidades no esenciales deberá ajustarse al marco normativo aplicable y su validez será una garantía de la finalidad pública que se busca satisfacer con la aplicación de este principio."

En cuanto al principio de imparcialidad, la Ley 19.880 de Chile dispone que "La Administración debe actuar con objetividad y respetar el principio de probidad consagrado en la legislación, tanto en la substanciación del procedimiento como en las decisiones que adopte" (Art 11)

En todos estos casos, sin duda, como hemos destacado, al precisarse el contenido de los principios, el Juez contencioso-administrativo dispone de mayores elementos para poder ejercer su competencia de control sobre la actuación de la Administración.

No debe olvidarse, sin embargo, que en América Latina, antes de que se comenzaran a dictar las leyes generales sobre procedimientos administrativos, la mayoría de los principios antes mencionados, se habían venido construyendo, con la ayuda de la doctrina y sin texto normativo expreso, como consecuencia de la labor del juez contencioso-administrativo. Por ello es que el derecho administrativo en América Latina puede dividirse en las dos etapas antes mencionadas: antes y después de las leyes que han regulado todos esos principios, los cuales, antes, habían sido creación de la jurisprudencia, y delineados por la doctrina. En todo caso, a medida que estos principios se han ido estableciendo en textos legales expresos, se han reforzado los instrumentos que le han permitido al juez ejercer con mayor precisión el control de legalidad, catapultándose, en consecuencia, tanto la jurisprudencia como la doctrina.

Por ejemplo, el que se encuentre en el Decreto uruguayo y en las Leyes de Perú, Venezuela y Bolivia, la enunciación expresa del principio de la buena fe puede considerarse como una revolución en el régimen jurídico de la Administración Pública, porque en la práctica de algunas Administraciones Públicas, lamentablemente, lo que existe de parte de los funcionarios es una especie de presunción de que el administrado actúa de mala fe, por lo que usualmente busca obstaculizar sus pretensiones; y el administrado, por su parte, con frecuencia responde a esta actitud, buscando engañar a la Administración.

El principio de la buena fe, al contrario, tiene que convertirse en el instrumento que pueda garantizarle al particular que puede confiar en la Administración y en el funcionario, y viceversa. En consecuencia, encontrar este principio expresamente consagrado en el derecho positivo permite al Juez poder controlar más la actuación de la Administración.

En relación con este principio de la buena fe, la Ley del Perú lo enunció, dentro del principio de conducta procedimental (art. IV, Título Preliminar), así:

> "1.8 *Principio de conducta procedimental.* La autoridad administrativa, los administrados, sus representantes o abogados y, en general, todos los partícipes del procedimiento, realizan sus respectivos actos procedimentales guiados por el respeto mutuo, la colaboración y la buena fe. Ninguna regulación del procedimiento administrativo puede interpretarse de modo tal que ampare alguna conducta contra la buena fe procesal."

Incluso, en la Ley venezolana sobre Simplificación de Trámites Administrativos (2008) se formula el principio de que:

> "Artículo 23: De acuerdo con la presunción de buena fe, en todas las actuaciones que se realicen ante la Administración Pública, se tomará como cierta la declaración de las personas interesadas, salvo prueba en contrario. A tal efecto, los trámites administrativos deben rediseñarse para lograr el objetivo propuesto en la generalidad de los casos."

Este principio, por otra parte, se recogió como "presunción de veracidad" en el artículo 3° del Decreto N° 266 de 2000 de Colombia sobre simplificación de trámites.

Ahora bien, entre los principios del procedimiento administrativo que ya puede considerarse que conforman un estándar en Latinoamérica, se destacan el principio de eficacia, el principio de la celeridad y el principio de la buena fe.

III. EL PRINCIPIO DE EFICACIA

El principio de eficacia puede decirse que se incluye expresamente en todas las leyes de procedimiento administrativo de América Latina, expresamente incluido en las leyes de Argentina (art. 1), de Venezuela (art. 30), de Honduras (art. 19), de Brasil (art. 2) y de México (art. 13), y en el Decreto de Uruguay (art. 2).

Una definición precisa del principio de la eficacia, como se ha dicho, se encuentra en el Código colombiano (art. 3), en la Ley de Bolivia (art. 4,j), y en la Ley de Perú (art. IV, 10,1), en los cuales se privilegia en el procedimiento administrativo, el logro de su finalidad, para lo cual deben removerse todos los obstáculos formales y dilaciones innecesarias; debiendo prevalecer dicho logro sobre los formalismos siempre que no incidan en su validez ni disminuyan las garantías de los administrados.

Sobre este principio de la eficacia, el artículo 19 de Ley Orgánica de la Administración Pública de Venezuela dispone que la actividad de los órganos y entes de la Administración Pública debe perseguir el cumplimiento eficaz de los objetivos y metas fijados en las normas, planes y compromisos de gestión, bajo la orientación de las políticas y estrategias establecidas por el Presidente de la República, la Comisión Central de Planificación, el gobernador, o el alcalde, según el caso (art. 19). Para ello, el funcionamiento de los órganos y entes de la Administración Pública, se debe sujetar a las políticas, estrategias, metas y objetivos que se establezcan en los respectivos "planes estratégicos, compromisos de gestión y lineamientos dictados conforme a la planificación centralizada," y debe comprender el seguimiento de las actividades, así como la evaluación y control del desempeño institucional y de los resultados alcanzados (art. 18).

Por su parte, en relación con este principio, la Ley de Honduras prescribe que "las cuestiones incidentales que se suscitaren en el procedimiento, incluso las que se refieren a la nulidad de actuaciones, no suspenderán el curso del procedimiento, salvo la recusación" (art. 39), lo que en esta materia conlleva al principio de la conservación, del saneamiento o de la convalidación de los actos administrativos, precisamente a los efectos de que los procedimientos puedan lograr su finalidad.

En consecuencia, el logro del fin propuesto es lo que siempre debe orientar el desarrollo del procedimiento; fin que está vinculado, como se ha señalado, tanto al interés general, como al interés de la Administración y del administrado. El objetivo del procedimiento administrativo, en definitiva, es la satisfacción de esos fines en el menor tiempo y con el menor costo posible; de allí este principio de la eficacia, el cual además, conlleva varios otros entre los cuales se destacan el principio de la instrumentalidad; el principio de simplicidad y de la economía procedimental; el principio de la presunción de la legalidad y validez, es decir, el del logro de los efectos de los actos, comenzando por la presunción de su validez y eficacia; el principio *favor acti*; el principio de la conservación del acto; el principio *pro actione* o de la interpretación más favorable a lo solicitado, a la acción o al requerimiento.

1. El principio de la instrumentalidad: el objeto y la finalidad del procedimiento

El principio de la instrumentalidad exige interpretar el procedimiento administrativo, no como un fin en sí mismo, sino como un instrumento o cauce para alcanzar el fin perseguido por la Administración.

Esa finalidad del procedimiento, como se dijo, puede desdoblarse en tres, tal y como lo precisan las leyes de procedimiento administrativo: primero, la consecución del interés general; segundo, la satisfacción del interés del administrado, y tercero, el logro del interés de la propia Administración en la relación jurídica concreta.

Siendo el procedimiento un asunto de la Administración, se destaca la finalidad de "establecer el régimen jurídico aplicable para que la actuación de la Administración sirva a la protección del interés general" (art. III, Título Preliminar, Ley del Perú), o en otras palabras, tiene por objeto asegurar que el desempeño de la función pública esté destinado exclusivamente a servir los intereses de la colectividad (art. 4,a Ley de Bolivia), o que el cumplimiento de la acción administrativa esté vinculada al logro de un interés general (art. 209 Código de Colombia). Por ello, la Ley de Honduras establece que los principios del procedimiento administrativo buscan "garantizar la buena marcha de la Administración" (Considerandos); y la Ley General de Costa Rica precisa que "el procedimiento administrativo servirá para asegurar el mejor cumplimiento posible de los fines de la Administración" (art. 214,1); agregando que "la norma administrativa deberá ser interpretada en la forma que mejor garantice la realización del fin público a que se dirige" (art. 10).

Por su parte, el Código colombiano exige que los funcionarios deben tener en cuenta "que la actuación administrativa tiene por objeto el cumplimiento de los cometidos estatales como lo señalan las leyes, la adecuada prestación de los servicios públicos y la efectividad de los derechos e intereses de los administrados, reconocidos por la ley" (art. 2).

Pero además del logro de los fines propios del interés general que orientan la acción administrativa, el procedimiento tiene por finalidad la protección de los derechos e intereses de los administrados. Esto, como se ha mencionado, está expresado en la Ley General de Costa Rica, donde se precisa que el procedimiento administrativo debe desarrollarse, "con respeto para los derechos subjetivos e intereses legítimos del administrado."(art. 10,1 y 214,1); en la de Honduras, la cual establece que el procedimiento se regula "como garantía de los derechos de los particulares frente a la actividad administrativa" (Considerandos). En igual sentido, se expresa el artículo III, Título Preliminar de la Ley del Perú, y en Código colombiano se exige de los funcionarios que en su actuación también tengan en cuenta "la efectividad de los derechos e intereses de los administrados" (art. 2).

La consecuencia del principio de la instrumentalidad, es la proscripción de cualquier utilización del procedimiento establecido en las leyes para la consecución de fines distintos a los previstos en las leyes, de manera que su utilización para fines distintos vicia la actuación de la Administración por desviación de poder en el resultado, es decir, desviación del procedimiento.

2. Los principios *pro accione* y *favor acti* (*favor administrationis*)

Teniendo el procedimiento administrativo entre sus finalidades, por una parte la satisfacción de las pretensiones de los administrados y por la otra, el logro de los fines públicos establecidos en la ley, el principio de eficacia implica que mismo también debe estar guiado por otros dos principios paralelos: el principio *pro actione* y el principio *favor acti.*

El principio *pro actione* implica la necesidad de que las solicitudes se interpreten a favor de quien solicita la petición, y está consagrado expresamente en la legislación de Costa Rica cuando establece que las normas de procedimiento "deberán interpretarse en forma favorable a la admisión y decisión final de las peticiones" (art. 224).

En cuanto a la admisión de la solicitud o de las peticiones presentadas por los interesados, el principio tiene consecuencias concretas en el caso de la legislación de Colombia (art. 11), de Bolivia (art. 43), de Venezuela, (art. 45) de Honduras (art. 115), de Panamá (art. 76), y del Perú (arts. 125 y 126), pues la Administración está obligada a advertir a los particulares los errores o las omisiones que puedan tener las peticiones, para que dichos errores u omisiones no conlleven su inadmisibilidad.

Como consecuencia, no se puede negar la petición que haga un administrado por causa de una omisión, sino que la Administración está obligada advertirle los errores, para que el particular los corrija.

Pero como se ha dicho, el procedimiento administrativo tiene ante todo por finalidad el logro de los fines de la Administración, de la cual surge otro principio también derivado del principio de eficacia, que es el principio *favor acti* el cual implica que la Administración debe interpretar el procedimiento de manera que sea favorable a la emisión del acto administrativo, es decir, a la obra de la Administración. Por tanto, ante el no acatamiento de elementos formales en el procedimiento, debe preferirse evitar la ineficacia o plantear una ineficacia parcial, que concluir con la ineficacia total del acto. Es decir, el procedimiento debe interpretarse de manera que efectivamente pueda haber una decisión, sin que la falta de cumplimiento de determinadas formalidades afecte el acto y la propia voluntad de la Administración.

Este principio *favor acti* o también, *favor administrationis*, por ejemplo, tiene relación con el tema del funcionario de hecho, los cuales se han definido en la Ley de Costa Rica, como "el que hace lo que el servidor público regular, pero sin investidura o con una investidura inválida o ineficaz, aún fuera de situaciones de urgencia o de cambios ilegítimos de gobierno" (art. 115). Si reúnen las condiciones prescritas en la Ley General, prescribe su artículo 116: "los actos de un funcionario de hecho serán válidos aunque perjudiquen al administrado y aunque éste tenga conocimiento de la irregularidad de la investidura de aquél", quedando la Administración "obligada o favorecida ante terceros por virtud de los mismos" (art. 116).

3. Los principios de la simplicidad y economía procedimental

El principio de la eficacia, conlleva también a la necesidad de racionalizar la actividad administrativa, originando además, otros principios, como el de la simplicidad (normalización o uniformización) que ha sido definido en la Ley del Perú, en su artículo IV del Título Preliminar, como sigue:

> "1.13 *Principio de simplicidad.* Los trámites establecidos por la autoridad administrativa deberán ser sencillos, debiendo eliminarse toda complejidad innecesaria; es decir, los requisitos exigidos deberán ser racionales y proporcionales a los fines que se persigue cumplir.
>
> 1.14 *Principio de uniformidad.* La autoridad administrativa deberá establecer requisitos similares para trámites similares, garantizando que las excepciones a los principios generales no serán convertidas en la regla general. Toda diferenciación deberá basarse en criterios objetivos debidamente sustentados."

Indica, además la Ley del Perú, que en todo caso, los procedimientos administrativos se deben desarrollar "de oficio, de modo sencillo y eficaz, sin reconocer formas determinadas, fases procesales, momentos procedimentales rígidos para realizar determinadas actuaciones o responder a precedencia entre ellas", (art. 144); y la Ley de Bolivia precisa que "los procedimientos administrativos se desarrollarán con economía, simplicidad y celeridad, evitando la realización de trámites, formalismos o diligencias innecesarias"(RT. 4, K).

La Ley venezolana sobre Simplificación de Trámites Administrativos de 2008, por su parte, establece sobre este mismo principio, que:

> "*Artículo* 21. El diseño de los trámites administrativos debe realizarse de manera que los mismos sean claros, sencillos ágiles, racionales, pertinentes, útiles y de fácil entendimiento para las personas, a fin de mejorar las relaciones de éstos con la Administración Pública, haciendo eficiente y eficaz su actividad."

Además, la mencionada Ley, al desarrollar el principio de la simplicidad, transparencia, celeridad y eficacia de la actividad de la Administración señala que la Administración Pública no puede exigir requisitos adicionales a los contemplados en la normativa vigente, salvo los que se establezcan en los instrumentos normativos que se dicten en ejecución de dicha Ley (art. 10). Con carácter general, además, se dispone que los órganos y entes de la Administración Pública no puedan exigir para trámite alguno, la presentación de copias certificadas actualizadas de partidas de nacimiento, matrimonio o defunción, así como de cualquier otro documento público, salvo los casos expresamente establecidos por ley (art. 17). Adicionalmente, se dispone que los órganos y entes de la Administración Pública no puedan exigir copias certificadas de la partida de nacimiento como requisito para el cumplimiento de una determinada tramitación, cuando sea presentada la cédula de identidad, salvo los casos expresamente establecidos por ley (art. 18).

Por otra parte, se dispone que los órganos y entes de la Administración Pública, en virtud del principio de cooperación que debe imperar en sus relaciones interorgánicas, deben implementar bases de datos automatizadas de fácil acceso y no pueden exigir la presentación de copias certificadas o fotocopias de documentos que la Administración Pública tenga en su poder, o de los que tenga la posibilidad legal de acceder (art. 11).

Además, en aras de la simplicidad, la Ley agrega que los órganos y entes, en el ámbito de sus competencias, deben eliminar las autorizaciones innecesarias, solicitudes excesivas de información de detalle y, en general, la exigencia de trámites que entorpezcan la actividad administrativa (art. 13).

Por último, el artículo 14 de la Ley dispone en particular, que los órganos y entes de la Administración Pública deberán identificar y disponer la supresión de los requisitos y permisos no previstos en la Ley, que limiten o entraben el libre ejercicio de la actividad económica o la iniciativa privada.

Otro principio general derivado de la simplicidad es el principio de la economía procedimental, que se menciona en la generalidad de las leyes de procedimiento, como las leyes argentina (art. 7), hondureña (art. 19), venezolana (art. 30), uruguaya (art. 2) y mexicana (art. 13), y conlleva la necesidad de que los asuntos se decidan administrativamente con celeridad, en la forma más rápida posible, economizando lapsos y al menor costo posible.

El principio ha sido desarrollado ampliamente en la Ley 19880 de Chile, en la forma siguiente:

> "*Artículo* 9°. Principio de economía procedimental. La Administración debe responder a la máxima economía de medios con eficacia, evitando trámites dilatorios.

Se decidirán en un solo acto todos los trámites que, por su naturaleza, admitan un impulso simultáneo, siempre que no sea obligatorio su cumplimiento sucesivo.

Al solicitar los trámites que deban ser cumplidos por otros órganos, deberá consignarse en la comunicación cursada el plazo establecido al efecto.

Las cuestiones incidentales que se susciten en el procedimiento, incluso las que se refieran a la nulidad de actuaciones, no suspenderán la tramitación del mismo, a menos que la Administración, por resolución fundada, determine lo contrario."

De allí el principio general, que deriva del artículo 116 de la Ley de Honduras, conforme al cual "los funcionarios responsables de la tramitación de los expedientes adoptarán las medidas que conduzcan a evitar todo entorpecimiento o demora por innecesarias diligencias".

En el Código colombiano también se encuentra una definición del principio de economía, al exigirse que:

"Las normas de procedimiento se utilicen para agilizar las decisiones, que los procedimientos se adelanten en el menor tiempo y con la menor cantidad de gastos de quienes intervienen en ellos, que no se exijan más documentos y copias que los estrictamente necesarios, ni autenticaciones ni notas de presentación personal sino cuando la ley lo ordene en forma expresa." (art. 3).

En el Decreto de Uruguay también se desarrolla el principio al prescribir en su artículo 8 que "en el procedimiento administrativo deberá asegurarse la celeridad, simplicidad y economía del mismo y evitarse la realización o exigencia de trámites, formalismos o recaudos innecesarios o arbitrarios que compliquen o dificulten su desenvolvimiento".

4. El principio del informalismo

El procedimiento administrativo, hemos dicho, se configura como un conjunto de actos y actuaciones estrechamente vinculados entre sí, con el objeto de obtener un resultado concreto que, generalmente, se materializa en un acto administrativo. Por ello, en definitiva, el procedimiento administrativo se identifica con el conjunto de formas y formalidades establecidas para guiar la acción de la Administración con miras a la obtención de ese resultado y como garantía de los administrados contra las arbitrariedades de los funcionarios.

Sin embargo, dado el principio de economía y celeridad, es evidente, que la prescripción de formas no puede convertir al procedimiento en un bosque de formalidades que entraben la acción administrativa. Por ello, el principio de eficacia también conlleva al principio el informalismo o del carácter no formalista del procedimiento administrativo.

Este principio, por ejemplo, está expresamente previsto en la Ley argentina de Procedimiento Administrativo en la cual se prescribe que las normas de procedimiento que establece, deben ajustarse al requisito del "informalismo", en el sentido de que debe "excusarse la inobservancia por los interesados de exigencias formales no esenciales y que pueden ser cumplidas posteriormente" (art. 1.c); y en la Ley de Bolivia se define el principio en el sentido de que "la inobservancia de exigencias formales no esenciales por parte del administrado, que puedan ser cumplidas posteriormente, podrán ser excusadas y ello no interrumpirá el procedimiento administrativo" (art. 4,l)

Más precisamente, el Decreto 640 de Uruguay establece que "en el procedimiento administrativo se aplicará el principio del informalismo en favor del administración siempre que se trate de la inobservancia de exigencias formales no esenciales y que puedan ser cumplidas posteriormente" (art. 23). En la Ley del Perú, también se define el principio del informalismo, en forma detallada en el artículo IV, Título Preliminar, así:

> "1.6 *Principio de informalismo*. Las normas de procedimiento deben ser interpretadas en forma favorable a la admisión y decisión final de las pretensiones de los administrados, de modo que sus derechos e intereses no sean afectados por la exigencia de aspectos formales que puedan ser subsanados dentro del procedimiento, siempre que dicha excusa no afecte derechos de terceros o el interés público."

Por su parte, la Ley N° 19.880 de Chile regula el principio, al que denomina "de la no formalización", en los siguientes términos:

> "*Artículo* 13. Principio de la no formalización. El procedimiento debe desarrollarse con sencillez y eficacia, de modo que las formalidades que se exijan sean aquéllas indispensables para dejar constancia indubitada de lo actuado y evitar perjuicios a los particulares.
>
> El vicio de procedimiento o de forma sólo afecta la validez del acto administrativo cuando recae en algún requisito esencial del mismo, sea por su naturaleza o por mandato del ordenamiento jurídico y genera perjuicio al interesado.
>
> La Administración podrá subsanar los vicios de que adolezcan los actos que emita, siempre que con ello no se afectaren intereses de terceros."

Por otra parte, como secuela del principio, la Ley General de la Administración Pública de Costa Rica establece que las normas del procedimiento administrativo "deberán interpretarse en forma favorable a la admisión y decisión final de las peticiones de los administrados". Es en definitiva, el principio *in dubio pro actione* o de la interpretación más favorable al ejercicio del derecho de petición para asegurar más allá de las dificultades de índole formal, una decisión sobre el fondo de la cuestión objeto del procedimiento. En materia de procedimiento administrativo, el principio se traduce en que el formalismo debe ser interpretado en favor del administrado, precisando, la legislación argentina, sin embargo, que "el informalismo no podrá servir para subsanar nulidades que sean absolutas" (art. 224).

En aplicación de este principio, las leyes de procedimiento administrativo, por ejemplo, establecen el deber de los funcionarios administrativos que reciban las peticiones, de advertir a los interesados de las omisiones y de las irregularidades que observen en las mismas, pero sin que puedan negarse a recibirlas (art. 45 Ley Orgánica Venezuela; art. 11 Código Colombia).

Igualmente, el informalismo en las leyes de procedimiento administrativo conduce al principio de la flexibilidad del procedimiento y de los trámites procedimentales mediante, por ejemplo, la eliminación del principio de la preclusividad de los lapsos y de actos procesales (arts. 23 y 60 de la Ley venezolana); la posibilidad de alegación por parte de los particulares en cualquier momento (art. 62 de la Ley venezolana) si no existe un lapso preciso de contestación la utilización de cualquier tipo de pruebas (art. 58 de la Ley venezolana); y la intrascendencia en la calificación de los recursos (art. 86 de la Ley venezolana), de manera que si el administrado se equivoca en la calificación del recurso que interpone, siempre y cuando de su escrito se deduzca claramente de qué tipo de recurso se trata, la Administración no puede rechazarlo y, al contrario, está obligada a interpretarlo en favor del particular y de flexibilizar esta ausencia de cumplimiento del formalismo en la calificación del recurso (art. 213 Ley peruana).

5. El principio *conservatio acti*

El principio del informalismo, conlleva, por otra parte, al principio *conservatio acti,* o principio de la conservación o subsanabilidad de los trámites administrativos y de las actuaciones de los administrados, por ello, la Ley de Honduras establece que cuando un órgano administrativo declare la nulidad de algunas actuaciones, debe disponer "siempre la conservación de aquellos actos y trámites cuyo contenido hubiera permanecido, de no haberse realizado la infracción origen de la nulidad" (art. 39). En igual sentido, se dispone en la Ley peruana, (art. 13.3).

Este principio conduce, por supuesto, a la necesidad de la corrección de errores materiales de los actos administrativos, lo que se encuentra regulado expresamente en las leyes de Venezuela (art. 84), Honduras (art. 128), Costa Rica (art. 157) y Chile (art. 62), siempre que la enmienda no altere lo sustancial del acto o decisión" (art. 128), y como lo indica la Ley del Perú, siempre que la rectificación de los errores sea "con efecto retroactivo" (art. 201,1).

Es precisamente en virtud de este principio de la corrección de errores materiales, que deriva del principio del informalismo y de la economía procedimental, que la Administración no tiene por qué concluir siempre con la revocación del acto incorrecto, pudiendo siempre corregirlo, de oficio o a petición de parte, en cualquier momento. Es un principio de lógica administrativa que, sin embargo, encuentra su expresión formal en estas leyes de procedimiento administrativo, incluso en relación con los actos de los administrados. En tal sentido, la Ley de Honduras dispone que:

> "*Artículo* 115. Para evitar nulidades, la Administración señalará a la parte interesada los defectos de que adolezcan los actos producidos por ésta y ordenará que se subsanen de oficio o por el interesado dentro de un plazo de tres días."

Pero incluso, aún en presencia de vicios o irregularidades más sustanciales en los actos administrativos, que no puedan resolverse con la sola corrección de errores materiales o aritméticos, el principio *conservatio acti*, exige que los vicios que puedan afectarlos formalmente, deban subsanarse siempre que no conlleven su nulidad absoluta, lo que ha originado las técnicas de convalidación, enmienda, saneamiento o conversión de los actos administrativos que se encuentran reguladas en las leyes de procedimiento administrativo para evitar su extinción.

En particular, por ejemplo, conforme a la Ley General de Costa Rica, la convalidación se produce cuando dictado un acto administrativo que sea relativamente nulo por vicio en la forma, en el contenido o en la competencia, se dicta un nuevo acto administrativo que lo convalide, con indicación precisa del vicio y de la corrección (art. 187,2). Sobre esto, la Ley venezolana indica, pura y simplemente, que "la Administración podrá convalidar en cualquier momento los actos anulables, subsanando los vicios de que adolezcan" (art. 81), y en sentido similar se regula en la Ley de Brasil (art. 55), en la Ley de Bolivia (art. 37,1), en la Ley de Panamá (art. 56), y en la Ley de Honduras (art. 126).

La Ley peruana es bien precisa al regular la "enmienda" de los actos administrativos como consecuencia de la "conservación" de los mismos, precisando que cuando el vicio del acto administrativo por el incumplimiento a sus elementos de validez, no sea trascendente, "prevalece la conservación del acto, procediéndose a su enmienda por la propia autoridad emisora" (art. 14.1).

En la legislación argentina, esta convalidación se denomina, en general, "saneamiento" y se desdobla en "ratificación" del acto por el superior jerárquico y "confirmación" por el órgano que dictó el acto (art. 19).

En esta materia, Ley de Honduras, regula en su artículo 127, la "conversión" del acto, al disponer que "el acto nulo que, sin embargo, contenga todos los requisitos constituidos de otro distinto, podrá ser convertido en éste y producirá sus efectos, en su caso, si así lo consistiera el interesado". En este sentido, la Ley argentina también señala que "si los elementos válidos de un acto administrativo nulo permitieren integrar otro que fuere válido, podrá efectuarse su conversión en éste consintiéndolo el administrado". La misma institución de la conversión se regula en la Ley General de Costa Rica (art. 189).

IV. EL PRINCIPIO DE CELERIDAD

Otro de los principios generales que se ha formulado en forma expresa en todas las leyes de procedimiento administrativo, es el principio de la celeridad. En efecto, si el procedimiento es un asunto de la Administración, es decir, si la Administración es la responsable del procedimiento, el principio consecuencial establecido en garantía de los particulares, es que debe ser desarrollado con la mayor rapidez y celeridad posible. Como lo establece la Ley peruana en el art. IV del Título Preliminar:

> "1.9 *Principio de celeridad.* Quienes participan en el procedimiento deben ajustar su actuación de tal modo que se dote al trámite de la máxima dinámica posible, evitando actuaciones procesales que dificulten su desenvolvimiento o constituyan meros formalismos, a fin de alcanzar una decisión en tiempo razonable, sin que ello releve a las autoridades del respeto al debido procedimiento o vulnere el ordenamiento."

Este principio también encuentra una definición precisa en el Código colombiano, así:

> "*Artículo* 3. En virtud del principio de celeridad, las autoridades tendrán el impulso oficioso de los procedimientos, suprimirán los trámites innecesarios, utilizarán formularios para actuaciones en serie cuando la naturaleza de ellas lo haga posible y sin que ello releve a las autoridades de la obligación de considerar todos los argumentos y pruebas de los interesados.
>
> El retardo injustificado es causal de sanción disciplinaria, que se puede imponer de oficio o por queja del interesado, sin perjuicio de la responsabilidad que pueda corresponder al funcionario."

En otras legislaciones también se enuncia, como es el caso por ejemplo, de la Ley General de Costa Rica, donde el artículo 225.1 dispone que el "órgano deberá conducir el procedimiento con la intención de lograr un máximo de celeridad y eficiencia, dentro del respeto al ordenamiento y a los derechos e intereses del administrado," y el artículo 269,1 precisa que la actuación administrativa se debe realizar "con arreglo a normas de economía, simplicidad, celeridad y eficiencia."

En sentido similar, la Ley 19880 de Chile dispone sobre el principio de celeridad, lo siguiente:

> *Artículo* 7°. Principio de celeridad. El procedimiento, sometido al criterio de celeridad, se impulsará de oficio en todos sus trámites.

Las autoridades y funcionarios de los órganos de la Administración del Estado deberán actuar por propia iniciativa en la iniciación del procedimiento de que se trate y en su prosecución, haciendo expeditos los trámites que debe cumplir el expediente y removiendo todo obstáculo que pudiere afectar a su pronta y debida decisión.

En el despacho de los expedientes originados en una solicitud o en el ejercicio de un derecho se guardará el orden riguroso de ingreso en asuntos de similar naturaleza, salvo que por el titular de la unidad administrativa se dé orden motivada en contrario, de la que quede constancia."

V. EL PRINCIPIO DE OFICIALIDAD

Siendo el procedimiento administrativo básicamente, como se ha dicho, un asunto de la Administración, uno de los principios generales establecidos en las leyes de procedimiento administrativo es el principio de la oficialidad, derivado además del carácter del procedimiento administrativo como asunto de la Administración. De allí deriva el principio del impulso de oficio que la Ley de Bolivia define en el sentido de que "la Administración Pública está obligada a impulsar el procedimiento en todos los trámites en los que medie el interés público" (art. 4.n).

1. El principio de la iniciativa de oficio

Ello implica que además de los casos en los cuales la Administración puede iniciar de oficio una actuación, si bien es posible y común que el administrado tenga derecho a participar en el procedimiento, por ejemplo, instado a la Administración para iniciar su actividad, siendo esta, en definitiva, un asunto de esta última, una vez desencadenado el procedimiento administrativo, el desarrollo y movilización del mismo está a cargo de la propia Administración, por lo que es a ella a quien le compete, y no a un tercero, impulsarlo de oficio, para la realización de la secuencia de actos que deben concluir con la emisión de un acto administrativo definitivo.

Pero por supuesto, hay procedimientos que sólo pueden iniciarse por exclusivo interés de los particulares, en cuyo caso, la Administración no tiene el deber de proseguirlos por sí sola, por lo que puede darlos por terminados antes del término legal previsto para su conclusión, ante la inercia del interesado, aplicándose aquí lo ya señalado sobre la caducidad de los procedimientos.

Ahora bien, este principio de la oficialidad comprende otros aspectos fundamentales conforme a los cuales se puede sistematizar el análisis de todas las normas de las leyes latinoamericanas en la materia; y éstos son: el principio de la iniciación de oficio (iniciativa oficial), es decir, la posibilidad de que el procedimiento se inicie, además de a instancia de parte, de oficio por la Administración; el principio inquisitivo, como guía de todo el procedimiento administrativo, denominado también principio de instrucción; el principio de imparcialidad; y, el principio de la buena fe.

En esta materia, puede decirse que todas las leyes sobre procedimiento administrativo establecen el principio clásico de que el mismo puede iniciarse de oficio, es decir, por iniciativa de la propia Administración, o a petición de parte, es decir, con base en el ejercicio del derecho de petición.

Así lo establecen las leyes de Argentina (art. 1), de México (art. 14), de Uruguay (art. 15), de Honduras (art. 60), de Venezuela (art. 48), de Colombia (art. 28), de Bolivia (art. 39), de Perú (art. 103), de Brasil (art. 5), de Panamá (art. 64), y de Chile (Art. 28).

Ahora bien, como garantía del derecho de la defensa, las leyes disponen que aún iniciado de oficio y aún siendo el procedimiento tarea de la Administración, esta está obligada a dejar participar en el mismo a los administrados interesados para garantizarles el derecho a la defensa. Así lo precisa, por ejemplo, la Ley Orgánica venezolana al disponer que en los casos de iniciación de oficio, la autoridad administrativa debe notificar a los particulares cuyos derechos subjetivos o intereses legítimos, personales y directos pudieren resultar afectados, concediéndoles un plazo para que expongan sus pruebas y aleguen sus razones (art. 48). Estos principios se recogen además, detalladamente en la Ley peruana, cuyo artículo 104, destinado a regular el inicio de oficio, dispone lo siguiente:

> "104.1 Para el inicio de oficio de un procedimiento debe existir disposición de autoridad superior que la fundamente en ese sentido, una motivación basada en el cumplimiento de un deber legal o el mérito de una denuncia.
>
> 104.2 El inicio de oficio del procedimiento es notificado a los administrados determinados cuyos intereses o derechos protegidos puedan ser afectados por los actos a ejecutar, salvo en caso de fiscalización posterior a solicitudes o a su documentación, acogidos a la presunción de veracidad. La notificación incluye la información sobre la naturaleza, alcance y de ser previsible, el plazo estimado de su duración, así como de sus derechos y obligaciones en el curso de tal actuación.
>
> 104.3 La notificación es realizada inmediatamente luego de emitida la decisión, salvo que la normativa autorice que sea diferida por su naturaleza confidencial basada en el interés público."

2. El principio inquisitivo

El otro principio derivado del principio de la oficialidad es el principio inquisitivo, conforme al cual, como lo establece en la Ley argentina, corresponde a la Administración, la "impulsión e instrucción de oficio", sin perjuicio de la participación de los interesados en las actuaciones (art. 1.a).

Este principio también está establecido como principio del procedimiento administrativo, como se dijo, en la Ley de Bolivia (art. 4.n), e igualmente en la Ley del Perú (artículo IV, Título Preliminar), donde se dispone así:

> "1.3 *Principio de impulso de oficio.* Las autoridades deben dirigir e impulsar de oficio el procedimiento y ordenar la realización o práctica de los actos que resulten convenientes para el esclarecimiento y resolución de las cuestiones necesarias."

Esta misma expresión se encuentra en las leyes de Brasil (art. 29) y de Costa Rica (art. 222) y, en sentido similar, se desarrolla en la Ley del Perú (art. 159). De ello deriva el principio de que la Administración debe "impulsar de oficio en todos sus trámites" (art. 64, Ley de Honduras) el procedimiento administrativo, con lo cual la conducción del procedimiento, la prueba y las medidas que puedan adoptarse a lo largo del mismo deben ser iniciativa de la Administración y no requieren el impulso procesal de los interesados, sin perjuicio de que éstos puedan participar en el procedimiento.

En consecuencia, la Administración es la responsable de al menos esos tres elementos en el procedimiento: la conducción del procedimiento; la sustanciación del mismo; las pruebas y las medidas preventivas, sin perjuicio de que en cada una de esas fases puedan actuar los particulares.

Por ello, la Ley de Venezuela establece que:

> "*Artículo* 53. La Administración, de oficio o a instancia del interesado, cumplirá todas las actuaciones necesarias para el mejor conocimiento del asunto que deba decidir, siendo de su responsabilidad impulsar el procedimiento en todos sus trámites."

3. El principio de imparcialidad

El principio de oficialidad que permite a la Administración iniciar y conducir el procedimiento, impone la necesidad de garantizar los derechos de los Administrados, frente a la actuación de los funcionarios, de lo que deriva el principio de la imparcialidad, derivado del principio de igualdad y no discriminación de los administrados. Conforme a este principio, la Administración, en el curso del procedimiento y al decidirlo, no debe tomar partido, ni inclinar la balanza o beneficiar ilegítimamente a una parte en perjuicio de otra, sino que debe tomar su decisión únicamente conforme al ordenamiento jurídico y con la finalidad de interés general que la motiva.

Este principio se ha establecido en la Ley de Bolivia en el sentido de que "las autoridades administrativas actuarán en defensa del interés general, evitando todo género de discriminación o diferencia entre los administrados"(art. 4,f); y se encuentra regulado el Artículo 30 de la Ley venezolana, cuando exige a la Administración tratar en igual forma a todos los particulares y no puede establecer ningún tipo de discriminación respecto de ellos, ni parcializarse por ninguna posición y debe mantener siempre una posición imparcial. El principio también está recogido en el Código colombiano, en la siguiente forma:

> "*Artículo* 3. En virtud del principio de imparcialidad la autoridades deberán actuar teniendo en cuenta que la finalidad de los procedimientos consiste en asegurar y garantizar los derechos de todas las personas sin ningún género de discriminación; por consiguiente, deberán darles igualdad de tratamiento, respetando el orden en que actúen ante ellos."

También lo establece, como principio del procedimiento administrativo, el artículo IV del Título Preliminar de la Ley del Perú, así:

> "1.5 *Principio de imparcialidad.* Las autoridades administrativas actúan sin ninguna clase de discriminación entre los administrados, otorgándole tratamiento y tutela igualitarios frente al procedimiento, resolviendo conforme al ordenamiento jurídico y con atención al interés general."

La Ley 19.880 de Chile también recoge el principio así:

> "*Artículo* 11. Principio de imparcialidad. La Administración debe actuar con objetividad y respetar el principio de probidad consagrado en la legislación, tanto en la substanciación del procedimiento como en las decisiones que adopte.
>
> Los hechos y fundamentos de derecho deberán siempre expresarse en aquellos actos que afectaren los derechos de los particulares, sea que los limiten, restrinjan, priven de ellos, perturben o amenacen su legítimo ejercicio, así como aquellos que resuelvan recursos administrativos."

4. El principio de la publicidad

Otro principio fundamental que como contrapeso se erige frente al principio de la oficialidad, es el principio de la publicidad, que conlleva a que los asuntos que se tramitan ante la Administración Pública deben ser públicos y de acceso del público. En tal sentido, en el artículo 16 de la Ley 19.880 de Chile se establece el "principio de transparencia y de publicidad", en la siguiente forma:

> "*Artículo* 16. *Principio de Transparencia y de Publicidad.* El procedimiento administrativo se realizará con transparencia, de manera que permita y promueva el conocimiento, contenidos y fundamentos de las decisiones que se adopten en él.
>
> En consecuencia, salvo las excepciones establecidas por la ley o el reglamento, son públicos los actos administrativos de los órganos de la Administración del Estado y los documentos que le sirvan de sustento o complemento directo o esencial."

Este principio se manifiesta, por supuesto en concreto, respecto de las decisiones de la Administración Pública, como lo regula el Código de Colombia, "en virtud del principio de publicidad, las autoridades darán a conocer sus decisiones mediante las comunicaciones, notificaciones o publicaciones que ordenan este Código y la ley" (art. 3°).

VI. EL PRINCIPIO DE LA BUENA FE Y DEL MUTUO RESPETO

Por último, entre las nuevas tendencias del derecho administrativo, aún cuando sólo encuentran regulaciones aisladas en las leyes de procedimiento administrativo, está el principio de la buena fe, como elemento fundamental que debe estar a la base de las relaciones jurídicas entre la Administración Pública y los administrados, que precisamente formaliza el procedimiento administrativo.

El principio de la buena fe, por supuesto, en esta perspectiva debe regir tanto para el administrado como para la Administración, como lo indica la Ley del Perú (art. IV, 1.8), de manera que entre los deberes del interesado, conforme a la Ley de Brasil, esta "el proceder con lealtad, urbanidad y buena fe", no actuar de modo temerario y "exponer los hechos conforme a la verdad" (art. 4).

Dicho principio lo recoge en general la Ley de Uruguay, así:

> "*Artículo* 6°. Las partes, sus representantes y abogados patrocinantes, los funcionarios públicos y, en general, todos los partícipes del procedimiento, ajustarán su conducta al respeto mutuo y a la lealtad y buena fe."

Y en la Ley de Bolivia, en su artículo 4,e así:

> "*Principio de buena fe*: En la relación de los particulares con la Administración Pública se presume el principio de buena fe. La confianza, la cooperación y la lealtad en la actuación de los servidores públicos y de los ciudadanos; orientarán el procedimiento administrativo. "

El principio, por lo demás, se encuentra detalladamente regulado en la Ley de Simplificación de Trámites Administrativos de Venezuela de 1999, reformada en 2008 (arts. 9 a 20), donde se regula la "presunción de buena fe del ciudadano," de manera que la Administración, en todas sus actuaciones, "debe tener como cierta la declaración del administrado" (art. 9). Este principio lo recoge expresamente, también, la Ley del Perú, (art. IV, 1.7; art. 42).

La presunción de buena fe, por otra parte, en el procedimiento administrativo se también se manifiesta como presunción de licitud, vinculado a derecho del administrado a la presunción de inocencia, tal como se manifiesta en la Ley de Uruguay cuando habla del procedimiento disciplinario de funcionarios como un procedimiento especial, así:

> "*Artículo* 170. El funcionario público sometido a un procedimiento disciplinario tiene derecho al respeto de su honra y al reconocimiento de su dignidad; y se presumirá su inocencia mientras no se establezca legalmente su culpabilidad por resolución firme dictada con la garantía del debido proceso." (Convención Americana de Derechos Humanos, "Pacto de San José de Costa Rica", art. 8 numerales 2 y 11).

Pero en general, en los procedimientos sancionatorios, la Ley peruana define la "presunción de licitud", estableciendo que las entidades "deben presumir que los administrados han actuado apegados a sus deberes mientras no cuenten con evidencia en contrario" (art. 230,9), lo que implica la presunción de que el derecho reclamado por el administrado es justo. Ello ha conducido, también, al principio *favor pro accione* o posición favorable al accionante, el cual debería ser un principio fundamental en materia de procedimiento.

El principio de la buena fe también se recoge en la Ley del Perú, al regular el "principio de la conducta procedimental" (art. IV, Título Preliminar), así:

> "1.8 *Principio de conducta procedimental.* La autoridad administrativa, los administrados, sus representantes o abogados y, en general, todos los partícipes del procedimiento, realizan sus respectivos actos procedimentales guiados por el respeto mutuo, la colaboración y la buena fe. Ninguna regulación del procedimiento administrativo puede interpretarse de modo tal que ampare alguna conducta contra la buena fe procesal."

Ello además, implica el principio de lealtad, por otra parte, també deriva del principio de la buena fe, lo que implica que las partes en el procedimiento no deben ocultar hechos o documentos que les interesen mutuamente, lo que a la vez ha implicado el desarrollo del derecho de acceso a la información en materia administrativa y la reducción de las áreas de confidencialidad en los documentos administrativos, tan importantes en décadas pasadas.

El respeto mutuo que deriva del principio de la buena fe y de la lealtad, por otra parte, comienzan a ser el canal para que la construcción del principio de la confianza legítima, que debe existir como base de la relación jurídica entre la Administración y los administrados, particularmente cuando las actuaciones reiteradas de los funcionarios y de los órganos de la Administración Pública, hacen nacer expectativas jurídicas legítimas en cabeza de los aquellos que la propia Administración debe respetar y que han de ser apreciadas por el juez.

De este principio surge, además, el principio de la seguridad jurídica en sus variadas manifestaciones (el principio de la predictibilidad, la proscripción de la *reformatio in pejus*, el principio *non bis in idem*, la presunción de inocencia, y el principio de la irretroactividad) y el principio de la irrevocabilidad de los actos administrativos que, una vez dictados, también por cuestiones de seguridad jurídica, deben mantenerse, salvo los casos de nulidad absoluta.

VII. REFLEXIÓN FINAL

Al anterior cuadro de principios generales del procedimiento administrativo que en la actualidad ya han sido incorporados en el texto expreso de las leyes de procedimiento administrativo dictadas en América Latina, se une el conjunto de principios relativos a los actos administrativos y a la actuación material de la Administración Pública, mostrando entonces un claro estándar en la materia que ha quedado plasmado en el derecho positivo, y que no sólo que deriva de la interpretación judicial del derecho; con incluso, definiciones legales del acto administrativo, como sucede en la Ley venezolana, donde se lo define como "toda declaración de carácter general o particular emitida de acuerdo con las formalidades y requisitos establecidos en la Ley, por los órganos de la Administración Pública" (art. 7). Y en la Ley de Panamá, en cuyo artículo 201, que contiene el "glosario" de la misma, se lo define así:

> "1. *Acto administrativo.* Declaración emitida o acuerdo de voluntad celebrado, conforme a derecho, por una autoridad u organismo público en ejercicio de una función administrativa del Estado, para crear, modificar, transmitir o extinguir una relación jurídica que en algún aspecto queda regida por el Derecho Administrativo.
>
> Todo acto administrativo deberá formarse respetando sus elementos esenciales: competencia, salvo que ésta sea delegable o proceda la sustitución; objeto, el cual debe ser lícito y físicamente posible; finalidad, que debe estar acorde con el ordenamiento jurídico y no encubrir otros propósitos públicos y privados distintos, de la relación jurídica de que se trate; causa, relacionada con los hechos, antecedentes y el derecho aplicable; motivación, comprensiva del conjunto de factores de hecho y de derecho que fundamentan la decisión; procedimiento, que consiste en el cumplimiento de los trámites previstos por el ordenamiento jurídico y los que surjan implícitos para su emisión; y forma, debe plasmarse por escrito, salvo las excepciones de la ley, indicándose expresamente el lugar de expedición, fecha y autoridad que lo emite."

Toda esta positivización de principios y elementos sustantivos de la actividad administrativa ha tenido una consecuencia fundamental en el derecho administrativo, traducida en el reforzamiento del principio mismo de la legalidad con el objeto de asegurar, no sólo el sometimiento de la Administración Pública al derecho, sino garantizar la situación jurídica de los particulares frente a la misma. Por ello precisamente, la Ley sobre Procedimiento Administrativo general del Perú, en el artículo IV, 1.1 del Título Preliminar dispone que:

> "Las autoridades administrativas deben actuar con respeto a la Constitución, la ley y al derecho, dentro de las facultades que le estén atribuidas y de acuerdo con los fines para los que les fueron conferidas."

Ello ha implicado que en este caso del principio de legalidad, y precisamente como consecuencia de las propias leyes de procedimiento administrativo, el mismo igualmente ha dejado de ser sólo un principio general del derecho y se ha convertido en un postulado del derecho positivo, cada vez con más frecuencia y precisión, expresado formalmente en los textos. Así sucede por ejemplo en la en la Ley de Bolivia, que hace referencia al "principio de legalidad y presunción de legitimidad" (art. 4, g) y al "principio de sometimiento pleno a la ley" de manera que "la Administración Pública regirá sus actos con sometimiento pleno a la ley, asegurando a los administrados el debido proceso" (art. 4, c); en la Ley N° 9784 de Brasil (1999), que impone como criterio a ser observado en los procedimientos administrativos, "la actuación conforme a la Ley y al derecho" (art. 2, Parágrafo Único, I); en la Ley de Venezuela, en la cual se indica que "la Administración Pública se organiza y actúa de conformidad con el principio de legalidad"(art. 4); y en la Ley General de Costa Rica al señalar que: "La Administración Pública actuará sometida al ordenamiento jurídico..." (art. 11,1); agregando en su artículo 13, que:

> "La Administración estará sujeta, en general, a todas las normas escritas y no escritas del ordenamiento administrativo y al derecho privado supletorio del mismo, sin poder derogarlos ni desaplicarlos para casos concretos."

Este principio de legalidad o de actuación en conformidad con el derecho implica, por tanto, que las actividades que realice la Administración Pública no sólo debe someterse al derecho, sino incluso, en el caso del procedimiento administrativo, a los propios principios del mismo antes analizados que también ya forman parte del derecho positivo, lo que implica que las actividades contrarias a los mismos pueden ser controladas con mayor precisión por la jurisdicción contencioso administrativa.

Por ello, dichos principios, además, se los declara como imperativos, tal como lo expresa la Ley Federal mexicana, al prescribir que las disposiciones sobre procedimiento administrativo "Son aplicables a la actuación de los particulares ante la Administración Pública Federal, así como a los actos a través de los cuales se desenvuelve la función administrativa" (art. 12); imperatividad que en el caso de la Ley General de Costa Rica se precisa que es en aquellos procedimientos en los cuales "el acto final puede causar perjuicio grave al administrado, sea imponiéndole obligaciones, suprimiéndole o denegándole derechos subjetivos, o por cualquier otra forma de lesión grave y directa a sus derechos o intereses legítimos;" o en los cuales haya habido "contradicción o concurso de interesados frente a la Administración dentro del expediente" (art. 308).

El derecho administrativo en América Latina, como resultado de este estándar continental que ya existe en materia de los principios del procedimiento administrativo, se encuentra ahora en una situación de avanzada que hace décadas, quienes nos ocupábamos de estos temas, sólo soñábamos

Sección Segunda: LA LEY DE PROCEDIMIENTOS ADMINISTRATIVOS DE ARGENTINA DE 1972 EN EL INICIO DEL PROCESO DE POSITIVIZACIÓN DE LOS PRINCIPIOS DEL PROCEDIMIENTO ADMINISTRATIVO EN AMÉRICA LATINA (2012)

Esta Sección Segunda recoge el estudio sobre "La Ley de Procedimientos Administrativos de Argentina de 1972 en el inicio del proceso de positivización de los principios del procedimiento administrativo en América Latina," elaborado para su publicación en la obra colectiva coordinada por Héctor M. Pozo Gowland, David A. Halperin, Fernando Juan Lima, Oscar Aguilar Valdez, *Ley Nacional de Procedimientos Administrativos. 40° aniversario de su sanción 1972-2012*, Buenos Aires 2012.

I. LA CODIFICACIÓN DEL DERECHO ADMINISTRATIVO EN AMÉRICA LATINA A TRAVÉS DE LA REGULACIÓN DEL PROCEDIMIENTO ADMINISTRATIVO

El signo más importante de la evolución del derecho administrativo en América Latina durante la segunda mitad del siglo pasado puede decirse que fue el proceso de su codificación, particularmente a través de la sanción de leyes reguladoras del procedimiento administrativo en general. El proceso comenzó precisamente hace cuarenta años con la sanción de la Ley de Procedimientos Administrativos, N° 19.549 de 1972, reformada por la Ley N° 21.682 la Ley de procedimiento, la cual fue la ley pionera en esta materia en el Continente. En la actualidad, buena parte de los países latinoamericanos cuentan con leyes de esta naturaleza, de manera que en todos ellos pude decirse que el mismo fenómeno se ha producido cundo se estudia la evolución de nuestra disciplina, y es la posibilidad de división de la misma en dos grandes etapas referidas al antes y al después de la sanción de dichas leyes.[2]

Con esas leyes, en todos nuestros países se le comenzó a dar un nuevo enfoque al objeto central de nuestra disciplina, que es la Administración Pública y su actividad, al comenzarse a regular en el derecho positivo, y no sólo como consecuencia de principios generales, tanto los aspectos formales y sustantivos de la actividad administrativa, como los aspectos centrales de la relación de la Administración con los administrados. Estas leyes, por tanto, superaron el alcance limitado de las que las precedieron y que se referían básicamente a la organización interna de la Administración y sus prerrogativas. Con estas nuevas leyes se pasó así, a regular, además, el conjunto de las situaciones jurídicas en las cuales se encuentran no sólo la Administración sino los mismos administrados en sus relaciones recíprocas, buscando establecer el balance de siempre que persigue nuestra disciplina entre el conjunto de poderes, prerrogativas y obligaciones de la Administración, por una parte; y por la otra, los derechos y obligaciones de los particulares en sus relaciones con aquella.

Siendo ese el sentido central de la regulación de las leyes, las mismas cambiaron totalmente la situación tradicional de estas relaciones entre la Administración y los administrados, signada por la existencia de un desbalance a favor de la Administración, con amplias regulaciones sobre sus poderes, potestades y prerrogativas y las obligaciones de los administrados, y pocas sobre sus derechos. Ese desbalance fue el que cambió sustancialmente a partir de la sanción de las leyes de procedimiento administrativo buscándose entonces una situación de equilibrio entre los poderes de la Administración y los derechos de los particulares, que se garantizan.

Este cambio en el balance de esos dos extremos motorizado por las leyes de procedimiento administrativo, originaron en todos los países un cambio de actitud y de forma y método de actuar de la Administración, a los efectos de lograr que dejara de ser la Ad-

2 *V.* Allan R. Brewer-Carías, *Principios del procedimiento administrativo,* Prólogo de Eduardo García de Enterría, Editorial Civitas, Madrid 1990; "Principios del Procedimiento Administrativo en España y América Latina," en *200 Años del Colegio de Abogados, Libro Homenaje*, T. I, Colegio de Abogados del Distrito Federal, Avila Arte/Impresores, Caracas 1990, pp. 255 -435; *Les principes de la procédure administrative non contentieuse. Études de Droit Comparé (France, Espagne, Amérique Latine)*, Prólogo de Franck Moderne, Editorial Económica, París 1992; también publicado en *Etudes de droit public comparé*, Académie International de Droit Comparé, Ed. Bruylant, Bruxelles 2001, pp. 161-274; y *Principios del Procedimiento en América Latina*, Universidad del Rosario, Editorial Legis, Bogotá 2003.

ministración prepotente que sólo concedía dádivas o favores al administrado, quien por su parte, no tenía derechos, ni cómo reclamarlos y era aplastado y a veces vejado por la Administración. Con las nuevas leyes se sentaron las bases para que ello comenzara a cambiar, pues del administrado que la Administración iba a enfrentar ya no era uno indefenso, sino uno bien armado con muchos derechos legales y con muchos mecanismos jurídicos para garantizar esos derechos y controlar cualquier actitud que significara la desmejora de esas garantías.

Como dijimos, ese proceso de transformación del derecho administrativo mediante la codificación del procedimiento, se inició con el Decreto-Ley N° 19.549/72 de 3 de abril de 1972 de Argentina, sobre procedimientos administrativos[3], texto que vino a culminar un largo proceso de regulación provincial sobre normas de procedimiento administrativo y de regulación nacional sobre los recursos administrativos, particularmente, sobre el recurso jerárquico y que se remontan a los años treinta (Decreto 20003/33 sustituido por Decreto N° 7520/44.). El Decreto-Ley N° 19.549/72, en todo caso, es claro que no sólo estableció los principios básicos a que deben ajustarse los procedimientos administrativos desarrollados ante la Administración Pública Nacional, centralizada y descentralizada, inclusive entes autónomos, en cuanto tiendan a asegurar a los interesados las garantías constitucionales del debido proceso, sino que reguló las reglas fundamentales relativas a los requisitos esenciales del acto administrativo, su estructura, validez y eficacia. En particular en materia relativa al debido proceso administrativo, la ley argentina fue también pionera en establecer su alcance (art. 1.f), indicando que comprende: *Primero*, derecho a ser oído, con la posibilidad para el administrado de exponer las razones de sus pretensiones y defensas antes de que la Administración emita actos administrativos que se refieren a sus derechos subjetivos o intereses legítimos, así como de interponer recursos y hacerse patrocinar y representar profesionalmente. *Segundo*, el derecho a ofrecer y producir pruebas, y que las mismas se produzca, si fuere pertinente, dentro del plazo que la administración fije en cada caso, atendiendo a la complejidad del asunto y a la índole de la que deba producirse, debiendo la administración requerir y producir los informes y dictámenes necesarios para el esclarecimiento de los hechos y de la verdad jurídica objetiva; todo ello "con el contralor de los interesados y sus profesionales, quienes podrán presentar alegatos y descargos una vez concluido el período probatorio." Y *tercero*, el derecho a una decisión fundada, en el sentido de que el acto administrativo decisorio haga expresa consideración de los principales argumentos y de las cuestiones propuestas, en tanto fueren

Pero dejando aparte este aspecto específico relativo al derecho al debido proceso, en cuanto a los principios enunciados del procedimiento administrativo, en la misma orientación de la legislación argentina, la segunda de las legislaciones nacionales sobre procedimientos administrativos que se dictó en América Latina fue el Decreto N° 640/973 de 8 de agosto de 1973 del Uruguay, el cual completó el cuadro regulador de la actividad y trámites administrativos que se había establecido en anteriores Decretos de 1964 y 1966. Dicho Decreto fue sustituido posteriormente por el Decreto 500/991 de 1991, sobre Normas Generales de Actuación Administrativa y Regulación del Procedimiento en la Administración Central.

3 *Boletín Oficial* N° 22411 del 27 de abril de 1972.

En el proceso de codificación el derecho administrativo en América Latina, destaca la Ley General de la Administración Pública de Costa Rica, sancionada un lustro más tarde, el 2 de mayo de 1978[4], texto que, como lo señalamos hace algunos años podría ser considerado como el de un "Manual de Derecho Administrativo", volcado en el articulado de un Código[5]. Esta hermosa Ley, única en su género, abarca todo el conjunto de materias de un "Manual de Derecho Administrativo", por lo que la explicación de su articulado configuraría, exactamente, él "programa" de un curso general de esta disciplina. Se trata, por tanto, de un muy raro ejemplo de un "Código de Derecho Administrativo" que, inclusive, consagra la autonomía de nuestra disciplina, al declarar la independencia del ordenamiento jurídico administrativo de otras ramas del derecho.

A la Ley costarricense, siguió cronológicamente, la Ley Orgánica de Procedimientos Administrativos de 10 de julio de 1982, de Venezuela[6], texto que se comenzó a elaborar desde 1965[7]. Esta Ley Orgánica, influenciada directamente por la Ley española, recogió todos los principios fundamentales relativos a la actividad administrativa desarrollada por los órganos de la Administración Pública Nacional y aplicable supletoriamente a las administraciones estadales y municipales; y en particular, los principios relativos a los actos administrativos (elaboración, formas y formalidades, efectos, revisión), que la jurisprudencia había establecido, habiendo contribuido ampliamente, desde su entrada en vigencia, a afianzar el principio de la legalidad administrativa.[8] La Ley fue luego complementada, con la Ley sobre Simplificación de Trámites Administrativos (Decreto-Ley Nº 368 de 05 de octubre de 1999, reformada en 2008) y con la Ley Orgánica de la Administración Pública de 17 de octubre de 2001, también reformada en 2008.[9]

Unos años más tarde, en 1984, se produjo la reforma del Código Contencioso Administrativo de Colombia, al cual se le incorporó un nuevo "Libro" sobre "Procedimientos Administrativos", también complementado con las disposiciones del Decreto Nº 266 de 2000 de Normas para la Simplificación Administrativa. Con este Código se dio un paso de avance en la codificación del derecho administrativo, al haberse regulado en un texto que sigue siendo único en el continente, todos los aspectos del procedimiento administrativo y del proceso contencioso administrativo. Debe recordarse que Colombia fue el único país de América Latina que adoptó el modelo francés de la dualidad de jurisdicciones: una jurisdicción judicial que tiene en su cúspide a la Corte Suprema de Justicia, y una jurisdicción contencioso-administrativa que tiene en su cúspide al Consejo de Estado. Dada esta peculiar situación, desde 1941 se había dictado un Código Contencioso-Administrativo (Ley 167/1941), en el cual se reguló exclusivamente el procedimiento judicial ante la jurisdicción contencioso-administrativa. Con base en la labor de la jurisprudencia, en 1980 se propuso la reforma y adaptación del Código, lo cual con-

---

4 Alcance N° 90 *La Gaceta* N° 102 de 30 de mayo de 1978.

5 *V.* Allan R. Brewer Carías "Comentarios sobre los Principios generales de la Ley General de Administración Pública de Costa Rica, *Revista del Seminario Internacional de Derecho Administrativo,* Colegio de Abogados de Costa Rica, San José, 1981, p. 31.

6 *Gaceta Oficial* N° 2.818 Extraordinario de 1 de julio de 1981. *V.* sobre la Ley Orgánica en Allan R. Brewer-Carías et al., *Ley Orgánica de Procedimientos Administrativos,* Editorial Jurídica Venezolana, Caracas, 1982.

7 *V. Informe sobre la Reforma de la Administración Pública Nacional,* Comisión de Administración Pública, Caracas, 1972, Vol. 2, p. 392.

8 *V.* Allan R. Brewer Carías, *El Derecho Administrativo y la Ley Orgánica de Procedimientos Administrativos,* Editorial Jurídica Venezolana, Caracas, 1985, pp. 379-412.

9 *V.* sobre esta Ley, Allan R. Brewer Carías et al., *la Ley Orgánica de la Administración Pública,* Editorial Jurídica Venezolana, Caracas, 2008.

dujo a la sanción del Decreto N° 01 de 1984, mediante el cual se le agregó al Código un nuevo "Libro" relativo al "procedimiento administrativo", diferenciado del "procedimiento ante la jurisdicción en lo contencioso-administrativo"[10]. Esta importante legislación nacional reguladora del procedimiento administrativo y del proceso contencioso administrativo fue recientemente reforma en 2011, mediante la Ley 1437 contentiva del nuevo Código de Procedimiento Administrativo y de lo Contencioso Administrativo.[11]

Después del Código Colombiano de 1984, el proceso de codificación del derecho administrativo en Latinoamérica continuó con la Ley de Procedimiento Administrativo de Honduras de 1987; y luego de un período de casi diez años, se dictó en México, la Ley Federal de Procedimiento Administrativo de 1994, con última reforma en 2011; en Brasil, la Ley N° 9.784 que regula el proceso administrativo en el ámbito de la Administración Pública Federal de 29 de enero de 1999; en Panamá, la Ley N° 38 de 31 de julio de 2000, del Estatuto Orgánico de la Procuraduría de la Administración, regula el Procedimiento Administrativo General y dicta disposiciones especiales; en Perú, la Ley N° 27.444 del Procedimiento Administrativo General, de abril de 2001; en Bolivia, la Ley N° 2341 de 23 de abril de 2002 sobre Ley de Procedimiento Administrativo; y en Chile, la Ley N° 19.880 de 29 de mayo de 2003, de Ley de Procedimientos Administrativos. En Ecuador también se dictó el Estatuto del Régimen Jurídico Administrativo de la Función Ejecutiva por Decreto Ejecutivo N° 1634 de 1994, que regula aspectos del procedimiento administrativo.

Siguiendo la evolución histórica de la legislación relativa al derecho administrativo, este conjunto de leyes generalmente tuvo, en cada país, antecedente en disposiciones reglamentarias, incluso establecidas como normativa general, como fue el caso de Uruguay. Igualmente, como antecedente reglamentario general, debe citarse el Reglamento de Normas Generales de Procedimiento Administrativo de Perú, dictado por Decreto Supremo 006-SC de 11 de noviembre de 1967, el cual, fue el primer texto comprehensivo que reguló el procedimiento administrativo en América Latina con evidentes influencias de la Ley española de 1958, donde mediante el Decreto Supremo se dictó un "Reglamento de Normas Generales de Procedimientos Administrativos" a cuyo texto debía ajustarse la actuación administrativa de los órganos del Poder Ejecutivo, de los establecimientos públicos y de los gobiernos locales, "siempre que no se opusieran a las leyes o sus reglamentos especiales" (art. 1). En esta forma, si bien se establecieron principios generales de la acción administrativa, ello se hizo con un texto de rango reglamentario y supletorio, lo que implicó, en la práctica, que dicho texto no hubiera tenido mayor influencia en el desarrollo del derecho administrativo peruano. Lo contrario ha ocurrido, sin embargo, en 2001 con la ya mencionada y muy importante Ley N° 27.444 del Procedimiento Administrativo General, de abril de 2001, en la cual se recogieron todos los principios que se habían venido desarrollando en la materia en toda América Latina.

---

10 El Decreto 01 se dictó con base en la Ley 58 de 1982. Posteriormente con base en la Ley 30 de 1987, mediante Decreto 2304, de 7 de octubre de 1989, se introdujeron reformas al Código Contencioso Administrativo.

11 *V. Diario Oficial* N° 47.956 de 18 de enero de 2011. *V.* algunos comentarios sobre dicha reforma en Allan R. Brewer-Carías, "Los principios del procedimiento administrativo en el Código de Procedimiento Administrativo y de lo Contencioso Administrativo de Colombia (Ley 1437 de 2011)," en *Congreso Internacional de Derecho Administrativo, X Foro Iberoamericano de Derecho Administrativo*. El Salvador, 2011, pp. 879-918; "Los principios generales del procedimiento administrativo en la Ley 1437 de 2011 contentiva del Código de Procedimiento Administrativo y de lo Contencioso Administrativo de Colombia" en *Visión actual de los Procedimientos Administrativos, III Congreso de Derecho Administrativo Margarita 2011*, Centro de Adiestramiento Jurídico "CAJO" y Editorial Jurídica Venezolana, Caracas 2011, pp. 13-48

Todos estos textos, en una forma u otra puede decirse que tienen un rasgo común y es la influencia de la legislación española a través de las importantísimas y ya derogadas Ley de Régimen Jurídico de la Administración del Estado de 1957 y Ley de Procedimientos Administrativos de 1958, los cuales fueron sustituidos en España por la Ley 30/1992 de Régimen Jurídico de las Administraciones Públicas y del Procedimiento Administrativo Común (modificada por Ley 4/1999 de 13 de enero de 1999).

Otro rasgo común de este conjunto normativo es que abarcan todo el proceso de producción de las decisiones administrativas, lo que conduce a una muy importante regulación en relación con los actos administrativos. Por ello puede considerarse que casi todas estas leyes, son básicamente, leyes relativas al régimen jurídico del acto administrativo.

Además, todas las leyes regulan el desarrollo de la actividad de la Administración para obtener la adecuada satisfacción de los intereses públicos, y además, buscan que los derechos de los administrados estén debidamente garantizados; de lo que deriva otro rasgo común de las mismas en el sentido de establecer las formas de la actuación de la Administración en sus relaciones con los particulares, de manera que se desarrollen con el menor formalismo posible, evitando la realización o exigencias de trámites, formulismos o recaudos innecesarios o arbitrarios que compliquen o dificulten la acción administrativa.

II. LA ENUMERACIÓN DE LOS PRINCIPIOS DEL PROCEDIMIENTO ADMINISTRATIVO EN LAS LEYES LATINOAMERICANAS

Una característica general de estas leyes de procedimiento administrativo en América Latina, es la enumeración en el propio texto de las leyes, del conjunto de principios generales sobre los mismos,[12] los cuales, como consecuencia de ello, ya no se tuvieron que deducir de la interpretación judicial, permitiendo así al juez contencioso administrativo o de control de la actividad administrativa, tener más precisas herramientas de control sobre la actuación administrativa.

Fue así como en la Ley argentina de procedimientos administrativos se comenzó por enunciar, en su artículo 1°, como los principios que rigen en el procedimiento administrativo, la "impulsión e instrucción de oficio," la "celeridad, economía, sencillez y eficacia en los trámites" y el "informalismo," consistente en la "excusación de la inobservancia por los interesados de exigencias formales no esenciales y que puedan ser cumplidas posteriormente."

Esta orientación se siguió en todas las leyes de procedimiento administrativo, en un proceso signado por la progresividad. Por ejemplo, en la Ley de Honduras se precisó que "la actividad administrativa debe estar presidida por principios de economía, simplicidad, celeridad y eficacia que garanticen la buena marcha de la Administración", a fin de lograr una pronta y efectiva satisfacción del interés general (art. 19).

---

12 *V.* Allan R. Brewer-Carías, "Principios del Procedimiento Administrativo. Hacia un estándar continental," en Christian Steiner (Ed), *Procedimiento y Justicia Administrativa en América Latina,* Konrad Adenauer Stiftung, Konrad Adenauer, México 2009, pp. 163-199.

En el caso de Venezuela, además de los principios de celeridad, economía, sencillez y eficacia, la Ley Orgánica de Procedimientos Administrativos agregó el principio de imparcialidad (art. 30) y, adicionalmente, la Ley de Simplificación de Trámites Administrativos de 1999, reformada en 2008 enumeró los siguientes principios en los cuales se debe fundamentar la simplificación de trámites administrativos: "conforme a los cuales se deben elaborar los planes de simplificación, que son: "simplicidad, transparencia, celeridad, eficacia, eficiencia, rendición de cuentas, solidaridad, presunción de buena fe del interesado o interesada, responsabilidad en el ejercicio de la función pública, desconcentración en la toma de decisiones por parte de los órganos de dirección y su actuación debe estar dirigida al servicio de las personas."

Estos principios se repitieron en el artículo 10 de la Ley Orgánica de la Administración Pública de 2001, reformada en 2008, al precisar que su actividad se debe desarrollar con base en "los principios de economía, celeridad, simplicidad, rendición de cuentas, eficacia, eficiencia, proporcionalidad, oportunidad, objetividad, imparcialidad, participación, honestidad, accesibilidad, uniformidad, modernidad, transparencia, buena fe, paralelismo de la forma y responsabilidad en el ejercicio de la misma, con sometimiento pleno a la ley y al derecho, y con supresión de las formalidades no esenciales." A la norma se agregó, además, la indicación de que "La simplificación de los trámites administrativos, así como la supresión de los que fueren innecesarios será tarea permanente de los órganos y entes de la Administración Pública, de conformidad con los principios y normas que establezca la ley correspondiente."

En Ecuador, igualmente, la Ley de Modernización del Estado precisó que los procesos de modernización se deben sujetar a los principios de eficiencia, agilidad, transparencia, coparticipación en la gestión pública y solidaridad social.

En el Código de Colombia, además de todos estos principios de eficacia, economía y celeridad, se agregaron otros como los de publicidad, contradicción y conformidad con el propio Código (art. 3); a los que se sumaron en la reforma del Código de 2011 los principios "del debido proceso, igualdad, imparcialidad, buena fe, moralidad, participación, responsabilidad, transparencia, coordinación" (art. 3)

En la Ley Federal de México, se siguió la misma orientación del texto colombiano, incluyéndose el agregado del principio de la buena fe (art. 13).

Hay otros textos, como el Decreto del Uruguay, donde la enunciación de los principios es más extensa y comprensiva, como resulta de su artículo 2, conforme al cual la Administración Pública debe servir con objetividad los intereses generales con sometimiento pleno al derecho y debe actuar de acuerdo a los siguientes principios generales: a) Imparcialidad; b) Legalidad objetiva; c) Impulsión de oficio; d) Verdad material; e) Economía, celeridad y eficacia; f) Informalismo en favor del administrado; g) Flexibilidad, materialidad y ausencia de ritualismos; h) Delegación material; i) Debido procedimiento; j) Contradicción; k) Buena fe, lealtad y presunción de verdad salvo prueba en contrario; l) Motivación de la decisión; y m) Gratuidad.

En el mismo sentido se destaca la Ley de Brasil, la cual destinó al tema de los principios del procedimiento administrativo un extenso artículo (art. 2), en el cual se enumeran además de un conjunto de criterios que deben guiar los procedimientos administrativos, los "*principios da legalidade, finalidade, motivaçao, razoabilidade, proporcionalidade, moralidade, ampla defesa, contraditório, segurança juridica, interesse público e eficiência.*"

También en la Ley del Perú de 2001 se produjo un avance fundamental en este proceso de positivización de los principios del procedimiento administrativo, al precisar en el artículo IV del Título Preliminar que el procedimiento administrativo, sin perjuicio de la vigencia de otros principios general del derecho administrativo, se sustenta fundamentalmente en los siguientes principios, que se enumeran a título enunciativo y no taxativo: principio de legalidad; principio del debido procedimiento; principio del impulso de oficio; principio de razonabilidad; principio de imparcialidad; principio de informalismo; principio de presunción de veracidad; principio de conducta procedimental; principio de celeridad; principio de eficacia; principio de verdad material; principio de participación; principio de simplicidad; principio de uniformidad; principio de predictibilidad; principio de privilegio de controles posteriores.

Una enunciación similar, de carácter exhaustivo se puede encontrar en la Ley de Bolivia de 2002, en la cual el artículo 4, además de precisar que "desempeño de la función pública está destinado exclusivamente a servir los intereses de la colectividad," enumera e incluso define los siguientes principios a los que debe sujetarse la Administración Pública: de autotutela, de sometimiento pleno a la ley, de verdad material, de buena fe: de imparcialidad: de legalidad y presunción de legitimidad, de jerarquía normativa, de control judicial, de eficacia, de economía, simplicidad y celeridad, de informalismo, de publicidad, de impulso de oficio, de gratuidad, y de proporcionalidad.

En la Ley N° 38 de Panamá, entre las misiones de la Procuraduría de la Administración se indica la "coadyuvar a que la Administración Pública desarrolle su gestión con estricto apego a los principios de legalidad, calidad, transparencia, eficiencia, eficacia y moralidad en la prestación de los servicios públicos" (art. 3,2); y luego en su artículo 34 se precisa que "las actuaciones administrativas en todas las entidades públicas se efectuarán con arreglo a normas de informalidad, imparcialidad, uniformidad, economía, celeridad y eficacia, garantizando la realización oportuna de la función administrativa, sin menoscabo del debido proceso legal, con objetividad y con apego al principio de estricta legalidad."

Por último, en la Ley N° 19.880 de Procedimientos administrativos de Chile de 2003, también se indica que el procedimiento administrativo estará sometido a los principios de escrituración, gratuidad, celeridad, conclusivo, economía procedimental, contradictoriedad, imparcialidad, abstención, no formalización, inexcusabilidad, impugnabilidad, transparencia y publicidad (Art. 4).

Estos principios, además, como lo señala el artículo 2 de la Ley de Brasil, deben servir como criterio interpretativo para resolver las cuestiones que puedan suscitarse en la aplicación de las normas de procedimiento.

En el mismo sentido, se regula en la Ley de Honduras (art. 19 y 114) y la Ley del Perú (artículo IV del Título preliminar), donde se señaló no sólo que los principios deben servir de criterio interpretativo para resolver las cuestiones que puedan suscitarse en la aplicación de las reglas de procedimiento, sino además, como parámetros para la generación de otras disposiciones administrativas de carácter general, y para suplir los vacíos en el ordenamiento administrativo.

Por ello, una enumeración extensísima de principios del procedimiento administrativo, como la contenida en las leyes de Brasil, de Uruguay y de Perú, sin duda, como se dijo, tiene la ventaja de permitir al juez contencioso-administrativo ejercer un control más efectivo y con mayor amplitud en relación con la actividad administrativa.

Pero por supuesto, mucho más importante que la sola enumeración de los principios, es la definición en los textos legales del contenido de los mismos, como ocurre con el artículo 4 de la Ley de Bolivia antes mencionado. Es lo que hacen el Código colombiano (art. 2) y más extensamente, la Ley del Perú, en la cual su artículo IV, 1.2 del Título Preliminar dispuso que los administrados deben gozar de todos los derechos y garantías inherentes al debido procedimiento administrativo, el cual se rige por los principios de derecho administrativo, que comprende el derecho a exponer sus argumentos, a ofrecer y producir pruebas y a obtener una decisión motivada y fundada en derecho.

Ahora bien, como se dijo, la enumeración de los principios del procedimiento administrativo en el derecho positivo, comenzó con la Ley argentina de procedimiento administrativo de 1972, en la cual sólo se enumeraron los siguientes: en *primer lugar*, el principio de la oficialidad ("impulsión e instrucción de oficio"); en *segundo lugar*, el principio de celeridad; en *tercer lugar*, el principio de economía; en *cuarto lugar* el principio de sencillez; en quito lugar, el principio de eficacia; y en *quinto lugar* el principio de "informalismo" ("excusación de la inobservancia por los interesados de exigencias formales no esenciales y que puedan ser cumplidas posteriormente").

Nuestra intención ene notas es establecer cómo esos principios, que fueron solamente enumerados en la Ley argentina, se han venido definiendo en las leyes latinoamericanas, precisando su sentido y alcance.

III. EL PRINCIPIO DE OFICIALIDAD

Siendo el procedimiento administrativo básicamente un asunto de la Administración, uno de los principios generales establecidos en las leyes de procedimiento administrativo es el principio de la oficialidad, del cual deriva el principio del impulso de oficio que la Ley argentina refiere como impulsión e instrucción de oficio" y la Ley de Bolivia define en el sentido de que "la Administración Pública está obligada a impulsar el procedimiento en todos los trámites en los que medie el interés público"(art. 4.n).

1. El principio de la iniciativa de oficio

Los procedimientos administrativos, por tanto, como principio deben ser impulsados de oficio por la Administración, lo que implica que aún cuando sea común que el administrado tenga derecho a participar en los procedimientos que lo afectan por ejemplo, instado a la Administración para iniciar su actividad, siendo esta, en definitiva, un asunto de esta última; una vez desencadenado el procedimiento administrativo, el desarrollo y movilización del mismo está a cargo de la propia Administración, por lo que es a ella a quien le compete, y no a un tercero, impulsarlo de oficio, para la realización de la secuencia de actos que deben concluir con la emisión de un acto administrativo definitivo.

Pero por supuesto, hay procedimientos que sólo pueden iniciarse por exclusivo interés de los particulares, en cuyo caso, la Administración no tiene el deber de proseguirlos por sí sola, por lo que puede darlos por terminados antes del término legal previsto para su conclusión, ante la inercia del interesado, aplicándose aquí lo ya señalado sobre la caducidad de los procedimientos.

Ahora bien, este principio de la oficialidad comprende otros aspectos fundamentales conforme a los cuales se puede sistematizar el análisis de todas las normas de las leyes latinoamericanas en la materia; y éstos son: el principio de la iniciación de oficio (iniciativa oficial), es decir, la posibilidad de que el procedimiento se inicie, además de a instancia de parte, de oficio por la Administración; el principio inquisitivo, como guía de todo el procedimiento administrativo, denominado también principio de instrucción; el principio de imparcialidad; y, el principio de la buena fe.

En esta materia, puede decirse que todas las leyes sobre procedimiento administrativo establecen el principio clásico de que el mismo puede iniciarse de oficio, es decir, por iniciativa de la propia Administración, o a petición de parte, es decir, con base en el ejercicio del derecho de petición. Así lo establecen las leyes de Argentina (art. 1), de México (art. 14), de Uruguay (art. 15), de Honduras (art. 60), de Venezuela (art. 48), de Colombia (art. 28), de Bolivia (art. 39), de Perú (art. 103), de Brasil (art. 5), de Panamá (art. 64), y de Chile (Art. 28).

Ahora bien, como garantía del derecho de la defensa, las leyes disponen que aún iniciado de oficio y aún siendo el procedimiento tarea de la Administración, esta está obligada a dejar participar en el mismo a los administrados interesados para garantizarles el derecho a la defensa. Así lo precisa, por ejemplo, la Ley Orgánica venezolana al disponer que en los casos de iniciación de oficio, la autoridad administrativa debe notificar a los particulares cuyos derechos subjetivos o intereses legítimos, personales y directos pudieren resultar afectados, concediéndoles un plazo para que expongan sus pruebas y aleguen sus razones (art. 48). Estos principios se recogen además, detalladamente en la Ley peruana, cuyo artículo 104, destinado a regular el inicio de oficio, dispone lo siguiente:

> "104.1 Para el inicio de oficio de un procedimiento debe existir disposición de autoridad superior que la fundamente en ese sentido, una motivación basada en el cumplimiento de un deber legal o el mérito de una denuncia.
>
> 104.2 El inicio de oficio del procedimiento es notificado a los administrados determinados cuyos intereses o derechos protegidos puedan ser afectados por los actos a ejecutar, salvo en caso de fiscalización posterior a solicitudes o a su documentación, acogidos a la presunción de veracidad. La notificación incluye la información sobre la naturaleza, alcance y de ser previsible, el plazo estimado de su duración, así como de sus derechos y obligaciones en el curso de tal actuación.
>
> 104.3 La notificación es realizada inmediatamente luego de emitida la decisión, salvo que la normativa autorice que sea diferida por su naturaleza confidencial basada en el interés público."

2. El principio inquisitivo

El otro principio derivado del principio de la oficialidad es el principio inquisitivo, conforme al cual, como lo establece en la Ley argentina, corresponde a la Administración, la "impulsión e instrucción de oficio", sin perjuicio de la participación de los interesados en las actuaciones (art. 1.a).

Este principio también está establecido como principio del procedimiento administrativo, como se dijo, en la Ley de Bolivia (art. 4.n), e igualmente en la Ley del Perú (artículo IV, Título Preliminar), donde se dispone así:

> "1.3 *Principio de impulso de oficio.* Las autoridades deben dirigir e impulsar de oficio el procedimiento y ordenar la realización o práctica de los actos que resulten convenientes para el esclarecimiento y resolución de las cuestiones necesarias."

Esta misma expresión se encuentra en las leyes de Brasil (art. 29) y de Costa Rica (art. 222) y, en sentido similar, se desarrolla en la Ley del Perú (art. 159). De ello deriva el principio de que la Administración debe "impulsar de oficio en todos sus trámites" (art. 64, Ley de Honduras) el procedimiento administrativo, con lo cual la conducción del procedimiento, la prueba y las medidas que puedan adoptarse a lo largo del mismo deben ser iniciativa de la Administración y no requieren el impulso procesal de los interesados, sin perjuicio de que éstos puedan participar en el procedimiento. En consecuencia, la Administración es la responsable de al menos esos tres elementos en el procedimiento: la conducción del procedimiento; la sustanciación del mismo; las pruebas y las medidas preventivas, sin perjuicio de que en cada una de esas fases puedan actuar los particulares.

Por ello, la Ley de Venezuela establece que:

> "*Artículo* 53. La Administración, de oficio o a instancia del interesado, cumplirá todas las actuaciones necesarias para el mejor conocimiento del asunto que deba decidir, siendo de su responsabilidad impulsar el procedimiento en todos sus trámites."

3. El principio de imparcialidad

El principio de oficialidad que permite a la Administración iniciar y conducir el procedimiento, impone la necesidad de garantizar los derechos de los Administrados, frente a la actuación de los funcionarios, de lo que deriva el principio de la imparcialidad, derivado del principio de igualdad y no discriminación de los administrados. Conforme a este principio, la Administración, en el curso del procedimiento y al decidirlo, no debe tomar partido, ni inclinar la balanza o beneficiar ilegítimamente a una parte en perjuicio de otra, sino que debe tomar su decisión únicamente conforme al ordenamiento jurídico y con la finalidad de interés general que la motiva.

Este principio se ha establecido en la Ley de Bolivia en el sentido de que "las autoridades administrativas actuarán en defensa del interés general, evitando todo género de discriminación o diferencia entre los administrados"(art. 4.f); y se encuentra regulado el Artículo 30 de la Ley venezolana, cuando exige a la Administración tratar en igual forma a todos los particulares y no puede establecer ningún tipo de discriminación respecto de ellos, ni parcializarse por ninguna posición y debe mantener siempre una posición imparcial. El principio también está recogido en el Código colombiano, en la siguiente forma:

> "*Artículo* 3. En virtud del principio de imparcialidad la autoridades deberán actuar teniendo en cuenta que la finalidad de los procedimientos consiste en asegurar y garantizar los derechos de todas las personas sin ningún género de discriminación; por consiguiente, deberán darles igualdad de tratamiento, respetando el orden en que actúen ante ellos."

También lo establece, como principio del procedimiento administrativo, el artículo IV del Título Preliminar de la Ley del Perú, así:

> "1.5 *Principio de imparcialidad.* Las autoridades administrativas actúan sin ninguna clase de discriminación entre los administrados, otorgándole tratamiento y tutela igualitarios frente al procedimiento, resolviendo conforme al ordenamiento jurídico y con atención al interés general."

La Ley 19.880 de Chile también recoge el principio así:

> "*Artículo* 11. Principio de imparcialidad. La Administración debe actuar con objetividad y respetar el principio de probidad consagrado en la legislación, tanto en la substanciación del procedimiento como en las decisiones que adopte.
>
> Los hechos y fundamentos de derecho deberán siempre expresarse en aquellos actos que afectaren los derechos de los particulares, sea que los limiten, restrinjan, priven de ellos, perturben o amenacen su legítimo ejercicio, así como aquellos que resuelvan recursos administrativos."

4. El principio de la publicidad

Otro principio fundamental que como contrapeso se erige frente al principio de la oficialidad, es el principio de la publicidad, que conlleva a que los asuntos que se tramitan ante la Administración Pública deben ser públicos y de acceso del público. En tal sentido, en el artículo 16 de la Ley 19.880 de Chile se establece el "principio de transparencia y de publicidad", en la siguiente forma:

> "*Artículo* 16. *Principio de Transparencia y de Publicidad.* El procedimiento administrativo se realizará con transparencia, de manera que permita y promueva el conocimiento, contenidos y fundamentos de las decisiones que se adopten en él.
>
> En consecuencia, salvo las excepciones establecidas por la ley o el reglamento, son públicos los actos administrativos de los órganos de la Administración del Estado y los documentos que le sirvan de sustento o complemento directo o esencial."

Este principio se manifiesta, por supuesto en concreto, respecto de las decisiones de la Administración Pública, como lo regula el Código de Colombia, "en virtud del principio de publicidad, las autoridades darán a conocer sus decisiones mediante las comunicaciones, notificaciones o publicaciones que ordenan este Código y la ley" (art. 3°).

5. El principio de la buena fe y del mutuo respeto

Por último, entre las nuevas tendencias del derecho administrativo, aún cuando sólo encuentran regulaciones aisladas en las leyes de procedimiento administrativo, derivado del principio de la oficialidad, puede identificarse el principio de la buena fe, como elemento fundamental que debe estar a la base de las relaciones jurídicas entre la Administración Pública y los administrados, que precisamente formaliza el procedimiento administrativo.

El principio de la buena fe, por supuesto, en esta perspectiva debe regir tanto para el administrado como para la Administración, como lo indica la Ley del Perú (art. IV, 1.8), de manera que entre los deberes del interesado, conforme a la Ley de Brasil, esta "el proceder con lealtad, urbanidad y buena fe", no actuar de modo temerario y "exponer los hechos conforme a la verdad" (art. 4).

Dicho principio lo recoge en general la Ley de Uruguay, así:

> "*Artículo* 6°. Las partes, sus representantes y abogados patrocinantes, los funcionarios públicos y, en general, todos los partícipes del procedimiento, ajustarán su conducta al respeto mutuo y a la lealtad y buena fe."

Y en la Ley de Bolivia, en su artículo 4,e así:

> "*Principio de buena fe*: En la relación de los particulares con la Administración Pública se presume el principio de buena fe. La confianza, la cooperación y la lealtad en la actuación de los servidores públicos y de los ciudadanos; orientarán el procedimiento administrativo."

El principio, por lo demás, se encuentra detalladamente regulado en la Ley de Simplificación de Trámites Administrativos de Venezuela de 1999, reformada en 2008 (arts. 9 a 20), donde se regula la "presunción de buena fe del ciudadano," de manera que la Administración, en todas sus actuaciones, "debe tener como cierta la declaración del administrado" (art. 9). Este principio lo recoge expresamente, también, la Ley del Perú, (art. IV, 1.7; art. 42).

La presunción de buena fe, por otra parte, en el procedimiento administrativo se también se manifiesta como presunción de licitud, vinculado a derecho del administrado a la presunción de inocencia, tal como se manifiesta en la Ley de Uruguay cuando habla del procedimiento disciplinario de funcionarios como un procedimiento especial, así:

> "*Artículo* 170. El funcionario público sometido a un procedimiento disciplinario tiene derecho al respeto de su honra y al reconocimiento de su dignidad; y se presumirá su inocencia mientras no se establezca legalmente su culpabilidad por resolución firme dictada con la garantía del debido proceso. (Convención Americana de Derechos Humanos, "Pacto de San José de Costa Rica", art. 8 numerales 2 y 11)."

Pero en general, en los procedimientos sancionatorios, la Ley peruana define la "presunción de licitud", estableciendo que las entidades "deben presumir que los administrados han actuado apegados a sus deberes mientras no cuenten con evidencia en contrario" (art. 230,9), lo que implica la presunción de que el derecho reclamado por el administrado es justo. Ello ha conducido, también, al principio *favor pro accione* o posición favorable al accionante, el cual debería ser un principio fundamental en materia de procedimiento.

El principio de la buena fe también se recoge en la Ley del Perú, al regular el "principio de la conducta procedimental" (art. IV, Título Preliminar), así:

> "1.8 *Principio de conducta procedimental*. La autoridad administrativa, los administrados, sus representantes o abogados y, en general, todos los partícipes del procedimiento, realizan sus respectivos actos procedimentales guiados por el respeto mutuo, la colaboración y la buena fe. Ninguna regulación del procedimiento administrativo puede interpretarse de modo tal que ampare alguna conducta contra la buena fe procesal."

En la reforma del Código de procedimiento administrativo y contencioso administrativo de Colombia de 2011, también se recogió el mismo principio al disponer el artículo 3.4 que "en virtud del principio de buena fe, las autoridades y los particulares presumirán el comportamiento leal y fiel de unos y otros en el ejercicio de sus competencias, derechos y deberes."

De allí que el principio de lealtad también derive del principio de la buena fe, lo que implica que las partes en el procedimiento no deben ocultar hechos o documentos que les interesen mutuamente, lo que a la vez ha implicado el desarrollo del derecho de acceso a la información en materia administrativa y la reducción de las áreas de confidencialidad en los documentos administrativos, tan importantes en décadas pasadas.

El respeto mutuo que deriva del principio de la buena fe y de la lealtad, por otra parte, comienzan a ser el canal para que la construcción del principio de la confianza legítima, que debe existir como base de la relación jurídica entre la Administración y los administrados, particularmente cuando las actuaciones reiteradas de los funcionarios y de los órganos de la Administración Pública, hacen nacer expectativas jurídicas legítimas en cabeza de los aquellos que la propia Administración debe respetar y que han de ser apreciadas por el juez. De este principio surge, además, el principio de la seguridad jurídica en sus variadas manifestaciones (el principio de la predictibilidad, la proscripción de la *reformatio in pejus*, el principio *non bis in idem*, la presunción de inocencia, y el principio de la irretroactividad) y el principio de la irrevocabilidad de los actos administrativos que, una vez dictados, también por cuestiones de seguridad jurídica, deben mantenerse, salvo los casos de nulidad absoluta.

IV. EL PRINCIPIO DE LA CELERIDAD

Otro de los principios generales que se ha formulado en forma expresa en todas las leyes de procedimiento administrativo, partiendo de la indicación inicial de la ley argentina, es el principio de la celeridad. En efecto, si el procedimiento es un asunto de la Administración, es decir, si la Administración es la responsable del procedimiento, el principio consecuencial establecido en garantía de los particulares, es que debe ser desarrollado con la mayor rapidez y celeridad posible. Como lo establece la Ley peruana en el art. IV del Título Preliminar:

> "1.9 *Principio de celeridad.* Quienes participan en el procedimiento deben ajustar su actuación de tal modo que se dote al trámite de la máxima dinámica posible, evitando actuaciones procesales que dificulten su desenvolvimiento o constituyan meros formalismos, a fin de alcanzar una decisión en tiempo razonable, sin que ello releve a las autoridades del respeto al debido procedimiento o vulnere el ordenamiento."

Las diversas leyes de procedimiento administrativo de América Latina, por supuesto, no definen necesariamente los diversos principios en forma uniforme, lo que sin duda ocurre con el principio de la celeridad. Por ejemplo, el Código de Procedimiento Administrativo y de lo Contencioso Administrativo de Colombia, de 1984, al definir el principio de celeridad, señalaba que en virtud del mismo:

> "Las autoridades tendrán el impulso oficioso de los procedimientos, suprimirán los trámites innecesarios, utilizarán formularios para actuaciones en serie cuando la naturaleza de ellas lo haga posible y sin que ello releve a las autoridades de la obligación de considerar todos los argumentos y pruebas de los interesados."

Se identificó así el principio, con el principio de la impulsión de oficio y el principio de la sencillez o simplificación, lo que se repitió, aun cuando con distinta redacción en la reforma del Código de 2011, donde el principio de la celeridad se definió indicándose que en virtud del mismo:

> "Las autoridades impulsarán oficiosamente los procedimientos, e incentivarán el uso de las tecnologías de la información y las comunicaciones, a efectos de que los procedimientos se adelanten con diligencia, dentro de los términos legales y sin dilaciones injustificadas

La Ley del Perú, por su parte, en relación con este mismo principio de celeridad, dispuso en el artículo IV, 1.9 del Título Preliminar, como obligación para quienes participan en el procedimiento, el que deben ajustar su actuación de tal modo que:

> "Se dote al trámite de la máxima dinámica posible, evitando actuaciones procesales que dificulten su desenvolvimiento o constituyan meros formalismos, a fin de alcanzar una decisión en tiempo razonable, sin que ello releve a las autoridades del respeto al debido procedimiento o vulnere el ordenamiento."

La Ley de Bolivia, al referirse a la celeridad, enunció el principio conjuntamente con los de economía, y simplicidad, exigiendo que los procedimientos administrativos "se desarrollarán con economía, simplicidad y celeridad, evitando la realización de trámites, formalismos o diligencias innecesarias. (art. 4.f)

En otras legislaciones también se enuncia el principio de la celeridad, como es el caso por ejemplo, de la Ley General de Costa Rica, donde el artículo 225.1 dispone que el "órgano deberá conducir el procedimiento con la intención de lograr un máximo de celeridad y eficiencia, dentro del respeto al ordenamiento y a los derechos e intereses del administrado," y el artículo 269,1 precisa que la actuación administrativa se debe realizar "con arreglo a normas de economía, simplicidad, celeridad y eficiencia."

En sentido similar, la Ley 19880 de Chile dispone sobre el principio de celeridad, lo siguiente:

> "*Artículo 7°. Principio de celeridad.* El procedimiento, sometido al criterio de celeridad, se impulsará de oficio en todos sus trámites.
>
> Las autoridades y funcionarios de los órganos de la Administración del Estado deberán actuar por propia iniciativa en la iniciación del procedimiento de que se trate y en su prosecución, haciendo expeditos los trámites que debe cumplir el expediente y removiendo todo obstáculo que pudiere afectar a su pronta y debida decisión.
>
> En el despacho de los expedientes originados en una solicitud o en el ejercicio de un derecho se guardará el orden riguroso de ingreso en asuntos de similar naturaleza, salvo que por el titular de la unidad administrativa se dé orden motivada en contrario, de la que quede constancia."

V. LOS PRINCIPIOS DE ECONOMÍA Y DE SENCILLEZ

El procedimiento administrativo, siendo un asunto de la Administración, conforme a las leyes de procedimiento administrativo está signado por los principios de economía y sencillez, exigiéndose de la misma la necesidad de racionalizar la actividad administrativa, originando además, otros principios, como el de la simplicidad (normalización o uniformización) que ha sido definido en la Ley del Perú, en su artículo IV del Título Preliminar, como sigue:

> "1.13 *Principio de simplicidad.* Los trámites establecidos por la autoridad administrativa deberán ser sencillos, debiendo eliminarse toda complejidad innecesaria; es decir, los requisitos exigidos deberán ser racionales y proporcionales a los fines que se persigue cumplir.
>
> 1.14 *Principio de uniformidad.* La autoridad administrativa deberá establecer requisitos similares para trámites similares, garantizando que las excepciones a los principios generales no serán convertidos en la regla general. Toda diferenciación deberá basarse en criterios objetivos debidamente sustentados.

Indica, además la Ley del Perú, que en todo caso, los procedimientos administrativos se deben desarrollar "de oficio, de modo sencillo y eficaz, sin reconocer formas determinadas, fases procesales, momentos procedimentales rígidos para realizar determinadas actuaciones o responder a precedencia entre ellas", (art. 144); y la Ley de Bolivia precisa que "los procedimientos administrativos se desarrollarán con economía, simplicidad y celeridad, evitando la realización de trámites, formalismos o diligencias innecesarias"(RT. 4, K).

La Ley venezolana sobre Simplificación de Trámites Administrativos de 2008, por su parte, establece sobre este mismo principio, que:

> "*Artículo* 21. El diseño de los trámites administrativos debe realizarse de manera que los mismos sean claros, sencillos ágiles, racionales, pertinentes, útiles y de fácil entendimiento para las personas, a fin de mejorar las relaciones de éstos con la Administración Pública, haciendo eficiente y eficaz su actividad."

Además, la mencionada Ley, al desarrollar el principio de la simplicidad, transparencia, celeridad y eficacia de la actividad de la Administración señala que la Administración Pública no puede exigir requisitos adicionales a los contemplados en la normativa vigente, salvo los que se establezcan en los instrumentos normativos que se dicten en ejecución de dicha Ley (art. 10). Con carácter general, además, se dispone que los órganos y entes de la Administración Pública no puedan exigir para trámite alguno, la presentación de copias certificadas actualizadas de partidas de nacimiento, matrimonio o defunción, así como de cualquier otro documento público, salvo los casos expresamente establecidos por ley (art. 17). Adicionalmente, se dispone que los órganos y entes de la Administración Pública no puedan exigir copias certificadas de la partida de nacimiento como requisito para el cumplimiento de una determinada tramitación, cuando sea presentada la cédula de identidad, salvo los casos expresamente establecidos por ley (art. 18).

Por otra parte, se dispone que los órganos y entes de la Administración Pública, en virtud del principio de cooperación que debe imperar en sus relaciones interorgánicas, deben implementar bases de datos automatizadas de fácil acceso y no pueden exigir la presentación de copias certificadas o fotocopias de documentos que la Administración Pública tenga en su poder, o de los que tenga la posibilidad legal de acceder (art. 11).

Además, en aras de la simplicidad, la Ley agrega que los órganos y entes, en el ámbito de sus competencias, deben eliminar las autorizaciones innecesarias, solicitudes excesivas de información de detalle y, en general, la exigencia de trámites que entorpezcan la actividad administrativa (art. 13).

Por último, el artículo 14 de la Ley dispone en particular, que los órganos y entes de la Administración Pública deberán identificar y disponer la supresión de los requisitos y permisos no previstos en la Ley, que limiten o entraben el libre ejercicio de la actividad económica o la iniciativa privada.

Otro principio general derivado de la simplicidad es el principio de la economía procedimental, que se menciona en la generalidad de las leyes de procedimiento, como las leyes argentina (art. 7), hondureña (art. 19), venezolana (art. 30), uruguaya (art. 2) y mexicana (art. 13), y conlleva la necesidad de que los asuntos se decidan administrativamente con celeridad, en la forma más rápida posible, economizando lapsos y al menor costo posible.

El principio ha sido desarrollado ampliamente en la Ley 19880 de Chile, en la forma siguiente:

> "*Artículo* 9°. *Principio de economía procedimental.* La Administración debe responder a la máxima economía de medios con eficacia, evitando trámites dilatorios.
>
> Se decidirán en un solo acto todos los trámites que, por su naturaleza, admitan un impulso simultáneo, siempre que no sea obligatorio su cumplimiento sucesivo.

Al solicitar los trámites que deban ser cumplidos por otros órganos, deberá consignarse en la comunicación cursada el plazo establecido al efecto.

Las cuestiones incidentales que se susciten en el procedimiento, incluso las que se refieran a la nulidad de actuaciones, no suspenderán la tramitación del mismo, a menos que la Administración, por resolución fundada, determine lo contrario."

De allí el principio general, que deriva del artículo 116 de la Ley de Honduras, conforme al cual "los funcionarios responsables de la tramitación de los expedientes adoptarán las medidas que conduzcan a evitar todo entorpecimiento o demora por innecesarias diligencias".

En el Código colombiano también se encuentra una definición del principio de economía, al exigirse que:

"Las normas de procedimiento se utilicen para agilizar las decisiones, que los procedimientos se adelanten en el menor tiempo y con la menor cantidad de gastos de quienes intervienen en ellos, que no se exijan más documentos y copias que los estrictamente necesarios, ni autenticaciones ni notas de presentación personal sino cuando la ley lo ordene en forma expresa. (art. 3)."

En el Decreto de Uruguay también se desarrolla el principio al prescribir en su artículo 8 que "en el procedimiento administrativo deberá asegurarse la celeridad, simplicidad y economía del mismo y evitarse la realización o exigencia de trámites, formalismos o recaudos innecesarios o arbitrarios que compliquen o dificulten su desenvolvimiento".

VI. EL PRINCIPIO DE EFICACIA

En cuanto al principio de eficacia puede decirse que a partir de la Ley Argentina (art. 1) se lo incluyó expresamente en todas las leyes de procedimiento administrativo de América Latina, como por ejemplo, en las leyes de Venezuela (art. 30), de Honduras (art. 19), de Brasil (art. 2) y de México (art. 13), y en el Decreto de Uruguay (art. 2). De entre esas leyes, una definición precisa se encuentra en el Código colombiano (art. 3), en la Ley de Bolivia (art. 4, j), y en la Ley de Perú (art. IV, 10,1), en los cuales se privilegia en el procedimiento administrativo, el logro de su finalidad, para lo cual deben removerse todos los obstáculos formales y dilaciones innecesarias; debiendo prevalecer dicho logro sobre los formalismos siempre que no incidan en su validez ni disminuyan las garantías de los administrados.[13]

En el Código colombiano, el artículo 3.11 establece respecto a este principio, que en virtud del mismo:

"Las autoridades buscarán que los procedimientos logren su finalidad y, para el efecto, removerán de oficio los obstáculos puramente formales, evitarán decisiones inhibitorias, dilaciones o retardos y sanearán, de acuerdo con este Código las irregularidades procedimentales que se presenten, en procura de la efectividad del derecho material objeto de la actuación administrativa."

La Ley del Perú, en relación con este principio de la eficacia, la norma del artículo IV del Título Preliminar, es aún más explícita, al señalar:

---

13 *V.* Allan R. Brewer-Carías, "Los principios de legalidad y eficacia en las leyes de Procedimientos Administrativos en América Latina", en *IV Jornadas Internacionales de Derecho Administrativo Allan Randolph Brewer-Carías,* Caracas 9-12 noviembre de 1998, FUNEDA, Caracas 1998, pp. 21-90.

"1.10 *Principio de eficacia.* Los sujetos del procedimiento administrativo deben hacer prevalecer el cumplimiento de la finalidad del acto procedimental, sobre aquellos formalismos cuya realización no incida en su validez, no determinen aspectos importantes en la decisión final, no disminuyan las garantías del procedimiento, ni causen indefensión a los administrados.

En todos los supuestos de aplicación de este principio, la finalidad del acto que se privilegie sobre las formalidades no esenciales deberá ajustarse al marco normativo aplicable y su validez será una garantía de la finalidad pública que se busca satisfacer con la aplicación de este principio."

Sobre este principio de la eficacia, el artículo 19 de Ley Orgánica de la Administración Pública de Venezuela dispone que la actividad de los órganos y entes de la Administración Pública debe perseguir el cumplimiento eficaz de los objetivos y metas fijados en las normas, planes y compromisos de gestión, bajo la orientación de las políticas y estrategias establecidas por el Presidente de la República, la Comisión Central de Planificación, el gobernador, o el alcalde, según el caso (art. 19). Para ello, el funcionamiento de los órganos y entes de la Administración Pública, se debe sujetar a las políticas, estrategias, metas y objetivos que se establezcan en los respectivos "planes estratégicos, compromisos de gestión y lineamientos dictados conforme a la planificación centralizada," y debe comprender el seguimiento de las actividades, así como la evaluación y control del desempeño institucional y de los resultados alcanzados (art. 18).

Por su parte, en relación con este principio, la Ley de Honduras prescribe que "las cuestiones incidentales que se suscitaren en el procedimiento, incluso las que se refieren a la nulidad de actuaciones, no suspenderán el curso del procedimiento, salvo la recusación" (art. 39), lo que en esta materia conlleva al principio de la conservación, del saneamiento o de la convalidación de los actos administrativos, precisamente a los efectos de que los procedimientos puedan lograr su finalidad.

En consecuencia, el logro del fin propuesto es lo que siempre debe orientar el desarrollo del procedimiento; fin que está vinculado, como se ha señalado, tanto al interés general, como al interés de la Administración y del administrado. El objetivo del procedimiento administrativo, en definitiva, es la satisfacción de esos fines en el menor tiempo y con el menor costo posible; de allí este principio de la eficacia, el cual además, conlleva varios otros entre los cuales se destacan el principio de la instrumentalidad; el principio de simplicidad y de la economía procedimental; el principio de la presunción de la legalidad y validez, es decir, el del logro de los efectos de los actos, comenzando por la presunción de su validez y eficacia; el principio *favor acti*; el principio de la conservación del acto; el principio *pro actione* o de la interpretación más favorable a lo solicitado, a la acción o al requerimiento.

1. El principio de la instrumentalidad: el objeto y la finalidad del procedimiento

El principio de la instrumentalidad exige interpretar el procedimiento administrativo, no como un fin en sí mismo, sino como un instrumento o cauce para alcanzar el fin perseguido por la Administración.

Esa finalidad del procedimiento, como se dijo, puede desdoblarse en tres, tal y como lo precisan las leyes de procedimiento administrativo: primero, la consecución del interés general; segundo, la satisfacción del interés del administrado, y tercero, el logro del interés de la propia Administración en la relación jurídica concreta.

Siendo el procedimiento un asunto de la Administración, se destaca la finalidad de "establecer el régimen jurídico aplicable para que la actuación de la Administración sirva a la protección del interés general" (art. III, Título Preliminar, Ley del Perú), o en otras palabras, tiene por objeto asegurar que el desempeño de la función pública esté destinado exclusivamente a servir los intereses de la colectividad (art. 4, a), Ley de Bolivia), o que el cumplimiento de la acción administrativa esté vinculada al logro de un interés general (art. 209 Código de Colombia). Por ello, la Ley de Honduras establece que los principios del procedimiento administrativo buscan "garantizar la buena marcha de la Administración" (Considerandos); y la Ley General de Costa Rica precisa que "el procedimiento administrativo servirá para asegurar el mejor cumplimiento posible de los fines de la Administración" (art. 214,1); agregando que "la norma administrativa deberá ser interpretada en la forma que mejor garantice la realización del fin público a que se dirige" (art. 10).

Por su parte, el Código colombiano exige que los funcionarios deben tener en cuenta "que la actuación administrativa tiene por objeto el cumplimiento de los cometidos estatales como lo señalan las leyes, la adecuada prestación de los servicios públicos y la efectividad de los derechos e intereses de los administrados, reconocidos por la ley" (art. 2).

Pero además del logro de los fines propios del interés general que orientan la acción administrativa, el procedimiento tiene por finalidad la protección de los derechos e intereses de los administrados. Esto, como se ha mencionado, está expresado en la Ley General de Costa Rica, donde se precisa que el procedimiento administrativo debe desarrollarse, "con respeto para los derechos subjetivos e intereses legítimos del administrado."(art. 10,1 y 214,1); en la de Honduras, la cual establece que el procedimiento se regula "como garantía de los derechos de los particulares frente a la actividad administrativa" (Considerandos).

En igual sentido, se expresa el artículo III, Título Preliminar de la Ley del Perú, y en Código colombiano se exige de los funcionarios que en su actuación también tengan en cuenta "la efectividad de los derechos e intereses de los administrados" (art. 2).

La consecuencia del principio de la instrumentalidad, es la proscripción de cualquier utilización del procedimiento establecido en las leyes para la consecución de fines distintos a los previstos en las leyes, de manera que su utilización para fines distintos vicia la actuación de la Administración por desviación de poder en el resultado, es decir, desviación del procedimiento.

2. Los principios *pro accione* y *favor acti* (*favor administrationis*)

Teniendo el procedimiento administrativo entre sus finalidades, por una parte la satisfacción de las pretensiones de los administrados y por la otra, el logro de los fines públicos establecidos en la ley, el principio de eficacia implica que mismo también debe estar guiado por otros dos principios paralelos: el principio *pro actione* y el principio *favor acti.*

El principio *pro actione* implica la necesidad de que las solicitudes se interpreten a favor de quien solicita la petición, y está consagrado expresamente en la legislación de Costa Rica cuando establece que las normas de procedimiento "deberán interpretarse en forma favorable a la admisión y decisión final de las peticiones" (art. 224).

En cuanto a la admisión de la solicitud o de las peticiones presentadas por los interesados, el principio tiene consecuencias concretas en el caso de la legislación de Colombia (art. 11), de Bolivia (art. 43), de Venezuela, (art. 45) de Honduras (art. 115), de Panamá (art. 76), y del Perú (arts. 125 y 126), pues la Administración está obligada a advertir a los particulares los errores o las omisiones que puedan tener las peticiones, para que dichos errores u omisiones no conlleven su inadmisibilidad.

Como consecuencia, no se puede negar la petición que haga un administrado por causa de una omisión, sino que la Administración está obligada advertirle los errores, para que el particular los corrija.

Pero como se ha dicho, el procedimiento administrativo tiene ante todo por finalidad el logro de los fines de la Administración, de la cual surge otro principio también derivado del principio de eficacia, que es el principio *favor acti* el cual implica que la Administración debe interpretar el procedimiento de manera que sea favorable a la emisión del acto administrativo, es decir, a la obra de la Administración. Por tanto, ante el no acatamiento de elementos formales en el procedimiento, debe preferirse evitar la ineficacia o plantear una ineficacia parcial, que concluir con la ineficacia total del acto. Es decir, el procedimiento debe interpretarse de manera que efectivamente pueda haber una decisión, sin que la falta de cumplimiento de determinadas formalidades afecten el acto y la propia voluntad de la Administración.

Este principio *favor acti* o también, *favor administrationis*, por ejemplo, tiene relación con el tema del funcionario de hecho, los cuales se han definido en la Ley de Costa Rica, como "el que hace lo que el servidor público regular, pero sin investidura o con una investidura inválida o ineficaz, aún fuera de situaciones de urgencia o de cambios ilegítimos de gobierno" (art. 115). Si reúnen las condiciones prescritas en la Ley General, prescribe su artículo 116: "los actos de un funcionario de hecho serán válidos aunque perjudiquen al administrado y aunque éste tenga conocimiento de la irregularidad de la investidura de aquél", quedando la Administración "obligada o favorecida ante terceros por virtud de los mismos" (art. 116).

VII. EL PRINCIPIO DEL INFORMALISMO

El procedimiento administrativo, hemos dicho, se configura como un conjunto de actos y actuaciones estrechamente vinculados entre sí, con el objeto de obtener un resultado concreto que, generalmente, se materializa en un acto administrativo. Por ello, en definitiva, el procedimiento administrativo se identifica con el conjunto de formas y formalidades establecidas para guiar la acción de la Administración con miras a la obtención de ese resultado y como garantía de los administrados contra las arbitrariedades de los funcionarios.

Sin embargo, dado el principio de economía y celeridad, es evidente, que la prescripción de formas no puede convertir al procedimiento en un bosque de formalidades que entraben la acción administrativa. Por ello, el principio de eficacia también conlleva al principio el informalismo o del carácter no formalista del procedimiento administrativo.

Este principio, por ejemplo, está expresamente previsto en la Ley argentina de Procedimiento Administrativo en la cual se prescribe que las normas de procedimiento que establece, deben ajustarse al requisito del "informalismo", en el sentido de que debe "excusarse la inobservancia por los interesados de exigencias formales no esenciales y que pueden ser cumplidas posteriormente" (art. 1.c); y en la Ley de Bolivia se define el principio en el sentido de que "la inobservancia de exigencias formales no esenciales por parte del administrado, que puedan ser cumplidas posteriormente, podrán ser excusadas y ello no interrumpirá el procedimiento administrativo" (art. 4, l)

Más precisamente, el Decreto 640 de Uruguay establece que "en el procedimiento administrativo se aplicará el principio del informalismo en favor del administración siempre que se trate de la inobservancia de exigencias formales no esenciales y que puedan ser cumplidas posteriormente" (art. 23). En la Ley del Perú, también se define el principio del informalismo, en forma detallada en el artículo IV, Título Preliminar, así:

> "1.6 *Principio de informalismo.* Las normas de procedimiento deben ser interpretadas en forma favorable a la admisión y decisión final de las pretensiones de los administrados, de modo que sus derechos e intereses no sean afectados por la exigencia de aspectos formales que puedan ser subsanados dentro del procedimiento, siempre que dicha excusa no afecte derechos de terceros o el interés público."

Por su parte, la Ley N° 19.880 de Chile regula el principio, al que denomina "de la no formalización", en los siguientes términos:

> "*Artículo* 13. Principio de la no formalización. El procedimiento debe desarrollarse con sencillez y eficacia, de modo que las formalidades que se exijan sean aquéllas indispensables para dejar constancia indubitada de lo actuado y evitar perjuicios a los particulares.
>
> El vicio de procedimiento o de forma sólo afecta la validez del acto administrativo cuando recae en algún requisito esencial del mismo, sea por su naturaleza o por mandato del ordenamiento jurídico y genera perjuicio al interesado.
>
> La Administración podrá subsanar los vicios de que adolezcan los actos que emita, siempre que con ello no se afectaren intereses de terceros."

Por otra parte, como secuela del principio, la Ley General de la Administración Pública de Costa Rica establece que las normas del procedimiento administrativo "deberán interpretarse en forma favorable a la admisión y decisión final de las peticiones de los administrados". Es en definitiva, el principio *in dubio pro actione* o de la interpretación más favorable al ejercicio del derecho de petición para asegurar más allá de las dificultades de índole formal, una decisión sobre el fondo de la cuestión objeto del procedimiento. En materia de procedimiento administrativo, el principio se traduce en que el formalismo debe ser interpretado en favor del administrado, precisando, la legislación argentina, sin embargo, que "el informalismo no podrá servir para subsanar nulidades que sean absolutas" (art. 224).

En aplicación de este principio, las leyes de procedimiento administrativo, por ejemplo, establecen el deber de los funcionarios administrativos que reciban las peticiones, de advertir a los interesados de las omisiones y de las irregularidades que observen en las mismas, pero sin que puedan negarse a recibirlas (art. 45 Ley Orgánica Venezuela; art. 11 Código Colombia).

Igualmente, el informalismo en las leyes de procedimiento administrativo conduce al principio de la flexibilidad del procedimiento y de los trámites procedimentales mediante, por ejemplo, la eliminación del principio de la preclusividad de los lapsos y de actos procesales (arts. 23 y 60 de la Ley venezolana); la posibilidad de alegación por parte de los particulares en cualquier momento (art. 62 de la Ley venezolana) si no existe un lapso preciso de contestación la utilización de cualquier tipo de pruebas (art. 58 de la

Ley venezolana); y la intrascendencia en la calificación de los recursos (art. 86 de la Ley venezolana), de manera que si el administrado se equivoca en la calificación del recurso que interpone, siempre y cuando de su escrito se deduzca claramente de qué tipo de recurso se trata, la Administración no puede rechazarlo y, al contrario, está obligada a interpretarlo en favor del particular y de flexibilizar esta ausencia de cumplimiento del formalismo en la calificación del recurso (art. 213 Ley peruana).

El principio del informalismo, conlleva, por otra parte, al principio *conservatio acti,* o principio de la conservación o subsanabilidad de los trámites administrativos y de las actuaciones de los administrados, por ello, la Ley de Honduras establece que cuando un órgano administrativo declare la nulidad de algunas actuaciones, debe disponer "siempre la conservación de aquellos actos y trámites cuyo contenido hubiera permanecido, de no haberse realizado la infracción origen de la nulidad" (art. 39). En igual sentido, se dispone en la Ley peruana, (art. 13.3).

Este principio conduce, por supuesto, a la necesidad de la corrección de errores materiales de los actos administrativos, lo que se encuentra regulado expresamente en las leyes de Venezuela (art. 84), Honduras (art. 128), Costa Rica (art. 157) y Chile (art. 62), siempre que la enmienda no altere lo sustancial del acto o decisión" (art. 128), y como lo indica la Ley del Perú, siempre que la rectificación de los errores sea "con efecto retroactivo" (art. 201,1).

Es precisamente en virtud de este principio de la corrección de errores materiales, que deriva del principio del informalismo y de la economía procedimental, que la Administración no tiene por qué concluir siempre con la revocación del acto incorrecto, pudiendo siempre corregirlo, de oficio o a petición de parte, en cualquier momento. Es un principio de lógica administrativa que, sin embargo, encuentra su expresión formal en estas leyes de procedimiento administrativo, incluso en relación con los actos de los administrados. En tal sentido, la Ley de Honduras dispone que:

> "*Artículo* 115. Para evitar nulidades, la Administración señalará a la parte interesada los defectos de que adolezcan los actos producidos por ésta y ordenará que se subsanen de oficio o por el interesado dentro de un plazo de tres días."

Pero incluso, aún en presencia de vicios o irregularidades más sustanciales en los actos administrativos, que no puedan resolverse con la sola corrección de errores materiales o aritméticos, el principio *conservatio acti*, exige que los vicios que puedan afectarlos formalmente, deban subsanarse siempre que no conlleven su nulidad absoluta, lo que ha originado las técnicas de convalidación, enmienda, saneamiento o conversión de los actos administrativos que se encuentran reguladas en las leyes de procedimiento administrativo para evitar su extinción.

En particular, por ejemplo, conforme a la Ley General de Costa Rica, la convalidación se produce cuando dictado un acto administrativo que sea relativamente nulo por vicio en la forma, en el contenido o en la competencia, se dicta un nuevo acto administrativo que lo convalide, con indicación precisa del vicio y de la corrección (art. 187,2). Sobre esto, la Ley venezolana indica, pura y simplemente, que "la Administración podrá convalidar en cualquier momento los actos anulables, subsanando los vicios de que adolezcan" (art. 81), y en sentido similar se regula en la Ley de Brasil (art. 55), en la Ley de Bolivia (art. 37,1), en la Ley de Panamá (art. 56), y en la Ley de Honduras (art. 126).

La Ley peruana es bien precisa al regular la "enmienda" de los actos administrativos como consecuencia de la "conservación" de los mismos, precisando que cuando el vicio del acto administrativo por el incumplimiento a sus elementos de validez, no sea trascendente, "prevalece la conservación del acto, procediéndose a su enmienda por la propia autoridad emisora" (art. 14.1).

En la legislación argentina, esta convalidación se denomina, en general, "saneamiento" y se desdobla en "ratificación" del acto por el superior jerárquico y "confirmación" por el órgano que dictó el acto (art. 19).

En esta materia, Ley de Honduras, regula en su artículo 127, la "conversión" del acto, al disponer que "el acto nulo que, sin embargo, contenga todos los requisitos constituidos de otro distinto, podrá ser convertido en éste y producirá sus efectos, en su caso, si así lo consistiera el interesado". En este sentido, la Ley argentina también señala que "si los elementos válidos de un acto administrativo nulo permitieren integrar otro que fuere válido, podrá efectuarse su conversión en éste consintiéndolo el administrado". La misma institución de la conversión se regula en la Ley General de Costa Rica (art. 189).

REFLEXIÓN FINAL

Al anterior cuadro de principios generales del procedimiento administrativo cuya enunciación comenzó con la Ley de Procedimientos Administrativos de Argentina de 1972, y que en la actualidad ya se ha incorporado en el texto expreso de todas las leyes de procedimiento administrativo sancionadas en América Latina, ha tenido una consecuencia fundamental en el derecho administrativo que se ha traducido, en definitiva, en el reforzamiento del principio de la legalidad mismo, con el objeto de asegurar, no sólo el sometimiento de la Administración Pública al derecho, sino garantizar la situación jurídica de los particulares frente a la misma (debido proceso). Por ello, precisamente, la Ley sobre Procedimiento Administrativo general del Perú, en el artículo IV, 1.1 del Título Preliminar dispone que:

> "Las autoridades administrativas deben actuar con respeto a la Constitución, la ley y al derecho, dentro de las facultades que le estén atribuidas y de acuerdo con los fines para los que les fueron conferidas."

Ello ha implicado en este caso del principio de legalidad,[14] y precisamente como consecuencia de las propias leyes de procedimiento administrativo, que el mismo ya haya dejado de ser sólo un principio general del derecho que resultaba de la interpretación del ordenamiento jurídico, y se ha convertido en un postulado del derecho positivo, expresado cada vez con más frecuencia y precisión en los textos. Así sucede por ejemplo en la en la Ley de Bolivia, que hace referencia al "principio de legalidad y presunción de legitimidad" (art. 4, g) y al "principio de sometimiento pleno a la ley" de manera que "la Administración Pública regirá sus actos con sometimiento pleno a la ley" (art. 4, c); en la Ley N° 9784 de Brasil (1999), que impone como criterio a ser observado en los procedimientos administrativos, "la actuación conforme a la Ley y al derecho" (art. 2,

14 *V.* Allan R. Brewer-Carías, "El tratamiento del principio de legalidad en las leyes de procedimiento administrativo de América latina, en Domingo García Belaúnde *et al.*, *Homenaje a Valentín Paniagua*, Fondo Editorial de la Pontificia Universidad católica del Perú, Lima, 2010.

Parágrafo Único, I); en la Ley de Venezuela, en la cual se indica que "la Administración Pública se organiza y actúa de conformidad con el principio de legalidad"(art. 4); y en la Ley General de Costa Rica al señalar que: "La Administración Pública actuará sometida al ordenamiento jurídico... (art. 11,1)"; agregando en su artículo 13, que:

> "La Administración estará sujeta, en general, a todas las normas escritas y no escritas del ordenamiento administrativo y al derecho privado supletorio del mismo, sin poder derogarlos ni desaplicarlos para casos concretos."

Este principio de legalidad o de actuación en conformidad con el derecho implica, por tanto, que las actividades que realice la Administración Pública no sólo debe someterse al derecho, sino incluso, en el caso del procedimiento administrativo, a los propios principios del mismo antes analizados que también ya forman parte del derecho positivo, lo que implica que las actividades contrarias a los mismos pueden ser controladas con mayor precisión por la jurisdicción contencioso administrativa.

Por ello, dichos principios, además, se los declara como imperativos, tal como lo expresa la Ley Federal mexicana, al prescribir que las disposiciones sobre procedimiento administrativo "Son aplicables a la actuación de los particulares ante la Administración Pública Federal, así como a los actos a través de los cuales se desenvuelve la función administrativa" (art. 12); imperatividad que en el caso de la Ley General de Costa Rica se precisa que es en aquellos procedimientos en los cuales "el acto final puede causar perjuicio grave al administrado, sea imponiéndole obligaciones, suprimiéndole o denegándole derechos subjetivos, o por cualquier otra forma de lesión grave y directa a sus derechos o intereses legítimos;" o en los cuales haya habido "contradicción o concurso de interesados frente a la Administración dentro del expediente" (art. 308).

No debe olvidarse, sin embargo, que en América Latina, antes de que se comenzaran a dictar las leyes generales sobre procedimientos administrativos, la mayoría de los principios antes mencionados se habían venido construyendo con la ayuda de la doctrina y sin texto normativo expreso, como consecuencia de la labor del juez contencioso-administrativo.

Por ello es que el derecho administrativo en nuestros países de la América Latina puede dividirse en las dos etapas antes mencionadas: la de antes de la sanción de las leyes, cuando los principios fueron si acaso creados por la jurisprudencia, y delineados por la doctrina; y la de después de la sanción de las leyes que han regulado todos esos principios, en la cual se ha permitido dotado al juez de instrumentos más precisos para ejercer su control de legalidad, catapultándose, en consecuencia, tanto la jurisprudencia como la doctrina.

Sección Tercera: LEY ORGÁNICA DE PROCEDIMIENTOS ADMINISTRATIVOS DE VENEZUELA DE 1981 Y EL RÉGIMEN GENERAL DEL PROCEDIMIENTO ADMINISTRATIVO

Esta Sección Tercera es el texto del estudio sobre el "Regimen general del procedimiento administrativo en la Ley Orgánica de Procedimientos Administrativos de Venezuela de 1981," elaborado para la obra colectiva coordinada por Héctor M. Pozo Gowland, David A. Halperin, Fernando Juan Lima, Oscar Aguilar Valdez, *Ley Nacional de Procedimientos Administrativos. 40° aniversario de su sanción 1972-2012*, Buenos Aires 2012.

Diez años después que se sancionara en Argentina la Ley de Procedimientos Administrativos (Ley N° 19.549 de 1972), en Venezuela se sancionó la Ley Orgánica de Procedimientos Administrativos la cual entró en vigencia el 1° de enero de 1982,[15] luego de un decantado proceso de elaboración basado en proyectos que se habían ideo elaborando desde comienzos de los años sesenta del siglo pasado.[16]

Dicha Ley Orgánica, sin la menor duda, puede decirse que entonces y aún en la actualidad, es la Ley más importante que se ha dictado en materia de derecho administrativo y en particular en relación a la Administración Pública Venezolana contemporánea. No había sido nunca nuestra Administración destinataria de un cuerpo normativo que regulara con tanta amplitud y precisión, aspectos centrales de su relación con los particulares, siendo esa la primera vez que se reguló en forma general, la actividad sustantiva de la Administración Pública.

Se trató de una Ley que difirió de las anteriores relativas a la Administración que se referían más a aspectos de la organización interna de la misma, en la cual se pasó a regular básicamente, las relaciones de la Administración con los particulares. Por eso, dentro de los aspectos medulares de la Ley está la regulación de las situaciones jurídicas en las cuales se encuentran los particulares frente a la Administración y en las cuales se encuentra la Administración frente a los particulares. Se trató por tanto de una Ley que reguló, básicamente, las relaciones jurídicas entre administrados y Administración, y con base en ello, prevé un conjunto de poderes, prerrogativas y obligaciones de la Administración, por una parte, y por la otra, una serie de derechos y obligaciones de los particulares en sus relaciones con aquélla.

I. EL IMPACTO INICIAL DE LA NUEVA LEY

La Orgánica como se ha dicho, produjo profundas transformaciones jurídicas dentro de la Administración Pública, que se manifestaron en la sustitución del informalismo por el formalismo en la conducta de la Administración; y en la sustitución de una situación de ausencia de garantías del administrado, por un arsenal de derechos frente a la Administración.

---

15 *V.* en *Gaceta Oficial* N° 2.818 Extraordinario de 1 de julio de 1981. *V.* sobre la Ley Orgánica los comentarios en Allan R. Brewer-Carías et al., *Ley Orgánica de Procedimientos Administrativos,* Editorial Jurídica Venezolana, Caracas, 1982.

16 El primer proyecto sobre Ley de Procedimientos Administrativos que se redactó en Venezuela fue elaborado entre 1961 y 1962, por una Comisión designada en Comisión de Administración Pública de la Presidencia de la República, sobre la base de un proyecto que había elaborado el profesor Tomás Polanco Alcantara; Comisión de la cual fui Secretario cuando cursaba mis últimos años de la carrera de derecho; y el segundo fue elaborado en 1965, a solicitud que me hizo la Consultoría Jurídica del Ministerio de Justicia, en cuya redacción incorporé a los profesores Sebastián Martín-Retortillo y Francisco Rubio Llorente, destacadísimos profesores españoles quienes en ese entonces residían en Caracas. El texto del proyecto luego lo incorporé en las propuestas de reforma administrativa que como Presidente de la Comisión de Administración Pública presenté al gobierno de la época. *V.* en *Informe sobre la Reforma de la Administración Pública Nacional,* Comisión de Administración Pública, Vol. 2, Caracas, 1972, pp. 391-406.

1. Formalismo vs. Informalidad

Antes de la vigencia de la Ley Orgánica de Procedimientos Administrativos puede decirse que el signo característico de la Administración Venezolana era la total informalidad. En contraste con los actos unilaterales del derecho privado, los cuales, precisamente por no ser el resultado de una confrontación de voluntades, el ordenamiento jurídico los reviste de la mayor formalidad (p.e., hipoteca, donación); en materia de acción unilateral de la Administración (actos administrativos), antes de dictarse la ley Orgánica no se habían establecido formas generales, hasta el punto de que la jurisprudencia admitía, como principio, la informalidad y la discrecionalidad procedimental.

Frente a esta situación, la Ley Orgánica cambió el panorama, y comenzó a exigir como principio de la actuación administrativa el formalismo, que se manifiesta, tanto en la prescripción de formalidades de la actuación de la Administración (procedimientos, trámites) como de formas del acto administrativo. Además, la Ley Orgánica erigió el formalismo en un deber de los funcionarios públicos, quienes están obligados a tramitar los asuntos (artículo 3°), a sustanciarlos (artículo 54), o a tomar en sus manos el impulso del procedimiento (artículo 53), a probar los presupuestos de hecho de los actos administrativos (artículo 69), y a decidir los asuntos y recursos en lapsos predeterminados (artículos 2° 5°, 41, 60, 62, 67, 89). Por otra parte, es indudable que la Ley Orgánica, por primera vez en el ordenamiento jurídico, prescribió formas concretas de los actos administrativos unilaterales (artículo 18), positivizando los principios generales que antes regían.

Pero, en concreto, al establecer formalidades, trámites y lapsos, la Ley Orgánica estableció una serie de regulaciones particulares que modificaron radicalmente la práctica anterior.

En efecto, en primer lugar, puede decirse que la Ley Orgánica eliminó el secreto administrativo que como norma existía en relación a los interesados, y que provocaba que éstos normalmente desconocieran, no sólo que había procedimientos en su contra, sino el contenido de las actas y documentos con base en los cuales la Administración podía decidir procedimientos en los cuales pudieran resultar lesionados sus derechos e intereses. El fin del eterno silencio administrativo se produjo con el establecimiento de la obligación de la Administración de notificar a los interesados cuyos derechos o intereses puedan resultar afectados por la acción administrativa (artículos 48, 68), lo que implica el derecho de éstos a ser oídos, a presentar pruebas y alegatos (artículos 48, 58) y previamente, a tener libre acceso al expediente (artículo 59) que debe ser uno y único (artículos 31, 51). Con anterioridad a la Ley, al contrario, no se garantizaba el derecho a ser oído y a conocer el expediente y, en cambio, lo que imperaba era el secreto administrativo y la reserva de los archivos de la Administración.

Por otra parte, en segundo lugar, el formalismo llevó a la regulación específica de aspectos anteriormente no normados, como los relativos a la Administración consultiva. La Ley Orgánica, en efecto, estableció al menos tres principios fundamentales relativos a la Administración consultiva: en primer lugar, el principio del carácter no obligatorio de las consultas y dictámenes previos para la emisión de un acto administrativo (artículo 56), salvo que expresamente la ley lo establezca; en segundo lugar, el principio del carácter no vinculante de las consultas, opiniones y dictámenes (artículo 57), salvo que expresamente la ley lo establezca; y en tercer lugar, el principio del carácter no suspensivo del procedimiento por la ausencia de tales dictámenes o consultas (artículo 56), salvo que expresamente la ley lo establezca. Quedaron así regulados los principios básicos relativos a la Administración consultiva, que antes no tenían consagración positiva precisa.

Por último, en tercer lugar, y como signo del formalismo que impuso la Ley Orgánica a la Administración, están las normas relativas a la publicación y notificación de los actos administrativos, a los efectos del inicio de su eficacia. En otros aspectos, la Ley Orgánica erigió en principio fundamental, la exigencia de la notificación como condición para que el acto administrativo de efectos particulares comience a surtir efectos (artículo 73), la cual no puede ser suplida, como principio, por la publicación del acto administrativo en la *Gaceta Oficial de la República* o de la entidad territorial correspondiente. La Ley, a tal efecto, prescribió cuáles actos deben ser publicados en la *Gaceta Oficial* (artículo 72) y en cuanto a las formalidades para la notificación (artículo 75), reguló los casos de las notificaciones impracticables, las cuales se suplen, no por publicación en la *Gaceta Oficial*, sino en un diario de mayor circulación (artículo 76). Las regulaciones sobre las notificaciones y publicación de los actos administrativos, en definitiva, transformaron una situación de informalidad anterior, que como en todos los aspectos de la Ley, ha exigido y exige educación tanto a los funcionarios como a los administrados, para que conozcan el alcance y efecto de sus derechos y obligaciones mutuas.

2. Garantía vs. Ausencia de derechos

Pero el segundo aspecto de las transformaciones jurídicas que provocó la Ley Orgánica de Procedimientos Administrativos, y que cambió radicalmente la situación anterior, que el de la consagración en la misma, de un conjunto de derechos y garantías de los administrados, que antes no existían. Por eso, hemos dicho que la Ley Orgánica estableció un balance entre los derechos de los administrados y los poderes de la Administración que antes no existía, al regular un derecho fundamental que sólo estaba normado a nivel de principio general del derecho derivado de la Constitución. Nos referimos al derecho a la defensa frente a la Administración, el cual era constantemente vulnerado por ésta.

La Ley Orgánica concretó con creces este derecho a la defensa, al prescribir una serie de derechos derivados: el derecho a ser notificado de todo procedimiento que afecte los derechos subjetivos o los intereses legítimos, personales y directos de un particular (artículo 48); el derecho a ser oído y a hacerse parte en cualquier momento en un procedimiento administrativo (artículo 23); el derecho a tener acceso al expediente, a examinarlo y a copiarlo (artículo 59); el derecho a presentar pruebas y alegatos (artículos 48, 58); el derecho a que el acto administrativo indique formalmente sus motivos (artículo 9); y el derecho a ser notificado personalmente de todo acto administrativo que afecte los derechos e intereses legítimos, personales y directos de un particular (artículo 73) y a ser informado de los medios jurídicos de defensa contra el acto (artículos 73, 77). Con anterioridad a la Ley Orgánica, estos derechos no tenían consagración expresa, y si bien la jurisprudencia había variado estableciendo algunos de ellos como principios generales del derecho, en global eran pisoteados más que respetados por la Administración.

En todo caso, desde el punto de vista jurídico, la Ley Orgánica no sólo fue el detonante para provocar una revolución jurídica en la actuación y práctica administrativas, sino que también incidió notablemente en la elaboración teórica del derecho administrativo.

Esta Ley Orgánica, en efecto, puede considerarse como la ley más importante del derecho administrativo venezolano, no sólo porque en ella adquirieron rango de derecho escrito muchos principios generales del derecho administrativo que la jurisprudencia venía estableciendo, sino porque la interpretación y aplicación sucesiva de sus normas ha provocado un enriquecimiento progresivo de esta rama del derecho, la cual carecía de un cuerpo normativo básico en el cual basar su dogmática.[17]

A partir de su vigencia disponemos de una Ley, con la categoría de Orgánica, que ha sido el texto fundamental para la actuación y funcionamiento de nuestra Administración Pública.

3. Las transformaciones administrativas

Pero a la revolución jurídica que la Ley Orgánica provocó, la siguió también una revolución administrativa en aspectos no jurídicos de la Administración. La Ley Orgánica, en efecto, al establecer una serie de exigencias en materia de racionalización administrativa, sentó las bases para una revolución administrativa sin precedentes en nuestra Administración Pública.

En efecto, si el signo jurídico de la Administración, antes de la Ley, era la informalidad, en la práctica de la actuación administrativa, era la irracionalidad y la discreciona-

---

17 *V.* sobre este impacto, Allan R. Brewer-Carías, *El Derecho Administrativo y la Ley Orgánica de Procedimientos Administrativos,* Editorial Jurídica Venezolana, Caracas, 1985. *V.* además, en general sobre la Ley Orgánica venezolana: Allan R. Brewer-Carías, "Comentarios a la Ley Orgánica de Procedimientos Administrativos", en *Revista de Derecho Público,* N° 7, Caracas 1981, pp. 115-117; José Araujo Juares, *Derecho Administrativo Formal,* Vadell Hermanos Editores, 3[era] Edición, Caracas, 1998; José Araujo Juares, *Principios Generales del Derecho Procesal Administrativo,* Vadell Hermanos Editores, Caracas, 1998; Luis Beltrán Guerra, *El Acto Administrativo. La Teoría del Procedimiento Administrativo,* Caracas 1977; Antonio De Pedro Fernández, *El procedimiento administrativo en Venezuela,* Editorial M&H C.A., Caracas, 1994; Luis H. Farías Mata, *Procedimientos Administrativos,* Materiales de Estudio. Escuela de Estudios Políticos y Administrativos Universidad Central de Venezuela (mimeografiado), 1978; Agustín Gordillo, "Algunos aspectos del procedimiento administrativo en Venezuela", en *Revista de Derecho Público* N° 9, pp. 29-39; Víctor R. Hernández-Mendible, *Procedimiento Administrativo. Proceso Administrativo y Justicia Constitucional,* Vadell Hermanos Editores, Caracas-Valencia, 1997, Eloy Lares Martínez "Los Procedimientos Administrativos" en *Libro Homenaje a la Memoria de Joaquín Sánchez Covisa,* Caracas 1975, pp. 481-492; Henrique Meier E., *El Procedimiento Administrativo Ordinario,* Editorial Jurídica Alva, S.R.L., Caracas, 1992; Antonio Moles Caubet, "Vicisitudes del Procedimiento Administrativo en Venezuela", en *Revista Internacional de Ciencias Administrativas,* Bruselas, 1972, pp. 270-276; José Rodríguez Ramos, "Breves notas sobre la Ley Orgánica de Procedimientos Administrativos", en *Revista del Colegio de Abogados del Estado Lara,* diciembre 1981, pp. 105-115; Hildegard Rondón de Sansó, "El Procedimiento Administrativo en el Derecho Comparado", en *Libro Homenaje a la Memoria de Joaquín Sánchez Covisa,* Caracas 1975, pp. 577-620; Hildegard Rondón de Sansó, "Análisis crítico de la Ley Orgánica de Procedimientos Administrativos", en *Revista del Consejo de la Judicatura,* N° 22, Caracas 1981, pp. 15-35; Hildegard Rondón de Sansó, *Procedimiento Administrativo,* Editorial Jurídica Venezolana, 2da Edición, Caracas, 1983; Gabriel Ruan Santos, "La Administración y la Ley Orgánica de Procedimientos Administrativos", en *Revista de Derecho Público,* N° 18, 1984, pp. 57-83. Además, véanse las obras colectivas siguientes: *El Procedimiento Administrativo*, en el T. IV del *Archivo de Derecho Público y Ciencias de la Administración,* Instituto de Derecho Público, Caracas, 1982; en particular, véanse los trabajos de Antonio Moles Caubet, "Introducción al Procedimiento Administrativo" y de Luis Henrique Farías Mata, "El Proceso de elaboración de la Ley Orgánica de Procedimientos Administrativos"; *Contencioso Administrativo, I Jornadas Internacionales de Derecho Administrativo,* FUNEDA, Caracas, 1995, en particular, *V.* el trabajo de Sandra Morelli, "El procedimiento administrativo y el proceso contencioso administrativo"; *La relación jurídico administrativa y el procedimiento administrativo, IV Jornadas Internacionales de Derecho Administrativo,* FUNEDA, Caracas, 1998.

lidad absoluta en el tratamiento del procedimiento y de las formas y trámites. Frente a esta situación, al contrario, la Ley prescribió la necesaria uniformización documental (artículo 32), la unidad de los expedientes (artículo 31), el establecimiento de sistemas y procedimientos administrativos para mejorar la eficacia de la administración (artículo 32), el registro de documentos (artículo 44) y un sistema amplio de información descendente (artículo 33), de manera de abrir a la Administración a los particulares.

La "revolución de las taquillas", en este sentido debía ser sin duda, el aporte más importante de la Ley Orgánica a la acción administrativa: el objetivo era que la información al público de lo que debe o no debe hacerse en los procedimientos, con indicación de los requisitos, formularios y plazos, no sea un don exclusivo que sólo algunos oscuros funcionarios conocen y dominan desde detrás de sus taquillas impenetrables, en combinación, a veces con gestores o intermediarios externos sino que fuera abierta, pública y a la disposición de todos. Este cambio, no ha sido, sin embargo fácil pues es una transformación que pretende incidir y lesionar órbitas y ámbitos de poder, a veces más poderosos que el del más alto funcionario: el del portero o del receptor de un documento, o el del gestor de poder rechazar y disponer, tiránicamente, de los derechos e intereses de los administrados.

II. CONTENIDO GENERAL DE LA LEY ORGÁNICA DE PROCEDIMIENTOS ADMINISTRATIVOS Y ÁMBITO DE APLICACIÓN

1. Contenido general de la ley

Ahora bien, en términos generales, esta Ley reguló cuatro aspectos fundamentales en relación a la Administración y sus relaciones con los particulares. Por una parte reguló todo un sistema o conjunto de situaciones jurídicas, tanto de la Administración como de los particulares. Aquí la Ley precisó, por una parte, una serie de potestades administrativas y estableció una serie de deberes y obligaciones de los funcionarios, y por la otra, reguló y consagró una serie de derechos de los particulares frente a la Administración, así como también les impuso obligaciones precisas en sus relaciones con aquélla. Este fue el primer campo de regulación de la Ley: las situaciones jurídicas de los particulares y de la Administración Pública.

En segundo lugar, reguló el acto administrativo, es decir, el resultado concreto de la actuación de la Administración cuando ésta decide produciendo efectos jurídicos en determinadas situaciones. Reguló con precisión el acto en sus requisitos, para someter a condiciones de validez y de legalidad la actuación de la Administración. Regula, además, los efectos de los actos; su revisión, tanto de oficio como por vía de recurso, y también, la forma de manifestación de las decisiones administrativas, no sólo estableciendo la decisión expresa, sino innovando, al consagrar la decisión administrativa tácita negativa derivada del silencio administrativo. Por tanto, de acuerdo con la Ley silencio dejó simplemente, de ser una forma de no decidir ni de resolver un asunto para que decayera por el transcurso del tiempo, sino que el silencio administrativo, de acuerdo a esta Ley, comenzó a ser una presunción de decisión, denegando lo solicitado, o los recursos intentados. Al convertirse en una forma tácita de decidir, abrió vías de protección y de recurso para los particulares, a quienes no se les decidía los recursos intentados en los lapsos prescritos. Esto conllevó, también, a ese cambio de mentalidad en la actuación del funcionario, quien muchas veces, simplemente para no decidir un asunto, guardaba silencio, se abstenía y no pasaba nada. A partir de la Ley el silencio comenzó a producir efectos y es que la decisión se considera que se ha tomado por el solo transcurso del tiempo en los lapsos determinados que prevé la Ley, considerándose que se ha denegado lo solicitado; y esa denegación plantea la posibilidad para el particular, de recurrir contra la denegación, sea ante el superior jerárquico, sea ante la vía judicial. Plantea, además, una responsabilidad del funcionario por la omisión y por la no actuación, y si sucede en forma reiterada, incurre en responsabilidad administrativa.

Además de regular las situaciones jurídicas y los actos administrativos, en tercer lugar la Ley reguló el procedimiento administrativo, es decir, todo el conjunto de trámites, requisitos y formalidades, que deben cumplirse ante la Administración y en esas relaciones entre Administración y particulares, para producir decisiones administrativas, es decir, actos administrativos.

Por último y en cuarto lugar, la Ley reguló las vías de revisión de los actos administrativos en vía administrativa; es decir, el sistema de recursos de reconsideración, de revisión y jerárquico, que permiten al particular, en sus relaciones con la Administración, reclamar formalmente, ante ella misma, no como un favor, sino por vías de derecho, contra los actos administrativos, estando ésta obligada a decidir esos recursos también en tiempo útil determinado, de manera que si no lo hace, el silencio provoca estos actos tácitos negativos. El cuanto al ámbito de aplicación de la Ley Orgánica de Procedimientos Administrativos,[18] se refiere tanto al ámbito organizativo de aplicación, es decir, la determinación de a cuáles órganos se aplica; como al ámbito sustantivo de aplicación, es decir, a cuáles procedimientos se aplica, si es que se aplica a todos los que en esos órganos que caen bajo su regulación, se realizan.

2. Ámbito organizativo

El ámbito organizativo de aplicación de la Ley está definido claramente en el artículo 1°, al señalar que la Administración Pública Nacional y la Administración Pública Descentralizada, integradas en la forma prevista en sus respectivas Leyes Orgánicas, deben ajustar su actividad a las prescripciones de la Ley. Distingue, por tanto, el artículo, dos conjuntos orgánicos. Por una parte, habla de la "*Administración Pública Nacional,*" y por la otra, habla de la "*Administración Pública Descentralizada.*" Una primera observación se puede hacer frente a esta contraposición aparente, y es que n la organización de la Administración Pública[19] dicha distinción no se plantea. En la Ley, en realidad, se incurrió en una imperfección pues no puede contraponerse Administración Pública Nacional frente a Administración Pública Descentralizada, porque la Administración Pública Descentralizada también es parte de la Administración Pública Nacional. En la norma hubo una falla de técnica pues en realidad, debió distinguirse entre la "Adminis-

---

18 *V.* Allan R. Brewer-Carías, "Ámbito de la aplicación de la Ley Orgánica de Procedimientos Administrativos", en *Revista de Control Fiscal,* N° 104, Caracas, 1982.

19 *V.* sobre la Administración Pública, en general, *V.* Allan R. Brewer-Carías, *Fundamentos de la Administración Pública,* T. I, Caracas, 2da Edición, 1984; Allan R. Brewer-Carías, *Principios del Régimen Jurídico de la Organización Administrativa Venezolana,* Editorial Jurídica Venezolana, Caracas, 1994

tración Pública Central" y la "Administración Pública Descentralizada", ambas formando parte de la *Administración Pública Nacional*, porque, en definitiva la organización del Estado federal, se trató de una regulación básicamente destinada a regular a la Administración Pública Nacional.

Al establecer esta contraposición real del ámbito organizativo de la Ley, debe entonces determinarse qué debe entenderse, a los efectos de la misma, por "Administración Central" y por "Administración Descentralizada". La Ley señala que estas administraciones deben estar integradas en la forma prevista en sus respectivas Leyes Orgánicas, es decir, básicamente, la Ley Orgánica de la Administración Pública de 2008[20] (LOAP) que es la que regula los órganos del Nivel Central de la Administración Pública nacional y la Administración Pública Nacional Descentralizada funcionalmente (Capítulo II, Título IV).

A. La Administración Pública Central (Nacional)

En cuanto a la organización del Nivel Central de la Administración Pública Nacional,[21] el artículo 44 de la LOAP distingue tres tipos de *órganos superiores* de la misma: los órganos superiores de dirección, los órganos superiores de coordinación y control de la planificación centralizada y los órganos superiores de consulta, los cuales ejercen el Poder Ejecutivo en los términos del artículo 225 de la Constitución.

La Ley Orgánica enumera como *órganos superiores de dirección* del Nivel Central de la Administración Pública a los siguientes: el Presidente de la República, el Vicepresidente Ejecutivo, el Consejo de Ministros, los Ministros, los Viceministros y las autoridades regionales. En cuanto a los *órganos superiores de coordinación y control de la planificación centralizada,* se trata de la Comisión Central de Planificación. En cuanto a los *órganos superiores de consulta* del Nivel Central de la Administración Pública Nacional, el artículo 44 de la LOAP enumera los siguientes: la Procuraduría General de la República, el Consejo de Estado, el Consejo de Defensa de la Nación, las juntas sectoriales (antiguos gabinetes sectoriales) y las juntas ministeriales (antiguos gabinetes ministeriales), los cuales también ejercen el Poder Ejecutivo (art. 225 C). De ello resulta que no toda la Administración Central está regulada en la LOAP; pues los órganos superiores de coordinación y control y los de consulta se regulan en las leyes relativas a los mismos.

B. La Administración descentralizada

Pero la Ley Orgánica también se aplica a la Administración Pública Descentralizada,[22] lo que exige determinar, qué ha de entenderse por ello, para lo cual no podemos

---

20 Ley Orgánica de la Administración Pública (Decreto N° 6.217), *Gaceta Oficial* N° 5.890 Extraordinario de 31-07-2008. *V.* sobre esta ley, Allan R. Brewer-Carías et al., *Ley Orgánica de la Administración Pública*, Editorial Jurídica Venezolana, caracas 2009.

21 *V.* sobre la Administración central *V.*, Allan R. Brewer-Carías, "Principios Generales de la Organización de la Administración Central, con particular referencia a la Administración Ministerial", en *Revista de Derecho Público*, N° 2, Caracas 1980, pp. 5-22.

22 *V.* sobre la Administración descentralizada, *V.* Allan R. Brewer-Carías, *Fundamentos de la Administración Pública*, T. I, 2da Edición, Caracas, 1984, pp. 223-248; Jesús Caballero Ortíz, "La Administración Descentralizada

atenemos a esa sola expresión, la misma sin duda no sería correcta, pues no toda la Administración Pública Descentralizada está sometida a las prescripciones de la Ley. En realidad, entendemos que la intención del legislador de 1981 fue aplicar la ley a aquellas entidades descentralizadas con forma de derecho público de carácter estatal (terminología que sigue la Constitución de 1999, art. 145), que pueden ser titulares de prerrogativas del Poder Público y que pueden dictar actos administrativos.

En efecto, la organización de la Administración Pública Descentralizada, se conforma en torno a la forma jurídica empleada por el Estado para constituir los entes descentralizados. La descentralización es una forma de transferencia de competencias del Estado a otros entes con personalidad jurídica propia distinta del ente territorial que transfiere esas competencias. Para tal fin, el Estado no sólo ha utilizado formas de derecho público sino también formas de derecho privado y, por tanto, forman parte de la Administración Pública Descentralizada no sólo las personas jurídicas de derecho público institucional en sus diversas formas y, entre ellos, básicamente, los institutos autónomos o institutos públicos como típica forma de derecho público de la Administración Descentralizada; sino que también forman parte de la misma aquellas entidades constituidas por el Estado con formas jurídicas de derecho privado,[23] como las empresas del Estado y las Fundaciones creadas y dirigidas por el Estado.[24]

Ello lo ratifica la LOAP de 2008, al precisar que la descentralización administrativa funcional tiene por objeto la creación de personas jurídicas a las cuales se transfiere la titularidad de determinadas competencias y la responsabilidad de ejecutarlas (arts. 29 y 32 LOAP); la cual conforme a lo indicado en el artículo 29 de la LOAP, puede realizarse mediante la creación de personas jurídicas con forma de derecho público o con forma de derecho privado.

Entonces, de la concepción general de la LOPA y de la interpretación racional de su artículo 1°, resulta que la Ley no se aplica, ni podría aplicarse, a las entidades descentralizadas con forma de derecho privado; es decir, no podría aplicarse, por la naturaleza de su actuación, ni a las empresas del Estado, ni a las fundaciones del Estado, ni a las sociedades del Estado. La Ley Orgánica, en realidad, sólo se aplica a las entidades descentralizadas con forma de derecho público, que además, en principio, tengan carácter estatal, es decir que formen parte de la estructura general del Estado.

Debe señalarse, además, que en relación con los entes descentralizados a los cuales se aplica la ley, no toda la actividad realizada por los mismos ni todos los procedimientos que en ellos se desarrollan se rigen por la misma. No hay que olvidar que mucho de esos entes, a pesar de su forma jurídico-pública y estatal, realizan algunas actividades que se enmarcan completamente en el ámbito del derecho privado, civil o mercantil, en las cuales no se ejercen potestades ni poderes públicos. En estos casos, estimamos que no podría aplicarse la Ley Orgánica, cuya normativa se refiere, básicamente, a los pro-

---

Funcionalmente" en *Revista de Derecho Público*, N° 8, Caracas 1981, pp. 5-25; Jesús Caballero Ortíz, "La Administración Descentralizada. Coordinación y control", en *Revista de Control Fiscal*, N° 18, Caracas 1985; Juan Garrido Rovira, *Temas sobre la Administración Descentralizada en Venezuela,* Editorial Jurídica Venezolana, Caracas, 1984

23 Sobre las personas jurídicas *V.* Allan R. Brewer-Carías, "La distinción entre las personas jurídicas y las personas privadas y el sentido de la problemática actual de la clasificación de los sujetos de derecho" en *Revista Argentina de Derecho Administrativo*, N° 17, Buenos Aires 1977, pp. 15-29.

24 Sobre las empresas del Estado *V.* Allan R. Brewer-Carías, *El régimen jurídico de las empresas públicas en Venezuela*, Ediciones del Centro Latinoamericano de Administración para el Desarrollo, Caracas 1980.

cedimientos que conducen a la emisión de actos administrativos, en los cuales siempre, el ente que los dicta, ejerce un poder legal de derecho público dando origen a relaciones jurídicas regidas por el derecho administrativo. Por tanto, aquellas relaciones jurídicas que caen bajo las regulaciones del derecho privado, civil y mercantil, no se regirían por las normas de la Ley Orgánica.

C. La Administración Pública de los otros Poderes Públicos

Pero luego de definir el ámbito organizativo básico de la Ley, el artículo 1° de su párrafo segundo trae una precisión adicional que también tiene que ser aclarada. Dice esta norma que las Administraciones Estadales y Municipales, la Contraloría General de la República y la Fiscalía General de la República, también ajustarán sus actividades a la Ley, en cuanto les sea aplicable. Aquí, lamentablemente, la Ley mezcló instituciones que no deben ser mezcladas: por una parte menciona instituciones político territoriales, como los Estados y Municipios, que tienen autonomía política en la forma federal del Estado, y a renglón seguido enumera instituciones nacionales como la Contraloría y la Fiscalía General de la República que son órganos que a partir de la Constitución de 1999 dejaron de ser solo unas Administraciones públicas con autonomía funcional, y pasaron a configurarse como órganos del Poder Público Nacional con autonomía: la Contraloría General de la República, la Fiscalía General de la República y el Defensor del Pueblo como órgano del Poder ciudadano; el Consejo Nacional Electoral, como órganos del Poder Electoral.

En cuanto a estos últimos órganos, a pesar de que sólo se menciona a la Fiscalía y a la Contraloría General de la República (que eran los que existían conforme a la Constitución de 1961), su precisión deriva del hecho de que no se trata de órganos que forman parte de la Administración Central ni de la Administración Descentralizada, sino de un tercer género dentro de la organización Administrativa Nacional, dotados de autonomía, y sin dependencia respecto de ninguno de los tres clásicos Poderes del Estado, siendo en general, entes que tienen funciones de control. Como se dijo, a partir de 1999 estos órganos son parte de la división del Poder Público, por lo que la Ley orgánica puede decirse que se aplica en cuanto a lo que pueda ser aplicable, a las Administraciones Públicas del Poder Ciudadano (Fiscalía General de la República, Controlaría General de la República, Defensor del Pueblo), del Poder Electoral (Consejo Nacional Electoral) e incluso del Poder Judicial (la Dirección Ejecutiva de la Magistrada, art. 267).

D. Las Administraciones Estadales y Municipales

La Ley Orgánica, en el artículo 1°, también señala que rige respecto de un tercer grupo de órganos: las Administraciones Estadales y Municipales[25] y que éstas deben ajustar

---

25 *V.* sobre las administraciones estadales y municipales, en general, *V.* Allan R. Brewer-Carías, "La Administración Pública Regional. Los Estados y los Municipios", *Jornadas para un mejor conocimiento de la Administración Pública,* Fundación Procuraduría General de la República, Caracas 1987, pp. 59-70 y 78-88; *Federalismo y Municipalismo en la Constitución de 1999 (Alcance de una reforma insuficiente y regresiva)*, Caracas 2001; Alfredo Arismendi, "Organización Político-Administrativa de los Estados en Venezuela", en *Estudios sobre la Constitución. Libro Homenaje a Rafael Caldera*, T. I, Caracas 1979, pp. 351-382; Alfredo Arismendi, "Régimen constitu-

sus actividades a la misma, *en cuanto les sea aplicable*. En este caso, se trata de entidades político-territoriales, con autonomía política territorial derivada de la forma federal del Estado. Por tanto, al ser entes autónomos territorialmente, conforme al texto fundamental, la Ley Orgánica no debería aplicarse directamente a los Estados y Municipios, ya que es la propia Constitución la que establece cuáles leyes nacionales pueden aplicarse directamente a esas entidades, conforme a las normas generales relativas al Poder Público que regirá para toda la Administración Pública (nacional, estadal y municipal) conforme a los artículos 141 y siguientes.

En esas normas de la Constitución, nada se estableció respecto a que una ley nacional concerniente a los procedimientos administrativos puede ser aplicada a los Estados y Municipios. Por ello, en principio, los Estados tendrían que dictar sus propias leyes reguladoras del procedimiento Administrativo como lo han hecho alguno Estados y lo mismo tendrían que hacer los Municipios, mediante Ordenanzas. De resto, la aplicación de la Ley Orgánica a los mismos está basada en los principios generales del derecho administrativo que contiene, por ejemplo, respecto del el derecho a ser oído, el derecho a la defensa, el derecho a aportar pruebas, el derecho de tener acceso al expediente administrativo, son principios que sin consagración positiva, la jurisprudencia había venido garantizando a los particulares.

3. Ámbito sustantivo

Además del ámbito organizativo de aplicación de la Ley, con las precisiones señaladas que surgen del artículo 1°, también puede determinarse un ámbito sustantivo de aplicación, es decir, determinar si se aplica a todo lo que esos órganos realizan o si hay algunos procedimientos desarrollados ante esos órganos que escapan de sus regulaciones.

En definitiva, debe estudiarse el tema de la aplicación preferente de procedimientos previstos en leyes especiales; y lo concerniente a los procedimientos relativos a la seguridad y defensa del Estado.

A. Los procedimientos especiales y su aplicación preferente frente al procedimiento general

En esta materia la Ley Orgánica precisa en el artículo 47 que "Los procedimientos administrativos contenidos en Leyes Especiales, se aplicarán con preferencia al procedimiento ordinario previsto en este Capítulo, *en las materias que constituyan la especialidad*".[26]

Esta norma está ubicada en el Capítulo I del Título III de la Ley, que se refiere al *Procedimiento Ordinario*, por lo que la remisión a leyes especiales no se aplicaría a lo

---

cional y administrativo de los Estados y Municipios en Venezuela", en *Libro Homenaje al Profesor Antonio Moles Caubet*, T. I, Caracas 1981, pp. 293-312.

26 *V.* Hildegard Rondón de Sansó, "Problemas fundamentales que plantea la Ley Orgánica de Procedimientos Administrativos en las materias en la cuales rigen procedimiento especiales (con particular referencia a la Ley de Propiedad Industrial)", en *Revista de Derecho Público*, N° 10, Caracas 1982, pp. 119-128.

regulado en los capítulos siguientes: procedimiento sumario (II); procedimiento en casos de prescripción (III); publicación y notificación de los actos administrativos (IV); y ejecución de los actos administrativos (V). Es decir, la ubicación de la norma permite concluir que el ámbito sustantivo de aplicación de la Ley Orgánica sólo permitiría acudir a las materias que constituyan especialidad en los procedimientos previstos en leyes especiales, cuando ello sea así respecto a las normas del procedimiento ordinario (Capítulo I del Título III) y no respecto a las otras normas del procedimiento administrativo reguladas en los Capítulos II al V del Título III, las cuales rigen en todo caso, aun frente a normas previstas en leyes especiales. Lo mismo debe advertirse respecto a la regulación que establece la Ley Orgánica, en el Título IV, sobre la revisión de los actos administrativos y especialmente, respecto de los recursos administrativos.

La ubicación del artículo 47 permite afirmar que la remisión que hace a las leyes especiales, sólo se aplicaría al procedimiento ordinario constitutivo del acto administrativo, y no al procedimiento de impugnación. Por tanto, las normas sobre recursos administrativos establecidas en la Ley Orgánica privarían sobre cualesquiera otras previstas en leyes especiales.

B. La exclusión de los procedimientos concernientes a la seguridad y defensa del Estado

Por otra parte, en cuanto al ámbito sustantivo de aplicación de la Ley, ésta excluye expresamente de su ámbito de aplicación, algunos procedimientos, como son los indicados en el artículo 106, al señalar que quedan excluidos de la aplicación de la ley, los procedimientos "concernientes a la seguridad y defensa del Estado." Esta expresión, sin embargo, requiere de una precisión, que excluya una interpretación amplia de la misma, pues de lo contrario se podría llegar a la conclusión de que materialmente, casi todo lo que el Estado realiza, quedaría excluido de la aplicación de la Ley.

En efecto, si se analizan los artículos 322 y siguientes de la Constitución de 1999 y las normas de Ley Orgánica de Seguridad y Defensa de 1976, se puede llegar a la conclusión de que muy pocas actividades escapan del interés y el ámbito de la seguridad y defensa. No sólo es el campo militar, y los problemas de la seguridad interior del Estado y de la policía, sino que dentro del concepto amplio de seguridad y defensa que informa la Ley Orgánica de Seguridad y Defensa, nos encontramos que ésta comprende, entre otros aspectos, "el fortalecimiento de la conciencia de todos los habitantes de la Nación, sobre la importancia de los problemas inherentes a la soberanía e integridad territorial de la República" (artículo 3°, ordinal 3° de la Ley), por lo que, por ejemplo, la producción de estadísticas, el censo y cualquier área de información sobre el número de planteles educativos o de maestros en el país podría ser, en un momento determinado, un problema de seguridad y defensa.

Por eso resulta necesario interpretar esta expresión "seguridad y defensa del Estado", en el sentido de que se refiere a aquellos aspectos que interesan a la defensa, en el sentido de procedimientos vinculados al ámbito militar y al Ministerio de la Defensa, por una parte, y por la otra a la seguridad del Estado, en el sentido de procedimientos vinculados a la seguridad interna y a la policía. En todo caso, aquí resulta otro campo de interpretación de la Ley, y es la aplicación sucesiva de la misma, la que debe ir señalando, cuál es realmente el sentido que debe tener la expresión "seguridad y defensa" para determinar el ámbito sustantivo de aplicación de aquélla.

III. LA CONSOLIDACIÓN DEL PRINCIPIO DE LA LEGALIDAD ADMINISTRATIVA

Ahora bien, precisado el ámbito organizativo y sustantivo de aplicación de la Ley, debe señalarse que su importancia en cuanto a las regulaciones de la Administración, surge, entre otros aspectos, de la consolidación y ampliación de la obligación de la Administración de someterse a la legalidad que se define expresamente en el artículo 1°. Allí se establece que la Administración Pública ajustará su actividad a las prescripciones de la Ley, utilizando una expresión imperativa: "ajustará". De ello resultan diversas garantías de los particulares frente a la Administración, como una manifestación concreta del Estado de Derecho en nuestro país.

En efecto, la Ley, indirectamente, define y precisa el principio de la legalidad,[27] al establecer, en el artículo 1°, como *una obligación* de todos los órganos que están sometidos a sus normas, el ajustar su actividad a las prescripciones de la Ley y, en sentido amplio, a la legalidad. Así se establece, además, en el artículo 141 de la Constitución, que establece como principio de la Administración Pública "el sometimiento pleno a la Ley y al derecho".

Además, no se olvide que cuando la Constitución precisa la competencia de los órganos de la jurisdicción contencioso administrativa (artículo 259) exige que la Administración se ajuste al derecho y, por tanto, no sólo a la Ley como fuente formal escrita, sino a todas las otras fuentes escritas y no escritas del derecho, que han conformado tradicionalmente en Venezuela el bloque de la legalidad, y dentro del cual, la mayor importancia la han tenido los principios generales del derecho administrativo, muchos de los cuales la Ley les da carácter de derecho positivo.

Pero aparte de esta obligación de la Administración de someterse al derecho, la Ley consolida el principio de la legalidad a través de una serie de regulaciones, las cuales debemos analizar separadamente.

1. El carácter sublegal de la actividad administrativa

En primer lugar, la Ley precisa el carácter sublegal de la actividad y acción administrativa; es decir, que la actividad administrativa, dentro de las actividades del Estado, es una actividad que se desarrolla vinculada y sometida a la ley, por debajo de la ley, y

---

27 Sobre el principio de la legalidad, Allan R. Brewer-Carías, "El principio de la legalidad en la Ley Orgánica de Procedimientos Administrativos", en *Revista del Consejo de la Judicatura*, N° 22, Caracas 1981, pp. 5-14; y "Los principios de legalidad y eficacia en las leyes de procedimiento administrativo en América Latina", en *La relación jurídico administrativa y el procedimiento administrativo, V Jornadas Internacionales de Derecho Administrativo*. FUNEDA, Caracas 1998, pp. 21-90; Ana Elvira Araujo García "El Principio de legalidad y Estado de Derecho", en *Los requisitos y los vicios de los actos administrativos, V Jornadas Internacionales de Derecho Administrativo*, FUNEDA, Caracas 2000, pp. 39-59; Eloy Lares Martínez, "El principio de la legalidad aplicado a la Administración" *en Boletín de la Academia de Ciencias Políticas y Sociales,* N° 35, Caracas 1967, pp. 45-92; Enrique Meier E., "El principio de la legalidad administrativa y la Administración Pública, en *Revista de Derecho Público* N° 5, Caracas 1981, pp. 45-56; Antonio Moles Caubet, *El principio de la legalidad y sus implicaciones*, Caracas 1974; Gabriel Ruán Santos, *El Principio de Legalidad, la Discrecionalidad y las Medidas Administrativas.* FUNEDA, Caracas, 1998.

que, por tanto, no puede invadir competencias que están reservadas constitucionalmente al legislador.[28]

Tradicionalmente se ha considerado que esa reserva legal se define en la Constitución, respecto, al menos, a tres aspectos fundamentales: la creación de contribuciones e impuestos; el establecimiento de delitos y sanciones; y la regulación o limitación de las garantías constitucionales, se han considerado materias como de la reserva legal y que, por tanto, la Administración no puede regular. Es decir, la Administración no puede crear impuestos ni establecer contribuciones (artículo 317 de la Constitución); ni puede crear sanciones ni faltas administrativas (artículo 49, ordinal 6 de la Constitución); ni limitar los derechos constitucionales. Estas son materias reservadas al Legislador.

El artículo 10 de la Ley, aún cuando podría decirse, que aparentemente, es redundante frente a la formulación de estos principios que tienen asidero constitucional, realmente, no lo es. En efecto, esta norma establece que ningún acto administrativo podría crear sanciones, ni modificar las que hubieran sido establecidas en las Leyes, crear impuestos u otras contribuciones de derecho público, salvo dentro de los límites determinados por la Ley.

Esta norma, por una parte corrobora el carácter sublegal de la actividad administrativa, pero por la otra, deja la posibilidad de que la Administración podría regular sobre esas materias "dentro de los límites determinados por la Ley", con lo cual se plasma expresamente la práctica legislativa de dejar en manos del Ejecutivo, el establecimiento, por vía reglamentaria, de algunas sanciones o la regulación concreta de algunas contribuciones.

Pero aparte de esta posibilidad lo importante de la norma es la precisión de que los actos administrativos ni por supuesto, los Reglamentos pueden crear sanciones ni modificar las que hubieran sido establecidas en las Leyes, con lo que se puso límite a otra práctica viciada, de establecimiento de sanciones directamente por la Administración.

2. La jerarquía de los actos administrativos

Además de consolidar el carácter sublegal de la Administración y del acto administrativo y, por tanto, de su sumisión a la Ley, dentro de la consolidación del principio de la legalidad, la Ley Orgánica de Procedimientos Administrativos establece otro principio de enorme importancia, y es el que se refiere a la consagración expresa de la jerarquía de los actos administrativos. En efecto, el artículo 13 de la Ley también tiene gran importancia para la consolidación de la legalidad, al establecer que ningún otro acto administrativo podrá violar lo establecido en otro de superior jerarquía. Por tanto, conforme a esta norma, el acto administrativo no sólo debe estar sometido a la Ley y ser de carácter sublegal, sino que, además, tiene que estar sometido a los otros actos administrativos de jerarquía superior. Es decir, los actos de los funcionarios de jerarquía inferior no pueden vulnerar lo establecido en los actos de los superiores, con lo cual se establece expresamente el principio de la jerarquía en la organización administrativa.

---

28 *V.* Allan R. Brewer-Carías, *Principios fundamentales del derecho público*, Editorial Jurídica Venezolana, Caracas 2005, pp. 32 ss.

La consecuencia de ello es que toda violación de este principio de que el acto administrativo no puede violar lo establecido en otro de jerarquía superior, sería una violación del principio de la legalidad, actuación que sería controlable en vía jurisdiccional.

Pero además, la Ley, con base en este principio de la jerarquía de los actos, en el artículo 14 precisa cuál es esa jerarquía, estableciendo la siguiente: Decretos, Resoluciones, Ordenes, Providencias y otras Decisiones dictadas por órganos y autoridades administrativas, con lo cual queda claro que un Decreto, por ser emanado del Presidente de la República, se aplica con prevalencia frente a Resoluciones Ministeriales y éstas se aplican con prevalencia frente a las otras órdenes, providencias y decisiones, dictadas por órganos inferiores; y en estos, la jerarquía de los actos se determina por la jerarquía de los órganos de los cuales emanan.

La definición legal de los Decretos, de las Resoluciones Ministeriales, de los otros actos administrativos la establece la Ley Orgánica en sus artículos 15, 16 y 17.

3. La inderogabilidad singular de los reglamentos

El artículo 13 de la Ley, además de establecer el principio de la jerarquía y del sometimiento de los actos de jerarquía inferior a los actos de jerarquía superior, le da fuerza de derecho positivo a otro principio, que también consolida el principio de la legalidad, y es el que se conoce como principio de la inderogabilidad singular de los Reglamentos. Conforme este principio general, los actos administrativos de efectos generales no pueden ser derogadas o vulnerados por actos administrativos de efectos particulares. Ahora bien, la Ley va más allá y establece que los actos administrativos de carácter particular no pueden vulnerar lo establecido en una disposición administrativa de carácter general, "aun cuando fueren dictados por autoridad igual o superior a la que dictó la disposición general".

Con esto se establece, también con fuerza de derecho positivo, un principio que hasta la promulgación de la Ley venía siendo manejado sólo a nivel de la doctrina, según el cual un acto de carácter general no puede ser vulnerado por un acto de carácter particular ni siquiera cuando éste es dictado por un órgano superior. Por tanto, si se dicta una Resolución Reglamentaria por un Ministro, este funcionario no sólo no puede vulnerarla con sus actos particulares, sino que el Presidente de la República tampoco puede vulnerar dicha disposición general, con un acto de efectos particulares. En esta forma, si el Ministro quiere apartarse de un acto general para decidir un caso concreto, no puede hacerlo sin antes modificar el acto de efectos generales, mediante otro acto de efectos generales, es decir, tiene que reformar la Resolución y luego que la reforme, es que puede dictar el acto de efectos particulares que desee. Lo mismo sucedería respecto de los actos del órgano superior: si existe una Resolución Ministerial de efectos generales, no puede el Presidente de la República mediante un Decreto de efectos particulares, modificar el acto ministerial de efectos generales; tendría que dictar un Decreto de carácter general o reglamentario, para luego dictar su acto de efectos particulares, pero derogando, previamente, la Resolución o acto general que deseaba modificar. Esta es otra consagración de este importante principio de la inderogabilidad singular de los Reglamentos, aplicable a todos los actos de efectos generales.

4. El valor del precedente y la irretroactividad de los actos administrativos

Por otra parte, también dentro de la consolidación del principio de la legalidad, la Ley Orgánica reguló, en el artículo 11, una serie de principios que rigen la actividad administrativa, y que se refieren a la posibilidad que tiene la Administración de modificar sus criterios de interpretación en su actuación frente a los particulares. En ese artículo se determina cuál es el valor del precedente administrativo, y se consagra, en forma indirecta, otro principio que es el de la irretroactividad de los actos administrativos.

El artículo 11 señala, en efecto, como principio general, que los criterios establecidos por los distintos órganos de la Administración Pública, pueden ser modificados; es decir, la Administración no está sujeta a sus precedentes y, por tanto, ante nuevas situaciones se pueden adoptar nuevas interpretaciones. Pero esta posibilidad de la Administración de modificar sus criterios tiene limitaciones: en primer lugar, la nueva interpretación no puede aplicarse a situaciones anteriores, con lo cual, dictado un acto administrativo en un momento determinado conforme a una interpretación, si luego se cambia la interpretación, no puede afectarse la situación y el acto anterior. Por tanto, el nuevo acto dictado conforme a la nueva interpretación no tiene efecto retroactivo.

Esto, podía considerarse como un principio derivado de la interpretación de la irretroactividad de las Leyes (art. 24 de la Constitución). Sin embargo, a partir de la Ley surgió un asidero para el principio de la irretroactividad de los actos administrativos. Ello, sin embargo, tiene una excepción: la nueva interpretación puede aplicarse, sin embargo, a las situaciones anteriores, cuando fuese más favorable a los administrados y aquí se sigue también, la orientación del artículo 24 de la Constitución, cuando prescribe la retroactividad de las leyes, en materia penal, cuando sea más favorable al reo.

En todo caso, esta posibilidad de modificar criterios administrativos y la limitación, en cuanto a la aplicabilidad de los nuevos criterios a situaciones anteriores, tiene una previsión expresa en el propio artículo 11 de la Ley, al señalar que la modificación de los criterios por la Administración, no da derecho a la revisión de los actos definitivamente firmes dictados conforme a los criterios anteriores. En resumen: la Administración puede variar sus criterios, sin embargo, los nuevos criterios no pueden aplicarse a situaciones anteriores, lo que implica que no puede dárseles efectos retroactivos a los actos administrativos. Pero además, el nuevo criterio que se aplique no le da derecho a un particular a pedir que el acto que lo afectó en un tiempo atrás, sea modificado cuando ese acto ya es un acto definitivamente firme; es decir, la Administración no puede verse compelida, cuando varía de criterio, a modificar sus actos dictados conforme a criterios anteriores, por un pretendido derecho del particular, a que variado el criterio, se aplique ese nuevo criterio a las actuaciones precedentes. Esto, además de la irretroactividad del acto administrativo, implica la consagración del principio de la irrevocabilidad de los actos administrativos, es decir, no son libremente revocables, en cuanto a que el particular, en este caso no tiene derecho a pedir que la Administración modifique libremente sus actos.

5. La sujeción a la cosa juzgada administrativa

Es precisamente sobre este aspecto del valor de los actos definitivamente firmes, es decir, del valor de la cosa juzgada administrativa, se refiere otro aspecto que consolidó el principio de la legalidad en la Ley Orgánica de Procedimientos Administrativos. Se trata, insistimos, de la obligación que tiene la Administración de someterse a sus propios actos, es decir, de la sujeción a la cosa juzgada administrativa y, por tanto, de la limitación a la revocabilidad de los actos administrativos.

La Ley Orgánica consagra expresamente normas de enorme importancia, sobre todo frente a vicios, prácticas administrativas viciadas y arbitrarias, manifestadas en las más variadas formas, en todos los niveles de la Administración. En efecto, no era infrecuente encontrar en la acción administrativa, actividades mediante las cuales, pura y simplemente, se revocan actos administrativos que están definitivamente firmes y que habían cumplido, inclusive, sus efectos.

Frente a esta realidad había sido el trabajo de la doctrina y de la jurisprudencia el que había salido al paso, planteando el principio de la irrevocabilidad de los actos administrativos cuando son creadores de derechos a favor de particulares y, por tanto, planteando una limitación al poder revocatorio de la Administración.[29] Con la Ley Orgánica, este principio tiene una consagración expresa, aun cuando en forma indirecta y dispersa.

En primer lugar, se deduce por vía de interpretación a contrario del artículo 82. Ese artículo consagra la potestad revocatoria, pero dentro de límites precisos, al establecer que los actos administrativos que *no originen* derechos subjetivos o intereses legítimos, personales y directos para un particular, podrán ser revocados en cualquier momento, en todo o en parte, por la misma autoridad que los dictó o por el superior jerárquico. Es decir, en esta norma se consagra el principio de la revocación de los actos administrativos que no creen derechos o declaren a favor de particulares, con lo cual, por interpretación a contrario, surge el otro principio que había sido trabajado por la jurisprudencia, el de la irrevocabilidad de los actos administrativos creadores o declarativos de derecho.

Así, un acto administrativo que no crea derechos o intereses legítimos, puede ser revocado en cualquier momento por la Administración. Al contrario, si el acto administrativo crea o declara derechos a favor de particulares, es irrevocable, y esto se confirma en la propia Ley Orgánica, al sancionarse con el vicio de nulidad absoluta aquel acto administrativo que revoque un acto anterior creador de derechos a favor de particulares. El artículo 19, ordinal 2° establece expresamente que son nulos, de nulidad absoluta, los actos administrativos que resuelvan un caso precedentemente decidido por otro acto administrativo, con carácter definitivo y que haya creado derechos particulares.

En esta forma, entonces, encontraron consagración legal los principios relativos a la revocación de los actos administrativos que habían sido establecidos para la jurisprudencia, de manera que si el acto no crea derechos a favor de particulares es revocable libremente por la Administración; si el acto crea o declara derechos a favor de particulares, es irrevocable, y si la Administración lo revoca, ese acto revocatorio es nulo, de nulidad absoluta.

En cuanto a los actos viciados de nulidad absoluta, los mismos no pueden surtir ningún efecto y pueden ser revisados en cualquier momento sin ninguna limitación, tal como lo establece el artículo 83, al decir que la Administración podrá, en cualquier momento, de oficio o a solicitud de parte, reconocer la nulidad absoluta de los actos dictados por ella. Por supuesto, la nulidad absoluta, que es uno de los capítulos centrales de la Ley, ahora es algo serio; ya no es el vicio que, sobre todo a nivel del foro, pue-

29 *V.* Allan R. Brewer-Carías, "Comentarios sobre la revocación de los actos administrativos," en *Revista de Derecho Público*, N° 4, Editorial Jurídica Venezolana, Caracas, octubre-diciembre 1980, pp. 27-30

da continuar alegándose indistintamente ante cualquier irregularidad del acto administrativo. La nulidad absoluta, como vicio de los actos administrativos, está reducida en la Ley a cinco causas establecidas taxativa y expresamente en el artículo 19; 1.- Cuando así esté expresamente determinado por una norma constitucional o legal; 2.- Cuando resuelvan un caso precedentemente decidido con carácter definitivo y que haya creado derechos particulares, salvo autorización expresa de la Ley. 3.- Cuando su contenido sea de imposible o ilegal ejecución, y; 4.- Cuando hubieren sido dictados por autoridades manifiestamente incompetentes, o con prescindencia total y absoluta del procedimiento legalmente establecido. Así, en principio y salvo estos casos lógicos y racionales que son causales de la nulidad absoluta, las demás irregularidades o vicios son causas de anulabilidad y, por tanto, de nulidad relativa.

6. Los límites al poder discrecional

Por último, dentro de la consolidación del principio de la legalidad, la Ley Orgánica de Procedimientos Administrativos consagra expresamente, en su artículo 12, los límites al poder discrecional de la Administración.[30] El poder discrecional, sin la menor duda, es esencial para el desarrollo de la actividad administrativa, de manera que puede decirse que no habría posibilidad real y efectiva para la Administración de actuar en el campo de la vida económica y social, si no dispusiese de la libertad legal que le permita apreciar la oportunidad y la conveniencia de ciertas actuaciones y, por tanto, juzgando esta oportunidad y conveniencia, adoptar determinadas decisiones. Por ello, el poder discrecional es esencial para la Administración.

Pero así como es esencial para la Administración, sin duda, el poder discrecional es la primera fuente de arbitrariedad administrativa. Por eso, la discrecionalidad, lo ha dicho la Jurisprudencia y lo ha trabajado la doctrina, no puede convertirse en arbitrariedad, pero lamentablemente, ha sido muy frecuente que ese límite se traspase y que la acción discrecional sea, en definitiva, una acción arbitraria. Por eso la discrecionalidad requiere de límites; y los mismos sólo habían sido determinados por la Jurisprudencia. La Ley Orgánica, ahora, le da valor de derecho positivo a los principios relativos a la discrecionalidad y a los límites de la acción administrativa.

El artículo 12 de la Ley, en efecto, expresamente regula estos límites a la discrecionalidad al establecer que cuando una disposición legal o reglamentaria deje alguna medida o providencia a juicio de la autoridad administrativa competente (y, ciertamente, ya la Jurisprudencia había reconocido que siempre que la ley deje alguna medida *a juicio* de la autoridad administrativa, hay poder discrecional), dicha medida, es decir, el acto que

---

30 *V.* sobre los poderes discrecionales y sus límites, *V.* Allan R. Brewer-Carías, "Los límites al poder discrecional de las autoridades administrativas" en *Ponencias Venezolanas al VII Congreso Internacional de Derecho Comparado*, Caracas 1966, pp. 255-278 y en *Revista de la Facultad de Derecho,* UCAB, N° 2, Caracas 1966, pp. 9-35; Juan Carlos Balzán "Los límites a la discrecionalidad, la arbitrariedad y la razonabilidad de la Administración", en *Los requisitos y los vicios de los actos administrativos, V Jornadas Internacionales de Derecho Administrativo*, FUNEDA, Caracas 2000, pp. 61-101; J. M. Hernández Ron, "La potestad discrecional y la teoría de la autolimitación de los poderes", en *Revista del Colegio de Abogados del Distrito Federal*, N° 30-31, Caracas 1942, pp. 5-9; J. M. Hernández Ron, "La potestad administrativa discrecional", en *Revista del Colegio de Abogados del Distrito Federal*, N° 35-36, Caracas 1943, pp. 7-11; Gabriel Ruán Santos, El Principio de Legalidad, la Discrecionalidad y las Medidas Administrativas, FUNEDA, Caracas, 1998.

se adopte, debe mantener la debida proporcionalidad y la adecuación con el supuesto de hecho y con los fines de la norma, y cumplir los trámites, requisitos y formalidades necesarias para su validez y eficacia. Este artículo 12, en relación al principio de la legalidad, tiene una riqueza inmensa, sobre todo en cuanto a las posibilidades de controlar la acción administrativa.

A. La proporcionalidad

Por una parte establece que el acto discrecional debe mantener la debida proporcionalidad, lo cual configura uno de los límites que tradicionalmente la jurisprudencia exigía a la autoridad administrativa frente a la discrecionalidad. El acto discrecional no puede ser desproporcionado, porque la desproporción es arbitrariedad.

Si una disposición establece, por ejemplo, que por la infracción de una norma se puede aplicar una sanción entre dos límites, máximo y mínimo, según la gravedad de la falta a juicio de la autoridad administrativa, dentro de su libre apreciación de la situación, la Administración no puede ser arbitraria y aplicar medidas desproporcionadas. La decisión que tome tiene que ser proporcional al supuesto de hecho.

Por supuesto, la proporcionalidad, como límite a la discrecionalidad, no sólo rige respecto de la aplicación de sanciones, sino, en general, respecto de toda medida discrecional que adopte la Administración.

B. La adecuación a la situación de hecho

Pero además, la ley establece en ese mismo artículo 12, como otro límite a la discrecionalidad, que el acto debe tener adecuación con los supuestos de hecho que constituyen su causa. Es decir, el acto debe ser racional, justo y equitativo en relación a sus motivos.

Ahora bien, ¿qué alcance tiene esta exigencia de que el acto discrecional debe mantener adecuación con sus supuestos hechos? En primer lugar, todo acto administrativo debe tener una causa o motivo, identificado, precisamente, en los supuestos de hecho. Por tanto, la causa es un elemento esencial del acto; no puede haber acto administrativo sin causa y sin supuesto de hecho. En segundo lugar, que debe haber adecuación entre lo decidido y el supuesto de hecho y para que ello sea cierto, es necesario que ese supuesto de hecho haya sido comprobado, estando la Administración, obligada a probarlo. El acto, por tanto, no puede estar basado simplemente en la apreciación arbitraria de un funcionario. No basta señalar, por ejemplo, que una fábrica contamina para ordenar cerrarla. Si el funcionario considera que una instalación industrial es contaminante tiene que probar que contamina y debe hacer constar en el expediente cuáles son los efectos contaminantes. Esto implica que la carga de la prueba en la actividad administrativa, recae sobre la Administración, como principio general muy importante.

Pero además de probar los hechos o la causa del acto, la Administración debe hacer una adecuada calificación de los supuestos de hecho. Si en el mismo ejemplo, lo que la fábrica expele es un humo no tóxico, por más que el humo salga a la atmósfera, ello no es suficiente para decir que contamina y cerrar la industria. Podría sí, ser el motivo para imponer el uso de filtros adicionales, por ejemplo, pero no puede ser motivo para tomar la medida que se quiera. Por tanto, no sólo se requiere la prueba de los supuestos de hecho, sino la adecuada calificación de los mismos. En estos elementos está, quizás el área más rica de vicios del acto administrativo: el vicio en la causa, en la comprobación de los hechos, en la calificación de los hechos, e inclusive, en la propia existencia del supuesto de hecho. Todo el falso supuesto del derecho procesal encuentra aquí su asidero fundamental en materia de derecho administrativo. Es decir, los actos no pueden partir de falsos supuestos, sino que deben partir de supuestos probados, comprobados y adecuadamente calificados.

Por otra parte, la Administración no puede tergiversar los hechos, que tampoco es infrecuente, sino que debe darle el tratamiento racional a los hechos comprobados técnicamente. Esto también abre toda una serie de límites derivados de la racionalidad, de la justicia y de la equidad en el tratamiento de los procedimientos.

C. La finalidad

El artículo 12, además, exige que el acto discrecional tenga adecuación con los fines de la norma que prevé su emisión por el funcionario. Con esto se consagra legalmente el principio de la necesaria adecuación a la finalidad legal de los actos administrativos, de manera que el funcionario, al dictarlos, no puede desviar esos fines, y perseguir fines distintos a los previstos en la norma, así sean ellos plausibles desde el ángulo del servicio público. La no adecuación a los fines previstos en la norma, da origen al conocido vicio de desviación de poder, previsto expresamente en el artículo 259 de la Constitución.

D. La formalidad

Otro límite al acto discrecional, de acuerdo a la última parte de ese artículo 12, es que debe cumplir los trámites, requisitos y formalidades necesarios para su validez y eficacia. Por tanto, el acto discrecional no puede nunca ser arbitrario en sus formas; debe cumplir las formalidades previstas en la Ley.

E. La igualdad

Además, el acto por más discrecional que pueda ser, no puede ser atentatorio del principio de la igualdad, que es un principio constitucional (art. 21). Por tanto, si en un supuesto de hecho se aplicó una medida a un particular, en otro supuesto de hecho igual debe aplicarse igual medida al otro particular. Por tanto, no es libre la Administración de sancionar, como le venga en gana, a los particulares, de acuerdo a su apreciación aislada, en cada caso, sino que debe respetar el principio de la igualdad, de la imparcialidad, frente a las situaciones jurídicas de los particulares, encontrando la imparcialidad asidero en el artículo 30 de la Ley, y encontrando sanción en el principio de la no distorsión de los procedimientos para perjudicar a los particulares, previsto en el propio artículo 3 de la Ley, en conexión con el artículo 100.

IV. LAS EXIGENCIAS DE LA RACIONALIDAD DE LA ACCIÓN ADMINISTRATIVA

El tercer aspecto relativo al alcance de la Ley Orgánica, además de su ámbito de aplicación y de la consolidación del principio de la legalidad, es el relativo a las exigencias de racionalización administrativa que plantea, tanto a la Administración como a los particulares; lo cual se ha complementado con las previsiones de la Ley sobre Simplificación de Trámites Administrativos dictada por en 1999 y reformada en 2008.[31]

Ahora, en cuanto a las regulaciones contenidas en la Ley Orgánica, las exigencias de racionalidad administrativa se plantean en cuatro aspectos distintos: en la racionalización administrativa, en la información descendente, en el tratamiento del procesamiento y en la organización administrativa.

1. La racionalización administrativa

En primer lugar, la ley prevé principios tendientes a lograr una racionalización administrativa. El artículo 32, por ejemplo, señala la necesidad de la uniformidad de documentos y expedientes administrativos, al exigir que deben ser uniformes, de modo que cada serie o tipo de ellos obedezca a iguales características. Esto impone un enorme esfuerzo administrativo, por uniformizar los documentos administrativos y expedientes, en todo el territorio nacional y en relación a los diversos órganos administrativos. Lo que sí parece evidente es que no puede, cada organismo, por su lado, empezar a inventar documentos y expedientes uniformes.

2. La información descendente

Pero además de las normas de racionalización administrativa hay otras también vinculadas a la racionalidad de la Administración, como las relativas al establecimiento de un sistema de información administrativa descendente, particularmente a partir de la consagración en la Constitución de 1999 del derecho ciudadano a la información administrativa (art. 143).[32]

En todo caso, la Ley Orgánica impone a la Administración, en el artículo 33, la obligación de informar a los particulares, a cuyo efecto debe preparar y publicar en la *Gaceta Oficial*, Reglamentos e instrucciones referentes a estructuras, funciones, comunicaciones y jerarquías de las dependencias. Asimismo, en todas las oficinas al servicio del

---

31 Ley Orgánica de Simplificación de Trámites Administrativos (Decreto N° 6.265), *Gaceta Oficial* N° 5.891 Extraordinario de 31-07-2008.

32 *V.* en general, Allan R. Brewer-Carías, "Consideraciones sobre la actividad interna de la administración y sus formalidades", en *Revista de Derecho Público*, N° 21, Caracas 1985, pp. 39-43; Allan R. Brewer-Carías, "El derecho administrativo y la participación de los administrados en las tareas administrativas", en *Revista de Derecho Público*, N° 22, Caracas 1985, pp. 5-32; Andrés Álvarez Iragorry, "El derecho de acceso al expediente administrativo (artículo 59 de la Ley Orgánica de Procedimientos Administrativos. Problemas que plantea: Particular referencia a su influencia a la Ley Orgánica de la Administración Central", en *Revista de la Fundación Procuraduría General de la República*, Caracas 1991, pp. 183-240; Alberto Blanco Uribe, "El derecho a la información y el acceso a los documentos administrativos", en *Revista de Derecho Público*, N° 48, Caracas 1991, pp. 47-50.

público, se le debe informar, por los medios más adecuados, sobre los fines, competencia y funcionamiento de sus distintos órganos y servicios.

Se impone, aquí, una obligación a la Administración de informar. Pero en este campo se nos plantea el mismo problema comentado. Si cada organismo comienza a elaborar por su cuenta estos Reglamentos e instrucciones referentes a estructuras, funciones, comunicaciones y jerarquías, el panorama va a complicarse en vez de simplificarse. Aquí también debe uniformizarse la información descendente.

Incluso, se dictó el Reglamento parcial de la Ley Orgánica sobre servicios de información al público y sobre recepción y entrega de documentos (*G.O.* N° 36.199 de 6-5-97).

Pero la Ley, no sólo impone la obligación a la Administración de información al público sobre los fines, competencia y funcionamiento de los distintos órganos, sino que al consagrar esta obligación de la Administración, establece un derecho del administrado, a ser informado de lo que cada organismo realiza.

Este derecho del particular ha buscado cambiar el sistema tradicional de inseguridad que a veces coloca al particular en la posición de seguir un procedimiento a través de un sistema de prueba y error, encontrándose, en cada trámite, que le falta un requisito, que aparece en la actuación siguiente, haciendo interminable el procedimiento, y nugatorio su derecho. La Ley sobre Simplificación de Trámites Administrativos de 1999, reformada en 2008, en este sentido, es un avance notable que debe destacarse.

3. El tratamiento del procedimiento

A. La unidad del expediente

La Ley Orgánica, además, plantea exigencias de racionalidad en el tratamiento del procedimiento administrativo, y particularmente al establecer el principio de la unidad del expediente. El artículo 31, en efecto, establece que de todo asunto debe formarse un expediente y se mantendrá la unidad de éste y de la decisión respectiva, así intervengan en él diversos Ministerios e Institutos. Ya no se trata, simplemente, de la costumbre que normalmente es impuesta por funcionarios subalternos con buen criterio, de poner en una carpeta los escritos que más o menos se refieren a un asunto sino que se trata de una tarea de racionalización derivada, derivada, de una exigencia legal, de que haya una unidad del expediente para que exista unidad de la decisión.

Esta exigencia de la unidad del expediente se ratifica en el artículo 51 de la Ley Orgánica, que exige que al presentarse una petición o solicitud a la Administración, se abra un expediente administrativo, en el cual se deben incorporar todos los documentos, informes o recaudos relacionados con el asunto.

La unidad del expediente, tiene una enorme importancia, pues la Administración no podrá llevar, como sucede con frecuencia, dos o más expedientes sobre un asunto, ubicando en uno de ellos los recaudos que considere que pueden ser vistos por el particular, y ocultando otros que puedan favorecer la petición del interesado. Para que tenga sentido y efectividad el derecho de los administrados de tener acceso al expediente y que regula la Ley Orgánica expresamente en su artículo 59, la unidad del expediente es la garantía de ese derecho y del derecho a la defensa.

B. El registro de presentación de documentos

Por otra parte, en este mismo campo del tratamiento racional del procedimiento, la Ley exige la creación de registros de presentación de documentos en la Administración. Incluso, se dictó el Reglamento parcial de la Ley Orgánica sobre recepción y entrega de documentos (*Gaceta Oficial* N° 36199 de 6-5-97). El artículo 44 de la Ley impone, como obligación, a todos los organismos públicos, el llevar un registro de presentación de documentos, en el cual se deje constancia de todos los escritos, peticiones y recursos que se presenten por los administrados, así como las comunicaciones que puedan dirigir otras autoridades, y remite la organización y funcionamiento del registro, a un Reglamento.

Este Registro tiene una enorme importancia, pues cambia el sistema tradicional de receptoría de correspondencia que se había llevado en los organismos públicos, y que a veces había estado a cargo de funcionarios sin adecuada calificación y cuya función se limitaba, simplemente, a poner un sello de recibo.

Conforme a la Ley, es necesario que el registro esté a cargo de un funcionario, inclusive de nivel profesional, pues de acuerdo al artículo 46 del texto, no sólo debe darse constancia de recibo de todo lo presentado, con indicación del número de registro que corresponda, sino que además, el funcionario debe advertir al presentante las omisiones que tiene en su petición o solicitud. Debe insistirse en que el funcionario está obligado a advertir las omisiones de documentos, para que sean subsanadas por los particulares, lo cual no sólo es una potestad, y al realizar esta advertencia a los interesados de las omisiones y de las irregularidades que observen, no puede negarse a recibir la solicitud.

Por otra parte, el número y orden de recibo tiene otra consecuencia, y es la necesidad de que la Administración respete dicho orden de las peticiones en la resolución de los procedimientos que se deriven. El artículo 34 de la Ley señala expresamente que en el despacho de todos los asuntos, se debe respetar rigurosamente el orden en que éstos fueron presentados, con lo cual el Registro tiene el efecto de indicar el orden para la resolución de los problemas; y sólo por razones de interés público y mediante una decisión motivada que debe constar en el expediente, puede el Jefe de la Oficina modificar el orden.

Ahora bien, la organización y funcionamiento del registro de recepción de documentos, conforme a la exigencia del artículo 44 de la Ley, debía establecerse en un reglamento, y a tal efecto, mediante Decreto N° 1.364 de 30-12-81, se dictó el Reglamento del Registro de Presentación de Documentos (*Gaceta Oficial* N° 32.385 de 4-1-82).

C. La producción de documentos en serie

En materia de procedimiento, otras normas tienen relación con la racionalidad administrativa, y entre ellas las que permiten, por ejemplo, las decisiones en serie, en aquellos casos en los cuales la tramitación de asuntos lo justifique. Así, el artículo 35 autoriza a la Administración a utilizar procedimientos expeditos, o medios de producción en serie de actuaciones que sean repetidas o iguales, respetándose las garantías jurídicas de los particulares.

En esta misma producción en serie de actos, respetando las garantías de los particulares, se insiste en el artículo 36 cuando se señala que la obligación de inhibirse del funcionamiento no se puede exigir cuando se trata de expedición de certificados adoptados en serie o conforme a modelos, de manera que resulte en extremo difícil advertir la existencia de una causal de inhibición.

D. La presentación de documentos por correo

Otra norma que ha tenido repercusiones en relación al tratamiento del procedimiento se refiere a la posibilidad de que los documentos se consideren que han sido presentados en tiempo útil, cuando hay lapsos para ello, si son remitidos por correo al órgano competente de la Administración. Esto va a repercutir, sin duda, en el correo. El Ministerio de Transporte y Comunicaciones, (actualmente, el Ministerio de Infraestructura), dice el artículo 43, debe dictar una reglamentación pertinente para la tramitación de estas documentaciones, y por supuesto, de nuevo, las receptorías de correspondencia de los despachos ejecutivos, tienen que amoldar sus métodos de acción, de manera de poder determinar cuándo una de las documentaciones que viene por correo es un documento que debe ir a un expediente o cumplir un trámite determinado.

4. La determinación de competencias en la estructura jerárquica

Por último, también dentro de estas exigencias de racionalidad administrativa, la Ley exige que se determinen, con precisión, las competencias, y las funciones de los diversos funcionarios en la estructura jerárquica, a los efectos de la determinación de responsabilidades. Señalábamos anteriormente que la Ley es un texto que busca un balance entre poderes administrativos y derechos de los particulares, inclinándose hacia éstos. Establece muchos derechos de los administrados, cuyos correlativos son las responsabilidades de los funcionarios por omisión, retardo, o distorsión en los procedimientos. Para aplicar las sanciones previstas en el artículo 100 y siguiente de la Ley, resulta necesaria la determinación previa de la responsabilidad, lo que exige una acción también de racionalización en la organización administrativa.

Hasta ahora, la responsabilidad administrativa, en general, está muy diluida, pues en realidad, muchas personas intervienen en los procedimientos y, en definitiva, no se sabe a quién corresponde. Sin embargo, ahora la Ley establece un sistema de responsabilidades y de sanciones, con lo cual habrá de determinarse con precisión la responsabilidad; y esto va a exigir, de nuevo, una tarea amplia de racionalización en cada Ministerio.

Para ello, las delegaciones tienen que ser hechas en forma precisa, de manera que si hay delegación de atribuciones ante los Directores Generales, se diga exactamente cuál es el ámbito delegado para saber quién es el responsable, el Ministro o el Director General. En las delegaciones de firma debe suceder lo mismo: si es a niveles inferiores deberá precisarse con exactitud la delegación de la firma, para saber cuál es el ámbito de la responsabilidad compartida.

Debe que darle mayor importancia de la que se le ha dado a los Reglamentos Internos de los Ministerios, pues es en ellos donde se determina la responsabilidad del funcionario. No hay que olvidar que es precisamente en estos Reglamentos Internos donde debe determinarse qué es lo que corresponde a cada oficina, a cada unidad, a cada sección, a cada departamento, y hasta dónde llega la responsabilidad de cada funcionario. Sin esa precisión de responsabilidad se corre el riesgo cierto de que resulten responsables quienes no lo son, y no respondan quienes realmente deben ser los responsables administrativos por determinadas actuaciones. Esto va a exigir, por tanto, toda una reformulación administrativa que se enmarca dentro de lo que se ha denominado la reforma estructural de la Administración.

V. LOS PRINCIPIOS DEL PROCEDIMIENTO ADMINISTRATIVO EN LA LEY ORGÁNICA

De acuerdo con el artículo 141 de la Constitución, la Administración Pública se fundamenta en "los principios de honestidad, participación, celeridad, eficacia, eficiencia, transparencia, rendición de cuentas y responsabilidad en el ejercicio de la función pública, con sometimiento pleno a la ley y al derecho".

Estos principios los repite el artículo 10 de la LOAP al precisar que la actividad de la Administración Pública se desarrollará con base en "los principios de economía, celeridad, simplicidad, rendición de cuentas, eficacia, proporcionalidad, oportunidad, objetividad, imparcialidad, participación, honestidad, accesibilidad, uniformidad, modernidad, transparencia, buena fe, paralelismo de la forma y responsabilidad en el ejercicio de la misma, con sometimiento pleno a la ley y al derecho, y con supresión de las formalidades no esenciales." De esta enumeración de principios, se eliminó la previsión que tenía el artículo 12 de la LOAP de 2001, en relación con la necesidad de que la actividad administrativa se efectúe "dentro de parámetros de racionalidad técnica y jurídica."

En cuanto a la Ley de Simplificación de Trámites Administrativos, la misma enumera en su artículo 5 los siguientes principios conforme a los cuales se deben elaborar los planes de simplificación: La presunción de buena fe del ciudadano; la simplicidad, transparencia, celeridad y eficacia de la actividad de la Administración Pública; la actividad de la Administración Pública al servicio de los ciudadanos; y la desconcentración en la toma de decisiones por parte de los órganos de dirección.

En cuanto a la LOPA, en el artículo 30 se enumeraron los siguientes principios del procedimiento administrativo de "principios de economía, eficacia, celeridad e imparcialidad".[33]

---

33 *V.* en general, Allan R. Brewer-Carías, *Principios del procedimiento administrativo,* Prólogo de Eduardo García de Enterría, Editorial Civitas, Madrid 1990; "Principios del Procedimiento Administrativo en España y América Latina," en *200 Años del Colegio de Abogados, Libro Homenaje*, T. I, Colegio de Abogados del Distrito Federal, Avila Arte/Impresores, Caracas 1990, pp. 255 -435; *Les principes de la procédure administrative non contentieuse. Études de Droit Comparé (France, Espagne, Amérique Latine)*, Prólogo de Franck Moderne, Editorial Económica, París 1992; también publicado en *Etudes de droit public comparé*, Académie International de Droit Comparé, Ed. Bruylant, Bruxelles 2001, pp. 161-274 ; y *Principios del Procedimiento en América Latina*, Universidad del Rosario, Editorial Legis, Bogotá 2003; Allan R. Brewer-Carías, "Principios del Procedimiento Administrativo. Hacia un estándar continental," en Christian Steiner (Ed), *Procedimiento y Justicia Administrativa en América Latina,* Konrad Adenauer Stiftung, F. Konrad Adenauer, México 2009, pp. 163-199.

1. El principio de la imparcialidad

En efecto, dentro de los principios generales que rigen el procedimiento administrativo está el principio de la imparcialidad, derivado del principio de igualdad y no discriminación de los administrados, conforme al cual, la Administración, en el curso del procedimiento y al decidirlo, no debe tomar partido, ni inclinar la balanza o beneficiar ilegítimamente a una parte en perjuicio de otra, sino que debe tomar su decisión únicamente conforme al ordenamiento jurídico y con la finalidad de interés general que la motiva.

Este principio regulado el Artículo 30 de la LOPA, exige a la Administración tratar en igual forma a todos los particulares y no puede establecer ningún tipo de discriminación respecto de ellos, ni parcializarse por ninguna posición y debe mantener siempre una posición imparcial. Esto trae dos consecuencias concretas en la Ley. Por una parte, la obligación de respetar el orden que establece el Artículo 34 para la decisión de los asuntos. Ya hemos visto que cuando se introduce una solicitud, debe haber un registro numerado conforme al Artículo 47, y en consecuencia, de acuerdo al Artículo 34, el despacho de los asuntos debe hacerse respetándose rigurosamente él orden en que fueron presentados. Sólo si hay razones de interés público y si se motivan estas razones mediante resolución expresa, puede el Jefe de la Oficina respectiva modificar el orden, dejando constancia en el expediente de los motivos.

2. El principio de economía

Otro principio general del procedimiento administrativo previsto en la LOPA es el principio de la economía procesal. En efecto, en general, debe considerarse que los procedimientos se establecen para resolver los asuntos, y no para dilatarlos. Lamentablemente, la distorsión que ha sufrido el procedimiento civil, en muchos casos llevó a considerar al procedimiento civil como un instrumento de dilación y no como un instrumento de solución de problemas. Por en muchos casos ha habido una justicia eterna, de larga duración, comandada, a veces, por jueces que olvidan que su misión fundamental es decidir en el fondo de los asuntos, y que consideran, al contrario, que el procedimiento civil sirve para no decidir. Lamentablemente esto ha ocurrido con frecuencia en el procedimiento civil, quedando de lado el principio de la economía procesal, que exige, al contrario, decisiones en el tiempo más corto posible.

La LOPA, al contrario, puede decirse que, afortunadamente, está imbuida por el principio de la economía procedimental, es decir, por la necesidad de que se decida administrativamente con celeridad y economizando lapsos. Por tanto, si la Ley prescribe formas, es para que se manifieste adecuadamente la voluntad de la Administración, es decir, para que se dicte un acto y no para dilatar las decisiones.

3. El principio de celeridad

Vinculado con el principio de oficialidad y también formulado en forma expresa en la LOPA, está el principio de la celeridad, que implica que si el procedimiento es un asunto de la Administración, es decir, si la Administración es la responsable del procedimiento, el principio consecuencial establecido en garantía de los particulares, es que debe ser desarrollado con la mayor rapidez y celeridad posible. Ello implica, las previsiones sobre actuación de oficio, regulación de plazos y términos y todo el régimen de simplicidad en los trámites.

4. El principio de la simplicidad y derechos de las personas

El artículo 12 de la LOAP dispone que la simplificación de los trámites administrativos así como la supresión de los que fueren innecesarios será tarea permanente de los órganos y entes de la Administración Pública (se excluye las misiones), así como la supresión de los que fueren innecesarios, todo de conformidad con los principios y normas que establezca la ley correspondiente. Dicha Ley es la Ley Orgánica de Simplificación de Trámites Administrativos de 2008, la cual sin embargo, sólo se aplica a los "órganos y entes" de la Administración Pública Nacional, Estadal y Municipal (art. 2), con lo que quedan excluidas las "misiones." Dicha Ley, se destina específicamente a desarrollar, en detalle, este principio de la simplificación con el objeto de racionalizar las tramitaciones que realizan las personas ante la Administración Pública; mejorar su eficiencia, pertinencia y utilidad, a fin de lograr mayor celeridad y funcionalidad en las mismas; reducir los gastos operativos; obtener ahorros presupuestarios; cubrir insuficiencias de carácter fiscal y mejorar las relaciones de la Administración Pública con los ciudadanos.

En todo caso, estando la Administración Pública al servicio de los ciudadanos y, en general, de las personas (particulares o administrados), el artículo 6 de la LOAP exige que debe desarrollar su actividad y organizarse de manera que las personas puedan:

> "1. Resolver sus asuntos, ser auxiliadas en la redacción formal de documentos administrativos, y recibir información de su interés por cualquier medio escrito, oral, telefónico, electrónico e informático;
>
> 2. Presentar reclamaciones sobre el funcionamiento de la Administración Pública (se entiende, sin el carácter de recursos administrativos);
>
> 3. Acceder fácilmente a información actualizada sobre el esquema de organización de los órganos y entes de la Administración Pública, así como a guías informativas sobre los procedimientos administrativos, servicios y prestaciones que ellos ofrecen."

Además, en el artículo 22 de la LOAP, se dispone como principio que la organización de la Administración Pública debe procurar la simplicidad institucional y la transparencia en su estructura organizativa, asignación de competencias, adscripciones administrativas y relaciones inter-orgánicas. La estructura organizativa, además, debe prever la comprensión, acceso, cercanía y participación de las personas de manera que les permitan resolver sus asuntos, ser auxiliados y recibir la información que requieran por cualquier medio

5. El principio de la buena fe

El principio de la buena fe se ha establecido en los dos sentidos necesarios en las relaciones entre la Administración y el ciudadano: en primer lugar, como presunción de parte del ciudadano en la Ley de Simplificación de Trámites Administrativos (art. 5, "La presunción de buena fe del ciudadano") lo que implica, por ejemplo, que "en todas las actuaciones que se realicen ante la Administración Pública, se tomará como cierta la declaración de las personas interesadas, salvo prueba en contrario"(art. 23); y en segundo lugar, que la Administración, en sí misma, debe actuar conforme al principio de la buena fe, tal como se precisa en el artículo 10 de la LOAP.

6. El principio de la información general (internet)

A fin de dar cumplimiento a los principios establecidos en la LOAP, ésta dispone (art. 11 LOAP) que los órganos y entes de la Administración Pública (no las misiones) deberán utilizar las nuevas tecnologías que desarrolle la ciencia, tales como los medios electrónicos o informáticos y telemáticos, para su organización, funcionamiento y relación con las personas.

En tal sentido, por disposición expresa de la Ley Orgánica, cada órgano y ente de la Administración Pública (no las misiones) debe establecer y mantener una página en internet, que debe contener, entre otra, la información que se considere relevante, los datos correspondientes a su misión, organización, procedimientos, normativa que lo regula, servicios que presta, documentos de interés para las personas, ubicación de sus dependencias e información de contactos (art. 11 LOAP).

7. El principio de la publicidad de los actos generales

Todos los reglamentos, resoluciones y actos administrativos de carácter general dictados por los órganos y entes de la Administración Pública (no las misiones) deberán ser publicados, sin excepción, en la *Gaceta Oficial de la República* o, según el caso, en el medio de publicación oficial del Estado, Distrito metropolitano o Municipio correspondiente (art. 12 LOAP). La norma recoge el principio general del comienzo de la eficacia de los actos administrativos de efectos generales (normativos) o de carácter general (destinados a varios sujetos de derecho), sujetándolo a la publicación en la *Gaceta Oficial.*

El artículo 13 LOAP, sin embargo, además de referirse a los reglamentos (siempre de carácter normativo) y a los actos administrativos de carácter general, menciona a las "resoluciones". Estas, conforme a la Ley Orgánica de Procedimientos Administrativos (art. 16) son los actos administrativos que emanan de los Ministros del Ejecutivo Nacional, por lo que las mismas, sean o no de efectos generales o de carácter general, deben publicarse en la *Gaceta Oficial.*

En cuanto a los Estados, Distritos Metropolitanos y Municipios, los actos de los mismos de orden normativo o de carácter general, también deben publicarse en la correspondiente "publicación oficial" de las entidades respectivas.

8. El principio de la sujeción a los planes, metas y objetivos y a la planificación centralizada

Los órganos y entes de la Administración Pública (no las misiones), en su funcionamiento, deben sujetarse a las políticas, estrategias, metas y objetivos que se establezcan en los respectivos planes estratégicos, compromisos de gestión y lineamientos dictados conforme a la planificación centralizada (art. 18 LOAP). Igualmente, comprenderá el seguimiento de las actividades, así como la evaluación y control del desempeño institucional y de los resultados alcanzados

En particular, la actividad de las unidades administrativas de apoyo técnico y logístico se debe adaptar a la de las unidades administrativas sustantivas de los órganos y entes de la Administración Pública (art. 19).

9. El principio de la eficacia

La actividad de los órganos y entes de la Administración Pública debe perseguir el cumplimiento eficaz de los objetivos y metas fijados en las normas, planes y compromisos de gestión, bajo la orientación de las políticas y estrategias establecidas por el Presidente de la República, la Comisión Central de Planificación, por el gobernador, y el alcalde según el caso (art. 19 LOAP).

En todo caso, el funcionamiento de los órganos y entes de la Administración Pública, debe comprender el seguimiento de las actividades, así como la evaluación y control del desempeño institucional y de los resultados alcanzados (art. 18 LOAP).

10. El principio de la adecuación de los medios financieros a los fines

La asignación de recursos a los órganos, entes de la Administración Pública y demás formas de organización que utilicen recursos públicos se deben ajustar estrictamente a los requerimientos de su organización y funcionamiento para el logro de sus metas y objetivos, con uso racional de los recursos humanos, materiales y presupuestarios (art. 20 LOAP).

Los órganos y entes de la Administración Pública (no las misiones) además, deben procurar que sus unidades de apoyo administrativo no consuman un porcentaje del presupuesto destinado al sector correspondiente mayor que el estrictamente necesario. A tales fines, los titulares de la potestad organizativa de los órganos y entes de la Administración Pública, previo estudio económico y con base en los índices que fueren más eficaces de acuerdo al sector correspondiente, deben determinar los porcentajes mínimos de gasto permitido en unidades de apoyo administrativo (art. 20 LOAP).

Por otra parte, conforme al artículo 21 de la LOAP la dimensión y la estructura organizativa de los órganos y entes de la Administración Pública deben ser proporcionales y consistentes con los fines y propósitos que les han sido asignados. Las formas organizativas que adopte la Administración Pública deben ser suficientes para el cumplimiento de sus metas y objetivos y deben propender a la utilización racional de los recursos públicos.

Excepcionalmente, y sólo en el caso que se requiera la contratación de determinados profesionales especialistas para actividades eventuales y transitorias, los órganos y entes de la Administración Pública (no las misiones) podrán incorporar asesores cuya remuneración se debe establecer por vía contractual con base en honorarios profesionales u otras modalidades fijadas de conformidad con la ley (art. 21 LOAP).

11. El principio de la privatización y gestión comunal

En los casos en que las actividades de los órganos y entes de la Administración Pública (no las misiones), en ejercicio de potestades públicas que por su naturaleza lo permitan, fueren más económicas y eficientes mediante la gestión de los Consejos Comunales y demás formas de organización comunitaria o del sector privado, dichas actividades podrán ser transferidas a éstos, de conformidad con la ley, reservándose la Administración Pública la supervisión, evaluación y control del desempeño y de los resultados de la gestión transferida (art. 20 LOAP).

12. El principio de coordinación

Conforme al artículo 23 de la LOAP, las actividades que desarrollen los órganos y entes de la Administración Pública deben efectuarse de manera coordinada y estar orientadas al logro de los fines y objetivos del Estado, con base en los lineamientos dictados conforme a la planificación centralizada.

13. El principio de cooperación

Conforme al principio del artículo 136 de la Constitución, los órganos y entes de la Administración Pública (no las misiones) deben colaborar entre sí y con las otras ramas de los Poderes Públicos en la realización de los fines del Estado (art. 24).

14. El principio de lealtad institucional

Dispone el artículo 25 de la LOAP que los órganos y entes de la Administración Pública (no las misiones) deben actuar y relacionarse de acuerdo con el principio de lealtad institucional y, en consecuencia, deben:

> "1.Respetar el ejercicio legítimo de las respectivas competencias.
>
> 2. Ponderar, en el ejercicio de las competencias propias, la totalidad de los intereses públicos implicados.
>
> 3. Facilitar la información que le sea solicitada sobre la actividad que desarrollen en el ejercicio de sus competencias.
>
> 4. Prestar la cooperación y asistencia activa que puedan serles requeridas en el ámbito de sus competencias".

CONCLUSIÓN

De todas las previsiones antes analizadas, es indudable que la ley Orgánica de Procedimientos Administrativos de 1982 constituyó en Venezuela, el punto de partida para el desarrollo del derecho administrativo contemporáneo, cambiando totalmente la situación tradicional de las relaciones entre Administración y los administrados.

Hasta ese momento, el balance de esas relaciones había estado a favor de la Administración. Casi todos los poderes, potestades y derechos habían estado en manos de la Administración, con muy pocos deberes y obligaciones frente al particular; y el administrado, lo que había encontrado normalmente ante la Administración, eran sólo situaciones de deber, de sujeción, de subordinación, sin tener realmente derechos, ni tener mecanismos para exigir la garantía de su derecho. Por ello, decimos que el balance había estado a favor de la Administración en forma tradicional.

La Ley cambió el balance, y a partir de su vigencia no se trata ya de una situación de poderes administrativos y de ausencia de derechos de los particulares, sino que la Ley establece claramente, un equilibrio entre poderes de la Administración y derechos de los particulares, que se garantizan. Ello, por otra parte, es la esencia del principio de la legalidad y de las regulaciones jurídicas sobre la Administración: el equilibrio que tiene que existir entre poderes y prerrogativas administrativas y derechos de los particulares.

Al cambiar totalmente el balance entre esos dos extremos y establecer un equilibrio, la Ley planteó necesariamente un cambio de actitud en la forma y método del actuar de la Administración. Ya no podía ser la Administración prepotente que concedía dádivas o favores al particular, quien por su parte, no tenía derechos, ni cómo reclamarlos y era aplastado y a veces vejado por la Administración. Esto sin duda cambió, y con ello, surgió la necesidad de un cambio de actitud y de mentalidad. El administrado ya no era un particular indefenso frente a la Administración sino que en las relaciones jurídicas con ella, ahora aparecía bien armado con muchos derechos legales y con muchos mecanismos jurídicos para garantizar esos derechos y controlar cualquier actitud que significase la desmejora de esas garantías.

Por ello, la Ley Orgánica, produjo un impacto fenomenal en el funcionamiento de la Administración Pública, similar a una revolución administrativa, buscando transformar el desorden y dispersión regulatorio anterior relativo a la actividad administrativa, y convertirlo en un formalismo procedimental positivizado, en el cual comenzaron a encajar los administrados, en una situación colmada de garantías y derechos

Sección Cuarta: LA LEY 1473 DE 2011 SOBRE EL NUEVO CÓDIGO DE PROCEDIMIENTO ADMINISTRATIVO Y DE LO CONTENCIOSO ADMINISTRATIVO DE COLOMBIA Y LA CODIFICACIÓN DEL DERECHO ADMINISTRATIVO

Esta Sección Cuarta es el texto de sobre la reforma del Código de Procedimiento Administrativo y de lo Contencioso Administrativo, expuesto como *Lección Inaugural de los Cursos de Maestría en Derecho Administrativo*, Universidad Externado de Colombia, Bogotá, 9 de febrero de 2011. Dicho texto siguió la orientación del estudio sobre "Los Principios del Procedimiento Administrativo en el nuevo *Código de Procedimiento Administrativo y de lo Contencioso Administrativo de Colombia (Ley 1.437 De 2001)*, preparado para la conferencia dictada en el *Seminario internacional de Presentación de la Ley 1437 de 2011 Código de Procedimiento Administrativo y de lo Contencioso Administrativo*, organizado por el Consejo de Estado de Colombia, con los auspicios de la Contraloría General de la República, la Auditoría General de la República, la Escuela Superior de administración Pública y el Banco de la República, Bo-

gotá, Biblioteca Luis Ángel Arango 1 de febrero de 2011; texto fue publicado en *Seminario Internacional de Presentación del Nuevo Código de Procedimiento Administrativo y de lo Contencioso Administrativo, Ley 1437 de 2011. Memorias*, Consejo de Estado, Bogotá 2011, pp. 115-144.

Habiéndose sancionado el pasado 18 de enero, la Ley 1437 de 2011 contentiva del nuevo *Código de Procedimiento Administrativo y de lo Contencioso Administrativo* de Colombia, que tanta importancia tiene para el derecho administrativo, me parece que es forzoso que en esta Lección Inaugural me refiera a esta pieza legislativa excepcional de la codificación de nuestra disciplina en el mundo actual, pues como ustedes deben saberlo, el mismo no tiene parangón en el derecho comparado.

La Ley 1437 de 2011, sin embargo no es un texto totalmente nuevo, sino como sabemos, viene a sustituir el anterior *Código Contencioso Administrativo* de 1984, con el cual puede decirse que se inició la configuración de esta pieza legislativa única, al habérsele incorporado al viejo régimen del contencioso administrativo que ya tiene tradición centenaria en este país, el conocido Libro Primero destinado a regular el Procedimiento Administrativo. Desde 1984 puede entonces decirse, efectivamente, que no existe en el mundo un texto legislativo que se pueda comparar al Código colombiano, en el sentido de contener en un solo texto, la regulación, en conjunto, tanto del procedimiento administrativo que se desarrolla ante las autoridades administrativas, como el proceso que se desarrolla ante la jurisdicción contencioso administrativa, junto con su organización.

Con aquél Código de 1984, por otra parte, particularmente en materia de procedimiento administrativo, Colombia se incorporó definitivamente en la corriente codificadora del derecho administrativo que venía consolidándose en América Latina, y que en un proceso de aproximaciones sucesivas había sentando las bases legislativas de nuestra disciplina en el Continente, perfeccionándolas en cada etapa. La última de dichas etapas, sin duda, es ahora esta reforma del Código de 1984, el cual comienza a denominarse a partir de la Ley 1437 de 2011, como *Código de Procedimiento Administrativo y de lo Contencioso Administrativo*, con lo cual se ha sincerado la denominación con el contenido del mismo.

Aparte de todas las reformas introducidas en el Código, sin duda, la motivación fundamental de las mismas fue la necesaria adaptación de las previsiones del Código a las disposiciones de la Constitución de 1991, en la cual se había producido un importante proceso de constitucionalización del derecho administrativo que requería urgentemente ser reflejado en el texto del Código.

La reforma de 2011, entre muchos aspectos, incidió en la enumeración de los principios del procedimiento administrativo, la cual fue ampliada, y que son a los que en particular que quiero precisamente referirme, ubicándolos en el marco general del derecho administrativo comparado latinoamericano, que en esta materia ha estado sin duda signado por el principio de la codificación.

I. LA CODIFICACIÓN DEL DERECHO ADMINISTRATIVO EN AMÉRICA LATINA A TRAVÉS DE LA REGULACIÓN DEL PROCEDIMIENTO ADMINISTRATIVO

En efecto, puede decirse que el signo más importante de la evolución del derecho administrativo en América Latina durante las últimas décadas del siglo pasado hasta el presente, ha sido precisamente el proceso de su codificación que se ha materializado particularmente en la sanción de leyes reguladoras del procedimiento administrativo en general, uno de cuyos destacados ejemplos ha sido el Libro Primero del Código de Colombia.

En la actualidad, buena parte de los países de la región cuentan con leyes de esta naturaleza, y en todos ellos puede decirse que la historia del derecho administrativo se divide en dos grandes etapas en su evolución, referidas una, para la situación anterior a la sanción de dichas leyes, y otra, para la situación posterior, lo que sin duda también puede decirse que ocurrió en Colombia.

Con dichas leyes, en efecto se comenzó a dar un nuevo enfoque al objeto de nuestra disciplina, es decir, a la Administración Pública y a su actividad, comenzándose a regularla con mayor amplitud y precisión, tanto en sus aspectos sustantivos como en los referidos a su relación con los administrados. Estas leyes se apartaron entonces de las precedentes que se referían básicamente a la organización interna de la Administración, pasando a regular el conjunto de situaciones jurídicas en las cuales se encuentran en sus relaciones recíprocas tanto la Administración Pública como los administrados, normando el conjunto de poderes, prerrogativas y obligaciones de aquella, por una parte; y por la otra, los derechos y obligaciones de los administrados en sus relaciones con la misma.

Lo cierto es que dichas leyes cambiaron totalmente la situación tradicional de las relaciones entre a Administración y los administrados, en las cuales el balance estaba siempre a favor de la Administración, con amplias regulaciones sobre sus poderes, potestades y prerrogativas y sobre las obligaciones de los administrados, y pocas sobre sus derechos. Ese balance fue el que se cambió sustancialmente, buscándose entonces una situación de equilibrio entre los poderes de la Administración y los derechos de los administrados, que en las leyes se buscó garantizar, pasándose así a reforzar el principio de la legalidad.

De allí la precisa indicación que el Código de Colombia establece en su primer artículo respecto de la *finalidad* de su Primera Parte, destinada a regular el procedimiento administrativo, al indicar que el mismo busca, *primero*, "proteger y garantizar los derechos y libertades de las personas"; *segundo*, garantizar "la primacía de los intereses generales"; *tercero*, asegurar "la sujeción de las autoridades a la Constitución y demás preceptos del ordenamiento jurídico"; *cuarto*, garantizar "el cumplimiento de los fines estatales"; *quinto*, asegurar "el funcionamiento eficiente y democrático de la administración"; y finalmente, *sexto*, asegurar "la observancia de los deberes del Estado y de los particulares."

En esta orientación, al cambiar totalmente el desbalance que tradicionalmente existía entre los dos extremos de la relación jurídica administrativa y establecerse el necesario equilibrio entre ellos, las leyes de procedimiento administrativo han contribuido a generar en todos los países un cambio de actitud y de forma y método del actuar de la Administración Pública, procurando lograr que dejara de ser la Administración prepotente que sólo concedía dádivas o favores al administrado, quien por su parte, no tenía derechos, ni cómo reclamarlos y era aplastado y a veces vejado por la Administración. Con las nuevas leyes se sentaron las bases para que ello cambiara, de manera que el administrado que la Administración iba a enfrentar ya no fuera un sujeto indefenso, sino uno bien armado con muchos derechos frente a la Administración y con muchos mecanismos jurídicos para garantizarlos y para controlar cualquier actitud que significara su desmejora.

Este proceso de transformación del derecho administrativo mediante la codificación del procedimiento administrativo, debemos recordarlo, se inició en América Latina en la década de los setenta cuando en Argentina se sancionó la primera de las leyes nacionales sobre procedimientos administrativos que se dictaron en el Continente, que fue la Ley 19.549 de Procedimientos Administrativos de 1972, reformada por la Ley 21.682.

A ella, la siguió el Decreto Ley 640, sobre Procedimientos Administrativos dictado en el Uruguay en 1973, sustituido posteriormente por el Decreto 500 de 1991, sobre Normas Generales de Actuación Administrativa y Regulación del Procedimiento en la Administración Central.

Un lustro más tarde, en 1978 se sancionó la Ley General de la Administración Pública de Costa Rica, la cual no sólo reguló el procedimiento administrativo, sino materialmente todos los aspectos esenciales del derecho administrativo, por lo que siempre la he considerado como una especie de "manual" de esta rama del derecho, redactado en forma de artículos.[34] En ellos se encuentra explicado el derecho administrativo como si se tratase del desarrollo de un programa de un curso sobre esta disciplina, expuesto en un muy hermoso y rico texto, en cuya redacción contribuyó mi recordado amigo Eduardo Ortíz Ortíz.

Posteriormente siguió la Ley Orgánica de Procedimientos Administrativos de Venezuela, de 1981;[35] la cual, en la materia, fue luego complementada, con la Ley sobre Simplificación de Trámites Administrativos (Decreto-Ley 368 de 5 de octubre de 1999, reformada en 2008) y con la Ley Orgánica de la Administración Pública de 2001, también reformada en 2008.

Unos años más tarde, en 1984, como antes señalé, fue que se produjo la primera reforma general del Código Contencioso Administrativo de Colombia mediante la incorporación del Libro Primero sobre Procedimientos Administrativos, cuyo contenido también se complementó con las disposiciones del Decreto 266 de 2000 sobre Normas para la Simplificación Administrativa.

---

34 *V.* Allan R. Brewer-Carías, "Comentarios sobre los principios generales de la Ley General de la Administración Pública de Costa Rica" en *Revista del Seminario Internacional de Derecho Administrativo*, Colegio de Abogados de Costa Rica, San José 1981, pp. 31-57; y en *Revista Internacional de Ciencias Administrativas*, Vol. XLVIII, Institut International des Sciences Administratives, N° 1, Bruselas 1982, pp. 47-58

35 *V.* sobre la ley venezolana: Allan R. Brewer-Carías, "Comentarios a la Ley Orgánica de Procedimientos Administrativos" en *Revista de Derecho Público*, N° 7, Editorial Jurídica Venezolana, Caracas, julio-septiembre 1981, pp. 115-117; "Comentarios sobre el alcance y ámbito de la Ley Orgánica de Procedimientos Administrativos en Venezuela" en *Revista Internacional de Ciencias Administrativas*, Vol. XLIX, N° 3, Institut International des Sciences Administratives, Bruselas 1983, pp. 247-258; "Comentarios sobre el alcance y ámbito de la Ley Orgánica de Procedimientos Administrativos en Venezuela" en *Revista de Control Fiscal*, N° 104, Contraloría General de la República, Caracas 1982, pp. 113-133; "Introducción al régimen de la Ley Orgánica de Procedimientos Administrativos", en Allan R. Brewer-Carías (Coordinador-editor), Hildegard Rondón de Sansó y Gustavo Urdaneta, *Ley Orgánica de Procedimientos Administrativos*, Colección Textos Legislativos, N° 1, Editorial Jurídica Venezolana, Caracas 1981, pp. 7-51; y *El derecho administrativo y la Ley Orgánica de Procedimientos Administrativos. Principios del procedimiento administrativo*, Editorial Jurídica Venezolana, 6ª edición ampliada, Caracas 2002.

En 1987, por otra parte, se dictó la Ley de Procedimiento Administrativo de Honduras; y luego de un período de casi diez años, en 1994 se dictó en México, la Ley Federal de Procedimiento Administrativo. En ese mismo año, se dictó en Ecuador el Estatuto del Régimen Jurídico Administrativo de la Función Ejecutiva (Decreto Ejecutivo 1634 de 1994), que regula aspectos del procedimiento administrativo; y años después, en 1999, se sancionó la Ley 9.784 de Brasil que regula el proceso administrativo en el ámbito de la Administración Pública Federal. En 2000, en Panamá, se dictó la Ley 38 contentiva del Estatuto Orgánico de la Procuraduría de la Administración, que regula el Procedimiento Administrativo General, y al año siguiente, en 2001, se sancionó la muy importante Ley 27.444 del Procedimiento Administrativo General de Perú, la cual tuvo su antecedente remoto en el Decreto Supremo 006-67-56 de 1967 el cual, aún cuando de rango parlamentario, fue el primer cuerpo normativo en la materia en América latina. Luego en 2002, se dictó la Ley 2341 de Procedimiento Administrativo de Bolivia, y finalmente en 2003, en Chile, se sancionó la Ley N° 19.880 de Procedimientos Administrativos.

Todos estos textos, por otra parte y en una forma u otra, tienen un rasgo común y es la influencia de la legislación española a través de las ya derogadas Ley de Régimen Jurídico de la Administración del Estado de 1957 y Ley de Procedimientos Administrativos de 1958, las cuales fueron sustituidas por la Ley 30/1992 de Régimen Jurídico de las Administraciones Públicas y del Procedimiento Administrativo Común (modificada por Ley 4/1999 de 13 de enero de 1999), la cual, por su parte, por ejemplo influyó en la redacción de la Ley peruana de 2001. Por ello, el derecho administrativo latinoamericano, de haber estado influido en sus inicios sólo por los principios del derecho administrativo francés, a partir de la sanción de todas estas leyes ha pasado a estar también influido significativamente por el derecho administrativo español y su doctrina contemporánea.

De todas las finalidades que han tenido todas estas leyes de procedimiento administrativo, sin duda resulta una que es de especial importancia para nuestra disciplina, y que se presenta como un rasgo común de las mismas, y es que todas ellas se refieren al proceso de producción de los actos administrativos, al punto de que pueden considerarse, básicamente, como leyes reguladoras del régimen jurídico del acto administrativo. Así se resume, por ejemplo, en la Ley de Procedimientos Administrativos del Perú, donde se entiende por procedimiento administrativo él:

> "conjunto de actos y diligencias tramitados en las entidades, conducentes a la emisión de un acto administrativo que produzca efectos jurídicos individuales o individualizables sobre intereses, obligaciones o derechos de los administrados" (art. 29).

Por ello es que, en el desarrollo del derecho administrativo estas leyes hayan sido las piezas esenciales para el afianzamiento del principio de la legalidad,[36] al constituir cuerpos normativos de aplicación obligatoria para todas las autoridades administrativas, y no sólo a la Administración Pública del Poder Ejecutivo. Como lo precisa el artículo 1 del Código Colombiano, sus disposiciones:

---

36 *V.*, Allan R. Brewer-Carías, "El principio de la legalidad en la Ley Orgánica de Procedimientos Administrativos," en *Revista del Consejo de la Judicatura*, N° 22, Caracas, julio-septiembre 1981, pp. 5-14; "El tratamiento del principio de la legalidad en las leyes de procedimiento en América Latina," *Revista AIDA*, Asociación Internacional de Derecho Administrativo, N° 8, México, 2010

"se aplican a todos los organismos y entidades que conforman las ramas del Poder Público en sus distintos órdenes, sectores y niveles, a los órganos autónomos e independientes del Estado y a los particulares, cuando cumplan funciones administrativas. A todos ellos se les dará el nombre de autoridades."

Previsión esta de gran importancia, y que recoge lo que es un signo común en el derecho administrativo latinoamericano, donde la Administración y la actividad administrativa en sentido lato están desligadas del "Poder Ejecutivo" constituyendo administraciones públicas las de los otros poderes del Estado e igualmente actividad administrativa la realizada por particulares cuando ejercen la función administrativa.

II. LA ENUMERACIÓN DE LOS PRINCIPIOS DEL PROCEDIMIENTO ADMINISTRATIVO EN LAS LEYES LATINOAMERICANAS

Con este ámbito de aplicación, puede decirse que otra característica general o rasgo común de estas leyes de procedimiento administrativo en América Latina, ha sido precisamente la enumeración en su propio texto, del conjunto de principios generales que orientan el procedimiento,[37] los cuales, por tanto, ahora ya no tienen que ser deducidos por el juez contencioso administrativo mediante interpretación, disponiendo de normas del derecho positivo para poder efectuar con mayor efectividad sus funciones de control sobre la actuación administrativa.

La pauta en esta materia la marcó la primera de las leyes de procedimiento administrativo sancionadas en el Continente, que fue la Ley argentina de procedimientos administrativos (1972), en la cual se enumeraron los principios que debían guiar el mismo incluyendo, además de la "informalidad," la "celeridad, economía, sencillez y eficacia en los trámites" (art. 1.b); principios que fueron recogidos en todas las leyes posteriores, en un proceso de aproximaciones sucesivas, donde se fueron incorporando otros principios, a medida que las leyes se fueron sancionando, ampliándose así la enumeración.

Así sucedió en la década de los ochenta, en Ley de procedimientos administrativos de Honduras (1987), donde se repitieron los mismos principios ("economía, simplicidad, celeridad y eficacia") (art. 19), igual que sucedió en la Ley venezolana de procedimientos administrativos (1981) ("celeridad, economía, sencillez y eficacia"), agregándose en esta última a la lista, sin embargo, el principio de "imparcialidad" (art. 30). Estos últimos principios se repitieron en el Código Colombiano de 1984 ("economía, celeridad, eficacia, imparcialidad"), agregándose entonces los de "publicidad y contradicción" (art. 3).

---

37 *V.* en general nuestros trabajos de derecho comparado en la materia: Allan R. Brewer-Carías, "Principios del procedimiento administrativo en España y América Latina," en el libro *200 Años del Colegio de Abogados. Libro Homenaje*, T. I, Colegio de Abogados del Distrito Federal, Caracas 1989, pp. 255-435; *Principios del procedimiento administrativo* (Prólogo de Eduardo García de Enterría), Editorial Civitas, Madrid 1990; *Les principes de la procédure administrative non contentieuse. Études de Droit Comparé (France, Espagne, Amérique Latine)* (Prólogo de Franck Moderne), Editorial Económica, París 1992, también publicado en *Etudes de droit public comparé*, Académie International de Droit Comparé, Ed. Bruylant, Bruxelles 2001, pp. 161-274; *Principios del Procedimiento Administrativo en América Latina*, Universidad del Rosario, Colegio Mayor de Nuestra Señora del Rosario, Editorial Legis, Bogotá 2003; y "Principios del Procedimiento Administrativo. Hacia un estándar continental," en Christian Steiner (Ed), *Procedimiento y Justicia Administrativa en América Latina*, Konrad Adenauer Stiftung, Konrad Adenauer, México 2009, pp. 163-199

Posteriormente, en la década de los noventa se sancionó la Ley Federal de México de procedimientos administrativos (1994), en la cual se agregó a la misma enumeración inicial el principio de la "buena fe" (art. 13), que luego fue incorporado en varias legislaciones, Igualmente en la década de los noventa, en la Ley ecuatoriana, a los principios ya arraigados en las leyes anteriores latinoamericanas ("imparcialidad, economía, celeridad y eficacia"), se agregaron los de "informalidad y uniformidad," y la indicación de que la función administrativa debía realizarse "sin menoscabo del debido proceso legal, con objetividad y con apego al principio de estricta legalidad" (art. 34). Igualmente en Ecuador, en la Ley de Modernización del Estado al referirse a los procesos de modernización se agregaron a los principios tradicionales ("eficiencia, agilidad"), los de "transparencia, coparticipación en la gestión pública y solidaridad social."

En la misma forma, en la Ley N° 38 de Panamá de 2000, entre los principios con apego a los cuales debe actuar la Administración Pública, además de los clásicos ("legalidad, eficiencia, eficacia") y se agregaron los de "calidad, y moralidad en la prestación de los servicios públicos" (art. 3,2). En sentido similar ocurrió en la Ley de Brasil de procedimientos administrativos (1999), en la cual a los ya asentados principios previstos en varias leyes *("legalidade, eficiência, ampla defesa, contraditório, moralidade), se agregaron los "principios da finalidade, motivaçao, razoabilidade, proporcionalidade, segurança juridica, interesse público"* (art. 2). Igualmente, en la última de las leyes que fue la Ley N° 19.880 de Procedimientos administrativos de Chile de 2003, a los principios ya adoptados en otras legislaciones que se repitieron ("gratuidad, celeridad, economía procedimental, contradictoriedad, imparcialidad, no formalización, transparencia y publicidad'), se agregaron los de "escrituración, conclusivo, abstención, inexcusabilidad, impugnabilidad" (art. 4).

En el mismo sentido de ampliación de los principios, debe señalarse que en el Decreto Ley de Uruguay sobre procedimientos Administrativos, ya se había incorporado una muy extensa enumeración de los principios, con definición incluso de su contenido, de manera que además de indicarse que la Administración Pública debe servir con "objetividad" los intereses generales con sometimiento pleno al derecho (legalidad objetiva), en adición a los clásicos principios ya indicados ("economía, celeridad, eficacia, imparcialidad, informalismo en favor del administrado, contradicción, imparcialidad, buena fe, motivación de la decisión y gratuidad"), se agregaron los principios de "impulsión de oficio; verdad material; flexibilidad, materialidad y ausencia de ritualismos; delegación material; debido procedimiento; lealtad y presunción de verdad salvo prueba en contrario" (art. 2).

Siguiendo esta orientación de enumeración exhaustiva, incluso en algunos casos los principios fueron establecidos con rango constitucional, como es el caso de la Constitución de Venezuela de 1999, en cuyo artículo 141 se precisó que:

> "La Administración Pública está al servicio de los ciudadanos y se fundamenta en los principios de honestidad, participación, celeridad, eficacia, eficiencia, transparencia, rendición de cuentas y responsabilidad en el ejercicio de la función pública, con sometimiento pleno a la ley y al derecho."

Ello, incluso llevó a ampliar los principios ya mencionados que se incorporaron en la Ley Orgánica de procedimientos Administrativos de 1981 ("celeridad, economía, sencillez, eficacia, e imparcialidad") (art. 30), incorporándose nuevos principios en la Ley de Simplificación de Trámites Administrativos de 1999, reformada en 2008 ("simplicidad, solidaridad, presunción de buena fe del interesado, desconcentración en la toma de decisiones por parte de los órganos de dirección y su actuación debe estar dirigida al servicio de las personas") y en la Ley Orgánica de la Administración Pública de 2001 ("proporcionalidad, oportunidad, objetividad, participación, honestidad, accesibilidad, modernidad, buena fe, paralelismo de la forma con sometimiento pleno a la ley y al derecho, y con supresión de las formalidades no esenciales").

Sin embargo, lamentablemente, a pesar de estas declaraciones, la situación venezolana no es un ejemplo de efectividad en materia de aplicación de estos principios, a pesar incluso de su rango constitucional, siendo claro y evidente que los mismos, por más excelsos que sean y por más florido que sea el lenguaje de su enunciado, no son más que letra muerta cuando se está en presencia de un régimen autoritario como el que actualmente padece mi país, donde no hay jueces contencioso administrativos con autonomía e independencia capaces o dispuestos de asegurar su aplicación general.

Finalmente, en la evolución de la enunciación de los principios del procedimiento administrativo en las leyes latinoamericanas, deben destacarse las leyes del Perú y de Bolivia, en las cuales se ha formulado una especie de resumen general de la situación. Así, en el artículo IV del Título Preliminar de la Ley del Perú de procedimientos administrativos de 2001, se enunciaron los siguientes principios del procedimiento administrativo: "principios de legalidad; del debido procedimiento; del impulso de oficio; de razonabilidad; de imparcialidad; de informalismo; de presunción de veracidad; de conducta procedimental; de celeridad; de eficacia; de verdad material; de participación; de simplicidad; de uniformidad; de predictibilidad; y de privilegio de controles posteriores." Por su parte, en el artículo 4 de la Ley de Bolivia de 2002, luego de formularse como Principio fundamental, "el desempeño de la función pública está destinado exclusivamente a servir los intereses de la colectividad," se enumeraron los siguientes principios: "autotutela, sometimiento pleno a la ley, verdad material, buena fe, imparcialidad: legalidad y presunción de legitimidad, jerarquía normativa, control judicial, eficacia, economía, simplicidad, celeridad, informalismo, principio de publicidad, impulso de oficio, gratuidad, y proporcionalidad."

En esta orientación, una de las reformas de 2011 al Código colombiano en materia de procedimientos administrativos, ha consistido también y precisamente, en la ampliación de los principios enunciados en el Código de 1984, agregándose a los cinco clásicos principios que se había enumerado y definido en aquéllos ("economía, celeridad, eficacia, imparcialidad y publicidad"), siete nuevos principios que son los de "igualdad, buena fe, moralidad, participación, responsabilidad, transparencia, coordinación;" sustituyéndose además, el principio que antes se enunciaba como de "contradicción" por el del "debido proceso."

Lo importante de esta enunciación de los principios, como lo se señaló en el artículo 2 de la Ley de Brasil y lo establece el mismo artículo 3 del Código Colombiano, es que deben servir como criterio interpretativo para resolver las cuestiones que puedan suscitarse en la aplicación de las normas de procedimiento; o como lo dice la Ley de Honduras (art. 19 y 114) y la Ley del Perú (artículo IV del Título preliminar), como parámetros para la generación de otras disposiciones administrativas de carácter general, y para suplir los vacíos en el ordenamiento administrativo.

Por ello, una enumeración extensa de principios del procedimiento administrativo, como la contenida en las leyes de Brasil, de Uruguay, Bolivia, Perú y en el Código de Colombia, sin duda, tiene la ventaja de permitir al juez contencioso administrativo poder ejercer un control más efectivo y con mayor amplitud en relación con la actividad administrativa. Para ello, además, es claro que más importante que la sola enumeración de los principios, es la definición en los textos legales del contenido de los mismos, como ocurre con el mencionado artículo 4 de la Ley de Bolivia, con el artículo 3 del Código colombiano (art. 3), el artículo IV del Título Preliminar de la Ley del Perú.

Es claro, en todo caso, que todos estos principios no nacieron con estas leyes. Mucho antes de que las mismas se comenzaran a sancionar, se habían venido construyendo fundamentalmente por la jurisprudencia contencioso administrativa, con la ayuda de la doctrina, habiéndose logrado su positivización, adquiriendo rango legal precisamente con las leyes, lo que ha permitido al juez contencioso administrativo ejercer con mayor precisión el control de legalidad de la actuación administrativa, catapultándose, en consecuencia, tanto la jurisprudencia como la doctrina en materia contencioso administrativa.

Es precisamente en este marco general, que quiero referirme ahora a los principios del procedimiento administrativo tal como los enumeran el nuevo *Código de Procedimiento Administrativo y de lo Contencioso Administrativo* de Colombia, refiriéndome en particular a los nuevos principios incorporados en la reforma de 2011.

III. LOS NUEVOS PRINCIPIOS DEL PROCEDIMIENTO ADMINISTRATIVO INCORPORADOS EN LA REFORMA DEL CÓDIGO DE 2011

1. El principio del debido procedimiento administrativo, establecido en sustitución del principio de contradicción

El primero de los principios enunciados en el Código es el principio del debido proceso, el cual sustituye el más estrecho de la "contradicción" que estaba en el Código de 1984, con el cual se recoge en el Código lo que ya era una garantía constitucional consagrada en la Constitución de 1991, donde se indica que además de a los procesos judiciales, se aplica a los procedimientos administrativos. Así lo previó expresamente el artículo 49 de la Constitución de Colombia, al indicar que "el debido proceso se aplicará a toda clase de actuaciones judiciales y administrativas," lo que en su momento constituyó una novedad importante, que luego se recogió en la Constitución venezolana de 1999.

Es en esta orientación que el Código colombiano, en la reforma de 2010, enuncia el principio del debido proceso en relación con el procedimiento administrativo, indicándose en el artículo 3.1, que en virtud del mismo "las actuaciones administrativas se adelantarán de conformidad con las normas de procedimiento y competencia establecidas en la Constitución y la ley, con plena garantía de los derechos de representación, defensa y contradicción."

Agrega además el Código, especialmente que "en materia administrativa sancionatoria," además se deben observar, "los principios de legalidad de las faltas y de las sanciones (*nulla poena sine lege*), de presunción de inocencia, de *no reformatio in pejus y non bis in idem,"* destacándose de esta enumeración la importante formalización legal que significa, respecto del principio de la *no reformateo in pejus,* cuyo fundamento ha sido en todos los países, básicamente, de carácter jurisprudencial. Sin duda, es una previsión única en el derecho comparado.

2. El principio de la igualdad, complementando el de la imparcialidad

El segundo nuevo principio incorporado en el Código colombiano, que complementa el de imparcialidad (art. 3.3) que traía el Código de 1984, es el principio de igualdad (art. 3.2), en virtud del cual las autoridades deben dar "el mismo trato y protección a las personas e instituciones que intervengan en las actuaciones bajo su conocimiento," con la precisión, sin embargo, de que pueden ser "objeto de trato y protección especial las personas que por su condición económica, física o mental se encuentran en circunstancias de debilidad manifiesta" (art. 3.2)

En cuanto al principio de imparcialidad, ya desde el Código de 1984 se disponía que las autoridades deben "actuar teniendo en cuenta que la finalidad de los procedimientos consiste en asegurar y garantizar los derechos de todas las personas sin discriminación alguna y sin tener en consideración factores de afecto o de interés y, en general, cualquier clase de motivación subjetiva."

Conforme a estos principios, la Administración, en el curso del procedimiento administrativo y al decidirlo, no debe tomar partido, ni inclinar la balanza o beneficiar ilegítimamente a una parte en perjuicio de otra, sino que debe tomar su decisión objetivamente, únicamente conforme al ordenamiento jurídico y con la finalidad de interés general que la motiva, tratando a todos los ciudadanos en forma igual, salvo las distinciones que deriven de los derechos de protección que puedan tener ciertos ciudadanos.

3. El principio de la buena fe

El tercer principio del procedimiento administrativo introducido en la reforma del Código de Colombia, es el principio de la buena fe, el cual también se ha incorporado respondiendo al enunciado general del artículo 83 de la Constitución de 1991, en el sentido de que "las actuaciones de los particulares y de las autoridades públicas deberán ceñirse a los postulados de la buena fe, la cual se presumirá en todas las gestiones que aquellos adelanten ante éstas."

En esta orientación el artículo 3.4 del Código colombiano dispone que en virtud del principio de la buena fe, "las autoridades y los particulares deben presumir el comportamiento leal y fiel de unos y otros en el ejercicio de sus competencias, derechos y deberes."

Con anterioridad, el principio se había enunciado en el Decreto Ley uruguayo sobre procedimientos administrativos y en las Leyes de México, Perú, Brasil y Bolivia, en lo que en su momento fue una revolución en el régimen jurídico de la Administración Pública, ya que en la práctica de algunas Administraciones Públicas, lamentablemente lo que ha existido de parte de los funcionarios públicos hacia los administrados ha sido, al contrario, una especie de presunción de que los mismos actúan de mala fe, por lo que usualmente buscan obstaculizar sus pretensiones; y los administrados, por su parte, con frecuencia responden a esta actitud, buscando engañar a la Administración. El principio de la buena fe, al contrario, como lo enuncia la Constitución colombiana, tendría que convertirse en el instrumento que pueda garantizarle al administrado el poder confiar en la Administración y en sus funcionarios y, viceversa, de manera que debe regir tanto para el administrado como para la Administración

Lo cierto es que el respeto mutuo que deriva del principio de la buena fe y del principio de la lealtad que lo acompaña, comienza a ser el canal para la construcción del principio de la confianza legítima que debe existir como base de la relación jurídica entre la Administración y los administrados, particularmente cuando las actuaciones reiteradas de los funcionarios y de los órganos de la Administración Pública, hacen nacer expectativas jurídicas legítimas en cabeza de los aquellos que la propia Administración debe respetar y que han de ser apreciadas por el juez.

Por otra parte, y en relación con el principio de la buena fe, las leyes lo han configurado también como una presunción a favor del ciudadano, como se regulaba, por ejemplo, en el Decreto 266 de 2000 de Colombia, sobre simplificación de trámites, como "presunción de veracidad"; y que en la Ley peruana de procedimientos administrativos se denomina "presunción de licitud," en el sentido de que las entidades "deben presumir que los administrados han actuado apegados a sus deberes mientras no cuenten con evidencia en contrario" (art. 230,9), lo que implica la presunción de que el derecho reclamado por el administrado es justo. Ello ha conducido, también, al principio *favor pro accione* o posición favorable al accionante, el cual debería ser un principio fundamental en materia de procedimiento.

4. El principio de la moralidad

El cuarto principio del procedimiento administrativo introducido en la reforma del Código colombiano, es el principio de la moralidad, en virtud del cual, conforme se indica en el artículo 3.5, "todas las personas y los servidores públicos están obligados a actuar con rectitud, lealtad y honestidad en las actuaciones administrativas;" principio que también se encuentra expresamente mencionado en la Ley del Brasil y en la Ley de Panamá; y en la Ley de Chile, como principio de probidad.

5. El principio de la participación

El quinto principio del procedimiento administrativo incorporado expresamente en la reforma del Código de 2011, sin duda respondiendo a la orientación general de la Constitución de 1991, es el llamado principio de participación, con arreglo al cual, las autoridades deben promover y atender las iniciativas de los ciudadanos, organizaciones y comunidades encaminadas a intervenir en los procesos de deliberación, formulación, ejecución, control y evaluación de la gestión pública" (art. 3.6)

Se trata, en todo caso, de un principio definitorio de política pública en el fomento de los mecanismos de participación ciudadana en la gestión pública, el cual por supuesto, no sustituye sino complementa el principio democrático representativo.

6. El principio de la responsabilidad

El sexto de los nuevos principios del procedimiento administrativo enumerados en el Código colombiano, también siguiendo la normativa de la Constitución de 1991, es el principio de responsabilidad, en virtud del cual, conforme al artículo 3.7, las autoridades y sus agentes deben asumir "las consecuencias por sus decisiones, omisiones o extralimitación de funciones, de acuerdo con la Constitución, las leyes y los reglamentos."

Con ello, se formaliza en el Código el principio constitucional de la responsabilidad del los funcionarios, y no sólo del Estado, tan ampliamente desarrollado en Colombia; responsabilidad que se compromete frente a los administrados y también frente a la propia Administración por los daños causados en sus actuaciones.

7. El principio de la transparencia, complementando el de la publicidad

El séptimo de los nuevos principios del procedimiento administrativo que se agregó en la reforma del Código Colombiano, como complemento del principio de la publicidad que estaba en el texto de 1984, ha sido el principio de transparencia, conforme al cual se declara que "la actividad administrativa es del dominio público," y por consiguiente, "toda persona puede conocer las actuaciones de la administración, salvo reserva legal" (art. 3.8), todo lo cual es una consecuencia del derecho constitucional de acceso a la información administrativa.

Este principio, sin duda, complementa el principio de la publicidad que ya estaba en el Código de 1984, conforme al cual las autoridades deben dar "a conocer al público y a los interesados, en forma sistemática y permanente, sin que medie petición alguna, sus actos, contratos y resoluciones, mediante las comunicaciones, notificaciones y publicaciones que ordene la ley, incluyendo el empleo de tecnologías que permitan difundir de manera masiva tal información de conformidad con lo dispuesto en el Código (art. 3.9).

8. El principio de la coordinación

Por último, el octavo principio que regula el Código colombiano, incorporado en la reforma de 2011, es el clásico principio de la coordinación, conforme al cual las autoridades deben concertar sus actividades "con las de otras instancias estatales en el cumplimiento de sus cometidos y en el reconocimiento de sus derechos a los particulares" (art. 3.10); principio que, como sabemos, tradicionalmente había sido tratado en general en el derecho comparado, más como principio de la organización administrativa que del procedimiento administrativo.

IV. LA REITERACIÓN DE LOS PRINCIPIOS DEL PROCEDIMIENTO ADMINISTRATIVO QUE SE HABÍAN INCLUIDO EN EL CÓDIGO DE 1984

Aparte de estos principios incorporados en 2911, como dije, en el nuevo Código de 2011 se recogieron los que ya estaban consagrados en el Código de 1984, entre los que están los ya comentados de contradicción, imparcialidad y publicidad, y además, los más clásicos principios de economía, celeridad y eficacia.

1. El principio de la eficacia

En cuanto al principio de eficacia, siguiendo la orientación de materialmente todas las leyes de procedimiento administrativo de América Latina, lo define el Código colombiano, en el sentido de que las autoridades deben buscar "que los procedimientos logren su finalidad," debiendo, a tal efecto, remover de oficio los obstáculos puramente formales; evitar decisiones inhibitorias, las dilaciones o los retardos; y deben sanear, de acuerdo con el Código, las irregularidades procedimentales que se presenten, en procura de la efectividad del derecho material objeto de la actuación administrativa (art. 3.11); fórmula de la cual, conforme a la orientación general que se ha desarrollado en el derecho latinoamericano, se deducen los principios del informalismo, de la subsanación de defectos no sustanciales y de la conservación de los actos administrativos.

En cuanto al principio del informalismo, siendo que el procedimiento administrativo se configura como un conjunto de actos y actuaciones estrechamente vinculados entre sí, con el objeto de obtener un resultado concreto que, generalmente, se materializa en un acto administrativo, se considera que la prescripción de dichas formas no puede convertir al procedimiento en un bosque de formalidades que, como fin en sí mismas, entraben la acción administrativa.

Este principio, por ejemplo, está expresamente previsto con esa denominación en la Ley argentina de procedimiento administrativo en la cual se prescribe que las normas de procedimiento que establece, deben ajustarse al requisito del "informalismo", en el sentido de que debe "excusarse la inobservancia por los interesados de exigencias formales no esenciales y que pueden ser cumplidas posteriormente" (art. 1.c); y en la Ley de Bolivia se define el principio en el sentido de que "la inobservancia de exigencias formales no esenciales por parte del administrado, que puedan ser cumplidas posteriormente, podrán ser excusadas y ello no interrumpirá el procedimiento administrativo" (art. 4,1). Igualmente ocurre en el Decreto Ley del Uruguay y en la Ley del Perú que exige que "las normas de procedimiento deben ser interpretadas en forma favorable a la admisión y decisión final de las pretensiones de los administrados, de modo que sus derechos e intereses no sean afectados por la exigencia de aspectos formales que puedan ser subsanados dentro del procedimiento, siempre que dicha excusa no afecte derechos de terceros o el interés público."(art. IV.1,6).

Es el principio denominado en la Ley N° 19.880 de Chile como el "de la no formalización," el cual se traduce, en definitiva, en el principio de la conservación que también se deriva del principio de eficacia, concebido como principio del saneamiento, subsanabilidad y convalidación de los trámites y actos administrativos cuando se trate de irregularidades no esenciales, precisamente a los efectos de garantizar que los procedimientos puedan lograr su finalidad.

2. El principio de la economía

El otro principio tradicional del procedimiento administrativo establecido en el Código colombiano, también desde 1984, es el principio de economía, conforme al cual, las autoridades deben proceder "con austeridad y eficiencia;" y deben optimizar el uso del tiempo y de los demás recursos, "procurando el más alto nivel de calidad en sus actuaciones y la protección de los derechos de las personas" (art. 3.12).

Este principio implica, por supuesto, la necesidad de racionalizar la actividad administrativa, originando además, otros principios, como el de la simplicidad (normalización) y el de la uniformización o uniformidad, que en la Ley de Chile se denomina como principio de la "economía procedimental" (art. 9).

Este principio, como dije, ya se había regulado y definido en el Código colombiano de 1984, en el cual, sin embargo se concebía con otra fórmula en su momento más explícita que era que:

> "Las normas de procedimiento se utilicen para agilizar las decisiones, que los procedimientos se adelanten en el menor tiempo y con la menor cantidad de gastos de quienes intervienen en ellos, que no se exijan más documentos y copias que los estrictamente necesarios, ni autenticaciones ni notas de presentación personal sino cuando la ley lo ordene en forma expresa" (art. 3).

La razón para el cambio de redacción, sin duda, está en la incorporación de estas previsiones en otras normas del Código, donde se han codificado disposiciones de leyes dispersas, como las referidas a los deberes de la Administración y de los funcionarios.

3. El principio de la celeridad

Por último, el otro clásico principio del procedimiento administrativo que consagra el Código colombiano, como lo hacen todas las leyes de procedimiento administrativo, es el principio de celeridad, conforme al cual las autoridades deben impulsar oficiosamente los procedimientos, y deben incentivar "el uso de las tecnologías de la información y las comunicaciones, a efectos de que los procedimientos se adelanten con diligencia, dentro de los términos legales y sin dilaciones injustificadas (art. 3.13).

Si el procedimiento administrativo es un asunto de la Administración, siendo la misma responsable de su desarrollo, el principio consecuencial establecido en garantía de los particulares es que el mismo debe ser desarrollado con la mayor rapidez y celeridad posible, de lo cual se derivan otros principios como el principio de la iniciación de oficio (iniciativa oficial), es decir, la posibilidad de que el procedimiento se inicie, además de a instancia de parte, de oficio por la Administración; y el principio inquisitivo, como guía de todo el procedimiento administrativo, denominado también principio de instrucción.

V. LA FINALIDAD DE LAS LEYES DE PROCEDIMIENTO ADMINISTRATIVO

Como antes hemos señalado, y resulta en particular del contenido del *Código de Procedimiento Administrativo y de lo Contencioso Administrativo* de Colombia, la enumeración de los principios del procedimiento administrativo, e incluso, el desarrollo legal de su significado, puede considerarse como un rasgo común de las leyes de procedimiento administrativo en América Latina, poniendo en evidencia la motivación general de estos cuerpos normativos, que no es otra que el establecimiento de un régimen legal para, por una parte, guiar la acción de la Administración para la producción de sus actos administrativos; y por la otra, garantizar los derechos de los administrados frente a la Administración.

Dichas leyes son, así, el resultado del mencionado proceso de lucha permanente que ha caracterizado el desarrollo de nuestra disciplina, dirigido hacia la búsqueda del necesario balance entre los privilegios de la Administración Pública como gestora del interés general, y los derechos de los administrados. De allí precisamente que las leyes regulen el desarrollo de la actividad de la Administración para obtener la adecuada satisfacción de los intereses públicos, y además, busquen que los derechos de los administrados estén debidamente garantizados. Se trata, en definitiva del principio de la instrumentalidad que se resumía en los "Considerandos" del Decreto Ley 500 de Uruguay de 1991, al precisarse la motivación de todo su conjunto normativo, y establecer que tiene por objeto regular la actuación de la Administración:

> "A fin de servir con objetividad los intereses generales con sometimiento pleno al Derecho y para mejor tutelar los derechos e intereses legítimos de los administrados."

De ello resulta que el procedimiento administrativo nunca puede considerarse como un fin en sí mismo, sino como un instrumento o cauce para alcanzar el fin perseguido por la Administración, y la garantía de los derechos de los administrados como en relación con este último aspecto lo se establecía en el Código colombiano de 1984 en el cual se exigía de los funcionarios que en su actuación también debían tener en cuenta "la efectividad de los derechos e intereses de los administrados" (art. 2).

La consecuencia del mencionado principio de la instrumentalidad es entonces la proscripción de la utilización del procedimiento establecido en las leyes, para la consecución de fines distintos a los previstos en ellas, constituyendo lo contrario un vicio de ilegalidad de la actuación de la Administración por desviación de poder en el resultado, es decir, la llamada desviación del procedimiento.

De todos estos principios, por supuesto, la otra finalidad del procedimiento administrativo, que engloba todos los principios antes mencionados, es que la relación jurídica que siempre se establece entre la Administración y los administrados con motivo de la actividad administrativa, debe desarrollarse con sujeción al principio de legalidad, que precisamente como consecuencia de las propias leyes de procedimiento administrativo, ha dejado de ser sólo un principio general del derecho y se haya convertido en un postulado del derecho positivo, expresado formalmente cada vez con más frecuencia y precisión, en los textos, como es el caso del Código de Colombia cuando indica expresamente en su artículo 1° como "finalidad" de las normas del Libro Primero del mismo, asegurar "la sujeción de las autoridades a la Constitución y demás preceptos del ordenamiento jurídico," imponiéndose a todas las autoridades deben "interpretar y aplicar las disposiciones que regulan las actuaciones y procedimientos administrativos a la luz de los principios consagrados en la Constitución Política, en la Parte Primera de este Código y en las leyes especiales" (art. 3).

El derecho administrativo en América Latina, por tanto, como resultado de este estándar continental que ya existe en materia de los principios del procedimiento administrativo y que ha quedado plasmado en forma destacada en el Código de Procedimiento Administrativo y de lo Contencioso Administrativo de Colombia, sin duda, se encuentra ahora en una situación de avanzada en el derecho comparado, que hace décadas, quienes nos ocupamos de estos temas desde hace algún tiempo, sólo soñábamos.

Se imaginan ustedes por tanto, qué grato es ver aquellos sueños convertidos en realidad, como sucede con textos legales como este Código colombiano, y más que grato, qué satisfactorio es ver que ello ocurra en un país como Colombia que ha estado siempre en la avanzada del derecho administrativo latinoamericano, gracias precisamente a instituciones como esta Universidad que ha formado a tantos destacados profesionales y juristas en cuyas manos ha estado precisamente haber contribuido a ello.

Gracias de nuevo a la Universidad Externado de Colombia por la oportunidad que me ha dado de compartir con ustedes estas reflexiones, y a ustedes por la atención.

Sección Quinta: LA LEY N° 27.444 DEL PROCEDIMIENTO ADMINISTRATIVO GENERAL DEL PERÚ: UNA DÉCADA (2001-2011) DE LA REGULACIÓN DEL PROCEDIMIENTO ADMINISTRATIVO

Esta Sección Quinta es el texto del trabajo elaborado para la *Revista de la Facultad de Derecho* de la Pontificia Universidad Católica del Perú, en su número destinado a conmemorar el décimo aniversario de la Ley N° 27.444 del Procedimiento Administrativo General del Perú.

I. LA LEGISLACIÓN PERUANA EN EL PROCESO DE CODIFICACIÓN DEL DERECHO ADMINISTRATIVO EN AMÉRICA LATINA

El 10 de abril de 2001, se publicó en el Perú la Ley N° 27.444 del Procedimiento Administrativo General, promulgada precisamente por uno de los destacados profesores de derecho administrativo de América Latina, el recordado amigo y entonces Presidente Valentín Paniagua. Con dicha Ley, redactada por un importante equipo de profesores peruanos, con el profesor Jorge Danos a la cabeza, el Perú se incorporó definitivamente en la corriente contemporánea de la codificación formal del procedimiento administrativo, siendo la peruana, un texto realmente único en el Continente, habiéndose recogido en el mismo, enriquecidos, todos los principios del procedimiento administrativo que se habían venido conformando en las décadas anteriores en nuestros países por la doctrina, la jurisprudencia y la legislación.[38]

Este año 2011, por tanto, no sólo los administrativistas peruanos sino todos los latinoamericanos estamos celebrando el décimo aniversario de la promulgación de esta importantísima Ley 27.444, pero sin olvidar, por supuesto, que también este año estamos celebrando los 44 años de lo que fue su antecedente remoto, el Reglamento de Normas Generales de Procedimiento Administrativo dictado mediante Decreto Supremo N° 006-67-56 de 1967, y que elevado en 1992 a rango de ley, fue precisamente sustituido por la Ley 27444. Ese Reglamento, no hay que olvidarlo, fue el primer cuerpo normativo en la materia en toda América Latina, marcando la pauta para el desarrollo de las regulaciones posteriores.

---

38 *V.* en general nuestros trabajos sobre el procedimiento administrativo con una perspectiva de derecho comparado: Allan R. Brewer-Carías, "Principios del procedimiento administrativo en España y América Latina," en el libro *200 Años del Colegio de Abogados. Libro Homenaje*, T. I, Colegio de Abogados del Distrito Federal, Caracas 1989, pp. 255-435; *Principios del procedimiento administrativo (*Prólogo de Eduardo García de Enterría), Editorial Civitas, Madrid 1990; *Les principes de la procédure administrative non contentieuse. Études de Droit Comparé (France, Espagne, Amérique Latine)* (Prólogo de Franck Moderne), Editorial Economica, París 1992; también publicado en Allan R. Brewer-Carías, *Etudes de droit public comparé*, Académie International de Droit Comparé, Ed. Bruylant, Bruxelles 2001, pp. 161-274; *Principios del Procedimiento Administrativo en América Latina* (Prólogo Jesús González Pérez), Universidad del Rosario, Colegio Mayor de Nuestra Señora del Rosario, Editorial Legis, Bogotá 2003; y "Principios del Procedimiento Administrativo. Hacia un estándar continental," en Christian Steiner (Ed), *Procedimiento y Justicia Administrativa en América Latina,* Konrad Adenauer Stiftung, Konrad Adenauer, México 2009, pp. 163-199.

En efecto, después del Reglamento peruano de 1967, la primera de las leyes de procedimiento administrativo que se dictó en América latina fue la Ley de Procedimientos Administrativos, Ley 19.549, de Argentina de 1972, reformada por la Ley 21.682.

A ella, la siguió el Decreto Ley 640 sobre Procedimientos Administrativos dictado en el Uruguay en 1973, sustituido posteriormente por el Decreto 500 de 1991, sobre Normas Generales de Actuación Administrativa y Regulación del Procedimiento en la Administración Central.

Un lustro más tarde, en 1978, se sancionó la Ley General de la Administración Pública de Costa Rica, la cual no sólo reguló el procedimiento administrativo, sino materialmente todos los aspectos esenciales del derecho administrativo, por lo que siempre la he considerado como una especie de "manual" de esta rama del derecho, redactado en forma de artículos.[39] En ellos se encuentra explicado el derecho administrativo como si se tratase del desarrollo de un programa de un curso sobre esta disciplina, expuesto en un muy hermoso y rico texto, en cuya redacción contribuyó mi recordado amigo el profesor de derecho administrativo Eduardo Ortíz Ortíz.

Posteriormente siguió la Ley Orgánica de Procedimientos Administrativos de Venezuela, de 1981;[40] la cual, en la materia, fue luego complementada, con la Ley sobre Simplificación de Trámites Administrativos (Decreto-Ley 368 de 5 de octubre de 1999, reformada en 2008) y con la Ley Orgánica de la Administración Pública de 2001, también reformada en 2008.

Unos años más tarde, en 1984, se produjo la primera reforma general del Código Contencioso Administrativo de Colombia, mediante la incorporación de un nuevo Libro I sobre Procedimientos Administrativos, cuyo contenido también se complementó con las disposiciones del Decreto 266 de 2000 sobre Normas para la Simplificación Administrativa. El Código, luego de la reforma constitucional de 1991, fue reformado este año de 2011 mediante la Ley 1437 de 2011 contentiva del nuevo Código De Procedimiento Administrativo y de lo Contencioso Administrativo, y que se sigue configurando como una pieza legislativa única en el derecho administrativo comparado, al integrar en un solo cuerpo normativo el régimen del procedimiento administrativo y del contencioso administrativo.

En 1987, por otra parte, se dictó la Ley de Procedimiento Administrativo de Honduras; y luego de un período de casi diez años, en 1994 se dictó en México, la Ley Federal

---

39 *V.* Allan R. Brewer-Carías, "Comentarios sobre los principios generales de la Ley General de la Administración Pública de Costa Rica" en *Revista del Seminario Internacional de Derecho Administrativo*, Colegio de Abogados de Costa Rica, San José 1981, pp. 31-57; y en *Revista Internacional de Ciencias Administrativas*, Vol. XLVIII, Institut International des Sciences Administratives, Bruselas 1982, Nº 1, pp. 47-58

40 Sobre la ley venezolana, *V.*, Allan R. Brewer-Carías, "Comentarios a la Ley Orgánica de Procedimientos Administrativos" en *Revista de Derecho Público*, Nº 7, Editorial Jurídica Venezolana, Caracas, julio-septiembre 1981, pp. 115-117; "Comentarios sobre el alcance y ámbito de la Ley Orgánica de Procedimientos Administrativos en Venezuela" en *Revista Internacional de Ciencias Administrativas*, Vol. XLIX, Nº 3, Institut International des Sciences Administratives, Bruselas 1983, pp. 247-258; "Comentarios sobre el alcance y ámbito de la Ley Orgánica de Procedimientos Administrativos en Venezuela," en *Revista de Control Fiscal*, Nº 104, Contraloría General de la República, Caracas 1982, pp. 113-133; "Introducción al régimen de la Ley Orgánica de Procedimientos Administrativos", en Allan R. Brewer-Carías (Coordinador-editor), Hildegard Rondón de Sansó y Gustavo Urdaneta, *Ley Orgánica de Procedimientos Administrativos*, Colección Textos Legislativos, N° 1, Editorial Jurídica Venezolana, Caracas 1981, pp. 7-51; y *El derecho administrativo y la Ley Orgánica de Procedimientos Administrativos. Principios del procedimiento administrativo*, Editorial Jurídica Venezolana, 6ª edición ampliada, Caracas 2002.

de Procedimiento Administrativo. En ese mismo año de 1987, se dictó en Ecuador el Estatuto del Régimen Jurídico Administrativo de la Función Ejecutiva (Decreto Ejecutivo 1634 de 1994), que sólo regula aspectos del procedimiento administrativo.

Años después, en 1999, se sancionó la Ley 9.784 de Brasil que regula el proceso administrativo en el ámbito de la Administración Pública Federal; y en 2000, en Panamá, se dictó la Ley 38 contentiva del Estatuto Orgánico de la Procuraduría de la Administración, que regula el Procedimiento Administrativo General.

Al año siguiente en 2001, como indicamos al inicio se sancionó la muy importante Ley 27.444 del Procedimiento Administrativo General de Perú; y luego en 2002, se dictó la Ley 2341 de Procedimiento Administrativo de Bolivia. Finalmente, en 2003, se sancionó en Chile, la Ley Nº 19.880 de Procedimientos Administrativos.

Todos estos textos, por otra parte y en una forma u otra, tienen un rasgo común y es la influencia de la legislación española a través de las ya derogadas Ley de Régimen Jurídico de la Administración del Estado de 1957 y Ley de Procedimientos Administrativos de 1958, las cuales fueron sustituidas por la Ley 30/1992 de Régimen Jurídico de las Administraciones Públicas y del Procedimiento Administrativo Común (modificada por Ley 4/1999 de 13 de enero de 1999), la cual, por su parte, por ejemplo influyó en la redacción de la Ley peruana de 2001. Por ello, el derecho administrativo latinoamericano, de haber estado influido en sus inicios sólo por los principios del derecho administrativo francés, a partir de la sanción de todas estas leyes ha pasado a estar también influido significativamente por el derecho administrativo español y su doctrina contemporánea.

El resultado de todo este proceso de positivización del derecho administrativo, en todo caso, ha sido que hoy podemos considerar como el signo más importante de la evolución del derecho administrativo en América Latina, precisamente, el del proceso de su codificación que se ha materializado particularmente en la sanción de estas leyes reguladoras del procedimiento administrativo en general. En todos los países, además, en una forma u otra, las leyes de procedimiento administrativo dictadas ha dividido la historia del derecho administrativo en dos grandes etapas en su evolución, referidas, por supuesto, una a la etapa antes de la sanción de dichas leyes, y otra, a la etapa posterior, lo que sin duda también puede decirse que ocurrió en el Perú.

II. LA FINALIDAD DE LAS LEYES DE PROCEDIMIENTO ADMINISTRATIVO

Con estas leyes, en efecto, se comenzó a dar un nuevo enfoque al objeto de nuestra disciplina, es decir, a la Administración Pública y a su actividad, comenzándose a regularla con mayor amplitud y precisión, tanto en sus aspectos sustantivos como en los referidos a su relación con los administrados. Estas leyes se apartaron entonces de las precedentes que se referían básicamente a la organización interna de la Administración, como todavía ocurre con muchos países donde aún no se han dictado, pasando a regular el conjunto de situaciones jurídicas en las cuales se encuentran en sus relaciones recíprocas tanto la Administración Pública como los administrados, normando el conjunto de poderes, prerrogativas y obligaciones de aquella, por una parte; y por la otra, los derechos y obligaciones de los administrados en sus relaciones con la misma.

En ello, por ejemplo, la Ley peruana es precisa al indicar como su finalidad, *finalidad* establecer el régimen en ella previsto busca, *primero*, para "protección del interés general"; *segundo*, que ello se haga "garantizando los derechos e intereses de los administrados"; y *tercero*, que ambos fines se logren "con sujeción al ordenamiento constitucional y jurídico en general" (Título Preliminar, art. III). En esta forma, del contenido general de esta Ley, como sucede igualmente, por ejemplo, del contenido general del Código de Procedimiento Administrativo y de lo Contencioso Administrativo de Colombia de 2011, la enumeración de los principios del procedimiento administrativo, e incluso, el desarrollo legal de su significado, puede considerarse como un rasgo común de las leyes de procedimiento administrativo en América Latina, poniendo en evidencia la motivación general de estos cuerpos normativos, que no es otra que el establecimiento de un régimen legal para, por una parte, guiar la acción de la Administración para la producción de sus actos administrativos; y por la otra, garantizar los derechos de los administrados frente a la Administración.

Dichas leyes son, así, el resultado del mencionado proceso de lucha permanente que ha caracterizado el desarrollo de nuestra disciplina, dirigido hacia la búsqueda del necesario balance entre los privilegios de la Administración Pública como gestora del interés general, y los derechos de los administrados. De allí precisamente que las leyes regulen el desarrollo de la actividad de la Administración para obtener la adecuada satisfacción de los intereses públicos, y además, busquen que los derechos de los administrados estén debidamente garantizados.

Eso es lo que se evidencia también, por ejemplo, de los "Considerandos" de la Ley de Honduras de 1987, al señalar que en el Estado Moderno:

> "La satisfacción de los intereses públicos exige el respeto de las formas creadas como garantía de los derechos de los particulares frente a la actividad administrativa."

Asimismo, en los "Considerandos" del Decreto Ley 500 de Uruguay de 1991, se precisó la motivación de todo su conjunto normativo, al establecer que tiene por objeto regular la actuación de la Administración:

> "A fin de servir con objetividad los intereses generales con sometimiento pleno al Derecho y para mejor tutelar los derechos e intereses legítimos de los administrados."

Eso se señala también expresamente, por ejemplo, en el artículo 1° de la Ley 9.784 de Brasil; en el artículo III (finalidad) del Título Preliminar de la Ley 27.444 del Perú; y es lo que se expresa con toda claridad y más ampliamente, incorporándose el principio de legalidad, en el artículo 1 del Código de Colombia al definir su finalidad.

El procedimiento administrativo, por ello, nunca puede considerarse como un fin en sí mismo, sino como un instrumento o cauce para alcanzar el fin perseguido por la Administración. De allí el llamado principio de la instrumentalidad de las leyes de procedimiento, el cual permite desdoblar la finalidad del procedimiento administrativo en tres: primero, la consecución del interés general; segundo, la satisfacción del interés del administrado, y tercero, el logro del interés de la propia Administración sometida a la legalidad.

En cuanto a la primera de estas finalidades, siendo el procedimiento un asunto de la Administración, en el mismo se "establecer el régimen jurídico aplicable para que la actuación de la Administración sirva a la protección del interés general" como hemos indicado que expresa el artículo III, Título Preliminar de la Ley del Perú, o en otras palabras, con el objeto asegurar que el desempeño de la función pública esté destinado exclusivamente a servir los intereses de la colectividad (art. 4,a, Ley de Bolivia).

Por ello, la Ley de Honduras establece que los principios del procedimiento administrativo buscan "garantizar la buena marcha de la Administración" (Considerandos); y la Ley General de Costa Rica precisa que "el procedimiento administrativo sirve para asegurar el mejor cumplimiento posible de los fines de la Administración" (art. 214,1); agregando que "la norma administrativa debe ser interpretada en la forma que mejor garantice la realización del fin público a que se dirige" (art. 10).

Pero en segundo lugar, además del logro de los fines propios del interés general que orientan la acción administrativa, el procedimiento administrativo tiene por finalidad la protección de los derechos e intereses de los administrados. Esto, como se ha mencionado, está expresado en la Ley General de Costa Rica, donde se indica que el procedimiento administrativo debe desarrollarse, "con respeto para los derechos subjetivos e intereses legítimos del administrado."(arts. 10,1 y 214,1); así como en la de Honduras, la cual establece que el procedimiento se regula "como garantía de los derechos de los particulares frente a la actividad administrativa" (Considerandos).

En igual sentido se expresa, como también hemos indicado, el artículo III, Título Preliminar de la Ley del Perú, y se expresaba el Código colombiano de 1984 en el cual se exigía de los funcionarios que en su actuación también debían tener en cuenta "la efectividad de los derechos e intereses de los administrados" (art. 2).

La consecuencia del mencionado principio de la instrumentalidad es entonces la proscripción de la utilización del procedimiento establecido en las leyes, para la consecución de fines distintos a los previstos en ellas, constituyendo lo contrario un vicio de ilegalidad de la actuación de la Administración por desviación de poder en el resultado, es decir, la llamada desviación del procedimiento.

Y en tercer lugar, la otra finalidad del procedimiento administrativo, que engloba todos los principios antes mencionados, es que la relación jurídica que siempre se establece entre la Administración y los administrados con motivo de la actividad administrativa, debe desarrollarse con sujeción al principio de legalidad. Y en este sentido, sin duda, ha sido el proceso de positivización de principios y elementos sustantivos y adjetivos de la actividad administrativa contenida en estas leyes de procedimiento administrativo, el que ha tenido una consecuencia fundamental en el desarrollo de nuestra disciplina mediante el reforzamiento del mismo principio de la legalidad con el objeto de asegurar no sólo el sometimiento de la Administración Pública al derecho, sino garantizar la situación jurídica de los particulares frente a la misma. Por ello precisamente, la Ley sobre Procedimiento Administrativo general del Perú, en el artículo IV, 1.1 del Título Preliminar dispone que:

> "Las autoridades administrativas deben actuar con respeto a la Constitución, la ley y al derecho, dentro de las facultades que le estén atribuidas y de acuerdo con los fines para los que les fueron conferidas."

Ello ha implicado en relación al principio de legalidad, y precisamente como consecuencia de las propias leyes de procedimiento administrativo, que dicho principio haya dejado de ser sólo un principio general del derecho y se haya convertido en un postulado del derecho positivo, expresado formalmente cada vez con más frecuencia y precisión, en los textos, como es el caso del Código de Colombia cuando indica expresamente en su artículo 1° como "finalidad" de las normas del Libro Primero del mismo, asegurar "la sujeción de las autoridades a la Constitución y demás preceptos del ordenamiento jurídico."

Así también sucede, por ejemplo, en la Ley de Bolivia, que hace referencia al "principio de legalidad y a la presunción de legitimidad" (art. 4, g) y al "principio de sometimiento pleno a la ley" de manera que "la Administración Pública regirá sus actos con sometimiento pleno a la ley, asegurando a los administrados el debido proceso" (art. 4,c). Igualmente, la Ley 9784 de Brasil, impone como criterio a ser observado en los procedimientos administrativos, "la actuación conforme a la Ley y al derecho" (art. 2, Parágrafo Único, I); la Ley de Venezuela, indica que "la Administración Pública se organiza y actúa de conformidad con el principio de legalidad" (art. 4); y la Ley General de Costa Rica señala que: "La Administración Pública actuará sometida al ordenamiento jurídico..." (art. 11,1); agregando en su artículo 13, que:

> "La Administración estará sujeta, en general, a todas las normas escritas y no escritas del ordenamiento administrativo y al derecho privado supletorio del mismo, sin poder derogarlos ni desaplicarlos para casos concretos."

Este principio de legalidad o de actuación en conformidad con el derecho implica, por tanto, que las actividades que realice la Administración Pública no sólo deben someterse al derecho, sino incluso, en el caso del procedimiento administrativo, a los propios principios del mismo que también ya forman parte del derecho positivo, lo que implica que las actividades contrarias a dichos principios pueden ser controladas con mayor precisión por los tribunales de la jurisdicción contencioso administrativa.

Por ello, dichos principios, además, en el Código colombiano se los declara como imperativos, al disponer expresamente que todas las autoridades deben "interpretar y aplicar las disposiciones que regulan las actuaciones y procedimientos administrativos a la luz de los principios consagrados en la Constitución Política, en la Parte Primera de este Código y en las leyes especiales" (art. 3).

En igual sentido, la Ley Federal mexicana, prescribe que las disposiciones sobre procedimiento administrativo "Son aplicables a la actuación de los particulares ante la Administración Pública Federal, así como a los actos a través de los cuales se desenvuelve la función administrativa" (art. 12); imperatividad que en el caso de la Ley General de Costa Rica se precisa que es en aquellos procedimientos en los cuales "el acto final puede causar perjuicio grave al administrado, sea imponiéndole obligaciones, suprimiéndole o denegándole derechos subjetivos, o por cualquier otra forma de lesión grave y directa a sus derechos o intereses legítimos;" o en los cuales haya habido "contradicción o concurso de interesados frente a la Administración dentro del expediente" (art. 308).

El derecho administrativo en América Latina, por tanto, como resultado de este estándar continental que ya existe en materia de los principios del procedimiento administrativo y que ha quedado plasmado en forma destacada en el Código de Procedimiento Administrativo y de lo Contencioso Administrativo de Colombia, sin duda se encuentra ahora en una situación de avanzada en el derecho comparado que hace décadas, quienes nos ocupamos de estos temas desde hace algún tiempo, sólo soñábamos.

Siendo todos los aspectos antes mencionados, parte esencial de la finalidad y sentido central de la regulación de las leyes, las mismas cambiaron totalmente la situación tradicional de las relaciones entre la Administración y los administrados, en las cuales el balance estaba siempre a favor de la primera, con amplias regulaciones sobre sus poderes, potestades y prerrogativas y sobre las obligaciones de los administrados, y pocas sobre los derechos de éstos últimos. Ese balance fue el que se cambió sustancialmente con las leyes de procedimiento administrativo, buscándose entonces una situación de equilibrio entre los poderes de la Administración y los derechos de los administrados, que en las leyes se buscó garantizar, pasándose así a reforzar el principio de la legalidad.

En esta orientación, al cambiar totalmente el desbalance de los dos extremos de la relación de derecho administrativo y establecerse el necesario equilibrio entre ellos, las leyes de procedimiento administrativo han contribuido a generar en todos los países un cambio de actitud y de forma y método del actuar de la Administración Pública, procurando lograr que dejara de ser la Administración prepotente que sólo concedía dádivas o favores al administrado, quien por su parte, no tenía derechos, ni cómo reclamarlos y era aplastado y a veces vejado por la Administración. Con las nuevas leyes se sentaron las bases para que ello cambiara, de manera que el administrado que la Administración iba a enfrentar ya no fuera un sujeto indefenso, sino uno bien armado con muchos derechos frente a la Administración y con muchos mecanismos jurídicos para garantizarlos y para controlar cualquier actitud que significara su desmejora.

Otro rasgo común del conjunto normativo sobre procedimientos administrativos en América Latina es que estas leyes han abarcado todo el proceso de producción de las decisiones administrativas, lo que conduce a una muy importante regulación en relación con los actos administrativos, al punto de que podemos considerar que casi todas estas leyes son, básicamente, leyes relativas al régimen jurídico del acto administrativo. Así sucede, por supuesto en el Perú, donde el Título I de la Ley se dedica a normar el régimen jurídico de los actos administrativos, de manera que en el artículo 29, al definir el procedimiento administrativo, se lo entiende como él:

> "conjunto de actos y diligencias tramitados en las entidades, conducentes a la emisión de un acto administrativo que produzca efectos jurídicos individuales o individualizables sobre intereses, obligaciones o derechos de los administrados."

Por ello es que, por otra parte, en el desarrollo del derecho administrativo hayan sido estas leyes las piezas esenciales para el afianzamiento del principio de la legalidad,[41] al punto de que se pueda encontrar en las mismas, como sucede con la Ley peruana como antes hemos destacado, la definición de dicho principio (Título Preliminar, Artículo IV.1.1).

Por otra parte, todas estas leyes de procedimiento administrativo se han configurado con una universalidad adecuada de manera que han llegado a constituir cuerpos normativos que incluso se aplican obligatoriamente a todas las autoridades administrativas, y no sólo a la Administración Pública del Poder Ejecutivo, e incluso, a los demás órganos del Estado cuando actúan en ejercicio de la función administrativa. Ello es lo que explica que la Ley peruana al decir que se aplica a "todas las entidades de la Administración Pública," entienda a sus fines como tales no sólo al "Poder Ejecutivo, incluyendo Ministerios y Organismos Públicos Descentralizados," a los Gobiernos Regionales y Locales; y a las "demás entidades y organismos, proyectos y programas del Estado, cuyas actividades se realizan en virtud de potestades administrativas"; sino al Poder Legislativo, al Poder Judicial y a los Organismos a los que la Constitución Política del Perú y las leyes confieren autonomía; y además, a las personas jurídicas bajo el régimen privado

41 *V.*, Allan R. Brewer-Carías, "El principio de la legalidad en la Ley Orgánica de Procedimientos Administrativos" en *Revista del Consejo de la Judicatura*, N° 22, Caracas, julio-septiembre 1981, pp. 5-14; "El tratamiento del principio de la legalidad en las leyes de procedimiento en América Latina," *Revista AIDA*, Asociación Internacional de Derecho Administrativo, N° 8, México, 2010

que prestan servicios públicos o ejercen función administrativa, en virtud de concesión, delegación o autorización del Estado (Titulo Preliminar, art. 1)

Previsión esta de gran importancia, y que recoge lo que es un signo común en el derecho administrativo latinoamericano, donde la Administración y la actividad administrativa en sentido lato están desligadas del "Poder Ejecutivo" constituyendo administraciones públicas las de los otros poderes del Estado e igualmente actividad administrativa la realizada por particulares cuando ejercen la función administrativa.

III. LA ENUMERACIÓN DE LOS PRINCIPIOS DEL PROCEDIMIENTO ADMINISTRATIVO EN LAS LEYES LATINOAMERICANAS, EN PARTICULAR, EN LA LEY DEL PERÚ

Otra característica general o rasgo común de estas leyes de procedimiento administrativo en América Latina, ha sido la enumeración en el propio texto de las mismas, del conjunto de principios generales que orientan el procedimiento, los cuales, por tanto, ahora ya no tienen que ser deducidos por el juez mediante interpretación, permitiéndole particularmente al juez contencioso administrativo, tener más precisas herramientas de control sobre la actuación administrativa.

La pauta en esta materia la marcó la primera de las leyes de procedimiento administrativo sancionadas en el Continente, que fue la Ley argentina, en la cual se enumeraron los principios que debían guiar el mismo incluyendo la "celeridad, economía, sencillez y eficacia en los trámites" (art. 1.b); principios que fueron recogidos posteriormente en todas las leyes posteriores, en un proceso de aproximaciones sucesivas, donde se fueron incorporando otros principios, ampliándose la enumeración.

Así sucedió en la década de los ochenta, en Ley de Honduras, donde se repitieron los mismos principios ("economía, simplicidad, celeridad y eficacia") (art. 19), igual que sucedió en la Ley venezolana ("celeridad, economía, sencillez y eficacia"), agregándose allí a la lista, sin embargo, el principio de imparcialidad (art. 30). Estos últimos principios con arreglo a los cuales se debían desarrollar las actuaciones administrativas se repitieron en el Código Colombiano de 1984 ("economía, celeridad, eficacia, imparcialidad"), agregándose los de "publicidad y contradicción" (art. 3).

La enumeración del Código de Colombia se siguió ya en la década de los noventa en la Ley de México, agregándose a la misma enumeración inicial el principio de la buena fe (art. 13), que luego fue incorporado en varias legislaciones, entre ellas en la reforma del Código de Colombia de 2011. Igualmente en la década de los noventa, en la Ley ecuatoriana, a los principios ya arraigados en las leyes anteriores ("imparcialidad, economía, celeridad y eficacia"), se agregaron los de "informalidad y uniformidad," y la indicación de que la función administrativa debía realizarse "sin menoscabo del debido proceso legal, con objetividad y con apego al principio de estricta legalidad" (art. 34). Igualmente en Ecuador, en la Ley de Modernización del Estado al referirse a los procesos de modernización se agregaron a los principios tradicionales ("eficiencia, agilidad"), los de "transparencia, coparticipación en la gestión pública y solidaridad social."

Igualmente en la Ley N° 38 de Panamá de 2000, entre los principios con apego a los cuales debe actuar la Administración Pública, además de los clásicos ("legalidad, eficiencia, eficacia") y se agregan los principios de "calidad, transparencia y moralidad en la prestación de los servicios públicos" (art. 3,2). En sentido similar, ocurrió a finales de la década de los noventa, en la Ley de Brasil, a los ya asentados principios previstos en varias leyes ("*legalidade, eficiência, ampla defesa, contraditório, moralidade,), se agregaron los "principios da finalidade, motivaçao, razoabilidade, proporcionalidade, segurança juridica, interesse público*" (art. 2)); e igualmente en la última de las leyes que fue la Ley N° 19.880 de Procedimientos administrativos de Chile de 2003, a los principios ya adoptados en otras legislaciones que se repitieron ("gratuidad, celeridad, economía procedimental, contradictoriedad, imparcialidad, no formalización, transparencia y publicidad'), se agregaron los de "escrituración, conclusivo, abstención, no formalización, inexcusabilidad, impugnabilidad, " (art. 4).

Pero en ese proceso de aproximaciones sucesivas y de progresividad en la definición de principios del procedimiento, debe destacarse el aporte que significó en materia legislativa en la década de los noventa, la amplia y comprensiva enumeración que se incluyó en el Decreto Ley de Uruguay, donde en el artículo 2, además de indicarse que la Administración Pública debe servir con objetividad los intereses generales con sometimiento pleno al derecho (legalidad objetiva), y de enumerarse los clásicos principios ya indicados conforme a los cuales debe actuar ("economía, celeridad, eficacia, imparcialidad, informalismo en favor del administrado, contradicción, imparcialidad, buena fe, motivación de la decisión y gratuidad"), se agregaron los principios de "impulsión de oficio; verdad material; flexibilidad, materialidad y ausencia de ritualismos; delegación material; debido procedimiento; lealtad y presunción de verdad salvo prueba en contrario."

Siguiendo esta orientación de enumeración exhaustiva, incluso en algunos casos los principios fueron establecidos con rango constitucional, como es el caso de la Constitución de Venezuela de 1999, en cuyo artículo 141 se precisó que:

> "La Administración Pública está al servicio de los ciudadanos y se fundamenta en los principios de honestidad, participación, celeridad, eficacia, eficiencia, transparencia, rendición de cuentas y responsabilidad en el ejercicio de la función pública, con sometimiento pleno a la ley y al derecho."

Adicionalmente, en el caso de Venezuela, la Ley de Simplificación de Trámites Administrativos de 1999, reformada en 2008 agregó los siguientes principios a los ya enumerados en la Constitución o en la ley de procedimientos administrativos (simplicidad, transparencia, celeridad, eficacia, eficiencia, rendición de cuentas, responsabilidad en el ejercicio de la función pública), enumeró los siguientes principios en los cuales se debe fundamentar la simplificación de trámites administrativos y conforme a los cuales se deben elaborar los planes de simplificación: "simplicidad, solidaridad, presunción de buena fe del interesado, desconcentración en la toma de decisiones por parte de los órganos de dirección y su actuación debe estar dirigida al servicio de las personas." Esta formalización de principios se repitió en el artículo 10 de la Ley Orgánica de la Administración Pública de 2001, reformada en 2008, al precisar, además de los ya expresados formalmente ("economía, celeridad, simplicidad, rendición de cuentas, eficacia, eficiencia, objetividad, imparcialidad, uniformidad, modernidad, transparencia, buena fe, y responsabilidad en el ejercicio de la misma"), "los principios de, proporcionalidad, oportunidad, objetividad, participación, honestidad, accesibilidad, modernidad, buena fe, paralelismo de la forma con sometimiento pleno a la ley y al derecho, y con supresión de las formalidades no esenciales."

Lamentablemente, sin embargo, a pesar de estas declaraciones la situación venezolana no es un ejemplo de efectividad en materia de aplicación de estos principios, a pesar incluso del rango constitucional, siendo claro y evidente que los mismos, por más excelsos que sean y por más florido que sea el lenguaje de su enunciado, no son más que letra muerta cuando se está en presencia de un régimen autoritario como el que actualmente padece mi país, donde no hay jueces contencioso administrativos con autonomía e independencia capaces o dispuestos de asegurar su aplicación general.

Pero dejando aparte esta lamentable situación, lo cierto es que el proceso de positivización de los principios del procedimiento administrativo, se ha ido ampliando en América latina, siendo un ejemplo importante de avance, la Ley del Perú de 2001, donde positivizaron, resumieron y actualizaron todos los principios que hemos indicado, al precisarse en el artículo IV del Título Preliminar que el procedimiento administrativo, sin perjuicio de la vigencia de otros principios generales del derecho administrativo, se sustenta fundamentalmente en los siguientes principios enumerados además –según se indica– a título enunciativo y no taxativo, y que son: los "principios de legalidad; del debido procedimiento; del impulso de oficio; de razonabilidad; de imparcialidad; de informalismo; de presunción de veracidad; de conducta procedimental; de celeridad; de eficacia; de verdad material; de participación; de simplicidad; de uniformidad; de predictibilidad; y de privilegio de controles posteriores."

La culminación de este proceso de formalización y positivización de los principios, en todo caso, puede ubicarse en la Ley de Bolivia de 2002, en la cual, en su artículo 4, no sólo enumera, sino que incluso, como en la ley del Perú o como lo hace el Código colombiano, pero más exhaustivamente, se definen los siguientes principios a los que debe sujetarse la Administración Pública: autotutela, sometimiento pleno a la ley, verdad material, buena fe, imparcialidad, legalidad y presunción de legitimidad, jerarquía normativa, control judicial, eficacia, economía, simplicidad y celeridad, informalismo, publicidad, impulso de oficio, gratuidad, y proporcionalidad.

Lo importante de la enunciación de los principios que deben guiar la actuación de la Administración, en todo caso, como se señala en el artículo 2 de la Ley de Brasil, el artículo 3 del Código Colombiano, y el artículo IV,2 de la ley del Perú, es que deben servir como criterio interpretativo para resolver las cuestiones que puedan suscitarse en la aplicación de las normas de procedimiento; y además, como lo dice la Ley de Honduras (art. 19 y 114) y la Ley del Perú (artículo IV,2 del Título preliminar), "como parámetros para la generación de otras disposiciones administrativas de carácter general, y para suplir los vacíos en el ordenamiento administrativo."

Por ello, una enumeración extensa de principios del procedimiento administrativo, como la contenida en las leyes de Brasil, de Uruguay, Bolivia, Perú y en el Código de Colombia, sin duda, tiene la ventaja de permitir al juez contencioso administrativo ejercer un control más efectivo y con mayor amplitud en relación con la actividad administrativa. Para ello, además, es claro que más importante que la sola enumeración de los principios, como antes dije, es la definición en los textos legales del contenido de los mismos, como ocurre con el mencionado artículo 4 de la Ley de Bolivia, con el artículo 3 del Código colombiano (art. 3), el artículo IV del Título Preliminar de la Ley del Perú.

Todos estos principios, por supuesto, no nacieron con estas leyes. Mucho antes de que las mismas se comenzaran a sancionar, se habían venido construyendo fundamentalmente por la jurisprudencia contencioso administrativa, con la ayuda de la doctrina, habiéndose logrado su positivización, adquiriendo rango legal precisamente con las leyes, lo que ha permitido al juez contencioso administrativo ejercer con mayor precisión el control de legalidad de la actuación administrativa, catapultándose, en consecuencia, tanto la jurisprudencia como la doctrina en materia contencioso administrativa.

Es precisamente en este marco general, que quiero referirme ahora a los principios del procedimiento administrativo tal como se enumeraron en la Ley 27.444 del Perú sobre Procedimiento Administrativo General comparando su enunciado con el que se establece en otras leyes de procedimiento administrativo de América Latina.

1. El principio del debido procedimiento administrativo

El primero de los principios enunciados en el Código peruano, aparte del principio de legalidad antes indicado, es el principio del debido proceso que aplicado al procedimiento administrativo, se ha definido en el artículo IV.1.2 del Título Preliminar, como "principio del debido procedimiento," así:

> "IV. 1.2. *Principio del debido procedimiento.* Los administrados gozan de todos los derechos y garantías inherentes al debido procedimiento administrativo, que comprende el derecho a exponer sus argumentos, a ofrecer y producir pruebas y a obtener una decisión motivada y fundada en derecho. La institución del debido procedimiento administrativo se rige por los principios del Derecho Administrativo. La regulación propia del Derecho Procesal Civil es aplicable sólo en cuanto sea compatible con el régimen administrativo."

Esta precisión era necesaria en la Ley pues en la Constitución del Perú, el debido proceso se establecía como un principio de la "función jurisdiccional" (art 139.3), distinto a como sucede en otros países, como en Colombia donde la garantía constitucional al debido proceso consagrada en la Constitución de 1991, además de a los procesos judiciales se aplica a los procedimientos administrativos. Así lo prevé expresamente el artículo 49 de la Constitución de Colombia, al indicar que "el debido proceso se aplicará a toda clase de actuaciones judiciales y administrativas"; enunciado que se copió en el artículo 49 de la Constitución venezolana de 1999, en el cual se precisó además su contenido esencial abarcando el derecho a la defensa y asistencia jurídica; la presunción de inocencia; el derecho a ser oído; el derecho al juez natural; el derecho a la no autoincriminación; el principio *nullum crimen nulla poena sine lege* de manera que las sanciones administrativas estén en leyes preexistentes; el principio *non bis in idem*; y el principio de la responsabilidad del Estado por errores procesales. Principios todos que por tanto, rigen como garantía constitucional en los procedimientos administrativos. Fue en esta orientación que en la reforma del Código colombiano de 2010, para adaptarlo a la Constitución también se enunció el principio del debido proceso en relación con el procedimiento administrativo, indicándose en el artículo 3.1, que en virtud del mismo "las actuaciones administrativas se adelantarán de conformidad con las normas de procedimiento y competencia establecidas en la Constitución y la ley, con plena garantía de los derechos de representación, defensa y contradicción." Agregó además el Código colombiano, especialmente que "en materia administrativa sancionatoria," que además se deben observar, "los principios de legalidad de las faltas y de las sanciones (*nulla poena sine lege*), de presunción de inocencia, de no *reformatio in pejus* y *non bis in idem*," destacándose de esta enumeración la importante formalización legal que significa, del principio de la no reformateo in *pejus,* cuyo fundamento ha sido en todos los países, básicamente, de carácter jurisprudencial. Sin duda es una previsión única en el derecho comparado.

2. El principio del impulso de oficio

En la Ley peruana también se estableció el principio del impulso de oficio, al establecer el artículo IV.1.3, que:

> "1.3. *Principio de impulso de oficio.* Las autoridades deben dirigir e impulsar de oficio el procedimiento y ordenar la realización o práctica de los actos que resulten convenientes para el esclarecimiento y resolución de las cuestiones necesarias."

Se trata de un principio derivado del principio de la oficialidad, también denominado principio inquisitivo, conforme al cual, como lo establece en la Ley argentina, corresponde a la Administración, la "impulsión e instrucción de oficio", sin perjuicio de la participación de los interesados en las actuaciones (art. 1.a).

Este principio también está establecido como principio del procedimiento administrativo, en la Ley de Bolivia (art. 4.n), y la misma expresión se encuentra en las leyes de Brasil (art. 29) y de Costa Rica (art. 222) y, en sentido similar, se desarrolla en la Ley del Perú (art. 159). De ello deriva el principio de que la Administración debe "impulsar de oficio en todos sus trámites" (art. 64, Ley de Honduras) el procedimiento administrativo, con lo cual la conducción del procedimiento, la prueba y las medidas que puedan adoptarse a lo largo del mismo, deben ser iniciativa de la Administración y no requieren el impulso procesal de los interesados, sin perjuicio de que éstos puedan participar en el procedimiento. En consecuencia, la Administración es la responsable de al menos esos tres elementos en el procedimiento: la conducción del procedimiento; la sustanciación del mismo; las pruebas y las medidas preventivas, sin perjuicio de que en cada una de esas fases puedan actuar los particulares.

Por ello, la Ley de Venezuela establece que:

> "*Artículo* 53. La Administración, de oficio o a instancia del interesado, cumplirá todas las actuaciones necesarias para el mejor conocimiento del asunto que deba decidir, siendo de su responsabilidad impulsar el procedimiento en todos sus trámites."

3. El principio de la razonabilidad

Otro importante principio expresado en la Ley peruana es el principio de la razonabilidad, al indicar en el artículo IV.1.4 lo siguiente:

> "1.4. *Principio de razonabilidad.* Las decisiones de la autoridad administrativa, cuando creen obligaciones, califiquen infracciones, impongan sanciones, o establezcan restricciones a los administrados, deben adaptarse dentro de los límites de la facultad atribuida y manteniendo la debida proporción entre los medios a emplear y los fines públicos que deba tutelar, a fin de que respondan a lo estrictamente necesario para la satisfacción de su cometido."

La enunciación de este principio, en esta forma y con esta denominación, es única en las leyes de procedimiento administrativo de América Latina, encontrándose en ellas el mismo principio y sentido, fundamentalmente al definirse los límites al poder discrecional de la Administración. Así sucede, por ejemplo, en varias normas de la Ley General de la Administración Pública de Costa Rica. El artículo 15.1 de la Ley General, en efecto, comienza por prescribir que el ejercicio del poder discrecional está "sometido en todo caso a los límites que le impone el ordenamiento expresa o implícitamente, para lograr que su ejercicio sea eficiente y razonable", atribuyéndose el juez potestad para controlar la legalidad no sólo sobre los aspectos reglados del acto discrecional, sino "sobre la observancia de sus límites" (art. 15.2). Ello lo refuerza la propia Ley General al prescribir en su artículo 216 que:

> "La Administración deberá adoptar sus resoluciones dentro del procedimiento con estricto apego al ordenamiento y, en el caso, de las actuaciones discrecionales, a los límites de racionalidad y razonabilidad implícitos en aquél."

El artículo 16.1 es reiterativo, en cuanto a este principio de la razonabilidad, al establecer que "en ningún caso podrán dictarse actos contrarios a reglas unívocas de la ciencia o de la técnica, o a principios elementales de justicia, lógica o conveniencia" (art. 16.2). Otro límite al ejercicio del poder discrecional en la Ley de Costa Rica, se establece, en relación a "los derechos del particular" (art. 17) frente a la discrecionalidad, que no deben ser vulnerados.

La Ley General, además, consagra expresamente la consecuencia del traspaso de los límites mencionados por la autoridad administrativa al prescribir, en el artículo 158, como una causa de invalidez de los actos administrativos, la infracción a las reglas técnicas y científicas de sentido unívoco y aplicación exacta, en las circunstancias del caso, y agrega en el artículo 160, que:

> "El acto discrecional será inválido, además, cuando viole reglas elementales de lógica, de justicia o de conveniencia, según lo indiquen las circunstancias del caso."

Por último, es de destacar que el artículo 133 de la misma Ley General el cual regula los motivos del acto administrativo, y establece que cuando éste no esté regulado, deberá ser *proporcionado* al contenido y cuando esté regulado en forma imperiosa deberá ser *razonablemente* conforme con los conceptos indeterminados empleados por el ordenamiento.

El principio de la proporcionalidad también lo repite la Ley General en el artículo 132.1 relativa, al objeto del acto administrativo, al prescribir que debe ser "proporcionado al fin legal" del acto. Es difícil, ciertamente, encontrar otro ejemplo de legislación positiva en el mundo con normas tan precisas y ricas en su contenido, para que los jueces puedan controlar el ejercicio del poder discrecional, con precisas referencias a los principios de razonabilidad, racionalidad, justicia, lógica, proporcionalidad y conveniencia.

La Ley venezolana de Procedimientos Administrativos de 1982, recogió también el principio de los límites al ejercicio del poder discrecional en la norma que hemos comentado del artículo 12, que prescribe:

> "Aún cuando una disposición legal o reglamentaria deje alguna medida o providencia a juicio de la autoridad competente, dicha medida o providencia deberá mantener la debida proporcionalidad y adecuación con el supuesto de hecho y con los fines de la norma, y cumplir los trámites, requisitos y formalidades necesarios para su validez y eficacia."

Se consagró así, expresamente, como antes hemos analizado, no sólo la existencia de elementos reglados del acto discrecional que siempre deben respetarse (adecuación con los presupuestos de hecho, adecuación con la finalidad, competencia legal o reglamentaria, respeto de las formas y procedimiento), sino que se erigió como límite fundamental al ejercicio del poder discrecional, la obligación del funcionario de "mantener la debida proporcionalidad". Así se estableció también en el Código Contencioso Administrativo de Colombia, en su artículo 36:

"En la medida en que el contenido de una decisión, de carácter general o particular, sea discrecional, debe ser adecuada a los fines de la norma que la autoriza, y proporcional a los hechos que le sirven de causa."

4. El principio de la imparcialidad

El principio de la imparcialidad también se definió en la Ley del Perú, al indicar el artículo IV.1.5 que:

"1.5. *Principio de imparcialidad.* Las autoridades administrativas actúan sin ninguna clase de discriminación entre los administrados, otorgándoles tratamiento y tutela igualitarios frente al procedimiento, resolviendo conforme al ordenamiento jurídico y con atención al interés general."

Conforme a este principios, la Administración, en el curso del procedimiento administrativo y al decidirlo, no debe tomar partido, ni inclinar la balanza o beneficiar ilegítimamente a una parte en perjuicio de otra, sino que debe tomar su decisión objetivamente, únicamente conforme al ordenamiento jurídico y con la finalidad de interés general que la motiva, tratando a todos los ciudadanos en forma igual, salvo las distinciones que deriven de los derechos de protección que puedan tener ciertos ciudadanos.

Este principio también se ha establecido en la Ley de Bolivia al disponer que "las autoridades administrativas deben actuar en defensa del interés general, evitando todo género de discriminación o diferencia entre los administrados" (art. 4.f); y se encuentra regulado el Artículo 30 de la Ley venezolana, cuando exige a la Administración, tratar en igual forma a todos los particulares no pudiendo establecer ningún tipo de discriminación respecto de ellos, ni parcializarse por ninguna posición.

También se establece en la Ley 19.880 de Chile vinculándolo con el principio de la probidad, al disponerse en su artículo 11, que "la Administración debe actuar con objetividad y respetar el principio de probidad consagrado en la legislación, tanto en la substanciación del procedimiento como en las decisiones que adopte." A los efectos de poder controlar la aplicación del principio, la Ley chilena agrega, en materia de actos administrativos, la exigencia de la motivación de los mismos, en el sentido de que:

"los hechos y fundamentos de derecho deberán siempre expresarse en aquellos actos que afectaren los derechos de los particulares, sea que los limiten, restrinjan, priven de ellos, perturben o amenacen su legítimo ejercicio, así como aquellos que resuelvan recursos administrativos."

5. El principio del informalismo

La Ley del Perú, en cuanto al principio del informalismo dispone en su artículo IV.1.6 lo siguiente:

"1.6. *Principio de informalismo.*- Las normas de procedimiento deben ser interpretadas en forma favorable a la admisión y decisión final de las pretensiones de los administrados, de modo que sus derechos e intereses no sean afectados por la exigencia de aspectos formales que puedan ser subsanados dentro del procedimiento, siempre que dicha excusa no afecte derechos de terceros o el interés público."

Siendo que el procedimiento administrativo se configura como un conjunto de actos y actuaciones estrechamente vinculados entre sí, con el objeto de obtener un resultado concreto que, generalmente, se materializa en un acto administrativo, se considera que la prescripción de dichas formas no puede convertir al procedimiento en un bosque de formalidades que, como fin en sí mismas, entraben la acción administrativa.

Este principio, por ejemplo, también está expresamente previsto con ese nombre en la Ley argentina de procedimiento administrativo en la cual se prescribe que las normas de procedimiento que establece, deben ajustarse al requisito del "informalismo", en el sentido de que debe "excusarse la inobservancia por los interesados de exigencias formales no esenciales y que pueden ser cumplidas posteriormente" (art. 1.c); y en la Ley de Bolivia se define el principio en el sentido de que "la inobservancia de exigencias formales no esenciales por parte del administrado, que puedan ser cumplidas posteriormente, podrán ser excusadas y ello no interrumpirá el procedimiento administrativo" (art. 4,l).

Más precisamente, el Decreto 640 de Uruguay establece que "en el procedimiento administrativo se aplicará el principio del informalismo en favor del administración siempre que se trate de la inobservancia de exigencias formales no esenciales y que puedan ser cumplidas posteriormente" (art. 23).

Por su parte, la Ley N° 19.880 de Chile regula el principio, al que denomina "de la no formalización", en los siguientes términos:

> "*Artículo* 13. Principio de la no formalización. El procedimiento debe desarrollarse con sencillez y eficacia, de modo que las formalidades que se exijan sean aquéllas indispensables para dejar constancia indubitada de lo actuado y evitar perjuicios a los particulares."

6. El principio de la presunción de veracidad

El principio de la presunción de veracidad también se define en la Ley peruana, en cuyo artículo IV.1.7 se dispone:

> "1.7. *Principio de presunción de veracidad.* En la tramitación del procedimiento administrativo, se presume que los documentos y declaraciones formulados por los administrados en la forma prescrita por esta Ley, responden a la verdad de los hechos que ellos afirman. Esta presunción admite prueba en contrario.

Este principio se han configurado como una presunción a favor del ciudadano, como se indica, por ejemplo, en la Ley de Simplificación de Trámites Administrativos de Venezuela de 1999, reformada en 2008 (arts. 9 a 20), en el sentido que la Administración, en todas sus actuaciones, "debe tener como cierta la declaración del administrado" (art. 9). El principio lo denominaba el artículo 3° del Decreto 266 de 2000 de Colombia, sobre simplificación de trámites, como "presunción de veracidad;" y en el Uruguay se manifiesta como "presunción de licitud," vinculada a derecho del administrado a la presunción de inocencia. Así se expresa, por ejemplo, en dicha Ley uruguaya en relación con los procedimientos disciplinarios de funcionarios públicos, al garantizársele el "derecho al respeto de su honra y al reconocimiento de su dignidad" y a que se presuma "su inocencia mientras no se establezca legalmente su culpabilidad por resolución firme dictada con la garantía del debido proceso (art. 170). Este principio de la "presunción de licitud" ha sido formulado en general, en la Ley peruana al definírselo en el sentido de que las entidades "deben presumir que los administrados han actuado apegados a sus deberes mientras no cuenten con evidencia en contrario" (art. 230,9), lo que implica la presunción de que el derecho reclamado por el administrado es justo.

7. El principio de conducta procedimental

Otro principio que se establece en la ley peruana es el de conducta procedimental, definido en el artículo IV.1.8, así

> "1.8. *Principio de conducta procedimental.* La autoridad administrativa, los administrados, sus representantes o abogados y, en general, todos los partícipes del procedimiento, realizan sus respectivos actos procedimentales guiados por el respeto mutuo, la colaboración y la buena fe. Ninguna regulación del procedimiento administrativo puede interpretarse de modo tal que ampare alguna conducta contra la buena fe procesal."

Este principio se ha configurado en general en la legislación latinoamericana, como el procedimiento de la buena fe, que también se ha introducido en la reforma del Código de Colombia de 2011, respondiendo al enunciado general del artículo 83 de la Constitución de 1991, en el sentido de que "las actuaciones de los particulares y de las autoridades públicas deberán ceñirse a los postulados de la buena fe, la cual se presumirá en todas las gestiones que aquellos adelanten ante éstas." En esta orientación el artículo 3.4 del Código colombiano dispone que en virtud del principio de la buena fe, "las autoridades y los particulares deben presumir el comportamiento leal y fiel de unos y otros en el ejercicio de sus competencias, derechos y deberes."

El principio, además de en Perú y Colombia se había enunciado además, en el Decreto Ley uruguayo y en las Leyes de Venezuela, Brasil y Bolivia, en lo que podía considerarse como una revolución en el régimen jurídico de la Administración Pública, ya que en la práctica de algunas Administraciones Públicas, lamentablemente lo que ha existido de parte de los funcionarios públicos hacia los administrados ha sido, al contrario, una especie de presunción de que los mismos actúan de mala fe, por lo que usualmente buscan obstaculizar sus pretensiones; y los administrados, por su parte, con frecuencia responden a esta actitud, buscando engañar a la Administración. El principio de la buena fe, al contrario, como lo enuncia la Constitución colombiana, tendría que convertirse en el instrumento que pueda garantizarle al administrado el poder confiar en la Administración y en sus funcionarios y, viceversa, de manera que debe regir tanto para el administrado como para la Administración

En particular, en la Ley de Uruguay, se impone a las partes, sus representantes y abogados patrocinantes, los funcionarios públicos y, en general, todos los partícipes del procedimiento, el ajustar su conducta "al respeto mutuo y a la lealtad y buena fe"; y en la Ley de Bolivia, se establece en su artículo 4.e, que en la relación de los particulares con la Administración Pública, "se presume el principio de buena fe," indicándose que "la confianza, la cooperación y la lealtad en la actuación de los servidores públicos y de los ciudadanos" deben orientar el procedimiento administrativo.

El principio se recoge igualmente en la Ley de Brasil, donde entre los deberes del administrado interesado en un procedimiento, esta "el proceder con lealtad, urbanidad y buena fe", no actuar de modo temerario y "exponer los hechos conforme a la verdad" (art. 4). Se destaca de esta previsión, vinculado a la buena fe, el principio de lealtad, que implica que las partes en el procedimiento no deben ocultar hechos o documentos que sean de interés mutuo, lo que a la vez está relacionado con el principio de la publicidad, y de de acceso a la información en materia administrativa, y la reducción de las áreas de confidencialidad en los documentos administrativos, tan importantes en décadas pasadas.

El respeto mutuo que deriva del principio de la buena fe y del principio de la lealtad, por otra parte, comienza a ser el canal para la construcción del principio de la confianza legítima que debe existir como base de la relación jurídica entre la Administración y los administrados, particularmente cuando las actuaciones reiteradas de los funcionarios y de los órganos de la Administración Pública, hacen nacer expectativas jurídicas legítimas en cabeza de los aquellos que la propia Administración debe respetar y que han de ser apreciadas por el juez.

8. El principio de celeridad

En cuanto al principio de celeridad, tan común en todas las leyes de procedimiento administrativo, en la Ley del Perú se lo define en el artículo IV.1.9, así:

> "1.9. *Principio de celeridad.* Quienes participan en el procedimiento deben ajustar su actuación de tal modo que se dote al trámite de la máxima dinámica posible, evitando actuaciones procesales que dificulten su desenvolvimiento o constituyan meros formalismos, a fin de alcanzar una decisión en tiempo razonable, sin que ello releve a las autoridades del respeto al debido procedimiento o vulnere el ordenamiento."

Conforme este principio, conforme se indica en el Código colombiano las autoridades deben impulsar oficiosamente los procedimientos, y deben incentivar "el uso de las tecnologías de la información y las comunicaciones, a efectos de que los procedimientos se adelanten con diligencia, dentro de los términos legales y sin dilaciones injustificadas (art. 3.13).

Si el procedimiento administrativo es un asunto de la Administración, siendo la misma responsable de su desarrollo, el principio consecuencial establecido en garantía de los particulares es que el mismo debe ser desarrollado con la mayor rapidez y celeridad posible.

En otras legislaciones también se enuncia este principio de la celeridad como es el caso por ejemplo de la Ley General de Costa Rica, cuyo artículo 225.1 dispone que el "órgano deberá conducir el procedimiento con la intención de lograr un máximo de celeridad y eficiencia, dentro del respeto al ordenamiento y a los derechos e intereses del administrado"; y el artículo 269,1 precisa que la actuación administrativa se debe realizar "con arreglo a normas de economía, simplicidad, celeridad y eficiencia."

En sentido similar, la Ley 19880 de Chile (art. 7) y la Ley de Bolivia (art. 4.n) disponen que conforme al principio de celeridad, la Administración debe impulsar el procedimiento "de oficio en todos sus trámites" (art. 7), lo que en realidad se configura como el principio de oficialidad. Ello implica que en todos los casos en los cuales la Administración pueda iniciar de oficio una actuación, si bien es posible y común que el administrado tenga derecho a participar en el procedimiento, por ejemplo, instado a la Administración para iniciar su actividad, siendo esta, en definitiva, un asunto de esta última, una vez desencadenado el procedimiento administrativo, el desarrollo y movilización del mismo está a cargo de la propia Administración, por lo que es a ella a quien le compete, y no a un tercero, impulsarlo de oficio, para la realización de la secuencia de actos que deben concluir con la emisión de un acto administrativo definitivo.

9. El principio de eficacia

El otro clásico principio del procedimiento administrativo que es el principio de eficacia también se define ampliamente en el artículo IV.1.10 de la Ley peruana en la siguiente forma:

> "1.10. *Principio de eficacia.* Los sujetos del procedimiento administrativo deben hacer prevalecer el cumplimiento de la finalidad del acto procedimental, sobre aquellos formalismos cuya realización no incida en su validez, no determinen aspectos importantes en la decisión final, no disminuyan las garantías del procedimiento, ni causen indefensión a los administrados.
>
> En todos los supuestos de aplicación de este principio, la finalidad del acto que se privilegie sobre las formalidades no esenciales deberá ajustarse al marco normativo aplicable y su validez será una garantía de la finalidad pública que se busca satisfacer con la aplicación de este principio."

Este principio de eficacia, se recoge también materialmente todas las leyes de procedimiento administrativo de América Latina, como en las leyes de Argentina (art. 1), de Venezuela (art. 30), de Honduras (art. 19), de Brasil (art. 2) y de México (art. 13), y en el Decreto de Uruguay (art. 2).[42]

Conforme a este principio, tal como se lo define en el Código colombiano, las autoridades deben buscar "que los procedimientos logren su finalidad," debiendo, a tal efecto, remover de oficio los obstáculos puramente formales; evitar decisiones inhibitorias, las dilaciones o los retardos; y deben sanear, de acuerdo con el Código, las irregularidades procedimentales que se presenten, en procura de la efectividad del derecho material objeto de la actuación administrativa (art. 3.11). En consecuencia, ante el no acatamiento de elementos formales en el procedimiento, la Administración debe preferir evitar la ineficacia o plantear una ineficacia parcial, antes que concluir con la ineficacia total del acto. Es decir, el procedimiento debe interpretarse de manera que efectivamente pueda haber una decisión, sin que la falta de cumplimiento de determinadas formalidades afecten el acto y la propia voluntad de la Administración.

En el mismo sentido se expresa la Ley de Bolivia (art. 4.j), siendo la consecuencia fundamental de este principio, tal como se expresa en la Ley de Honduras, que "las cuestiones incidentales que se suscitaren en el procedimiento, incluso las que se refieren a la nulidad de actuaciones," no suspenden el curso del mismo" (art. 39).

Este principio implica, por otra parte, como se deduce de la fórmula peruana está vinculado tanto al principio del informalismo, como al de la subsanación de defectos no sustanciales y de conservación de los actos administrativos; es decir al principio del saneamiento, subsanabilidad y convalidación de los trámites y actos administrativos cuando se trate de irregularidades no esenciales, o como dice la Ley peruana de formalidades "cuya realización no incida en su validez," precisamente a los efectos de garantizar que los procedimientos puedan lograr su finalidad.

Por ello, por ejemplo, la Ley de Honduras establece que cuando un órgano administrativo declare la nulidad de algunas actuaciones, debe disponer "siempre la conservación de aquellos actos y trámites cuyo contenido hubiera permanecido, de no haberse realizado la infracción origen de la nulidad" (art. 39). En igual sentido, se dispone en la Ley peruana (art. 13.3).

---

42 *V.* por ejemplo en Allan R. Brewer-Carías, "Los principios de legalidad y eficacia en las leyes de Procedimientos Administrativos en América Latina", en *IV Jornadas Internacionales de Derecho Administrativo Allan Randolph Brewer-Carías,* Caracas 9-12 noviembre de 1998, FUNEDA, Caracas 1998, pp. 21-90.

Este principio conduce, por supuesto, a la necesidad de la corrección de errores materiales de los actos administrativos, lo que se encuentra regulado expresamente en las leyes de Venezuela (art. 84), Honduras (art. 128), Costa Rica (art. 157) y Chile (art. 62), siempre que la enmienda no altere lo sustancial del acto o decisión" (art. 128), y como lo indica la Ley del Perú, siempre que la rectificación de los errores sea "con efecto retroactivo" (art. 201,1).

Es precisamente en virtud de este principio de la corrección de errores materiales, que deriva del principio del informalismo, eficacia y de la economía procedimental, que la Administración no tiene por qué concluir siempre con la revocación del acto viciado, pudiendo siempre corregirlo, de oficio o a petición de parte, en cualquier momento. Es un principio de lógica administrativa que, sin embargo, encuentra su expresión formal en las leyes de procedimiento administrativo, incluso en relación con los actos de los administrados. En tal sentido, la Ley de Honduras dispone en su artículo 115, que para evitar nulidades, la Administración debe señalar a la parte interesada "los defectos de que adolezcan los actos producidos por ésta y ordenará que se subsanen de oficio o por el interesado dentro de un plazo de tres días."

Pero incluso, aún en presencia de vicios o irregularidades más sustanciales en los actos administrativos, que no puedan resolverse con la sola corrección de errores materiales o aritméticos, el principio *conservatio acti*, exige que los vicios que puedan afectarlos formalmente, deban subsanarse siempre que no conlleven su nulidad absoluta, lo que ha originado las técnicas de convalidación, enmienda, saneamiento o conversión de los actos administrativos que se encuentran reguladas en las leyes de procedimiento administrativo para evitar su extinción.

En particular, por ejemplo, conforme a la Ley General de Costa Rica, la convalidación se produce cuando dictado un acto administrativo que sea relativamente nulo por vicio en la forma, en el contenido o en la competencia, se dicta un nuevo acto administrativo que lo convalide, con indicación precisa del vicio y de la corrección (art. 187,2). Sobre esto, la Ley venezolana indica, pura y simplemente, que "la Administración podrá convalidar en cualquier momento los actos anulables, subsanando los vicios de que adolezcan" (art. 81), y en sentido similar se regula en la Ley de Brasil (art. 55), en la Ley de Bolivia (art. 37,1), en la Ley de Panamá (art. 56), y en la Ley de Honduras (art. 126). Sin embargo, como se regula en la legislación argentina, "el informalismo no podrá servir para subsanar nulidades que sean absolutas" (art. 224).

La Ley peruana es bien precisa al regular la "enmienda" de los actos administrativos como consecuencia de la "conservación" de los mismos, precisando que cuando el vicio del acto administrativo por el incumplimiento a sus elementos de validez, no sea trascendente, "prevalece la conservación del acto, procediéndose a su enmienda por la propia autoridad emisora" (art. 14.1).

En la legislación argentina, esta convalidación se denomina, en general, "saneamiento" y se desdobla en "ratificación" del acto por el superior jerárquico y "confirmación" por el órgano que dictó el acto (art. 19).

En esta materia, Ley de Honduras, regula en su artículo 127, la "conversión" del acto, al disponer que "el acto nulo que, sin embargo, contenga todos los requisitos constituidos de otro distinto, podrá ser convertido en éste y producirá sus efectos, en su caso, si así lo consistiera el interesado". En este sentido, la Ley argentina también señala que "si los elementos válidos de un acto administrativo nulo permitieren integrar otro que fuere válido, podrá efectuarse su conversión en éste consintiéndolo el administrado". La misma institución de la conversión se regula en la Ley General de Costa Rica (art. 189).

10. El principio de verdad material

Otro principio importante del procedimiento administrativo definido en la Ley peruana es el principio de la verdad material, a cuyo efecto el artículo IV.1.11 dispone:

> "1.11. *Principio de verdad material.* En el procedimiento, la autoridad administrativa competente deberá verificar plenamente los hechos que sirven de motivo a sus decisiones, para lo cual deberá adoptar todas las medidas probatorias necesarias autorizadas por la ley, aun cuando no hayan sido propuestas por los administrados o hayan acordado eximirse de ellas.
>
> En el caso de procedimientos trilaterales la autoridad administrativa estará facultada a verificar por todos los medios disponibles la verdad de los hechos que le son propuestos por las partes, sin que ello signifique una sustitución del deber probatorio que corresponde a éstas. Sin embargo, la autoridad administrativa estará obligada a ejercer dicha facultad cuando su pronunciamiento pudiera involucrar también al interés público."

En otras leyes, como la de Uruguay, con anterioridad, el principio de la verdad material sólo estaba enunciado (art. 2), y una definición, solo se recogió con posterioridad en la Ley de Bolivia de 2002, en la cual, en su artículo 4.d, se lo define en el sentido general de que "la Administración Pública investigará la verdad material en oposición a la verdad formal que rige el procedimiento civil."

11. El principio de la participación

Otro principio importante del procedimiento administrativo, también definido en el artículo IV.1.12 de la Ley peruana es el principio de la participación, así:

> "1.12. *Principio de participación.* Las entidades deben brindar las condiciones necesarias a todos los administrados para acceder a la información que administren, sin expresión de causa, salvo aquellas que afectan la intimidad personal, las vinculadas a la seguridad nacional o las que expresamente sean excluidas por ley; y extender las posibilidades de participación de los administrados y de sus representantes, en aquellas decisiones públicas que les puedan afectar, mediante cualquier sistema que permita la difusión, el servicio de acceso a la información y la presentación de opinión."

El principio fue luego incorporado expresamente en la reforma del Código colombiano de 2011, sin duda también respondiendo a la orientación general de la Constitución de 1991, disponiéndose que las autoridades deben promover y atender "las iniciativas de los ciudadanos, organizaciones y comunidades encaminadas a intervenir en los procesos de deliberación, formulación, ejecución, control y evaluación de la gestión pública" (art. 3.6)

Se trata, en todo caso, de un principio definitorio de política pública en el fomento de los mecanismos de participación ciudadana en la gestión pública, el cual por supuesto, no sustituye sino complementa el principio democrático representativo.

12. El principio de simplicidad

El principio de simplicidad también se ha definido en la Ley peruana, como propio del procedimiento administrativo, en su artículo IV.1.13, así:

"1.13. *Principio de simplicidad.* Los trámites establecidos por la autoridad administrativa deberán ser sencillos, debiendo eliminarse toda complejidad innecesaria; es decir, los requisitos exigidos deberán ser racionales y proporcionales a los fines que se persigue cumplir."

Posteriormente el principio se recogió en la Ley de Bolivia al precisar que "los procedimientos administrativos se desarrollarán con economía, simplicidad y celeridad, evitando la realización de trámites, formalismos o diligencias innecesarias" (art. 4.k); y ha sido por lo demás, objeto de desarrollo en legislaciones especiales destinadas precisamente al mismo. Por ejemplo, la Ley venezolana sobre Simplificación de Trámites Administrativos de 2008, establece sobre este mismo principio, que:

"*Artículo* 21. El diseño de los trámites administrativos debe realizarse de manera que los mismos sean claros, sencillos ágiles, racionales, pertinentes, útiles y de fácil entendimiento para las personas, a fin de mejorar las relaciones de éstos con la Administración Pública, haciendo eficiente y eficaz su actividad."

Por su parte, la Ley Orgánica de Administración Pública de Venezuela en su artículo 12 dispone que la simplificación de los trámites administrativos será tarea permanente de los órganos y entes de la Administración Pública, así como la supresión de los que fueren innecesarios, todo de conformidad con los principios y normas que establezca la ley correspondiente.

Por ello, estando la Administración Pública al servicio de los ciudadanos y, en general, de los particulares o administrados, la misma, debe desarrollar su actividad y organizarse de manera que los particulares:

1. Puedan resolver sus asuntos, ser auxiliados en la redacción formal de documentos administrativos, y recibir información de interés general por medios telefónicos, informáticos y telemáticos.

2. Puedan presentar reclamaciones sin el carácter de recursos administrativos, sobre el funcionamiento de la Administración Pública.

3. Puedan acceder fácilmente a información actualizada sobre el esquema de organización de los órganos y entes de la Administración Pública, así como a guías informativas sobre los procedimientos administrativos, servicios y prestaciones que ellos ofrecen." (art. 6)

Además, la Ley de Simplificación de Trámites Administrativos venezolana de 1999, se destinó específicamente a desarrollar, en detalle este principio de la simplificación con el objeto de racionalizar las tramitaciones que realizan los particulares ante la Administración Pública; mejorar su eficiencia, pertinencia y utilidad, a fin de lograr mayor celeridad y funcionalidad en las mismas; reducir los gastos operativos; obtener ahorros presupuestarios; cubrir insuficiencias de carácter fiscal y mejorar las relaciones de la Administración Pública con los ciudadanos.

La Ley, además, dispone que la Administración Pública no puede exigir requisitos adicionales a los contemplados en la normativa vigente, salvo los que se establezcan en los instrumentos normativos que se dicten en ejecución de dicha Ley (art. 10). Con carácter general, además, se dispone que los órganos y entes de la Administración Pública no pueden exigir para trámite alguno, la presentación de copias certificadas actualizadas de partidas de nacimiento, matrimonio o defunción, así como de cualquier otro documento público, salvo los casos expresamente establecidos por ley (art. 17). Adicionalmente, se dispone que los órganos y entes de la Administración Pública no pueden exigir copias certificadas de la partida de nacimiento como requisito para el cumplimiento de una determinada tramitación, cuando sea presentada la cédula de identidad, salvo los casos expresamente establecidos por ley (art. 18).

Por otra parte, se dispone que los órganos y entes de la Administración Pública, en virtud del principio de cooperación que debe imperar en sus relaciones interorgánicas, deben implementar bases de datos automatizadas de fácil acceso y no pueden exigir la presentación de copias certificadas o fotocopias de documentos que la Administración Pública tenga en su poder, o de los que tenga la posibilidad legal de acceder (art. 11).

Además, en aras de la simplicidad, la Ley agrega que los órganos y entes, en el ámbito de sus competencias, deben eliminar las autorizaciones innecesarias, solicitudes excesivas de información de detalle y, en general, la exigencia de trámites que entorpezcan la actividad administrativa (art. 13).

Por último, el artículo 14 de la Ley dispone en particular, que los órganos y entes de la Administración Pública deberán identificar y disponer la supresión de los requisitos y permisos no previstos en la Ley, que limiten o entraben el libre ejercicio de la actividad económica o la iniciativa privada.

Otro principio general derivado de la simplicidad es el principio de la economía procedimental, que se menciona en la generalidad de las leyes de procedimiento, como las leyes de Argentina (art. 7), de Honduras (art. 19), de Venezuela (art. 30), de Uruguay (art. 2) y de México (art. 13), y conlleva la necesidad de que los asuntos se decidan administrativamente con celeridad, en la forma más rápida posible, economizando lapsos y al menor costo posible.

El principio ha sido desarrollado ampliamente en la Ley 19880 de Chile, en la forma siguiente:

> "*Artículo 9°. Principio de economía procedimental.* La Administración debe responder a la máxima economía de medios con eficacia, evitando trámites dilatorios.
>
> Se decidirán en un solo acto todos los trámites que, por su naturaleza, admitan un impulso simultáneo, siempre que no sea obligatorio su cumplimiento sucesivo.
>
> Al solicitar los trámites que deban ser cumplidos por otros órganos, deberá consignarse en la comunicación cursada el plazo establecido al efecto.
>
> Las cuestiones incidentales que se susciten en el procedimiento, incluso las que se refieran a la nulidad de actuaciones, no suspenderán la tramitación del mismo, a menos que la Administración, por resolución fundada, determine lo contrario."

13. El principio de uniformidad

Vinculado a la simplicidad, está el principio de la uniformidad, también definido en la Ley peruana al disponerse en el artículo IV.1.14 que:

> "1.14. *Principio de uniformidad.* La autoridad administrativa deberá establecer requisitos similares para trámites similares, garantizando que las excepciones a los principios generales no serán convertidos en la regla general. Toda diferenciación deberá basarse en criterios objetivos debidamente sustentados.

En esta orientación, la Ley Orgánica venezolana establece como obligación general, el que "la Administración *racionalizará* sus sistemas y métodos de trabajo y vigilará su cumplimiento" (art. 32), regulando además, la uniformización de los documentos y expedientes, y el desarrollo de procedimientos en serie a los efectos de simplificar y racionalizar la actividad. (art. 35). Por su parte, la Ley de Brasil, además, expresamente dispone que:

"*Artículo 7°.* Los órganos y entidades administrativas deberán elaborar modelos y formularios uniformes para asuntos que impliquen pretensiones equivalentes."

14. Los principios de predictibilidad y de privilegio de controles posteriores

Por último, la Ley peruana en sus artículos IV.1.15 y IV.1.16 incorporó a su articulado, dos principios, el de predictibilidad y el de privilegio de controles posteriores, que no encuentran consagración expresa en ninguna de las otras leyes latinoamericanas, en la siguiente forma:

"1.15. *Principio de predictibilidad.* La autoridad administrativa deberá brindar a los administrados o sus representantes información veraz, completa y confiable sobre cada trámite, de modo tal que a su inicio, el administrado pueda tener una conciencia bastante certera de cuál será el resultado final que se obtendrá.

1.16. *Principio de privilegio de controles posteriores.* La tramitación de los procedimientos administrativos se sustentará en la aplicación de la fiscalización posterior; reservándose la autoridad administrativa, el derecho de comprobar la veracidad de la información presentada, el cumplimiento de la normatividad sustantiva y aplicar las sanciones pertinentes en caso que la información presentada no sea veraz."

APRECIACIÓN FINAL

Las leyes de procedimiento administrativo, como la Ley N° 27.444 del Procedimiento Administrativo General del Perú, sin duda, tienen un doble carácter.

Por una parte, son un signo de madurez en el desarrollo del derecho administrativo y en el equilibro que tiene que siempre existir en una sociedad democrática, entre la Administración Pública y sus poderes y prerrogativas, y los administrados y sus derechos y garantías, de manera que la primera no abuse de aquellos y los segundos no impidan el desarrollo de la actividad administrativa en beneficio del interés general.

Pero por la otra, son a la vez el instrumento más eficaz para la consolidación del derecho administrativo, al disponer los jueces en general, y los de la jurisdicción contencioso administrativa en particular, de textos de derecho positivo que les faciliten su labor de control, de manera que sus decisiones no sólo se fundamenten como hace décadas en los solos principios generales que derivaban de las construcciones doctrinales y jurisprudenciales. Con normas escritas como las ahora contenidas en todas esta leyes, y en especial con la amplitud como se la que se los concibió en la Ley del Perú, la labor de los jueces es más importante para el desarrollo de nuestra disciplina, como se puede apreciar de la jurisprudencia que han sentado en todos nuestros países.

Sección Sexta: SOBRE LOS PRINCIPIOS DEL PROCEDIMIENTO ADMINISTRATIVO Y LA JURISPRUDENCIA CONSTITUCIONAL EN EL PERÚ (2011)

Esta Sección Sexta es el texto de la "Presentación" escrita "Sobre los principios del procedimiento administrativo" para la Obra Colectiva: Orlando Vignolo Cueva y Roberto Jiménez (Coord.), *Homenaje a Allan Brewer-Carías.*

***Comentarios a la Jurisprudencia de derecho administrativo del Tribunal Constitucional peruano (2000-2010)*, Ius et Veritas Editorial, Ediciones Legales, Lima 2012, pp. 23-41.**

Debo comenzar agradeciendo muy especialmente a los destacados profesores Orlando Vignolo Cueva y Roberto Jiménez, el honor que me han hecho al invitarme a participar con esta "Presentación," en esta Obra Colectiva que han coordinado, sobre comentarios a la Jurisprudencia constitucional en materia de derecho administrativo.

En ella, el lector podrá constatar cómo los diversos autores participantes, todos destacados profesores de derecho administrativo del Perú y de otros de nuestros países latinoamericanos, han analizado las sentencias o líneas jurisprudenciales más relevantes del Tribunal Constitucional del Perú relativas a las instituciones o principios, no sólo del derecho administrativo general, sino de algunos derechos administrativos especiales. Así, con los diversos trabajos que se publican, se han analizado los aspectos centrales del derecho administrativo general sobre la Administración Pública, el acto administrativo, el procedimiento administrativo, la actividad sancionadora, la actividad expropiatoria y la contratación administrativa; y a la vez, los aspectos medulares del derecho administrativo de la función pública, de la ordenación urbanística, del orden sanitario, del régimen ambiental, de la regulación económica, de los bienes públicos, y de la organización territorial política y administrativa vinculada a la descentralización del Estado.

Y por supuesto, nada más oportuno, que hayan tomado esta iniciativa coincidiendo con los diez años de vigencia de la Ley N° 27.444 del Procedimiento Administrativo General del Perú de 2001, con la cual no solo se vino a completar un importante ciclo de regulación legislativa sobre procedimiento administrativo que se ha venido realizando de América Latina en los últimos cincuenta años, y que se inició precisamente en el mismo Perú con el viejo Reglamento de Normas Generales de Procedimiento Administrativo de 1967 (Decreto Supremo N° 006-67-56) elevado en 1992 a rango de ley, que fue el primer cuerpo normativo en la materia en toda América Latina; sino que se sentaron las bases legislativas mismas que han catapultado el desarrollo del derecho administrativo en el Perú. Allí, sin duda, como ha ocurrido en todos los otros países de América Latina, el hito fundamental lo constituyó la sanción de esa Ley N° 27.444 del Procedimiento Administrativo General, al punto de que creo no equivocarme en señalar que allí también, la historia de nuestra disciplina puede dividirse en un antes y un después de la promulgación de dicha Ley, con la cual el Perú se incorporó definitivamente en la corriente contemporánea de la codificación formal del procedimiento administrativo.

Y esto se logró, precisamente con un texto realmente único en el Continente, en el cual se recogieron, enriquecidos, todos los principios del procedimiento administrativo que se habían venido conformando en las décadas anteriores en todos los países, mediante el intercambio de aportes de la doctrina, la jurisprudencia y la legislación.[43]

---

43 *V.* en general nuestros trabajos sobre el procedimiento administrativo con una perspectiva de derecho comparado: Allan R. Brewer-Carías, "Principios del procedimiento administrativo en España y América Latina," en el libro *200 Años del Colegio de Abogados. Libro Homenaje*, T. I, Colegio de Abogados del Distrito Federal, Caracas 1989, pp. 255-435; *Principios del procedimiento administrativo (*Prólogo de Eduardo García de Enterría), Editorial Civitas, Madrid 1990; *Les principes de la procédure administrative non contentieuse. Études de Droit Comparé (France, Espagne, Amérique Latine)* (Prólogo de Franck Moderne), Editorial Economica, París 1992;

Esta importantísima Ley 27.444, en efecto, consolidó el proceso de positivización del derecho administrativo que es lo que ha permitido a los jueces, y sin duda, al juez constitucional, ir progresivamente desarrollando los principios plasmados en la Ley mediante su sucesiva aplicación, siempre teniendo como norte la propia finalidad asignada a la regulación de los procedimientos, y que es no sólo lograr la "protección del interés general" sino, además, "garantizar los derechos e intereses de los administrados," siempre "con sujeción al ordenamiento constitucional y jurídico en general" (Título Preliminar, art. III).

La Ley N° 27.444, por tanto, es una de las que resume, en su propia normativa, en proceso de lucha permanente que ha caracterizado el desarrollo del derecho administrativo caracterizada por la búsqueda de un necesario balance entre los privilegios de la Administración Pública, como gestora del interés general, y los derechos de los administrados que con ella se relacionan. Por ello, el procedimiento administrativo nunca puede considerarse como un fin en sí mismo, sino como un instrumento o cauce para alcanzar el fin perseguido por la Administración. De allí el llamado principio de la instrumentalidad de las leyes de procedimiento, el cual permite desdoblar la finalidad del procedimiento administrativo en los tres aspectos precisamente mencionados en el artículo III, Título Preliminar de la Ley del Perú: primero, la consecución del interés general; segundo, la satisfacción del interés del administrado, y tercero, el logro del interés de la propia Administración sometida a la legalidad. La consecuencia de este principio de la instrumentalidad es, por supuesto, la proscripción de la posibilidad de que se utilice el procedimiento prescrito para la consecución de fines distintos a los previstos en la ley, constituyendo, lo contrario, un vicio de ilegalidad de la actuación de la Administración por desviación de poder en el resultado, es decir, la llamada desviación del procedimiento.

De todos los elementos derivados de la finalidad del procedimiento administrativo, el de mayor interés para el desarrollo del derecho administrativo, es el relativo a la necesidad de que la relación jurídica que siempre se establece entre la Administración y los administrados con motivo de la actividad administrativa, se desarrolle con sujeción al *principio de legalidad,*[44] que la propia Ley sobre Procedimiento Administrativo general del Perú, en el artículo IV, 1.1 del Título Preliminar precisa al disponer que "las autoridades administrativas deben actuar con respeto a la Constitución, la ley y al derecho, dentro de las facultades que le estén atribuidas y de acuerdo con los fines para los que les fueron conferidas."

La consecuencia de esta previsión ha sido que el principio de legalidad ha dejado de ser el otrora clásico principio general del derecho, convirtiéndose en un postulado del derecho positivo, controlable con mayor razón por los tribunales competentes, particu-

---

también publicado en Allan R. Brewer-Carías, *Etudes de droit public comparé*, Académie International de Droit Comparé, Ed. Bruylant, Bruxelles 2001, pp. 161-274; *Principios del Procedimiento Administrativo en América Latina* (Prólogo Jesús González Pérez), Universidad del Rosario, Colegio Mayor de Nuestra Señora del Rosario, Editorial Legis, Bogotá 2003; y "Principios del Procedimiento Administrativo. Hacia un estándar continental," en Christian Steiner (Ed), *Procedimiento y Justicia Administrativa en América Latina,* Konrad Adenauer Stiftung, Konrad Adenauer, México 2009, pp. 163-199.

44 *V.*, Allan R. Brewer-Carías, "El principio de la legalidad en la Ley Orgánica de Procedimientos Administrativos," en *Revista del Consejo de la Judicatura*, N° 22, Caracas, julio-septiembre 1981, pp. 5-14; "El tratamiento del principio de la legalidad en las leyes de procedimiento en América Latina," *Revista AIDA*, Asociación Internacional de Derecho Administrativo, N° 8, México, 2010

larmente cuando se trata de la emisión de actos administrativos, los cuales constituyen la pieza clave de la regulación de la Ley. Ello es tan así, que el Título I de la Ley peruana se dedica a normar el régimen jurídico de los actos administrativos, definiéndose incluso en el artículo 29 al procedimiento administrativo, como el "conjunto de actos y diligencias tramitados en las entidades, conducentes a la emisión de un acto administrativo que produzca efectos jurídicos individuales o individualizables sobre intereses, obligaciones o derechos de los administrados."

Teniendo este marco de regulación de carácter material, en relación con los actos administrativos, la Ley no sólo se aplica a la actuación de los órganos de la Administración Pública del Poder Ejecutivo, sino incluso a los demás órganos del Estado cuando actúan en ejercicio de la función administrativa. Ello es lo que explica que la propia Ley peruana al disponer su aplicación respecto de "todas las entidades de la Administración Pública," entienda a los fines de su aplicación, como tales, no sólo a los órganos del "Poder Ejecutivo, incluyendo Ministerios y Organismos Públicos Descentralizados," y a los Gobiernos Regionales y Locales, sino a las "demás entidades y organismos, proyectos y programas del Estado, cuyas actividades se realizan en virtud de potestades administrativas," incluyendo al Poder Legislativo, al Poder Judicial y a los Organismos a los cuales la Constitución y las leyes confieren autonomía; y además, a las personas jurídicas bajo el régimen privado que prestan servicios públicos o ejercen función administrativa, en virtud de concesión, delegación o autorización del Estado (Titulo Preliminar, art. 1).

Pero entre todas las previsiones de la Ley N° 27.444 del Procedimiento Administrativo General del Perú, una de las que la destaca más desde el punto de vista del derecho comparado, es la que enumera los principios generales que deben orientar el procedimiento, los cuales, al igual que sucede con el principio de legalidad, ahora ya no tienen que ser deducidos por el juez constitucional o contencioso administrativo mediante interpretación. El artículo IV del Título Preliminar de la ley peruana, en efecto, siguiendo la tradición de las leyes similares de América Latina, también ha positivizado dichos principios, ampliándolos, enumerando □a título enunciativo y no taxativo□, los "principios de legalidad; del debido procedimiento; del impulso de oficio; de razonabilidad; de imparcialidad; de informalismo; de presunción de veracidad; de conducta procedimental; de celeridad; de eficacia; de verdad material; de participación; de simplicidad; de uniformidad; de predictibilidad; y de privilegio de controles posteriores;" principios que conforme se indica en el artículo IV,2 de la propia Ley, deben servir como criterio interpretativo para resolver las cuestiones que puedan suscitarse en la aplicación de las normas de procedimiento, o como parámetros para la generación de otras disposiciones administrativas de carácter general, y para suplir los vacíos en el ordenamiento administrativo.

Una enumeración extensa de estos principios, como la contenida en esta norma, sin duda es la que puede permitir al juez constitucional o contencioso administrativo poder ejercer un control más efectivo y con mayor amplitud en relación con la actividad administrativa, máxime si como sucede en el Perú, la Ley no se limita, como ocurre en muchas otras leyes similares a enumerar los principios, sino que establece con precisión una definición legal de los mismos (artículo IV del Título Preliminar). Es claro, en todo caso, que dichos principios no nacieron con la Ley, siendo la misma en realidad una manifestación de la progresividad observada de esta materia en cuyo desarrollo la jurisprudencia constitucional y contencioso administrativa jugaron un papel esencial hasta haberse logrado la positivización de los mismos.

Por su importancia, y como marco para que progresivamente se vaya sistematizando la jurisprudencia constitucional en materia de derecho administrativo, nos parece oportuno recordar estos principios, además el ya mencionado *principio de legalidad* (art. IV.1.1), tal como se regularon en la Ley N° 27.444, con algunas referencias al derecho comparado latinoamericano.

El primero de estos principios es el *principio del debido proceso* que aplicado al procedimiento administrativo, se define en el artículo IV.1.2 del Título Preliminar, como "principio del debido procedimiento administrativo," conforme al cual se garantiza a los administrados el goce "de todos los derechos y garantías inherentes" al mismo, comprendiendo "el derecho a exponer sus argumentos, a ofrecer y producir pruebas y a obtener una decisión motivada y fundada en derecho." Esto implica, la aplicación al ámbito del procedimiento administrativo de la garantía al debido proceso (que la Constitución del Perú refiere sólo como principio de la "función jurisdiccional," art 139.3), en particular, en cuanto concierne al derecho a la defensa y al derecho a ser oído, y más importante aún, particularmente en materia administrativa, el derecho de los administrados a que los actos administrativos dictados por la Administración sean motivados. Ello lo precisa la ley, además, en el artículo 6.1 al exigir que la motivación de dichos actos sea expresa, "mediante una relación concreta y directa de los hechos probados relevantes del caso específico, y la exposición de las razones jurídicas y normativas que con referencia directa a los anteriores justifican el acto adoptado." Así se regula en la Ley, en definitiva, el derecho a la motivación de los actos administrativos como garantía del derecho a la defensa; siendo entonces la inmovitación de dichos actos, una violación a dicho derecho, y por tanto causal de anulación de los mismos a instancia del interesado.

El segundo principio es el que denominado principio inquisitivo o de oficialidad, que la Ley califica como *principio de impulso de oficio*, y que conforme se precisa en el artículo IV.1.3, implica la obligación de las autoridades de "impulsar de oficio el procedimiento" y además, de "dirigirlo" y de "ordenar la realización o práctica de los actos que resulten convenientes para el esclarecimiento y resolución de las cuestiones necesarias." Este principio implica, la posibilidad misma de que la Administración inicie de oficio el procedimiento (art. 103), en cuyo caso debe notificarse a los administrados "cuyos intereses o derechos protegidos puedan ser afectados por los actos a ejecutar" (arts. 55.5 y 104.2); la posibilidad de que la autoridad competente, pueda promover toda actuación que fuese necesaria para la tramitación del procedimiento (art. 145); y que en el curso del procedimiento administrativo, además del derecho del administrado a producir pruebas y alegatos, que la Administración también pueda tener la iniciativa de pruebas sin estar sujeta al impulso procesal de los interesados, teniendo estos por supuesto la garantía de controlarlas, principio se recoge en el artículo 159.1 de la Ley cuando aclara que "los actos de instrucción necesarios para la determinación, conocimiento y comprobación de los datos en virtud de los cuales deba pronunciarse la resolución, serán realizados de oficio por la autoridad a cuyo cargo se tramita el procedimiento de evaluación previa, sin perjuicio del derecho de los administrados a proponer actuaciones probatorias."

Los actos administrativos, incluso pueden contener cuestiones de hecho y derecho no planteadas por los administrados, pero que hayan sido apreciadas de oficio por la Administración, siempre que por supuesto, se "otorgue posibilidad de exponer su posición al administrado y, en su caso, aporten las pruebas a su favor" (art. 5.4).

El tercero de los principios del procedimiento administrativo en la Ley es el *principio de la razonabilidad*, definido en **el** artículo IV.1.4, en el sentido de imponer a las autoridad administrativa, que cuando emanen decisiones en las cuales "creen obligaciones, califiquen infracciones, impongan sanciones, o establezcan restricciones a los administrados," es decir, incidan restringiendo en cualquier forma la esfera jurídica de los administrados, las mismas deben adaptarse no sólo "dentro de los límites de la facultad atribuida," es decir, en el marco del principio de la legalidad, sino, más importante aún, "manteniendo la debida proporción entre los medios a emplear y los fines públicos que deba tutelar, a fin de que respondan a lo estrictamente necesario para la satisfacción de su cometido." Por ello, por ejemplo, en el artículo 196.1 de la Ley, al referirse a la ejecución forzosa de los actos administrativos por la entidad respectiva, se repite que "se efectuará respetando siempre el principio de razonabilidad."

Se trata, en todo caso, del mismo principio de la proporcionalidad, que se recoge en el artículo 236.2 de la Ley, el cual al regular las medidas provisionales que se adopten, impone que las mismas deben "ajustarse a la intensidad, proporcionalidad y necesidades de los objetivos que se pretende garantizar en cada supuesto concreto."

En todo caso, la enunciación de este principio con la denominación de principio "de la razonabilidad," es única en las leyes de procedimiento administrativo de América Latina, encontrándoselo por supuesto en ellas, pero fundamentalmente en torno al de la proporcionalidad.

El cuarto de los principios del procedimiento administrativo en la Ley peruana es el *principio de la imparcialidad*, definido en el artículo IV.1.5 al imponerle la obligación a las autoridades administrativas de actuar "sin ninguna clase de discriminación entre los administrados, otorgándoles tratamiento y tutela igualitarios," de manera que los procedimientos se resuelvan "conforme al ordenamiento jurídico y con atención al interés general."

Conforme a este principios, la Administración, en el curso del procedimiento administrativo y al decidirlo, no debe tomar partido, ni inclinar la balanza o beneficiar ilegítimamente a una parte en perjuicio de otra, sino que debe tomar su decisión objetivamente, únicamente conforme al ordenamiento jurídico y con la finalidad de interés general que la motiva, tratando a todos los ciudadanos en forma igual, salvo las distinciones que deriven de los derechos de protección que puedan tener ciertos ciudadanos.

La consecuencia de este principio, respecto del curso de los procedimientos, es que los funcionarios con poder de decisión deben abstenerse de conocer de los mismos cuando tengan interés (art. 90), pero con la precisión de que la participación de la autoridad en la que concurra cualquiera de las causales de abstención, no implica necesariamente la invalidez de los actos administrativos en que haya intervenido, salvo en el caso en que resulte evidente la parcialidad o arbitrariedad manifiesta (art. 91.1).

El quinto principio del procedimiento administrativo en la Ley del Perú, es el *principio del informalismo*, el cual implica que como lo dispone el artículo IV.1.6, "las normas de procedimiento deben ser interpretadas en forma favorable a la admisión y decisión final de las pretensiones de los administrados, de modo que sus derechos e intereses no sean afectados por la exigencia de aspectos formales que puedan ser subsanados dentro del procedimiento, siempre que dicha excusa no afecte derechos de terceros o el interés público."

Siendo que el procedimiento administrativo se configura como un conjunto de actos y actuaciones estrechamente vinculados entre sí, con el objeto de obtener un resultado concreto que, generalmente, se materializa en un acto administrativo, se considera que la prescripción de dichas formas no puede convertir al procedimiento en un bosque de formalidades que, como fin en sí mismas, entraben la acción administrativa. Por ello, en general, debe excusarse la inobservancia por los interesados de exigencias formales no esenciales y que pueden ser cumplidas posteriormente.

El sexto principio del procedimiento administrativo en la ley peruana es el *principio de la presunción de veracidad* conforme al cual, tal como se dispone en el artículo IV.1.7, debe presumirse en la tramitación del procedimiento administrativo, que los documentos y declaraciones formulados por los administrados en la forma prescrita por esta Ley, responden a la verdad de los hechos que ellos afirman. El principio se reafirma, luego, en el artículo 230.9 de la Ley al disponer que en el curso del procedimiento, los funcionarios debe presumir "que los administrados han actuado apegados a sus deberes mientras no cuenten con evidencia en contrario," razón por la cual, por supuesto, la presunción legal es *juris tantum*.

Esta presunción de veracidad se desarrolla en la propia Ley al disponer en su artículo 42.1 que "todas las declaraciones juradas, los documentos sucedáneos presentados y la información incluida en los escritos y formularios que presenten los administrados para la realización de procedimientos administrativos, se presumen verificados por quien hace uso de ellos, así como de contenido veraz para fines administrativos, salvo prueba en contrario."

El séptimo principio del procedimiento administrativo regulado en la Ley peruana es el *principio de conducta procedimental*, conforme al cual, tal como lo precisa su artículo IV.1.8, todos los que participen él en procedimiento (la autoridad administrativa, los administrados, sus representantes o abogados) deben realizar sus respectivos actos procedimentales "guiados por el respeto mutuo, la colaboración y la buena fe," de manera que ninguna regulación del procedimiento administrativo "puede interpretarse de modo tal que ampare alguna conducta contra la buena fe procesal."

Se trata en definitiva del principio de la buena fe en las relaciones procedimentales, entre la Administración y los administrados, que se ha venido también configurando en las legislaciones latinoamericanas, e incluso en las Constituciones, como ocurrió en la de Colombia de 1991 en la cual su artículo 83 dispuso que "las actuaciones de los particulares y de las autoridades públicas deberán ceñirse a los postulados de la buena fe, la cual se presumirá en todas las gestiones que aquellos adelanten ante éstas." Ello implica, siempre, que tanto las autoridades como los particulares deben presumir el comportamiento leal y fiel de unos y otros en el ejercicio de sus competencias, derechos y deberes. La enunciación del principio, sin duda, puede considerarse como una revolución en el régimen jurídico de la Administración Pública, frente a la práctica de algunas Administraciones Públicas que lamentablemente han estado signada por una presunción contraria, por ejemplo, de los funcionarios públicos hacia los administrados asumiendo que en general éstos actúan de mala fe, pretendiendo engañar a los funcionarios, quienes entonces a veces buscan obstaculizar sus pretensiones. El principio de la buena fe, al contrario, pretende erigir como norma el que pueda garantizarse al administrado el poder confiar en la Administración y en sus funcionarios y, viceversa, estos en la actuación de aquellos.

El principio de la buena fe conlleva, por supuesto, el de la lealtad, lo que implica que las partes en el procedimiento no deben ocultar hechos o documentos que sean de interés mutuo, lo que a la vez está relacionado con el principio de la publicidad, y de acceso a la información en materia administrativa, y la reducción de las áreas de confidencialidad en los documentos administrativos, y que fue tan importantes en décadas pasadas.

El respeto mutuo que deriva del principio de la buena fe y del principio de la lealtad, por otra parte, comienza a ser el canal para la construcción del principio de la confianza legítima que debe existir como base de la relación jurídica entre la Administración y los administrados, particularmente cuando las actuaciones reiteradas de los funcionarios y de los órganos de la Administración Pública, hacen nacer expectativas jurídicas legítimas en cabeza de los aquellos que la propia Administración debe respetar y que han de ser apreciadas por el juez.

El octavo de los principios del procedimiento administrativo en la Ley del Perú, es el clásico *principio de celeridad*, tan común en todas las leyes de procedimiento administrativo, que el artículo IV.1.9 concibe prescribiendo el deber de cuantos participan en el procedimiento de "ajustar su actuación de tal modo que se dote al trámite de la máxima dinámica posible, evitando actuaciones procesales que dificulten su desenvolvimiento o constituyan meros formalismos, a fin de alcanzar una decisión en tiempo razonable, sin que ello releve a las autoridades del respeto al debido procedimiento o vulnere el ordenamiento."

En la Ley del Perú, sin embargo, más allá del solo enunciado y definición del principio de la celeridad, la Ley estableció diversas reglas para asegurar su cumplimiento en relación con los procedimientos, entre las cuales las más notables son las que se consignan en el artículo 148 de la Ley, y que se refieren a los siguientes aspectos:

1. En cuanto al impulso y tramitación de casos de una misma naturaleza, la Ley exige que se siga "rigurosamente el orden de ingreso," y los casos se resuelvan "conforme lo vaya permitiendo su estado," no pudiendo la autoridad en ningún caso, "alegar deficiencias del administrado no advertidas a la presentación de la solicitud, como fundamento para denegar su pretensión."

2. En cuanto a las decisiones sobre trámites del procedimiento, se dispone que en una sola decisión debe disponerse "el cumplimiento de todos los trámites necesarios que por su naturaleza corresponda, siempre y cuando no se encuentren entre sí sucesivamente subordinados en su cumplimiento;" debiendo además concentrarse "en un mismo acto todas las diligencias y actuaciones de pruebas posibles, procurando que el desarrollo del procedimiento se realice en el menor número de actos procesales."

3. En cuanto a las solicitudes de trámites que se formulen ante la Administración, que deban ser efectuados por otras autoridades o los administrados, se exige que se consigne "con fecha cierta el término final para su cumplimiento, así como el apercibimiento, de estar previsto en la normativa."

4. En cuanto al curso de los trámites del procedimiento, se dispone que la autoridad competente, "para impulsar el procedimiento, puede encomendar a algún subordinado inmediato la realización de diligencias específicas de impulso, o solicitar la colaboración de otra autoridad para su realización;" y se precisa, además, que en ningún caso puede "afectarse la tramitación de los expedientes o la atención del servicio por la ausencia, ocasional o no, de cualquier autoridad," por lo que "las autoridades que por razones de licencia, vacaciones u otros motivos temporales o permanentes" se deban alejar de su centro de trabajo, deben entregar "a quien lo sustituya o al superior jerárquico, los documentos y expedientes a su cargo, con conocimiento de los administrados."

5. Por último, en cuanto a la motivación de los actos administrativos, se dispone que cuando la misma sea idéntica se pueden "usar medios de producción en serie, siempre que no lesione las garantías jurídicas de los administrados," lo que no afecta el principio de que cada acto sea independiente.

En noveno lugar, la Ley N° 27.444 del Perú también regula el clásico *principio de la eficacia*[45] del procedimiento administrativo prescribiendo en el artículo IV.1.10 que en el procedimiento administrativo, los sujetos del mismo "deben hacer prevalecer el cumplimiento de la finalidad del acto procedimental, sobre aquellos formalismos cuya realización no incida en su validez, no determinen aspectos importantes en la decisión final, no disminuyan las garantías del procedimiento, ni causen indefensión a los administrados."

La consecuencia de ello es que en todos los supuestos de aplicación del principio, la finalidad del acto debe privilegiarse "sobre las formalidades no esenciales" ajustándose al marco normativo aplicable, debiendo su validez ser "una garantía de la finalidad pública que se busca satisfacer con la aplicación de este principio."

El objetivo general que deriva de este principio respecto de los procedimientos administrativos, por tanto, es que logren su finalidad, de manera que la autoridad remueva los obstáculos puramente formales, evitando por ejemplo, decisiones de abstención, o las dilaciones o los retardos; y saneando las irregularidades procedimentales formales que se presenten, en procura de la efectividad del derecho material objeto de la actuación administrativa. En consecuencia, ante el no acatamiento de elementos formales en el procedimiento, la Administración debe preferir evitar la ineficacia o plantear una ineficacia parcial, antes que concluir con la ineficacia total del acto. Es decir, el procedimiento debe interpretarse de manera que efectivamente pueda haber una decisión, sin que la falta de cumplimiento de determinadas formalidades afecten el acto y la propia voluntad de la Administración.

Este principio implica, por otra parte, como se deduce de la definición del artículo IV.1.10 que el principio de la eficacia está vinculado tanto al principio del informalismo, como al de la subsanación de defectos no sustanciales y de conservación de los actos administrativos; es decir al principio del saneamiento, subsanabilidad y convalidación de los trámites y actos administrativos cuando se trate de irregularidades no esenciales, o como dice la Ley, de formalidades "cuya realización no incida en su validez," precisamente a los efectos de garantizar que los procedimientos puedan lograr su finalidad. Por ello, incluso, entre los deberes de los funcionarios y autoridades está el de "velar por la eficacia de las actuaciones procedimentales, procurando la simplificación en sus trámites, sin más formalidades que las esenciales para garantizar el respeto a los derechos de los administrados o para propiciar certeza en las actuaciones" (art. 75.7).

Este principio conduce, por supuesto, a la necesidad de la corrección de errores materiales o aritméticos de los actos administrativos, lo que se encuentra regulado expresamente en la Ley del Perú, siempre que la rectificación no se altere "lo sustancial de su contenido ni el sentido de la decisión," pudiendo hacerse incluso "con efecto retroactivo" (art. 201.1).

---

45 *V.* por ejemplo en Allan R. Brewer-Carías, "Los principios de legalidad y eficacia en las leyes de Procedimientos Administrativos en América Latina", en *IV Jornadas Internacionales de Derecho Administrativo Allan Randolph Brewer-Carías*, Caracas 9-12 noviembre de 1998, FUNEDA, Caracas 1998, pp. 21-90

Pero incluso, aún en presencia de vicios o irregularidades más sustanciales en los actos administrativos, que no puedan resolverse con la sola corrección de errores materiales o aritméticos, el principio *conservatio acti*, exige que los vicios que puedan afectarlos formalmente, deban subsanarse siempre que no conlleven su nulidad absoluta, lo que ha originado las técnicas de convalidación, enmienda, saneamiento o conversión de los actos administrativos que se encuentran reguladas en las leyes de procedimiento administrativo para evitar su extinción.

En particular, en esta materia, la Ley peruana es bien precisa al regular la "enmienda" de los actos administrativos como consecuencia de la "conservación" de los mismos, precisando que cuando el vicio del acto administrativo por el incumplimiento a sus elementos de validez, no sea trascendente, "prevalece la conservación del acto, procediéndose a su enmienda por la propia autoridad emisora" (art. 14.1). A tal efecto, el mismo artículo 14 de la Ley define como "actos administrativos afectados por vicios no trascendentes," primero, los actos "cuyo contenido sea impreciso o incongruente con las cuestiones surgidas en la motivación;" segundo, los emitidos "con una motivación insuficiente o parcial," con "infracción a las formalidades no esenciales del procedimiento, considerando como tales aquellas cuya realización correcta no hubiera impedido o cambiado el sentido de la decisión final en aspectos importantes, o cuyo incumplimiento no afectare el debido proceso del administrado;" o "con omisión de documentación no esencial; y tercero, los actos respecto de los cuales "se concluya indudablemente de cualquier otro modo que hubiesen tenido "el mismo contenido, de no haberse producido el vicio."

En décimo lugar, el otro principio importante del procedimiento administrativo definido en la Ley peruana es el *principio de la verdad material*, a cuyo efecto el artículo IV.1.11 dispone que en el procedimiento, la autoridad administrativa competente debe "verificar plenamente los hechos que sirven de motivo a sus decisiones, para lo cual debe adoptar todas las medidas probatorias necesarias autorizadas por la ley, aun cuando no hayan sido propuestas por los administrados o hayan acordado eximirse de ellas."

Se trata, en definitiva, de la obligación que tiene la Administración de indagar sobre la verdad material en oposición a la verdad formal que tradicionalmente ha regido en el procedimiento civil, de manera que incluso en los procedimientos investigatorios, el artículo 57.2 de la Ley dispone que los administrados están obligados a facilitar la información y documentos que conocieron y fueren razonablemente adecuados "a los objetivos de la actuación para alcanzar la verdad material."

El undécimo principio de procedimiento administrativo que también define la ley del Perú en su artículo IV.1.12, es el *principio de la participación*, conforme al cual se impone a las entidades de la Administración dos obligaciones: por una parte, "brindar las condiciones necesarias a todos los administrados para acceder a la información que administren, sin expresión de causa, salvo aquellas que afectan la intimidad personal, las vinculadas a la seguridad nacional o las que expresamente sean excluidas por ley;" y por la otra, "extender las posibilidades de participación de los administrados y de sus representantes, en aquellas decisiones públicas que les puedan afectar, mediante cualquier sistema que permita la difusión, el servicio de acceso a la información y la presentación de opinión."

En esta forma, en realidad, en esta norma se consagran dos aspectos del principio: por una parte, el derecho de acceso a la información administrativa, con regulaciones especiales sobre el acceso a la información del expediente en cualquier momento de su trámite, lo que implica, en derecho de acceso a los documentos, antecedentes, estudios, informes y dictámenes contenidos en el mismo, así como a obtener certificaciones de su estado y recabar copias de las piezas que contiene, previo pago del costo de las mismas. Sólo se exceptúan de este derecho general, aquellas actuaciones, diligencias, informes o dictámenes que contienen información cuyo conocimiento pueda afectar su derecho a la intimidad personal o familiar y las que expresamente se excluyan por ley o por razones de seguridad nacional; y las materias protegidas por el secreto bancario, tributario, comercial e industrial, así como todos aquellos documentos que impliquen un pronunciamiento previo por parte de la autoridad competente (art. 160).

Por la otra, está el principio de la participación propiamente dicha, como definitorio de política pública en el fomento de los mecanismos de participación ciudadana en la gestión pública. En relación con este último aspecto, los artículos 181 y 182 de la Ley prescribe que en la instrucción de los procedimientos administrativos, como principio, las entidades deben realizar siempre una audiencia pública a los administrados y prever un período de información pública, en todo caso en el cual el acto al que conduzca el procedimiento administrativo "sea susceptible de afectar derechos o intereses cuya titularidad corresponda a personas indeterminadas, tales como en materia medio ambiental, ahorro público, valores culturales, históricos, derechos del consumidor, planeamiento urbano y zonificación; o cuando el pronunciamiento sobre autorizaciones, licencias o permisos que el acto habilite incida directamente sobre servicios públicos." En esos casos, la omisión de la realización de la audiencia pública acarrea la nulidad del acto administrativo final que se dicte (art. 182.3); y en la audiencia pública correspondiente que se realice, cualquier tercero, sin necesidad de acreditar legitimación especial, "está habilitado para presentar información verificada, para requerir el análisis de nuevas pruebas, así como expresar su opinión sobre las cuestiones que constituyan el objeto del procedimiento o sobre la evidencia actuada" (art. 182.2).

El duodécimo principio del procedimiento administrativo definido en la Ley del Perú, es el *principio de la simplicidad* al cual se refiere el artículo IV.1.13, indicando que los trámites establecidos por la autoridad administrativa deben ser "sencillos, debiendo eliminarse toda complejidad innecesaria;" es decir, los requisitos exigidos deben "ser racionales y proporcionales a los fines que se persigue cumplir."

Ello implica que la Administración no puede exigir requisitos adicionales a los contemplados en la normativa vigente.

En décimo tercer lugar, la ley peruana también establece, vinculado al anterior, el *principio de la uniformidad,* al disponer en el artículo IV.1.14, que la autoridad administrativa debe "establecer requisitos similares para trámites similares, garantizando que las excepciones a los principios generales no serán convertidos en la regla general."

En décimo cuarto lugar, en la Ley del Perú se establece el *principio de predictibilidad,* que no encuentra parangón en otras leyes de procedimiento administrativo de América Latina, al precisar en el artículo IV.1.15, que la Administración debe brindar a los administrados o sus representantes "información veraz, completa y confiable sobre cada trámite, de modo tal que a su inicio, el administrado pueda tener una conciencia bastante certera de cuál será el resultado final que se obtendrá."

Por último, en decimoquinto lugar, el otro principio novedoso que enuncia la ley peruana es el *principio de privilegio de controles posteriores*, respecto del cual el IV.1.16 establece que la tramitación de los procedimientos administrativos se debe sustentar "en la aplicación de la fiscalización posterior; reservándose la autoridad administrativa, el derecho de comprobar la veracidad de la información presentada, el cumplimiento de la normatividad sustantiva y aplicar las sanciones pertinentes en caso que la información presentada no sea veraz."

Como puede apreciarse del enunciado de este elenco de principios del procedimiento administrativo en el Perú, los mismos, una vez enunciados formalmente en una ley como la Ley N° 27.444 del Procedimiento Administrativo General, sin duda se han convertido en el instrumento más eficaz para la consolidación del derecho administrativo, al disponer los jueces en general, y en especial los de la jurisdicción constitucional y contencioso administrativa, de textos de derecho positivo que les facilitan su labor de control, de manera que sus decisiones no sólo tengan que fundamentarse, como hace décadas, en los solos principios generales que derivaban de las construcciones doctrinales y jurisprudenciales, sino ahora en normas de derecho positivo.

Por tanto, el estudio de la jurisprudencia del importante Tribunal Constitucional del Perú sobre el derecho administrativo que se realiza en esta obra colectiva, será sin duda fundamental para contribuir al desarrollo de nuestra disciplina, pues si algo ha contribuido a su caracterización y desarrollo, tanto en Europa como en nuestros países latinoamericano, ha sido precisamente la labor de la jurisprudencia.

La importancia de darla a conocer, como se hace en esta obra, es por tanto esencial; por lo que de nuevo celebramos su aparición, por lo que me permito agradecerle, en nombre de todos los administrativistas, a los profesores Vignolo Cuevas y Jiménez el esfuerzo que han hecho en concebirla y coordinarla.

Sección Séptima: EL PRINCIPIO DE LEGALIDAD Y EFICACIA EN LAS LEYES DE PROCEDIMIENTO ADMINISTRATIVO DE AMÉRICA LATINA (1998)

Esta Sección Séptima de este primer Libro es el texto de la Ponencia elaborada para las *IV Jornadas Internacionales de Derecho Administrativo Allan Randolph Brewer-Carías,* celebradas en Caracas entre los días 9 al 12 noviembre de 1998, organizadas por la Fundación de Estudios de Derecho Administrativo, sobre "Los principios de legalidad y eficacia en las leyes de Procedimientos Administrativos en América Latina," publicada en *IV Jornadas Internacionales de Derecho Administrativo Allan Randolph Brewer-Carías,* Caracas 9-12 noviembre de 1998, FUNEDA, Caracas 1998, pp. 21-90.

I. EL PROCEDIMIENTO ADMINISTRATIVO Y SU CODIFICACIÓN

1. La codificación del procedimiento administrativo

Si hay algo que ha caracterizado al Derecho Administrativo en América Latina durante los últimos treinta años, ha sido su codificación, particularmente plasmada en la codificación del procedimiento administrativo en general. Este proceso se inicia en Argentina donde, después de algunas regulaciones provinciales, se sancionó la primera de las leyes sobre procedimientos administrativos que se han dictado en América Latina, la *Ley de Procedimientos Administrativos*, N° 19.549 de 1972.

Luego siguió un Decreto con fuerza de ley, dictado en Uruguay en 1973, el Decreto 640/973 sobre procedimientos administrativos, sustituido por el Decreto 500/991 de 1991, sobre *Normas Generales de actuación administrativa y regulación del Procedimiento en la Administración Central*, actualmente en vigencia.

Un lustro después se sancionó la *Ley General de la Administración Pública* de Costa Rica, de 1978, la cual no sólo regula el procedimiento administrativo, sino que materialmente constituye un Manual de Derecho Administrativo redactado en forma de artículos. En ellos se encuentra regulado todo el Derecho Administrativo como si se tratara del desarrollo de un programa de un curso de esta disciplina, expuesto en un muy hermoso y rico texto. Esta Ley fue elaborada, entre otros, por mi recordado amigo el Profesor Eduardo Ortíz Ortíz, quien dejó en ella una obra importante. Es un ejemplo claro de la codificación, no ya del procedimiento administrativo, sino de todo el Derecho Administrativo.

Posteriormente siguió la *Ley Orgánica de Procedimientos Administrativos de Venezuela*, de 1981; y unos años más tarde, en 1984, se produjo la reforma del *Código Contencioso Administrativo* de Colombia, en la cual se incorporó a dicho instrumento, un nuevo Libro sobre "Procedimientos Administrativos".

Luego de un período de diez años, se dictó la última de las leyes nacionales sobre procedimientos administrativos, la *Ley Federal* de *Procedimientos Administrativos* de México, de 1994.

Este proceso de codificación del procedimiento administrativo en América Latina, puede decirse que concluye con el *Reglamento de Procedimientos Administrativos de la Secretaría General de la Comunidad Andina*, de 1997, en el cual se recogen todos los principios generales desarrollados por las legislaciones nacionales.

Como ha sido la característica de la evolución del derecho administrativo, este conjunto de leyes, evidentemente, siempre ha tenido en cada país, como antecedente, un conjunto de disposiciones reglamentarias, incluso como normativa general, como es el caso de Uruguay. En este sentido también debe mencionarse como otro antecedente reglamentario, el denominado *Reglamento Supremo de Normas de Procedimiento Administrativo* de Perú, de 1967. En principio, puede decirse que este es el cuerpo normativo más antiguo sobre el tema en América Latina, pero por su rango reglamentario y aplicación supletoria, sólo cuando las leyes u otros reglamentos especiales no se opusieran a su contenido, no ha tenido una efectiva aplicación y, por tanto, ha tenido poca influencia en la formación del Derecho Administrativo en Perú.

Estos comentarios sobre los principios del procedimiento administrativo en América Latina, por ello, los vamos a concentrar a los siete textos normativos anteriormente mencionados, los cuales tienen como rasgo común, la influencia de la legislación española a través de las ya derogadas Ley de Régimen Jurídico de la Administración del Estado de 1957 y Ley de Procedimientos Administrativos de 1958. Estos textos, sustituidos en España por la Ley 30/1992 de Régimen Jurídico de las Administraciones Públicas y del Procedimiento Administrativo Común, en una forma u otra influyeron toda la legislación de América Latina, en algunos casos más directamente como, por ejemplo, en el caso de la Ley Orgánica de Procedimientos Administrativos venezolana de 1981.

Otro rasgo común de este conjunto normativo es el de abarcar todo el proceso de producción de las decisiones administrativas, lo que origina una carga muy importante de regulación en relación con el acto administrativo. Así, puede considerarse que casi todas estas leyes constituyen, básicamente, leyes sobre el régimen jurídico del acto administrativo.

En todo caso, estas regulaciones legales han tenido una importancia enorme en toda América Latina, pues han contribuido al desarrollo definitivo del Derecho Administrativo formal, al punto de que podría decirse que el Derecho Administrativo en nuestros países se divide en dos etapas: antes y después de la Ley de Procedimientos Administrativos. Así ocurrió también en España, donde el Derecho Administrativo también puede dividirse en las mismas dos etapas: antes y después de la Ley de Régimen Jurídico de la Administración y de la Ley de Procedimientos Administrativos. No hay duda que ha sido mediante la positivización de los principios generales del Derecho Administrativo, que se ha contribuido al desarrollo de nuestra disciplina y, sin duda, al afianzamiento del Principio de la Legalidad.

2. La motivación de las leyes de procedimientos administrativos

En todos los países de América Latina, la motivación de cuerpos normativos de esta naturaleza reguladoras del procedimiento administrativo y de los actos administrativos, ha sido, en *primer lugar*, el establecimiento de un régimen de la acción de la Administración, para la producción de sus actos administrativos y, en *segundo lugar*, la previsión de un régimen de garantía de los particulares frente a la Administración. Estas leyes reflejan, por ello, la lucha permanente del propio derecho administrativo, dirigida a la búsqueda de un balance o desbalance entre los privilegios de la Administración y los derechos de los particulares. Estas leyes constituyen, por supuesto, una suerte de equilibrio, normando la actividad de la Administración y buscando la garantía de los particulares.

Esto se refleja, por ejemplo, en los considerandos del Decreto 500/991 de Uruguay, donde se precisa la motivación de todo su conjunto normativo; al establecer que el texto tiene:

> "el mérito de poner especial énfasis en los principios generales de conformidad con los cuales debe actuar la Administración a fin de servir con objetividad los *intereses generales* con sometimiento pleno al Derecho y para mejor tutelar los *derechos e intereses legítimos* de los administrados."

De ello resulta este rasgo común de las regulaciones sobre procedimientos administrativos, de buscar, a la vez, servir con objetividad los intereses generales y, además, tutelar los derechos de los particulares.

Pero hay otra motivación general de las leyes de procedimientos administrativos, y es asegurar la realización de la actuación de la Administración en sus relaciones con los particulares, con el menor formalismo posible. Por ello, en los mismos Considerandos del Decreto uruguayo se señala, también, como motivo del mismo, el:

> "Agilizar y dar flexibilidad al procedimiento evitando la realización o exigencias de trámites, formulismos o recaudos innecesarios o arbitrarios que compliquen o dificulten su desenvolvimiento".

Este, que es un principio fundamental que muchas leyes tienden a garantizar, bien sabemos que en la práctica no se ha logrado concretar, siempre surgiendo en general entre el funcionario o la Administración, que tiene el poder y que lo usa, y el particular que se enfrenta al poder, una tensión que, en general, no resuelve a favor del administrado, quien no siempre tiene los mecanismos para poder exigir realmente que se apliquen estos elementos de flexibilidad, de reducción del formalismo y de eliminación de trámites innecesarios. Al no existir un efectivo instrumento de protección, como sucede en muchos países, con frecuencia el funcionario utiliza estos mecanismos para imponerle al particular, en definitiva, la voluntad de la Administración.

Un ejemplo de ello deriva de la tensión permanente que existe en nuestras Administraciones entre el Principio de la Publicidad y el Principio del Secreto: para el funcionario, en general, todo es secreto y reservado; en cambio, el particular tiende a que se le permita tener acceso a los documentos de la Administración. Por ello, en muchos países se han venido haciendo esfuerzos para abrir el acceso de los particulares a los archivos y a los recaudos de la Administración.

3. La enumeración de los principios del procedimiento administrativo en las leyes latinoamericanas

Otra característica del procedimiento administrativo en América Latina es la de la enumeración, en la propia legislación, de los principios que deben guiar el procedimiento administrativo. Por ello, el tema de los principios del procedimiento, no es un tema teórico de sola elaboración doctrinal, sino que deriva de su enumeración y desarrollo expreso en los textos normativos.

Salvo el caso de Costa Rica, en cuyo texto normativo no hay un artículo específico destinado a enumerar los principios, en el resto de la legislación latinoamericana las leyes destinan expresamente normas relativas a la materia de los principios. Como ejemplo se destaca la Ley argentina, cuyo artículo 1.b expresamente señala que los principios por los cuales se debe regir el procedimiento administrativo son los de la *"celeridad, economía, sencillez y eficacia en los trámites"*; enumeración que se va repitiendo en todas las leyes.

En el caso de Venezuela, por ejemplo, la Ley Orgánica, además de los principios de celeridad, economía, sencillez y eficacia, agrega el principio de *imparcialidad* (art. 30).

En el Código de Colombia, además de todos estos principios, se agregan otros como los de: *publicidad, contradicción* y *conformidad* con el propio *Código* (art. 3), es decir, el principio de legalidad objetiva. En La Ley Federal de México, se sigue la orientación del texto colombiano, agregándose a la enumeración el principio de la *buena fe* (art. 13).

Hay otros textos, como el Decreto del Uruguay, donde la enunciación de los principios es muy extensa y comprensiva, como resulta del texto siguiente:

> "*Artículo* 2. La Administración debe servir con objetividad los intereses generales, con sometimiento pleno al derecho, y debe actuar de acuerdo a los siguientes principios generales:
>
> a) imparcialidad,
>
> b) legalidad objetiva,
>
> c) impulsión de oficio,
>
> d) verdad material,
>
> e) economía, celeridad y eficacia,

f) informalismo en favor del administrado,

g) flexibilidad, materialidad y ausencia de ritualismos,

h) delegación material,

i) debido procedimiento,

j) contradicción,

k) buena fe, lealtad y presunción de verdad salvo prueba en contrario,

l) motivación de la decisión; y

m) gratuidad."

Estos principios, además, señala el mismo artículo, deben servir como criterio *interpretativo* para resolver las cuestiones que puedan suscitarse en la aplicación de las reglas de procedimiento. Una enumeración extensísima de principios de esta naturaleza, sin duda, tiene la ventaja de permitir al Juez contencioso-administrativo ejercer un control más efectivo de la acción administrativa.

Pero mucho más importante que la enumeración de los principios, es lo que debe destacarse en el caso del Código colombiano, en el cual se va más lejos pues no se queda en una enumeración sino que define el contenido de estos principios orientadores del procedimiento. Esta orientación la sigue el Reglamento sobre procedimientos administrativos de la Secretaría General de la Comunidad Andina.

Por ejemplo, en el caso del Principio de *Economía*, el Código colombiano, en su artículo 3, señala:

> "En virtud del principio de economía, se tendrá en cuenta que las normas de procedimiento se utilicen para agilizar las decisiones, que los procedimientos se adelanten en el menor tiempo, y con la menor cantidad de gastos de quienes intervengan en ellos, que no se exijan más documentos y copias que los estrictamente necesarios, ni autenticaciones, ni notas de presentación personal sino cuando la ley lo ordene en forma expresa."

Al referirse al Principio de *Celeridad*, el mismo artículo del Código colombiano señala que:

> "....en virtud del principio de celeridad las autoridades tendrán el impulso oficioso de los procedimientos, suprimirán los trámites innecesarios, utilizarán formularios para actuaciones en serie cuando la naturaleza de ellas lo haga posible y sin que ello releve a las autoridades de la obligación de considerar todos los argumentos y pruebas de los interesados. "

Por último, cuando se refiere al principio de la *Eficacia*, la norma del Código colombiano señala que en virtud del mismo

> "...se tendrá en cuenta que los procedimientos deben lograr su finalidad, removiendo de oficio los obstáculos puramente formales y evitando decisiones inhibitorias."

En estos casos, sin duda, al precisarse el contenido de los principios existe una mayor riqueza de elementos que puedan permitir al Juez contencioso-administrativo un mayor control sobre la actuación de la Administración.

Todo este conjunto de normas nacionales relativas a la enumeración de los principios del procedimiento administrativo y de desarrollo de su contenido, son precisamente los que influyeron en la sanción del Reglamento de procedimientos administrativos que ahora rige para la Secretaría General de la Comunidad Andina, en el cual se expresa que:

"*Artículo* 5. En los procedimientos que se sigan ante la Secretaría General, ésta se regirá por los principios de *legalidad,* economía procesal, celeridad, eficacia, igualdad de trato a las partes, transparencia, uso de procedimientos y formalidades para lograr el cumplimiento de los objetivos de la norma y racionalización de la actividad administrativa."

Ahora bien, este conjunto de principios, a través de los cuales puede realizarse un análisis comparativo de todas las leyes de procedimientos administrativos existentes en América Latina, pueden agruparse en siete grandes temas relativos a:

I. *El Principio de la Legalidad,* en el cual se incorporan el principio del sometimiento al derecho y paralelismo de las formas, el principio de la jerarquía y el régimen de la discrecionalidad.

II. *El Principio de la Eficacia,* el cual, a su vez, agrupa un conjunto de principios como el principio de la instrumentalidad, el principio de la economía procesal, el principio del informalismo, el principio *favor acti,* el principio *conservatio acti* o de la finalidad, el principio de la presunción de legalidad, el principio *pro actione* y el principio de la caducidad.

III. *El Principio de la Participación,* que informa todo lo relativo al derecho de petición, al principio de la legitimación, al principio de igualdad y al principio de la publicidad.

IV. *El Principio de la Oficialidad,* donde se incluyen el principio inquisitivo, el principio de la objetividad, el principio de la imparcialidad y de la transparencia, el principio de celeridad y el principio ejecutivo.

V. *Los Principios sobre el Acto Administrativo,* relativos al régimen de los requisitos de legalidad y de las nulidades.

VI. *El Principio del Debido Proceso,* que comprende el principio del contradictorio, el derecho a la defensa, el principio de gratuidad, el principio de motivación, y los principios de confianza legítima, de la buena fe, de la lealtad y de verdad material.

VII. *Los principios relativos a los Recursos Administrativos,* tema que tiene carga importante en el régimen de los procedimientos administrativos, al punto de que puede decirse que las primeras leyes que regularon estos temas en América Latina, fueron las referidas a los recursos administrativos, tanto en las leyes especiales como en forma general. Como ejemplo, en los años treinta en Argentina se reguló legislativamente al Recurso Jerárquico, siendo sin duda, los Decretos y Leyes relativos al mismo el antecedente de los primeros cuerpos normativos relativos al procedimiento administrativo.

Ahora bien, antes de los años setenta, cuando comienzan a dictarse las leyes generales sobre procedimientos administrativos, todos estos principios fueron construyéndose por obra del Juez contencioso-administrativo, sin texto normativo expreso. Por ello es que el derecho administrativo en América Latina lo podemos dividir en esas dos etapas mencionadas: antes y después de las leyes que regularon todos esos principios que había ido creando la jurisprudencia. A medida que estos principios se han ido estableciendo en texto expreso, se han reforzado los instrumentos que le permiten al Juez ir ejerciendo el control de legalidad, y la doctrina y la jurisprudencia han sido catapultadas. Por ejemplo, encontrar en el Decreto uruguayo la enumeración del principio de la *Buena Fe* de forma expresa (art.2.k) puede considerarse como una revolución, porque en algunas Administraciones, lamentablemente, lo que el funcionario busca normalmente es la manera de obstaculizar al particular, y el particular, a su vez, la manera de engañar a la Administración.

El principio de la Buena Fe, al contrario, tiene que ser el instrumento que pueda permitir al particular confiar en la Administración y en el funcionario, y viceversa. En consecuencia, encontrar este principio expresamente consagrado en el derecho positivo, como es el caso de Uruguay, le permite al Juez poder controlar más la actuación de la Administración. No hay que olvidar que en Europa y particularmente en España, derivado del principio de la *confianza legítima*, que es uno de los principios contemporáneos desarrollados por el derecho alemán y el derecho de la Comunidad Europea, se han venido desarrollando nuevos mecanismos para regular la actividad de la Administración en relación con los particulares y respecto de la relación jurídica que surge siempre entre ambos. Encontrar este principio, no ya derivado de la jurisprudencia, sino en el derecho positivo, sin duda, puede permitir un avance y un enriquecimiento posterior de gran importancia en nuestra disciplina.

Por lo tanto, el enunciado y definición de los principios en el derecho positivo, permite un mayor control por parte del Juez, que el que podía ejercer con el solo enunciado jurisprudencial. En definitiva, más beneficios origina la positivización de los principios que la sola elaboración jurisprudencial.

Ahora bien, a los efectos de estas IV Jornadas Internacionales de Derecho Administrativo de Caracas, de 1998, relativas al tema del procedimiento y la relación jurídico-administrativa, hemos querido presentar estas reflexiones sobre los dos primeros principios del procedimiento administrativo en las leyes de los países latinoamericanos: los principios de legalidad y eficacia.

II. EL PRINCIPIO DE LA LEGALIDAD

Todo el conjunto normativo conformado por las leyes de procedimientos administrativos, sin duda, tiende, a la vez, a reforzar el principio de legalidad como sometimiento de la Administración al derecho y a garantizar la posición de los particulares frente a la Administración.

Por ello, en todas las leyes de procedimientos administrativos, se refuerza el principio de legalidad como exigencia de sometimiento de la Administración a la totalidad de las fuentes del derecho; tema que se puede estudiar desglosándolo en tres principios fundamentales: el principio del sometimiento de la Administración al derecho; el principio de la Jerarquía, que por vía interpretativa de las leyes permite afianzar la legalidad y, por último, el principio de los límites a la discrecionalidad, es decir, la reducción de la arbitrariedad que también encuentra consagración positiva.

1. El principio del sometimiento de la Administración al derecho (la totalidad de las fuentes)

El sólo hecho de que se dicte una Ley de Procedimientos Administrativos es un enunciado formal de que la Administración tiene que someterse al derecho y, a su vez, de que ese sometimiento puede ser objeto de control por los tribunales contencioso-administrativos y, en general, por la justicia administrativa. Se trata, nada más ni nada menos que de uno de los signos de afianzamiento del Estado de Derecho.

Ahora bien, ese sometimiento al derecho, como principio del Estado de Derecho, tiene diverso alcance según los órganos del Estado y los diversos actos estatales. Por ejemplo, las leyes dictadas por el Congreso o Parlamento y los "*interna corporis*", son actos sólo sometidos a la Constitución en cuanto que se dictan en ejecución de la misma; asimismo, los llamados "actos de gobierno" del Ejecutivo, son también actos de ejecución directa de la Constitución, por lo que el sometimiento al derecho de dichos actos es lo que la Constitución establezca. En esos casos, no puede ni siquiera haber una ley interpuesta entre la Constitución y un *interna corporis* o un acto de gobierno, por lo cual el ámbito de derecho aplicable depende del acto y del órgano que lo dicta y en qué condiciones se emanan en relación con la Constitución.

En cuanto a la actividad administrativa, ésta, por supuesto, no sólo está sometida a la Constitución sino también a las otras fuentes del ordenamiento jurídico, incluso a las fuentes no escritas; de allí la importancia de los Principios Generales del Derecho Administrativo que han guiado la elaboración de las leyes de procedimientos administrativos, constituidos a través de la aplicación jurisprudencial, que ha concluido con la positivización de aquellos principios.

Ahora bien, en cuanto al sometimiento de la Administración al Principio de Legalidad, al analizar las leyes de procedimientos administrativos se constata que ya no se trata sólo de un principio general del ordenamiento sino que tiene expresión formal en los textos. Uno de estos enunciados está, por ejemplo, en el Reglamento de la Comunidad Andina, al disponer su artículo 5°:

> "En virtud del *principio de la legalidad*, la Secretaría deberá someterse en su actuación a las normas del ordenamiento jurídico de la Comunidad."

Y el artículo 8 del Reglamento agrega que:

> "Las Resoluciones de la Secretaría General deberán ajustarse a lo establecido en el Acuerdo de Cartagena, en el Tratado de Creación del Tribunal de Justicia del Acuerdo de Cartagena, y en las Decisiones de la Comisión de la Comunidad Andina y del Consejo Andino de Ministros de Relaciones Exteriores".

Se refiere la norma, por supuesto, a todo el conjunto de normas que configuran el ordenamiento jurídico de la Comunidad, como lo define el Tratado de creación del Tribunal de Justicia del Acuerdo de Cartagena.

Otras leyes nacionales también enuncian este principio en forma expresa. Por ejemplo, la Ley General de Costa Rica señala que: "la Administración Pública actuará sometida al ordenamiento jurídico... (art. 11)"; agregando otro artículo (art. 13), que:

> "La Administración estará sujeta, en general, a todas las normas escritas y no escritas del ordenamiento administrativo y al derecho privado supletorio del mismo, sin poder derogarlos ni desaplicarlos para casos concretos."

La Ley General costarricense es enormemente rica al consagrar, en su propio texto, la sujeción de la Administración no sólo a la ley escrita sino también a las normas no escritas del ordenamiento. Incluso, dicha Ley llega a enumerar expresamente la jerarquía de las fuentes, así:

> "*Artículo* 6.1. La jerarquía de las fuentes del ordenamiento jurídico administrativo se sujetará al siguiente orden:

a) La Constitución Política;

b) Los Tratados internacionales y las normas de la Comunidad Centroamericana;

c) Leyes y los demás actos con valor de ley;

d) Los decretos del Poder Ejecutivo que reglamentan las leyes;

e) Los demás reglamentos del Poder Ejecutivo, los estatutos y los reglamentos de los entes descentralizados;

f) Las demás normas subordinadas a los reglamentos, centrales y descentralizadas."

Además, en la Ley General se enumeran las fuentes no escritas: "la costumbre, la jurisprudencia y los principios generales del derecho", las que deben servir "para interpretar, integrar y delimitar el campo de aplicación del ordenamiento escrito y tendrán el rango de la norma que interpretan, integran o delimitan" (art. 7).

Y para completar la positivización del principio de la legalidad el artículo 8 agrega este enunciado:

> "El ordenamiento administrativo se entenderá integrado por las fuentes no escritas necesarias para garantizar un equilibrio entre la eficiencia de la Administración y la dignidad, la libertad y los otros derechos fundamentales."

Con ello, el enunciado del principio del necesario equilibrio entre el Poder de la Administración (la eficiencia de la Administración) y los derechos de los particulares, también encuentra consagración en el derecho positivo.

Aparte de esto, la Ley costarricense señala otros principios a los cuales queda sometida la Administración, como los relativos a los servicios públicos, al decir que (art. 4):

> "La actividad de los entes públicos deberá estar sujeta también en su conjunto a los principios fundamentales del servicio público, para asegurar su continuidad, su eficiencia, su adaptación a todo cambio en el régimen legal o en la necesidad sobre que satisfacen y la igualdad en el trato de los destinatarios, usuarios o beneficiarios."

Ahora bien, este principio del sometimiento de la Administración al derecho encuentra, en este conjunto de leyes, una consagración expresa en tres aspectos que hay que destacar: en *primer lugar*, en el carácter siempre sublegal de la actividad de la Administración y del acto administrativo; en *segundo lugar*, en la regulación misma del régimen de los procedimientos, que tiene carácter obligatorio, proscribiéndose las vías de hecho; y, en *tercer lugar*, aún cuando no haya regulación general del procedimiento, en la importancia del principio del paralelismo de las formas como un elemento que debe guiar la actuación de la Administración.

A. El carácter sublegal de la actividad administrativa

a. *El sometimiento a la Ley*

Toda actividad administrativa es de carácter y rango sublegal; por lo que, con ello, el acto administrativo se distingue del acto de gobierno del Ejecutivo y de los actos del Parlamento, que sean de rango legal, dictados en ejecución directa de la Constitución y sometidos, por tanto, al sólo control de la jurisdicción constitucional. En cambio los actos administrativos están sometidos al control de la conformidad con el derecho que ejercen los tribunales de la jurisdicción contencioso administrativa.

Ahora bien, el tema del carácter sublegal de la actividad administrativa es el que conduce al elemental principio del sometimiento o sujeción de la Administración a la Ley, con la particularidad de que en América Latina se plantea un esquema de relaciones entre la ley y el acto normativo de la Administración (reglamento) distinto al que, por ejemplo, se produce en Francia.

En efecto, puede decirse con carácter general, que en América Latina no hay áreas normativas reservadas a la Administración. La función normativa por excelencia corresponde al Legislador, órgano que tiene la posibilidad de ejercer sin límite su potestad normativa. Por tanto, el principio del derecho francés de que existen áreas reservadas al Poder Ejecutivo para ser reglamentadas, que limitan la potestad reguladora del Legislador, no existe en América Latina. Al contrario, en nuestros países la potestad normativa del Legislador, en principio, es ilimitada, por lo que puede regular y normar todo dentro del marco de la Constitución.

Es decir, la competencia normal normativa corresponde al Parlamento, no habiendo áreas reservadas al reglamento; al contrario, lo que sí puede haber y existen, son áreas reservadas al Legislador que configuran la reserva legal, como limitación a la potestad reglamentaria.

En consecuencia, el primer principio que deriva del carácter sublegal de la actividad administrativa es el del respeto a la Ley; cuyo antecedente normativo, en todo caso, puede encontrarse en la legislación española, específicamente en la Ley de Procedimientos Administrativos de 1957, que estableció el principio de que "la Administración no podrá dictar disposiciones contrarias a las leyes..." (art. 57).

b. *Respeto a la reserva legal*

De lo anterior resulta, como se dijo, que no hay áreas de regulación normativa reservadas al Reglamento, que siempre está sometido y subordinado a la ley; pero, en cambio, hay áreas que están reservadas al Legislador, que implican una limitación a la potestad reglamentaria y al acto administrativo normativo. Estas áreas de la reserva legal derivan de principios constitucionales o de normas expresas de la Constitución.

En este sentido, no es infrecuente encontrar en la Constitución reservas legislativas expresas, por ejemplo, en materia de organización administrativa, como sucede en el caso venezolano, cuya Constitución precisa que "la Ley determinará la organización y funcionamiento de la Contraloría General de la República (art. 234); o que "la organización de los Municipios y demás entidades locales se regirá... por las normas que para desarrollar los principios constitucionales y por las disposiciones constitucionales establezcan las leyes orgánicas nacionales y las disposiciones legales que en conformidad con aquellas dicten los Estados" (art. 26). Por lo tanto, en materia de organización, en estos casos, es la Constitución la que expresamente establece las reservas legales.

En otros casos, la reserva legal deriva de principios constitucionales, que comienzan a encontrar su expresión positiva en leyes. En efecto, las áreas reservadas al legislador y que implican un límite a la potestad reglamentaria normativa, derivan de tres principios constitucionales clásicos: El régimen de los derechos y garantías constitucionales, es decir, la limitación de los derechos constitucionales; el establecimiento de sanciones e infracciones; y el establecimiento de tributos y contribuciones; todas áreas de regulación reservadas al Legislador.

Estos principios, si bien se han ido construyendo por la jurisprudencia, es decir, tanto por el juez administrativo como por el juez constitucional, ahora comienzan a encontrar su expresión concreta en textos normativos, como las leyes de procedimientos administrativos.

Por ejemplo, en cuanto al régimen de derechos y garantías, la Ley General de la Administración de Costa Rica establece que: "el régimen jurídico de los derechos constitucionales está reservado a la ley." (art. 19,1). En el caso de Venezuela, la Ley Orgánica de Procedimientos Administrativos establece que:

> "Ningún acto administrativo podrá crear sanciones, ni modificar las que hubieran sido establecidas en las leyes, crear impuestos u otras contribuciones de derecho públicos, salvo dentro de los límites determinados por la Ley." (art. 10)

En esta forma, se estableció la reserva legal en materia de sanciones e infracciones.

En sentido similar, la Ley General de la Administración Pública de costa Rica dispone que (art. 124):

> "Los Reglamentos, circulares, instrucciones y demás disposiciones administrativas de carácter general no podrán establecer ni imponer penas, exacciones, tasas, multas ni otras cargas similares."

Encontramos así, en la legislación de Costa Rica, los tres principios constitucionales sobre reserva legal consagrados en forma expresa en la Ley General: el régimen de los derechos constitucionales, el régimen de las sanciones e infracciones, y el régimen de los tributos o exacciones, que sólo pueden establecerse por ley.

B. La regulación del procedimiento mismo

a. *Ámbito de aplicación*

Otro signo del desarrollo del principio del sometimiento de la Administración al derecho, es el hecho de la regulación formal expresa del procedimiento mismo, lo que lleva a un cuerpo de enunciados sobre el ámbito de aplicación de estas leyes, que conducen a su obligatoria aplicación y acatamiento.

a'. Principio de la generalidad

El principio fundamental que rige en esta materia, por tanto, es el de la generalidad, es decir, dictada una ley de procedimientos administrativos, ésta establece un régimen básico, común (de allí la nueva denominación de la ley española: Ley de Régimen Común) o general que se aplica a toda la Administración Pública, salvo excepciones siempre expresas.

Por supuesto, hablar de la Administración Pública exige precisar si ésta se define desde el punto de vista orgánico o funcional. Puede decirse que en general, en las leyes de procedimientos administrativos se adopta para definir su ámbito de aplicación, un criterio orgánico, siendo la excepción la definición de dicho ámbito de la aplicación mediante criterio funcional.

Esta excepción se da en el caso de Colombia, cuyo Código Contencioso-Administrativo, en el libro sobre Procedimientos Administrativos, prescribe que sus normas se aplican al *ejercicio de la función administrativa*, sea cual sea el órgano o entidad que la ejerza.

En el artículo 1° del Libro Primero del Código, en efecto, al establecerse el ámbito de aplicación del Código y luego enumerarse a los órganos de todas las ramas del Poder Público, las entidades descentralizadas, los órganos desconcentrados de rango constitucional y las entidades privadas a las cuales se aplica, se precisa que rige "cuando unos y otros cumplan funciones administrativas."

Por ello, la definición del ámbito de aplicación del Código de Colombia es funcional, sea quien sea que ejerza la función administrativa se rige por sus normas, sea un órgano del Congreso, de la Administración, o las entidades particulares cuando dictan actos administrativos.

Pero, como se dijo antes, esta definición es excepcional, ya que el ámbito de aplicación de las leyes de procedimientos administrativos en el resto de Latinoamérica es de carácter orgánico. Normalmente se aplican a la Administración Pública Centralizada (Venezuela, Uruguay, México y Argentina); y en algunos casos se extiende a la Administración Pública Descentralizada funcionalmente (Venezuela y Argentina).

b'. Principio de extensión

Ahora bien, una consecuencia del régimen de la definición orgánica para precisar el ámbito de aplicación de las leyes de procedimientos administrativos, es la previsión en su texto, de la posibilidad de extensión de su aplicación a otros órganos no comprendidos en dicho ámbito, como norma supletoria, siempre que la regulación sea aplicable.

En aquellos países de régimen federal, por ejemplo, Argentina, México y Venezuela, la distribución territorial del Poder Público en forma vertical, hace que los niveles estadales y municipales tengan su autonomía, inclusive para regular los procedimientos administrativos, no existiendo una sola y general ley nacional de procedimientos administrativos. Por ello, en México, la Ley se denomina "Ley Federal" de procedimientos administrativos, que es distinta a las leyes de cada uno de los Estados de la Federación o del Distrito Federal, sobre procedimientos administrativos. En el caso argentino, la ley nacional de procedimientos administrativos es distinta a las leyes provinciales sobre procedimientos administrativos, las cuales, incluso, históricamente son anteriores a la ley nacional.

En el caso de Venezuela sucede lo mismo: siendo la forma del Estado la de un Estado federal, la Ley Orgánica de Procedimientos Administrativos no se aplica a los Estados y Municipios. Sin embargo, por el principio de la Extensión, en Venezuela, la propia Ley Orgánica nacional señala que las disposiciones de la misma se aplican a los Estados y Municipios, "en cuanto les sea aplicable". En esta forma, a través de este Principio de la Extensión se permite, a nivel de los principios del procedimiento, controlar la legalidad de la actuación de los Estados y los Municipios, haya esto dictado o no sus propias leyes u ordenanzas sobre procedimientos administrativos.

En Venezuela incluso, el Principio de Extensión conduce a prever la aplicabilidad de la Ley Orgánica a las Administraciones Públicas funcionalmente Autónomas de rango constitucional, como la Contraloría General de la República y el Ministerio Público. Son entidades que no están subordinadas a ninguno de los órganos de los tres clásicos poderes del Estado, con autonomía incluso para dictar sus normas de procedimientos. Sin embargo, la Ley Orgánica venezolana extiende su aplicación a dichas entidades, también, en cuanto su normativa les sea aplicable.

c'. Los procedimientos excluidos

Ahora bien, como excepción al Principio de la Generalidad, las leyes de procedimientos administrativos, en general, establecen excepciones expresas y precisas respecto de su aplicabilidad a determinados procedimientos. En Venezuela, por ejemplo, quedan excluidos de la aplicación de la Ley de Procedimientos Administrativos, "los procedimientos concernientes a la seguridad y defensa del Estado" (art. 106).

En otro sentido, el Código colombiano precisa que sus normas:

> "no se aplicarán a los procedimientos militares o de policía que por su naturaleza, requieren decisiones de aplicación inmediata, para evitar o remediar una perturbación de orden público en los aspectos de defensa nacional, seguridad, tranquilidad, salubridad y circulación de personas y coas." (art. 1).

En Argentina, en estas materias, la Ley de Procedimientos autoriza al Poder Ejecutivo para dictar el procedimiento administrativo que regirá respecto de los organismos militares y de defensa y seguridad, a propuesta de éstos, adoptando los principios básicos de la presente Ley y su reglamento. (art. 2).

Por otra parte, en Colombia también se excluyen de la aplicación del Código, los procedimientos "para ejercer la facultad de libre nombramiento y remoción" (art. 1).

En México, la Ley Federal establece una amplia exclusión al disponer que la misma:

> "no será aplicable a las materias de carácter fiscal, financiero, responsabilidades de los servidores públicos, electoral, competencia económica, justicia agraria y laboral, así como al Ministerio Público en ejercicio de sus funciones constitucionales". (art. 1)

b. *Los procedimientos especiales y el Principio de Supletoriedad*

Otro principio derivado de la regulación del procedimiento es el Principio de Supletoriedad derivado del régimen de los procedimientos especiales.

En todas las leyes de procedimientos administrativos se señala que puede haber procedimientos especiales que se pueden regular, en cuyo caso rige el principio de la especialidad, pero paralelamente con el principio de la supletoriedad, en el sentido de que para estos procedimientos especiales se aplica el régimen general de la Ley, en que todo lo no regulado en los referidos procedimientos especiales.

Es el caso del Código Colombiano, en cuyo artículo 1° se prescribe que los procedimientos administrativos regulados por leyes especiales, se regirán por éstas y en todo lo no previsto en ellas, se aplican las disposiciones del Código.

En igual sentido el régimen venezolano de la Ley Orgánica de Procedimientos Administrativos señala, que si hay procedimientos regulados en leyes especiales aquellos se aplican con preferencia al procedimiento ordinario previsto en la Ley en las materias de su especialidad.

En esta forma, el principio supletorio es un rasgo común de estas leyes de procedimientos administrativos, que también recoge la Ley mexicana (art. 2) y la Ley argentina (art. 2).

c. *El régimen supletorio del Procedimiento Civil*

Pero también podría identificarse un principio supletorio general, de aplicabilidad de normas procesales generales, pero respecto de las leyes de procedimientos administrativos, el cual, sin embargo, no tiene una regulación uniforme. Las únicas leyes de procedimientos administrativos que regulan este aspecto son las de Costa Rica y México.

La Ley General de la Administración Pública de Costa Rica, que rige los procedimientos de la Administración, precisa que en ausencia de disposición expresa de su texto se aplican "supletoriamente", en lo que fueren compatibles, las otras leyes que contengan normas procesales, que son, la Ley de la Jurisdicción Contencioso Administrativa y el Código de Procedimiento Civil (art. 229). En México, la Ley Federal también prescribe que

> "El Código Federal de Procedimiento Civil se aplicará, supletoriamente a esta Ley, en lo conducente". (art. 2)

En todo caso, este ha sido de los temas más discutidos en relación al régimen procesal administrativo. Las leyes administrativas están regidas por el principio del informalismo y el principio de la flexibilización de la acción administrativa, por lo que como principio, al procedimiento administrativo no debería aplicarse el Código de Procedimiento Civil. Como ejemplo, debe destacarse en Venezuela, el rechazo sistemático de los tribunales contencioso-administrativos en no admitir la aplicación de los principios del Código de Procedimiento Civil al campo administrativo. Por lo tanto, en general, por los principios del informalismo y antiritualismo que deben regir al procedimiento administrativo, no debe haber una aplicación supletoria de las normas procesales civiles.

En los casos de Costa Rica y de México, donde si se remite al Código de Procedimiento Civil para lo no previsto en la ley, podría identificarse una fuerte contradicción entre el antiformalismo del procedimiento administrativo y el excesivo formalismo que caracteriza las normas de procedimiento civil.

d. *El Principio de Exclusividad*

Ahora bien, regulado un procedimiento administrativo, sea en una ley especial o en una ley general de procedimientos administrativos, ese es el procedimiento que debe aplicarse exclusivamente, siendo el único válido y admisible.

Por tanto, una vez regulado un procedimiento administrativo, queda eliminado todo ámbito de discrecionalidad de la Administración en poder escoger o aplicar un procedimiento cualquiera.

Este es uno de los principios claves de la garantía de los particulares frente a la Administración, el que exclusivamente se aplique el procedimiento que regula la ley, no teniendo el funcionario poder discrecional alguno para aplicar cualquier otro procedimiento, porque si no iría en contradicción con el régimen mismo del procedimiento.

Por tanto como garantía de los particulares, se erige el Principio de Exclusividad, lo que en relación a la Administración se traduce en el Principio de Obligatoriedad.

C. La obligatoriedad del procedimiento

a. *El principio de la imperatividad*

En efecto, regulado legalmente el procedimiento, éste es de obligatoria aplicación. Así lo señala la Ley Federal mexicana, al prescribir que las disposiciones sobre procedimiento administrativo:

> "son aplicables a la actuación ante la Administración Pública Federal, así como a los actos a través de los cuales se desenvuelve la función administrativa". (art. 12)

Sin embargo, entre las leyes de procedimientos administrativos, se pueden identificar algunos supuestos en los que si bien se regula el procedimiento administrativo, el mismo podría no ser obligatorio. Es el caso, por ejemplo, de procedimientos que no afecten a los particulares; por esto el procedimiento es una garantía de los particulares, y así expresamente lo señala la ley de Costa Rica.

En efecto, conforme al artículo 308 de la Ley General establece que:

> "El procedimiento (ordinario) será de observancia obligatoria en cualquiera de los siguientes casos:
>
> a) Si el acto final puede causar perjuicio grave al administrado, sea imponiéndole obligaciones, suprimiéndole o denegándole derechos subjetivos, o por cualquier otra forma de lesión grave y directa a sus derechos o intereses legítimos; y
>
> b) Si hay contradicción o concurso de interesados frente a la Administración dentro del Expediente."
>
> Por ello, también, la Ley General de Costa Rica agrega que: "el trámite que regula esta ley, se aplicará cuando el acto final haya de producir efectos en la esfera jurídica de otras personas" (art. 215), es decir, pueda causar perjuicios o afectar a otros particulares, cuando exista contradicción o participación de los particulares.

b. *Las clases de procedimiento*

Hay que distinguir, por tanto, los tipos de procedimientos a los efectos de precisar su obligatoriedad: los que afecten a los particulares y los que no los afecten.

Por ello, si el procedimiento es de efectos internos exclusivamente respecto de la Administración, la Ley de Costa Rica prescribe que la Administración, discrecionalmente, puede regular el procedimiento. En consecuencia, la obligatoriedad es total cuando el procedimiento implique actos o acciones que vayan a afectar a los particulares: al contrario, cuando esta afectación a los particulares no existe, la Administración tiene la libertad de escoger cualquier otra modalidad de procedimiento.

Ahora bien, una excepción a la obligatoriedad, cuyo enunciado encontramos en la Ley General mexicana, se refiere a aquellos casos en que "medie una situación de emergencia o urgencia, debidamente fundada y motivada", en cuyo caso la autoridad podrá emitir el acto administrativo sin las formalidades del procedimiento, pero siempre respetando las garantías individuales (art. 61). Con lo cual, en situaciones excepcionales podría obviarse el principio de la obligatoriedad, así como también el procedimiento, y dictarse el acto sin regirse por la norma, pero siempre respetando las garantías de los particulares.

c. *El principio de la responsabilidad*

La obligatoriedad del procedimiento trae como consecuencia, en todas las leyes, la aplicación del principio de la responsabilidad; por tanto, la mora o la no aplicación del procedimiento o trámites compromete la responsabilidad tanto de la Administración (art. 6 de la Ley Orgánica venezolana) como del funcionario.

Así está expresamente regulado en la ley venezolana y en el Código colombiano. En la primera, se declara responsable al funcionario por "retardo, omisión, distorsión o incumplimiento de cualquier disposición, procedimiento, trámite o plazo" establecido en la Ley (art. 100); y en el Código de Colombia, se destina uno de los títulos del Libro Primero a la responsabilidad del funcionario por no aplicar el procedimiento administrativo en la forma legalmente prescrita. (arts. 76 a 79)

D. El principio del paralelismo de las formas

Un principio que también hay que enunciar como consecuencia de la regulación del procedimiento administrativo, es el Principio del Paralelismo de las Formas. Es decir, que regulado un procedimiento para la producción de un acto administrativo, cualquier modificación a ese acto, aun cuando no esté regulada expresamente, debe seguir las mismas formas y formalidades prescritas para el acto inicial, que deben regir la emisión del acto subsecuente.

Es un principio que puede tener una aplicación importante porque muchas veces se regula sólo la forma de emisión de un acto pero no sus modificaciones legales. El principio del paralelismo de las formas obliga a que las modificaciones también se rijan por los mismos principios que guiaron la emisión.

Es un principio que ha sido admitido por la jurisprudencia con mucha frecuencia, el cual puede conducir a nuevos ámbitos de control de la legalidad.

E. La proscripción de las vías de hecho

La consecuencia de la regulación del procedimiento y del necesario sometimiento a la ley que lo regula, es la necesidad de que la Administración, en su actuación, tenga que seguir las vías legales. La consecuencia de esto es que quedan proscritas las vías de hecho, las cuales existirían en toda actuación de la Administración que se aparte del procedimiento legalmente establecido o cuando la Administración pretenda adoptar una decisión sin que exista un acto previo que la autorice.

Este principio lo encontramos, por ejemplo, en la Ley Orgánica venezolana, en materia de ejecución de actos administrativos, al establecer que:

> "Ningún órgano de la Administración podrá realizar actos materiales que menoscaben o perturben el ejercicio de los derechos de los particulares, sin que previamente haya sido dictada la decisión que sirva de fundamento a los actos". (art. 78)

Por ello, la actuación de la Administración mediante actos materiales se considera como una vía de hecho si no tiene su fundamento de un acto administrativo formal previo de la propia Administración.

En el caso de la legislación argentina, la regulación de las "vías de hecho" es expresa al imponer a la Administración la abstención de "comportamientos que importen vías de hecho administrativas lesivas de un derecho o garantía constitucionales." (art. 9.a)

Incluso se califica de "vía de hecho" el poner en ejecución un acto administrativo cuando está pendiente algún recurso administrativo de los que impliquen efectos suspensivos respecto de la ejecución del acto; o cuando habiéndose resuelto, no hubiere sido notificado. (art. 9.b)

2. El Principio de la Jerarquía

A. La jerarquía de los actos administrativos

El segundo principio del procedimiento administrativo derivado del Principio de la Legalidad es el Principio de la Jerarquía, que también tiene su antecedente formal en la Ley española de Régimen Jurídico de la Administración del Estado, de 1957, que prescribía que "ninguna disposición administrativa podrá vulnerar los preceptos de otra de grado superior". (art. 23,1)

Esa norma fue recogida textualmente en la legislación venezolana, al establecer el artículo 13 de la Ley Orgánica que "ningún acto administrativo podrá violar lo establecido en otro de superior jerarquía". Consecuente con esta prescripción, el ordenamiento venezolano además establece el orden jerárquico de los actos administrativos, así:

> "Decretos, Resoluciones, ordenes, providencias y otras decisiones dictadas por órganos y autoridades administrativas." (art. 14)

Por lo tanto, el Principio de Jerarquía en la organización administrativa, rige en materia de legalidad, obligando al sometimiento de los actos administrativos de los órganos inferiores respecto de los dictados por los superiores, con regulación expresa en las leyes de procedimientos administrativos.

B. El principio de la inderogabilidad singular de los Reglamentos

El segundo principio derivado del Principio de la Jerarquía, es el que en España se ha llamado principio de la inderogabilidad singular de los Reglamentos, es decir, la obligación de la Administración de respetar los actos normativos cada vez que se dicte un acto individual o de efectos particulares.

No sólo se trata de que el órgano inferior respete el acto normativo dictado por el órgano superior, sino que el mismo órgano que dictó un acto normativo lo respete, al dictar un acto de efectos particulares e, incluso, que el órgano superior respete el acto normativo del inferior al dictar un acto administrativo de efectos particulares.

Este principio también tiene relación con el principio del paralelismo de las formas: el reglamento sólo puede modificarse por otro reglamento, dictado por la misma autoridad que dicto el primero, conforme al mismo procedimiento.

Dictado un acto normativo en una determinada área de competencia, ese reglamento no puede ser modificado o derogado singularmente cuando se dicte un acto individual, sea que el acto individual lo dicte un superior, sea que lo dicte el mismo órgano, sea que lo dicte un inferior.

Este principio encuentra regulación expresa en la Ley Orgánica venezolana, en cuyo artículo 13 se señala que los actos administrativos de carácter particular no pueden

> "vulnerar lo establecido en una disposición administrativa de carácter general, aún cuando fueren dictados por autoridad igual o superior a la que dictó la disposición general."

En el caso de la Ley General de Costa Rica, su artículo 13 establece:

> "La Administración estará sujeta en general a todas las normas escritas y no escritas del ordenamiento administrativo, y al derecho privado supletorio del mismo, sin poder derogarlos ni desaplicarlos para casos concretos."

> "La regla anterior se aplicará también en relación con los reglamentos, sea que provengan de otra superior o inferior competente."

En consecuencia, dictada una norma reglamentaria ésta no puede derogarse singularmente cuando se dicta un acto individual, sino que tiene que ser modificada por la misma autoridad, mediante otro acto reglamentario.

El enunciado de este principio también lo encontramos en el Reglamento de la Comunidad Andina:

> "Los actos de la Secretaría General que generen efectos particulares no podrán vulnerar lo establecido en las Resoluciones de carácter normativo." (art. 9)

C. Principios derivados de la propia jerarquía: la potestad de instrucción

Una de las consecuencias esenciales del principio jerárquico es la posibilidad que tiene el órgano superior de dar instrucciones y directrices, así como coordinar y vigilar la actuación de los órganos inferiores. Estos principios se encuentran enunciados en leyes como la de Uruguay, que da la potestad al jerarca de

> "dirigir, con carácter general, la actividad de los funcionarios en todo cuanto haya sido objeto de regulación por los órganos jerárquicos, mediante instrucciones que harán conocer a través de circulares". (art. 10)

En esta materia, la Ley General de Costa Rica trae una larga regulación sobre relaciones interorgánicas (relaciones de dirección, de jerarquía y de obediencia) que debe destacarse. En efecto, precisa que la jerarquía implica la potestad de dirección:

> "cuando dos órganos de administración activa tengan diversa competencia por razón de la materia y uno de ellos pueda ordenar la actividad del otro, imponiéndole las multas de la misma y los tipos de medios que habrá de emplear para realizarlas, dentro de una relación de confianza incompatible con órdenes, instrucciones o circulares" (art. 99).

En cuanto a la relación jerárquica, es la que existe:

> "entre superior e inferior cuando ambos desempeñan funciones de la misma naturaleza y la competencia del primero abarque la del segundo por razón del territorio y de la materia" (art. 101).
>
> A tal efecto, el superior jerárquico tiene las siguientes potestades (art. 102):

"a) Dar órdenes particulares, instrucciones o circulares sobre el modo de ejercicio de las funciones por parte del inferior, tanto en aspectos de oportunidad y conveniencia como de legalidad, sin otras restricciones que las que se establezcan expresamente;

b) Vigilar la acción del inferior para constatar su legalidad y conveniencia, y utilizar todos los medios necesarios o útiles para ese fin que no estén jurídicamente prohibidos;

c) Ejercer la potestad disciplinaria;

d) Adoptar las medidas necesarias para ajustar la conducta del inferior a la ley y a la buena administración, revocándola, anulándola o reformándola de oficio, o en virtud de recurso administrativo;

e) Delegar sus funciones y avocar las del inmediato inferior, así como sustituirlo en casos de inercia culpable, o subrogarse a él ocupando temporalmente su plaza mientras no regrese o no sea nombrado un nuevo titular, todo dentro de los límites y condiciones señalados por esta ley; y

f) Resolver los conflictos de competencia o de cualquier otra índole que se produzcan entre órganos inferiores."

D. El principio de la obediencia debida

Está, además, el *principio de la obediencia debida*, es decir, el deber de obediencia que tiene el funcionario inferior en relación al superior y el tema de la excusa debida, es decir, cuándo un funcionario no está obligado a respetar la decisión del superior.

En Venezuela es norma constitucional la que establece que no sirven de excusa, respecto de la responsabilidad de los funcionarios por la emisión de actos contrarios a los derechos constitucionales, órdenes superiores manifiestamente contrarias a la Constitución y a las leyes (art. 46), por lo que la violación de derechos constitucionales no podría justificarse por las instrucciones del órgano superior contrarias al ordenamiento.

Este tipo de normas, sin embargo, no es frecuente en las leyes de procedimientos administrativos, salvo en la Ley General de Costa Rica, la cual dice expresamente, que todo servidor público estará obligado a obedecer las órdenes particulares, instrucciones o circulares del superior, siempre que el acto provenga de un superior jerárquico, sea o no inmediato (art. 107), agregando:

> "deberá desobedecer las órdenes que contengan actos manifiestamente arbitrarios o que constituyan abuso de autoridad u otro delito o que comporten realizar actos extraños a la competencia del inferior."

En ese caso no puede haber excusa debida, y el funcionario tiene la posibilidad y el deber de no cumplir las órdenes arbitrarias.

E. Los principios de descentralización, desconcentración y coordinación

El otro elemento vinculado al Principio de la Jerarquía y a su desviación y atenuación, son los clásicos principios de la organización administrativa. En primer lugar, el Principio de la Desconcentración, mediante el cual se rompe con la jerarquía o el grado, porque al desconcentrarse una función normalmente se pone fin a la vía administrativa en el órgano donde se desconcentra la competencia y con ello se rompe el principio de jerarquía.

En segundo lugar, el Principio de Descentralización, con el cual también se rompe la jerarquía, pues la competencia sale del órgano que la tenía y se atribuye a una persona jurídica distinta, surgiendo un sujeto de derecho como entidad descentralizada funcionalmente. La descentralización puede ser también, de carácter político-territorial, como forma del Estado (federalismo, municipalismo).

En ambos casos de desconcentración y descentralización se rompe el principio de la jerarquía, con la diferencia de que en caso de descentralización funcional se crea un sujeto con personalidad jurídica, y en el caso de la desconcentración, la ruptura de la jerarquía se produce por el grado y la atribución de competencia.

En cuanto al principio de la coordinación, en realidad, es esencial al principio jerárquico, para integrar la voluntad de órganos inferiores.

3. El régimen de la discrecionalidad

Así como Adolf Merkl definía el derecho administrativo como "el derecho del procedimiento administrativo", Marcel Waline también lo definía como "el derecho relativo al poder discrecional". Esto lo que denota es la importancia que tuvo tanto el estudio del procedimiento administrativo para la Escuela Vienesa como la aproximación al estudio del poder discrecional en la doctrina francesa de hace unas décadas.

A. La reducción de la discrecionalidad: los conceptos jurídicos indeterminados

En todo caso, si algo ha caracterizado al derecho administrativo en las últimas décadas en todos nuestros países, como se enunció en aquel célebre trabajo de Eduardo García de Enterría, sobre "La lucha contra las inmunidades del poder"; es el proceso de redefinición del ámbito de la discrecionalidad, y de limitación de la misma.

Esto, puede decirse, es el signo común del Derecho Administrativo y, en particular, de las leyes de procedimientos administrativos. En algunas de las leyes de procedimientos administrativos se ha regulado el tema de la discrecionalidad, entendida como la posibilidad que da la ley al funcionario de adoptar decisiones según su apreciación de la oportunidad y conveniencia, pudiendo normalmente adoptar varias decisiones que de acuerdo a la apreciación de los hechos y a la finalidad de la norma, todas, si se aplican, podrían ser justas.

El esfuerzo de la doctrina y la jurisprudencia de las últimas décadas ha consistido en deslastrar a los funcionarios de ciertas áreas de actuación que antes se consideraban como parte del poder discrecional y que progresivamente se han ido eliminando de dicho ámbito, como es el caso del tema de los "conceptos jurídicos indeterminados", derivados de la doctrina alemana y bastante desarrollado por la doctrina española y que permiten sacar del ámbito de la discrecionalidad actuaciones que no lo son, que son más bien parte de la legalidad, del sometimiento estricto a la ley, y que no le dejan a la Administración la libertad de optar por varias posibilidades en su actuación, sino que, al tener la Administración una sola posibilidad justa de actuar, ya no es poder discrecional. Es lo que en Italia se ha llamado la "discrecionalidad técnica", llamada "técnica" precisamente para determinar que no es discrecionalidad porque el juicio depende de elementos técnicos, y al depender de ellos, sólo una solución y no múltiples, es viable.

Por su interés, debemos destacar la sentencia de la Sala Político Administrativa de la Corte Suprema de Justicia de Venezuela de 1983, en la que se analizó el tema de "los conceptos jurídicos indeterminados", dictada con motivo de una decisión administrativa basada en el Reglamento de Radiodifusión Audiovisual, el cual, en uno de sus artículos decía que las estaciones televisoras sólo podrán transmitir programas recreativos que contribuyeran a la sana diversión, "sin ofender la moral pública ni exaltar la violencia y el delito" (art. 1).

Con fundamento en esta norma, el Ministerio de Transporte y Comunicaciones decidió clausurar un programa de televisión denominado "Hola Juventud", diciendo que por que en determinado horario se había proyectado "una escena de una obra de Teatro en la cual se ofende la moral pública, por cuanto apareció la figura de un hombre desprovisto de vestimenta", se habría infringido en esta forma la norma antes mencionada. Se trataba de la escena de una obra de teatro brasileña que personificaba el nacimiento de un héroe mitológico indígena.

Este acto administrativo fue impugnado en la oportunidad pertinente, y la Sala Político-Administrativa de la Corte Suprema de Justicia, en fecha 19-5-83 razonó como sigue en la decisión (*Revista de Derecho Público*, Nº 34, 1988, p. 69) que dictó:

> "El presupuesto de hecho –ofensa a la moral pública– incorpora a la norma uno de aquellos elementos que la doctrina administrativa ha denominado conceptos jurídicos indeterminados, y que se diferencian claramente de las llamadas potestades discrecionales. Mientras éstas dejan al funcionario la posibilidad de escoger según su criterio una entre varias soluciones justas, no sucede lo mismo cuando se trata de la aplicación de un concepto jurídico indeterminado. Se caracterizan estos últimos por ser conceptos que resulta difícil delimitar con precisión en su enunciado, pero cuya aplicación no admite sino una sola solución justa y correcta, que no es otra que aquélla que se conforme con el espíritu, propósito y razón de la norma.
>
> La aplicación del concepto jurídico indeterminado por la Administración Pública constituye una actividad reglada y por consiguiente sujeta al control de legalidad por parte del órgano jurisdiccional competente.
>
> De allí la importancia que tiene establecer la significación y el alcance del concepto moral pública empleada por la norma y que ha sido invocada como fundamento de la Resolución impugnada..."

Luego entró la Corte a analizar el concepto de moral pública así:

> "6. La moral es el conjunto de valores que distinguen a una civilización, a un pueblo o a un individuo. El respeto y preservación de algunos de estos valores conciernen sólo al individuo y constituyen un problema de conciencia y de propia satisfacción espiritual. En cambio existen otros valores individuales cuya conservación y acatamiento son considerados necesarios por una determinada colectividad o por un pueblo. Son aquellas reglas de conducta que deben ser observadas como garantías del orden público y de la convivencia social.
>
> El empleo por la norma de la expresión moral pública, evidencia en primer lugar que lo que con ella se trata de preservar no son reglas atinentes a la moral individual, sino aquéllas cuya violación podría afectar de alguna manera el buen orden social y la pacífica convivencia de los ciudadanos.
>
> La determinación de tales reglas no puede ser el producto de la concepción individual o subjetiva de algún funcionario. Configurando una manifestación de la cultura general de un pueblo en un momento de su evolución histórica, su determinación tiene que ser el resultado de una investigación objetiva acerca de la conducta, sentimiento, opiniones y reacciones de la colectividad frente a determinados hechos.

7. La moral pública es dinámica. Cambia con el correr de los tiempos y la evolución de las costumbres. De aquí que para juzgar si una determinada actuación ofende efectivamente a la moral pública, menester es atenerse al criterio dominante en el medio social en que aquella se realizó.

En el estado actual de la evolución cultural de Venezuela, sería inexacto sostener que toda manifestación del cuerpo humano desprovisto de vestimenta que afecte a la moral pública o constituya objeto de escándalo o de repudio por parte de la colectividad."

Con este razonamiento la Corte anuló la decisión impugnada.

El tema, en todo caso, es de la reducción a la libertad de apreciación, cuando hay una sola solución es justa, aplicándose entonces la noción de conceptos jurídicos indeterminados. Otro ejemplo en esta materia es el concepto de "utilidad pública" para expropiar; o la hay o no la hay, pero no la puede haber a medias; así mismo, el "precio justo", también en materia de expropiación; o es justo o no lo es, además, hay elementos técnicos para determinarlo.

Este principio lo encontramos, consagrado en el orden positivo, en la legislación de Costa Rica al disponer, la Ley General, que la actuación de la Administración "en ningún caso podrá consistir en dictar actos contrarios a reglas unívocas de la ciencia o de la técnica" (art. 16). Se destaca, entonces, esta remisión a los principios de la ciencia y de la técnica, que no pueden violarse al dictar el acto administrativo.

B. Los límites a la discrecionalidad (proscripción de la arbitrariedad)

Por otra parte, debe destacarse en las leyes de procedimientos administrativos, el esfuerzo legislativo por establecer límites a la discrecionalidad. En tal sentido, las leyes de Venezuela y Costa Rica y el Reglamento de la Comunidad Andina establecen el principio de que en el caso de actos discrecionales siempre debe haber una adecuación a los fines de la norma y el acto debe ser proporcional a los hechos o causa que lo originen. Así, los principios de razonabilidad, justicia, equidad, igualdad, proporcionalidad y finalidad, que conforman el conjunto de límites a la discrecionalidad, pueden identificarse en algunas de estas leyes.

La Ley General de Costa Rica lo expresa así:

"*Artículo* 15. La discrecionalidad podrá darse incluso por ausencia de ley en el caso concreto, pero está sometida en todo caso a los límites que le impone el ordenamiento expresa o implícitamente, para lograr que su ejercicio sea eficiente y razonable. El juez ejercerá contralor de la legalidad sobre los aspectos reglados del actos discrecional y sobre la observancia de sus límites."

"*Artículo* 160. El acto discrecional será inválido, además, cuando viole reglas elementales de lógica, de justicia o de convivencia según lo impliquen las circunstancias de cada caso.

"*Artículo* 216. La Administración deberá adoptar sus resoluciones dentro del procedimiento con estricto apego al ordenamiento y, en caso de actuaciones discrecionales, a los límites de la racionalidad y razonabilidad implícitos en aquél."

En la misma orientación, el artículo 17 de la Ley General prescribe que

"La discrecionalidad estará limitada por los derechos del particular frente a ella, salvo texto legal en contrario".

Además, el artículo 16 de la misma Ley General prescribe que

> "En ningún caso podrán dictarse actos contrarios ...a principios elementales de justicia, lógica o convivencia. El juez podrá controlar la conformidad con estas reglas no jurídicas de los elementos discrecionales del acto, como si ejerciera contralor de legalidad".

En esta forma, en lo concerniente a los límites al principio de la discrecionalidad, estos se encuentran, en su mayoría, positivizados en la legislación costarricense.

En la Ley venezolana también se destaca este principio general de la limitación al poder discrecional así:

> "*Artículo* 12. Aún cuando una disposición legal o reglamentaria deje alguna medida o providencia a juicio de la autoridad competente, dicha medida o providencia deberá mantener la debida proporcionalidad y adecuación con el supuesto de hecho y con los fines de la norma, y cumplir los trámites, requisitos y formalidades necesarios para su validez y eficacia."

El mismo principio lo encontramos en el Código colombiano:

> "*Artículo* 36. En la medida en que el contenido de una decisión, de carácter general o particular, sea discrecional, debe ser adecuada a los fines de la norma que lo autoriza, y proporcional a los hechos que le sirven de causa."

En esta forma, los principios de proporcionalidad y finalidad los encontramos en las normas colombiana y venezolana. Adicionalmente, se han agregado los otros principios de proscripción de la arbitrariedad que se han venido enunciando por la doctrina y jurisprudencia, como son la razonabilidad, la justicia, la equidad y la igualdad, los cuales se encuentra presentes en la jurisprudencia de casi todos los países de América Latina.

En Argentina, particularmente, se encuentra muy desarrollado el principio de la razonabilidad, concepto que puede decirse se originó en ese país, tanto en materia de control de la constitucionalidad de las leyes como en materia de control de la actividad de la Administración en el ámbito del poder discrecional. Así, el tema de la razonabilidad con términos como: equivalencia, proporción, adecuación, igualdad, paridad, justa distribución, dar a cada quien lo que le corresponde, lo ha utilizado con frecuencia la jurisprudencia en Argentina y Uruguay para definir los límites a la discrecionalidad.

Es por ello que, hoy en día, estos principios ya no son sólo principios generales del derecho creados por el juez administrativo, sino que como se ha visto, comienzan a encontrar consagración positiva.

Incluso, debe señalarse que una norma similar a la colombiana y la venezolana también se ha recogido en el Reglamento sobre Procedimientos Administrativos de la Secretaría General de la Comunidad Andina, que establece que (art. 10):

> "Cuando una norma del ordenamiento de la Comunidad Andina disponga la aplicación de alguna medida por parte de la Secretaría General, dicha medida o providencia debe mantener la debida proporción con los supuestos de hecho y con los fines de la norma, y cumplir los trámites, requisitos y formalidades necesarios para su validez y eficacia."

III. EL PRINCIPIO DE LA EFICACIA

El segundo de los principios del procedimiento administrativo que todas las leyes de procedimientos administrativos de América Latina incluyen en la enumeración que hacen de los mismos, es el principio de la *eficacia.* Así sucede con las leyes Argentina (art. 1), Venezolana (art. 30), y Mexicana (art. 13), y con el Decreto de Uruguay (art. 2). Pero una definición precisa del principio de la eficacia solo se encuentra en el Código

Colombiano, como principio de interpretación del procedimiento, en los siguientes términos:

> *Artículo* 3. "En virtud del principio de *eficacia*, se tendrá en cuenta que los procedimientos deben lograr su finalidad, removiendo de oficio los obstáculos puramente formales y evitando decisiones inhibitorias. Las nulidades que resulten de vicios de procedimiento podrán sanearse en cualquier tiempo de oficio o a petición del interesado."

En esta forma, el principio de la eficacia implica el principio de la conservación, del saneamiento o de la convalidación de los actos administrativos, a los efectos de que los procedimientos puedan lograr su finalidad.

Este tema del logro del fin, en efecto, es el que siempre debe orientar el desarrollo del procedimiento. El *fin,* vinculado tanto al interés general, como al interés de la Administración y al interés del administrado. El objetivo del procedimiento administrativo, en definitiva, es la satisfacción de esos fines en el menor tiempo y con el menor costo posible.

Este principio de interpretación del procedimiento administrativo implica varios principios que las leyes latinoamericanas recogen: el Principio de la Instrumentalidad; el Principio de la Economía Procesal; el Principio de la Presunción de la legalidad y validez, es decir, el de lograr los efectos de los actos comenzando por presumir que son válidos y eficaces; el Principio *pro actione* o de la interpretación más favorable a lo solicitado, a la acción, al requerimiento, cuando se trate de procedimientos que se inicien a petición de parte; y el Principio de la Caducidad del procedimiento cuando no se cumplen las obligaciones por parte del interesado en la continuación del mismo, así como el de la prescripción de la actuación administrativa.

1. El principio de la instrumentalidad (el objeto y la finalidad del procedimiento)

El principio de la instrumentalidad exige interpretar el procedimiento administrativo no como un fin en sí mismo, sino como un instrumento o cauce para alcanzar un fin. De manera que lo que importa en la interpretación y en el tratamiento del procedimiento, es la finalidad perseguida.

Ese fin puede desdoblarse en tres aspectos que han precisado las leyes de procedimientos administrativos: Primero, el interés general; segundo, el interés del ciudadano, y tercero, el interés de la propia Administración en la relación jurídica a través de los principios de racionalización del procedimiento administrativo.

A. Al cumplimiento de la acción administrativa

El procedimiento administrativo, ante todo, tiene por objeto asegurar el cumplimiento de la acción administrativa, vinculada al logro de un interés general. Por ello, la Ley General de Costa Rica precisa que "el procedimiento administrativo servirá para asegurar el mejor cumplimiento de los fines de la Administración" (art. 214,1); agregando que "la norma administrativa deberá ser interpretada en la forma que mejor garantice la realización del fin público a que se dirige" (art. 10).

Por su parte, el Código Colombiano exige que

"los funcionarios tendrán en cuenta que la actuación administrativa tiene por objeto el cumplimiento de los cometidos estatales como lo señalan las Leyes (y) la adecuada prestación de los servicios públicos" (art. 2).

B. La protección y garantía de los derechos de los administrados

Pero además del logro de los fines propios del interés general que orientan la acción administrativa, el procedimiento tiene por finalidad la protección de los derechos e intereses de los administrados. Esto está expresado en la propia Ley General de Costa Rica, donde se precisa que el procedimiento administrativo debe desarrollarse, "con respeto para los derechos subjetivos e intereses legítimos del administrado."(art. 10 y 214).

De manera que los "derechos de los particulares" también son los elementos centrales de la configuración del procedimiento administrativo y de este principio de interpretación, el cual se recoge en el artículo 2° del Código colombiano, al exigirse de los funcionarios que también tengan en cuenta "la efectividad de los derechos e intereses de los administrados."(art. 2).

C. La racionalidad administrativa

Pero además de los fines anteriores, también podría identificarse un tercer fin que guía la interpretación del procedimiento y que tiene que ver con la racionalización de la actividad administrativa, es decir, el principio de normalización o uniformización que en muchos procesos de reforma administrativa se han querido establecer, y que algunas leyes los regulan.

Por ejemplo, la Ley Orgánica venezolana establece como obligación general, el que "la Administración *racionalizará* sus sistemas y métodos de trabajo y vigilará su cumplimiento" (art. 32), regulando además, la uniformización de los documentos y expedientes, y regulando el desarrollo de procedimientos en serie a los efectos de simplificar y racionalizar la actividad. (art. 35).

Otro ejemplo, puede encontrarse en el Reglamento de la Secretaría General Andina, el cual recoge en su artículo 5 estos principios:

> "En virtud del principio de uso de los procedimientos y formalidades para lograr el cumplimiento de los objetivos de la norma y la *racionalización* de la actividad administrativa, la Secretaría General deberá asegurarse de que las exigencias en materia de procedimientos administrativos y de formalidades sean interpretadas en forma *razonable* y usadas sólo como *instrumentos* para alcanzar objetivos de la norma."

En esta forma, por tanto, la expresión formal del principio de la instrumentalidad, es decir, del procedimiento como instrumento, como principio que debe guiar la interpretación y la aplicación de las normas por la Administración y por el juez administrativo, puede considerarse como común en todas las normas de América Latina.

D. La desviación del procedimiento administrativo

La consecuencia del principio de la instrumentalidad referido al fin del procedimiento conduce a plantear lo que la jurisprudencia francesa, desde hace cinco décadas, venía identificando como un vicio específico, derivado del viejo vicio de la desviación de poder, pero aplicado al procedimiento, denominado "vicio de desviación de procedimiento". Si los procedimientos se establecen para una determinada finalidad, la consecuencia es que la utilización de un procedimiento para fines distintos a los establecidos en las normas origina, no ya un vicio de desviación de poder en el resultado, es decir, en el acto administrativo, sino un vicio propio de desviación del procedimiento.

En el derecho venezolano el tema se ha planteado en diversas ocasiones ante la Corte Suprema de Justicia en relación con el procedimiento expropiatorio. Si el procedimiento expropiatorio tiene por objeto y finalidad lograr el apoderamiento forzoso de la propiedad privada para un fin determinado, que tiene que estar previamente declarado en la ley como de utilidad pública o interés social, de acuerdo a los principios generales de la materia es evidente que este procedimiento no se puede desarrollar para cumplir otros fines. Sin embargo, no era infrecuente, hace algunas décadas, la utilización del procedimiento expropiatorio para, por ejemplo, congelar la propiedad urbana: se decretaba la expropiación de un área de una ciudad, no para expropiarla ni para que el Estado se apoderara de esa tierra e hiciera un desarrollo social, sino para congelar el desarrollo urbanístico.

En esos casos, el Estado muchas veces ni siquiera tenía los recursos necesarios para ejecutar la expropiación, ni los planos de las obras, por lo cual el Decreto de afectación de un área urbana en realidad, no tenía por objeto ejecutar expropiación alguna, sino otros fines de ordenamiento urbanístico indirecto, a través del congelamiento del uso de la propiedad, porque decretada una expropiación de un área importante de la ciudad, las autoridades municipales no otorgaban los permisos o autorizaciones urbanísticas necesarias, por lo cual había una clara desviación del procedimiento. En más de una ocasión este tema se planteó ante la jurisdicción contencioso-administrativa, mediante la impugnación de Decretos de afectación que no tenían por objeto expropiar sino otros fines distintos a los previstos en la norma.

Esta aproximación al tema confirma el principio general de interpretación del procedimiento administrativo, de su instrumentalidad, que debe guiar tanto por el juez como por la Administración, en la aplicación de los procedimientos administrativos.

2. El principio de economía procesal

A. La reducción de los trámites e instancias

Como consecuencia del principio de la eficacia, el principio de economía procesal también informa el procedimiento administrativo, de manera que se asegure el cumplimiento del fin propuesto, con el menor costo y en la forma más rápida posible. Es decir, con este principio de la economía se busca evitar trámites inútiles e innecesarios; agilizar las diligencias; eliminar las demoras innecesarias; y buscar la concentración de los actos procesales (principio de la concentración), que debe seguir la Administración, es decir, aproximar actos procesales de manera que puedan cumplirse en forma concentrada a los efectos de evitar dilaciones.

Deriva también de este principio de la economía procesal, el régimen regulador de las instancias administrativas de revisión, a los efectos de que por ejemplo, sean sólo dos instancias de revisión: la autoridad que dicta el acto y una autoridad superior que lo revise; siendo contrario al principio de economía procesal aquellos procedimientos administrativos que establecen una larga cadena de recursos en vía administrativa. Así sucedió, por ejemplo, en la Ley Orgánica de Procedimientos Administrativos de Venezuela, que estableció de manera inconveniente una larga cadena, que no existía, de recursos administrativos, cuando se trata de la impugnación de actos administrativos dictados por las autoridades de un Instituto Autónomo.

En estos casos, conforme a dicha Ley Orgánica, si se trata de un acto administrativo dictado por una autoridad inferior de un Instituto Autónomo debería acudirse en reconsideración ante la misma autoridad; luego, en vía jerárquica, ante la autoridad superior del Instituto, y luego, para poder acudir al contencioso administrativo, se debe agotar la vía administrativa ante el Ministro de adscripción.

Por lo cual, la impugnación de actos administrativos emanados de institutos autónomos se convierte una tarea casi imposible, dado el régimen contrario al principio de la economía procesal que lo que busca es la simplificación y el desarrollo del procedimiento en la forma menos costosa.

De nuevo, en el Código colombiano encontramos una definición del principio de economía (aún cuando no se lo califica como "procesal"), exige que se tenga en cuenta que

> "...las normas de procedimiento se utilicen para agilizar las decisiones, que los procedimientos se adelanten en el menor tiempo y con la menor cantidad de gastos de quienes intervienen en ellos..., que no se exijan más documentos y copias que los estrictamente necesarios, ni autenticaciones, ni notas de presentación personal, sino cuando la Ley lo ordene en forma expresa" (art. 3).

El mismo principio lo recoge, el Reglamento de la Comunidad Andina donde a pesar de la influencia de la legislación Colombiana, sí se lo califica como principio de economía *procesal*; al disponer su artículo 5°:

> "...En virtud del principio de economía procesal, la Secretaría General tendrá en cuenta que las normas de procedimiento se utilicen para agilizar la adopción de Resoluciones, que los procedimientos se adelanten en el menor tiempo y con la menor cantidad de gastos de quienes intervienen en ellos, y que no se exijan mas documentos y copias que los estrictamente necesarios".

Estos son los dos únicos cuerpos normativos que definen el principio de economía del procedimiento administrativo, en detalle. En cambio, en la generalidad de las leyes de procedimiento simplemente se realiza una enunciación del principio de "economía" sin definir el contenido, como sucede con las leyes argentina (art. 7), la venezolana (art. 30), la uruguaya (art. 2) y la mexicana (art. 13).

Sin embargo, en el Decreto de Uruguay se desarrolla el principio al prescribir en su artículo 8 que:

> "En el procedimiento administrativo deberá asegurarse la celeridad, la simplicidad y la economía del mismo y evitarse la realización o exigencia de trámites, formalismos o recaudos innecesarios o arbitrarios que compliquen o dificulten su desenvolvimiento"

Puede decirse, entonces, que es rasgo común de todas estas leyes de procedimientos administrativos en América Latina, la previsión del principio de la economía procesal, en algunos casos definida conceptualmente, lo que facilita la labor de control del juez.

Este principio, en las distintas leyes, plantea diversas soluciones e implica diversos otros principios: El Principio del Informalismo o del informalismo de las formalidades; el Principio *favor acti* y El principio de la conservación de los actos administrativos.

B. El informalismo (la no prevalencia de la formalidad)

Este principio del informalismo de las formalidades procesales encuentra una definición formal en la ley de Argentina al definirse el "informalismo" en el art. 1, C como la:

> "Excusación de la inobservancia por los interesados de exigencias formales no esenciales y que puedan ser cumplidas posteriormente."

La misma definición la da el Decreto 500/991, de Uruguay así:

> "En el procedimiento administrativo se aplicará el principio del informalismo a favor del administrado, siempre que se trate la de inobservancia de exigencias formales no esenciales y que puedan ser cumplidas posteriormente."(art. 9).

Este principio del informalismo, por supuesto, también se relaciona con el tema de la instrumentalidad del procedimiento, de manera que no se convierta un fin en sí mismo, puramente adjetivo, que pueda revertir, por el excesivo formalismo, contra el administrado, convirtiéndose de garantía en una carga.

No sólo este principio tiende a obviar los efectos del incumplimiento de trámites no esenciales por parte de los particulares, sino que también puede aplicarse a la propia Administración, en el sentido de que siempre que el acto administrativo aparezca expresado en forma clara y comprensible podrán obviarse algunas exigencias no esenciales. Esto se encuentra expresado en la Ley General de Costa Rica, la cual materialmente hace presumir que existe un acto administrativo cuando "los comportamientos y actividades materiales de la Administración tengan un sentido unívoco y sean incompatibles con una voluntad diversa" (art. 137). En estos casos, sirven para expresar el acto aún cuando éste no tenga la forma exigida, siempre que de forma unívoca así pueda deducirse, de manera que la Administración no pueda, ella misma, excusarse por la ausencia de un elemento formal para que pueda haber una manifestación de voluntad y así deba ser entendida.

Este informalismo en las leyes de procedimientos administrativos, trae regulaciones variadas que conducen a otro principio, que es el principio de la flexibilidad del procedimiento y de los trámites procesales: la eliminación del principio de la preclusividad de los lapsos y de actos procesales (art. 23 y 60 de la Ley Venezolana), propio del procedimiento civil; la posibilidad de alegación por los particulares en cualquier momento (art. 62 de la Ley Venezolana), por ejemplo, porque no existe un lapso preciso de contestación, y aún cuando algunas leyes de procedimiento lo establecen, si ese lapso transcurre ello no impide que se pueda alegar en cualquier momento, sin que pueda la Administración rechazar alegatos que se formulen posteriormente al lapso formal establecido para ello; la utilización de cualquier tipo de pruebas (art. 58 de la Ley Venezolana); y la intrascendencia en la calificación de los recursos (art. 86 de la Ley Venezolana). Es decir, el hecho de que un particular se equivoque en la calificación del recurso que interpone, siempre y cuando de su escrito se deduzca claramente de qué tipo de recurso se trata, la Administración está obligada a interpretarlo en favor del particular y de flexibilizar esta ausencia de cumplimiento del formalismo de la calificación del recurso.

C. El principio de la colegialidad

Sin embargo, ante el principio del informalismo se contraponen determinados procedimientos donde sí se exigen una serie de requisitos de carácter formal para el cumplimiento de la actividad administrativa. Se trata, en particular, de los casos en los cuales actúen cuerpos colegiados, donde la formación de la voluntad normalmente requiere del cumplimiento de una serie de requisitos formales para integrarla. En estos casos, normalmente estamos en presencia de un procedimiento complejo que, por lo general, requiere fases que van desde la convocatoria, a los efectos de poder llevar al conocimiento de los integrantes del cuerpo colegiado el inicio del procedimiento; los requisitos del "quórum": para la instalación, para la discusión, y para la decisión, lo cual contrasta de manera directa con el informalismo.

En estos casos, al contrario, el elemento formal adquiere gran importancia para expresar la voluntad del cuerpo colegiado una vez que adopta una decisión, que se traduce en el Acta de la sesión del cuerpo. Una vez que se levanta dicha Acta, y se aprueba, se presume que el acto que se llevó a cabo quedó resumido en el Acta y esta Acta sustituye todo lo que pudo haber ocurrir en el acto, el cual no podrá volver a repetirse ya que tiene una oportunidad única. Por ello, ese elemento formal se configura en esencial. Por ejemplo, en materia electoral, una vez que se levanta el acta de escrutinio de votos por la mesa o junta electoral, el acto quedó resumido en el acta. Esto se aplica también a las decisiones de los Concejos Municipales y del Consejo de Ministros. Aprobada el Acta de la Sesión, el acto o decisión queda subsumida en el Acta.

D. El principio *favor acti*: (*favor administrationis*)

El principio *favor acti* implica que la Administración debe interpretar el procedimiento de manera que sea favorable a la emisión del acto administrativo, es decir, a la obra de la Administración. Por tanto, ante el no acatamiento de elementos formales en el procedimiento, debe preferirse el evitar la ineficacia o plantear una ineficacia parcial, que concluir con la ineficacia total del acto. Es decir, debe interpretarse el procedimiento de manera que efectivamente pueda haber una decisión, sin que la falta de cumplimiento de determinadas formalidades afecte el acto y la propia voluntad de la Administración.

Este principio *favor acti* o también, *favor administrationis* tiene relación con el tema del funcionario de hecho; es decir, aquél que no estando investido de manera regular adopta alguna decisión que sin embargo debe acoger la Administración, siempre que actúe de buena fe, sobretodo en la relación frente a los administrados.

Sobre este tema, es de destacar que Ley General de Costa Rica dedica un capítulo entero al régimen del "funcionario de hecho", el cual lo define así:

> "*Artículo* 115. Será funcionario de hecho el que hace lo que el servidor público regular, pero sin investidura o con una investidura inválida o ineficaz, aún fuera de situaciones de urgencia o de cambios ilegítimos de gobierno, siempre que se den las siguientes circunstancias:
>
> a) Que no se haya declarado todavía la ausencia o la irregularidad de la investidura, ni administrativa ni jurisdiccionalmente; y
>
> b) Que la conducta sea desarrollada en forma pública, pacífica, continua y normalmente acomodada a derecho."

Si reúnen estas características, las decisiones de los funcionarios de hecho se tienen como válidas con respecto a la propia Administración y al particular. Así lo precisa la legislación de Costa Rica:

"Los actos de un funcionario de hecho serán válidos aún cuando perjudiquen al administrado y aún que éste tenga conocimiento de la irregularidad de la investidura de aquél.

La Administración quedará obligada o favorecida ante terceros por virtud de los mismos" (art. 116).

La Ley General, además, llega a establecer responsabilidades a cargo de los funcionarios de hecho en relación con la Administración y con los administrados, por los daños que ocasionen en su ejercicio, declarando que "la administración será responsable ante los administrados por la conducta del funcionario de hecho" (art. 118.2).

E. El principio de la finalidad y de la conservación

a. *El principio conservatio acti: la subsanabilidad de los actos y la corrección de errores materiales*

Si el objetivo del procedimiento es lograr un fin determinado, que normalmente se alcanza con la emisión de un acto administrativo, como principio, deben hacerse todos los esfuerzos por que el mismo se conserve.

De allí principio de la *conservatio acti* que persigue que los errores de los actos deben subsanarse sin que se afecte el acto mismo, una vez que con lo actuado se pueda alcanzar la finalidad perseguida.

Ello conduce al principio formal de necesaria la conservación y corrección de errores materiales de los actos administrativos, que se encuentra en las leyes de Venezuela y Costa Rica y en el Reglamento de la Comunidad Andina.

En la Ley General de Costa Rica se precisa que, "en cualquier tiempo podrá la Administración de rectificar los errores materiales o de hecho y los aritméticos." (art. 157). El mismo principio está en la Ley Orgánica de Venezuela que establece:

"*Artículo* 84. La administración podrá en cualquier tiempo corregir errores materiales o de cálculo en que hubiere incurrido, en la configuración de los actos administrativos."

El mismo principio se recoge en el Reglamento de la Secretaría General de la Comunidad Andina así:

Artículo 35. "Los errores materiales o de cálculo de los actos de la Secretaría General podrán corregidos en cualquier momento."

Es precisamente en virtud de este principio de la corrección de errores materiales, que deriva del principio del informalismo y de la economía procesal, que no tiene porqué llegar a la revocación del acto incorrecto, pudiendo la Administración corregirlo en cualquier momento. Es un principio de lógica administrativa que sin embargo, encuentra su expresión formal en estas leyes de procedimientos administrativos.

b. *La convalidación, el saneamiento y la conversión*

Pero aún en presencia de vicios o irregularidades más sustanciales en los actos administrativos, que no puedan resolverse con la sola corrección de errores materiales o aritméticos, el principio de conservación de los actos administrativos con vistas a su finalidad, ha dado origen a las técnicas de convalidación, saneamiento o conversión para evitar la extinción de los mismos.

En efecto el principio de que los actos deben ser mantenidos, deben conservarse y debe haber la posibilidad de subsanar los vicios que puedan formalmente afectarlos, siempre que no impliquen su nulidad absoluta, ha originado también las técnicas de la convalidación o el saneamiento.

En efecto, como principio general derivado de todas las leyes latinoamericanas, puede señalarse que la convalidación de los actos administrativos sólo se refiere a la corrección de vicios de nulidad relativa o de anulabilidad, y no puede implicar la corrección de vicios de nulidad absoluta. Por tanto, si lo que afecta al acto administrativo son vicios de orden público, de indefensión o violaciones de derechos y garantías constitucionales estos no podrían ser subsanados a través de estos medios. Sólo procederá entonces por errores formales en la voluntad, en la competencia o de formalidades sustanciales que puedan ser corregidos por la Administración para poder conservar el acto.

En esta materia pueden distinguirse las técnicas de convalidación, saneamiento y conversión, que la Ley General de Costa Rica identifica con precisión.

La convalidación se produce cuando dictado un acto administrativo que sea relativamente nulo por vicio y en la forma, en el contenido o en la competencia, se dicta un nuevo acto administrativo que lo convalide, con indicación precisa del vicio y de la corrección. En estos casos, conforme a la Ley General de Costa Rica, "la convalidación tiene efecto retroactivo a la fecha del acto convalidado" (art. 187,2).

En la Ley venezolana, sobre la convalidación se indica, pura y simplemente, que

> "*Artículo* 81. La Administración podrá convalidar en cualquier momento los actos anulables, subsanando los vicios de que adolezcan."

En la legislación argentina, esta convalidación se denomina en general "saneamiento" y se desdobla en "ratificación" y "confirmación" de los actos administrativos, así

> "*Artículo* 19. El acto administrativo anulable puede ser saneado mediante:
>
> a) Ratificación por el órgano superior, cuando el acto hubiere sido emitido con incompetencia en razón de grado y siempre que la avocación, delegación o sustitución fuesen procedentes;
>
> b) Confirmación por el órgano que dicte el acto subsanado el vicio que lo afecte."

Conforme a esa misma norma, "los efectos del saneamiento se retrotraerán a la fecha de emisión del acto objeto de ratificación o confirmación", es decir, que los efectos del acto de saneamiento son retroactivos, por lo cual el principio es que el acto original surte sus efectos desde que se dictó, aún cuando la convalidación o el saneamiento sea posterior.

Pero además de la convalidación (que la legislación argentina llama "saneamiento"), la Ley General de Costa Rica la distingue de lo que en ella se califica como saneamiento y que se reduce a una convalidación de solo defectos de forma. En efecto, el artículo 188 de la Ley General establece:

> "*Artículo* 188. 1. Cuando el vicio del acto relativamente nulo consista en la ausencia de una formalidad sustancial, como una autorización obligatoria, una propuesta o requerimiento de otro órgano, o una petición o demanda del administrado, estos podrán darse después del acto, acompañados por una expresa manifestación de conformidad con todos sus términos.
>
> 2. Lo anterior no podrá aplicarse a la omisión de dictámenes ni a los casos en que las omisiones arriba indicas produzcan nulidad absoluta, por impedir la realización del acto final.
>
> 3. El saneamiento producirá efecto retroactivo a la fecha del acto saneado."

En tercer lugar, además de la convalidación y el saneamiento, también se regula formalmente la figura de la conversión del acto administrativo. Esta se produce, cuando un acto tiene elementos válidos y otros viciados, pudiendo la autoridad, posteriormente, corregir estos vicios con los elementos válidos que tenía, convirtiendo al acto en un nuevo acto. En estos supuestos se habla de conversión, como producto del principio de la conservación, en cuyo caso, contrariamente a la convalidación y al saneamiento, no hay efecto retroactivo, sino que la conversión tiene efecto a partir del momento en que el nuevo acto queda perfeccionado. En este sentido la Ley argentina señala:

"*Artículo* 20. Si los elementos válidos de un acto administrativo nulo permitieren integrar otro que fuere válido, podrá efectuarse su conversión en éste consintiéndolo el administrado. La conversión tendrá efectos a partir del momento en que se perfeccione el nuevo acto".

Se destaca, en el régimen argentino, la necesidad del consentimiento del administrado.

En relación a la misma institución de la conversión, la Ley General de Costa Rica también la regula, disponiendo lo siguiente:

Artículo 189. 1. El acto inválido, absoluto o relativamente nulo, podrá ser *convertido* en otro válido distinto por declaración expresa de la Administración, a condición de que el primero presente todos los requisitos formales y materiales del último. 2. La conversión tiene efectos desde su fecha.

3. El principio de la presunción de la legalidad y legitimidad

Si el principio de la eficacia en el procedimiento administrativo tiende a asegurar la obtención de un determinado resultado y que el acto pueda surtir efectos dentro de la finalidad perseguida; el principio de la presunción de la legalidad y legitimidad persigue afianzar la posibilidad de que el acto surta efectos y que se presuma válido, legítimo y legal una vez que se ha perfeccionado y se ha dictado, para que así pueda cumplirse la finalidad del procedimiento.

La presunción de legalidad y legitimidad, por tanto, origina la presunción de validez y con ella la eficacia del acto.

A. La validez y la eficacia

La validez de un acto administrativo es la conformidad con el ordenamiento jurídico, es la consecuencia del respeto a la legalidad o del sometimiento a las exigencias del derecho. La eficacia, por su parte, consiste en la producción de efectos del acto administrativo o en la aplicación del acto a sus destinatarios, para que surta efectos respecto a ellos.

En esta forma, el acto válido puede ser o no eficaz, dependiendo de las condiciones de eficacia que se regulen en los ordenamientos. Por ejemplo, cuando se haya dictado un acto válido pero que no se ha notificado, el mismo no puede surtir sus efectos; no es eficaz pero es válido. A la vez, el acto puede ser inválido por no estar acorde con el ordenamiento jurídico, pero puede producir efectos mientras no sea formalmente declarado nulo por la autoridad competente para ello.

A este respecto la Ley General de Costa Rica dispone que:

"Será válido el acto administrativo que se conforme sustancialmente con el ordenamiento jurídico, incluso en cuanto al móvil del funcionario que lo dicta".

Esto implica que la adecuación al ordenamiento jurídico (al principio de la legalidad) condiciona la validez, precisamente, a través del cumplimiento de los requisitos que para ello se regulan en las leyes de procedimientos administrativos.

Por otra parte, el acto válido, en principio, surte efectos hasta tanto no sea declarada la invalidez del mismo por la autoridad competente. Así lo dice, por ejemplo, expresamente la Ley Federal mexicana:

Artículo 8. "El acto administrativo será válido hasta tanto su invalidez no haya sido declarada por autoridad administrativa o jurisdiccional, según sea el caso".

En síntesis, el acto administrativo, una vez dictado, es válido, y en principio, produce efectos. Dicha validez perdura como consecuencia del principio de la eficacia hasta que el acto no sea revocado o declarado nulo por la autoridad administrativa ó judicial o, simplemente hasta que el acto se extinga normal o naturalmente sin que tenga que ser anulado o revocado por autoridad alguna.

a. *Los Requisitos de eficacia*

Como se ha dicho, el acto válido o conforme con el ordenamiento jurídico, en principio, produce efectos pero estos pueden estar sometidos a variadas condiciones que deban cumplirse a los efectos de que el acto pueda producir sus consecuencias jurídicas y que deben cumplirse sea en la propia Administración o respecto de destinatarios del acto.

a'. Requisitos en la Administración: la aprobación y la autorización

En primer lugar, se destacan aquellos requisitos de eficacia que deben cumplirse en el seno de la propia Administración, y que en general se configuran como autorizaciones y las aprobaciones. En efecto, generalmente, las leyes exigen que para que un acto administrativo surta efectos tiene que ser autorizado previamente por otro órgano administrativo, o tiene que ser aprobado por otra entidad pública. Incluso, en muchos casos, tratándose de actos del Ejecutivo, se requiere de autorizaciones previas o aprobaciones posteriores de los órganos Legislativos. En todo caso, se trata del régimen de las aprobaciones y autorizaciones como condición de eficacia de los actos administrativos.

Esto encuentra regulación expresa en muchas leyes. Por ejemplo, en el caso mexicano, la Ley Federal de Procedimientos Administrativos, establece:

Artículo 10. "Si el acto administrativo requiere aprobación por órganos o autoridades distintos del que lo emita, de conformidad con las disposiciones legales aplicables, no tendrá eficacia sino hasta tanto aquella se produzca".

Normalmente, por supuesto, la aprobación es un acto posterior al acto sujeto a aprobación, el cual sólo podrá comenzar a surtir efectos cuando ella se produzca. En cambio, la autorización es una condición previa a la propia emisión del acto autorizado.

En el caso de la Ley General de Costa Rica, también se regula en forma expresa la aplicación de dicho requisito de autorización, que debe ser previa, como condición de eficacia. Así, el artículo 145 de la Ley General establece.

Artículo 145. 1. Los efectos del acto administrativo podrán estar sujetos a requisitos de eficacia fijados por el mismo acto o por el ordenamiento.

2. Los requisitos de eficacia producirán efecto retroactivo a la fecha del acto administrativo, salvo disposición expresa en contrario del ordenamiento.

3. Cuando el acto requiera autorización de otro órgano la misma deberá ser previa.

4. Cuando el acto requiera aprobación del otro órgano, mientras ésta no se haya dado, aquél no será eficaz, ni podrá comunicarse, impugnarse ni ejecutarse.

b'. Requisitos en relación con los destinatarios: la publicación y la notificación

Pero en relación con los destinatarios del acto, los requisitos de eficacia se rigen por el principio del conocimiento, por parte de los interesados, para que el acto tenga eficacia.

Por ejemplo, la Ley argentina señala sobre la "Eficacia del acto" que:

> *Artículo* 11. "Para que el acto administrativo de alcance particular adquiera eficacia debe ser objeto de notificación al interesado, y el de alcance general, de publicación".

Por tanto, en general, el comienzo de los efectos de los actos administrativo regulados en las leyes de procedimientos administrativos, está vinculado al principio general de la necesidad de la notificación o de la publicación de los actos administrativos.

Sin embargo, a pesar de que la notificación y la publicación sean requisitos de eficacia, los administrados podrían, antes de cumplirse con estos requisitos, pedir el cumplimiento de estos actos si tienen conocimiento de los mismos y no causan perjuicios a terceros (art. 11 de la Ley argentina). En esta forma, puede haber, en ausencia de notificación o publicación, un cumplimiento voluntario sobre todo en el caso de los actos de efectos particulares.

En igual sentido, en la Ley Federal mexicana en su artículo 9, se regula el principio de que se exceptúa del requisito de notificación

> "el acto administrativo por el cual se otorgue un beneficio al particular, caso en el cual su cumplimiento será exigible por éste al órgano administrativo que lo emitió desde la fecha en que se dictó o aquella que tenga señalada para iniciar su vigencia; así como los casos en virtud de los cuales se realicen actos de inspección, investigación o vigilancia conforme a las disposiciones de ésta u otras leyes, los cuales son exigibles a partir de la fecha en que la Administración Pública Federal los efectúe".

En todo caso, en todas las leyes se recogen los mismos principios. En el caso de Costa Rica, de nuevo se destaca que la Ley General dedica un Capítulo entero al tema "Sobre la eficacia" de los actos administrativos, que inicia con el artículo 140, cuyo texto es el siguiente:

> *Artículo* 140. "El acto administrativo producirá su efecto después de comunicado al interesado, excepto si le concede únicamente derechos, en cuyo caso lo producirán desde que se adopte".

Conforme a esto y en beneficio del particular, si el acto administrativo es, por ejemplo, consecuencia de una petición de un derecho, la declaración o la concesión del derecho por la Administración aún sin notificación formal del acto, produce efectos si su contenido es sólo el otorgamiento del derecho a quien lo pide. Esto, para que la exigencia de la notificación no se convierta en una limitación a que el acto pueda comenzar a surtir efectos de inmediato, en el caso de actos que sólo otorgan derechos.

Adicionalmente, la Ley General de Costa Rica precisa en su artículo 334, que "es requisito de eficacia del acto administrativo su debida comunicación al administrado, para que sea oponible a éste". Además, en su artículo 141, señala expresamente que: "la debida comunicación será el punto de partida para los términos de impugnación del acto administrativo"; es decir, la notificación de los actos de efectos individuales como condición para el inicio de sus efectos, coincide con el momento en el cual se inician los términos para los lapsos de impugnación de los actos administrativos.

Puede decirse que estos principios se encuentran regulados en todas las leyes sobre procedimientos administrativos de América Latina. Por ejemplo, es el caso de la Ley Federal mexicana que, con toda precisión, establece:

> "*Artículo* 9. El acto administrativo será válido eficaz y exigible a partir de que surta efectos la notificación legalmente efectuada...".

Por supuesto, la notificación es indispensable para que el acto de efectos particulares surta efectos. Sin embargo, no es necesario respecto de los actos administrativos de efectos generales, que comienzan sus efectos a partir de la publicación de los mismos. La distinción la recoge la Ley Orgánica de Venezuela, previéndose que la publicación no es sólo para los actos normativos, que es lo normal en el Diario Oficial o en la *Gaceta Oficial*, sino para los actos generales de efectos particulares, porque en definitiva se dirigen a un número de sujetos no determinados todavía (art. 72).

En efecto, respecto al tema de la publicación, el principio es que el acto administrativo de efectos generales debe publicarse, sobre todo el de carácter normativo, o el que sea de carácter general no normativo cuando afecte a un número determinable de personas. Dicha publicación debe efectuarse en el Diario o *Gaceta Oficial*, cuando se trate de actos administrativos nacionales; si se trata de actos administrativos dictados por entidades territoriales descentralizadas, si existen dichas *Gacetas Oficiales*, en la entidad, deberá hacerse la publicación estableciéndose sustitutivamente, como lo desarrolla el Código colombiano, la posibilidad de la publicación es un periódico de amplia circulación en el territorio donde sea competente quien expidió las decisiones (art. 46).

En cuanto a las notificaciones de los actos administrativos hay principios comunes que puedan identificarse en casi todas las leyes, como principio general:

En *primer lugar*, el principio de la notificación personal al interesado o al apoderado o al representante legal, mediante acto escrito, oficio, telegrama, carta o cualquier otro medio. Esto se encuentra expresamente establecido en el Código colombiano (art. 44), en la Ley Orgánica de Venezuela (art. 73) y en la Ley General de Costa Rica (art. 243).

En *segundo lugar*, la precisión del lugar de la notificación, es decir, dónde deben hacerse las notificaciones, es decir, en el domicilio o residencia del interesado o en el lugar que estos hayan señalado como "domicilio procesal", similar al que puede indicarse conforme a los Códigos de Procedimiento Civil.

En *tercer lugar*, la recepción de la notificación debe ser personal, pero las leyes, en general, permiten que esta notificación pueda hacerse a la persona que se encuentre en el domicilio o la residencia. Es el caso de Venezuela, donde para agilizar los efectos del acto, si la persona destinataria no está en ese lugar, puede dejarse la notificación del acto con quien lo reciba, siempre que sea el domicilio o la residencia de la persona (art. 75). Esto, para distanciar el principio de la notificación de los actos administrativos de los principios de la citación procesal contenidos en las normas del procedimiento civil, que son mucho más rigurosos.

En todo caso cuando se desconozca el domicilio o de residencia del destinatario, las leyes de procedimientos establecen mecanismos alternativos de fijación de edictos en el Despacho del órgano administrativo (art. 45 del Código colombiano) o de publicación del edicto (art. 35 de la Ley Federal mexicana, art. 76, Ley Orgánica de Venezuela). En estos casos, el emplazamiento se debe publicar en un periódico, igual que el emplazamiento en el proceso judicial.

En el caso colombiano debe destacarse que la institución del edicto colocado en lugar público, puede considerarse de eficacia relativa, por lo que hay que destacar la importancia de la regulación en el caso venezolano, donde la notificación no procede por edicto colocado en una oficina pública, sino que es obligatorio publicarlo en un diario de mayor circulación (art. 76). En el caso de México se exige la publicación en el Diario Oficial y en un periódico de mayor circulación (art. 37).

Un punto importante es que si bien la publicación es una forma de suplir la ausencia de notificación personal, lo que no puede la Administración es recurrir libremente a la publicación sustituyendo la exigencia de notificación personal. Es decir, si el acto administrativo es de efectos particulares y tiene destinatarios, tiene que haber notificación personal y no puede la Administración pretender que con el hecho de publicarlo en la Gaceta Oficial, la cual además muy poca gente lee, pueda presumirse que se notificó el acto. Por tanto, como principio, la publicación no puede sustituir la exigencia de la notificación personal.

En *cuarto lugar*, otro principio es el relativo al contenido de la notificación. En todas las legislaciones se sigue el principio de la legislación española, particularmente en la Ley venezolana (art. 73), en el Código colombiano (art. 44 y 47) y en la Ley General de Costa Rica (art. 245), donde se exige que la notificación contenga el texto íntegro del acto administrativo que se notifica, con la indicación de los recursos que proceden contra el acto.

Como se regula expresamente en la Ley Orgánica venezolana, si la propia Administración se equivoca en indicarle al particular cuál es el recurso que tiene y el particular usa erradamente el recurso indicado, expresamente se señala que el tiempo que pueda transcurrir no se cuenta a los efectos de la caducidad cuando se corrija la introducción del recurso (art. 77). Por tanto, el error en que pueda inducir la Administración al particular, no lo afecta en el sentido de que pueda llegarse a considerar que habrían caducado los recursos.

Este necesario contenido de los actos administrativos lo traen expresamente indicado todas las legislaciones, particularmente en forma expresa en los casos de Venezuela (art. 74) y Colombia (art. 48), al regular las notificaciones defectuosas, de manera tal que si la notificación no contiene todos los elementos establecidos no produce efectos y no comienzan a correr para el particular los lapsos de impugnación.

Por último, debe destacarse la regulación detallada de la legislación mexicana sobre la posibilidad de que el particular interesado, aún sin notificación, pueda darse por notificado, conocer voluntariamente el acto y ejercer los recursos de impugnación ante la Administración (art. 41). La regulación deriva de la discusión sobre si la Administración puede presumir que el particular conocía el acto y si por esa vía, puede alegar la caducidad, por ejemplo, de la impugnación del acto. En principio no debe haber esa presunción, salvo que haya manifestación concreta de alguna actuación del particular ante la Administración. Pero como principio, no podrá la Administración alegar la caducidad de los recursos con fundamento en que "presume" que el particular conocía el acto, salvo que el particular se haya dado por notificado formalmente ante la Administración o haya dado por conocido el acto formalmente y lo haya impugnado ante los órganos jurisdiccionales. Por tanto, si el particular actúa en el procedimiento y se da por notificado, aún cuando no haya sido notificado personalmente, la Administración sí puede estimar que tuvo conocimiento del acto desde el momento en que ha actuado y que su recurso feneció o caducó si no lo ha ejercido en el tiempo establecido.

En definitiva, el principio de la seguridad jurídica exige la conservación de los actos Administrativos, incluso frente a la posibilidad de impugnación, cuando el conocimiento del interesado consta en el expediente administrativo.

c'. La condición y el término en los actos

Los actos administrativos, como todo acto jurídico, pueden tener supeditado el inicio de sus efectos o la duración de los mismos, a condición o término. Sin embargo, en el derecho administrativo, la materia requiere texto expreso por lo que, en ningún caso, la Administración puede someter la eficacia de sus actos, discrecionalmente, a estas modalidades.

La regulación de la materia en las leyes de Procedimientos Administrativos, sin embargo, es excepcional. Sólo encontramos en la Ley Federal mexicana la previsión expresa de que el acto administrativo puede estar sometido a condición o término, pero regulado en una forma indirecta cuando precisa las formas de extinción del acto administrativo. En tal sentido el artículo 11 señala que el acto se extingue de pleno derecho cuando la formación del acto está sometida a una condición o término suspensivo y éste no se realiza, o cuando está sometido el acto a un acaecimiento de condición resolutoria, en cuyo caso se extingue. Es decir, es una regulación indirecta de la condición y el término, por vía de la regulación de su extinción.

Por tanto, puede decirse que el principio positivo de que el acto administrativo puede estar sometido a condición o término no se encuentra regulado en forma general en las leyes de procedimientos administrativos. Ello confirma la conclusión de que la condición o término en relación a los efectos de los actos administrativos, sólo puede existir por texto expreso, por lo cual el principio es la limitación a la potestad discrecional, que a veces se usa mucho por el funcionario, de someter a condición un acto cuando no hay tal condición en la legislación y que, al final, lo que conduce es a la arbitrariedad.

b. *La firmeza*

La firmeza del acto administrativo se produce cuando el mismo es totalmente irrevisable, de oficio o a petición del interesado. Este principio justifica que el acto puede ser totalmente ejecutado, y que haya que cumplirlo necesariamente. Por ejemplo, la Ley General de Costa Rica señala al respecto que "...La administración deberá dar cumplimiento a los actos administrativos *firmes*" (art. 228).

La definición precisa de la firmeza de los actos administrativos normalmente no se encuentran textos legales expresos. En todo caso, está vinculada al concepto de la inimpugnabilidad del acto administrativo; aquel que ya no es recurrible. En tal sentido, la única de las leyes que trae una definición de la firmeza es el Código colombiano que precisa en su artículo 62 que

"Los actos administrativos quedarán firmes cuando contra ellos no proceda ningún recurso; cuando los recursos interpuestos se hayan decidido o cuando no se interpongan los recursos, o cuando se renuncie expresamente a ellos.

Este mismo principio es el que se aplica en todos los demás países, aún cuando en la legislación no se incluya una definición expresa."

B. El principio de la ejecutividad

La consecuencia de la presunción de legalidad y de legitimidad del acto administrativo es el principio de la ejecutividad, es decir, la posibilidad, sin que exista una declaración judicial, de ser ejecutado, precisamente por el carácter ejecutivo que tiene el principio lo encontramos en las leyes de procedimientos administrativos en América Latina, como la Ley argentina que establece:

"*Artículo* 12. El acto administrativo goza de presunción de legitimidad: su fuerza ejecutoria faculta a la Administración a ponerlo en práctica por sus propios medios, -a menos que la Ley o la naturaleza del acto exigieren la intervención judicial- e impide que los recursos que interpongan los administrados suspendan su ejecución y efectos, salvo que una norma expresa establezca lo contrario".

Este artículo define, entonces, tanto el principio de la ejecutividad como el de la ejecutoriedad del acto administrativo derivado de la presunción de legitimidad: condiciones que expresamente reconoce el Código Colombiano como característica de los actos administrativos, al destacar el "carácter ejecutivo y ejecutorio de los actos administrativos" (art. 64), distinguiendo claramente entre ejecutividad y ejecutoriedad.

La ejecutividad, por tanto, es el carácter ejecutivo de los actos de la Administración, lo que implica la sustitución de lo que en vía judicial ordinaria sería el proceso de cognición ante un juez para la declaración del derecho que se pretende. En el derecho administrativo se considera que el acto administrativo dictado es, en sí mismo, el derecho declarado con fuerza de título ejecutivo, sin que la Administración tenga necesidad de acudir ante el juez para que declare el derecho. El principio de ejecutividad o principio de la *"décision exécutoire"* del derecho francés, está así regulado en todas las leyes de América Latina, aún cuando no siempre en forma expresa.

En esta forma, una vez dictado el acto administrativo, por su carácter ejecutivo, puede procederse a su ejecución por la Administración, siempre que la misma se pueda hacer en vía administrativa. Esto nos lleva al otro principio, el de la ejecutoriedad, es decir, la posibilidad que tiene la Administración de ejecutar los actos administrativos por sí misma, en los casos en los cuales la Ley o la naturaleza del acto no requieran ejecución judicial.

En efecto, porque muchos actos administrativos requieren de ejecución judicial, sobre todo aquellos que, por ejemplo, impliquen efectos sobre el patrimonio de la persona. En Venezuela, este tipo de actos requiere de ejecución judicial: por ejemplo, para el cobro de una multa o de un impuesto, la Administración tiene que recurrir a la vía judicial para la ejecución. No existen mecanismos de apremio por parte la Administración, directamente, sobre el patrimonio del particular.

En todo caso, el estudio del principio ejecutorio de los actos administrativos, debe analizarse al estudiar el principio de la oficialidad en el procedimiento administrativo.

C. La suspensión de efectos

Los actos administrativos, como se ha dicho, por la presunción de legitimidad y veracidad, al ser notificados comienzan a surtir efectos y pueden ser ejecutados, de manera que como principio, el ejercicio de recursos contra los mismos no suspende sus efectos. Este es el principio general en las leyes de procedimientos administrativos, de manera que el régimen de Colombia es excepcional en relación a América Latina, ya que el principio en Colombia es el de los efectos suspensivos de los recursos, consagrados en el artículo 55 del Código; que establece que "los recursos se concederán en el efecto suspensivo...".

Pero como se dijo, este es un régimen excepcional; en general, el resto de las leyes de América Latina establecen el principio contrario, que es el clásico, de los efectos no suspensivos de los recursos. Así, por ejemplo, el artículo 87 de la Ley Orgánica venezolana establece que "la interposición de cualquier recurso no suspenderá la ejecución del acto impugnado, salvo previsión legal en contrario", como la prevista en el Código Orgánico Tributario para los actos administrativos de naturaleza tributaria.

En igual sentido, la Ley General de Costa Rica establece que "los recursos administrativos no tendrán efecto suspensivo de la ejecución" (art. 148).

En cuanto a los recursos contencioso-administrativos, en general, tienen los mismos efectos no suspensivos, pero teniendo el juez contencioso-administrativo amplísimos poderes cautelares de suspensión.

Sin embargo, es indudable que el principio colombiano, en el balance entre interés general y el interés particular, está más en favor de la garantía los derechos de los particulares que el principio general en Latinoamérica de los "efectos no suspensivos" de los recursos.

Sin embargo, en todo caso, siempre existe la posibilidad de que intentada una reclamación, un recurso o una solicitud, la Administración puede decidir la suspensión de efectos de los actos impugnados. En algunos casos, en leyes como la de Venezuela, por ejemplo, se limita la posibilidad de suspensión de efectos cuando se formule un alegato de nulidad absoluta o cuando el acto se crea que pueda causar gravamen o perjuicio irreparable si se ejecuta. En estos casos, la Administración puede suspender los efectos del acto (art. 87).

Esto es paralelo a lo que podríamos llamar la suspensión *de facto* que es la común: dictado un acto administrativo y recurrido el mismo, aún cuando formalmente el recurso no tenga efectos suspensivos, no es común ver a la Administración ejecutándolo, sobre todo cuando puede afectar el patrimonio del particular, porque, por ejemplo, pueda implicar una demolición o una multa. Es muy difícil, en efecto, ver a la Administración cobrando una multa cuando hay un recurso pendiente, produciéndose de hecho la suspensión.

En todo caso, en la legislación de Costa Rica se establece el mismo principio del carácter no suspensivo de los recursos administrativos, admitiéndose, sin embargo, la posibilidad para la Administración, de poder "suspender la ejecución cuando la misma puede causar perjuicios graves o de imposible o difícil reparación" (art. 148).

En la Ley argentina, el mismo principio está consagrado así:

> *Artículo* 12 "...La administración podrá, de oficio o a petición de parte, y mediante resolución fundada, suspender la ejecución por razones de interés público, o para evitar un perjuicio grave al interesado, o cuando se alegue fundadamente una nulidad absoluta."

Debe destacarse, sin embargo, que esta potestad de la Administración de suspender los efectos de los actos administrativos impugnados, encuentra una restricción extrema en la ley venezolana al exigir obligatoriamente que el órgano respectivo requiera del interesado la constitución de una caución suficiente, haciendo responsable al funcionario de la insuficiencia de la caución (art. 87).

D. La extinción natural del acto administrativo

Otro tema relativo a la presunción de validez y legitimidad y al cumplimiento de los efectos del acto administrativo, como señala la Ley Federal mexicana, es que el acto produce sus efectos como acto válido, hasta tanto sea declarada su invalidez por una decisión administrativa o judicial, según que se revoque o se anule (art. 8).

Sin embargo, esto hay que contrastarlo con los mecanismos de extinción natural de los actos administrativos, es decir, que sin que haya una revocación o una anulación, el acto puede extinguirse por diversas razones: porque se agotó su objeto; porque se extinguió su finalidad; porque se extingue su plazo, en caso de tenerlo; porque se produce el término extintivo o la condición resolutoria. También se produce la extinción natural del acto, cuando se trata de un acto que sólo beneficia a un particular y éste puede renunciar al derecho que le otorga. También constituye una forma de extinción natural del acto, el denominado decaimiento, cuando lo que se extingue es el presupuesto de hecho o el presupuesto de derecho del acto, y al desaparecer uno de estos elementos esenciales, el acto decae.

Todos estos medios de extinción natural se enumeran en la Ley Federal mexicana así:

> *Artículo* 11. El acto administrativo de carácter individual se extingue de pleno derecho, por las siguientes causas:
>
> I. Cumplimiento de su finalidad;
>
> II. Expiración del plazo
>
> III. Cuando la formación del acto administrativo esté sujeto a una condición o término suspensivo y éste no se realiza dentro del plazo señalado en el propio acto;
>
> IV. Acaecimiento de una condición resolutoria;
>
> V. Renuncia del interesado, cuando el acto hubiere sido dictado en exclusivo beneficio de éste y no sea en perjuicio del interés público;...

Otra forma de extinción regulada especialmente en la Ley argentina es la caducidad del acto administrativo, cuando el interesado no cumple las condiciones fijadas en el mismo (art. 21), lo que es un principio general del derecho administrativo. La Ley exige, sin embargo, la previa constitución en mora del particular y la concesión de un plazo suplementario razonable para el cumplimiento (art. 21).

4. El principio *pro actione*

El principio *pro actione* implica la necesidad de que las solicitudes se interpreten en favor de lo que se solicita en la petición.

El principio está consagrado expresamente en la legislación de Costa Rica cuando establece que las normas de procedimiento "deberán interpretarse en forma favorable a la admisión y decisión final de las peticiones" (art. 244).

En cuanto a la admisión de la solicitud, el principio tiene consecuencias concretas en el caso de la legislación de Colombia (art. 11) y de Venezuela, (art. 45), pues la Administración está obligada a advertir a los particulares los errores o las omisiones que puedan tener las peticiones, para que dichos errores u omisiones no conlleven su inadmisibilidad. Como consecuencia, no se puede negar la petición que haga un administrado por causa de una omisión, sino que la Administración está obligada a observarle los errores, para que el particular los corrija.

5. El principio de la caducidad del procedimiento y la prescripción de las infracciones y actos sancionatorios

Como se ha analizado, todo procedimiento tiene un fin, debe cumplirse conforme al principio del informalismo, debe buscar la producción de los resultados establecidos en la norma; pero el procedimiento no puede permanecer abierto indefinidamente, por lo que en los casos en los cuales el particular interesado debe cumplir determinadas condiciones, si no las cumple, rige el principio de la caducidad del procedimiento.

El principio de la caducidad de los procedimientos administrativos se recoge, así, en algunas leyes de procedimientos administrativos. En la Ley argentina, en efecto, se establece que "transcurridos 60 días desde que un trámite se paralice por causa imputable al administrado, el órgano competente le notificará que, si transcurrieren otros 30 días de inactividad, se declarará de oficio la caducidad de los procedimientos, archivándose el expediente" (art. 1.e). Por supuesto, operada la caducidad, el interesado podría ejercer nuevamente sus pretensiones en un nuevo expediente, por lo que la caducidad regulada es solo del procedimiento y no del derecho.

En la Ley General de Costa Rica también se regula la caducidad del procedimiento, que se produce cuando "se paralice por más de 6 meses en virtud de causa imputable al interesado que lo ha promovido" y siempre que la abstención de actuación por parte del interesado no tenga su causa en el hecho de haberse operado el silencio positivo o negativo o cuando el expediente se encuentre listo para la resolución final (art. 340). En todo caso, en Costa Rica, igualmente "la caducidad del procedimiento no producirá por sí sola la caducidad o prescripción de las acciones del particular" (art. 341).

Por otra parte, otro tema en relación a desarrollo de los procedimientos, que regulan las leyes de procedimientos administrativos en América Latina, es el que se refiere a la prescripción de las infracciones administrativas.

La prescripción de las infracciones administrativas referente en la posibilidad de la apertura misma del procedimiento sancionatorio, y en este sentido la institución está expresamente regulada.

En la Ley Federal mexicana, por ejemplo se prevé que "la facultad de la autoridad para imponer sanciones administrativas prescribe en cinco años" (art. 79). En el Código colombiano también se regula la prescripción, aún cuando se la califica como caducidad, al disponer que

> "Salvo disposición especial en contrario, la facultad que tienen las autoridades Administrativas para imponer sanciones caduca a los tres años de producido el acto que pueda ocasionarlas" (art. 38).

En sentido similar, el Decreto uruguayo regula la prescripción de las faltas administrativas, en un lapso de ocho años, previendo que la prescripción:

> "se suspende por la resolución que disponga una investigación administrativa o la instrucción de un sumario por la falta administrativa en cuestión" (art. 172).

En la Ley Orgánica venezolana no se regula con carácter general la prescripción de las infracciones administrativas, existiendo solo normas especificas en ordenamientos especiales. Por ejemplo, la prevista en la Ley Orgánica de Ordenación Urbanística de 1987, que dispone

> "Las acciones contra las infracciones de la presente ley prescribirán a los 5 años a contar de la fecha de la infracción, a menos que la prescripción fuese interrumpida por actuaciones de la autoridad administrativa urbanística o municipal correspondiente" (art. 117, Parágrafo Único).

En cambio, lo que si regula la Ley Orgánica de Procedimientos Administrativos de Venezuela es la prescripción respecto de "las acciones provenientes de las actos administrativos creadores de obligaciones a cargo de los administrados," lo cual se produce "en el término de cinco años (art. 70). Agrega la Ley Orgánica que:

> *Artículo* 71. Cuando el interesado se oponga a la ejecución de un acto administrativo alegando la prescripción, la autoridad administrativa a la que corresponda el conocimiento del asunto procederá, en el término de 30 días, a verificar el tiempo transcurrido y las interrupciones y suspensión habidas, si fuere el caso, y a decidir lo pertinente".

Sección Octava: EL TRATAMIENTO DEL PRINCIPIO DE LEGALIDAD EN LAS LEYES DE PROCEDIMIENTO ADMINISTRATIVO (2010)

Esta Sección Octava de este Libro primero, es el texto del trabajo sobre "El tratamiento del principio de la legalidad en las leyes de procedimiento administrativo de América Latina," elaborado en homenaje al recordado amigo *Valentín Paniagua*, profesor de derecho administrativo en el Perú, a quien como Presidente de la República del Perú le correspondió promulgar el 10 de abril de 2001, la Ley N° 27.444 del Procedimiento Administrativo General, con la cual dicho país se incorporó en la corriente contemporánea de la codificación formal del procedimiento administrativo. El antecedente remoto de dicha Ley, sin embargo, puede situarse en el *Reglamento de Normas Generales de Procedimiento Administrativo* que se dictó también en el propio Perú, mediante Decreto Supremo Nº 006-67-56 de 1967. Ese fue el primer cuerpo normativo en la materia en América Latina, al cual luego siguieron diversas leyes de procedimiento administrativo, la primera de las cuales fue la Ley de Procedimientos Administrativos, Ley 19.549, de Argentina de 1972. El destino quiso que fuera precisamente el profesor *Valentín Paniagua*, cuya amistad personal me honró

durante muchas décadas hasta su inesperado fallecimiento, quien mandara a publicar y a cumplir dicha Ley. Y quien mejor para ello, que un profesor de larga trayectoria académica tornado en jefe de Estado? Por ello, elaboré dicho trabajo sobre el tema del tratamiento del principio de la legalidad en las leyes de procedimiento administrativo de América Latina, porque no sólo se trata de una formulación teórica del derecho administrativo, sino de un pilar fundamental del Estado de derecho y del régimen democrático que tanto defendió Paniagua, tanto en su país, como en toda la América Latina. El trabajo fue publicado en Domingo García Belaúnde *et al.*, *Homenaje a Valentín Paniagua*, Fondo Editorial de la Pontificia Universidad católica del Perú, Lima, 2010, pp. 340-360.

Uno de los objetivos esenciales de las leyes de procedimiento administrativo en América Latina ha sido el reforzamiento del principio de legalidad, es decir, el buscar asegurar el sometimiento de la Administración al derecho, de manera de garantizar la situación jurídica de los particulares frente a la misma. Por ello precisamente, la Ley sobre Procedimiento Administrativo General del Perú de 2001, en el artículo IV, 1.1 del Título Preliminar dispone que:

> "Las autoridades administrativas deben actuar con respeto a la Constitución, la ley y al derecho, dentro de las facultades que le estén atribuidas y de acuerdo con los fines para los que les fueron conferidas."

Con esta disposición se precisa con claridad, no sólo que la Administración sólo puede actuar sometida al derecho, sino además dentro del preciso marco de las competencias que las normas le asignan, y siempre en acuerdo con los fines para los cuales le fueron conferidas dichas competencias. Este es el principio universal en la materia, y que puede analizarse en el ámbito de las leyes latinoamericanas, haciendo referencia a las modalidades del sometimiento de la Administración al derecho, y al significado que tienen las leyes de procedimiento administrativo en esa tarea.

I. EL PRINCIPIO DEL SOMETIMIENTO DE LA ADMINISTRACIÓN AL DERECHO

1. El sometimiento al derecho y sus fuentes

El solo hecho de que se dicte una ley de procedimientos administrativos en un país puede considerarse como un enunciado formal de que la Administración tiene que someterse al derecho y, a su vez, de que ese sometimiento puede ser objeto de control por parte de los tribunales contencioso-administrativos. Se trata, nada más y nada menos, que de uno de los signos de afianzamiento del Estado de derecho.

Ese sometimiento al derecho, sin embargo, como principio del Estado de derecho, tiene diverso alcance según los órganos del Estado y los diversos actos estatales. Por ejemplo, las leyes dictadas por el Congreso o Parlamento y los *interna corporis* son actos estatales que sólo están sometidos a la Constitución en cuanto que se dictan en ejecución directa e inmediata de la misma; asimismo, los llamados "actos de gobierno" del Poder Ejecutivo son también actos dictados en ejecución directa e inmediata de la

Constitución, por lo que el derecho que los condiciona es el que contiene la Constitución. En esos casos, por ello, no puede haber una ley que se interponga entre la Constitución y un *interna corporis* o un acto de gobierno, ya que el ámbito de derecho aplicable a estos actos estatales está circunscrito a la Constitución. Por tanto, en general, el ámbito del derecho aplicable a los actos de los órganos del Estado depende de la posición del órgano que lo dicta en la jerarquía de las normas y de la forma en que emana en relación con la Constitución.

En cuanto a la actividad administrativa, ésta, al ser siempre de rango sublegal, por supuesto que está no sólo sometida a la Constitución sino también a todas las otras fuentes del ordenamiento jurídico, respetándose "la jerarquía normativa" de las fuentes, como lo indica la Ley de Procedimiento Administrativo de Honduras (1987) (art. 2) e, incluso, a las fuentes no escritas. De allí la importancia de los principios generales del derecho administrativo que han guiado la elaboración de las leyes de procedimiento administrativo formulados inicial y paulatinamente a través de su aplicación jurisprudencial, y que han terminado siendo positivizados en las leyes.

Como consecuencia de ello, al analizar el sometimiento de la Administración al principio de legalidad, conforme a las leyes de procedimiento administrativo se constata que ya no se trata sólo de un principio general del derecho, pues el mismo tiene cada vez con más frecuencia y precisión, una expresión formal en los textos. Uno de estos enunciados está, por ejemplo, en la Ley N° 9784 que regula el procedimiento administrativo en la Administración Pública federal de Brasil (1999), que impone como criterio a ser observado en los procedimientos administrativos, "la actuación conforme a la Ley y al derecho" (art. 2, Parágrafo Único, I); y en el Reglamento de procedimiento administrativo de la Secretaría de la Comunidad Andina (1997), al disponer su artículo 5° que precisamente en virtud del *principio de legalidad*

> "La Secretaría deberá someterse en su actuación a las normas del ordenamiento jurídico de la Comunidad" ajustándose a lo establecido "en el Acuerdo de Cartagena, en el Tratado de Creación del Tribunal de Justicia del Acuerdo de Cartagena, y en las Decisiones de la Comisión de la Comunidad Andina y del Consejo Andino de Ministros de Relaciones Exteriores" (art. 8).

Otras leyes nacionales también enuncian este principio en forma expresa. Por ejemplo, la Ley General de la Administración Pública de Costa Rica (1978) señala que: "La Administración Pública actuará sometida al ordenamiento jurídico..." (art. 11,1); agregando en su artículo 13, que:

> "La Administración estará sujeta, en general, a todas las normas escritas y no escritas del ordenamiento administrativo y al derecho privado supletorio del mismo, sin poder derogarlos ni desaplicarlos para casos concretos."

Este principio de *legalidad* o de actuación en conformidad con el derecho, por tanto, implica que las actividades que realicen todos los órganos que ejercen el Poder Público y no sólo los que conforman la Administración Pública, deben someterse a la Constitución y a las leyes.

La consecuencia de ello, en un Estado de derecho, es que las actividades contrarias al derecho están sometidas al control tanto de la Jurisdicción constitucional como de la Jurisdicción contencioso administrativa, cuyos tribunales pueden anularlos.

En relación con la Administración Pública, la Ley Orgánica de la Administración Pública de Venezuela (2001) expresa formalmente el principio, vinculándolo a la competencia, para lo cual, además, precisa la jerarquía de las fuentes del derecho aplicable a la Administración, así:

> *"Artículo* 4°. La Administración Pública se organiza y actúa de conformidad con el principio de legalidad, por el cual la asignación, distribución y ejercicio de sus competencias se sujeta a la Constitución de la República Bolivariana de Venezuela, a las leyes y a los actos administrativos de carácter normativo, dictados formal y previamente conforme a la ley, en garantía y protección de las libertades públicas que consagra el régimen democrático a las personas."

Se destaca de esta norma, como se dijo, la indicación formal de la jerarquía de las fuentes del derecho aplicables a la Administración: 1) la Constitución, 2) las leyes y 3) los actos administrativos normativos; y la referencia al principio teleológico de la sumisión a la ley, cuyo fin es la garantía y protección de las libertades públicas propias del régimen democrático. Las fuentes del derecho, además, para ser tales, deben haberse dictado formal y previamente a la actividad que se regule, lo que implica la proscripción de la retroactividad de la ley.

El principio de la *legalidad*, además, se erige como un principio en el cual se fundamenta la Administración Pública, definiéndose en la Constitución venezolana (1999) como "el sometimiento pleno a la ley y al derecho" (art. 141), y en ese país es una de las misiones fundamentales de los órganos del Poder Ciudadano, consistente en velar por "la aplicación del principio de la legalidad en toda la actividad administrativa del Estado" (art. 274).

Adicionalmente, el artículo 8 de la mencionada Ley Orgánica de Venezuela recoge la previsión del artículo 7 de la Constitución del país, y precisa que "todos los funcionarios de la Administración Pública están en la obligación de cumplir y hacer cumplir la Constitución". Toda autoridad, por tanto, deriva y debe ejecutarse conforme a la Constitución.

Por otra parte, la Ley General de Costa Rica, consagra en su propio texto no sólo la sujeción de la Administración a la ley escrita, sino también a las normas no escritas del ordenamiento jurídico. Incluso llega a enumerar con precisión y expresamente la jerarquía de las fuentes, las cuales el artículo 6,1 sujeta al siguiente orden:

> "a) La Constitución Política;
>
> b) Los tratados internacionales y las normas de la Comunidad Centroamericana;
>
> c) Las leyes y los demás actos con valor de ley;
>
> d) Los decretos del Poder Ejecutivo que reglamentan las leyes de los otros Supremos Poderes en la materia de su competencia;
>
> e) Los demás reglamentos del Poder Ejecutivo, los estatutos y los reglamentos de los entes descentralizados; y
>
> f) Las demás normas subordinadas a los reglamentos, centrales y descentralizadas."

Además, en dicha Ley General se enumeran las siguientes fuentes no escritas: "la costumbre, la jurisprudencia y los principios generales de derecho", que deben servir para interpretar, integrar y delimitar el campo de aplicación del ordenamiento escrito y tendrán el rango de la norma que interpretan, integran o delimitan (art. 7).

La Ley 27.444 del Perú puede decirse que culminó este proceso de positivización de las fuentes del derecho administrativo, como fuentes del procedimiento administrativo. Por una parte, indica que "el ordenamiento jurídico-administrativo integra un sistema orgánico que tiene autonomía respecto de otras ramas del derecho" (art. V, Título Preliminar), consagrando así la autonomía del derecho administrativo para lo cual precisa, el mismo artículo V,1, que "el ordenamiento jurídico administrativo integra un sistema orgánico que tiene autonomía respecto de otras ramas del Derecho". Por otra parte, enumera las siguientes fuentes del derecho administrativo:

"2.1. Las disposiciones constitucionales

2.2. Los tratados y convenios internacionales incorporados al Ordenamiento Jurídico Nacional.

2.3. Las leyes y disposiciones de jerarquía equivalente

2.4. Los Decretos Supremos y demás normas reglamentarias de otros poderes del Estado.

2.5. Los demás reglamentos del Poder Ejecutivo, los estatutos y reglamentos de las entidades, así como los de alcance institucional o provenientes de los sistemas administrativos.

2.6. Las demás normas subordinadas a los reglamentos anteriores.

2.7. La jurisprudencia proveniente de las autoridades jurisdiccionales que interpreten disposiciones administrativas.

2.8. Las resoluciones emitidas por la Administración a través de sus tribunales o consejos regidos por leyes especiales, estableciendo criterios interpretativos de alcance general y debidamente publicadas. Estas decisiones generan precedente administrativo, agotan la vía administrativa y no pueden ser anuladas en esa sede.

2.9. Los pronunciamientos vinculantes de aquellas entidades facultadas expresamente para absolver consultas sobre la interpretación de normas administrativas que apliquen en su labor, debidamente difundidas.

2.10. Los principios generales del derecho administrativo."

Sin embargo, en cuanto a la jurisprudencia, a los precedentes, a las consultas interpretativas y a los principios generales del derecho administrativo, la Ley peruana señala que: "sirven para interpretar y delimitar el campo de aplicación del ordenamiento positivo al cual se refieren". (art. V, 3, Título Preliminar).

Por otra parte, para completar el proceso de positivización del principio de la legalidad, el artículo 8 de la Ley General de Costa Rica agrega también este enunciado:

> "El ordenamiento administrativo se entenderá integrado por las normas no escritas necesarias para garantizar un equilibrio entre la eficiencia de la Administración y la dignidad, la libertad y los otros derechos fundamentales del individuo."

Con ello también encuentra consagración en el derecho positivo el enunciado del principio del necesario equilibrio entre el Poder de la Administración (la eficiencia de la Administración) y los derechos de los particulares.

Aparte de esto, la Ley costarricense señala otros principios a los cuales queda sometida la Administración, como son los relativos al servicio público, "para asegurar su continuidad, su eficiencia, su adaptación a todo cambio en el régimen legal o en la necesidad social que satisfacen y la igualdad en el trato de los destinatarios, usuarios o beneficiarios" (art. 4).

Ahora bien, este principio del sometimiento de la Administración al derecho encuentra en este conjunto de leyes una consagración expresa en tres aspectos que hay que destacar: en primer lugar, en el carácter siempre sublegal de la actividad de la Administración y del acto administrativo; en segundo lugar, en la regulación misma del régimen de los procedimientos, que tiene carácter obligatorio, proscribiéndose las vías de hecho; y, en tercer lugar, aún cuando no haya regulación general del procedimiento, en la importancia del principio del paralelismo de las formas como un elemento que debe guiar la actuación de la Administración.

2. El carácter sublegal de la actividad administrativa

A. El respeto a la legalidad

Toda actividad administrativa es de carácter y rango sublegal; por ello, el acto administrativo se distingue del acto de gobierno del Poder Ejecutivo y de los actos del Parlamento, que son siempre de rango legal, por ser dictados en ejecución directa e inmediata de la Constitución y sometidos, por tanto, al solo control de la Jurisdicción Constitucional. En cambio, los actos administrativos, al ser siempre de rango sublegal, están sometidos al control de la conformidad con el derecho (y no sólo con la Constitución) que ejercen los tribunales de la Jurisdicción Contencioso Administrativa.

Ahora bien, el carácter sublegal de la actividad administrativa que implica el sometimiento o sujeción de la Administración a la ley, exige precisar el esquema de relaciones entre la Ley y el acto normativo de la Administración que es el reglamento.

En tal sentido puede decirse que con carácter general en América Latina, al contrario de lo que sucede en el sistema constitucional francés, no hay áreas normativas reservadas a la Administración. La función normativa por excelencia corresponde al Legislador, órgano que tiene la posibilidad de ejercer su potestad normativa con los solos límites constitucionales. Por tanto, el principio del derecho constitucional francés de la existencia de áreas reservadas al Poder Ejecutivo para ser reglamentadas, que limitan la potestad reguladora del Parlamento, no existe en América Latina. Al contrario, en nuestros países, la potestad normativa del legislador en principio es ilimitada en cuanto a las materias que puede abarcar, por lo que puede regular todo dentro del marco de la Constitución. Es decir, la competencia normal de carácter normativo corresponde al Parlamento, no habiendo áreas reservadas al reglamento; al contrario, lo que sí puede haber y existen son áreas reservadas al Legislador, lo que configuran la reserva legal como limitación a la potestad reglamentaria.

En consecuencia, el primer principio que deriva del carácter sublegal de la actividad administrativa es el del necesario respeto a la ley; cuyo antecedente normativo, en todo caso, se encuentra en la legislación española, específicamente en la vieja y ya derogada Ley de Procedimientos Administrativos (1957), que estableció el principio de que "la Administración no podrá dictar disposiciones contrarias a las leyes..." (art. 57). En sentido similar, la Ley de Honduras precisa que los órganos de la Administración no pueden, mediante actos de carácter general "alterar el espíritu de la ley, variando el sentido y alcance de ésta" (art. 40.a). Esta ha sido un principio tradicional del constitucionalismo venezolano que impone a la potestad reglamentaria el límite de que con ella no se puede "alterar el espíritu, propósito y razón de la Ley" (art. 236,10).

B. El respeto a la reserva legal

De lo anterior resulta, por tanto, que si bien no existen áreas de regulación normativa reservadas al Reglamento, que siempre está sometido y subordinado a la ley; en cambio, sí existen áreas que están reservadas al legislador, que implican una limitación a la potestad reglamentaria y al acto administrativo normativo. Estas áreas de la reserva legal derivan tanto de principios constitucionales como de normas expresas de la Constitución.

En efecto, no es infrecuente encontrar en las Constituciones reservas legislativas expresas, por ejemplo, en materia de organización administrativa, como sucede en el caso venezolano, donde la Constitución precisa, por ejemplo, que "La Ley determinará lo relativo a la organización y funcionamiento de la Contraloría General de la República..." (art. 290); o que "La organización de los Municipios y demás entidades locales se regirá... por las normas que para desarrollar los principios constitucionales establezcan las leyes orgánicas nacionales, y por las disposiciones legales que en conformidad con aquéllas dicten los Estados" (art. 169). Por lo tanto, en materia de organización, en estos casos, es la Constitución la que establece expresamente la reserva legal.

Estas materias de reserva legal, por tanto, no pueden ser objeto de regulación mediante reglamentos. Como lo precisa la Ley de Honduras, los órganos de la Administración no pueden mediante actos de carácter general, "regular, salvo autorización expresa de una Ley, materias que sean de la exclusiva competencia del Poder Legislativo" (art. 40.b).

En otros casos, la reserva legal deriva de principios constitucionales que comienzan a encontrar su expresión positiva en las leyes. En efecto, las áreas reservadas al Legislador y que implican un límite a la potestad reglamentaria normativa, derivan de tres ámbitos clásicos de regulaciones constitucionales: el régimen de los derechos y garantías constitucionales, es decir, la limitación de los derechos humanos; el establecimiento de sanciones e infracciones; y el establecimiento de tributos y contribuciones; todas áreas de regulación reservadas al Legislador.

Estos ámbitos de reserva legal, si bien se han ido construyendo por la jurisprudencia, es decir, tanto por el juez contencioso administrativo como por el juez constitucional, paulatinamente han comenzado a encontrar su expresión concreta en textos normativos, como las leyes de procedimientos administrativos.

En particular, en cuanto al régimen de derechos y garantías constitucionales, la Ley General de la Administración de Costa Rica establece que: el mismo "está reservado a la ley." (art. 19,1).

En el caso de Venezuela, en cuanto al régimen sancionatorio e impositivo, la Ley Orgánica de Procedimientos Administrativos (1982) establece que:

> "Ningún acto administrativo podrá crear sanciones, ni modificar las que hubieran sido establecidas en las leyes, crear impuestos u otras contribuciones de derecho público, salvo dentro de los límites determinados por la Ley" (art. 10).

En esta forma se regula la reserva legal en materia de sanciones, lo cual se corrobora en la Ley de Honduras, que establece que los órganos de la Administración no pueden, mediante actos de carácter general, "establecer penas, ni prestaciones personales obligatorias, salvo aquellos casos en que expresamente lo autorice la Ley" (art. 40.c).

En sentido similar, la Ley General de la Administración Pública de Costa Rica dispone que:

> "Los reglamentos, circulares, instrucciones y demás disposiciones administrativas de carácter general no podrán establecer penas ni imponer penas, exacciones, tasas, multas ni otras cargas similares" (art. 124).

Se encuentran así, en la legislación de Costa Rica, las tres clásicas áreas constitucionales de reserva legal consagradas en forma expresa en la Ley General: el régimen de los derechos constitucionales, el régimen de las sanciones e infracciones, y el régimen de los tributos o exacciones, que sólo pueden establecerse por ley.

II. LA REGULACIÓN DEL PROCEDIMIENTO ADMINISTRATIVO

1. El régimen legal del procedimiento

A. El ámbito de aplicación

Otro signo del desarrollo legislativo del principio del sometimiento de la Administración al derecho es el hecho de la regulación formal expresa del procedimiento mismo, lo que ha dado origen a un cuerpo de enunciados sobre el ámbito de aplicación de estas leyes, basado en su obligatoria aplicación y acatamiento; habiendo incluso algunas leyes, como la Ley 27.444 del Perú, definido el propio procedimiento administrativo, como:

> "Conjunto de actos y diligencias tramitados en las entidades, conducentes a la emisión de un acto administrativo que produzca efectos jurídicos individuales o individualizables sobre intereses, obligaciones o derechos de los administrados" (art. 29).

a. *El principio de la generalidad*

El principio fundamental que rige en esta materia es el de la generalidad, es decir, dictada una ley de procedimiento administrativo, ésta establece un régimen básico, común (de allí la nueva denominación de la ley española como ley de "Régimen Común") o general (de allí la denominación de la Ley peruana) que se aplica a toda la Administración Pública, salvo excepciones siempre expresas.

Por supuesto, hablar de la Administración Pública exige precisar si ésta debe definirse desde el punto de vista orgánico o funcional, y lo cierto, en general, es que las leyes de procedimiento administrativo han optado por un criterio orgánico para definir su ámbito de aplicación, siendo la excepción la definición de dicho ámbito de aplicación mediante criterios funcionales.

Esta excepción se da, sin embargo, en el caso de Brasil y Colombia. La Ley de Brasil, en efecto, prescribe que los preceptos de la misma "se aplican a los órganos de los Poderes Legislativos o Judicial de la Unión, cuando desempeñen la *función administrativa*" (art. 1, Parágrafo 1°). Por su parte, en Colombia, el Código Contencioso Administrativo (1984), en el libro sobre Procedimientos Administrativos, prescribe que sus normas se aplican al *ejercicio de la función administrativa*, sea cual sea el órgano o entidad que la ejerza: puede tratarse de los órganos de todas las ramas del Poder Público, de entidades descentralizadas, de órganos desconcentrados de rango constitucional y de entidades privadas "cuando unos y otros cumplan funciones administrativas" (art. 1).

Por ello, la definición del ámbito de aplicación del Código de Colombia es funcional; sea quien sea que ejerza la función administrativa se rige por sus normas, trátese de un órgano del Congreso, de la Administración, o de las entidades particulares cuando dictan actos administrativos.

En esta misma orientación se ubica la Ley del Perú, en la cual si bien se dispone que "será de aplicación para todas las entidades de la Administración Pública, la misma entiende por "entidad" o "entidades" de la Administración Pública para los fines de su aplicación, las siguientes:

"1. El Poder Ejecutivo, incluyendo Ministerio y Organismos Públicos Descentralizados;

2. El Poder Legislativo;

3. El Poder Judicial;

4. Los Gobiernos Regionales;

5. Los Gobiernos Locales;

6. Los Organismos a los que la Constitución Política del Perú y las leyes confieren autonomía.

7. Las demás entidades y organismos, proyectos y programas del Estado, cuyas actividades se realizan en virtud de potestades administrativas y, por tanto se consideran sujetas a las normas comunes de derecho público, salvo mandato expreso de ley que las refiera a otro régimen; y

8. Las personas jurídicas bajo el régimen privado que prestan servicios públicos o ejercen función administrativa, en virtud de concesión, delegación o autorización del Estado, conforme a la normativa de la materia" (art. 1).

Esta norma se complementa con lo dispuesto en el artículo II, según el cual la ley "regula las actuaciones de la función administrativa del Estado y el procedimiento administrativo común desarrollados en las entidades" (art. II, 1, Título Preliminar).

Pero, como antes se dijo, esta definición funcional es excepcional, en cuanto al ámbito de aplicación de las leyes de procedimiento administrativo, pues en el resto de los países latinoamericanos se ha optado por el criterio orgánico. Normalmente se aplican a la Administración Pública Centralizada como sucede en la Ley de Venezuela (art. 1°), en el decreto 500/991 sobre Normas Generales de actuación administrativa y regulación del procedimiento en la Administración Central de Uruguay (1991) (art. 1°), en la Ley Federal de Procedimiento Administrativo de México (art. 1°) y en la Ley argentina de Procedimientos administrativos (art. 1°); y en algunos casos, la aplicación de las leyes se extiende a la Administración Pública Descentralizada funcionalmente, como sucede en las leyes de Venezuela y Argentina.

b. *El principio de extensión*

Ahora bien, una consecuencia del criterio orgánico para precisar el ámbito de aplicación de las leyes de procedimiento administrativo, es la previsión en general, en su texto, de la posibilidad de extensión de su aplicación a otros órganos no comprendidos en dicho ámbito orgánico, como norma supletoria, siempre que haya posibilidad de su aplicación.

En aquellos países con un régimen federal, por ejemplo, Argentina, Brasil, México y Venezuela, la distribución territorial del Poder Público en forma vertical hace que los órganos políticos de los Estados o Provincias y municipales tengan autonomía, incluso para regular los procedimientos administrativos, no existiendo una sola y general ley nacional de procedimientos administrativos. Por ello, en México y en Brasil, la Ley se denomina "ley federal" de procedimientos administrativos, para distinguirla de las leyes de cada uno de los Estados o Provincias de la Federación sobre procedimientos administrativos. En el caso argentino, la "ley nacional" de procedimientos administrativos es distinta e independiente de las leyes provinciales sobre procedimientos administrativos, las cuales, incluso, históricamente son anteriores a la ley nacional.

En el caso de Venezuela sucede lo mismo: siendo la forma del Estado la de un Estado federal, la Ley Orgánica de Procedimientos Administrativos nacional en principio no está destinada a los Estados y Municipios, entidades que en principio tienen autonomía normativa para regular sus propios procedimientos administrativos. Sin embargo, por el principio de la extensión, la propia Ley Orgánica nacional señala que las disposiciones de la misma rigen respecto de los Estados y Municipios, "en cuanto les sea aplicable" (art. 1°). En esta forma, a través de este principio de extensión se permite, a nivel de los principios del procedimiento, controlar la legalidad de la actuación de los Estados y los Municipios, hayan ellos dictado o no sus propias leyes u ordenanzas sobre procedimientos administrativos, lo que por la tendencia centralizadora ha sido excepcionalísimo.

En Venezuela, incluso, el principio de extensión condujo a prever la aplicabilidad de la Ley Orgánica a lo que eran las Administraciones Públicas funcionalmente autónomas de rango constitucional, como la Contraloría General de la República, el Consejo de la Judicatura y el Ministerio Público; entidades que han sido configuradas, en la Constitución de 1999, como órganos que forman parte de la penta división del Poder Público. Por ello, a la Contraloría General de la República y a la Fiscalía General de la República habría que agregar, entre esas entidades a las cuales se debería aplicar la Ley "en cuanto su normativa les sea aplicable", a la Defensoría del Pueblo, al Consejo Nacional Electoral e, incluso, a la Dirección Ejecutiva de la Magistratura del Tribunal Supremo de Justicia, creada con la eliminación del Consejo de la Judicatura.

Puede decirse, que este principio de la extensión ha adquirido una nueva dimensión en la Constitución venezolana de 1999 al haber establecido no sólo la forma federal del Estado sino al haber dispuesto a nivel nacional (Poder Público Nacional) la antes mencionada penta división del Poder Público (Legislativo, Ejecutivo, Judicial, Ciudadano y Electoral) y haber regulado en el propio texto constitucional algunos aspectos de la Administración Pública. En efecto, la Constitución de 1999 contiene un extenso Título IV relativo al "Poder Público", cuyas normas se aplican a todos los órganos que ejercen el Poder Público tal como lo indica el artículo 136: en su distribución vertical o territorial (Poder Municipal, Poder de los Estados y Poder Nacional); y, en el nivel Nacional, en su distribución horizontal (Legislativo, Ejecutivo, Judicial, Ciudadano y Electoral).

En dicho Título se incorporó una sección relativa a "la Administración Pública", cuyas normas se aplican a todos los órganos y entes que ejercen esos Poderes Públicos. De allí que lo primero que debe determinarse es cuáles son los órganos estatales que ejercen el Poder Público y que pueden considerarse como tal "Administración Pública".

Ante todo, por supuesto, están los órganos de los diversos niveles territoriales del Poder Público (Nacional, Estados y Municipal) que ejercen el Poder Ejecutivo. En consecuencia, las normas que contiene la sección se aplican a todas las "Administraciones Públicas" *ejecutivas* de la República (administración pública nacional), de los Estados (administración pública "estadal"), de los Municipios (administración pública municipal) y de las otras entidades políticas territoriales que establece el artículo 16 de la Constitución, entre las cuales se destacan los Distritos Metropolitanos cuyos órganos ejercen el Poder Municipal.

Pero la Administración Pública del Estado venezolano, en los tres niveles territoriales de distribución vertical del Poder Público, no se agota en los órganos y entes de la Administración Pública *ejecutiva* (que ejercen el Poder Ejecutivo), pues también comprende los otros órganos de los Poderes Públicos que desarrollan las funciones del Estado de carácter sublegal. En tal sentido, en el nivel nacional, los órganos que ejercen el Poder Ciudadano (Fiscalía General de la República, Contraloría General de la República y Defensoría del Pueblo) y el Poder Electoral (Consejo Nacional Electoral), sin la menor duda son órganos que integran la Administración Pública del Estado, organizados con autonomía funcional respecto de los órganos que ejercen otros poderes del Estado. En cuanto a los órganos que ejercen el Poder Judicial, los que conforman la Dirección Ejecutiva de la Magistratura mediante la cual el Tribunal Supremo de Justicia ejerce la dirección, gobierno y administración del Poder Judicial, también son parte de la Administración Pública del Estado.

En consecuencia, en los términos de la sección segunda del Título IV de la Constitución de Venezuela, la Administración Pública del Estado no sólo está conformada por órganos que ejercen el Poder Ejecutivo, sino por los órganos que ejercen el Poder Ciudadano y el Poder Electoral, y por la Dirección Ejecutiva de la Magistratura que en ejercicio del Poder Judicial tiene a su cargo la dirección, el gobierno y la administración del Poder Judicial.

Para desarrollar los principios constitucionales relativos a la Administración Pública, se ha dictado la mencionada Ley Orgánica de la Administración Pública (2001), la cual, como lo indica su artículo 1°, tiene por objeto general:

> "1° Establecer los principios y bases que rigen la organización y el funcionamiento de la Administración Pública;
>
> 2° Establecer los principios y lineamientos de la organización y funcionamiento de la Administración Pública Nacional y de la administración descentralizada funcionalmente;
>
> 3° Regular los compromisos de gestión;
>
> 4° Crear mecanismos para promover la participación y el control sobre las políticas y resultados públicos; y
>
> 5° Establecer las normas básicas sobre los archivos y registros públicos."

Siendo una ley nacional, por supuesto, sus disposiciones son básicamente "aplicables a la Administración Pública Nacional" (art. 2). La Ley, sin embargo, no define qué ha de entenderse por ello; pero de su normativa se deduce que abarca la Administración Pública que conforman los órganos que ejercen el Poder Ejecutivo Nacional y aquéllos que conforman la Administración Pública nacional descentralizada sometida al control de aquél, con forma de derecho público.

En cuanto a la Administración Pública que conforman los demás órganos del Poder Público Nacional, es decir, los que a nivel nacional ejercen el Poder Judicial, el Poder Ciudadano y el Poder Electoral, las disposiciones de la Ley Orgánica sólo se les aplican "supletoriamente" (art. 2).

En cuanto a los órganos que ejercen el Poder Legislativo, respecto de las funciones administrativas que realicen, conforme al artículo 2 de la Ley Orgánica, también se les podrán aplicar sus disposiciones supletoriamente.

En relación con los órganos de los Poderes Públicos que derivan de la distribución territorial del Poder Público, conforme al artículo 2 de la Ley Orgánica de la Administración Pública "los principios y normas [de la Ley Orgánica] que se refieran en general a la Administración Pública, o expresamente a los Estados, Distritos metropolitanos y Municipios, serán de obligatoria observancia por éstos, quienes desarrollarán los mismos dentro del ámbito de sus respectivas competencias".

En cuanto a las demás regulaciones de la Ley Orgánica, rige el mismo principio de su posible aplicación supletoria a las Administraciones Públicas de los Estados y Municipios (art. 2).

c. *Los procedimientos excluidos*

Como excepción al principio de la generalidad, muchas leyes de procedimiento administrativo establecen excepciones expresas y precisas respecto de su aplicabilidad a determinados procedimientos. En Venezuela, por ejemplo, quedan excluidos de la aplicación de la Ley Orgánica de Procedimientos Administrativos, "los procedimientos concernientes a la seguridad y defensa del Estado" (art. 106).

En sentido similar, el Código colombiano precisa que sus normas:

> "No se aplicarán en los procedimientos militares o de policía que por su naturaleza, requieren decisiones de aplicación inmediata, para evitar o remediar una perturbación de orden público en los aspectos de defensa nacional, seguridad, tranquilidad, salubridad y circulación de personas y cosas" (art. 1).

En Colombia también se excluyen de la aplicación del Código los procedimientos "para ejercer la facultad de libre nombramiento y remoción" (art. 1).

En Argentina, en esta materia, la Ley de Procedimientos Administrativos autoriza al Poder Ejecutivo para dictar el procedimiento administrativo que regirá respecto de los organismos militares y de defensa y seguridad, a propuesta de éstos, adoptando los principios básicos de la Ley y su reglamento (art. 2).

En México, la Ley Federal establece una amplia exclusión de la aplicabilidad de la Ley, al disponer que la misma no será aplicable a:

> "Las materias de carácter fiscal, financiero, responsabilidades de los servidores públicos, electoral, competencia económica, justicias agraria y laboral, así como al Ministerio Público en ejercicio de sus funciones constitucionales" (art. 1).

B. Los procedimientos especiales y el principio de supletoriedad

Otro principio derivado de la regulación del procedimiento administrativo es el principio de supletoriedad vinculado al régimen de los procedimientos especiales.

En efecto, en todas las leyes de procedimiento administrativo se señala que pueden haber procedimientos especiales, que serían los aplicables en el caso concreto, conforme al principio de la especialidad.

Paralelamente, sin embargo, se regula el principio de la supletoriedad, en el sentido de que en estos procedimientos especiales se aplica el régimen general de la Ley, en todo lo no regulado en los referidos procedimientos especiales.

Es el caso del Código Colombiano, en cuyo artículo 1° se prescribe que los procedimientos administrativos regulados por leyes especiales, se rigen por éstas y, en todo lo no previsto en ellas, se aplican las disposiciones del Código. En igual sentido, el régimen venezolano de la Ley Orgánica de Procedimientos Administrativos señala que si hay procedimientos regulados en leyes especiales, estos se aplican con preferencia al procedimiento ordinario previsto en la Ley, en las materias de su especialidad (art. 47). La supletoriedad también la regula con precisión la Ley peruana, al disponer que los procedimientos especiales creados y regulados como tales por ley expresa, atendiendo a la singularidad de la materia:

Se rigen supletoriamente por la presente ley en aquellos aspectos no previstos y en los que no son tratados expresamente de modo distinto (art. II, 2).

En esta forma, el principio supletorio es un rasgo común de estas leyes de procedimiento administrativo, que también recogen las leyes de México (art. 2), de Argentina (art. 2), de Brasil (art. 68) y de Honduras (art. 2).

C. El régimen supletorio del procedimiento civil

Otro principio general supletorio que se puede identificar en el régimen de las leyes de procedimiento administrativo, es el relativo a la aplicabilidad de las normas procesales generales respecto de los procedimientos administrativos. Entre las leyes de procedimiento administrativo que regulan este aspecto están las de Costa Rica, México, Honduras y Perú.

En efecto, la Ley General de Costa Rica destinada a regular los procedimientos que se desarrollan ante la Administración, precisa que en ausencia de disposición expresa de su texto se deban aplicar "supletoriamente", en lo que fueren compatibles, las otras leyes que contengan normas procesales, que son, la Ley de la Jurisdicción Contencioso Administrativa y el Código de Procedimiento Civil (art. 229). En sentido similar, el artículo 150 de la Ley de Honduras dispone que:

> "*Artículo* 150. Para la resolución de cuestiones no previstas expresamente en esta Ley, serán de aplicación supletoria los principios generales del procedimiento administrativo y, en su defecto, las normas del Código de Procedimientos Civiles siempre que no fueren incompatibles con el régimen establecido por la misma."

En el Perú, la Ley del Procedimiento Administrativo General dispone que "la regulación propia del derecho procesal civil es aplicable sólo en cuanto sea compatible con el régimen administrativo" (art. IV,2); y en México, la Ley Federal también prescribe que el Código Federal de Procedimiento Civil se aplicará, supletoriamente a esta Ley, en lo conducente (art. 2).

Este, en todo caso, ha sido uno de los temas tradicionalmente más discutidos en relación al régimen procesal administrativo. Las leyes administrativas están regidas por el principio del informalismo y el principio de la flexibilización de la acción administrativa, por lo que, como principio, el Código de Procedimiento Civil no debería aplicarse al procedimiento administrativo. Incluso en países como Venezuela, los tribunales contencioso-administrativos han tenido un rechazo sistemático respecto de admitir la aplicación de los principios del Código de Procedimiento Civil al procedimiento administrativo, precisamente, entre otros factores, por los principios del informalismo y anti ritualismo que deben regir al procedimiento administrativo.

Por ello, en los casos de Costa Rica y de México, donde sí se remite expresamente al Código de Procedimiento Civil para lo no previsto en la ley, podría identificarse una fuerte contradicción entre el antiformalismo del procedimiento administrativo y el excesivo formalismo que caracteriza las normas de procedimiento civil.

D. El principio de exclusividad

Ahora bien, regulado un procedimiento administrativo, sea en una ley especial o en una ley general de procedimiento administrativo, dicho procedimiento es el que debe aplicarse exclusivamente, siendo el único válido y admisible.

Por tanto, una vez regulado un procedimiento administrativo, puede decirse que queda eliminado todo ámbito de discrecionalidad de la Administración respecto de poder escoger o aplicar un procedimiento cualquiera.

Este es uno de los principios claves derivados de la garantía de los particulares frente a la Administración, el que exclusivamente se aplique el procedimiento que regula la ley, no teniendo el funcionario poder discrecional alguno para aplicar cualquier otro procedimiento. Lo contrario atentaría contra el régimen mismo del procedimiento.

Por tanto, como garantía de los particulares, en materia de procedimiento administrativos, el principio de exclusividad conduce, en relación a la Administración al principio de obligatoriedad.

2. La obligatoriedad del procedimiento

A. El principio de la imperatividad

En efecto, regulado legalmente un procedimiento, el mismo es de obligatoria aplicación. Así lo señala la Ley Federal mexicana, al prescribir que las disposiciones sobre procedimiento administrativo:

> "Son aplicables a la actuación de los particulares ante la Administración Pública Federal, así como a los actos a través de los cuales se desenvuelve la función administrativa" (art. 12).

Sin embargo, en las leyes de procedimiento administrativo se pueden identificar algunos supuestos en los que si bien se regula el procedimiento administrativo, el mismo podría no ser obligatorio. Es el caso, por ejemplo, de procedimientos que no afecten a los particulares. El procedimiento administrativo en último término, es una garantía de los particulares, por lo que, en definitiva, como lo señala la Ley de Honduras, los órganos y entidades de la Administración Pública:

Estarán sujetos a la presente Ley, cuando declaren, reconozcan o limiten los derechos de los particulares (art. 1).

Por su parte, la Ley General de Costa Rica también establece expresamente, en su artículo 308, que el procedimiento ordinario que regula, será de observancia obligatoria en cualquiera de los siguientes casos:

> "a. Si el acto final puede causar perjuicio grave al administrado, sea imponiéndole obligaciones, suprimiéndole o denegándole derechos subjetivos, o por cualquier otra forma de lesión grave y directa a sus derechos o intereses legítimos; y
>
> b. Si hay contradicción o concurso de interesados frente a la Administración dentro del expediente."

Por ello, también agrega la Ley General de Costa Rica que el trámite que regula, se aplica "cuando el acto final haya de producir efectos en la esfera jurídica de otras personas" (art. 215), es decir, pueda causar perjuicios o afectar a otros particulares, o cuando exista una contradicción o participación de particulares.

B. Las clases de procedimiento

Lo antes dicho permite distinguir los procedimientos administrativos según sus efectos y, entre ellos, los que afecten a los particulares y los que no los afecten, de lo que deriva su obligatoriedad.

Por ello, si el procedimiento es de efectos internos exclusivamente respecto de los órganos de la Administración, la Ley de Costa Rica prescribe que la Administración puede regularlo discrecionalmente. En consecuencia, la obligatoriedad es total cuando el procedimiento implique actos o acciones que vayan a afectar a los administrados, como lo señala la Ley de Honduras. Al contrario, cuando ésta afectación a los particulares no existe, la Administración tendría la libertad de escoger cualquier otra modalidad de procedimiento.

Una excepción a la obligatoriedad se encuentra en la Ley Federal mexicana cuando se refiere a aquellos casos en que "medie una situación de emergencia o urgencia, debidamente fundada y motivada", supuesto en el cual la autoridad puede emitir el acto administrativo sin las formalidades del procedimiento, pero siempre respetando las garantías individuales (art. 61). Con ello, en situaciones excepcionales podría obviarse el principio de la obligatoriedad, así como también el procedimiento, y dictarse el acto sin regirse por la norma preestablecida, pero siempre respetando las garantías de los particulares.

C. El principio de la responsabilidad

La obligatoriedad del procedimiento trae como consecuencia, en todas las leyes, la aplicación del principio de la responsabilidad. En consecuencia, la mora o la no aplicación del procedimiento o trámites compromete la responsabilidad tanto de la Administración como del funcionario.

Así está expresamente regulado en la Ley venezolana (art. 6), en el Código colombiano y en la Ley peruana. En la primera, se declara responsable al funcionario por "retardo, omisión, distorsión o incumplimiento de cualquier disposición, procedimiento, trámite o plazo" establecido en la Ley (art. 100); y en el Código de Colombia se destina uno de los títulos del Libro Primero a la responsabilidad del funcionario por no aplicar el procedimiento administrativo en la forma legalmente prescrita. (arts. 76 a 79). La responsabilidad disciplinaria, en estos casos, en general, origina la aplicación de sanciones pecunarias como se dispone en el art. 151 de la Ley de Honduras; en el art. 68 de la Ley de Brasil; y en el art. 100 de la Ley de Venezuela.

En la ley del Perú, además, se detallan los supuestos de responsabilidad de los funcionarios por falta administrativa en el procedimiento administrativo, en los siguientes casos:

1. Negarse a recibir injustificadamente solicitudes, recursos, declaraciones, informaciones o expedir constancia sobre ellas.

2. No entregar, dentro del término legal, los documentos recibidos a la autoridad que deba decidir u opinar sobre ellos.

3. Demorar injustificadamente la remisión de datos, actuados o expedientes solicitados para resolver un procedimiento o la producción de un acto procesal sujeto a plazo determinado dentro del procedimiento administrativo.

4. Resolver sin motivación algún asunto sometido a su competencia.

5. Ejecutar un acto que no se encuentre expedito para ello.

6. No comunicar dentro del término legal la causa de abstención en la cual se encuentre incurso.

7. Dilatar el cumplimiento de mandatos superiores o administrativo o contradecir sus decisiones.

8. Intimidar de alguna manera a quien desee plantear queja administrativa o contradecir sus decisiones.

9. Incurrir en ilegalidad manifiesta.

10. Difundir de cualquier modo o permitir el acceso a la información confidencial.

En la Ley de Honduras, por su parte, se regula el procedimiento de queja ante el superior inmediato del presunto responsable, en relación con "los retrasos injustificados o defectos de tramitación durante el procedimiento", a los efectos de la determinación de la responsabilidad disciplinaria, con intervención de la Contraloría General de la República (art. 117). La ley del Perú también regula en detalle el procedimiento de queja contra los defectos de tramitación (art. 158).

3. El principio del paralelismo de las formas

Un principio que también se debe indicar como consecuencia de la regulación del procedimiento administrativo, es el principio del paralelismo de las formas.

Es decir, regulado un procedimiento para la producción de un acto administrativo, cualquier modificación posterior del acto dictado, aun cuando no esté regulada expresamente, debe seguir las mismas formas y formalidades prescritas para su producción inicial. Este principio puede tener una aplicación importante, porque muchas veces el ordenamiento sólo regula el procedimiento para la emisión del acto, pero no sus modificaciones. El principio del paralelismo de las formas obliga a que las modificaciones también se rijan por los mismos principios que guiaron la emisión.

La consagración de este principio, por ejemplo, está en la Ley del Perú, la cual al regular la potestad de la Administración para rectificar los errores materiales o aritméticos en los actos administrativos indica que "la rectificación adopta las formas y modalidades de comunicación o publicación que corresponda para el acto original" (art. 201,2).

En todo caso, se trata de un principio que ha sido admitido por la jurisprudencia con mucha frecuencia, el cual puede conducir a nuevos ámbitos de control de la legalidad.

4. La proscripción de las vías de hecho

La consecuencia de la regulación del procedimiento y del necesario sometimiento a la ley que lo regula es la necesidad de que la Administración, en su actuación, tenga que seguir siempre las vías legales. La consecuencia de esto es que quedan proscritas las vías de hecho, las cuales existirían en toda actuación de la Administración que se aparte del procedimiento legalmente establecido o cuando la Administración pretenda adoptar una decisión sin que exista un acto previo que la autorice.

Este principio se encuentra regulado, por ejemplo, en la Ley Orgánica venezolana, en materia de ejecución de actos administrativos, al establecer que:

> "Ningún órgano de la Administración podrá realizar actos materiales que menoscaben o perturben el ejercicio de los derechos de los particulares, sin que previamente haya sido dictada la decisión que sirva de fundamento a los actos" (art. 78).

En sentido similar, la Ley de Honduras prescribe que:

> "Ninguna actuación material que límite derechos de los particulares podrá iniciarse sin que previamente haya sido adoptada y legalmente comunicada la decisión que le sirva del fundamento jurídico" (art. 20).

Por ello, la actuación de la Administración mediante actos materiales se considera como una vía de hecho si no tiene su fundamento en un acto administrativo formal previo de la propia Administración.

En el caso de la legislación argentina, la regulación de las "vías de hecho" es expresa al imponer a la Administración la abstención de "comportamientos que importen vías de hecho administrativas lesivas de un derecho o garantía constitucionales" (art. 9.a).

Incluso, en la Ley argentina se califica como "vía de hecho" la actuación consistente en poner en ejecución un acto administrativo cuando está pendiente algún recurso administrativo de los que impliquen efectos respecto de la ejecución del acto; o cuando habiéndose resuelto, no hubiere sido notificado (art. 9.b).

LIBRO SEGUNDO:

PRINCIPIOS DEL PROCEDIMIENTO ADMINISTRATIVO (1990)

Este Libro Segundo del Tomo IV de este *Tratado de Derecho Administrativo* recoge el texto del libro *Principios del Procedimiento Administrativo*, publicado por Editorial Civitas, Madrid, 1990, con prólogo del profesor Eduardo García de Enterría; y posteriormente en 1992, publicado en francés en Paris, por la Editorial Económica con el título *Les principes de la procédure administrative non contentieuse (Etude de droit comparé: France, Espagne, Amérique Latine)*, con prefacio del profesor Franck Moderne. Una versión inicial del texto se publicó, además, con el título "Principios del Procedimiento Administrativo en España y América Latina," en el libro *200 Años del Colegio de Abogados, Libro Homenaje*, Colegio de Abogados del Distrito Federal, Ávila Arte/Impresores, T. I, Caracas 1990, pp. 255-435; y el texto íntegro se agregó, como un "Segundo libro" a la edición de 2002 de mi libro *El derecho administrativo y la Ley Orgánica de Procedimientos Administrativos*, editado por la Editorial Jurídica Venezolana, Caracas desde 1982. El texto del libro se publica aquí en la versión de la edición Costarricense de 2012 publicada en coedición entre *Investigaciones Jurídicas S.A.* y la *Editorial Jurídica Venezolana,* que estuvo precedida de una Presentación en la cual expliqué, al igual que lo hice en el Prefacio de la edición madrileña de 1990, que el libro recoge, en esencia, la versión en castellano del curso que dicté en el Tercer Ciclo de la *Université de Droit, d'Économie et de Science Sociales* de París (París 2), por invitación de mi recordado amigo el profesor Roland Drago, en el marco de su curso sobre *Derecho Administrativo Comparado*, que durante el año académico 1989-1990 estuvo a cargo del profesor Jean Michel Lemoine des Forges. Ese año el curso fue destinado al estudio del "Procedimiento Administrativo en el Derecho Comparado," habiéndome correspondido a mí analizar comparativamente, con el derecho francés, los principios del procedimiento administrativo en España y en los países de América Latina, particularmente los que en ese momento (1990) tenían leyes reguladoras del mismo (Argentina, Colombia, Costa Rica, Uruguay y Venezuela). Posteriormente otros países han aprobado tales leyes (Brasil, Panamá, Bolivia, Chile, Honduras, México, Perú), razón por la cual en la obra que se publicó en 1990 no hay referencias a dichas leyes, por lo demás de gran importancia, pues en el proceso de codificación del derecho administrativo en nuestros países han enriquecido mucho nuestra disciplina. A esas y las otras leyes, en todo caso, hago mención en el trabajo que "A manera de Introducción General" he agregado para esta edición, así como en el Capítulo II de la Primera Parte que también he agregado al texto original, precisamente para dar cuenta del panorama general que deriva de todas las leyes latinoamericanas incluyendo las dictadas desde 1992 hasta ahora (2012).

Debe tenerse en cuenta que todas las leyes latinoamericanas en materia de procedimientos administrativos fueron dictadas a partir de los años setenta, por lo que, sin duda, además de haber recogido los aportes de la jurisprudencia y doctrina de cada país y la influencia de la doctrina francesa, hasta 1992 recibieron la directa influencia de las viejas Ley de Régimen Jurídico de la Administración del Estado de 1957 como de la Ley de Procedimiento Administrativo de 1958 de España. Las leyes posteriores a 1992, en cambio, recibieron la influencia de la nueva Ley española N° 30/1992 sobre Régimen Jurídico de las Administraciones Públicas y del Procedimiento Administrativo Común de 1992, así como de las propias leyes latinoamericanas que las precedieron. Y no podía ni debía ser de otro modo, siendo el resultado un conjunto de regulaciones que, sin duda, han significado el enriquecimiento de instituciones, que bien podría servir para la retroalimentación del sistema jurídico administrativo iberoamericano.

Por ello, la elaboración de las conferencias que conformaron el curso que dicté en París en 1989-1990, y que originaron este libro, me permitió constatar que en materia de principios de derecho administrativo, todo nos une con los principios de la legislación y doctrina españolas, las cuales, por lo demás, son permanentemente manejadas en nuestros países. Pero el haber dictado este curso en la Universidad de París me permitió hacer otra constatación y es que la legislación y la doctrina españolas son tan ignoradas en Francia □salvo en contados círculos académicos□ como lo es la de nuestros países latinoamericanos. No hay que olvidar que conforme a un proceso típicamente continental europeo, aún no revertido, desde el punto de vista jurídico e institucional los países tienden a mirar al norte, considerando lo que está al sur como menos desarrollado y, por tanto, sin interés, salvo el de la curiosidad. Ello hasta sucede, incluso, en el interior de los propios países. En el caso de Francia, sin embargo, la situación a veces es extrema, pues desde el ángulo jurídico en muchas ocasiones ni siquiera se mira hacia afuera de las fronteras, viviéndose, en general, en un singular aislamiento. Se exceptúan, por supuestos, los efectos en cuanto al derecho comunitario derivado del desarrollo de la Unión Europea.

Precisamente por ello hay que saludar los esfuerzos que algunos sectores académicos franceses desarrollaron en aquellos años en pro de los estudios de derecho comparado, y entre ellos, en París, en materia de derecho administrativo con el profesor Roland Drago a la cabeza, tanto desde la *Société de Législation Comparé* como de la Academia Internacional de Derecho Comparado, que dirigió con todo acierto hasta su fallecimiento. Al profesor Drago, a quien me unían lazos académicos y de amistad desde hacía muchos años, sin duda se debió la iniciativa para mi nombramiento como profesor asociado de la Universidad de París 2.

Por ello, la publicación de este libro fue una ocasión propicia para agradecerle una vez más la confianza académica que depositó en mí. Realmente me fue muy grato y estimulante el haber dictado este curso de post-grado en las mismas viejas aulas de la *Place du Panthéon,* donde a comienzos de los sesenta tuve el privilegio de seguir los cursos de M. Waline, R. Charlier y Ch. Eisenmann.

Como dije, el profesor Eduardo García de Enterría, mi amigo de tantos años aceptó mi requerimiento de redactar el Prólogo a la edición en español de Madrid, que aquí se básicamente reproduce. Honor que me hizo, y que en su momento agradecí, pues bien sabía y sabe él que para los latinoamericanos su obra y la de los académicos de su Escuela, está entre las más apreciadas y respetadas. De ella y de su bonhomía mucho hemos aprendido.

La edición de texto original del curso salió publicada en Paris con el prefacio de mi también amigo de tantos años Franck Moderne, en ese momento director de la *Revista francesa de derecho administrativo* y profesor de la Universidad de Paris I. Entre los profesores franceses, Franck Moderne, sin duda, fue el académico con más relaciones en el mundo académico español y latinoamericano, que conocía bien. También en su momento le agradecí su prefacio y su amistad.

A pesar de que como hemos dicho, esta edición es básicamente la reedición del libro editado en Madrid en 1990, a los efectos de esta edición sólo hemos hecho algunas actualizaciones mínimas en el texto, específicamente para citar, en lugar de las leyes españolas de Régimen Jurídico de la Administración del Estado de 1957 y la de Procedimientos Administrativos de 1958, que fueron las que utilicé para el curso en 1990, la Ley 30/1992 sobre Régimen Jurídico de la Administración y del Procedimiento Administrativo Común, que es la que ahora regula el procedimiento administrativo.

Por supuesto, las referencias bibliográficas que se hacen en el curso del texto, son las mismas que utilicé en 1990. Actualizarlas, hubiera significado materialmente redactar otro libro. En todo caso, para los interesados en la bibliografía en la materia posterior a 1990, sólo por lo que se refiere a los trabajos de mi autoría, pueden consultarse, en cuanto a libros, *Principios del procedimiento administrativo en América Latina*, Universidad del Rosario, Colegio Mayor de Nuestra Señora del Rosario, Editorial Legis, Bogotá 2003; y *El derecho administrativo y la ley orgánica de procedimientos administrativos. Principios del procedimiento administrativo*, Editorial Jurídica Venezolana, 6ª edición ampliada, Caracas 2002; y en cuanto a artículos, los siguientes: "Los principios del procedimiento administrativo en el Código de Procedimiento Administrativo y de lo Contencioso Administrativo de Colombia (Ley 1437 de 2011)," en *Congreso Internacional de Derecho Administrativo, X Foro Iberoamericano de Derecho Administrativo.* El Salvador, 2011, pp. 879-918; "Los principios generales del procedimiento administrativo en la Ley 1437 de 2011 contentiva del Código de Procedimiento Administrativo y de lo Contencioso Administrativo de Colombia" en Visión actual de los Procedimientos Administrativos, *III Congreso de*

***Derecho Administrativo Margarita 2011,* Centro de Adiestramiento Jurídico "CAJO" y Editorial Jurídica Venezolana, Caracas 2011, pp. 13-48; "Sobre los principios del procedimiento administrativo" (A título de "Presentación"), en Orlando Vignolo Cueva y Roberto Jiménez (Coord.), *Homenaje a Allan Brewer-Carías. Comentarios a la Jurisprudencia de derecho administrativo del Tribunal Constitucional peruano (2000-2010),* Lima 2011; "El tratamiento del principio de legalidad en las leyes de procedimiento administrativo de América Latina," en Domingo García Belaúnde *et al.*, *Homenaje a Valentín Paniagua,* Fondo Editorial de la Pontificia Universidad católica del Perú, Lima, 2010; "Principios del Procedimiento Administrativo. Hacia un estándar continental," en Christian Steiner (Ed), *Procedimiento y Justicia Administrativa en América Latina,* Konrad Adenauer Stiftung, n F. Konrad Adenauer, México 2009, pp. 163-199; "Los principios de legalidad y eficacia en las leyes de Procedimientos Administrativos en América Latina", en *IV Jornadas Internacionales de Derecho Administrativo Allan Randolph Brewer-Carías,* Caracas 9-12 noviembre de 1998, FUNEDA, Caracas 1998, pp. 21-90.**

La edición del libro en San José se public'o debido al interés puesto en el mismo por el editor Eugenio Vargas, motor fundamental de la editorial Investigaciones Jurídicas S.A. que está desarrollando una importante labor de difusión de obras jurídicas tanto en Costa Rica como en toda Centroamérica, a quien quiero muy especialmente agradecer su interés en la edición de la obra en San José, sept. 2012.

INTRODUCCIÓN

El derecho administrativo francés, sin duda, puede considerarse como el producto más esclarecido de la labor de los jueces, descubierto y difundido, paso a paso, por la doctrina. Por ello, y sobre todo cuando se analiza el sistema francés desde una perspectiva comparada, podemos decir que ha sido precisamente el control jurisdiccional de la Administración y la progresiva reducción del exceso de poder en la conducta de los funcionarios, el gran aporte de Francia a la cultura jurídica del mundo moderno y al afianzamiento del Estado de Derecho.

Justicia administrativa y derecho administrativo, por tanto, en Francia han estado y continúan estando esencialmente unidas hasta el punto de que el contenido del derecho administrativo ha sido moldeado por la jurisdicción administrativa. Esto ha tenido evidentes ventajas en cuanto al progreso de la juridicidad aplicada a la Administración y al fortalecimiento del principio de la legalidad. Pero también ha originado ciertas desventajas que han condicionado las grandes discusiones doctrinales del derecho administrativo.

Así nociones tales como servicio público, establecimiento público, acto de gobierno o contrato administrativo han estado en el centro de una tradicional discusión doctrinal tendente a lograr una sustantividad propia de dichas nociones, la cual no ha sido siempre posible, precisamente, por el peso de la variable jurisdiccional que ha girado en torno a la búsqueda de un "criterio" para delimitar las competencias de la jurisdicción administrativa y de la jurisdicción judicial.

Muchas veces estas nociones, como consecuencia, antes que una sustantividad propia lo que tenían era una connotación adjetiva, por lo que los cambios jurisprudenciales inevitablemente condujeron a su crisis. De allí que como lo afirmaba G. Liet-Veaux hace algunas décadas al referirse a la noción de contrato administrativo, podamos decir que se trata de uno de los capítulos más "desesperantes" del derecho administrativo[1].

Este desespero que se encuentra con frecuencia en la doctrina francesa por el esfuerzo de poder sustantivizar instituciones y nociones fundamentales, sin duda, podemos decir que es el producto del peso que ha tenido la jurisdicción administrativa en la moldeadura del derecho administrativo. Ello ha llevado, incluso, al extremo de que el estudio del derecho administrativo no solo se haga a través, y únicamente de la perspectiva de lo que el Consejo de Estado resuelva, sino a través del solo prisma de la jurisdicción. No es raro, por tanto, que incluso bajo el título de *Traité de Contentieux-Administratif*, como el excelente libro de los profesores J. M. Auby y R. Drago (Paris 1984), en realidad lo que el lector encuentre sea un verdadero Tratado de Derecho Administrativo

La labor del juez administrativo, en todo caso, ha sido y es tan fenomenal en Francia, que el derecho administrativo, materialmente, se ha fundamentado solo en la jurisprudencia trabajada por la doctrina para tener el desarrollo tan importante que ha evidenciado y que ha llevado su influencia a todas partes del mundo, y en forma mucho más intensa que la que los propios franceses podrían imaginar.

Sin embargo, y ello es evidente, no en todas partes del mundo se encuentra una tradición tan esclarecida como la del juez administrativo francés, que se basta a sí mismo, con su arsenal de jurisprudencia y sin la ayuda del derecho positivo,[2] para someter a la Administración a la legalidad, construyendo principios rectores de la conducta administrativa, que han servido de ejemplo para el desarrollo del Estado de Derecho, dentro y fuera de Francia.

La realidad en muchos otros países es que la labor del juez administrativo, en alguna época pujante y en otras tímida, en la tarea de la construcción del derecho administrativo ha requerido del auxilio del Legislador a quien ha correspondido la positivización de principios y reglas. Con frecuencia se ha constatado, así, que no basta con un arsenal de jurisprudencia y con la creación pretoriana del derecho administrativo puesta en evidencia por la doctrina, para lograr reducir la discrecionalidad administrativa y someter toda la actuación administrativa a la legalidad; y que, al contrario, en muchas ocasiones ha resultado necesario convertir en derecho positivo legislado, todos esos principios reguladores del actuar administrativo, para que no sólo sean efectivamente respetados por los funcionarios, sino para que los mismos jueces contencioso-administrativos, incluso, puedan ejercer a cabalidad y con mayor autonomía sus labores de control judicial de la Administración.

---

1 G. Liet-Veaux, "Note Nouvelles définitions du contrat administratif", *La Revue Administrative,* N° 53, París, sept.-oct., 1956, p. 502.

2 Siempre fue notoria en Francia, por tanto, la ausencia de cuerpos legislativos reguladores de las instituciones y principios básicos del derecho administrativo, como sucede en materia el procedimientos administrativos, donde lo que ha habido es un conjunto de leyes puntuales y aisladas, como por ejemplo, la ley del 17 de julio de 1978 relativa al acceso a los documentos administrativos, la ley de 11 de julio de 1979 relativa a la motivación de los actos administrativos, el decreto de 28 de noviembre de 1983 relativo a las relaciones entre la Administración y los usuarios, y la ley del 12 de abril de 2000 relativa a los derechos de los ciudadanos en sus relaciones con la Administración. Francia, por tanto, aún carece de la ley reguladora de los procedimientos administrativos no contenciosos que tanto se ha esperado.

Esta ha sido, en general, la tendencia en los países hispano americanos donde en muchos de ellos se ha producido un proceso de codificación del derecho administrativo, o al menos, de los principios fundamentales referidos a la actividad administrativa, en leyes reguladoras del "procedimiento administrativo".

Y esto nos obliga de inmediato al querer estudiar los principios del "procedimiento administrativo no contencioso" en España y en América Latina, a establecer una indispensable precisión terminológica. En lengua castellana, en efecto, la expresión equivalente a la frase "procedimiento administrativo no contencioso" no tiene sentido alguno

Esta es una expresión típicamente francesa que quiere significar el procedimiento que se sigue ante la administración activa por oposición al que se desarrolla ante la jurisdicción administrativa, de manera que se habla de *procédure administrative non contentieuse* distinguiéndola de la *procédure contentieuse administrative.* Sin embargo, desde la perspectiva hispano americana, dicha expresión no sólo no tiene sentido, sino que incluso sería incorrecta

En primer lugar, debemos señalar que definitivamente no está en la tradición hispanoamericana el que solo los órganos jurisdiccionales tengan el monopolio del procedimiento, como históricamente ha sucedido en Francia[3], lo que explica no sólo el que hasta hace pocas décadas se hubiera descuidado el estudio doctrinal del procedimiento desarrollado en la administración activa, sino el que salvo excepciones[4], para identificarlo se le haya tenido que calificar como "no contencioso" por oposición al "contencioso-administrativo".

En el mundo jurídico de los países de lengua castellana, en cambio, la distinción basada en el calificativo "no contencioso" nunca ha sido usada, de manera que cuando se quiere identificar el procedimiento desarrollado ante los tribunales contencioso-administrativos se habla, como en Francia, de "procedimiento contencioso-administrativo"[5]; utilizándose generalizadamente la expresión de "procedimiento administrativo", pura y simplemente, para identificar el procedimiento desarrollado ante la administración activa y, por tanto, siempre de carácter no jurisdiccional. Nuestros países, en este sentido, en la concepción del procedimiento administrativo más han recibido la influencia de los aportes de la Escuela Germánica, básicamente de Adolf Merkl[6], que de los criterios de la doctrina francesa. De allí que a lo largo de nuestra exposición utilizaremos la expresión de "procedimiento administrativo" como equivalente a la expresión francesa *procédure administrative non contentieuse.*

---

3 Guy Isaac, *La procédure administrative non contentieuse*, París, 1968, pp. 17 y ss.

4 *Vid.* fundamentalmente Georges Langrod, "Procédure Administrative et Droit Administrative", *Revue de Droit Public et de la Science Politique en France et à l'ètranger*, París, 1948, pp. 549 ss.; y en *Revue International des Sciences Administratives, Bruxelles, 1956*, pp. 5 ss. Más recientemente, *vid.* Celine Wiener, *Vers une codification de la procédure administrative,* París, 1975.

5 Lo cual doctrinalmente, incluso ha dado origen al llamado derecho procesal administrativo. *Vid.* por ejemplo, José M. Villar y Romero, *Derecho Procesal Administrativo*, Madrid, 1944, 2° ed. 1948; Jesús González Pérez, *Derecho Procesal Administrativo*, 3 vols., Madrid, 1955; Miguel González Rodríguez, *Derecho Procesal Administrativo*, 2 vols., Bogotá, 1986; Carlos Betancur Jaramillo, *Derecho Procesal Administrativo*, Bogotá, 1982; Jesús González Pérez, *Derecho Procesal Administrativo Hispanoamericano*, Bogotá, 1985.

6 *Vid.* Adolf Merkl, *Teoría General del Derecho Administrativo* (ed. castellana), México, 1980, pp. 278 ss. Esta obra no fue nunca traducida al francés. *Vid. los* comentarios a la concepción de Merkl en G. Isaac, *La procédure administrative non contentieuse,* París, 1968, pp. 89 ss. *Vid.* asimismo, J. Araujo Juárez, *Principios Generales del Derecho Administrativo Formal,* Caracas, 1989.

Pero además hay una segunda razón para que no se utilice esta expresión en el mundo de habla hispana, y es que en sí mismo, consideramos impropio el aditivo del calificativo "no contencioso" para identificar el procedimiento desarrollado ante la administración activa, pues en estricto derecho no es cierto que ese procedimiento sea siempre de carácter "no contencioso". Al contrario la intervención creciente del Estado en diversos campos de la vida económica y social, con frecuencia llevan a los órganos administrativos a adoptar decisiones como resultado de una resolución de conflictos entre intereses privados contrapuestos que se suscitan entre particulares, y los cuales entran en "contención" ante la autoridad administrativa. En estos casos como en todo el actuar administrativo, en el procedimiento respectivo que, evidentemente, es de carácter contradictorio (aunque no judicial o jurisdiccional), la Administración debe respetar la igualdad entre las partes con intereses contrapuestos, y actuar con imparcialidad.

Por ello, al estudiar los principios del procedimiento desarrollado ante las autoridades administrativas en España y en América Latina, hablaremos pura y simplemente del "procedimiento administrativo" como contrapuesto al procedimiento contencioso-administrativo que se desarrolla ante los tribunales de la jurisdicción contencioso-administrativa.

Nuestro estudio, por otra parte lo circunscribimos básicamente a los países en el mundo de habla hispana que hasta 1990 habían tenido un proceso de codificación del procedimiento administrativo y disponían de leyes reguladoras del mismo como eran España, Argentina, Colombia, Costa Rica, Uruguay y Venezuela. Posteriormente otros países han aprobado tales leyes como ha sido el caso de Brasil, Panamá, Bolivia, Chile, Honduras, México, Perú; países en los cuales, como consecuencia, entre todos los de Hispano América, el derecho administrativo ha encontrado o comienza a encontrar un mayor desarrollo doctrinal y jurisprudencial.

Ante todo se destaca el caso de España país donde podemos encontrar el origen del movimiento codificador del procedimiento administrativo, con la Ley de Procedimiento Administrativo de 19 de octubre 1889, en la cual se intentó regular uniformemente el procedimiento a que debían someterse los diversos departamentos de la Administración en la tramitación de los expedientes. Aun cuando se adelantó mucho a otros países y significó un paso decisivo en la evolución del Derecho Administrativo español[7], su carácter de Ley cuadro y su multiforme desarrollo reglamentario en cada Ministerio, exigieron su reforma y puesta al día, lo que ocurrió con la Ley de Procedimiento Administrativo del 17 de Julio de 1958[8], en la cual se establecieron, en un texto único, no sólo normas de procedimiento directamente aplicables a todos los Departamentos Ministeriales, sino las regulaciones básicas del régimen de los actos administrativos y de otros aspectos de la actividad administrativa relacionados con ellos. Esta Ley, junto con la Ley de Régimen Jurídico de la Administración del Estado de 1957, tuvieron una enorme importancia, no sólo en el propio desarrollo del derecho administrativo español, el cual fue, precisamente, a partir de finales de la década de los cincuenta del siglo pasado que comenzó a renovarse y a alcanzar los extraordinarios niveles de excelencia de

---

7 Exposición de Motivos de la Ley de 1958. *Vid.* en *Justicia Administrativa,* Ediciones Civitas Madrid, 1973, p. 56.

8 *Boletín Oficial del Estado,* N° 171 de 18 de julio de 1958; correcciones de erratas en *Boletín Oficial del Estado* N° 210 y 220 de 2 y 13 de septiembre de 1958 y 98 de 24 de abril de 1959. *Vid.,* el texto, además, en *Justicia Administrativa, cit.,* pp. 66-129.

la actualidad, sino en el desarrollo del derecho administrativo contemporáneo de América Latina pues, puede decidirse, que en una u otra forma dichas leyes han inspirado las leyes reguladoras de la actividad administrativa que se han dictado en nuestros países en las últimas cuatro décadas. En España, además, las propias Leyes de Régimen Jurídico de la Administración del Estado de 1957 y de Procedimiento Administrativo de 1958 fueron reformadas y refundidas en 1992, con la Ley 30/1992 de 26 de noviembre sobre el Régimen Jurídico de las Administraciones Públicas[9] y del procedimiento Administrativo Común, que también ha seguido teniendo una influencia decisiva en el desarrollo del derecho administrativo tanto en España como en Latinoamérica.

En efecto, el primer país que reguló el procedimiento administrativo con evidentes influencias del texto español fue el Perú, donde mediante el Decreto Supremo N° 006-SC de 11 de noviembre de 1967, se dictó un "Reglamento de Normas Generales de Procedimientos Administrativos"[10] a cuyo texto debía ajustarse la actuación administrativa de los órganos del Poder Ejecutivo, de los establecimientos públicos y de los gobiernos locales, "siempre que no se opusieran a las leyes o sus reglamentos especiales" (art. 1). En esta forma, si bien se establecieron principios generales de la acción administrativa, ello se hizo con un texto de rango reglamentario y supletorio, lo que implicó, en la práctica, que dicho texto no hubiera tenido mayor influencia en el desarrollo del derecho administrativo peruano. Lo contrario ha ocurrido, sin embargo, en 2001 con la muy importante Ley N° 27.444 del Procedimiento Administrativo General, de abril de 2001, en la cual se recogieron todos los principios que se habían venido desarrollando en la materia en toda América Latina.[11]

En realidad, la primera normativa nacional de rango legal relativa al procedimiento administrativo que se dictó en América Latina, fue el Decreto-Ley N° 19.549/72 de 3 de abril de 1972 de Argentina, sobre procedimientos administrativos[12], texto que vino a culminar un largo proceso de regulación provincial sobre normas de procedimiento administrativo[13] y de regulación nacional sobre los recursos administrativos, particularmente, sobre el recurso jerárquico y que se remontan a los años treinta[14]. El Decreto-Ley N° 19.549/72, en todo caso, es claro que no sólo estableció los principios básicos a que deben ajustarse los procedimientos administrativos desarrollados ante la Administración Pública Nacional, centralizada y descentralizada, inclusive entes autónomos, en cuanto tiendan a asegurar a los interesados las garantías constitucionales del debido proceso, sino que reguló las reglas fundamentales relativas a los requisitos esenciales del acto administrativo, su estructura, validez y eficacia.

En la misma orientación de la legislación argentina, la segunda de las legislaciones nacionales sobre procedimientos administrativos que se dictó en América Latina fue el Decreto N° 640/973 de 8 de agosto de 1973 del Uruguay, el cual completó el cuadro

---

9 *Boletín Oficial del Estado,* N° 285 de 27 de noviembre de 1992

10 *Vid.* el texto en *Legislación Peruana sobre Empleados Públicos,* Lima, pp. 242-250.

11 *V.* Jorge Danos et al., Comentarios a la Ley del Procedimiento Administrativo General, Editorial ARA ed., Lima 2003.

12 *Boletín Oficial* N° 22411 del 27 de abril de 1972. *Vid.* el texto en Emilio Fernández Vázquez y Emilio Marcelino Sendín, *Procedimiento Administrativo Nacional,* Buenos Aires, 1974, pp. 116-134.

13 *Vid.* el texto de las leyes provinciales sobre procedimientos administrativos en Agustín Gordillo, *Procedimientos y Recursos Administrativos,* Buenos Aires, 1971, pp. 591-723.

14 Decreto 20003/33 sustituido por Decreto N° 7520/44. *Vid.* los textos en Agustín Gordillo, *op. cit.,* pp. 583-590.

regulador de la actividad y trámites administrativos que se había establecido en anteriores Decretos de 1964 y 1966[15].

En el proceso de codificación el derecho administrativo en América Latina, destaca en tercer lugar, la Ley General de la Administración Pública de Costa Rica, de 2 de mayo de 1978[16], texto que, como lo hemos señalado hace algunos años podría ser considerado como el de un "Manual de Derecho Administrativo", volcado en el articulado de un Código[17]. Esta hermosa Ley, única en su género, abarca todo el conjunto de materias de un "Manual de Derecho Administrativo", por lo que la explicación de su articulado configuraría, exactamente, él "programa" de un curso general de esta disciplina. Se trata, por tanto, de un muy raro ejemplo de un "Código de Derecho Administrativo" que, inclusive, consagra la autonomía de nuestra disciplina, al declarar la independencia del ordenamiento jurídico administrativo de otras ramas del derecho[18].

A la Ley costarricense, siguió cronológicamente, la Ley Orgánica de Procedimientos Administrativos de 10 de julio de 1982, de Venezuela[19], texto que se comenzó a elaborar desde 1965[20]. Esta Ley Orgánica, influenciada directamente por la Ley española, recogió todos los principios fundamentales relativos a la actividad administrativa desarrollada por los órganos de la Administración Pública Nacional y aplicable supletoriamente a las administraciones estadales y municipales; y en particular, los principios relativos a los actos administrativos (elaboración, formas y formalidades, efectos, revisión), que la jurisprudencia había establecido, habiendo contribuido ampliamente, desde su entrada en vigencia, a afianzar el principio de la legalidad administrativa[21].

Luego, en materia de codificación del procedimiento administrativo, debe destacarse el régimen de Colombia, único país de América Latina que adoptó el modelo francés de la dualidad de jurisdicciones: una jurisdicción judicial que tiene en su cúspide a la Corte Suprema de Justicia, y una jurisdicción contencioso-administrativa que tiene en su cúspide al Consejo de Estado. Dada esta peculiar situación, Colombia ha contado, desde 1941, con un Código Contencioso-Administrativo[22], en el cual se regulaba exclusivamente el procedimiento judicial ante la jurisdicción contencioso-administrativa. En base

15 La Ley 15869 de 22 de junio de 1987 relativa al Tribunal Contencioso Administrativo, no derogó el Decreto N° 640/973 de 8 de agosto de 1973, el cual continúa vigente. *Vid. lo* indicado en J. P. Cajarville Peluffo, *Recursos administrativos,* Montevideo, 1989, p. 14. El texto del Decreto N° 640/973 de 8 de agosto de 1973 contentivo de las Normas Generales de Actuación Administrativa puede verse en J. A. Prat, D. H. Martins, M. R. Brito, H. Frugone Schiavone, y J. P. Cajarville Peluffo, *Procedimiento Administrativo,* Montevideo, 1977, pp. 177 ss. *Vid.* las referencias en Julio A. Prat, *Derecho Administrativo,* T. III, vol. 2, Montevideo, 1978, pp. 125 y ss.

16 Alcance N° 90 *La Gaceta* N° 102 de 30 de mayo de 1978. *Vid.* el texto en *Ley General de la Administración Pública,* Contraloría General de la República San José, 1978.

17 Allan R. Brewer Carías "Comentarios sobre los Principios generales de la Ley General de Administración Pública de Costa Rica, *Revista del Seminario Internacional de Derecho Administrativo,* Colegio de Abogados de Costa Rica, San José, 1981, p. 31.

18 Artículo 9.

19 *Gaceta Oficial* N° 2.818 Extraordinario de 1 de julio de 1981. *Vid.* el texto en Allan R. Brewer-Carías, *El Derecho Administrativo y la Ley Orgánica de Procedimientos Administrativos,* Caracas, 1985, pp. 379-412.

20 *Vid., Informe sobre la Reforma de la Administración Pública Nacional,* Comisión de Administración Pública, Caracas, 1972, vol. 2, p. 392.

21 *Vid.* Allan R. Brewer-Carías, *op. cit.,* pp. 37 y ss.

22 Ley 167 de 1941 sobre Código Contencioso Administrativo.

a la labor de la jurisprudencia, en 1980 se propuso la reforma y adaptación del Código[23], lo cual se produjo por Decreto N° 01 de 1984. En esta reforma, además se le agregó al Código un nuevo "Libro" relativo al "procedimiento administrativo", diferenciado del "procedimiento ante la jurisdicción en lo contencioso-administrativo"[24]. En esta forma, a partir de 1984, Colombia contó con una importante legislación nacional reguladora del procedimiento administrativo aplicable a todos los organismos, corporaciones y dependencias de las ramas del Poder Público en todos los órdenes (art. 1). El Código fue objeto de una importante reforma en 2011, mediante la Ley 1437 contentiva del nuevo Código de Procedimiento Administrativo y de lo Contencioso Administrativo.[25] Después del Código Colombiano de 1984, el proceso de codificación del derecho administrativo en Latinoamérica continuó con la Ley de Procedimiento Administrativo de Honduras de 1987.

Las anteriores fueron las leyes estudiadas cuando preparamos esta obra. Con posterioridad, y luego de un período de casi diez años, se sancionó en 1994 en México, con la Ley Federal de Procedimiento Administrativo.[26]. Años después, en 1999, se sancionó la Ley 9.784 de Brasil que reguló el proceso administrativo en el ámbito de la Administración Pública Federal de 21 de enero de 1999; y en 2000, en Panamá, se dictó la Ley 38 de 31 de julio de 2000 contentiva del Estatuto Orgánico de la Procuraduría de la Administración, que regula el Procedimiento Administrativo General. Posteriormente, en Bolivia se dictó la Ley N° 2341 de 23 de abril de 2002 sobre Ley de Procedimiento Administrativo; y en Chile, la Ley N° 19.880 de 29 de mayo de 2003, de Ley de Procedimientos Administrativos.

El rasgo común de toda esta codificación del procedimiento administrativo en España y América Latina, es que el contenido de las diversas leyes de procedimiento administrativo, ha regulado no sólo las operaciones tendentes a producir los actos administrativos, sino el régimen de estos, en sí mismos, su forma, sus efectos, su ejecución, sus vicios y su impugnación. Cuando se analiza esta codificación hispanoamericana del procedimiento administrativo, por tanto, encontramos inútil la discusión doctrinal destacada por Georges Dupuis y que gira en torno al esfuerzo de distinguir, o de no confundir, la forma y el procedimiento (las formalidades) o, en otras palabras, de distinguir la operación de *"facere"*, es decir, de "fabricación" o elaboración del acto administrativo, y el *"factum"*, es decir, el producto de aquellas operaciones, que es el acto mismo[27]. Ambos aspectos están comprendidos en el contenido de la codificación del procedimiento administrativo en España y América Latina, de manera que la misma abarca la regulación, tanto de la forma como de la formalidad de los actos administrativos, en el sentido precisado por René Hostiou, de que "*las formalidades* están constituidas por las diversas operaciones relativas a la operación normativa (el *"negotium"*), que condiciona la regu-

---

23 Jaime Vidal Perdomo, "Ponencia para primer debate al Proyecto de Ley por la cual se conceden facultades extraordinarias al Presidente de la República para reformar el Código Contencioso-Administrativo", 28 de enero de 1980, en Gustavo Penagos, *Código Contencioso-Administrativo*, Bogotá, 1985, pp. 1-11.

24 *Vid.* el texto del Decreto 01 de 1984 en Gustavo Penagos, *op. cit.*, pp. 21-79. El Decreto 01 se dictó en base a la Ley 58 de 1982. Posteriormente con base en la Ley 30 de 1987, mediante Decreto 2304, de 7 de octubre de 1989, se introdujeron reformas al Código Contencioso Administrativo.

25 *V.* Diario Oficial N° 47.956 de 18 de enero de 2011

26 Última reforma del 9 de abril de 2012.

27 Georges Dupuis, "La forme de l'acte administratif", en Georges Dupuis (ed.), *Sur la forme et la procédure de l'acte administratif*, París, 1979, pp. 9 y 10.

laridad de la emisión y la entrada en vigor del acto"; y las *formas* "son las menciones del escrito (el *"instrumentum"*) que traducen expresamente las diversas condiciones de regularidad del acto (el autor, los fundamentos y la fecha de emisión del acto, principalmente)"[28].

Por supuesto que doctrinalmente se puede distinguir entre el conjunto de reglas relativas a "la operación de emisión" del acto administrativo que, según Guy Isaac, conformarían el procedimiento administrativo no contencioso[29] y el producto mismo de dicha operación, que es el acto administrativo en sí mismo, sus requisitos o condiciones de validez, sus efectos, su ejecución, su anulación y revocación y su revisión en vía administrativa.

Esta es la posición, por ejemplo, que adopta Celine Wiener, quien al dar una noción comprensiva del procedimiento administrativo, señala que "el mismo comprende un conjunto de reglas de naturaleza con frecuencia diferente, pero que todas presentan el signo común de regir un momento de la elaboración del acto". Por ello señala que al hablar del procedimiento administrativo, "sería quizás más exacto hablar de una reglamentación de la función administrativa de decisión, en la medida en que tal reglamentación se refiera en primer lugar al proceso de formación de la voluntad que está al origen de la decisión, es decir, los antecedentes y la instrucción de un acto, más que al acto en sí mismo"[30].

Sin embargo, trazar en la práctica la frontera entre uno y otro aspecto, sobre todo cuando estamos en presencia de legislaciones sobre el tema, consideramos que es jurídicamente imposible. El mismo Guy Isaac, al precisar el objeto del "procedimiento administrativo no contencioso", como "la reglamentación de la operación de emisión del acto administrativo en conjunto", agrega que "el mismo debe entonces ser definido en forma detallada, como el conjunto de reglas relativas al procedimiento de elaboración del acto, a su forma y a su publicidad, así como a su cuestionamiento"[31], comprendiendo, por tanto, dentro del contenido del "procedimiento administrativo no contencioso" aspectos de la forma de los actos administrativos y de su impugnación[32].

Ahora bien, definitivamente, la codificación del procedimiento administrativo en España y América Latina responde a una concepción muy amplia del mismo, signado por el esfuerzo, por una parte, de someter a la Administración a la legalidad y por la otra, de garantizar a los particulares un debido proceso frente a la Administración. Siguiendo la concepción de A. Merkl, de que "toda administración es procedimiento administrativo, y los actos administrativos se nos presentan como meros productos del procedimiento administrativo"[33], la codificación del procedimiento administrativo en España y América Latina, más que un esfuerzo de regular legislativamente las meras formalidades para la producción de los actos administrativos, en estricto sentido, constituye realmente, un esfuerzo de codificación "del derecho administrativo" en sí mismo, o si se quiere, de los principios generales del derecho administrativo que deben guiar la conducta de los

---

28 René Hostiou, *Procédure et formes de l'acte administratif unilateral en Droit Français,* París, 1975, p. 13.

29 Isaac Guy, *La Procédure administrative non contentieuse,* París, 1968, pp. 151 y ss.

30 Celine Wiener, *Vers une Codification de la procédure administrative,* París, 1975, p. 15.

31 Isaac Guy, *op. cit.*, pp. 158 y 173.

32 Lo cual incluso, con una visión aún más estrecha sobre el procedimiento y la forma del acto administrativo, es criticado por Dupuis, *loc. cit.*, pp. 9 y 10.

33 A. Merlk, *op. cit.*, p. 279. *Vid.* los comentarios en G. Isaac, *op. cit.*, p. 91.

órganos de la Administración en sus relaciones con los particulares, y garantizar los derechos de estos últimos ante la Administración. De allí la importancia que esta codificación del procedimiento administrativo en Hispanoamérica ha tenido para el afianzamiento de principio de la legalidad, la regularización de las relaciones entre la Administración y los administrados, y el desarrollo del mismo derecho administrativo.

Ahora bien, el estudio de los principios del procedimiento administrativo en España y los países latinoamericanos antes mencionados con codificación nacional relativa al mismo, lo haremos dividiendo nuestra exposición en tres partes.

La primera parte, la dedicaremos al estudio de la contribución que la codificación del procedimiento administrativo en nuestros países ha tenido respecto del afianzamiento del principio de la legalidad, que debe guiar toda la actividad administrativa. Para ello, dividiremos esta primera parte en tres Capítulos: el primero, destinado a analizar las implicaciones del carácter sublegal de la actividad administrativa; el segundo, a analizar la codificación de los mismos principios del procedimiento administrativo, y el tercero destinado a estudiar los límites al ejercicio del poder discrecional.

La segunda parte estará destinada, en particular, al estudio del régimen de los actos administrativos □noción central en el régimen de la legalidad administrativa□ tal como se regula en la codificación hispanoamericana haciendo referencia en dos capítulos a los elementos de los actos administrativos y a los principios relativos a los efectos de los mismos.

La tercera parte, la destinaremos, en particular, al estudio de los principios del procedimiento administrativo establecidos como garantía, tanto del principio de la legalidad como del respeto de los derechos de los administrados por los órganos de la Administración. Para ello, dividiremos esta tercera parte en dos capítulos en los cuales estudiaremos separadamente, los principios del procedimiento administrativo y en particular, el régimen legislativo del derecho a la defensa de los administrados y sus consecuencias. En el capítulo segundo, analizaremos, en particular, el régimen de los recursos administrativos puestos a disposición de los administrados para la revisión de los actos administrativos por la propia Administración.

Sección Primera: LA CONTRIBUCIÓN DE LA CODIFICACIÓN DEL PROCEDIMIENTO ADMINISTRATIVO AL AFIANZAMIENTO DEL PRINCIPIO DE LA LEGALIDAD

El principio de la legalidad, según el cual toda actuación de los órganos del Estado debe desarrollarse de conformidad con el derecho, sin duda, es la construcción jurídica más importante del Estado de Derecho.

De acuerdo a esta concepción, todos los órganos del Estado están sometidos al ordenamiento jurídico en cuya cúspide está la Constitución. Para algunos órganos del Estado, sin embargo, por su posición en la jerarquía de las normas, el derecho al cual deben someter su actuación, solo está consagrado en la Constitución (es el caso del Parlamento y de algunas actuaciones del Gobierno), por lo que el principio de la legalidad sería más propiamente, en esos casos, sólo "principio de la constitucionalidad".

Pero para la Administración, el orden jurídico al cual deben someterse los órganos administrativos está conformado por todas las fuentes del derecho, comprendidas la

Constitución, las leyes, y los reglamentos en el ámbito que resulte del grado que ocupe en la jerarquía administrativa el órgano en particular; y por supuesto, comprendidos también los principios generales del derecho.

Ahora bien, en la tradición latinoamericana, la noción de principio de la legalidad tiene su antecedente remoto en el principio de la supremacía constitucional que, conforme al modelo norteamericano, nuestros países republicanos adoptaron desde comienzos del siglo pasado (1811), y en su consecuencia elemental: el control judicial de la constitucionalidad de las leyes, que forma parte de nuestra tradición constitucional. Por ello, estando sometido el Parlamento, desde siempre, a control judicial de la constitucionalidad, con mayor razón la Administración ha estado sometida al control judicial de la legalidad, en su sentido más amplio.

Por supuesto, y siempre dentro del marco constitucional, la legalidad en nuestra tradición jurídica también ha estado sometida a ciertas "inflexiones", en particular las que derivan de lo que en Francia se han denominado "circunstancias excepcionales", y que en América Latina ha encontrado encuadramiento constitucional, desde comienzos de siglo, en la posibilidad atribuida al Poder Ejecutivo, generalmente con intervención legislativa, de restringir o suspender las garantías constitucionales de los derechos fundamentales y decretar el estado de emergencia, estado de sitio o estado de urgencia.

La experiencia histórica de las situaciones excepcionales llevó así al constituyente latinoamericano a preverlas constitucionalmente[34], modificándose, al adoptarlas, el ámbito de la legalidad que rige la Administración, pero sin que quede excluida la posibilidad de control judicial de constitucionalidad y legalidad conforme al nuevo marco jurídico que derive de dichas medidas.

Ahora bien, aplicado específicamente a la Administración, el principio de la legalidad se ha consolidado en América Latina, al igual que en Francia, fundamentalmente con la construcción jurisprudencial de los principios generales del derecho, y en concreto, del derecho administrativo, muchos de ellos desgajados de la propia Constitución, en virtud de la consagración tradicional en las Constituciones de nuestros países, desde 1811, de un largo y completo elenco de derechos y garantías. Es cierto, que por muchas décadas y con altibajos cíclicos, muchos de dichos derechos, en muchos países, no han tenido efectiva aplicación; sin embargo, cuando han tenido efectividad, se han configurado en la principal fuente de los principios generales del derecho administrativo. Así ha sucedido con el derecho a la defensa, con el principio de la igualdad y no discriminación, con el de la no retroactividad de los actos administrativos, con la teoría de la indemnización debida por la lesión a los derechos adquiridos, etc. formulados en gran parte por la jurisprudencia.

Estos principios han sido, precisamente los que han encontrado consagración positiva en las leyes de procedimientos administrativos, produciéndose, con su conversión en

---

34 Al contrario de lo que sucedió en Francia, donde sólo fue en la Constitución de 1958 que se reguló *l'etat de siège* (art. 36). Con anterioridad, la consagración del "estado de sitio" había tenido rango legislativo desde el Siglo pasado. Asimismo ha sucedido con el estado de urgencia regulado legislativamente sólo a partir de 1955. *Vid.* las referencias en G. Vedel y Pierre Devolvé, *Droit Administratif*, París, 1984, pp. 420-421. El rango legal de la institución en Francia radica en la no consagración constitucional de los derechos fundamentales.

derecho positivo, un mayor afianzamiento del principio de la legalidad, en relación, particularmente, a la actividad administrativa.*

En efecto, la actividad administrativa es una de las actividades del Estado, siendo las otras la actividad legislativa, la actividad de gobierno y la actividad judicial (jurisdiccional en la terminología francesa) distinguiéndose entre sí, entre otros aspectos, por el grado que ocupan en la graduación o escalonamiento del orden jurídico que derive de la Constitución, según la concepción de la creación del derecho por grados difundida por H. Kelsen[35].

De acuerdo a esta concepción, la actividad administrativa siempre es de rango sublegal, (al igual que la judicial), en contraste con la actividad legislativa y la actividad de gobierno, que siempre son de rango legal, es decir, ocupan el primer escalón en la producción del orden jurídico, pues son actividades que el Parlamento o el Presidente de la República ejercen en ejecución directa de normas constitucionales.

A pesar de que la actividad de gobierno y administrativa del Estado provengan de un mismo órgano del Poder Ejecutivo, sin embargo, las mismas no pueden confundirse, pues ocupan una diversa jerarquía en el orden jurídico, razón por la cual lo que es "legalidad" para los actos administrativos sólo es "constitucionalidad" para los actos de gobierno.

Conforme a ello, en la concepción latinoamericana, los actos de gobierno definitivamente no son actos administrativos, pues al ser dictados por el Presidente de la República en ejecución directa de la Constitución, tienen rango legal y no sublegal. En consecuencia, al no tratarse de actos administrativos, dichos actos, al igual que ha sucedido en Francia con la concepción del "acto de gobierno"[36], no están sometidos al control jurisdiccional contencioso-administrativo, pero no porque sean pretendidas excepciones o inflexiones al principio de la legalidad, sino porque simplemente no son actos administrativos. Pero la exclusión del control jurisdiccional contencioso-administrativo no significa que están excluidos de todo control jurisdiccional, como en Francia, pues en América Latina siempre están sometidos al control jurisdiccional que les es propio, el de la justicia constitucional, pues solo están sujetos a normas constitucionales.

En todo caso, conforme al principio de la legalidad y así lo establece expresamente la Ley General de la Administración Pública de Costa Rica, "la Administración Pública actuará y sometida al ordenamiento jurídico y solo podrá realizar aquellos actos o prestar aquellos servicios públicos que autorice dicho ordenamiento, según la escala jerárquica de sus fuentes" (art. 11.1).

Ahora bien, tres aspectos nos interesa destacar en el estudio del principio de la legalidad aplicado a la Administración: en primer lugar, los principios que derivan del carácter sublegal de la actividad administrativa; en segundo lugar, la importancia de la positivización de los principios del procedimiento administrativo; y en tercer lugar, los principios elaborados jurisprudencialmente y recogidos en las leyes de procedimientos administrativos, limitativos al ejercicio del poder discrecional.

---

* *V.* Allan R. Brewer-Carías, "El tratamiento del principio de legalidad en las leyes de procedimiento administrativo de América latina", en Domingo García Belaúnde *et al.*, *Homenaje a Valentín Paniagua*, Fondo Editorial de la Pontificia Universidad Católica del Perú, Lima, 2010.

35. *Vid.* H. Kelsen, *Teoría Pura del Derecho*, Buenos Aires, 1981, p. 135.

36 *Vid.* J. M. Auby y R. Drago, *Traité de Contentieux Administratif*, París, 1984, T. 2, p. 166.

Capítulo I: EL CARÁCTER SUB LEGAL DE LA ACTIVIDAD ADMINISTRATIVA

El carácter sub-legal de la actividad administrativa, en las leyes reguladoras del procedimiento administrativo en España y América Latina, ha tenido consagraciones particulares por lo que se refiere al principio de la sujeción a la ley, al respeto del principio de la reserva legal, al respeto de la jerarquía de las normas administrativas, así como al principio del paralelismo de las formas.

I. EL RESPETO A LA LEY

La consecuencia más elemental de la formulación del carácter sub legal de la actividad administrativa, es el respeto a la ley, es decir, el respeto a las regulaciones normativas adoptadas por el Parlamento. Esto, por supuesto, tiene enorme importancia en España y América Latina, donde las relaciones entre la Ley y el Reglamento se dan en una forma radicalmente distinta a como se han formulado en la Constitución francesa de 1958[37]. No hay en Hispano América nada que se parezca a la consagración constitucional de un ámbito de materias asignadas, como "*numerus clausus*", al Legislador, quedando todo el resto de las materias al ámbito reglamentario[38]. Al contrario, en España[39] y América Latina, la competencia legislativa es la normal[40] es decir, es el "derecho común", siendo la competencia reglamentaria la "excepción" de manera que, incluso, materias reguladas reglamentariamente pueden, sin límite cuando lo decida el Legislador, ser objeto de regulación legislativa.

Como consecuencia de este principio, la Administración siempre está sometida a las disposiciones legislativas que dicte el Parlamento, no existiendo, en consecuencia, en nuestros países, materias que puedan considerarse "reservadas" al poder reglamentario.

En consecuencia, como lo reafirma el art. 51.1 de la Ley española de Régimen Jurídico de las Administraciones Públicas y del Procedimiento Administrativo Común:

> "Las disposiciones administrativas no podrán vulnerar la Constitución o las Leyes..."

En sentido similar, la Ley de Honduras precisa que los órganos de la Administración no pueden, mediante actos de carácter general "alterar el espíritu de la ley, variando el sentido y alcance de ésta" (art. 40.a).

De acuerdo a estos postulados, por tanto, toda la actividad administrativa, siempre, es de rango sub legal, de manera que la Administración no puede en forma alguna contrariar la ley; pudiendo, además, el Legislador, regular cualquier materia sin que existan campos reservados al poder reglamentario.

---

37 Artículos 34 y 37.

38 *Vid.* M. Waline, "Les rapports entre la loi et le réglement, *Revue du Droit Public et de la Science Politique en France et a l'etrangeer*, París, 1959, p. 699.

39 *Vid.* Juan Alfonso Santamaría Pastor y Luciano Parejo Alfonso, *Derecho Administrativo. La Jurisprudencia del Tribunal Supremo,* Madrid, 1969, p. 67.

40 *Vid.* Allan R. Brewer-Carías, *Las Instituciones Fundamentales del Derecho Administrativo y la Jurisprudencia Venezolana,* Caracas, 1964, p. 37.

II. EL RESPETO A LA RESERVA LEGAL (DOMINIO RESERVADO AL LEGISLADOR)

Pero en segundo lugar, el carácter sub legal de la actividad administrativa implica que la Administración debe siempre respetar la denominada "reserva legal" es decir, las materias que la Constitución asigna de manera exclusiva al legislador, de manera que aún en ausencia de ejercicio del poder regulador por el Parlamento, la materia reservada al Legislador no puede ser objeto de reglamentación por vía administrativa.

Entre estas materias reservadas al Legislador, en el sistema constitucional español y de América Latina, está el régimen de los derechos fundamentales. En efecto, estando los derechos fundamentales consagrados en las Constituciones, la primera y más importante de las garantías constitucionales a estos derechos, es precisamente el de la reserva legal, es decir, que sólo el Legislador mediante ley formal, puede establecer regulaciones, limitaciones o restricciones al ejercicio de dichos derechos dentro del marco de las regulaciones constitucionales[41]. Así lo establece expresamente, por ejemplo, la Ley General de la Administración Pública de Costa Rica, al prescribir que "el régimen jurídico de los derechos constitucionales está reservado a la Ley" (art. 19.1).

Ello implica, por tanto, que la Administración y particularmente el reglamento, no pueden limitar o restringir los derechos y garantías constitucionales, aun en aspectos que no hayan sido objeto de regulación expresa mediante Ley.

Además de las regulaciones sobre derechos fundamentales, por supuesto, otras múltiples materias reguladas en la parte orgánica de las Constituciones, están también reservadas al Legislador, y así es frecuente que los Textos fundamentales remitan al Legislador, por ejemplo, para la organización y funcionamiento de Municipios y comunas, o de órganos nacionales con autonomía funcional, como el Fiscal General de la República o el Contralor General de la República; y en todo caso, para el establecimiento de impuestos, tasas y contribuciones.

Todas estas materias de la reserva legal constituyen un límite a la actividad administrativa y una parcela esencial del principio de la legalidad.

Pero además de la formulación expresa de la reserva legal, como por ejemplo sucede, en general, con las materias de carácter tributario[42], el principio de la reserva legal ha resultado en muchos casos, de la construcción jurisprudencial de principios generales del derecho. Es el caso del establecimiento de sanciones administrativas, que se reserva al Legislador, en base al principio derivado del postulado constitucional *nullum crimen nulla poena sine legge* que se consagra en las Constituciones en materia penal[43], y que la jurisprudencia contencioso-administrativa ha considerado aplicable al ámbito de las sanciones administrativas, al declarar la nulidad de normas reglamentarias que han previsto sanciones por infracciones no establecidas en la Ley[44].

---

41 *Vid.* Allan R. Brewer-Carías, "Les garanties constitutionnelles des droits de l'homme dans les pays de l'Amérique Latine (Notamment au Vénézuéla)" *Revue international de droit compare,* París, 1977, N° 1, p. 48.

42 El art. 317 de la Constitución venezolana, por ejemplo establece que "No podrán cobrarse impuestos, tasas, ni contribuciones que no estén establecidos en la ley…"

43 El art. 49.1 la Constitución venezolana establece, así, que "Ninguna persona podrá ser sancionada por actos u omisiones que no fueren previstos como delitos, faltas o infracciones en leyes preexistentes".

44 Sentencia de la Corte Suprema de Justicia en Sala Político Administrativa (Venezuela), 5 de junio de 1986, *Revista de Derecho Público,* N° 27, Caracas, 1986, pp. 88-89.

Como consecuencia de esto, son típicas materias de la reserva legal las expresamente establecidas como tal en las Constituciones; la regulación, limitación o restricción de los derechos y garantías constitucionales; la creación de impuestos, tasas y contribuciones, y el establecimiento de infracciones y sanciones administrativas.

La sanción a la violación de la reserva legal por los actos administrativos, por supuesto, al tratarse de una violación de normas constitucionales, acarrea la nulidad absoluta, tal y como lo declara expresamente la legislación española[45].

Este principio de la reserva legal, además, ha encontrado consagración expresa en las leyes de procedimiento administrativo. Así, la Ley Orgánica de Procedimientos Administrativos de Venezuela establece:

> "*Artículo* 10. Ningún acto administrativo podrá crear sanciones, ni modificar las que hubieran sido establecidas en las leyes, crear impuestos u otras contribuciones de derecho público, salvo dentro de los límites determinados por la Ley".

Ello lo corrobora la Ley de Honduras, que establece que los órganos de la Administración no pueden, mediante actos de carácter general, "establecer penas, ni prestaciones personales obligatorias, salvo aquellos casos en que expresamente lo autorice la Ley" (art. 40.c).

En sentido similar, la Ley General de la Administración Pública de Costa Rica dispone:

> "*Artículo* 124. Los reglamentos, circulares, instrucciones y demás disposiciones administrativas de carácter general no podrá establecer penas ni imponer exacciones, tasas, multas ni otras cargas similares".

De la norma de la legislación venezolana, sin embargo, resulta, en principio, la posibilidad de "delegación legislativa" en materia de reserva legal lo cual ha sido admitido, por ejemplo, en materia de determinación de tasas por servicios y de establecimiento de infracciones[46].

Por último, debe advertirse que el ámbito de la reserva legal también puede plantearse constitucionalmente en las relaciones entre los actos de gobierno y los actos administrativos. Así, cuando las Constituciones, por ejemplo, atribuyen al Presidente de la República la potestad de restringir o suspender las garantías constitucionales, la consecuencia directa es la restricción o suspensión de la reserva legal, y por tanto, la "ampliación" de potestades "legislativas" del Presidente de la República[47]. En esos casos, los Decretos-Leyes que dicte el Presidente de la República deben estar fundamentados en el decreto de restricción o suspensión, pues de lo contrario tendrían que ser considerados como simples actos administrativos que no podrían invadir la reserva legal.

---

45 Art. 62.2, Ley 30/1992 de Régimen Jurídico de los Administraciones Públicas y del procedimiento Administrativo Común

46 En estos casos, la jurisprudencia venezolana ha atribuido a estos reglamentos dictados en materias de reserva legal con autorización expresa del legislador, incluso, rango legal. *Vid.* Sentencia de la Corte Suprema de Justicia en Sala Político Administrativa de 27 de enero de 1971, en Allan R. Brewer Carías, *Jurisprudencia de la Corte Suprema 1953-1974 y Estudios de Derecho Administrativo,* T. III, vol. 1, Caracas, 1976, pp. 135 y 136.

47 *Vid.* En Allan R. Brewer-Carías, "Les garanties constitucionnelles...", *loc.cit.,* p. 49.

III. EL RESPETO DE LOS ACTOS ADMINISTRATIVOS REGLAMENTARIOS

Pero es evidente que el principio de la legalidad, aplicado a los actos administrativos, no solo implica sumisión a la Constitución y a la Ley, sino también respeto a los propios actos normativos dictados por la Administración, es decir, que los actos administrativos individuales deben estar sometidos, como condición de legalidad, a lo prescrito por los actos administrativos reglamentarios.[*]

Es el principio conocido como el de la inderogabilidad singular de los Reglamentos, el cual desarrollado desde hace años por la jurisprudencia francesa[48], ha encontró consagración positiva expresa en España, en la Ley de Régimen Jurídico de la Administración del Estado (1957), y en la actualidad en la Ley 30/1992, la cual dispone que "las resoluciones administrativas de carácter particular no podrán vulnerar lo establecido en una disposición de carácter general, aunque aquellas tengan grado igual o superior a éstas" (art. 52.2).

El principio también se ha regulado en Venezuela, en la Ley de Procedimientos Administrativos, que prescribe lo siguiente:

> "*Artículo* 13. Ningún acto administrativo podrá violar lo establecido en otro de superior jerarquía; ni los de carácter particular vulnerar lo establecido en una disposición administrativa de carácter general, aun cuando fuesen dictados por autoridad igual o superior a la que dictó la disposición general".

En sentido similar, la Ley General de la Administración Pública de Costa Rica establece el principio así:

> "*Artículo* 13.1. La Administración estará sujeta, en general, a todas las normas escritas y no escritas del ordenamiento administrativo, y al derecho privado supletorio del mismo, sin poder derogarlos ni desaplicarlos para casos concretos.
>
> 2. La regla anterior se aplicará también en relación con los reglamentos, sea que éstos provengan de la misma autoridad, sea que provengan de otra superior o inferior competente".

De estas normas, entre otras, deriva la obligación que tienen los órganos administrativos, al dictar actos administrativos individuales, de respetar los reglamentos, o en otros términos, la prohibición de la derogación singular de los reglamentos en la resolución de un caso individual. Esto implica no sólo la obligación de respeto de los reglamentos dictados por órganos administrativos superiores, sino la obligación de los órganos administrativos, al dictar un acto individual, de observar sus propios reglamentos (*Tu patere legem quam fecisti*), e incluso, la obligación de los órganos administrativos en la resolución de casos individuales, de observar lo establecido con carácter reglamentario por órganos de inferior jerarquía.

Este principio del respeto de los actos administrativos normativos por los actos administrativos individuales, sin duda, tienen su fundamento último en el principio de la igualdad y no discriminación, que resultaría violado si se permitiera la resolución individual de asuntos al margen de las disposiciones reglamentarias.

---

* *V.* Allan R. Brewer-Carías, "Los actos administrativos normativos como fuente del derecho en Venezuela, con especial referencia a los reglamentos ejecutivos, en Jaime Rodríguez Arana Muñoz et al. (Editores), *El acto administrativo como fuente del derecho administrativo en Iberoamérica (Actas del VIII Foro Iberoamericano de Derecho Administrativo),* Congrex SA, Panamá 2009, pp. 767-784

48 *Vid.* en J. M. Auby y R. Drago, *Traité de Contentieux Administratif,* París, 1984, T. 2, pp. 355-358.

Desde el punto de vista práctico, las normas mencionadas implican que si se dicta una Resolución reglamentaria por un Ministro, no sólo este funcionario no puede vulnerarla con sus actos administrativos individuales, sino que el Presidente de la República tampoco puede vulnerar dicha disposición general, con un acto individual. En esta forma, si el Ministro quiere apartarse de su acto reglamentario para decidir un caso concreto, no puede hacerlo sin antes modificar el acto reglamentario, mediante otro acto reglamentario; es decir, tiene que reformar el reglamento y luego adoptar la decisión individual conforme a la reforma. Lo mismo sucede respecto de los actos del órgano superior si existe una Resolución Ministerial de carácter reglamentario, no puede el Presidente de la República mediante un Decreto individual, modificar el acto reglamentario ministerial; tendría que dictar previamente un Decreto reglamentario cambiando el régimen, para luego dictar el acto individual[49].

IV. EL RESPETO DE LA JERARQUÍA DE LOS ACTOS ADMINISTRATIVOS Y EL PARALELISMO DE LAS FORMAS

Pero además del respeto de los actores reglamentarios, el principio de la legalidad aplicado a los actores administrativos impone a los órganos administrativos el respeto de la jerarquía de los propios órganos y actos, particularmente cuando se trata de actos administrativos individuales. Como lo ha establecido la Ley española de Régimen Jurídico de las Administraciones Públicas y del Procedimiento Administrativo Común de 1992, "Ninguna disposición administrativa podrá vulnerar los preceptos de otra de grado superior" (art. 51.2), por lo que los actos administrativos dictados por órganos interiores en la jerarquía administrativa no pueden violar o desconocer lo establecido en actos individuales dictados por órganos de jerarquía superior.

A los efectos de dar mayor efectividad al principio, en algunos casos, las leyes de procedimiento administrativo han establecido expresamente la jerarquía de los actos administrativos, conforme a la jerarquía de los órganos administrativos. Es el caso de la Ley venezolana que prescribe que los actos administrativos tienen la siguiente jerarquía: "decretos, resoluciones, órdenes, providencias y otras decisiones dictadas por órganos y autoridades administrativas" (art. 14)[50].

---

49 *Vid.* Allan R. Brewer-Carías, *El Derecho Administrativo y la Ley Orgánica de Procedimientos Administrativos*, Caracas, 1985, pp. 41-42.

50 La Ley además, define cada uno de estos actos así:

Artículo 15. Los decretos son las decisiones de mayor jerarquía dictadas por el Presidente de la República y, en su caso, serán refrendados por aquél o aquellos Ministros a quienes corresponda la materia, o por todos, cuando la decisión haya sido tomada en Consejo de Ministros. En el primer caso, el Presidente de la República cuando a su juicio la importancia del asunto lo requiera, podrá ordenar que sea refrendado, además, por otros Ministros.

Artículo 16. Las resoluciones son decisiones de carácter general o particular adoptadas por los Ministros por disposición del Presidente de la República o por disposición específica de la ley.

Las resoluciones deben ser suscritas por el Ministro respectivo.

Cuando la materia de una Resolución corresponda a más de un Ministro, deberá ser suscrita por aquellos a quienes concierna el asunto.

Artículo 17. Las decisiones de los órganos de la Administración Pública Nacional, cuando no les corresponda la forma de decreto o Resolución, conforme a los artículos anteriores tendrán la denominación de orden o providencia administrativa. También, en su caro, podrán adoptar las formas de instrucciones o circulares.

Por interpretación a contrario del principio del respeto de la jerarquía de los actos administrativos, resulta evidente que la Administración puede, en principio, revisar, derogar, modificar o revocar sus propios actos administrativos, siempre que ello se haga por el mismo órgano que lo emanó o por el superior jerárquico, salvo que la Ley haya prescrito una desconcentración mediante asignación exclusiva de competencia al órgano inferior.

En cuanto a los actos administrativos reglamentarios, por tener por objeto situaciones jurídicas generales e impersonales, los mismos pueden siempre ser modificados o derogados por la misma autoridad que los dictó, en cuyo caso, en principio, debe respetarse el principio denominado del paralelismo de las formas, es decir, que el acto reglamentario modificatorio o derogatorio del anterior debe ser dictado respetándose las mismas formalidades y formas prescritas por la Ley que se siguieron en la formulación del acto inicial. El mismo principio, por supuesto, se aplica en materia de modificación o revocación de actos administrativos individuales, en los casos en los cuales tal modificación o revocación pueda producirse, siempre que no se lesionen derechos adquiridos[51].

Capítulo II: LA IMPORTANCIA DE LA POSITIVACIÓN DE LOS PRINCIPIOS DEL PROCEDIMIENTO ADMINISTRATIVO[*]

Las leyes de procedimiento administrativo, en todos los países donde se han dictado, comenzaron a darle un nuevo enfoque al objeto de la disciplina, la Administración Pública, al regular con amplitud y precisión tanto su actividad sustantiva como los aspectos centrales de su relación con los administrados, regulándose entonces el conjunto de situaciones jurídicas en las cuales se encuentran tanto la Administración como los administrados en sus relaciones recíprocas, es decir, el conjunto de poderes, prerrogativas y obligaciones de la Administración, por una parte; y por la otra, los derechos y obligaciones de los particulares en sus relaciones con aquella.

Siendo ese el sentido central de la regulación de las leyes, las mismas cambiaron totalmente la situación tradicional de estas relaciones entre Administración y particular, en la cual el balance estaba a favor de la Administración, con amplias regulaciones sobre sus poderes, potestades y prerrogativas y las obligaciones de los administrados, y pocas sobre sus derechos. Ese balance fue el que cambió sustancialmente a partir de la sanción de las leyes de procedimiento administrativo buscándose entonces una situación de equilibrio entre poderes de la Administración y derechos de los particulares, que se garantizan. Ello, por otra parte, es la esencia del principio de la legalidad y de las regulaciones jurídicas sobre la Administración: el equilibrio que tiene que existir entre poderes y prerrogativas administrativas y derechos de los particulares.

Al cambiar totalmente el balance de esos dos extremos y establecerse un equilibrio, las leyes de procedimiento administrativo, al establecer formas generales de la actuación de la Administración, originaron en todos los países un cambio de actitud y de forma y método de actuar de la Administración, a los efectos de lograr que dejara de ser la Administración prepotente que sólo concedía dádivas o favores al administrado,

51 *Vid.* G. Isaac, *La Procédure Administrative non Contentieuse,* París, 1968, p. 306.

* Este capítulo II se ha agregado ahora para esta publicación, respecto del texto original de la obra editada en Madrid en 1990.

quien por su parte, no tenía derechos, ni cómo reclamarlos y era aplastado y a veces vejado por la Administración. Con las nuevas leyes se sentaron las bases para que ello cambiara, pues del administrado que la Administración iba a enfrentar ya no era uno indefenso, sino uno bien armado con muchos derechos legales y con muchos mecanismos jurídicos para garantizar esos derechos y controlar cualquier actitud que significara la desmejora de esas garantías.

Por tanto, en todos los países de América Latina, la motivación central de estos cuerpos normativos reguladores tanto del procedimiento como de los actos administrativos, ha sido, por una parte, el establecimiento de un régimen de la acción de la Administración para la producción de sus actos administrativos y por la otra, la previsión de un régimen de garantías de los administrados frente a la Administración. Estas leyes reflejan, por ello, como se ha dicho anteriormente, la lucha permanente que ha caracterizado al propio derecho administrativo, dirigida a la búsqueda de un balance entre los privilegios de la Administración y los derechos de los particulares. De allí que las mismas regulen el desarrollo de la actividad de la Administración para obtener la adecuada satisfacción de los intereses públicos, y además, busquen que los derechos de los administrados estén debidamente garantizados.

Por ello, por ejemplo, en los Considerandos de la Ley de Honduras de 1987 se señala que en el Estado Moderno:

> "La satisfacción de los intereses públicos exige el respeto de las formas creadas como garantía de los derechos de los particulares frente a la actividad administrativa."

Asimismo, en los Considerandos del Decreto 500/991 de Uruguay, se precisó la motivación de todo su conjunto normativo, al establecer que tiene por objeto regular la actuación de la Administración:

> "A fin de servir con objetividad los intereses generales con sometimiento pleno al Derecho y para mejor tutelar los derechos e intereses legítimos de los administrados."

De ello resulta este rasgo común de las regulaciones sobre procedimientos administrativos, de buscar el mejor cumplimiento de los fines de la Administración y servir con objetividad los intereses generales y, a la vez, tutelar los derechos e intereses de los particulares. Eso lo señala expresamente, por ejemplo tanto el artículo 1° de la Ley 9.784 de Brasil, como el artículo III (finalidad) del Título Preliminar de la Ley 27.444 del Perú.

Pero además, también puede identificarse como otra motivación general de las leyes de procedimiento administrativo al establecer las formas de la actuación de la Administración en sus relaciones con los particulares, que se realice con el menor formalismo posible. Por ello, en los mismos Considerandos del Decreto uruguayo se señaló, también, que el texto tiene por objeto agilizar y dar flexibilidad al procedimiento administrativo, "evitando la realización o exigencias de trámites, formulismos o recaudos innecesarios o arbitrarios que compliquen o dificulten su desenvolvimiento".

I. LA ENUMERACIÓN DE LOS PRINCIPIOS DEL PROCEDIMIENTO ADMINISTRATIVO EN LAS LEYES LATINOAMERICANAS

Una característica general de estas leyes de procedimiento administrativo en América Latina, es la enumeración en el propio texto de las leyes, del conjunto de principios generales sobre los mismos,[52] los cuales, por tanto, no se tienen que deducir por interpretación, permitiendo así, al juez contencioso administrativo o de control de la actividad administrativa, tener más precisas herramientas de control sobre la actuación administrativa. Incluso, en algunos casos, los principios se han establecido con rango constitucional, como es el caso de la Constitución de Venezuela de 1999, en cuyo artículo 141 se precisa que:

> "*Artículo* 141: La Administración Pública está al servicio de los ciudadanos y se fundamenta en los principios de honestidad, participación, celeridad, eficacia, eficiencia, transparencia, rendición de cuentas y responsabilidad en el ejercicio de la función pública, con sometimiento pleno a la ley y al derecho."

Pero en general, ha sido en las leyes de procedimiento administrativo donde se han enumerado estos principios.

Se destaca, como ejemplo la Ley de Honduras, en cuyos Considerandos se precisó que "la actividad administrativa debe estar presidida por principios de economía, simplicidad, celeridad y eficacia que garanticen la buena marcha de la Administración", a fin de lograr una pronta y efectiva satisfacción del interés general (art. 19).

Asimismo, la Ley argentina expresamente señaló en su artículo 1.b, que los principios que rigen en el procedimiento administrativo, son la "celeridad, economía, sencillez y eficacia en los trámites".

En el caso de Venezuela, además de los principios de celeridad, economía, sencillez y eficacia, la Ley Orgánica de Procedimientos Administrativos agregó el principio de imparcialidad (art. 30) y, adicionalmente, la Ley de Simplificación de Trámites Administrativos de 1999, reformada en 2008 enumeró los siguientes principios en los cuales se debe fundamentar la simplificación de trámites administrativos: "conforme a los cuales se deben elaborar los planes de simplificación, que son: "simplicidad, transparencia, celeridad, eficacia, eficiencia, rendición de cuentas, solidaridad, presunción de buena fe del interesado o interesada, responsabilidad en el ejercicio de la función pública, desconcentración en la toma de decisiones por parte de los órganos de dirección y su actuación debe estar dirigida al servicio de las personas."

Estos principios los repitió el artículo 10 de la Ley Orgánica de la Administración Pública de 2001, reformada en 2008, al precisar que su actividad se debe desarrollar con base en "los principios de economía, celeridad, simplicidad, rendición de cuentas, eficacia, eficiencia, proporcionalidad, oportunidad, objetividad, imparcialidad, participación, honestidad, accesibilidad, uniformidad, modernidad, transparencia, buena fe, paralelismo de la forma y responsabilidad en el ejercicio de la misma, con sometimiento pleno a la ley y al derecho, y con supresión de las formalidades no esenciales." A la norma se agregó, además, la indicación de que "La simplificación de los trámites administrativos, así como la supresión de los que fueren innecesarios será tarea permanente de los órganos y entes de la Administración Pública, de conformidad con los principios y normas que establezca la ley correspondiente."

---

52 *V.* en general sobre este tema, lo que hemos expuesto en los siguientes trabajos: Allan R. Brewer-Carías, *Principios del procedimiento administrativo,* Prólogo de Eduardo García de Enterría, Editorial Civitas, Madrid 1990; *Les principes de la procédure administrative non contentieuse. Études de Droit Comparé (France, Espagne, Amérique Latine)*, Prólogo de Franck Moderne, Editorial Economica, París 1992; también publicado en *Etudes de droit public comparé*, Académie International de Droit Comparé, Ed. Bruylant, Bruxelles 2001, pp. 161-274; y *Principios del Procedimiento en América Latina*, Universidad del Rosario, Editorial Legis, Bogotá 2003.

En Ecuador, igualmente, la Ley de Modernización del Estado precisó que los procesos de modernización se deben sujetar a los principios de eficiencia, agilidad, transparencia, coparticipación en la gestión pública y solidaridad social.

En la Ley Federal de México, se siguió la misma orientación del texto colombiano, y se agregó a la enumeración, también, el principio de la buena fe (art. 13).

En el Código de Colombia, además de todos estos principios, en la reforma de 2011 Código (art. 3) se agregaron los "del debido proceso, igualdad, imparcialidad, buena fe, moralidad, participación, responsabilidad, transparencia, publicidad, coordinación, eficacia, economía y celeridad," definiéndolos todos así:

"1. En virtud del principio del debido proceso, las actuaciones administrativas se adelantarán de conformidad con las normas de procedimiento y competencia establecidas en la Constitución y la ley, con plena garantía de los derechos de representación, defensa y contradicción. En materia administrativa sancionatoria, se observarán adicionalmente los principios de legalidad de las faltas y de las sanciones, de presunción de inocencia, de no *reformatio in pejus y non bis in idem.*

2. En virtud del principio de igualdad, las autoridades darán el mismo trato y protección a las personas e instituciones que intervengan en las actuaciones bajo su conocimiento. No obstante, serán objeto de trato y protección especial las personas que por su condición económica, física o mental se encuentran en circunstancias de debilidad manifiesta.

3. En virtud del principio de imparcialidad, las autoridades deberán actuar teniendo en cuenta que la finalidad de los procedimientos consiste en asegurar y garantizar los derechos de todas las personas sin discriminación alguna y sin tener en consideración factores de afecto o de interés y, en general, cualquier clase de motivación subjetiva.

4. En virtud del principio de buena fe, las autoridades y los particulares presumirán el comportamiento leal y fiel de unos y otros en el ejercicio de sus competencias, derechos y deberes.

5. En virtud del principio de moralidad, todas las personas y los servidores públicos están obligados a actuar con rectitud, lealtad y honestidad en las actuaciones administrativas.

6. En virtud del principio de participación, las autoridades promoverán y atenderán las iniciativas de los ciudadanos, organizaciones y comunidades encaminadas a intervenir en los procesos de deliberación, formulación, ejecución, control y evaluación de la gestión pública.

7. En virtud del principio de responsabilidad, las autoridades y sus agentes asumirán las consecuencias por sus decisiones, omisiones o extralimitación de funciones, de acuerdo con la Constitución, las leyes y los reglamentos.

8. En virtud del principio de transparencia, la actividad administrativa es del dominio público, por consiguiente, toda persona puede conocer las actuaciones de la administración, salvo reserva legal.

9. En virtud del principio de publicidad, las autoridades darán a conocer al público y a los interesados, en forma sistemática y permanente, sin que medie petición alguna, sus actos, contratos y resoluciones, mediante las comunicaciones, notificaciones y publicaciones que ordene la ley, incluyendo el empleo de tecnologías que permitan difundir de manera masiva tal información de conformidad con lo dispuesto en este Código. Cuando el interesado deba asumir el costo de la publicación, esta no podrá exceder en ningún caso el valor de la misma.

10. En virtud del principio de coordinación, las autoridades concertarán sus actividades con las de otras instancias estatales en el cumplimiento de sus cometidos y en el reconocimiento de sus derechos a los particulares.

11. En virtud del principio de eficacia, las autoridades buscarán que los procedimientos logren su finalidad y, para el efecto, removerán de oficio los obstáculos puramente formales, evitarán decisiones inhibitorias, dilaciones o retardos y sanearán, de acuerdo con este Código las irregularidades procedimentales que se presenten, en procura de la efectividad del derecho material objeto de la actuación administrativa.

12. En virtud del principio de economía, las autoridades deberán proceder con austeridad y eficiencia, optimizar el uso del tiempo y de los demás recursos, procurando el más alto nivel de calidad en sus actuaciones y la protección de los derechos de las personas.

13. En virtud del principio de celeridad, las autoridades impulsarán oficiosamente los procedimientos, e incentivarán el uso de las tecnologías de la información y las comunicaciones, a efectos de que los procedimientos se adelanten con diligencia, dentro de los términos legales y sin dilaciones injustificadas."

En la línea enumerativa amplia, con anterioridad, en el Decreto del Uruguay, se había establecido en su artículo 2, que la Administración Pública debe servir con objetividad los intereses generales con sometimiento pleno al derecho y debe actuar de acuerdo a los siguientes principios generales: a) Imparcialidad; b) Legalidad objetiva; c) Impulsión de oficio; d) Verdad material; e) Economía, celeridad y eficacia; f) Informalismo en favor del administrado; g) Flexibilidad, materialidad y ausencia de ritualismos; h) Delegación material; i) Debido procedimiento; j) Contradicción; k) Buena fe, lealtad y presunción de verdad salvo prueba en contrario; l) Motivación de la decisión; y m) Gratuidad.

En el mismo sentido se destaca la Ley de Brasil, la cual destinó al tema de los principios del procedimiento administrativo un extenso artículo (art. 2), en el cual se enumeran además de un conjunto de criterios que deben guiar los procedimientos administrativos, los "*principios da legalidade, finalidade, motivaçao, razoabilidade, proporcionalidade, moralidade, ampla defesa, contraditório, segurança juridica, interesse público e eficiência.*"

Con la Ley N° 27444 del Procedimiento Administrativo General del Perú de 2001, se produjo un avance fundamental en este proceso de positivización de los principios del procedimiento administrativo, al precisar en el artículo IV del Título Preliminar que el procedimiento administrativo, sin perjuicio de la vigencia de otros principios general del derecho administrativo, se sustenta fundamentalmente en los siguientes principios, que se enumeran a título enunciativo y no taxativo: principio de legalidad; principio del debido procedimiento; principio del impulso de oficio; principio de razonabilidad; principio de imparcialidad; principio de informalismo; principio de presunción de veracidad; principio de conducta procedimental; principio de celeridad; principio de eficacia; principio de verdad material; principio de participación; principio de simplicidad; principio de uniformidad; principio de predictibilidad; principio de privilegio de controles posteriores. Específicamente, el artículo IV.1 de dicha Ley dispuso que el procedimiento administrativo se sustenta fundamentalmente en los siguientes principios (que se enumeran sin tener carácter taxativo), sin perjuicio de la vigencia de otros principios generales del Derecho Administrativo:

"1.1. *Principio de legalidad*.- Las autoridades administrativas deben actuar con respeto a la Constitución, la ley y al derecho, dentro de las facultades que le estén atribuidas y de acuerdo con los fines para los que les fueron conferidas.

1.2. *Principio del debido procedimiento*. Los administrados gozan de todos los derechos y garantías inherentes al debido procedimiento administrativo, que comprende el derecho a exponer sus argumentos, a ofrecer y producir pruebas y a obtener una decisión motivada y fundada en derecho. La institución del debido procedimiento administrativo se rige por los principios del Derecho Administrativo. La regulación propia del Derecho Procesal Civil es aplicable sólo en cuanto sea compatible con el régimen administrativo.

1.3. *Principio de impulso de oficio.* Las autoridades deben dirigir e impulsar de oficio el procedimiento y ordenar la realización o práctica de los actos que resulten convenientes para el esclarecimiento y resolución de las cuestiones necesarias.

1.4. *Principio de razonabilidad.* Las decisiones de la autoridad administrativa, cuando creen obligaciones, califiquen infracciones, impongan sanciones, o establezcan restricciones a los administrados, deben adaptarse dentro de los límites de la facultad atribuida y manteniendo la debida proporción entre los medios a emplear y los fines públicos que deba tutelar, a fin de que respondan a lo estrictamente necesario para la satisfacción de su cometido.

1.5. *Principio de imparcialidad.* Las autoridades administrativas actúan sin ninguna clase de discriminación entre los administrados, otorgándoles tratamiento y tutela igualitarios frente al procedimiento, resolviendo conforme al ordenamiento jurídico y con atención al interés general.

1.6. *Principio de informalismo.* Las normas de procedimiento deben ser interpretadas en forma favorable a la admisión y decisión final de las pretensiones de los administrados, de modo que sus derechos e intereses no sean afectados por la exigencia de aspectos formales que puedan ser subsanados dentro del procedimiento, siempre que dicha excusa no afecte derechos de terceros o el interés público.

1.7 *Principio de presunción de veracidad.* En la tramitación del procedimiento administrativo, se presume que los documentos y declaraciones formulados por los administrados en la forma prescrita por esta Ley, responden a la verdad de los hechos que ellos afirman. Esta presunción admite prueba en contrario.

1.8 *Principio de conducta procedimental.* La autoridad administrativa, los administrados, sus representantes o abogados y, en general, todos los partícipes del procedimiento, realizan sus respectivos actos procedimentales guiados por el respeto mutuo, la colaboración y la buena fe. Ninguna regulación del procedimiento administrativo puede interpretarse de modo tal que ampare alguna conducta contra la buena fe procesal.

1.9. *Principio de celeridad.* Quienes participan en el procedimiento deben ajustar su actuación de tal modo que se dote al trámite de la máxima dinámica posible, evitando actuaciones procesales que dificulten su desenvolvimiento o constituyan meros formalismos, a fin de alcanzar una decisión en tiempo razonable, sin que ello releve a las autoridades del respeto al debido procedimiento o vulnere el ordenamiento.

1.10. *Principio de eficacia.* Los sujetos del procedimiento administrativo deben hacer prevalecer el cumplimiento de la finalidad del acto procedimental, sobre aquellos formalismos cuya realización no incida en su validez, no determinen aspectos importantes en la decisión final, no disminuyan las garantías del procedimiento, ni causen indefensión a los administrados. En todos los supuestos de aplicación de este principio, la finalidad del acto que se privilegie sobre las formalidades no esenciales deberá ajustarse al marco normativo aplicable y su validez será una garantía de la finalidad pública que se busca satisfacer con la aplicación de este principio.

1.11. *Principio de verdad material.* En el procedimiento, la autoridad administrativa competente deberá verificar plenamente los hechos que sirven de motivo a sus decisiones, para lo cual deberá adoptar todas las medidas probatorias necesarias autorizadas por la ley, aun cuando no hayan sido propuestas por los administrados o hayan acordado eximirse de ellas. En el caso de procedimientos trilaterales la autoridad administrativa estará facultada a verificar por todos los medios disponibles la verdad de los hechos que le son propuestos por las partes, sin que ello signifique una sustitución del deber probatorio que corresponde a éstas. Sin embargo, la autoridad administrativa estará obligada a ejercer dicha facultad cuando su pronunciamiento pudiera involucrar también al interés público.

1.12. *Principio de participación.* Las entidades deben brindar las condiciones necesarias a todos los administrados para acceder a la información que administren, sin expresión de causa, salvo aquellas que afectan la intimidad personal, las vinculadas a la seguridad nacional o las que expresamente sean excluidas por ley; y extender las posibilidades de participación de los administrados y de sus representantes, en aquellas decisiones públicas que les puedan afectar, mediante cualquier sistema que permita la difusión, el servicio de acceso a la información y la presentación de opinión.

1.13. *Principio de simplicidad.* Los trámites establecidos por la autoridad administrativa deberán ser sencillos, debiendo eliminarse toda complejidad innecesaria; es decir, los requisitos exigidos deberán ser racionales y proporcionales a los fines que se persigue cumplir.

1.14. *Principio de uniformidad.* La autoridad administrativa deberá establecer requisitos similares para trámites similares, garantizando que las excepciones a los principios generales no serán convertidos en la regla general. Toda diferenciación deberá basarse en criterios objetivos debidamente sustentados.

1.15. *Principio de predictibilidad.* La autoridad administrativa deberá brindar a los administrados o sus representantes información veraz, completa y confiable sobre cada trámite, de modo tal que a su inicio, el administrado pueda tener una conciencia bastante certera de cuál será el resultado final que se obtendrá.

1.16. *Principio de privilegio de controles posteriores.*- La tramitación de los procedimientos administrativos se sustentará en la aplicación de la fiscalización posterior; reservándose la autoridad administrativa, el derecho de comprobar la veracidad de la información presentada, el cumplimiento de la normatividad sustantiva y aplicar las sanciones pertinentes en caso que la información presentada no sea veraz."

Sobre estos principios, la norma del artículo IV.2 de la Ley peruana agregó que los mismos deben servir también de criterio interpretativo para resolver las cuestiones que puedan suscitarse en la aplicación de las reglas de procedimiento, como parámetros para la generación de otras disposiciones administrativas de carácter general, y para suplir los vacíos en el ordenamiento administrativo.

Una enunciación similar, de carácter exhaustivo, se puede encontrar también en la Ley de Bolivia de 2002, en la cual el artículo 4 enumera e incluso define los siguientes principios a los que debe sujetarse la Administración Pública:

"a) *Principio fundamental*: El desempeño de la función pública está destinado exclusivamente a servir los intereses de la colectividad;

b) *Principio de autotutela*: La Administración Pública dicta actos que efectos sobre los ciudadanos y podrá ejecutar según corresponda por sí misma sus propios actos, sin perjuicio del control judicial posterior;

c) *Principio de sometimiento pleno a la ley*: La Administración Pública sus actos con sometimiento pleno a la ley, asegurando a los administrados el debido proceso;

d) *Principio de verdad material*: La Administración Pública investigará la verdad material en oposición a la verdad formal que rige el procedimiento civil;

e) *Principio de buena fe*: En la relación de los particulares con la Administración Pública se presume el principio de buena fe. La confianza, la cooperación y la lealtad en la actuación de los servidores públicos y de los ciudadanos; orientarán el procedimiento administrativo;

f) *Principio de imparcialidad*: Las autoridades administrativas actuarán en defensa del interés general, evitando todo género de discriminación o diferencia entre los administrados;

g) *Principio de legalidad y presunción de legitimidad*: Las actuaciones de la Administración Pública por estar sometidas plenamente a la Ley, se presumen legítimas, salvo expresa declaración judicial en contrario;

h) *Principio de jerarquía normativa*: La actividad y actuación administrativa y, particularmente las facultades reglamentarias atribuidas por esta Ley, observarán la jerarquía normativa establecida por la Constitución Política del Estado y las leyes;

i) *Principio de control judicial*: El Poder Judicial, controla la actividad de la Administración Pública conforme a la Constitución Política del Estado y las normas legales aplicables;

j) *Principio de eficacia*: Todo procedimiento administrativo debe lograr su finalidad, evitando dilaciones indebidas;

k) *Principio de economía, simplicidad y celeridad*: Los procedimientos administrativos se desarrollarán con economía, simplicidad y celeridad, evitando la realización de trámites, formalismos o diligencias innecesarias;

l) *Principio de informalismo*: La inobservancia de exigencias formales no esenciales por parte del administrado, que puedan ser cumplidas posteriormente, podrán ser excusadas y ello no interrumpirá el procedimiento administrativo;

m) *Principio de publicidad*: La actividad y actuación de la Administración es pública, salvo que ésta u otras leyes la limiten;

n) *Principio de impulso de oficio*: La Administración Pública está obligada a impulsar el procedimiento en todos los trámites en los que medie el interés público;

o) *Principio de gratuidad*: Los particulares sólo estarán obligados a realizar prestaciones personales o patrimoniales en favor de la Administración Pública, cuando la Ley o norma jurídica expresamente lo establezca; y,

p) *Principio de proporcionalidad*: La Administración Pública actuará con sometimiento a los fines establecidos en la presente Ley y utilizará los medios adecuados para su cumplimiento."

En la Ley N° 38 de Panamá de 2000, entre las misiones de la Procuraduría de la Administración se indica la "coadyuvar a que la Administración Pública desarrolle su gestión con estricto apego a los principios de legalidad, calidad, transparencia, eficiencia, eficacia y moralidad en la prestación de los servicios públicos" (art. 3,2); y luego en su artículo 34 se precisa que "las actuaciones administrativas en todas las entidades públicas se efectuarán con arreglo a normas de informalidad, imparcialidad, uniformidad, economía, celeridad y eficacia, garantizando la realización oportuna de la función administrativa, sin menoscabo del debido proceso legal, con objetividad y con apego al principio de estricta legalidad."

Por último, en la Ley N° 19.880 de Procedimientos administrativos de Chile de 2003, también se indica que el procedimiento administrativo estará sometido a los principios de escrituración, gratuidad, celeridad, conclusivo, economía procedimental, contradictoriedad, imparcialidad, abstención, no formalización, inexcusabilidad, impugnabilidad, transparencia y publicidad (Art. 4).

Estos principios, además, como lo señala el artículo 2 de la Ley de Brasil, deben servir como criterio interpretativo para resolver las cuestiones que puedan suscitarse en la aplicación de las normas de procedimiento. En el mismo sentido, se regula en la Ley de Honduras (art. 19 y 114) y la Ley del Perú (artículo IV del Título preliminar), donde se señaló no sólo que los principios deben servir de criterio interpretativo para resolver las cuestiones que puedan suscitarse en la aplicación de las reglas de procedimiento, sino además, como parámetros para la generación de otras disposiciones administrativas de carácter general, y para suplir los vacíos en el ordenamiento administrativo.

Por ello, una enumeración extensísima de principios del procedimiento administrativo, como la contenida en las leyes de Brasil, de Uruguay y de Perú, sin duda, como se dijo, tiene la ventaja de permitir al juez contencioso-administrativo ejercer un control más efectivo y con mayor amplitud en relación con la actividad administrativa.

Pero por supuesto, mucho más importante que la sola enumeración de los principios, es la definición en los textos legales del contenido de los mismos, como ocurre con el artículo 4 de la Ley de Bolivia ates mencionado.

Es lo que hacen el Código colombiano (art. 2) y más extensamente, la Ley del Perú, en la cual su artículo IV,1.2 del Título Preliminar dispuso que los administrados deben gozar de todos los derechos y garantías inherentes al debido procedimiento administrativo, el cual se rige por los principios de derecho administrativo, que comprende el derecho a exponer sus argumentos, a ofrecer y producir pruebas y a obtener una decisión motivada y fundada en derecho.

Por otra parte, al referirse al principio de celeridad, el mismo artículo 2 del Código colombiano señala que en virtud del mismo:

> "Las autoridades tendrán el impulso oficioso de los procedimientos, suprimirán los trámites innecesarios, utilizarán formularios para actuaciones en serie cuando la naturaleza de ellas lo haga posible y sin que ello releve a las autoridades de la obligación de considerar todos los argumentos y pruebas de los interesados."

La Ley del Perú, por su parte, en relación con este mismo principio de celeridad, dispuso en el artículo IV, 1.9 del Título Preliminar, como obligación para quienes participan en el procedimiento, el que deben ajustar su actuación de tal modo que:

> "Se dote al trámite de la máxima dinámica posible, evitando actuaciones procesales que dificulten su desenvolvimiento o constituyan meros formalismos, a fin de alcanzar una decisión en tiempo razonable, sin que ello releve a las autoridades del respeto al debido procedimiento o vulnere el ordenamiento."

Por otra parte, en cuanto al principio de la eficacia, la norma del Código colombiano señala que el mismo tiene por objeto lograr la finalidad del procedimiento "removiendo de oficio los obstáculos puramente formales y evitando decisiones inhibitorias".

La Ley del Perú, en relación con este principio de la eficacia, en el mismo artículo IV del Título Preliminar, es aún más explícita, al señalar:

> "1.10 Principio de eficacia. Los sujetos del procedimiento administrativo deben hacer prevalecer el cumplimiento de la finalidad del acto procedimental, sobre aquellos formalismos cuya realización no incida en su validez, no determinen aspectos importantes en la decisión final, no disminuyan las garantías del procedimiento, ni causen indefensión a los administrados.
>
> En todos los supuestos de aplicación de este principio, la finalidad del acto que se privilegie sobre las formalidades no esenciales deberá ajustarse al marco normativo aplicable y su validez será una garantía de la finalidad pública que se busca satisfacer con la aplicación de este principio."

En cuanto al principio de imparcialidad, la Ley 19880 de Chile dispone que "La Administración debe actuar con objetividad y respetar el principio de probidad consagrado en la legislación, tanto en la substanciación del procedimiento como en las decisiones que adopte" (Art 11).

En todos estos casos, sin duda, como hemos destacado, al precisarse el contenido de los principios, el Juez contencioso-administrativo dispone de mayores elementos para poder ejercer su competencia de control sobre la actuación de la Administración.

No debe olvidarse, sin embargo, que en América Latina, antes de que se comenzaran a dictar las leyes generales sobre procedimientos administrativos, la mayoría de los principios antes mencionados, se habían venido construyendo, con la ayuda de la doctrina y sin texto normativo expreso, como consecuencia de la labor del juez contencioso-administrativo. Por ello es que el derecho administrativo en América Latina puede dividirse en las dos etapas antes mencionadas: antes y después de las leyes que han regulado todos esos principios, los cuales, antes, habían sido creación de la jurisprudencia, y delineados por la doctrina. En todo caso, a medida que estos principios se han ido estableciendo en textos legales expresos, se han reforzado los instrumentos que le han permitido al juez ejercer con mayor precisión el control de legalidad, catapultándose, en consecuencia, tanto la jurisprudencia como la doctrina.

Por ejemplo, el que se encuentre en el Decreto uruguayo y en las Leyes de Perú, Venezuela y Bolivia, la enunciación expresa del principio de la buena fe puede considerarse como una revolución en el régimen jurídico de la Administración Pública, porque en la práctica de algunas Administraciones Públicas, lamentablemente, lo que existe de parte de los funcionarios es una especie de presunción de que el administrado actúa de mala fe, por lo que usualmente busca obstaculizar sus pretensiones; y el administrado, por su parte, con frecuencia responde a esta actitud, buscando engañar a la Administración.

El principio de la buena fe, al contrario, tiene que convertirse en el instrumento que pueda garantizarle al particular que puede confiar en la Administración y en el funcionario, y viceversa. En consecuencia, encontrar este principio expresamente consagrado en el derecho positivo permite al Juez poder controlar más la actuación de la Administración.

En relación con este principio de la buena fe, la Ley del Perú lo enunció, dentro del principio de conducta procedimental (art. IV, Título Preliminar), así:

> "1.8 *Principio de conducta procedimental.* La autoridad administrativa, los administrados, sus representantes o abogados y, en general, todos los partícipes del procedimiento, realizan sus respectivos actos procedimentales guiados por el respeto mutuo, la colaboración y la buena fe. Ninguna regulación del procedimiento administrativo puede interpretarse de modo tal que ampare alguna conducta contra la buena fe procesal."

Incluso, en la Ley venezolana sobre Simplificación de Trámites Administrativos (2008) se formula el principio de que:

> "*Artículo* 23: De acuerdo con la presunción de buena fe, en todas las actuaciones que se realicen ante la Administración Pública, se tomará como cierta la declaración de las personas interesadas, salvo prueba en contrario. A tal efecto, los trámites administrativos deben rediseñarse para lograr el objetivo propuesto en la generalidad de los casos."

Este principio, por otra parte, se recogió como "presunción de veracidad" en el artículo 3° del Decreto N° 266 de 2000 de Colombia sobre simplificación de trámites.

Ahora bien, entre los principios del procedimiento administrativo que ya puede considerarse que conforman un estándar en Latinoamérica, se destacan el principio de eficacia, el principio de la celeridad y el principio de la buena fe.

II. EL PRINCIPIO DE EFICACIA

El principio de eficacia puede decirse que se incluye expresamente en todas las leyes de procedimiento administrativo de América Latina, expresamente incluido en las leyes de Argentina (art. 1), de Venezuela (art. 30), de Honduras (art. 19), de Brasil (art. 2) y de México (art. 13), y en el Decreto de Uruguay (art. 2).

Una definición precisa del principio de la eficacia, como se ha dicho, se encuentra en el Código colombiano (art. 3), en la Ley de Bolivia (art. 4.j), y en la Ley de Perú (art. IV, 10,1), en los cuales se privilegia en el procedimiento administrativo, el logro de su finalidad, para lo cual deben removerse todos los obstáculos formales y dilaciones innecesarias; debiendo prevalecer dicho logro sobre los formalismos siempre que no incidan en su validez ni disminuyan las garantías de los administrados.

Sobre este principio de la eficacia, el artículo 19 de Ley Orgánica de la Administración Pública de Venezuela dispone que la actividad de los órganos y entes de la Administración Pública debe perseguir el cumplimiento eficaz de los objetivos y metas fijados en las normas, planes y compromisos de gestión, bajo la orientación de las políticas y estrategias establecidas por el Presidente de la República, la Comisión Central de Planificación, el gobernador, o el alcalde, según el caso (art. 19). Para ello, el funcionamiento de los órganos y entes de la Administración Pública, se debe sujetar a las políticas, estrategias, metas y objetivos que se establezcan en los respectivos "planes estratégicos, compromisos de gestión y lineamientos dictados conforme a la planificación centralizada," y debe comprender el seguimiento de las actividades, así como la evaluación y control del desempeño institucional y de los resultados alcanzados (art. 18).

Por su parte, en relación con este principio, la Ley de Honduras prescribe que "las cuestiones incidentales que se suscitaren en el procedimiento, incluso las que se refieren a la nulidad de actuaciones, no suspenderán el curso del procedimiento, salvo la recusación" (art. 39), lo que en esta materia conlleva al principio de la conservación, del saneamiento o de la convalidación de los actos administrativos, precisamente a los efectos de que los procedimientos puedan lograr su finalidad.

En consecuencia, el logro del fin propuesto es lo que siempre debe orientar el desarrollo del procedimiento; fin que está vinculado, como se ha señalado, tanto al interés general, como al interés de la Administración y del administrado. El objetivo del procedimiento administrativo, en definitiva, es la satisfacción de esos fines en el menor tiempo y con el menor costo posible; de allí este principio de la eficacia, el cual además, conlleva varios otros entre los cuales se destacan el principio de la instrumentalidad; el principio de simplicidad y de la economía procedimental; el principio de la presunción de la legalidad y validez, es decir, el del logro de los efectos de los actos, comenzando por la presunción de su validez y eficacia; el principio *favor acti*; el principio de la conservación del acto; el principio *pro actione* o de la interpretación más favorable a lo solicitado, a la acción o al requerimiento.

1. El principio de la instrumentalidad: el objeto y la finalidad del procedimiento

El principio de la instrumentalidad exige interpretar el procedimiento administrativo, no como un fin en sí mismo, sino como un instrumento o cauce para alcanzar el fin perseguido por la Administración.

Esa finalidad del procedimiento, como se dijo, puede desdoblarse en tres, tal y como lo precisan las leyes de procedimiento administrativo: primero, la consecución del interés general; segundo, la satisfacción del interés del administrado, y tercero, el logro del interés de la propia Administración en la relación jurídica concreta.

Siendo el procedimiento un asunto de la Administración, se destaca la finalidad de "establecer el régimen jurídico aplicable para que la actuación de la Administración sirva a la protección del interés general" (art. III, Título Preliminar, Ley del Perú), o en otras palabras, tiene por objeto asegurar que el desempeño de la función pública esté destinado exclusivamente a servir los intereses de la colectividad (art. 4.a, Ley de Bolivia), o que el cumplimiento de la acción administrativa esté vinculada al logro de un interés general (art. 209 Código de Colombia). Por ello, la Ley de Honduras establece que los principios del procedimiento administrativo buscan "garantizar la buena marcha de la Administración" (Considerandos); y la Ley General de Costa Rica precisa que "el procedimiento administrativo servirá para asegurar el mejor cumplimiento posible de los fines de la Administración" (art. 214,1); agregando que "la norma administrativa deberá ser interpretada en la forma que mejor garantice la realización del fin público a que se dirige" (art. 10).

Por su parte, el Código colombiano exige que los funcionarios deben tener en cuenta "que la actuación administrativa tiene por objeto el cumplimiento de los cometidos estatales como lo señalan las leyes, la adecuada prestación de los servicios públicos y la efectividad de los derechos e intereses de los administrados, reconocidos por la ley" (art. 2).

Pero además del logro de los fines propios del interés general que orientan la acción administrativa, el procedimiento tiene por finalidad la protección de los derechos e intereses de los administrados. Esto, como se ha mencionado, está expresado en la Ley General de Costa Rica, donde se precisa que el procedimiento administrativo debe desarrollarse, "con respeto para los derechos subjetivos e intereses legítimos del administrado."(art. 10,1 y 214,1); en la de Honduras, la cual establece que el procedimiento se regula "como garantía de los derechos de los particulares frente a la actividad administrativa" (Considerandos). En igual sentido, se expresa el artículo III, Título Preliminar de la Ley del Perú, y en Código colombiano se exige de los funcionarios que en su actuación también tengan en cuenta "la efectividad de los derechos e intereses de los administrados" (art. 2).

La consecuencia del principio de la instrumentalidad, es la proscripción de cualquier utilización del procedimiento establecido en las leyes para la consecución de fines distintos a los previstos en las leyes, de manera que su utilización para fines distintos vicia la actuación de la Administración por desviación de poder en el resultado, es decir, desviación del procedimiento.

2. Los principios *pro accione* y *favor acti* (*favor administrationis*)

Teniendo el procedimiento administrativo entre sus finalidades, por una parte la satisfacción de las pretensiones de los administrados y por la otra, el logro de los fines públicos establecidos en la ley, el principio de eficacia implica que mismo también debe estar guiado por otros dos principios paralelos: el principio *pro actione* y el principio *favor acti.*

El principio *pro actione* implica la necesidad de que las solicitudes se interpreten a favor de quien solicita la petición, y está consagrado expresamente en la legislación de Costa Rica cuando establece que las normas de procedimiento "deberán interpretarse en forma favorable a la admisión y decisión final de las peticiones" (art. 224).

En cuanto a la admisión de la solicitud o de las peticiones presentadas por los interesados, el principio tiene consecuencias concretas en el caso de la legislación de Colombia (art. 11), de Bolivia (art. 43), de Venezuela, (art. 45) de Honduras (art. 115), de Panamá (art. 76), y del Perú (arts. 125 y 126), pues la Administración está obligada a advertir a los particulares los errores o las omisiones que puedan tener las peticiones, para que dichos errores u omisiones no conlleven su inadmisibilidad.

Como consecuencia, no se puede negar la petición que haga un administrado por causa de una omisión, sino que la Administración está obligada advertirle los errores, para que el particular los corrija.

Pero como se ha dicho, el procedimiento administrativo tiene ante todo por finalidad el logro de los fines de la Administración, de la cual surge otro principio también derivado del principio de eficacia, que es el principio *favor acti* el cual implica que la Administración debe interpretar el procedimiento de manera que sea favorable a la emisión del acto administrativo, es decir, a la obra de la Administración. Por tanto, ante el no acatamiento de elementos formales en el procedimiento, debe preferirse evitar la ineficacia o plantear una ineficacia parcial, que concluir con la ineficacia total del acto. Es decir, el procedimiento debe interpretarse de manera que efectivamente pueda haber una decisión, sin que la falta de cumplimiento de determinadas formalidades afecten el acto y la propia voluntad de la Administración.

Este principio *favor acti* o también, *favor administrationis*, por ejemplo, tiene relación con el tema del funcionario de hecho, los cuales se han definido en la Ley de Costa Rica, como "el que hace lo que el servidor público regular, pero sin investidura o con una investidura inválida o ineficaz, aún fuera de situaciones de urgencia o de cambios ilegítimos de gobierno" (art. 115). Si reúnen las condiciones prescritas en la Ley General, prescribe su artículo 116: "los actos de un funcionario de hecho serán válidos aunque perjudiquen al administrado y aunque éste tenga conocimiento de la irregularidad de la investidura de aquél", quedando la Administración "obligada o favorecida ante terceros por virtud de los mismos" (art. 116).

3. Los principios de la simplicidad y economía procedimental

El principio de la eficacia, conlleva también a la necesidad de racionalizar la actividad administrativa, originando además, otros principios, como el de la simplicidad (normalización o uniformización) que ha sido definido en la Ley del Perú, en su artículo IV del Título Preliminar, como sigue:

> "1.13 *Principio de simplicidad.* Los trámites establecidos por la autoridad administrativa deberán ser sencillos, debiendo eliminarse toda complejidad innecesaria; es decir, los requisitos exigidos deberán ser racionales y proporcionales a los fines que se persigue cumplir.
>
> 1.14 *Principio de uniformidad.* La autoridad administrativa deberá establecer requisitos similares para trámites similares, garantizando que las excepciones a los principios generales no serán convertidos en la regla general. Toda diferenciación deberá basarse en criterios objetivos debidamente sustentados."

Indica, además la Ley del Perú, que en todo caso, los procedimientos administrativos se deben desarrollar "de oficio, de modo sencillo y eficaz, sin reconocer formas determinadas, fases procesales, momentos procedimentales rígidos para realizar determinadas actuaciones o responder a precedencia entre ellas", (art. 144); y la Ley de Bolivia precisa que "los procedimientos administrativos se desarrollarán con economía, simplicidad y celeridad, evitando la realización de trámites, formalismos o diligencias innecesarias"(RT. 4, K).

La Ley venezolana sobre Simplificación de Trámites Administrativos de 2008, por su parte, establece sobre este mismo principio, que:

> "*Artículo* 21. El diseño de los trámites administrativos debe realizarse de manera que los mismos sean claros, sencillos ágiles, racionales, pertinentes, útiles y de fácil entendimiento para las personas, a fin de mejorar las relaciones de éstos con la Administración Pública, haciendo eficiente y eficaz su actividad."

Además, la mencionada Ley, al desarrollar el principio de la simplicidad, transparencia, celeridad y eficacia de la actividad de la Administración señala que la Administración Pública no puede exigir requisitos adicionales a los contemplados en la normativa vigente, salvo los que se establezcan en los instrumentos normativos que se dicten en ejecución de dicha Ley (art. 10). Con carácter general, además, se dispone que los órganos y entes de la Administración Pública no pueden exigir para trámite alguno, la presentación de copias certificadas actualizadas de partidas de nacimiento, matrimonio o defunción, así como de cualquier otro documento público, salvo los casos expresamente establecidos por ley (art. 17). Adicionalmente, se dispone que los órganos y entes de la Administración Pública no pueden exigir copias certificadas de la partida de nacimiento como requisito para el cumplimiento de una determinada tramitación, cuando sea presentada la cédula de identidad, salvo los casos expresamente establecidos por ley (art. 18).

Por otra parte, se dispone que los órganos y entes de la Administración Pública, en virtud del principio de cooperación que debe imperar en sus relaciones interorgánicas, deben implementar bases de datos automatizadas de fácil acceso y no pueden exigir la presentación de copias certificadas o fotocopias de documentos que la Administración Pública tenga en su poder, o de los que tenga la posibilidad legal de acceder (art. 11).

Además, en aras de la simplicidad, la Ley agrega que los órganos y entes, en el ámbito de sus competencias, deben eliminar las autorizaciones innecesarias, solicitudes excesivas de información de detalle y, en general, la exigencia de trámites que entorpezcan la actividad administrativa (art. 13).

Por último, el artículo 14 de la Ley dispone en particular, que los órganos y entes de la Administración Pública deberán identificar y disponer la supresión de los requisitos y permisos no previstos en la Ley, que limiten o entraben el libre ejercicio de la actividad económica o la iniciativa privada.

Otro principio general derivado de la simplicidad es el principio de la economía procedimental, que se menciona en la generalidad de las leyes de procedimiento, como las leyes argentina (art. 7), hondureña (art. 19), venezolana (art. 30), uruguaya (art. 2) y mexicana (art. 13), y conlleva la necesidad de que los asuntos se decidan administrativamente con celeridad, en la forma más rápida posible, economizando lapsos y al menor costo posible.

El principio ha sido desarrollado ampliamente en la Ley 19880 de Chile, en la forma siguiente:

> *Artículo* 9°. Principio de economía procedimental. La Administración debe responder a la máxima economía de medios con eficacia, evitando trámites dilatorios.
>
> Se decidirán en un solo acto todos los trámites que, por su naturaleza, admitan un impulso simultáneo, siempre que no sea obligatorio su cumplimiento sucesivo.
>
> Al solicitar los trámites que deban ser cumplidos por otros órganos, deberá consignarse en la comunicación cursada el plazo establecido al efecto.
>
> Las cuestiones incidentales que se susciten en el procedimiento, incluso las que se refieran a la nulidad de actuaciones, no suspenderán la tramitación del mismo, a menos que la Administración, por resolución fundada, determine lo contrario.´

De allí el principio general, que deriva del artículo 116 de la Ley de Honduras, conforme al cual "los funcionarios responsables de la tramitación de los expedientes adoptarán las medidas que conduzcan a evitar todo entorpecimiento o demora por innecesarias diligencias".

En el Código colombiano también se encuentra una definición del principio de economía, al exigirse que:

> "Las normas de procedimiento se utilicen para agilizar las decisiones, que los procedimientos se adelanten en el menor tiempo y con la menor cantidad de gastos de quienes intervienen en ellos, que no se exijan más documentos y copias que los estrictamente necesarios, ni autenticaciones ni notas de presentación personal sino cuando la ley lo ordene en forma expresa" (art. 3).

En el Decreto de Uruguay también se desarrolla el principio al prescribir en su artículo 8 que "en el procedimiento administrativo deberá asegurarse la celeridad, simplicidad y economía del mismo y evitarse la realización o exigencia de trámites, formalismos o recaudos innecesarios o arbitrarios que compliquen o dificulten su desenvolvimiento".

4. El principio del informalismo

El procedimiento administrativo, hemos dicho, se configura como un conjunto de actos y actuaciones estrechamente vinculados entre sí, con el objeto de obtener un resultado concreto que, generalmente, se materializa en un acto administrativo. Por ello, en definitiva, el procedimiento administrativo se identifica con el conjunto de formas y formalidades establecidas para guiar la acción de la Administración con miras a la obtención de ese resultado y como garantía de los administrados contra las arbitrariedades de los funcionarios.

Sin embargo, dado el principio de economía y celeridad, es evidente, que la prescripción de formas no puede convertir al procedimiento en un bosque de formalidades que entraben la acción administrativa. Por ello, el principio de eficacia también conlleva al principio el informalismo o del carácter no formalista del procedimiento administrativo.

Este principio, por ejemplo, está expresamente previsto en la Ley argentina de Procedimiento Administrativo en la cual se prescribe que las normas de procedimiento que establece, deben ajustarse al requisito del "informalismo", en el sentido de que debe "excusarse la inobservancia por los interesados de exigencias formales no esenciales y que pueden ser cumplidas posteriormente" (art. 1.c); y en la Ley de Bolivia se define el principio en el sentido de que "la inobservancia de exigencias formales no esenciales por parte del administrado, que puedan ser cumplidas posteriormente, podrán ser excusadas y ello no interrumpirá el procedimiento administrativo" (art. 4,l)

Más precisamente, el Decreto 640 de Uruguay establece que "en el procedimiento administrativo se aplicará el principio del informalismo en favor del administración siempre que se trate de la inobservancia de exigencias formales no esenciales y que puedan ser cumplidas posteriormente" (art. 23). En la Ley del Perú, también se define el principio del informalismo, en forma detallada en el artículo IV, Título Preliminar, así:

> "1.6. *Principio de informalismo.* Las normas de procedimiento deben ser interpretadas en forma favorable a la admisión y decisión final de las pretensiones de los administrados, de modo que sus derechos e intereses no sean afectados por la exigencia de aspectos formales que puedan ser subsanados dentro del procedimiento, siempre que dicha excusa no afecte derechos de terceros o el interés público."

Por su parte, la Ley N° 19.880 de Chile regula el principio, al que denomina "de la no formalización", en los siguientes términos:

> "*Artículo* 13. *Principio de la no formalización.* El procedimiento debe desarrollarse con sencillez y eficacia, de modo que las formalidades que se exijan sean aquéllas indispensables para dejar constancia indubitada de lo actuado y evitar perjuicios a los particulares.
>
> El vicio de procedimiento o de forma sólo afecta la validez del acto administrativo cuando recae en algún requisito esencial del mismo, sea por su naturaleza o por mandato del ordenamiento jurídico y genera perjuicio al interesado.
>
> La Administración podrá subsanar los vicios de que adolezcan los actos que emita, siempre que con ello no se afectaren intereses de terceros."

Por otra parte, como secuela del principio, la Ley General de la Administración Pública de Costa Rica establece que las normas del procedimiento administrativo "deberán interpretarse en forma favorable a la admisión y decisión final de las peticiones de los administrados". Es en definitiva, el principio *in dubio pro actione* o de la interpretación más favorable al ejercicio del derecho de petición para asegurar más allá de las dificultades de índole formal, una decisión sobre el fondo de la cuestión objeto del procedimiento. En materia de procedimiento administrativo, el principio se traduce en que el formalismo debe ser interpretado en favor del administrado, precisando, la legislación argentina, sin embargo, que "el informalismo no podrá servir para subsanar nulidades que sean absolutas" (art. 224).

En aplicación de este principio, las leyes de procedimiento administrativo, por ejemplo, establecen el deber de los funcionarios administrativos que reciban las peticiones, de advertir a los interesados de las omisiones y de las irregularidades que observen en las mismas, pero sin que puedan negarse a recibirlas (Art. 45 Ley Orgánica Venezuela; art. 11 Código Colombia).

Igualmente, el informalismo en las leyes de procedimiento administrativo conduce al principio de la flexibilidad del procedimiento y de los trámites procedimentales mediante, por ejemplo, la eliminación del principio de la preclusividad de los lapsos y de actos procesales (arts. 23 y 60 de la Ley venezolana); la posibilidad de alegación por parte de los particulares en cualquier momento (art. 62 de la Ley venezolana) si no existe un lapso preciso de contestación la utilización de cualquier tipo de pruebas (art. 58 de la Ley venezolana); y la intrascendencia en la calificación de los recursos (art. 86 de la Ley venezolana), de manera que si el administrado se equivoca en la calificación del recurso que interpone, siempre y cuando de su escrito se deduzca claramente de qué tipo de recurso se trata, la Administración no puede rechazarlo y, al contrario, está obligada a interpretarlo en favor del particular y de flexibilizar esta ausencia de cumplimiento del formalismo en la calificación del recurso (art. 213 Ley peruana).

5. El principio *conservatio acti*

El principio del informalismo, conlleva, por otra parte, al principio *conservatio acti,* o principio de la conservación o subsanabilidad de los trámites administrativos y de las actuaciones de los administrados, por ello, la Ley de Honduras establece que cuando un órgano administrativo declare la nulidad de algunas actuaciones, debe disponer "siempre la conservación de aquellos actos y trámites cuyo contenido hubiera permanecido, de no haberse realizado la infracción origen de la nulidad" (art. 39). En igual sentido, se dispone en la Ley peruana, (art. 13.3).

Este principio conduce, por supuesto, a la necesidad de la corrección de errores materiales de los actos administrativos, lo que se encuentra regulado expresamente en las leyes de Venezuela (art. 84), Honduras (art. 128), Costa Rica (art. 157) y Chile (art. 62), siempre que la enmienda no altere lo sustancial del acto o decisión" (art. 128), y como lo indica la Ley del Perú, siempre que la rectificación de los errores sea "con efecto retroactivo" (art. 201,1).

Es precisamente en virtud de este principio de la corrección de errores materiales, que deriva del principio del informalismo y de la economía procedimental, que la Administración no tiene por qué concluir siempre con la revocación del acto incorrecto, pudiendo siempre corregirlo, de oficio o a petición de parte, en cualquier momento. Es un principio de lógica administrativa que, sin embargo, encuentra su expresión formal en estas leyes de procedimiento administrativo, incluso en relación con los actos de los administrados. En tal sentido, la Ley de Honduras dispone que:

> "*Artículo* 115. Para evitar nulidades, la Administración señalará a la parte interesada los defectos de que adolezcan los actos producidos por ésta y ordenará que se subsanen de oficio o por el interesado dentro de un plazo de tres días."

Pero incluso, aún en presencia de vicios o irregularidades más sustanciales en los actos administrativos, que no puedan resolverse con la sola corrección de errores materiales o aritméticos, el principio *conservatio acti*, exige que los vicios que puedan afectarlos formalmente, deban subsanarse siempre que no conlleven su nulidad absoluta, lo que ha originado las técnicas de convalidación, enmienda, saneamiento o conversión de los actos administrativos que se encuentran reguladas en las leyes de procedimiento administrativo para evitar su extinción.

En particular, por ejemplo, conforme a la Ley General de Costa Rica, la convalidación se produce cuando dictado un acto administrativo que sea relativamente nulo por vicio en la forma, en el contenido o en la competencia, se dicta un nuevo acto administrativo que lo convalide, con indicación precisa del vicio y de la corrección (art. 187,2). Sobre esto, la Ley venezolana indica, pura y simplemente, que "la Administración podrá convalidar en cualquier momento los actos anulables, subsanando los vicios de que adolezcan" (art. 81), y en sentido similar se regula en la Ley de Brasil (art. 55), en la Ley de Bolivia (art. 37,1), en la Ley de Panamá (art. 56), y en la Ley de Honduras (art. 126).

La Ley peruana es bien precisa al regular la "enmienda" de los actos administrativos como consecuencia de la "conservación" de los mismos, precisando que cuando el vicio del acto administrativo por el incumplimiento a sus elementos de validez, no sea trascendente, "prevalece la conservación del acto, procediéndose a su enmienda por la propia autoridad emisora" (art. 14.1).

En la legislación argentina, esta convalidación se denomina, en general, "saneamiento" y se desdobla en "ratificación" del acto por el superior jerárquico y "confirmación" por el órgano que dictó el acto (art. 19).

En esta materia, Ley de Honduras, regula en su artículo 127, la "conversión" del acto, al disponer que "el acto nulo que, sin embargo, contenga todos los requisitos constituidos de otro distinto, podrá ser convertido en éste y producirá sus efectos, en su caso, si así lo consistiera el interesado".

En este sentido, la Ley argentina también señala que "si los elementos válidos de un acto administrativo nulo permitieren integrar otro que fuere válido, podrá efectuarse su conversión en éste consintiéndolo el administrado". La misma institución de la conversión se regula en la Ley General de Costa Rica (art. 189).

III. EL PRINCIPIO DE CELERIDAD

Otro de los principios generales que se ha formulado en forma expresa en todas las leyes de procedimiento administrativo, es el principio de la celeridad. En efecto, si el procedimiento es un asunto de la Administración, es decir, si la Administración es la responsable del procedimiento, el principio consecuencial establecido en garantía de los particulares, es que debe ser desarrollado con la mayor rapidez y celeridad posible. Como lo establece la Ley peruana en el art. IV del Título Preliminar:

> "1.9 Principio de celeridad. Quienes participan en el procedimiento deben ajustar su actuación de tal modo que se dote al trámite de la máxima dinámica posible, evitando actuaciones procesales que dificulten su desenvolvimiento o constituyan meros formalismos, a fin de alcanzar una decisión en tiempo razonable, sin que ello releve a las autoridades del respeto al debido procedimiento o vulnere el ordenamiento."

Este principio también encuentra una definición precisa en el Código colombiano, así:

> "Artículo 3. En virtud del principio de celeridad, las autoridades tendrán el impulso oficioso de los procedimientos, suprimirán los trámites innecesarios, utilizarán formularios para actuaciones en serie cuando la naturaleza de ellas lo haga posible y sin que ello releve a las autoridades de la obligación de considerar todos los argumentos y pruebas de los interesados.
>
> El retardo injustificado es causal de sanción disciplinaria, que se puede imponer de oficio o por queja del interesado, sin perjuicio de la responsabilidad que pueda corresponder al funcionario."

En otras legislaciones también se enuncia, como es el caso por ejemplo, de la Ley General de Costa Rica, donde el artículo 225.1 dispone que el "órgano deberá conducir el procedimiento con la intención de lograr un máximo de celeridad y eficiencia, dentro del respeto al ordenamiento y a los derechos e intereses del administrado," y el artículo 269,1 precisa que la actuación administrativa se debe realizar "con arreglo a normas de economía, simplicidad, celeridad y eficiencia."

En sentido similar, la Ley 19880 de Chile dispone sobre el principio de celeridad, lo siguiente:

"*Artículo 7°. Principio de celeridad.* El procedimiento, sometido al criterio de celeridad, se impulsará de oficio en todos sus trámites.

Las autoridades y funcionarios de los órganos de la Administración del Estado deberán actuar por propia iniciativa en la iniciación del procedimiento de que se trate y en su prosecución, haciendo expeditos los trámites que debe cumplir el expediente y removiendo todo obstáculo que pudiere afectar a su pronta y debida decisión.

En el despacho de los expedientes originados en una solicitud o en el ejercicio de un derecho se guardará el orden riguroso de ingreso en asuntos de similar naturaleza, salvo que por el titular de la unidad administrativa se dé orden motivada en contrario, de la que quede constancia."

IV. EL PRINCIPIO DE OFICIALIDAD

Siendo el procedimiento administrativo básicamente, como se ha dicho, un asunto de la Administración, uno de los principios generales establecidos en las leyes de procedimiento administrativo es el principio de la oficialidad, derivado además del carácter del procedimiento administrativo como asunto de la Administración. De allí deriva el principio del impulso de oficio que la Ley de Bolivia define en el sentido de que "la Administración Pública está obligada a impulsar el procedimiento en todos los trámites en los que medie el interés público" (art. 4.n).

1. El principio de la iniciativa de oficio

Ello implica que además de los casos en los cuales la Administración puede iniciar de oficio una actuación, si bien es posible y común que el administrado tenga derecho a participar en el procedimiento, por ejemplo, instado a la Administración para iniciar su actividad, siendo esta, en definitiva, un asunto de esta última, una vez desencadenado el procedimiento administrativo, el desarrollo y movilización del mismo está a cargo de la propia Administración, por lo que es a ella a quien le compete, y no a un tercero, impulsarlo de oficio, para la realización de la secuencia de actos que deben concluir con la emisión de un acto administrativo definitivo.

Pero por supuesto, hay procedimientos que sólo pueden iniciarse por exclusivo interés de los particulares, en cuyo caso, la Administración no tiene el deber de proseguirlos por sí sola, por lo que puede darlos por terminados antes del término legal previsto para su conclusión, ante la inercia del interesado, aplicándose aquí lo ya señalado sobre la caducidad de los procedimientos.

Ahora bien, este principio de la oficialidad comprende otros aspectos fundamentales conforme a los cuales se puede sistematizar el análisis de todas las normas de las leyes latinoamericanas en la materia; y éstos son: el principio de la iniciación de oficio (iniciativa oficial), es decir, la posibilidad de que el procedimiento se inicie, además de a instancia de parte, de oficio por la Administración; el principio inquisitivo, como guía de todo el procedimiento administrativo, denominado también principio de instrucción; el principio de imparcialidad; y, el principio de la buena fe.

En esta materia, puede decirse que todas las leyes sobre procedimiento administrativo establecen el principio clásico de que el mismo puede iniciarse de oficio, es decir, por iniciativa de la propia Administración, o a petición de parte, es decir, con base en el ejercicio del derecho de petición. Así lo establecen las leyes de Argentina (art. 1), de México (art. 14), de Uruguay (art. 15), de Honduras (art. 60), de Venezuela (art. 48), de Colombia (art. 28), de Bolivia (art. 39), de Perú (art. 103), de Brasil (art. 5), de Panamá (art. 64), y de Chile (Art. 28).

Ahora bien, como garantía del derecho de la defensa, las leyes disponen que aún iniciado de oficio y aún siendo el procedimiento tarea de la Administración, esta está obligada a dejar participar en el mismo a los administrados interesados para garantizarles el derecho a la defensa. Así lo precisa, por ejemplo, la Ley Orgánica venezolana al disponer que en los casos de iniciación de oficio, la autoridad administrativa debe notificar a los particulares cuyos derechos subjetivos o intereses legítimos, personales y directos pudieren resultar afectados, concediéndoles un plazo para que expongan sus pruebas y aleguen sus razones (art. 48). Estos principios se recogen además, detalladamente en la Ley peruana, cuyo artículo 104, destinado a regular el inicio de oficio, dispone lo siguiente:

> "104.1 Para el inicio de oficio de un procedimiento debe existir disposición de autoridad superior que la fundamente en ese sentido, una motivación basada en el cumplimiento de un deber legal o el mérito de una denuncia.
>
> 104.2 El inicio de oficio del procedimiento es notificado a los administrados determinados cuyos intereses o derechos protegidos puedan ser afectados por los actos a ejecutar, salvo en caso de fiscalización posterior a solicitudes o a su documentación, acogidos a la presunción de veracidad. La notificación incluye la información sobre la naturaleza, alcance y de ser previsible, el plazo estimado de su duración, así como de sus derechos y obligaciones en el curso de tal actuación.
>
> 104.3 La notificación es realizada inmediatamente luego de emitida la decisión, salvo que la normativa autorice que sea diferida por su naturaleza confidencial basada en el interés público."

2. El principio inquisitivo

El otro principio derivado del principio de la oficialidad es el principio inquisitivo, conforme al cual, como lo establece en la Ley argentina, corresponde a la Administración, la "impulsión e instrucción de oficio", sin perjuicio de la participación de los interesados en las actuaciones (art. 1.a).

Este principio también está establecido como principio del procedimiento administrativo, como se dijo, en la Ley de Bolivia (art. 4.n), e igualmente en la Ley del Perú (artículo IV, Título Preliminar), donde se dispone así:

> "1.3 *Principio de impulso de oficio.* Las autoridades deben dirigir e impulsar de oficio el procedimiento y ordenar la realización o práctica de los actos que resulten convenientes para el esclarecimiento y resolución de las cuestiones necesarias.

Esta misma expresión se encuentra en las leyes de Brasil (art. 29) y de Costa Rica (art. 222) y, en sentido similar, se desarrolla en la Ley del Perú (art. 159). De ello deriva el principio de que la Administración debe "impulsar de oficio en todos sus trámites" (art. 64, Ley de Honduras) el procedimiento administrativo, con lo cual la conducción del procedimiento, la prueba y las medidas que puedan adoptarse a lo largo del mismo deben ser iniciativa de la Administración y no requieren el impulso procesal de los interesados, sin perjuicio de que éstos puedan participar en el procedimiento. En consecuencia, la Administración es la responsable de al menos esos tres elementos en el procedimiento: la conducción del procedimiento; la sustanciación del mismo; las pruebas y las medidas preventivas, sin perjuicio de que en cada una de esas fases puedan actuar los particulares.

Por ello, la Ley de Venezuela establece que:

"*Artículo* 53. La Administración, de oficio o a instancia del interesado, cumplirá todas las actuaciones necesarias para el mejor conocimiento del asunto que deba decidir, siendo de su responsabilidad impulsar el procedimiento en todos sus trámites."

3. El principio de imparcialidad

El principio de oficialidad que permite a la Administración iniciar y conducir el procedimiento, impone la necesidad de garantizar los derechos de los Administrados, frente a la actuación de los funcionarios, de lo que deriva el principio de la imparcialidad, derivado del principio de igualdad y no discriminación de los administrados. Conforme a este principio, la Administración, en el curso del procedimiento y al decidirlo, no debe tomar partido, ni inclinar la balanza o beneficiar ilegítimamente a una parte en perjuicio de otra, sino que debe tomar su decisión únicamente conforme al ordenamiento jurídico y con la finalidad de interés general que la motiva.

Este principio se ha establecido en la Ley de Bolivia en el sentido de que "las autoridades administrativas actuarán en defensa del interés general, evitando todo género de discriminación o diferencia entre los administrados"(art. 4.f); y se encuentra regulado el Artículo 30 de la Ley venezolana, cuando exige a la Administración tratar en igual forma a todos los particulares y no puede establecer ningún tipo de discriminación respecto de ellos, ni parcializarse por ninguna posición y debe mantener siempre una posición imparcial. El principio también está recogido en el Código colombiano, en la siguiente forma:

"*Artículo* 3. En virtud del principio de imparcialidad la autoridades deberán actuar teniendo en cuenta que la finalidad de los procedimientos consiste en asegurar y garantizar los derechos de todas las personas sin ningún género de discriminación; por consiguiente, deberán darles igualdad de tratamiento, respetando el orden en que actúen ante ellos."

También lo establece, como principio del procedimiento administrativo, el artículo IV del Título Preliminar de la Ley del Perú, así:

"1.5 *Principio de imparcialidad.* Las autoridades administrativas actúan sin ninguna clase de discriminación entre los administrados, otorgándole tratamiento y tutela igualitarios frente al procedimiento, resolviendo conforme al ordenamiento jurídico y con atención al interés general."

La Ley 19.880 de Chile también recoge el principio así:

"*Artículo* 11. *Principio de imparcialidad.* La Administración debe actuar con objetividad y respetar el principio de probidad consagrado en la legislación, tanto en la substanciación del procedimiento como en las decisiones que adopte."

Los hechos y fundamentos de derecho deberán siempre expresarse en aquellos actos que afectaren los derechos de los particulares, sea que los limiten, restrinjan, priven de ellos, perturben o amenacen su legítimo ejercicio, así como aquellos que resuelvan recursos administrativos.

4. El principio de la publicidad

Otro principio fundamental que como contrapeso se erige frente al principio de la oficialidad, es el principio de la publicidad, que conlleva a que los asuntos que se tramitan ante la Administración Pública deben ser públicos y de acceso del público. En tal sentido, en el artículo 16 de la Ley 19.880 de Chile se establece el "principio de transparencia y de publicidad", en la siguiente forma:

> "*Artículo* 16. *Principio de Transparencia y de Publicidad.* El procedimiento administrativo se realizará con transparencia, de manera que permita y promueva el conocimiento, contenidos y fundamentos de las decisiones que se adopten en él.
>
> En consecuencia, salvo las excepciones establecidas por la ley o el reglamento, son públicos los actos administrativos de los órganos de la Administración del Estado y los documentos que le sirvan de sustento o complemento directo o esencial."

Este principio se manifiesta, por supuesto en concreto, respecto de las decisiones de la Administración Pública, como lo regula el Código de Colombia, "en virtud del principio de publicidad, las autoridades darán a conocer sus decisiones mediante las comunicaciones, notificaciones o publicaciones que ordenan este Código y la ley" (art. 3°).

V. EL PRINCIPIO DE LA BUENA FE Y DEL MUTUO RESPETO

Por último, entre las nuevas tendencias del derecho administrativo, aún cuando sólo encuentran regulaciones aisladas en las leyes de procedimiento administrativo, está el principio de la buena fe, como elemento fundamental que debe estar a la base de las relaciones jurídicas entre la Administración Pública y los administrados, que precisamente formaliza el procedimiento administrativo.

El principio de la buena fe, por supuesto, en esta perspectiva debe regir tanto para el administrado como para la Administración, como lo indica la Ley del Perú (art. IV, 1.8), de manera que entre los deberes del interesado, conforme a la Ley de Brasil, esta "el proceder con lealtad, urbanidad y buena fe", no actuar de modo temerario y "exponer los hechos conforme a la verdad" (art. 4).

Dicho principio lo recoge en general la Ley de Uruguay, así:

> "*Artículo* 6°. Las partes, sus representantes y abogados patrocinantes, los funcionarios públicos y, en general, todos los partícipes del procedimiento, ajustarán su conducta al respeto mutuo y a la lealtad y buena fe."

Y en la Ley de Bolivia, en su artículo 4.e, así:

> "*Principio de buena fe*: En la relación de los particulares con la Administración Pública se presume el principio de buena fe. La confianza, la cooperación y la lealtad en la actuación de los servidores públicos y de los ciudadanos; orientarán el procedimiento administrativo."

El principio, por lo demás, se encuentra detalladamente regulado en la Ley de Simplificación de Trámites Administrativos de Venezuela de 1999, reformada en 2008 (arts. 9 a 20), donde se regula la "presunción de buena fe del ciudadano," de manera que la Administración, en todas sus actuaciones, "debe tener como cierta la declaración del administrado" (art. 9). Este principio lo recoge expresamente, también, la Ley del Perú, (art. IV, 1.7; art. 42).

La presunción de buena fe, por otra parte, en el procedimiento administrativo se también se manifiesta como presunción de licitud, vinculado a derecho del administrado a la presunción de inocencia, tal como se manifiesta en la Ley de Uruguay cuando habla del procedimiento disciplinario de funcionarios como un procedimiento especial, así:

> "*Artículo* 170. El funcionario público sometido a un procedimiento disciplinario tiene derecho al respeto de su honra y al reconocimiento de su dignidad; y se presumirá su inocencia mientras no se establezca legalmente su culpabilidad por resolución firme dictada con la garantía del debido proceso" (Convención Americana de Derechos Humanos, "Pacto de San José de Costa Rica", art. 8 numerales 2 y 11).

Pero en general, en los procedimientos sancionatorios, la Ley peruana define la "presunción de licitud", estableciendo que las entidades "deben presumir que los administrados han actuado apegados a sus deberes mientras no cuenten con evidencia en contrario" (art. 230,9), lo que implica la presunción de que el derecho reclamado por el administrado es justo. Ello ha conducido, también, al principio *favor pro accione* o posición favorable al accionante, el cual debería ser un principio fundamental en materia de procedimiento.

El principio de la buena fe también se recoge en la Ley del Perú, al regular el "principio de la conducta procedimental" (art. IV, Título Preliminar), así:

> "1.8 *Principio de conducta procedimental.* La autoridad administrativa, los administrados, sus representantes o abogados y, en general, todos los partícipes del procedimiento, realizan sus respectivos actos procedimentales guiados por el respeto mutuo, la colaboración y la buena fe. Ninguna regulación del procedimiento administrativo puede interpretarse de modo tal que ampare alguna conducta contra la buena fe procesal."

Ello además, implica el principio de lealtad, por otra parte, també deriva del principio de la buena fe, lo que implica que las partes en el procedimiento no deben ocultar hechos o documentos que les interesen mutuamente, lo que a la vez ha implicado el desarrollo del derecho de acceso a la información en materia administrativa y la reducción de las áreas de confidencialidad en los documentos administrativos, tan importantes en décadas pasadas.

El respeto mutuo que deriva del principio de la buena fe y de la lealtad, por otra parte, comienzan a ser el canal para que la construcción del principio de la confianza legítima, que debe existir como base de la relación jurídica entre la Administración y los administrados, particularmente cuando las actuaciones reiteradas de los funcionarios y de los órganos de la Administración Pública, hacen nacer expectativas jurídicas legítimas en cabeza de los aquellos que la propia Administración debe respetar y que han de ser apreciadas por el juez. De este principio surge, además, el principio de la seguridad jurídica en sus variadas manifestaciones (el principio de la predictibilidad, la proscripción de la *reformatio in pejus*, el principio *non bis in idem*, la presunción de inocencia, y el principio de la irretroactividad) y el principio de la irrevocabilidad de los actos administrativos que, una vez dictados, también por cuestiones de seguridad jurídica, deben mantenerse, salvo los casos de nulidad absoluta.

VI. PRINCIPIO DE LA CONFIANZA LEGÍTIMA*

El principio de la confianza legítima se ha venido erigiendo en el derecho administrativo , como uno de los principios básicos que rigen en las relaciones jurídicas que se establecen entre los órganos de la Administración y los particulares, en las cuales, a estos últimos, la conducta de aquella les genera una expectativa legítima y justificada de que responderá o actuará con una determinada y legítima "prestación, una abstención o una declaración favorable a sus intereses,"[53] situación que, por ello, y por el principio de la buena fe que rige en materia administrativa, requiere protección.[54]

Como la ha definido Pedro J. Coviello,

> "La protección de la confianza legítima es el instituto de derecho público, derivado de los postulados del Estado de derecho, de la seguridad jurídica y de la equidad, que ampara a quienes de buena fe creyeron en la validez de los actos (de alcance particular o general, sean administrativos o legislativos), comportamientos, promesas, declaraciones o informes de las autoridades públicas, que sean jurídicamente relevantes y eficaces para configurarla, cuya anulación, modificación, revocatoria o derogación provoca un daño antijurídico en los afectados, erigiéndose, bajo la observancia de esos componentes, en un derecho subjetivo que puede invocar el administrado..."[55]

La fuente de la confianza legítima, por tanto, puede resultar de cualquier actuación de la Administración, reiterada o no, e incluso de las conductas contractuales de la misma. Como lo resolvió el Tribunal Supremo en Sala Electoral de Venezuela en sentencia N° 98 de 1 de agosto de 2001 (Caso: *Sabino Garbán Flores, Freddy José Leiva, Antonio Sousa Martins y otros vs. Asociación Civil Club Campestre Paracotos*), siguiendo lo expuesto por Hildegard Rondón de Sansó, que el principio de la confianza legítima:

> "no se limita a los actos formales, sino que abarca una amplia gama de conductas del actuar administrativo, tales como: Compromisos formales de carácter contractual o unilateral; promesas, doctrina administrativa; informaciones e interpretaciones; conductas de hecho que hacen esperar de la Administración una acción en un caso determinado; los usos, costumbres o reglas no escritas. (*cfr*. Rondón de Sansó, Hildegard: El principio de confianza legítima en el derecho venezolano. En: *IV Jornadas Internacionales de Derecho Administrativo "Allan Randoplh Brewer-Carías". La relación jurídico-administrativa y el procedimiento administrativo*, Fundación Estudios de Derecho Administrativo, Caracas, 1998). [56]

Este principio de la confianza legítima y de su protección, tiene en todo caso varias vertientes, que pueden estar vinculadas al principio de la seguridad jurídica o, como se ha dicho, al principio de la buena fe, sobre las cuales, por ejemplo, el Tribunal Supremo

---

* Esta parte no estaba en la edición original de la obra de 1990.

53 *V.* Hildegard Rondón de Sansó, *El Principio de Confianza Legítima o Expectativa Plausible en el Derecho Venezolano,* Caracas, 2002, p. 3.

54 La Corte Segunda de lo Contencioso Administrativo de Venezuela, por ello, en sentencia 1478 de 10-10-2011 (Caso *Compactadora de Tierra C.A. CODETICA*), al considerar que el principio de la confianza legítima "es concreta manifestación del principio de la buena fe en el ámbito de la actividad administrativa," expresó "que es esencial dentro de la configuración de todo Estado de Derecho, la existencia de cierta certidumbre jurídica, que en el campo del derecho administrativo implica el derecho de todo ciudadano a relacionarse con la Administración dentro de un marco jurídico estable, definible y claro, que le permita anticipar, conocer o esperar, con cierto grado de exactitud, el sentido y alcance verdadero de la actuación administrativa." *V.* en:
http://jca.tsj.gov.ve/decisiones/2011/octubre/1478-10-AP42-N-2008-000099-2011-1411.html.

55 *V.* Pedro J Coviello, *La protección de la confianza legítima*, LexisNexis,-Abeledo Perrot, Buenos Aires, p. 462.

56 *V.* en http://www.tsj.gov.ve/decisiones/selec/Agosto/098-010801-000058.htm

de Justicia de Venezuela, en Sala Electoral, en la misma sentencia N° 98 de 1 agosto de 2001 (Caso: *Sabino Garbán Flores, Freddy José Leiva, Antonio Sousa Martins y otros vs. Asociación Civil Club Campestre Paracotos*), indicó que:

> "para alguna corriente doctrinaria resulta que el aludido principio ostenta un carácter autónomo, para otra se limita a ser una variante del principio de la buena fe que en general debe inspirar las relaciones jurídicas, incluidas aquellas en las que intervengan una o varias autoridades públicas. De igual manera, se alega como su fundamento el brocardo "*nemo auditur suam turpitudinem allegans*" o de que nadie puede alegar su propia torpeza (empleado por alguna sentencia española, como señala González Pérez, Jesús: *El principio general de la buena fe en el Derecho Administrativo*, 3° Edición, Editorial Civitas, Madrid, 1999, p. 128), o bien el aforismo "*venire contra factum proprium non valet*" (prohibición de ir contra los actos propios), así como también se invoca en su apoyo el principio de seguridad jurídica."[57]

Así, en general, en unos casos, se vincula el principio de la confianza legítima con el principio de la seguridad jurídica que informa todo modelo de Estado de Derecho, protegiendo las relaciones del Estado cuando se ubica institucionalmente frente a los ciudadanos, ajustándose de forma más armoniosa que otros principios (como el de buena fe, por ejemplo) e informando su actividad para transmitir esa clave de funcionamiento a toda la sociedad.[58]

Conforme a los postulados de la confianza legítima en esta vertiente de seguridad jurídica, las actuaciones de los órganos que ejercen el Poder Público no pueden contrariar la deducción lógica que venga determinada por su conducta y proceederes anteriores, y que fomenta la expectativa; conducta que "no está constituida tan sólo de actuaciones, sino que también se conforma con abstenciones y manifestaciones denegatorias u omisiones voluntarias..."[59] Sobre este aspecto del principio de la confianza legítima vinculado a la seguridad jurídica, se ha pronunciado la Sala Político Administrativa del Tribunal Supremo de Justicia de Venezuela en sentencia N° 514 de 3 de abril de 2001, sentando el criterio de que las actuaciones reiteradas de la Administración Pública hacen nacer a favor de los administrados expectativas jurídicas que han de ser apreciadas por el juez, constituyendo los criterios administrativos, aún cuando puedan ser cambiados, instrumentos idóneos para crear tales expectativas.

El argumento sentado en la sentencia indicada se fundamentó en el análisis del artículo 11 de la Ley Orgánica de Procedimientos Administrativos de Venezuela, sobre el cual, la Sala señaló que:

> "...no es más que la aplicación del principio de la irretroactividad de las disposiciones generales a situaciones nacidas con anterioridad a su pronunciamiento. La norma establece igualmente, que la modificación de los criterios no es motivo para la revisión de los actos definitivamente firmes. El artículo 11, brevemente analizado, es considerado como uno de los ejemplos más significativos en la legislación venezolana, del principio de la confianza legítima, con base en el cual, las actuaciones reiteradas de un sujeto frente a otro, en este caso de la Administración Pública, hacen nacer expectativas jurídicas que han de ser apreciadas por el juez y justamente, los criterios administrativos, si bien pueden ser cambiados, son idóneos para crear tales expectativas...".[60]

---

57 *Idem.*

58 *V.* Edward Colman, *La protección de la confianza legítima en el derecho español y venezolano: Rasgos generales y aplicación de dos supuestos de la actividad administrativa*, FUNEDA, Caracas 2011, pp. 70-74.

59 *V.* Hildegard Rondón de Sansó, *El Principio de Confianza Legítima o Expectativa Plausible en el Derecho Venezolano*, Caracas, 2002, p. 3.

60 *V.* Caso: *The Coca-Cola Company vs. Ministerio de la Producción y el Comercio* del 3-4-2001 en *Revista de Derecho Público*, Editorial Jurídica Venezolana, N° 85-88, 2001, pp.231-232.

Es por ello que se ha dicho que "...los cambios de criterio no pueden producirse en forma irracional, brusca, intempestiva, sin preparar debidamente a los destinatarios sobre la posibilidad de los efectos que sobre los mismos recaerán, [...] por cuanto esto sería violatorio de las expectativas de los ciudadanos de que se continúe aplicando el régimen preexistente..."[61]

La protección de la confianza legítima en esta vertiente se presenta entonces como el principio rector de la relación jurídica que se establece entre los particulares y el Estado, imponiéndole a éste el deber de reconocer el carácter legítimo que tienen las expectativas jurídicas fundadas en sus actuaciones reiteradas y, en tal sentido, imponiéndole también el deber de respetarlas, absteniéndose de modificarlas de manera irracional, brusca e intempestiva, sin la debida preparación en relación con los efectos que se generarán.

Esta vertiente del principio se ha desarrollado básicamente en el ámbito judicial[62] pero también en materia administrativa con base en la aplicación del artículo 11 de la Ley Orgánica de Procedimiento Administrativos.

Esta, como se dijo, es una vertiente del principio de la confianza legítima, que por supuesto no es la única que existe en el derecho público, pues ha abarcado también aspectos más amplios derivados de la buena fe, que es un principio que además tiene consagración expresa en el artículo de la 10 de la Ley Orgánica de la Administración Pública, con el objeto de proteger también las expectativas legítimas que pueda la Administración generar con sus actuaciones (incluso no reiteradas) en cabeza de los particulares con los cuales entra en relación.

Se trata, en efecto, de un principio que la jurisprudencia de la Sala Constitucional de Venezuela incluye entre los que informan "de manera superlativa" a la Administración, siendo la enumeración hecha jurisprudencialmente la de los "principios de economía, celeridad, simplicidad, eficacia, objetividad, imparcialidad, honestidad, transparencia, buena fe, confianza legítima y eficiencia."[63]

De modo que existe también otra concepción de la protección de la confianza legítima, no necesariamente relacionada con la seguridad jurídica, sino con el principio de la buena fe, lo cual ha llevado al Tribunal Supremo de Justicia de Venezuela, en Sala Electoral, en su sentencia N° 82 de 1 de junio de 2004 (Caso *'Visión Emergente' (Visión)*, y siguiendo la doctrina judicial española, a establecer que el mismo "se fundamenta en la confianza que en el ciudadano produce la actuación de la Administración" que se deriva de los:

---

61 *V.* Hildegard Rondón de Sansó, *El Principio de Confianza Legítima o Expectativa Plausible en el Derecho Venezolano*, Caracas, 2002, p. 25.

62 *V.* sobre ello Caterina Balasso Tejera, "El principio de protección de la confianza legítima y su aplicabilidad respecto de los ámbitos de actuación del poder público," en *El Derecho Público a los 100 números de la Revista de Derecho Público (1980-2005)*, Editorial Jurídica Venezolana, Caracas 2006, pp. 745 ss. *V.* por ejemplo, la sentencia de la Sala de Casación Social del Tribunal Supremo de Justicia de 08-07-2011 (Caso: *Carlos R. Arjón Torres vs. Asociación Cooperativa Seguridad 2050 RC*), en: http://www.tsj.gov.ve/decisiones/scs/julio /0789-8711-2011-11-045.html; y la sentencia de la Sala Constitucional N° 2442 de 15-10-2002 (Caso *Pedro Roas Bravo*), e http://www.tsj.gov.ve/decisiones/scon/septiembre/2442-151002-00-0510.%20.htm .

63 Sentencia de la Sala Constitucional N° 1889 de 17 de octubre de 2007 (Caso: *Impugnación de los artículos 449, 453, 454, 455, 456 y 457 de la Ley Orgánica del Trabajo*), en *Revista de Derecho Público*, N° 112, Editorial Jurídica Venezolana, Caracas 2007, p. 435.

"signos externos producidos por la Administración lo suficientemente concluyentes, para que induzcan racionalmente a aquél, a confiar en la 'apariencia de legalidad' de una actuación administrativa concreta, moviendo su voluntad a realizar determinados actos e inversiones de medios personales o económicos, que después no concuerdan con las verdaderas consecuencias de los actos que realmente y en definitiva son producidos con posterioridad por la Administración, máxime cuando dicha 'apariencia de legalidad,' que indujo a confusión al interesado, originó en la práctica para éste unos daños o perjuicios que no tiene por qué soportar jurídicamente..."[64]

De esto, como lo resolvió el Tribunal Supremo de Justicia de Venezuela:

"Esa 'apariencia de legalidad' determina entonces que el particular afectado por una actuación administrativa, confiará entonces en que los efectos que ella produce son válidos y legales, y, en caso de apegarse a los mandatos que le dicte la misma, debe presumirse entonces que con la adopción de esa conducta supuestamente apegada a la legalidad el ciudadano obtendrá los beneficios prometidos por la Administración, o evitará los perjuicios advertidos por ella en caso de incumplimiento del mandato."[65]

El principio de la confianza legítima ha sido igualmente considerado en la sentencia de fecha 09 de junio de 1999, de la Sala de Casación Civil del Tribunal Supremo de Justicia, que sobre el particular indicó que:

"(...) es innegable la existencia de un comportamiento coherente, que en la vida de relación y en el mundo del derecho significa que *"cuando una persona dentro de una relación jurídica, ha suscitado en otra con su conducta una confianza fundada, conforme a la buena fe, en un obrar determinado, según el sentido objetivamente deducido de su conducta anterior, no debe defraudar la confianza suscitada y es inadmisible toda situación incompatible con ella."*[66]

De manera similar, la Sala Político Administrativa del Tribunal Supremo de Justicia de Venezuela en sentencia N° 210 de 9 de marzo de 2010, ha reconocido la vinculación entre la protección de la confianza legítima y el principio de la buena fe, señalando reiteradamente que:

"uno de los principios que rige la actividad administrativa es el principio de confianza legítima, el cual se refiere a la concreta manifestación del principio de buena fe en el ámbito de la actividad administrativa y cuya finalidad es el otorgamiento a los particulares de garantía de certidumbre en sus relaciones jurídico-administrativas. (*Vid.* sentencia de esta Sala N° 1.171 del 4 de julio de 2007)."[67]

Esta concepción de la confianza legítima vinculada al principio de la buena fe también ha sido aplicada, por ejemplo, por la Sala Constitucional del Tribunal Supremo de Venezuela en la sentencia N° 937 de 28 de abril de 2003, en la cual, al conocer de una acción de amparo interpuesta contra la Comisión Nacional de Casinos, Bingos y Máquinas Traganíqueles por un grupo de empresas del ramo, por incumplimiento de lo ordenando en un fallo anterior de esa misma Sala Constitucional, estableció lo siguiente:

---

64 *V.* sentencia de la Sala Electoral del Tribunal Supremo de Justicia N° 82 de 01-06-2004 (Caso *Visión Emergente (VISIÓN)* en http://www.tsj.gov.ve/decisiones/selec/Junio/82-010604-000022.htm

65 *Idem.*

66 *V.* sentencia N° 210 del 9 de junio de 1.999, Sala de Casación Civil, *Jurisprudencia Ramírez & Garay*, Vol. 155, p. 347.

67 *V.* sentencia de la Sala Político-Administrativa del Tribunal Supremo de Justicia N° 210 de 9 de marzo de 2010, publicada el 10 de marzo de 2010 (Caso: *Olga del Valle Ontiveros de Ochoa vs. Comisión de Funcionamiento y Reestructuración del Sistema Judicial*) en http://www.tsj.gov.ve/decisiones/spa/Marzo/00210-10310-2010-2008-0213.html

"...se desprende de los autos, que transcurrió con creces el lapso establecido en el fallo tantas veces mencionado, sin que se haya dado cumplimiento a la orden impartida por la Sala, ya que hasta la fecha no se ha regularizado el otorgamiento de licencias y autorizaciones de funcionamiento de las accionantes, mediante el mecanismo previsto en el artículo 25 de la Ley para el Control de los Casinos, Salas de Bingo y Máquinas Traganíqueles, lo cual, constituye una situación fáctica que genera un estado de indefinida incertidumbre y falta de certeza jurídica en cuanto a la conclusión de un procedimiento administrativo, así como una transgresión a la confianza legítima derivada del otorgamiento de las correspondientes autorizaciones."

"En este contexto es menester señalar que el otorgamiento de los permisos generó expectativas en las accionantes y con ello importantes erogaciones de dinero, con la finalidad de cumplir con los objetivos para los cuales la Administración les confirió tales autorizaciones y" ejercer de esta forma la actividad económica de su preferencia. Por lo cual, la omisión de hacer cumplir los requisitos establecidos en la normativa tendiente a la regularización de la actuación de las accionantes no puede ocasionar perjuicio a quien previamente ha obtenido de la autoridad competente la anuencia para el ejercicio de su actividad, plasmado en actos administrativos, los cuales a pesar de la inhibición de su eficacia, mantenían plena validez, tal como lo apreció esta Sala en su sentencia del 13 de marzo de 2001."[68]

La misma Sala Constitucional en cuanto a la aplicabilidad del principio a las actuaciones de la Administración, en otra sentencia N° 1252 de 30 de junio de 2004, al declarar sin lugar la demanda de nulidad intentada contra el artículo 199 de la Ley de Impuesto Sobre la Renta, publicada el 28 de diciembre de 2001 (*Gaceta Oficial* N° 5.566 Extraordinario), estableció lo siguiente:

"...Entre los principios que rigen a la actividad administrativa en general y que resultan aplicables también y en concreto a la actividad de la Administración tributaria, se encuentran los de certeza y seguridad jurídica, los cuales recoge el artículo 299 de la Constitución de 1999 como derivación directa de dicho principio de buena fe en el ámbito de la actividad administrativa.

Tales principios están recogidos expresamente en el artículo 12 de la Ley Orgánica de la Administración Pública, cuya finalidad es el otorgamiento a los particulares de garantía de certidumbre en sus relaciones jurídico-administrativas."[69]

Esta garantía de certidumbre que deben tener quienes entran en relación con la Administración, y que genera confianza en que realizada una actuación la consecuencia racional de la misma debe respetarse, llevó por ejemplo a la Corte Primera de lo Contencioso Administrativo de Venezuela a pronunciarse en sentencia de 14 de agosto de 2008 (Caso: *Oscar Alfonso Escalante Zambrano vs. Cabildo Metropolitano de Caracas*), sobre el derecho a la estabilidad provisional o transitoria que debe reconocerse a los funcionarios que hubiesen ingresado por designación o nombramiento a un cargo de carrera, sin haber superado previamente el respectivo concurso, dejando sentado el criterio de que al contrario:

"Tal proceder de la Administración constituye una especie de negación a la carrera administrativa a un número ciertamente elevado de personas, que ingresan a los organismos o entes públicos con la expectativa de hacer carrera administrativa, con lo cual no sólo se vulnera el espíritu del consti-

---

68 *V.* en sentencia de la Sala Constitucional N° 937 de 28 de abril de 2003 (Caso: *Ricardo Javier González Fernández y otros contra la Comisión Nacional de Casinos, Salas de Bingo y Máquinas Traganíqueles*), en http://www.tsj.gov.ve/decisiones/scon/Abril/937-280403-02-2660%20.htm

69 *V.* en sentencia de la Sala Constitucional N° 1.252 de 30 de junio de 2004 (Caso: *demanda de nulidad por razones de inconstitucionalidad contra el artículo 199 de la Ley de Impuesto Sobre la Renta, que se publicó el 28 - 12- 2001, en G.O. N° 5.566 Extraordinario*), en http://www.tsj.gov.ve/decisiones/scon/Junio/1252-300604-02-0405.htm

tuyente, sino que se infringe el principio de la confianza legítima que tienen los aspirantes a ingresar a la carrera administrativa de que se les ratifique, o se les dé ingreso, a través de un concurso público, tal como lo establece el sistema de función pública venezolano, que da prevalencia a la carrera administrativa por encima de los cargos de libre nombramiento y remoción, los cuales ciertamente pueden coexistir, pero, de manera excepcional."[70]

De ello, concluyó la Corte en su sentencia indicando:

> "Que el personal que labora actualmente en las distintas administraciones públicas tiene la confianza o expectativa legítima de acceder a la función pública y de hacer carrera administrativa, y que, en consecuencia, les sea respetada la estabilidad absoluta consecuencia de ello."[71]

De todo lo anteriormente expuesto resulta, por tanto, que el principio de la confianza legítima no sólo se vincula al principio de la seguridad jurídica, sino también se vincula, conforme a la doctrina jurisprudencial del Tribunal Supremo, al principio de la buena fe que rige en las relaciones administrativas, y que permite a los particulares que entran en relación jurídica con la Administración tener confianza y expectativa legítima en relación con las propias actuaciones de la Administración.

VII. REAFIRMACIÓN DEL PRINCIPIO DE LA LEGALIDAD

Al anterior cuadro de principios generales del procedimiento administrativo que en la actualidad ya han sido incorporados en el texto expreso de las leyes de procedimiento administrativo dictadas en América Latina, se une el conjunto de principios relativos a los actos administrativos y a la actuación material de la Administración Pública, mostrando entonces un claro estándar en la materia que ha quedado plasmado en el derecho positivo, y que no sólo que deriva de la interpretación judicial del derecho; con incluso, definiciones legales del acto administrativo, como sucede en la Ley venezolana, donde se lo define como "toda declaración de carácter general o particular emitida de acuerdo con las formalidades y requisitos establecidos en la Ley, por los órganos de la Administración Pública" (art. 7). Y en la Ley de Panamá, en cuyo artículo 201, que contiene el "glosario" de la misma, se lo define así:

> "1. *Acto administrativo*. Declaración emitida o acuerdo de voluntad celebrado, conforme a derecho, por una autoridad u organismo público en ejercicio de una función administrativa del Estado, para crear, modificar, transmitir o extinguir una relación jurídica que en algún aspecto queda regida por el Derecho Administrativo.
>
> Todo acto administrativo deberá formarse respetando sus elementos esenciales: competencia, salvo que ésta sea delegable o proceda la sustitución; objeto, el cual debe ser lícito y físicamente posible; finalidad, que debe estar acorde con el ordenamiento jurídico y no encubrir otros propósitos públicos y privados distintos, de la relación jurídica de que se trate; causa, relacionada con los hechos, antecedentes y el derecho aplicable; motivación, comprensiva del conjunto de factores de hecho y de derecho que fundamentan la decisión; procedimiento, que consiste en el cumplimiento de los trámites previstos por el ordena-miento jurídico y los que surjan implícitos para su emisión; y forma, debe plasmarse por escrito, salvo las excepciones de la ley, indicándose expresamente el lugar de expedición, fecha y autoridad que lo emite."

---

70 *V.* en *Revista de Derecho Público,* N° 115, Editorial Jurídica Venezolana, Caracas 2008, p. 576 y ss.

71 *Idem.*

Toda esta positivización de principios y elementos sustantivos de la actividad administrativa ha tenido una consecuencia fundamental en el derecho administrativo, traducida en el reforzamiento del principio mismo de la legalidad con el objeto de asegurar, no sólo el sometimiento de la Administración Pública al derecho, sino garantizar la situación jurídica de los particulares frente a la misma. Por ello precisamente, la Ley sobre Procedimiento Administrativo general del Perú, en el artículo IV, 1.1 del Título Preliminar dispone que:

> "Las autoridades administrativas deben actuar con respeto a la Constitución, la ley y al derecho, dentro de las facultades que le estén atribuidas y de acuerdo con los fines para los que les fueron conferidas."

Ello ha implicado que en este caso del principio de legalidad, y precisamente como consecuencia de las propias leyes de procedimiento administrativo, el mismo igualmente ha dejado de ser sólo un principio general del derecho y se ha convertido en un postulado del derecho positivo, cada vez con más frecuencia y precisión, expresado formalmente en los textos. Así sucede por ejemplo en la en la Ley de Bolivia, que hace referencia al "principio de legalidad y presunción de legitimidad" (art. 4.g) y al "principio de sometimiento pleno a la ley" de manera que "la Administración Pública regirá sus actos con sometimiento pleno a la ley, asegurando a los administrados el debido proceso" (art. 4, c); en la Ley N° 9784 de Brasil (1999), que impone como criterio a ser observado en los procedimientos administrativos, "la actuación conforme a la Ley y al derecho" (art. 2, Parágrafo Único, I); en la Ley de Venezuela, en la cual se indica que "la Administración Pública se organiza y actúa de conformidad con el principio de legalidad"(art. 4); y en la Ley General de Costa Rica al señalar que: "La Administración Pública actuará sometida al ordenamiento jurídico..." (art. 11,1); agregando en su artículo 13, que:

La Administración estará sujeta, en general, a todas las normas escritas y no escritas del ordenamiento administrativo y al derecho privado supletorio del mismo, sin poder derogarlos ni desaplicarlos para casos concretos.

Este principio de legalidad o de actuación en conformidad con el derecho implica, por tanto, que las actividades que realice la Administración Pública no sólo debe someterse al derecho, sino incluso, en el caso del procedimiento administrativo, a los propios principios del mismo antes analizados que también ya forman parte del derecho positivo, lo que implica que las actividades contrarias a los mismos pueden ser controladas con mayor precisión por la jurisdicción contencioso administrativa.

Por ello, dichos principios, además, se los declara como imperativos, tal como lo expresa la Ley Federal mexicana, al prescribir que las disposiciones sobre procedimiento administrativo "Son aplicables a la actuación de los particulares ante la Administración Pública Federal, así como a los actos a través de los cuales se desenvuelve la función administrativa" (art. 12); imperatividad que en el caso de la Ley General de Costa Rica se precisa que es en aquellos procedimientos en los cuales "el acto final puede causar perjuicio grave al administrado, sea imponiéndole obligaciones, suprimiéndole o denegándole derechos subjetivos, o por cualquier otra forma de lesión grave y directa a sus derechos o intereses legítimos;" o en los cuales haya habido "contradicción o concurso de interesados frente a la Administración dentro del expediente" (art. 308).

El derecho administrativo en América Latina, como resultado de este estándar continental que ya existe en materia de los principios del procedimiento administrativo, se encuentra ahora en una situación de avanzada que hace décadas, quienes nos ocupábamos de estos temas, sólo soñábamos.

Capítulo III: LOS LÍMITES AL EJERCICIO DEL PODER DISCRECIONAL

El principio de la legalidad, conforme al cual todas las actividades de la Administración deben ceñirse a reglas o normas preestablecidas, sin duda, es la más acabada garantía establecida en el Estado de Derecho en beneficio de los administrados, "contra las posibles arbitrariedades de la autoridad ejecutiva"[72]. Sin embargo, y ello es evidente, no toda la actividad a cargo de la Administración tiene establecida en el ordenamiento jurídico "precisos límites" a los cuales debe aquella ceñirse, sino que, generalmente, la propia ley otorga a la Administración amplios poderes de apreciación de la oportunidad y conveniencia para la tome de decisiones.

Estamos en el terreno del denominado poder discrecional que se da siempre que la ley otorgue a la autoridad administrativa la potestad de elegir entre varias decisiones conforme a su libre apreciación, y que se configura como un aspecto medular del derecho administrativo, al punto de llevar a Marcel Waline a afirmar que si fuera necesario dar de algún modo una definición de derecho administrativo, podríamos decir "que es esencialmente el estudio del poder discrecional de las autoridades administrativas y de su limitación para salvaguardar los derechos de terceros (administrados o agentes públicos)"[73].

E indudablemente, el tema del poder discrecional ha sido y es un tema fundamental del derecho administrativo en el mundo contemporáneo, particularmente por el proceso que puede constatarse en todos los países con régimen administrativo, de reducir el campo de la libertad de apreciación, de manera que no lleve a la arbitrariedad. Es el proceso que Eduardo García De Enterría ha calificado como de "lucha contra las inmunidades de poder"[74] que tradicionalmente reducían el ámbito del control jurisdiccional de la legalidad.

En el campo del ejercicio del poder discrecional, este proceso por reducir o limitar las áreas de inmunidad de jurisdicción que tradicionalmente se le atribuyó, es quizá uno de los aspectos de mayor interés comparativo en materia contencioso administrativa, y donde la labor de los jueces ha sido fundamental[75].

---

72 Corte Federal (Venezuela) sentencias de 17 de julio o 23 de octubre de 1953, *Gaceta Forense* N° 1, 1953, p. 151 y N° 2, 1953, p. 64.

73 M. Waline, "Etendue et limites du contrale du juge administratif sur les actes de 1'Administration", *Etudes et documents,* Conseil d'Etat, N° 10, París, 1956, p. 25.

74 Eduardo García De Enterría, *La lucha contra las inmunidades de poder,* Madrid, 1974. Artículo publicado originalmente en *Revista de Administración Pública,* N° 38, Madrid, 1962, pp. 159-205.

75 En relación a Venezuela, *Vid.* Allan R. Brewer-Carías, "Los límites del poder discrecional de las autoridades administrativas", *Revista de la Facultad de Derecho*, Universidad Católica Andrés Bello, N° 2, Caracas, 1965-1966, pp. 9-35; y más recientemente: "La técnica de los conceptos jurídicos indeterminados como mecanismo de control judicial de la actividad administrativa", en Germán Cisneros Farías, Jorge Fernández Ruiz y Miguel Alejandro López Olvera (Coordinadores), *Control de la administración pública. Segundo Congreso Iberoamericano*

Nos interesa analizar este proceso en España y América Latina, particularmente en cuanto a la repercusión que esta lucha por el derecho ha tenido en la codificación del procedimiento administrativo, y ello lo analizaremos, distinguiendo dos aspectos: en primer lugar, identificando aquellas áreas del actuar administrativo que no configuran realmente ejercicio del poder discrecional; y luego, en segundo lugar, precisando las tendencias de reducción o limitación al ejercicio mismo del poder discrecional.

I. LA REDUCCIÓN DEL CÍRCULO DE LA DISCRECIONALIDAD: LOS CONCEPTOS JURÍDICOS INDETERMINADOS

Existen áreas del actuar administrativo que tradicionalmente se había considerado que pertenecían al campo del ejercicio del poder discrecional, es decir, de la apreciación de la oportunidad de la actuación que corresponde exclusivamente a la autoridad administrativa, y que escapaban al control jurisdiccional. Es el campo de lo que la doctrina alemana ha calificado como de los "conceptos jurídicos indeterminados" (*unbestimmte Rechtsbegriffe*)[76] recogido en España y los países latinoamericanos; y de lo que la doctrina italiana ha calificado como "discrecionalidad técnica"[77]

En una sentencia de la Corte Suprema de Justicia de Venezuela, de 19-5-83, el problema se planteó en sus justos términos, así[78]: El Reglamento para las transmisiones por las estaciones de Radiodifusión Audiovisual (Televisoras), de 1980, establecía que dichas estaciones, entre los programas que pueden transmitir, están "los programas recreativos que contribuyan a la sana diversión, sin ofender la moral pública ni exaltar la violencia ni el delito" (art. 15). El Ministerio de Transporte y Comunicaciones, mediante Resolución, consideró que en el programa denominado "Hola Juventud" transmitido por Radio Caracas Televisión, en una fecha determinada, "se proyectó una escena de una obra de teatro en la cual se ofende la moral pública, por cuanto apareció la figura de un hombre desprovisto de vestimenta", razón por la cual sancionó a la empresa con suspensión del programa referido, por un día.

El acto administrativo sancionatorio fue impugnado ante la jurisdicción contencioso-administrativa, ante la cual se alegó que la escena en cuestión correspondía a una obra de teatro denominada "Macunaima" de Brasil, y que personificaba el nacimiento de dicho personaje, héroe mitológico indígena; y que no podía considerarse que ofendía la moral pública, razón por la cual no podía considerarse que la transmisión del programa había violado el Reglamento aplicado.

---

de Derecho Administrativo, Universidad Nacional Autónoma de México, México 2007, pp. 97-115; "Sobre los límites al ejercicio del poder discrecional," en Carlos E. Delpiazzo (Coordinador), *Estudios Jurídicos en Homenaje al Prof. Mariano Brito*, Fundación de Cultura Universitaria, Montevideo 2008, pp. 609-629; "Algunos aspectos del control judicial de la discrecionalidad" en Jaime Rodríguez Arana Muñoz et al. (Editores), *Derecho Administrativo Iberoamericano (Discrecionalidad, Justicia Administrativa y Entes Reguladores), Congreso Iberoamericano de Derecho Administrativo*, Vol II, Congrex SA, Panamá 2009, pp. 475-512.

76 *Vid.* las referencias en Fernando Sainz Moreno, *Conceptos Jurídicos, interpretación y discrecionalidad administrativa,* Madrid, 1976, pp. 224 ss.

77 *Vid.* por ejemplo Aldo Sandulli, *Manuale di Diritto Administrativo,* Napoli, 1964 pp. 573 ss.; Pietro Virga, *Il Provedimento Amministrativo,* Milano, 1972, pp. 27 ss.

78 *Vid.* sentencia de la Corte Suprema de Justicia en Sala Político Administrativa, de 19 de mayo de 1983, en *Revista de Derecho Público,* N° 34, Caracas, 1988, p. 69.

La Corte Suprema de Justicia, en la sentencia que declaró la nulidad de la Resolución impugnada, se basa en la siguiente argumentación:

> "El presupuesto de hecho -*ofensa a la moral pública*- incorpora a la norma uno de aquellos elementos que la doctrina administrativa ha denominado conceptos jurídicos indeterminados, y que se diferencian claramente de las llamadas potestades discrecionales. Mientras éstas dejan al funcionario la posibilidad de escoger según su criterio entre varias soluciones justas, no sucede lo mismo cuando se trata de la aplicación de un concepto jurídico indeterminado. Se caracterizan, estos últimos, por ser conceptos que resulta difícil delimitar con precisión en su enunciado, pero cuya aplicación no admite sino una sola solución justa y correcta, que no es otra que aquella que se conforma con el espíritu, propósito y razón de la norma.
>
> La aplicación del concepto jurídico indeterminado por la Administración Pública constituye una actividad reglada y por consiguiente, sujeta al control de legalidad por parte del órgano jurisdiccional competente. De allí la importancia que tiene establecer la significación y alcance del concepto *moral pública* empleada por la norma y que ha sido invocada como fundamento de la Resolución impugnada"[79].

Con base en esas premisas, la Corte Suprema de Justicia analizó el concepto de moral pública, como concepto dinámico, destinado a proteger el buen orden social y la pacífica convivencia de los ciudadanos (y no atinente a la moral individual), y que por tanto "cambia con el correr de los tiempos y la evolución de las costumbres". "De allí que para juzgar si una determinada actuación ofende efectivamente la moral pública -sostuvo la Corte-, menester es atenerse al criterio dominante en el medio social en que aquélla se realizó", concluyendo que "En el estado actual de la evolución cultural de Venezuela, seria inexacto sostener que toda manifestación del cuerpo humano desprovisto de vestimenta afecte a la moral pública o constituya objeto de escándalo o de repudio por parte de la colectividad"[80].

En esta forma, la distinción entre lo que es ejercicio del poder discrecional y lo que no es discrecionalidad, basado en la noción de los conceptos jurídicos indeterminados,[81] es una reducción efectiva del ámbito de la libertad de apreciación y una ampliación de los poderes de control jurisdiccional. Así: la discrecionalidad, entonces, sólo existe cuando

---

79 *Ídem.* En sentido similar la Corte Suprema de Justicia (Venezuela) en sentencia de 27 de abril de 1989 consideró que la noción de "interés público" para el otorgamiento de una exoneración fiscal, no podía dar origen a su apreciación discrecional, sino que "siendo la aplicación de un concepto jurídico indeterminado en caso de aplicación o interpretación de la Ley que ha creado el concepto, el Juez debe fiscalizar tal aplicación valorando si la solución a que con ella se ha llegado, es la única solución justa que le permite la Ley" *Revista de Derecho Público,* N° 38, Caracas, 1989, p. 96).

80 *Ídem.* La Corte, en su sentencia, continuó su argumentación: así: "En todo acto que supuestamente sea susceptible de afectar la moral, nuestra sociedad, toma hoy muy en cuenta la intención o el propósito que lo anima así como su forma de expresión. Tiene suficiente criterio para distinguir entre una imagen pornográfica sin duda torpe, despreciable y repudiable- la representación del cuerpo humano desnudo como creación artística o con una finalidad científica o por un requerimiento docente".

"La Sociedad Venezolana actual admite como permisible la exhibición del cuerpo humano desnudo no sólo en los museos de arte o de ciencia, en la pintura y en la escultura, sino igualmente en revistas y otras publicaciones especializadas o de información general, así: como en las proyecciones cinematográficas y en las creaciones teatrales".

"Se trata de hechos y aptitudes públicas y notorias que no exigen demostración especial, porque pertenecen a la experiencia diaria de la colectividad nacional".

81 *V.* Allan R. Brewer-Carías, "La técnica de los conceptos jurídicos indeterminados como mecanismo de control judicial de la actividad administrativa", en *Ley de Responsabilidad Social de Radio y Televisión,* Editorial Jurídica Venezolana, Colección Textos Legislativos, N° 35, Caracas 2006, pp. 217-239.

la Administración puede elegir entre varias decisiones, de manera que en la voluntad del Legislador, cualquiera de ellas es jurídicamente admisible y tiene el mismo valor; en cambio, existe un concepto jurídico indeterminado y, por tanto, no hay discrecionalidad, cuando sólo una decisión es jurídicamente admisible[82]. Lo peculiar de estos conceptos jurídicos indeterminados es que su calificación en una circunstancia concreta no puede ser más que una: o se da o no se da el concepto; es decir, o hay utilidad pública, o no la hay; o se da, en efecto, una perturbación del Orden Público, o no se da; o el precio que se señala es justo o no lo es; o se ofende a la moral pública o no se la ofende. No hay una tercera posibilidad. *Testium non datur*.

Por ejemplo, para que se adopte una orden municipal de demolición de un inmueble porque amenaza ruina, el inmueble, o está en estado ruinoso o no lo está. Como lo puntualiza García de Enterría, "hay, pues, y esto es esencial, una unidad de solución justa en la aplicación del concepto a una circunstancia concreta". Por ello califica el proceso de aplicación de conceptos jurídicos indeterminados como un "proceso reglado", porque no admite más que una solución justa: "es un proceso de aplicación a interpretación de la Ley, de subsunción en sus categorías de un supuesto dado; no es un proceso de libertad de elección entre alternativas igualmente justas"[83].

Así lo ha puntualizado el Tribunal Supremo de España al calificar el concepto de "justo precio" como un concepto jurídico indeterminado, indicando que sólo puede conducir a que el precio que se determine en una expropiación deba ser real y efectivamente "el verdadero y justo valor", en sentencia de 28-4-1964, en lo que puede considerarse la decisión judicial pionera en este campo en el mundo de habla hispana, donde señaló:

> "las facultades discrecionales se caracterizan por la pluralidad de soluciones justas posibles entre las que libremente puede escoger la Administración, según su propia iniciativa, por no estar comprometida dentro de la norma la solución concreta; mientras que el concepto jurídico indeterminado (ruina, precio justo, utilidad pública etc.) es configurado por la Ley como un supuesto concreto de tal forma que solamente se da una única solución justa en la aplicación del concepto a la circunstancia de hecho"[84].

Ahora bien, esta noción de los conceptos jurídicos indeterminados, como área de actividad pública no discrecional, se ha adoptado en Italia, en base a la distinción entre "discrecionalidad administrativa" y "discrecionalidad técnica". La discrecionalidad administrativa, así: se ha definido "como la facultad de escogencia entre comportamientos jurídicamente lícitos, para la satisfacción del interés público, y para la consecución de un fin que se corresponda con la causa del poder ejercido"[85]; en cambio en la "discrecionalidad técnica" no existe escogencia; como lo ha destacado Sandulli, en la discrecionalidad técnica "la escogencia del comportamiento a seguir, tomando en cuenta los intereses públicos, ya fue realizada a priori (de una vez y para siempre) de manera vinculante, por el Legislador", por lo que a la Administración sólo le queda realizar una valoración sobre la base de conocimientos (y por lo tanto, de reglas) técnicos, como son aquellos de la medicina, de la ética, de la economía..., como es el caso, por ejemplo, del

---

82 *Vid.* F. Sainz Moreno, *op. cit.*, p. 234.
83 *Vid.* E. García de Enterría, *op. cit.*, pp. 35, 37 y 38.
84 *Vid.* la referencia en F. Sainz Moreno, *op. cit.*, p. 273.
85 *Vid.* P. Virga *op. cit.*, p. 19.

valor económico de un bien[86]. La "discrecionalidad técnica" por tanto, no es discrecionalidad, derivando su denominación de un error histórico de la doctrina, como lo ha destacado Massimo Severo Giannini[87].

Por esta razón por ejemplo, la Ley General de la Administración Pública de Costa Rica recalca con precisión, que "en ningún caso podrán dictarse actos contrarios a reglas unívocas de la ciencia o de la técnica" autorizando al Juez para "controlar la conformidad con esas reglas no jurídicas de los elementos discrecionales del acto, como sí ejerciera contralor de legalidad" (art. 16).

En Francia, el proceso de ampliación del control jurisdiccional de la Administración y de reducción de la discrecionalidad, también se ha manifestado en este campo que la doctrina y jurisprudencia alemana, española y latinoamericana denominan, de los conceptos jurídicos indeterminados, en el desarrollo del control jurisdiccional en cuanto a la calificación de los hechos y en la apreciación de los motivos de los actos administrativos, pero sin dejar de considerar que se trata de ejercicio de potestades discrecionales[88].

El primer *arrêt* del Consejo de Estado que se dictó en estos aspectos fue el *arrêt Gomel* de 4-4-1914[89], en el cual se consideró el poder de un Prefecto, conforme a la Ley de 13 de julio de 1911, para negar el otorgamiento de un permiso de construcción en el caso de que en determinadas áreas urbanas de París, el alineamiento y el nivel de la construcción proyectada con la vía pública no se encontrase acorde a las prescripciones que le fueron hechas en interés de la seguridad pública, de la salubridad, así como de la conservación de perspectivas monumentales y del sitio". El Consejo de Estado, en su decisión, a requerimiento del Sr. Gomel entró a apreciar si la construcción atentaba contra "la perspectiva monumental existente" como había sido considerado en la decisión recurrida, concluyendo que en el caso concreto de la plaza Beauveau de París, en la cual se proyectaba la construcción, como podría ser observada en su conjunto como formando una perspectiva monumental" por lo que consideró que el Prefecto, al rehusarse a conceder el permiso de construcción, había hecho una falsa aplicación de la Ley.

Este *arrêt* se ha considerado como el punto de partida de una abundante jurisprudencia relativa al control, por el juez de exceso de poder, de la calificación jurídica de los hechos, en el sentido de que cada vez que un texto subordine el ejercicio de un poder de la Administración a la existencia de ciertas circunstancias de hecho, el juez de exceso de poder verifica si estas condiciones de hecho están efectivamente cumplidas, y, particularmente, si los hechos presentan un carácter de tal índole que justifican la decisión tomada[90]. Es así que el juez de exceso de poder ha controlado de una manera constante el carácter artístico y pintoresco de monumentos y ciudades (CE 2 mai 1975, *Dame Ebri et autres,* Rec. 280, AJ 1975, 311 concl. G. Guillaume); el carácter técnico de un cuerpo de funcionarios (CE 27 juin 1955, *Deleuze,* Rec. 296; A. J. 1955, II, 275, concl. Laurent); el carácter fáctico del acto de un agente público, (CE 13 mars 1953, *Teissier,*

---

86 *Vid.* Aldo M. Sandulli, *op. cit.*, p. 574.

87 *Vid.* Massimo Severo Giannini, *Diritto Amministrativo*, vol. I, Milán, 1970, p. 488.

88 *Vid.* A. De Laubadère, "Le contrôle juridictionnel du pouvoir discrétionnaire dans la jurisprudence récente du Conseil d'Etat Français", *Mélanges offerts a Marcel Waline*, París, 1974, T. II, pp. 531-S49.

89 CE 4 avr. 1914, *Gomel,* Rec. 488. *Vid.* en M. Long P. Weil y G. Braibant, *Les grands arrêts de la jurisprudence administrative,* 7° ed., París, 1978, p. 124

90 *Vid.* Long, Weil y Braibant, *op. cit.,* p. 125.

Rec. 133 concl. Donnedieu de Vabres); el carácter licencioso o pornográfico de una publicación (CE 5 déc 1956, *Thibault,* Rec. 463; D. 1957, 20, concl. Mosset); o el carácter inmoral de un film (CE 18 déc 1959, *Societé Les Films Lutetia,* Rec. 693, concl. Mayras)[91].

En este último caso, se trató de una decisión dictada por el Alcalde de Niza, conforme a la Ley Municipal, de prohibir en el territorio del Municipio la representación de un film *(Le feu dans le peau),* que aún cuando tenga la autorización ministerial de explotación, se consideró que su proyección era perjudicial al orden público, "por razón del carácter inmoral" de dicho film. El Consejo de Estado estimó que el Alcalde podía tomar la decisión, habiendo sido correcta la precisión del concepto jurídico indeterminado del "carácter inmoral" del film.[92]

En otros casos similares, el Consejo de Estado examinó si esta inmoralidad era de naturaleza tal como para justificar legalmente la prohibición, teniendo en cuenta las circunstancias locales (CE 14 oct. 1960, *Societé Les films Marceau,* Rec, 533, y 23 déc 1960, *Union générale cinematographique,* Rec. 731), anulando la prohibición, de proyectar en Niza el film *La neige était sale* y rechazando el recurso contra la prohibición de proyectar en la misma ciudad el film *Avant le déluge*[93]. Se trató, en todo caso, de supuestos de control de la calificación jurídica de los hechos por el juez de exceso de poder, o si se quiere, de la precisión por la Administración de conceptos jurídicos indeterminados, que no configuran ejercicio de poder discrecional.

Pero más recientemente, esta reducción del ámbito de la discrecionalidad también se ha producido en Francia, a través del denominado control jurisdiccional del "error manifiesto de apreciación" y de la aplicación por el juez de exceso de poder, del principio del "balance-costo-beneficios" en materia de ejercicio del poder discrecional; casos en los cuales, en nuestro criterio, en muchos supuestos, no son más que reducción de la discrecionalidad por entrar en juego la aplicación de lo que se ha denominado la técnica de conceptos jurídicos indeterminados.

El principio del "error manifiesto de apreciación" como mecanismo de control de la discrecionalidad se aplica en forma destacada en el *arrêt Sociéte anonyme Libraire Fraçois Maspero,* de 2 nov 1973 (Rec. 611, concl. Braibant)[94], en el cual el Consejo de Estado decidió, con motivo de la impugnación de un acto administrativo del Ministro del Interior de prohibir la circulación de la edición francesa de la *Revista Tricontinental,* editada en Cuba, adoptado en virtud de una Ley que lo autorizaba para prohibir la circulación distribución y venta de revistas y periódicos de proveniencia extranjera; que en virtud de que la decisión no estaba fundada sobre hechos materiales inexactos, "dado que la misma no está viciada de error manifiesto, la apreciación a la cual se avocó el Ministro del Interior del peligro que representaba la revista para el orden público, no puede ser discutida en la jurisdicción administrativa"[95].

Se observa de esta decisión, que en realidad, a pesar de tratarse de un concepto jurídico indeterminado en el sentido que hemos analizado precedentemente, el Consejo de Estado estimó que estaba en presencia del ejercicio de un poder discrecional de aprecia-

---

91 *Idem,* p. 125.

92 *Ibid., op. cit.,* pp. 490-493.

93 *Ibid.,* p. 493.

94 *Ibid., op. cit.,* pp. 575 ss.

95 *Ibid,* p. 576.

ción por la Administración, el cual sin embargo, sólo podía ser juzgado si el Ministro hubiera incurrido en error manifiesto de apreciación En sentido similar la doctrina ha considerado que en estos casos en los cuales "el legislador no ha fijado las condiciones bajo las cuales se debe ejercer la actividad administrativa o bien las ha fijado de manera general e imprecisa", activándose el poder discrecional de la Administración, no puede el juez, bajo esta hipótesis, controlar la *calificación jurídica de los hechos,* sino solamente la legalidad de la *motivación* de la decisión. En estos casos, como en el *arrêt Maspero,* si bien el juez ha sido conducido a someter a la Administración, a un control mínimo en cuanto a la apreciación de los hechos realizada por ella:

> "de hecho el juez no se pronuncia sobre la apreciación como tal, sino sobre el error que ha podido viciar esta apreciación cuando este error es evidente, al poder ser descubierto por simple sentido común, cuando se trate de un error manifiesto que desnaturalice la interpretación que hace la Administración de la extensión de su poder discrecional"[96].

No tenemos dudas en considerar que el aporte del criterio del "error manifiesto de apreciación es fundamental para la limitación y control al poder discrecional, conforme al principio de la razonabilidad o racionalidad que analizaremos más adelante, pero aplicado, por supuesto, a casos en los cuales se trate de verdadero ejercicio del poder discrecional, cuando la Administración, tiene la libertad de escoger entre varias decisiones justas. En casos como en el decidido en el *arrêt Maspero* en el cual se trataba de juzgar si la revista prohibida presentaba peligro para el orden público, de manera de justificar la prohibición de circulación, en realidad, bajo el ángulo de la técnica de los conceptos jurídicos indeterminados, el Ministro del Interior, no ejercía poderes discrecionales sino que sólo podía tomar una decisión justa: o la revista presentaba o no presentaba peligro para el orden público al momento en el cual se dictó la decisión y esa decisión configuraba, por tanto, el ejercicio de una competencia reglada. Esto ya lo había apuntado en la doctrina francesa André De Laubadére, cuando se refirió a los casos de apariencia de control del poder discrecional; precisamente referido a la aplicación de conceptos jurídicos indeterminados en los cuales "el juez administrativo, contribuyendo así con el legislador a determinar en qué casos hay poder reglado, transformándose entonces una competencia aparentemente discrecional en una competencia reglada"[97], o más exactamente, según la expresión de Auby y Drago, "descubre" las condiciones legales, los motivos considerados por el cómo los solos legítimos de la decisión.[98]

Otro principio destacado por la jurisprudencia francesa relativo al control jurisdiccional del poder discrecional, o más propiamente, mediante el cual se tiende a descubrir competencias regladas en lo que aparentemente es el ejercicio de poderes discrecionales, es el conocido como el principio del "balance-costo-beneficio"[99], desarrollado en casos de urbanismo y expropiación con ocasión de la aplicación precisamente, del concepto jurídico indeterminado de "utilidad pública".

El inicio de esta aproximación al control jurisdiccional del poder discrecional se sitúa en el *arrêt* denominado *Ville Novuelle Est* adoptado por el Consejo de Estado el 28 de

---

96 *Ibid., cit.,* p. 580.

97 *Vid.* A. De Laubadere, *loc. cit.,* p. 535.

98 *Idem*

99 *Vid.* Jeanne Lemasurier, "Vers un nouveau principe général du droit. Le principe "bilan-cout-avantages", *Melánges offerts a Marcel Waline,* París, 1974, T. II, pp. 551-562.

mayo de 1971[100], con motivo de la impugnación, por ilegalidad, del acto administrativo del Ministro del Equipamiento y Vivienda que declaro de utilidad pública un proyecto de desarrollo y renovación urbana al este de Lille destinado a configurar, tanto una ciudad universitaria como una Nueva Ciudad.

Con motivo de la impugnación de la decisión, entre otros motivos, se denunció que la destrucción de un centenar de viviendas que podía evitarse si se disponía de un proyecto distinto al de una autopista, constituía un costo demasiado elevado para la operación proyectada que le quitaba el carácter de utilidad pública a la misma. El Consejo de Estado, al juzgar "la utilidad pública de la operación" y considerar que el proyecto si tenía carácter de tal, estimó:

> "que una operación no podría ser legalmente declarada de utilidad pública sino cuando los atentados a la propiedad privada, el costo financiero, y eventualmente los inconvenientes de orden social que ella comporta, no son excesivos en relación al interés que ella presenta"[101].

Hasta ese momento, el Consejo de Estado había controlado la finalidad de utilidad pública de determinados proyectos, verificando si la operación correspondía en sí misma a un fin de utilidad pública, pero se había rehusado a examinar el contenido concreto del proyecto, es decir, la escogencia de las parcelas a expropiar. Con el *arrêt Ville Nouvelle Est,* a propuesta de G. Braibant, el Consejo de Estado asumió la tareas de decidir y de apreciar, en cada caso, la utilidad pública de un proyecto, habida cuenta del balance de las ventajas e inconvenientes de la operación y apreciando no sólo el costo financiero de la misma sino también su costo social[102]. Marcel Waline, al comentar el "considerando" del *arrêt* constató que:

> "El juez se reconoce el derecho de apreciar todo tipo de ventajas e inconvenientes de la operación en cuestión, de establecer entre ellos un balance, de hacer en alguna forma la suma algebraica de unas y otros, y de no dar la aprobación, sino cuando el saldo de esta operación, después de hechas las cuentas, le parecía positivo"[103].

En el mismo sentido del *arrêt Ville Nouvelle Est,* el Consejo de Estado se pronunció en el *arrêt Soc. Civile Sainte-Marie de l'Assomption* de 20 de octubre de 1972[104], al juzgar sobre la utilidad pública del proyecto de la autopista norte de Niza, cuya construcción amenazaba el Hospital Psiquiátrico Sainte-Marie, por lo que no sólo oponía el interés general a los intereses particulares, sino que comportaba un conflicto entre dos intereses públicos: el de la circulación y el de la salud pública. En su *arrêt,* el Consejo de Estado declaró la nulidad del decreto declarativo de utilidad pública, por considerar la inconveniencia de la solución de circulación establecida en el proyecto alrededor de un hospital, que no solo le producía ruido sino que lo privaba de toda posibilidad de expansión futura[105].

---

100 CE 28 mai 1971, *Ministre de l'équipement et du logement c. Fédération de défense des personnes concernées par le projet actuellement dénommé "Ville Nouvelle Est",* Rec. 409, concl. Braibant. *Vid.* en Long, Weil y Braibant, *op. cit.*, pp. 561-574.

101 *Vid.* en Long, Weil y Braibant, *op. cit.*, p. 563.

102 *Idem,* pp. 568-569.

103 M. Waline, "L'appeciation par le juge administratif de l'utilité d'une project", *Revue du Droit Public et de la Science Politique en France et à l'étranger*, 1973, p. 454; *cit.*, por J. Lemasurier, *loc. cit.*, p. 555.

104 CE 20 octobre 1972, Rec. 657, concl. Morisot.

105 *Vid.* en Long, Weil y Braibant, *op. cit.*, p. 569.

En todos estos casos, las decisiones del juez no inciden realmente en el ejercicio de poderes discrecionales, sino en el ejercicio de competencias regladas, que sólo admiten una solución justa: o la obra es o no es de utilidad pública. El balance costo-beneficios que ha efectuado el Consejo de Estado, es precisamente lo que la Administración está obligada a hacer en cada caso, para adoptar la única solución justa que derive de concretizar el concepto jurídico indeterminado de "utilidad pública" en un proyecto de expropiación. El juez del exceso de poder, por tanto, al efectuar jurisdiccionalmente el mismo balance lo que controla no es el ejercicio de poder discrecional alguno, sino la competencia legal que tiene la Administración al hacer la declaratoria de utilidad pública; es decir, "corrige las faltas o las ligerezas, algunas veces fantasiosas", como lo indicó Marcel Waline, de los tecnócratas administrativos[106].

Como lo destacó indirectamente el Comisario Morisot en sus conclusiones sobre el caso *Sainte-Marie de l'Assomption*:

> "La noción de utilidad pública es relativa. No se la puede apreciar y, en consecuencia, controlar sin considerar todos los elementos, lo que conduce a hacer el balance de los aspectos positivos y negativos de la operación.
>
> Dado el caso de que la utilidad pública de ésta es la condición de legalidad de la puesta en marcha de un procedimiento de expropiación, la apreciación hecha por el juez de esta utilidad, con todos los elementos que ella comporta, es un control de legalidad"[107].

En esta forma, aún cuando no consideramos que esta jurisprudencia signifique realmente control del ejercicio de poderes discrecionales, como lo continúa razonando la doctrina francesa, hay que saludar los avances que significa para el control de legalidad y la reducción del círculo de la discrecionalidad, pues conforme a la técnica de los conceptos jurídicos indeterminados, contribuyen a identificar lo que es sólo una apariencia de discrecionalidad.

II. LOS LÍMITES AL PODER DISCRECIONAL: LOS PRINCIPIOS GENERALES DEL DERECHO ADMINISTRATIVO

Dejando aparte lo que sólo es apariencia de discrecionalidad que hemos englobado en torno a la aplicación, por la Administración, de los conceptos jurídicos indeterminados,

---

106 *Vid.* M. Waline, "L'appeciation..." *loc. cit.*, p. 461. El problema se plantea, incluso, en los cases de control judicial de la constitucionalidad de las leyes que declaran la utilidad pública a los efectos expropiatorios, como ha sucedido en Argentina. En el caso *Nación Argentina* y *Jorge Ferrario,* 1961, la Corte Suprema de Justicia de la Nación señaló "si los jueces de una causa expropiatoria comprueban que la utilidad pública no existe o ha sido desconocida por la Administración, y...media alguno de los supuestos de gravedad o arbitrariedad extrema... están obligados a desempeñar la primera y más elemental de las funciones que les incumben, esto es, la que consiste en proteger las garantías constitucionales declarando la invalidez de los actos del Estado que pretendan vulnerarlos" (*Fallos T.* 251, pp. 246 ss.). Agustín Gordillo, sobre este principio, ha comentado lo siguiente: "si la jurisprudencia ha establecido, y con razón, que puede controlar y revisar hasta la calificación de utilidad pública hecha por el Congreso en materia de expropiación (lo que si es probablemente facultad discrecional, y ni siquiera del Poder Ejecutivo sino del Poder Legislativo), no se advierte entonces qué superioridad constitucional tiene el Poder Ejecutivo sobre el Poder Legislativo y el Poder Judicial para que los actos discrecionales del parlamento, esto es las leyes del Congreso de la Nación, puedan ser controladas judicialmente, pero no pueda serlo un acto meramente emanado del Poder Ejecutivo", Agustín Gordillo, *El acto administrativo,* Buenos Aires, 1969, p. 216.

107 *Cit.* Par A. De Laubadère, *loc. cit.* p. 540.

el ejercicio del poder discrecional, es decir, de la potestad atribuida por el Legislador a la Administración de apreciar libremente las circunstancias de hecho y adoptar una decisión escogiendo entre varias alternativas, todas igualmente justas y conforme a la legalidad, tiene siempre un límite absoluto: el acto administrativo que se adopte en base al ejercicio de tal poder no puede ser arbitrario, es decir, la libertad de apreciación de los hechos y de la oportunidad de actuar otorgada al funcionario, no significa que pueda actuar arbitrariamente[108].

El problema de los límites al ejercicio del poder discrecional radica, entonces, en el establecimiento de la frontera entre discrecionalidad y arbitrariedad; de manera que el juez contencioso administrativo pueda controlar el ejercicio directo del poder discrecional cuando resulte arbitrario, además de ejercer sus poderes de control sobre los aspectos reglados del acto discrecional[109] y particularmente sobre la comprobación y calificación de los presupuestos de hecho[110], y sobre la adecuación de la decisión a los fines establecidos en la Ley, que ha girado en torno a la noción de desviación de poder, también de creación jurisprudencial francesa.

Las dudas del Juez contencioso-administrativo de controlar efectivamente lo que es ejercicio del poder discrecional por la Administración y establecer el límite entre discrecionalidad y arbitrariedad, han existido en todos los países contemporáneos, donde se sigue formulando el principio de que el Juez no puede juzgar sobre las razones de oportunidad o de conveniencia para la adopción de un acto administrativo porque:

> "el juez no puede sustituirse al administrador por motivos obvios de diferenciación y especialización de funciones conectadas con el principio de la separación de poderes"[111].

Sin embargo, tanto en la jurisprudencia como en la legislación de América Latina comienzan a apreciarse esfuerzos significativos por permitir, efectivamente, que el juez contencioso-administrativo penetre en el ámbito de la discrecionalidad y controle la arbitrariedad. En esta materia, de nuevo, los principios generales del derecho han suministrado el arsenal inicial para esta lucha contra la arbitrariedad que si bien ha sido librada tímidamente por los jueces, comienza a tener de aliado al Legislador en la codificación del procedimiento administrativo.

Un punto de partida en este esfuerzo latinoamericano, puede situarse en dos sentencias de la antigua Corte Federal de Venezuela adoptadas en los años cincuenta. En la primera (caso *Municipalidad de Maracaibo*) de fecha 24-2-56, al declarar la Corte la anulación de un acto administrativo que había revocado un permiso de construcción, el juez consideró que era arbitrario por carecer de fundamento y por ser injusto, afirmando que "la discrecionalidad no implica arbitrariedad ni injusticia puesto que la Administra-

---

108 Allan R. Brewer-Carías, "Los límites...", *loc. cit.*, p. 11.

109 En la sentencia de la antigua Corte Federal (Venezuela) (Caso *Reingruber*) de 6 de noviembre de 1958, por ejemplo, quedó claramente señalado en relación a los actos del ejercicio del poder discrecional, que siempre "puede ser materia de revisión (por el Juez) por lo que se refiere a la incompetencia del funcionario que lo dictó, o defecto de forma del acto, o a su ilegalidad", *Gaceta Forense,* N° 22, p. 134. *Cf.* Allan R. Brewer-Carías, "Los límites...", *loc. cit.* p.14.

110 Sobre la "veracidad y la congruencia de los hechos" como lo ha señalado la Corte Suprema de Justicia en Sala Político Administrativa (Venezuela), en sentencia (caso *Depositaria Judicial)* de 2 de noviembre de 1982, *Revista de Derecho Público,* N° 12, Caracas, 1982, p. 130.

111 *Idem.*

ción... no obra en pura conformidad a su elección, sino en virtud y como consecuencia de su capacidad condicionada por su fin"[112].

En la segunda sentencia (caso *Reingruber*) de 6-11-1958, la Corte, a pesar de haber considerado que la potestad dada al Ministerio de Hacienda de poder reducir las multas cuando concurran circunstancias que demuestren falta de intención dañosa del contraventor, era una potestad discrecional, y decidir que "la manera como el funcionario administrativo ejerció la facultad discrecional" que le reconoce la ley no podía ser revisado por la Corte, el Supremo Tribunal reconoció que en los casos de atribución de poder discrecional debe entenderse que la Ley autoriza al funcionario

> "para obrar según su prudente arbitrio, consultando lo más equitativo o racional, en obsequio de la justicia y de la imparcialidad"[113].

Al analizar este considerando, hemos señalado que la Corte sentó las bases para el control jurisdiccional del ejercicio del poder discrecional en Venezuela fundamentándose en principios generales del derecho, como son el principio de la *racionalidad* (la decisión administrativa adoptada en ejercicio de un poder discrecional no puede ser ilógica o irracional); el principio de la *justicia* o de la *equidad* (la decisión producto del ejercicio de poderes discrecionales no pueden ser inicua, inequitativa o injusta); y el principio de la *igualdad* (la decisión administrativa que resulte del ejercicio de poderes discrecionales no puede ser parcializada ni discriminatoria).

A estos principios agregamos el principio de la *proporcionalidad* que toda decisión adoptada en ejercicio de un poder discrecional debe respetar, de manera que exista una adecuación entre los supuestos de hecho y la decisión tomada[114], y debe agregarse también el principio de la *buena fe,* de manera que toda actuación del funcionario que con intención falsee la verdad, también sería ilegal[115].

En la jurisprudencia argentina y uruguaya, estos principios que se configuran como límites a la discrecionalidad, se engloban en la exigencia de la "razonabilidad" en la

---

112 *Gaceta Forense,* N° 11, Caracas, 1956, pp. 27-30, *Vid.* en Allan R. Brewer-Carías, *Jurisprudencia de la Corte Suprema de 1930-1974 y Estudios de Derecho Administrativo,* T. I, Caracas, 1975, pp. 611-612.

113 *Gaceta Forense,* N° 22, Caracas, 1958, pp. 133-134; *Vid.* en Allan R. Brewer-Carías, Jurisprudencia de... *op. cit.*, T. I, pp. 608-609.

114 *Vid.* en Allan R. Brewer-Carías, "Los límites del poder discrecional de las autoridades administrativas", *loc. cit.*, pp. 27-33. *Vid.* los comentarios a nuestro análisis en Gustavo Urdaneta Troconis, "Notas sobre la distinción entre actos reglados y discrecionales y el control jurisdiccional sobre estos" en *Tendencias de la Jurisprudencia venezolana en materia contencioso administrativa,* Caracas, 1986, pp. 395-399.

En Colombia, al referirse a la necesaria sumisión del ejercicio del poder discrecional a los principios generales del derecho, Consuelo Sarría los resume así: "la Administración tendrá en cuenta la *racionalidad o razonabilidad*: en cuanto su decisión tiene que estar de acuerdo con la razón con la lógica y congruente con la motivación, en cuanto la discrecionalidad no implica arbitrariedad; *la justicia*: el actuar de la Administración, aunque sea discrecional en el sentido de que puede evaluar la oportunidad y conveniencia de sus decisiones, no puede ser injusto, deberá siempre ser equitativo, respetando los intereses de la Administración y de los administrados; *la igualdad*: la autoridad administrativa tendrá que respetar el principio de la igualdad que se aplica a todas las actuaciones del Estado enfrente a los particulares, en cuanto estos serán tratados en igualdad de condiciones, sin que pueda haber favoritismo por parte de las autoridades; *la proporcionalidad*: que debe existir entre los medios utilizados por la Administración y los fines de la medida; *el derecho a la defensa:* en cuanto la Administración antes de tomar una medida, debe oír al administrado", Consuelo Sarria, "Discrecionalidad Administrativa" en J.C. Cassage y otros, *Acto Administrativo,* Tucumán, 1982, p. 118.

115 *Vid.* sentencia de la Corte Primera de lo Contencioso Administrativo de 21 de marzo de 1984, *Revista de Derecho Público,* N° 18, Caracas, 1984, p. 172.

actuación administrativa[116], en el sentido de que un acto administrativo, aún dictado en ejercicio de facultades discrecionales, puede ser revisado judicialmente si es irrazonable o arbitrario. El principio de la razonabilidad se ha desarrollado particularmente en Argentina como un límite al ejercicio del poder de policía[117], al erigirse en la garantía de seguridad respecto a la forma, modo, manera y oportunidad del *cómo* debe realizarse la función policial. La jurisprudencia argentina, así, ha conformado cuatro principios de lógica jurídica que conforman el carácter razonable de una medida de policía, en la forma siguiente: la limitación debe ser justificada; el medio utilizado, es decir, la cantidad y el modo de la medida, debe ser adecuado al fin deseado; el medio y el fin utilizados deben manifestarse proporcionalmente; y todas las medidas deben ser limitadas[118].

La razonabilidad se ha configurado así, en un *standard* jurídico comprensivo de una serie de valores que deben guiar la actividad administrativa (en lugar de *"bonus pater familiae"* el *"bonus magistratus"*) y que realizan la justicia con todos sus sinónimos: equivalencia, proporción, adecuación, igualdad, paridad, justa distribución, dar a cada uno lo que le corresponde, etc[119].

La actuación administrativa irrazonable, por tanto, es arbitraria y aún cuando sea producto del ejercicio de un poder discrecional, puede ser controlada judicialmente, tal y como lo ha resuelto la Corte Suprema de Justicia de la Nación (Argentina), en 1959, al señalar:

> "los jueces poseen la potestad de revocar o anular la decisión administrativa sobre hechos controvertidos, si ella fuera suficientemente irrazonable, o se apoyara tan solo en la voluntad arbitraria o en el capricho de los funcionarios"[120].

Lo arbitrario o irrazonable de una actuación administrativa, en todo caso, puede resultar, de la irrazonabilidad en la elección del momento (decisión manifiestamente inoportuna); en la elección de modalidades de actuación (medios desproporcionados, por ejemplo), o en la forma de actuación (desigual o discriminatoria)[121].

En la jurisprudencia contencioso-administrativa del Uruguay se encuentran soluciones basadas en principios similares. Así, el Tribunal de lo Contencioso administrativo en sentencia de 27-9-71 afirmó que "los poderes discrecionales... sólo los podía ejercitar (la Administración) dentro de los límites razonables y conforme a una equilibrada valuación de los factores constitutivos de la falta en juicio"[122].

En España, la reducción progresiva de la arbitrariedad se ha desarrollado por la jurisprudencia del Tribunal Supremo, en igual forma, por la aplicación de los principios generales del derecho. Eduardo García de Enterría y Tomas Ramón Fernández, en esta forma, citan un cúmulo de sentencias en las cuales el control jurisdiccional del ejercicio del poder discrecional se ha efectuado en base a considerar que unas medidas eran injustificadas a todas luces a incluso contrarias a la razón (sentencia 6-2-63). Así, se han condenado jurisdiccionalmente, las actuaciones administrativas contrarias al "respeto

---

116 *Vid.* Juan Francisco Linares, *Poder Discrecional Administrativo,* Buenos Aires, 1958, pp. 155 y ss.

117 *Vid.* Ramón F. Vásquez, *Poder de Policía,* Buenos Aires, 1957, pp. 41 y ss. y 122 y ss.

118 Bartolomé A. Fiorini, *Poder de Policía,* Buenos Aires, 1958, p. 149.

119 *Idem,* p. 158; Juan Francisco Linares, *op. cit.,* p. 164.

120 Caso *Reyes* de 25 de septiembre de 1959, Fallos T. 244, *cit.* por A. Gordillo, *Tratado de Derecho Administrativo, T.* 3, Buenos Aires, 1979, pp. 9-27.

121 Juan Francisco Linares, *op. cit.,* pp. 164 ss.

122 *Vid.* en J. P. Cajarville, *Dos Estudios de Derecho Administrativo,* Montevideo, 1988, p. 106.

debido al principio de la buena fe, en que han de inspirarse los actos de la Administración" (sentencias de 23-12-59, 22-6-60, 27-12-66, 13-5-71, 12-3-75, 6-2-78, 24-2-79 y 5-2-81); o "cuya gravedad no guarda una razonable proporcionalidad con la infracción" (sentencia de 25-3-72). El Tribunal Supremo también ha acudido al principio de la igualdad, para juzgar el ejercicio de poderes discrecionales (sentencias de 24-12-56, 28-5-63 y 3-4-65), garantizando el derecho a igual oportunidad (sentencia 27-1-65); y ha esgrimido el principio *favor libertatis* para obligar a la Administración a acomodar sus intervenciones en la esfera de los administrados al procedimiento menos restrictivo de la libertad[123].

Ahora bien, esta interdicción de la arbitrariedad o la exigencia de la razonabilidad en la actuación de la Administración, como límite al ejercicio del poder discrecional, ha encontrado en América Latina, en muchos casos, consagración legislativa, positivizándose en esta forma los principios generales del derecho.

En tal sentido, la Ley General de la Administración Pública de Costa Rica establece varias normas relativas al ejercicio del poder discrecional y al control judicial del mismo que deben destacarse. El artículo 15.1 de la Ley General, en efecto, comienza por prescribir que el ejercicio del poder discrecional está "sometido en todo caso a los límites que le impone el ordenamiento expresa o implícitamente, para lograr que su ejercicio sea eficiente y razonable", atribuyéndose el juez potestad para controlar la legalidad no sólo sobre los aspectos reglados del acto discrecional, sino "sobre la observancia de sus límites" (art. 15.2).

Ello lo refuerza la propia Ley General al prescribir en su artículo 216 que:

> "La Administración deberá adoptar sus resoluciones dentro del procedimiento con estricto apego al ordenamiento y, en el caso, de las actuaciones discrecionales, a los límites de racionalidad y razonabilidad implícitos en aquél".

El artículo 16.1 es reiterativo, en cuanto a este principio de la razonabilidad, al establecer que "en ningún caso podrán dictarse actos contrarios a reglas unívocas de la ciencia o de la técnica, o a principios elementales de justicia, lógica o conveniencia", atribuyéndose al juez expresamente potestad para "controlar la conformidad con estas reglas no jurídicas de los elementos discrecionales del acto, como si ejerciera el contralor de legalidad" (art. 16.2). Otro límite al ejercicio del poder discrecional en la Ley de Costa Rica, se establece, en relación a "los derechos del particular" (art. 17) frente a la discrecionalidad, que no deben ser vulnerados.

La Ley General, además, consagra expresamente la consecuencia del traspaso de los límites mencionados por la autoridad administrativa al prescribir, en el artículo 158, como una causa de invalidez de los actos administrativos, la infracción a las reglas técnicas y científicas de sentido unívoco y aplicación exacta, en las circunstancias del caso, y agrega en el artículo 160, que:

> "El acto discrecional será inválido, además, cuando viole reglas elementales de lógica, de justicia o de conveniencia, según lo indiquen las circunstancias del caso".

Por último, es de destacar que el artículo 133 de la misma Ley General el cual regula los motivos del acto administrativo, y establece que cuando éste no esté regulado, "de-

---

123 Eduardo García de Enterría y Tomas R. Fernández, *Curso de Derecho Administrativo*, T. I, Madrid, 1983, pp. 449-451.

berá ser *proporcionado* al contenido y cuando esté regulado en forma imperiosa deberá ser *razonablemente* conforme con los conceptos indeterminados empleados por el ordenamiento. El principio de la proporcionalidad también lo repite la Ley General en el artículo 132.1 relativa, al objeto del acto administrativo, al prescribir que debe ser "proporcionado al fin legal" del acto.

Es difícil, ciertamente, encontrar otro ejemplo de legislación positiva en el mundo con normas tan precisas y ricas en su contenido, para que los jueces puedan controlar el ejercicio del poder discrecional[124], con precisas referencias a los principios de razonabilidad, racionalidad, justicia, lógica, proporcionalidad y conveniencia.

La Ley venezolana de Procedimientos Administrativos de 1982, recogió también el principio de los límites al ejercicio del poder discrecional en una norma (art. 12) que prescribe:

> "Aún cuando una disposición legal o reglamentaria deje alguna medida o providencia a juicio de la autoridad competente, dicha medida o providencia deberá mantener la debida proporcionalidad y adecuación con el supuesto de hecho y con los fines de la norma, y cumplir los trámites, requisitos y formalidades necesarios para su validez y eficacia".

Se consagra así, expresamente, no sólo la existencia de elementos reglados del acto discrecional que siempre deben respetarse (adecuación con los presupuestos de hecho, adecuación con la finalidad, competencia legal o reglamentaria, respeto de las formas y procedimiento), sino, que se erige como, límite fundamental al ejercicio del poder discrecional, la obligación del funcionario de "mantener la debida proporcionalidad". Así se establece también en el Código Contencioso Administrativo de Colombia, en su artículo 36:

> "En la medida en que el contenido de una decisión, de carácter general o particular, sea discrecional, debe ser adecuada a los fines de la norma que la autoriza, y proporcional a los hechos que le sirven de causa".

La proporcionalidad también se establece en la Ley argentina de Procedimiento Administrativo, al prescribir dentro de los "requisitos esenciales del acto administrativo", la necesidad de que "las medidas que el acto involucre deben ser proporcionalmente adecuadas" a la finalidad que resulta de las normas que otorgan las facultades al órgano administrativo (art. 7.f).

Estas normas incorporan, por tanto, a los límites a la discrecionalidad, el principio de la proporcionalidad[125], conforme al cual las medidas adoptadas en los actos administrativos deben ser proporcionales tanto a los fines que prevé la norma que las autoriza, como a los hechos que las motivan. Tal como lo ha precisado la Corte Suprema de Justicia de Venezuela, los actos administrativos estarían viciados de abuso de poder:

---

124 *Vid.* los comentarios en Allan R. Brewer-Carías, "Comentarios sobre los Principios Generales de la Ley General de la Administración Pública de Costa Rica", en *Revista del Seminario Internacional de Derecho Administrativo,* San José, 1981, p. 52; Eduardo Ortíz, "Nulidades del Acto Administrativo en la Ley General de Administración Pública", *idem,* p. 386; Gonzalo Fajardo, "El Estado de Derecho y la Ley General de Administración Pública, *idem,* pp. 523-524.

125 *Vid.* Allan R. Brewer-Carías, *El Derecho administrativo y la Ley Orgánica de Procedimientos Administrativos,* Caracas, 1985, p. 46; Agustín Gordillo, *El acto administrativo,* Buenos Aires, 1969, p. 250. Conforme a lo establecido por la Corte Suprema de la Nación (Argentina) "las medidas utilizadas por la autoridad pública deben ser proporcionadamente adecuadas a los fines perseguidos por el legislador". Caso: *Sindicato Argentino de Músicos,* 1960, Fallos T. 248, pp. 800 ss.

> "cuando no existe proporción o adecuación entre los motivos o supuestos de hecho que sirvieron de base al funcionario u órgano autor del acto recurrido para dictar su decisión, y los contemplados en la norma jurídica, en el sentido de que se trata de un vicio que consiste en la actuación excesiva o arbitraria del funcionario, respecto de la justificación de los supuestos que dice haber tornado en cuenta, para dictar el acto"[126].

En el mismo sentido, el Tribunal de lo Contencioso-Administrativo de Uruguay, en sentencia de 23-4-76 ha señalado al apreciar la ilegalidad de la imposición de una sanción, que esta "aparece como ciertamente desproporcionada... hubo exceso de parte del jerarca en el ejercicio de sus funciones discrecionales, cayendo en ilicitud... obligando, por ende, al control anulatorio por parte del Tribunal"[127].

Los principios de la razonabilidad y de la proporcionalidad también han tenido aplicación jurisprudencial en Francia, en materia de control jurisdiccional del ejercicio del poder discrecional. En cuanto al principio de la razonabilidad, puede encontrarse aplicado en la jurisprudencia relativa al "error manifiesto de apreciación" el cual según lo afirma Guy Braibant, aparece cuando la Administración "ha ido más allá de los límites de lo razonable en el juicio que ella ha realizado sobre los elementos de la oportunidad"[128].

De allí la célebre frase del mismo Guy Braibant en relación al ejercicio del poder discrecional y el principio de la razonabilidad, tal como lo hemos expuesto anteriormente en la jurisprudencia latinoamericana:

> "El poder discrecional comporta el derecho de equivocarse pero no el de cometer un error manifiesto, es decir a la vez aparente y grave"[129].

En el caso de control jurisdiccional del error manifiesto en la apreciación de los hechos, indican Long, Weil y Braibant, el juez "no se pronuncia sobre la apreciación como tal, sino sobre el error que ha podido viciar esta apreciación, cuando este error es evidente, al poder ser descubierto por simple sentido común, cuando se trate de un error manifiesto que desnaturalice la interpretación que hace la Administración de la extensión de su poder discrecional"[130].

Ahora bien, si en general se dan ejemplos jurisdiccionales de la aplicación de la técnica del error manifiesto como instrumento de control del ejercicio del poder discrecional por el Consejo de Estado, en la gran mayoría de los casos reseñados, en realidad, se trata de lo que se ha denominado la técnica de los conceptos jurídicos indeterminados[131]. Quizás, supuestos de aplicación del error manifiesto de apreciación, como con-

---

126 Sentencia de la Corte Primera de lo Contencioso Administrativo de 21 de marzo de 1984, *Revista de Derecho Público,* N° 18, Caracas, 1984, p. 172. En igual sentido, la misma Corte Primera en sentencia de 16 de diciembre de 1982, estimó que este vicio de abuso de poder se da en los casos de "desmedido uso de las atribuciones que han sido conferidas lo cual equivale al excesivo celo, a la aplicación desmesurada, esto es, a todo aquello que rebasa los límites del correcto y buen ejercicio de los poderes recibidos de la norma", *Revista de Derecho Público,* N° 13, Caracas, 1982, p. 119.

127 *Vid.* en J. P. Cajarville, *op. cit.,* p. 106.

128 Conclus, CE, 13 de noviembre de 1970, *Lambert, cit.,* por A. De Laubadère, "Le contrôle juridictionnel du pouvoir discrtionnaire dans la jurisprudence récente du Conseil d'Etat Français", *Mélanges offerts a Marcel Waline,* París, 1974, T. II, p. 540.

129 Conclus, CE, 2 de noviembre de 1973, *Librairê François Maspero,* Rec. 611, Long, Weil y Braibant, *Les grands arrêts de la jurisprudence administrative, cit.,* p. 585.

130 Long, Weil y Braibant, *op. cit.*, p. 580.

131 *Vid.* todas las referencias jurisprudenciales en Long, Weil y Braibant, *op. cit.*, con ocasión de los comentarios al *arrêt Maspero,* pp. 580-585; J. M. Auby y R. Drago, *op. cit.*, T. II, pp. 399-400.

trol del ejercicio del poder discrecional, en estricto sentido, pueden encontrarse en las decisiones del Consejo de Estado sobre error de equivalencia entre empleos público (CE 13 nov. 1953, *Denizet,* Rec. 489; y CE 15 fév 1961, *Lagrange,* Rec. 121; CE 9 mai 1962, *Commune de Montfermeil,* Rec. 304)[132].

En cuanto al principio de la proporcionalidad como límite al ejercicio del poder discrecional, aun cuando se ha afirmado que no ha sido reconocido plenamente en el sistema francés[133], pensamos que se ha aplicado en muchas decisiones por el Consejo de Estado, comenzando por el *arrêt Benjamin* del 19 de mayo de 1933, en el cual el Consejo de Estado anuló la prohibición de una reunión impuesta por un Alcalde, considerando que "la eventualidad de las perturbaciones... no presentaban un *grado de gravedad* tal que no pudiera, sin prohibir la conferencia, mantener el orden decretando las medidas de policía que le correspondía tomar"[134]. En este caso, como lo observan Long, Weil y Braibant, el juez verifica "no solamente la existencia, bajo las circunstancias del caso, de una amenaza de perturbación del orden público susceptible de justificar una medida de policía, sino también esta medida es apropiada, por su naturaleza y su gravedad a la importancia de la amenaza; él controla así la adecuación de la medida a los hechos que la motivan"[135].

Se trata, sin duda, de la aplicación del principio de la proporcionalidad, es decir, de la adecuación entre las medidas adoptadas y los hechos, lo cual también ha tenido aplicación en Francia en materia disciplinaria a partir del *arrêt Lebon* (CE 9 juin 1978), en el cual el Consejo de Estado, aplicando la técnica del error manifiesto, controló la proporcionalidad de la sanción disciplinaria con la gravedad de la falta[136]. En otra decisión del Consejo de Estado, en el *arrêt Vinolay* (CE 26 juillet 1978), conforme al mismo criterio, anuló una destitución de un funcionario, señalando que "si las faltas a reglas de buena administración... eran de tal índole que legalmente justificaran una sanción disciplinaria, ellas no podían legalmente fundamentar, sin error manifiesto de apreciación, una medida de revocación que constituye la sanción más grave dentro de la escala de las penas"[137].

De lo anteriormente expuesto se puede sacar como conclusión, en materia de control jurisdiccional del ejercicio del poder discrecional, que tanto la jurisprudencia y la doctrina como la legislación, ésta última, en particular en América Latina, han venido abandonando la tradicional inmunidad jurisdiccional en esta materia, distinguiendo, incluso, lo que en apariencia es discrecionalidad (como en el caso de la aplicación de la técnica de los conceptos jurídicos indeterminados) y que está sometida plenamente a control jurisdiccional; de lo que sí es, propiamente, ejercicio del poder discrecional y en relación a lo cual los principios de razonabilidad, lógica, justicia, igualdad y proporcionalidad, comienzan a avanzar en el área de la oportunidad, tradicionalmente excluida de control, para comenzar a ser revisada jurisdiccionalmente.

---

132. *Vid.* las referencias en Long, Weil y Braibant, *op. cit.*, p. 581.

133 Guy Braibant, "Le Principe de la proportionalite", *Mélanges offerts a Marcel Waline,* París, 1974 T. II pp. 297 ss.

134 Rec. 541, concl. Michel. *Vid.* en Long, Weil y Braibant, *op. cit.*, pp. 217 ss.

135 *Idem*, p. 221.

136 *Cf.* Long, Weil y Braibant, *op. cit.*, p. 583.

137 *Cit.*, en J. M. Auby y R. Drago, *op. cit.*, T. 11, p. 400; G. Vedel y Pierre Delvolvé, *Droit Administratif,* París, 1984, p. 801.

Sección Segunda: EL RÉGIMEN DE LOS ACTOS ADMINISTRATIVOS EN LA CODIFICACIÓN DEL PROCEDIMIENTO ADMINISTRATIVO

La codificación del procedimiento administrativo en España y América Latina, como se ha señalado, no sólo ha tenido por objeto regular los solos aspectos procesales de los trámites y actuaciones realizados por la Administración para la producción de sus actos, sino que ha incidido, materialmente, sobre el régimen mismo de los actos administrativos, regulando sus elementos o requisitos, el proceso de su elaboración, su forma o presentación, su eficacia, su ejecución y su impugnación en vía administrativa. Realmente, por tanto, bajo el nombre de leyes de procedimiento administrativo se han dictado leyes reguladoras de la actividad administrativa.

Ahora bien, en general, estas leyes regulan el régimen de los actos administrativos dictados por los órganos de la Administración Pública Nacional, Central o Descentralizada[138]; extendiéndose su aplicación en algunos casos a los órganos nacionales con autonomía funcional, comprendiendo estos últimos órganos de rango constitucional que no están integrados a los órganos clásicos del Estado (Legislativo, Ejecutivo y Judicial) pero que cumplen funciones administrativas: Contralorías Generales, Ministerio Público, Consejo Superior de la Magistratura, etc.[139] En general, las leyes no se aplican a los actos administrativos de los Municipios o de las entidades político-territoriales (Estados o Provincias en los Estados Federales), aún cuando en algunos casos tienen aplicación supletoria respecto de las mismas[140].

Por supuesto, tratándose de leyes relativas a los actos administrativos, es evidente que dado su ámbito orgánico de aplicación, en general queda fuera de la regulación de dichas leyes, el régimen de los actos administrativos en sentido material dictados por los órganos del Poder Legislativo y del Poder Judicial en ejercicio de funciones administrativas, así como el de los actos administrativos dictados por entidades privadas pero en ejercicio de prerrogativas del poder público[141]. El Código de Colombia, sin embargo, en este último supuesto, los somete a sus prescripciones, al referirse a los actos administrativos de las entidades privadas cuando cumplan funciones administrativas[142].

En todo caso, el aporte fundamental de esta legislación respecto de la vigencia del principio de la legalidad en relación a los actos administrativos, es el que se expresa en el artículo 11 de la Ley General de la Administración Pública de Costa Rica, en el sentido de que "La Administración Pública actuará sometida al ordenamiento jurídico y solo podrá realizar aquellos actos... que autorice dicho ordenamiento, según la escala jerárquica de sus fuentes". Es esta sumisión a la legalidad la que, sin duda, se afianza con estas leyes reguladoras del procedimiento administrativo.

Ahora bien, dos aspectos interesan destacar en esta segunda parte relativa a este régimen de los actos administrativos regulado en las leyes de procedimiento administrativo

---

138 *Vid.* LGAP Costa Rica, art. 1.21; LPA Argentina, art. 1; D 640, Uruguay, art. 1.

139 *Vid.* LPA Venezuela, art. 1; CCA Colombia, art. 1.

140 *Vid.* LPA Venezuela, art. 1.

141 *Vid.* sobre estos actos administrativos, por lo que se refiere al derecho francés, Pierre Devolvé, *L'acte administratif*, París, 1983, pp. 40 ss.

142 *Vid.* CCA Colombia, arts. 1 y 82. La impugnación en vía contencioso administrativa, sin embargo, es posible respecto de todos los actos administrativos, tanto los "expedidos en cualquiera de las ramas del poder público" como los emanados de "las entidades privadas cuando cumplan funciones públicas" (art. 128.1).

de España y América Latina, y que han contribuido significativamente al afianzamiento del principio de la legalidad, y se refieren, por una parte, a la determinación legal de los elementos de los actos administrativos, lo que ha facilitado las vías de recurso jurisdiccional para controlar la actividad administrativa; y por la otra, a la regulación legal de los principios relativos a los efectos de los actos administrativos y su ejecución; aspectos que estudiaremos separadamente.

Capítulo I: LOS ELEMENTOS DEL ACTO ADMINISTRATIVO

El acto administrativo, tal como lo definía el Código colombiano, está configurado por "las conductas y las abstenciones capaces de producir efectos jurídicos y en cuya realización influyen de modo directo e inmediato la voluntad o la inteligencia" (art. 83), lo que lo distingue de los hechos administrativos; y su validez depende de que se conformen sustancialmente con el ordenamiento jurídico, incluso en cuanto al móvil del funcionario público"[143].

En la precisión de esta conformidad con el ordenamiento jurídico, es decir, en su conformidad con la legalidad, por supuesto, juegan un papel fundamental los elementos de los actos administrativos, tanto de fondo (*legalité interne*) como de forma (*legalité externe*), y los cuales se encuentran regulados en las diversas leyes de procedimiento administrativo.

I. LOS ELEMENTOS DE FONDO DE LOS ACTOS ADMINISTRATIVOS

Estos elementos se refieren a la competencia, la manifestación de voluntad, la base legal, la causa o presupuestos de hecho, la finalidad y el objeto de los actos administrativos, respecto de los cuales el derecho positivo ha venido precisando aspectos que anteriormente sólo la jurisprudencia y la doctrina habían definido.

1. Principios relativos a la competencia

El primer requisito o elemento de fondo de los actos administrativos, como lo afirman expresamente la Ley de Procedimientos Administrativos de Argentina y España, es que deben "ser dictados por autoridad competente" (art. 7.a y art. 53.1, respectivamente). La competencia así, es uno de los elementos esenciales de todo acto administrativo, entendiendo por tal competencia la aptitud legal de los órganos administrativos para dictar un acto administrativo.

Ahora bien, el primer principio relativo a la competencia en materia administrativa, es que la misma no se presume y por el contrario, debe emanar de una norma expresa atributiva de competencia, es decir, como lo afirma la Corte Suprema de Justicia de Venezuela, "debe emerger del texto expreso de una regla de derecho, ya sea la Constitución, la Ley, el reglamento o la Ordenanza" por lo que "a falta de disposición expresa, la au-

143 Art. 128, LGAP de Costa Rica.

toridad carece de cualidad para efectuar el acto"[144]. El principio lo reafirma la Ley Argentina de Procedimientos Administrativos al indicar que "la competencia de los órganos administrativos será la que resulte, según los casos, de la Constitución Nacional, de las Leyes y de los Reglamentos dictados en su consecuencia" (art. 3).

En este campo "el principio de la legalidad se presenta con toda su rigidez, ordenándole al órgano que haga sólo aquello para lo cual está facultado, bien por norma expresa o bien por un margen de libre de apreciación que ha de acordarle igualmente una disposición expresa"[145]. Aquí podríamos ubicar, por ejemplo, los denominados "poderes implícitos" por la jurisprudencia y doctrina francesa y que se refieren, básicamente, a la potestad reglamentaria atribuida a los Ministros derivada de su carácter de superior jerárquico, obligado a tomar todas las medidas necesarias para el buen funcionamiento de la Administración[146]. También pueden considerarse como poderes implícitos, los que derivan del principio del "paralelismo de las competencias", establecido en el *arrêt Fourre-Cormeran* del 10 de abril de 1959, en el cual se estableció, que "a falta de disposiciones expresas que determinen la autoridad competente para poner fin a las funciones de un director, ese poder corresponde, de pleno derecho, a la autoridad investida del poder de nominación"[147].

Por supuesto, la exigencia de texto expreso pare ejercer la competencia, y la determinación de sí ello debe estar en la Constitución, en la ley o en el reglamento, deriva del régimen constitucional concreto, por una parte, y de los principios de la reserva legal, por la otra. En los Estados Federales, por ejemplo, como Argentina y Venezuela, los principios relativos a la distribución de competencias entre la República, las Provincias o los Estados miembros de la Federación y los Municipios, necesariamente tienen que estar en la Constitución, de manera que en este nivel, las normas atributivas de las respectivas competencias son de rango constitucional. Cualquier extralimitación en el ejercicio de las competencias respectivas entre los tres niveles de descentralización política, por tanto, constituye usurpación de funciones[148].

Pero además, para la determinación de la norma atributiva de competencia, el otro principio fundamental en la materia es el de la reserva legal, en el sentido de que en todo supuesto en que la regulación de una materia este reservada al Legislador, sólo la ley formal puede atribuir competencia para emanar actos administrativos.

Esto sucede, por ejemplo, en los actos que conciernan al ejercicio de competencias tributarias, de competencias sancionadoras o en cuyo ejercicio se limitan, en cualquier forma, los derechos o garantías constitucionales. Sin duda, a ello apunta la Ley General

---

144 Sentencia de 28 de enero de 1968, *Gaceta Oficial,* N° 27.367 de 13 de febrero de 1964 y sentencia de 11 de agosto de 1965, *Gaceta Oficial,* N° 27.845 de 22 de septiembre de 1965. *Vid.* también en Allan R. Brewer-Carías, *Jurisprudencia de la Corte Suprema 1930-1974 y Estudios de Derecho Administrativo,* T. III, vol. 1, Caracas, 1976, pp. 197-198.

145 Sentencia de la Corte Primera de lo Contencioso Administrativo (Venezuela) de 16 de diciembre de 1982 en *Revista de Derecho Público,* N° 13, Caracas, 1982, p. 118.

146 *Vid.* por ejemplo *arrét* CE *Jamart,* 7 de febrero de 1936, Rec. 172. *Vid.* además, en Long, Weil y Braibant, *Les grands arrêts de la jurisprudence administrative,* París, 1978, pp. 238-239.

147 *Recueil Dalloz,* 1959, p. 210.

148 Como lo afirma la Constitución venezolana de 1999: "Toda autoridad usurpada es ineficaz y sus actos son nulos" (art. 18), lo que abarca tanto la usurpación de autoridades por personas desprovistas de investidura, como la usurpación de funciones como incompetencia de orden constitucional. *Vid.* J. M. Auby y R. Drago, *Traité de Contentieux Administratif,* París, 1984, T. II, p. 256.

de la Administración Pública de Costa Rica, al establecer que "la competencia será regulada por Ley, siempre que contenga la atribución de potestades de imperio" (art. 59.1), que son las de reserva legal.

La consecuencia fundamental de la atribución de competencia a los órganos administrativos por ley es, como lo puntualiza la Ley Argentina de Procedimientos Administrativos, que "su ejercicio constituye una obligación de la autoridad o del órgano correspondiente" (art. 3), es decir, como lo señala la Ley española de Régimen Jurídico de las Administraciones Públicas y del Procedimiento Administrativo Común, la competencia "es irrenunciable" (art. 12.1).

Por tanto, el funcionario, cuando tiene atribuida la competencia para actuar, no es libre de ejercerla o no, sino que está obligado a ello. En particular, la Ley General de Administración Pública de Costa Rica, en cuanto a las potestades de imperio prescribe que su ejercicio es "irrenunciable, intransmisible e imprescriptible" por lo que "sólo por ley podrán establecerse compromisos de no ejercerla" (art. 66).

Pero además, la competencia prevista en la Ley, como la señala la Ley Argentina de Procedimientos Administrativos "es improrrogable, a menos que la delegación o sustitución estuvieren expresamente autorizadas" (art. 3). Es decir, en términos de la ley española la competencia "se ejercerá precisamente por los órganos administrativos que la tengan atribuida como propia, salvo los casos de delegación, sustitución o avocación previstos por las leyes" (art. 12.1). Por tanto, el principio en los casos de competencias legalmente previstas, es que toda desviación de la misma por delegación o avocación debe ser autorizada expresamente por la Ley.

En materia de avocación, esta es la doctrina sentada por el Consejo de Estado en el *arrêt Yasri* del 28 de octubre de 1949, en la cual se estableció que la autoridad administrativa superior no puede sustituirse a las autoridades subordinadas en el ejercicio de su poder de decisión. Por tal razón se anuló la decisión del Ministro de la Guerra revocando la designación de un militar comisionado, poder que correspondía al Jefe del Cuerpo Militar al cual pertenecía[149]. Sin embargo, la Ley Argentina de Procedimientos Administrativos, en materia de avocación establece el principio contrario: "la avocación será procedente a menos que una norma expresa disponga lo contrario" (art. 3).

En realidad, puede considerarse que ni la avocación ni la delegación requieren texto expreso en los casos en los cuales la atribución legal de competencia se asigne, no a un órgano determinado, como a un Ministro, directamente, sino a la organización específica, es decir, al Ministerio como un todo. En estos casos, la competencia se presume atribuida al superior jerárquico (el Ministro)[150] y este normalmente, la distribuye entre los distintos órganos que conforman el Ministerio, por vía de reglamento[151].

En estos supuestos, además de ser el reglamento de organización, fuente de la competencia de los distintos órganos, habiendo sido el Ministro el que distribuye la competencia, se presume que tiene el poder genérico de avocación, en el mismo sentido que tiene el ejercicio de las competencias derivadas de la propia jerarquía administrativa, como

149 *Recueil Dalloz*, 1950, p. 303.

150 *Vid.* LGAP de Costa Rica, arts. 62 y 70.

151 Conforme a la LGAP de Costa Rica "La distribución interna de competencia, así como la creación de servicios sin potestades de imperio, se podrá hacer por reglamento autónomo, pero el mismo estará subordinado a cualquier Ley futura sobre la materia" (art. 59.2).

revisar las decisiones del inferior; "dirigir las actividades de los órganos jerárquicamente dependientes mediante instrucciones y circulares" (art. 21.1 Ley española 30/1992); y delegar el ejercicio de competencias que se atribuya en los inferiores.

Sin embargo, en los casos de desconcentración de competencias, que se produce cuando es la ley la que directamente atribuye la competencia específica a un órgano inferior de un Ministerio, para que el Ministro pueda avocarse al conocimiento del asunto requiere de texto legal expreso. La Ley General de Administración Pública de Costa Rica, incluso distingue los supuestos de desconcentración mínima, cuando el superior no pueda avocar competencias del inferior, ni revisar o sustituir la conducta del inferior, de oficio a instancia de parte", y de desconcentración máxima, "cuando el inferior este sustraído además, a órdenes, instrucciones o circulares del superior" (art. 83.2 y 3).

En materia de competencia, particular referencia debe hacerse a la delegación, como posibilidad que tiene el superior jerárquico de desviar el ejercicio de la competencia que le ha sido asignada por ley, en un órgano inferior, para lo cual se requiere texto expreso que la autorice. La Ley General de la Administración Pública de Costa Rica, en esta materia, ha positivizado los principios fundamentales así (art. 89 y 90):

a) La delegación deberá ser publicada en el Diario Oficial;

b) La delegación podrá ser revocada en cualquier momento por el órgano delegante.

c) No podrán delegarse potestades delegadas es decir, no se permite la subdelegación.

d) No podrá hacerse una delegación total ni tampoco de las competencias esenciales del órgano, que le dan nombre o que justifican su existencia.

e) No podrá hacerse delegación sino en órganos o funcionarios que sean inferiores dentro de una misma organización, y entre órganos de la misma clase, por razón de la materia, del territorio y de la naturaleza de la función.

f) El órgano colegiado no puede delegar sus funciones.

Además, debe destacarse el principio de que en los actos administrativos adoptados por delegación, debe hacerse constar expresamente esta circunstancia como lo precisa la Ley española 30/1992 (art. 13.4) y la Ley Orgánica de Procedimientos Administrativos de Venezuela (art. 18.7).

Por último, en materia de competencia como elemento de los actos administrativos debe mencionarse el vicio de incompetencia que resulta de la violación de los anteriores principios de la competencia legalmente prescritos. En vía administrativa, como lo han establecido la Ley española 3/1992 (art. 20) y en la Ley General de Administración Pública de Costa Rica (art. 67), la incompetencia podrá ser declarada de oficio o a instancia de parte, en cualquier momento, por el órgano que dictó el acto o por el superior jerárquico.

En todo caso, en vía judicial, el vicio de incompetencia se considera siempre como un vicio de orden público[152] que, como lo ha señalado la Corte Suprema de Justicia de Ve-

---

152 En este sentido la LPA de Argentina considera que "el acto administrativo es nulo, de nulidad absoluta a insanable... cuando fuere emitido mediando incompetencia en razón de la materia, del territorio, del tiempo o del grado, salvo, en este último supuesto, que la delegación o sustitución estuvieren permitidas" (art. 14.b). La LOPA

nezuela, "puede ser alegada en cualquier estado y grado de la causa, inclusive en alzada y acarrea la posibilidad para el juez de pronunciar la dicha nulidad absoluta, aún de oficio"[153]. La importancia procesal de este vicio alegado en vía contencioso-administrativa, además, radica en que invierte la carga de la prueba que normalmente corresponde al recurrente, por la presunción de legalidad de los actos administrativos. Así lo tiene decidido la jurisprudencia venezolana al sentar el principio de que cuando el recurrente alega la incompetencia del funcionario, se invierte la carga de la prueba y es entonces a la Administración a quien le corresponde probar la competencia[154].

2. Principios relativos a la manifestación de voluntad

El acto administrativo, ante todo, es una manifestación de voluntad de la Administración para producir efectos jurídicos, y ello es precisamente lo que lo distingue de los hechos administrativos que conforme a lo que disponía el Código Contencioso Administrativo de Colombia, son "los acontecimientos y las omisiones capaces de producir efectos jurídicos, pero en cuya realización no influyen de modo directo a inmediato la voluntad o la inteligencia" (art. 83).

Por tanto, el segundo elemento del acto administrativo es el que exige que el mismo pueda ser considerado, efectivamente, como una manifestación legítima de voluntad de un órgano administrativo, libremente acordada. El principio lo establece la Ley General de la Administración Pública de Costa Rica al prescribir que "el acto deberá aparecer objetivamente como una manifestación de voluntad libre y consciente, dirigida a producir el efecto jurídico deseado para el fin querido por el ordenamiento" (art. 130). La consecuencia, por supuesto, es que los vicios del consentimiento se aplican a la manifestación de voluntad en el acto administrativo, pudiendo este resultar viciado.

La violencia, por ejemplo, o la intimidación, cuando se ejerce sobre el funcionario para forzar la emisión de un acto administrativo, vicia de nulidad absoluta el acto administrativo, por lo que la Constitución Venezolana de 1961 establecía el principio de que "es nula toda decisión acordada por requisición directa o indirecta de la fuerza, o por reunión de individuos en actitud subversiva" (art. 120)[155].

En cuanto al error, como vicio de la manifestación de voluntad, este se produce cuando la voluntad real haya sido radicalmente distinta a la declarada formalmente. Por ejemplo, cuando se nombra a una persona para una función pública, distinta a la que se quiere nombrar, por homonimia, por ejemplo[156].

---

de Venezuela en cambio sólo califica el vicio de nulidad absoluta cuando se trate de "incompetencia manifiesta" (art. 19.4).

153 *Vid.* Sentencia de la Sala Político Administrativa de 26 de marzo de 1984, ratificada en sentencia de 5 de diciembre de 1985. Además la sentencia de la Corte Primera de lo Contencioso Administrativo de 9 de diciembre de 1985, *Revista de Derecho Público*, N° 25, Caracas, 1986, pp. 144 y 108.

154 *Vid.* Sentencia de la Corte Primera de lo Contencioso Administrativo (Venezuela) de 9 de diciembre de 1985, *idem*, p. 108.

155 Agregaba la Constitución venezolana de 1961 el principio de que "En ningún caso podrán pretender los venezolanos ni los extranjeros que la República, los Estados o los Municipios les indemnicen por daños, perjuicios o expropiaciones que no hayan sido causados por *autoridades legítimas en el ejercicio de su función pública"*, (art. 47).

156 *Vid.* Agustín Gordillo, *Derecho Administrativo,* T. 3, Buenos Aires, 1979, pp. 9-45.

En este caso no hay error de derecho o de hecho que, como veremos, son vicios en la base legal o los motivos de hecho de los actos administrativos, sino más propiamente error en la manifestación de voluntad de la Administración.

También puede producirse en materia de manifestación de voluntad de la Administración, el vicio de dolo, que surge tanto cuando el acto es producto de maquinaciones dolosas del administrado en solicitudes que, por ejemplo, imponen al solicitante la carga de la prueba de los presupuestos del acto (suministro de informaciones o documentos falsos); como en actuaciones del funcionario, contrarias a la buena fe, que conllevan además a una desviación de poder, o como cuando tenga por existentes para tomar su decisión, hechos o antecedentes inexistentes o falsos.

Estos vicios de la manifestación de voluntad en los actos administrativos que, en general, acarrean la nulidad absoluta e insanable de los mismos, han sido resumidos por la Ley de Procedimientos Administrativos de Argentina, al establecer que se producen:

> "Cuando la voluntad de la Administración resultare excluida por error esencial; dolo, en cuanto se tengan como existentes hechos o antecedentes inexistentes o falsos; violencias física o moral ejercida sobre el agente; o por simulación" (art. 14.1).

3. Principios relativos a la base legal

La base legal de los actos administrativos, es su fundamento de derecho, es decir, las normas legales o reglamentarias que autorizan su actuación.

En otras palabras, es el "motivo de derecho" del acto administrativo, que autoriza la decisión concreta que contiene. Esta base o fundamentos legales constituyen, junto con los presupuestos de hecho, uno de los elementos que deben exteriorizarse formalmente en la motivación del acto administrativo[157].

Ahora bien, para que un acto administrativo sea válido y produzca efectos no sólo tiene que tener un fundamento legal, que debe efectivamente existir al momento de dictarse el acto (no antes o después), sino que debe ser el que efectivamente autoriza la actuación, es decir, debe además ser exacto.

La existencia y exactitud de la base legal es, así, un requisito o elemento de validez del acto administrativo, de manera que su inexistencia (cuando la base legal no existe, fue derogada o aún no ha sido promulgada) o su inexactitud derivada del hecho de que el funcionario se atribuye una base legal que en ningún caso puede fundamentar su acto, son causas de nulidad[158].

Como lo ha precisado la jurisprudencia francesa: en primer lugar, la base legal debe ser exacta, de manera que si la Administración funda su decisión en un texto cuando debió fundarlo en otro distinto, el acto está viciado *(arrêt Roze,* CE 8 mars 1957, Rec. p. 147); en segundo lugar, la base legal debe existir, de manera que si aún no existe, y, por ejemplo, se aplica prematuramente una ley que aún no está vigente (CE 12 juillet 1955, *Bennet,* RDP, 1956, p. 438); o ya no existe, porque por ejemplo, el texto está de-

157 LOPA, Venezuela, arts. 9° y 18.5.
158 J. M. Auby y R. Drago, *op. cit.*, T. II, p. 383.

rogado o cesó en aplicación (CE 20 janvier 1950, *Commune de Tignes,* Rec. p. 46), el acto administrativo está viciado[159].

Debe agregarse a los vicios en la base legal de los actos administrativos, además, los casos de ilegalidad o inconstitucionalidad de la base legal, es decir, por ejemplo, cuando el acto administrativo se fundamenta en un reglamento viciado en sí mismo de ilegalidad, y que es anulado por el órgano jurisdiccional[160].

La Ley Orgánica de la Corte Suprema de Justicia de Venezuela, que regula el proceso contencioso-administrativo, por ejemplo, permite el ejercicio del recurso de anulación contra un acto administrativo de efectos particulares y al mismo tiempo contra el acto general que le sirve de fundamento, alegándose la ilegalidad o inconstitucionalidad de este último (art. 132), lo que configura este supuesto de vicio de la base legal por ilegalidad de la misma.

También forma parte de la base legal o motivos de derecho del acto administrativo, la correcta y adecuada interpretación y alcance que el autor del acto debe darle a su fundamento legal. Por tanto, aún cuando la base legal exista, sea exacta y legal, el acto administrativo puede estar viciado en la misma, por error de derecho, es decir, por el errado alcance o sentido que se da a la norma legal que autoriza la actuación, o en palabras de la jurisprudencia venezolana, "cuando el órgano que emite el acto interpreta erradamente determinada norma jurídica, es decir, la aplica mal"[161].

Este vicio en la base legal de los actos administrativos, denominado "error de derecho" también lo ha calificado la jurisprudencia venezolana como un vicio "de falso supuesto" el cual "puede referirse indistintamente al error de hecho o al error de derecho de la Administración, es decir, a la falsa, inexacta o incompleta apreciación por parte de la Administración del elemento causa del acto integralmente considerada"[162].

4. Principios relativos a los presupuestos de hecho

Los motivos de los actos administrativos, es decir, la causa de los mismos, están configurados no sólo por la base legal o fundamentos de derecho del acto, sino por los presupuestos de hecho de los actos administrativos. Por ello, establece la Ley Argentina de Procedimientos Administrativos, que constituye un "requisito esencial del acto administrativo" el que se sustente "en los hechos y antecedentes que le sirvan de causa y en el derecho aplicable" (art. 7.b).

Ahora bien, en cuanto a los presupuestos de hecho de los actos administrativos, ante todo, y para que estos se emitan, el funcionario está obligado a determinarlos con precisión; determinación que en esta etapa de la actuación no comporta ningún elemento de

---

159 *Vid.* R. Drago, "Le défaut de base légale dans le recours pour excès de pouvoir", *Etudes et Documents,* Conseil d'Etat, París, 1960, pp. 32 y 36.

160 *Vid. arrêt Bouland,* CE 18 juilliet 1947, Rec. p. 327, *cit.,* por R. Drago, "le défaut de base légale...", *loc. cit.,* p. 37.

161 Sentencia de la Corte Primera de lo Contencioso Administrativo, de 26 de mayo de 1983, p. 142, *Revista de Derecho Público,* N° 15, Caracas, 1983, p. 142. Lo que G. Vedel y P. Delvolvé califican de "falsa interpretación de la Ley". *Vid.* G. Vedel et P. Delvolvé, *Droit Administratif,* París, 1984, p. 791.

162 Sentencia de la Corte Primera de lo Contencioso Administrativo, de 12 de abril de 1988, *Revista de Derecho Público,* N° 34, Caracas, 1988, pp. 92-94.

apreciación ni juicio, sino de constatación de los hechos que constituyen el presupuesto fáctico del acto.

En esta determinación, la Administración debe siempre, comprobar los hechos de manera de constatar que sean ciertos y no falsos; y debe calificarlos correctamente para adoptar su decisión conforme a la base legal y atribución de competencia que tiene.

Ante todo, los hechos deben existir, ser exactos y estar debidamente comprobados por la Administración. Esto encaja en lo que la jurisprudencia francesa ha calificado como el "control mínimo" que ejerce el juez contencioso administrativo y que se refiere, además de al error de derecho, al error manifiesto de apreciación y a la desviación de poder, al control de la existencia y exactitud material de los hechos[163].

Por tanto, los actos administrativos están viciados cuando se fundan en hechos inexistentes, por ejemplo, si se sanciona a un funcionario por falta no cometida o si se fundan en hechos inexactos, no comprobados por la Administración.

Como lo ha establecido la jurisprudencia venezolana, toda decisión administrativa "se haya determinada por la comprobación previa de las circunstancias de hecho previstas en la norma, claramente estatuida para obligar a la Administración a someter sus actos, en cada caso, al precepto jurídico preexistente, por lo que en un caso concreto, al no existir prueba alguna de los hechos que motivan una decisión, esta resulta "manifiestamente infundada" y por tanto viciada de nulidad "por haberse fundado en hechos no comprobados"[164].

Los hechos que motivan un acto administrativo, por tanto, además de existir realmente y ser exactos[165] deben estar debidamente comprobados; y si bien le corresponde a la Administración, básicamente la carga de dicha prueba, ello no excluye el derecho y a veces obligación de los administrados a aportar pruebas.

La Administración, por tanto, no puede dar por probados los hechos con los solos elementos administrativos, sino que debe tomar en cuenta las pruebas del expediente administrativo en su globalidad, estando obligada a decidir, siempre, "conforme a lo probado en el expediente"[166]. Tal como hemos visto, la jurisprudencia francesa ha controlado el "error manifiesto" de apreciación de los hechos como límite al ejercicio del poder discrecional, refiriéndose a la arbitrariedad en la comprobación de los hechos, mas allí de los límites de la razonabilidad.

Este vicio en la comprobación de los presupuestos de hecho ha sido calificado por la jurisprudencia venezolana, como vicio de "falso supuesto" el cual consiste en la falsedad de los supuestos o motivos en que se basó el funcionario que dictó el acto; considerándose que para que pueda invalidarse una decisión por falso supuesto, "es necesario

---

163 J. M. Auby y R. Drago, *op. cit.*, T. II, pp. 370 y 393; J. Rivero, *Droit Administratif,* París, 1987, pp. 310-311.

164 Sentencia de la Corte Suprema de Justicia en Sala Político Administrativa, de 22 de mayo de 1963, *Gaceta Forense,* N° 40, 1963, p. 237. *Vid.* los comentarios a dicha sentencia en Allan R. Brewer-Carías, "Los límites del poder discrecional de las autoridades administrativas", *Revista de la Facultad de Derecho,* Universidad Católica Andrés Bello, N° 2, 1965-1966, Caracas, 1966, pp. 16 y 17.

165 LGAP Costa Rica, art. 133, donde se exige que el motivo debe "existir tal y como ha sido tomado en cuenta para dictar el acto".

166 Sentencia de la Corte Suprema de Justicia en Sala Político administrativa, de 8 de junio de 1964 en *Gaceta Forense,* N° 44, 1964, pp. 119-121. *Vid.* también en Allan R. Brewer-Carías, *Jurisprudencia de la Corte Suprema...,* T. I, Caracas, 1975, pp. 621-622.

que resulten totalmente falsos el o los supuestos que sirvieron de fundamento a lo decidido", excluyéndose la anulación sólo cuando algunos de los hechos fueron falsos, pero no así el resto de los que motivaron el acto administrativo[167].

Pero además de que los hechos existan y sean debida y racionalmente comprobados, el autor del acto administrativo debe realizar una segunda operación, y es "adecuarlos al supuesto legal"[168], es decir, lo que en la jurisprudencia francesa se denomina la "calificación jurídica de los hechos" conforme a lo cual el funcionario debe verificar sí los hechos son "de naturaleza tal que justifiquen legalmente la decisión"[169], lo cual se considera controlable por el juez administrativo, en lo que se denomina el "control normal"[170].

Este control concierne, como antes lo hemos examinado, a la aplicación de los conceptos jurídicos indeterminados, que no constituyen discrecionalidad, y que se inicia en el *arrêt Gomel* CE 4 de abril de 1914, en el cual el Consejo de Estado decidió que para la toma de la decisión de negar un permiso de construcción, el Prefecto debía apreciar si la construcción proyectada atentaba contra la perspectiva monumental de una plaza, por lo que al considerar el juez que la plaza no tenía tal perspectiva monumental, la decisión fue anulada[171].

Por tanto, en relación a los presupuestos de hecho de los actos administrativos como elementos de validez, estos deben existir, ser exactos, estar debidamente comprobados, pruebas conforme a la cual la Administración debe decidir, calificando los hechos conforme a lo prescrito en el fundamento legal del acto.

Consecuencialmente, todo acto administrativo dictado en base a hechos inexactos, falsos, no comprobados o apreciados erradamente, está viciado de ilegalidad. En particular, en esta operación de calificación jurídica de los hechos, la antigua Corte Federal de Venezuela, en 1957 consideró como exceso de poder los supuestos en los cuales un funcionario, sin violar precepto legal alguno, hace uso indebido del poder que le es atribuido, porque tergiverse o altere la verdad de los presupuestos de hecho[172].

El vicio también ha sido en este caso calificado de "falso supuesto" y se produce cuando hay "una mala apreciación de los elementos materiales existentes en el procedimiento administrativo, de modo que se haga producir a la decisión, efectos diferentes a los que hubiera producido si dicha apreciación hubiera sido hecha correctamente"[173].

---

167 Sentencia de la Corte Primera de lo Contencioso Administrativo, de 7 de noviembre de 1985, en *Revista de Derecho Público,* N° 24, Caracas, 1985, p. 125. En igual sentido, sentencia de la Corte Suprema de Justicia en Sala Político Administrativa, de 7 de noviembre de 1988, *Revista de Derecho Público,* N° 34, Caracas, 1988, p. 94.

168 Sentencia de la Corte Suprema de Justicia, de 3 de julio de 1961, *Gaceta Forense,* N° 33, 1961, p. 20. *Vid.* los comentarios en Allan R. Brewer-Carías, "Los límites del poder...", *loc. cit.,* p. 18.

169 *Vid.* J. M. Auby y R. Drago, *op. cit.,* T. II, p. 403; G. Vedel y P. Delvolvé, *op. cit.,* p. 796; Long, Weil y Braibant, *op. cit.,* p. 125.

170 J. M. Auby y R. Drago, *op. cit.,* T. II, p. 403.

171 Long, Weil y Braibant, *op. cit.,* pp. 124-130.

172 Sentencia de 9 de agosto de 1957 en *Gaceta Forense,* N° 17, 1957, pp. 132-137; y en Allan R. Brewer-Carías, *Jurisprudencia de la Corte Suprema... op. cit.,* T. III, vol. 1, p. 339.

173 Sentencia de la Corte Primera de lo Contencioso Administrativa, de 4 de noviembre de 1986, *Revista de Derecho Público,* N° 28, Caracas, 1986, p. 91.

En definitiva, como lo afirma la jurisprudencia venezolana "la correcta apreciación de los hechos que fundamentan las decisiones administrativas constituyen un factor esencial para la legalidad y corrección de las mismas, y consecuentemente, un medio adecuado para poder verificar su control judicial con miras al mantenimiento de tales fines"[174].

5. Principios relativos a la finalidad de la actividad administrativa

La actividad administrativa en el Estado de Derecho está condicionada por la ley, siempre, a la obtención de determinados resultados[175]. Estos fines están siempre determinados en el ordenamiento jurídico, por lo que un acto administrativo será válido, como lo señala la Ley General de la Administración Pública de Costa Rica, sólo cuando "se conforme sustancialmente con el ordenamiento jurídico, incluso en cuanto al móvil del funcionario que lo dicta" (art. 128).

Ahora bien, estos fines de la actividad administrativa pueden ser específicos, teniendo en cuenta la particular actuación de la Administración, o en todo caso, son los fines genéricos "de servicio público o que informan la función administrativa"[176]. O como lo prescribe, en general, el Código Contencioso Administrativo de Colombia:

> "Los funcionarios tendrán en cuenta que la actuación administrativa tiene por objeto el cumplimiento de los cometidos estatales como lo señalan las leyes, la adecuada prestación de los servicios públicos y la efectividad de los derechos a intereses de los administrados, reconocidos por la Ley"[177].

En consecuencia, aún cuando el ordenamiento jurídico no establezca un fin especifico a la acción administrativa, el funcionario no tiene discrecionalidad respecto de los fines, sino que siempre está sometido a la consecución de los fines genéricos de servicio público que como lo establece expresamente la Ley General de Administración Pública de Costa Rica, "el juez deberá determinarlos con vista de los otros elementos del acto y del resto del ordenamiento"[178].

Por supuesto, la consecuencia de la necesaria obtención de determinados resultados por la Administración, como lo ha indicado la jurisprudencia venezolana, es que "la Administración Pública no puede procurar resultados distintos de los perseguidos por el Legislador, aún cuando aquellos respondan a la más estricta licitud y moralidad pues lo

---

174 Sentencia de la Corte Suprema de Justicia en Sala Político Administrativa, de 9 de junio de 1988, *Revista de Derecho Público,* N° 35, Caracas, 1988, p. 97. En esa misma decisión la Corte agregó: "constituye ilegalidad el que los órganos administrativos apliquen las facultades que ejercen, a supuestos distintos de los expresamente previstos por las normas, o que distorsionen la real ocurrencia de los hechos o el debido alcance de las disposiciones legales, para tratar de lograr determinados efectos sobre la base de realidades distintas a las existentes o a las acreditadas en el respectivo expediente administrativo, concreción del procedimiento destinado a la correcta creación del acto", *idem.*

175 El art. 40.1 de la Ley de Procedimientos Administrativos española prescribe que el contenido de los actos administrativos será ajustado a los fines de los mismos; y el art. 131.2 de la LGAP Costa Rica prescribe así que "los fines principales del acto serán fijados por el ordenamiento".

176 Sentencia de la antigua Corte Federal (Venezuela) de 28 de septiembre de 1954, *Gaceta Forense,* N° 5, 1954, pp. 217-218.

177 Artículo 2°.

178. LGAP Costa Rica, art. 131.2.

que se busca es el logro de determinado fin, que no puede ser desviado por ningún motivo, así sea plausible este"[179].

En este sentido, la Ley de Procedimientos Administrativos de Argentina, al enumerar los requisitos esenciales de los actos administrativos, indica que estos "habrán de cumplirse con la finalidad que resulte de las normas que otorgan las facultades pertinentes del órgano emisor, sin poder perseguir encubiertamente otros fines, públicos o privados, distintos a los que justifican el acto, su causa y objeto" (art. 7.f).

En consecuencia, como lo establece expresamente la Ley General de Administración Pública de Costa Rica, "la prosecución de un fin distinto del principal, con detrimento de éste, será desviación de poder" (art. 131.3), utilizándose así la terminología acuñada en Francia para identificar el vicio en la finalidad del acto administrativo, y que sanciona de ilegalidad, tanto los casos en los cuales el acto administrativo sea extraño al interés general, como los casos en los cuales aún tomados en interés general, los fines que motivan la actuación no sean los que justifican el otorgamiento de los poderes de actuar al funcionario especifico[180].

A diferencia del sistema francés, sin embargo, donde el vicio es pura creación jurisprudencial, en América Latina se lo ha consagrado legislativamente, e incluso, en algunos casos en las Constituciones como sucede en la Constitución de Venezuela, la cual, al definir el objeto de la jurisdicción contencioso-administrativa indica, entre otros, el de anular los actos administrativos "contrarios a derecho, a incluso por desviación de poder" (art. 206).

En base a ello, la jurisprudencia venezolana se ha ocupado del tema, precisando la existencia de este vicio, así:

> "hay desviación de poder cuando el acto aún siendo formal y sustancialmente acorde con la Ley, sin embargo, no lo es desde el punto de vista teleológico por cuanto la Administración, al dictarlo, no persigue con ello el fin a cuyo logro le fue acordada la facultad para hacerlo, sino un fin distinto que es por sí mismo contrario a derecho. A través de este vicio la jurisprudencia que lo concibió y posteriormente la doctrina que delineó sus modalidades y finalmente, la norma expresa que lo consagra, tienden a establecer un control sobre la intención de la Administración, algo que va del simple examen de la apariencia del acto, para permitir que se escrudiñe en los motivos reales y concretos que tuvo su autor. La desviación de poder, para que se tipifique no requiere ni siquiera que el fin distinto perseguido por el proveimiento sea contrario a la ley, basta con que sea contrario al objetivo que con el acto específico que se dicta se trata de conseguir"[181].

Pero no sólo la finalidad del acto administrativo no debe ser desviada, sino que tampoco lo puede ser el procedimiento administrativo específico. Es decir, los procedi-

---

179 Sentencia de la antigua Corte Federal de 28 de septiembre de 1954, *Gaceta Forense,* N° 5, 1954, pp. 217-218.

180 *Vid.* el *arrêt París et,* CE 26 de noviembre de 1975, Rec. 934 y los comentarios en Long, Weil y Braibant, *op. cit.,* pp. 22 ss.; *Vid.* además, J. M. Auby y R. Drago, *op. cit.,* T. II, pp. 415 ss.

181 Sentencia de la Corte Primera de lo Contencioso Administrativo, de 14 de junio de 1982, *Revista de Derecho Público,* N° 11, Caracas, 1982, p. 134. *Vid.* también sentencia de Corte Suprema de Justicia, de 15 de noviembre de 1982, *Revista de Derecho Público,* N° 12, Caracas, 1982, pp. 134-135; y sentencia de la Corte Primera de lo Contencioso Administrativo, de 13 de agosto de 1986, *Revista de Derecho Público,* N° 28, Caracas, 1986, p. 92, donde se anuló un acto administrativo disciplinario, porque el mismo "no fue la limpia aplicación de un procedimiento disciplinario sino que encubrió una venganza de las autoridades, circunstancias éstas constitutivas de desviación de poder, figura que el art. 206 de la Constitución sanciona como un vicio capaz de acarrear la nulidad del acto", *idem.*

mientos también son instituidos en vista de la obtención de un resultado concreto, de manera que cualquier desviación del procedimiento vicia el acto producido de desviación del poder. El vicio consiste en la utilización por la Administración, de un procedimiento administrativo con una finalidad distinta respecto de la cual dicho procedimiento se ha instituido. Este vicio, identificado precisamente en la jurisprudencia francesa desde hace más de cuatro décadas[182], resulta del principio de que el funcionario no tiene potestad de elegir entre diversos procedimientos para obtener un resultado dado. Si lo que se busca, por ejemplo, es la transferencia de determinada propiedad privada inmueble al Estado por causa de utilidad pública, la Administración debe acudir al procedimiento de la expropiación, razón por la cual, la utilización con el mismo fin de cualquier otro procedimiento que tenga como resultado la extinción de la propiedad sin pago de una justa indemnización, se configuraría como una desviación del procedimiento[183].

6. Principios relativos al objeto de los actos administrativos

Por último, dentro de los elementos del acto administrativo, como de todo acto jurídico, está su objeto o contenido, es decir, el efecto práctico que con el acto administrativo se pretende. Por ejemplo, el nombramiento de un funcionario, el decomiso de un bien, la demolición de un inmueble o el otorgamiento de un permiso.

Este objeto del acto administrativo, como en cualquier acto jurídico, tiene que ser determinado o determinable, debe ser posible y tiene que ser lícito. Por ejemplo, así lo establece la Ley General de la Administración Pública de Costa Rica al prever que el contenido de los actos administrativos "deberá de ser licito, posible, claro y preciso"; y la Ley argentina sobre Procedimientos Administrativos, al establecer como requisito esencial de los actos administrativos, el que "el objeto debe ser cierto, física y jurídicamente posible" (art. 7.c).

La consecuencia de estas exigencias respecto del objeto, es que un acto administrativo cuyo contenido sea indeterminado, de imposible ejecución, ilegal en sí mismo o de ilegal ejecución, no puede ser válido y estaría viciado de nulidad absoluta. Así lo prescribe

---

182 R. Hostiou, *Procédure et formes de l'acte administratif unilateral en Droit Français,* París, 1975; pp. 315 ss.; J. M. Auby y R. Drago, *op. cit.*, p. 420; G. Vedel y P. Delvolvé, *op. cit.*, p. 810; G. Isaac, *La Procédure administrative non contentieuse,* París, 1968, pp. 59 y ss.

183 Un caso de nulidad de un Decreto de Expropiación por desviación del procedimiento puede verse en la sentencia de la Corte Suprema de Justicia (Venezuela) en Sala Político-Administrativa de 8 de enero de 1970, *Gaceta Oficial,* N° 29.122 de 16 de enero de 1970 (caso *Nelson C.A.*) en la cual la Corte consideró la emisión de un nuevo Decreto de Expropiación sobre unos inmuebles como un caso típico de desviación de poder ya "que a través de ellos, se ha tratado de obtener beneficios para la Administración, utilizando procedimientos que no encajan estrictamente dentro de la finalidad estricta de los poderes que se utilizaron". En el caso se trataba de unos inmuebles ya ocupados y construidos por el Estado sobre los cuales se dictó un Decreto de Expropiación. Casi finalizado el procedimiento expropiatorio, la Administración dictó un Decreto desistiendo de la Expropiación y el mismo día dictó otro Decreto, de nuevo, de expropiación de un área mayor. La Corte consideró que "La finalidad perseguida por el Decreto N° 791 (de desistimiento de la expropiación) no fue la de prescindir del procedimiento, ya que, con la misma fecha, se dictó el Decreto N° 792 que afecta la misma cosa expropiada, aún cuando en una cabida menor, la verdadera finalidad, como lo expresa el dictamen de la Procuraduría General de la República, fue la de iniciar de nuevo el procedimiento y tener otra oportunidad de establecer un precio más conveniente a los intereses de la Nación y tales procedimientos contribuyen, indudablemente, a desnaturalizar el juicio expropiatorio". *Vid.* el texto de la sentencia, en Allan R. Brewer-Carías, *Jurisprudencia de la Corte Suprema... cit.*, T. III, vol. I, pp. 338-339.

la Ley venezolana de Procedimientos Administrativos, al considerar como uno de los casos de nulidad absoluta de los actos administrativos, "cuando su contenido sea de imposible o ilegal ejecución" (art. 19.3)[184]. En el mismo sentido, la Ley española de Procedimiento Administrativo 30/1992 prescribe que son nulos de pleno derecho, aquellos actos de la Administración "que tengan contenido imposible" o sean constitutivos de infracción penal o se dicten como consecuencia de ésta" (art. 62.1.c y d).

II. LOS ELEMENTOS DE FORMA DE LOS ACTOS ADMINISTRATIVOS

Los elementos de forma de los actos administrativos, denominados también, de legalidad externa, están configurados tanto por las formalidades necesarias para la producción de los mismos, como por los elementos formales de la exteriorización de los actos, en particular la forma escrita y la motivación. Distinguimos, por tanto, siguiendo a René Hostiou, las *formalidades* de los actos administrativos, constituidas por las diversas operaciones que condicionan la emisión y la entrada en vigor del acto; de las *formas,* que son las menciones del escrito que traducen las diversas condiciones de regularidad del acto, particularmente, la motivación o la exteriorización de motivos[185].

1. Las formalidades de los actos administrativos

Tal como lo expresa la Ley argentina de Procedimientos Administrativos, antes de la emisión del acto administrativo "deben cumplirse los procedimientos esenciales y sustanciales previstos y los que resulten implícitos del ordenamiento jurídico" (art. 7.d)[186]. En este sentido, el procedimiento se identifica con las formalidades que deben cumplirse previamente a la adopción del acto.

Ahora bien, las formalidades establecidas legalmente, y que conforman un procedimiento administrativo, tienen siempre dos objetivos generales, tal como lo prescribe la Ley General de la Administración Pública de Costa Rica: en primer lugar, asegurar el mejor cumplimiento posible de los fines de la Administración, y en segundo lugar, el respeto para los derechos subjetivos a intereses legítimos de los administrados (art. 214). Estas formalidades están reguladas, con frecuencia, en forma dispersa, en los diversos textos reguladores de la actividad administrativa, y de ellas resultan las que pueden considerarse sustanciales y cuyo desconocimiento puede afectar el acto administrativo con vicio de nulidad (art. 223.1 LGAP Costa Rica), distintas de las que no pueden considerarse sustanciales y cuya falta no afecta la validez de los actos administrativos.

---

184 Por ejemplo, un decreto de expropiación de unos inmuebles que ya han sido expropiados. *Vid.* sentencia de la Corte Suprema de Justicia (Venezuela), en Sala Político Administrativa, de 8 de enero de 1970 (*Caso Nelson C.A.*), *Gaceta Oficial* N° 29.122, de 16 de enero de 1970. *Vid.* asimismo en Allan R. Brewer-Carías, *Jurisprudencia de la Corte Suprema..., cit.*, T. III, vol. 1, p. 339.

185 *Vid.* R. Hostiou, *op. cit.*

186 En sentido similar el art. 129 de la LGAP Costa Rica establece que el acto administrativo deberá dictarse "previo cumplimiento de todos los trámites sustanciales previstos al efecto".

Ahora bien, siguiendo la orientación de la jurisprudencia francesa[187], puede señalarse que siempre han de considerarse como sustanciales, las formalidades establecidas para garantizar los derechos de los administrados, como por ejemplo, las que prescriben la audiencia de los interesados, como información previa a una decisión, o para asegurar el derecho a la defensa (*audi alteram parte*). La Ley General de la Administración Pública de Costa Rica, por ello, establece que debe considerarse una formalidad esencial aquella cuya omisión "causare indefensión" (art. 223).

Además, también deben considerarse como esenciales las formalidades cuyo incumplimiento podría cambiar el sentido de la decisión. Así, expresamente, la Ley General de la Administración Pública de Costa Rica, entiende "como sustancial la formalidad cuya realización correcta hubiera impedido o cambiado la decisión final en aspectos importantes" (art. 223.2).

Con frecuencia, por ejemplo, los textos legales exigen, en el curso del procedimiento, la intervención previa y obligatoria de órganos consultivos, cuya opinión puede ser vinculante o no vinculante para el órgano que dicta el acto. Como lo dispone la Ley española 30/1992 los informes pueden ser perceptivos o facultativos, vinculantes o no vinculantes (art. 82.1).

Ahora bien, salvo disposición legal en contrario, conforme a los artículos 83.1 y 57 de las leyes de sobre procedimientos administrativos de España y Venezuela, los informes que se emitan por los órganos consultivos deben considerarse que no son vinculantes para la autoridad que debe adoptar la decisión.

Se destaca, en este sentido, que la Ley de Procedimientos Administrativos de Argentina, para la emisión de los actos administrativos, considera siempre como "esencial el dictamen proveniente de los servicios permanentes de asesoramiento jurídico cuando el acto pudiere afectar derechos subjetivos e intereses legítimos" (art. 7.d), sin prever, por supuesto, en ese caso, carácter vinculante del dictamen jurídico.

En otros casos, la formalidad sustancial consiste en exigir para la emisión de un acto administrativo por un órgano, la formulación de una propuesta de parte de otro órgano administrativo. Esta proposición puede consistir solamente en dejar la iniciativa de la decisión, al órgano proponente, o puede consistir en una proposición llamada imperativa, de manera que la intervención del órgano proponente tiene por efecto esencial, limitar el poder de decisión del órgano que tome la decisión[188]. Es el caso generalizado de los concursos para la nominación de funcionarios, cuya evaluación y proposición corresponde a un jurado o comisión calificadora que luego propone el nombramiento a la autoridad decisora, sin que ésta pueda variar en forma alguna la propuesta.

En todo caso, y salvo determinación expresa de la ley, el órgano administrativo al cual corresponda tomar una decisión, tiene libertad de consultar a otras autoridades u organismos, como lo señala la Ley de Procedimientos Administrativos de Venezuela, y solicitar los "informes, documentos o antecedentes que estime convenientes para la mejor resolución del asunto" (art. 54). Sin embargo, la omisión de los informes y antecedentes no suspende la tramitación, salvo disposición expresa en contrario, sin perjuicio de la responsabilidad en que incurra el funcionario por la omisión o demora (art. 56).

---

187 G. Vedel y P. Devolvé, *op. cit.*, p. 788; G. Berlia, "Vice de forme et contrôle des actes administratifs", *Revue de Droit Public et de la Science Politique en France et à l'etranger*, París, 1940, pp. 377 y ss.

188 *Vid.* R. Hostiou, *op. cit.*, pp. 37 y ss.

2. La forma de los actos administrativos

El principio sobre la forma de los actos administrativos está resumido en el artículo 8 de la Ley de Procedimientos Administrativos de Argentina, que establece:

> "El acto administrativo se manifestará *expresamente* y por *escrito;* indicará el *lugar* y *fecha* en que se lo dicta y contendrá la *firma* de la autoridad que lo emite; sólo por excepción y si las circunstancias lo permitieren podrá utilizarse una forma distinta".

Una formulación similar está en el artículo 134 de la Ley General de la Administración Pública de Costa Rica[189], y en forma más detallada en el artículo 18 de la Ley Orgánica de Procedimientos Administrativos, el cual dispone que:

> "Todo acto administrativo deberá contener: 1. Nombre del Ministerio u organismo al que pertenece el órgano que emite el acto; 2. Nombre del órgano que emite el acto; 3. Lugar y fecha donde el acto es dictado; 4. Nombre de la persona u órgano a quien va dirigido; 5. Expresión sucinta de los hechos, de las razones que hubieren sido alegadas y de los fundamentos legales pertinentes; 6. La decisión respectiva, si fuere el caso; 7. Nombre del funcionario o funcionarios que lo suscriben, con indicación de la titularidad con que actúen, e indicación expresa, en caso de actuar por delegación, del número y fecha del acto de delegación que confirió la competencia; 8. Sello de la oficina".

Agrega esta norma que "El original del respectivo instrumento contendrá la firma autógrafa del o de los funcionarios que lo suscriban". Esta exigencia de la firma, por supuesto, se complementa con la necesaria firma en los casos de refrendo (*contresigne*) ministerial, que generalmente es de rango constitucional[190].

Sin embargo, en cuanto a la firma de los actos administrativos, la Ley venezolana precisa que "en el caso de aquellos actos cuya frecuencia lo justifique, se podrá disponer mediante decreto, que la firma de los funcionarios sea estampada por medios mecánicos que ofrezcan garantías de seguridad" (art. 18).

De lo anterior resulta, como principio, que el acto administrativo debe ser *escrito,* pudiendo, sin embargo, ser mecánico o verbal[191], siempre que con la decisión no se afecten derechos o intereses.

Debe destacarse, dentro de las exigencias de forma de los actos administrativos, el requerimiento de la Ley venezolana de que deben contener la expresión sucinta de los fundamentos legales pertinentes (art. 18.5). Es lo que se denomina en el derecho francés, el sistema de "visas" del acto administrativo, que exige, entre otros aspectos, la expresión formal de la base legal del acto, es decir, de las normas legales o reglamentarias que autorizan su emisión[192].

---

189 Art. 134. 1. El acto administrativo deberá expresarse por escrito, salvo que su naturaleza o las circunstancias exijan forma diversa. 2. El acto escrito deberá indicar el órgano agente, el derecho aplicable, la disposición, la fecha y la firma, mencionando el cargo del suscriptor.

190 Artículo 190, Constitución de Venezuela.

191 Por ejemplo, art. 55.1 Ley 30/1992 España.

192 G. Dupuis, "La présentation de l'acte administratif" en G. Dupuis (ed.), *Sur la forme et la procédure de l'acte administratif,* París, 1979, p. 15; R. Hostiou, *op. cit.*, pp. 159 ss; P. Delvolvé, *L'acte administratif,* París, 1983, p. 181.

3. La motivación de los actos administrativos

La motivación, como requisito de forma de los actos administrativos, consiste en la necesaria expresión formal de los motivos del acto, tanto los que son de derecho y que configuran la base legal, como los motivos de hecho que provocan la actuación administrativa. La motivación, por tanto, es la expresión formal de la causa de los actos administrativos, es decir, de los fundamentos de hecho y de derecho de los mismos.

Ahora bien, la evolución que se observa en el derecho francés en materia de motivación de los actos administrativos, que comenzó por un régimen de ausencia de obligación de motivar los actos administrativos, hasta la emisión de la Ley 79-587 de 11 de julio de 1979 que impuso la obligación de motivar las decisiones administrativas desfavorables concernientes a los administrados, puede decirse que se ha producido en todos los países con régimen administrativo. La jurisprudencia, por supuesto, en esta evolución jugó un papel fundamental al haber ido exigiendo la motivación en el caso de medidas graves impuestas a un particular; en el caso de que la motivación fuera el único medio para que se pudiera apreciar la regularidad o legalidad del acto administrativo; y en particular, en materia de imposición de sanciones disciplinarias a los funcionarios[193]. La timidez de la jurisprudencia francesa en esta materia, en todo caso, fue superada con la ley 79-587 de julio de 1979, en la cual se impuso la obligación de motivar respecto de las decisiones que restringen el ejercicio de las libertades públicas o, de manera general, las que constituyan una medida de policía; impongan una sanción; subordinen el otorgamiento de una autorización a condiciones restrictivas o impongan sujeciones; retiren o abroguen una decisión creadora de derechos; opongan una prescripción, una privación de un derecho o una caducidad; o rechacen una ventaja cuya atribución constituya un derecho para las personas que reúnen las condiciones legales para su obtención[194]. Una solución similar se ha establecido en la legislación española 30/1992 reguladora del procedimiento administrativo (desde 1958), ha establecido que:

> "Serán motivados, con sucinta referencia de hechos y fundamentos de derecho: a) Los actos que limiten derechos subjetivos o intereses legítimos; b) Los que resuelvan procedimientos de revisión de oficio de disposiciones o actos administrativos, recursos administrativos, reclamaciones previas a la vía judicial y procedimientos de arbitraje; c) Los que se separen del criterio seguido en actuaciones precedentes o del dictamen de órganos consultivos; d) Los acuerdos de suspensión de actos, cualesquiera que sea el motivo de ésta, así como la adopción de medidas provisionales [...]; e) Los acuerdos de aplicación de la tramitación de urgencia o de ampliación de plazos; f) Los que se dicten en ejercicio de potestades discrecionales, así como los que deben serlo en virtud de disposición legal o reglamentaria expresa."[195]

Más radical ha sido, en todo caso, la evolución en Argentina y Venezuela, cuyas legislaciones, después del trabajo progresivo de la jurisprudencia que había venido exigiendo la motivación respecto de los actos sancionatorios, los que restringieran los de-

---

193 J. M. Auby y R. Drago, *op. cit.*, T. II, pp. 305-306; R. Hostiou, *op. cit.*, pp. 180 ss.; p. Delvolvé, *op. cit.*, p. 182; G. Isaac, *op. cit.*, pp. 561 ss.

194. Art. 1° *Vid.* sobre la Ley 79/587 de 11 de julio de 1979. Didier Linotte "La motivation obligatoire de certaines décisions administratives", *Revue de Droit Public et de la Science Politique en France et à l'étranger,* 1980, N° 6, pp. 1699 ss.; J. M. Auby y R. Drago, *op. cit.*, T. II, p. 307.

195 En sentido similar, art. 136 LGAP Costa Rica.

rechos de los particulares y los dictados en base al ejercicio de un poder discrecional[196] han establecido la obligación general de motivación de todos los actos administrativos. Así, el artículo 7.e de la Ley argentina de Procedimientos Administrativos dispone como un requisito esencial de los actos administrativos el que "deberán ser motivados, expresándose en forma concreta las razones que inducen a emitir el acto, consignando, además, los hechos y antecedentes que le sirven de causa y en el derecho vigente". En igual sentido, la Ley venezolana de Procedimientos Administrativos establece que:

> "Los actos administrativos de carácter particular deberán ser motivados, excepto los de simple trámite o salvo disposición expresa de la Ley. A tal efecto, deberán hacer referencia a los hechos y a los fundamentos legales del acto" (art. 9).

En consecuencia, la ausencia de motivación de los actos administrativos de efectos particulares sólo puede fundarse en un texto legal expreso que la consagre, lo cual es infrecuente.

III. EL RÉGIMEN DE NULIDADES DE LOS ACTOS ADMINISTRATIVOS

Una de las consecuencias más importantes del proceso de codificación del derecho administrativo y de la regulación legislativa de los elementos del acto administrativo en España y América Latina, es la regulación expresa del régimen de las nulidades de los actos administrativos, y particularmente, el establecimiento, por ley, de los casos de nulidad absoluta y sus consecuencias.

En efecto, como lo señala la Ley General de la Administración Pública de Costa Rica, "la falta o defecto de algún requisito del acto administrativo, expresa o implícitamente exigido por el ordenamiento jurídico, constituirá un vicio de éste" (art. 158.1). Ahora bien, no todo vicio afecta la validez de los actos administrativos, o en otros términos, no todas las faltas o defectos en los elementos o requisitos de los actos administrativos, producen la nulidad de los mismos. La invalidez, y consecuentemente, la posibilidad de anular los actos administrativos sólo se producen cuando el acto administrativo tenga una inconformidad sustancial con el ordenamiento jurídico[197]. En otros términos, las infracciones insustanciales no invalidan los actos administrativos ni conducen a que se declare su nulidad, sin perjuicio de la responsabilidad disciplinaria del funcionario[198].

Ahora bien, la invalidez del acto administrativo no tiene siempre la misma gravedad de origen ni los mismos efectos, ya que puede manifestarse como resultado de un vicio de nulidad absoluta o de nulidad relativa, según la gravedad de la violación cometida. El problema de la teoría de las nulidades de los actos administrativos radica entonces, precisamente, en determinar cuando el vicio del acto administrativo acarrea la nulidad absoluta del mismo, y cuando ello no ocurre, resultando sólo un vicio de nulidad relativa o anulabilidad, pues los efectos de uno a otro vicio en el mundo del derecho, son totalmente distintos.

---

196 *Vid.* Allan R. Brewer-Carías, *El Derecho Administrativo y la Ley Orgánica de Procedimientos Administrativos,* Caracas, 1985, pp. 158 ss.

197 Art. 158 LGAP Costa Rica.

198 Art. 158.5 LGAP Costa Rica. En este sentido el art. 16 de la LPA Argentina establece que "La invalidez de una cláusula accidental o accesoria de un acto administrativo no importara la nulidad de éste, siempre que fuere separable y no afectara la esencia del acto emitido".

Dos sistemas de determinación de estos vicios se han seguido en las legislaciones sobre procedimientos administrativos en América Latina. En primer lugar, resalta el sistema adoptado por la Ley General de Administración Pública de Costa Rica que prescribe, en forma general, por una parte, que "habrá nulidad absoluta del acto cuando faltan totalmente uno o varios de sus elementos constitutivos, real o jurídicamente"; y por la otra, que "habrá nulidad relativa del acto cuando sea imperfecto uno de sus elementos constitutivos, salvo que la imperfección impida la realización del fin, en cuyo caso la nulidad será absoluta" (art. 165, 2 y 3)[199]. Este primer sistema, basado en la ausencia de los elementos del acto o en solo su imperfección, sin embargo, deja en la práctica imprecisa la frontera entre los dos tipos de vicios de los actos administrativos, con lo que su determinación continúa siendo casuística.

El segundo sistema general relativo al régimen de las nulidades absolutas, más preciso que el anterior, consiste en el establecimiento expreso, por la legislación, de los casos en los cuales los vicios producen la nulidad absoluta, configurándose estos, en un *numerus clausus.*

Es el caso de la Ley española 30/1992 reguladora del procedimiento administrativo común, que establece expresamente sólo cuatro supuestos de nulidad absoluta de los actos administrativos, los que califica como "nulidades de pleno derecho". Esos casos son: 1. Los que lesionen derechos y libertades susceptibles de amparo constitucional; 2. Los dictados por órgano manifiestamente incompetente por razones de la materia o del territorio; 3. Los que tengan contenido imposible; 4. Los que sean constitutivos de infracción penal o se dicten como consecuencia de ésta; 5. Los dictados prescindiendo total y absolutamente del procedimiento legalmente establecido o de las normas que contienen las reglas esenciales para la formación de la voluntad de los órganos colegiados; 6. Los actos expresos o presuntos contrarios al ordenamiento jurídico por los que se adquieren facultades o derechos cuando se carezca de los requisitos esenciales para su adquisición (art. 62.1). Se trata, en resumen, de vicios graves en la competencia, del vicio en el objeto del acto y de vicios en las formalidades sustanciales[200]. La vieja Ley española de Régimen Jurídico de la Administración del Estado de 1957, además, agregaba a estos vicios de nulidad absoluta, los casos de violación de la reserva legal y de respeto a la jerarquía de los actos[201].

La legislación de Procedimientos Administrativos de Venezuela, además de los antes mencionados casos de incompetencia manifiesta, imposibilidad o ilegalidad del objeto del acto y prescindencia absoluta y total del procedimiento legalmente prescrito (art. 19.3 y 4), agregó como causales de nulidad absoluta de los actos administrativos, en primer lugar, los casos en los cuales la Constitución o la Ley así lo determinen expresamente (art. 19.1), como por ejemplo, cuando la Constitución establece la nulidad respecto de los actos violatorios de los derechos y garantías constitucionales (art. 46); los actos emanados de usurpación de funciones (art. 119); y los que sean producto de la requisición directa o indirecta de la fuerza (art. 120). En segundo lugar, agrega la legislación venezolana como vicio de nulidad absoluta, los casos de actos administrativos revocatorios de actos precedentes irrevocables, es decir, de actos que hayan creado derechos particulares (art. 19.2).

---

199 *Vid.* Eduardo Ortíz Ortíz, "Nulidades del acto administrativo en la Ley General de Administración Pública (Costa Rica)" en *Revista del Seminario Internacional de Derecho Administrativo,* San José, 1981, pp. 381 ss.

200 *Vid.* Tomas Ramón Fernández Rodríguez, *Nulidad de los actos administrativos,* Caracas, 1987; y *La doctrina de los vicios de orden público,* Madrid, 1970.

201 Arts. 23 a 28 y art. 47.2 Ley de Procedimientos Administrativos de 1958, España.

Por su parte, la legislación argentina de Procedimientos Administrativos es aún mucho más amplia en la precisión de los casos de vicios de nulidad absoluta al establecer que el acto administrativo es nulo, de nulidad absoluta e insanable, en los siguientes casos: En primer lugar, cuando la voluntad de la Administración resultare excluida por error esencial; dolo, en cuanto se tengan como existentes hechos o antecedentes inexistentes o falsos; violencia física o moral sobre el agente; o por simulación. En segundo lugar, cuando el acto fuere emitido mediando incompetencia en razón de la materia, del territorio, del tiempo o del grado; falta de causa, por no existir o ser falsos los hechos o el derecho invocado; o por violación de la Ley aplicable, de las formas esenciales o de la finalidad que inspiró su dictado (art. 14).

Ahora bien, la consecuencia de la enumeración de los casos de nulidad absoluta, es la indicación residual legislativa, de que cualquier otra infracción del ordenamiento jurídico, es decir, cualquier otro vicio de los actos administrativos que no llegue a producir la nulidad absoluta, o como lo dice la Ley argentina, cualquier irregularidad a omisión que no llegue a impedir la existencia de algunos de los elementos esenciales del acto, solamente los harán anulables, es decir, viciados de nulidad relativa (anulabilidad)[202].

De lo anterior resulta, por tanto, que en general, en las legislaciones de España y América Latina, los vicios en los elementos de fondo de los actos administrativos cuando son graves y manifiestos, como la incompetencia manifiesta; vicios en la manifestación de voluntad; violación de la Constitución o violación grave de las leyes; inexistencia de los presupuestos de hecho; y ausencia absoluta y total del procedimiento legalmente prescrito, producen la nulidad absoluta de los mismos. De lo contrario, conducen a vicios de nulidad relativa o anulabilidad, incluyendo los casos de desviación de poder y de violación a los límites a la discrecionalidad[203].

Es de destacar, sin embargo, en materia de vicios de forma, que si bien la ausencia absoluta y total del procedimiento legalmente prescrito es la que conduce a la nulidad absoluta, la jurisprudencia en algunos países ha admitido que las violaciones de las formalidades sustanciales, como las que están destinadas a proteger los derechos de los administrados, se han asimilado a la nulidad absoluta[204]. De resto, los vicios de forma, en principio, conducen a la anulabilidad de los actos administrativos, salvo que no afecten los requisitos formales indispensables para alcanzar el fin del acto, en cuyo caso la irregularidad ni siquiera conduce a la invalidez[205].

Se trata en definitiva, respecto de los vicios de forma, de la distinción elaborada por la jurisprudencia francesa en cuanto a violación de formalidades sustanciales o no sustanciales, considerándose como sustanciales, como se dijo, aquellas establecidas pare proteger a los administrados o cuyo incumplimiento podría modificar la decisión del fondo[206].

Ahora bien, la distinción entre los vicios de nulidad absoluta y vicios de nulidad relativa es esencial en las legislaciones hispano americanas, por las consecuencias y características que se asignan a los casos de nulidad absoluta, y que son las siguientes:

---

202 Art. 63 Ley 30/1992 España; art. 2° LOPA Venezuela; art. 15 LPA Argentina.

203 Art. 160 LGAP Costa Rica.

204 Sentencia de la Corte Primera de lo Contencioso Administrativo (Venezuela), de 26 de junio de 1986, *Revista de Derecho Público,* N° 27, 1986, p. 101.

205 Art. 63.2 Ley 30/1992 España.

206 G. Berlia, *loc. cit.*, pp. 377 ss.

1. El acto administrativo viciado de nulidad absoluta no puede presumirse legítimo ni puede ordenarse su ejecución; en cambio, si el vicio es de nulidad relativa, rige el principio de la presunción de legitimidad del acto mientras no sea declarado lo contrario en vía jurisdiccional.

Además, la ejecución de los actos administrativos viciados de nulidad absoluta compromete la responsabilidad de los funcionarios ejecutores[207].

2. La nulidad absoluta es un vicio que afecta la totalidad del acto y no puede ser convalidada; en cambio, la nulidad relativa puede afectar parcialmente un acto administrativo y en todo caso, puede ser convalidada[208].

3. La nulidad absoluta de los actos administrativos puede ser declarada por la Administración, en cualquier momento, es decir, los actos viciados de nulidad absoluta pueden siempre ser revocados por la Administración; en tanto que los actos administrativos creadores de derechos a favor de particulares, así estén viciados de nulidad relativa, son irrevocables por la propia Administración[209].

En el primer supuesto, podría hablarse de la existencia de un recurso administrativo sin plazo alguno de caducidad, para solicitar de la Administración, el reconocimiento de la nulidad absoluta de sus actos[210].

4. La anulación de un acto administrativo viciado de nulidad absoluta, en principio, produce efectos *ex tunc,* es decir, tiene efectos declarativos y retroactivos a la fecha del acto[211]; en cambio, en principio, la anulación de un acto relativamente nulo producirá efectos *ex nunc,* es decir, sólo para el futuro, excepto cuando el efecto retroactivo sea necesario para evitar daños al destinatario del acto administrativo, a terceros o al interés público[212].

5. En ciertos supuestos, la nulidad absoluta de los actos administrativos permite que se pueda solicitar su nulidad, en vía jurisdiccional, en cualquier tiempo, como por ejemplo en los casos de violación de derechos y garantías constitucionales[213], en cuyo caso no habría lapso de caducidad para intentar el recurso de anulación. En cambio, el recurso de nulidad contra los actos administrativos de efectos particulares, cuando se fundamente en vicios de nulidad relativa, debe intentarse en un lapso de tiempo determinado, sin perjuicio de que con posterioridad pueda oponerse siempre la ilegalidad como excepción[214].

6. Por último, tratándose de vicios de nulidad absoluta, los mismos pueden ser apreciados de oficio por el Juez contencioso-administrativo en el curso de un proceso. En cambio, en los casos de vicios de nulidad relativa, tienen que ser alegados por el recurrente, para que puedan ser apreciados por el Juez contencioso-administrativo[215].

---

207 Arts. 169, 170 y 176 LGAP Costa Rica. En Venezuela, por ello, si se alega un vicio de nulidad absoluta en un recurso administrativo la Administración puede suspender la ejecución del acto (art. 87 LOPA).

208 Arts. 172 y 187 LGAP Costa Rica; art. 67.1 Ley 30/1992 España; arts. 21 y 81 LOPA, Venezuela.

209 Arts. 173 y 174 LGAP Costa Rica; arts. 17 y 18 LPA Argentina; arts. 19.2 y 81 LOPA, Venezuela.

210 Art. 81 LOPA Venezuela.

211 Art. 171 LGAP Costa Rica.

212 Art. 178 LGAP Costa Rica.

213 Art. 5°, la Ley Orgánica de Amparo sobre Derechos y Garantías Constitucionales (Venezuela).

214 Art. 136, Ley Orgánica de la Corte Suprema de Justicia (Venezuela).

215 Art. 87, Ley Orgánica de la Corte Suprema de Justicia (Venezuela). *Vid.* sobre los vicios que el juez contencioso administrativo puede considerar de oficio: G. Vedel y P. Delvolvé, *op. cit.*, p. 817.

Debe señalarse, por último, que algunas de las legislaciones analizadas regulan expresamente los supuestos de convalidación, saneamiento y conversión de los actos administrativos cuando adolezcan de algunos de los vicios de nulidad relativa. En tal sentido, por ejemplo, la vieja Ley española de Procedimiento Administrativo de 1958 establecía que si el vicio consistiere en incompetencia, "la convalidación puede realizarse por el órgano competente cuando sea superior jerárquico del que dictó el acto convalidado" (art. 53.2); y en igual sentido se regula en la Ley argentina de Procedimientos Administrativos, calificándose el procedimiento como "ratificación" (art. 19.1). En materia de vicios de forma, el saneamiento se regula en la Ley General de Administración Pública de Costa Rica, al establecerse que:

> "Cuando el vicio del acto relativamente nulo consista en la ausencia de una formalidad sustancial, como una autorización obligatoria, una propuesta o requerimiento de otro órgano, o una petición o demanda del administrado, éstos podrán darse después del acto, acompañados por una expresa manifestación de conformidad con todos sus términos" (art. 188.1)[216].

En algunos casos se establece como principio que el acto convalidado producirá efectos desde su fecha[217]; y en otros, que los efectos tanto de la convalidación como del saneamiento de un acto administrativo, se retrotraerán a la fecha de emisión del acto objeto de ratificación o confirmación"[218].

Las leyes analizadas también prevén la figura de la conversión, que conforme a la Ley argentina se produce si los elementos válidos de un acto administrativo nulo permiten integrar otro que fuere válido, en cuyo caso podrá efectuarse su conversión en este, siempre que lo consienta el administrado y sea declarado expresamente por la Administración. En estos casos, la conversión produce efectos a partir del momento en que se perfeccione el nuevo acto[219].

Capítulo II: PRINCIPIOS RELATIVOS A LOS EFECTOS DE LOS ACTOS ADMINISTRATIVOS

Las leyes de Procedimientos Administrativos de España y América Latina no solo regulan con detalle los elementos de los actos administrativos que condicionan su *validez,* sino que también regulan con precisión los aspectos esenciales relativos a la *eficacia* de los actos administrativos, y entre ellos, la determinación del momento en el cual comienzan a surtir sus efectos; el principio de la no retroactividad de dichos efectos; el principio del respeto a los derechos adquiridos y el régimen de la revocación; el principio de la presunción de legitimidad de los actos administrativos; y los principios relativos a la ejecución de los mismos.

Analizaremos estos aspectos, comparativamente.

---

216 De acuerdo con la misma Ley de Costa Rica, por supuesto el saneamiento no es posible cuando se trate de omisiones de dictámenes ni en los casos en que las omisiones produzcan nulidad absoluta, por impedir la realización del fin de acto final. Art. 188.2.

217 Art. 67.2 Ley 30/1992 España.

218 Art. 19 LPA Argentina; art. 187.1 y 188.3 LGAP Costa Rica.

219 Art. 20 LPA Argentina; art. 189 LGAP Costa Rica.

I. EL COMIENZO DE LOS EFECTOS: PUBLICACIÓN Y NOTIFICACIÓN

El principio general que orienta la legislación española sobre procedimiento administrativo común es que los actos administrativos no solo son válidos sino que también "producen efectos desde la fecha en que se dicten", salvo que en ellos se disponga otra cosa o que su contenido supedite su eficacia a la comunicación del acto a los interesados (art. 57). La excepción aquí prevista, por supuesto, tratándose de decisiones ejecutorias que producen efectos generales o particulares, indudable que se convierte en la regla, en el sentido de que normalmente el inicio de los efectos de los actos administrativos se sitúa en el momento en que se hacen del conocimiento de los interesados. Es, por lo demás, el principio que deriva de las legislaciones latinoamericanas, conforme al cual, los efectos de los actos administrativos comienzan desde el momento en que dichos actos se hacen de conocimiento de los interesados[220]. Es lo que se llama la publicidad de decisiones ejecutorias en el sistema francés, la cual puede ser impersonal mediante la publicación del acto en una compilación oficial, o personal, mediante la notificación del acto directamente al interesado[221]. Así, conforme lo resume la Ley Argentina de Procedimientos Administrativos:

> "Para que el acto administrativo de alcance particular adquiera eficacia debe ser objeto de notificación al interesado, y el de alcance general, de publicación" (art. 11)[222].

Sin embargo, precisa la Ley General de la Administración Pública de Costa Rica, que aún antes de que se hagan del conocimiento de los interesados, si el acto les concede únicamente derechos, producirá sus efectos desde la fecha de su adopción (art. 140). En sentido parecido, en la legislación argentina de Procedimientos Administrativos también se prevé como excepción al principio de la eficacia condicionada a la publicación o notificación, el que los interesados pueden, antes de que ello ocurra, pedir el cumplimiento de los actos administrativos siempre que no resultaren perjuicios para el derecho de terceros (art. 11).

Ahora bien, al hablar de la publicación o notificación para establecer el comienzo de los efectos de los actos administrativos, debemos distinguir el régimen de los actos de efectos generales del de los actos de efectos particulares.

En efecto, en cuanto a los actos que producen efectos generales y que por tanto, sean de contenido reglamentario (normativo) e, incluso, en cuanto a los actos que no siendo reglamentarios conciernen a un grupo indeterminado de personas (una convocatoria a concurso, por ejemplo)[223] el comienzo de la eficacia se sitúa siempre en el momento de su publicación en un boletín oficial[224].

Excepcionalmente, sin embargo, en algunos casos como en Colombia y en relación a entidades territoriales menores se permite, para marcar el inicio de los efectos de los actos reglamentarios, la publicación "en un periódico de amplia circulación en el territorio donde sea competente quien expide el acto", previéndose incluso que en los muni-

---

220 Como lo establece el art. 40 de la LGAP Costa Rica: "El acto administrativo producirá su efecto después de comunicado al administrado".

221 *Vid.* G. Isaac. *La Procédure administrative non contenciuse,* París, 1968, p. 570 ss. G. Vedel y P. Delvolvé, *Droit Administratif,* París, 1984, p. 265.

222 Art. 240.1 LGAP Costa Rica.

223 Art. 72 LOPA Venezuela.

224 Art. 60.1 Ley 30/1992 España; art. 72 LOPA Venezuela; art. 43 CCA Colombia.

cipios en donde no hay órgano oficial de publicidad, se podrán divulgar estos actos mediante la fijación de avisos, la distribución de volantes, la inserción en otros medios, o por bandos (art. 83).

Respecto de los actos administrativos de efectos particulares, en cambio, y particularmente cuando afectan derechos o intereses de los administrados, los mismos para comenzar a surtir efectos deben ser notificados a los interesados[225]. Las legislaciones sobre procedimiento administrativo, en este sentido, regulan la forma y contenido de estas notificaciones, conforme a los siguientes principios:

1. Las notificaciones, en principio, deben ser personales al interesado, a su apoderado o a su representante, y deben realizarse mediante oficio, cartas, telegramas o cualquier otro medio que permita tener constancia de la recepción, de la fecha y de la identificación del acto notificado[226].

2. Las notificaciones deben dirigirse al domicilio o residencia del interesado o al lugar señalado por este para las mismas. Algunas legislaciones exigen la recepción personal de las notificaciones[227]; otras en cambio prevén que en dicho lugar, si no se hallare presente el interesado, su apoderado o su representante, podrá entregarse a cualquier persona que allí se encuentre haciéndose constar su parentesco o razón de permanencia en el lugar[228].

3. Cuando resulte imposible la notificación personal o se ignore el domicilio o residencia del interesado, algunas legislaciones permiten excepcionalmente suplir la notificación con la publicación del acto administrativo, en el Boletín Oficial[229]. En otros casos, en un diario de mayor circulación en la entidad territorial donde la autoridad que conoce del asunto tenga su sede[230], e incluso, en otros supuestos, con la fijación de un edicto en lugar público del respectivo despacho por un término de días[231]. Salvo estos supuestos, en general rige el principio de que "la publicación no puede normalmente suplir la notificación"[232].

4. En todo caso, en cuanto al contenido de las notificaciones, las legislaciones de España y América Latina exigen, siempre, que las mismas deben contener el texto íntegro del acto administrativo que se notifica con el importante señalamiento de que las notificaciones deben indicar los recursos que proceden contra el acto notificado, el órgano ante el cual deban presentarse y los lapsos para interponerlos[233].

Este último señalamiento es de tal importancia que en algunas legislaciones, como la venezolana, se prevé que si sobre la base de una información errónea contenida en la notificación, el interesado hubiere intentado algún procedimiento improcedente, el

---

225 Art. 58.1 Ley 30/1992 España; art. 73 LOPA Venezuela.

226 Art. 59.1 Ley 30/1992 España; art. 44 CCA Colombia; art. 243 LGAP Costa Rica; art. 73 LOPA Venezuela.

227 Art. 243 LGAP Costa Rica; art. 44 CCA Colombia.

228 Art. 59.1 Ley 30/1992 España; art. 75 LOPA Venezuela.

229 Art. 59.5 Ley 30/1992 España; arts. 241 y 242 LGAP Costa Rica.

230 Art. 76 LOPA Venezuela.

231 Art. 45 CCA Colombia.

232 Art. 241.1 LGAP Costa Rica.

233 Art. 58.2 Ley 30/1992 España; arts. 44 y 47 CCA Colombia; art. 73 LOPA Venezuela; art. 245 LGAP Costa Rica.

tiempo transcurrido no será tomado en cuenta a los efectos de determinar el vencimiento de los plazos que le corresponden para interponer el recurso apropiado[234].

Ahora bien, la consecuencia fundamental de la precisión legal de lo que debe contener la notificación de los actos administrativos, es que la notificación que se haga de un acto administrativo sin trascripción del texto íntegro, sin indicación de los recursos, los lapsos para intentarlos, y las autoridades ante los cuales se deben interponer, se considera legalmente como defectuosa y, por tanto, ineficaz[235].

La consecuencia más importante de esta regla, por supuesto, es que en los casos de notificaciones defectuosas, al ser estas ineficaces, no comienzan a correr los lapsos para intentar los recursos contra los actos administrativos[236]. Sin embargo, si el interesado se da voluntariamente por notificado o, por ejemplo, interpone el recurso pertinente contra el acto, se presume como notificado a partir de dicho momento[237].

Debe destacarse, sin embargo, que la legislación costarricense, establece una especie de saneamiento a la ineficacia de las notificaciones defectuosas por omisión de la indicación de los recursos que proceden contra el acto, por el transcurso de un lapso de tiempo, sin que se haga protesta formal[238].

II. EL PRINCIPIO DE LA IRRETROACTIVIDAD DE LOS ACTOS ADMINISTRATIVOS

El segundo principio general relativo a la eficacia de los actos administrativos, es el principio de la irretroactividad de los actos administrativos. En efecto, como se ha señalado, el comienzo de los efectos de los actos administrativos se sitúa en el momento de la publicidad del acto, sea mediante publicación sea mediante notificación. La consecuencia de ello es que de acuerdo al principio constitucional de la irretroactividad de la Ley, no es posible admitir la retroactividad de los efectos de los actos administrativos. Es decir, el principio general en esta materia es que los actos administrativos sólo pueden producir efectos hacia el futuro, siendo tanto inconstitucional como ilegal, la aplicación de un acto administrativo hacia el pasado; principio que no sólo se aplica a los actos reglamentarios sino también a los actos de efectos particulares.

El principio ha sido establecido por la jurisprudencia del Consejo de Estado (*arrêt Societé du Journal Aurore*, Rec. 289), como un principio general del derecho[239], complementado por las consideraciones doctrinales relativas al *arrêt Le Bigot du* 17 mai 1907 (Rec 460) respecto a la consideración de la atribución de efectos retroactivos a un acto administrativo, como un caso de incompetencia *ratione temporis* en el sentido de

234 Art. 77 LOPA Venezuela.

235 Art. 74 LOPA Venezuela; art. 48 CCA Colombia.

236 Art. 141.1 LGAP Costa Rica.

237 Art. 48 CCA Colombia.

238 Art. 247.2 LGAP Costa Rica (10 días).

239 *Recueil Dalloz* 1948, pp. 437-438; Long, Weil y Braibant, *Les grandes arrêts de la jurisprudence administrative,* París, 1978, pp. 312 y ss.

que el funcionario no tiene competencia para ejercer un derecho que perteneció a sus predecesores[240].

En España y América Latina, el principio de la irretroactividad de los actos administrativos, aparte de tener, al contrario que en Francia, un fundamento constitucional[241] y haber sido aplicado por la jurisprudencia como principio general[242], también está establecido, respecto de los actos administrativos, en las leyes de procedimientos administrativos, aplicándose tanto a los de carácter reglamentario como a los efectos particulares. Así se establece, por ejemplo, en la Ley General de la Administración Pública de Costa Rica, al prescribir que "El acto administrativo producirá efectos en contra del administrado únicamente para el futuro" (142,1). Indirectamente, además, el principio se establece en la Ley venezolana de Procedimientos Administrativos al regularse la posibilidad, para la Administración, de poder modificar los criterios establecidos por sus órganos, pero agregando que "la nueva interpretación no podrá aplicarse a situaciones anteriores salvo que fueren más favorables a los administrados" (art. 11)[243].

Ahora bien, tanto en la legislación española como en la latinoamericana, en igual forma como se ha establecido en la jurisprudencia francesa[244], el principio de la no retroactividad de los actos administrativos tiene diversas excepciones:

En primer lugar, en general se admite la retroactividad de los actos administrativos cuando produzcan efectos favorables a los interesados[245]. Sin embargo, en estos casos, es indispensable que los supuestos de los motivos del acto tuvieran existencia a la fecha a la cual se retrotraiga la eficacia del acto y que éste no lesione derechos o intereses legítimos de otras personas[246].

En segundo lugar, coincidiendo con soluciones de la jurisprudencia francesa[247], también se establece que tendrán efectos retroactivos y siempre que no lesionen derechos adquiridos, los actos administrativos que se dicten en sustitución de otro acto anulado, sea por la Administración o por decisión judicial[248]. Como lo establece la Ley General de Administración Pública de Costa Rica:

---

240 *Vid.* J. M. Auby, "L'incompetence *ratione temporis.* Recherches sur l'application den actes administratifs dans le temps", *Revue du Droit Public et de la Science Politique en France et à l'etranger,* 1953, pp. 5-60.

241 Por ejemplo, art. 24 Constitución de Venezuela.

242 *Vid.* por ejemplo, la jurisprudencia venezolana en las decisiones de la Corte Suprema de Justicia en Sala Político Administrativa, de 11 de agosto de 1983, *Revista de Derecho Público,* N° 16, Caracas, 1983, pp. 156-157; y de 9 de abril de 1987, *Revista de Derecho Público,* N° 30, Caracas, 1987, pp. 110-111.

243 El principio se ha aplicado por la jurisprudencia de la Corte Primera de lo Contencioso Administrativo, sentencia de 19 de marzo de 1987, *Revista de Derecho Público,* N° 30, Caracas, 1987, pp. 111-112.

244 *Vid.* M. Letourneur, "Le principe de la non-rétroactivité den actes administratifs" *Etudes et Documents,* Conseil d'Etat, París, 1955, pp. 37-48.

245 Art. 57.3 Ley 30/1992 España; art. 13 LPA Argentina. *Vid.* sobre España, J. L. De La Vallina Velarde, *La retroactividad del acto administrativo,* Madrid 1964, *p.* 61. En Francia, el *arrêt* CE 9 juillet 1943, *Office public d'H. B. M. de la Ville de Marseille,* Rec., p. 172. *Vid.* los comentarios, en J. M. Auby, "L'incompetence...", *loc. cit.,* p. 53.

246 Art. 57.1 Ley 30/1992 España; art. 142.2 LGAP Costa Rica.

247 *Vid.* M. Letourneur, *loc. cit.,* pp. 46 ss.; J. M. Auby, "L'incompetence...", *loc. cit.,* pp. 47 y ss.; J. M. Auby y R. Drago, *Traité de contentieux administratif,* París, 1984, T. II, p. 348; Long, Weil y Braibant, *op. cit.,* pp. 190 y 316; P. Delvolvé, *L'acte administratif,* París, 1983, pp. 225 y ss.

248 Art. 57.3 Ley 30/1992 España; art. 13 LPA Argentina; art. 143 LGAP Costa Rica.

"El acto administrativo tendrá efectos retroactivos en contra del administrado cuando se dicte para anular actos absolutamente nulos que favorezcan a éste; o para consolidar, haciéndolos válidos y eficaces, actos que lo desfavorezcan" (art. 143).

III. EL RESPETO A LOS DERECHOS ADQUIRIDOS Y EL RÉGIMEN DE LA REVOCACIÓN DE LOS ACTOS ADMINISTRATIVOS

Ahora bien, una consecuencia del principio de la irretroactividad de los actos administrativos, es el principio general de que los derechos o situaciones jurídicas subjetivas adquiridas o nacidas de actos administrativos individuales, no pueden ser eliminados posteriormente por otros actos administrativos.

Es el principio general de la intangibilidad de las situaciones jurídicas nacidas de actos individuales, o de la irrevocabilidad de los actos administrativos de efectos particulares creadores de derechos a favor de los administrados; principio que ha tenido consagración legal expresa en las leyes de procedimiento administrativo de América Latina.

La fórmula de la Ley argentina de Procedimientos Administrativos, coincidente con los principios de la jurisprudencia francesa[249], puede considerarse que resume, en general, la posición del derecho administrativo latinoamericano, al prescribir que:

> "El acto administrativo regular, del que hubieren nacido derechos subjetivos a favor de los administrados, no puede ser revocado, modificado o sustituido en sede administrativa una vez notificado" (art. 18).

De esta fórmula derivan varias consecuencias:

En primer lugar, el principio de la intangibilidad de las situaciones jurídicas derivadas de un acto administrativo, sólo se aplica a los actos creadores de derecho a favor de particulares, por lo que los actos administrativos que no creen derechos a favor de particulares pueden ser revocados en cualquier momento. Como lo establece la Ley venezolana de Procedimientos Administrativos:

> "Los actos administrativos que no originen derechos subjetivos o intereses legítimos, personales y directos para un particular, podrán ser revocados en cualquier momento, en todo o en parte, por la misma autoridad que los dicte, o por el respectivo superior jerárquico" (art. 82).

En segundo lugar, el principio de la irrevocabilidad de los actos administrativos creadores de derecho, por supuesto, sólo se aplica a los actos administrativos válidos y regulares, capaces de dicha creación, por lo que si el acto está viciado de *nulidad absoluta,* no puede crear dichos derechos y es esencialmente revocable[250]. Conforme a la vieja Ley española sobre Régimen Jurídico de la Administración del Estado de 1957, sin embargo, aún frente a infracciones manifiestas a la Ley, el plazo del cual disponía la Administración para revocar estos actos era de cuatro años (art. 37.1). En la Ley 30/1992, se ha eliminado el lapso y la Administración puede en cualquier momento incluso de oficio declarar la nulidad de los actos viciados de pleno derecho (art. 102.1).

---

249 *Vid.* P. Delvolvé, *op. cit.,* pp. 252 y ss.

250 Art. 83 LOPA Venezuela. De acuerdo a la jurisprudencia de la Corte Primera de lo Contencioso Administrativo, el acto nulo de nulidad absoluta equivale al acto inexistente, no pudiendo derivarse del mismo derecho alguno. Sentencias de 29 de marzo de 1984, *Revista de Derecho Público,* N° 18, Caracas, 1984, p. 173 y de 11 de febrero de 1988, *Revista de Derecho Público,* N° 33, Caracas, 1988, pp. 101-103.

En tercer lugar, el principio de la irrevocabilidad de los actos administrativos creadores de derecho a favor de particulares, se considera que tiene complete aplicabilidad a partir del momento en el cual el acto administrativo quede firme, es decir, a partir del momento en que su legalidad no pueda ser cuestionada directamente ante el juez administrativo. En consecuencia, el acto creador de derechos a favor de particulares, conforme a la jurisprudencia del Consejo de Estado sentada en el *arrêt Dame Cachet* del 30 de noviembre de 1922 (Re. 790)[251], puede ser revocado por razones de legalidad dentro del lapso de caducidad previsto pare la interposición del recurso de anulación[252].

En cuarto lugar, el principio de la irrevocabilidad rige en tanto en cuanto el particular que deriva derechos del acto administrativo, no consienta su revocación, tal como lo regula el Código Contencioso Administrativo de Colombia (art. 73).

Por último, y en cuanto a los principios relativos a la irrevocabilidad de los actos administrativos regulares y firmes creadores de derecho a favor de particulares, debe señalarse que las legislaciones latinoamericanas admiten como excepción, los casos en los cuales la revocación esté acompañada de una indemnización.

Así lo establece expresamente la Ley argentina de Procedimientos Administrativos (art. 18) y la Ley General de la Administración Pública de Costa Rica (art. 155), la cual establece que si el acto revocatorio no contiene el reconocimiento y el cálculo de la indemnización completa de los daños y perjuicios causados, el acto revocatorio estaría viciado de nulidad absoluta (art. 155.1). En Venezuela, por ello, frente al establecimiento del principio general de la nulidad absoluta del acto revocatorio de uno precedente creador de derechos a favor de particulares (art. 19.2), hemos señalado que, en realidad, ello sólo se produce si la revocación acordada no está acompañada de la indemnización correspondiente[253].

IV. LA PRESUNCIÓN DE LEGALIDAD DE LOS ACTOS ADMINISTRATIVOS Y LOS PRINCIPIOS DE SU EJECUCIÓN

La consecuencia más importante de la eficacia de los actos administrativos es que los mismos adquieren una presunción de legitimidad, veracidad y legalidad. Esto significa que los actos administrativos válidos y eficaces son de obligatorio cumplimiento tanto para la propia Administración como para los particulares, lo que implica que sus efectos se cumplen de inmediato, no suspendiéndose por el hecho de que contra los mismos se intenten recursos administrativos o jurisdiccionales de nulidad.

Por supuesto, esta presunción de legitimidad no surge cuando los actos administrativos están viciados de nulidad absoluta, en cuyo caso no pueden ser ejecutados, tal como lo señala Sala expresamente la Ley General de Administración Pública de Costa Rica (art. 169).

---

251 *Vid.* en *Revue de Droit Public et de la Science Politique en France et à l'étranger,* 1922, pp. 552-561; Long, Weil y Braibant, *op. cit.*, p. 176; G. Isaac, *op. cit.* p. 606.

252 *Vid.* por ejemplo, la jurisprudencia de la Corte Suprema de Justicia (Venezuela), en Sala Político Administrativa, de 14 de mayo de 1985 (caso *Freddy M. Rojas*), *Revista de Derecho Público,* N° 23, Caracas, 1985, pp. 143-148; y de 9 de marzo de 1987, *Revista de Derecho Público,* N° 30, Caracas, 1987, pp. 118-119; y de la Corte Primera de lo Contencioso Administrativo de 11 de julio de 1985, *Revista de Derecho Público,* N° 24, Caracas, 1985, p. 126.

253 *Vid.* Allan R. Brewer-Carías, *El Derecho Administrativo y la Ley Orgánica de Procedimientos Administrativos,* Caracas, 1985, p. 68.

La presunción de legalidad y legitimidad implica, por tanto, por una parte, que los actos administrativos son obligatorios desde el momento en que surten efectos; y por la otra, que los recursos que se ejerzan contra los mismos no tienen efectos suspensivos. Además, tratándose de una presunción *juris tantum*, implica que la carga de la prueba para desvirtuar tal presunción, corresponde en principio, al recurrente interesado.

En la legislación española y latinoamericana sobre procedimientos administrativos, estos principios se han recogido en texto expreso y una muestra de ello es el artículo 12 de la Ley de Procedimientos administrativos de Argentina que establece:

> "El acto administrativo goza de presunción de legitimidad: su fuerza ejecutoria faculta a la Administración a ponerlo en práctica por sus propias medidas, a menos que la Ley o la naturaleza del acto exigieren la intervención judicial, e impide que los recursos que interpongan los administrados suspendan su ejecución y efectos, salvo que unas normas expresa establezca lo contrario".

Ahora bien, en materia de ejecución de los actos administrativos, debe distinguirse el carácter ejecutivo de los mismos, la "ejecutividad" en la terminología de lengua española, de la posibilidad misma de su ejecución por la propia Administración, denominada la "ejecutoriedad" en la terminología de lengua española[254].

En el mundo del derecho hispanoamericano, la ejecutividad de los actos administrativos significa que éstos tienen "carácter ejecutivo", es decir, que son por sí mismos ejecutables y que pueden ser ejecutados de inmediato, sin que para ello el derecho tenga que ser declarado por autoridad judicial alguna. La "ejecutoriedad", en cambio, es la propiedad de los actos administrativos conforme a la cual la Administración misma, por sus propios medios, puede ejecutarlos incluso forzosamente, como lo establece el Código Contencioso Administrativo de Colombia al referirse al "carácter ejecutivo y ejecutorio de los actos administrativos" (art. 64).

1. La ejecutividad de los actos administrativos

En efecto, salvo norma expresa en contrario, los actos que queden firmes al concluir un procedimiento administrativo tienen carácter ejecutivo, es decir, son suficientes, por sí mismos, para que la Administración pueda de inmediato ejecutar los actos necesarios para su cumplimiento[255].

De acuerdo a este principio de la ejecutividad, por tanto, cuando la Administración dicta un acto administrativo, declare por sí misma el derecho mediante esos actos unilaterales, que crean directamente derechos y obligaciones y tienen en sí mismos fuerza de títulos ejecutivos. La ejecutividad de los actos administrativos, en definitiva, significa que estos, al dictarse, son ejecutables porque tienen carácter ejecutivo. Esta característica es la que se ha denominado muy ambiguamente en el derecho francés al hablarse del acto administrativo como *décision exécutoire,* en el sentido de que ocasiona por sí misma una modificación de las situaciones jurídica[256]. Tal como lo ha resumido P. Delvolvé, "El carácter ejecutorio de la decisión tiene un doble aspecto: la decisión es ejecu-

254 *Vid.* Allan R. Brewer-Carías, "Aspectos de la ejecutividad y de la ejecutoriedad de los actos administrativos fiscales y la aplicación del principio *"solve et repete"*, en *Jurisprudencia de la Corte Suprema de Justicia 1930-1974 y Estudios de Derecho Administrativo,* T. III, vol., I, 1976, pp. 97 y ss.

255 Art. 64, CCA Colombia.

256 *Vid.* P. Delvolvé, *op. cit.*, pp. 23-25 y 209.

toria, a la vez, en cuanto a que ordena la ejecución obligando a sus destinatarios a conformarse con ella, y en cuanto a que ella comporta en sí misma la ejecución, conllevando ella misma, desde su adopción, el resultado que ella ordena"[257].

Este sentido de la expresión *décision exécutoire,* noción referida al carácter ejecutivo de la decisión administrativa y sin hacer en este estadio referencia alguna a los medios y formas de ejecución, es el que se ha precisado en la jurisprudencia francesa más reciente[258], conforme a la cual ella se refiere al carácter obligatorio del acto administrativo, para subrayar que el propósito de la decisión administrativa es el de imponerse inmediatamente a los administrados sea cual fuere su contenido. Es lo que se ha denominado también tradicionalmente el *privilège du préalable* que permite a la autoridad administrativa tomar medidas que se imponen previamente a toda intervención de un juez: como consecuencia, los interesados están obligados a someterse inmediatamente a la misma, de manera que para librarse de ella deben dirigirse posteriormente a un juez[259].

Esta es la fórmula que recoge el artículo 8 de la Ley Orgánica de Procedimientos Administrativos de Venezuela, al prescribir que:

> "Los actos administrativos que requieren ser cumplidos mediante actos de ejecución, deberían ser ejecutados por la Administración en el término establecido. A faltas de este término, se ejecutaran de inmediato".

Precisamente, es esta posibilidad de ejecución de inmediato de los actos administrativos, en el sentido de que para ser ejecutados, se bastan a sí mismos y no requieren de la intervención de ninguna otra autoridad, la que configura esta primera característica de la "ejecutividad" de los actos administrativos, que la legislación española resume al indicar que los actos de las Administraciones Públicas sujetos al Derecho Administrativo serán "inmediatamente ejecutivos"[260]. Como señalamos, esta ejecutividad de los actos administrativos, consecuencia directa de su presunción de legitimidad, implica como principio que los efectos de los mismos no se suspenden por el hecho de que contra los mismos se intenten los recursos contencioso-administrativos.

En vía contencioso administrativa, sin embargo, conforme a la tradición de la jurisprudencia francesa, relativa al denominado *sursis á execution*[261], el juez puede suspender la ejecución de los actos administrativos recurridos, cuando su ejecución pueda causar un gravamen grave e irreparable o de difícil reparación por la sentencia definitiva, en caso de anularse el acto impugnado[262].

En materia de interposición de recursos administrativos, la situación legislativa en España y América Latina, sin embargo, no es totalmente uniforme. El principio puede

---

257 *Idem,* p. 25.

258 Es el sentido establecido por el Consejo de Estado en el *arrêet Huglo* du 2 juillet 1982 al considerar que "le caractére exécutoire d'une décision administrative est la régle fondamentale du droit public". *Rec.* p. 258, *cit.*, por P. Delvolvé, *op. cit.*, p. 27.

259 P. Delvolvé *op. cit.*, p. 28.

260 Arts. 44 y 101 LPA y arts. 56 y 94 Ley 30/1992 España.

261 CE 12 nov. 1938, *arrêt Chambre syndicale des constructeurs de moteurs d'avions, Rec* 840. *Vid.* en Long, Weil y Braibant, *op. cit.*, pp. 261 y ss.

262 *Vid.* por ejemplo, en el derecho español, el art. 122 de la Ley de la Jurisdicción Contencioso Administrativa que dispone: "l. La interposición del recurso contencioso-administrativo no impedirá a la Administración ejecutar el acto o la disposición objeto del mismo, salvo que el Tribunal acordare, a instancia del actor, la suspensión. 2. Procederá la suspensión cuando la ejecución hubiere de ocasionar daños o perjuicios de reparación imposible o difícil". En sentido similar, art. 136 de la Ley Orgánica de la Corte Suprema de Justicia de Venezuela.

decirse que también es el de los efectos no suspensivos de los recursos, salvo disposición legal en contrario[263], pudiendo en todo caso, la autoridad administrativa, de oficio o a instancia de parte, suspender la ejecución del acto administrativo cuando dicha ejecución pudiera causar perjuicios de imposible o difícil reparación, o cuando se fundamente el recurso en vicios de nulidad absoluta[264].

Sin embargo, en otras legislaciones, como el Código Contencioso Administrativo de Colombia, se establece en forma general el principio contrario, en el sentido de que "los recursos se concederán en el efecto suspensivo" (art. 55).

En todo caso, y aún en presencia del principio general, mediante previsión de ley expresa la interposición de un recurso puede significar la suspensión de efectos de los actos administrativos[265], en cuyo caso como lo postula la Ley argentina de Procedimientos Administrativos, la Administración debe abstenerse:

> "de poner en ejecución un acto estando pendiente algún recurso administrativo de los que en virtud de norma expresa impliquen la suspensión de los efectos ejecutorios de aquél o que, habiéndose resuelto, no hubiese sido notificado" (art. 9.b).

2. La ejecutoriedad de los actos administrativos

Ahora bien, la "ejecutividad" de los actos administrativos derivada del carácter ejecutivo de los mismos, se distingue en el derecho administrativo español y latinoamericano, de la "ejecutoriedad" de los actos, refiriéndose esta segunda característica a la posibilidad que tiene la Administración de ejecutar, por sus propios medios, e incluso, en forma forzosa, sus actos administrativos, con facultad, incluso de ser necesario de recurrir a la fuerza pública.

La Ley General de la Administración Pública de Costa Rica, en este sentido establece el principio al prescribir que:

> "La Administración tendrá potestad de ejecutar por sí, sin recurrir a los tribunales, los actos administrativos eficaces, validos o anulables, aún contra la voluntad o resistencia del obligado, sujeta a la responsabilidad que pudiera resultar" (art. 146.1).

Sin embargo, es evidente que en muchos casos la legislación establece expresamente supuestos en los cuales la ejecución del acto administrativo requiere de intervención judicial.

Sin embargo, si la ejecución judicial no está expresamente prevista, el principio es el de la posibilidad para la Administración de ejecutar sus propias decisiones.

Así está prescrito, como principio en la Ley Orgánica de Procedimientos Administrativos de Venezuela, al establecer que:

> "la ejecución forzosa de los actos administrativos será realizada de oficio por la Administración, salvo que por expresa disposición legal deba ser encomendada a la autoridad judicial" (art. 79).

---

263 Art. 111.1 Ley 30/1992 España; art. 87 LOPA Venezuela; art. 148 LGAP Costa Rica.

264 Art. 111.2 Ley 30/1992 España; art. 87 LOPA Venezuela; art. 12 LPA Argentina; art. 148 LGAP Costa Rica.

265 Es el principio general en Venezuela, por ejemplo, en materia tributaria. *Vid.* el Código Orgánico Tributario, art. 178.

El privilegio de ejecución de oficio en España y en América Latina, entonces, no es tan excepcional como resulta en Francia de la doctrina establecida en las conclusiones del Comisario del Gobierno Romieu al *arrêt* del Tribunal de Conflictos del 2 de diciembre de 1902, *Société Inmobilière de Saint-Just*, (Rec. 713)[266], pues, en general, han sido las propias leyes de Procedimiento Administrativo, las que lo han previsto.

Por supuesto, debe advertirse que en todo caso las legislaciones exigen que para que la Administración inicie actuaciones materiales que menoscaben, limiten o perturben el ejercicio de los derechos de los particulares, previamente debe haberse adoptado la decisión que les sirva de fundamento[267].

De allí que se obligue a los órganos que ordenen actos de ejecución material, al comunicar por escrito al interesado, el acto administrativo que autorice la actuación administrativa[268]. De ello deriva el principio de que toda la actuación material que no esté precedida de un acto administrativo válido y eficaz, puede considerarse como una vía de hecho[269].

Ahora bien, algunas leyes hispanoamericanas establecen diversos supuestos de ejecución forzosa de los actos administrativos exigiéndose que, en forma previa, se conmine o intime al interesado (apercibimiento) a la ejecución voluntaria es decir, que hay una puesta en mora con carácter previo[270]. Estos supuestos de ejecución forzosa son los siguientes:

En primer lugar, ejecución por constreñimiento sobre el patrimonio mediante multas. En este sentido, conforme a la Ley Orgánica de Procedimientos Administrativos de Venezuela, si se trata de actos de ejecución personalísima y el obligado se resiste a cumplirlo, la Administración le puede imponer multas sucesivas por los montos legalmente prescritos. Mientras permanezca en rebeldía y, en caso de que persista en el incumplimiento, se le pueden imponer nuevas multas iguales o mayores a las que se le hubieren aplicado, concediéndosele un plazo razonable para que cumpla lo ordenado (art. 80.2)[271]. Es, en definitiva, el sistema de ejecución de los actos administrativos apoyado por sanciones, establecido en el derecho francés[272].

Debe destacarse, por otra parte, que en otras legislaciones como la española, la Ley reguladora del procedimiento administrativos prevé expresamente el principio de la ejecución forzosa de los actos administrativos que impongan a los administrados una obligación personalísima de no hacer o soportar, mediante compulsión directa sobre las personas en los casos en que la Ley expresamente lo autorice, y dentro siempre del respeto debido a la dignidad y a los derechos reconocidos en la Constitución (art. 110.1). En cambio, si la obligación personalísima consistiera en un hacer, y no se realizase la

---

266 *Vid.* en Long, Weil y Braibant, *op. cit.*, pp. 47 ss.; *Vid.* G. Isaac, quien afirma en general que en el derecho francés, "l'exécution des actes administratifs, comme des lois, est affaire de justice et non affaire administrative, dès qu'elle n'est pas volontaire, dès qu'elle devient contentieuse", *op. cit.*, p. 171.

267 Art. 93.1 Ley 30/1992 España; art. 78 LOPA Venezuela.

268 Art. 93.2 Ley 30/1992 España.

269 Sobre la *voie de fait vid.* el *arrêt* del Tribunal des Conflits du 8 avr. 1935, *Action Française, Rec.* 1226, en Long, Weil et Braibant, *op. cit.*, pp. 230 ss. *Vid.* art. 9° LPA Argentina.

270 Art. 95 Ley 30/1992 España; art. 150.1 LGAP Costa Rica.

271 En sentido similar, art. 65 CCA, Colombia y art. 96.1 Ley 30/1992.

272 *Vid.* P. Delvolvé, *op. cit.*, pp. 262 ss.

prestación, el obligado debe resarcir los daños y perjuicios, a cuya liquidación y cobro se debe proceder en vía administrativa (art. 110.2)[273].

En segundo lugar, cuando se trate de actos que por no ser personalísimos son susceptibles de ejecución indirecta con respecto al obligado, la Ley Orgánica de Procedimientos Administrativos de Venezuela (art. 80.1), la Ley General de la Administración Pública de Costa Rica (art. 149.1.c), y el Código Contencioso Administrativo de Colombia (art. 65), autorizan a la Administración a proceder a la ejecución, bien por sus propios órganos o por la persona que designen, a costa del obligado. Es la denominada "ejecución subsidiaria" en la reguladora del procedimiento administrativo común de España (art. 98).

En tercer lugar, deben destacarse los supuestos de ejecución de obligaciones de dar cantidades de dinero, respecto de los cuales la Ley española reguladora del procedimientos administrativos remite al "procedimiento recaudatorio en vía ejecutiva"(art. 97.1) y la Ley General de la Administración Pública de Costa Rica (art. 149.1.a) prevé la ejecución forzosa en vía administrativa mediante apremio sobre el patrimonio, exigiéndose, sin embargo, la necesaria intervención de un juez para autorizar la entrada en el domicilio de los deudores,[274] y excluyéndose expresamente la posibilidad de interdictos contra las actuaciones de la Administración[275].

V. LA DURACIÓN DE LOS EFECTOS DE LOS ACTOS ADMINISTRATIVOS

Por último, debe señalarse que fuera de los supuestos de suspensión de efectos por decisión administrativa o jurisdiccional, o de cumplimiento de una condición resolutoria, algunas legislaciones prevén expresamente supuestos de pérdida de fuerza ejecutoria de los actos administrativos por el transcurso de un lapso de cinco años de estar firmes, cuando en ese período la Administración no ha realizado los actos que le correspondan para ejecutarlos. Así lo establece el Código Contencioso Administrativo de Colombia (art. 66) y la Ley Orgánica de Procedimientos Administrativos de Venezuela, la cual califica la institución como "prescripción" (art. 70). En el sistema francés, en cambio, el principio es que la decisión se aplica sin límite de duración[276].

Sección Tercera: LOS PRINCIPIOS DEL PROCEDIMIENTO ADMINISTRATIVO Y LAS GARANTÍAS DE LOS ADMINISTRADOS

Hemos señalado que las leyes de Procedimiento Administrativo de España y América Latina, aun conservando muchas de ellas la denominación tradicional comprenden, como lo advertía la Exposición de Motivos de la Ley española de 1958, "además del procedimiento administrativo en sentido estricto, el régimen jurídico de los actos administrativos, así como otros aspectos de la acción administrativa que con él guardan rela-

---

273 En sentido similar, art. 149.1.c LGAP Costa Rica.

274 Art. 96. Ley 30/1992 España. *Vid.* Jesús González Pérez, *Comentarios a la Ley de Procedimiento Administrativo,* Madrid, 1977, p. 622.

275 Art. 101 Ley 30/1992 España.

276 *Vid.* J. Rivero, *op. cit.*, p. 130.

ción"[277]. Por ello al estudiar los principios del procedimiento administrativo en España y América Latina, hemos comenzado por hacer referencia en primer lugar, a la contribución de su codificación al afianzamiento del principio de la legalidad y en segundo lugar, al régimen de los actos administrativos.

Corresponde ahora, además, analizar los aspectos más relevantes del procedimiento administrativo en sentido estricto, tal como está regulado en dichas leyes, para lo cual partimos de la consideración del procedimiento administrativo, como lo ha definido el Tribunal Supremo de España "como una combinación de actos cuyos efectos jurídicos están vinculados entre sí con la finalidad de conseguir una acertada o válida decisión". Esta finalidad "permite sostener, a efectos procedimentales, que los actos o eslabones en que cabe dividir o fragmentar el procedimiento pueden clasificarse en esenciales o no esenciales; de forma que un acto esencial viciado rompe o puede romper la conexión entre los diferentes actos o eslabones existentes en un procedimiento y quebrar con ello la unidad de efectos jurídicos, que es nota esencial de todo procedimiento"[278].

Ahora bien, es evidente que la regulación del procedimiento administrativo considerado como esa combinación de actos cuyos efectos jurídicos están vinculados casualmente entre sí, tiene un triple motivo y una consecuencia general. La consecuencia es que la regulación del procedimiento administrativo, tanto en la jurisprudencia como legislativamente, ha sido uno de los aspectos que más han contribuido en el mundo contemporáneo al afianzamiento del principio de la legalidad, y al sometimiento al derecho por parte de la Administración. En cuanto a los motivos que han existido para el establecimiento de su régimen jurídico legislativo, como lo ha señalado Guy Isaac[279] están, en primer lugar, la protección del interés general; en segundo lugar, el interés de la propia Administración y por último, el interés de los administrados.

La regulación del procedimiento administrativo, en efecto, en primer lugar busca proteger el interés general cuya consecución condiciona siempre la actuación administrativa, en el sentido de que sus reglas persiguen, en muchos casos, asegurar que las decisiones que se adopten están tomadas en la orientación del interés general. Así, todos los mecanismos procedimentales establecidos para asegurar la participación de los administrados y de las organizaciones privadas representativas de intereses colectivos, por ejemplo, en la configuración de una decisión administrativa; y todos los mecanismos de consultas prescritos antes de la toma de decisiones, tienden a asegurar que éstas estén en la medida de lo posible, acordes con el interés general de la colectividad. Por ello, por ejemplo, la Ley de Procedimientos Administrativos de España de 1958, con carácter general establecía en el "procedimiento para la elaboración de disposiciones de carácter general", que:

> "siempre que sea posible y la índole de la disposición lo aconseje, se concederá a la organización sindical y demás entidades que por ley ostenten la representación o defensa de intereses de carácter general o corporativo afectados por dicha disposición, la oportunidad de exponer su parecer en razonado informe en un término de diez días, a contar desde la remisión del proyecto" (art. 130.4).

277 *Vid.* en Jesús González Pérez, *Comentarios a la Ley de Procedimientos Administrativos*, Madrid, 1977, pp. 55 y 96.

278 Sentencia de 8 de noviembre de 1974 *cit.* por Jesús González Pérez, *op. cit.*, p. 69.

279 Guy Isaac, *La procédure administrative non contentieuse*, París, 1968, pp. 175 y ss.

Igualmente, la misma Ley prescribía que cuando "la naturaleza de la disposición lo aconseje, el proyecto de decisión deberá ser sometido a información pública durante el plazo que en cada caso se señale" (art. 130.5).

Pero, en segundo lugar, la regulación del procedimiento administrativo está motivada por el interés de la propia Administración como organización con vista a lograr una mayor eficacia y racionalización de la actividad administrativa. Así, la simplificación, normalización y unificación de la actividad de la Administración en muchos casos, ha sido uno de los motivos fundamentales de la codificación del procedimiento administrativo. En este sentido, por ejemplo, deben destacarse los principios establecidos en la Ley española reguladora del procedimiento administrativo (art. 3) y la Ley Orgánica de Procedimientos Administrativos de Venezuela (art. 32) en cuanto al manejo de los documentos y expedientes administrativos, los cuales deben ser objeto de normalización y uniformización de manera que cada serie o tipo de ellos obedezca a iguales características y formato.

Además, agregaba la Ley española de Procedimientos Administrativos de 1958, que "se racionalizarán los trabajos burocráticos y se efectuarán por medio de máquinas adecuadas, con vistas a implantar una progresiva mecanización y automatismo en las oficinas públicas siempre que el volumen de trabajo haga económico el empleo de estos procedimientos" (art. 30.2)[280].

En el mismo orden de ideas, se prevé que en los casos en los cuales la Administración debe resolver una serie numerosa de expedientes homogéneos se debe establecer un procedimiento sumario, de gestión mediante formularios, impresos u otros medios que permitan el rápido despacho de los asuntos, pudiendo incluso utilizar, cuando sean idénticos los motivos y fundamentos de las decisiones, cualquier medio mecánico de producción en serie de las mismas, siempre que no se lesionen las garantías jurídicas de los interesados[281].

Pero además de la protección del interés general y del interés de la Administración, en tercer lugar, la regulación del procedimiento administrativo se ha establecido, básicamente, en interés de los administrados en sus relaciones con la Administración, o más propiamente, para proteger los derechos e intereses de los particulares frente a las actuaciones administrativas y particularmente frente a los medios de acción unilaterales de la Administración.

Precisamente por la regulación del procedimiento administrativo, entonces, el derecho administrativo, de ser un derecho destinado a regular a la Administración, su organización y funcionamiento, ha pasado a ser un derecho destinado a regular esencialmente las relaciones entre la Administración y los administrados, con particular énfasis en la protección y garantía de los derechos de estos últimos. Como consecuencia de ello, el balance tradicional de nuestra disciplina entre los dos extremos que históricamente la han condicionado: por una parte, prerrogativas de la Administración, y por la otra, derechos e intereses de los administrados, sin duda, comienza a aparecer inclinado a favor de estos últimos, y en ello, sin duda, ha jugado un rol fundamental el procedimiento administrativo, concebido para asegurar a los particulares un *due process of law* por parte de la Administración, cuando entran en relación con ella, lo que sucede cotidianamente.

---

280 En igual sentido, art. 31 LOPA Venezuela.

281 Art. 35 LOPA Venezuela.

Nuestro interés, en esta tercera parte de nuestro estudio sobre los principios del procedimiento administrativo en España y en los países de América Latina, es precisamente estudiar este tercer aspecto de la motivación de la codificación del procedimiento administrativo, lo cual haremos analizando, en primer lugar, los principios del procedimiento administrativo en interés de los administrados, y en segundo lugar, el régimen del derecho a la defensa de los administrados frente a la Administración, lo que configura, quizás, el aspecto de mayor importancia en la codificación del procedimiento administrativo.

Capítulo I: PRINCIPIOS DEL PROCEDIMIENTO ADMINISTRATIVO

La codificación del procedimiento administrativo en España y América Latina, como manifestación del afianzamiento del principio de la legalidad, ha sido elaborada teniendo en cuenta, básicamente, la debida protección de los administrados, en el sentido de que si bien las leyes han prescrito normas y fases procedimentales que deben guiar la actuación de la Administración, ello se ha hecho con miras a establecer garantías jurídicas de los administrados frente a la Administración.

Estas regulaciones han estado condicionadas por una serie de principios,* a los cuales queremos referirnos y que inciden en el comienzo del procedimiento; en su instrucción y sustanciación y en la decisión del mismo.

Analizaremos separadamente esos principios.

I. PRINCIPIOS RELATIVOS A LA INICIATIVA Y COMIENZO DEL PROCEDIMIENTO

1. El derecho de petición

Conforme a la más clásica tradición en materia de declaración de derechos, la Constitución de Venezuela establece como uno de los derechos individuales, el derecho de petición, al prescribir en su artículo 67 lo siguiente:

> "Todos tienen el derecho de representar o dirigir peticiones ante cualquier entidad o funcionario público sobre los asuntos que sean de la competencia de éstos y a obtener oportuna respuesta".

Un principio similar está prescrito en casi todas las Constituciones modernas, partiendo del principio establecido en la Enmienda N° 1 de la Constitución de los Estados Unidos de Norteamérica, en 1789.

El procedimiento administrativo legalmente regulado, en consecuencia, tiene por objeto, ante todo, garantizar tanto el derecho de peticionar ante la Administración Pública, como el de obtener de las autoridades administrativas la oportuna respuesta a dichas peticiones. Por ello, incluso la Ley Orgánica de Procedimientos Administrativos de Ve-

---

* *V.* lo expresado en el nuevo Capítulo II, de la Primera Parte inserto en esta edición.

nezuela reitera la declaración constitucional, precisando el derecho de petición administrativo, así:

> "*Artículo* 2. Toda persona interesada podrá, por sí o por medio de su representante, dirigir instancias o peticiones a cualquier organismo, entidad o autoridad administrativa. Estos deberán resolver las instancias o peticiones que se les dirijan o bien declarar, en su caso, los motivos que tuvieren para no hacerlo".

Este principio lo recogen expresamente la Ley 30/1992 de Régimen Jurídico de la Administración y del Procedimiento Administrativo Común (art. 30) de España y el Código Contencioso Administrativo de Colombia (arts. 5 a 24).

Por supuesto, la regulación del derecho de petición en las leyes de procedimiento administrativo trae variadas consecuencias formales.

En primer lugar, tratándose de peticiones administrativas, las leyes de procedimiento administrativo distinguen las simples peticiones de información o consulta, de las peticiones tendentes, por ejemplo, a lograr una decisión que cree o declare un derecho. En este último caso, las leyes exigen una legitimación concreta para poder introducir peticiones, que corresponde a los "interesados"[282], es decir, a quienes tengan un interés personal, legítimo y directo en el asunto[283].

En segundo lugar, al regularse el derecho de petición, las leyes prescriben la forma de las peticiones en cuanto a los elementos formales que deben contener, referidos a la identificación del peticionante o solicitante, la precisión del objeto de la solicitud y los fundamentos o motivos de la petición[284].

En tercer lugar, tratándose de peticiones o solicitudes de los interesados, las leyes de procedimiento administrativo generalmente establecen regulaciones relativas a la recepción y registro de documentos[285], a los efectos de dejar constancia auténtica, entre otros aspectos, de la fecha de las peticiones. Esto tiene importancia procesal, por la obligación que las leyes imponen a los funcionarios de respetar el orden riguroso de presentación de las peticiones, al momento de decidir sobre las mismas y evitar así favoritismos[286].

En cuarto lugar, las leyes de procedimientos administrativos, al regular las peticiones como derecho de los administrados, también establecen el derecho de éstos de desistir de sus peticiones o de renunciar a su derecho[287].

En el mismo orden de ideas, las leyes regulan la extinción del procedimiento por perención cuando éste se paralice por un lapso de tiempo (2 meses en la Ley venezolana, por ejemplo) por causas imputables a los interesados, contado a partir de la notificación que le haga la Administración[288]. Sin embargo, prescriben las leyes que, no obstante el

---

282 *Vid.* art. 67 LPA; art. 48 LOPA Venezuela; art. 284 LGAP Costa Rica.

283 *Vid.* art. 22 LOPA Venezuela.

284 *Vid.* art. 285 LGAP Costa Rica; art. 49 LOPA Venezuela; art. 5° CCA Colombia; art. 70.1 Ley 30/1992 España.

285 Art. 37-38 Ley 30/1992 España; arts. 44-46 LOPA Venezuela.

286 Art. 296 LGAP Costa Rica.

287 Art. 63 LOPA Venezuela.

288 Art. 64 LOPA Venezuela.

desistimiento o perención, la Administración puede continuar la tramitación de procedimientos, si razones de interés público lo justifican[289].

En quinto lugar, tratándose de un derecho de petición con garantía de oportuna respuesta, las leyes de procedimiento administrativo reafirman la obligación de la Administración y de sus funcionarios de resolver, rápida y oportunamente, las peticiones[290], prescribiendo además plazos para las decisiones.

Así por ejemplo, la Ley de Procedimientos Administrativos de Venezuela establece los lapsos según los tipos de procedimiento: Si se trata de procedimientos simples, que no requieren sustanciación, la Administración está obligada a decidir las peticiones en un lapso de 20 días; en cambio, si el procedimiento requiere sustanciación, la Ley establece un lapso de 4 meses para la decisión, con posibilidad de prórroga de 2 meses[291].

Por último, en sexto lugar, la consecuencia de la regulación del derecho de petición y del derecho de obtener oportuna respuesta es la declaración formal en las leyes de procedimiento de la responsabilidad de los funcionarios públicos por el retardo, omisión distorsión o incumplimiento de cualquier procedimiento[292].

2. La iniciación de oficio

Pero, por supuesto, no todos los procedimientos administrativos se inician a instancia de los interesados, con base en el ejercicio del derecho de petición sino que también es frecuente el inicio de los procedimientos, de oficio, por iniciativa de la propia Administración.

De allí que en general, todas las leyes de procedimientos administrativos establecen que "El procedimiento podrá iniciarse de oficio o a instancia de parte interesada"[293].

En el supuesto de la iniciación de oficio de los procedimientos, por ejemplo, la Ley española de Procedimiento Administrativo exige una decisión formal del órgano competente, sea por propia iniciativa, sea como consecuencia de orden de un órgano superior, e incluso, por petición razonada de otros órganos o por denuncia (art. 69.1).

3. La iniciativa del comienzo del procedimiento y la tipología de los procedimientos

En todo caso, la iniciativa del comienzo del procedimiento y la determinación de si requiere el ejercicio de un derecho de petición o de si puede iniciarse de oficio, depende de los tipos de procedimientos. Generalmente, las leyes de procedimiento no establecen una tipología de los procedimientos de acuerdo con los efectos del acto administrativo que resulta de su desarrollo; sin embargo, de ella dependerá la precisión de cuándo puede o debe iniciarse el procedimiento a petición de parte interesada y cuándo puede o debe iniciarse de oficio.

289 Art. 66 LOPA Venezuela; art. 8° CCA Colombia.
290 Art. 31 CCA Colombia.
291 Arts. 3°, 5° y 60 LOPA Venezuela.
292. Arts. 3°, 100 y 101 LOPA Venezuela.
293 Art. 68 Ley 30/1992 España art. 48 LOPA Venezuela; art. 284 LGAP Costa Rica.

En efecto, conforme a la tipología difundida por Massimo Severo Giannini[294] de acuerdo a la naturaleza de los efectos de los actos administrativos que resultan de los procedimientos administrativos, pueden distinguirse cuatro tipos de procedimientos: los declarativos, los "ablatorios", los concesorios y los autorizatorios.

Los procedimientos declarativos son los que tienen por resultado actos que otorgan certeza de hechos jurídicos relevantes, y consisten en declaraciones de ciencia o de conocimiento y en verificaciones. En este sentido, puede decirse que todos los procedimientos que concluyen en actos de registro, por ejemplo, de la propiedad, de patentes o marcas, de vehículos o aeronaves, etc., son procedimientos declarativos. Asimismo, los procedimientos para establecer la identificación de las personas. Estos procedimientos declarativos, en general, requieren para su inicio, instancia de parte interesada, y sólo en casos excepcionales, donde esté interesado el orden público, podrían iniciarse de oficio, como en materia de identificación de las personas.

En segundo lugar, están los procedimientos "ablatorios", denominados así en la doctrina italiana por el uso del vocablo latino "*ablatio*", que denota la acción de quitar, cortar, eliminar. Estos procedimientos tienen por objeto eliminar o restringir los detalles individuales, por lo que generalmente, se inician de oficio por la Administración. Ejemplos de estos procedimientos son los procedimientos expropiatorios, de requisición o sancionatorios que afecten una cosa (decomiso) o el patrimonio de una persona (multa).

En tercer lugar, están los procedimientos concesorios, los cuales tienen por objeto actos administrativos que amplían la esfera jurídica subjetiva de los administrados. El otorgamiento de concesiones tradicionalmente se ubica en estos procedimientos concesorios; sin embargo, cada vez más importantes son otros procedimientos, como los relativos a la obtención de subvenciones, o los procedimientos que atribuyen una calificación jurídica a las personas, como la concesión de la nacionalidad. Estos procedimientos concesorios, por supuesto, requieren siempre la instancia de parte y no pueden iniciarse de oficio.

Por último, en cuarto lugar deben mencionarse los procedimientos autorizatorios, que tienen por objeto la emisión de actos administrativos que permiten a un particular ejercer un derecho, por la remoción de un obstáculo jurídico que legalmente existe para su ejercicio pleno. Son los más comunes en las relaciones entre la Administración y los particulares, y dan origen a autorizaciones, permisos y licencias para que los particulares puedan ejercer derechos o realizar actividades. Estos procedimientos, en general, requieren instancia de parte y no pueden iniciarse de oficio.

II. PRINCIPIOS RELATIVOS AL "ITER" PROCEDIMENTAL

Ahora bien, el procedimiento administrativo, en general, está regulado en las leyes de procedimiento administrativo de manera tal que se pueden distinguir tres etapas claras en el mismo; en primer lugar, su comienzo; en segundo lugar, el *iter* procedimental que abarca fundamentalmente las formalidades de instrucción; y en tercer lugar, las formalidades relativas a la decisión.

---

294 M. S. Giannini, *Diritto Amministrativo*, Milano, 1970, vol. II, pp. 285 ss.; *Vid.*, los comentarios de Hildegard Rondón de Sansó, *El Procedimiento Administrativo*, Caracas, 1983, pp. 61 y ss.

En cuanto al *iter* procedimental, en el puede identificarse varios principios que lo regulan. Ante todo, el informalismo de las formalidades, de manera que el procedimiento no se convierta en un atentado contra los derechos de los administrados. Además, los principios relativos a la celeridad y economía procesal; al carácter inquisitorio de la instrucción; al carácter contradictorio del procedimiento; a la imparcialidad que debe guiarlo y a la publicidad de la acción administrativa.

1. El informalismo de las formalidades

El procedimiento administrativo, hemos dicho, se configura como un conjunto de actos y actuaciones estrechamente vinculados entre sí, con el objeto de obtener un resultado concreto que, generalmente, se materializa en un acto administrativo. Por ello, en definitiva, el procedimiento administrativo se identifica con el conjunto de formalidades establecidas para guiar la acción de la Administración con miras a la obtención de ese resultado y como garantía de los administrados contra las arbitrariedades de los funcionarios.

Sin embargo, es evidente, como lo ha observado Guy Isaac, que si el procedimiento administrativo "*se devait transformer en un formalisme pointilleux et étroit conduisant à une Administration tatillonne, la procédure administrative se retournerait en définitive contre les citoyens, au lieu de constituer, à leur profit, une garantie*"[295]. De allí el principio del carácter no formalista del procedimiento administrativo o del informalismo de las formalidades en relación a los administrados.

En este sentido, la Ley argentina de Procedimiento Administrativo prescribe que las normas de procedimiento que establece deben ajustarse al requisito del "informalismo", en el sentido de que debe "excusarse la inobservancia por los interesados de exigencias formales no esenciales y que pueden ser cumplidas posteriormente" (art. 1.c).

Más precisamente, el Decreto 640 de Uruguay establece:

> "En el procedimiento administrativo se aplicará el principio del informalismo en favor del administración siempre que se trate de la inobservancia de exigencias formales no esenciales y que puedan ser cumplidas posteriormente" (art. 23).

Por ello, además, la Ley General de la Administración Pública de Costa Rica establece que las normas del procedimiento administrativo "deberán interpretarse en forma favorable a la admisión y decisión final de las peticiones de los administrados". Es en definitiva, el principio *in dubio pro actione* o de la interpretación más favorable al ejercicio del derecho de petición para asegurar más allá de las dificultades de índole formal, una decisión sobre el fondo de la cuestión objeto del procedimiento. En materia de procedimiento administrativo, el principio se traduce en que el formalismo debe ser interpretado en favor del administrado, precisando, la legislación argentina, sin embargo, que "el informalismo no podrá servir para subsanar nulidades que sean absolutas" (art. 224).

En aplicación de este principio, las leyes de procedimiento administrativo, por ejemplo, establecen el deber de los funcionarios administrativos que reciban las peticiones,

295 G. Isaac, *La Procédure Administrative non contentieuse*, París, 1968, p. 287.

de advertir a los interesados de las omisiones y de las irregularidades que observen en las mismas, pero sin que puedan negarse a recibirlas[296].

Además, si después de presentada la petición, la Administración observare que en la solicitud o escrito faltan cualesquiera de los requisitos exigidos en las leyes, el funcionario está obligado a notificar al interesado comunicándole las omisiones o faltas observadas a fin de que en un plazo determinado (10 días generalmente) proceda a subsanarlos. Incluso se prevé en estos casos, que si la Administración objeta las correcciones, el interesado puede interponer un recurso contra la decisión[297].

2. Los principios de la celeridad, economía y eficacia

Además de la informalidad de las formalidades que como principio se establece en beneficio de los derechos de los administrados, las leyes de procedimiento administrativo, en general, también han previsto como principios que han de guiar el *iter procedimental*, los de la economía, celeridad y eficacia.

La Ley argentina de Procedimiento Administrativo, en este sentido, prescribe como principio general para la aplicación de las normas de procedimiento "la celeridad, economía, sencillez y eficacia en los trámites" (art. 1.b); al igual que la Ley venezolana (art. 30); la Ley de Costa Rica (art. 225) y la ley española (art. 3). El Código Contencioso administrativo de Colombia, sin embargo, va más lejos y define (como ahora lo hacen las nuevas leyes de Perú y Bolivia) estos "principios orientadores" en el artículo 3 de la reforma de 2012, así:

> "11. En virtud del principio de eficacia, las autoridades buscarán que los procedimientos logren su finalidad y, para el efecto, removerán de oficio los obstáculos puramente formales, evitarán decisiones inhibitorias, dilaciones o retardos y sanearán, de acuerdo con este Código las irregularidades procedimentales que se presenten, en procura de la efectividad del derecho material objeto de la actuación administrativa.
>
> 12. En virtud del principio de economía, las autoridades deberán proceder con austeridad y eficiencia, optimizar el uso del tiempo y de los demás recursos, procurando el más alto nivel de calidad en sus actuaciones y la protección de los derechos de las personas.
>
> 13. En virtud del principio de celeridad, las autoridades impulsarán oficiosamente los procedimientos, e incentivarán el uso de las tecnologías de la información y las comunicaciones, a efectos de que los procedimientos se adelanten con diligencia, dentro de los términos legales y sin dilaciones injustificadas."

De estos principios deriva otro principio fundamental del procedimiento administrativo, que es el carácter inquisitivo de la instrucción.

3. El principio inquisitivo

En efecto, el procedimiento administrativo, ante todo, es un asunto de la Administración, razón por la cual, el principio fundamental que lo rige, de acuerdo a lo que declare

296 Art. 45 LOPA Venezuela; art. 11 CCA Colombia.

297 Art. 50 LOPA Venezuela; art. 71 Ley 30/1992 España art. 12 CCA Colombia; art. 287 LGAP Costa Rica.

la Ley argentina de Procedimiento Administrativo, es la "impulsión e instrucción de oficio, sin perjuicio de la participación de los interesados en las actuaciones" (art. 1.a).

Por tanto, el procedimiento administrativo, en principio, se debe "impulsar de oficio en todos sus trámites"[298], estando por tanto la Administración obligada a adelantar la tramitación. Por ello, la Ley española de Procedimiento Administrativo de 1958 establecía que, los funcionarios respectivos eran responsables de adoptar las medidas oportunas para que el procedimiento no sufriera retraso, con la obligación de proponer lo conveniente para eliminar toda anormalidad en la tramitación de expedientes y en el despacho con el público (art. 76).

El derivado fundamental del principio inquisitivo, es que la Administración está obligada a probar los hechos, correspondiéndole la carga de la prueba. Por ello, la Ley General de la Administración Pública de Costa Rica prescribe expresamente que:

> "En el procedimiento administrativo se deberán verificar los hechos que sirven de motivo al acto final en la forma más fiel y completa posible para lo cual el órgano que lo dirige deberá adoptar todas las medidas probatorias pertinentes o necesarias, aún si no han sido propuestas por las partes, y aún en contra de la voluntad de estas últimas (art. 221).

La consecuencia de esta obligación de impulsar el procedimiento y de la declaración expresa de la responsabilidad de los funcionarios por el retardo, omisión, distorsión o incumplimiento de los trámites y formalidades[299], es el derecho a favor de los administrados, de poder formular un recurso de queja contra el funcionario responsable por ante el superior jerárquico, a los de la aplicación de sanciones.

Por supuesto, la interposición del recurso de queja no paraliza el procedimiento ni obstaculiza la posibilidad de que las fallas sean subsanadas[300].

4. El principio contradictorio y la noción de parte

Un cuarto principio general del procedimiento administrativo, es el principio de la contradicción que implica la necesidad de la confrontación de criterios entre la Administración y los administrados e incluso, en muchos casos, entre varios administrados, antes de que la Administración decida.

Como lo declara expresamente el Código colombiano Contencioso-Administrativo:

> "En virtud del principio de contradicción, los interesados tendrán oportunidad de conocer y de controvertir las decisiones por los medios legales" (art. 3).

Es cierto, como hemos señalado, que en principio, el procedimiento administrativo es un asunto de la propia Administración para la emisión de sus actos administrativos. Sin embargo, en virtud de que no siempre los intereses de la Administración y de los administrados son coincidentes y con frecuencia, incluso, los intereses de los administrados, entre sí, ante la Administración, son contrapuestos, las garantías jurídicas de aquellos ante ésta exigen su participación efectiva en el procedimiento, para que expongan sus puntos de vista.

---

298 Art. 74.1 Ley 30/1992 España; art. 22 Decreto 640 Uruguay.
299 Art. 3° LOPA Venezuela.
300 Art. 3° LOPA Venezuela.

Además, cuando sus derechos o intereses puedan resultar afectados por el acto administrativo, la contradicción es la garantía, en última instancia, para que ejerzan su derecho a la defensa.

Ahora bien, la consecuencia fundamental del principio contradictorio en materia de procedimiento administrativo es que en el mismo también existe la noción de parte. Así en la relación Administración-administrado o administrados, ambos extremos son parte en el procedimiento, considerándose parte también, todos los otros administrados que puedan resultar afectados por el acto administrativo.

Como lo establece la Ley General de la Administración Pública de Costa Rica:

> "Podrá ser parte en el procedimiento administrativo, además de la Administración, todo el que tenga interés legítimo o un derecho subjetivo que pueda resultar directamente afectado, lesionado o satisfecho, en virtud del acto final. El interés de la parte ha de ser actual, propio y legítimo y podrá ser moral, científico, religioso, económico o de cualquier otra índole" (art. 275).

La noción de parte, por tanto, referida a los administrados se asimila a la de interesados (art. 22 LOPA Venezuela), y éstos, en definitiva, como lo precisa la Ley española reguladora del procedimiento administrativo (art. 31), son los siguientes:

En primer lugar, quienes promuevan el procedimiento como titulares de derechos o intereses legítimos; en segundo lugar, los que sin haber iniciado el procedimiento tengan derechos que puedan resultar afectados por la decisión que en el mismo se adopte; y en tercer lugar, aquellos cuyos intereses legítimos, individuales y colectivos, puedan resultar afectados por el acto administrativo y se apersonen en el procedimiento en tanto no haya recaído resolución definitiva[301].

En las leyes de procedimiento administrativo de España y América Latina, la figura del interesado, como parte, es objeto de regulaciones precisas, particularmente en cuanto a la capacidad y representación. En relación a la capacidad, las leyes remiten en general a lo establecido en la legislación civil[302], salvo disposición legal en contrario, es decir, salvo que por Ley especial se establezcan en una determinada relación jurídico-administrativa, causas condicionadoras de la capacidad jurídica, por ejemplo, en base a la nacionalidad, la residencia, el sexo, la edad, e incluso, la condición social.

Respecto de la representación, en algunos casos, las leyes de procedimiento administrativo remiten a los requisitos del derecho común[303]; en otros, establecen principios menos formalistas que los establecidos en materia civil o procesal civil. En Venezuela, por ejemplo, la Ley Orgánica de Procedimientos Administrativos permite que en todos los casos en que no se requiera la comparecencia personal del interesado, los administrados se puedan hacer representar mediante simple designación en la petición o recurso ante la Administración, sin perjuicio de que tal representación se pueda acreditar también mediante documento autenticado (arts. 25 y 26). En sentido parecido, la Ley española reguladora del procedimiento administrativo, exige que para formular solicitudes, entablar recursos, desistir de acciones y renunciar a derechos en nombre de otra persona deba acreditarse la representación por cualquier medio válido en derecho (art. 32.1).

---

301 En igual sentido art. 23 LOPA Venezuela.

302 Art. 31 Ley 30/1992 España; art. 282 LGAP Costa Rica; art. 24 LOPA Venezuela.

303 Por ejemplo, art. 282 LGAP Costa Rica.

Por último, en relación a la noción de parte en el procedimiento administrativo, en algunas leyes, como la Ley General de la Administración Pública de Costa Rica, se regula la figura del coadyuvante administrativo, referida a aquellos que sólo están indirectamente interesados en el acto final o en su denegación o reforma, aunque su interés sea derivado, o no actual, en relación con el que es propio de la parte a la cual coadyuva (art. 226). En estos casos, el coadyuvante lo puede ser tanto del promotor del expediente como de la Administración o de la contraparte (art. 227), y no podrá pedir nada para sí ni podrá cambiar la pretensión a la que coadyuva. Puede, sin embargo, hacer todas las alegaciones de hecho y de derecho, y usar todos los recursos y medios procedimentales para hacer valer su interés excepto en lo que perjudique al coadyuvado (art. 278).

5. El principio de la publicidad y el secreto administrativo

Uno de los grandes retos del Estado de derecho en cuanto a las relaciones entre la Administración y los administrados, es el de la sustitución del principio del secreto administrativo por el principio contrario, el de la publicidad de las actuaciones administrativas. La sustitución, sin embargo, puede decirse que aún no se ha logrado en la práctica y en muchos países continúa vigente el principio del secreto discrecional, conforme al cual la Administración tiene la potestad de mantener en secreto cualquier documento o información mediante su declaración como reservado, con lo cual los particulares no tienen seguridad de recibir la información que necesitan para controlar la actividad administrativa.

En esta forma, el secreto de la actuación administrativa y el misterio que la recubre no sólo frente a los particulares (al exterior), sino entre los diversos órganos de la propia Administración (al interior), en efecto, sigue siendo una práctica administrativa en las Administraciones contemporáneas, la mayoría de las veces para encubrir arbitrariedades, irresponsabilidades e incompetencias de los funcionarios. Por ello, secreto y Administración ineficiente constituyen un binomio históricamente inseparable.

El problema del secreto administrativo, en todo caso, se ha venido enfrentando con carácter general, mediante leyes destinadas a asegurar el derecho de todos a la información, y el acceso público a los documentos oficiales.

Es el caso de la Ley N° 78-753 del 17 de julio de 1978 dictada en Francia inspirada en la Ley sobre la Libertad de Información de los Estados Unidos de 1966[304], la cual a pesar de no significar el fin del secreto, como lo observa Guy Braibant, puede considerarse como el comienza del fin[305].

Con excepción de Colombia, donde se ha dictado una importante Ley 57 de 5-7-85 sobre publicidad de los actos y documentos oficiales[306], en general, en los otros países latinoamericanos no se han dictado Leyes de este tipo. Aún en los regímenes democrá-

304 *Vid.* Donald C. Rowat, "Las nuevas y proyectadas leyes sobre el acceso público a los documentos oficiales", *Revista de Derecho Público,* N° 9, Caracas, 1982, p. 73.

305 Guy Braibant, "Droit d'accès et droit a l'information", *Service Public et Libertés,* Mélanges offerts au Professeur Robert-Edouard Charlier, París, 1981, p. 709.

306 La cual, además, garantiza el acceso ciudadano a los documentos (arts. 12 y sigts.), pero sin dejar de establecer el principio de la reserva de documentos (art. 21).

ticos, la práctica continúa siendo el o la reserva[307], quedando además en manos de la Administración el calificar secreto de reservado determinados archivos.

En materia específica del procedimiento administrativo, sin embargo, comienza a regularse el principio expreso de la publicidad del procedimiento, específicamente para las partes o interesados, lo que es un gran avance.

La Ley Orgánica de Procedimientos Administrativos de Venezuela, así establece el principio general de que los interesados y sus representantes, tienen el derecho de examinar en cualquier estado o grado del procedimiento el expediente correspondiente, y de leer y copiar cualquier documento contenido en el mismo, así como de pedir certificación de cualquier documento (art. 59)[308].

Se establece, sin embargo, la excepción en el sentido de que se exceptúan de este derecho de acceso, los que sean calificados como confidenciales por el superior jerárquico, los cuales deben entonces ser archivados en cuerpos separados del expediente.

En sentido similar, para en forma más amplia, la Ley General de la Administración Pública de Costa Rica establece que:

> "No habrá acceso a las piezas del expedientes cuyo conocimiento pueda comprometer secretos de Estado o información confidencial de la contraparte, o en general, cuando el examen de dichas piezas confiera a la parte un privilegio indebido o una oportunidad para dañar ilegítimamente a la Administración, a la contraparte o a terceros, dentro o fuera del expediente"[309].

Sin embargo, frente a estas normas reguladoras de áreas secretas o reservadas de los expedientes administrativos, tanto la Ley costarricense como la Ley venezolana, exigen que la calificación como confidencial se haga mediante acto motivado, con lo cual el tradicional poder discrecional en la materia, queda limitado. Además el acto que se dicte puede ser objeto de recursos administrativos o contencioso administrativos[310].

6. El principio de la imparcialidad

Por último, dentro de los principios generales que rigen el procedimiento administrativo está el principio de la imparcialidad, derivado del principio de igualdad y no discriminación de los administrados, conforme al cual, la Administración, en el curso del procedimiento y al decidirlo, no debe tomar partido, inclinar la balanza o beneficiar ilegítimamente a una parte en perjuicio de otra, sino que debe tomar su decisión únicamente conforme al ordenamiento jurídico y con la finalidad de interés general que lo motiva.

---

307 *Vid.* Allan R. Brewer-Carías, *El Derecho Administrativo y la Ley Orgánica de Procedimientos Administrativos*, Caracas, 1985, p. 116.

308 En igual sentido art. 272 LGAP Costa Rica.

309 Art. 273.1. Es de destacar que la Ley costarricense presume que tienen la condición de reservados, salvo prueba en contrario, "los proyectos de resolución, así como los informes para órganos consultivos y los dictámenes de éstos antes de que hayan sido rendidos" (art. 273.2).

310 Art. 274 LGAP Costa Rica; art. 59 LOPA Venezuela. En igual sentido, la Ley 57 de 1985 de Colombia (art. 21).

A los efectos de garantizar la imparcialidad de la Administración, y conforme a la orientación de los principios que rigen la materia en el procedimiento judicial[311], las leyes de procedimiento administrativo han establecido, por una parte, el deber general de los funcionarios cuya imparcialidad podría quedar comprometida, de abstenerse de intervenir en el procedimiento; y por la otra, en algunos casos, el derecho de los interesados de recusar a los funcionarios en caso de estar incursos en supuestos de parcialidad.

Así, por ejemplo, la Ley Orgánica de Procedimientos Administrativos de Venezuela (art. 36), siguiendo los principios de la Ley española de Régimen Jurídico de las Administraciones Públicas y del Procedimiento Administrativo Común (art. 28), establece la obligación de los funcionarios públicos de inhibirse o abstenerse del conocimiento del asunto cuya competencia les esté legalmente atribuida, en los siguientes casos:

1. Cuando personalmente o bien su cónyuge o algún pariente dentro del cuarto grado de consanguinidad o segundo de afinidad, tuvieren interés en el procedimiento. Es la aplicación concreta, en materia administrativa, del principio *nemo judex in causa sua* conforme al cual el funcionario público no debe intervenir en procedimientos en los cuales tenga interés. La Ley española agrega, en este supuesto de inhibición, cuando el funcionario sea administrador de sociedad o entidad interesada (art. 20.2.a); o tenga parentesco con cualquiera de los administradores de entidades o sociedades interesadas y también con los asesores, representantes legales o mandatarios que intervengan en el procedimiento (art. 20.2.b).

2. Cuando tuvieren amistad íntima o enemistad manifiesta con cualquiera de las personas interesadas que intervengan en el procedimiento. En este contexto, el Código Contencioso Administrativo de Colombia agrega como causal en este supuesto, al haber hecho parte de listas de candidatos a cuerpos colegiados de elección popular inscritas o integradas también por el interesado (art. 30.1).

3. Cuando hubieren intervenido como testigos o peritos en el expediente de cuya resolución se trate, o si como funcionarios hubieren manifestado previamente su opinión en el mismo, de modo que pudieran prejuzgar sobre la resolución del asunto, o tratándose de un recurso administrativo, que hubieren resuelto o intervenido en la decisión del acto que se impugna.

4. Cuando tuvieran relación de servicio o de subordinación cualquiera de los directamente interesados en el asunto. En este campo, el Código Contencioso Administrativo de Colombia agrega el supuesto de que el funcionario haya sido recomendado por el interesado para llegar al cargo que ocupo cuando lo haya designado como referencia con el mismo fin (art. 30.2).

La inhibición, en estos casos, debe plantearse por el funcionario respectivo ante el superior jerárquico o puede éste formularla de oficio[312] y si la inhibición procediere, el superior jerárquico debe indicar el funcionario que ha de conocer el asunto[313].

Las leyes de procedimiento varían en cuanto a regular los efectos de la actuación del funcionario incurso en una causal inhibición: la Ley General de Administración Pública de Costa Rica establece el principio de la invalidez (art. 237.3.b); en cambio, la Ley española prescribe que la actuación de los funcionarios en los que concurran motivos de abstención no implicará necesariamente la invalidez de los actos que hayan intervenido

311 Por ejemplo, el art. 6° LPA Argentina, el art. 30 CCA Colombia, y el art. 230 LGAP Costa Rica remiten en la materia, a las regulaciones de los Códigos de Procedimiento Civil o del Poder Judicial.

312 Art. 39 LOPA Venezuela; art. 30 CCA Colombia.

313 Art. 6° LPA Argentina; art. 37 y 38 LOPA Venezuela; art. 237.1 LGAP Costa Rica

(art. 20.3). Sin embargo, la no abstención en los casos que proceda, da lugar a responsabilidad del funcionario[314].

Las legislaciones de procedimiento administrativo, además de la abstención o inhibición, como deber del funcionario, consagran el derecho de los interesados de recusar a los funcionarios que están incursos en algunas de las causales señaladas, estableciendo un procedimiento sumario que ha de ser resuelto por el superior jerárquico[315]. En algunos casos, sin embargo, no se regula formalmente procedimiento para la recusación como un derecho de los interesados, sino un derecho de instar al superior jerárquico en la entidad donde curse un asunto, para que ordene a los funcionarios incursos en los supuestos de inhibición, se abstengan de toda intervención en el procedimiento[316].

III. PRINCIPIOS RELATIVOS A LA DECISIÓN

El objetivo final de todo procedimiento administrativo es la producción de un acto administrativo, es decir, la adopción de una decisión por parte de la Administración. A tal efecto, iniciado un procedimiento administrativo, particularmente a instancia de parte o cuando en él tenga interés los administrados, la Administración está obligada a decidir, en otras palabras, la Administración no es libre de decidir. Esta obligación, por lo demás, es la contrapartida del derecho de petición que conlleva el derecho a obtener oportuna respuesta.

Esta obligación de decidir y los efectos del silencio administrativo los estudiaremos en primer lugar, reservando para analizar, en segundo lugar, otros principios relativos a las decisiones, en particular, el contenido de las mismas en relación a los asuntos planteados en el curso del procedimiento.

1. La obligación de decidir y los efectos del silencio administrativo

Como hemos señalado, sea o no producto del ejercicio de un derecho de petición, iniciado un procedimiento administrativo la Administración está obligada a desarrollarlo de oficio y, en definitiva, a adoptar la decisión correspondiente. Por supuesto, si se trata de un procedimiento iniciado mediante el ejercicio del derecho de petición, éste, por ejemplo en la Constitución de Venezuela, conlleva también el derecho a obtener la oportuna respuesta (art. 51). Por eso la Ley Orgánica de Procedimientos Administrativos, exige de las autoridades administrativas el que "deberán resolver las instancias o peticiones que se les dirijan o bien declarar, en su caso, los motivos que tuvieren para no hacerlo" (art. 2)[317].

En definitiva, por tanto, la Administración está obligada a decidir los procedimientos administrativos en que tengan interés los administrados, y ello debe hacerlo, en los lapsos establecidos en las leyes.

---

314 Art. 28.5 Ley 30/1992 España; art. 237.1 LGAP Costa Rica.

315 Art. 29 Ley 30/1992 España; art. 6° LPA Argentina; art. 236 LGAP Costa Rica.

316 Art. 39 LOPA Venezuela.

317 En igual sentido arts. 98 y 99 D 640 Uruguay.

Sin embargo, es bien conocida la actitud tradicional de la Administración en muchos casos, de simplemente no decidir determinados asuntos, lo que exigió del legislador, en regulaciones aisladas, por ejemplo en Francia, el establecer un efecto generalmente negativo o de rechazo al silencio de la Administración en un lapso de cuatro meses, configurándose una decisión implícita susceptible de recurso ante el Consejo de Estado[318]. Este principio legislativo llevó a la jurisprudencia constitucional a identificar un principio general del derecho con el objeto de garantizar la situación de los administrados frente a esa inacción administrativa. De allí el principio de que el silencio de la Administración cuando ésta tiene legalmente prescrito un lapso para decidir, sea considerado como equivalente a una decisión implícita de rechazo, a los efectos de permitir al administrado acudir a la vía contencioso-administrativa. Así lo decidió el Consejo Constitucional en decisión del 16 de junio de 1969, al considerar que este "principio general del derecho" derivado de la regla según la cual *qui ne dit not refuse,* sólo podía ser derogado por una decisión legislativa, en el sentido de que en una disposición reglamentaria no podían establecerse supuestos de decisiones implícitas de otorgamiento[319]. Este principio, sin embargo, no ha sido aceptado en esta forma por el Consejo de Estado, el cual ha reconocido la validez de actos reglamentarios que prevén el otorgamiento tácito de un permiso de construir en caso de silencio de la Administración (CE Ass. 27 févr 1970, *Commune de Bosas*)[320].

Ahora bien, uno de los aspectos de mayor interés en la codificación del procedimiento administrativo en España y América Latina ha sido, precisamente, el establecimiento de reglas generales tendentes a garantizar la situación de los administrados frente al silencio de la Administración, entre las cuales están tanto el principio del silencio negativo como del silencio positivo, y la posibilidad de acudir a la vía contencioso administrativa contra la carencia de la Administración.

A. La garantía del silencio negativo

El principio de los efectos negativos del silencio administrativo puede decirse que es el más generalizado y establecido en casi todas las legislaciones sobre procedimiento administrativo de Hispanoamérica. Un ejemplo de su formulación más general está en el artículo 4 de la Ley Orgánica de Procedimientos Administrativos de Venezuela, que prescribe que:

> "En los casos en que un órgano de la Administración Pública no resolviere un asunto o recurso dentro de los correspondientes lapsos, se considerara que ha resuelto negativamente y el interesado podrá intentar el recurso inmediato siguiente, salvo disposición expresa en contrario. Esta disposición no releva a los órganos administrativos, ni a sus funcionarios, de las responsabilidades que le sean imputables por la omisión o la demora."

Se trata, por tanto, de la consagración general de un valor negativo al transcurso del tiempo sin que haya decisión de la Administración, presumiéndose que al vencimiento

---

318 Pierre Delvolvé, *L'acte administratif,* París, 1983, p. 172.

319 *Vid.* en Louis Favoreu y Loïc Philip, *Les grandes décision du conseil constitutionnel,* París, 1984, p. 213. *Vid.* la referencia en R. Hostiou, *Procédure et formes de l'acte administratif unilateral en Droit Français,* París, 1975, p. 124.

320 *Cit.* par L. Favoreu et L. Philip, *op. cit.*, p. 215 et P. Delvolvé, *op. cit.*, p. 394.

del lapso legalmente prescrito para decidir, se ha producido una decisión tácita denegatoria de lo solicitado o del recurso interpuesto.

De esta norma pueden distinguirse tres supuestos diferentes de casos de silencio tácito denegatorio.

En primer lugar, el silencio respecto de la decisión de solicitudes o peticiones que, conforme al Código Contencioso Administrativo de Colombia, "transcurrido el plazo de dos meses contados a partir de la presentación de una petición sin que se haya notificado decisión que la resuelva, se entenderá que está es negativa" (art. 40). En la Legislación española de procedimientos Administrativos anterior a 1992, al principio antes indicado se agregaba la necesidad de que el interesado pusiera en mora a la Administración y sólo después de tres meses de denunciada la mora es que podía considerar desestimada su petición al efecto de deducir, frente a esta denegación presunta, el correspondiente recurso administrativo o jurisdiccional, según procediera, o esperar la resolución expresa de su petición (art. 94.1). El mismo principio de la puesta en mora a la Administración como condición para que surja decisión presunta derivada del silencio de la Administración, se establece en la Legislación argentina (art. 10).

En segundo lugar, el silencio tácito denegatorio también se produce por el transcurso del tiempo en los procedimientos que se inician de oficio y que por tanto, no resultan del ejercicio del derecho de petición. El transcurso del tiempo permitiría el ejercicio del recurso respectivo siempre que, por supuesto, el acto tácito negativo lesione intereses personales, legítimos y directos. Por ejemplo, si un inmueble amenaza ruina y la Administración no resuelve el procedimiento iniciado de oficio para ordenar o no su demolición, los vecinos interesados podrían intentar los recursos respectivos[321].

El tercer supuesto en el cual se produce el silencio tácito denegatorio, es en materia de ejercicio de recursos administrativos, en el sentido de que si no son resueltos por la Administración en los lapsos prescritos, se presume que la Administración los ha declarado sin lugar, procediendo, entonces, la posibilidad de ejercer, según los casos, el recurso administrativo subsiguiente o el recurso contencioso-administrativo.

En esta materia, el Código Contencioso Administrativo de Colombia precisa que la ocurrencia del silencio administrativo negativo "implica la pérdida de la competencia de la Administración para resolver los recursos" (art. 60); regla que no es necesariamente general en América Latina. En otros países a pesar de haberse producido el acto derogatorio por silencio, e incluso, de haberse recurrido contra el acto tácito derivado del silencio, la Administración no pierde poder para decidir, como sucede en Venezuela[322].

En todo caso, y salvo el caso de Colombia, lo importante de las regulaciones legislativas relativas al silencio negativo, es que el principio de la decisión tácita se establece en beneficio exclusivo de los administrados, como garantía a sus derechos de protección, por lo cual, el recurrir contra el acto tácito no es una carga impuesta a los interesados, los cuales en todo caso pueden esperar la decisión expresa.

Por otra parte, se destaca también que la regulación de esta garantía no exime al funcionario de su obligación de decidir, quedando comprometida su responsabilidad por la

321 *Vid.* en Allan R. Brewer-Carías, *El Derecho Administrativo y la Ley Orgánica de Procedimientos Administrativos*, Caracas, 1985, p. 230.

322 *Vid.* Allan R. Brewer-Carías, *Estado de Derecho y Control Judicial*, Madrid, 1985, p. 321.

demora en que incurra. Así lo regulan expresamente las legislaciones[323] y en particular lo expresaba con toda claridad la Ley española de Procedimiento Administrativo de 1958, al señalar que "la denegación presunta no excluirá el deber de la Administración de dictar una resolución expresa"; agregando que "Contra el incumplimiento de este deber podrá deducirse reclamación de queja, que servirá de recordatorio previo de responsabilidad personal, si hubiere lugar a ella, de la autoridad o funcionario negligente" (art. 94.3).

B. La garantía del silencio positivo

El principio general en materia de consagración del silencio administrativo con efectos positivos, y salvo el caso de la Legislación de Costa Rica, y a partir de 1992, de España, es que debe ser establecido por ley especial, en cada caso. Así lo establece expresamente el Código Contencioso-Administrativo de Colombia (art. 41), y las Leyes de Procedimiento Administrativo de España (art. 95) y Argentina (art. 10). En otros países como Venezuela, aún sin previsión en la Ley de Procedimientos Administrativos, en leyes especiales como la relativa a la ordenación del territorio y a la ordenación urbanística se regula la figura del silencio positivo en materia de autorizaciones, aprobaciones y permisos[324].

En contraste con el régimen del silencio positivo establecido sólo en leyes especiales, la Ley General de la Administración Pública de Costa Rica, en forma excepcional en el derecho comparado, había consagrado con carácter general la figura del silencio administrativo positivo en los casos de procedimientos autorizatorios. El artículo 330 de dicha Ley, en efecto, establece que:

> "l. El silencio de la Administración se entenderá positivo cuando así se establezca expresamente o cuando se trate de autorizaciones o aprobaciones que deban acordarse en el ejercicio de funciones de fiscalización y tutela.
>
> 2. También se entenderá positivo el silencio cuando se trate de solicitudes de permisos, licencias y autorizaciones".

En la norma se establecen, en realidad, dos supuestos de silencio administrativo positivo: en primer lugar, en las relaciones interorgánicas, internas de la Administración, cuando se trate de autorizaciones o aprobaciones que, como lo dice la Legislación española (art. 95), con motivo del ejercicio de funciones de fiscalización y tutela, pongan en relación los órganos superiores con los inferiores dentro de una misma estructura jerárquica o en relación de descentralización funcional. A pesar de que la Ley de Costa Rica no lo precise como lo hace la ley española, entendemos que la figura del silencio positivo no puede darse, por ejemplo, respecto de las funciones de fiscalización y control que órganos constitucionales, como la Contraloría General de la República realizan respecto de los órganos de la Administración Central o descentralizada.

---

323 Art. 4° LOPA Venezuela; art. 239 LGAP Costa Rica.

324 *Vid.* Allan R. Brewer-Carías, *Ley Orgánica para la Ordenación del Territorio,* Caracas, 1983, pp. 66-67; Allan R. Brewer-Carías y otros. *Ley Orgánica de Ordenación Urbanística,* Caracas, 1968; pp. 57 y ss; Humberto Romero Muci, en *idem,* pp. 144 y ss.

El segundo supuesto del silencio administrativo positivo consagrado en forma general, se refiere a los casos de solicitudes de permisos, licencias y autorizaciones, es decir, en los procedimientos autorizatorios, que es precisamente donde las leyes especiales en otros países generalmente los regulan.

No regula, sin embargo, la Ley de Costa Rica, la forma práctica de eficacia del acto tácito positivo, lo cual sin embargo sí se precisa en el Código Contencioso Administrativo de Colombia, al prescribir que "la persona que se hallare en las condiciones previstas en las disposiciones legales que establecen el beneficio del silencio administrativo positivo, protocolizará la constancia o copia de que trata el artículo 5° (petición) junto con su declaración jurada de no haberle sido notificada una decisión dentro del término previsto". En esta forma, la escritura y sus copias producirán todos los efectos legales de la decisión favorable que se pidió y es deber de todas las personas y autoridades reconocerla así (art. 42).

En todo caso, tratándose de un acto administrativo tácito declarativo de derechos a favor de los interesados, el acto administrativo producto del silencio positivo es un acto irrevocable por la Administración[325].

Se destaca, además, que en la Ley 30/1992 de Régimen Jurídico de las Administraciones Públicas y del Procedimiento Administrativo Común de 1992, se acogió como principio general la figura del silencio positivo, al disponerse que los interesados podrán entender estimadas por silencio administrativo sus solicitudes en todos los casos, salvo que una norma con rango de Ley o norma de Derecho Comunitario Europeo establezca lo contrario (art. 43.2).

C. La garantía contra la carencia administrativa

Tanto la ficción jurídica del silencio negativo como del silencio positivo, sin duda, se han establecido en el ordenamiento jurídico como garantía de los derechos de los administrados, para que transcurrido un tiempo de inacción puedan ejercer su derecho a la defensa mediante la interposición de los recursos administrativos o contencioso administrativos correspondientes.

Sin embargo, sobre todo en el caso de silencio administrativo negativo en los casos de solicitudes o peticiones, particularmente en materia de procedimientos autorizatorios, es evidente que en la práctica los administrados no obtienen ninguna garantía a sus derechos con que se considere que el silencio de la Administración produce tácitamente rechazo. Al solicitante de un permiso o autorización para realizar una actividad, lo que le interesa obtener es el permiso y nada gana con presumir que se le niega. En este caso ¿cómo va a impugnar el acto tácito denegatorio por vía de recurso, si no hay motivo ni motivación? ¿Cuáles serían los motivos de impugnación?

En realidad, en los casos de abstención o negativa de la Administración a decidir, la verdadera garantía jurídica del administrado estaría en poder exigir al juez que obligue a la Administración a decidir, mediante el ejercicio de un recurso contencioso administrativo, no contra un acto, que no existe, sino contra la carencia de la Administración.

---

325 Art. 331.2 LGAP Costa Rica; el art. 41 CCA Colombia, en cambio, establece diversos supuestos de revocación.

Esta posibilidad nunca se ha aceptado por el sistema contencioso-administrativo francés que requiere la existencia de un acto expreso o tácito para que puedan intentarse los recursos jurisdiccionales.

Sin embargo, al inicio de la aplicación del Tratado de la Comunidad Económica del Carbón y del Acero, y con motivo de la competencia de la Corte de Justicia de las Comunidades Europeas, se creyó encontrar en el artículo 35 del Tratado de la CECA un recurso en carencia, precisamente, contra la abstención o negativa de las Altas Autoridades de la Comunidad de adoptar determinadas decisiones, pero ello no prosperó definitivamente, imponiéndose la tradición francesa[326].

En contraste, sin embargo, en el sistema venezolano de las acciones contencioso-administrativas, además del recurso de anulación y de las demandas contra los entes públicos, se establece expresamente el recurso por abstención o negativa contra las conductas omisivas de la Administración, al atribuirse competencia a los tribunales contencioso administrativos, para:

> "conocer de la abstención o negativa de los funcionarios nacionales, estatales o municipales a cumplir determinados actos a que estén obligados por las leyes, cuando sea procedente, en conformidad con ellas"[327].

Como lo ha precisado la jurisprudencia contencioso-administrativa:

> "el recurso de abstención se inscribe dentro del género de las acciones contencioso-administrativas, cuya característica común es la de permitir el control de la legalidad y la de restablecer los intereses legítimos violados. De modo que es perfectamente posible revisar la legalidad en un procedimiento de un recurso de abstención, cuya finalidad no es la nulidad de actuación alguna, sino la de calificar de legítima o no, una omisión tácita o expresa de la Administración en actuar, para que de resultar ilegal, el Tribunal supla tal abstención o negativa, proveyendo el acto o el trámite omitido o negado... En conclusión, que el recurso de abstención, llamado de carencia, puede intentarse contra una negativa expresa o presunta (inactividad) de la Administración a cumplir un acto.
>
> Lo determinante es, pues, que el fin de la pretensión sea la de lograr por la intervención del Tribunal Contencioso-Administrativo el cumplimiento del acto que la Administración ha dicho que no cumple, o que simplemente se abstiene de cumplir, siempre y cuando el recurrente tenga derecho a ello, y exista la norma que contemple el deber de la Administración de actuar"[328].

El recurso contencioso-administrativo en carencia completa, así, el cuadro de las garantías de los administrados ante la negativa expresa o tácita (inacción) de la Administración a decidir un asunto, cuando la sola presunción de decisión tácita denegatoria o positiva, no satisfaga los derechos o intereses de los administrados.

---

326 *Vid.* Nicola Catalano, *Manual de Derecho de las Comunidades Europeas,* Buenos Aires, 1966, pp. 109-110; J. A. Carrillo Salcedo, *La recepción del Recurso Contencioso-Administrativo en la Comunidad Europea del Carbón y del Acero,* Sevilla, 1958, pp. 43 y ss.

327 Arts. 42.23 y 182.1, Ley Orgánica de la Corte Suprema de Justicia (Venezuela).

328 Sentencia de la Corte Primera de lo Contencioso Administrativo, de 28 de octubre de 1987, *Revista de Derecho Público,* N° 32, Caracas, 1987, p. 118. En sentido similar *Vid.* Sentencia de la misma Corte de 12 de febrero de 1987, *Revista de Derecho Público,* N° 30, Caracas 1987, pp. 158 ss.; y de 19 de febrero de 1987, *Revista de Derecho Público,* N° 29, Caracas, 1987, pp. 142 ss.

2. La globalidad de la decisión y los efectos del principio inquisitivo

Otro principio general relativo a la decisión del procedimiento administrativo se refiere a la obligación que tiene la Administración de decidir todas las cuestiones planteadas en el procedimiento tanto por las partes como de oficio.

En cuanto a las cuestiones planteadas por los interesados, el principio se regula expresamente en la Ley venezolana de Procedimientos Administrativos, al establecer que:

> "El acto administrativo que decida el asunto resolverá todas las cuestiones que hubieren sido planteadas, tanto inicialmente como durante la tramitación" (art. 62) 1.

El principio, además se consagra en la legislación argentina, como un derecho de los administrados "a una decisión fundada" como parte del derecho al "debido proceso adjetivo" (art. 1.f.3).

Pero es evidente que en el curso del procedimiento administrativo, sea que se inicie de oficio o a instancia de parte, en virtud del principio inquisitivo la Administración de oficio, puede establecer determinados elementos no invocados por las partes, sobre los cuales también tiene que versar la decisión. Por ello, la Ley española reguladora del procedimiento administrativo establece que la resolución decidirá no sólo todas las cuestiones planteadas por los interesados, sino también "aquellas otras derivadas del expediente" (art. 89.1).

En este aspecto, sin embargo, el principio del debido proceso exige que esos asuntos no formulados o propuestos por los interesados, para que puedan ser considerados en la decisión, deben haberles sido notificados y debe habérseles asegurado audiencia previa. Así lo establece expresamente la Ley argentina de Procedimiento Administrativo (art. 7.c).

Capítulo II: EL DERECHO A LA DEFENSA Y SUS CONSECUENCIAS

Una de las motivaciones centrales del proceso de codificación del procedimiento administrativo en España y América Latina, sin duda, ha sido la búsqueda de garantizar efectivamente el derecho a la defensa, el cual, como lo ha destacado Michael Stassionopoulos, "es tan viejo como el mundo"[329] y, por tanto, es un derecho inherente a la persona humana. Su formulación jurisprudencial histórica se la sitúa en el famoso *Dr. Bentley's Case* decidido en 1723 por una Corte inglesa, en el cual el Juez Fortescue, al referirse al mismo como un principio de *natural justice,* señaló:

> "*The objection for want of notice can never be got over. The laws of God and men both give the party an opportunity to make his defence, if he has any. I remember to have heard it observed an occasion, that even God himself did not pass sentence upon Adam before he was called upon to make his defence, "Adam (says God) where are thou? Hast thou not eaten of the tree whereof I commanded thee that thou shouldst not eat? And the same question was put to Eve also*"[330].

329 Michael Stassinopoulos, *Le droit de la défense devant les autorités administratives*, París, 1976, p. 50.

330 *Dr. Bentley's case: The King v. The Chancellor, Ec., of Cambridge* (1723), Stra. 557. *Vid.* las referencias en *Cooper v. The Board of Works for Wandsworth District* (1863), 14.C.B. (n.s.) 180, en S. H. Bailey, C. A. Cross y J. F. Garner, *Cases and materials in Administrative Law*, London, 1977, pp. 348-351.

En dicha decisión se resolvió que el *Chancellor* de la Universidad de Cambridge, Dr. Bentley, no podía haber sido desprovisto de sus títulos o grados académicos sin habérsele informado previamente de los cargos formulados en su contra y sin habérsele dado la oportunidad de responderlo[331]. De ahí surgió la formulación judicial del principio del derecho a la defensa en el derecho inglés como uno de los principios de *natural justice,* tan viejo como el mundo.

En el mundo contemporáneo muchas Constituciones consagran el derecho a la defensa como un derecho constitucional[332], pero, aún en ausencia de tales declaraciones, tradicionalmente se lo ha garantizado no solo en la vía jurisdiccional, sino ante la Administración. Se destaca, así la doctrina jurisprudencial del Consejo de Estado iniciada con el *arrêt Tery,* de 20 de junio de 1913 (Rec. 736) dictado también con motivo de la imposición a un profesor de liceo de medidas disciplinarias, sin habérsele asegurado su derecho a ser oído[333].

Ahora bien, en materia de procedimiento administrativo, el derecho a la defensa ha tenido múltiples desarrollos, de manera que, incluso, se habla de "los derechos de la defensa"[334] cuyos principios han sido objeto de una amplia regulación legislativa en las leyes de procedimiento administrativo de España y América Latina. Analizaremos esos principios en primer lugar, y luego estudiaremos la regulación adjetiva más acabada en materia de derecho a la defensa en vía administrativa, a través de los recursos administrativos.

I. ASPECTOS DEL DERECHO A LA DEFENSA

En materia administrativa, con razón, el derecho a la defensa se ha considerado no sólo como una exigencia del principio de justicia, sino también del principio de eficacia, "porque asegura un mejor conocimiento de los hechos, contribuye a mejorar la Administración y garantiza una decisión más justa"[335]. Por supuesto, el aspecto que nos interesa destacar más, es el de las garantías adjetivas establecidas en el ordenamiento jurídico para hacer efectivo dicho derecho a la defensa, debiéndose considerar bajo esta perspectiva, como lo ha expresado la Corte Suprema de Justicia de Venezuela, que:

---

331 *Vid.* E.C.S. Wade y G. Godfrey Philips, *Constitutional and Administrative Law*, London, 1981, p. 599.

332 El art. 68 de la Constitución de Venezuela establece que "La defensa es un derecho inviolable en todo estado y grado del proceso". De acuerdo a la jurisprudencia de la Corte Suprema de Justicia en Sala Político Administrativa, este derecho de defensa "constituye una garantía inherente a la persona humana, y es, en consecuencia, aplicable en cualquier clase de procedimientos que puedan derivar en una condena". Sentencia de 23 de octubre de 1986, *Revista de Derecho Público,* N° 28, Caracas, 1986, pp. 88-89. *Cf.* Sentencia de la Corte Suprema de Justicia en Sala Político Administrativa, de 11 de agosto de 1983, *Revista de Derecho Público*, N° 16, Caracas, 1983, p. 150.

333 M. Long, P. Weil y G. Braibant, *Les grandes arrêts de la jurisprudence administrative*, París, 1978, pp. 119-120.

334 *Vid.* por ejemplo, R. Odent, "*Les droits de la défense*" *Etudes et Documents.* Conseil d'Etat, París, 1953, pp. 50 y ss.

335 Sentencia de la Corte Primera de lo Contencioso Administrativo (Venezuela), de 15 de mayo de 1986, *Revista de Derecho Público,* N° 26, Caracas, 1986, p. 110.

"el derecho a la defensa debe ser considerado no sólo como la oportunidad para el ciudadano encausado o presunto infractor de hacer oír sus alegatos, sino como el derecho de exigir del Estado el cumplimiento previo a la imposición de toda sanción de un conjunto de actos o procedimientos destinados a permitirle conocer con precisión los hechos que se le imputan y las disposiciones legales aplicables a los mismos, hacer oportunamente alegatos en su descargo y promover y evacuar pruebas que obren en su favor. Esta perspectiva del derecho a la defensa es equiparable a lo que en otros Estados de Derecho ha sido llamado como el principio del "debido proceso"[336].

Desde este punto de vista del *due process of law,* el derecho a la defensa en el procedimiento administrativo se desdobla, en las legislaciones positivas de España y América Latina, en los siguientes derechos: derecho a ser notificado, derecho a hacerse parte, derecho a tener acceso al expediente, derecho a ser oído derecho a presentar pruebas y alegatos y derecho a ser informado de los medios de defensa frente a la Administración. Veamos separadamente estas manifestaciones concretas del derecho a la defensa.

1. El derecho a ser notificado

"Todo acto de procedimiento que afecte derechos o intereses de las partes o de un tercero, deberá ser debidamente comunicado al afectado"[337]; Así lo establece expresamente la Ley General de Administración Pública de Costa Rica, y el principio no sólo es válido respecto de la publicación y notificación de los actos administrativos producto del procedimiento, sino de los actos de procedimiento que la Administración adopte en el transcurso del mismo.

La primera manifestación de este derecho a ser notificada se establece en las leyes de procedimiento, como primer paso al iniciarse el mismo. En particular, se consagra el derecho a ser notificado cuando el procedimiento se inicia de oficio, en cuyo caso la autoridad administrativa competente deba notificar a los administrados cuyos derechos subjetivos o intereses legítimos personales o directos pudieran resultar afectados[338], de la existencia de la actuación y el objeto de la misma[339].

Hemos considerado, sin embargo, que el derecho a ser notificado también tiene aplicación en los procedimientos que se inician a instancia de parte, en los cuales puedan resultar afectados otros administrados[340]. Así lo prevé expresamente el Decreto N° 640 de Uruguay, al establecer que:

"si de la petición resulta que la decisión puede afectar derechos o intereses de otras personas, se les notificará lo actuado a efecto de que intervengan en el procedimiento, declarando lo que les corresponda. En caso de comparecer, deberán hacerlo en la misma forma que el peticionario y tendrán los mismos derechos que éste (art. 10).

Asimismo, el Código Contencioso Administrativo de Colombia exige que:

336 Sentencia de 17 de noviembre de 1983, Sala Político Administrativa, *Revista de Derecho Público* N° 16, Caracas, 1983, p. 151.

337 Art. 239 LGAP Costa Rica.

338 Art. 48 LOPA Venezuela.

339 Art. 28 CCA Colombia.

340 *Vid.* en Allan R. Brewer-Carías, *El Derecho Administrativo y la Ley Orgánica de Procedimientos Administrativos*, Caracas, 1985, p. 301.

> "cuando de una petición o de los registros que lleve una autoridad, resulte que hay terceros determinados que pueden estar directamente interesados en las resultas de la decisión, se les citará para que puedan hacerse parte y hacer valer sus derechos... En el acto de citación se dará a conocer claramente el nombre del peticionario y el objeto de la petición (art. 14)".

En cuanto al acto administrativo que resulte del procedimiento, por supuesto, debe ser también notificado a los interesados como condición de eficacia, como ya lo hemos analizado.

2. El derecho a hacerse parte

Además del derecho a ser notificado, el derecho a la defensa en el procedimiento administrativo implica el derecho de todo interesado a hacerse parte en el procedimiento, es decir, cuando éste no se haya iniciado a instancia suya, sino de oficio o a instancia de otra persona, si su interés personal, legítimo y directo o su derecho subjetivo puede resultar lesionado, afectado o satisfecho en el procedimiento[341].

Este derecho a hacerse parte implica el derecho a apersonarse en el procedimiento, en cualquier estado en que se encuentre la tramitación y siempre que en el mismo no hubiese recaído resolución definitiva.

3. El derecho de acceso al expediente administrativo

La tercera de las manifestaciones del derecho a la defensa es el derecho de los interesados a tener acceso al expediente[342]. Este derecho tiene varias manifestaciones en la legislación sobre procedimientos administrativos.

En primer lugar, como lo establecía la Ley española de Procedimiento Administrativo de 1958, los interesados en un procedimiento administrativo tienen derecho a conocer, en cualquier momento, el estado de la tramitación del expediente, recabando la oportuna información de las oficinas correspondientes (art. 62).

En segundo lugar, el derecho a tener acceso al expediente administrativo exige, como garantía, el derecho a la unidad del expediente administrativo, en el sentido de que éste físicamente debe ser uno solo.

Por ello el principio establecido en el artículo 31 de la Ley Orgánica de Procedimientos Administrativos de Venezuela, en cuanto a la obligación impuesta a la Administración de que:

> "de cada asunto se formará expediente y se mantendrá la unidad de éste y de la decisión respectiva, aunque deba intervenir en el procedimiento oficinas de distintos Ministerios o Institutos Autónomos (art. 31).

Agrega dicha Ley que:

> "iniciado el procedimiento se procederá a abrir expediente en el cual se recogerá toda la tramitación a que dé lugar el asunto. De las comunicaciones entre las distintas autoridades, así como de las publicaciones y notificaciones que se realicen, se anexará copia al expediente".

---

341 Art. 275 LGAP Costa Rica.
342 Art. 216 LGAP Costa Rica.

En tercer lugar, como lo establece la Ley Orgánica de Procedimientos Administrativos de Venezuela, los interesados y sus representantes tienen el derecho de examinar en cualquier estado o grado del procedimiento el expediente administrativo en su totalidad (art. 59). Se exceptúa sin embargo, el supuesto ya comentado de los documentos calificados como confidenciales por el superior jerárquico, los cuales, en consecuencia, pueden ser archivados en cuerpos separados del expediente[343].

En cuarto lugar, el derecho de tener acceso al expediente implica también el derecho de los interesados de leer y copiar cualquier documento contenido en el expediente. Así como de pedir copia certificada del mismo[344].

4. El derecho a ser oído (audiencia del interesado)

Además del derecho a ser notificado, a hacerse parte y a tener acceso al expediente administrativo, la manifestación más importante del derecho a la defensa es el derecho a ser oído, a cuyo efecto la Administración antes de decidir un asunto que pueda afectar derechos o intereses de un administrado, debe darle audiencia. Es el principio conocido como *audi alteram partem*, que en materia administrativa significa la obligación para la Administración de oír previamente a los interesados[345].

El principio general en la materia lo enuncia la Ley argentina de Procedimientos Administrativos al regular el derecho de los interesados al debido proceso adjetivo y establecer, como parte del mismo, la posibilidad "de exponer las razones de sus pretensiones y defensas antes de la emisión de actos que se refieran a sus derechos subjetivos o intereses legítimos" (art. l.f.l)[346]. Ahora bien, algunas legislaciones regulan la oportunidad para que se verifique esta audiencia al interesado. En el caso de la Ley española de Procedimiento Administrativo se prescribe que el acto de audiencia debe tener lugar una vez instruidos los expedientes e inmediatamente antes de redactarse la propuesta de resolución.

A tal efecto, deben ponerse de manifiesto los expedientes a los interesados para que, en un plazo no inferior a diez días ni superior a quince, aleguen y presenten los documentos y justificaciones que estimen pertinentes (art. 84.1).

En el caso de la Ley Orgánica de Procedimientos Administrativos de Venezuela, en cambio, la audiencia del interesado debe realizarse al inicio del procedimiento, inmediatamente después de su apertura, lo cual evidentemente es inconveniente, pues el expediente aún no ha sido instruido. En realidad, la audiencia de los interesados, para que tenga sentido el ejercicio de su derecho a ser oído, debe producirse una vez que la instrucción del asunto ha terminado y todos los documentos relativos al mismo están en el expediente.

---

343 Art. 273 LGAP Costa Rica; art. 59 LOPA Venezuela; art. 41 Decreto 640 Uruguay; art. 19 Ley 57, 1985, Colombia.

344 Art. 59 LOPA Venezuela; art. 272 LGAP Costa Rica; art. 42 Decreto 640 Uruguay.

345 *Vid.* M. Stassinopoulos, *op. cit.*, p. 159.

346 El art. 35 CCA Colombia exige que la decisión se adopte sólo "habiéndose dado oportunidad a los interesados para expresar sus opiniones".

Sin embargo, dicha Ley establece que ordenada la apertura del procedimiento, se debe notificar a los particulares cuyos derechos subjetivos o intereses legítimos, personales y directos puedan resultar afectados, concediéndoles un plazo de 10 días para que expongan sus pruebas y aleguen sus razones (art. 48) .

Ahora bien, dado el principio del informalismo del procedimiento, el hecho de que el interesado no concurra al llamado a audiencia en el lapso indicado no le impide apersonarse en cualquier estado del procedimiento y formular los alegatos correspondientes. Es decir, los lapsos prescritos no tienen carácter preclusivo para los administrados, y su derecho a hacerse oír pueden ejercerlo en cualquier momento, por supuesto antes de que se adopte la decisión.

Por otra parte, hemos señalado que conforme a lo establecido en la Ley argentina de Procedimientos Administrativos, la Administración debe decidir todos los asuntos que surjan en el expediente, por lo que si algunos de esos asuntos no alegados por las partes son considerados de oficio por la Administración, deben ser decididos previa audiencia del interesado (art. 7.c). El mismo principio podría señalarse en el caso de las legislaciones que prevén la audiencia del interesado al inicio del procedimiento: si en el curso de la instrucción del expediente, surgen otros elementos no alegados por el interesado pero que afecten sus derechos o intereses, la Administración debe comunicárselos antes de decidir, para asegurarle su derecho a la defensa.

La audiencia del interesado puede ser un acto oral y privado como lo establece la Ley General de la Administración Pública de Costa Rica (arts. 218 y 309), en cuyo caso, el derecho a la defensa se debe ejercer por el administrado en forma razonable, pudiendo la Administración limitar la intervención del interesado a lo "prudentemente necesario" (art. 220).

En todo caso, la audiencia del interesado debe materializarse en una defensa en forma escrita, a los efectos de que se incorpore al expediente. El acto de la audiencia al interesado, por supuesto, debe realizarse en presencia de la autoridad que debe decidir el asunto, y el interesado, puede estar asistido de abogado, como manifestación del derecho de todo interesado de escoger los medios de su defensa[347]. La Ley argentina de Procedimientos Administrativos, además, en caso de representación del interesado por quienes no sean abogado, exige la asistencia obligatoria de un abogado en los casos en que se planteen o debatan cuestiones jurídicas (art. 1.f.1).

Ahora bien, es evidente que la audiencia del interesado no es una exigencia que deba cumplirse formalmente en todo tipo de procedimiento. En la tipología de procedimientos que hemos mencionado, que distingue entre procedimientos declarativos, ablatorios, concesorios y autorizatorios, por supuesto, la audiencia formal de los interesados se impone en los procedimientos ablatorios cuya consecuencia es la eliminación o restricción de los derechos de los afectados. En tal sentido, la jurisprudencia contencioso administrativa en Venezuela ha formulado el siguiente criterio respecto de un tipo de los procedimientos ablatorios, es decir, los sancionatorios:

> "La audiencia del interesado, como actuación procedimental, es necesaria y esencial en los procedimientos denominados sancionatorios, por cuanto en estos casos la Administración impone, mediante la audiencia del interesado, formalmente al administrado de la existencia de un procedimiento en su contra que tiene como causa una presunta actuación ilícita de éste y de que de esta-

347 Art. 220 LGAP Costa Rica.

blecer su veracidad le acarrearía una sanción. Ahora bien, en los procedimientos autorizatorios por el contrario, el impulso procesal lo tiene el administrado; la Administración va a resolver una petición, una exigencia del particular, por lo cual, no se hace necesario la audiencia del interesado. En estos procedimientos no se afecta con su omisión el derecho a la defensa, por cuanto el procedimiento ordinariamente se inicia a instancia del interesado, y el pronunciamiento tendrá en caso de ser favorable, un contenido beneficioso para el administrado"[348].

Sin embargo, como se ha señalado, aún en los supuestos de procedimientos autorizatorios, si por ejemplo, en el curso de los mismos surge alguna oposición de parte de otros interesados, en esos supuestos, la Administración debe asegurar el derecho a la defensa, dándole audiencia al interesado solicitante.

Así se regula expresamente en el art. 34 del Decreto N° 640 de Uruguay al disponerse que:

> "Terminada la instrucción o vencido el término de la misma, cuando de los antecedentes resulte que pueda recaer una decisión contraria a la petición formulada, o se hubiere deducido oposición, deberá darse vista por el término de diez días a la persona o personas a quienes el procedimiento se refiera".

En todo caso, es en los procedimientos sancionatorios en los cuales el trámite de audiencia al interesado es más riguroso. Se destaca, así, la exigencia que establecía la derogada Ley española de Procedimiento Administrativo de que en dichos procedimientos debía formularse un "*pliego de cargos*" en el que se debían exponer los hechos imputados, el cual debía ser notificado a los interesados para que en un plazo de 8 días pudieran contestarlos (art. 136).

Con posterioridad, contestado el pliego de cargos o transcurrido el plazo para hacerlo, el funcionario instructor debía formular una propuesta de resolución que debía notificarse a los interesados, para que éstos en un plazo de 8 días, pudieran alegar cuanto considerasen conveniente a su defensa (art. 137).

El mismo principio lo regula expresamente el Decreto N° 640 de Uruguay en los procedimientos administrativos seguidos de oficio, "con motivo de la aplicación de sanciones o de la imposición de un perjuicio a determinado administrado" en cuyo caso no debe dictarse resolución sin previa audiencia al interesado para que pueda articular su defensa (art. 40).

5. El derecho de formular alegaciones y de probar

La consecuencia fundamental del derecho a ser oído, como manifestación del derecho a la defensa, es el derecho de los interesados a formular alegatos y defensas, y a presentar pruebas, lo que, por supuesto, no solo puede ocurrir en el acto de la audiencia al interesado, sino en cualquier momento en el curso del procedimiento[349].

La Ley española de Procedimiento Administrativo era absolutamente precisa en formular este derecho a presentar alegaciones al establecer que:

---

348 Sentencia de la Corte Primera de lo Contencioso Administrativo (Venezuela), de 7 de julio de 1988, *Revista de Derecho Público* N° 35, Caracas, 1988, p. 91.

349 Art. 217 LGAP Costa Rica.

"los interesados podrán en cualquier momento del procedimiento y siempre con anterioridad al trámite de audiencia, aducir alegaciones que serán tenidas en cuenta por el órgano competente al redactar la correspondiente propuesta de resolución" (art. 83).

En consecuencia, en cualquier estado del procedimiento, y por supuesto en el acto de la audiencia del interesado, éste puede presentar para que sean agregados al expediente, todos los escritos y alegatos que estime convenientes para la aclaración del asunto y ejercer su defensa[350].

Además, en el procedimiento administrativo, el interesado tiene el derecho de presentar pruebas, como lo dice el Código Contencioso Administrativo de Colombia, "sin requisitos ni términos especiales" (art. 34), admitiéndose en general, todos los medios de prueba establecidos en el derecho privado y procesal civil y criminal[351]. Algunas legislaciones, como la española, sin embargo, prescriben un período de pruebas que debe ser abierto por el funcionario competente, durante el cual deben practicarse las que se juzguen pertinentes; imponiéndose a la Administración la obligación de notificar a los interesados, con antelación suficiente, del inicio de las operaciones necesarias para la realización de las pruebas que hubiesen sido admitidas (arts. 80 y 81).

Hemos señalado además, que conforme al principio inquisitivo, la prueba en el procedimiento administrativo, básicamente es una carga para la propia Administración debiendo ésta verificar y probar de oficio, los hechos. Sin embargo, en estos casos, las pruebas que formule la Administración deben ser informadas a los interesados, quienes como lo establece expresamente la Ley argentina de Procedimientos Administrativos, "podrán presentar alegatos y descargos una vez concluido el período probatorio" (art. 1.f.1).

Por último, debe señalarse que en relación a las pruebas solicitadas por los interesados, si su realización implica gastos que no deba soportar la Administración, éstos deben ser costeados por los interesados pudiendo la Administración, incluso, exigir un pago anticipado de los mismos a reserva de la liquidación definitiva una vez practicada la prueba[352].

6. El derecho de recurrir

El último aspecto del derecho a la defensa, es el derecho a impugnar o atacar los actos administrativos como resultado del procedimiento, lo que implica otros derechos del interesado.

En primer lugar, el derecho a la defensa mediante el ejercicio de recursos, implica el derecho a que la decisión sea debidamente fundada, en el sentido de que debe haber expresa consideración de los argumentos y cuestiones propuestas en el procedimiento administrativo[353]; y además, por supuesto, que la decisión sea motivada. El derecho a la defensa, por tanto, está íntimamente vinculado al derecho a la motivación de los actos

---

350 Art. 32 LOPA Venezuela.

351 Art. 80 Ley 30/1992 España; art. 58 LOPA Venezuela; art. 1° f.2 LPA Argentina; art. 298 LGAP Costa Rica.

352 Art. 81.3 Ley 30/1992 España; art. 299 LGAP Costa Rica.

353 Art. 1° f.3 LPA Argentina; art. 18.5 LOPA Venezuela.

administrativos, condición indispensable para que pueda tener efectividad. Como lo ha señalado la jurisprudencia contencioso-administrativa venezolana:

> "El derecho a la defensa en el procedimiento administrativo está íntimamente vinculado al derecho a la motivación, porque el conocimiento oportuno de los motivos de la acción administrativa es lo que puede determinar la eficacia y acierto de las decisiones que se dicten, su correcta adecuación al derecho objetivo y el debido equilibrio entre los intereses públicos y particulares involucrados en la decisión a iniciativa de los interesados. Basta, por lo tanto, con que el acto administrativo no esté debidamente motivado, para que se considere que tácitamente ha existido indefensión de los particulares que han podido oponerse a la decisión, antes de que ésta llegue a afectar sus intereses legítimos, personales y directos, y de allí la necesidad de hacer referencia también a las razones que han sido alegadas entre los requisitos de la motivación".[354]

Sin motivación de los actos administrativos, por tanto, no habría posibilidad real de ejercer el derecho de la defensa mediante el ejercicio de recursos contra los mismos, es decir, el derecho a recurrir sería nugatorio.

En segundo lugar, el derecho a recurrir implica el derecho a ser informado de los recursos que proceden contra el acto administrativo y sus lapsos. Como lo indica el Código Contencioso Administrativo de Colombia, en el texto de la notificación o publicación del acto administrativo, "se indicarán los recursos que legalmente proceden contra las decisiones de que se trate, las autoridades antes quienes deben interponerse y los plazos para hacerlo"[355].

Por último, por supuesto, el derecho a recurrir como medio de defensa contra los actos administrativos, exige la previsión formal de medios de recursos administrativos, es decir, que puedan formularse ante la propia Administración. Ello nos conduce a estudiar el régimen de los recursos administrativos, como procedimiento de impugnación de los actos administrativos.

II. EL RÉGIMEN DE LOS RECURSOS ADMINISTRATIVOS

1. El procedimiento de revisión de los actos administrativos

El procedimiento administrativo, en general, se desarrolla en dos fases, en primer lugar, el procedimiento constitutivo de los actos administrativos, tendiente a la formación y emisión de los mismos; y en segundo lugar, el procedimiento de revisión de los actos administrativos que se desarrolla una vez que estos se dictan, y que tiene por objeto ratificarlos, corregirlos, reformarlos o modificarlos, revocarlos o anularlos.

Este procedimiento de revisión puede iniciarse de oficio o a instancia de parte, en este último caso mediante el ejercicio, por los interesados, de los recursos administrativos de reconsideración, jerárquico o de revisión.

En cuanto a la revisión de oficio de los actos administrativos y antes de analizar los principios relativos a los recursos administrativos en España y América Latina, debe-

354 Sentencia de la Corte Primera de lo Contencioso Administrativo (Venezuela), de 14 de marzo de 1988, *Revista de Derecho Público* N° 34, Caracas, 1988, p. 86.

355 Art. 47 CCA Colombia; art. 73 y 74, LOPA Venezuela.

mos destacar las regulaciones más importantes establecidas en las leyes de procedimiento administrativo, pues si bien la Administración puede iniciarlos *motu propio*, puede haber también requerimientos de los interesados, es decir, instancia de parte.

El primer supuesto de revisión de oficio de los actos administrativos se refiere a la posibilidad que tiene la Administración siempre, de modificar los actos administrativos de efectos generales, es decir, los actos normativos o reglamentarios. Estos, por tanto, pueden ser reformados o derogados, dadas las características de generalidad e impersonalidad de las situaciones jurídicas que regulan. Por supuesto, estas modificaciones pueden también ser solicitadas por los interesados, en virtud "del derecho de petición en interés general" como lo califica el Código Contencioso Administrativo de Colombia (arts. 5 a 8).

En segundo lugar, las leyes de procedimientos administrativos prevén la posibilidad para la Administración en cualquier momento, de corregir o rectificar los errores materiales, de hecho, de cálculo, o los aritméticos en que se hubiere incurrido en la configuración de los actos administrativos[356]. Los interesados, por supuesto, también pueden solicitar esta revisión de los actos administrativos.

En tercer lugar, como ya hemos señalado los actos administrativos que no originen derechos subjetivos o intereses legítimos, personales o directos a favor de particulares, pueden ser revocados en cualquier momento por la Administración, sea por la misma autoridad que los dictó o por el superior jerárquico[357]. Esta decisión también puede adoptarse de oficio o a petición de parte.

Por último, en cuarto lugar, la Administración puede "de oficio o a instancia de parte", reconocer o declarar la nulidad absoluta de los actos administrativos, en los casos enumerados en las leyes de procedimiento administrativo. Así se establece expresamente, por ejemplo, en las legislaciones española (art. 102.1), venezolana (art. 83), argentina (art. 17) y de Costa Rica (art. 174).

Es de destacar que en este último caso, el hecho de que las leyes mencionadas permitan expresamente iniciar a instancia de parte este procedimiento de revisión de los actos administrativos en los casos de vicios de nulidad absoluta, pone de manifiesto la existencia efectiva de un "recurso administrativo" específico, cuyo objetivo es el pedir la declaración de nulidad absoluta de un acto administrativo conforme a los casos taxativamente enumerados en las leyes, pero con la especialísima característica de que la petición puede formularse en cualquier momento, sin que exista lapso de caducidad alguno. Esto conlleva consecuencias importantes, en cuanto a la posterior recurribilidad de los actos administrativos nulos, de nulidad absoluta, en vía judicial.

En efecto, si en cualquier momento se puede requerir de la Administración que reconozca y declare la nulidad absoluta de los actos administrativos, aún cuando estos estén firmes, ello significa que la instancia del interesado abre siempre la posibilidad de emisión de un nuevo acto administrativo que declare o no la nulidad absoluta, contra el cual puede, en definitiva, ejercerse los recursos jurisdiccionales contencioso-administrativos que procedan. Por ello, en consecuencia, ante actos administrativos viciados de nulidad absoluta, siempre será posible obtener una revisión judicial de los mismos.

356 Art. 105.2 Ley 30/1992 España; art. 157 LGAP Costa Rica; art. 84 LOPA Venezuela.

357 Art. 82 LOPA Venezuela; art. 18 LPA Argentina.

2. Los diversos recursos administrativos

Ahora bien, aparte de estos medios de revisión de oficio de los actos administrativos, que también admiten instancia de parte interesada, las leyes de procedimiento administrativo han regulado específicamente los recursos administrativos como vías formales de petición puestas a disposición de los interesados para la revisión de los actos administrativos en sede administrativa.

En general, estos recursos administrativos, aún cuando con denominaciones variadas, son tres: el recurso de reconsideración, el recurso jerárquico y el recurso de revisión. Los dos primeros se consideran recursos ordinarios y el último extraordinario[358].

A. El recurso de reconsideración

El recurso de reconsideración[359], de reposición[360], de revocatoria[361] o de revocación[362], denominado además, en el derecho francés, como "recurso gracioso"[363], es la vía formal de petición puesta a disposición de los administrados para solicitar de la misma autoridad que adoptó una decisión, que la reconsidere, revise, modifique o revoque.

Se trata del recurso administrativo más común y generalizado, cuyo fundamento está en los poderes de auto-tutela de la Administración. Por ello, este recurso procede siempre, cualquiera que sea la jerarquía del funcionario que adoptó la decisión.

B. El recurso jerárquico

El recurso jerárquico[364], de apelación[365] o de alzada[366], es el medio formal de impugnación de los actos administrativos tendiente a obtener la revisión de los mismos, por el superior jerárquico de la organización a la cual pertenece el autor del acto atacado. Con este recurso se ponen en marcha los poderes de dirección y control del superior jerárquico y las propias relaciones de jerarquía entre los órganos administrativos.

El recurso jerárquico, por tanto, en principio no procede en relaciones interorgánicas de tutela, como las que vinculan la Administración Descentralizada con los órganos de la Administración Central, salvo en casos anormales en los cuales el denominado "recurso de tutela" en el derecho francés[367] se lo ha asimilado impropiamente al recurso jerárquico como ha sucedido en Venezuela[368].

---

358 Art. 343 LGAP Costa Rica.
359 Art. 94 LOPA Venezuela; art. 84 Reglamento LNPA Argentina.
360 Art. 50.1 CCA Colombia; art. 116 Ley 30/1992 España.
361 Art. 345 LGAP Costa Rica.
362 Art. 120 D 640 Uruguay.
363 G. Isaac, *La Procédure Administrative non contentieuse*, París, 1968, p. 622.
364 Art. 94 LOPA Venezuela; art. 89 Reglamento LNPA Argentina.
365 Art. 50.2 CCA Colombia.
366 Art. 114 Ley 30/1992 España; art. 350 LGAP Costa Rica.
367 G. Isaac, *op. cit.*, p. 624.
368 Art. 96 LOPA Venezuela

Normalmente, el recurso jerárquico intentado ante el superior jerárquico de la organización tiene como resultado poner fin a la vía administrativa y en consecuencia, queda abierta la vía contencioso-administrativa.[369]

C. El recurso de revisión

Además de los recursos de reconsideración y jerárquico que son los ordinarios en el procedimiento administrativo, las legislaciones de España y América Latina establecen un tercer tipo de recurso, de carácter extraordinario, denominado de revisión. Se intenta también ante el superior jerárquico pero se distingue del recurso jerárquico no sólo por los motivos de impugnación, sino porque procede contra los actos firmes precisamente por no haber sido impugnados oportunamente mediante los recursos ordinarios.

De acuerdo a lo establecido en la Ley española reguladora del procedimiento administrativo (art. 118) y en la Ley General de Administración Pública de Costa Rica (art. 353), este recurso de revisión contra actos administrativos firmes se puede intentar ante el Ministro, cuando concurran las siguientes circunstancias:

1. Que al dictarlo se hubiere incurrido en manifiesto error de hecho, que resulta de los propios documentos incorporados al expediente.
2. Que aparezcan documentos de valor esencial para la resolución del asunto ignorados al dictarse la resolución o de imposible aportación entonces al expediente.
3. Que en la resolución hayan influido esencialmente documentos o testimonios declarados falsos por sentencia judicial firme anterior o posterior a aquella resolución, siempre que en el primer caso, el interesado desconociere la declaración de falsedad.
4. Que la resolución se hubiese dictado como consecuencia de provocación, cohecho, violencia u otra maquinación fraudulenta y se haya declarado así en virtud de sentencia firme judicial.

En el primer supuesto, conforme a la legislación española, el recurso de revisión debe interponerse dentro de los 4 años siguientes a la fecha de la notificación del acto administrativo impugnado; en los demás casos, el plazo es de 3 meses a contar del descubrimiento de los documentos o desde que quedó firme la sentencia judicial (art. 118).[370] En Venezuela[371] y Argentina[372] se prevén regulaciones similares respecto del recurso de revisión también, como recurso extraordinario.

3. Principios del procedimiento respecto de los recursos administrativos

En relación a los recursos administrativos, particularmente respecto de los recursos ordinarios, las leyes de procedimiento administrativos de España y América Latina han consagrado una serie de principios generales que se refieren a las condiciones de admisibilidad, al objeto de los recursos, al motivo de los mismos, a sus aspectos procedimentales, y a la decisión de los recursos.

---

369 Art. 93 LOPA Venezuela; art. 114.2 Ley 30/1992 España

370 En la LGAP Costa Rica, los lapsos son de 1 año y 3 meses respectivamente, art. 354.

371 Arts. 97 y 98 LOPA Venezuela.

372 Art. 22 LPA Argentina.

A. Condiciones de admisibilidad

Como medios formales de impugnación de los actos administrativos, los recursos administrativos están sometidos a una serie de condiciones de admisibilidad concernientes a la legitimación, a las formalidades, al lapso de interposición y al cumplimiento de algunas actuaciones previas.

En cuanto a la legitimación, contrariamente al principio del derecho Francés, donde la admisibilidad de los recursos administrativos no está directamente sometido a condición de capacidad ni de interés alguno[373], invariablemente las leyes de procedimientos administrativos conceden estos recursos a los interesados, cuando el acto lesione sus derechos subjetivos o intereses legítimos personales y directos[374].

Las leyes de procedimiento administrativo también regulan condiciones de forma para la admisibilidad de los recursos, contrariamente al principio en el derecho francés[375], exigiendo que se intenten por escrito con las mismas indicaciones requeridas para las solicitudes o peticiones,[376] al punto que en algunas legislaciones, como la venezolana y la colombiana, se establece que los recursos que no llenen los requisitos exigidos, no serán admitidos, mediante resolución motivada notificada al interesado.[377] Sin embargo, en cuanto a las formalidades, el principio del informalismo es el que está consagrado en general, de manera que basta para la correcta formulación que del texto del escrito se infiera claramente la petición,[378] no siendo obstáculo para la tramitación del recurso, el error en su calificación[379].

Los recursos administrativos ordinarios, por otra parte, al contrario de la situación en Francia[380], en las legislaciones de España y América Latina están sometidos a lapsos de caducidad precisos, contados en días, en general, de hasta 15 días[381]. El vencimiento del lapso para la interposición de los recursos administrativos, produce la firmeza del acto y por tanto, su inimpugnabilidad.

Por último, en cuanto a las condiciones de admisibilidad de los recursos, en algunos casos las legislaciones exigen que para intentarse el recurso jerárquico necesariamente debe interponerse, previamente el recurso de reconsideración, como sucede en Venezuela[382], aún cuando ello es excepcional[383]. En algunos casos también se establece el principio *solve et repete* como condición de admisibilidad, aún cuando regulado en leyes especiales. El Código Contencioso-Administrativo de Colombia, sin embargo, dentro de los requisitos de los recursos administrativos dispone, entre ellos, que el recurrente debe "acreditar el pago o el cumplimiento de lo que el recurrente reconoce deber" (art. 52.5).

---

373 *Vid.* G. Isaac, *op. cit.*, p. 626.

374 Art. 85 LOPA Venezuela; art. 107 Ley 30/1992 España art. 52 CCA Colombia, art. 127 D 640 Uruguay.

375 *Vid.* G. Isaac, *op. cit.*, p. 626.

376 Art. 86 LOPA Venezuela; art. 107 Ley 30/1992 España; art. 52.1 CCA Colombia.

377 Art. 86 LOPA Venezuela: art. 53 CCA Colombia

378 Art. 347 LGAP Costa Rica

379 Art. 110.2 Ley 30/1992 España

380 G. Isaac, *op. cit.*, pp. 626-635

381 Art. 114.2 Ley 30/1992 España; art. 51 CCA Colombia; arts. 94 y 95 LOPA Venezuela; art. 346 LGAP Costa Rica.

382 Art. 95 LOPA Venezuela.

383 Art. 89 Reglamento LPA Argentina.

B. Objeto de los recursos

En general, los recursos administrativos ordinarios sólo pueden interponerse contra los actos de efectos particulares[384] que sean definitivos y que no sean firmes por no haberse vencido los lapsos previstos para su interposición. La exigencia de que el acto administrativo recurrido sea un acto definitivo es general en la legislación española y latinoamericana[385], quedando definido el acto definitivo en el Código Contencioso Administrativo de Colombia como los "que ponen fin a una actuación administrativa, los que deciden directa o indirectamente el fondo del asunto" (art. 50).

En consecuencia, el acto administrativa de trámite, en principio, no puede ser objeto de un recurso administrativo[386] salvo que determinen la imposibilidad de continuar el procedimiento, cause indefensión o prejuzgue como definitiva[387], en cuyo caso si puede ser impugnado en vía administrativa.

Por otra parte, en particular respecto de los recursos jerárquicos, éstos obviamente no proceden contra los actos administrativos que agoten la vía administrativa; y en algunos casos, como en la Legislación de Venezuela, el objeto de un recurso jerárquico sólo puede ser un acto administrativa que resuelva un recurso de reconsideración[388].

Por último, debe mencionarse que en general, las leyes de procedimiento administrativos de España y América Latina, admiten el ejercicio de los recursos administrativos contra los actos tácitos denegatorios que resulten del silencio administrativo, con excepción del Código de Colombia que establece que "contra los actos presuntos, provenientes del silencio administrativo, no procederá ningún recurso por la vía gubernativa".[389]

C. Motivos de los recursos

Dejando a salvo el recurso de revisión que está condicionado a determinados motivos expresamente establecidos, en general, los recursos administrativos pueden fundamentarse en motivos de ilegalidad, como lo dice la Ley española reguladora del procedimiento administrativo, "en cualquiera de los motivos de nulidad o anulabilidad" previstos en la Ley (Arts. 62 y 63), o como lo decía la derogada Ley de Procedimientos Administrativos de 1958, "incluso la desviación de poder" (art. 115.1); y además, en motivos de mérito, es decir, de oportunidad y conveniencia[390].

---

384 Expresamente el Código Contencioso Administrativo de Colombia prescribe que "no habrá recurso contra los actos de carácter general" (art. 49). En sentido similar art. 107.3 Ley 30/1992 España.

385 Art. 114 Ley 30/1992 España; art. 85 LOPA Venezuela; arts. 84 y 89 Reglamento LPA Argentina; art. 50 CCA Colombia; art. 342 LGAP Costa Rica.

386 El art. 342 LGAP Costa Rica, al contrario prevé los recursos en general "contra las resoluciones de mero trámite o incidentales o finales".

387 Art. 107 Ley 30/1992 España; art 49 y 50 CCA Colombia; art. 85 LOPA Venezuela: art. 345 LGAP Costa Rica.

388 Art. 95 LOPA Venezuela.

389 Art. 40 CCA Colombia.

390 Razones de "inconformidad" conforme al art. 59 CCA Colombia, *Vid.* Allan R. Brewer-Carías, *op. cit.* p. 336.

De allí la diferencia entre los recursos administrativos y los contencioso-administrativos que sólo proceden fundados en motivos de ilegalidad.[391]

D. Aspectos procedimentales

Desde el punto de vista procedimental, diversos aspectos son características del trámite de los recursos administrativos, conforme al cual, tal como lo establece la Ley española de Procedimiento Administrativo, su interposición "no suspenderá la ejecución del acto impugnado" (art. 116). Igual principio se establece en la legislación venezolana[392]. Al contrario, el principio de los efectos suspensivos se establece expresamente en la legislación de Colombia.[393]

En todo caso, aún, en los casos en los cuales se establece el efecto no suspensivo de los recursos, la legislación siempre atribuye a la autoridad administrativa la potestad de suspender los efectos del acto recurrido, de oficio o a instancia de parte, cuando la ejecución del acto recurrido pueda causar "perjuicios de imposible o difícil reparación" o "perjuicio grave o irreparable en caso de revocarse ulteriormente el acto atacado"[394], y cuando para impugnar el acto, se aleguen motivos de nulidad absoluta[395].

Por otra parte, siendo los recursos administrativos vías formales para impugnar los actos administrativos como garantía para el ejercicio del derecho de defensa frente a los mismos, es evidente que en el procedimiento administrativo que se desarrolla para su resolución, la Administración debe asegurar el derecho de defensa de los interesados. Por ello, la legislación del Uruguay, por ejemplo, establecen expresamente que interpuesto un recurso contra un acto administrativo que reconociere un derecho, debe asegurarse la intervención en el procedimiento a los interesados en que el acto se mantenga, a cuyo efecto debe notificárseles a fin de que aleguen y presenten los documentos y justificaciones que estimen pertinentes[396].

En materia procedimental se destaca, además, el carácter preclusivo que algunas legislaciones asignan a los recursos administrativos, en el sentido de que, como lo establece la Ley venezolana de Procedimientos Administrativos:

> "Interpuesto el recurso de reconsideración o el jerárquico, el interesado no podrá acudir ante la jurisdicción de lo contencioso administrativo, mientras no se produzca la decisión respectiva o no se venza el plazo que tenga la Administración para decidir" (art. 92).

Transcurrido este lapso, la Administración puede decidir, pero conforme al Código Contencioso Administrativo de Colombia, ello no puede suceder pues "el silencio negativo implica pérdida de la competencia de la Administración para resolver los recursos" (art. 59).

Por último, en cuanto a los aspectos procedimentales, las leyes de procedimiento administrativos de España y América Latina en general establecen lapsos para que la Ad-

---

391 *Vid.* G. Isaac, *op.cit.* 627.

392 Art. 87 LOPA Venezuela.

393 Art. 55 CCA Colombia.

394 Art. 104 Ley 30/1992 España; art. 87 LOPA Venezuela; art. 125 D 640 Uruguay.

395 Así lo disponía el Art. 116 de la Ley española de Procedimientos Administrativos de 1958. Igualmente, art. 87 LOPA Venezuela.

396 Art. 128 D 640 Uruguay.

ministración decida los recursos administrativos, consagrando el principio del silencio administrativo negativo en el sentido de que transcurrido el lapso de decisión se entenderá como rechazado el recurso[397] sin que ello exima a la autoridad administrativa de su obligación de decidir[398].

E. La decisión del recurso

Aparte de los supuestos de decisión tácita denegatoria producto del silencio administrativo negativo, la decisión de los recursos debe ser expresa, y en ello la Administración está obligada a "resolver todos los asuntos que se sometan a su consideración dentro del ámbito de su competencia o que surjan con motivo del recurso aunque no hayan sido alegados por los interesados". Así lo establecen expresamente las leyes de España y Venezuela[399].

La decisión, por tanto, debe resolver todas las cuestiones de legalidad o conveniencia[400] aducidas por el recurrente y los interesados o que surgen en el curso del procedimiento, y como resultado de ello, el órgano competente para decidir, como lo establece la Ley venezolana de Procedimientos Administrativos, siguiendo la legislación española de 1958 (art. 124), podrá

> "confirmar, modificar o revocar el acto impugnado, así como ordenar la reposición en caso de vicios en el procedimiento sin perjuicio de la facultad de la Administración para convalidar los actos anulables" (art. 90)[401].

Ahora bien, el carácter inquisitivo y contradictorio del procedimiento administrativo, y por tanto, la obligación que tiene la Administración de decidir todas las cuestiones que surjan en el procedimiento, sea de oficio o formuladas por quienes en él intervengan, y no sólo lo planteado en el recurso, plantea el problema de determinar si la *reformatio in pejus* es o no admisible en la decisión de los recursos administrativos.

En efecto, en el campo procesal, puede decirse que rige el principio de la prohibición de la *reformatio in pejus*, lo que significa que el Tribunal *ad quem*, al decidir, no puede modificar el fallo del inferior en perjuicio del propio apelante si la contraparte, a su vez, no apeló la sentencia del *a quo*[402].

Ese principio, por supuesto, es una consecuencia del carácter dispositivo del proceso civil, que no se da en los mismos términos en el procedimiento administrativo, dado su carácter inquisitivo.

Por tanto, en general se puede señalar ante todo, que la prohibición de la *reformatio in pejus* no se plantea como principio, en los casos en los cuales el recurso administrativo se funda en motivos de legalidad o en los casos en los cuales con motivo del ejercicio de un recurso por razones de mérito surgen, de oficio, cuestiones de ilegalidad. La Ley

397 Art. 115.2 Ley 30/1992 España; art. 60 CCA Colombia; art. 352 LGAP Costa Rica; art. 91, 94 y 95 LOPA Venezuela; art. 121 D 640 Uruguay; art. 87 Reglamento LPA Argentina.

398 Art. 122 D 640 Uruguay.

399 Art. 119.2 Ley 30/1992 España; art. 89 LOPA Venezuela.

400 Art. 89 LOPA Venezuela.

401 En sentido similar, art. 351.3 LGAP Costa Rica.

402 *Vid.* en general J. C. Hitters, "Imposibilidad de empeorar la situación del recurrente. Prohibición de la "*reformatio in peius*", *El Derecho*, T. III, N° 6.141, Buenos Aires, 26 de diciembre de 1984, pp. 1-3.

General de Administración Pública de Costa Rica, por ello, prescribe que "el recurso podrá ser resuelto aún en perjuicio del recurrente cuanto se trate de nulidad absoluta" (art. 351.2).

En realidad, sea cual sea la naturaleza del vicio, la competencia de la autoridad revisora del acto administrativo, cuando están en juego cuestiones de ilegalidad, es de ejercicio obligatorio, de manera que incluso puede revocar el acto administrativo basándose en otras razones de ilegalidad distintas a las alegadas por el interesado[403].

En el mismo sentido, la decisión, basada en cuestiones de legalidad puede incluso conducir a la Administración a modificar el acto recurrido para adaptarlo a la legalidad. En tal modificación, la situación del recurrente podría resultar agravada si, por ejemplo, la Administración encuentra que la multa impuesta debió ser superior a la contenida en el acto recurrido, dadas las circunstancias agravantes precisadas con motivo del recurso[404]. Como lo resolvió el Consejo de Estado en el *arrêt Societé Grand Café de Chalous*, del 24 de junio de 1949, "sean cuales fueren las circunstancias en las cuales la autoridad superior deba examinar la decisión de la autoridad subordinada, ella tiene la facultad de reformar o de anular dicha decisión incluso en sentido contrario a las pretensiones del autor del recurso"[405]. Sin embargo, en los casos en los cuales surjan nuevos elementos de ilegalidad distintos a los alegados por las partes, el principio del respeto al derecho a la defensa exige que el funcionario notifique a los interesados de tal circunstancia, para que expongan sus alegatos, con anterioridad a la adopción de la decisión, tal como lo garantizaba la Ley española de Procedimiento Administrativo de 1958 (art. 119)[406].

Cuando las cuestiones debatidas en el recurso administrativo sean cuestiones de mérito o conveniencia, el tema de la *reformatio in pejus* se plantea con más interés. En general se estima en la jurisprudencia francesa, que en esos supuestos, la revocación del acto administrativo sólo puede ocurrir con el acuerdo del recurrente, y su modificación no puede hacerse sino a favor del mismo[407].

Sin embargo, en presencia de normas legales como la de la Ley Orgánica de Procedimientos Administrativos de Venezuela, conforme a la cual, el órgano administrativo "debe resolver todos los asuntos que se sometan a su consideración dentro del ámbito de su competencia o que surjan con motivo del recurso, aunque no hayan sido alegadas por los interesados" (art. 89), es decir, que surjan de oficio, debe admitirse procedente la *reformatio in pejus*, siempre que se respete el derecho a la defensa y se notifiquen al interesado, previamente a la decisión, las nuevas cuestiones surgidas, para que formule sus alegatos.

---

403 *Vid.* Allan R. Brewer-Carías, *op. cit.*, pp. 336-337.

404. En sentido contrario *Vid.* sentencia de la Corte Suprema de Justicia (Venezuela) en materia hacendaria, de 17 de abril de 1980, *Revista de Derecho Público* N° 2, Caracas, 1980, p. 113.

405 *Cit.*, por G. Isaac, *op. cit.*, p. 638.

406 En la jurisprudencia de la Corte Suprema de Justicia (Venezuela), sin embargo, en virtud de no estar prevista expresamente esta audiencia previa al interesado como lo consagra la Ley española, se ha considerado que la autoridad administrativa no está obligada a notificar a los interesados, lo que encontramos altamente inconveniente. *Vid.* sentencia de la Sala Politico-Administrativa de 9 de febrero de 1989, *Revista de Derecho Público* N° 37, Caracas, 1989, p. 83. *Vid.* además de la misma Corte, sentencia de 16 de octubre de 1986, *Revista de Derecho Público* N° 28, Caracas, 1986, p. 97; y de la Corte Primera de lo Contencioso Administrativo de 18 de abril de 1985, *Revista de Derecho Público* N° 22, Caracas, 1985, p. 164.

407 *Vid.* lo indicado en G. Isaac, *op. cit.*, p. 638.

4. Los recursos administrativos y la vía contencioso-administrativa

Por último, en relación a los recursos administrativos, contrariamente a la solución del derecho francés, donde no es necesario ejercer recurso administrativo alguno previo al contencioso-administrativo[408], en España y América Latina, en general, se exige como condición de admisibilidad de los recursos contencioso-administrativos, el agotamiento de la vía administrativa, lo que en muchos casos exige, precisamente, el ejercicio previo de recursos administrativos.

En efecto, por ejemplo, la Ley Orgánica de la Corte Suprema de Justicia de Venezuela, que regula la jurisdicción contencioso-administrativa, establece como condición de admisibilidad del recurso el que el acto administrativo recurrido "agote la vía administrativa", es decir, que dicho acto sea la última palabra de la Administración en cuanto que emane del superior jerárquico[409]. Se trata de un privilegio de la Administración de poder revisar sus actos administrativos, antes de que se sometan a control judicial.

Ahora bien, el agotamiento de la vía administrativa puede ocurrir sin que se exija intentar recurso administrativo alguno, lo que ocurre en los casos de actos dictados por el superior jerárquico, un Ministro por ejemplo, o por órganos desconcentrados cuyas decisiones agoten la vía administrativa y no sean susceptibles de recurso jerárquico[410].

De resto, si se trata de un acto administrativo dictado por un funcionario de inferior jerarquía en una organización administrativa, el interesado, antes de acudir a la vía contencioso-administrativa debe agotar los recursos administrativos, es decir, debe interponer el recurso de reconsideración y luego, el jerárquico[411].

La Ley Orgánica de Procedimientos Administrativos, en estos casos, establece que

> "la vía administrativa quedará abierta cuando interpuestos los recursos que ponen fin a la vía administrativa, éstos hayan sido decididos en sentido distinto al solicitado, o no se haya producido decisión en los plazos correspondientes" (art. 93).

El principio del agotamiento de la vía administrativa, como paso previo para acudir a la vía contencioso administrativa puede decirse que es general en América Latina, y consagrado expresamente en las legislaciones de Costa Rica, Colombia y Argentina[412], las cuales si bien prevén el sistema de recursos administrativos, en muchos casos admiten la impugnación contencioso-administrativa de actos administrativos que *per se* agoten la vía jerárquica, sin que sea necesario intentar un recurso administrativo previo.

Distinta era la situación de España, donde la Ley Reguladora de la Jurisdicción Contencioso Administrativa prescribía, como principio, la obligación de que, come requisito previo a la interposición del recurso contencioso-administrativo debía formularse el recurso de reposición. Se exceptuaban del cumplimiento de tal requisito, sin embargo, entre otros, la impugnación de los actos administrativos que implicasen resolución de

---

408 J. M. Auby y R. Drago, *Traité de Contentieux Administratif*, París, 1984, T. 1, p. 68, T. 2, p. 234; G. Isaac, *op. cit.*, pp. 664 ss.

409 Arts. 84.5 y 124.2. *Vid.* en Allan R. Brewer-Carías, *Estado de Derecho y Control Judicial*, Madrid, 1987, p. 298 ss.

410 Allan R. Brewer-Carías, *El Derecho Administrativo y la Ley Orgánica..., cit.*, p. 367.

411 *Idem*, p. 368.

412 Art. 356 LGAP Costa Rica; arts. 63 y 135 CCA Colombia; art. 23 LPA Argentina.

un recurso administrativo, y los actos presuntos en virtud del silencio administrativo[413]. La Ley 30/1992 de Régimen Jurídico de las Administraciones Públicas y del Procedimiento Administrativo Común estableció en cambio que el recurso de reposición siempre es potestativo, aún cuando previendo que una vez intentado no se puede interponer el recuso contencioso administrativo hasta que no se haya producido resolución expresa del recurso (art. 116.2).

413 Art. 53 Ley Reguladora de la Jurisdicción Contencioso-Administrativa, España.

LIBRO TERCERO:

SOBRE EL RÉGIMEN LEGAL DEL PROCEDIMIENTO ADMINISTRATIVO Y SUS PRINCIPIOS

Este Libro Tercero del Tomo IV del *Tratado* recoge dos estudios iniciales sobre el sentido y alcance de la Ley Orgánica de Procedimientos Administrativos que redacté apenas dicha Ley fue publicada en 1981, y que se publicaron en el libro: Allan R. Brewer-Carías (Coordinador-editor), Hildegard Rondón de Sansó y Gustavo Urdaneta, *Ley Orgánica de Procedimientos Administrativos*, Colección Textos Legislativos, N° 1, Editorial Jurídica Venezolana, Caracas 198; texto con el cual iniciamos la Colección Textos Legislativos de la Editorial Jurídica Venezolana, recién fundada en aquella época. Se incluye además en este Libro, el estudio sobre los principios del procedimiento administrativo incluidos en la ley Orgánica de la Administración Pública de 2008, publicado en la "Introducción general al régimen jurídico de la Administración Pública", publicado en Allan R. Brewer-Carías (Coordinador y Editor), Rafael Chavero Gazdik y Jesús María Alvarado Andrade, *Ley Orgánica de la Administración Pública, Decreto Ley N° 4317 de 15-07-2008,* Colección Textos Legislativos, N° 24, 4ª edición actualizada, Editorial Jurídica Venezolana, Caracas 2009, 7-103 así como un trabajo sobre los principios del procedimiento administrativo regulados en la Ley de Costos y Precios de 2012: "Algo sobre los principios del procedimiento administrativo establecidos en la Ley de Costos y Precios," en Claudia Nikken (Coordinadora), *Ley de Costos y Precios Justos*, Colección Textos legislativos, N° 53, Caracas 2012, pp. 207-229.

Sección Primera: INTRODUCCIÓN GENERAL AL RÉGIMEN DE LA LEY ORGÁNICA DE PROCEDIMIENTOS ADMINISTRATIVOS (1981)

Esta Sección contiene el estudio "Introducción al régimen de la Ley Orgánica de Procedimientos Administrativos", publicado en el mencionado libro sobre la *Ley Orgánica de Procedimientos Administrativos*, Colección Textos Legislativos, N° 1, Editorial Jurídica Venezolana, Caracas 1981, pp. 7-5. De dicho libro se realizaron múltiples ediciones, siendo la versión del trabajo que se pu-

blica aquí la correspondiente a la edición de 2008, a la cual se agregaron notas al pie de páginas, a los efectos de actualizar las referencias que en el texto se hicieron, en su momento, o tanto a la Constitución de 1961 como a diversas leyes que luego fueron derogadas. En dichas notas, en consecuencia, se indican las normas equivalentes, en cada caso, de la Constitución de 1999 que derogó la de 1961 y, entre otras, de la Ley Orgánica de la Administración Pública de 2001 que derogó la vieja Ley Orgánica de la Administración Central; de la Ley del Estatuto de la Función Pública de 2002 que derogó la vieja Ley de Carrera Administrativa; de la Ley contra la Corrupción de 2003, que derogó la vieja Ley Orgánica de Salvaguarda del Patrimonio Público; de la Ley de Protección del Consumidor y al Usuario de 2004, que derogó la vieja Ley de protección al Consumidor; y de la Ley Orgánica del Tribunal Supremo de Justicia de 2004, que derogó la vieja Ley Orgánica de la Corte Suprema de Justicia. Caracas, febrero 2008.

La Ley Orgánica de Procedimientos Administrativos que entró en vigencia el 1° de enero de 1982, puede decirse, sin la menor duda, que es la Ley más importante que se ha dictado en relación a la Administración Pública Venezolana contemporánea. No había sido nunca nuestra Administración destinataria de un cuerpo normativo que regulara con tanta amplitud y precisión, aspectos centrales de su relación con los particulares, siendo ésta la primera vez que se regula en forma general, la actividad sustantiva de la Administración Pública.

Por ello, se trata de una Ley que difiere de las otras leyes relativas a la Administración que hemos tenido en el pasado, ya que no contiene un texto que se refiera a la organización interna de la Administración, sino que es una Ley que norma, básicamente, las relaciones de la Administración con los particulares. Por eso, dentro de los aspectos medulares de la Ley, está la regulación de las situaciones jurídicas en las cuales se encuentran los particulares frente a la Administración y en las cuales se encuentra la Administración frente a los particulares. Es una Ley, por tanto, que regula, básicamente, relaciones jurídicas entre administrados y Administración, y con base en ello, prevé un conjunto de poderes, prerrogativas y obligaciones de la Administración, por una parte, y por la otra, una serie de derechos y obligaciones de los particulares en sus relaciones con aquélla.

Siendo éste el sentido central de la regulación de la Ley, esta Ley cambió totalmente la situación tradicional de estas relaciones entre Administración y particular. Hasta ese momento, el balance de esas relaciones había estado a favor de la Administración. Casi todos los poderes, potestades y derechos habían estado en manos de la Administración, con muy pocos deberes y obligaciones frente al particular; y el administrado, lo que había encontrado normalmente ante la Administración, eran sólo situaciones de deber, de sujeción, de subordinación, sin tener realmente derechos, ni tener mecanismos para exigir la garantía de los mismos. Por ello, decimos que el balance había estado a favor de la Administración en forma tradicional. La Ley cambió el balance, y a partir de su vigencia no se trata de una situación de poderes administrativos y de ausencia de derechos de los particulares, sino que la Ley establece, claramente, un equilibrio entre poderes de la Administración y derechos de los particulares, que se garantizan. Ello, por otra parte, es la esencia del principio de la legalidad y de las regulaciones jurídicas sobre la Administración: el equilibrio que tiene que existir entre poderes y prerrogativas administrativas y derechos de los particulares.

Al cambiar totalmente el balance de esos dos extremos y establecer un equilibrio, la Ley planteó necesariamente un cambio de actitud y de forma y método de actuar de la Administración. Ya no puede ser la Administración prepotente que concede dádivas o favores al particular, quien por su parte, no tiene derechos, ni cómo reclamarlos y es aplastado y a veces vejado por la Administración. Esto ha cambiado, necesariamente, lo que planteó la necesidad de un cambio de actitud y de mentalidad. Ya no es un particular indefenso el que la Administración tiene enfrente, en las relaciones jurídicas, sino un particular bien armado con muchos derechos legales y con muchos mecanismos jurídicos para garantizar esos derechos y controlar cualquier actitud que signifique la desmejora de esas garantías. Por eso, la Ley Orgánica ha obligado a un cambio de actitud y esto es lo primero que debe plantearse a la Administración Pública Venezolana y a los funcionarios públicos. Se trata de un texto que, necesariamente ha tenido que obligar a cambiar la forma de relación de los funcionarios con los particulares. El particular también ha sufrido este cambio de actitud, porque se ha encontrado con muchos mecanismos jurídicos y vías de reclamo, que también ha tenido que manejar con cierta sensatez. Ha habido, momentos iniciales de desajuste, pero luego progresivamente, sin duda, se ha llegado a un punto de equilibrio.

Lo que sí es cierto es que con motivo de la vigencia de la Ley, proliferaron acciones contra la Administración y contra los funcionarios, individualmente, cuando incumplieron sus deberes e incumplieron las obligaciones que la Ley establece, pues no ha habido impunidad en la acción administrativa. La Ley establece unos derechos que pueden ser controlados por los órganos judiciales e, inclusive, por los propios órganos administrativos a través del sistema de sanciones que prevé.

Ahora bien, esta Ley Orgánica, sin duda, ha producido un impacto fenomenal en el funcionamiento de nuestra Administración Pública, similar a una revolución administrativa, pues ha cambiado radicalmente la situación anterior. En efecto, en primer lugar, ha producido un cambio de carácter jurídico, al transformar la informalidad administrativa anterior en un formalismo procedimental positivizado, y la situación anterior de los administrados, de impotencia y sujeción, en una situación colmada de garantías y derechos; y en segundo lugar, ha producido un cambio de carácter administrativo, al transformar la irracionalidad anterior por normas y procedimientos técnicos racionales. Queremos insistir brevemente en estos dos aspectos en los cuales ha incidido la Ley Orgánica de Procedimientos Administrativos sobre el funcionamiento de nuestra Administración Pública, pues en ellos es que la Ley Orgánica ha provocado un cambio radical respecto de la situación anterior, que sólo su aplicación sucesiva ha consolidado. Las revoluciones administrativas, estamos convencidos, no se producen de un plumazo, sino que sólo pueden resultar de un esfuerzo deliberado y consciente de transformación continuada, el cual sin embargo, debe iniciarse mediante un acto formal. La Ley Orgánica, en este sentido, fue el inicio de un proceso de transformación que ha dado sus frutos en algo más de dos décadas.

I. LAS TRANSFORMACIONES JURÍDICAS

Hemos señalado, en primer lugar, que la Ley Orgánica ha producido profundas transformaciones jurídicas dentro de la Administración Pública, y que se manifiestan en la sustitución del informalismo por el formalismo y de la ausencia de garantías del administrado, por un arsenal de derechos frente a la Administración. Sin perjuicio de haber desarrollado desde 1982 en nuestro libro *El Derecho Administrativo y la Ley Orgánica de Procedimientos Administrativos* (Caracas, 1982) las peculiaridades del régimen de la Ley Orgánica, queremos en esta Introducción insistir en los aspectos más resaltantes de esta revolución jurídica que se inició con esa Ley.

1. Formalismo vs. Informalidad

Antes de la vigencia de la Ley Orgánica de Procedimientos Administrativos puede decirse que el signo característico de la Administración Venezolana era la total informalidad. En contraste con los actos unilaterales del derecho privado, los cuales, precisamente por no ser el resultado de una confrontación de voluntades, el ordenamiento jurídico los reviste de la mayor formalidad (por ejemplo, la hipoteca o la donación); en materia de acción unilateral de la Administración (actos administrativos), no se habían establecido formalidades generales, hasta el punto de que la jurisprudencia admitía, como principio, la informalidad y la discrecionalidad procedimental. Frente a esta situación, la Ley Orgánica cambió el panorama, y exige como principio de la actuación administrativa el formalismo, que se manifiesta, tanto en la prescripción de formalidades de la actuación de la Administración (procedimientos, trámites) como de formas del acto administrativo. Además, la Ley Orgánica erigió el formalismo en un deber de los funcionarios públicos, quienes están obligados a tramitar los asuntos (artículo 3°), a sustanciarlos (artículo 54), o a tomar en sus manos el impulso del procedimiento (artículo 53), a probar los presupuestos de hecho de los actos administrativos (artículo 69), y a decidir los asuntos y recursos en lapsos predeterminados (artículos 2, 5, 41, 60, 62, 67, 89). Por otra parte, es indudable que la Ley Orgánica, por primera vez en el ordenamiento jurídico, prescribió formas concretas de los actos administrativos unilaterales (artículo 18), positivizando los principios generales que antes regían.

Pero, en concreto, al establecer formalidades, trámites y lapsos, la Ley Orgánica estableció una serie de regulaciones particulares, que modificaron radicalmente la práctica anterior.

En efecto, en primer lugar, puede decirse que la Ley Orgánica eliminó el secreto administrativo que como norma existía en relación a los interesados, y que provocaba que éstos normalmente desconocieran, no sólo que había procedimientos en su contra, sino el contenido de las actas y documentos con base en los cuales la Administración podía decidir procedimientos en los cuales pudieran resultar lesionados sus derechos e intereses. El fin del eterno silencio administrativo se produjo con el establecimiento de la obligación de la Administración de notificar a los interesados cuyos derechos o intereses puedan resultar afectados por la acción administrativa (artículos 48, 68), lo que implica el derecho de éstos a ser oídos, a presentar pruebas y alegatos (artículos 48, 58) y previamente, a tener libre acceso al expediente (artículo 59) que debe ser uno y único (artículos 31, 51). Con anterioridad a la ley, al contrario, no se garantizaba el derecho a ser oído y a conocer el expediente y, en cambio, lo que imperaba era el secreto administrativo y la reserva de los archivos de la Administración.

Por otra parte, en segundo lugar, el formalismo llevó a la regulación específica de aspectos anteriormente no normados, como los relativos a la Administración consultiva. La Ley Orgánica, en efecto, estableció al menos tres principios fundamentales relativos a la Administración consultiva: en primer lugar, el principio del carácter no obligatorio de las consultas y dictámenes previos para la emisión de un acto administrativo (artículo 56), salvo que expresamente la ley lo establezca; en segundo lugar, el principio del carácter no vinculante de las consultas, opiniones y dictámenes (artículo 57), salvo que expresamente la ley lo establezca; y en tercer lugar, el principio del carácter no suspensivo del procedimiento por la ausencia de tales dictámenes o consultas (artículo 56), salvo que expresamente la ley lo establezca. Quedaron así regulados los principios básicos relativos a la Administración consultiva, que antes no tenían consagración positiva precisa.

Por último, en tercer lugar, y como signo del formalismo que impuso la Ley Orgánica a la Administración, están las normas relativas a la publicación y notificación de los actos administrativos, a los efectos del inicio de su eficacia. En otros aspectos, la Ley Orgánica erigió en principio fundamental, la exigencia de la notificación como condición para que el acto administrativo de efectos particulares comience a surtir efectos (artículo 73), la cual no puede ser suplida, como principio, por la publicación del acto administrativo en la *Gaceta Oficial* de la República o de la entidad territorial correspondiente. La Ley, a tal efecto, prescribió cuáles actos deben ser publicados en la *Gaceta Oficial* (artículo 72) y en cuanto a las formalidades para la notificación (artículo 75), reguló los casos de las notificaciones impracticables, las cuales se suplen, no por publicación en la *Gaceta Oficial*, sino en un diario de mayor circulación (artículo 76). Las regulaciones sobre las notificaciones y publicación de los actos administrativos, en definitiva, transformaron una situación de informalidad anterior, que como en todos los aspectos de la Ley, ha exigido y exige educación tanto a los funcionarios como a los administrados, para que conozcan el alcance y efecto de sus derechos y obligaciones mutuas.

2. Garantías vs. Ausencia de derechos

Pero el segundo aspecto de las transformaciones jurídicas que provocó la Ley Orgánica de Procedimientos Administrativos, y que cambió radicalmente la situación anterior, fue el de la consagración en la misma, de un conjunto de derechos y garantías de los administrados, que antes no existían. Por eso, hemos dicho que la Ley Orgánica ha establecido un balance entre los derechos de los administrados y los poderes de la Administración que antes no existía, al establecer y regular un derecho fundamental que sólo estaba normado a nivel de principio general del derecho derivado de la Constitución. Nos referimos al derecho a la defensa frente a la Administración, el cual era constantemente vulnerado por ésta. La Ley Orgánica concretó con creces este derecho a la defensa, al prescribir una serie de derechos derivados: el derecho a ser notificado de todo procedimiento que afecte los derechos subjetivos o los intereses legítimos, personales y directos de un particular (artículo 48); el derecho a ser oído y a hacerse parte en cualquier momento en un procedimiento administrativo (artículo 23); el derecho a tener acceso al expediente, a examinarlo y a copiarlo (artículo 59); el derecho a presentar pruebas y alegatos (artículos 48, 58); el derecho a que el acto administrativo indique formalmente sus motivos (artículo 9); y el derecho a ser notificado personalmente de todo acto administrativo que afecte los derechos e intereses legítimos, personales y directos de un particular (artículo 73) y a ser informado de los medios jurídicos de defensa contra el acto (artículos 73, 77).

Con anterioridad a la Ley Orgánica, estos derechos no tenían consagración expresa, y si bien la jurisprudencia había variado estableciendo algunos de ellos como principios generales del derecho, en global eran pisoteados más que respetados por la Administración.

En todo caso, desde el punto de vista jurídico, la Ley Orgánica no sólo fue el detonante para provocar una revolución jurídica en la actuación y práctica administrativas, sino que también ha incidido notablemente en la elaboración teórica del derecho administrativo. Esta Ley Orgánica, en efecto, puede considerarse como la ley más importante del derecho administrativo venezolano, no sólo porque en ella adquirieron rango de derecho escrito muchos principios generales del derecho administrativo que la jurisprudencia venía estableciendo, sino porque la interpretación y aplicación sucesiva de sus normas ha provocado un enriquecimiento progresivo de esta rama del derecho, la cual carecía de un cuerpo normativo básico en el cual basar su dogmática. A partir de su vigencia disponemos de una Ley, con la categoría de Orgánica, que ha sido el texto fundamental para la actuación y funcionamiento de nuestra Administración Pública.

II. LAS TRANSFORMACIONES ADMINISTRATIVAS

Pero a la revolución jurídica que la Ley Orgánica provocó, la siguió también una revolución administrativa en aspectos no jurídicos de la Administración. La Ley Orgánica, en efecto, al establecer una serie de exigencias en materia de racionalización administrativa, sentó las bases para una revolución administrativa sin precedentes en nuestra Administración Pública.

En efecto, si el signo jurídico de la Administración, antes de la Ley, era la informalidad, en materia administrativa era la irracionalidad y la discrecionalidad absoluta en el tratamiento del procedimiento y de las formas y trámites. Frente a esta situación, al contrario, la Ley prescribió la necesaria uniformización documental (artículo 32), la unidad de los expedientes (artículo 31), el establecimiento de sistemas y procedimientos administrativos para mejorar la eficacia de la administración (artículo 32), el registro de documentos (artículo 44) y un sistema amplio de información descendente (artículo 33), de manera de abrir a la Administración a los particulares.

La "revolución de las taquillas", en este sentido debía ser sin duda, el aporte más importante de la Ley Orgánica a la acción administrativa: el objetivo era que la información al público de lo que debe o no debe hacerse en los procedimientos, con indicación de los requisitos, formularios y plazos, no sea un don exclusivo que sólo algunos oscuros funcionarios conocen y dominan desde detrás de sus taquillas impenetrables, en combinación, a veces con gestores o intermediarios externos sino que fuera abierta, pública y a la disposición de todos. Este cambio, no ha sido, sin embargo fácil pues es una transformación que pretende incidir y lesionar órbitas y ámbitos de poder, a veces más poderosos que el del más alto funcionario: el del portero o del receptor de un documento, o el del gestor de poder rechazar y disponer, tiránicamente, de los derechos e intereses de los administrados.

III. CONTENIDO GENERAL DE LA LEY ORGÁNICA DE PROCEDIMIENTOS ADMINISTRATIVOS

Ahora bien, en términos generales, esta Ley reguló cuatro aspectos fundamentales en relación a la Administración y sus relaciones con los particulares. Por una parte reguló todo un sistema o conjunto de situaciones jurídicas, tanto de la Administración como de los particulares. Aquí la Ley precisó, por una parte, una serie de potestades administrativas y estableció una serie de deberes y obligaciones de los funcionarios, y por la otra, reguló y consagró una serie de derechos de los particulares frente a la Administración, así como también les impuso obligaciones precisas en sus relaciones con aquélla. Este fue el primer campo de regulación de la Ley: las situaciones jurídicas de los particulares y de la Administración Pública.

En segundo lugar, reguló el acto administrativo, es decir, el resultado concreto de la actuación de la Administración cuando ésta decide produciendo efectos jurídicos en determinadas situaciones. Reguló con precisión el acto en sus requisitos, para someter a condiciones de validez y de legalidad la actuación de la Administración. Reguló, además, los efectos de los actos; su revisión, tanto de oficio como por vía de recurso, y también, la forma de manifestación de las decisiones administrativas, no sólo estableciendo la decisión expresa, sino innovando, al consagrar la decisión administrativa tácita negativa derivada del silencio administrativo. Por tanto, de acuerdo con la Ley, el silencio dejó simplemente de ser una forma de no decidir ni de resolver un asunto para que decayera por el transcurso del tiempo, y comenzó a ser una presunción de decisión tácita, de denegación de lo solicitado o de declaratoria sin lugar de los recursos intentados. Al convertirse en una forma tácita de decidir, abrió vías de protección y de recurso para los particulares, a quienes no se les decidan los recursos intentados en los lapsos prescritos. Esto conllevó, también, a ese cambio de mentalidad en la actuación del funcionario, quien muchas veces, simplemente para no decidir un asunto, guardaba silencio, se abstenía y no pasaba nada. A partir de la Ley puede decirse que pasa algo y es que la decisión se considera que se ha tomado por el solo transcurso del tiempo en los lapsos determinados que prevé la Ley, considerándose que se ha denegado lo solicitado; y esa denegación plantea la posibilidad para el particular, de recurrir contra la denegación, sea ante el superior jerárquico, sea ante la vía judicial. Plantea, además, una responsabilidad del funcionario por la omisión y por la no actuación, y si sucede en forma reiterada, incurre en responsabilidad administrativa.

Además de regular las situaciones jurídicas y los actos administrativos, en tercer lugar la Ley reguló el procedimiento administrativo, es decir, todo el conjunto de trámites, requisitos y formalidades, que deben cumplirse ante la Administración y en esas relaciones entre Administración y particulares, para producir decisiones administrativas, es decir, actos administrativos.

Por último y en cuarto lugar, la Ley reguló las vías de revisión de los actos administrativos en vía administrativa; es decir, el sistema de recursos de reconsideración, de revisión y jerárquico, que permiten al particular, en sus relaciones con la Administración, reclamar formalmente, ante ella misma, no como un favor, sino por vías de derecho, contra los actos administrativos, estando ésta obligada a decidir esos recursos también en tiempo útil determinado, de manera que si no lo hace, el silencio provoca estos actos tácitos negativos.

Sobre el procedimiento administrativo, en general, en cuanto a la bibliografía venezolana, véase: Allan R. Brewer-Carías, "Comentarios a la Ley Orgánica de Procedimientos Administrativos", en *Revista de Derecho Público,* Nº 7, Caracas 1981, pp. 115-117; Allan R. Brewer-Carías, *Principios del Procedimiento Administrativo,* Editorial Civitas, Madrid, 1990; Allan R. Brewer-Carías, *El Derecho Administrativo y la Ley Orgánica de Procedimientos Administrativos. Principios del procedimiento administrativo,* Editorial Jurídica Venezolana, 5ta. Edición, Caracas, 2002; José Araujo Juárez, *Derecho Administrativo Formal,* Vadell Hermanos Editores, 3[era] Edición, Caracas, 1998; José Araujo Juárez, *Principios Generales del Derecho Procesal Administrativo,* Vadell Hermanos Editores, Caracas, 1998; Luis Beltrán Guerra, *El Acto Administrativo. La Teoría del Procedimiento Administrativo*, Caracas 1977; Antonio De Pedro Fernández, *El procedimiento administrativo en Venezuela*, Editorial M&H C.A., Caracas, 1994; Luis H. Farías Mata, *Procedimientos Administrativos*, Materiales de Estudio. Escuela de Estudios Políticos y Administrativos Universidad Central de Venezuela (mimeografiado), 1978; Agustín Gordillo, "Algunos aspectos del procedimiento administrativo en Venezuela", en *Revista de Derecho Público* N° 9, pp. 29-39; Víctor R. Hernández-Mendible, *Procedimiento Administrativo. Proceso Administrativo y Justicia Constitucional,* Vadell Hermanos Editores, Caracas-Valencia, 1997, Eloy Lares Martínez "Los Procedimientos Administrativos" en *Libro Homenaje a la Memoria de Joaquín Sánchez Covisa,* Caracas 1975, pp. 481-492; Eloy Lares Martínez, *Manual de Derecho Administrativo*, Facultad de Ciencias Jurídicas y Políticas de la Universidad Central de Venezuela, 12va Edición, Caracas, 2001; Henrique Meier E., *El Procedimiento Administrativo Ordinario,* Editorial Jurídica Alva, S.R.L., Caracas, 1992; Antonio Moles Caubet, "Vicisitudes del Procedimiento Administrativo en Venezuela", en *Revista Internacional de Ciencias Administrativas*, Bruselas, 1972, pp. 270-276; José Peña Solís, *Manual de Derecho Administrativo adaptado a la Constitución de 1999,* Volumen I, Colección de Estudios Jurídicos del Tribunal Supremo de Justicia, 1[era] Reimpresión, 2001; José Rodríguez Ramos, "Breves notas sobre la Ley Orgánica de Procedimientos Administrativos", en *Revista del Colegio de Abogados del Estado Lara*, diciembre 1981, pp. 105-115; Hildegard Rondón de Sansó, "El Procedimiento Administrativo en el Derecho Comparado", en *Libro Homenaje a la Memoria de Joaquín Sánchez Covisa*, Caracas 1975, pp. 577-620; Hildegard Rondón de Sansó, "Análisis crítico de la Ley Orgánica de Procedimientos Administrativos", en *Revista del Consejo de la Judicatura,* N° 22, Caracas 1981, pp. 15-35; Hildegard Rondón de Sansó, *Procedimiento Administrativo,* Editorial Jurídica Venezolana, 2da Edición, Caracas, 1983; Hildegard Rondón de Sansó, *Teoría General de la Actividad Administrativa,* Ediciones Liber, 2da Edición, Caracas, 2000; Gabriel Ruan Santos, "La Administración y la Ley Orgánica de Procedimientos Administrativos", en *Revista de Derecho Público,* N° 18, 1984, pp. 57-83.

Además, véanse las obras colectivas siguientes: *El Procedimiento Administrativo*, en el T. IV del *Archivo de Derecho Público y Ciencias de la Administración*, Instituto de Derecho Público, Caracas, 1982; en particular, véanse los trabajos de Antonio Moles Caubet, "Introducción al Procedimiento Administrativo" y de Luis Henrique Farías Mata, "El Proceso de elaboración de la Ley Orgánica de Procedimientos Administrativos"; *Contencioso Administrativo, I Jornadas Internacionales de Derecho Administrativo,* FUNEDA, Caracas, 1995, en particular, véase el trabajo de Sandra Morelli, "El procedimiento administrativo y el proceso contencioso administrativo"; *La relación jurídico administrativa y el procedimiento administrativo, IV Jornadas Internacionales de Derecho Administrativo,* FUNEDA, Caracas, 1998. Asimismo, véase lo expuesto en el *Informe sobre la Reforma de la Administración Pública Nacional*, Comisión de Administración Pública, Caracas, 1972, T. II, pp. 391-406.

IV. ÁMBITO DE APLICACIÓN

Sobre el ámbito de aplicación de la Ley Orgánica véase, Allan R. Brewer-Carías, "Ámbito de la aplicación de la Ley Orgánica de Procedimientos Administrativos", en *Revista de Control Fiscal,* N° 104, Caracas, 1982; Allan R. Brewer-Carías, *El Derecho Administrativo y la Ley Orgánica de*

Procedimientos Administrativos, Principios del procedimiento administrativo, Editorial Jurídica Venezolana, 5ta Edición, Caracas, 2002; José Araujo Juárez, *Derecho Administrativo Formal,* Vadell Hermanos Editores, 3[era] Edición, Caracas, 1998.

En cuanto al ámbito de aplicación de la Ley, que es el primer punto relativo al alcance que queremos analizar, puede enfocarse bajo dos ángulos: por una parte, el ámbito organizativo de aplicación, es decir, a cuáles órganos se aplica esta Ley Orgánica de Procedimientos Administrativos. Además hay un ámbito sustantivo de aplicación, es decir, a cuáles procedimientos se aplica, si es que se aplica a todos los que en esos órganos se desarrollan. Por tanto, este ámbito de aplicación lo analizaremos bajo estos dos ángulos: el ámbito organizativo y el ámbito sustantivo de aplicación de la Ley.

1. Ámbito organizativo

Sobre la Administración Pública, en general, véase Allan R. Brewer-Carías, *Fundamentos de la Administración Pública,* T. I, Caracas, 2da Edición, 1984; Allan R. Brewer-Carías, *Principios del Régimen Jurídico de la Organización Administrativa Venezolana,* Editorial Jurídica Venezolana, Caracas, 1994; Eloy Lares Martínez, *Manual de Derecho Administrativo,* Facultad de Ciencias Jurídicas y Políticas de la Universidad Central de Venezuela, 12va Edición, Caracas, 2001. Hildegard Rondón de Sansó, *Procedimiento Administrativo,* Editorial Jurídica Venezolana, 2da Edición, Caracas, 1983; Hildegard Rondón de Sansó, *Teoría General de la Actividad Administrativa,* Ediciones Liber, 2da Edición, Caracas, 2000.

El ámbito organizativo de aplicación de la Ley está definido claramente en el artículo 1°, al señalar que la Administración Pública Nacional y la Administración Pública Descentralizada, integradas en la forma prevista en sus respectivas Leyes Orgánicas, deben ajustar su actividad a las prescripciones de la Ley. Distingue, por tanto, el artículo, dos conjuntos orgánicos. Por una parte, habla de la *Administración Pública Nacional*, y por la otra, habla de la *Administración Pública Descentralizada.* Una primera observación se puede hacer frente a esta contraposición aparente, y es que la misma no existe, por lo que la Ley incurrió en una imperfección: en realidad no puede contraponerse Administración Pública Nacional frente a Administración Pública Descentralizada, porque la Administración Pública Descentralizada también es Administración Pública Nacional; es parte de ella. Hubo una falla de técnica en la Ley porque, en realidad, debió distinguir la "Administración Pública *Central*" de la Administración Pública *Descentralizada*", ambas formando parte de la *Administración Pública Nacional*, porque, en definitiva es a la Administración Nacional a la cual la Ley, básicamente, se dirige.

Establecida esta contraposición real del ámbito organizativo de la Ley, debe determinarse qué debe entenderse, a los efectos de la misma, por "Administración Central" y por "Administración Descentralizada". La Ley señala que estas administraciones deben estar integradas en la forma prevista en sus respectivas Leyes Orgánicas, a cuyo efecto en la actualidad se regulan en la Ley Orgánica de la Administración Pública de 2001 (*G.O.* N° 37.305 de 17-10-2001), que incluye ahora normas sobre la Administración Pública Central y Descentralizada (institutos autónomos, empresas del Estado, fundaciones del Estado).

Por tanto, si la distinción se establece entre Administración Pública Central y Administración Pública Descentralizada, lo que debe precisarse, para determinar el ámbito organizativo de aplicación de la Ley, es qué se entiende por cada uno de estos aspectos.

A. La Administración Central

Sobre la Administración central véase, Allan R. Brewer-Carías, "Principios Generales de la Organización de la Administración Central, con particular referencia a la Administración Ministerial", en *Revista de Derecho Público,* N° 2, Caracas 1980, pp. 5-22; Allan R. Brewer-Carías, *Principios del Régimen* Jurídico *de la Organización Administrativa Venezolana,* Editorial Jurídica Venezolana, Caracas, 1994; Allan R. Brewer-Carías, *Instituciones Políticas y Constitucionales,* T. III, UCAT-EJV, 3era Edición, Caracas-San Cristóbal, 1996, pp. 315-338; Allan R. Brewer-Carías y Rafael Chavero, *Ley Orgánica de la Administración Pública,* Editorial Jurídica Venezolana, Caracas 2002. Véase además, *el Informe sobre la Reforma de Administración Pública Nacional,* Comisión de Administración Pública, T. I, Caracas 1972.

La Ley Orgánica de la Administración Pública define el conjunto de órganos que la integran la Administración Central como órganos superiores de dirección de la misma, así: los órganos de la Presidencia de la República, la Vice Presidencia de la República, el Consejo de Ministros, y los Ministerios. Además, la Ley Orgánica enumera como órganos de consulta de la Administración Pública Central a la procuraduría general de la república, el Consejo de Estado, el Consejo de Defensa de la nación, los gabinetes sectoriales y los gabinetes ministeriales.

B. La Administración Descentralizada

Sobre la Administración descentralizada, véase Allan R. Brewer-Carías, *El Régimen Jurídico de las Empresas Públicas en Venezuela,* Caracas 1980, pp. 35-44; Allan R. Brewer-Carías, *Fundamentos de la Administración Pública,* T. I, 2da Edición, Caracas, 1984, pp. 223-248; Allan R. Brewer-Carías, *Principios del Régimen Jurídico de la Organización Administrativa Venezolana,* Editorial Jurídica Venezolana, Caracas, 1994; Allan R. Brewer-Carías, *Instituciones Políticas y Constitucionales,* T. III, UCAT-EJV, 3era Edición, Caracas-San Cristóbal, 1996, pp. 339-345; Jesús Caballero Ortíz, *Las Empresas Públicas en Venezuela,* Caracas, 1982; Jesús Caballero Ortíz, *Los Institutos Autónomos en Venezuela,* Caracas, 1984; Jesús Caballero Ortíz, "La Administración Descentralizada Funcionalmente" en *Revista de Derecho Público,* N° 8, Caracas 1981, pp. 5-25; Jesús Caballero Ortíz, "La Administración Descentralizada. Coordinación y control", en *Revista de Control Fiscal,* N° 18, Caracas 1985; Juan Garrido Rovira, "El Instituto Autónomo como forma jurídica de la Administración Pública Nacional Descentralizada en Venezuela", en *Revista de Derecho Público,* N° 3, Caracas 1980, pp. 23-29; Juan Garrido Rovira, "Descripción de los institutos autónomos de la organización administrativa venezolana" en *Revista de Derecho Público,* N° 4, Caracas 1980, pp. 110-116; Juan Garrido Rovira, *Temas sobre la Administración Descentralizada en Venezuela,* Editorial Jurídica Venezolana, Caracas, 1984; Eloy Lares Martínez, *Manual de Derecho Administrativo,* Facultad de Ciencias Jurídicas y Políticas de la Universidad Central de Venezuela, 12va Edición, Caracas, 2001; Tomás Polanco, "Los Institutos Autónomos en Venezuela", en *Perspectivas del Derecho Público en el último tercio del siglo XX, Libro Homenaje a Enrique Sayagues Lazo,* T. IV, Madrid 1969, pp. 1073-1086; Allan R. Brewer-Carías y Rafael Chavero, *Ley Orgánica de la Administración Pública,* Editorial Jurídica Venezolana, Caracas 2002.

Pero la Ley también se aplica, dice este Artículo 1°, a la Administración Pública Descentralizada, a cuyo efecto, para determinarla, también hay que acudir a las disposiciones de la ley Orgánica de la Administración Pública, que destina su Título IV a regular, entre otros aspectos, el fenómeno administrativo de la descentralización funcional, englobando en la Administración Descentralizada a los institutos autónomos, las empresas del Estado, las fundaciones del Estado y las asociaciones y sociedades civiles del Estado (artículos 95 a 114).

En definitiva, en esas normas se engloban las entidades descentralizadas con forma de derecho público de carácter estatal (terminología que sigue la Constitución de 1999, art. 145), y las entidades descentralizadas con forma de derecho privado.

En efecto, la organización de la Administración Pública Descentralizada, depende, en nuestro país, de la forma jurídica empleada por el Estado para constituir los entes descentralizados. La descentralización es una forma de transferencia de competencias del Estado a otros entes con personalidad jurídica propia distinta del ente territorial que transfiere esas competencias. El Estado no sólo ha utilizado formas de derecho público sino también formas de derecho privado y, por tanto, forman parte de la Administración Pública Descentralizada, no sólo los establecimientos públicos en sus diversas formas y, entre ellos, básicamente, los Institutos Autónomos como típica forma de derecho público de la Administración Descentralizada; sino que también forman parte de la Administración Descentralizadas, aquellas entidades constituidas por el Estado con formas jurídicas de derecho privado, como las empresas del Estado y las Fundaciones creadas y dirigidas por el Estado. Sin embargo, de la concepción general de la Ley Orgánica de procedimientos Administrativos y de la interpretación racional de este artículo, resulta que la misma en principio no se aplicaría a las entidades descentralizadas con forma de derecho privado, salvo cuando tengan que emitir actos administrativos.

En cuanto a las entidades descentralizadas con forma de derecho público, por otra parte, la ley Orgánica no sólo se aplica a los institutos autónomos que son los que menciona la Ley Orgánica de la Administración Pública, sino que también se aplica a otras entidades descentralizadas con forma de derecho público, pero que no forman parte de la estructura general del Estado, es decir, que no forman parte de la organización administrativa del Estado.

En efecto, en la categoría general de los establecimientos públicos que forman parte de la Administración Descentralizada con forma de derecho público, por ejemplo, están los establecimientos públicos corporativos algunos de los cuales, como los Colegios Profesionales o las Academias, tienen forma de derecho público, pero que no forman parte de la estructura general del Estado; no son estatales, y por tanto, no caerían en el ámbito organizativo de aplicación de la Ley, salvo cuando emitan actos administrativos. Otros establecimientos públicos corporativos, como las Universidades Nacionales, por ser estatales sí caen dentro del ámbito de aplicación de la misma; están igualmente los establecimientos públicos estatales de origen constitucional que tienen funciones reguladas por el derecho público, por ejemplo, el Banco Central de Venezuela, aun cuando en su inicio tuvo forma de sociedad anónima; y por último, los ya nombrados establecimientos públicos institucionales, es decir, los Institutos Autónomos, que forman la médula de la Administración Pública Descentralizada con forma de derecho público estatal.

Por tanto, podemos afirmar, con carácter general, que la Ley sólo se aplica a los entes descentralizados con forma de derecho público de carácter estatal, es decir, que forman parte de la estructura general del Estado; por lo cual aquellos establecimientos públicos que no forman parte de la estructura del Estado, por más públicos que sean en su carácter y naturaleza, no están sometidos a la normativa de esta Ley, salvo cuando emitan actos administrativos. Por tanto, los institutos autónomos (establecimientos públicos institucionales); los establecimientos públicos con forma asociativa (por ejemplo, el Banco Central de Venezuela); y los establecimientos públicos corporativos estatales (Universidades Nacionales) quedan sometidos a las prescripciones de la Ley Orgánica.

En sentido contrario, las formas de derecho privado creadas por el Estado no se rigen por la Ley, así como tampoco aquellos entes de derecho público que no forman parte de la estructura general del Estado, salvo cuando emitan actos administrativos.

Pero debe señalarse, además, que en los entes descentralizados a los cuales se aplica la ley, no toda la actividad realizada por los mismos ni todos los procedimientos que en ellos se desarrollan, se rigen por la Ley Orgánica. No hay que olvidar que mucho de esos entes, a pesar de su forma jurídico-pública y estatal, realizan algunas actividades que se enmarcan completamente en el ámbito del derecho privado, civil o mercantil, en las cuales no se ejercen potestades ni poderes públicos. En estos casos, estimamos que no podría aplicarse la Ley Orgánica, la cual se refiere, básicamente, a los procedimientos que conducen a la emisión de actos administrativos, en los cuales siempre, el ente que los dicta, ejerce un poder legal de derecho público dando origen a relaciones jurídicas regidas por el derecho administrativo. Por tanto, aquellas relaciones jurídicas que caen bajo las regulaciones del derecho privado, civil y mercantil, no se regirían por las normas de la Ley Orgánica.

C. La Administración Pública de los otros Poderes Públicos

Sobre la conformación de los nuevos órganos del poder público nacional, véase Allan R. Brewer-Carías, *La Constitución de 1999. Derecho Constitucional venezolano,* Editorial Jurídica Venezolana, Caracas, 2004; Hildegard Rondón de Sansó, *Análisis de la Constitución Venezolana de 1999,* Editorial Exlibris, Caracas, 2000.

Pero luego de definir el ámbito organizativo básico de la Ley, el artículo 1° de su párrafo segundo trae una precisión adicional que también tiene que ser aclarada. Dice esta norma que las Administraciones Estadales y Municipales, la Contraloría General de la República y la Fiscalía General de la República, también ajustarán sus actividades a la Ley, en cuanto les sea aplicable. Aquí, lamentablemente, la Ley mezcló instituciones que no deben ser mezcladas: por una parte menciona instituciones territoriales, como los Estados y Municipios, que tienen autonomía político territorial, y a renglón seguido enumera instituciones nacionales como la Contraloría y la Fiscalía General de la República órganos que a partir de la Constitución de 1999 dejaron de ser solo Administraciones públicas con autonomía funcional, y pasaron a configurarse como órganos del Poder Público Nacional con autonomía: la Contraloría General de la República, la Fiscalía General de la República y el Defensor del Pueblo como órgano del Poder ciudadano; el Consejo Nacional Electoral, como órganos del Poder Electoral.

Ahora bien, aun cuando todos estos órganos enumerados en la Ley Orgánica tienen autonomía, no responden al mismo principio: en un caso se trata de entes territoriales derivados de una descentralización política, como son los Estados y Municipios; y en el otro caso, se trata simplemente de entes que gozan de una autonomía funcional, pero sin el fenómeno de la descentralización, porque no hay personalidad jurídica propia, como es el caso de la Fiscalía y de la Contraloría General de la República.

Pero, ¿por qué la Ley se refirió a la Fiscalía y a la Contraloría General de la República? En primer lugar, porque no se trataba de órganos que formaban parte de la Administración Central ni de la Administración Descentralizada. Se trataba de un tercer género dentro de lo que se denominaba la organización Administrativa Nacional. Además de la Administración Central y de la Administración Descentralizada, había una serie de organizaciones en la Administración Pública Nacional, órganos que se habían venido delineando en nuestro ordenamiento constitucional, y que tenían y gozan de autonomía funcional, y que, por tanto, no tenían dependencia jerárquica respecto a ninguno de los tres clásicos Poderes del Estado, siendo en general, entes que tienen funciones de control. Ni la Fiscalía ni la Contraloría dependían del Congreso, ni del Poder Ejecutivo, ni del Poder Judicial, y por eso, el legislador se sintió obligado a mencionarlas expresamente, a los efectos de señalar que esas entidades, siendo parte de la Administración Nacional, estaban sometidas a la Ley Orgánica, pero respetando su autonomía funcional, es decir, en cuanto le sea aplicable. Pero, ¿acaso la Fiscalía y la Contraloría eran los dos únicos órganos con autonomía funcional de la Administración Nacional? No lo eran, y aquí la Ley era incompleta.

Además de la Fiscalía y de la Contraloría General de la República, también eran órganos que gozaban de autonomía funcional y a los cuales igualmente se les aplicaba la Ley, el Consejo de la Judicatura y el Consejo Supremo Electoral, que tenían una base constitucional. El Consejo de la Judicatura porque estaba previsto en la Constitución de 1961 (artículo 217) aun cuando creado y regulado en la Ley Orgánica del Poder Judicial (artículo 34); y en cuanto al Consejo Supremo Electoral, su autonomía genérica estaba prevista en la Constitución de 1961 (artículo 113) aún cuando fue creado en la Ley Orgánica del Sufragio.

Pero como se dijo, a partir de 1999 estos órganos son parte de la división del Poder Público, por lo que la Ley orgánica puede decirse que se aplica en cuanto a lo que pueda ser aplicable, a las Administraciones Públicas del Poder Ciudadano (Fiscalía General de la República, Controlaría General de la República, Defensor del Pueblo), del Poder Electoral (Consejo Nacional Electoral) e incluso del Poder Judicial (la Dirección Ejecutiva de la Magistratura, art. 267).

En todo caso, en 1982, la enumeración de la Ley Orgánica, respecto a los órganos con autonomía funcional, era incompleta. No sólo se aplicaba, sin lesionar su autonomía, a la Fiscalía y a la Contraloría General de la República, sino también, en igual forma, al Consejo de la judicatura y al Consejo Supremo Electoral.

D. Las Administraciones Estadales y Municipales

Sobre las administraciones estadales y municipales, en general, véase Allan R. Brewer-Carías, *Política, Estado y Administración Pública,* Caracas 1979, p. 123 y ss.; Allan R. Brewer-Carías, "La Administración Pública Regional. Los Estados y los Municipios", *Jornadas para un mejor conocimiento de la Administración Pública,* Fundación Procuraduría General de la República, Caracas 1987, pp. 59-70 y 78-88; Allan R. Brewer-Carías, *Instituciones Políticas y Constitucionales*, T. II y III, UCAT-EJV, Caracas, San Cristóbal, 1996; Allan R. Brewer-Carías, *Federalismo y Municipalismo en la Constitución de 1999 (Alcance de una reforma insuficiente y regresiva)*, Caracas 2001; Alfredo Arismendi, "Organización Político-Administrativa de los Estados en Venezuela", en *Estudios sobre la Constitución. Libro Homenaje a Rafael Caldera*, Caracas 1979, T. I, pp. 351-382; Alfredo Arismendi, "Régimen constitucional y administrativo de los Estados y Municipios en Venezuela", en *Libro Homenaje al Profesor Antonio Moles Caubet*, Caracas 1981, T. I, pp. 293-312; Isabel Boscán de Ruesta y Gustavo Urdaneta Troconis, "El Federalismo venezolano y el reciente proceso de descentralización territorial", en *Revista de Derecho Público*, N° 47, Caracas 1991, pp. 5-34; Eloy Lares Martínez, *Manual de Derecho Administrativo,* 12va Edición, Caracas, 2001; Hildegard Rondón de Sansó, *Análisis de la Constitución Venezolana de 1999,* Editorial Exlibris, Caracas, 2000.

Además, en particular, en cuanto a la aplicabilidad de la Ley Orgánica de Procedimientos Administrativos a los Estados y Municipios, véanse los trabajos de Luis Torrealba Narváez y Gustavo Urdaneta en el Libro del Instituto de Derecho Público, *Procedimientos Administ*rativos, T. IV, *Archivo de Derecho Público y Ciencias de la Administración*, Caracas 1982.

La Ley Orgánica, en el artículo 1°, también señala que rige respecto de un tercer grupo de órganos: las Administraciones Estadales y Municipales y que éstas deben ajustar sus actividades a la misma, *en cuanto les sea aplicable*. En este caso, el problema se complica porque, sin duda, nos encontramos frente a unos órganos de naturaleza distinta. La Ley, hemos dicho, incurre en una incorrección, pues coloca dentro de un mismo conjunto a la Contraloría y a la Fiscalía General de la República junto con los Estados y Municipios cuando, en realidad, eran de naturaleza absolutamente distinta.

Los Estados y Municipios son entidades político-territoriales, con autonomía territorial derivada del esquema de descentralización política que el federalismo venezolano establece, tal como surgía de la propia Constitución de 1961. Por tanto, al ser entes autónomos territorialmente, conforme al texto fundamental, la Ley Orgánica no debía aplicarse directamente a los Estados y Municipios, ya que era la propia Constitución la que establecía qué leyes nacionales podían aplicarse directamente a esas entidades, conforme a las normas generales relativas al Poder Público que regía para toda la Administración Pública (nacional, estadal y municipal). Este panorama, como se sabe, cambió en la Constitución de 1999, la cual admite que por ley se puede omitir la autonomía de Estados y Municipios, razón por la cual, la ley Orgánica de procedimientos Administrativos ahora se aplica directamente a las Administraciones estadales y municipales..

Por tanto, esta regulación que hace la Ley Orgánica, aun cuando aclare que estas entidades deben ajustar su actividad a las prescripciones de la misma, *en cuanto les sea aplicable*, puede decirse que con la Constitución de 1999 dejó de ser de dudosa constitucionalidad. Conforme al texto anterior de la Constitución de 1961, en cambio, una Ley Nacional, salvo en aquellos casos expresamente previstos en la Constitución, no se podía aplicar directamente a los Estados y Municipios, porque esto implicaba una violación a la autonomía territorial y política de estas entidades, dentro del sistema federal y municipal. La Constitución preveía expresamente los casos en los cuales una ley nacional podía aplicarse directamente a Estados y Municipios, y en todos esos casos, era la Constitución misma la que autorizaba al legislador nacional a dictar una ley nacional aplicable a los Estados y Municipios. Incluso, la Constitución de 1999, cuando reguló los principios de la Administración Pública (art. 141), no estableció nada respecto a que una ley nacional concerniente a la actividad administrativa, a los procedimientos administrativos, podía ser aplicada a los Estados y Municipios. La limitación, sin embargo, deriva de otras normas generales como los artículos 168 y 169 de la Constitución de 1999. En todo caso, pensamos que los Estados tendrían que dictar sus Leyes de Procedimiento Administrativo como lo había hecho en el pasado alguno de los Estados y lo mismo tendría que hacer los Municipios, mediante Ordenanzas, como por ejemplo sucedió en el antiguo Distrito Federal en 1982.

En todo caso, debe convenirse en que una regulación como la de la ley nacional es necesario que sea aplicable a los Estados y Municipios, porque si en algún área es indispensable establecer un control y un balance de relaciones entre poderes y derechos, es en el área de los Municipios y los Estados.

Ahora bien, mientras estas leyes y ordenanzas no se dicten, debe convenirse en que sus normas deben aplicarse a los Estados y Municipios, reforzado, además, por el hecho de constituir, muchas de sus normas, principios generales del derecho administrativo.

No olvidemos que la Ley Orgánica, hasta cierto punto, es una Ley que le dio valor de derecho positivo a una serie de principios generales del derecho que hasta ese momento se venían manejando a nivel de la doctrina y de la jurisprudencia. Por tanto, al encontrarse formulados en una Ley, ciertamente, los principios generales del derecho que consagra, también serían aplicables, como tales principios generales, a los Estados y Municipios. Por ejemplo, el derecho a ser oído, el derecho a la defensa, el derecho a aportar pruebas, el derecho de tener acceso al expediente administrativo, son principios que sin consagración positiva, la jurisprudencia había venido garantizando a los particulares. A partir de la Ley Orgánica y ahora conforme a la nueva Constitución de 1999, serán principios que seguirán siendo aplicables a los Estados y Municipios, reforzados por la existencia de un texto positivo, que si bien no debería tener aplicación, insistimos, directa a esas entidades, los principios que ella regula sí se aplican a los Estados y Municipios.

2. Ámbito sustantivo

Además del ámbito organizativo de aplicación de la Ley, con las precisiones señaladas que surgen del artículo 1°, puede también determinar un ámbito sustantivo de aplicación. En efecto, se ha determinado a qué órganos se aplica este texto; corresponde ahora precisar si se aplica a todo lo que esos órganos realizan o si hay algunos procedimientos desarrollados ante esos órganos que escapan de sus regulaciones.

Nos podemos preguntar: ¿Acaso se aplica la Ley a todos los procedimientos que se desarrollan ante estos órganos que forman parte de su ámbito organizativo de aplicación? En principio sí, pero deben analizarse dos aspectos concernientes a la aplicación preferente de procedimientos previstos en leyes especiales; y a los procedimientos concernientes a la seguridad y defensa del Estado.

A. Los procedimientos especiales y su aplicación preferente frente al procedimiento general

Sobre el tema véase, Hildegard Rondón de Sansó, "Problemas fundamentales que plantea la Ley Orgánica de Procedimientos Administrativos en las materias en la cuales rigen procedimiento especiales (con particular referencia a la Ley de Propiedad Industrial)", en *Revista de Derecho Público*, N° 10, Editorial Jurídica Venezolana, Caracas 1982, pp. 119-128.

En esta materia la Ley precisa su ámbito sustantivo o, al menos, el principio para determinar el ámbito sustantivo de aplicación, al señalar que "Los procedimientos administrativos contenidos en Leyes Especiales, se aplicarán con preferencia al procedimiento ordinario previsto en este Capítulo, *en las materias que constituyan la especialidad*".

Ante todo se observa que el artículo 47 está ubicado en el Capítulo I del Título III de la Ley. El Capítulo I se refiere al *Procedimiento Ordinario*, por lo que la remisión a leyes especiales no se aplicaría a lo regulado en los capítulos siguientes: procedimiento sumario (II); procedimiento en casos de prescripción (III); publicación y notificación de los actos administrativos (IV); y ejecución de los actos administrativos (V). Es decir, la ubicación de la norma permite concluir que el ámbito sustantivo de aplicación de la Ley Orgánica sólo permitiría acudir a las materias que constituyan especialidad en los procedimientos previstos en leyes especiales, cuando ello sea así respecto a las normas del procedimiento ordinario (Capítulo I del Título III) y no respecto a las otras normas del procedimiento administrativo reguladas en los Capítulos II al V del Título III, las cuales rigen en todo caso, aun frente a normas previstas en leyes especiales. Lo mismo debe advertirse respecto a la regulación que establece la Ley Orgánica, en el Título IV, sobre la revisión de los actos administrativos y especialmente, respecto de los recursos administrativos.

La ubicación del artículo 47 permite afirmar que la remisión que hace a las leyes especiales, sólo se aplicaría al procedimiento ordinario constitutivo del acto administrativo, y no al procedimiento de impugnación. Por tanto, las normas sobre recursos administrativos establecidas en la Ley Orgánica privarían sobre cualesquiera otras previstas en leyes especiales. Esta es la interpretación directa del artículo 47 de la Ley Orgánica, la cual, sin duda provocará innumerables conflictos entre normas, que deben ser resueltos e interpretados, inclusive, en vía judicial, pues en ciertos casos, por más que la Ley Orgánica no lo permita, deberán aplicarse normas especialísimas, previstas en leyes especiales, que en casos concretos deben privar sobre las regulaciones generales de la Ley.

Ahora bien, en cuanto al artículo 47 de la Ley Orgánica, debe señalarse que el Ejecutivo Nacional había propuesto una redacción que luego fue modificada en el Congreso, y que tendía a que tuvieran aplicación preferente, en las materias de su especialidad, respecto del procedimiento previsto en la Ley Orgánica, los procedimientos no sólo regulados en Leyes Especiales, sino en Reglamentos. Esto, por supuesto, habría significado que en un breve tiempo la Ley habría dejado de aplicarse, porque si en cada Reglamento del Ejecutivo, posteriormente, se regulaban procedimientos, la Ley materialmente, en materia procesal administrativa, habría caído en desuso. Por eso, el propio Congreso, cuando reconsideró la Ley por devolución del Presidente, estableció que estos procedimientos especiales que pueden tener aplicación preferente, son sólo los previstos en Leyes Especiales. Quedan a salvo, en todo caso, aquellos procedimientos especiales regulados en Reglamentos en virtud de exhortación expresa de una Ley especial.

En esta norma, la Ley señala, ante todo, que ella no se aplica directamente a todos los procedimientos que se desarrollan en los órganos abarcados en su ámbito organizativo de aplicación, ya que si hay leyes especiales que prevean procedimientos especiales, esos procedimientos especiales se aplican con preferencia a los de la Ley Orgánica, en las materias que constituyan la especialidad. En efecto, si hay una ley especial que trae regulaciones procedimentales que constituyan, realmente, especialidad frente al principio general de la ley, la Ley Orgánica prescribe que se aplique la ley especial con preferencia. Esto provoca la necesidad de determinar en todos los organismos públicos, cuáles son las Leyes Especiales que regulan los diversos procedimientos que se aplican a cada Ministerio, para determinar este ámbito sustantivo de aplicación. Pero no basta determinar esos procedimientos especiales, sino que luego deben determinarse, en ellos, las regulaciones que constituyan indubitablemente, materias que ameritan un tratamiento especial frente al procedimiento general de la Ley.

Pero en esta materia, sin duda, se plantea el problema de los procedimientos especiales previstos en Reglamentos que establezcan procedimientos, teniendo en cuenta que el artículo 47 habla sólo de "leyes especiales".

En este punto, habría que distinguir diversos supuestos. En unos casos, hay Leyes Especiales que expresamente remiten al Reglamento para la regulación del procedimiento, en cuyo caso habría una remisión legal o delegación hacia un órgano administrativo para regular el procedimiento. En virtud del mandato legislativo, estos procedimientos previstos en Reglamentos tendrían aplicación preferente, pero en ellos habría que detectar qué aspectos son especiales, para poder decir qué normas de estos reglamentos se pueden aplicar con preferencia a la Ley Orgánica. Por ejemplo, en materia de regulación de alquileres, la vieja Ley de Regulación de Alquileres no regulaba el procedimiento sino que remitía directamente al Reglamento y era éste el que detallaba, inclusive por primera vez en el ordenamiento jurídico venezolano, todo un preciso procedimiento administrativo. En este reglamento tenía que determinarse qué aspectos, realmente, constituían especialidad para poder determinar, en virtud de la remisión que la Ley hace al Reglamento, qué normas de ese reglamento debían aplicarse con preferencia a las de la Ley. En el caso concreto, debe señalarse, sin embargo que la Ley de Arrendamientos Inmobiliarios de 1999 que derogó la Ley de Regulación de Alquileres, en contraste, si establece normas de procedimiento de carácter especial.

En todo caso, lo que queremos plantear es que no es fácil llegar a una conclusión definitiva sobre cuáles son los procedimientos especiales regulados en leyes especiales y las partes de esos procedimientos que deben aplicarse, con preferencia a la Ley, pues se trata de un problema casuístico que tiene que ser determinado en cada organismo previo al análisis detallado de su ordenamiento legal. De esto, no pueden establecerse reglas generales absolutas.

B. La exclusión de los procedimientos concernientes a la seguridad y defensa del Estado

Por otra parte, en cuanto al ámbito sustantivo de aplicación de la Ley, ésta excluye expresamente, de su ámbito de aplicación, algunos procedimientos a los cuales no se aplica. El artículo 106, en efecto, señala que de la aplicación de la Ley quedan excluidos los procedimientos concernientes a la seguridad y defensa del Estado. Este artículo, que en la publicación definitiva de la Ley quedó ubicado en forma incorrecta, porque está en el Título relativo a las "Sanciones", cuando, en realidad, debía ser una disposición final, establece que de la aplicación de la Ley "quedan excluidos los procedimientos concernientes a la seguridad y defensa del Estado".

Aquí también debe hacerse una precisión sobre el ámbito sustantivo de aplicación de la Ley en cuanto a la determinación de qué debe entenderse por procedimientos concernientes a la seguridad y defensa del Estado, lo cual plantea problemas interpretativos.

Pensamos que no se le puede dar una interpretación amplia a la expresión "seguridad y defensa", porque si se la diera, se podría llegar a la conclusión de que materialmente, casi todo lo que el Estado realiza, quedaría excluido de la aplicación de la Ley en los términos del artículo 322 y siguientes de la Constitución.

Por eso resulta necesario interpretar esta expresión "seguridad y defensa del Estado", en el sentido de que se refiere a aquellos aspectos que interesan a la defensa, en el sentido de procedimientos vinculados al ámbito militar y al Ministerio de la Defensa, por una parte, y por la otra a la seguridad del Estado, en el sentido de procedimientos vinculados a la seguridad interna y a la policía. En todo caso, aquí resulta otro campo de interpretación de la Ley, y es la aplicación sucesiva de la misma, la que debe ir señalando, cuál es realmente el sentido que debe tener la expresión "seguridad y defensa" para determinar el ámbito sustantivo de aplicación de aquélla.

V. LA CONSOLIDACIÓN DEL PRINCIPIO DE LA LEGALIDAD ADMINISTRATIVA

Sobre el principio de la legalidad, en general, véase Allan R. Brewer-Carías, *Las Instituciones Fundamentales del Derecho Administrativo y la Jurisprudencia Venezolana*, Caracas 1964, pp. 21-93; Allan R. Brewer-Carías, *Fundamentos de la Administración Pública*, T. I, 2da Edición, Caracas 1984; Allan R. Brewer-Carías, "El principio de la legalidad en la Ley Orgánica de Procedimientos Administrativos", en *Revista del Consejo de la Judicatura*, N° 22, Caracas 1981, pp. 5-14; Allan R. Brewer-Carías, *Principios del Procedimiento Administrativo,* Editorial Civitas, Madrid, 1990; Allan R. Brewer-Carías, "Los principios de legalidad y eficacia en las leyes de procedimiento administrativo en América Latina", en *La relación jurídico administrativa y el procedimiento administrativo, V Jornadas Internacionales de Derecho Administrativo.* FUNEDA, Caracas 1998, pp. 21-90; Allan R. Brewer-Carías, *El Derecho Administrativo y la Ley Orgánica de Procedimientos Administrativos,* Editorial Jurídica Venezolana, 5ta. Edición, Caracas, 1999; Ana Elvira Araujo García "El Principio de legalidad y Estado de Derecho", en *Los requisitos y los vicios de los actos administrativos, V Jornadas Internacionales de Derecho Administrativo*, FUNEDA, Caracas 2000, pp. 39-59; José Araujo Juárez, *Principios Generales del Derecho Procesal Administrativo*, Vadell Hermanos Editores, Caracas 1998; Eloy Lares Martínez, "El principio de la legalidad aplicado a la Administración" *en Boletín de la Academia de Ciencias Políticas y Sociales,* N° 35, Caracas 1967, pp. 45-92; Eloy Lares Martínez, *Manual de Derecho Administrativo,* Facultad de Ciencias Jurídicas y Políticas de la Universidad Central de Venezuela, Caracas 2001; Enrique Meier E., "El principio de la legalidad administrativa y la Administración Pública, en *Revista de Derecho Público* N° 5, Caracas 1981, pp. 45-56; Antonio Moles Caubet, *El principio de la legalidad y sus implicaciones*, Caracas 1974; Hildegard Rondón de Sansó, *Procedimiento Administrativo,* Editorial Jurídica Venezolana, 2da Edición, Caracas 1983; Hildegard Rondón de Sansó, *Teoría General de la Actividad Administrativa,* Ediciones Liber, 2da. Edición, Caracas, 2000; Gabriel Ruán Santos, *El Principio de Legalidad, la Discrecionalidad y las Medidas Administrativas.* FUNEDA, Caracas, 1998.

En cuanto a la jurisprudencia sobre el principio de la legalidad, véase en Allan R. Brewer-Carías, *Jurisprudencia de la Corte Suprema 1930-1974 y Estudios de Derecho Administrativo,* T. I, Caracas 1975, pp. 575-601; Allan R. Brewer-Carías, "Algunas Bases del Derecho Público Venezolano", en *Revista de la Facultad de Derecho,* N° 27, UCV, Caracas 1963, pp. 143-148. Véase además en M. Ramos Fernández "Jurisprudencia Administrativa y Constitucional", *Revista de Derecho Público,* N° 1, Caracas 1980, p. 117; N° 3, Caracas 1980, p. 110 y N° 8, Caracas 1981, p. 100.

En cuanto a la doctrina administrativa, véase *Doctrina de la Procuraduría General de la República* 1973, Caracas 1974, p. 121 y ss.

Ahora bien, precisado el ámbito organizativo y sustantivo de aplicación de la Ley, debe señalarse que su importancia en cuanto a las regulaciones de la Administración, surge, entre otros aspectos, de la consolidación y ampliación de la obligación de la Administración de someterse a la legalidad que se define expresamente en el artículo 1°. Allí se establece que la Administración Pública ajustará su actividad a las prescripciones de la Ley, utilizando una expresión imperativa: "ajustará". De ello resultan diversas garantías de los particulares frente a la Administración, como una manifestación concreta del Estado de Derecho en nuestro país.

En efecto, la Ley, indirectamente, define y precisa el principio de la legalidad, al establecer, en el artículo 1°, como *una obligación* de todos los órganos que están sometidos a sus normas, el ajustar su actividad a las prescripciones de la Ley. Al prescribir que "ajustarán su actividad", establece la obligación de la Administración, de someterse a la Ley y, en sentido amplio, a la legalidad. Así se establece, además, en el artículo 141 de la Constitución, que establece como principio de la Administración Pública "el sometimiento pleno a la Ley y al derecho".

Además, no se olvide que cuando la Constitución precisa la competencia de los órganos de la jurisdicción contencioso-administrativa (artículo 259) exige que la Administración se ajuste al derecho y, por tanto, no sólo a la Ley como fuente formal escrita, sino a todas las otras fuentes escritas y no escritas del derecho, que han conformado tradicionalmente en Venezuela el bloque de la legalidad, y dentro del cual, la mayor importancia la han tenido los principios generales del derecho administrativo, muchos de los cuales la Ley les da carácter de derecho positivo.

Pero aparte de esta obligación de la Administración de someterse al derecho, la Ley consolida el principio de la legalidad a través de una serie de regulaciones, las cuales debemos analizar separadamente.

1. El carácter sublegal de la actividad administrativa

Sobre el tema de la reserva legal en materia administrativa, véase Allan R. Brewer-Carías, "La Hacienda Pública Venezolana. Bases Constitucionales para su estudio" en *Revista del Ministerio de Justicia,* N° 49, Caracas 1964, p. 63 y ss.; Allan R. Brewer-Carías, "Comentarios sobre el sistema de sanciones administrativas en la Ley Orgánica de Protección al Consumidor" en *Revista de Derecho Público,* N° 7, Caracas 1981, pp. 118-122; Allan R. Brewer-Carías, *Instituciones Políticas y Constitucionales,* T. II, UCAT-EJV, 3[era.] Edición, Caracas-San Cristóbal, 1996, pp. 29-83; Allan R. Brewer-Carías, *Instituciones Políticas y Constitucionales;* Tulio Chiosonne, *Las Sanciones en Derecho Administrativo,* Caracas 1973, p. 37; Eloy Lares Martínez, *Manual de Derecho Administrativo,* Facultad de Ciencias Jurídicas y Políticas de la Universidad Central de Venezuela, Caracas 2001; Tomas Hutchinson y Lubin Aguirre (Comentarista), "La actividad administrativa de policía y la garantía de los derechos constitucionales", en *Las formas de la actividad administrativa, II Jornadas Internacionales de Derecho Administrativo,* Caracas 1996, pp. 95-123; Cecilia Sosa Gómez, "La Naturaleza de la Potestad Administrativa Sancionatoria", en *Las formas de la actividad administrativa, II Jornadas Internacionales de Derecho Administrativo,* FUNEDA, Caracas 1996, pp. 185-217; *Doctrina de la Procuraduría General de la República,* 1978, Caracas 1979, p. 105 y ss.

En primer lugar, la Ley precisa el carácter sublegal de la actividad y acción administrativa; es decir, que la actividad administrativa, dentro de las actividades del Estado, es una actividad que se desarrolla vinculada y sometida a la ley, por debajo de la ley, y que, por tanto, no puede invadir competencias que están reservadas constitucionalmente al legislador.

Tradicionalmente se ha considerado que esa reserva legal se define en la Constitución, respecto, al menos, a tres aspectos fundamentales: la creación de contribuciones e impuestos; el establecimiento de delitos y sanciones; y la regulación o limitación de las garantías constitucionales. Estas son tres materias tradicionalmente consideradas como de la reserva legal y que, por tanto, la Administración no puede regular. Es decir, la Administración no puede crear impuestos ni establecer contribuciones (artículo 317 de la Constitución); ni puede crear sanciones ni faltas administrativas (artículo 49, ordinal 6 de la Constitución); ni limitar los derechos constitucionales. Estas son materias reservadas al Legislador.

El artículo 10 de la Ley, aún cuando podría decirse, que aparentemente, es redundante frente a la formulación de estos principios que tienen asidero constitucional, realmente, no lo es. En efecto, esta norma establece que ningún acto administrativo podría crear sanciones, ni modificar las que hubieran sido establecidas en las Leyes, crear impuestos u otras contribuciones de derecho público, salvo dentro de los límites determinados por la Ley. Esta norma, en realidad, es de mucha importancia. Por una parte, corrobora el carácter sublegal de la actividad administrativa y, por tanto, reformula el principio de la reserva legal en estas materias. Sin embargo, la última parte del artículo debe destacarse cuando señala que la reserva legal existe, pero que la Administración podría regular sobre esas materias "dentro de los límites determinados por la Ley", con lo cual se establece, expresamente, una práctica legislativa que hasta ahora venía aplicándose, y que deriva de que, con frecuencia, el Legislador deja en manos del Ejecutivo, el establecimiento, por vía reglamentaria, de algunas sanciones o la regulación concreta de algunas contribuciones.

Pero aparte de esta posibilidad de que pueda haber una actividad administrativa en estos campos, dentro de los límites determinados por la Ley, la formulación del artículo 10 tiene una enorme importancia en materia administrativa, particularmente en relación a las sanciones administrativas. Todo ese campo de regulación se encuentra en la frontera entre el derecho penal y el derecho administrativo; del derecho penal administrativo, como lo suelen llamar los penalistas, o de la potestad sancionadora administrativa, como preferimos calificarla los administrativistas. Ahora bien, todo ese campo fronterizo, con esta norma, adquiere una regulación precisa: los actos administrativos no pueden y, por supuesto, los Reglamentos que de acuerdo a la Ley, tienen carácter de actos administrativos, crear sanciones ni modificar las que hubieran sido establecidas en las Leyes. Con esta norma se puso límite a toda una práctica viciada, de establecimiento de sanciones directamente por la Administración y de la previsión de las infracciones que acarrean esas sanciones, también directamente por la Administración.

El legislador, en esta materia no ha sido uniforme ni consecuente, pues en este campo ha habido regulaciones de todo tipo. En efecto, con frecuencia se encuentra en muchas leyes especiales, la previsión genérica de sanciones por infracciones indeterminadas de normas, no sólo de esas leyes, sino de reglamentos. Con frecuencia, en esas leyes, después de establecer sanciones concretas por infracciones de artículos específicos, se agrega un artículo donde se indica, en general, que todas las otras infracciones a esa ley y su reglamento serán sancionadas con multas de monto determinado. Con una cláusula general sancionatoria, de esta manera, se deja a la Administración el fijar, por Reglamento, las infracciones a las cuales se aplica la sanción genérica de la Ley. Esta situación ha sido criticada por la doctrina, al considerar como inconstitucionales estas normas legales que establecen esa regulación genérica de sanciones, que permiten a la Administración, en definitiva, luego, establecerlas y aplicarlas.

Pero la práctica administrativa ha llevado, inclusive, a que la Administración haya creado sanciones aun cuando la formulación de la ley no sea genérica, en la forma señalada. En efecto, frente a estas cláusulas genéricas sancionatorias, en otras leyes también nos encontramos al otro extremo; por ejemplo, la vieja Ley de Protección al Consumidor que fue sustituida por la Ley de Protección al Consumidor y al Usuario de 1995 establecía un sistema cerrado de sanciones, distinto al mencionado, al precisar que las infracciones a artículos precisos deben ser sancionados con multas precisas. Es decir, establecía un sistema cerrado sancionatorio, porque preveía una sanción (multa) por violación de artículos determinados de la Ley. No había en dicha Ley ninguna norma genérica que dijera que cualquier otra infracción a otras normas previstas en la Ley o en los Reglamentos podía ser sancionada. Sin embargo, esto no fue impedimento para que el Ejecutivo Nacional, en los Reglamentos N° 1 y 2 de la Ley de Protección al Consumidor, hubiera previsto que las violaciones a esos Reglamentos serían sancionadas conforme a lo previsto en la Ley; y se hubiera llegado incluso, a que por vía de Resolución, el Ministerio de Fomento, hubiera previsto que la violación de las normas de una Resolución, deberían ser sancionadas conforme a las previsiones de la Ley. Sin embargo, todas esas sanciones que se aplicaban por violación de normas reglamentarias eran absolutamente inconstitucionales, porque ni la infracción ni la sanción tenían consagración legal, sino que eran creación de la Resolución o del Reglamento. Con este artículo 10 de la Ley Orgánica, ese tipo de regulación sancionatoria administrativa quedaba proscrito. Por eso, el artículo 10, no es tan inútil, teniendo en cuenta que podría parecer como una repetición de un principio constitucional, pues abre un amplísimo campo de control de la actividad administrativa, sobre todo en áreas que tocan directamente a los particulares.

2. La jerarquía de los actos administrativos

Sobre los actos administrativos, en general, véase Gonzalo Pérez Luciani, *La noción del acto administrativo,* Discurso de incorporación a la Academia de Ciencias Políticas y Sociales, Caracas 1998; Caterina Balasso Tejera, *Jurisprudencia sobre los actos administrativos (1980-1993),* Editorial Jurídica Venezolana, Caracas 1998.

Además de consolidar el carácter sublegal de la Administración y del acto administrativo y, por tanto, de su sumisión a la Ley, dentro de la consolidación del principio de la legalidad, la Ley Orgánica de Procedimientos Administrativos establece otro principio de enorme importancia, y es el que se refiere a la consagración expresa de la jerarquía de los actos administrativos. En efecto, el artículo 13 de la Ley también tiene gran importancia para la consolidación de la legalidad, al establecer que ningún otro acto administrativo podrá violar lo establecido en otro de superior jerarquía. Por tanto, conforme a esta norma, el acto administrativo no sólo debe estar sometido a la Ley y ser de carácter sublegal, sino que, además, tiene que estar sometido a los otros actos administrativos de jerarquía superior. Es decir, los actos de los funcionarios de jerarquía inferior no pueden vulnerar lo establecido en los actos de los superiores, con lo cual se establece expresamente el principio de la jerarquía en la organización administrativa.

La consecuencia de ello es que toda violación de este principio de que el acto administrativo no puede violar lo establecido en otro de jerarquía superior, sería una violación del principio de la legalidad, actuación que sería controlable en vía jurisdiccional.

Pero además, la Ley, con base en este principio de la jerarquía de los actos, en el artículo 14 precisa cuál es esa jerarquía, estableciendo la siguiente: Decretos, Resoluciones, Ordenes, Providencias y otras Decisiones dictadas por órganos y autoridades administrativas, con lo cual queda claro que un Decreto, por ser emanado del Presidente de la República, se aplica con prevalencia frente a Resoluciones Ministeriales y éstas se aplican con prevalencia frente a las otras órdenes, providencias y decisiones, dictadas por órganos inferiores; y en estos, la jerarquía de los actos se determina por la jerarquía de los órganos de los cuales emanan.

La definición legal de los Decretos, de las Resoluciones Ministeriales, de los otros actos administrativos la establece la Ley Orgánica en sus artículos 15, 16 y 17.

3. La inderogabilidad singular de los reglamentos

Sobre el tema véase, Allan R. Brewer-Carías, *El Derecho Administrativo y la Ley Orgánica de Procedimientos Administrativos, Principios del procedimiento administrativo,* Editorial Jurídica Venezolana, 6ta Edición, Caracas, 2002; Hildegard Rondón de Sansó, "Análisis Crítico de la Ley Orgánica de Procedimientos Administrativos", en *Revista del Consejo de la Judicatura,* N° 22, Caracas 1981, p. 23 y ss.

En cuanto a la Jurisprudencia sobre ello, véase M. Ramos Fernández, "Jurisprudencia Administrativa y Constitucional", *Revista de Derecho Público,* N° 17, 1984, p. 178 y N° 44, 1990, p. 121.

El artículo 13 de la Ley, además de establecer el principio de la jerarquía y del sometimiento de los actos de jerarquía inferior a los actos de jerarquía superior, le da fuerza de derecho positivo a otro principio, que también consolida el principio de la legalidad, y es el que se conoce como principio de la inderogabilidad singular de los Reglamentos. Conforme este principio general, los actos administrativos de efectos generales no pueden ser derogadas o vulnerados por actos administrativos de efectos particulares. Ahora bien, la Ley va más allá y establece que los actos administrativos de carácter particular no pueden vulnerar lo establecido en una disposición administrativa de carácter general, "aun cuando fueren dictados por autoridad igual o superior a la que dictó la disposición general". Con esto se establece, también con fuerza de derecho positivo, un principio que hasta la promulgación de la Ley venía siendo manejado sólo a nivel de la Doctrina, según el cual un acto de carácter general no puede ser vulnerado por un acto de carácter particular ni siquiera cuando éste es dictado por un órgano superior. Por tanto, si se dicta una Resolución Reglamentaria por un Ministro, este funcionario no sólo no puede vulnerarla con sus actos particulares, sino que el Presidente de la República tampoco puede vulnerar dicha disposición general, con un acto de efectos particulares. En esta forma, si el Ministro quiere apartarse de un acto general para decidir un caso concreto, no puede hacerlo sin antes modificar el acto de efectos generales, mediante otro acto de efectos generales, es decir, tiene que reformar la Resolución y luego que la reforme, es que puede dictar el acto de efectos particulares que desee. Lo mismo sucedería respecto de los actos del órgano superior: si existe una Resolución Ministerial de efectos generales, no puede el Presidente de la República mediante un Decreto de efectos particulares, modificar el acto ministerial de efectos generales; tendría que dictar un Decreto de carácter general o reglamentario, para luego dictar su acto de efectos particulares, pero derogando, previamente, la Resolución o acto general que deseaba modificar. Esta es otra consagración de este importante principio de la inderogabilidad singular de los Reglamentos, aplicable a todos los actos de efectos generales.

4. El valor del precedente y la irretroactividad de los actos administrativos

Sobre la irretroactividad de los actos administrativos, véase Allan R. Brewer-Carías, *Las Instituciones Fundamentales del Derecho Administrativo y la jurisprudencia Venezolana*, Caracas 1964, p. 138; Allan R. Brewer-Carías, *Principios del Procedimiento Administrativo*, Editorial Civitas, Madrid, 1990; Allan R. Brewer-Carías, *El Derecho Administrativo y la Ley Orgánica de Procedimientos Administrativos, Principios del procedimiento administrativo*, Editorial Jurídica Venezolana, 6ta Edición, Caracas, 2002; Luis Fraga Pitaluga, "Los actos administrativos en el tiempo, irretroactividad y sometimiento a condiciones", en *Los efectos y la ejecución de los actos administrativos, III Jornadas Internacionales de Derecho Administrativo*, FUNEDA, Caracas 1997, pp. 119-158; Eloy Lares Martínez, *Manual de Derecho Administrativo*, Facultad de Ciencias Jurídicas y Políticas de la Universidad Central de Venezuela, Caracas 2001.

En cuanto a la jurisprudencia sobre ello, véase Allan B. Brewer-Carías, *Jurisprudencia de la Corte Suprema 1930-1974 y Estudios de Derecho Administrativo*, T. III, Vol. I, Caracas 1976, p. 290 y ss., y en M. Ramos Fernández, "Jurisprudencia Administrativa y Constitucional", *Revista de Derecho Público*, N° 4, Caracas 1980, pp. 143-145; 63-64, Caracas 1995, pp. 241 y 69-70, Caracas 1997, pp. 137. En cuanto a la doctrina administrativa, véase *Doctrina de la Procuraduría General de la República 1964*, Caracas 1965, p. 203.

Sobre las prácticas administrativas, véase la *Doctrina de la Procuraduría General de la República 1964*, Caracas 1965, p. 175 y ss.; *ídem* 1971, Caracas 1972, p. 273 y ss.

Por otra parte, también dentro de la consolidación del principio de la legalidad, la Ley Orgánica reguló, en el artículo 11, una serie de principios que rigen la actividad administrativa, y que se refieren a la posibilidad que tiene la Administración de modificar sus criterios de interpretación en su actuación frente a los particulares. En ese artículo se determina cuál es el valor del precedente administrativo, y se consagra, en forma indirecta, otro principio que es el de la irretroactividad de los actos administrativos.

El artículo 11 señala, en efecto, como principio general, que los criterios establecidos por los distintos órganos de la Administración Pública, pueden ser modificados; es decir, la Administración no está sujeta a sus precedentes y, por tanto, ante nuevas situaciones se pueden adoptar nuevas interpretaciones. Pero esta posibilidad de la Administración de modificar sus criterios tiene limitaciones: en primer lugar, la nueva interpretación no puede aplicarse a situaciones anteriores, con lo cual, dictado un acto administrativo en un momento determinado conforme a una interpretación, si luego se cambia la interpretación, no puede afectarse la situación y el acto anterior. Por tanto, el nuevo acto dictado conforme a la nueva interpretación no tiene efecto retroactivo.

Esto, podía considerarse como un principio derivado de la interpretación de la irretroactividad de las Leyes (art. 24 de la Constitución). Sin embargo, a partir de la Ley surgió un asidero para el principio de la irretroactividad de los actos administrativos. Ello, sin embargo, tiene una excepción: la nueva interpretación puede aplicarse, sin embargo, a las situaciones anteriores, cuando fuese más favorable a los administrados y aquí se sigue también, la orientación del artículo 24 de la Constitución, cuando prescribe la retroactividad de las leyes, en materia penal, cuando sea más favorable al reo.

En todo caso, esta posibilidad de modificar criterios administrativos y la limitación, en cuanto a la aplicabilidad de los nuevos criterios a situaciones anteriores, tiene una previsión expresa en el propio artículo 11 de la Ley, al señalar que la modificación de los criterios por la Administración, no da derecho a la revisión de los actos definitivamente firmes dictados conforme a los criterios anteriores. En resumen: la Administración puede variar sus criterios, sin embargo, los nuevos criterios no pueden aplicarse a situaciones anteriores, lo que implica que no puede dárseles efectos retroactivos a los actos administrativos. Pero además, el nuevo criterio que se aplique no le da derecho a un particular a pedir que el acto que lo afectó en un tiempo atrás, sea modificado cuando ese acto ya es un acto definitivamente firme; es decir, la Administración no puede verse compelida, cuando varía de criterio, a modificar sus actos dictados conforme a criterios anteriores, por un pretendido derecho del particular, a que variado el criterio, se aplique ese nuevo criterio a las actuaciones precedentes. Esto, además de la irretroactividad del acto administrativo, implica la consagración del principio de la irrevocabilidad de los actos administrativos, es decir, no son libremente revocables, en cuanto a que el particular, en este caso no tiene derecho a pedir que la Administración modifique libremente sus actos.

5. La sujeción a la cosa juzgada administrativa

Sobre la cosa juzgada administrativa, véase Allan R. Brewer-Carías, *Las Instituciones Fundamentales del Derecho Administrativo y la Jurisprudencia Venezolana*, Caracas 1964, p. 146 y ss.; Allan R. Brewer-Carías, *Principios del Procedimiento Administrativo,* Editorial Civitas, Madrid, 1990; Allan R. Brewer-Carías, *El Derecho Administrativo y la Ley Orgánica de Procedimientos Administrativos, Principios del procedimiento administrativo,* Editorial Jurídica Venezolana, 6ta. Edición, Caracas, 2002.

En cuanto a la jurisprudencia, véase Allan R Brewer-Carías, *Jurisprudencia de la Corte Suprema 1930-1974 y Estudios de Derecho Administrativo,* T. III, Vol. I, Caracas 1976, p. 296 y ss; M. Ramos Fernández "Jurisprudencia Administrativa y Constitucional", en *Revista de Derecho Público,* N° 57-58, 1994, p. 254 y 59-60, 1994, p. 201.

En cuanto a la Doctrina Administrativa véase *Doctrina de la Procuraduría General de la República 1964,* Caracas 1965, pp. 87-90.

Es precisamente sobre este aspecto del valor de los actos definitivamente firmes, es decir, del valor de la cosa juzgada administrativa, se refiere otro aspecto que consolidó el principio de la legalidad en la Ley Orgánica de Procedimientos Administrativos. Se trata, insistimos, de la obligación que tiene la Administración de someterse a sus propios actos, es decir, de la sujeción a la cosa juzgada administrativa y, por tanto, de la limitación a la revocabilidad de los actos administrativos.

La Ley Orgánica consagra expresamente normas de enorme importancia, sobre todo frente a vicios, prácticas administrativas viciadas y arbitrarias, manifestadas en las más variadas formas, en todos los niveles de la Administración. En efecto, no era infrecuente encontrar en la acción administrativa, actividades mediante las cuales, pura y simplemente, se revocan actos administrativos que están definitivamente firmes y que habían cumplido, inclusive, sus efectos.

Frente a esta realidad había sido el trabajo de la doctrina y de la jurisprudencia el que había salido al paso, planteando el principio de la irrevocabilidad de los actos administrativos cuando son creadores de derechos a favor de particulares y, por tanto, planteando una limitación al poder revocatorio de la Administración. Con la Ley Orgánica, este principio tiene una consagración expresa, aun cuando en forma indirecta y dispersa.

En primer lugar, se deduce por vía de interpretación a contrario del artículo 82. Ese artículo consagra la potestad revocatoria, pero dentro de límites precisos, al establecer que los actos administrativos que *no originen* derechos subjetivos o intereses legítimos, personales y directos para un particular, podrán ser revocados en cualquier momento, en todo o en parte, por la misma autoridad que los dictó o por el superior jerárquico. Es decir, en esta norma se consagra el principio de la revocación de los actos administrativos que no creen derechos a favor de particulares, con lo cual, por interpretación a contrario, surge el otro principio que había sido trabajado por la jurisprudencia, el de la irrevocabilidad de los actos administrativos creadores de derecho.

Así, un acto administrativo que no crea derechos o intereses legítimos, puede ser revocado en cualquier momento por la Administración. Al contrario, si el acto administrativo crea derechos a favor de particulares, es irrevocable, y esto se confirma en la propia Ley Orgánica, al sancionarse como viciado de nulidad absoluta aquel acto administrativo que revoque un acto anterior creador de derechos a favor de particulares. El artículo 19, ordinal 2° establece expresamente que son nulos, de nulidad absoluta, los actos administrativos que resuelvan un caso precedentemente decidido por otro acto administrativo, con carácter definitivo y que haya creado derechos particulares.

En esta forma, entonces, encontraron consagración legal los principios relativos a la revocación de los actos administrativos que habían sido establecidos para la jurisprudencia: si el acto no crea derechos a favor de particulares es revocable libremente por la Administración; si el acto crea derechos a favor de particulares, es irrevocable, y si la Administración lo revoca, ese acto revocatorio es nulo, de nulidad absoluta.

Ahora bien, los actos nulos de nulidad absoluta, no pueden surtir ningún efecto y pueden ser revisados en cualquier momento sin ninguna limitación, tal como lo establece el artículo 83, al decir que la Administración podrá, en cualquier momento, de oficio o a solicitud de parte, *reconocer* la nulidad absoluta de los actos dictados por ella. Por supuesto, la nulidad absoluta, que es uno de los capítulos centrales de la Ley, ahora es algo serio; ya no es el vicio que, sobre todo a nivel del foro, pueda continuar alegándose indistintamente ante cualquier irregularidad del acto administrativo. La nulidad absoluta, como vicio de los actos administrativos, está reducida en la Ley a cinco causas establecidas taxativa y expresamente en el artículo 19. Así, en principio y salvo casos lógicos y racionales, sólo esas causales son origen de la nulidad absoluta y las demás irregularidades o vicios son causas de anulabilidad y, por tanto, de nulidad relativa.

6. Los límites al poder discrecional

Sobre los poderes discrecionales y sus límites, véase Allan R. Brewer-Carías, *Las Instituciones Fundamentales del Derecho Administrativo y la Jurisprudencia Venezolana*, Caracas 1964, p. 52 y ss.; Allan R. Brewer-Carías, *Fundamentos de la Administración Pública*, T. I, 2da Edición, Caracas 1984; Allan R. Brewer-Carías, "Los límites al poder discrecional de las autoridades administrativas" en *Ponencias Venezolanas al VII Congreso Internacional de Derecho Comparado*, Caracas 1966, pp. 255-278 y en *Revista de la Facultad de Derecho,* UCAB, N° 2, Caracas 1966, pp. 9-35; Allan R. Brewer-Carías, *Principios del Procedimiento Administrativo,* Editorial Civitas, Madrid, 1990; Allan R. Brewer-Carías, *El Derecho Administrativo y la Ley Orgánica de Procedimientos Administrativos, Principios del procedimiento administrativo,* Editorial Jurídica Venezolana, 6ta Edición, Caracas, 2002; Juan Carlos Balzán "Los límites a la discrecionalidad, la arbitrariedad y la razonabilidad de la Administración", en *Los requisitos y los vicios de los actos administrativos, V Jornadas Internacionales de Derecho Administrativo*, FUNEDA, Caracas 2000, pp. 61-101; J. M. Hernández Ron, "La potestad discrecional y la teoría de la autolimitación de los poderes", en *Revista del Colegio de Abogados del Distrito Federal*, N° 30-31, Caracas 1942, pp. 5-9; J. M. Hernández Ron, "La potestad administrativa discrecional", en *Revista del Colegio de*

Abogados del Distrito Federal, N° 35-36, Caracas 1943, pp. 7-11; Eloy Lares Martínez, *Manual de Derecho Administrativo,* Facultad de Ciencias Jurídicas y Políticas de la Universidad Central de Venezuela, 12va Edición, Caracas, 2001; Hildegard Rondón de Sansó, *Procedimiento Administrativo,* 2da Edición, Editorial Jurídica Venezolana, Caracas 1983; Hildegard Rondón de Sansó, *Teoría General de la Actividad Administrativa,* Ediciones Liber, 2da Edición, Caracas, 2000; Gabriel Ruán Santos, *El Principio de Legalidad, la Discrecionalidad y las Medidas Administrativas*, FUNEDA, Caracas, 1998.

La jurisprudencia sobre el tema puede verse en Allan R. Brewer-Carías, "El Poder discrecional en la jurisprudencia administrativa venezolana" en *Revista de la Facultad de Derecho*, UCV, N° 28, Caracas 1964, pp. 187-194; en Allan R. Brewer-Carías, *Jurisprudencia de la Corte Suprema 1930-1974 y Estudios de Derecho Administrativo,* T. I, Caracas 1975, pp. 575-621; y en M. Ramos Fernández "Jurisprudencia Administrativa y Constitucional", *Revista de Derecho Público,* N° 4, Caracas 1980, p. 134 y N° 5, Caracas 1981, p. 95.

En cuanto a la doctrina administrativa, véase *Doctrina de la Procuraduría General de la República 1966,* Caracas 1967, pp. 182-183; *ídem* 1972, Caracas 1973, p. 369 y ss.

Por último, dentro de la consolidación del principio de la legalidad, la Ley Orgánica de Procedimientos Administrativos consagra expresamente, en su artículo 12, los límites al poder discrecional de la Administración. El poder discrecional, sin la menor duda, es esencial para el desarrollo de la actividad administrativa; puede decirse que no habría posibilidad real y efectiva para la Administración de actuar en el campo de la vida económica y social, si no dispusiese de la libertad legal que le permita apreciar la oportunidad y la conveniencia de ciertas actuaciones y, por tanto, juzgando esta oportunidad y conveniencia, adoptar determinadas decisiones. Por ello, el poder discrecional es esencial para la Administración.

Pero así como es esencial para la Administración, sin duda, el poder discrecional es la primera fuente de arbitrariedad administrativa. Por eso, la discrecionalidad, lo ha dicho la Jurisprudencia y lo ha trabajado la doctrina, no puede convertirse en arbitrariedad, pero lamentablemente, ha sido muy frecuente que ese límite se traspase y que la acción discrecional sea, en definitiva, una acción arbitraria. Por eso la discrecionalidad requiere de límites; y los mismos sólo habían sido determinados por la Jurisprudencia. La Ley Orgánica, ahora, le da valor de derecho positivo a los principios relativos a la discrecionalidad y a los límites de la acción administrativa. El artículo 12 de la Ley, en efecto, expresamente regula estos límites a la discrecionalidad al establecer que cuando una disposición legal o reglamentaria deje alguna medida o providencia a juicio de la autoridad administrativa competente (y, ciertamente, ya la Jurisprudencia había reconocido que siempre que la ley deje alguna medida *a juicio* de la autoridad administrativa, hay poder discrecional), dicha medida, es decir, el acto que se adopte, debe mantener la debida proporcionalidad y la adecuación con el supuesto de hecho y con los fines de la norma, y cumplir los trámites, requisitos y formalidades necesarias para su validez y eficacia. Este artículo 12, en relación al principio de la legalidad, tiene una riqueza inmensa, sobre todo en cuanto a las posibilidades de controlar la acción administrativa.

A. La proporcionalidad

Por una parte establece que el acto discrecional debe mantener la debida proporcionalidad, lo cual configura uno de los límites que tradicionalmente la jurisprudencia exigía a la autoridad administrativa frente a la discrecionalidad. El acto discrecional no puede ser desproporcionado, porque la desproporción es arbitrariedad. Si una disposición establece, por ejemplo, que por la infracción de una norma se puede aplicar una sanción entre dos límites, máximo y mínimo, según la gravedad de la falta a juicio de la autoridad administrativa, dentro de su libre apreciación de la situación, la Administración no puede ser arbitraria y aplicar medidas desproporcionadas. La decisión que tome tiene que ser proporcional al supuesto de hecho.

Por supuesto, la proporcionalidad, como límite a la discrecionalidad, no sólo rige respecto de la aplicación de sanciones, sino, en general, respecto de toda medida discrecional que adopte la Administración. Por ejemplo, si los Decretos-Leyes sobre desconcentración industrial de 1975 autorizaban al Ejecutivo Nacional a decidir el traslado de una industria fuera de Caracas, a cuyo efecto debía fijarle un plazo para el traslado, por más que el Poder Ejecutivo tuviera libertad para determinar el plazo, su duración no podía ser desproporcionada en relación a la magnitud y tipo de la industria que se quería trasladar, sino que tenía que ser proporcionada; de lo contrario, habría arbitrariedad.

B. La adecuación a la situación de hecho

Pero además, la ley establece en ese mismo artículo 12, como otro límite a la discrecionalidad, que el acto debe tener adecuación con los supuestos de hecho que constituyen su causa. Es decir, el acto debe ser racional, justo y equitativo en relación a sus motivos.

Ahora bien, ¿qué alcance tiene esta exigencia de que el acto discrecional debe mantener adecuación con sus supuestos hechos? En primer lugar, todo acto administrativo debe tener una causa o motivo, identificado, precisamente, en los supuestos de hecho. Por tanto, la causa es un elemento esencial del acto; no puede haber acto administrativo sin causa y sin supuesto de hecho. En segundo lugar, que debe haber adecuación entre lo decidido y el supuesto de hecho y para que ello sea cierto, es necesario que ese supuesto de hecho haya sido comprobado, estando la Administración, obligada a probarlo. El acto, por tanto, no puede estar basado simplemente en la apreciación arbitraria de un funcionario. No basta señalar, por ejemplo, que una fábrica contamina para ordenar cerrarla. Si el funcionario considera que una instalación industrial es contaminante tiene que probar que contamina y debe hacer constar en el expediente cuáles son los efectos contaminantes. Esto implica que la carga de la prueba en la actividad administrativa, recae sobre la Administración, como principio general muy importante.

Pero además de probar los hechos o la causa del acto, la Administración debe hacer una adecuada calificación de los supuestos de hecho. Si en el mismo ejemplo, lo que la fábrica expele es un humo no tóxico, por más que el humo salga a la atmósfera, ello no es suficiente para decir que contamina y cerrar la industria. Podría sí, ser el motivo para imponer el uso de filtros adicionales, por ejemplo, pero no puede ser motivo para tomar la medida que se quiera. Por tanto, no sólo se requiere la prueba de los supuestos de hecho, sino la adecuada calificación de los mismos. En estos elementos está, quizás el área más rica de vicios del acto administrativo: el vicio en la causa, en la comprobación de los hechos, en la calificación de los hechos, e inclusive, en la propia existencia del supuesto de hecho. Todo el falso supuesto del derecho procesal encuentra aquí su asidero fundamental en materia de derecho administrativo. Es decir, los actos no pueden partir de falsos supuestos, sino que deben partir de supuestos probados, comprobados y adecuadamente calificados.

Por otra parte, la Administración no puede tergiversar los hechos, que tampoco es infrecuente, sino que debe darle el tratamiento racional a los hechos comprobados técnicamente. Esto también abre toda una serie de límites derivados de la racionalidad, de la justicia y de la equidad en el tratamiento de los procedimientos.

C. La finalidad

El artículo 12, además, exige que el acto discrecional tenga adecuación con los fines de la norma que prevé su emisión por el funcionario. Con esto se consagra legalmente el principio de la necesaria adecuación a la finalidad legal de los actos administrativos, de manera que el funcionario, al dictarlos, no puede desviar esos fines, y perseguir fines distintos a los previstos en la norma, así sean ellos plausibles desde el ángulo del servicio público. La no adecuación a los fines previstos en la norma, da origen al conocido vicio de desviación de poder, previsto expresamente en el artículo 259 de la Constitución.

D. La formalidad

Otro límite al acto discrecional, de acuerdo a la última parte de ese artículo 12, es que debe cumplir los trámites, requisitos y formalidades necesarios para su validez y eficacia. Por tanto, el acto discrecional no puede nunca ser arbitrario en sus formas; debe cumplir las formalidades previstas en la Ley.

E. La igualdad

Además, el acto por más discrecional que pueda ser, no puede ser atentatorio del principio de la igualdad, que es un principio constitucional (art. 21). Por tanto, si en un supuesto de hecho se aplicó una medida a un particular, en otro supuesto de hecho igual debe aplicarse igual medida al otro particular. Por tanto, no es libre la Administración de sancionar, como le venga en gana, a los particulares, de acuerdo a su apreciación aislada, en cada caso, sino que debe respetar el principio de la igualdad, de la imparcialidad, frente a las situaciones jurídicas de los particulares, encontrando la imparcialidad asidero en el artículo 30 de la Ley, y encontrando sanción en el principio de la no distorsión de los procedimientos para perjudicar a los particulares, previsto en el propio artículo 3 de la Ley, en conexión con el artículo 100.

VI. LAS EXIGENCIAS DE LA RACIONALIDAD ADMINISTRATIVA

En general, sobre el tema de la reforma administrativa, véase Allan R. Brewer-Carías, *Estudios sobre la Reforma Administrativa*, Caracas 1980, e *Informe sobre la Reforma de la Administración Pública Nacional*, Comisión de la Administración Pública, Caracas 1972, T. I.

En particular, sobre los efectos de la Ley Orgánica en la materia, véase Tomás Polanco, "El impacto de la Ley Orgánica de Procedimientos Administrativos sobre la Administración Pública" en *Revista de Control Fiscal*, N° 102, Caracas 1981, pp. 9 a 20. También véase, Luis A. Ortíz-

Álvarez, "¿Hacia una mejora de los Trámites Administrativos? (Breves consideraciones sobre algunas innovaciones constitucionales y sobre la nueva Ley de Simplificación de Trámites Administrativos de 1999)", en *Revista de Derecho Administrativo,* N° 7, Editorial Sherwood, Septiembre-Diciembre 1999, pp. 341-357.

El tercer aspecto relativo al alcance de la Ley Orgánica, además de su ámbito de aplicación y de la consolidación del principio de la legalidad, es el relativo a las exigencias de racionalización administrativa que plantea, tanto a la Administración como a los particulares. Este principio por supuesto va a necesitar un enorme esfuerzo de cambio de mentalidad por la Administración, y, por qué no, de comprensión administrativa por parte de los particulares. El principio ha llevado, incluso, a la previsión de diversas normas específicas en la Ley sobre Simplificación de Trámites Administrativos dictada por Decreto Ley N° 368 de 1999 (*G.O.* N° 36.845 de 7-12-1999).

Ahora, en cuanto a las regulaciones contenidas en la Ley Orgánica, las exigencias de racionalidad administrativa se plantean en cuatro aspectos distintos: en la racionalización administrativa, en la información descendente, en el tratamiento del procesamiento y en la organización administrativa.

1. La racionalización administrativa

En primer lugar, la ley prevé principios tendientes a lograr una racionalización administrativa. El artículo 32, por ejemplo, señala la necesidad de la uniformidad de documentos y expedientes administrativos, al exigir que deben ser uniformes, de modo que cada serie o tipo de ellos obedezca a iguales características. Esto impone un enorme esfuerzo administrativo, por uniformizar los documentos administrativos y expedientes, en todo el territorio nacional y en relación a los diversos órganos administrativos. Lo que sí parece evidente es que no puede, cada organismo, por su lado, empezar a inventar documentos y expedientes uniformes.

Debería haber algún criterio general que oriente la racionalización administrativa. Lamentablemente, en 1976, mediante una decisión administrativa sin sentido, se eliminó la Comisión de Administración Pública de la Presidencia de la República, organismo que podía asumir una función de racionalización de este tipo y que venía asumiéndola desde el año 1958, cuando fue establecida por la Junta de Gobierno del inicio del período democrático. Este organismo fue el que orientó la reforma administrativa y sólo uno similar podría asumir esta tarea. Lamentablemente, en la actualidad no existe la Comisión de Administración Pública y en el aparato administrativo actual no hay ningún organismo encargado de pensar en la racionalización administrativa. Por ello, es muy posible que nos encontremos con un enorme desorden administrativo que tendrá que ser corregido, en alguna forma, por imperativo de este Artículo 32, que no sólo prescribe la necesidad de uniformizar documentos y expedientes, sino que, además, obliga a la Administración a racionalizar sus sistemas y métodos de trabajo y vigilar su cumplimiento, a cuyos fines debe adoptar las medidas y procedimientos más idóneos.

En todo caso, sin un organismo con las funciones de la antigua Comisión de Administración Pública que pueda asumir esta tarea, puede seguir corriéndose el riesgo de caer en una mayor irracionalidad administrativa si cada organismo, por su cuenta, empieza a uniformizar o a contratar, por su lado, empresas consultoras o asesoras, que seguramente elaboraran manuales de sistemas y procedimientos que, como sabemos, después casi nunca se aplican, y a veces sólo sirven para llenar estantes de bibliotecas.

En este campo de la racionalización administrativa, por otra parte, debe manejarse con cuidado todo esfuerzo de automatización, la cual, a veces, ha resultado en definitiva, ineficiente. Años atrás se realizó un enorme esfuerzo por poner orden en la contratación de sistemas automatizados de procesamientos de datos en la Administración, ya que allí sucedía, a veces, lo que señalábamos respecto a las consultoras externas. Las empresas que venden equipos o servicios de computación tienen un interés básico: vender equipos o servicios de computación, para un vendedor de tales equipos su ideal sería que cada funcionario en cualquier nivel, tenga una computadora. Ello ha conducido a que la Administración tenga una enorme capacidad instalada de procesamiento automático de datos, pero que sólo se aprovecha eficientemente en un porcentaje muy bajo. Ello ha provocado que tengamos enorme complejos automatizados de procesamientos de datos, pero que sirven sólo como grandes máquinas de escribir o como sistemas elementales de contabilidad. Para ordenar este proceso, también se exige un organismo que imponga racionalidad en la utilización de los sistemas automatizados de procesamiento de datos.

2. La información descendente

Sobre la información descendente véase el *Informe sobre la Reforma de la Administración Pública*, Comisión de Administración Pública, T. II, Caracas 1972.

Véase, en general, Allan R. Brewer-Carías, "Consideraciones sobre la actividad interna de la administración y sus formalidades", en *Revista de Derecho Público*, N° 21, Caracas 1985, pp. 39-43; Allan R. Brewer-Carías, "El derecho administrativo y la participación de los administrados en las tareas administrativas", en *Revista de Derecho Público*, N° 22, Caracas 1985, pp. 5-32; Andrés Álvarez Iragorry, "El derecho de acceso al expediente administrativo (artículo 59 de la Ley Orgánica de Procedimientos Administrativos. Problemas que plantea: Particular referencia a su influencia a la Ley Orgánica de la Administración Central", en *Revista de la Fundación Procuraduría General de la República,* Caracas 1991, pp. 183-240; Alberto Blanco Uribe, "El derecho a la información y el acceso a los documentos administrativos", en *Revista de Derecho Público,* N° 48, Caracas 1991, pp. 47-50.

Pero además de las normas de racionalización administrativa hay otras también vinculadas a la racionalidad de la Administración, como las relativas al establecimiento de un sistema de información administrativa descendente, particularmente a partir de la consagración en la Constitución de 1999 del derecho ciudadano a la información administrativa (art. 143).

En todo caso, la Ley Orgánica impone a la Administración, en el artículo 33, la obligación de informar a los particulares, a cuyo efecto debe preparar y publicar en la *Gaceta Oficial*, Reglamentos e instrucciones referentes a estructuras, funciones, comunicaciones y jerarquías de las dependencias. Asimismo, en todas las oficinas al servicio del público, se le debe informar, por los medios más adecuados, sobre los fines, competencia y funcionamiento de sus distintos órganos y servicios.

Se impone, aquí, una obligación a la Administración de informar. Pero en este campo se nos plantea el mismo problema comentado. Si cada organismo comienza a elaborar por su cuenta estos Reglamentos e instrucciones referentes a estructuras, funciones, comunicaciones y jerarquías, el panorama va a complicarse en vez de simplificarse. Aquí también debe uniformizarse la información descendente.

Incluso, se dictó el Reglamento parcial de la Ley Orgánica sobre servicios de información al público y sobre recepción y entrega de documentos (*G.O.* N° 36.199 de 6-5-97).

Pero la Ley, no sólo impone la obligación a la Administración de información al público sobre los fines, competencia y funcionamiento de los distintos órganos, sino que al consagrar esta obligación de la Administración, establece un derecho del administrado, a ser informado de lo que cada organismo realiza. Esto exige, insistimos, un cambio de mentalidad en la Administración, pues tradicionalmente el único dueño del saber ha sido el funcionario que está detrás de la taquilla; saber que, en general, no comparte o que no quiere compartir, porque es la fuente de su poder, porque de él depende, en definitiva, el curso real del procedimiento. Esto, por supuesto, tendrá que cesar, al consagrarse el derecho del particular a ser informado, y a recibir información escrita, de antemano, sobre todos los requisitos y trámites que debe cumplir en un caso concreto.

Este derecho del particular obligará a cambiar el sistema tradicional de inseguridad que a veces coloca al particular en la posición de seguir un procedimiento a través de un sistema de prueba y error, encontrándose, en cada trámite, que le falta un requisito, que aparece en la actuación siguiente, haciendo interminable el procedimiento, y nugatorio su derecho. La Ley sobre simplificación de Trámites Administrativos de 1999, en este sentido, es un avance notable que debe destacarse.

3. El tratamiento del procedimiento

A. La unidad del expediente

La Ley Orgánica, además, plantea exigencias de racionalidad en el tratamiento del procedimiento administrativo, y particularmente al establecer el principio de la unidad del expediente. El artículo 31, en efecto, establece que de todo asunto debe formarse un expediente y se mantendrá la unidad de éste y de la decisión respectiva, así intervengan en él diversos Ministerios e Institutos. Ya no se trata, simplemente, de la costumbre que normalmente es impuesta por funcionarios subalternos con buen criterio, de poner en una carpeta los escritos que más o menos se refieren a un asunto sino que se trata de una tarea de racionalización, derivada de una exigencia legal, de que haya una unidad del expediente para que exista unidad de la decisión.

Esta exigencia de la unidad del expediente se ratifica en el artículo 51 de la Ley Orgánica, que exige que al presentarse una petición o solicitud a la Administración, se abra un expediente administrativo, en el cual se deben incorporar todos los documentos, informes o recaudos relacionados con el asunto.

La unidad del expediente, tiene una enorme importancia, pues la Administración no podrá llevar, como sucede con frecuencia, dos o más expedientes sobre un asunto, ubicando en uno de ellos los recaudos que considere que pueden ser vistos por el particular, y ocultando otros que puedan favorecer la petición del interesado. Para que tenga sentido y efectividad el derecho de los administrados de tener acceso al expediente y que regula la Ley Orgánica expresamente en su artículo 59, la unidad del expediente es la garantía de ese derecho y del derecho a la defensa.

B. El registro de presentación de documentos

Por otra parte, en este mismo campo del tratamiento racional del procedimiento, la Ley exige la creación de registros de presentación de documentos en la Administración. Incluso, se dictó el Reglamento parcial de la Ley Orgánica sobre recepción y entrega de documentos (*G.O.* N° 36199 de 6-5-97). El artículo 44 de la Ley impone, como obligación, a todos los organismos públicos, el llevar un registro de presentación de documentos, en el cual se deje constancia de todos los escritos, peticiones y recursos que se presenten por los administrados, así como las comunicaciones que puedan dirigir otras autoridades, y remite la organización y funcionamiento del registro, a un Reglamento.

Este Registro tiene una enorme importancia, pues cambia el sistema tradicional de receptoría de correspondencia que se había llevado en los organismos públicos, y que a veces había estado a cargo de funcionarios sin adecuada calificación y cuya función se limitaba, simplemente, a poner un sello de recibo.

Conforme a la Ley, es necesario que el registro esté a cargo de un funcionario, inclusive de nivel profesional, pues de acuerdo al artículo 46 del texto, no sólo debe darse constancia de recibo de todo lo presentado, con indicación del número de registro que corresponda, sino que además, el funcionario debe advertir al presentante las omisiones que tiene en su petición o solicitud. Debe insistirse en que el funcionario está obligado a advertir las omisiones de documentos, para que sean subsanadas por los particulares, lo cual no sólo es una potestad, y al realizar esta advertencia a los interesados de las omisiones y de las irregularidades que observen, no puede negarse a recibir la solicitud.

Por otra parte, el número y orden de recibo tiene otra consecuencia, y es la necesidad de que la Administración respete dicho orden de las peticiones en la resolución de los procedimientos que se deriven. El artículo 34 de la Ley señala expresamente que en el despacho de todos los asuntos, se debe respetar rigurosamente el orden en que éstos fueron presentados, con lo cual el Registro tiene el efecto de indicar el orden para la resolución de los problemas; y sólo por razones de interés público y mediante una decisión motivada que debe constar en el expediente, puede el Jefe de la Oficina modificar el orden.

Ahora bien, la organización y funcionamiento del registro de recepción de documentos, conforme a la exigencia del artículo 44 de la Ley, debía establecerse en un reglamento, y a tal efecto, mediante Decreto N° 1.364 de 30-12-81, se dictó el Reglamento del Registro de Presentación de Documentos (*G.O.* N° 32.385 de 4-1-82).

De acuerdo al artículo 1° de dicho Reglamento, en cada organismo de la Administración Pública debe funcionar un registro de presentación de documentos, a los efectos de la recepción obligatoria de los escritos, peticiones y recursos que presenten los administrados, así como de las comunicaciones que puedan dirigir otras autoridades. Desde el punto de vista práctico, sin embargo, no parece clara la mención relativa a "cada organismo de la Administración Pública" a los efectos del funcionamiento del registro. ¿Qué significa esto? ¿Acaso se trata de cada unidad de organización básica de la Administración, por ejemplo, cada Ministerio, cada Instituto Autónomo, o cada Administración con autonomía funcional? Este parecería ser el sentido de la norma, pues de lo contrario, habría que interpretar la frase "cada organismo de la Administración", literalmente, lo que significaría que en cada unidad organizativa (Dirección General, Dirección División, Departamento, Sección, Servicio) habría un registro, lo cual sería inconcebible.

Sin embargo, la primera interpretación también plantea problemas prácticos de concentración y desconcentración. Por ejemplo, si se tomo como ejemplo un Ministerio que tenga sus oficinas centrales diseminadas en varios edificios situados en distintas partes de la capital de la República y, además, tenga diversas Direcciones Zonales en toda la República. ¿Qué significa la expresión del artículo 1°? ¿Qué tiene que haber un solo registro para todo el Ministerio? Este no parece ser el imperativo que plantea la realidad administrativa, pues conduciría a una concentración y centralización más excesiva de la que existe, con la consecuente dilación en los trámites.

En realidad, la determinación de "cada organismo de la Administración Pública" en los términos del artículo 1° del Reglamento, debería ser de carácter físico. En el ejemplo propuesto, debería haber un registro de documentos en cada uno de los diversos edificios de las unidades centrales del Ministerio del Ambiente y de los Recursos Naturales Renovables; y al menos, en cada una de las sedes de las Direcciones Zonales en el interior de la República.

Estos solos comentarios nos evidencian que el Reglamento de Registros de Presentación de Documentos, en realidad, no aclara nada en este aspecto, y queda por precisarse en qué nivel y en cuáles unidades organizativas es que debe existir el registro de documentos.

El Reglamento, por otra parte, *a priori*, establece cual debe ser la estructura organizativa de las unidades administrativas encargadas del registro de presentación de documentos, los cuales, dice el artículo 2°, deberán contar con tres servicios de recepción, de registro y de remisión. Al hacer referencia a "la unidad administrativa encargada del registro de presentación de documentos", el artículo parte del supuesto de que el registro no necesariamente debe dar origen a la creación de una "Oficina de Registro" especial, sino que la función de registro puede ser también encomendada a una unidad organizativa preexistente.

El Reglamento, por otra parte, regula las diversas formas como debe ser llevado el registro: en libros foliados, formas continuas, formularios pre impresos o en cualquier otro medio que garantice la seguridad y permanencia del Registro (artículo 3). Parecería que faltase en este artículo 3°, la mención de otro de los elementos esenciales que debe garantizar el registro: el orden de presentación de los documentos, a los efectos del orden de decisión conforme a lo establecido en el artículo 34 de la Ley.

En el artículo 4° del Reglamento, por otra parte, se enumeran con precisión los elementos respecto de los cuales se debe dejar constancia en el registro: identificación del interesado o del representante; objeto de la solicitud; número de documentos presentados; número consecutivo de registro; y fecha y hora de presentación. En el mismo sentido, el artículo 5° precisa los elementos que deben constar en el recibo de recepción de los documentos: número de registro; lugar, fecha y hora de la presentación; y las omisiones e irregularidades observadas. En este sentido, el recibo mismo del documento, la oportunidad y forma en la cual los funcionarios del registro deben formular las advertencias que le autoriza el artículo 45 de la Ley.

Por último, a los efectos de la apertura de los respectivos expedientes, en su caso, y para evitar dilaciones, el Reglamento obliga a los funcionarios del registro a remitir los documentos presentados a la autoridad a quien corresponda tramitar el asunto, en un plazo que no puede exceder de un día hábil (artículo 6°).

C. La producción de documentos en serie

Por último, en materia de procedimiento, otras normas tienen relación con la racionalidad administrativa, y entre ellas las que permiten, por ejemplo, las decisiones en serie, en aquellos casos en los cuales la tramitación de asuntos lo justifique. Así, el artículo 35 autoriza a la Administración a utilizar procedimientos expeditos, o medios de producción en serie de actuaciones que sean repetidas o iguales, respetándose las garantías jurídicas de los particulares.

En esta misma producción en serie de actos, respetando las garantías de los particulares, se insiste en el artículo 36 cuando se señala que la obligación de inhibirse del funcionamiento no se puede exigir cuando se trata de expedición de certificados adoptados en serie o conforme a modelos, de manera que resulte en extremo difícil advertir la existencia de una causal de inhibición.

D. La presentación de documentos por correo

Otra norma que tendrá repercusiones en relación al tratamiento del procedimiento se refiere a la posibilidad de que los documentos se consideren que han sido presentados en tiempo útil, cuando hay lapsos para ello, si son remitidos por correo al órgano competente de la Administración. Esto va a repercutir, sin duda, en el correo. El Ministerio de Transporte y Comunicaciones, (actualmente, el Ministerio de Infraestructura), dice el artículo 43, debe dictar una reglamentación pertinente para la tramitación de estas documentaciones, y por supuesto, de nuevo, las receptorías de correspondencia de los despachos ejecutivos, tienen que amoldar sus métodos de acción, de manera de poder determinar cuándo una de las documentaciones que viene por correo es un documento que debe ir a un expediente o cumplir un trámite determinado.

Con fecha 30-12-81 y mediante Resolución N° 1.304, el Ministerio de Transporte y Comunicaciones dictó la "Resolución Reglamentaria sobre recepción y remisión de documentos por correspondencia" (*G.O.* 32.385 de 4-1-82) en la cual se impone la obligación a las Oficinas de Correos del Instituto Postal Telegráfico (IPOSTEL), de recibir y remitir las peticiones que los administrados dirijan a la Administración Pública (artículo 1°), lo cual deberá ser hecho siempre por correo certificada (artículo 2°) .

La presentación de los documentos para su remisión a la Administración debe hacerse necesariamente en originales y copias, en sobre abierto (artículo 1°). Conforme a lo previsto en el artículo 3° de la Resolución, el funcionario encargado de la recepción de correspondencia certificada en la Oficina de Correo respectiva, estampará su firma y el sello de la Oficina en la parte superior derecha de los documentos, con indicación de la fecha y hora de la presentación. Posteriormente, debe entregar al interesado los documentos originales para que éste proceda a introducirlos dentro del sobre, verificando el funcionario el cierre del mismo, quien devolverá las copias y el respectivo recibo con indicación del número de documentos sellados y firmados.

En todo caso, cuando el administrado tenga interés en conocer la fecha de entrega de la pieza de correspondencia certificada a su destinatario, podrá solicitar el servicio de "Aviso de Recibo" de conformidad con el Reglamento de la Ley de Correo.

4. La determinación de competencias en la estructura jerárquica

Sobre la delegación y la desconcentración administrativa, véase Allan R. Brewer-Carías, *Principios del Régimen Jurídico de la Organización Administrativa Venezolana,* Colección Estudios Jurídicos N° 49, Editorial Jurídica Venezolana, Caracas, 1994; José Valentín González P. "Consideraciones sobre la descentralización, la desconcentración y la delegación y el elemento subjetivo del acto administrativo", en *Revista de Derecho Administrativo,* N° 11, Editorial Sherwood, Enero-Abril 2001, pp. 73-86.

Por último, también dentro de estas exigencias de racionalidad administrativa, la Ley exige que se determinen, con precisión, las competencias, y las funciones de los diversos funcionarios en la estructura jerárquica, a los efectos de la determinación de responsabilidades. Señalábamos anteriormente que la Ley es un texto que busca un balance entre poderes administrativos y derechos de los particulares, inclinándose hacia éstos. Establece muchos derechos de los administrados, cuyos correlativos son las responsabilidades de los funcionarios por omisión, retardo, o distorsión en los procedimientos. Para aplicar las sanciones previstas en el artículo 100 y siguiente de la Ley, resulta necesaria la determinación previa de la responsabilidad, lo que exige una acción también de racionalización en la organización administrativa.

Hasta ahora, la responsabilidad administrativa, en general, está muy diluida, pues en realidad, muchas personas intervienen en los procedimientos y, en definitiva, no se sabe a quién corresponde. Sin embargo, ahora la Ley establece un sistema de responsabilidades y de sanciones, con lo cual habrá de determinarse con precisión la responsabilidad; y esto va a exigir, de nuevo, una tarea amplia de racionalización en cada Ministerio.

Resulta necesario, por ejemplo, realizar una adecuada desconcentración de la Administración y los Reglamentos Orgánicos e Internos deben establecer, con precisión, las competencias y obligaciones a los efectos de poder exigir luego responsabilidades. Las delegaciones administrativas tendrán también que obedecer a estos principios de racionalización, porque de lo contrario, se corre el grave riesgo de que por las omisiones, retardos o irregularidades de un funcionario inferior, pueda resultar responsable el funcionario superior o intermedio, que no tuvo injerencia directa en el asunto.

Las delegaciones tienen que ser hechas en forma precisa, de manera que si hay delegación de atribuciones ante los Vice Ministros, se diga exactamente cuál es el ámbito delegado para saber quién es el responsable, el Ministro o el Vice Ministro. En las delegaciones de firma debe suceder lo mismo: si es a niveles inferiores deberá precisarse con exactitud la delegación de la firma, para saber cuál es el ámbito de la responsabilidad compartida.

Debe dársele mayor importancia de la que se le ha dado a los Reglamentos Internos de los Ministerios, pues es en ellos donde se determinará la responsabilidad del funcionario. No hay que olvidar que es precisamente en estos Reglamentos Internos donde debe determinarse qué es lo que corresponde a cada oficina, a cada unidad, a cada sección, a cada departamento, y hasta dónde llega la responsabilidad de cada funcionario. Sin esa precisión de responsabilidad se corre el riesgo cierto de que resulten responsables quienes no lo son, y no respondan quienes realmente deben ser los responsables administrativos por determinadas actuaciones. Esto va a exigir, por tanto, toda una reformulación administrativa que se enmarca dentro de lo que se ha denominado la reforma estructural de la Administración.

Sección Segunda: SISTEMÁTICA GENERAL DE LA LEY ORGÁNICA DE PROCEDIMIENTOS ADMINISTRATIVOS (1982)

Esta Sección recoge el esquema sobre la "Sistemática General de la Ley Orgánica de Procedimientos Administrativos," que se incluyó en el libro: Allan R. Brewer-Carías (Coordinador-editor), Hildegard Rondón de Sansó y Gustavo Urdaneta, *Ley Orgánica de Procedimientos Administrativos*, Colección Textos Legislativos, N° 1, Editorial Jurídica Venezolana, Caracas 1981. En la misma, con referencia a los artículos de la Ley, se sistematiza todo el contenido de su texto.

I. ALCANCE DE LA LEY

1. Ámbito de aplicación

A. Ámbito organizativo. Art. 1.

a. *Administración Pública Nacional*

(Central) (Regulada en la Ley Orgánica de la Administración Central)
— Organismos de la Presidencia.
— Ministerios.
— Comisiones y organismos de la Presidencia.
— Órganos de Coordinación.
— Procuraduría General de la República
(Ley Orgánica de la Procuraduría General de la República).

b. Administración Pública Descentralizada.

Con forma de derecho público, estatales).
— Establecimientos Públicos Corporativos. Ej.: Universidades Nacionales.
— Establecimientos Públicos Asociativos. Ej.: Banco Central de Venezuela.
— Establecimientos Públicos Institucionales. Institutos Autónomos. Art. 96.
Con forma de derecho privado (empresas, fundaciones del Estado)

c. Administraciones Públicas con Autonomía Funcional.

(En cuanto les sea aplicable).
— Poder Ciudadano: Contraloría General de la República, Fiscalía General de la República, Defensoría del Pueblo.
— Poder Electoral: Consejo Supremo Electoral.
— Dirección Ejecutiva de la Magistratura del Tribunal Supremo

d. Administraciones Estadales y Municipales.

(En cuanto les sea aplicable).
(Principios generales del Derecho Administrativo).

B. Ámbito sustantivo.

a. Procedimientos especiales vs. Procedimiento general.
Art. 47 (Supletorio).

b. Exclusión: *Procedimientos concernientes a la seguridad y defensa del Estado. Art. 106.*
(Problema interpretación de la Ley Orgánica de Seguridad y Defensa).

2. Consolidación del Principio de la Legalidad.
   A. Sumisión a la legalidad. Art. 1.
   B. Carácter sublegal de la actividad administrativa. Art. 10.
      a. Potestad sancionatoria: *Límites, Constitución Art. 49.*
      b. Potestad tributaria: *Límites, Constitución Art. 317. Excepción: dentro de los límites determinados por la Ley.*
   C. Jerarquía de los actos administrativos.
      a. La inviolabilidad de los actos dictados por funcionarios superiores. Art. 13
      b. La jerarquía de los actos. Art. 14.
         — Decretos.
         — Resoluciones.
         — Ordenes.
         — Providencias.
         — Decisiones órganos administrativos.
   D. Inderogabilidad singular de los Reglamentos. Art. 13.
      (incluso por funcionarios superiores).
   E. El valor del precedente y la irretroactividad de los actos administrativos. Art. 11.
      a. Modificación de los criterios administrativos.
      b. Inaplicabilidad de las nuevas interpretaciones a situaciones anteriores. (*Salvo que fuere más favorable a los administrados*).
      c. Irrevisabilidad e irretroactividad de los actos administrativos.
   F. La sujeción a la cosa juzgada administrativa.
      a. El principio de la revocación y la irrevocabilidad. Art. 82.
      b. La sanción a la irrevocabilidad: Nulidad absoluta. Art. 19.[1]
      c. La corrección de errores materiales, Art. 84.
   G. Límites a la discrecionalidad. Art. 12.
      a. Principio de la racionalidad. Arts. 3, 69.
      b. Principio de la proporcionalidad. Art. 12.
      c. Principio de la igualdad. Art. 30.
      d. Principio de la finalidad. Art. 12.
      e. Principio de la formalidad. Arts. 1, 12.
3. Las exigencias de la racionalización
   A. Racionalización Administrativa.
      — *Uniformidad Art. 32.*
      — *Sistemas y métodos Art. 32.*
   B. Información descendente Art. 33.
      — *Unidades organizativas de información al público.*
   C. Tratamiento del procedimiento.

— *Unidad expediente Art. 31.*
— *Registro de documentos Art. 44.*

— *Reglamento requerido por la Ley.*
— Respeto Orden Art. 34.
— Recibo Art. 46.

— *Producción en serie Arts. 35, 36.*
— *Correo Art. 43.*

D. Determinación de competencias en la estructura jerárquica. (Responsabilidad).

— *Desconcentración.*
— *Delegación de atribuciones y firmas.*

II. LAS SITUACIONES JURÍDICAS ADMINISTRATIVAS

— De la Administración Pública.
— De los particulares.

1. Potestades de la Administración.

A. Potestad de actuación de oficio.

a. Iniciación procedimiento. *Arts. 49, 67.*
b. Sustanciación. *Art. 53.*
c. Pruebas. *Art. 69.*
d. Ejecución. *Arts. 8, 79.*
e. Revisión de los actos administrativos. Arts. 81, 82, 83, 84.
f. Otras actuaciones. *Arts. 52, 87.*

B. Potestad de autotutela.

a. Potestad revocatoria. Arts. 19,[3] 82.

— El reconocimiento de la nulidad absoluta: Art. 83.

b. Potestad convalidatoria. *Arts. 81, 90.*
c. Potestad correctiva. *Art. 84.*

C. Potestad de ejecución forzosa. Arts. 8; 79, 80.
D. Potestad sancionadora. Arts. 80, 100.

2. Deberes de la Administración y de los funcionarios.

A. Deber general de formalidad. Arts. 3, 30, 100.
B. Deber de informar.

a. *Información general. Art. 33.*
b. *Información al interesado. Arts. 5, 45, 50, 73.*

C. Deber de tramitar.

a. Recibir. *Art. 46.*
b. Sustanciar. *Arts. 3, 54.*

a'. *Impulso procesal.* Art. 53.
b'. *Evacuación de informes.* Art. 55.
c'. *Pruebas de oficio.* Art. 69.

D. Deber de decidir: *lapsos. Arts. 2, 5, 41, 60, 62, 67, 89.*

— Consecuencia: silencio. Art. 4.
— *Motivar*. Arts. 3, 9, 18,[5] 34, 59, 86, 104.

E. Deber de ejecución formal. *Arts. 8, 78.*
F. Deber de inhibición. *Art. 36.*
G. Deber de iniciar procedimiento de multa. *Art. 103.*
H. Consecuencias generales.

a. *Responsabilidad*. Arts. 3, 4, 6, 54, 56, 101.
b. *Sancionen*. Art. 100.

3. Derechos de los administrados.

A. En relación a la Administración.

a. De petición y respuesta. *Arts. 2, 4.*
b. A la igualdad.

— Imparcialidad. Art. 30.
— (Inhibición). Art. 36.
— Respeto orden. Art. 34.

c. A la estabilidad (seguridad jurídica).

— Irrevocabilidad. Arts. 19, 82.

d. A la información.

a'. *Información general*. Art. 33.
b'. *Presentación documentos*.

Registro. Art. 45.
Solicitudes. Arts. 5, 50.

e. A la certeza.

— Racionalidad del procedimiento. Art. 32.
— Formas. Art. 32.

f. A la prescripción. Art. 70.

B. En relación al procedimiento.

a. A la defensa.

a'. *A ser oído* (Audiencia). Arts. 48, 68.
b'. *A hacerse parte*. Art. 23.
c'. *A ser notificado*. Arts. 48, 72.
(Publicación subsidiaria. Art. 76).
d'. Acceso al expediente, Art. 59.
Problema de la reserva de archivos.
e'. *A presentar pruebas*. Arts. 48, 58.
f'. A ser informado: recursos. Arts. 73, 77.
g'. A la motivación de los actos. Art. 9.

b. A la celeridad. Art. 30.

a'. *Plazos: obligatoriedad*. Art. 41.
b'. *Instancia procedimiento de oficio*. Art. 53.

c'. *No suspensión del procedimiento.*
(Informes). Art. 56.
Recurso de Reclamo. Art. 3.

c. Al orden riguroso. Art. 34.
— Número registro. Art. 46.

d. A la queja.
— Reclamo. Art. 3.

e. A desistir. *Art. 63.*
— Excepción: interés público. Art. 66.

C. En relación a los actos administrativos.

a. Al formalismo. *Arts. 1, 12, 18.*
b. A la motivación. *Arts. 9, 18.*
c. A la notificación. *Arts. 72, 73, 70.*
d. A la ejecución formal. *Art. 78.*
e. A la suspensión efectos. *Art. 87.*
f. A recurso. *Art. 85.*

4. Obligaciones de los particulares.

A. De informar. *Art. 28.*
B. De comparecer. *Art. 29.*
C. De cumplir lapsos. *Art. 41.*
D. De impulsar procedimientos.
— Consecuencia: perención. Art. 64.

E. De ejecutar actos administrativos. *Art. 80.*
— De soportar ejecución.
— De ejecutar personalmente.

III. LOS ACTOS ADMINISTRATIVOS.

1. Noción

A. Definición.
— Orgánica. Art. 7.
(A los efectos Ley Orgánica de Procedimientos Administrativos)
— Problema respecto de lo contencioso-administrativo.

B. Clasificación.

a. Según los efectos. *Art. 13, 72.*
— Efectos generales.
— Efectos particulares.

b. Según los destinatarios. *Art. 72.*
— Generales.
— Individuales.

c. Según la decisión:
— Definitivos. Art. 62.
— De trámite. Art. 9.

d. Según el contenido:
   — Creadores de derechos. Arts. 19;[2] 82.
   — De obligaciones. Art. 70.
e. Según la manifestación de voluntad. Art. 4.
   — Expresos/tácitos (silencio).
f. Según la ejecución:
   — Actos materiales. Art. 78.

2. Requisitos de validez.
   A. Requisitos de fondo.
      a. Competencia. *Arts. 3, 6, 12, 15, 16, 17, 18,*[7] *19.*[4]
      b. Base legal. *Art. 9.*
      c. Objeto (Contenido). *Arts. 19,*[3] *62, 88, 89.*
      d. Motivos (*Causa*).
         — Situación de hecho. Arts. 9, 12, 18,[5] 58, 69.
      e. Fin (*distorsión*). *Arts. 3, 12.*
   B. Requisitos de forma.
      a. Formalidad. Procedimiento. *Arts. 1, 12, 19*[4]
      b. Motivación. *Arts. 9, 18*[5]
      c. Exteriorización.
         — Requisitos. Art. 18.
         — Actos tácitos: silencio administrativo.

3. Invalidez de los actos administrativos.
   A. Vicios de Fondo.
      a. Incompetencia.
         a'. *Manifiesta.* Art. 19.
            — Usurpación de funciones y de autoridad.
            — Incompetencia burda.
         b'. *Extralimitación de atribuciones.*
      b. Ausencia base legal. *Arts. 9, 18.*[5]
      c. Violación de ley.
         — Violación actos superior jerárquico. Art. 13.
         — Violación actos efectos generales. Art. 13.
      d. Vicio en el objeto.
         Imposible, ilícito. Art. 19.[3]
         Indeterminación.
      e. Vicio en la causa. *Arts. 9, 12.*
      f. Vicio en el fin. *Art. 12.*
      g. Violación cosa juzgada administrativa. *Art. 192*

B. Vicios de forma.

a. *Vicio en la motivación*. Arts. 9, 18.[5]
b. *Vicio en el procedimiento*. Ausencia total. Art. 19.[1]
c. *Vicio en la exteriorización*. Art. 18.

C. Consecuencias de la ilegalidad.

a. Nulidad absoluta. *Art. 19*.

a'. *Norma legal o constitucional*. Art. 19.[1]
Constitución. Arts. 46, 119, 120.
b'. *Violación cosa juzgada administrativa*. Art. 19.[2]
c'. *Objeto imposible, ilícito*. Art. 19.[3]
d'. *Incompetencia manifiesta*. Art. 19.[4]
e'. *Ausencia total o absoluta del procedimiento legalmente prescrito*. Art. 19.[4]

b. Nulidad relativa (anulabilidad). *Art. 20*.

— Convalidación. Art. 81.

c. Total o parcial. *Art. 21*.

4. Eficacia de los actos administrativos.

A. Eficacia.

a. Acto definitivo. *Arts. 11, 19,[2] 62*.

— Diferencia con el acto trámite. Art. 9.

b. Contenido.

a'. *Efectos generales*. Art. 72.

b'. *Efectos particulares*. Art. 72.

— Creación derechos. Arts. 19,[2] 82.
— Creación obligaciones. Art. 70.
Prescripción 5 años. Art. 70.

c. Destinatarios.

— General. Art. 72.
— Individual. Art. 73.

d. Efectos hacia el futuro.

— Irretroactividad. Art. 11.
Constitución. Art. 44.

B. Comienzo de los efectos.

a. Publicación. Gaceta Oficial.

a'. *Actos generales*. Art. 72.

— Excepción: actos internos. Art. 72.

b'. Actos particulares.

— Ley expresa. Art. 72.

b. Notificación.

a'. *Actos particulares*. Art. 73.

(Que afecten derechos subjetivos o intereses legítimos, personales y directos).

a". *Contenido*. Art. 73.

— Texto íntegro.
— Recursos-términos.
— Órganos.

b". *Notificación defectuosa*. (No eficacia).
Art. 74.

c". *Notificación errónea* (no lapsos). Art. 77.

b'. *Forma*:

— Domicilio/residencia.

— Interesado.
— Apoderado. Art. 75.
— Recibo. Art. 75.

c'. *Notificación impracticable*.

— Publicación diario de circulación. Art. 76.
15 días.

C. Firmeza de los actos administrativos.

— Vencimiento lapsos impugnación.
— Efectos: no revisables. Art. 11.
No impugnables.
— Creadores derechos.
— No revisables/revocación. Art. 82.
Excepto nulidad absoluta. Art. 19, 83.
Excepción: Recurso de Revisión. Art. 97.

D. Ejecución de los actos administrativos.

a. Ejecutividad. Ejecutoriedad. *Arts. 8, 79*.
b. Ejecución formal. *Art. 78*.
(Actos materiales).
c. Ejecución forzosa. Art. 80.

— Indirecta. Art. 80.[1]
— Personal. Art. 80.[2]

d. Oposición (*Prescripción*). *Art. 71*.

5. La revisión de los actos administrativos en vía administrativa.

A. Revisión de oficio.

— Actos firmes.

a. En relación a los actos.

a'. *Actos de efectos generales*.

— Modificación/derogación.
— Reglamento: espíritu, proposición y razón de la ley.

b'. *Actos de efectos particulares.*

a". *No creadores derechos.*
Revocables en cualquier momento. Art. 82.

b". *Creadores derechos.*

— Irrevocables. Arts. 192, 83.
— Excepto Nulidad absoluta.
— Reconocimiento. Art. 83.
— Nulidad relativa: Convalidación. Art. 81.
— Corrección errores. Art. 84.

b. En relación a los motivos.

a'. Mérito.

a". Actos de efectos generales.

— Modificación/derogación.
— Reglamento: espíritu, proposición y razón de la Ley.

b". *Actos de efectos individuales.*

— No creadores derechos: revocables.
— Art. 82.
— Creadores derechos: irrevocables.
— Arts. 192,[2] 83.

b'. Ilegalidad.

a". *Actos de efectos generales.*

— Modificación/derogación.

b". *Actos de efectos individuales.*

— No creadores derechos: revocables. Art. 82.
— Creadores derechos.
— Nulidad absoluta: revocables. Art. 83.
— Nulidad relativa: irrevocables.
Arts. 19,[2] 83.
(Convalidación. Art. 81).

B. Revisión a solicitud de parte: Recursos administrativos.

6. La cuestión de los actos tácitos: el silencio administrativo

A. Principios.

a. Obligación de decidir. *Arts. 2, 4.*
(*Derecho a la respuesta*).

b. Responsabilidad funcionarios. *Arts. 3, 4.*
Recurso de reclamo. Art. 3.

c. La decisión tácita denegatoria. *Art. 4*
Casos:
— *Solicitudes (peticiones administrativas).*
— *Procedimientos de oficio.*
— *Recursos.*

d. Confrontación con la Ley Orgánica del Tribunal Supremo de Justicia (*No valor negativo*).

B. El silencio en las solicitudes (peticiones administrativas).

a. Lapsos.

— *Solicitudes que no requieren sustanciación: 20 días. Art. 5.*

— *Solicitudes que requieren sustanciación: 4 meses, 2 de prórroga. Art. 60.*

b. Garantías.

No pone fin vía administrativa: recurso administrativo. Art. 4.

Pone fin vía administrativa: recurso contencioso-administrativo. Art. 4.

C. El silencio en los procedimientos de oficio.

a. Lapsos: *30 días. Art. 67.*

b. Garantías.

— *No pone fin vía administrativa: recurso administrativo. Art. 4.*

— *Pone fin vía administrativa: recurso contencioso-administrativo. Art. 4.*

D. El silencio en los recursos administrativos.

a. Recursos de reconsideración

a'. *Lapsos.*

— No fin vía administrativa: 15 días. Art. 94.

— Ministro: 90 días. Art. 91.

— Fin vía administrativa en nivel inferior: 15 días. (Analogía). Art. 94.

b'. *Garantías.*

— No fin vía administrativa: recursos jerárquicos. Art. 4.

— Fin vía administrativa: recurso contencioso-administrativo. (sólo después de vencido lapso). Art. 92.

b. Recurso jerárquico.

a'. *Lapso*: 90 días. Art. 91.

b'. *Garantías.*

— No fin vía administrativa. (Caso Institutos Autónomos).

— Recurso jerárquico. Art. 96.

— Fin vía administrativa:

— Recurso contencioso-administrativo. Arts. 4, 93. (Sólo después de vencido lapso). Art. 92.

c. Recurso de Revisión.

a'. *Lapso*: 30 días. Art. 99.

b'. *Garantías.*

— Recurso contencioso-administrativo. Art. 4.

IV. EL PROCEDIMIENTO ADMINISTRATIVO.

1. Principios del procedimiento.

A. Formalismo. Legalidad. Arts. *1, 19,*[4] *100.*

— Imperatividad. Art. 41.
— Cómputo, lapso. Art. 42.

B. Economía procesal.

— Advertencia omisiones. Arts. 5, 45, 50.
— Correo. Art. 43.

C. Eficacia.

a. *Uniformidad.* Art. 32.
b. *Unidad.* Arts. 31, 51.
c. *Racionalidad.* Art. 32.
d. *Información.* Art. 33.
e. *Certeza.*

— Registro. Art. 44.
— Recibo. Art. 46.

D. Celeridad.

— Procedimientos de oficio.
— Producción en serie. Art. 35.
— No suspensión. Art. 3.

E. Imparcialidad.

— Respeto orden. Art. 34.
— Inhibición. Art. 36.

2. Elemento subjetivo.

A. El Interesado.

a. Concepto. *Art. 22.*
Arts. 21, p. 21, LOTSJ.

— Intervención posterior. Art. 23.

b. Capacidad. *Art. 24.*
c. Comparecencia.

— Personal. Arts. 25, 27.
— Representación.

— Apoderado.
— Representante. Art. 26.
(Notificación apoderado). Art. 75.
— Intervención personal. Art. 27.

d. Obligaciones.

— Informar. Art. 28.
— Comparecer. Art. 29.
— Instar (perención). Art. 64.
— Respeto lapsos. Art. 41.

B. Los Funcionarios.

— Imparcialidad.
— Inhibición.

— Causas. Art. 36:

— Oportunidad. Art. 37.
— De oficio. Art. 39.
— Decisión. Art. 38.
— Cooperación. Art. 40.

3. Los tipos de procedimientos.
A. Aspectos generales.
General/especial. Art. 47.
Ordinario/sumario/simple. Arts. 5, 47, 67.
Constitutivo/de revisión (impugnación). Arts. 47, 85.
B. El procedimiento ordinario.
a. Procedencia. *Arts. 47, 68.*
b. Iniciación.
a'. *De oficio*. Art. 48. (Sumario. Art. 67).
a". *Apertura*. Art. 48.
b". *Audiencia interesado*. Art. 48.
— Notificación (inicio lapso decisión. Art. 61).
c". *Pruebas*. Art. 48.
b'. *Instancia de parte* (simple Art. 5).
a". *Escrito*. Art. 48. (Recibo: inicio lapso decisión. Art. 61).
b". Contenido solicitud. Art. 49.
c". Omisiones. Art. 50.
d". Paralización: perención. Art. 64.
c. Sustanciación.
a'. *Apertura expediente*. Art. 51.
b'. *Acumulación*. Art. 52.
c'. *Impulso procesal*. Art. 53.
d'. *Informes. Dictámenes*.
a". *Solicitud*. (Administración/particulares). Art. 54.
b". *Plazo*. Art. 55.
c". *Efectos*.
— No suspensivos. Art. 56.
— No vinculantes. Art. 57.
e'. *Pruebas hechos*. Art. 58.
f'. *Acceso al expediente*. Art. 59.
d. Terminación.
a'. *Duración*: 4 meses/2 meses prórroga. Art. 60.
b'. *Decisión*.
— Contenido. Art. 62.

c'. *Desistimiento.*

— Forma escrita. Art. 63.
— Formalización archivo. Art. 63.

d'. *Perención.*

— Paralización 2 meses. Art. 64.
— Notificación.
— Efectos. Art. 65.

e'. *Continuación: interés público*. Art. 66.

C. El procedimiento sumario.

a. Procedencia. *Art. 67.*
Conversión. Art. 68.
b. Duración. *Art. 67.*
c. Audiencia a los interesados. *Art. 68.*
d. Carga de aprueba. *Art. 69.*

D. Procedimiento simple.

— No sustanciación. Art. 5.

E. Procedimiento en caso de sanciones.

a. Procedimiento LOHPN. *Art. 102.*
b. Autoridad: Ministro. *Art. 103.*
c. Obligación de iniciarlo. *Art. 103.*
d. Motivación. *Art. 104.*
e. Recursos. *Art. 105.*

V. LOS RECURSOS ADMINISTRATIVOS.

1. Principios generales

A. Elementos.

a. Subjetivos:

— Legitimación.
— Interesados.
— Lesión intereses. Art. 85.

b. Objetivo:

— Acto recurrible. Art. 85.

B. Requisitos formales.

a. Escrito. *Arts. 86, 49.*
b. Admisibilidad.

— Inadmisibilidad. Art. 86.

c. Errores calificación. *Art. 86.*

C. Efectos no suspensivos. *Art. 87.*

— Suspensión. Art. 87.

2. El recurso de reconsideración.

A. Interposición.

a. Lapso, *15 días. Art. 94.*
b. Autoridad: la misma. *Art. 94.*

B. Objeto.

— Acto administrativo particular. Art. 94 (85).

C. Decisión.

a. Autoridad. *Art. 94.*

b. Lapso.

— Si no pone fin vía administrativa: 15 días. Art. 94.
— Ministro: 90 días. Art. 91.
— Si pone fin vía administrativa nivel inferior: 15 días (analogía). Art. 94.
— Silencio. Art. 93:
— No fin vía administrativa: recurso jerárquico. Art. 4.
— Fin vía administrativa: recurso contencioso-administrativo. Art. 4. (Después de vencido lapso). Art. 92.

c. Contenido. *Art. 90.*

d. Poder del decisor. *Art. 89.*

D. Efectos.

— No vía contenciosa. Art. 92.
— No nuevo recurso reconsideración. Art. 94.
— Requisito previo al recurso jerárquico si el acto administrativo no pone fin vía administrativa. Art. 95.

3. El recurso jerárquico.

A. Interposición.

a. Requisitos.

— Previo: recurso de reconsideración. Art. 95.

b. *Lapso*: 15 días. Art. 95.

c. *Autoridad.* Directamente Ministro. Art. 95.

— Institutos Autónomos: por ante superior jerárquico. Art. 96.
— Institutos Autónomos: para ante Ministro de adscripción. Art. 96.

B. Objeto.

Acto que decida no modificar acto recurrido en vía de reconsideración. Art. 95. (85).

C. Decisión.

a. Autoridad.

— Ministro. Art. 95.
— No delegación. Art. 88.

b. Lapso: *90 días. Art. 41.*

— *Silencio.* Art. 93.
— No fin vía administrativa. Caso Institutos Autónomos: recurso jerárquico. Art. 96.
— No fin vía administrativa: contencioso-administrativo. Arts. 4, 93. (Sólo después de vencido lapso). Art. 92.

c. Contenido. *Art. 90.*

d. Poder del decisor. *Art. 89.*

D. Efectos.

— No vía contenciosa mientras pendiente recurso. Art. 93.
— Agotamiento vía administrativa.

4. Recurso de revisión.

A. Motivos. *Art. 97.*
B. Interposición.

a. Autoridad. *Art. 97.*
b. Lapso. *Art. 98.*

C. Decisión.

a. Autoridad.

— Ministro. Art. 97.

b. Lapso: *30 días. Art. 99.*

Silencio. Art. 4: recurso contencioso.

c. Poder del decisor. Art. 89.

5. Recurso de reclamo.

A. Motivos.

— Retardo, omisión, distorsión, incumplimiento. Art. 3.

B. Interposición.

a. Autoridad: superior jerárquico inmediato. Art. 3.
b. Escrito razonado. Art. 3.

C. Decisión: 15 días. Art. 3.

— Sanción. Art. 100.

D. Efectos: *Art. 3.*

— No suspensión procedimiento.
— Subsanar faltas.

VI. EL CONTENCIOSO ADMINISTRATIVO EN LA LEY ORGÁNICA

1. Condiciones de recurribilidad de los actos administrativos

A. Actos definitivos. *Art. 93.*
B. Actos que causen estado. *Art. 93.*
C. Actos no firmes. *Art. 93.*

2. Condiciones de admisibilidad de los recursos de anulación.

A. Legitimación. *Art. 22. LOTSJ. Arts. 21, p. 19.*

— Apoderado. Art. 26.

B. Agotamiento de la vía administrativa.

a. Actos que la agotan.

— Ministro. Arts. 91, 92.

— Posibilidad de agotamiento en niveles inferiores.

b. Actos que no la agotan: necesidad de que causen estado.

a'. *Agotamiento con el recurso de reconsideración.* Art. 94.
b'. *Agotamiento con el recurso jerárquico.*

— Vía: recurso de reconsideración. Art. 99.
Luego: recurso jerárquico. Arts. 91, 92, 95.
— Caso multas: Arts. 100, 103, 105.

c'. *Caso de los Institutos Autónomos*.

— Vía: recurso reconsideración. Art. 96.
Luego: recurso jerárquico ante niveles superiores del Instituto.
Luego: recurso jerárquico ante Ministro de adscripción. Art. 96.

C. Lapso de caducidad.

a. Remisión LOTSJ Art. 21, p. 21.

— Lapso especial: multas. Art. 105.

b. Inicio del lapso.

— *Actos de efectos generales: publicación. G. O.* Art. 72.

— *Actos de efectos particulares: notificación y publicación subsidiaria diario*. Art. 72.

— *Suspensión del lapso*: errores en la notificación. Art. 77.

3. Efectos de la decisión.

— LOTSJ. Art. 21, p. 18.

Nulidades. Art. 19

Sección Tercera: PRINCIPIOS DEL PROCEDIMIENTO ADMINISTRATIVO Y DE LA ACTUACIÓN DE LA ADMINISTRACIÓN PÚBLICA EN LA LEY ORGÁNICA DE LA ADMINISTRACIÓN PÚBLICA (2009)

Esta Sección Tercera es parte del trabajo "Introducción general al régimen jurídico de la Administración Pública", publicado en Allan R. Brewer-Carías (Coordinador y Editor), Rafael Chavero Gazdik y Jesús María Alvarado Andrade, *Ley Orgánica de la Administración Pública, Decreto Ley N° 4317 de 15-07-2008,* Colección Textos Legislativos, N° 24, 4ª edición actualizada, Editorial Jurídica Venezolana, Caracas 2009, 7-103.

La Ley Orgánica de la Administración Pública de 2001[1], reformada mediante Decreto Ley N° 6.217 de 15 de julio de 2008[2] (en lo adelante LOAP), siguiendo la orientación principista de la ley Orgánica de procedimientos Administrativos, formuló una serie de principios generales relativos a la Administración Pública, a la actividad administrativa, a la competencia en la Administración pública y a la organización administrativa que es importante destacar.

---

1 *Gaceta Oficial* N° 37.305 de 17-10-2001. Esta Ley Orgánica sólo derogó expresamente la Ley Orgánica de la Administración Central, cuya última reforma había sido la hecha mediante Decreto-Ley N° 369 de 14-9-99, en *Gaceta Oficial* N° 36.850 de 14-12-99.

2 *Gaceta Oficial* Extra N° 5.890 de 31-07-2008.

I. PRINCIPIOS FUNDAMENTALES RELATIVOS A LA ADMINISTRACIÓN PÚBLICA

El Titulo II de la LOAP está destinado a regular las bases y principios fundamentales relativos a la organización y funcionamiento de la Administración Pública, que rigen para los entes, los órganos y las misiones, y que por tanto son comunes a todos las organizaciones que ejercen el Poder Público, entre los cuales deben mencionarse: el principio de legalidad, el principio de la responsabilidad de los funcionarios y del Estado, y el principio de finalidad de la Administración Pública.

1. El principio de la legalidad

El primer principio relativo a la Administración Pública y a todos los órganos del Estado en general, es el principio de legalidad que deriva del artículo 137 de la Constitución, que dispone:

> "La Constitución y la Ley definirán las atribuciones de los órganos que ejercen el Poder Público, a las cuales deben sujetarse las actividades que realicen".

Este principio de legalidad o de actuación en conformidad con el derecho, por tanto, implica que las actividades que realicen todos los órganos que ejercen el Poder Público y no sólo las organizaciones que conforman la Administración Pública, deben someterse a la Constitución y a las leyes. La consecuencia de ello, en un Estado de derecho como el que organiza la Constitución de 1999, es que las actividades contrarias al derecho están sometidas al control tanto de la jurisdicción constitucional (art. 334) como de la jurisdicción contencioso administrativa (art. 259), cuyos tribunales pueden anularlos.

En relación con la Administración Pública, la LOAP expresa formalmente el principio, vinculándolo a la competencia, para lo cual, además, precisa la jerarquía de las fuentes del derecho aplicable a la Administración, así:

> *"Artículo 4º.* La Administración Pública se organiza y actúa de conformidad con el principio de legalidad, por el cual la asignación, distribución y ejercicio de sus competencias se sujeta a la Constitución de la República Bolivariana de Venezuela, las leyes y a los actos administrativos de carácter normativo, dictados formal y previamente conforme a la ley, en garantía y protección de las libertades públicas que consagra el régimen democrático participativo y protagónico".

Se destaca de esta norma, como se dijo, la indicación formal de la jerarquía de las fuentes del derecho: 1) la Constitución, 2) las leyes y 3) los actos administrativos normativos; y la referencia al principio teleológico de la sumisión a la ley, cuyo fin es la garantía y protección de las libertades públicas propias del régimen democrático. Las fuentes del derecho, además, para ser tales, deben haberse dictado formal y previamente a la actividad que se regule, lo que implica la proscripción de la retroactividad de la ley.

El principio de la legalidad, además, se erige como un principio en el cual se fundamenta la Administración Pública, definiéndose en la Constitución como "el sometimiento pleno a la ley y al derecho" (art. 141), siendo una de las misiones fundamentales de los órganos del Poder Ciudadano, el velar por "la aplicación del principio de la legalidad en toda la actividad administrativa del Estado" (art. 274).

Adicionalmente, el artículo 8 de la LOAP recoge la previsión del artículo 7 de la Constitución, y precisa que todos los funcionarios de la Administración Pública "están en la obligación de cumplir y hacer cumplir la Constitución". Toda autoridad, por tanto, deriva y debe ejecutarse conforme a la Constitución.

2. El principio de la responsabilidad de los funcionarios

El segundo principio fundamental que rige para todos los órganos del Estado, es decir, que ejercen el Poder Público, y por supuesto, para la Administración Pública, es el regulado en el artículo 139 de la Constitución, que recoge otra norma tradicional de nuestro constitucionalismo, y es el principio de la responsabilidad individual de los funcionarios públicos en el ejercicio del Poder Público. Dispone dicha norma que:

> "El ejercicio del Poder Público acarrea responsabilidad individual por abuso o desviación de poder o por violación de esta Constitución o de la Ley".

Esta norma recogió el principio del artículo 121 de la Constitución de 1961, pero agregando a la desviación de poder dentro de los supuestos que generan responsabilidad del funcionario.

En consecuencia, la responsabilidad de los funcionarios cuando en ejercicio del Poder Público causen daños, puede originarse por abuso de poder, es decir, por el llamado vicio en la causa de los actos estatales (falso supuesto, por ejemplo); por desviación de poder, que es el vicio en la finalidad del acto estatal, al usarse el poder conferido para perseguir fines distintos a los establecidos en la norma atributiva de competencia; y en general, por violación de la Constitución o de la Ley, es decir, en general, por contrariedad al derecho.

La Constitución, por otra parte, y también siguiendo una larga tradición de nuestro constitucionalismo, reitera el principio de la responsabilidad de los funcionarios públicos pero, en particular, respecto de los actos que dicten, ordenen o ejecuten, que violen o menoscaben los derechos garantizados constitucionalmente; responsabilidad que puede ser civil, penal y administrativa, sin que pueda servirles de excusa órdenes superiores que reciba el funcionario (art. 25).

Este mismo principio lo repite el artículo 8 de la LOAP, en relación con los funcionarios "de la Administración Pública," agregando además, la responsabilidad por "hechos u omisiones en el ejercicio de sus funciones".

En la Ley de 2001 (art. 10), estos casos, y sin perjuicio del derecho de acceso a la justicia establecido en la Constitución (art. 26) y la ley, se disponía que las personas cuyos derechos humanos hubieran sido violados o menoscabados por un acto u orden de un funcionario público podía, directamente o a través de su representante, acudir ante el Ministerio Público para que éste ejerciera las acciones a que hubiere lugar para hacer efectiva "la responsabilidad civil, laboral, militar, penal, administrativa o disciplinaria" en que hubiere incurrido dicho funcionario. Igualmente, se disponía que podían acudir ante la Defensoría del Pueblo para que ésta instare al Ministerio Público a ejercer dichas acciones y, además, para que la Defensoría del Pueblo solicitare ante el Consejo Moral Republicano que adoptase las medidas a que hubiere lugar con respecto a tales funcionarios, de conformidad con la ley. Esta norma, sin embargo, fue eliminada en la reforma de la Ley de 2008.

En todo caso, sin embargo, a los efectos de la posibilidad de exigencia de responsabilidad, la LOAP establece el principio de rendición de cuentas, al disponer su artículo 14 que las autoridades y funcionarios de la Administración Pública deben "rendir cuentas de los cargos que desempeñen en los términos y condiciones que determine la ley".

3. El principio de la responsabilidad patrimonial del Estado

Una de las innovaciones importantes de la Constitución de 1999 en materia de régimen general del ejercicio del Poder Público, fue la previsión expresa del principio de la responsabilidad patrimonial del Estado, es decir, de las personas jurídicas estatales, básicamente, de las que resultan de la distribución vertical del Poder Público (República, Estados y Municipios); por los daños y perjuicios que causen los funcionarios en ejercicio de sus funciones.

En la Constitución de 1961, el principio de la responsabilidad del Estado se deducía de la previsión del artículo 47, que establecía que las personas no podían pretender que los entes estatales los indemnizaren sino por daños causados por "autoridades legítimas en ejercicio de su función pública"; y del artículo 206, que regulaba la jurisdicción contencioso administrativa (equivalente al artículo 259 de la Constitución de 1999), al atribuirle a los tribunales de dicha jurisdicción, competencia para dictar sentencias de condena "al pago de sumas de dinero y a la reparación de daños y perjuicios originados en responsabilidad de la Administración".

En la Constitución de 1999, sin embargo, se incluyó una norma expresa en la materia, con el siguiente texto:

> *"Artículo 140*: El Estado responderá patrimonialmente por los daños que sufran los particulares en cualquiera de sus bienes y derechos, siempre que la lesión sea imputable al funcionamiento de la Administración Pública".

La expresión "funcionamiento de la Administración Pública" admite que la responsabilidad del Estado se origine cuando la lesión se derive tanto del funcionamiento normal como del funcionamiento anormal de la Administración Pública.

Se observa, ante todo, que conforme a este artículo, la responsabilidad es del "Estado", es decir, de las personas jurídicas estatales en particular, de la República, de los Estados y de los Municipios en sus respectivos niveles territoriales, por el funcionamiento de sus Administraciones Públicas.

Ahora bien, en cuanto a la expresión "Administración Pública" utilizada en este artículo, en todo caso, debe interpretarse conforme se utiliza la expresión en el Título IV de la Constitución, donde está ubicada, abarcando no sólo la Administración Pública conformada por los órganos que ejercen el Poder Ejecutivo, en los tres niveles político territoriales, sino la conformada por los órganos que ejercen el Poder Ciudadano y el Poder Electoral, así como la Administración Pública que constituye la Dirección Ejecutiva de la Magistratura del Tribunal Supremo de Justicia y las unidades administrativas de la Asamblea Nacional.

La redacción de la norma, sin embargo, no permite su aplicación a los casos de responsabilidad del Estado legislador, causada, por ejemplo, al sancionar una ley. En cuanto a la responsabilidad del Estado por actos judiciales o de los jueces, ésta, sin embargo, sí está regulada expresamente en los artículos 49,8 y 255 de la Constitución.

El principio de la responsabilidad patrimonial del Estado, por la actividad de la Administración Pública, por otra parte, lo reitera el artículo 14 de la LOAP, aún cuando en forma impropia, al disponer que la responsabilidad patrimonial sería de la "Administración Pública", cuando esta no es sujeto de derecho ni persona jurídica.

La norma, en efecto, señala:

> "La Administración Pública será responsable ante las personas por la gestión de sus respectivos órganos, de conformidad con la Constitución de la República Bolivariana de Venezuela y la ley, sin perjuicio de la responsabilidad de cualquier índole que corresponda a las funcionarias y funcionarios por su actuación.

La Administración Pública responderá patrimonialmente por los daños que sufran las personas en cualquiera de sus bienes y derechos siempre que la lesión sea imputable a su funcionamiento".

La "Administración Pública", en efecto, no puede ser responsable pues no es un sujeto de derecho; la responsabilidad es de las personas jurídicas estatales político-territoriales, (República, Estado, Municipios, Distritos Metropolitana), o descentralizadas (p.e., institutos autónomos) que la Constitución comprende en la expresión "Estado".

4. El principio de finalidad de la Administración Pública: al servicio de los ciudadanos o personas

La Constitución de 1999 en forma expresa establece que "la Administración Pública está al servicio de los ciudadanos" (art. 141); lo que reitera el artículo 3° de la LOAP, sustituyendo, sin embargo, la expresión ciudadanos por "personas", agregando que en su actuación la Administración Pública debe dar preferencia a la atención de "sus requerimientos y la satisfacción de sus necesidades, brindando especial atención a las de carácter social" (art. 5). En la ley de 2001 en lugar de personas se utilizaba la expresión "particulares" en el sentido de "administrados", sin que ello pudiera interpretarse que se trataba de privilegiar intereses privados.

Sin embargo, en la Exposición de Motivos del decreto Ley de 2008 se indicó que "se reforma lo referente a la administración al servicio de los particulares regulado por la Ley vigente, toda vez que tal visión pudiera generar concepciones erradas, referidas a que la Administración Pública está al servicio de particularidades individuales y no a la satisfacción de las necesidades del colectivo, incorporando el proyecto el principio de la administración pública al servicio de las personas, lo cual redunda en la integralidad del instrumento legislativo."

Por su parte, el artículo 3 de la LOAP, señala que el "objetivo" de la organización y funcionamiento de la Administración Pública, es hacer efectivos los principios, valores y normas consagrados en la Constitución y, en especial, conforme se indica en el artículo 19 de la Constitución, "garantizar a todas las personas el goce y ejercicio de los derechos humanos". En la reforma de la Ley de 2008, sin embargo, se eliminó la referencia conforme al principio de progresividad y sin discriminación alguna, y al carácter irrenunciable, indivisible e interdependiente de los derechos humanos.

La Administración Pública, agrega el artículo 5 de la LOAP, debe asegurar a los personas la efectividad de sus derechos cuando se relacionen con ella; además, debe tener entre sus objetivos, la continua mejora de los procedimientos, servicios y prestaciones públicas, de acuerdo con las políticas que se dicten. En la reforma de 2008, se eliminó de la norma la importante precisión sobre la necesidad de tener en cuenta "los recursos disponibles, determinando al respecto las prestaciones que proporcionan los servicios de la Administración Pública, sus contenidos y los correspondientes estándares de calidad" que contenía la misma norma de la Ley de 2001.

II. LOS PRINCIPIOS DE LA ACTIVIDAD DE LA ADMINISTRACIÓN PÚBLICA

De acuerdo con el artículo 141 de la Constitución, la Administración Pública se fundamenta en "los principios de honestidad, participación, celeridad, eficacia, eficiencia, transparencia, rendición de cuentas y responsabilidad en el ejercicio de la función pública, con sometimiento pleno a la ley y al derecho".

Estos principios los repite el artículo 10 de la LOAP al precisar que la actividad de la Administración Pública se desarrollará con base en "los principios de economía, celeridad, simplicidad, rendición de cuentas, eficacia, proporcionalidad, oportunidad, objetividad, imparcialidad, participación, honestidad, accesibilidad, uniformidad, modernidad, transparencia, buena fe, paralelismo de la forma y responsabilidad en el ejercicio de la misma, con sometimiento pleno a la ley y al derecho, y con supresión de las formalidades no esenciales." De esta enumeración de principios, se eliminó la previsión que tenía el artículo 12 de la Ley de 2001, en relación con la necesidad de que la actividad administrativa se efectúe "dentro de parámetros de racionalidad técnica y jurídica."

Tales principios, con anterioridad, también habían sido definidos como principios de la actividad administrativa por la Ley Orgánica de Procedimientos Administrativos de 1982, en cuyo artículo 30 se enumeraron los de "principios de economía, eficacia, celeridad e imparcialidad"[3].

1. El principio de la simplicidad y derechos de las personas

El artículo 12 de la LOAP dispone que la simplificación de los trámites administrativos así como la supresión de los que fueren innecesarios será tarea permanente de los órganos y entes de la Administración Pública (se excluye a las misiones), así como la supresión de los que fueren innecesarios, todo de conformidad con los principios y normas que establezca la ley correspondiente. Dicha Ley es la Ley Orgánica de Simplificación de Trámites Administrativos, dictada mediante decreto Ley N° 6.265 de 22 de julio de 2008,[4] la cual sin embargo, sólo se aplica a los "órganos y entes" de la Administración Pública Nacional, Estadal y Municipal (art. 2), con lo que quedan excluidas las "misiones."

Dicha Ley, que sustituyó la Ley de Simplificación de Trámites Administrativos de 1999[5], se destina específicamente a desarrollar, en detalle, este principio de la simplifi-

---

3 *V. Gaceta Oficial* N° 2818 Extraordinaria de 1-7-81. *V.* además, en Allan R. Brewer-Carías y otros, Ley Orgánica de Procedimientos Administrativos, Editorial Jurídica Venezolana, 12° edición, Caracas 2001, pp. 175 y ss.

4 *V. Gaceta Oficial* N° 5.891 Extraordinaria de 31-7-2008.

5 *V. Gaceta Oficial* N° 36.845 de 7-12-99. *V.* además en Allan R. Brewer-Carías y otros, *Ley Orgánica de Procedimiento Administrativos, cit.*, pp. 199 y ss.

cación con el objeto de racionalizar las tramitaciones que realizan las personas ante la Administración Pública; mejorar su eficiencia, pertinencia y utilidad, a fin de lograr mayor celeridad y funcionalidad en las mismas; reducir los gastos operativos; obtener ahorros presupuestarios; cubrir insuficiencias de carácter fiscal y mejorar las relaciones de la Administración Pública con los ciudadanos

En todo caso, estando la Administración Pública al servicio de los ciudadanos y, en general, de las personas (particulares o administrados), el artículo 6 de la misma exige que deba desarrollar su actividad y organizarse de manera que las personas puedan:

> "1. Resolver sus asuntos, ser auxiliadas en la redacción formal de documentos administrativos, y recibir información de su interés por cualquier medio escrito, oral, telefónico, electrónico e informático;
>
> 2. Presentar reclamaciones sobre el funcionamiento de la Administración Pública (se entiende, sin el carácter de recursos administrativos);
>
> 3. Acceder fácilmente a información actualizada sobre el esquema de organización de los órganos y entes de la Administración Pública, así como a guías informativas sobre los procedimientos administrativos, servicios y prestaciones que ellos ofrecen."

Además, en el artículo 22 de la Ley, se dispone como principio que la organización de la Administración Pública debe procurar la simplicidad institucional y la transparencia en su estructura organizativa, asignación de competencias, adscripciones administrativas y relaciones inter-orgánicas. La estructura organizativa, además, debe prever la comprensión, acceso, cercanía y participación de las personas de manera que les permitan resolver sus asuntos, ser auxiliados y recibir la información que requieran por cualquier medio.

2. El principio de la información general (internet)

A fin de dar cumplimiento a los principios establecidos en la Ley, ésta dispone (art. 11) que los órganos y entes de la Administración Pública (no las misiones) deberán utilizar las nuevas tecnologías que desarrolle la ciencia, tales como los medios electrónicos o informáticos y telemáticos, para su organización, funcionamiento y relación con las personas.

En tal sentido, por disposición expresa de la Ley Orgánica, cada órgano y ente de la Administración Pública (no las misiones) debe establecer y mantener una página en internet, que debe contener, entre otra, la información que se considere relevante, los datos correspondientes a su misión, organización, procedimientos, normativa que lo regula, servicios que presta, documentos de interés para las personas, ubicación de sus dependencias e información de contactos (art. 11).

3. El principio de la publicidad de los actos generales

Todos los reglamentos, resoluciones y actos administrativos de carácter general dictados por los órganos y entes de la Administración Pública (no las misiones) deberán ser publicados, sin excepción, en la *Gaceta Oficial* de la República o, según el caso, en el medio de publicación oficial del Estado, Distrito metropolitano o Municipio correspondiente (art. 12).

La norma recoge el principio general del comienzo de la eficacia de los actos administrativos de efectos generales (normativos) o de carácter general (destinados a varios sujetos de derecho), sujetándolo a la publicación en la *Gaceta Oficial.*

El artículo 13, sin embargo, además de referirse a los reglamentos (siempre de carácter normativo) y a los actos administrativos de carácter general, menciona a las "resoluciones". Estas, conforme a la Ley Orgánica de Procedimientos Administrativos (art. 16) son los actos administrativos que emanan de los Ministros del Ejecutivo Nacional, por lo que las mismas, sean o no de efectos generales o de carácter general, deben publicarse en la *Gaceta Oficial.*

En cuanto a los Estados, Distritos Metropolitanos y Municipios, los actos de los mismos de orden normativo o de carácter general, también deben publicarse en la correspondiente "publicación oficial" de las entidades respectivas.

4. El principio de la sujeción a los planes, metas y objetivos, y a la planificación centralizada

Los órganos y entes de la Administración Pública (no las misiones), en su funcionamiento, deben sujetarse a las políticas, estrategias, metas y objetivos que se establezcan en los respectivos planes estratégicos, compromisos de gestión y lineamientos dictados conforme a la planificación centralizada (art. 18). Igualmente, comprenderá el seguimiento de las actividades, así como la evaluación y control del desempeño institucional y de los resultados alcanzados

En particular, la actividad de las unidades administrativas de apoyo técnico y logístico se debe adaptar a la de las unidades administrativas sustantivas de los órganos y entes de la Administración Pública (art. 19).

5. El principio de la eficacia

La actividad de los órganos y entes de la Administración Pública debe perseguir el cumplimiento eficaz de los objetivos y metas fijados en las normas, planes y compromisos de gestión, bajo la orientación de las políticas y estrategias establecidas por el Presidente de la República, la Comisión Central de Planificación, por el gobernador, y el alcalde según el caso (art. 19).

En todo caso, el funcionamiento de los órganos y entes de la Administración Pública, debe comprender el seguimiento de las actividades, así como la evaluación y control del desempeño institucional y de los resultados alcanzados (art. 18).

6. El principio de la adecuación de los medios financieros a los fines

La asignación de recursos a los órganos, entes de la Administración Pública y demás formas de organización que utilicen recursos públicos se deben ajustar estrictamente a los requerimientos de su organización y funcionamiento para el logro de sus metas y objetivos, con uso racional de los recursos humanos, materiales y presupuestarios (art. 20).

Los órganos y entes de la Administración Pública (no las misiones) además, deben procurar que sus unidades de apoyo administrativo no consuman un porcentaje del presupuesto destinado al sector correspondiente mayor que el estrictamente necesario. A tales fines, los titulares de la potestad organizativa de los órganos y entes de la Administración Pública, previo estudio económico y con base en los índices que fueren más eficaces de acuerdo al sector correspondiente, deben determinar los porcentajes mínimos de gasto permitido en unidades de apoyo administrativo (art. 20).

Por otra parte, conforme al artículo 21 de la LOAP la dimensión y la estructura organizativa de los órganos y entes de la Administración Pública deben ser proporcionales y consistentes con los fines y propósitos que les han sido asignados. Las formas organizativas que adopte la Administración Pública deben ser suficientes para el cumplimiento de sus metas y objetivos y deben propender a la utilización racional de los recursos públicos.

Excepcionalmente, y sólo en el caso que se requiera la contratación de determinados profesionales especialistas para actividades eventuales y transitorias, los órganos y entes de la Administración Pública (no las misiones) podrán incorporar asesores cuya remuneración se debe establecer por vía contractual con base en honorarios profesionales u otras modalidades fijadas de conformidad con la ley (art. 21).

7. El principio de la privatización y gestión comunal

En los casos en que las actividades de los órganos y entes de la Administración Pública (no las misiones), en ejercicio de potestades públicas que por su naturaleza lo permitan, fueren más económicas y eficientes mediante la gestión de los Consejos Comunales y demás formas de organización comunitaria o del sector privado, dichas actividades podrán ser transferidas a éstos, de conformidad con la ley, reservándose la Administración Pública la supervisión, evaluación y control del desempeño y de los resultados de la gestión transferida (art. 20).

8. El principio de coordinación

Conforme al artículo 23 de la LOAP, las actividades que desarrollen los órganos y entes de la Administración Pública deben efectuarse de manera coordinada y estar orientadas al logro de los fines y objetivos del Estado, con base en los lineamientos dictados conforme a la planificación centralizada.

9. El principio de cooperación

Conforme al principio del artículo 136 de la Constitución, los órganos y entes de la Administración Pública (no las misiones) deben colaborar entre sí y con las otras ramas de los Poderes Públicos en la realización de los fines del Estado (art. 24).

10. El principio de lealtad institucional

Dispone el artículo 25 de la LOAP que los órganos y entes de la Administración Pública (no las misiones) deben actuar y relacionarse de acuerdo con el principio de lealtad institucional y, en consecuencia, deben:

"1. Respetar el ejercicio legítimo de las respectivas competencias.

2. Ponderar, en el ejercicio de las competencias propias, la totalidad de los intereses públicos implicados.

3. Facilitar la información que le sea solicitada sobre la actividad que desarrollen en el ejercicio de sus competencias.

4. Prestar la cooperación y asistencia activa que puedan serles requeridas en el ámbito de sus competencias".

III. LOS PRINCIPIOS RELATIVOS A LA COMPETENCIA

1. La obligatoriedad de la competencia

La competencia otorgada a los órganos y entes de la Administración Pública (no las misiones) no sólo debe ser objeto de texto expreso, sino que es de obligatorio cumplimiento y debe ser ejercida bajo las condiciones, límites y procedimientos establecidos[6]. En la Ley de 2001, se exigía que dichas condiciones, límites y procedimientos fueran siempre establecidos "legalmente", palabra que lamentablemente se eliminó de la norma.

La competencia, por tanto, es irrenunciable, indelegable, improrrogable y no puede ser relajada por convención alguna, salvo los casos expresamente previstos en las leyes y demás actos normativos (art. 26).

2. La incompetencia y la nulidad

Toda actividad realizada por un órgano o ente (no las misiones) manifiestamente incompetente, o usurpada por quien carece de autoridad pública, es nula y sus efectos se tendrán por inexistentes (art. 26). Se recoge así, el principio establecido en el artículo 138 de la Constitución, con la misma redacción del artículo 119 de la Constitución de 1961, conforme al cual "Toda autoridad usurpada es ineficaz y sus actos son nulos".

El supuesto de usurpación de autoridad, que es la manifestación más grave de la incompetencia, apunta al hecho de que una persona no investida de autoridad, ejerza una función que corresponde a un órgano estatal. Se trata de una incompetencia constitucional que acarrea la nulidad absoluta de los actos que dicte el usurpador.

Agrega la norma del artículo 26 que quienes dicten dichos actos, serán responsables conforme a la ley, sin que les sirva de excusa órdenes superiores.

---

6 *V.* Allan R. Brewer-Carías, *Principios del Régimen Jurídico de la Organización... cit.*, pp. 47 y ss.

3. La asignación genérica de competencia

En el caso que una disposición legal o administrativa otorgue una competencia a la Administración Pública, sin especificar el órgano o ente que debe ejercerla, se entiende que corresponde al órgano o ente con competencia en razón de la materia. En realidad, la competencia en estos casos debería corresponder a los órganos de la Administración Central con competencia en la materia (art. 27).

En el caso que una disposición legal o administrativa otorgue una competencia a un órgano o ente de la Administración Pública sin determinar la unidad administrativa competente, se entiende que su ejercicio corresponde a la unidad administrativa con competencia por razón de la materia y el territorio (art. 27). En estos casos se entiende que se trata de los órganos del segundo nivel jerárquico de la organización.

4. La desviación de la competencia

La LOAP establece los siguientes mecanismos de desviación de la competencia: la descentralización, la desconcentración, la encomienda de gestión, la delegación, y la avocación[7].

A. La descentralización

a. *Tipos de descentralización*

La LOAP distingue dos tipos descentralización: la territorial y la funcional.

a'. La descentralización político territorial

Con el propósito de incrementar la eficiencia y eficacia de su gestión, la Administración Pública nacional, conforme al artículo 30 de la LOAP, puede descentralizar competencias y servicios públicos en los Estados, los Distritos metropolitanos y Municipios, de conformidad con la Constitución y la ley. Asimismo, los Estados pueden descentralizar competencias y servicios públicos, en los Distritos Metropolitanos y los Municipios.

Recoge, así, esta norma los principios descentralizadores que están establecidos en los artículos 157, 158 y 165 de la Constitución.

b'. La descentralización funcional

Dispone el artículo 29 de la LOAP que los titulares de la potestad organizativa pueden crear entes descentralizados funcionalmente cuando el mejor cumplimiento de los fines del Estado así lo requiera, en los términos y condiciones previstos en la Constitución y en la Ley.

El artículo 29 de la LOAP establece que estos entes descentralizados pueden tener dos formas jurídicas: forma de derecho privado y forma de derecho público.

---

7 *V.* Allan R. Brewer-Carías, *Principios del Régimen Jurídico de la Organización Administrativa, cit.*, pp. 57 y ss.

En primer lugar, los entes *con forma de derecho privado* que están conformados "por las personas jurídicas constituidas de acuerdo a las normas del derecho privado y podrán adoptar o no la forma empresarial de acuerdo a los fines y objetivos para los cuales fueron creados y en atención a si la fuente fundamental de sus recursos proviene de su propia actividad o de los aportes públicos, respectivamente".[8]

Entre estos entes descentralizados con forma de derecho privado, por supuesto, están las compañías anónimas o sociedades mercantiles del Estado, es decir, las empresas del Estado constituidas de acuerdo con el Código de Comercio, las cuales, sin embargo y contradictoriamente, en el artículo 102 de la Ley Orgánica se las califica como "personas jurídicas de derecho público."

En segundo lugar, los entes *con forma de derecho público*, conformados por aquellas personas jurídicas creadas y regidas por normas de derecho público, que pueden tener atribuido el ejercicio de potestades públicas[9].

En relación con estos últimos, sólo por ley pueden crearse las personas jurídicas de derecho público; principio que deriva de lo dispuesto en el artículo 142 de la Constitución que recogió la disposición del artículo 230 de la Constitución de 1961 al prever que los institutos autónomos sólo pueden crearse por ley; y que tales instituciones, así como los intereses públicos en corporaciones o entidades de cualquier naturaleza, están sujetos al control del Estado, en la forma que la ley establezca.

En todo caso, conforme al mismo artículo 29 de la LOAP, la descentralización funcional puede revertirse por medio de la modificación del acto que le dio origen.

b. *Efectos de la descentralización funcional y territorial sobre la competencia*

La descentralización funcional o territorial transfiere la titularidad de la competencia y, en consecuencia, transfiere cualquier responsabilidad que se produzca por el ejercicio de la competencia o de la gestión del servicio público correspondiente, en la persona jurídica y en los funcionarios y funcionarias del ente descentralizado (art. 32).

En el caso de los entes descentralizados funcionalmente, el artículo 32 de la Ley Orgánica estableció, que el Ministro de adscripción respectivo, previa delegación de la ley o del instrumento de creación de los respectivos que le estén adscritos, puede atribuirles o delegarles competencias y atribuciones, regulando su organización y funcionamiento en coordinación con los lineamientos de la planificación centralizada. En todo caso, el principio, con la denominación de "delegación inter subjetiva" se repite en el artículo 33 de la Ley, al disponer que "La Administración Pública, podrá delegar las competencias que le estén otorgadas por ley a sus respectivos entes descentralizados funcionalmente, de conformidad con los lineamientos de la planificación centralizada," y de acuerdo con las formalidades establecidas en la Ley Orgánica y su Reglamento.

---

8 En la Ley de 2001 se estableció con más precisión que estos entes descentralizados funcionalmente con forma de derecho privado, eran de dos tipos: "a. Entes descentralizados funcionalmente sin fines empresariales, que son aquellos entes descentralizados funcionalmente que no realicen actividades de producción de bienes o servicios destinados a la venta y cuyos ingresos o recursos provengan fundamentalmente del presupuesto de la República, los Estados, los Distritos metropolitanos, o los Municipios;" y "b. Entes descentralizados funcionalmente con fines empresariales, que son aquellos cuya actividad principal sea la producción de bienes o servicios destinados a la venta y cuyos ingresos o recursos provengan fundamentalmente de esta actividad".

9 *V.* Allan R. Brewer-Carías, "La distinción entre las personas públicas y las personas privadas y el sentido actual de la clasificación de los sujetos de derecho", *Revista de la Facultad de Derecho*, UCV, Nº 57, Caracas 1976, pp. 115 a 135.

En estos casos, el acto contentivo de la delegación intersubjetiva, debe ser motivado, identificar los órganos o entes entre los que se transfiera el ejercicio de la atribución o competencia y determinar la fecha de inicio de su vigencia, y de culminación cuando fuere el caso (art. 40). Si ello no se determina, la fecha de inicio de su vigencia, se entenderá que es la de la publicación en la *Gaceta Oficial* correspondiente.

B. La desconcentración administrativa

a. *La transferencia de competencias*

La Administración Pública, con el objetivo de acercarse a las personas y mejorar el servicio prestado, conforme al artículo 31 de la LOAP, puede adaptar su organización a determinadas condiciones de especialidad funcional y de particularidad territorial, transfiriendo atribuciones de sus órganos superiores a sus órganos inferiores, mediante acto administrativo dictado de conformidad con la Ley.

En todo caso, la desconcentración funcional o territorial, transfiere únicamente la atribución. La persona jurídica en cuyo nombre actúe el órgano desconcentrado será responsable patrimonialmente por el ejercicio de la atribución o el funcionamiento del servicio público correspondiente, manteniendo la responsabilidad que corresponda a los funcionarios y funcionarias que integren el órgano desconcentrado y se encuentren encargados de la ejecución de la competencia o de la gestión del servicio público correspondiente (art. 32).

b. *Las potestades de control*

Los ministerios u otros órganos de control, nacionales, estadales, de los distritos metropolitanos o municipales, respecto de los órganos desconcentrados, tienen las siguientes atribuciones numeradas en el artículo 119 de la LOAP:

> "1. Definir la política a desarrollar por tales entes, a cuyo efecto formularán las directivas generales que sean necesarias.
>
> 2. Ejercer permanentemente funciones de coordinación, supervisión y control conforme a los lineamientos de la planificación centralizada.
>
> 3. Nombrar los presidentes de institutos públicos, institutos autónomos y demás entes descentralizados.
>
> 4. Evaluar en forma continua el desempeño y los resultados de su gestión e informar oportunamente a la Presidenta o Presidente de la República, gobernadora o gobernador, alcaldesa o alcalde, según corresponda.
>
> 5. Ser informado permanentemente acerca de la ejecución de los planes, y requerir dicha información cuando lo considere oportuno.
>
> 6. Proponer a la Presidenta o Presidente de la República, gobernadora o gobernador, alcaldesa o alcalde, según corresponda, las reformas necesarias a los fines de modificar o eliminar entes descentralizados funcionalmente que le estuvieren adscritos, de conformidad con la normativa aplicable.
>
> 7. Velar por la conformidad de las actuaciones de sus órganos desconcentrados dependientes y entes descentralizados funcionalmente que le estén adscritos, a los lineamientos, políticas y planes dictados conforme a la planificación centralizada".

c. *La reversión de la desconcentración*

La desconcentración de atribuciones sólo se puede revertir mediante la modificación o derogación del instrumento jurídico que le dio origen (art. 31).

C. La encomienda de gestión

a. *La encomienda a entes descentralizados funcionalmente*

La Administración Pública puede encomendar temporalmente la realización de actividades de carácter material o técnico de determinadas competencias a sus respectivos entes descentralizados funcionalmente por razones de eficacia o cuando no se posea los medios técnicos para su desempeño, de conformidad con las formalidades que determinen la LOAP y su Reglamento (art. 38).

La encomienda de gestión no supone cesión de la titularidad de la competencia ni de los elementos sustantivos de su ejercicio, siendo responsabilidad del órgano encomendante dictar resoluciones que le den soporte o en los que se identifique la concreta actividad material objeto de encomienda (art. 38)[10].

b. *La encomienda convenida entre administraciones públicas territoriales*

Cuando la encomienda se establezca entre órganos de distintos niveles territoriales de la Administración Pública o entre entes públicos, se debe adoptar mediante convenio cuya eficacia queda supeditada a su publicación en la Gaceta Oficial correspondiente (art. 39).

c. *Requisitos*

La encomienda de gestión debe decidirse por acto motivado, en el cual se debe identificar los órganos o entes entre los cuales se transfiere el ejercicio de la gestión, y determinar la fecha de inicio de su vigencia. Cuando en la encomienda no se determine esta fecha de inicio, se entiende que comienza desde su publicación en la *Gaceta Oficial* correspondiente (art. 40).

D. La delegación

a. *Tipos de delegación*

La Ley es el acto mediante el cual los funcionarios superiores de la Administración transfieren competencias a los órganos o funcionarios inmediatamente inferiores bajo su dependencia. La LOAP distingue tres tipos de delegación: la interorgánica, la subjetiva y la de firma.

---

10 La figura de la "encomienda" tiene su origen en los Reglamentos de la Ley Orgánica de Descentralización, Delimitación y Transferencia de Competencias del Poder Público, dictados en 1993. *V.* en Allan R. Brewer-Carías y otros, *Leyes para la Descentralización Política de la Federación*, 3ª Edición, Editorial Jurídica Venezolana, Caracas 1993, pp. 381 y ss.

a'. La delegación interorgánicas

El artículo 34 de la LOAP autoriza al Presidente de la República, al Vicepresidente Ejecutivo, los Ministros, los Viceministros, los Gobernadores, los Alcaldes y los superiores jerárquicos de los órganos y entes de la Administración Pública así como los otros funcionarios superiores de dirección, para delegar las atribuciones que les estén otorgadas por ley a los órganos o funcionarios inmediatamente inferiores bajo su dependencia, de conformidad con las formalidades que determine la LOAP y su Reglamento (art. 34).

Los funcionarios del órgano al cual se haya delegado una atribución serán responsables por su ejecución (art. 37).

Los actos administrativos derivados del ejercicio de las atribuciones delegadas, a los efectos de los recursos correspondientes, se tendrán como dictados por la autoridad delegante (art. 37).

b'. La delegación intersubjetiva

El artículo 33, por otra parte, denomina delegación intersubjetiva el acto mediante el cual la Administración Pública delega las competencias que les estén otorgadas por ley a sus respectivos entes descentralizados funcionalmente, de conformidad con los lineamientos de la planificación centralizada y las formalidades que determine la presente Ley y su reglamento (art. 33).

La delegación intersubjetiva, en los términos establecidos por la LOAP, transfiere la responsabilidad por su ejercicio al ente delegado. Los funcionarios o funcionarias del ente delegado encargados del ejercicio de la competencia son responsables personalmente por su ejecución (art. 36).

c'. La delegación de firma

El artículo 34 de la LOAP autoriza al Presidente de la República, al Vicepresidente Ejecutivo, los Ministros, los Viceministros, los Gobernadores, los Alcaldes y las autoridades de superior jerarquía de los órganos y entes de la Administración Pública, para delegar la firma de documentos en funcionarios adscritos a los mismos, de conformidad con las formalidades previstas en la LOAP y su Reglamento (art. 34)[11].

En todo caso, los actos administrativos que se firmen por delegación de firma deben indicar esta circunstancia y señalar la identificación del órgano delegante.

b. *Los requisitos formales de la delegación*

El acto contentivo de la delegación cualquiera sea su tipo, intersubjetiva o interorgánica, y de la delegación de firma, debe ser motivado, identificar los órganos o entes entre los que se transfiera el ejercicio de la competencia o la firma y determinar la fecha de inicio de su vigencia.

---

11 La Ley Orgánica de 2001, en consecuencia, derogó el viejo Reglamento de delegación de firmas de los Ministros del Ejecutivo Nacional dictado por Decreto N° 140 de 17-9-69, *Gaceta Oficial* N° 29.025 de 18-9-69.

En los casos de delegación, en que no se determine la fecha de inicio de su vigencia, se entiende que ésta comienza desde su publicación en la *Gaceta Oficial* correspondiente (art. 40).

c. *Limitación a las delegaciones intersubjetivas e interorgánicas*

Conforme al artículo 35 de la LOAP y sin perjuicio de lo dispuesto en la Constitución o en leyes especiales, la delegación intersubjetiva o interorgánica no procede en los siguientes casos:

1. Cuando se trate de la adopción de disposiciones de carácter normativo.
2. Cuando se trate de la resolución de recursos en los órganos administrativos que hayan dictado los actos objeto de recurso.
3. Cuando se trate de competencias o atribuciones ejercidas por delegación.
4. En aquellas materias que así se determinen por norma con rango de ley.

d. *Publicación*

Las delegaciones intersubjetivas y su revocación deben publicarse en la Gaceta Oficial de la Administración Pública correspondiente (art. 35).

e. *Indicación expresa de que se actúa por delegación*

Los actos administrativos que se adopten por delegación deben indicar expresamente esta circunstancia y se consideran dictadas por el órgano delegante (art. 35).

f. *Revocación de la delegación*

La delegación será revocable en cualquier momento por el órgano que la haya conferido (art. 35).

E. La avocación

El artículo 41 de la LOAP autoriza al Presidente de la República, al Vicepresidente Ejecutivo, a los Ministros, a los Viceministros, a los Gobernadores, a los Alcaldes, a los superiores jerárquicos de los órganos y entes de la Administración Pública y a los demás funcionarios superiores de dirección, para poder avocarse al conocimiento y resolución de un asunto cuya resolución corresponda ordinariamente o por delegación a sus órganos jerárquicamente subordinados, cuando razones de índole técnica, económica, social, jurídica o de interés público lo hagan pertinente.

La avocación se debe realizar mediante acto motivado que debe ser notificado a los interesados.

5. La solución de los conflictos de atribuciones

Cuando el órgano que esté conociendo de un asunto se considere incompetente debe remitir las actuaciones al que estime con competencia en la materia. Si este último órgano se considera a su vez incompetente, o si ambos se consideran competentes, el asunto debe ser resuelto por el órgano superior jerárquico común a ambos. Dichos conflictos sólo pueden suscitarse entre unidades administrativas integrantes del mismo órgano o ente y con respecto a asuntos sobre los cuales no haya recaído decisión administrativa definitiva o finalizado el procedimiento administrativo (art. 43).

La Ley de 2001 establecía la posibilidad de que los interesados pudieran solicitar a los órganos que estuviesen instruyendo el procedimiento que declinasen el conocimiento del asunto en favor del órgano competente; y solicitar a este último que requiriera la declinatoria del órgano que estuviese conociendo del asunto (art. 44). Esto, sin embargo, fue eliminado en la Ley de 2008.

IV. LOS PRINCIPIOS RELATIVOS A LA ORGANIZACIÓN ADMINISTRATIVA

1. La reserva legal en la asignación de la titularidad de la potestad organizativa

De acuerdo con el artículo 15 de la LOAP los órganos, los entes y las misiones de la Administración Pública se deben crear, modificar y suprimir por los titulares de la potestad organizativa conforme a lo establecido en la Constitución y la ley; para lo cual se deben sujetar a los lineamientos dictados conforme a la planificación centralizada.

Por tanto, la titularidad de la potestad organizativa sólo puede ser asignada por la Constitución o la ley,[12] y ejercerse conforme a lo dispuesto en la planificación centralizada.

En cuanto a la Constitución, esta atribuye a la Asamblea Nacional potestad organizativa respecto de la Administración Pública Nacional, al asignarle la competencia genérica para legislar "en las materias de la competencia nacional" (art. 187,9), definiendo el artículo 156, como de la competencia del Poder Público Nacional, las siguientes materias que tienen relación con la organización de la Administración Pública en sentido general: *ord. 8*. La organización de la Fuerza Armada; *ord. 10*. La organización del Distrito Capital y de las dependencias federales; *ord. 31*. La organización y administración nacional de la Justicia, del Ministerio Público y de la Defensoría del Pueblo; y el *ord. 32*. La organización de los órganos del Poder Público Nacional y demás órganos e instituciones nacionales del Estado.

Además, expresamente se le atribuye a la Asamblea Nacional competencia en materia de organización administrativa respecto de otros órganos del Poder Público Nacional como los del Poder Ciudadano, en general, (art. 273) y, en particular, la Contraloría General de la República (art. 290); los del Poder Electoral (art. 292), y la Procuraduría General de la República (art. 247) que está integrada al Poder Ejecutivo Nacional.

La Asamblea Nacional también tiene atribuida la titularidad de la potestad organizativa en materia de organización de los Municipios y demás entidades locales, con la obligación de establecer diferentes regímenes para dicha organización (art. 169).

La Constitución, por otra parte, en relación con la Administración Pública Nacional, estableció la reserva legal sólo en relación con la creación de los institutos autónomos

12 *V.* Allan R. Brewer-Carías, *Principios del Régimen Jurídico de la Organización Administrativa Venezolana, cit.*, pp. 21 y ss.

(art. 142); pero en cuanto a la organización de la Administración Pública nacional centralizada, asignó la potestad organizativa al Presidente de la República, en Consejo de Ministros, "dentro de los principios y lineamientos" señalados en la Ley Orgánica (art. 236,20).

2. La titularidad para la organización de la Administración Pública Central Nacional

En efecto, de acuerdo con lo establecido en el artículo 236,20 de la Constitución, corresponde al Presidente de la República en Consejo de Ministros, fijar el número, organización y competencia de los ministerios y otros organismos de la Administración Pública Nacional, así como también la organización y funcionamiento del Consejo de Ministros, dentro de los principios y lineamientos que señale la correspondiente ley orgánica.

Se varió, en esta forma, de manera sustancial, el sistema de la Constitución de 1961, que seguía la tradición constitucional iniciada desde el siglo XIX, y que rigidizaba la organización ministerial que sólo la ley podía determinar (art. 193).

En desarrollo de esta potestad organizativa de rango constitucional atribuida al Presidente de la República en Consejo de Ministros, el artículo 58 de la Ley Orgánica le atribuye la facultad para fijar, mediante decreto, "el número, denominación, competencia y organización de los ministerios y otros órganos de la Administración Pública Nacional, así como sus entes adscritos, con base en parámetros de adaptabilidad de las estructuras administrativas a las políticas públicas que desarrolla el Poder Ejecutivo Nacional y en los principios de organización y funcionamiento establecidos en la presente ley".

Conforme a la atribución constitucional, el Presidente de la República dictó el Decreto 6.626 de 3 de marzo de 2009[13] sobre organización y funcionamiento de la Administración Pública Central, donde se regulan veinticinco (25) Ministerios y se enumeran sus competencias.

El Decreto establece, además, la estructura organizativa básica de cada Ministerio, integrada por el Despacho del Ministro y los Despachos de los Viceministros; estando estos últimos integrados en orden jerárquico descendente así: Direcciones Generales, Direcciones de línea y Divisiones (arts. 16 y 17). Cada Ministerio, en todo caso, debe estar regulado internamente por un Reglamento Orgánico dictado por el Presidente en Consejo de Ministros, "previa propuesta del respectivo Ministro" (art. 18), en el cual se deben determinar la estructura y las funciones de los Viceministros y de las demás dependencias que integran cada Ministerio (art. 17). El Decreto, además, establece en sus normas transitorias la adscripción de los entes descentralizados a los diversos Ministerios.

Por otra parte, se destaca ahora, en la Ley Orgánica de 2008, la atribución al Presidente de la República en Consejo de Ministros, la potestad de crear "misiones" cuando circunstancias especiales lo ameriten, "destinadas a atender a la satisfacción de las necesidades fundamentales y urgentes de la población, las cuales estarán bajo la rectoría de las políticas aprobadas conforme a la planificación centralizada," debiendo, en el decre-

---

13 *Gaceta Oficial* N° 39.130 de 03-03-2009.

to de creación, determinar el órgano o ente de adscripción o dependencia, formas de financiamiento, funciones y conformación del nivel directivo encargado de dirigir la ejecución de las actividades encomendadas (art. 131).

3. Requisitos para la creación y modificación de órganos y entes

En todo caso, el artículo 16 de la LOAP dispone que la creación de órganos y entes administrativos se deba sujetar a los siguientes requisitos:

1. Indicación expresa de su objetivo y competencia.
2. Determinación de su forma organizativa, su ubicación en la estructura de la Administración Pública y su adscripción funcional y administrativa.
3. Previsión de las partidas y asignaciones presupuestarias necesarias para su organización, funcionamiento o reformas organizativas

La modificación, supresión o liquidación de órganos y entes administrativos se debe adoptar mediante actos que gocen de rango normativo igual o superior al de aquéllos que determinaron su creación o última modificación.

Corresponde al Ministerio de Planificación, velar por la consistencia de la organización de los Ministerios y otros órganos de la Administración Pública Nacional. Ésta fue, en su tiempo, la función que ejerció la Comisión de Administración Pública de la Presidencia de la República (1958-1974)[14].

4. El principio de la previsión financiera

No pueden crearse nuevos órganos o entes (no respecto de las misiones) que supongan duplicación de otros ya existentes si al mismo tiempo no se suprime o restringe debidamente la competencia de éstos (art. 16).

Además, no pueden crearse nuevos órganos o entes en la Administración Pública que impliquen un aumento en el gasto recurrente de la República, los Estados, los Distritos metropolitanos o de los municipios, sin que se creen o prevean fuentes de ingresos ordinarios de igual o mayor magnitud a las necesarias para permitir su funcionamiento (art. 17).

5. El principio de simplicidad y transparencia de la organización administrativa

Como se dijo, la LOAP exige que la organización de la Administración Pública debe perseguir la simplicidad institucional y la transparencia en su estructura organizativa, asignación de competencias, adscripciones administrativas y relaciones interorgánicas.

Además, la estructura organizativa debe prever la comprensión, acceso, cercanía y participación de los particulares de manera que les permitan resolver sus asuntos, ser auxiliados y recibir la información que requieran por cualquier medio (art. 22).

---

14 *V.* Comisión de Administración Pública, *Informe sobre la Reforma de la Administración Pública Nacional*, Caracas 1972.

6. El principio de jerarquía

Los órganos y entes de la Administración Pública debe estar internamente ordenados de manera jerárquica y relacionados de conformidad con la distribución vertical de atribuciones en niveles organizativos. Los órganos de inferior jerarquía están sometidos a la dirección, supervisión, evaluación y control de los órganos superiores de la Administración Pública con competencia en la materia respectiva (art. 28).

En consecuencia, los órganos administrativos pueden dirigir las actividades de sus órganos jerárquicamente subordinados mediante instrucciones, órdenes y circulares. Cuando una disposición específica así lo establezca o se estime conveniente por razón de los destinatarios o de los efectos que puedan producirse, las instrucciones, órdenes y circulares de servicio se deben publicar en la Gaceta Oficial que corresponda (art. 42). Además, se deben establecer los mecanismos necesarios para garantizar la difusión del contenido de las mismas.

Dispone el artículo 28 de la LOAP que el incumplimiento por parte de un órgano inferior de las órdenes e instrucciones de su superior jerárquico inmediato obliga a la intervención de éste y acarrea la responsabilidad de los funcionarios o funcionarias a quienes sea imputable dicho incumplimiento, "salvo lo dispuesto en el artículo 8 de esta Ley" (art. 28).

Este artículo 8 recoge el principio del artículo 25 de la Constitución en el sentido de establecer la responsabilidad de los funcionarios públicos por las violaciones de los derechos garantizados en la Constitución "sin que les sirvan de excusa órdenes superiores". En consecuencia, si la orden del superior implica una violación de un derecho constitucional, y si el funcionario inferior la cumple, compromete su propia responsabilidad. La "salvedad" que parece implica la norma del artículo 28 de la LOAP sería que el funcionario inferior no incurriría en responsabilidad por incumplimiento de una orden superior, cuando la misma implique violación de un derecho constitucional.

Sección Cuarta: ALGO SOBRE LOS PRINCIPIOS DEL PROCEDIMIENTO ADMINISTRATIVO ESTABLECIDOS EN LA LEY DE COSTOS Y PRECIOS

Esta Sección Cuarta es el texto del estudio: "Algo sobre los principios del procedimiento administrativo establecidos en la Ley de Costos y Precios," publicado en Claudia Nikken (Coordinadora), *Ley de Costos y Precios Justos*, Colección Textos legislativos, N° 53, Caracas 2012, pp. 207-229.

La Ley de Costos y Precios dictada por Decreto Ley N° 8.331 de 14 de julio de 2011[15] fue dictada con el objeto de establecer "las regulaciones, así como los mecanismos de administración y control, necesarios para mantener la estabilidad de precios y propiciar el acceso a los bienes y servicios a toda la población en igualdad de condiciones, en el marco de un modelo económico y social que privilegie los intereses de la población y no del capital" (art. 1); los cuales son aplicables, básicamente, a las personas naturales y

15 *V.* en *Gaceta Oficial* N° 39.715 del 18 de julio de 2011

jurídicas de derecho público o de derecho privado, nacionales o extranjeras que, "con ocasión del desempeño de sus actividades dentro del territorio nacional, produzcan, importen o comercialicen bienes, o presten servicios, por lo cual reciban una contraprestación pecuniaria que satisfaga su intercambio" (art. 3), cuando en sus "relaciones establecidas con ocasión de su giro comercial, productivo o de prestación de servicios, determinen los precios que correspondan a la venta de bienes o la prestación de servicios, así como los costos inherentes a tales operaciones" (art. 2).

Aparte de los principios económicos que se establecen en la Ley para su interpretación y aplicación (art. 5), que son el principio de desarrollo socio productivo (art. 6), el principio de equidad (art. 7) y el principio de dinamismo (art. 8), la misma también estableció principios del procedimiento administrativo que debe seguir el Sistema Nacional Integrado de Costos y Precios para el ejercicio de sus funciones de control.

A tal efecto, en primer lugar, estableció en general el principio de simplicidad administrativa, imponiendo al Sistema Nacional Integrado de Costos y Precios que para la prestación de servicios y el cumplimiento de la función pública a través del mismo, se debe realizar concentrando y estableciendo "los trámites administrativos indispensables, para reducir, según la utilidad, el número de requisitos y recaudos, que permitan la correcta y oportuna evaluación y procesamiento de los trámites inherentes al Sistema, debiendo además, proporcionar "mecanismos ágiles y sencillos para procesar las consultas, propuestas, opiniones, denuncias, sugerencias y quejas que realicen los usuarios y usuarias sobre los servicios prestados" (art. 9).

Pero además, la Ley de Costos y Precios estableció para regular las relaciones administrativas entre el servicio nacional y los administrados, un procedimiento administrativo especial con sus propios principios, que se aplican con preferencia a lo dispuesto en la Ley Orgánica de Procedimientos Administrativos. En efecto, conforme al artículo 47 de la Ley Orgánica de Procedimientos Administrativos de 1981,[16] los procedimientos que se desarrollen ante la Administración Pública, como principio quedan sometidos a sus normas; excepto cuando las leyes especiales establezcan procedimientos administrativos, en cuyo caso éstos "se aplicarán con preferencia al procedimiento ordinario" previsto en la Ley Orgánica general "en las materias que constituyan la especialidad."

Esta es la situación prevista, precisamente, en la Ley de Costos y Precios Justos de 2011, respecto de las inspecciones, fiscalizaciones y aplicación de sanciones administrativas en ella establecidas para el cumplimiento de las obligaciones regladas en la misma, los cuales conforme al artículo 48 de la Ley, deben ser desarrollados por y ante la Superintendencia Nacional de Costos y Precios conforme a los procedimientos especiales previstos en dicha ley en el capítulo sobre procedimientos administrativos y recursos (artículos 48).

La consecuencia de ello es, por tanto, que las normas de procedimiento establecidas en la Ley Orgánica de Procedimientos Administrativos se configuran como normas de aplicación supletoria, entre las cuales están los mismos principios del procedimiento administrativo que la misma establece.[17] Estos son, de acuerdo con dicha Ley Orgánica,

---

16 *V.* en *Gaceta Oficial* N° 2.818 Extraordinario de 1 de julio de 1981. *V.* sobre la Ley Orgánica los comentarios en Allan R. Brewer-Carías et al., *Ley Orgánica de Procedimientos Administrativos*, Editorial Jurídica Venezolana, Caracas, 1982.

17 *V.* en general nuestros trabajos sobre el procedimiento administrativo con una perspectiva de derecho comparado: Allan R. Brewer-Carías, "Principios del procedimiento administrativo en España y América Latina,"

los principios de celeridad, economía, sencillez, eficacia, e imparcialidad (art. 30). Adicionalmente, conforme a la Ley de Simplificación de Trámites Administrativos de 1999, reformada en 2008, están los siguientes principios sobre la simplificación de trámites administrativos que han de aplicarse al diseño de los trámites ante el Sistema Nacional Integrado de Costos y Precios: "simplicidad, transparencia, celeridad, eficacia, eficiencia, rendición de cuentas, solidaridad, presunción de buena fe del interesado o interesada, responsabilidad en el ejercicio de la función pública, desconcentración en la toma de decisiones por parte de los órganos de dirección y su actuación debe estar dirigida al servicio de las personas."

Debe recordarse que estos principios se repitieron en el artículo 10 de la Ley Orgánica de la Administración Pública de 2001, reformada en 2008, cuando precisó que la actividad de la misma debe desarrollar con base en "los principios de economía, celeridad, simplicidad, rendición de cuentas, eficacia, eficiencia, proporcionalidad, oportunidad, objetividad, imparcialidad, participación, honestidad, accesibilidad, uniformidad, modernidad, transparencia, buena fe, paralelismo de la forma y responsabilidad en el ejercicio de la misma, con sometimiento pleno a la ley y al derecho, y con supresión de las formalidades no esenciales." A la norma se agregó, además, la indicación de que "La simplificación de los trámites administrativos, así como la supresión de los que fueren innecesarios será tarea permanente de los órganos y entes de la Administración Pública, de conformidad con los principios y normas que establezca la ley correspondiente."

Ahora bien, específicamente en materia de principios del procedimiento administrativo en la Ley de Costos y Precios, el artículo 49 de la Ley misma enumera expresamente los siguientes principios que rigen los procedimientos contemplados en la misma: publicidad, dirección e impulsión de oficio (oficialidad), primacía de la realidad (verdad material), libertad probatoria, lealtad y probidad procesal, notificación única. A estos principios es que nos referiremos en estas notas.

I. EL PRINCIPIO DE LA PUBLICIDAD (DERECHO DE ACCESO AL EXPEDIENTE)

El artículo 49.1 de la Ley define como primer principio del procedimiento, el que denomina como "principio de la publicidad, consistente en el derecho de los interesados y sus representantes "de transcribir, leer o fotocopiar cualquier documento contenido en el expediente, así como solicitar certificación del mismo."

---

en el libro *200 Años del Colegio de Abogados*. Libro Homenaje, T. I, Colegio de Abogados del Distrito Federal, Caracas 1989, pp. 255-435; Principios del procedimiento administrativo (Prólogo de Eduardo García de Enterría), Editorial Civitas, Madrid 1990; *Les principes de la procédure administrative non contentieuse*. Études de Droit Comparé (France, Espagne, Amérique Latine) (Prólogo de Franck Moderne), Editorial Económica, París 1992; también publicado en Allan R. Brewer-Ca'rías, Etudes de droit public comparé, Académie International de Droit Comparé, Ed. Bruylant, Bruxelles 2001, pp. 161-274; *Principios del Procedimiento Administrativo en América Latina* (Prólogo Jesús González Pérez), Universidad del Rosario, Colegio Mayor de Nuestra Señora del Rosario, Editorial Legis, Bogotá 2003; y "Principios del Procedimiento Administrativo. Hacia un estándar continental," en Christian Steiner (Ed), *Procedimiento y Justicia Administrativa en América Latina*, Konrad Adenauer Stiftung, Konrad Adenauer, México 2009, pp. 163-199.

Se trata, por tanto, de la repetición del derecho que tienen los interesados de acceder al expediente administrativo consagrado en la LOPA, de manera de poder transcribirlo, leerlo o de poder fotocopiar todos los documentos contenidos en el mismo, y además, de exigir de la Administración la expedición de copias certificadas de todo el expediente, es decir, de todos los documentos del mismo. El derecho se consagra en la propia Ley de Costos, en cuyo artículo 50, de nuevo bajo el acápite de "Publicidad del expediente", se precisa que "de todo procedimiento se abrirá expediente, el cual recogerá todo documento, informe, tramitación e incidencia del asunto sometido a consideración del funcionario competente," garantizándose en la norma, sin embargo sólo al denunciante, el acceso al expediente, con la posibilidad de intervenir como interesado en el procedimiento, entre otras, "para verificar la unidad del expediente, comprobar el cumplimiento de los lapsos del procedimiento, promover, evacuar y controlar los medios de pruebas, así como constatar todas las actuaciones correspondientes, a fin de garantizar el resguardo del interés social."

La Ley, sin embargo, en lugar de denominar el principio como de acceso al expediente por los interesados, lo denomina como "principio de publicidad" el cual, en otras legislaciones en realidad apunta hacia otro sentido, y es el acceso público al expediente, es decir, que los asuntos que se tramitan ante la Administración Pública deben ser públicos y de acceso del público. Es en tal sentido que por ejemplo, en el artículo 16 de la Ley 19.880 de Chile sobre procedimientos Administrativos se establece el "principio de transparencia y de publicidad", en la siguiente forma:

> *Artículo* 16. *Principio de Transparencia y de Publicidad.* El procedimiento administrativo se realizará con transparencia, de manera que permita y promueva el conocimiento, contenidos y fundamentos de las decisiones que se adopten en él.
>
> En consecuencia, salvo las excepciones establecidas por la ley o el reglamento, son públicos los actos administrativos de los órganos de la Administración del Estado y los documentos que le sirvan de sustento o complemento directo o esencial.

Este principio se manifiesta, por supuesto en concreto, respecto de las decisiones de la Administración Pública, como lo regula el Código de Colombia, al indicar que "en virtud del principio de publicidad, las autoridades darán a conocer sus decisiones mediante las comunicaciones, notificaciones o publicaciones que ordenan este Código y la ley" (art. 3°).

La Ley de Costos y Precios, sin embargo, a pesar de establecer el principio de publicidad para los interesados y de acceso al expediente, en el artículo 52, contradictoriamente dispone el principio de la "confidencialidad de documentación," autorizando a la máxima autoridad del órgano o ente que lleva a cabo el procedimiento el poder "calificar como confidenciales los documentos que considere conveniente para el mejor desarrollo del procedimiento;" ello, en genérico "de conformidad con la Constitución de la República Bolivariana de Venezuela y la ley que regule la materia de clasificación de documentos de contenido confidencial o secreto."

II. EL PRINCIPIO DE LA DIRECCIÓN E IMPULSO DE OFICIO

El segundo principio del procedimiento administrativo expresamente previsto en el artículo 49.2 de la Ley de Costos y Precios es el principio de la dirección e impulso de oficio, conforme al cual el funcionario "que sustancia y dirige el proceso debe impulsarlo de oficio hasta su conclusión."

Se trata del clásico principio de la oficialidad, que implica que como el procedimiento administrativo básicamente un asunto de la propia Administración el principio debe ser impulsado de oficio, a cuyo efecto, por ejemplo, la Ley argentina lo refiere como "impulsión e instrucción de oficio" y la Ley de Bolivia lo define en el sentido de que "la Administración Pública está obligada a impulsar el procedimiento en todos los trámites en los que medie el interés público" (art. 4.n).

En la Ley de Costos y Precios, el principio puede decirse que se desdobla en dos principios: el de la iniciativa de oficio y el principio inquisitivo, al cual debe agregarse lógicamente el principio de la imparcialidad.

1. El principio de la iniciación de oficio

De acuerdo con el artículo 54 de la Ley se dispone en cuanto a las inspecciones o fiscalizaciones, que las mismas deben iniciarse mediante instrucción impartida por el funcionario competente, bien de oficio o con fundamento en denuncia que hubiere sido interpuesta ante la oficina a su cargo. De manera que la iniciación de oficio es un principio en la Ley, posibilidad que está regulada en la Ley Orgánica de Procedimientos Administrativos (art. 48), así como en todas las leyes latinoamericanas, como lo establecen las leyes de Argentina (art. 1), de México (art. 14), de Uruguay (art. 15), de Honduras (art. 60), de Colombia (art. 28), de Bolivia (art. 39), de Perú (art. 103), de Brasil (art. 5), de Panamá (art. 64), y de Chile (Art. 28).

Ahora bien, como garantía del derecho de la defensa, la ley dispone que la instrucción mediante la cual se dé inicio al procedimiento debe constar por escrito, constituyendo el auto apertura al procedimiento, el cual debe ser notificado al interesado con las formalidades establecidas en la propia Ley (arts. 54, 66), es decir, que la notificación debe ser personal. Sin embargo, si la persona a notificar no se encuentra presente en su domicilio, la notificación será si es efectuada "a la persona que se encontrare a cargo del inmueble o bien mueble objeto de inspección o fiscalización, ya sea en carácter de representante, encargado, administrador, gerente, director o mandatario "(art. 55). La ley precisa, sin embargo, que la ausencia del interesado o sus representantes o, la imposibilidad de efectuar la notificación, no impedirá la ejecución de la inspección o fiscalización ordenada, pero deberá dejarse constancia por escrito de tal circunstancia.

Con la notificación se garantiza, por tanto, la posibilidad de los administrados interesados de participar en el procedimiento, garantizándole el derecho a la defensa. Ello, por lo demás, lo establece la Ley Orgánica de procedimientos Administrativos al disponer que en los casos de iniciación de oficio, la autoridad administrativa debe notificar a los particulares cuyos derechos subjetivos o intereses legítimos, personales y directos pudieren resultar afectados, concediéndoles un plazo para que expongan sus pruebas y aleguen sus razones (art. 48).

2. El principio inquisitivo

El otro principio derivado del principio de la oficialidad es el principio inquisitivo, el cual, conforme hemos indicado y lo establece la Ley de Costos y Precios, el funcionario que sustancia y dirige el procedimiento, debe "impulsarlo de oficio hasta su conclusión."

Este clásico principio se recogió en las leyes de procedimiento administrativo de América Latina desde que se sancionó la Ley de Procedimientos Administrativos argentina de 1972 al indicar que corresponde a la Administración la "impulsión e instrucción de oficio", sin perjuicio de la participación de los interesados en las actuaciones (art. 1.a). El principio lo establece la Ley de Procedimientos Administrativos del Perú, al disponer su artículo IV, Título Preliminar, lo siguiente:

> 1.3 *Principio de impulso de oficio.* Las autoridades deben dirigir e impulsar de oficio el procedimiento y ordenar la realización o práctica de los actos que resulten convenientes para el esclarecimiento y resolución de las cuestiones necesarias.

De ello deriva que en el procedimiento administrativo, la conducción del mismo, las pruebas y las medidas que puedan adoptarse a lo largo del mismo, deben ser iniciativa de la Administración y no requieren el impulso procesal de los interesados, sin perjuicio de que éstos puedan participar en el procedimiento. Por ello, la Ley Orgánica de Procedimientos Administrativos establece el mismo principio de que "La Administración, de oficio o a instancia del interesado, cumplirá todas las actuaciones necesarias para el mejor conocimiento del asunto que deba decidir, siendo de su responsabilidad impulsar el procedimiento en todos sus trámites" (art. 53).

III. EL PRINCIPIO DE LA PRIMACÍA DE LA REALIDAD (VERDAD MATERIAL)

El tercer principio del procedimiento administrativo establecido en la Ley de Costos y Precios es el principio de la primacía de la realidad, que el artículo 49.3 define al expresar que el funcionario "debe orientar su actividad en la búsqueda de la verdad e inquirirla por todos los medios a su alcance," agregando que en sus decisiones debe prevalecer "la realidad sobre las formas y apariencias." Se trata, sin duda, de la expresión en la ley del principio constitucional que se establece en materia judicial en el artículo 257 de la Constitución cuando dispone que el "proceso constituye un instrumento fundamental para la realización de la justicia" de manera que "no se sacrificará la justicia por la omisión de formalidades no esenciales."

Se trata del principio denominado de la "verdad material" en las leyes de procedimiento administrativo de Uruguay (art. 2), Bolivia (art. 2) y Perú, en la cual el artículo IV.1.11 dispone que en el procedimiento, la autoridad administrativa competente debe "verificar plenamente los hechos que sirven de motivo a sus decisiones, para lo cual debe adoptar todas las medidas probatorias necesarias autorizadas por la ley, aun cuando no hayan sido propuestas por los administrados o hayan acordado eximirse de ellas."

Se trata, en definitiva, de la obligación que tiene la Administración de indagar sobre la verdad material en oposición a la verdad formal que tradicionalmente ha regido en el procedimiento civil, de manera que incluso en los procedimientos investigatorios, el artículo 57.2 de la Ley peruana dispone que los administrados están obligados a facilitar la información y documentos que conocieron y fueren razonablemente adecuados "a los objetivos de la actuación para alcanzar la verdad material."

Por ello, en definitiva, la propia ley de Costos y Precios dispone que en la inspección o fiscalización el funcionario actuante, por todos los medios a su alcance, debe ejecutar "las actividades materiales o técnicas necesarias para determinar la verdad de los hechos o circunstancias que permitan conocer la conformidad o incumplimiento de los deberes impuestos por la ley, los responsables, el grado de responsabilidad y, de ser procedente, el daño causado" (art. 57).

IV. EL PRINCIPIO DE LA LIBERTAD PROBATORIA

El cuarto de los principios del procedimiento administrativo establecidos en forma especial en la Ley de Costos Y Precios, está en el artículo 49.4, en el cual se dispone que "en el procedimiento pueden emplearse cualquier medio de prueba no prohibido expresamente por la ley."

Ello se repite en el artículo 72, donde se insiste en que en el procedimiento de inspección y fiscalización "podrán invocarse todos los medios de prueba admitidos en derecho conforme al ordenamiento jurídico vigente, observando en particular las siguientes reglas:

> "Sólo podrán solicitarse experticias para la comprobación o apreciación de hechos que exijan conocimientos técnicos o científicos especializados. A tal efecto deberá indicarse con toda precisión los hechos y elementos objeto de experticia.
>
> Para la designación de expertos, se preferirá la designación de un experto único por consenso entre el órgano o ente actuante y la interesada o el interesado pero, de no ser ello posible, cada parte designará un experto y convendrán la designación de un tercer experto de una terna propuesta por el órgano o ente competente.
>
> Los costos de la experticia incluyendo los honorarios del experto o los expertos, según sea el caso, correrán por cuenta de la parte que la solicite.
>
> No se valorarán las pruebas manifiestamente impertinentes o ilegales, las que deberán rechazarse al decidirse el acto o recurso que corresponda.
>
> No podrán promoverse el juramento y la confesión de empleados públicos cuando ello implique la absolución de posiciones por parte de la Administración.
>
> Cuando se trate de pruebas de laboratorio, el órgano o ente administrativo competente notificará a los interesados, con antelación suficiente, el inicio de las acciones necesarias para la realización de las pruebas de laboratorio que hubieren sido admitidas.
>
> En la notificación se indicará, lugar, fecha y hora en que se practicará la prueba con la advertencia, en su caso, de que el interesado pueda nombrar técnicos que le asistan.
>
> El funcionario competente puede ordenar la preparación o evacuación de cualquier otra prueba que considere necesaria para el mejor esclarecimiento de los hechos.
>
> Cuando se requiera la realización de ensayos, pruebas, inspecciones de productos o servicios, según sea el caso, para la comprobación de las infracciones de esta Ley, de sus reglamentos o de las disposiciones dictadas en su ejecución, las inspecciones o tomas de muestras podrán practicarse en los centros de producción, en los establecimientos dedicados a la comercialización de bienes o a la prestación de servicio y en los recintos aduanales y almacenes privados de acopio o de bienes.
>
> A tal efecto, los responsables de dichos lugares deberán prestar la colaboración necesaria a los fines de la realización de éstas."

V. EL PRINCIPIO DE LA LEALTAD Y LA PROBIDAD PROCESAL

El quinto principio del procedimiento administrativo, establecido especialmente en el artículo 49.5 de la Ley de Costos y Precios es el principio de la lealtad y probidad procesal, a cuyo efecto dicha norma le impone a los administrados, y específicamente a los interesados, sus apoderados y abogados el deber de "actuar en el procedimiento con lealtad y probidad," de lo que la Ley deriva una consecuencia extrema al disponer que la Administración puede "extraer conclusiones en relación al interesado atendiendo a la conducta que éste asuma en el procedimiento, especialmente cuando se manifieste notoriamente en la falta de cooperación para lograr la finalidad de los medios probatorios o con otras conductas de obstrucción." La norma, sin embargo, exige que "dichas conclusiones deben estar debidamente fundamentadas."

En cuanto al principio en sí mismo, puede decirse que deriva del principio general de la buena fe, como elemento fundamental que debe estar a la base de las relaciones jurídicas entre la Administración Pública y los administrados, que precisamente formaliza el procedimiento administrativo, el cual por lo demás, debe regir tanto para el administrado como para la Administración, como lo indica la Ley de Procedimientos Administrativos del Perú (art. IV, 1.8), de manera que entre los deberes del interesado, conforme a la Ley de Procedimientos Administrativos de Brasil, esta "el proceder con lealtad, urbanidad y buena fe", no actuar de modo temerario y "exponer los hechos conforme a la verdad" (art. 4). Dicho principio lo recogió en general la Ley de Procedimiento Administrativo de Uruguay, así:

> *Artículo* 6°. Las partes, sus representantes y abogados patrocinantes, los funcionarios públicos y, en general, todos los partícipes del procedimiento, ajustarán su conducta al respeto mutuo y a la lealtad y buena fe.

Y en la Ley de Procedimiento Administrativo de Bolivia, en su artículo 4.e, así:

> *Principio de buena fe*: En la relación de los particulares con la Administración Pública se presume el principio de buena fe. La confianza, la cooperación y la lealtad en la actuación de los servidores públicos y de los ciudadanos; orientarán el procedimiento administrativo.

El principio de la buena fe también se recoge en la Ley del Perú, al regular el "principio de la conducta procedimental" (art. IV, Título Preliminar), así:

> 1.8 *Principio de conducta procedimental.* La autoridad administrativa, los administrados, sus representantes o abogados y, en general, todos los partícipes del procedimiento, realizan sus respectivos actos procedimentales guiados por el respeto mutuo, la colaboración y la buena fe. Ninguna regulación del procedimiento administrativo puede interpretarse de modo tal que ampare alguna conducta contra la buena fe procesal.

En la reforma del Código de procedimiento administrativo y contencioso administrativo de Colombia de 2011, también se recogió el mismo principio al disponer el artículo 3.4 que "en virtud del principio de buena fe, las autoridades y los particulares presumirán el comportamiento leal y fiel de unos y otros en el ejercicio de sus competencias, derechos y deberes."

El principio, por lo demás, se encuentra detalladamente regulado en la Ley de Simplificación de Trámites Administrativos de Venezuela de 1999, reformada en 2008 (arts. 9 a 20), donde se regula la "presunción de buena fe del ciudadano," de manera que la Administración, en todas sus actuaciones, "debe tener como cierta la declaración del administrado" (art. 9). Este principio lo recoge expresamente, también, la Ley del Perú, (art. IV, 1.7; art. 42).

Pero en general, en los procedimientos sancionatorios, la Ley peruana define la "presunción de licitud", estableciendo que las entidades "deben presumir que los administrados han actuado apegados a sus deberes mientras no cuenten con evidencia en contrario" (art. 230,9), lo que implica la presunción de que el derecho reclamado por el administrado es justo.

Sin embargo, en sentido contrario al principio enunciado, contradictoriamente la ley de Costos y Precios invierte la presunción de buena fe, y más bien establece que de la conducta del administrado la Administración puede presumir la mala fe, autorizando el artículo a la Administración a "extraer conclusiones en relación al interesado atendiendo a la conducta que éste asuma en el procedimiento, especialmente cuando se manifieste notoriamente en la falta de cooperación para lograr la finalidad de los medios probatorios o con otras conductas de obstrucción." Aún cuando la norma exija que "dichas conclusiones deben estar debidamente fundamentadas," lo que se establece es un principio contrario a la presunción de buena fe a que se refiere la ley de Simplificación de Trámites Administrativos.

VI. EL PRINCIPIO DE LA NOTIFICACIÓN ÚNICA

El sexto principio del procedimiento administrativo establecido especialmente en el artículo 49.6 de la Ley de Costos y Precios, es el principio de la "notificación única", en el sentido de que una vez realizada la notificación del interesado cuando se abre el procedimiento, el mismo "queda a derecho," sin necesidad de nueva notificación para ningún otro acto del procedimiento, salvo los casos expresamente señalados en la ley.

VII. LOS OTROS PRINCIPIOS ESTABLECIDOS SUPLETORIAMENTE EN LA LEY ORGÁNICA DE PROCEDIMIENTOS ADMINISTRATIVOS

Como se ha dicho, en la Ley de Costos y Precios, al establecerse regulaciones del procedimiento administrativo en forma especial, las disposiciones de la Ley Orgánica de Procedimientos Administrativos rigen en forma supletoria en los procedimientos que regula, y específicamente en materia de principios del procedimiento administrativo, rigen supletoriamente los principios de economía, eficacia, celeridad e imparcialidad que establece el artículo 30 de dicha Ley Orgánica.

1. El principio de economía

El procedimiento administrativo, siendo un asunto de la Administración, conforme a las leyes de procedimiento administrativo está signado por los principios de economía y sencillez, exigiéndose de la misma la necesidad de racionalizar la actividad administrativa, lo que origina además, otros principios, como el de la simplicidad (normalización o uniformización) que ha sido definido en la Ley de Procedimientos Administrativos del Perú, en su artículo IV del Título Preliminar, como sigue:

1.13 *Principio de simplicidad.* Los trámites establecidos por la autoridad administrativa deberán ser sencillos, debiendo eliminarse toda complejidad innecesaria; es decir, los requisitos exigidos deberán ser racionales y proporcionales a los fines que se persigue cumplir.

1.14 *Principio de uniformidad.* La autoridad administrativa deberá establecer requisitos similares para trámites similares, garantizando que las excepciones a los principios generales no serán convertidos en la regla general. Toda diferenciación deberá basarse en criterios objetivos debidamente sustentados.

Indica, además la Ley del Perú, que en todo caso, los procedimientos administrativos se deben desarrollar "de oficio, de modo sencillo y eficaz, sin reconocer formas determinadas, fases procesales, momentos procedimentales rígidos para realizar determinadas actuaciones o responder a precedencia entre ellas" (art. 144); y la Ley de Procedimientos Administrativos de Bolivia precisa que "los procedimientos administrativos se desarrollarán con economía, simplicidad y celeridad, evitando la realización de trámites, formalismos o diligencias innecesarias"(RT. 4, K).

En esta materia, la Ley venezolana sobre Simplificación de Trámites Administrativos de 2008, por su parte, establece sobre este mismo principio, que:

Artículo 21. El diseño de los trámites administrativos debe realizarse de manera que los mismos sean claros, sencillos ágiles, racionales, pertinentes, útiles y de fácil entendimiento para las personas, a fin de mejorar las relaciones de éstos con la Administración Pública, haciendo eficiente y eficaz su actividad.

Además, la mencionada Ley, al desarrollar el principio de la simplicidad, transparencia, celeridad y eficacia de la actividad de la Administración señala que la Administración Pública no puede exigir requisitos adicionales a los contemplados en la normativa vigente, salvo los que se establezcan en los instrumentos normativos que se dicten en ejecución de dicha Ley (art. 10). Con carácter general, además, se dispone que los órganos y entes de la Administración Pública no pueden exigir para trámite alguno, la presentación de copias certificadas actualizadas de partidas de nacimiento, matrimonio o defunción, así como de cualquier otro documento público, salvo los casos expresamente establecidos por ley (art. 17). Adicionalmente, se dispone que los órganos y entes de la Administración Pública no pueden exigir copias certificadas de la partida de nacimiento como requisito para el cumplimiento de una determinada tramitación, cuando sea presentada la cédula de identidad, salvo los casos expresamente establecidos por ley (art. 18).

Por otra parte, se dispone que los órganos y entes de la Administración Pública, en virtud del principio de cooperación que debe imperar en sus relaciones interorgánicas, deben implementar bases de datos automatizadas de fácil acceso y no pueden exigir la presentación de copias certificadas o fotocopias de documentos que la Administración Pública tenga en su poder, o de los que tenga la posibilidad legal de acceder (art. 11).

Además, en aras de la simplicidad, la Ley agrega que los órganos y entes, en el ámbito de sus competencias, deben eliminar las autorizaciones innecesarias, solicitudes excesivas de información de detalle y, en general, la exigencia de trámites que entorpezcan la actividad administrativa (art. 13).

Por último, el artículo 14 de la Ley dispone en particular, que los órganos y entes de la Administración Pública deberán identificar y disponer la supresión de los requisitos y permisos no previstos en la Ley, que limiten o entraben el libre ejercicio de la actividad económica o la iniciativa privada.

Otro principio general derivado de la simplicidad es el principio de la economía procedimental, que se menciona en la generalidad de las leyes de procedimiento administrativo, como las leyes argentina (art. 7), hondureña (art. 19), uruguaya (art. 2) y mexicana (art. 13), y conlleva la necesidad de que los asuntos se decidan administrativamente con celeridad, en la forma más rápida posible, economizando lapsos y al menor costo posible.

El principio ha sido desarrollado ampliamente en la Ley 19880 sobre procedimientos administrativos de Chile, en la forma siguiente:

> *Artículo* 9°. Principio de economía procedimental. La Administración debe responder a la máxima economía de medios con eficacia, evitando trámites dilatorios.
>
> Se decidirán en un solo acto todos los trámites que, por su naturaleza, admitan un impulso simultáneo, siempre que no sea obligatorio su cumplimiento sucesivo.
>
> Al solicitar los trámites que deban ser cumplidos por otros órganos, deberá consignarse en la comunicación cursada el plazo establecido al efecto.
>
> Las cuestiones incidentales que se susciten en el procedimiento, incluso las que se refieran a la nulidad de actuaciones, no suspenderán la tramitación del mismo, a menos que la Administración, por resolución fundada, determine lo contrario.

De allí el principio general, que deriva del artículo 116 de la Ley de procedimientos Administrativos de Honduras, conforme al cual "los funcionarios responsables de la tramitación de los expedientes adoptarán las medidas que conduzcan a evitar todo entorpecimiento o demora por innecesarias diligencias".

En el Código colombiano también se encuentra una definición del principio de economía, al exigirse que:

> Las normas de procedimiento se utilicen para agilizar las decisiones, que los procedimientos se adelanten en el menor tiempo y con la menor cantidad de gastos de quienes intervienen en ellos, que no se exijan más documentos y copias que los estrictamente necesarios, ni autenticaciones ni notas de presentación personal sino cuando la ley lo ordene en forma expresa. (art. 3).

En el Decreto de Uruguay también se desarrolla el principio al prescribir en su artículo 8 que "en el procedimiento administrativo deberá asegurarse la celeridad, simplicidad y economía del mismo y evitarse la realización o exigencia de trámites, formalismos o recaudos innecesarios o arbitrarios que compliquen o dificulten su desenvolvimiento".

2. El principio de eficacia

En cuanto al principio de eficacia puede decirse que a partir de la Ley de procedimientos Administrativos de Argentina de 1972 (art. 1) se lo ha incluido expresamente en todas las leyes de procedimiento administrativo de América Latina, como por ejemplo, en las leyes de Venezuela (art. 30), de Honduras (art. 19), de Brasil (art. 2) y de México (art. 13), y en el Decreto de Uruguay (art. 2). De entre esas leyes, una definición precisa se encuentra en el Código colombiano (art. 3), en la Ley de Bolivia (art. 4.j), y en la Ley de Perú (art. IV, 10,1), en los cuales se privilegia en el procedimiento administrativo, el logro de su finalidad, para lo cual deben removerse todos los obstáculos formales y dilaciones innecesarias; debiendo prevalecer dicho logro sobre los formalismos siempre que no incidan en su validez ni disminuyan las garantías de los administrados.[18]

En el Código colombiano, el artículo 3.11 establece respecto a este principio, que en virtud del mismo:

> "Las autoridades buscarán que los procedimientos logren su finalidad y, para el efecto, removerán de oficio los obstáculos puramente formales, evitarán decisiones inhibitorias, dilaciones o retardos y sanearán, de acuerdo con este Código las irregularidades procedimentales que se presenten, en procura de la efectividad del derecho material objeto de la actuación administrativa."

La Ley del Perú, en relación con este principio de la eficacia, la norma del artículo IV del Título Preliminar, es aún más explícita, al señalar:

> 1.10 *Principio de eficacia.* Los sujetos del procedimiento administrativo deben hacer prevalecer el cumplimiento de la finalidad del acto procedimental, sobre aquellos formalismos cuya realización no incida en su validez, no determinen aspectos importantes en la decisión final, no disminuyan las garantías del procedimiento, ni causen indefensión a los administrados.
>
> En todos los supuestos de aplicación de este principio, la finalidad del acto que se privilegie sobre las formalidades no esenciales deberá ajustarse al marco normativo aplicable y su validez será una garantía de la finalidad pública que se busca satisfacer con la aplicación de este principio.

Sobre este principio de la eficacia, el artículo 19 de Ley Orgánica de la Administración Pública de Venezuela dispone que la actividad de los órganos y entes de la Administración Pública debe perseguir el cumplimiento eficaz de los objetivos y metas fijados en las normas, planes y compromisos de gestión, bajo la orientación de las políticas y estrategias establecidas por el Presidente de la República, la Comisión Central de Planificación, el gobernador, o el alcalde, según el caso (art. 19). Para ello, el funcionamiento de los órganos y entes de la Administración Pública, se debe sujetar a las políticas, estrategias, metas y objetivos que se establezcan en los respectivos "planes estratégicos, compromisos de gestión y lineamientos dictados conforme a la planificación centralizada," y debe comprender el seguimiento de las actividades, así como la evaluación y control del desempeño institucional y de los resultados alcanzados (art. 18).

Por su parte, en relación con este principio, la Ley de Honduras prescribe que "las cuestiones incidentales que se suscitaren en el procedimiento, incluso las que se refieren a la nulidad de actuaciones, no suspenderán el curso del procedimiento, salvo la recusación" (art. 39), lo que en esta materia conlleva al principio de la conservación, del saneamiento o de la convalidación de los actos administrativos, precisamente a los efectos de que los procedimientos puedan lograr su finalidad.

En consecuencia, el logro del fin propuesto es lo que siempre debe orientar el desarrollo del procedimiento; fin que está vinculado, como se ha señalado, tanto al interés general, como al interés de la Administración y del administrado. El objetivo del procedimiento administrativo, en definitiva, es la satisfacción de esos fines en el menor tiempo y con el menor costo posible; de allí este principio de la eficacia, el cual además, conlleva varios otros entre los cuales se destacan el principio de la instrumentalidad.

---

18 *V.* Allan R. Brewer-Carías, "Los principios de legalidad y eficacia en las leyes de Procedimientos Administrativos en América Latina", en IV Jornadas *Internacionales de Derecho Administrativo Allan Randolph Brewer Carías*, Caracas 9-12 noviembre de 1998, FUNEDA, Caracas 1998, pp. 21-90

Este principio de la instrumentalidad, en efecto, exige interpretar el procedimiento administrativo, no como un fin en sí mismo, sino como un instrumento o cauce para alcanzar el fin perseguido por la Administración.

Esa finalidad del procedimiento, como se dijo, puede desdoblarse en tres, tal y como lo precisan las leyes de procedimiento administrativo: primero, la consecución del interés general; segundo, la satisfacción del interés del administrado, y tercero, el logro del interés de la propia Administración en la relación jurídica concreta.

Siendo el procedimiento un asunto de la Administración, se destaca la finalidad de "establecer el régimen jurídico aplicable para que la actuación de la Administración sirva a la protección del interés general" (art. III, Título Preliminar, Ley del Perú), o en otras palabras, tiene por objeto asegurar que el desempeño de la función pública esté destinado exclusivamente a servir los intereses de la colectividad (art. 4.a, Ley de Bolivia), o que el cumplimiento de la acción administrativa esté vinculada al logro de un interés general (art. 209 Código de Colombia). Por ello, la Ley de Honduras establece que los principios del procedimiento administrativo buscan "garantizar la buena marcha de la Administración" (Considerandos); y la Ley General de la Administración Pública de Costa Rica precisa que "el procedimiento administrativo servirá para asegurar el mejor cumplimiento posible de los fines de la Administración" (art. 214,1); agregando que "la norma administrativa deberá ser interpretada en la forma que mejor garantice la realización del fin público a que se dirige" (art. 10).

Por su parte, el Código colombiano exige que los funcionarios deben tener en cuenta "que la actuación administrativa tiene por objeto el cumplimiento de los cometidos estatales como lo señalan las leyes, la adecuada prestación de los servicios públicos y la efectividad de los derechos e intereses de los administrados, reconocidos por la ley" (art. 2).

Pero además del logro de los fines propios del interés general que orientan la acción administrativa, el procedimiento tiene por finalidad la protección de los derechos e intereses de los administrados. Esto, como se ha mencionado, está expresado en la Ley General de Costa Rica, donde se precisa que el procedimiento administrativo debe desarrollarse, "con respeto para los derechos subjetivos e intereses legítimos del administrado."(art. 10,1 y 214,1); en la de Honduras, la cual establece que el procedimiento se regula "como garantía de los derechos de los particulares frente a la actividad administrativa" (Considerandos). En igual sentido, se expresa el artículo III, Título Preliminar de la Ley del Perú, y en Código colombiano se exige de los funcionarios que en su actuación también tengan en cuenta "la efectividad de los derechos e intereses de los administrados" (art. 2).

La consecuencia del principio de la instrumentalidad, es la proscripción de cualquier utilización del procedimiento establecido en las leyes para la consecución de fines distintos a los previstos en las leyes, de manera que su utilización para fines distintos vicia la actuación de la Administración por desviación de poder en el resultado, es decir, desviación del procedimiento.

3. El principio de la celeridad

Otro de los principios generales que se ha formulado en forma expresa en todas las leyes de procedimiento administrativo, partiendo de la indicación inicial de la Ley argentina, es el principio de la celeridad. En efecto, si el procedimiento es un asunto de la

Administración, es decir, si la Administración es la responsable del procedimiento, el principio consecuencial establecido en garantía de los particulares, es que debe ser desarrollado con la mayor rapidez y celeridad posible. Como lo establece la Ley peruana en el art. IV del Título Preliminar:

> 1.9 *Principio de celeridad.* Quienes participan en el procedimiento deben ajustar su actuación de tal modo que se dote al trámite de la máxima dinámica posible, evitando actuaciones procesales que dificulten su desenvolvimiento o constituyan meros formalismos, a fin de alcanzar una decisión en tiempo razonable, sin que ello releve a las autoridades del respeto al debido procedimiento o vulnere el ordenamiento.

Las diversas leyes de procedimiento administrativo de América Latina, por supuesto, no definen necesariamente los diversos principios en forma uniforme, lo que sin duda ocurre con el principio de la celeridad. Por ejemplo, el Código de Procedimiento Administrativo y de lo Contencioso Administrativo de Colombia, de 1984, al definir el principio de celeridad, señalaba que en virtud del mismo:

Las autoridades tendrán el impulso oficioso de los procedimientos, suprimirán los trámites innecesarios, utilizarán formularios para actuaciones en serie cuando la naturaleza de ellas lo haga posible y sin que ello releve a las autoridades de la obligación de considerar todos los argumentos y pruebas de los interesados.

Se identificó así el principio, con el principio de la impulsión de oficio y el principio de la sencillez o simplificación, lo que se repitió, aun cuando con distinta redacción en la reforma del Código de 2011, donde el principio de la celeridad se definió indicándose que en virtud del mismo:

> "Las autoridades impulsarán oficiosamente los procedimientos, e incentivarán el uso de las tecnologías de la información y las comunicaciones, a efectos de que los procedimientos se adelanten con diligencia, dentro de los términos legales y sin dilaciones injustificadas

La Ley del Perú, por su parte, en relación con este mismo principio de celeridad, dispuso en el artículo IV, 1.9 del Título Preliminar, como obligación para quienes participan en el procedimiento, el que deben ajustar su actuación de tal modo que:

> "Se dote al trámite de la máxima dinámica posible, evitando actuaciones procesales que dificulten su desenvolvimiento o constituyan meros formalismos, a fin de alcanzar una decisión en tiempo razonable, sin que ello releve a las autoridades del respeto al debido procedimiento o vulnere el ordenamiento."

La Ley de Bolivia, al referirse a la celeridad, enunció el principio conjuntamente con los de economía, y simplicidad, exigiendo que los procedimientos administrativos "se desarrollarán con economía, simplicidad y celeridad, evitando la realización de trámites, formalismos o diligencias innecesarias. (art. 4.f).

En otras legislaciones también se enuncia el principio de la celeridad, como es el caso por ejemplo, de la Ley General de Costa Rica, donde el artículo 225.1 dispone que el "órgano deberá conducir el procedimiento con la intención de lograr un máximo de celeridad y eficiencia, dentro del respeto al ordenamiento y a los derechos e intereses del administrado," y el artículo 269,1 precisa que la actuación administrativa se debe realizar "con arreglo a normas de economía, simplicidad, celeridad y eficiencia."

En sentido similar, la Ley 19.880 de Chile dispone sobre el principio de celeridad, lo siguiente:

> *Artículo* 7°. Principio de celeridad. El procedimiento, sometido al criterio de celeridad, se impulsará de oficio en todos sus trámites.

Las autoridades y funcionarios de los órganos de la Administración del Estado deberán actuar por propia iniciativa en la iniciación del procedimiento de que se trate y en su prosecución, haciendo expeditos los trámites que debe cumplir el expediente y removiendo todo obstáculo que pudiere afectar a su pronta y debida decisión.

En el despacho de los expedientes originados en una solicitud o en el ejercicio de un derecho se guardará el orden riguroso de ingreso en asuntos de similar naturaleza, salvo que por el titular de la unidad administrativa se dé orden motivada en contrario, de la que quede constancia.

4. El principio de imparcialidad

Además, la Ley Orgánica de procedimientos Administrativos también establece el principio de imparcialidad (art. 30), precisamente por el hecho de que este principio de la oficialidad permite a la Administración iniciar y conducir el procedimiento, ello le impone a la Administración como contrapartida lógica, la necesidad de garantizar los derechos de los administrados frente a la actuación de los funcionarios, exigiéndoseles que actúen conforme al principio de la imparcialidad, derivado del derecho constitucional de la igualdad y la no discriminación. Conforme a este principio, la Administración, en el curso del procedimiento y al decidirlo, no debe tomar partido, ni inclinar la balanza o beneficiar ilegítimamente a un administrado en perjuicio de otro, sino que debe tomar su decisión únicamente conforme al ordenamiento jurídico y con la finalidad de interés general que la motiva.

Este principio se ha establecido en el Artículo 30 de la Ley Orgánica de Procedimientos Administrativos al exigirse a la Administración tratar en igual forma a todos los administrados y no establecer ningún tipo de discriminación respecto de ellos, ni parcializarse por ninguna posición, manteniendo siempre una posición imparcial. El principio también está recogido por ejemplo en el Código de Procedimiento Administrativo y Contencioso Administrativo de Colombia, en la siguiente forma:

Artículo 3. En virtud del principio de imparcialidad las autoridades deberán actuar teniendo en cuenta que la finalidad de los procedimientos consiste en asegurar y garantizar los derechos de todas las personas sin ningún género de discriminación; por consiguiente, deberán darles igualdad de tratamiento, respetando el orden en que actúen ante ellos.

También lo establece, como principio del procedimiento administrativo, en el artículo IV del Título Preliminar de la Ley del Perú, así:

1.5 *Principio de imparcialidad.* Las autoridades administrativas actúan sin ninguna clase de discriminación entre los administrados, otorgándole tratamiento y tutela igualitarios frente al procedimiento, resolviendo conforme al ordenamiento jurídico y con atención al interés general.

REFLEXIÓN FINAL

Al anterior cuadro de principios generales del procedimiento administrativo aplicables a los procedimientos regulados en la Ley de Costos y Precios, tiene como consecuencia fundamental el reforzamiento del principio de la legalidad con el objeto de asegurar, no sólo el sometimiento de la Administración Pública al derecho, sino garantizar la situación jurídica de los particulares frente a la misma (debido proceso).

Por ello, precisamente, la Ley sobre Procedimiento Administrativo del Perú, en el artículo IV, 1.1 del Título Preliminar dispone que:

Las autoridades administrativas deben actuar con respeto a la Constitución, la ley y al derecho, dentro de las facultades que le estén atribuidas y de acuerdo con los fines para los que les fueron conferidas.

Ello implica en este caso del principio de legalidad,[19] y precisamente como consecuencia de las propias previsiones sobre procedimiento administrativo en la Ley de Costos y Precios y en la Ley Orgánica de Procedimientos Administrativos aplicable supletoriamente, que dichos principios ya han dejado de ser sólo principios generales del derecho que resultaba de la interpretación del ordenamiento jurídico, convirtiéndose en cambio, en postulados del derecho positivo. En particular, incluso respecto del principio de la legalidad, el mismo ahora también se enuncia en el derecho positivo, como por ejemplo en la Ley Orgánica de Procedimientos Administrativos, en la cual se indica que "la Administración Pública se organiza y actúa de conformidad con el principio de legalidad"(art. 4). Eso mismo ocurre en la Ley de Procedimientos Administrativos de Bolivia, la cual hace referencia al "principio de legalidad y presunción de legitimidad" (art. 4.g) y al "principio de sometimiento pleno a la ley" de manera que "la Administración Pública regirá sus actos con sometimiento pleno a la ley" (art. 4, c); en la Ley N° 9784 de Brasil (1999), que impone como criterio a ser observado en los procedimientos administrativos, "la actuación conforme a la Ley y al derecho" (art. 2, Parágrafo Único, I); y en la Ley General de Costa Rica al señalar que: "La Administración Pública actuará sometida al ordenamiento jurídico..." (art. 11,1); agregando en su artículo 13, que:

La Administración estará sujeta, en general, a todas las normas escritas y no escritas del ordenamiento administrativo y al derecho privado supletorio del mismo, sin poder derogarlos ni desaplicarlos para casos concretos.

Este principio de legalidad o de actuación en conformidad con el derecho implica, por tanto, que las actividades que realice la Administración Pública no sólo debe someterse al derecho, sino incluso, en el caso del procedimiento administrativo, a los propios principios del mismo antes analizados que también ya forman parte del derecho positivo, lo que implica que las actividades contrarias a los mismos pueden ser controladas con mayor precisión por la jurisdicción contencioso administrativa. Por ello, dichos principios, además, se los declara como imperativos, tal como lo expresa la Ley Federal mexicana, al prescribir que las disposiciones sobre procedimiento administrativo "Son aplicables a la actuación de los particulares ante la Administración Pública Federal, así como a los actos a través de los cuales se desenvuelve la función administrativa" (art. 12); imperatividad que en el caso de la Ley General de Costa Rica se precisa que es en aquellos procedimientos en los cuales "el acto final puede causar perjuicio grave al administrado, sea imponiéndole obligaciones, suprimiéndole o denegándole derechos subjetivos, o por cualquier otra forma de lesión grave y directa a sus derechos o intereses legítimos;" o en los cuales haya habido "contradicción o concurso de interesados frente a la Administración dentro del expediente" (art. 308).

---

19 *V.* Allan R. Brewer-Carías, "El tratamiento del principio de legalidad en las leyes de procedimiento administrativo de América latina, en Domingo García Belaúnde et al., *Homenaje a Valentín Paniagua*, Fondo Editorial de la Pontificia Universidad católica del Perú, Lima, 2010.

LIBRO CUARTO:

EL DERECHO ADMINISTRATIVO Y LA LEY ORGÁNICA DE PROCEDIMIENTOS ADMINISTRATIVOS (1982)

Este Cuarto Libro de este Tomo IV del Derecho Administrativo, lo constituye buena parte del texto del libro *El Derecho Administrativo y la Ley Orgánica de Procedimientos Administrativos*, que se editó por la Editorial Jurídica Venezolana en 1982, y que estuvo precedida del siguiente "Prefacio":

"La Ley Orgánica de Procedimientos Administrativos, en vigor desde el 1º de enero de 1982, sin la menor duda, producirá uno de los más grandes cambios que haya sufrido jamás la Administración Pública Venezolana. Se trata de una Ley revolucionaria, cuyo impacto en el comportamiento administrativo puede ser mucho mayor del vislumbrado. Todo dependerá, sin embargo, no sólo de la forma como se respete y aplique por los funcionarios, sino de que los administrados aprendan a exigir su efectividad. El conocimiento exacto de la Ley y de sus posibilidades, por tanto, no sólo es una condición esencial para su eficacia, sino además, para la determinación de las responsabilidades de la Administración y de sus funcionarios, y para la precisión de los derechos y garantías de los particulares. En definitiva, un conocimiento profundo de este novísimo texto legislativo, cuya riqueza consecuencial es inmensa, es la mejor garantía para que pueda tener aplicación futura constante.

Pero la Ley Orgánica, por sobre todo, marca una etapa de primera importancia en la evolución no sólo del Derecho Administrativo silla de las Ciencias de la Administración. Todo el esfuerzo de reforma administrativa realizado en nuestro país a partir de los años sesenta, particularmente en el ámbito del funcionamiento de la Administración Pública, encuentra en esta Ley una serie de normas y obligaciones expresas, cuyo cumplimiento seguramente transformará los sistemas y procedimientos administrativos y el tratamiento de los adminis-

trados por los funcionarios[1]. En el campo del derecho administrativo, la vigencia de la Ley Orgánica traerá como consecuencia una revalorización de nuestra disciplina, además de -por qué no decirlo- su popularización. Esta rama del derecho que regula, entre otros aspectos, precisamente, las relaciones entre los particulares y la Administración Pública, en el futuro ya no será -como ya no lo es- el sistema jurídico que manejan unos pocos, sino que progresivamente interesará a todos los abogados, y más que eso, a todos los funcionarios y personas vinculadas a la Administración Pública.

Además, la Ley Orgánica entra en vigencia en un momento particularmente favorable y propicio en la evolución del derecho administrativo venezolano, que contrasta con la situación que tenía la materia dos décadas atrás. En la actualidad, no sólo contamos con varios Manuales y Tratados contemporáneos[2] y una amplia y variada bibliografía en la materia[3], sino con la posibilidad de un conocimiento completo de la jurisprudencia[4] e, inclusive, con una Revista especializada trimestral, signo de la madurez de nuestra disciplina[5].

En veinte años, el derecho administrativo en nuestro país, ha sufrido un cambio fenomenal, y nos complace decirlo y constatarlo, como actores que hemos sido del proceso. En ese período, además, se transformó totalmente el funcionamiento de la Cátedra de Derecho Administrativo en nuestra Universidad Central de Venezuela, y progresivamente, por su influencia, se ha venido formando una Escuela de pensamiento administrativo -lo decimos con orgullo- que tiene sus penetraciones, influencias y frutos más allá de las aulas universitarias. El Instituto de Derecho Público, en este sentido, ha sido y es el centro catalizador de todas las inquietudes que han motorizado el desarrollo de nuestra disciplina durante los últimos años.

---

1 Recuérdese que el primer proyecto de Ley de Procedimientos Administrativos lo elaboró Tomás Polanco para la Comisión de Administración Pública en 1963 y que la propia Comisión, en 1972, presentó al Ejecutivo Nacional el Proyecto de Ley de Procedimientos Administrativos en el Informe sobre la Reforma de la Administración Pública Nacional, T. II, Caracas, 1972, pp. 505 a 524. La Exposición de Motivos está en las pp. 391 a 406 de ese Tomo.

2 *V.*, Eloy Lares Martínez, *Manual de Derecho Administrativo*, Caracas 1963 (la última edición, Caracas 1978, 727 pp.); Allan R. Brewer-Carías, *Las Instituciones Fundamentales del Derecho Administrativo y la Jurisprudencia Venezolana*, Caracas 1964, 494 pp.; Allan R. Brewer-Carías, *Derecho Administrativo*, T. 1, Caracas 1975, 463 pp.

3 A lo largo de las páginas de este libro hemos citado toda la bibliografía venezolana a nuestro alcance, en cada punto pertinente. *V.* además la lista completa de nuestras publicaciones en el apéndice de este libro, pp. 431 a 447.

4 *V.* en general nuestra obra *Jurisprudencia de la Corte Suprema 1930-1974 y Estudios de Derecho Administrativo*, T. 1, Caracas 1975, 648 pp.; T. 11, Caracas 1976, 599 pp.; T. III, Vol. 1, Caracas 1976, 433 pp.; T. 111, Vol. 2, Caracas 1977, 597 pp.; T. IV, Caracas 1977, 324 pp.; T. V, Vol. 1, Caracas 1978, 391 pp.; T. V, Vol. 2, Caracas 1978, 425 pp.; T. VI, Caracas 1979, 689 pp.

Además *V.* la sección de "Jurisprudencia Administrativa y Constitucional" en la *Revista de Derecho Público*, Editorial Jurídica Venezolana, Caracas.

5 La *Revista de Derecho Público*, editada por la Editorial Jurídica Venezolana desde 1980, ha publicado hasta ahora 8 números (Nº 1, 2, 3 y 4 en 1980 y Nº 5, 6, 7 y 8 en 1981), con un promedio de 220 pp. por cada número.

Durante todo ese período de dos décadas, puede decirse que el Derecho Administrativo Venezolano, recibiendo la influencia de lo mejor de la doctrina española, francesa e italiana, se conformó mediante una inter-relación y retro alimentación permanente entre la doctrina y la jurisprudencia. Al inicio, la interpretación de la jurisprudencia de nuestro Supremo Tribunal fue conformando la doctrina, y paralelamente, la doctrina influyó en la jurisprudencia. Ambas produjeron un acopio de principios generales del derecho administrativo que, como tales, fueron conformándose como fuentes de esta disciplina. Pero hacía falta una legislación que positivizara estos principios y los convirtiera en fuente de derecho escrito. La Ley Orgánica de Procedimientos Administrativos configura, precisamente, la legislación que el progreso de nuestra materia necesitaba.

Por supuesto, no podíamos dejar de estudiar esta Ley Orgánica. Si en ausencia de legislación coherente y con poca bibliografía nacional, en 1963 elaboramos el Derecho Administrativo en la Jurisprudencia[6], con esta legislación teníamos que trabajar el Derecho Administrativo en la Ley Orgánica, y es lo que buscamos hacer en este libro. Por otra parte, habíamos estado vinculados, en una forma u otra, a todos los Proyectos que la precedieron desde 1963, habiendo sido coredactor de los Proyectos de 1965 y 1972 que influyeron directamente en el texto.

Pero que este libro aparezca ahora, tiene una motivación concreta: apenas la Ley fue sancionada, en mayo de 1981, no sólo tuvimos que organizar Seminarios Nacionales e Internacionales sobre la materia, sino que tuvimos que participar en innumerables ciclos de conferencias sobre el texto. Ello nos impuso la necesidad de estudiar sistemáticamente la Ley Orgánica[7] para su exposición coherente. Este libro, por tanto, es el fruto de diez meses continuos de reflexiones sobre la Ley Orgánica y sus implicaciones, a la luz de la dogmática del derecho administrativo; trabajo impuesto, muchas veces, por la necesidad de exponer aspectos de la Ley en conferencias y charlas, en diversas partes y organismos[8].

---

6 *V.* nuestro citado libro *Las Instituciones Fundamentales del Derecho Administrativo y la Jurisprudencia Venezolana*, Caracas 1964. Nunca hemos querido ni corregir ni aumentar ese texto, pues pensamos que debe quedar como lo que fue: una Tesis elaborada en un momento dado de la evolución del derecho administrativo, y así, representar lo que fue, aun cuando hayamos cambiado muchas de las concepciones formuladas en esa época.

7 La Sistemática General de la Ley Orgánica, cuyo desarrollo constituye básicamente este libro, se publicó en la edición de la *Ley Orgánica de Procedimientos Administrativos*, Editorial Jurídica Venezolana, Caracas 1981, pp. 95 a 115.

8 Seminario sobre la Ley Orgánica, Instituto de Derecho Público, mayo 1981; Seminario sobre la Ley Orgánica, Ministerio de Hacienda, junio 1981; Reunión del Consejo de Ministros y a los funcionarios públicos, Palacio Blanco, junio 1981; Seminario sobre la Ley Orgánica, Ministerio de Fomento, agosto 1981, Seminario sobre la Ley Orgánica, Ministerio de Educación, agosto 1981; Seminario Internacional de Derecho Administrativo, San José de Costa Rica, agosto 1981; Curso sobre la Ley Orgánica, XV Curso Vacacional, Universidad de los Andes, septiembre 1981; Conferencia sobre la Ley Orgánica, Colegio de Abogados del Estado Zulia, octubre 1981; Seminario Internacional sobre la Ley, Instituto de Derecho Público, noviembre 1981; Seminario sobre la Ley Orgánica, Consejo Nacional de Servicios y Comercio, noviembre 1981; Curso sobre la Ley Orgánica, Universidad Católica Andrés Bello, Extensión Táchira, San Cristóbal, 26 y 27 noviembre 1981; Seminario sobre la Ley Orgánica, INAP-

A todos los que me invitaron a hablar sobre la Ley y a todos los que me escucharon e interrogaron, mi agradecimiento. Sin la presión y estimulo de todos ellos, quizás este libro no hubiera salido en este momento.

En la última parte del libro se publica el texto integro de la Ley Orgánica de Procedimientos Administrativos y los Reglamentos que se han dictado hasta ahora, a raíz de su vigencia. Hemos indicado, en cada artículo de la Ley, sus antecedentes y concordancias con todos los Proyectos de Ley elaborados desde 1963, y con la Ley Española de 1958, para determinar la procedencia de las diversas normas. A continuación de cada artículo, además, indicamos las páginas de este libro en las cuales se comentan. En esta forma, el manejo de la obra por quien quiera conocer comentarios concretos sobre una norma, es más sencillo.

La elaboración de este libro exigió la trascripción mecanográfica de un sinnúmero de versiones, trabajo que estuvo a cargo de mis secretarias en el Instituto de Derecho Público, y en mi Escritorio, a quienes quiero agradecer la disposición de siempre, en el trabajo. También quiero agradecer a los auxiliares de investigación en el Instituto por la ayuda recibida en la lectura de las versiones mecanográficas.

Beatriz, como siempre, me acompañó en el esfuerzo e ilusión de este libro, aceptando las innumerables horas dedicadas a su preparación. A ella, por tanto, se debe este libro, como todos los otros. Caracas, abril 1982."

El libro tuvo muy buena acogida y fue objeto de múltiples reimpresiones y ediciones. La edición de 2002, que fue la sexta, estuvo precedida de la siguiente nota de la Editorial:

"El libro *El Derecho Administrativo y la Ley Orgánica de Procedimientos Administrativos* del Profesor Allan R. Brewer-Carías, ha sido una de las obras con mayor acogida editadas por la Editorial Jurídica Venezolana. De allí las seis ediciones, con la presente, que se han publicado.

En esta obra se explica en forma clara, precisa y detallada todas las implicaciones de la Ley Orgánica de Procedimientos Administrativos de 1982 en relación con el derecho administrativo venezolano. Sin duda, lo que el autor pronosticaba en 1982 sobre el cambio que la ley produciría en la Administración Pública, ha ocurrido. Los administrados cuentan ahora con un conjunto de normas que han reforzado las garantías a sus derechos y la Administración, por otra parte, cuenta con un régimen jurídico adecuado para el cumplimiento de sus fines."

Alcalá de Henares, Madrid 1982; Seminario sobre la Ley Orgánica, Ministerio de la Juventud, enero 1982; Taller sobre la Ley Orgánica, Instituto Nacional de la Vivienda, febrero 1982; Conferencia sobre la Ley Orgánica, Asociación de Fiscales del Ministerio Público, marzo 1982.

Con posterioridad a la primera edición de esta obra, se han publicado una serie libros y trabajos que tratan el tema, y que vienen a completar la bibliografía general que se indica en la página 20: José Araujo Juárez, *Derecho Administrativo Formal*, Vadell Hermanos Editores, 3era Edición, Caracas, 1998; José Araujo Juárez, *Principios Generales del Derecho Procesal Administrativo*, Vadell Hermanos Editores, Caracas, 1998; Caterina Balasso Tejera, *Jurisprudencia sobre los Actos Administrativos (1980-1993)*, Editorial Jurídica Venezolana, Caracas 1998; Allan R. Brewer-Carías. *Principios del Procedimiento Administrativo*, Editorial Civitas, Madrid, 1990; Antonio De Pedro Fernández, *El procedimiento administrativo en Venezuela*, Editorial M&H C.A., Caracas, 1994; Agustín Gordillo, "Algunos aspectos del procedimiento administrativo en Venezuela", en *Revista de Derecho Público* N° 9, Caracas 1982, pp. 29-39; Víctor R. Hernández-Mendible, *Procedimiento Administrativo. Proceso Administrativo y Justicia Constitucional*, Vadell Hermanos Editores, Caracas-Valencia, 1997; Henrique Meier E., *El Procedimiento Administrativo Ordinario*, Editorial Jurídica Alva, S.R.L., Caracas, 1992; Hildegard Rondón de Sansó, *Teoría General de la Actividad Administrativa*, Ediciones Liber, Ida Edición, Caracas, 2000; Gabriel Rúan Santos, "La Administración y la Ley Orgánica de Procedimientos Administrativos", en *Revista de Derecho Público*, N° 18, 1984, pp. 57-83.

Además, se publicó sobre el tema la obra colectiva: "La relación jurídico administrativa y el procedimiento administrativo", IV Jornadas Internacionales de Derecho Administrativo, Allan R. Brewer-Carías, FUNEDA, Caracas, 1998.

En esta sexta edición de la obra, con la autorización del autor, la Editorial Jurídica Venezolana ha decidido publicar, como apéndice, el texto de otro libro del autor sobre *Principios del Procedimiento Administrativo*, publicado, por Editorial Civitas en 1990, en Madrid, con un Prólogo de Eduardo García de Enterría; texto elaborado con motivo del curso que dictó en la Universidad de París II en ese mismo año, sobre "Principios del Procedimiento Administrativo, en forma comparativa, en Francia, España y América Latina", Caracas, enero 2002."

La séptima edición de la obra de 2008, que es la que se incluye en este Libro, estuvo precedida de la siguiente Nota de la Editorial:

"Esta séptima edición es exactamente igual a la de 2002, con la sola excepción de que en esta se han agregado notas al pie de páginas, a los efectos de actualizar las referencias que en el texto se hicieran en su momento tanto a la Constitución de 1961 como a diversas leyes ahora derogadas. En dichas notas, en consecuencia, se indican las normas equivalentes, en cada caso, de la Constitución de 1999 que derogó la de 1961 y, entre otras, de la Ley Orgánica de la Administración Pública de 2001 que derogó la vieja Ley Orgánica de la Administración Central; de la Ley del Estatuto de la Función Pública de 2002 que derogó la vieja Ley de Carrera Administrativa; de la Ley contra la Corrupción de 2003, que derogó la vieja Ley Orgánica de Salvaguarda del Patrimonio

Público; de la Ley de Protección del Consumidor y al Usuario de 2004, que derogó la vieja Ley de protección al Consumidor; y de la Ley Orgánica del Tribunal Supremo de Justicia de 2004, que derogó la vieja ley Orgánica de la Corte Suprema de Justicia. Caracas, febrero 2008.”

[...]

Sección Primera: LAS SITUACIONES JURÍDICO-ADMINISTRATIVAS DE LA ADMINISTRACIÓN Y DE LOS ADMINISTRADOS

En el esquema general del contenido de la Ley, hemos señalado que pueden distinguirse cuatro punto centrales en la misma, además el aspecto general ya comentado del alcance, ámbito de aplicación y del Principio de la Legalidad que consolida. Estos cuatro puntos son, en primer lugar, la regulación de las situaciones jurídicas, tanto de la Administración como de los particulares en la relación que la Ley regula; en segundo lugar, lo concerniente a la teoría de los actos administrativos; en tercer lugar, el procedimiento administrativo constitutivo; y en cuarto lugar, el procedimiento administrativo de impugnación, es decir, los Recursos Administrativos. Puede decirse que toda la Ley Orgánica de Procedimientos Administrativos se puede ordenar en esos cuatro aspectos. Nos corresponde ahora referirnos al primero de ellos, es decir, al Régimen de las Situaciones Jurídicas de la Administración y de los particulares que se prevé en la Ley, y por tanto, el régimen de relaciones jurídicas que se establecen entre Administración y administrado, entre el Estado y el particular.

Estas relaciones jurídicas están montadas sobre la base de un conjunto de poderes y deberes, es decir, sobre un conjunto de situaciones jurídicas de poder y situaciones jurídicas de deber, que al estar coincidentes, establecen el vínculo jurídico. En esta forma, la Ley regula tantos poderes y prerrogativas de la Administración como derechos del particular, y a la vez, también regula, deberes de la Administración y obligaciones del particular. Por tanto, a continuación analizaremos el conjunto de poderes y deberes de la Administración y de derechos y obligaciones del particular, previstos en la Ley: en primer lugar, las potestades de la Administración; en segundo lugar, los deberes de la Administración y sus funcionarios; en tercer lugar, los derechos de los administrados en relación a la Administración y al procedimiento; y en cuarto lugar, las obligaciones de los administrados frente a la Administración. En esta forma, analizaremos cómo regula la Ley el equilibrio que caracteriza el derecho administrativo, entre poderes y prerrogativas de la Administración con sus propios deberes y los derechos del particular, con las propias obligaciones que le impone.

I. LAS POTESTADES DE LA ADMINISTRACIÓN

Sobre las potestades administrativas en la Ley Orgánica, véase el trabajo de Hildegard Rondón de Sansó, “Las potestades de la administración en la Ley Orgánica de Procedimientos Administrativos” en el libro del *Instituto de Derecho Público, El Procedimiento Administrativo*, Caracas 1982, T. IV del Archivo de Derecho Público y Ciencias de la Administración.

Sobre las potestades públicas, en general, véase Allan R. Brewer-Carías, "Las transacciones fiscales y la indisponibilidad de la potestad y competencia tributarias" en *Revista de Derecho Tributario*, N° 18, Caracas 1967, pp. 1-36.

La Ley regula muy dispersamente las potestades de la Administración, por lo que debemos hacer un esfuerzo por ordenarlas sistemáticamente, y así, podemos distinguir cuatro potestades fundamentales reguladas en la misma: la potestad de actuación de oficio; la potestad de auto tutela; la potestad de ejecución forzosa; y la potestad sancionatoria.

1. La potestad de actuación de oficio

Véase Hildegard Rondón de Sansó, *"Estudio Preliminar" en Ley Orgánica de Procedimientos Administrativos*, EJV, Caracas 1981, p. 48.

En general, puede decirse que en el procedimiento administrativo, la primera potestad de la Administración y que le da un carácter peculiar al mismo, es la potestad de actuación de oficio. En efecto, estamos en presencia de un procedimiento inquisitorio, donde la Administración tiene un papel activo, pues es ella quien conduce el procedimiento, quien lo sustancia, quien actúa de oficio, quien tiene la carga de la prueba; es decir, donde la Administración tiene el comando del procedimiento. Esto distingue radicalmente el procedimiento administrativo de cualquier otro procedimiento, particularmente el ordinario (civil) donde es el carácter acusatorio el que se impone. En nuestro caso, la Administración no está de brazos cruzados esperando que haya instancia de parte para actuar, sino que la Ley, en muchos artículos, establece expresamente la posibilidad y obligación de que la Administración realice de oficio su tarea. A continuación analizaremos estas varias manifestaciones de la potestad de actuación de oficio, en la iniciación del procedimiento, en su sustanciación, en las pruebas, en la ejecución del acto, en la revisión de los actos y en otras actuaciones.

A. Iniciación del procedimiento

En primer lugar, la actuación de oficio está prevista en la iniciación del procedimiento. El artículo 48 de la Ley Orgánica, en efecto, señala que el procedimiento se inicia a instancia de parte, por supuesto, mediante solicitud escrita, y también de oficio. Por tanto, un procedimiento administrativo no sólo se inicia cuando alguien pide o solicita algo de la Administración sino que la Administración puede iniciarlo de oficio, lo cual es normal en materia sancionatoria. En estos casos, por supuesto, cuando la Administración inicia de oficio el procedimiento, debe respetar los derechos del particular y garantizar su situación jurídica. Por eso se regula, en este Artículo 48, entre otros aspectos, la necesidad de la audiencia del interesado que, como veremos, es uno de los derechos del administrado.

En esta forma, si la Administración inicia de oficio un procedimiento, lo primero que tiene que hacer es oír al interesado, previa notificación o citación, para que éste tenga derecho a expresarse y a defenderse, sobre todo si se trata de particulares cuyos derechos subjetivos o intereses legítimos puedan resultar afectados por la actuación. La Administración, por tanto, puede iniciar de oficio el procedimiento, y esta es la manifestación de su potestad, pero debe respetar el derecho del particular a ser oído y a defenderse mediante su notificación.

B. Sustanciación

Pero esta potestad de actuación de oficio no sólo está en el inicio del procedimiento, sino también en la sustanciación del mismo. Así, la Ley impone a la Administración la obligación de cumplir las actuaciones necesarias para el mejor conocimiento del asunto que deba decidir, como lo señala expresamente el artículo 53. Por supuesto, la Administración debe sustanciar el procedimiento sea que este se inicie de oficio o a instancia del interesado.

Por tanto, si no hay requerimiento del interesado, es la Administración la que tiene la obligación de cumplir todas las actuaciones necesarias para el mejor conocimiento del asunto, agregando el Artículo 53, inclusive, que es responsabilidad de la Administración impulsar el procedimiento en todos sus trámites. En tal virtud, el procedimiento y su conducción, quedan en manos de la Administración y la actuación procedimental dependerá de lo que la Administración realice, teniendo, insistimos, la obligación de impulsar el procedimiento. Aquí, la potestad de actuación de oficio se vincula con la obligación de tramitar y de sustanciar al expediente por sus propios medios.

C. Pruebas

Dentro de este mismo orden de ideas, y en relación a la materia de pruebas, la Administración tiene la potestad de comprobar por los medios que estime convenientes, conforme a lo previsto en el Artículo 58, las situaciones de hecho que van a dar origen al acto administrativo. La prueba es una tarea de la Administración, y podríamos decir que, en general, en el procedimiento administrativo constitutivo, la carga de la prueba corresponde a la Administración, inclusive en casos en que se inicie el procedimiento a solicitud de parte. No debe olvidarse que el procedimiento administrativo tiene por objeto producir un acto administrativo, y el acto es de la Administración, de manera que la Administración es la principal interesada en que exista una adecuada comprobación de los hechos. Por tanto, si el interesado no ha promovido pruebas, la Administración está en la obligación de probar los hechos que constituyen la causa del acto administrativo; es decir, los presupuestos de hecho. Estos deben ser adecuadamente comprobados y calificados, y esta tarea corresponde de oficio a la propia Administración.

Esta potestad se consagra expresamente en materia de Procedimientos Sumarios, al prever la Ley el principio, en el Artículo 69, conforme al cual la Administración deberá comprobar, de oficio, la verdad de los hechos y demás elementos de juicio necesarios para el esclarecimiento del asunto, es decir, para la toma de decisión. En esta forma nos encontramos con una norma expresa que le impone a la Administración no sólo la potestad de actuar de oficio en materia de prueba, sino también la responsabilidad y la obligación de hacerlo.

D. Ejecución

La potestad de actuación de oficio no sólo se establece al inicio del procedimiento, en la sustanciación y en las pruebas, sino también en la ejecución de los actos administrativos.

En efecto, el Artículo 79 de la Ley Orgánica establece que la ejecución forzosa de los actos administrativos, será realizada de oficio por la propia Administración, salvo que por expresa disposición legal deba ser encomendada a la autoridad judicial.

La norma consagra, así, la potestad ejecutiva de la Administración, de manera que los actos administrativos, como principio, deben ser ejecutados de inmediato, de oficio, por la propia Administración (Artículos 8 y 79), sin necesidad de que tenga que acudir a los órganos judiciales para dicha ejecución. Se establece así, no sólo el principio de la ejecutividad de los actos administrativos, sino también el de la ejecutoriedad.

E. Revisión de los actos administrativos

La posibilidad de actuación de oficio la establece la Ley Orgánica, además, en materia de revisión de los actos administrativos; y ello se manifiesta en los siguientes aspectos. En primer lugar, en la posibilidad de la Administración, de revocar, de oficio, en cualquier momento, los actos administrativos que no originen derechos subjetivos o intereses legítimos, personales y directos para un particular, conforme a lo establecido en el Artículo 82; en segundo lugar, en la potestad de la Administración de reconocer, en cualquier momento, la nulidad absoluta de los actos dictados por ella, conforme a los Artículos 83 y 19 de la Ley, y por tanto revocarlos; en tercer lugar, en la posibilidad que tiene la Administración de corregir, de oficio, los errores materiales o de cálculo en que hubiere incurrido en la configuración de los actos administrativos conforme a lo establecido en el artículo 84 de la Ley; y por último, en la posibilidad que también tiene la Administración, de oficio, conforme a lo establecido en el Artículo 81 de la Ley, de convalidar en cualquier momento sus actos anulables, es decir, viciados de nulidad relativa (Artículo 20), subsanando los vicios de que adolezcan.

F. Otras actuaciones de oficio

La Ley Orgánica de Procedimientos Administrativos, además de las actuaciones de oficio antes señaladas, consagra esta potestad en otros casos. Por ejemplo, la acumulación de expedientes, cuando tengan relación, íntima o conexión con cualquier otro asunto que se tramite en la oficina, conforme al Artículo 52 de la Ley, puede ser ordenada de oficio por la Administración. Además, la Administración puede, también de oficio, conforme a lo previsto en el Artículo 87 de la ley, acordar la suspensión de los efectos de los actos administrativos que han sido objeto de un recurso administrativo, en caso de que su ejecución pudiera causar grave perjuicio al interesado o si la impugnación se fundamentare en la nulidad absoluta del acto.

2. La potestad de autotutela

Además de la potestad de actuación de oficio, la Administración tiene otra potestad fundamental que encuentra regulación en la Ley Orgánica, y es la potestad de revisar y corregir sus actuaciones administrativas. Esta potestad de auto tutela se puede desdoblar en tres potestades: potestad revocatoria, potestad convalidatoria y potestad correctiva.

A. Potestad revocatoria

Sobre la revocación de los actos administrativos, véase Allan R. Brewer-Carías, "Comentarios sobre la revocación de los actos administrativos" en *Revista de Derecho Público*, Nº 4, Caracas 1980, pp. 27 a 30.

La más importante de la manifestación de la auto tutela, es la potestad revocatoria de la Administración, es decir, la potestad de extinción de sus actos administrativos en vía administrativa.

Esta potestad está regulada, en primer lugar, en el Artículo 82 de la Ley, en el Capítulo relativo a la revisión de oficio de los actos administrativos. Dice esta norma que los actos administrativos pueden ser revocados en cualquier momento, en todo o en parte, sea por la misma autoridad administrativa que dictó el acto, sea por el superior jerárquico, siempre que no originen derechos subjetivos o intereses legítimos, personales y directos para un particular. En esta forma, la potestad revocatoria se establece, con carácter general, respecto a los actos administrativos que no originen derechos o intereses legítimos, por lo que la posibilidad de revocar, en base a esta formulación, tiene limitaciones y, particularmente, respecto a los actos que originen derechos o intereses legítimos, personales y directos a favor de un particular. En estos casos, la Ley prohibió, en forma absoluta, la posibilidad de la Administración de revocar actos administrativos que hayan creado derechos a favor de particulares, salvo autorización expresa de la Ley.

Con motivo de la devolución que hizo el Ejecutivo Nacional al Congreso de la Ley sancionada, se agregó, a esta prohibición, la frase última mencionada, que permite que una Ley expresa permita la revocación, lo cual provocará una flexibilización de la prohibición de revocar actos creadores de derechos a favor de particulares.

En efecto, establece el Ordinal 2° del Artículo 19 relativo a los vicios de nulidad absoluta de los actos administrativos, que son nulos, de nulidad absoluta, los actos que resuelvan asuntos precedentemente decididos con carácter definitivo y que hayan creado derechos a favor de particulares, salvo autorización expresa de la Ley. Por tanto, se requiere que la Ley especial que regule sustantivamente un procedimiento, establezca expresamente que los actos creadores de derechos que se dicten en ese procedimiento determinado, pueden ser revocados por la Administración en determinados casos. Si la autorización expresa no existe, rige el principio general absoluto; no pueden revocarse los actos administrativos creadores de derechos a favor de particulares, y si se produce la revocación de estos actos, el acto revocatorio estaría viciado de nulidad absoluta, lo cual implicaría la posibilidad de reconocer por la Administración y de pedir por los interesados, en cualquier momento, la declaratoria de esa nulidad.

La potestad revocatoria, además, puede decirse que también está prevista con carácter general en materia de vicios de nulidad absoluta, en el Artículo 83 de la Ley Orgánica, cuando autoriza a la Administración para que, en cualquier momento, de oficio o a solicitud de particulares, pueda reconocer la nulidad absoluta de los actos dictados por ella. En esta norma se establece, en definitiva, la potestad revocatoria absoluta, basada en vicios de nulidad absoluta, de los actos administrativos.

Si tratamos de resumir las normas relativas a la potestad de revocación de la Ley Orgánica, podemos señalar que, en realidad, este testo recoge principios que habían sido establecidos en la jurisprudencia venezolana en los últimos años. Por una parte, se establece el principio de que el acto administrativo creador de derechos a favor de particulares, es irrevocable, por lo que si no crea derechos a favor de particulares es revocable; y aun, pretendiendo crear derechos a favor de particulares, si el acto es nulo, de nulidad absoluta, es revocable. Estos principios, insistimos son los que habían sido establecidos por jurisprudencia.

Sin embargo, en esta materia de revocación, la Ley Orgánica se apartó de los criterios jurisprudenciales, en un aspecto: la rigidez absoluta en la consagración de la irrevocabilidad. En efecto, se había admitido, pacíficamente, como principio doctrinal que, aun en los casos en que un acto administrativo crease derechos a favor de particulares, el acto podía ser revocado siempre que la Administración indemnizara al particular por los daños y perjuicios causados por la revocación y siempre que hubiese un interés público envuelto. Esto responde al principio general de la indemnización en derecho público, y que se reconoce bien en materia de contratos administrativos. El contrato administrativo, en efecto, como todo contrato, tiene fuerza de Ley entre las partes, pero se admite que la Administración puede rescindir unilateralmente un contrato administrativo, siempre que indemnice al particular cocontratante. Este principio también existía en materia de actos administrativos. Es decir, si un acto administrativo crea derechos a favor de los particulares, podía la Administración revocarlo, pero indemnizando al particular por los daños y perjuicios causados. La Ley Orgánica, sin embargo, no admite en forma expresa esta posibilidad y establece que no son revocables los actos administrativos creadores de derechos a favor de particulares, siendo nulos, de nulidad absoluta, los actos que revoquen un acto irrevocable, con lo cual, la alternativa de la indemnización queda sin regulación expresa. Pensamos, sin embargo, que aún cuando no haya regulación expresa en esta materia, y se sancione con la nulidad absoluta la revocación, la Administración sí podría revocar esos actos administrativos irrevocables en principio, siempre que indemnice al administrado. Pienso que la sanción con la nulidad absoluta se justifica en la revocación sin indemnización, y lo que persigue es asegurar que si no se indemniza no puede haber revocatoria.

B. Potestad convalidatoria

Sobre la convalidación de los actos administrativos, véase Eloy Lares Martínez, *Manual de Derecho Administrativo,* Caracas 1978, p. 200 y ss. *En cuanto a la jurisprudencia sobre el tema véase* Allan R. Brewer-Carías, *Jurisprudencia de la Corte Suprema 1930-1974 y Estudios de Derecho Administrativo,* T. III, Vol. I, Caracas 1976, pp. 350-355.

Dentro de la potestad de auto tutela, podemos identificar, en la Ley, la potestad de convalidación. En efecto, los actos administrativos que no sean nulos, de nulidad absoluta, y debe recordarse que sólo hay cinco casos de nulidad absoluta en el Artículo 19 de la ley; es decir, los actos administrativos anulables o viciados de nulidad relativa (Artículo 20), conforme al Artículo 81 de la Ley, son convalidables. Este artículo expresamente señala, así, que la Administración podrá convalidar, en cualquier momento, los actos anulables, subsanando los vicios de que adolezcan.

Esta potestad de convalidación, entonces, sólo existe respecto de los actos anulables, es decir, de los que puedan tener un vicio de nulidad relativa que, conforme al Artículo 20 de la Ley son todos aquellos cuyo vicio no produzca nulidad absoluta. Por tanto, al establecerse un número cerrado de casos de nulidad absoluta, resulta que todos los otros vicios producen anulabilidad o nulidad relativa, y conforme a la Ley, los actos que los contengan serían convalidables. Sin embargo, esto no parece que pueda afirmarse, en forma absoluta, porque podría haber ciertos vicios de nulidad relativa que no son convalidables. El vicio da falso supuesto, por ejemplo, que acompañe a un acto que se dicte partiendo de unos hechos que no existen, no puede ser convalidable pues no pueden inventarse los hechos. Por tanto, la convalidación, realmente, en ciertos casos, no es posible, por lo que hablar de potestad convalidatoria para todos los casos en los cuales no haya nulidad absoluta, no parece adecuado, porque, como hemos dicho, ciertos vicios de los actos administrativos, como algunos vicios en la causa, no son convalidables, pues es imposible subsanar, por ejemplo, hechos inexistentes o respecto de los cuales ha habido error en la apreciación o calificación.

C. Potestad correctiva

Véase la jurisprudencia reseñada en Mary Ramos Fernández, "Jurisprudencia Administrativa y Constitucional" en *Revista de Derecho Público*, Nº 7, Caracas 1981, p. 148.

Dentro de esta misma potestad de autotutela podríamos agregar la potestad que tiene la Administración de corregir sus actos cuando tengan errores materiales. El artículo 84 de la Ley, en este sentido, le permite a la Administración, en cualquier tiempo, corregir errores materiales o de cálculos en que hubiere incurrido en la configuración de los actos. Por supuesto aquí no se trata de convalidar vicios de nulidad relativa, sino de corregir errores materiales o de cálculo que pueden realizarse en cualquier momento y que forman parte de esta potestad de revisión de los actos administrativos que tiene la Administración.

3. Potestad de ejecución

Sobre la potestad de ejecución de la Administración, véase Allan R. Brewer-Carías, "Aspectos de la Ejecutividad y Ejecutoriedad de los Actos Administrativos Fiscales y la aplicación del Principio *Salve et repele*" en *Revista Control Fiscal y Tecnificación Administrativa*, Nº 33, Caracas 1965, pp. 17-26 y en *Revista del Ministerio de Justicia*, Nº 53, Caracas 1965, pp. 67-86.

En tercer lugar, la Ley Orgánica consagra la potestad ejecutiva o de ejecución de la Administración. En efecto, conforme se regula en el Artículo 79, la Administración, para ejecutar sus actos administrativos, no necesita acudir a los órganos judiciales para lograr de éstos la ejecución, sino que, al contrarío, tiene el privilegio de poder ejecutarlos por sus propios medios y de oficio, siendo la ejecución judicial, la excepción. Se trata aquí, de la consagración de un principio fundamental en materia de derecho administrativo: el de que la ejecución de los actos administrativos corresponde, de oficio, a la propia Administración.

Pero además de establecer la ejecutoriedad de los actos administrativos, al regularse la potestad de ejecución forzosa, la Ley-prevé, también, el carácter ejecutivo de los actos de la Administración, lo cual surge de diversas normas. Es lo que en derecho administrativo, cuando se analiza la teoría de los actos administrativos, se conoce como el carácter ejecutivo de los mismos.

En efecto, los actos administrativos tienen carácter ejecutivo en el sentido de que configuran, por sí mismos, un título que puede ser ejecutado por la Administración de oficio o si la Ley expresamente lo señala, por la autoridad judicial. Pero en los casos en los cuales no esté prevista expresamente la ejecución judicial, el acto es además, ejecutorio, es decir, que puede ser ejecutado por la propia Administración, por sus propios medios y esto está previsto, en el Artículo 8 de la Ley, que señala que cuando los actos administrativos deban ser cumplidos mediante actos de ejecución, es decir, requieran actos materiales de ejecución, deberán ser realizados por la Administración en el término establecido, y a falta de término, se ejecutarán inmediatamente. Al regular este principio, la Ley otorga al acto administrativo el carácter de un título ejecutivo, que debe ser ejecutado de inmediato por la Administración, por sus propios medios, siendo además, conforme al Artículo 79, la ejecución judicial, la excepción, en cuanto a que sólo, si la Ley lo establece expresamente, la Administración tendría que acudir a la vía judicial, donde tendría el acto carácter de título ejecutivo.

El Artículo 80 de la Ley regula también, la modalidad de la ejecución, según que se trate de actos de ejecución indirecta o personal. Así, cuando se requiera la ejecución forzosa de los actos, si el acto es susceptible de ejecución indirecta, la Administración debe proceder a ejecutarlo a costa del obligado; es decir, cuando no se trata de un acto de ejecución personal, la Administración puede ordenar su ejecución a costa del obligado. Pero en caso de ejecución personal, donde la Administración- no puede sustituir al particular en la ejecución del acto, se establece en ese mismo artículo, la modalidad sancionatoria como vía para lograr la ejecución, previéndose el establecimiento de multas sucesivas mientras permanezcan en rebeldía el particular; multas que van aumentando de acuerdo al Ordinal 2° del Artículo 80.

En esta forma, la Ley Orgánica regula en los Artículos 8, 79 y 80 los principios fundamentales de la potestad ejecutiva respecto de los actos administrativos, pero a la vez, establece también limitaciones, en el sentido de que se impone como obligación, para la Administración, el no poder realizar actos materiales de ejecución que menoscaben derechos de los particulares, sin que previamente se dicte una decisión que sirva de fundamento a tales actos. Esto se prevé en el Artículo 78 de la Ley, el cual implícitamente consagra un derecho de los administrados a la ejecución formal de los actos administrativos. Este derecho, por otra parte, va a significar, hasta cierto punto, una revolución en el modo de proceder administrativo, porque nuestra Administración está muy acostumbrada a ejecutar actos materiales y después justificarlos formalmente, dictando el acto administrativo correspondiente. En cambio, ahora, expresamente se establece en el Artículo 78 que no pueden realizarse actos de ejecución material sin que estén precedidos de un acto administrativo formal que establezca qué actos de ejecución deben realizarse y que sirva de fundamento a esos actos de ejecución.

4. Potestad sancionatoria

En cuarto lugar, debe mencionarse la potestad sancionadora también regulada en la Ley Orgánica, al atribuir a la Administración el poder de sancionar determinadas conductas que contraríen disposiciones de la Ley. Esta potestad se establece tanto en relación a funcionarios públicos, como en relación a la actuación de los particulares.

A. Las sanciones a particulares

En cuanto a la actuación de los particulares la Ley prevé expresamente la potestad sancionatoria en los casos de ejecución forzosa de los actos administrativos, ante la rebeldía de los particulares, para ejecutarlos cuando éstos requieren ejecución personal. El

Artículo 80, Ordinal 2, al hablar de la ejecución forzosa de los actos de cumplimiento personal, cuando el particular se resista a cumplirlos, establece que se le impondrán multas sucesivas mientras permanezca en rebeldía; y en el caso de que persista en el incumplimiento, será sancionado con nuevas multas iguales o mayores a las que ya se habían aplicado, concediéndose un plazo razonable, a juicio de la Administración, y cada multa podrá tener un monto de hasta Bs. 10.000.00 salvo que una Ley establezca una mayor, en cuyo caso se aplica la Ley Especial.

Es decir, en estos casos, las multas pueden ser ilimitadas, hasta que el particular cumpla el acto, cuando la ejecución requiere cumplimiento personal. En cambio, si la ejecución no tiene que ser realizada por el particular personalmente, puede la Administración ordenar la ejecución a costa de éste. Si se trata, por ejemplo, de una orden de demolición de un inmueble, la Administración puede ejecutar la demolición a costa del particular, pues no se requiere la ejecución personal.

B. Las sanciones a los funcionarios

Véase Eloy Lares Martínez, "Consideraciones sobre la previsión de sanciones en el Proyecto de Ley de Procedimientos Administrativos" en *Revista de Derecho Público*, Nº 2, Caracas 1980, pp. 53-55.

Pero además de establecer esta potestad sancionatoria respecto a los particulares o administrados, la Ley también regula una potestad sancionatoria de la Administración en relación a los funcionarios públicos.

En este sentido, el artículo 100, establece que el funcionario o empleado público que sea responsable de retardo, omisión, distorsión o incumplimiento de cualquier procedimiento, trámite o plazo, o sea, materialmente de cualquier mínima infracción de cualquiera de las múltiples normas de esta Ley, puede ser sancionado con multa en una cantidad equivalente entre el 5% y el 50% de su remuneración total correspondiente al mes en el cual se cometió la infracción, según la gravedad de la falta.

Por supuesto, para imponer estas multas, la Administración debe precisar las responsabilidades de los funcionarios. Debemos insistir en que el Artículo 3 de la Ley, precisa estas responsabilidades al señalar que los funcionarios están en la obligación de tramitar los asuntos cuyo conocimiento le corresponda y son responsables por las faltas en que incurran. Esta obligación, con la consecuente regulación de las sanciones del Artículo 100, va a exigir, como hemos señalado con anterioridad, al hablar de las exigencias de la racionalización administrativa, una identificación precisa de las responsabilidades de los funcionarios y una asignación precisa de competencia, para que no vaya a resultar responsable quien no lo sea realmente.

Para evitar esto, la Administración tendrá que regular con precisión, en sus Reglamentos Internos o a través de otros actos de desconcentración administrativa, o por vía de delegación, dónde está la competencia precisa de manera que se comprometa la responsabilidad de quien realmente tiene en su cargo la obligación de actuar y no que vaya a lesionarse, patrimonialmente, por vía de sanciones, a funcionarios, sobre todo superiores que, en definitiva, no son los que intervienen directamente en el trámite o en el desarrollo de un procedimiento determinado.

Debe agregarse a lo señalado sobre esta potestad sancionadora en relación a los funcionarios públicos, que la Ley Orgánica, en su Artículo 103 declara además, que los superiores inmediatos de los funcionarios deberán iniciar el procedimiento para la aplicación de las multas, so pena de incurrir en falta grave que se castigará conforme a la Ley de Carrera Administrativa*.

Se regula así una concatenación de responsabilidades y de multas: si un funcionario inferior incurrió en una falta, no es potestad del funcionario superior decidir si la sanciona o no, sino que tiene obligación de iniciar el procedimiento y si él no lo inicia, el responsable es él, de acuerdo a la Ley de Carrera Administrativa y a la propia Ley Orgánica, de manera que el otro superior puede sancionarlo.

El procedimiento para la aplicación de las multas, conforme a lo establecido en el artículo 104 de la Ley Orgánica, debe regirse por las normas de la Ley Orgánica de la Hacienda Pública Nacional.

En todo caso, la potestad sancionadora en relación a los funcionarios, no se agota en esta Ley Orgánica de Procedimientos Administrativos, por lo que además de las multas allí previstas, se aplican las sanciones a que hubiere lugar establecidas en leyes especiales, como la Ley de Carrera Administrativa, en los casos de incumplimiento de las obligaciones en ella previstas.

II. LAS OBLIGACIONES DE LOS FUNCIONARIOS

Antes de analizar los deberes de los funcionarios públicos en la Ley Orgánica de Procedimientos Administrativos, consideramos indispensable el estudio de los deberes generales de los funcionarios tal como se regulan en la Ley de Carrera Administrativa.

1. Los deberes de los funcionarios en la Ley de Carrera Administrativa (Ley del Estatuto de la Función Pública)

Sobre los deberes de los funcionarios públicos conforme a la Ley de Carrera Administrativa, véase Allan R. Brewer-Carías, *El Estatuto de los Funcionarios Públicos en la Ley de Carrera Administrativa*, Caracas 1971, p. 55 y ss.; Allan R. Brewer-Carías, "Los deberes de los funcionarios públicos en la Ley de Carrera Administrativa" en *Revista Control Fiscal y Tecnificación Administrativa*, N° 60, Caracas 1971, pp. 62-69; Eloy Lares Martínez, *Manual de Derecho Administrativo*, Caracas 1978, p. 403 y ss.; Armida Quintana Matos, *La Carrera Administrativa Caracas 1980*, p. 99 y ss., y en *Estudios sobre la Constitución. Libro Homenaje e Rafael Caldera*, T. III, Caracas 1979, p. 1525 y ss.

La Ley de Carrera Administrativa de 1970, además de regular los aspectos concernientes a la administración del personal público, puede decirse que establece el estatuto del funcionario el aporte realmente nuevo de la Ley, que abarca dos aspectos básicos: los derechos y los deberes de los funcionarios, a los cuales se les dio, por primera vez, un tratamiento global.

Ahora bien, si es cierto que los derechos de los funcionarios habían tenido una regulación dispersa, antes de su consolidación en la ley, en cuanto a los deberes, se trató de la primera vez que un cuerpo legal determinó en forma coherente cuáles eran los debe-

* Ley del Estatuto de la Función Pública, *G.O.* N° 37.522 de 06-09-2002.

res de los funcionarios de la Administración Pública Nacional, sin plantearse la distinción entre las diversas categorías de funcionarios, pues tanto para el funcionario de libre nombramiento y remoción como para el de carrera, son los mismos. De ahí deriva la existencia de un único régimen aplicable a todos los funcionarios públicos, lo que permite clasificar en cuatro grandes grupos los deberes de los mismos en la Administración Nacional conforme a la Ley especial: el deber general de fidelidad a la Administración, al Estado en general y a sus instituciones; los deberes inherentes al cargo que se está ejerciendo; los deberes propios de la jerarquía administrativa –en especial, el deber de obediencia□, y por último, el deber general de buena conducta.

Nos referiremos separadamente a estas cuatro categorías, a fin de captar mejor cuál es el ámbito de aplicación de dicha Ley en esta materia.

A. El deber general de fidelidad

Es la propia Constitución de la República quien precisa el ámbito y las consecuencias del deber general de fidelidad, cuando señala expresamente en su artículo 122* que el funcionario público está al servicio del Estado y no de parcialidad política alguna; o sea, consagra, ante todo, que no existe ningún deber de fidelidad al partido político que pueda encontrarse en funciones de gobierno en un momento determinado y, por lo tanto, norma un deber de fidelidad frente al Estado y a su Administración Nacional.

Dicho artículo de la Constitución define un poco el ámbito de este tipo de deber y establece sus consecuencias. Realmente, se trata de un deber de lealtad al Estado y a sus instituciones, cuyo incumplimiento iría no sólo contra éste y su Administración, sino también de modo indirecto contra la sociedad, a la cual el Estado y sus instituciones sirven. Por ello la Constitución exige en su artículo 117**, y la Ley de Carrera Administrativa confirma en su artículo 27, ordinal 8°, como deber ineludible del funcionario público el cumplimiento de la propia Constitución, de las leyes y de los actos administrativos que las ejecuten.

Para garantizar el cumplimiento de este deber la Ley de Carrera Administrativa exige la prestación de un juramento como requisito previo a la toma de posesión del cargo (arts. 38 y 39 LCA)***. El sentido del juramento es el de asegurar el indicado deber de fidelidad, pues se refiere a cumplir y hacer cumplir la Constitución y las leyes de la República, e indirectamente, a servir al Estado y a la Administración y a hacer cumplir los deberes inherentes al cargo.

Este deber de fidelidad implica el de sostener y defender la Constitución y las leyes, y por tanto conlleva la obligación de aplicarlas cuando el funcionario tiene competencia para ello; sin embargo, no significa en ningún caso coartar la libertad de expresión, que permite a la vez la crítica al ordenamiento jurídico vigente (art. 66 de la Constitución)****. Los funcionarios pueden criticar la anormalidad de alguna disposición del orden jurídico; pero cuando guarden reservas sobre su valor, no pueden abstenerse de aplicarla si ello les compete legalmente. En la Administración Pública, por tanto, no se

* Art. 145 de la Constitución de 1999.
** Art. 137 de la Constitución de 1999.
*** Art. 18 de la Ley del Estatuto de la Función Pública.
**** Art. 57 de la Constitución de 1999.

admite, frente a la aplicación de la Ley, lo permitido en materia judicial, y es el que pueda declararse una ley como no aplicable cuando se estima que colide con una norma constitucional. En materia administrativa, el funcionario puede tener dudas sobre la constitucionalidad de una norma, pero está obligado a cumplirla y a aplicarla, hasta que no sea derogada o declarada inconstitucional por la Corte Suprema de Justicia.

Ahora bien, este deber de fidelidad trae una serie de consecuencias importantes traducidas en deberes subsidiarios, que se derivan de la propia Constitución.

a. *El deber de guardar neutralidad política frente al Estado*

En primer lugar, el deber de neutralidad política. El hecho de que el funcionario público, de acuerdo con la Constitución, esté al servicio del Estado y no de parcialidad política alguna, implica que él mismo debe tener una permanente imparcialidad política frente al Estado. En esta forma, el funcionario público no debe servir a un partido político, apoye éste o no al gobierno, cuando los intereses circunstanciales del mismo puedan mostrarse contrarios al Estado o a su Administración.

En consecuencia, la neutralidad política exige del funcionario público la no participación en actividades políticas en el ejercicio de su función, hasta el punto de que la propia Ley de Carrera Administrativa en el artículo 28, ordinal 2°[*], prohíbe expresamente realizar propaganda o coacción con motivo o en ocasión del desempeño de sus funciones; inclusive llega la ley a prohibir a los funcionarios, en los lugares donde ejercen, el uso de distintivos que los acrediten como miembros de un partido político.

Asimismo, la ley prevé, como causal de amonestación por escrito, efectuar campañas o propaganda de tipo político en los sitios de trabajo, así como recibir o solicitar dinero y otros bienes para fines políticos en los mismos lugares de trabajo (art. 60, ordinal 5°)[**]. En esta forma, la ley debió haber terminado con una vieja y viciada práctica que conllevaba hasta la retención automática de un porcentaje del sueldo de un funcionario con destino a un partido político.

b. *El deber de abstenerse de recibir honores de gobiernos extranjeros*

El deber de fidelidad comporta también otros aspectos, en particular la tradicional prohibición constitucional contenida en el artículo 125[***] del texto fundamental, que la ley recoge, de que se reciban o acepten cargos, honores o recompensas de gobiernos extranjeros, si no media autorización expresa del Senado (art. 28, ord. 4°). De allí que la ley establezca como causal de destitución el desacato de esa norma, en su artículo 62, ordinal 9°[*]

c. *El deber de velar por los intereses de la Administración*

Por otra parte, el principio de fidelidad a la Administración impone una serie de deberes del funcionario público en cuanto a velar por los intereses de la Administración Pública Nacional, es decir, de cuidar los intereses del Estado.

---

* Art. 34,2 de la Ley del Estatuto de la Función Pública.

** Art. 83,6 de la Ley del Estatuto de la Función Pública.

*** Art. 140 de la Constitución de 1999.

* Ello se eliminó del artículo 86 de la ley del Estatuto de la Función Pública.

La ley y la Constitución, en este sentido, registran una serie de prohibiciones tendientes a garantizar este deber del funcionario en relación a los intereses de la Nación, incluso con preeminencia sobre sus propios intereses particulares.

En este sentido es tradicional en Venezuela la prohibición contenida en el artículo 124 de la Constitución,** de que los funcionarios públicos celebren contratos con la República, los Estados, las Municipalidades y demás personas jurídicas de derecho público, por presumir que si hay un interés particular del funcionario público en un contrato determinado donde tenga interés el Estado, pueda haber colisión entre dichos intereses en perjuicio de este último. La prohibición tradicional de la Constitución la recoge ampliada el artículo 29, ordinal 1° de la Ley de Carrera Administrativa***, al prohibir a los funcionarios públicos la celebración de contratos, por sí, por interpuesta persona o en representación de otro, con la República, los Estados, los Municipios y demás personas jurídicas de derecho público. Asimismo, la ley amplía la prohibición, hasta el punto de no aceptar que un funcionario pueda auspiciar gestiones de personas públicas o jurídicas que pretendan celebrar contratos con la República o soliciten o exploten concesiones administrativas o sean proveedoras o contratistas de la misma (art. 29, ord. 3° LCA)****; y así evita el posible conflicto de intereses que pueda surgir entre el del funcionario que gestiona y el interés de la Administración, el cual debe defender.

Las sanciones que la ley fija en caso del incumplimiento de estas prohibiciones conducen a la destitución (art. 62, ord. 9° LCA), y cabe destacar que conforme a esta Ley, fue la primera vez en nuestro ordenamiento jurídico que se sancionó dicha prohibición.

Por otra parte, el deber de velar por los intereses de la Administración Pública como parte del deber general de fidelidad, implica también que el funcionario público ha de inhibirse del conocimiento de cualquier asunto en el cual personalmente o a través de terceros tuviere interés directo o bien existiere este interés por parte de su cónyuge o de sus familiares, dentro del cuarto grado de consanguinidad o segundo de afinidad (art. 30 LCA)*****, lo cual repite el artículo 36, ord. 1° de la Ley Orgánica de Procedimientos Administrativos. En este sentido, es causal de destitución de acuerdo con el artículo 62, ordinal 8° de la Ley de Carrera Administrativa*, el participar por sí o por interpuesta persona en firmas o sociedades que tengan relaciones con la respectiva dependencia, cuando estas relaciones estén vinculadas directa o indirectamente con el cargo que se desempeña, salvo que el funcionario haya hecho conocer por escrito esta circunstancia para que se le releve del conocimiento o tramitación del asunto en cuestión.

d. *El deber de velar por el patrimonio del Estado*

Pero el deber general de fidelidad y de velar por los intereses de la Administración Pública, trae también como consecuencia el de vigilar y velar por el patrimonio del Estado y por su integridad. Por ejemplo, el artículo 28, ordinal 5° de la Ley de Carrera Administrativa** exige que el funcionario público vigile, conserve y salvaguarde los documentos, bienes e intereses de la Administración Pública Nacional confiados a su

** Artículo 145 de la Constitución de 1999.

*** Artículo 34,1 de la Ley del Estatuto de la Función Pública.

**** Artículo 34,3 de la Ley del Estatuto de la Función Pública.

***** Art. 33,10 de la Ley del Estatuto de la Función Pública.

* Art. 86,13 de la Ley del Estatuto de la Función Pública.

** Art. 33,7, de la Ley del Estatuto de la Función Pública.

guarda, uso o administración. Se establece, por tanto, la obligación específica de que el funcionario vele por los intereses materiales del Estado, hasta el punto de que la propia Ley de Carrera Administrativa prevé para su incumplimiento, sanciones que van desde la amonestación hasta la destitución.

En efecto, se establece como causal de amonestación la conducta descuidada en el manejo de expedientes y documentos, así como del material y útiles de oficina (art. 59, ord. 4° LCA)[***] y los perjuicios materiales causados por negligencia manifiesta a los bienes de la República, siempre que la gravedad del perjuicio no amerite su destitución (art. 60, ord. 3° LCA)[****]. Específicamente, como causal de destitución, la ley precisa el caso de perjuicios materiales graves causados intencionalmente o por negligencia manifiesta al patrimonio de la República (art. 62, ord. 3° LCA)[*****].

e. *El deber de mejorar los servicios*

Asimismo, como derivación de este principio general de fidelidad al Estado, se establece como deber especial del funcionario el poner en conocimiento de los superiores inmediatos las iniciativas que estimen útiles para la conservación de los bienes del Estado, o para el mejoramiento de los servicios (art. 27, ord. 7° LCA)[******]. Fue también, una norma nueva en el ordenamiento jurídico venezolano.

En particular, y muy ligado al proceso de la reforma administrativa, al funcionario público se le establece la obligación de poner interés en la mejora de los servicios de la Administración Pública Nacional, hasta el punto de que prevé como su deber, el canalizar y participar a sus superiores todas aquellas sugerencias que puedan significar mejoras. La Ley de Carrera Administrativa buscó consolidar el proceso participativo al exigirse expresamente que el funcionario formalice ante sus superiores, las sugerencias que estime convenientes para promover mejoras en los servicios de la Administración Nacional.

En este campo, tienen especial importancia los sindicatos de funcionarios públicos como mecanismos a través de los cuales deben dirigirse y consolidarse las sugerencias ante la Administración Pública Nacional, como reflejo del deber y la necesaria colaboración de los funcionarios para con la Administración.

B. Los deberes inherentes al cargo

Aparte del deber de fidelidad con todas las consecuencias señaladas, la Ley de Carrera Administrativa regula una serie de deberes inherentes al cargo que son la médula de los deberes del funcionario público. Estos deberes se derivan de la obligación del funcionario público de ejercer su cargo en forma personal, permanente y continua, con dedicación total, con toda la diligencia debida y con la obligatoriedad de guardar secretos y reservas sobre los asuntos de tal naturaleza de que tenga conocimiento con motivo del ejercicio del cargo.

*** Art. 83,2, de la Ley del Estatuto de la Función Pública.
**** Art. 83,2 de la Ley del Estatuto de la Función Pública.
***** Art. 86,8, de la Ley del Estatuto de la Función Pública.
****** Art. 33,9, de la Ley del Estatuto de la Función Pública.

a. *El deber de desempeño personal del cargo*

En primer lugar, se encuentra el deber de desempeñar el cargo en forma personal (Artículo 28, ord. 1° LCA)*, lo que implica que las funciones no pueden transferirse ni delegarse sin autorización legal. En esta forma, para ser procedente la delegación de atribuciones en un funcionario inferior, se necesita autorización expresa de la ley, y en Venezuela esta autorización sólo se establece para los Ministros en la Ley Orgánica de la Administración Central de 1976** , a nivel de Directores Generales. La delegación de firmas se regula en dicha Ley en niveles inferiores, complementándose sus normas con las del Reglamento sobre Delegación de Firma de los Ministros del Ejecutivo Nacional, de 17 de septiembre de 1969.

En todo caso, este deber que la Ley de Carrera Administrativa consagra de modo expreso y que exige de los funcionarios que ejerzan personalmente sus funciones, se reflejó en algunos servicios donde se hizo costumbre el que determinados cargos "pertenecieran" en cierta forma a unos titulares que no los desempeñaban y cuyo ejercicio se convenía en que lo realizaran otros. Esta situación totalmente irregular, configuradora de una especie de arrendamiento de servicios, implicaba que el funcionario titular no ejerciera nunca el cargo, sino que mediante el goce de parte del sueldo, lo ejerciera otra persona.

b. *El deber de prestar los servicios en forma permanente y continua*

El segundo deber inherente al cargo, el de prestar los servicios de manera permanente y continua, conlleva la necesidad de que el funcionario público cumpla con el trabajo durante los días hábiles y conforme al horario establecido. Derivadas de este deber, la Ley prevé una serie de sanciones que van asimismo desde la amonestación a la destitución. Como causal de amonestación verbal figura el incumplimiento del horario de trabajo (Artículo 59, ordinal 3°, LCA)*. Además, la inasistencia injustificada al trabajo es causal de amonestación escrita, cuando se sucede durante dos días en el término de seis meses o de tres días en el término de un año (Artículo 60, ordinal 4° LCA)**. Igualmente se prevé como causal de destitución del funcionario el hecho del abandono injustificado del trabajo durante tres días hábiles en el curso de un mes (Artículo 62, ordinal 4° LCA)***.

Pero quizás la indicación de mayor importancia en relación a la obligación de prestar servicios en forma permanente y continua, radica en que en la Administración Nacional no se permite el abandono colectivo del trabajo, por cuanto hay una prohibición y proscripción total de la huelga de funcionarios públicos. Por ello, en Venezuela no sólo está estatuido como delito el abandono injustificado del trabajo por tres o más funcionarios (Artículo 209 del Código Penal), es decir, la huelga de funcionarios públicos, sino que tradicionalmente ha sido sancionado con la pena de destitución, como máxima sanción disciplinaria. La Ley de Carrera Administrativa prevé también la destitución para estos

---

* Art. 33,1 de la Ley del Estatuto de la Función Pública.

** Ley Orgánica de la Administración Pública en *G.O.* N° 37.305 de 17-10-2001. *G.O.* N° 5.890 Extraordinario del 31 de julio de 2008.

* Art. 83,5 de la Ley del Estatuto de la Función Pública.

** Art. 83,5 de la Ley del Estatuto de la Función Pública.

*** Art. 86,9 de la Ley del Estatuto de la Función Pública.

casos, y, de modo indirecto proscribe la huelga (Artículo 62, ordinal 4° LCA)****. Conviene insistir brevemente sobre el problema de la huelga de los funcionarios públicos; problema ligado a la sindicación de funcionarios.

Dentro de los derechos que la ley consagra, se establece el de sindicación de funcionarios públicos o derecho de los funcionarios a organizarse sindicalmente, pero no conforme a las normas del derecho laboral, sino a las previsiones del Derecho Administrativo. En efecto, la Ley del Trabajo excluye explícitamente de la aplicación de sus normas a los funcionarios públicos; los ha excluido siempre; y ha sido, por tanto, tradicional en Venezuela el hecho de que la legislación laboral no se les aplique, salvo disposiciones expresas de la ley, como ha sucedido en materia de educación respecto de los maestros, en la Ley Orgánica de Educación de 1980. Tradicionalmente, sin embargo, la figura sindical se aceptaba sólo en la Ley del Trabajo y se consideraba, por lo tanto, como una figura propia del derecho laboral. Con la Ley de Carrera Administrativa la figura sindical dejó de ser exclusiva y propia del derecho laboral y ha pasado a ser también una figura propia del derecho administrativo.

En esta forma, y como consecuencia de la aplicabilidad del Derecho Administrativo y de la Ley de Carrera Administrativa, en general, y salvo lo dispuesto en leyes especiales, el sindicato de funcionarios públicos no se rige por los principios del derecho laboral, y por ello no entraña la vigencia de dos derechos: el de la contratación colectiva y el de la huelga. El primero, porque las relaciones entre el Estado y el funcionario constituyen relaciones reglamentarias y estatutarias, que no tienen por base un contrato que regule las condiciones de trabajo. Así, por ejemplo, la remuneración del funcionario no podría ser objeto de contrato colectivo, sino que resulta establecida unilateralmente por el sistema de remuneración que la misma ley prevé. Por tanto, no debe admitirse la contratación colectiva en la función pública, a pesar de que se acepte el sindicato de funcionarios.

Igualmente, no es admisible ese otro derecho tan típico de la sindicación del derecho laboral, como es el derecho a la huelga, ya que en el sector público la huelga está proscrita como consecuencia de este deber de los funcionarios públicos de prestar sus servicios en forma permanente y continua. Así, los sindicatos de funcionarios públicos poseen singularidades y peculiaridades muy propias, al no admitir las características sustanciales del sindicato del derecho laboral, como repetimos, son la huelga y la contratación colectiva en la Administración Pública Nacional.

Por otra parte, el deber de prestar los servicios en forma permanente y continua implica a su vez la obligación de residir en el lugar donde se ejercen las funciones, siempre que la residencia sea una nota importante para la posibilidad misma de que las funciones se cumplan. Algunas leyes específicas imponen que la residencia del funcionario esté localizada en el lugar donde ejercer su función, con el objeto de garantizar el cumplimiento de las tareas inherentes al cargo, en forma permanente y continua.

c. *El deber de prestar los servicios con dedicación total*

Además del requisito de que los servicios se presten por el funcionario público de modo personal, y en forma permanente y continua, la ley determina que se realicen con dedicación completa a la Administración Nacional. Por este medio se instituye el deber

---

**** Art. 86,9 de la Ley del Estatuto de la Función Pública.

de dedicación total y exclusiva en el cumplimiento de las funciones inherentes al cargo, lo que lleva a consagrar una serie de incompatibilidades en el ejercicio de funciones públicas, a fin de que se evite el lesionar la prestación totalmente dedicada a los servicios. Así, la tradicional incompatibilidad establecida en el Artículo 123 de la Constitución[*], por la que se impide ejercer a la vez dos o más destinos públicos remunerados, es consecuencia del deber de que los servicios se prestan con dedicación absoluta.

Sin embargo, la Constitución precisa algunas excepciones, recogidas por la ley, sobre cargos académicos, accidentales, asistenciales, docentes, edilicios o electorales declarados compatibles con el ejercicio de un destino público remunerado, sin menoscabo, en todo caso, del cumplimiento de los deberes inherentes a éste (Artículo 31 LCA).

La Ley de Carrera Administrativa trae, además, una novedosa disposición en materia de incompatibilidades, pues no sólo establece la ya vista, sino que fija una más, entre el ejercicio de un cargo público y el desempeño de una profesión o de actividades privadas que puedan menoscabar o lesionar el ejercicio de la función pública y el estricto cumplimiento de los deberes del funcionarios (Artículo 31 LCA)[***].

Esta disposición es una innovación de la ley, cuya necesidad también era sentida desde hacía mucho tiempo. Lamentablemente, con frecuencia, se comprobaba el hecho del ejercicio simultáneo de un cargo público y de actividades privadas, vinculadas en particular al desempeño de una profesión, en aquellos casos en los cuales no se prohibía dicho ejercicio simultáneo en las leyes que regulan las profesiones respectivas, como lo hace la Ley de Abogados.

d. *El deber de prestar los servicios con la diligencia debida y de adiestrarse adecuadamente*

La ley también exige que en el ejercicio del cargo exista la diligencia debida en la prestación de los servicios, es decir, que el funcionario público preste los servicios con la eficacia requerida para el cumplimiento de las tareas que tenga encomendadas. En virtud de ello, es causal de amonestación la negligencia en el cumplimiento de los deberes inherentes al cargo (Artículo 59, ordinal 1° LCA)[***].

Este deber implica, asimismo, otros de él derivados, tendientes a mejorar la eficiencia en el servicio. En este sentido la ley determina expresamente que el funcionario público se capacite, atendiendo regularmente las actividades de adiestramiento y perfeccionamiento destinadas a mejorarlo (Artículo 28, ordinal 6° LCA)[****] actividades que deben realizarse dentro del marco del sistema nacional de capacitación, perfeccionamiento y adiestramiento de funcionarios (Artículo 47 LCA)[*****].

e. *El deber de guardar secreto*

El último de los deberes inherentes al cargo es el deber de guardar secreto o reserva cuando así lo requieran los asuntos de que conozca en el ejercicio del cargo (Artículo

* Art. 148 de la Constitución de 1999.

* Art. 35 y 36 Ley del Estatuto de la Función Pública.

** Art. 35 y 36 Ley del Estatuto de la Función Pública.

*** Art. 33,1 y 86,2, Ley del Estatuto de la Función Pública.

**** Art. 33,8, Ley del Estatuto de la Función Pública.

***** Art. 33,8, y 63 Ley del Estatuto de la Función Pública.

28, ordinal 4° LCA)*. Se prohíbe, en este sentido, tanto la divulgación a un número indeterminado de personas, como la revelación a personas determinadas, de asuntos secretos o confidenciales de los cuales se tenga conocimiento en el desempeño de un careo público, a tal punto que la ley sanciona el incumplimiento del deber con la destitución del funcionario (Artículo 62, ordinal 1° LCA)**. En todo caso, es necesario advertir sobre todo en el aspecto de la divulgación, que surgen inconvenientes respecto a la aplicación de estas sanciones y su compatibilidad con la libertad constitucional de expresión del pensamiento. Esta podría, en algún caso, implicar que sea lícita la divulgación, y se haga del conocimiento de un número indeterminado de personas ciertos asuntos que si bien no son directamente confidenciales y reservados, de ellos se ha tenido conocimiento con motivo del ejercicio del cargo público. Se exige, por tanto, una delimitación entre la libertad de expresión del pensamiento y la confidencialidad o reserva de los asuntos conocidos en función del cargo, y por ello, los funcionarios deberán tener mayor diligencia y cuidado acerca de lo que puedan decir y hablar en público y en privado sobre los diversos aspectos de sus cargos. Se exige, en consecuencia, un esmero especial para que se salvaguarde este deber de no revelar asuntos confidenciales, sin menoscabo de la libertad de expresión del pensamiento.

C. Los deberes derivados de la organización jerárquica

Sobre el principio de la jerarquía, véase Allan R. Brewer-Carías, *Introducción al Estudio de la Organización Administrativa Venezolana*, Caracas 1978, pp. 88 y ss.

El tercer grupo de deberes, además del deber de fidelidad y de los inherentes al cargo público que la Ley de Carrera Administrativa establece, son los ligados a la organización jerárquica de la Administración Pública Nacional; de modo fundamental la constituyen el deber de obediencia y el deber de respeto a la jerarquía.

a. *El deber de obediencia*

En efecto, la Administración Pública Nacional es una estructura esencialmente jerarquizada, basada en relaciones entre subordinados y superiores, que impone para los primeros el deber de cumplir con las órdenes e instrucciones impartidas por los segundos. Expresamente está previsto en la Ley de Carrera Administrativa, como un deber del funcionario público, el acatar las disposiciones y normas emanadas de los superiores jerárquicos que dirijan o supervisen la actividad del servicio correspondiente (Artículo 28, ordinal 2° LCA)***.

Este deber de obediencia conforma uno de los más importantes y a la vez más delicados de la función pública, sobre todo en cuanto a los limites del mismo, pues no podría admitirse el deber de obediencia frente a órdenes o instrucciones que impliquen delito o la comisión de un delito por parte de un funcionario o la violación de derechos o garantías constitucionales (Artículo 46 de la Constitución)*. Pero frente a esto, desde luego inadmisible, el cumplimiento de este deber plantea, por otra parte, la necesidad de que

---

* Art. 33,6 Ley del Estatuto de la Función Pública.

** Art. 86,4 Ley del Estatuto de la Función Pública.

*** Art. 33,2 Ley del Estatuto de la Función Pública.

* Art. 25 de la Constitución de 1999.

el mismo disponga de la necesaria coherencia a fin de permitir la disciplina jerárquica en la Administración Pública. Los límites al deber plantean, así, aspectos de incertidumbre, de obligado análisis.

En términos generales, puede aceptarse que, frente a una orden determinada, para que exista el deber de obediencia, se exige siempre, en primer lugar, que ella emane del superior jerárquico del funcionario, y no de otro funcionario que aun cuando sea de mayor jerarquía, carezca de vinculación directa con el servicio; en este último caso no habría obligación de cumplir con el deber. En segundo lugar, se exige que la orden se refiera a las atribuciones legales del superior y del inferior, es decir, que el deber sea consecuencia del ejercicio de competencias expresas del superior, por la materia y por el orden jerárquico mismo de la estructura de la Administración. Si no hay competencia, o hay incompetencia manifiesta del superior jerárquico para la emisión de una orden determinada, el deber de obediencia no se exige necesariamente. En tercer lugar, es necesario que la orden respectiva esté revestida de todas las formas legales que explícitamente la ley fija; y en cuarto lugar, que la orden no sea manifiestamente ilegal, es decir, que su contenido sea lícito.

Ahora bien, aun cuando estos principios son requeridos para que exista el deber de obediencia, se necesita tomar en cuenta que el funcionario público no tiene un ilimitado derecho de examen en relación con todas las órdenes que emanen del funcionario superior, si estas órdenes revisten formalmente legalidad, se ejercen conforme a la competencia propia del superior, y no comportan manifiestamente una actividad ilegal. En tales circunstancias, el funcionario público se encuentra en la obligación de acatarlas, sin que por ello pierda nunca el derecho de hacer las sugerencias y las observaciones que estime convenientes, en concordancia con el deber ya mencionado de canalizar sugerencias para la mejora de los servicios.

Asimismo conviene destacar que el deber de obediencia en el campo administrativo está íntimamente vinculado a la figura de la obediencia debida que regula el Código Penal, que envuelve el deber de obediencia frente a una orden emanada de una autoridad pública (superior jerárquico), con competencia para dictarla. Si el cumplimiento del deber origina una actividad delictiva, el Artículo 65, ordinal 2° del Código Penal declara no punible al que cumplió la orden, y dispone que la pena correspondiente se le imponga a quien dio la instrucción ilegal. En todo caso, la consecuencia del incumplimiento de este deber es la insubordinación, expresamente sancionada en la ley con la destitución (Artículo 62, ordinal 2° LCA)[**].

b. *El deber de respeto*

Como deber inherente a la organización jerarquizada de la Administración Pública, además del debe de obediencia, figura el deber de respeto, es decir, de trato adecuado entre los funcionarios públicos, sean superiores, inferiores o de la misma categoría. En esta forma, la ley sanciona con amonestación la falta de consideración y respeto debidos o los superiores, subalternos o compañeros en el trabajo (Artículo 60, ordinal 2° LCA)[*]. Asimismo, se exige como parte de la actuación administrativa tener, frente al público, la atención y el respeto debidos, bajo pena de amonestación (Artículo 59, ordinal 2° y

** Art. 86,4 Ley del Estatuto de la Función Pública.
* Art. 86,4 Ley del Estatuto de la Función Pública.

Artículo 28, ordinal 3°[**] LCA). En este sentido importa resaltar que el funcionario se encuentra directamente al servicio del Estado y de la Administración, pero indirectamente al servicio de la comunidad y del ciudadano; por lo que cuando el funcionario público cumple, no le hace un favor al ciudadano que pide la actividad, sino que cumple con un deber y este deber implica el adecuado trato.

D. El deber de observar buena conducta

Por último, la Ley de Carrera. Administrativa regula un deber general de conducta que no sólo exige del funcionario decoro dentro del servicio respectivo, sino que también abarca y se extiende a las actividades del funcionario fuera del área del servicio. Por ello, la ley, además de sancionar con destitución, la conducta inmoral en el trabajo, impone la misma pena por cualquier acto lesivo al buen nombre o a los intereses del organismo de que se trate o de la República (Artículo 62, ordinal 2° LCA), así como por condena penal que implique privación de la libertad (Artículo 62, ordinal 5° LCA). En este sentido, se ha señalado que el funcionario público está al servicio del Estado, por lo que resulta necesario que sus actividades no incidan nunca en el buen nombre y los intereses del organismo Público; de lo contrario, el incumplimiento del deber implica la destitución (Artículo 62, ordinal 2° LCA)[***].

Estos cuatro grupos de deberes, el deber de fidelidad, los deberes inherentes al cargo, los deberes propios de la jerarquía administrativa y los deberes de conducta, integran básicamente el cuerpo de deberes que la Ley de Carrera Administrativa consagra para el funcionario público, como parte del estatuto del funcionario público regulado por ella. Ahora bien, consecuentemente con todos estos deberes y obligaciones que la ley dispone, ésta prevé una serie de responsabilidades del funcionario público; quien no sólo está sometido a responsabilidad administrativa o disciplinaria con sanciones que van desde la amonestación a la destitución, sino que también está sujeto a responsabilidad penal y civil por los perjuicios que pueda causar a la Administración o a los particulares, o por los delitos que pueda cometer en el ejercicio de sus funciones.

2. Los deberes de los funcionarios en la Ley Orgánica de Procedimientos Administrativos

Sobre las obligaciones de los funcionarios, véase Gustavo Urdaneta, "Guía de Lectura" en *Ley Orgánica de Procedimientos Administrativos*, EJV, Caracas 1981, p. 75 y ss.

En la Ley Orgánica de Procedimientos Administrativos, complementando los deberes de la Ley de Carrera Administrativa, se regulan diversos deberes particulares de los funcionarios en el procedimiento y entre ellos, en especial, los deberes de actuar formalmente, de informar, de tramitar, de decidir en lapsos determinados, de motivar, de ejecución formal y de imparcialidad.

** Art. 83,3 y 33,4 Ley del Estatuto de la Función Pública.

*** Art. 83,6 y 86,10 Ley del Estatuto de la Función Pública.

Así, la Ley Orgánica, al regular las situaciones jurídicas de la Administración, no sólo norma las prerrogativas y potestades de la misma, sino también regula las obligaciones de la Administración y de los funcionarios.

A. Deber de actuar formalmente

El primer deber general de los funcionarios públicos establecido en la Ley, sin duda, es el deber de actuar conforme a las formalidades procedimentales; es decir, la Administración y los funcionarios tienen como primer deber el ajustarse al procedimiento. Esto se regula en varias normas de la Ley. Por ejemplo al establecer en el Artículo 12 los límites al poder discrecional, se exige que los actos discrecionales, en todo caso, deben cumplir los trámites, requisitos y formalidades necesarios para la validez y eficacia de los actos. Por otra parte, el Artículo 19, ordinal 4° sanciona con nulidad absoluta a los actos dictados con prescindencia absoluta y total del procedimiento establecido. El Artículo 100, por su parte, sanciona cualquier desviación, distorsión, omisión, retardo o incumplimiento del procedimiento y el Artículo 30 impone como obligación, a las autoridades superiores de cada organismo, el velar por el cumplimiento de los principios que deben regir la actividad administrativa; es decir, los principios de economía, eficacia, celeridad e imparcialidad.

Por otra parte, hemos visto, además, que en el Artículo 32 se imponen obligaciones de racionalización administrativa, reflejo del formalismo general, lo cual confirma esta primera obligación de la Administración y los funcionarios, de actuar formalmente; de ajustarse a las formas, a los requisitos, a los trámites y a los lapsos que la Ley establece.

B. Deber de informar

Un segundo deber de la Administración y los funcionarios frente a los administrados, es el deber de informar al particular lo cual se manifiesta en las diversas etapas del procedimiento.

a. *Información general*

En primer lugar un deber general de informar, que comentamos al hablar de las exigencias de racionalización administrativa, previsto en el Artículo 33, al imponer a las entidades públicas sometidas a la Ley, la obligación de preparar y publicar en la *Gaceta Oficial*, reglamentos e instrucciones sobre estructuras, funciones, competencias y jerarquías de los diversos órganos públicos.

b. *Información a los interesados*

Pero además, y es lo que más interesa destacar aquí, el deber de informar que tiene la Administración se actualiza, en concreto, en el procedimiento respecto a los particulares, y así se regula en diversas normas de la Ley.

Este deber de informar existe, ante todo, en el momento mismo en el cual se entrega una solicitud o petición a la Administración. En efecto, conforme se establece en el Artículo 45 de la Ley, los funcionarios del registro de documentos, que reciban la solicitud deben advertir a los interesados sobre las omisiones e irregularidades que observen. Para hacer efectivo este deber, en el futuro se requerirá de los funcionarios de registro, un nivel tal, de manera que puedan conocer con detalle las exigencias de cada solicitud para poder advertir al particular, con propiedad, qué es lo que debe traer adicionalmente o qué es lo que falta. Las tradicionales receptorías de correspondencia, por tanto, no podrán servir para estos fines y la Administración tendrá que encomendarlas a funcionarios de nivel, inclusive de orden profesional, que puedan, en cada caso, advertir de estas omisiones en la presentación de la documentación. Este deber, además, debe facilitarse con las normas comentadas en materia de racionalidad, en el sentido de que la Administración debe publicar e informar a los interesados sobre los métodos, procedimientos, requisitos y formularios, de manera que el particular sepa, de antemano, qué es lo que debe cumplir como obligación frente a la Administración en materia de presentación de documentos.

Pero el deber de informar que tienen los funcionarios en el procedimiento, respecto de los particulares, para advertirles las faltas y omisiones que pudieran haber tenido, no se agota en la recepción de documentos, sino que también se impone posteriormente, al iniciarse el procedimiento.

En efecto, el Artículo 5 de la Ley, al regular los procedimientos respecto de peticiones que no requieren sustanciación, en cuyo caso se establece un lapso de 20 días hábiles para la toma de la decisión respectiva una vez que se presente la petición ante la Administración, se le impone a ésta, la obligación de informar al interesado por escrito y dentro de los 5 días hábiles siguientes a la fecha de la solicitud, sobre la omisión o incumplimiento, por éste, de algún requisito. Se busca con esto proteger la situación jurídica de los administrados de manera que no se vean sometidos a requerimientos por cuentagotas, que hacen el procedimiento interminable. Conforme a esta norma, al contrario, presentada la solicitud, la Administración está obligada a informar al interesado qué es lo que le falta, de una sola vez y en forma completa, y no puede irlo haciendo a medida que se vayan cumpliendo sucesivamente otros requisitos.

La obligación de informar, en concreto, a los interesados también se prevé en los procedimientos que sí requieren sustanciación, regulada en el Artículo 50 de la Ley. Esta norma está ubicada dentro de la sección relativa a la iniciación del procedimiento, y se establece que cuando el procedimiento se inicie a instancia de parte, la solicitud debe estar revestida del formalismo cuyo detalle enumera en el Artículo 49, al indicar los datos que debe contener. El Artículo 50 señala que cuando en ese escrito faltare cualquiera de los requisitos que enumera el Artículo 49, la autoridad que hubiere de iniciar las actuaciones, debe notificarlo al presentante, comunicándole cuáles son esas omisiones y faltas, a fin de que en un plazo de 15 días hábiles, proceda a subsanarlas, con lo cual, además de la obligación del funcionario receptor de la solicitud de advertir fallas de la misma, está la del funcionario que va a conocer del asunto de volver a analizar la solicitud y si encuentra alguna falta u omisión, debe de nuevo volverle a notificar al particular, para que subsane las omisiones o faltas que se observen. Inclusive, en estos casos, se prevé que si el interesado presenta oportunamente el escrito o la solicitud con las correcciones que se exigen, y fuera de nuevo objetada por la Administración, puede aquél ejercer un recurso jerárquico contra la nueva decisión o bien corregir nuevamente sus documentos conforme lo indicado. Es decir, es una potestad del particular, si se lo devuelven en una segunda oportunidad, volverlo a corregir o ejercer un recurso jerárquico.

Como puede observarse, la Ley ha sido orientada a proteger al particular, y por ello, en cada una de estas normas que consagran deberes de la Administración, hay un derecho del particular. Por tanto, estos deberes de información de la Administración y sus funcionarios, implican un derecho del particular a ser informado, para poder actuar hasta cierto punto conforme a normas de seguridad jurídica, frente a la Administración. Así, si en la solicitud de un particular hay omisiones, la Administración no puede simplemente no advertirlo y, al final no decidir el fondo, argumentando que no se cumplió con determinados requisitos, sino que la Administración está obligada a informar y a advertir los errores, de manera que no se sorprenda al particular en la decisión final.

También podríamos englobar dentro de estas obligaciones de información, las previsiones relativas a la notificación. La Ley Orgánica, por primera vez con carácter general, regula la notificación de los actos administrativos y, en una forma clara, establece cuál debe ser el contenido de las notificaciones de los actos. Así, el Artículo 73 expresamente señala que las notificaciones de los actos administrativos que afecten derechos e intereses de los particulares, deben contener el texto íntegro del acto e indicar, inclusive, y esta es otra innovación de la Ley, los recursos que proceden, con expresión de los términos para ejercerlos y de los órganos o tribunales ante los cuales deben interponerse. Es decir, la Administración no sólo debe notificar el acto que dicta, sino que está obligada a informar al particular qué recursos proceden contra ese acto, ante quién debe interponerse y cuál es el lapso para ello, sea que se trate de un recurso administrativo o contencioso-administrativo. Por tanto, de nuevo se regula aquí, la obligación de la Administración de informar al particular sobre las vías de protección jurídica de las cuales dispone, contra una decisión que se le notifica, en concreto.

C. Deber de tramitar

Además de estos deberes de actuar conforme al procedimiento formalmente establecido y de informar, la Administración y los funcionarios tienen, dentro del procedimiento administrativo, una serie de deberes de tramitación del mismo. Señalábamos anteriormente que es una de las potestades de la Administración, el actuar de oficio, pero que también, la actuación está regulada como una obligación, pues hay deberes en la tramitación que impone la Ley.

a. *Deber general*

Ante todo debe señalarse que la Ley consagra un deber general de tramitar para los funcionarios. Por ejemplo, en el Artículo 3, hay un deber general de tramitar los procedimientos, que corresponde a los funcionarios y demás personas que presten servicios en la Administración.

Por tanto, legalmente no es potestativo de la Administración al recibir una solicitud o un requerimiento, desarrollar el procedimiento, sino que tiene la obligación de tramitar los asuntos cuyo conocimiento le corresponda, siendo el funcionario o los funcionarios, responsables por las faltas en las cuales incurran. Frente a este deber general de tramitar del Artículo 3, se establece, por una parte, el derecho del particular a reclamar contra el retardo, la omisión o el incumplimiento de cualquier procedimiento o distorsión; y se establece una innovación en la Ley, que es lo que podríamos llamar "recurso de queja" o de "reclamo". Si el funcionario no cumple con su deber de tramitar, el particular puede ejercer una reclamación ante el superior jerárquico, denunciando, advirtiendo o quejándose de que el funcionario inferior no realiza los actos de trámite necesarios en el procedimiento.

b. *Recepción de documentos*

Por otra parte, podrían englobarse dentro del deber de tramitación que tienen los funcionarios, todas las normas relativas a la recepción de documentos, a las cuales nos hemos referido en oportunidades anteriores. Es decir, la Administración, en los procedimientos que se inicien a instancia de parte y en general, cuando tenga que recibir documentos, está obligada, en primer lugar, a dar recibo del documento o conforme a la práctica administrativa, dejar constancia de la recepción del documento, mediante el sello de la copia de la solicitud o con un talonario especial, dependiendo de cada organismo. En esta forma el Artículo 46 de la Ley exige que se dé constancia escrita como recibo de todo documento presentado y sus anexos, con indicación del número de registro, que es lo que va a permitirle al particular reclamar en relación al orden de las decisiones; y del lugar, fecha y hora de presentación del documento. Además, agrega la Ley, puede servir de recibo, la copia mecanografiada o fotostática del documento que se presente, una vez diligenciada y numerada por el funcionario de registro, con lo cual se le da consagración positiva a la práctica administrativa de que el recibo sea la copia de la solicitud debidamente sellada y numerada por los funcionarios del Registro.

c. *Deber de impulsar*

Pero dentro de los deberes de tramitar el procedimiento, a cargo de los funcionarios públicos, debe destacarse el deber de impulsarlo, que establece el Artículo 53 de la Ley Orgánica. Esta norma señala en efecto, que la Administración está obligada a cumplir todas las actuaciones necesarias para el mejor conocimiento del asunto que deba decidir, siendo responsabilidad de los funcionarios respectivos, impulsar el procedimiento en absolutamente todos los trámites. Por lo tanto, en el procedimiento, la Administración no está sólo sujeta al impulso de los interesados, sino que está obligada aún sea de oficio, a realizar todas las actuaciones procesales necesarias.

d. *Deber de evacuar informes*

Por otra parte, el deber de tramitar previsto en el Artículo 3, podría complementarse con el artículo 54 según el cual, la autoridad administrativa a quien corresponda, debe solicitar de todos los organismos o autoridades los documentos, informes o que estime convenientes para la resolución del asunto. Es decir, la Administración debe obtener la documentación, y por tanto, actuar de oficio en la consecución de informes y documentos necesarios para decidir, y no sólo atenerse a lo que solicite el interesado en concreto. Este deber también es una consecuencia del deber general que tiene la Administración de impulsar el procedimiento, lo que le exige cumplir todas las actuaciones necesarias para el mejor conocimiento del asunto como lo prescribe el Artículo 53.

e. *Deber de promover pruebas*

Por otra parte, los funcionarios encargados de impulsar el procedimiento tienen también el deber de promover las pruebas necesarias para el mejor conocimiento de los hechos. No sólo es una potestad de actuación de oficio, la evacuación de pruebas, sino que es una carga y una obligación para el establecimiento claro de la verdad de los hechos. En esta forma, la Administración tiene, de nuevo, obligaciones concretas en materia probatoria derivadas de su obligación genérica de tramitar, como lo precisa, por ejemplo, el Artículo 69.

f. *Consecuencias*

Esta obligación de tramitar tiene importancia, en cuanto a los efectos que pueda tener su cumplimiento hacia el particular. Si la Administración está obligada, como hemos visto, a tramitar, a buscar los documentos necesarios, a promover y evacuar pruebas, y en fin, a impulsar el procedimiento, ¿qué sucede si el procedimiento se paraliza porque la Administración no hace nada de lo que está obligada a hacer?, ¿podría haber perención, aunque cuando no sea imputable el particular? Por supuesto que no. La Ley, expresamente, en el Artículo 64, sólo establece la perención cuando el procedimiento que se ha iniciado a instancia de particular, se paraliza durante dos meses por causa imputable al interesado. Por tanto, sólo en procedimientos iniciados a instancia del particular y cuando se paraliza por causas que le son imputables, es que puede haber perención, por lo que en aquellos procedimientos iniciados de oficio por la Administración, jamás puede producirse la perención. Además, en aquellos procedimientos iniciados a instancia del particular, si la paralización es por causa imputable a la Administración porque, por ejemplo, no ha recibido el organismo el informe, dictamen, u oficio de otro organismo, no habría perención. Por tanto, puede decirse que existe siempre la obligación de tramitar por parte de la Administración, sin que el incumplimiento de esa obligación de tramitar pueda afectar los derechos del particular y pueda dar origen a perención que sólo se prevé en los casos de paralización por causas imputables a los propios particulares.

D. Deber de decidir en lapsos determinados

a. *La obligación de dar oportuna respuesta*

Un cuarto deber de la Administración y sus funcionarios, es el deber de decidir los asuntos en los lapsos establecidos expresamente en la Ley. En realidad, este deber tiene dos aspectos. Ante todo, el deber de decidir, porque la obligación de tramitar es a los efectos de tomar una decisión. Por tanto, la Ley expresamente establece la obligación de la Administración de decidir, de tomar decisiones. Esto deriva de la garantía constitucional del derecho de petición: todos tienen derecho de dirigir peticiones a las autoridades en las materias de su competencia y a obtener oportuna respuesta, con lo cual, indirectamente, el derecho de petición, impone la obligación a la Administración de dar respuesta, de decidir, de tomar las decisiones correspondientes. Esta obligación de decidir tiene ahora una consagración expresa en la Ley, la cual no sólo establece la obligación de decidir, sino que prescribe cuál es la oportunidad de adoptar esa decisión; es decir, cuándo es que la decisión es oportuna, de acuerdo al principio constitucional. Por tanto, la Administración tiene la obligación de decidir en lapsos prescritos expresamente en la Ley.

Esta obligación de decidir se encuentra formulada en muchos artículos de la Ley. En primer lugar, cuando se consagra el derecho de petición que tiene formulación expresa en el Artículo 2, en el sentido de que toda persona puede dirigir instancias y peticiones a cualquier organismo en materias de su competencia, se establece que estos organismos deberán resolver las instancias o peticiones que se les dirigen, o bien declarar en sus casos, los motivos para no hacerlo, pero en todo caso tiene que haber decisión. Con esta norma del Artículo 2, la cual materialmente es la primera regla de la Ley Orgánica, luego de definido el ámbito de aplicación en el Artículo primero, se regula expresamente esta obligación de decidir por la Administración, que implica o que la Administración tiene que resolver el asunto o, si no lo resuelve, decir por qué no toma decisión definitiva, mediante un acto que debe ser motivado. Esto pondrá término a la actitud tradicional de la Administración de adoptar en muchos casos, una posición de pasividad en perjuicio del particular, guardando silencio.

Ahora bien, esta obligación de decidir o resolver que precisa el Artículo 2 de la Ley se complementa con la obligación de resolver en lapsos precisos, lo cual se regula en varias partes de la Ley Orgánica. Primero, en el Artículo 5 relativo a los procedimientos que no requieren sustanciación procedimental y que por tanto, pueden decidirse con la sola presentación de la solicitud, donde se exige que deben ser resueltos en un lapso de 20 días hábiles siguientes a la presentación de la petición.

Cuando se trata de procedimientos que sí requieren sustanciación, el Artículo 60 establece el lapso de decisión luego de la tramitación, que no debe exceder de 4 meses; es decir, la decisión de la autoridad administrativa debe adoptarse en un lapso de 4 meses, salvo que medien causas excepcionales, en cuyo caso, mediante indicación expresa en el expediente, se otorgará una prórroga que no puede exceder, en su conjunto, de 2 meses, con lo cual se establece un plazo máximo global de decisión en los casos en los cuales sí hay sustanciación, de 6 meses.

La Ley distingue, además, un tercer tipo de procedimiento y establece un lapso de decisión especial, para los procedimientos sumarios. Cuando la Administración lo estime conveniente, dice el artículo 67, puede seguir procedimientos sumarios para dictar sus decisiones. Este procedimiento se inicia de oficio, en casos concretos, y debe concluir en el término de 30 días hábiles, con lo cual en ese lapso debe haber una decisión de la Administración.

Debe además recordarse que estos lapsos de decisión expresamente establecidos en la Ley, de acuerdo al Artículo 41, obligan por igual, sin necesidad de apremio, tanto a autoridades y funcionarios como a particulares interesados, con lo cual la obligación de decidir y la indicación de los lapsos para ello se complementa con esta obligación que expresamente establece el Artículo 41, de someterse a esos lapsos, cuya violación acarrea sanciones de acuerdo a los artículos 3 y 100.

Ahora bien, hemos visto que, legalmente, la Administración tiene la obligación de decidir. Sin embargo, ¿qué debe contener la decisión? De acuerdo a los artículos 62 y 89, el acto decisor debe resolver todas las cuestiones que hubiesen sido planteadas, tanto inicialmente, como durante la tramitación, si se trata de procedimiento constitutivo. El Artículo 62, en efecto, expresamente establece que el acto administrativo que decida un asunto, es decir, el acto definitivo, debe resolver todas las cuestiones que hubieren sido planteadas, tanto en el inicio del procedimiento como en la tramitación. Si se trata de un procedimiento de impugnación, es decir, de la decisión de un recurso administrativo, expresamente, el Artículo 89 regula la obligación del órgano administrativo de resolver todos los asuntos que se le sometan a su consideración dentro del ámbito de su competencia, o que surjan con motivo del recurso, aun cuando no hayan sido alegados por los interesados. Esto debe retenerse pues implica la posibilidad de la Administración, en los recursos administrativos, de resolver cuestiones distintas a las planteadas por el interesado en su recurso, por lo que en este Artículo tendrá su base, en el futuro, la *reformatio in pejus* en materia de recursos administrativos, es decir, que la Administración puede, inclusive, decidir el recurso en perjuicio del recurrente, y por supuesto, saliéndose de los términos del recurso. El Artículo 89 expresamente autoriza a decidir asuntos que surjan con motivo del recurso, aun cuando no hayan sido alegados por los interesados, con lo cual en los recursos administrativos, a diferencia de los procedimientos judiciales, la Administración no está sujeta a los términos del recurso y a lo alegado por el interesado, sino que tiene potestad inquisitoria, porque es la responsable del procedimiento, y si con motivo de su actuación, surgen otros asuntos, pueden y deben ser resueltos por la Administración.

Pero la obligación de decidir que impone la Ley a la Administración, tiene consecuencias fundamentales para los particulares, en cuanto a la garantía de sus derechos. Estas consecuencias son dos: en primer lugar, la consagración, en el artículo 4° de la ley, del efecto negativo del silencio administrativo, lo cual implica que por el transcurso del lapso de decisión, sin que ésta haya tomado, se presume que hay un acto administrativo tácito denegatorio de lo solicitado o del recurso, en su caso. Esta presunción legal de acto derogatorio derivado del silencio administrativo les permite a los particulares el beneficio de poder ejercer los recursos administrativos o contencioso-administrativos que correspondan, de ser posible ejercerlos, conforme a los Artículos 4 y 93 de la Ley Orgánica.

Pero, en segundo lugar, la obligación de decidir impuesta ahora positivamente a la Administración, comporta otra consecuencia en cuanto a los derechos de los administrados, y es la posibilidad que a éstos abre la Ley Orgánica de la Corte Suprema de Justicia, no para recurrir contra un acto tácito, sino para lograr una decisión judicial que obligue efectivamente a la Administración a decidir.

En efecto, los artículos 42, ordinal 23 y 182, ordinal 1°[*] de la Ley Orgánica de la Corte Suprema, atribuyen a los Tribunales contencioso administrativos, competencia para conocer "de la abstención o negativa" de las autoridades y funcionarios públicos "a cumplir determinados actos a que estén obligados por las leyes cuando sea procedente, en conformidad con ellas". En esta forma el incumplimiento de la obligación de decidir que la Ley Orgánica de Procedimientos Administrativos establece, puede dar origen al ejercicio de este recurso previsto en la Ley Orgánica de la Corte Suprema de Justicia, para obligar judicialmente a que la Administración tome la decisión que está obligada a adoptar.

b. *El sentido del silencio administrativo en la Ley Orgánica*

Sobre el silencio administrativo, véase Allan R. Brewer-Carías "Consideraciones en torno a la figura del silencio administrativo consagrado a los efectos del recurso contencioso-administrativo de anulación" en *Revista de Control Fiscal* N° 96, Caracas 1980, pp. 11 a 38; Allan R. Brewer-Carías. "El sentido del silencio administrativo negativo en la Ley Orgánica de Procedimientos Administrativos" en *Revista de Derecho Público* N° 8, Caracas 1981, pp. 27-34; Allan R. Brewer-Carías, "Aspectos procesales de la decisión de admisibilidad o inadmisibilidad en los recursos contencioso administrativos de anulación", en A. Moles y otros, *Contencioso-Administrativo en Venezuela*, Caracas 1981, pp. 148 y ss.

La Ley Orgánica de Procedimientos Administrativos, como se ha dicho, entre las instituciones novedosas que ha establecido, está la del denominado silencio administrativo negativo, o en otras palabras, el establecimiento de una presunción de denegación de la solicitud o recurso, cuando la Administración no resuelve expresamente en un lapso de tiempo determinado.

---

* Ley Orgánica del Tribunal Supremo de Justicia *G.O.* N° 39.522, de 01-10-2010.

En efecto, como se ha visto, la Ley Orgánica, en su artículo 2°, concreta el derecho de petición establecido en el Artículo 67 de la Constitución, y obliga a los funcionarios a decidir las instancias o peticiones, es decir, a dar oportuna respuesta a los administrados. Sin embargo, era necesario prever los medios o garantías jurídicas de protección a los administrados contra el silencio de la Administración, el cual, hasta ahora, había sido incontrolado e incontrolable. De allí que el Artículo 4° de la Ley haya establecido la figura del silencio administrativo negativo, a cuyo efecto prevé lo siguiente:

"En los casos en que un órgano de la Administración Pública no resolviere un asunto o recurso dentro de los correspondientes lapsos, se considerará que ha resuelto negativamente y el interesado podrá intentar el recurso inmediato siguiente, salvo disposición expresa en contrario. Esta disposición no releva a los órganos administrativos, ni a sus personeros, de las responsabilidades que le sean imputables por la omisión o la demora".

Ahora bien, esta norma requiere, en nuestro criterio de una adecuada interpretación, dentro del contexto general de la Ley Orgánica. Esta, en efecto, es una Ley que regula, básicamente, un conjunto de derechos y garantías de los administrados frente a la Administración, por lo que el Artículo 4° debe ser interpretado, también, en el sentido de haber consagrado una garantía más para los particulares, sin relevar a la Administración de su obligación fundamental: la de decidir los asuntos o recursos que cursan ante sus órganos. Esta aclaratoria, aunque elemental, parece necesario formularla, por la mala interpretación que se le ha dado a dicha disposición, en el sentido de considerarla como un perjuicio para los administrados. Por ejemplo, no ha faltado quien estime que con el Artículo 4° de la Ley, vencidos los lapsos de decisión, se considera que ya existe una decisión denegatoria, y que, por tanto, no sólo el administrado no puede optar por esperar que la decisión expresa se produzca, sino que la Administración después no puede ya decidir, pues los funcionarios para ese momento ya no tendrían competencia ni facultad para hacerlo.

Al contrario, queremos insistir en que esa interpretación es errada y contraria al espíritu general de la Ley Orgánica, porque, primero, el silencio negativo que establece lo hace exclusivamente como un beneficio para los administrados, y segundo, porque el silencio no exime a la Administración de su obligación de decidir.

a'. El silencio negativo como un beneficio de los administrados

En efecto, en nuestro criterio, que ya hemos argumentado en otro lugar, el único sentido que tiene la consagración del silencio administrativo en la Ley Orgánica, como presunción de decisión denegatoria de la solicitud o recurso, frente a la indefensión en la cual se encontraban los administrados por la no decisión oportuna de la Administración de tales solicitudes o recursos, no es otro que el establecimiento de un beneficio para los particulares, precisamente, para superar esa indefensión. La norma del Artículo 49 de la Ley Orgánica, por tanto, se ha establecido en favor de los particulares y no en favor de la Administración.

a''. *La opción del interesado*

La primera consecuencia de este carácter de beneficio para el particular de la apertura del "recurso inmediato siguiente" contra el acto tácito denegatorio, es que es potestativo para el interesado el utilizar o no el beneficio, el cual sólo puede beneficiario y nunca perjudicarlo. Es decir, introducida una solicitud o un recurso, y vencidos los lapsos impuestos por la Ley Orgánica, a la Administración, para decidirlos, el interesado tiene la posibilidad de intentar contra el acto tácito el recurso administrativo o contencioso-administrativo correspondiente. Pero la Ley Orgánica, en forma alguna, lo obliga a ello: el interesado tiene, así, una opción: o intenta el recurso inmediato, usando el beneficio del silencio, o simplemente, espera la decisión de la solicitud o recurso para intentar, posteriormente, el recurso que proceda, si la decisión expresa no lo favorece.

Por ello, la Ley Orgánica es clara al indicar en el Artículo 4° que el interesado "podrá" intentar el recurso inmediato siguiente, y "poder", conforme lo indicado por la antigua Corte Federal en sentencia de 6-11-58, "es tener la facultad o el medio de hacer una cosa, y facultad, el derecho □no el deber, ni la obligación□ de hacer una cosa. El Código de Procedimiento Civil en su Artículo 13, da la interpretación jurídica de este verbo, que bien puede aplicarse, no sólo en las actuaciones judiciales, sino también en general. Cuando la Ley dice: "El juez o tribunal puede o podrá", se entiende que lo autoriza para obrar según su prudente arbitrio, consultando lo más equitativo o racional, en obsequio de la justicia y de la imparcialidad" (*Gaceta Forense*, N° 22, 1958, p. 133).

Por tanto, al indicarse que "el interesado podrá intentar el recurso inmediato siguiente", la Ley Orgánica lo está facultando, le está dando el derecho de recurrir, pero no le está imponiendo la obligación de recurrir, ni le está diciendo que de no hacerlo, caduca su recurso posterior El beneficio previsto en la Ley Orgánica, por tanto, no puede convertirse en una carga para el interesado, pues el silencio administrativo se instituyó para favorecer al administrado, no para sorprenderle en su buena fe.

Ahora bien, no habiendo elemento alguno en la Ley Orgánica que permita interpretar el Artículo 4° en perjuicio del administrado, es evidente que éste tiene, en dicho supuesto, una opción: o intenta el recurso inmediato contra el acto tácito denegatorio, o espera la decisión expresa de la solicitud o recurso por la Administración.

b". La ausencia de perjuicio por el transcurso de los lapsos de impugnación

Por tanto, estando en manos del interesado la opción de recurrir en base al beneficio del silencio administrativo o esperar la decisión expresa de la solicitud o recurso, el transcurso del lapso para recurrir contra el acto tácito, no tiene ningún efecto perjudicial en su contra. Por ello, si el particular renuncia a su derecho al beneficio, ello lo único que provoca es que la situación quede como si nada hubiese ocurrido, por lo cual lo único que tiene que hacer es esperar que la Administración resuelva expresamente el asunto, en cuyo caso tendrá sus medios ordinarios de impugnación.

Por tanto, si el particular interesado opta por no intentar el "recurso inmediato siguiente" derivado del silencio negativo dentro de los lapsos correspondientes, debe esperar la decisión expresa del organismo, contra la cual, si le es adversa, podrá intentar el recurso inmediato siguiente dentro de los lapsos correspondientes contados a partir de la notificación del acto.

c". La impugnación del acto administrativo tardío

No hay duda, por tanto, que en el sistema venezolano, la garantía establecida a favor del interesado con el silencio negativo, le permite optar por utilizar la vía de recurso correspondiente, o esperar la decisión final de la solicitud o recurso. Si opta por esta última alternativa, por supuesto, se abre el lapso de impugnación correspondiente contado a partir del momento en el cual se notifique el acto tácito al interesado, no pudiéndose oponer, en este caso, una supuesta caducidad del lapso que no quiso utilizar el interesado para impugnar la denegación por silencio, pues, en definitiva, la caducidad es una carga y no una facultad. La impugnación de la decisión tardía, en consecuencia, siempre será posible.

d". *La no firmeza de los actos administrativos tácitos*

Como consecuencia, puede afirmarse que el no ejercicio del recurso inmediato siguiente contra el acto presunto denegatorio, no sólo no impide el ejercicio del recurso de anulación contra la resolución tardía de la solicitud o recurso, sino que por supuesto, no implica, en forma alguna, que el acto tácito adquiera firmeza, o en otras palabras, que el silencio pueda producir un acto administrativo firme. La firmeza de los actos administrativos es una característica propia de los actos administrativos expresos, por lo que él no acto o la presunción de acto denegatorio nunca pueden considerarse como firmes.

En definitiva, el silencio consagrado en nuestra Ley Orgánica de Procedimientos Administrativos, como el regulado en la legislación española, se ha establecido como un beneficio a favor de los administrados, por lo que su tratamiento e interpretación tienen que responder a ese criterio, lo cual impide que tal beneficio se convierta luego, en caducidad para el beneficiado particular, sobre todo si la inacción es sólo imputable a la Administración.

b'. El silencio no exime a la Administración de su obligación de decidir

Ahora bien, siendo el silencio administrativo negativo previsto en el Artículo 4° de la Ley Orgánica de Procedimientos Administrativos, una garantía de defensa puesta a disposición de los administrados frente a la inacción de la Administración, no encontramos elemento alguno en el ordenamiento jurídico que pueda permitir interpretar que el transcurso de los lapsos para que se produzca el acto tácito denegatorio, agota la competencia administrativa, eximiendo a la Administración de su obligación de decidir. Al contrario, constitucionalmente, de acuerdo al Artículo 67 del texto fundamental, que recoge el Artículo 2° de la Ley Orgánica de Procedimientos Administrativos, la consecuencia del derecho de petición, es la obligación para la Administración de dar "oportuna respuesta", y de esta obligación, no puede eximirla ni la Ley Orgánica de Procedimientos Administrativos ni ninguna otra Ley. El silencio administrativo, por tanto, es una garantía para que aun sin decisión expresa, el interesado pueda defenderse y tener acceso por ejemplo, a la jurisdicción contencioso-administrativa, y no un medio para que la Administración se libere de su obligación de decidir, la cual tiene, además, su fuente en la propia Constitución. Por tanto, a pesar del transcurso de los lapsos que la Ley Orgánica impone a la Administración, para decidir las solicitudes y recursos, la Administración puede y debe resolver expresamente el asunto o recurso, para lo cual el funcionario tiene no sólo competencia, sino obligación que, incluso, puede dar lugar a responsabilidad. Y tan ello es así en nuestro ordenamiento jurídico, que la propia Ley Orgánica de Procedimientos Administrativos impone a la Administración y sus funcionarios la obligación de tramitar los escritos cuyo conocimiento les corresponda (Artículo 3°) y de resolver las instancias y peticiones que le dirijan los interesados (Artículo 2°); haciendo a los funcionarios responsables de las omisiones o demoras (Artículo 4°). Por otra parte, el parágrafo único del Artículo 4° de la Ley Orgánica dispone que la reiterada demora en decidir, que dé lugar a que los asuntos o recursos se consideren resueltos negativamente, es decir, que los particulares reaccionen por los recursos inmediatos subsiguientes contra la inacción de la Administración, acarrea responsabilidad disciplinaria hasta el punto que se considera un motivo, de derecho, que provoca amonestación escrita conforme a la Ley de Carrera Administrativa, sin perjuicio de las multas que deben aplicarse conforme al Artículo 100 de la propia Ley Orgánica.

Por tanto, la Administración Pública, al transcurrir el lapso previsto legalmente, para que adopte su decisión, sin que el interesado use el beneficio e interponga el recurso inmediato siguiente, no pierde, en forma alguna, competencia para resolver y sigue estando obligada a hacerlo, es decir, la Administración puede y debe resolver el asunto o recurso en cualquier tiempo posterior.

En nuestro sistema, inclusive, puede sostenerse que no sólo la Administración no pierde competencia para decidir, por la obligación que tiene de dar oportuna respuesta a las solicitudes y recursos administrativos, sino que en caso de silencio, y aún en el supuesto de que el interesado haya intentado el recurso inmediato siguiente, la Administración puede decidir tardíamente. Si decide en beneficio del interesado, el superior Jerárquico o el juez contencioso-administrativo, en su caso, no tendría materia sobre la cual decidir; y al contrario, si decide en contra de la pretensión del interesado, se acumularía al recurso intentado, la impugnación de la nueva decisión.

c'. Conclusión

Como consecuencia de lo expuesto, puede señalarse como conclusión del sentido del silencio administrativo negativo en la Ley Orgánica de Procedimientos Administrativos, lo siguiente:

1. La figura del silencio administrativo negativo que acoge la Ley Orgánica, está configurada como una garantía a favor del administrado, para permitirle su defensa, mediante el ejercicio del recurso inmediato siguiente, contra el acto tácito derivado de la presunción denegatoria que provoca la inacción de la Administración.

2. La interpretación del Artículo 4° de la Ley Orgánica, por tanto, debe hacerse siempre en beneficio del interesado, para cuyo beneficio se regula el silencio administrativo, y no en su perjuicio.

3. La posibilidad que se abre al particular de recurrir ante el silencio administrativo es eso, una posibilidad, facultad, derecho o garantía, y no una obligación y mucho menos una carga; y si el interesado decide no utilizar el beneficio procesal, puede optar, libremente, por esperar la decisión expresa del asunto o recurso, en cuyo caso, de producirse y no satisfacerse sus pretensiones, puede intentar el recurso inmediato siguiente contra el nuevo acto.

4. Por el hecho de que transcurra el plazo del silencio administrativo sin que la Administración decida, y transcurra el lapso de caducidad para intentar el recurso inmediato siguiente previsto en beneficio del particular, no se puede pensar que el acto tácito haya adquirido firmeza.

5. Por el hecho de que transcurra el lapso señalado para que se produzca el silencio administrativo, no puede pensarse que se agotó la vía administrativa en el sentido de que la Administración perdió competencia para decidir posteriormente o que ya no tiene obligación de decidir. Al contrario, de acuerdo con la Constitución (Artículo 47) y la Ley Orgánica (Artículo 2°), la Administración está obligada a decidir los asuntos y recursos que se le sometan, es decir, está obligada a dar oportuna respuesta, por lo que, a pesar de que transcurran los lapsos de silencio administrativo y el particular no use el

beneficio de ejercer el recurso inmediato siguiente que la Ley Orgánica le otorga, la Administración tiene el deber de decidir, para lo cual no puede considerarse que ha perdido competencia.

E. Deber de motivar

Sobre la motivación de los actos administrativos véase Allan R. Brewer-Carías, "Consideraciones sobre la distinción entre la causa de los actos administrativos y la motivación como requisito de forma de los mismos" en *Revista de la Facultad de Derecho*, N° 49, Caracas 1971, p. 233 y ss.; Hildegard Rondón de Santo, "La motivación de los artos administrativos" en *Archivo de Derecho Público y Ciencias de la Administración,* Instituto de Derecho Público, UCV, Vol. II, Caracas 1970-71, pp. 199-238.

Un quinto deber de la Administración y de los funcionarios, es el deber de motivar los actos administrativos, el cual se establece en diversas normas de la Ley Orgánica. La consagración general está establecida en el artículo 9 que exige que los actos administrativos de carácter particular, es decir, de efectos particulares, deberán ser motivados, excepto los de simple trámite o salvo disposición expresa de la Ley; y en dicha motivación, expresamente debe hacerse referencia a los hechos y a los fundamentos legales del acto. Se trata, por tanto, de una obligación general prevista en la Ley Orgánica, para los actos administrativos definitivos, de efectos particulares, es decir, que resuelvan un asunto, salvo que una norma legal expresa, exima de esta obligación a la Administración.

La motivación de los actos administrativos fue una exigencia establecida desde hace muchos años por una jurisprudencia, a veces cambiante, pero constante en cuanto a exigirla siempre respecto a los actos administrativos que lesionaran en alguna forma la esfera jurídica de los particulares, por ejemplo, actos sancionatorios o actos restrictivos de la esfera jurídica de los particulares; es decir, la Administración debía motivar el acto cuando lesionara a un particular en sus derechos o intereses. La Ley Orgánica, en este campo, fue mucho más allá de la tradición jurisprudencial, y ahora prescribe una obligación general de motivar todo acto administrativo definitivo de efectos particulares. Esta exigencia absoluta, tendrá que ser matizada por la jurisprudencia porque, realmente, puede conducir a situaciones absurdas, pues resulta evidente que muchísimos actos administrativos no necesitan motivación, particularmente los autorizatorios.

La motivación, como requisito de forma de los actos administrativos, por otra parte, conforme al Artículo 18, Ordinal 5°, debe consistir en una expresión sucinta de los hechos, de las razones que hubieren sido alegadas y de los fundamentos legales del acto. Por tanto, es la propia Ley Orgánica la que precisa en qué debe consistir la motivación.

Por otra parte, debe destacarse que la Ley Orgánica dejó abierta la posibilidad de que una Ley expresa exima a la Administración de la obligación de motivar en casos concretos. En general, esta es una situación excepcional, y son muy raros los ejemplos en las leyes especiales que establezcan expresamente casos en los cuales la Administración no deba motivar el acto. Recuérdese, por ejemplo, que en materia de bancos, la Ley general de Bancos y otros institutos de crédito, establece que los actos administrativos por medio de los cuales se niegue la solicitud de funcionamiento de un Banco, no requieren de motivación. Al decidirlo, dice dicha ley, la Administración puede hacerlo "sin que tenga que dar razón alguna a los interesados" (Artículo 10).

Además de esta consagración general de la motivación en el Artículo 9 de la Ley, la misma está prevista en otras normas. Por ejemplo, el Artículo 2 de la Ley impone la obligación a los funcionarios de resolver las instancias y peticiones, o bien, declarar en su caso, los motivos que tuvieren para no hacerlo. Es decir, si ante una petición, la Administración estima que no debe resolverla, debe indicarlo en una resolución motivada, indicando por qué no lo resuelve.

Por otra parte, hemos visto la obligación de la Administración de resolver los asuntos en el orden en que hubieren sido recibidos. Sin embargo, la Administración puede, por razones de interés público, cambiar o modificar el orden de decisión, pero debe hacerlo mediante un acto motivado conforme a la exigencia expresa del Artículo 34.

Asimismo, el Artículo 59 de la Ley Orgánica exige un acto motivado para calificar de confidencial un documento y separarlo del expediente respectivo.

Por último, también en relación a la motivación, deben mencionarse las normas relativas a la imposición de sanciones. De acuerdo al Artículo 104, las sanciones se aplicarán mediante resolución motivada.

F. Deber de ejecución formal

Además de los deberes mencionados, debe hacerse referencia al deber de ejecución formal de los actos administrativos, antes comentado. Conforme a lo previsto en el Artículo 78 de la Ley Orgánica, la Administración no puede ejecutar arbitrariamente sus actos administrativos, sino que debe realizar una ejecución formal, que se manifiesta, primero, en que deben ejecutarse en el término establecido, conforme al Artículo 8, y segundo, en que pueden ejecutarse a través de actos materiales pero siempre que previamente haya un acto formal administrativo, que ordene esa ejecución, tal como lo exige el artículo 78.

G. Deber de imparcialidad

Otro deber de la Administración establecido como principio fundamental del procedimiento administrativo, es el deber de actuar con imparcialidad, que menciona indirectamente el artículo 30 de la Ley Orgánica y que, a la vez, es manifestación del principio de la igualdad consagrado en la Constitución. El deber de imparcialidad se manifiesta, conforme a los Artículos 36 y siguientes de la Ley, en la obligación de los funcionarios de inhibirse del conocimiento de asuntos en los cuales puedan tener interés personal, pueda haber relaciones de amistad o enemistad con el interesado o pueda haber habido relaciones de servicio, previas a la decisión, entre el funcionario y el interesado.

3. Consecuencias generales

Véase Allan R. Brewer-Carías, "La responsabilidad de los funcionarios públicos y la inconstitucionalidad del artículo 51 de la Ley Orgánica de Régimen Municipal" en *Revista de Derecho Público*, Nº 2, Caracas 1980, pp. 179-183; Armida Quintana, *La Carrera Administrativa*, Caracas 1980, p. 99 y ss.

Véase la jurisprudencia de la Corte en Mary Ramos Fernández "Jurisprudencia Administrativa y Constitucional" en *Revista de Derecho Público,* Nº 2, Caracas 1980, pp. 98 y ss. Véase además, Allan R. Brewer-Carías, "Aspectos del control político sobre la Administración Pública" en *Revista de Control Fiscal,* Nº 101, Caracas 1981, p. 107 y ss.

Por supuesto la consecuencia de la previsión de todas estas obligaciones, es la consagración de la responsabilidad de los funcionarios que intervienen en los asuntos. Esa responsabilidad está, en efecto, prevista como consecuencia de la actuación de los funcionarios y particularmente por retardo, omisión, distorsión o incumplimiento en el procedimiento, y en los Artículos 3, 4, 6, 54 y 101 se prescriben quienes son los funcionarios responsables y las sanciones respectivas. La Ley, por tanto, al consagrar responsabilidades establece que ellas deben exigirse a través de multas, y mediante las sanciones previstas en la Ley de Carrera Administrativa. La previsión de responsabilidades administrativas, en todo caso, plantea la necesidad de que la Administración establezca, en actos formales, cuáles son los niveles de responsabilidad, de manera que cada funcionario sea responsable, efectivamente, de lo que tiene que cumplir y no resulten responsables otros funcionarios.

Otra consecuencia de los deberes, que puede mencionarse, es el efecto del silencio administrativo. Hemos visto, que la Ley prevé el deber de decidir en determinados casos por lo que el incumplimiento de este deber llevó al legislador a formular una presunción legal sobre e] valor negativo del silencio administrativo. Así, si la Administración, conforme al artículo 4 de la Ley no resolviere un asunto en los lapsos establecidos, se presume que ha resuelto negativamente y, por tanto, el particular puede intentar el recurso inmediato, como una medida de protección de sus derechos, sean administrativos, o contencioso-administrativo según su caso. Sin embargo, la decisión denegatoria tácita derivada del silencio administrativo, de acuerdo al artículo 4, no releva a los órganos administrativos ni a los funcionarios de las responsabilidades que les sean imputables por la omisión o la demora, estableciéndose, además, que la reiterada negligencia de los funcionarios responsables en la decisión de los asuntos o recursos, en los cuales por la ausencia de decisión expresa, se estime que son resueltos negativamente por la aplicación del principio del silencio, debe acarrear expresamente amonestación por escrito de acuerdo a la Ley de Carrera Administrativa y las sanciones prescritas en esta propia Ley de Procedimientos Administrativos (Artículo 100). Por tanto, el silencio administrativo negativo le da posibilidades al particular de tener una decisión tácita, pero no releva de la obligación que tiene la Administración de decidir, y por supuesto, aun cuando se considere que se ha resuelto negativamente el asunto, por el silencio, el funcionario responsable por el silencio, es sujeto de sanciones, tanto de las previstas en la Ley de Carrera Administrativa como en la Ley Orgánica de Procedimientos Administrativos.

III. LOS DERECHOS DE LOS INTERESADOS

Sobre los derechos de los administrados véase Manuel Rachadell, "Las garantías de los administrados en la Ley Orgánica de Procedimientos Administrativos" en el libro que edita el Instituto de Derecho Público, *El Procedimiento Administrativo,* Vol. IV del Archivo de Derecho Público y Ciencias de la Administración, Caracas 1982; Hildegard Rondón de Sansó, *El Procedimiento Administrativo,* Caracas 1976, p. 82 y ss.; Hildegard Rondón de Sansó, "Análisis Crítico de la Ley Orgánica de Procedimientos Administrativos", en *Revista del Consejo de la Judicatura,* Nº 22, Caracas 1981, p. 27 y ss.

Sin duda, una de las partes medulares de la Ley está formada por los derechos de los administrados en relación a la Administración. Ya hemos dicho que esta Ley es una muestra de ese equilibrio que siempre busca el derecho administrativo, entre poderes de la Administración y derechos de los particulares. No siempre ha habido un balance en la historia del derecho administrativo entre esas dos posiciones o situaciones jurídicas. A veces, la balanza se ha inclinado a favor de la Administración, a través del otorgamiento de poderes y prerrogativas, no garantizándose al particular derechos frente a ella. En otros casos, por ejemplo, de sistemas absolutamente liberales, la balanza se ha inclinado en otro sentido, y el particular ha tenido sólo derechos y pocos poderes la Administración.

Antes de esta Ley, la situación en Venezuela era desbalanceada: muchos derechos, poderes y prerrogativas de la Administración y muy pocos derechos de los particulares frente al Estado, por lo cual muchas veces eran aplastados por éste, encontrándose desasistidos e indefensos. Por eso, la Ley tiene una gran importancia en el sentido de otorgar derechos a los particulares, pero su regulación, sin duda, posiblemente haya creado otro desbalance al hacer que el sistema se incline hacia una mayor consagración de derechos a favor de los particulares. Por eso, una parte medular de la Ley la constituye el estudio de los derechos de los administrados o particulares en el sistema del procedimiento administrativo que regula.

Vamos a estudiar estos derechos de los administrados, clasificándolos en tres grupos: por una parte, derechos en relación a la Administración, en segundo lugar, derechos en relación al procedimiento en concreto; y en tercer lugar, derechos en relación a los actos administrativos.

1. Derechos en relación a la administración

En relación a la Administración, la Ley consagra una serie de derechos a favor de los interesados: derechos de petición y a la respuesta; derecho a la igualdad; derecho a la estabilidad o seguridad jurídica; derecho a la información; derecho a la certeza y derecho a la prescripción. Veámoslos separadamente.

A. El derecho de petición y a la respuesta

Sobre el derecho de petición, véase José Guillermo Andueza, "El derecho de petición y la Ley Orgánica de Procedimientos Administrativos" y Cecilia Sosa, "Comentario sobre el derecho de petición en la Ley Orgánica de Procedimientos Administrativos" en el libro del Instituto de Derecho Público, *El Procedimiento Administrativo*, Vol. IV del Archivo de Derecho Público y Ciencias de la Administración, Caracas, 1982. Véase también Alejandro Graterol M., "Notas sobre el derecho de petición en el ordenamiento jurídico nacional" en *Revista del Colegio de Abogados del Estado Falcón*, N° 11, Coro 1979, pp. 21-53.

El primero de estos derechos, al cual ya hemos hecho referencia, es la consagración, en la Ley, del derecho de petición que, en genérico, establece el Artículo 67 de la Constitución*. Hemos dicho que la Constitución establece el derecho de todos a representar y

---

* Art. 51 de la Constitución de 1999.

dirigir peticiones ante cualquier entidad o funcionario público sobre los asuntos que sean de la competencia de éstos, y además consagra el derecho a obtener oportuna respuesta. La Ley recoge el mismo derecho de petición, en su Artículo 29, pero lo regula como un derecho de los interesados, es decir, de aquellos que puedan alegar una lesión a sus intereses personales, legítimos y directos o a sus derechos subjetivos.

El Artículo 2, también establece y regula el derecho a obtener oportuna respuesta al prescribir que los funcionarios deben resolver las instancias o peticiones que se le dirijan. Se trata, por tanto, de una obligación de decidir, y en su caso, si el funcionario estima que no debe decidir en concreto, debe expresar los motivos que tuviere para no hacerlo. La Ley, por tanto, garantiza que el funcionario no debe guardar silencio, que es uno de los principales problemas de la Administración, sino que está obligado a decidir, o si él estima, en un caso concreto, que no debe decidir, debe decir por qué no lo hace, en forma motivada. Con esto la Ley busca concretar el derecho de petición y a obtener oportuna respuesta. Por otra parte, la oportunidad de la respuesta se refleja en los lapsos que la Ley da a los funcionarios para decidir; si se trata de una petición que no requiere sustanciación, el funcionario tiene un lapso de 20 días hábiles para tomar la decisión, de acuerdo al Artículo 5 de la Ley. Si se trata de un procedimiento que sí requiere sustanciación, conforme al Artículo 60, el funcionario tiene un lapso de cuatro meses y dos meses de prórroga para tomar la decisión, o sea, un lapso máximo de seis meses. Por último, si se trata de un procedimiento sumario que puede ser resuelto, por vía expedita, la decisión debe tomarse en 30 días hábiles, de acuerdo al Artículo 67 de la Ley.

Por tanto, el derecho a obtener oportuna respuesta derivado del derecho de petición, la Ley lo concreta, y estima que esa oportunidad es de veinte días, seis meses o treinta días, Según que se trate, respectivamente, de un procedimiento que no requiere sustanciación, que si lo requiere o que sea de carácter sumario. Si transcurre el lapso oportuno, y la Administración no decide, se aplica lo establecido en el Artículo 49 de la Ley, es decir, opera el Silencio administrativo tácito negativo, que implica que, cuando no se resolviere un asunto o un recurso dentro de los correspondientes lapsos, se considerará que la Administración ha resuelto negativamente el asunto o recurso, a los efectos de que el interesado puede intentar los recursos inmediatos siguientes.

En esta forma, si no se decide el asunto o recurso dentro de los lapsos establecidos se considera que hay una decisión administrativa tácita, denegatoria del recurso o solicitud, y el efecto de que se considere que hay un acto administrativo tácito negativo, es que el particular tiene garantías jurídicas contra la inacción, es decir, contra la decisión derivada del silencio administrativo.

Con anterioridad a la Ley Orgánica, salvo por lo que respecta al recurso contencioso-administrativo de anulación en los casos de silencio en la decisión de recursos administrativos previsto en el Artículo 134 de la Ley Orgánica de la Corte Suprema de Justicia[*], en caso de solicitudes no decididas por la Administración, el particular no tenía medios de protección. Por eso la Ley Orgánica, con esta regulación, busca garantizar, realmente, al particular, el derecho a obtener esa oportuna respuesta, que se vincula a los señalados lapsos que prevé la propia Ley.

* Ley Orgánica del Tribunal Supremo de Justicia *G.O.* Nº 39.522, de 01-10-2010.

B. El derecho a la igualdad

Véase Hermann Petzold Pernía, *La noción de igualdad en el derecho de algunos Estados de América Latina*, Maracaibo, 1974; Cecilia Sosa, "El principio de igualdad y la Administración reguladora de la economía" en *Revista de Derecho Público*, N° 2, Caracas 1980, pp. 37-52. Véase la jurisprudencia sobre el principio de la igualdad en Allan R. Brewer-Carías, *Jurisprudencia de la Corte Suprema 1930-1974 y Estudios de Derecho Administrativo*, T. 1, Caracas 1975, p. 395 y ss.

Además del derecho de petición y a obtener respuesta, otro derecho de los interesados que se establece en la Ley en relación a la Administración, es el derecho a la igualdad. Puede decirse que, en general, los particulares tienen el derecho a la igualdad derivado del Preámbulo y del Artículo 61 de la Constitución** que prohíben la discriminación. Por tanto, frente a la Administración, los particulares tienen el derecho a un trato igual, no discriminatorio e imparcial. El principio de la imparcialidad está consagrado en el Artículo 30 de la Ley como un principio del procedimiento administrativo, y además, como un derecho del particular a que a Administración no se parcialice en la resolución de los asuntos, por ninguna de las partes. Esto trae consecuencias: la Administración debe respetar el orden de los asuntos, conforme a su presentación, de acuerdo al Artículo 34 de la Ley; y si el funcionario se encuentra en alguna situación que pueda comprometer su imparcialidad, debe inhibirse de acuerdo a lo regulado en el Artículo 36 de la Ley, para asegurar la igualdad y la imparcialidad del procedimiento.

C. El derecho a la estabilidad de las decisiones

El tercer derecho de los interesados frente a la Administración, es el derecho a la estabilidad o a la seguridad jurídica que tienen los particulares en relación a los actos administrativos. La Administración no puede estar variando sus actos a cada rato, porque lesionaría la seguridad jurídica, ya que el interesado no sabría a qué atenerse frente a la Administración. Por tanto, la actuación de la Administración tiene que asegurar condiciones mínimas de estabilidad y permanencia de su actuación.

En todo caso, la Administración aun cuando tome decisiones en base a un criterio, podría cambiar, pues no se trata de inmovilizar la actuación administrativa. Sin embargo, de acuerdo al Artículo 11 de la Ley, y si bien la Administración puede modificar los criterios que tiene para decidir y puede adoptar nuevas interpretaciones, ello no implica que pueda aplicar esas nuevas interpretaciones a situaciones anteriores ya decididas, pues de lo contrario no habría estabilidad, ni seguridad jurídica en las decisiones. Sólo se exceptúa de la no aplicación de nuevas interpretaciones a situaciones anteriores, los casos en los cuales la nueva interpretación sea: más favorable para el particular, por lo que si lo perjudica no se podría en ninguna forma aplicar retroactivamente la nueva interpretación.

Por tanto, el derecho a la estabilidad y a la seguridad jurídica, implica el principio de la irretroactividad de los actos administrativos que también se deriva, como principio general del derecho, del Artículo 44 de la Constitución*.

** Art. 21 de la Constitución de 1999.

* Art. 24 de la Constitución de 1999.

En consecuencia, cuando se produzca en la Administración una nueva interpretación, modificándose los criterios anteriores, los actos cumplidos anteriormente, quedan firmes y no pueden ser modificados. Tampoco tiene derecho el particular a pedir que la Administración los modifique.

Esto nos conduce, como consecuencia del derecho a la estabilidad y a la seguridad jurídica, a otro principio que es el de la irrevocabilidad de los actos administrativos. En efecto, los actos administrativos cuando han creado derechos a favor de particulares, no pueden ser revocados libremente por la Administración. Y este principio, derivado del derecho a la estabilidad y a la seguridad jurídica, se establece en el Artículo 82 de la Ley. En esta norma se dispone que los actos administrativos que no originen derechos subjetivos legítimos, personales y directos para un particular, pueden ser revocados en cualquier momento, en todo o en parte, por la autoridad administrativa que lo dictó o por el superior jerárquico. Por tanto, por interpretación a contrario del Artículo 82 resulta que cuando un acto administrativo sí origine derechos a favor de particulares, es irrevocable, lo cual, además, está confirmado en el Artículo 19, ordinal 29 de la Ley que declara nulos, de nulidad absoluta, los actos administrativos que revoquen actos anteriores que habían creado derechos a favor de particulares.

Sobre el cambio de criterios administrativos, véase lo expuesto en las pp. 42 y ss. de este libro; y sobre la revocación, véase lo indicado en las pp. 67 y ss.

D. El derecho a la información

El cuarto derecho de los particulares frente a la Administración, es el derecho a la información, al cual nos hemos referido en diversas oportunidades. En efecto, los particulares tienen derecho a tener una información general sobre las estructuras, funciones, comunicaciones y jerarquías de las dependencias administrativas, conforme se prevé en el Artículo 33 de la Ley. Asimismo, las dependencias al servicio del público deben informar a los particulares por medios adecuados, sobre los fines, competencias y funcionamiento de los órganos y servicios administrativos. El Artículo 33 de la Ley; así, regula un derecho general a ser informado, sobre cómo funciona la Administración y cuáles son los procedimientos y trámites que hay que cumplir en los diversos casos, lo que implica, asimismo, derechos a que se indiquen los formularios y requisitos que hay que llenar en cada caso.

Pero además de este derecho general, también hay un derecho particular a ser informado en los casos en que pueda haber alguna falla en la tramitación que inicia el particular. Hay una consagración general de este derecho específico a ser informado, en el Artículo 45 de la Ley, que indica que los funcionarios del registro de documentos, deben advertir a los interesados de las omisiones y de las irregularidades que observen al iniciarse un procedimiento con la entrega de la solicitud respectiva, sin que puedan negarse a recibida. Por tanto, cuando se entrega una petición a un organismo público, el funcionario del registro no puede negarse a recibida si no contiene todos los elementos que exige la Ley, pero sí está obligado a decirle al interesado cuáles son las faltas de la solicitud, quien en este caso, tiene un derecho a ser informado específicamente. Además, este derecho concreto a ser informado de fallas, u omisiones, se consagra también con posterioridad a la introducción de los documentos respectivos en el registro. Por ejemplo, en las solicitudes que no requieren sustancien y que deben ser resueltas en lapso breve de veinte días de acuerdo al Artículo 5 de la Ley, la Administración está obligada a informar al interesado, por escrito, dentro de los cinco días siguientes a la recepción de la documentación, de la omisión o incumplimiento por aquél de algún requisito para que lo subsane. En igual forma este derecho está regulado en el Artículo 50 de la Ley, en aquellos casos en los cuales el procedimiento sí requiere sustanciación: en este supuesto, cuando en el escrito o solicitud falte algún requisito de los exigidos en el Artículo 49 de la Ley, la autoridad competente para iniciar las actividades, debe notificar al interesado presentante, comunicándole las omisiones o fallas observadas en su documento, para que las subsane en un plazo de quince días.

Estas normas cambian totalmente, un panorama anterior de la acción administrativa. Antes, si un particular presentaba una documentación incompleta, normalmente la Administración no se lo advertía y después de unos meses le indicaba que no había presentado completo el expediente. Ahora, la Administración está obligada a advertirle al particular, en breve lapso, qué es lo que le falta, para completarlo, por lo que la Administración no puede ir posponiendo la tramitación de un asunto bajo la excusa de que faltan documentos.

En todo caso, este derecho a ser informado en concreto, lo regula la Ley sólo en el caso de peticiones o solicitudes, pero no se establece en caso de recursos. Por tanto, si un particular inició un procedimiento ante una Administración Pública, y el procedimiento concluyó con una decisión, en el momento en el cual el interesado vaya a intentar un recurso cualquiera contra el acto administrativo, debe necesariamente cumplir con todos los requisitos que exige el Artículo 49 de la Ley. En estos casos, si no lo hace, ello es a su riesgo y en este caso la Administración no está obligada a advertir de las omisiones o fallas sino que, simplemente, de acuerdo al Artículo 86 de la Ley, la Administración debe declarar inadmisible el recurso si no cumple los requisitos formales. En este caso, debe tenerse en cuenta que el particular ya ha estado en relación con la Administración, y conoce las exigencias formales, por lo que no tiene razón a estar siempre tutelado.

Por ello, en caso de recursos o de procedimientos de impugnación, el Artículo 86 no prevé el derecho concreto del interesado a la información, originando el incumplimiento de los requisitos formales, pura y simplemente, la inadmisibilidad del recurso.

E. El derecho a la racionalidad administrativa

Otro derecho del interesado en relación a la Administración, es el derecho a la racionalidad de la actuación administrativa, es decir, el derecho a que la Administración siga las fórmulas racionales, lo cual se deriva del principio de la racionalidad, que establece indirectamente el Artículo 30 de la Ley. Por tanto, el derecho a la racionalidad implica que la Administración debe actuar de acuerdo a una serie de formas, uniformemente prescritas, que sean inteligibles por todos los particulares, en las cuales se establezcan las características que deben tener, no sólo cada documento y cada exigencia procedimental, sino cada fase del procedimiento. Por ello el Artículo 32 exige a la Administración el que deba racionalizar sus sistemas y métodos de trabajo, adoptando las medidas y procedimientos más idóneos.

F. El derecho a la prescripción

Por último, también puede considerarse como un derecho de los interesados en relación a la Administración, el derecho a la prescripción. En efecto, cuando se trata de actos administrativos que imponen o crean obligaciones a los particulares, éstos no pueden estar sujetos eternamente a dichas obligaciones, sino que tienen derecho a oponerse a su cumplimiento y a que las mismas prescriban por el transcurso del tiempo. En esta forma, el Artículo 70 de la Ley Orgánica expresamente señala que las acciones que provengan de estos actos creadores de obligaciones, prescriben en el término de cinco años. Por tanto, si se trata de actos administrativos que imponen obligaciones de hacer (órdenes) o de no hacer (prohibiciones) a un particular, transcurridos cinco años a partir del momento en el cual comenzaron a surtir efectos, si la Administración inicia acciones para ejecutarlos, el interesado puede oponerse a la ejecución de los mismos, alegando la prescripción. La interrupción de la prescripción o la suspensión de los lapsos respectivos, se rigen, en todo caso, por el Código Civil.

Debe señalarse, además, que la Ley Orgánica establece el procedimiento para el caso de que el interesado se oponga a la ejecución de un acto administrativo alegando la prescripción: en estos casos, conforme al Artículo 71, la autoridad administrativa a la que corresponda el conocimiento del asunto procederá, en el término de treinta días hábiles a verificar el tiempo transcurrido y las interrupciones o suspensiones habidas, si fuese el caso, y a decidir lo pertinente.

2. Derechos en relación al procedimiento

Además del grupo de derechos de los administrados frente a la Administración como instrumento de acción del Estado, pueden también distinguirse otra serie de derechos de los particulares, pero en relación al procedimiento administrativo concreto, consagrados por primera vez en el derecho positivo.

Estos son, el derecho a la defensa, el derecho a la celeridad, el derecho al orden en las decisiones, el derecho a desistir del procedimiento, y el derecho de queja.

A. El derecho a la defensa

Véase Allan R. Brewer-Carías y Mary Ramos Fernández, "Evolución jurisprudencial del derecho a la defensa en el procedimiento administrativo" en *Revista de Derecho Público*, N° 7, Caracas 1981, pp. 197-203. En particular véase la jurisprudencia sobre la materia en Allan R. Brewer-Carías, Jurisprudencia de la Corte Suprema de Justicia 1930-1974 y Estudios de Derecho Administrativo, T. III, Vol. 1, Caracas 1976, p. 150 y ss. y en Mary Ramos Fernández, "Jurisprudencia administrativa y constitucional", en *Revista de Derecho Público*, N° 1, Caracas 1980, p. 124 y ss.; N° 2, Caracas 1980, pp. 112 y 120; N° 3, Caracas 1980, p. 121; N° 5, Caracas 1981, p. 111.

El derecho a la defensa ante la Administración, y en el curso de un procedimiento administrativo ha sido una construcción jurisprudencial derivada del principio constitucional consagrado en el Artículo 68* qué se refiere, básicamente, a los procesos judiciales.

---

* Art. 49,1 de la Constitución de 1999.

La jurisprudencia de la Corte Suprema, había extendido este derecho a la defensa de rango constitucional, respecto a todos los procedimientos y, particularmente, respecto al procedimiento administrativo.

***

Addendum: El derecho a la defensa y al debido proceso se reguló en la Constitución de 1999, extendiéndose expresamente en el artículo 49 a los procedimientos administrativos. Se reguló, en dicha norma, extensamente, la más importante de las garantías constitucionales que tiene toda persona natural o jurídica, además del acceso a la justicia y el derecho a la tutela judicial efectiva, y es que la actividad realizada por los órganos del Poder Judicial o de la Administración se realice de acuerdo con las normas establecidas en la Constitución y las leyes, es decir, en el curso de un debido proceso o procedimiento.

Dicha garantía al debido proceso[9] ha sido analizada extensamente por el Tribunal Supremo de Justicia, calificándosela por la Sala Constitucional como una "garantía suprema dentro de un Estado de Derecho"[10]. Así, en sentencia N° 97 de 15 de marzo de 2000 (Caso: *Agropecuaria Los Tres Rebeldes*), la Sala Constitucional señaló que "se denomina debido proceso a aquél proceso que reúne las garantías indispensables para que exista una tutela judicial efectiva", no siendo una clase determinada de proceso, "sino la necesidad de que cualquiera sea la vía escogida para la defensa de los derechos o intereses legítimos, las leyes procesales deben garantizar la existencia de un procedimiento que asegure el derecho de defensa de la parte y la posibilidad de una tutela judicial efectiva"[11].

Por su parte, en sentencia N° 157 de 17 de febrero de 2000, la Sala Político Administrativa del Tribunal Supremo (Caso: *Juan C. Pareja P. vs. MRI*), precisó que:

> "Se trata de un derecho complejo que encierra dentro de sí, un conjunto de garantías que se traducen en una diversidad de derechos para el procesado, entre los que figuran, el derecho a acceder a la justicia, el derecho a ser oído, el derecho a la articulación de un proceso debido, derecho de acceso a los recursos legalmente establecidos, derecho a un tribunal competente, independiente e imparcial, derecho a obtener una resolución de fondo fundada en derecho, derecho a un proceso sin dilaciones indebidas, derecho a la ejecución de las sentencias, entre otros, que se vienen configurando a través de la jurisprudencia. Todos estos derechos se desprenden de la interpretación de los ocho ordinales que consagra el artículo 49 de la Carta Fundamental."
>
> Tanto la doctrina como la jurisprudencia comparada han precisado, que este derecho no debe configurarse aisladamente, sino vincularse a otros derechos fundamentales como lo son, el derecho a la tutela efectiva y el derecho al respeto de la dignidad de la persona humana...

---

9 *V.* en general, Antonieta Garrido de Cárdenas, "La naturaleza del debido proceso en la Constitución de la República Bolivariana de Venezuela de 1999", en *Revista de Derecho Constitucional*, N° 5 (julio-diciembre), Editorial Sherwood, Caracas, 2001, pp. 89-116; Antonieta Garrido de Cárdenas, "El debido proceso como derecho fundamental en la Constitución de 1999 y sus medios de protección", en *Bases y principios del sistema constitucional venezolano* (Ponencias del VII Congreso Venezolano de Derecho Constitucional realizado en San Cristóbal del 21 al 23 de Noviembre de 2001), Volumen I, pp. 127-144.

10 *V.* sentencia N° 123 de la Sala Constitucional (Caso: *Sergio J. Meléndez*) de 17 de marzo de 2000, en *Revista de Derecho Público*, N° 81, (enero-marzo), Editorial Jurídica Venezolana, Editorial Jurídica Venezolana, Caracas 2000, p. 143.

11 *V.* en *Revista de Derecho Público*, N° 81, (enero-marzo), Editorial Jurídica Venezolana, Caracas 2000, p. 148.

El artículo 49 del Texto Fundamental vigente consagra que el debido proceso es un derecho *aplicable a todas las actuaciones judiciales y* administrativas, disposición que tiene su fundamento en el principio de igualdad ante la ley, dado que *el debido proceso significa que ambas partes en el procedimiento* administrativo, como *en el proceso judicial, deben tener* igualdad de oportunidades, tanto *en la defensa de sus respectivos derechos como en la producción de las pruebas destinadas a acreditarlos."*[12]

En particular, en relación con el proceso penal o sancionatorio en general, la misma Sala Político Administrativa ha precisado las siguientes garantías derivadas del debido proceso: el derecho al Juez natural (numeral 4 del artículo 49); el derecho a la presunción de inocencia (numeral 2 del artículo 49); el derecho a la defensa y a ser informado de los cargos formulados (numeral 1 del artículo 49); el derecho a ser oído (numeral 3 del artículo 49); el derecho a un proceso sin dilaciones indebidas (numeral 8 del artículo 49); el derecho a utilizar los medios de prueba pertinentes para su defensa (numeral 1 del artículo 49); el derecho a no confesarse culpable y no declarar contra sí misma (numeral 5 del artículo 49); y el derecho a la tutela judicial efectiva de los derechos e intereses del procesado (artículo 26 de la Constitución)[13].

Como lo ha reiterado la Sala Constitucional del Tribunal Supremo en sentencia N° 80 de 1 de febrero de 2001 (Caso: *Impugnación de los artículos 197 del Código de Procedimiento Civil y 18 de la Ley Orgánica del Poder Judicial):*

> "La referida norma constitucional, recoge a lo largo de su articulado, la concepción que respecto al contenido y alcance del derecho al debido proceso ha precisado la doctrina más calificada, y según la cual el derecho al debido proceso constituye un conjunto de garantías, que amparan al ciudadano, y entre las cuales se mencionan las del ser oído, la presunción de inocencia, el acceso a la justicia y a los recursos legalmente establecidos, la articulación de un proceso debido, la de obtener una resolución de fondo con fundamento en derecho, la de ser juzgado por un tribunal competente, imparcial e independiente, la de un proceso sin dilaciones indebidas y por supuesto, la de ejecución de las sentencias que se dicten en tales procesos. Ya la jurisprudencia y la doctrina habían entendido, que el derecho al debido proceso debe aplicarse y respetarse en cualquier estado y grado en que se encuentre la causa, sea ésta judicial o administrativa, pues dicha afirmación parte del principio de igualdad frente a la ley, y que en materia procedimental representa igualdad de oportunidades para las partes intervinientes en el proceso de que se trate, a objeto de realizar □en igualdad de condiciones y dentro de los lapsos legalmente establecidos□ todas aquellas actuaciones tendientes a la defensa de sus derechos e intereses."

Ahora bien, en particular, en relación con la garantía del derecho a la defensa, el ordinal 1° del artículo 49 de la Constitución no sólo establece el derecho a la *defensa,* sino a la *asistencia jurídica* (de abogado)[14] los que considera como derechos inviolables en *todo estado y grado* de la investigación y del proceso. Adicionalmente, precisa que toda persona tiene derecho a ser notificada de los cargos por los cuales se la investiga, de *acceder a las pruebas* y de *disponer del tiempo* y de los medios adecuados para ejercer su *defensa.* El derecho a la defensa ha sido amplio y tradicionalmente analizado por la

---

12 *V.* en *Revista de Derecho Público,* N° 81, (enero-marzo), Editorial Jurídica Venezolana, Caracas 2000, p. 135.

13 *V.* sentencia N° 224 de 24-02-2000, *idem,* pp. 136 y ss.

14 La Corte Primera de lo Contencioso Administrativo en sentencia N° 352 de 22-03-2001 (Caso: *Colegio de Médicos del Distrito Federal vs. Federación Médica Venezolana*) en tal sentido ha señalado que "la intervención real y efectiva del abogado garantiza a las partes actuar en el proceso de la forma más conveniente para sus derechos e intereses y les permite defenderse debidamente contra la parte contraria", en *Revista de Derecho Público,* N° 85-88, Editorial Jurídica Venezolana, Caracas 2001, pp. 100 y ss.

jurisprudencia del Tribunal Supremo así como por la de la antigua Corte Suprema de Justicia, considerándose como "garantía que exige el respeto al principio esencial de contradicción, conforme al cual, las partes enfrentadas, en condiciones de igualdad, deben disponer de mecanismos suficientes que les permitan alegar y probar las circunstancias tendientes al reconocimiento de sus intereses, necesariamente, una sola de ellas resulte gananciosa". (Sentencia N° 1166 de 29 de junio de 2001, Ponente Magistrado Jesús Eduardo Cabrera Romero, Caso: *Alejandro Moreno vs. Sociedad Mercantil Auto Escape Los Arales, S.R.L.)*[15]

El derecho a la defensa, como garantía del debido proceso, por tanto, no puede ser desconocido ni siquiera por el legislador.[16] Esto lo ha precisado con claridad, la misma sala Constitucional en sentencia N° 321 de 22 de febrero de 2002, con Ponencia del Magistrado Jesús Eduardo Cabrera Romero (Caso: *Papeles Nacionales Flamingo, C.A. vs. Dirección de Hacienda del Municipio Guacara del Estado Carabobo)* en la cual ha precisado que las limitaciones al derecho de defensa en cuanto derecho fundamental, derivan por sí mismas del texto constitucional y si el Legislador amplía el espectro de tales limitaciones, las mismas devienen en ilegítimas, señalando lo siguiente:

> "[D]ebe observarse que tanto el artículo 68 de la abrogada Constitución, como el 49.1 de la vigente, facultan a la ley para que regule el derecho a la defensa, regulación que se ve atendida por el ordenamiento adjetivo. Ello en modo alguno quiere significar que sea disponible para el legislador el contenido del mencionado derecho, pues éste se halla claramente delimitado en las mencionadas disposiciones; si no que por el contrario, implica un mandato al órgano legislativo de asegurar la consagración de mecanismos que aseguren el ejercicio del derecho de defensa de los justiciables, no sólo en sede jurisdiccional, incluso en la gubernativa, en los términos previstos por la Carta Magna. De esta forma, las limitaciones al derecho de defensa en cuanto derecho fundamental derivan por sí mismas del texto constitucional, y si el Legislador amplía el espectro de tales limitaciones, las mismas devienen en ilegítimas; esto es, la sola previsión legal de restricciones al ejercicio del derecho de defensa no justifica las mismas, sino en la medida que obedezcan al aludido mandato constitucional."

El derecho a la defensa, por tanto, es un derecho constitucional absoluto, "inviolable" en todo estado y grado de la causa dice la Constitución, el cual corresponde a toda persona, sin distingo alguno si se trata de una persona natural o jurídica, por lo que no admite excepciones ni limitaciones ((Por ello, por ejemplo, la Corte Primera de lo Contencioso Administrativo, en sentencia 15-8-97 (Caso: *Telecomunicaciones Movilnet, C.A. vs. Comisión Nacional de Telecomunicaciones (CONATEL*) señaló que. "resulta inconcebible en un Estado de Derecho, la imposición de sanciones, medidas prohibiti-

---

15 Esto ya lo había sentado la sentencia N° 3682 de 19 de diciembre de 1999, la Sala Político Administrativa de la antigua Corte Suprema de Justicia al destacar que el reconocimiento constitucional del derecho a la defensa se extiende a todas las relaciones de naturaleza jurídica que ocurren en la vida cotidiana, y con especial relevancia, en aquellas situaciones en las cuales los derechos de los particulares son afectados por una autoridad pública o privada; de manera que el derecho constitucional impone que en todo procedimiento tanto administrativo como judicial, "se asegure un equilibrio y una igualdad entre las partes intervinientes, garantizándole el derecho a ser oída, a desvirtuar lo imputado o a probar lo contrario a lo sostenido por el funcionario en el curso del procedimiento". *V.* en *Revista de Derecho Público*, N° 79-80, Editorial Jurídica Venezolana, Caracas 1999.

16 Por ello, ha sido por la prevalencia del derecho a la defensa que la Sala Constitucional, siguiendo la doctrina constitucional establecida por la antigua Corte Suprema de Justicia16, ha desaplicado por ejemplo normas que consagran el principio *solve et repete* como condición para acceder a la justicia contencioso-administrativa, por considerarlas inconstitucionales. *V.* Sentencia N° 321 de 22 de febrero de 2002 (Caso: *Papeles Nacionales Flamingo, C.A. vs. Dirección de Hacienda del Municipio Guacara del Estado Carabobo. V.* en *Revista de Derecho Público*, N° 89-92, Editorial Jurídica Venezolana, Caracas 2002.

vas o en el general, cualquier tipo de limitación o restricción a la esfera subjetiva de los administrados, sin que se dé oportunidad alguna de ejercicio de la debida defensa". Véase en *Revista de Derecho Público,* N° 71-72, Caracas 1997, pp. 154-163). Dicho derecho "es un derecho, fundamental que nuestra Constitución protege y que es de tal naturaleza, que no puede ser suspendido en el ámbito de un estado de derecho, por cuanto configura una de las bases sobre las cuales tal concepto se erige" (Así lo estableció la Sala Político Administrativa de la antigua Corte Suprema de Justicia, en sentencia N° 572 de 18-8-97, Caso: *Aerolíneas Venezolanas, S.A. (AVENSA) vs. República (Ministerio de Transporte y Comunicaciones*).

Todas las Salas del Tribunal Supremo han reafirmado el derecho a la defensa como inviolable. Así, por ejemplo, la Sala de Casación Civil en sentencia N° 39 de 26 de abril de 1995 (Caso: *A.C. Expresos Nas vs. Otros),* ha señalado sobre "el sagrado derecho a la defensa" es un "derecho fundamental cuyo ejercicio debe garantizar el Juez porque ello redunda en la seguridad jurídica que es el soporte de nuestro estado de derecho; más cuando la causa sometida a su conocimiento se dirige a obtener el reconocimiento y posterior protección de los derechos con rango constitucional". Este derecho, ha agregado la Sala, "es principio absoluto de nuestro sistema en cualquier procedimiento o proceso y en cualquier estado y grado de la causa" (Véase en *Jurisprudencia Pierre Tapia,* N° 4, Caracas, abril 1995, pp. 9-12). En otra sentencia No 160 de 2 de junio de 1998, la Sala de casación Civil reiteró dicho derecho a "entenderse como la posibilidad cierta de obtener justicia del tribunal competente en el menor tiempo posible, previa realización, en la forma y oportunidad prescrita por la ley, de aquellos actos procesales encaminados a hacer efectivos los derechos de la persona" agregando que, por tanto, no es admisible "que alguien sea condenado si antes no ha sido citado, oído y vencido en proceso judicial seguido ante un juez competente, pues en tal caso se estaría ante una violación del principio del debido proceso" (Véase en *Jurisprudencia Pierre Tapia,* N° 6, junio 1998, pp. 34-37).

Por su parte la Sala de Casación Penal de la antigua Corte Suprema de Justicia en sentencia de 26 de junio de 1996, sostuvo que:

> "El derecho a la defensa debe ser considerado no sólo como la oportunidad para el ciudadano o presunto infractor de hacer oír sus alegatos, sino como el derecho de exigir del Estado e cumplimiento previo a la imposición de toda sanción de un conjunto de actos o procedimientos destinados o permitirle conocer con precisión los hechos que se le imputan, las disposiciones legales aplicables a los mismos, hacer oportunamente alegatos en su descargo y promover y evacuar pruebas que obren en su favor. Esta perspectiva del derecho de defensa es equiparable a lo que en otros estados de derecho ha sido llamado como principio del debido proceso." (Véase en *Jurisprudencia Pierre Tapia,* N° 6, junio 1998).

La Corte Plena de la antigua Corte Suprema de Justicia, por su parte, en sentencia de 30 de julio de 1996, enmarcó el derecho a la defensa dentro del derecho de los derechos humanos, protegido además en el ámbito de los instrumentos internacionales sobre derechos humanos, conforme al principio de la progresividad, señalando lo siguiente:

> "Por ello, la Constitución de la República estatuye que la defensa pueda ser propuesta en todo momento, "en todo estado y grado del proceso", aún antes, entendiéndose por proceso, según Calamandrei, "el conjunto de operaciones metodológicas estampadas en la ley con el fin de llegar a la justicia". Y la justicia la imparte el Estado. En el caso concreto que se estudia, a través de este Alto Tribunal. El fin que se persigue es mantener el orden jurídico.

Así mismo, debe anotar la Corte que en materia de Derechos Humanos, el principio jurídico de progresividad envuelve la necesidad de aplicar con preferencia la norma más favorable a los derechos humanos, sea de Derecho Constitucional, de Derecho Internacional o de derecho ordinario. Esta doctrina de interpenetración jurídica fue acogida en sentencia de 3 de diciembre de 1990 por la Sala Político-Administrativa, en un caso sobre derechos laborales, conforme a estos términos:

> ...Igualmente debe señalarse que el derecho a la inamovilidad en el trabajo de la mujer embarazada y el derecho a disfrutar del descanso pre y post-natal *constituyen derechos inherentes a la persona humana los cuales se constitucionalizan, de conformidad con el artículo 50 de nuestro Texto Fundamental.* Según el cual "la enunciación de los derechos y garantías contenido en esta Constitución no debe entenderse como negación de otros que, siendo inherentes a la persona humana, no figuren expresamente en ella. La falta de ley reglamentaria de estos derechos no menoscaba el ejercicio de los mismos..."

Desde el punto de vista internacional, considera este Alto Tribunal que importa fortalecer la interpretación sobre esta materia, señalando la normativa existente.

Así, entre otros, el artículo 8 letra b) de la Convención Americana de Derechos Humanos (Pacto de San José de Costa Rica), establece lo siguiente:

> "Toda persona tiene derecho a ser oída, con las debidas garantías y dentro de un plazo razonable por un Juez o Tribunal competentes, independiente e imparcial establecido con anterioridad por la ley, en la sustanciación de cualquier acusación penal formulada contra ella, o para la determinación de sus derechos y obligaciones de orden civil, laboral, fiscal o de cualquier carácter".

De la misma manera, el Pacto Internacional de los Derechos Civiles y Políticos, garantiza a toda persona el derecho a ser juzgado por sus jueces naturales, mediante proceso legal y justo, en el cual se aseguren en forma transparente todos sus derechos.

Esta normativa rige en plenitud dentro del país. Al efecto y tal como se indicó anteriormente, el artículo 50 de la Constitución de la República consagra la vigencia de los derechos implícitos conforme a la cual:

> "La enunciación de los derechos y garantías contenidas en esta Constitución no debe entenderse como negación de otros que, siendo inherentes a la persona humana no figuran expresamente en ella".

A ello se agrega que las reproducidas disposiciones de tipo internacional se encuentran incorporadas al ordenamiento jurídico interno, conforme a lo previsto en el artículo 128 de la Constitución de la República." (Véase en *Revista de Derecho Público,* N° 67-68, EJV, Caracas, julio-diciembre 1996, pp. 169-171)

Pero además, con ocasión de la entrada en vigencia de la Constitución de 1999, la nueva Sala Constitucional del Tribunal Supremo de Justicia, particularmente en sentencias con Ponencias del Magistrado Jesús Eduardo Cabrera Romero, ha insistido en el carácter absoluto e inviolable del derecho a la defensa. Así, por ejemplo, en sentencia N° 97 de 15 de marzo de 2000 (Caso: *Agropecuaria Los Tres Rebeldes, C.A. vs. Juzgado de Primera Instancia en lo Civil, Mercantil, Tránsito, Trabajo, Agrario, Penal, de Salvaguarda del Patrimonio Público de la Circunscripción Judicial del Estado Barinas*), la Sala señaló:

> "Se denomina *debido proceso* a aquél proceso que reúna las garantías indispensables para que exista una tutela judicial efectiva. Es a esta noción a la que alude el artículo 49 de la Constitución de la República Bolivariana de Venezuela, cuando expresa que el debido proceso se aplicará a todas las actuaciones judiciales y administrativas.

Pero la norma constitucional no establece una clase determinada de proceso, sino la necesidad de que cualquiera sea la vía procesal escogida para la defensa de los derechos o intereses legítimos, las leyes procesales deben garantizar la existencia de un procedimiento que asegure el derecho de defensa de la parte y la posibilidad de una tutela judicial efectiva.

De la existencia de un proceso debido se desprende la posibilidad de que las partes puedan hacer uso de los medios o recursos previstos en el ordenamiento para la defensa de sus derechos e intereses. En consecuencia, siempre que de la inobservancia de las reglas procesales surja la imposibilidad para las partes de hacer uso de los mecanismos que garantizan el derecho a ser oído en el juicio, se producirá indefensión y la violación de la garantía de un debido proceso y el derecho de defensa de las partes" (Véase en *Revista de Derecho Público,* N° 82, EJV, Caracas, 2000).

***

Este derecho a la defensa previsto con carácter general como principio en el citado Artículo 68 de la Constitución y adoptado y aceptado por la jurisprudencia en materia administrativa, tiene una consagración múltiple en la Ley Orgánica, la cual en diversas normas, precisa su sentido y manifestaciones. Se regulan así, los siguientes derechos conexos: el derecho a ser oído, el derecho a hacerse parte, el derecho a ser notificado, el derecho de acceso al expediente, el derecho a presentar pruebas y el derecho a ser informado de los recursos para ejercer la defensa.

a. *El derecho a ser oído*

Sobre el derecho a la audiencia del interesado, véase Hildegard Rondón de Sansó, "Estudio Preliminar" en *Ley Orgánica de Procedimientos Administrativos*, en Caracas 1981, p. 41 y ss. Véase, además, la jurisprudencia que recoge Mary Ramos Fernández en "Jurisprudencia administrativa y constitucional" en *Revista de Derecho Público*, N° 6, Caracas 1981, pp. 143-146; Y en cuanto a la doctrina administrativa véase *Doctrina de la Procuraduría General de la República 1969*, Caracas 1970, p. 24.

En primer lugar, la Ley establece expresamente el derecho del interesado a ser oído, el cuales la base del derecho de la defensa.

No puede hablarse de posibilidad siquiera de defensa si no es convocado u oído el particular; es decir, se trata del derecho a la audiencia que tiene todo interesado, consagración positiva del principio que la jurisprudencia había establecido como el de *audi alteram parti,* es decir, el derecho a oír a la otra parte.

Este derecho está previsto expresamente en los Artículos 48 y 68 de la Ley.

El Artículo 48 por ejemplo, establece que en los casos de procedimientos administrativos que se inician de oficio, la Administración, al ordenar la apertura del procedimiento, lo primero que debe hacer es notificar a los particulares cuyos derechos subjetivos o intereses legítimos, personales y directos pueden resultar afectados y debe concederles a los interesados, un lapso de 10 días para que expongan sus pruebas y aleguen sus razones, con lo cual, insistimos, por primera vez, con carácter general en el derecho positivo, se consagra el derecho a la defensa del interesado, al asegurársele el derecho a ser oído.

Por supuesto, se trata, si se quiere, de un derecho elemental, pero también a pesar de ello de un derecho que era regular y tradicionalmente vulnerado por la Administración. Puede decirse que, en general, la Administración normalmente no convocaba a los interesados. Era muy frecuente que el particular se enterara de una decisión, cuando se la notificaban, y no tenía asegurado, en el procedimiento constitutivo del acto, este derecho a ser oído y a través del mismo, el derecho a poder alegar sus razones. Por ello esta norma tiene enorme importancia, pues asegura a los particulares el derecho a ser oído con anterioridad a la decisión para poder ejercer su defensa.

Este derecho también está regulado en el Artículo 68 de la Ley, que se refiere a los procedimientos sumarios. Establece esta norma que en estos procedimientos sumarios. Establece esta norma que en estos procedimientos sumarios, el funcionario sustanciador, con autorización del superior y *previa audiencia de los interesados,* podrá determinar que se siga el procedimiento ordinario. Se trata, aquí también, de una consagración concreta del derecho a ser oído, es decir, de la audiencia al interesado, quien, para el cambio de procedimiento por la autoridad administrativa, debe ser convocada previamente por la autoridad administrativa, debe ser convocado previamente para poder exponer sus razones.

b. *El derecho a hacerse parte*

El derecho a la defensa tiene otra manifestación concreta en el derecho a hacerse parte en el procedimiento. En efecto, no sólo tienen derecho a hacerse parte en el procedimiento los interesados que hubiesen intervenido en la iniciación del mismo, sino que, iniciado un procedimiento por algún particular, puede haber otro interesado que tenga interés en el procedimiento. Por ello, al Artículo 23 de la Ley Orgánica señala que estos interesados, aun cuando no hubiesen intervenido en el inicio del procedimiento, pueden apersonarse en el mismo en cualquier estado en que se encuentre la tramitación, con lo cual se asegura, siempre a todo interesado, el derecho a hacerse parte, en el procedimiento y poder alegar las razones que tenga en relación a la decisión que ha sido solicitada de la Administración.

c. *Derecho a ser notificado*

Parte también del derecho a la defensa, es el derecho que tienen los interesados a ser notificados de las decisiones administrativas.

La notificación, en efecto, se consagra como un derecho en los procedimientos que se inicien de oficio, en cuyo caso, expresamente el Artículo 48 exige que se notifique a los particulares cuyos derechos subjetivos e intereses legítimos, personales y directos pueden estar afectados por el procedimiento.

Por otra parte, la Ley Orgánica regula el derecho a ser notificado en cuanto a la formalidad de la notificación, para la eficacia de los actos administrativos. Así, todo acto administrativo, una vez dictado, si afecta derechos de los particulares, debe ser notificado personalmente a éstos, y la Ley regula en los Artículos 72 y siguientes, todos los requisitos que deben tener las notificaciones. Puede decirse que aquí también estamos en presencia de una muy novedosa regulación en el derecho administrativo, relativa a las notificaciones. Puede decirse que no había, hasta ahora, regulaciones generales, en esta materia, y al contrario, ahora se establece expresamente, que todo acto administrativo de carácter particular que afecte derechos o intereses legítimos personales y directos de los administrados debe ser notificado, conforme a los requisitos formales previstos en el Artículo 73.

En efecto, conforme a este último Artículo la notificación debe contener el texto integro del acto y además, la indicación de cuales recursos proceden contra ese acto. Se trata de unos requisitos de tal naturaleza, que si la notificación se formula sin cumplirlos, se entiende que la notificación no produce ningún efecto. Por ello, se regulan expresamente, en el Artículo 74, las llamadas notificaciones defectuosas, es decir, que no cumplan todos los requisitos que señala el Artículo 73, esto es, que no contengan el texto íntegro del acto o que no indiquen el particular, los recursos que éste tiene y los lapsos y los órganos para poder atacarlos.

En esta forma, también, por primera vez, se regula la consecuencia de los defectos de la notificación, al establecerse que ésta si no contiene los requisitos mencionados, no produce ningún efecto.

Por otra parte, debe señalarse que la notificación es un acto que busca poner en conocimiento al interesado, en forma personal, de la decisión administrativa. Por eso, la Ley establece con detalle en los Artículos 75 y siguientes, las formalidades de la notificación y sólo permite la posibilidad de la publicación del acto, cuando la notificación sea impracticable. Es decir, cuando no pueda notificarse el acto, personalmente al interesado, la Administración puede acudir, por vía subsidiaria, a la publicación del acto, pero no ya en la *Gaceta Oficial*, sino en un diario de mayor circulación. En realidad, sólo pueden y deben publicarse en la *Gaceta Oficial* los actos administrativos de efectos particulares, cuando la Ley establezca expresamente, que deban publicarse en dicho medio. Esto tiene mucha importancia porque, formalmente, de acuerdo a la Ley, un acto de efectos particulares surte efecto con la notificación personal y no con la publicación en *Gaceta*. Sin embargo, era muy común encontrar en la *Gaceta Oficial de la República*, la publicación de actos de efectos particulares entendiéndose tradicionalmente que el acto surtía efectos a partir de la publicación en *Gaceta*. Sin embargo, de acuerdo a la Ley, si un texto legal no exige expresamente que el acto de efectos particulares deba publicarse, lo cual no es muy normal ni frecuente, el acto debe notificarse personalmente de acuerdo a los requisitos que establecen los Artículos 74 y siguientes de la Ley, con lo cual, la práctica de publicar actos de efectos particulares en la *Gaceta Oficial*, entendiendo que con esto ya el acto surtía efectos, es una práctica que se encuentra ahora, limitada por la Ley Orgánica de Procedimientos Administrativos.

d. *El derecho a tener acceso al expediente*

Sobre el problema de la reserva y secreto de los archivos de la Administración en la Jurisprudencia, véase Mary Ramos Fernández, "Jurisprudencia Administrativa y Constitucional" en *Revista de Derecho Público*, Nº 5, Caracas 1981, p. 92. En la doctrina administrativa, véase la *Doctrina de la Procuraduría General de la República 1973*, Caracas 1974, pp. 96 y 299; y *Dictámenes de la Consultoría Jurídica 1969-1976*, Contraloría General de la República, Caracas 1976, T. V, pp. 969-979.

Además del derecho a la audiencia del interesado, a ser oído, a hacerse parte y a ser notificado de los procedimientos, otra manifestación del derecho a la defensa, de gran importancia, y también tradicionalmente violentado por la Administración, es el derecho de los interesados a tener acceso al expediente administrativo, que establece expresamente en el Artículo 59 de la Ley Orgánica. Conforme a este Artículo, los interesados y sus representantes tienen el derecho de examinar en cualquier estado o grado del procedimiento, el expediente respectivo, y de leer y copiar cualquier documento contenido en el mismo e inclusive, de pedir certificación del mismo. Este, por supuesto, es un derecho del interesado que se configura como la base para su defensa.

Este Artículo 59 de la Ley Orgánica también va a variar una actitud tradicional de la Administración, y que consistía en ocultar el expediente, o llevar varios expedientes, uno para consulta y otro para decidir. No era infrecuente que la Administración se negara a enseñarle al particular documentos que en el expediente pudieran darle la razón, y mostrarle sólo aquellos informes o documentos que iban en contra del interés o derecho del particular.

No era infrecuente, en efecto, que al acudir a una oficina pública, el interesado no lograra que le enseñaran el expediente, el cual era considerado, siempre, como reservado o secreto, y si lograba que le enseñaran algún documento del mismo, normalmente eran aquellos documentos que no le favorecían, sin embargo, todos aquellos dictámenes y opiniones que podían resultarle favorables, en general se guardaban y siempre se mantenían en reserva. Esto no podrá suceder, de acuerdo a la nueva Ley. No olvidemos que existe obligación de la Administración, de formar un expediente que debe tener una unidad y una integridad, por lo que todo documento concerniente al caso, debe ir a engrosar el expediente. Se asegura así que con el derecho al acceso al expediente, en cualquier momento, el interesado tiene consagrado efectivamente su derecho a revisar todo el expediente, como base de su derecho a la defensa.

En todo caso, ante el principio general hay una excepción: los interesados no pueden tener acceso a los documentos que sean calificados como confidenciales por el superior jerárquico, los cuales deben archivarse en cuaderno aparte, siendo esta la única excepción a la unidad e integridad del expediente. Por supuesto, aquí también encontramos el principio de que la calificación de confidencial de algunos documentos, requiere de una resolución motivada y, por tanto, debe hacerse la explicación formal de por qué se considera confidencial el documento. Esta norma tiene una enorme importancia en las relaciones entre el interesado y la Administración, pues significa cambiar el principio de la confidencialidad por el de la apertura.

Nuestra Administración Pública ha estado signada desde el siglo pasado, por la característica del secreto y de la reserva. La Ley Orgánica de la Administración Central de 1976, inclusive, recoge los viejos artículos del Estatuto Orgánico del Ministerio, al establecer como principio general que los archivos de la Administración Pública son reservados, para el uso oficial (Artículo 54)[*] lo cual implica que no habría posibilidad normal de tener acceso a los expedientes.

La Ley Orgánica de Procedimientos Administrativos, cambia totalmente el sistema y ahora se establece el derecho del interesado a tener acceso al expediente, a poder revisar los documentos, a poderlos leer, a poder obtener copias simples o certificadas, siendo la excepción, el que en forma expresa y concreta, en un expediente, se califique de confidencial un documento mediante una resolución motivada. Esta sería la única forma de impedirle al particular observar, leer, consultar los documentos, para lo cual esos documentos confidenciales deben archivarse separadamente del expediente central. Por tanto, sin duda, puede ser una revolución administrativa lo que este Artículo de la Ley puede originar, tanto frente a la tradicional reserva de los archivos de la Administración, como frente al derecho de los interesados a tener acceso libre al expediente.

e. *El derecho a presentar pruebas*

Otra manifestación del derecho de la defensa que establece y regula expresamente la Ley, es el derecho, no sólo alegar razones, sino a presentar pruebas, regulado en los Artículos 48 y 58 de la Ley. En el primero se prevé que en los procedimientos que se

* Ley Orgánica de la Administración Pública *G.O.* N° 5.890 Extraordinario del 31 de julio de 2008.

inician de oficio, el interesado tiene un lapso determinado para exponer sus pruebas y alegar sus razones; y en el Artículo 58 se regulan los medios de prueba, remitiéndose básicamente, a los medios de prueba establecidos en los Códigos de Procedimiento Civil y de Enjuiciamiento Criminal*, lo que evidencia la amplitud considerable de la Ley, en cuanto a los medios probatorios de que pueda disponer el particular para ejercer su derecho a la defensa.

f. *El derecho a ser informado de los recursos*

Una última manifestación del derecho a la defensa, es el derecho que tiene el interesado, conforme al Artículo 73, a que se le informe sobre los recursos que puede interponer contra los actos administrativos para poder defenderse frente a los mismos; es decir, es el derecho a no ser sorprendido por la Administración, con una decisión que a veces no se sabe si es impugnable o no, ante quién y qué lapso tiene. Por tanto, tomada una decisión, se debe indicar al particular qué recurso puede ejercer, ante cuál funcionario y en qué lapso, y ello debe hacerse en la notificación del acto recurrible.

Ahora bien, este derecho a ser informado de los medios de defensa o recursos, tiene una connotación importante en el Artículo 77 de la Ley. En efecto, si en la notificación se le indica al interesado, cómo tiene que hacerse, cuáles son los medios de defensa de los cuales dispone, es decir, cuáles son los recursos contra el acto, así como los lapsos y el órgano ante el cual deben interponerse, si la información es errada, el error en la notificación no afecta el derecho del particular. En esta forma, expresamente, el Artículo 77 de la Ley señala que si sobre la base de una información errada que contenga la notificación, el interesado hubiese intentado algún procedimiento que sea improcedente, el tiempo transcurrido no se tomará en cuenta a los efectos de determinar el vencimiento de los lapsos que le correspondan para intentar el recurso que sea el apropiado. En estos casos, por tanto, se produce una especie de suspensión de la caducidad en favor del particular cuando intente un recurso improcedente, por una indicación errada de la Administración. Esto nos confirma además, sin duda, en la Ley Orgánica una inclinación importantísima hacia el particular en ese balance de situaciones jurídicas de la Administración y del particular, al regularse, con precisión, este derecho a la defensa, en todas estas manifestaciones señaladas: el derecho a ser oído, a hacerse parte, a ser notificado, a tener acceso al expediente, a presentar pruebas y a ser informado de los medios de recursos de que disponga contra los actos administrativos. Otra manifestación del derecho a la defensa, como la exigencia de motivación de los actos administrativos, se estudiará más adelante.

B. El derecho a la celeridad

También en relación al procedimiento, además del derecho a la defensa con todas estas manifestaciones, en varias normas de la Ley se consagra lo que podríamos denominar el derecho a la celeridad en el procedimiento, el cual también va a afectar la actuación tradicional de la Administración, donde el tiempo no cuenta ni tiene valor. Para un funcionario decirle a un particular que regrese en una semana o dentro de 15 días, es lo mismo, y normalmente pasan meses y no se resuelve el asunto con celeridad. Sin em-

* Código Orgánico Procesal Penal, *G.O.* Extraordinaria de 4-09-2009.

bargo, este desprecio del tiempo ahora tendrá que cambiar al preverse en la Ley este derecho a la celeridad, a los efectos de que los procedimientos se resuelvan rápidamente.

Este derecho, ante todo, se consagra como uno de los principios generales que deben regir la actividad administrativa conforme se establece en el Artículo 30 de la Ley, al mencionar al principio de la economía procesal y al principio de la celeridad, además del de la eficacia e imparcialidad.

a. *El derecho al cumplimiento de plazos*

El derecho a la celeridad se manifiesta, ante todo, en el derecho del interesado a que la Administración respete los lapsos y decida en los términos legales. Por ello, el Artículo 41, establece que los términos y plazos establecidos en la Ley, obligan, por igual, y sin necesidad de apremio, a las autoridades y funcionarios competentes para el despacho de los asuntos. Por tanto, el interesado, puede decirse que tiene un derecho a que la Administración se atenga a los plazos, derecho que, por otra parte, se precisa en las diversas normas que establecen lapsos para decidir. El artículo 5° en relación a los procedimientos que no requieran sustanciación, señala un lapso de 20 días hábiles para las decisiones; en el Artículo 67 en los procedimientos sumarios, establece la obligación de decidir en un lapso de 30 días hábiles, y luego, en los procedimientos que requieren sustanciación, el Artículo 60, establece un lapso de cuatro meses, con posibilidad de dos meses más de prórroga (6 meses). En esta forma, hay una certeza del particular de obtener una decisión en estos lapsos consagrados en la Ley; además del silencio administrativo negativo como una sanción indirecta a la no decisión rápida de los asuntos en los lapsos prescritos. Por tanto, transcurridos esos lapsos, sin que la Administración decida, se entenderá, de acuerdo al Artículo 4 de la Ley, que la Administración ha resuelto negativamente el asunto o recurso, por lo que, el silencio equivale, al vencimiento de los lapsos, a una decisión denegatoria del recurso o de la solicitud introducida, para beneficio del particular y de su defensa.

b. *El derecho a la actuación administrativa de oficio*

Otra manifestación de este derecho a la celeridad, está en el Artículo 53, que establece la obligación de la Administración de cumplir todos los actos de procedimiento para el mejor conocimiento del asunto, asignándole al funcionario, la responsabilidad de impulsar el procedimiento. El procedimiento administrativo no es un procedimiento que se desarrolle sólo de acuerdo a la instancia de los interesados o a lo que éstos aleguen o planteen ante la Administración, sino que la Administración está obligada a seguir el procedimiento y a realizar todos los actos necesarios para que éste concluya, siendo responsabilidad, de la Administración, el impulsar en todo momento el procedimiento. Aquí está el derecho del interesado a que la Administración actúe de oficio, conforme a su obligación.

c. *El derecho a la no suspensión del procedimiento*

Por último, otra consagración muy importante de este derecho a la celeridad en las decisiones administrativas, está en el derecho a la no suspensión del procedimiento administrativo, cuando se trata de una sustanciación meramente administrativa. En efecto, si el funcionario, en el curso del procedimiento, debe obtener informes o dictámenes de otros organismos o de órganos dentro del mismo organismo, el hecho de que no se reciban esos informes, o un dictamen, dice el Artículo 56, no es causa de que se suspenda la tramitación. Por tanto, hay un carácter no suspensivo de la ausencia de recepción de documentos o en general, del hecho de que no se cumpla a nivel administrativo, con trámites que sean meramente administrativos. Así, la excusa tradicional de que un asunto no está resuelto porque se está esperando el dictamen de la Consultoría Jurídica o de una Sala Técnica o de otro funcionario, no suspende el procedimiento, ni suspende el transcurso del lapso para decidir y para que se opere, eventualmente, el silencio administrativo negativo.

Este derecho a la no suspensión del procedimiento existe también, como se verá más adelante, en los casos en los cuales, conforme al Artículo 39 de la Ley, se ejerza un recurso de reclamo contra las omisiones, retardos, distorsiones o incumplimiento de normas procedimentales, por los funcionarios públicos. El ejercicio del recurso de reclamo, en efecto no acarrea paralización del asunto.

C. El derecho al respeto del orden de las tramitaciones

Otro derecho de los particulares ante el procedimiento administrativo, es el derecho a la igualdad, que se manifiesta particularmente en el respeto, por la Administración, en forma rigurosa, del orden de entrada de los asuntos ante la propia Administración para su decisión. En el despacho de los asuntos, dice el Artículo 34, se respetará rigurosamente el orden en que fueron presentados; orden que debe constar del recibo y de los datos de registro que regula el Artículo 44 de la Ley. Por tanto, aquí se identifica un derecho del administrado a que su asunto sea resuelto en el orden en que entró, y por tanto, tiene el derecho a oponerse e, inclusive, a exigir la imposición de sanciones, cuando este orden se altere si el funcionario prefiere resolver antes, un asunto que haya sido presentado posteriormente.

D. El derecho de queja

Otro derecho del particular en relación al procedimiento, es el derecho de los interesados que establece el Artículo 3, de quejarse ante el superior jerárquico en los casos de retardo, omisión, distorsión o incumplimiento de cualquier procedimiento, trámite o plazo, en que incurrieren los funcionarios responsables del asunto.

Antes de esta Ley Orgánica, no había regulación expresa, en el derecho positivo, de este derecho del particular de dirigirse al superior jerárquico reclamando las actuaciones del funcionario inferior que implicaran retardos, omisiones, o cualquier otra violación le normas de procedimientos.

La Ley, al regular el reclamo en el Artículo 3°, establece, por otra parte, una vía formal, es decir, se trata de un recurso jurídico que, podríamos llamar recurso de reclamo, que se debe interponer ante el superior jerárquico. El ejercicio de este recurso de reclamo no acarrea paralización de los asuntos. Por tanto, por el hecho de que un funcionario realice determinados actos en el procedimiento, que impliquen omisión, dilación o retardo, el interesado tiene el derecho de quejarse ante el superior y exigir, inclusive, la imposición de sanciones, pero sin que ello implique que el procedimiento se paralice, sino que se continúa, con lo cual se garantiza el derecho a la celeridad antes comentado.

En todo caso, debe destacarse que si el superior jerárquico ante quien se interpone el reclamo, lo considerarse fundado, debe necesariamente de acuerdo al Artículo 3°, imponer al funcionario que ha sido denunciado, las sanciones previstas en el Artículo 100, sin perjuicio de las demás responsabilidades y sanciones a que hubiere lugar.

E. El derecho a desistir del procedimiento

Otro derecho que también prevé la Ley Orgánica, y que hasta ahora era materia de principios, es el derecho del particular a desistir del procedimiento, cuando éste se haya iniciado a instancia de parte. Se entiende terminado el procedimiento, dice el Artículo 63 de la Ley, por el desistimiento del interesado de su solicitud, petición o instancia, por lo que se trata de un derecho que sólo puede hacerse valer en los procedimientos que se inician a instancia del interesado.

La Ley establece que este desistimiento debe hacerse por escrito, y en relación al mismo, corresponde al funcionario que conozca del asunto, formalizar el desistimiento por auto escrito y ordenar el archivo del expediente.

Por supuesto, puede haber casos en los cuales exista un interés público en que el procedimiento continúe, a pesar del desistimiento y aun cuando haya sido solicitado a instancia de parte. Por ejemplo, a nivel local, la Administración Municipal puede decidir la demolición de inmuebles, cuando amenacen ruina. Ahora bien, un particular puede dirigirse a la Administración y pedirle que ordene la demolición de un inmueble vecino, porque estima que amenaza ruinas; y puede perfectamente, con posterioridad desistir de la solicitud. Sin embargo, si del procedimiento, la propia Administración encuentra que realmente el inmueble está en una situación de hecho de amenazar ruina o que amerita el que deba demolerse, en virtud del interés público envuelto, puede decidir continuar el procedimiento a pesar del desistimiento del solicitante.

El Artículo 66 de la Ley Orgánica, en este sentido, expresamente señala, que no obstante el desistimiento, la Administración podrá continuar la tramitación del procedimiento, si razones de interés público lo justifican. En esta forma, se le da potestad a la Administración de continuar el procedimiento de oficio, a pesar del desistimiento del particular. Por supuesto tienen que existir estas razones de interés público, y si bien la Ley no lo dice expresamente, se requeriría de un acto formal que motive la continuación del procedimiento a pesar del desistimiento del particular.

3. Derechos en relación a los actos administrativos

Además de esos derechos de los administrados frente a la Administración y al procedimiento, también puede ubicarse un tercer grupo de derechos de los particulares, en relación a los actos administrativos, es decir, en relación a aquellas manifestaciones de voluntad expresa de la Administración Pública para producir efectos jurídicos (Artículo 7). Este conjunto de derechos está, también, regulado en forma dispersa en la Ley por lo que ya nos hemos referido indirectamente a algunos de ellos.

A. El derecho al formalismo

En primer lugar, puede decirse que hay un derecho al formalismo. La Ley Orgánica, en efecto, es un texto que regula el procedimiento, estableciendo trámites, lapsos y requisitos y la Administración está obligada a cumplir esas formalidades necesarias para la validez y eficacia de sus actos. Este derecho al formalismo, se deduce, ante todo, del Artículo 1° de la Ley, que establece como obligación de la Administración, ajustar su acción a las prescripciones de la Ley. Pero también se deduce del Artículo 12 el cual si bien regula el acto discrecional, insiste en que aun cuando se trate de actos discrecionales, la Administración debe cumplir, al dictarlos, los trámites, requisitos y formalidades necesarios para su validez y eficacia. Por tanto, habría en primer lugar, en relación a los actos administrativos, un derecho al formalismo y la que estos se dicten dentro de las formalidades prescritas en la Ley.

Por otra parte, las formas que debe revestir el acto administrativo están precisadas en el Artículo 18 de la Ley. Por primera vez, también, en el derecho positivo, se enumeran en forma extensa cuáles son los requisitos formales que debe contener un acto administrativo, de manera que lo que había sido una tradición jurisprudencial a través de decisiones de la Corte, se establece ahora con carácter expreso en el Artículo 18 al indicarse los elementos formales que debe contener el acto: el nombre del organismo que dicte el acto; el lugar y h fecha de su emisión; el nombre de la persona a la cual va dirigido; la motivación, es decir, la expresión sucinta de los hechos, razones y sus fundamentos legales; el objeto del acto, es decir, la decisión respectiva, si fuere el caso; el nombre del funcionario o funcionarios que lo suscriben, el sello de la oficina, y la firma autógrafa.

B. El derecho a la motivación

Sobre la motivación de los setos administrativos, véase Allan R. Brewer-Carías, "Consideraciones sobre la distinción entre la causa de los actos administrativos y la motivación como requisito de forma de los mismos" en *Revista de la Facultad de Derecho*, N° 49, Caracas 1971, pp. 233 y ss.; Hildegard Rondón de Sansó, "La motivación de los actos administrativos" en *Archivo de Derecho Público y Ciencias de la Administración*, Instituto de Derecho Público, UCV, Vol. II, Caracas 1970-71, pp. 199-238.

Dentro de esos requisitos formales se destaca un segundo derecho del particular frente a los actos administrativos, el derecho a la motivación, es decir, el derecho a que la Administración, al decidir, lo haga indicando obligatoria y necesariamente al particular, formalmente, los motivos que tuvo para adoptar la decisión.

La motivación, como señalamos anteriormente, se consagra en el Artículo 9 con carácter general, es decir, todo acto administrativo de carácter particular, debe ser motivado, siendo la única excepción, si se trata de actos de simples trámites o de aquellos actos respecto de los cuales una Ley expresa exonere de la obligación de motivarlo.

La motivación significa, conforme expresamente lo exige el Artículo 9 de la Ley, la necesaria expresión de los hechos, es decir, de la causa, (presupuesto de hechos del acto) y de los fundamentos legales del acto. Este requisito de la motivación previsto en el Artículo 9, está complementado en la misma Ley en el Ordinal 5° del Artículo 18, cuando, al detallar las formas, prescribe que el acto necesariamente debe tener una indicación sucinta de los hechos, de las razones que hubiesen sido alegadas y de los fundamentos legales. Debe advertirse que este Ordinal 5° del Artículo 18, agrega un elemento más respecto de lo que prescribe el Artículo 9. Este Artículo sólo habla de la expresión de los hechos y de los fundamentos legales, es decir, de la causa y de la base legal del acto, pero el Artículo 18 agrega un elemento más: el acto debe contener también, las razones que hubiesen sido alegadas. Es decir, la Administración está obligada a analizar lo alegado por el particular y rechazarlo o admitirlo, pero tiene que analizar esas razones alegadas. Y esa motivación regulada en estas dos normas, se complementa, también, en el Artículo 73 de la Ley, al exigir que la notificación del acto contenga el texto integro del mismo, es decir, todos los elementos que precisa el Artículo 18, incluida la motivación, y que implican la decisión. Todo ello debe reflejarse formalmente en la notificación del acto.

Por tanto, ahora no será posible notificar el acto administrativo sin indicar expresamente la motivación. Muchas veces sucede, por ejemplo, a nivel municipal, que las decisiones en un Concejo Municipal se toman normalmente después de una larga sesión donde todos los concejales intervienen y discuten, y luego, al particular, cuando se le notifica el acto, se le da sólo la decisión final, teniendo que pedir copia de la sesión respectiva de la Cámara Municipal, para enterarse bien de los motivos. Con la Ley Orgánica, esto debe cesar, y la motivación completa debe expresarse formalmente, pues a la notificación deben incorporarse todos los elementos del acto, incluyendo la expresión clara y concreta de las razones de hecho y de derecho, así como los alegatos del particular.

C. El derecho a la notificación

Por ello, vinculado a la motivación y al formalismo, podría decirse que otro derecho del interesado en relación al acto administrativo concreto que se adopte, es el derecho a la notificación. Este derecho existe respecto de los actos de efectos particulares, es decir, que afecten derechos subjetivos o intereses legítimos, personales y directos de estos particulares. La notificación conforme al Artículo 75 de la Ley, debe hacerse en el domicilio o residencia del interesado o de su apoderado. Además, para que exista notificación, debe haber un recibo firmado en el cual se deje constancia de la fecha en que se realiza la notificación, del contenido de la misma, así como del nombre y de la cédula de identidad de la persona que reciba la notificación.

Este formalismo de la notificación que establece el Artículo 75, también tiene una enorme importancia para asegurar los derechos del particular. En general, puede decirse que la Ley exige notificación personal, que debe recibirse con constancia de recibo en el domicilio o residencia del interesado o de su apoderado. Por tanto, no son válidas, conforme a la Ley, las notificaciones realizadas por correo donde no hay constancia de recibo.

Debe aclararse, sin embargo, que cuando afirmamos que la notificación debe ser personal, significa que debe realizarse en el domicilio o residencia del interesado, no necesariamente al interesado personalmente, sino en el domicilio o en su residencia. La puede recibir cualquier persona vinculada a ese lugar, por relaciones familiares o de trabajo, siempre que se deje constancia del recibo y de quién la recibió, a los efectos de poder comprobar qué, en efecto, ha sido una persona vinculada al interesado que vive, reside o trabaja en el lugar, quien ha recibido el documento.

Ahora bien, sólo si la notificación es impracticable porque no se conozca ni la residencia ni el domicilio del interesado, o si se conoce la residencia y el domicilio, sea impracticable porque no se halla nadie en el mismo, se puede proceder a la publicación del acto. Esta publicación debe hacerse en un diario de mayor circulación en la entidad territorial donde la autoridad que conoce el asunto tenga su sede y ejerza su competencia, y en este caso de publicación, se entiende que ha sido notificado el interesado a los quince días siguientes a la publicación. En caso de no existir prensa diaria en la entidad territorial, debe publicarse en un diario de gran circulación de la Capital de la República.

En todo caso, debe destacarse que no puede realizarse esta publicación del acto en la *Gaceta Oficial*, ni de la entidad territorial ni de la República, sino que tiene que ser en un diario de mayor circulación. Por tanto, el hecho de que haya imposibilidad de practicar la notificación, no da derecho a la Administración a publicar el acto en la *Gaceta Oficial*, sea de la entidad, sea del ámbito nacional.

D. El derecho a la suspensión de efectos

Véase Allan R. Brewer-Carías, "Los efectos no suspensivos del recurso contencioso-administrativo de anulación y sus excepciones" en *Revista de la Facultad de Derecho*, N° 37-38, Caracas 1968, pp. 293-302; Allan R. Brewer-Carías, "Comentarios en torno a la suspensión de efectos de los actos administrativos en vía contencioso-administrativa" en *Revista de Derecho Público*, N° 4, Caracas 1980, pp. 189 a 194.

Otro derecho vinculado al acto administrativo, es el derecho que consagra la Ley, en forma novedosa en materia de ejecución de los actos administrativos, de que se pueda pedir la suspensión de los efectos del acto administrativo en vía administrativa. El Artículo 87 de la Ley, con buen criterio, establece como principio que la interposición de cualquier recurso no suspende la ejecución de los actos impugnados. Se trata de la consagración del principio tradicional de los efectos no suspensivos de Tos recursos administrativos. Sin embargo, por primera vez, también en el derecho positivo, se regula la posibilidad de que el interesado pueda solicitar a la Administración, intentado un recurso administrativo, que suspenda loa efectos del acto, es decir, suspenda su ejecución, mientras el recurso administrativo se decide.

Hasta ahora, primero, por decisiones jurisprudenciales donde se ha manifestado la función integradora y creadora del derecho de la Corte Suprema, se había admitido que, en vía judicial contenciosa-administrativa, el Tribunal pudiese suspender los efectos del acto administrativo objeto del recurso, si su ejecución pudiera causar gravamen irreparable o de difícil reparación por la sentencia definitiva. La Ley Orgánica de la Corte Suprema de Justicia de 1976, en su Artículo 136*, consagró expresamente esta posibilidad de que en sede contencioso-administrativa, el recurrente contra un acto de la Administración, pudiera solicitar al Juez que suspendiera los efectos del mismo. Esta norma de la Ley Orgánica de la Corte Suprema de Justicia ya ha dado origen a una muy rica jurisprudencia de la Corte Suprema y de la Corte Primera de lo Contencioso-Administrativo, donde han venido estableciéndose cuáles son los diversos requisitos y situaciones que se presentan en materia de suspensión de efectos de actos administrativos en sede contencioso administrativo. Pero en vía administrativa no había nada similar. La Ley Orgánica de Procedimientos Administrativos ahora, expresamente, señala que cuando se intenta un recurso administrativo jerárquico, de reconsideración o revisión, contra un acto administrativo, la Administración puede, de oficio o a petición de parte (con lo cual aquí se consagra el derecho del particular a pedido), acordar la suspensión

---

* Ley Orgánica del Tribunal Supremo de Justicia *G.O.* N° 39.522, de 01-10-2010.

de los efectos del acto recurrido, en el caso de que la ejecución del mismo pueda causar graves perjuicios al interesado, o si la impugnación se fundamenta en vicios de nulidad absoluta del mismo.

Se prevén, por tanto, dos motivos de solicitud de suspensión de efectos de, los actos administrativos en vía administrativa: primero, si se alega nulidad absoluta y ya hemos señalado que sólo se prevén cinco causales de nulidad absoluta en el Artículo 19 referidas a vicios graves que evidentemente, cuando se alegan, deben provocar a la Administración, el poder suspender los efectos del acto, para no causar perjuicios innecesarios; y segundo, puede pedirse la suspensión cuando la ejecución del acto pueda .causar graves perjuicios al interesado. En esos casos, dice la Ley, la Administración debe exigir la constitución de una caución lo cual se formula como una obligación de la Administración. Al contrario, en materia contencioso-administrativo, la Ley Orgánica de la Corte, otorga sólo una potestad al Juez de exigir o no caución según el acto y según los perjuicios. En la Ley Orgánica de Procedimientos administrativos, en realidad, se trata de una imposición a la Administración pues si suspende los efectos del acto recurrido, debe pedir la constitución de la caución que considere, suficiente, haciendo responsable, al funcionario, en los casos de insuficiencia de la misma. En muchos casos, dada la naturaleza de los actos, esta caución, sin duda, no será necesaria, pero sin embargo, es obligatorio exigirla.

En todo caso, esta norma, tiene una enorme importancia, pues hasta ahora no había regulación expresa en esta materia. Ciertamente puede decirse que era práctica administrativa el que, en la gran mayoría de los casos, si el acto, lesionaba el derecho del particular, si éste recurría, la Administración suspendía la ejecución, no mediante un acto formal de suspensión sino, simplemente, no ejecutando el acto.

Piénsese, por ejemplo, en una revocación de un permiso o de una licencia: si el particular reclamaba ante la propia Administración, normalmente la Administración esperaba la decisión del superior jerárquico para ejecutar el acto. Por tanto, puede decirse que era práctica administrativa normal en los actos que podían causar graves perjuicios al particular el suspender su ejecución en caso de recurso. Ahora, y eso es lo innovador, la Ley expresamente consagra este derecho del particular de pedir formalmente la suspensión, cuando se puedan producir perjuicios graves, para evitar así que se produzcan daños innecesarios.

E. El derecho a la ejecución formal de los actos administrativos

Otro derecho también previsto expresamente en la Ley al cual nos hemos referido al hablar de las obligaciones y potestades de la Administración, es el derecho a la ejecución formal de los actos administrativos. Anteriormente no existía formalmente establecida esta obligación de la Administración de ejecutar de manera formal los actos, pues no había el derecho del particular a que hubiese actos administrativos previos a los actos materiales de ejecución. Ahora, la Ley Orgánica expresamente establece en el Artículo 78, que ningún órgano de la Administración puede realizar actos materiales de ejecución que menoscaben o perturben el ejercicio de derechos de particulares, sin que previamente haya sido dictada una decisión que sirva de fundamento a tales actos, con lo cual la ejecución material de actos administrativos, cuando es necesario la realización de tales actos materiales, requiere una decisión previa, formal, por parte de la Administración.

No era infrecuente, que la Administración ejecutara actos materiales sin haber dictado previamente decisiones formales, creando una situación de hecho que luego de tratada de regularizar con una decisión adoptada con posteridad a la ejecución material. La Ley Orgánica, ahora, expresamente exige que todo acto material esté precedido de un acto formal, de una decisión ejecutiva que la prevea.

Por otra parte, con este Artículo 78 se establece indirectamente, para la teoría de los actos administrativos, la distinción entre actos materiales y actos administrativos; en cuanto a que el acto administrativo es una manifestación de voluntad que produce un efecto jurídico y el acto material, es una actuación que no persigue, *per se*, la producción de efectos jurídicos.

F. El derecho a recurrir contra el acto

Por último, otro derecho del particular frente al acto administrativo es el derecho al recurso, es decir, el derecho a ejercer las defensas administrativas frente a los actos administrativos. Expresamente regulados en los Artículos 85 y siguientes, están todos los recursos administrativos de revisión, jerárquico y de reconsideración, y se consagran ahora, también, formalmente y con carácter general, como medios jurídicos puestos a disposición de los interesados, para reclamar ante la propia Administración contra sus actos.

No existía hasta ahora una regulación general de los recursos administrativos; había sido la jurisprudencia y la construcción doctrinal la que había elaborado el sistema de los recursos. Ciertamente, leyes dispersas preveían recursos jerárquicos, de revisión y de reconsideración en casos concretos, pero no había un cuerpo normativo general que los estableciese con sus requisitos y lapsos.

Recuérdese, por ejemplo, que en materia de recursos jerárquicos no existía con carácter general lapso de interposición, por lo que había que aplicar en forma analógica, los cinco días previstos en el Código de Procedimiento Civil para las apelaciones. Esto presentaba, sin duda, muchos problemas, porque no existiendo lapsos concretos, la gran mayoría de las veces, no se seguía ni se respetaba realmente este lapso.

En resumen, en la nueva Ley que formaliza en concreto los recursos, se prevé y se consagra en sus Artículos 85 a 99, expresamente las vías de impugnación, como derechos del particular frente a la Administración, en vía administrativa.

IV. LAS OBLIGACIONES DE LOS PARTICULARES

Además de los derechos de los interesados, la Ley regula también obligaciones a cargo de los particulares, frente a la Administración.

1. El deber de informar

El primer deber del particular frente a la Administración es la obligación que tiene de informarle sobre los asuntos que estén en curso en un procedimiento, tal como lo establece el Artículo 28 de la Ley. En esta norma se señala que los administrados están obligados a facilitar a la Administración Pública la información de que dispongan sobre el asunto de que se trata, cuando ello sea necesario para tomar la decisión correspondiente y le sea solicitada por escrito por la Administración.

Para la exigencia de esta obligación, en todo caso, se prescribe, la forma escrita, por lo que está revestida de formalismo. Sin embargo, esta norma puede decirse que es incompleta, pues no se prevé sanción alguna para el incumplimiento de este deber. Sin embargo, podría aplicarse la sanción prevista en el Artículo 485 del Código Penal para la desobediencia a la autoridad.

2. El deber de comparecer

Otra obligación prevista en la Ley a los particulares, es la obligación de comparecer ante la Administración. El Artículo 29 también lo regula expresamente: los particulares o administrados, dice, están obligados a comparecer a las oficinas públicas cuando sean requeridos, para la tramitación de los asuntos en los cuales aquéllos tengan interés.

En este caso se prescribe como forma, una notificación, que debe cumplir con las exigencias de los Artículos 73 y siguientes de la Ley. Debe señalarse, además que la Ley tampoco prevé sanciones para la no comparecencia, por lo que podría aplicarse la sanción prevista en el Artículo 485 del Código Penal.

3. El deber de acatar los lapsos

Los particulares también tienen como obligación el cumplir los lapsos fijados en la Ley, lo cual está previsto en el Artículo 41 al prescribir que los términos y plazos establecidos, obligan por igual y sin necesidad de apremio tanto a autoridades y funcionarios, como a los particulares interesados en los mismos. Por tanto, los particulares están obligados al igual que los funcionarios, a respetar y cumplir los lapsos y plazos establecidos en la Ley.

4. El deber de impulsar el procedimiento

Otra obligación prevista en la Ley en materia de procedimiento, respecto de los interesados, es la obligación de impulsar el procedimiento. Ya hemos señalado que la Administración tiene, como obligación el impulsar el procedimiento, expresamente prevista en el Artículo 53 al cual nos hemos referido, atribuyéndole la responsabilidad de ello.

Pero esta obligación administrativa no elimina la obligación, también del interesado, sobre todo en los procedimientos en los cuales se ha iniciado a instancia de parte, de impulsar el procedimiento. Debe señalarse que si bien no se establece expresamente, en la Ley, que el particular está obligado a impulsar el procedimiento que se ha iniciado a instancia de parte, si se prevé en forma indirecta al establecerse la perención del procedimiento administrativo. En efecto en el Artículo 64, se indica que cuando el procedimiento se inicie a instancia de un particular, y éste se paraliza por dos meses por causa imputable al interesado, se opera la perención del procedimiento, con lo cual se señala, indirectamente, que el particular está obligado a impulsarlo, y si no lo hace y se paraliza el procedimiento por dos meses por causa imputable a él mismo, se opera la perención.

5. El deber de ejecutar los actos administrativos

Una última obligación de los particulares en relación a la Administración y a los actos administrativos, prevista en la Ley, es el deber u obligación que tienen de ejecutar los actos dictados por la Administración. Este deber implica que, dictado un acto, el particular interesado destinatario del acto está obligado a cumplirlo y a ejecutarlo. Si se trata de actos de ejecución personal, debe ejecutarlo personalmente, es decir, conforme al Ordinal 1° del Artículo 80, debe cumplir los actos necesarios para que se ejecute el acto, y si se niega o se resiste a cumplir estas acciones, se le pueden imponer multas sucesivas mientras permanezca en rebeldía, y en caso de que persista en el incumplimiento de este deber de ejecutar podrá ser sancionado con nuevas multas iguales o mayores a las que ya se hubieren aplicado, y todas esas multas por un monto, cada una, de hasta Bs. 10.000,00 con lo cual se puede llegar a una suma insoportable, de manera que se vea compelido a ejecutar personalmente el acto.

Si se trata de un acto que puede ejecutarse en forma indirecta, es decir, que no requiere la ejecución personal, si no se ejecuta por el interesado, la Administración, por sus propios medios y funcionarios o a través de la persona que indique, puede ejecutar el acto, a costa del interesado. En este caso, la obligación sería de ejecutar y de soportar la ejecución indirecta del acto, a su costo, si se niega a hacerlo personalmente.

Sección Segunda: LOS ACTOS ADMINISTRATIVOS

La Ley Orgánica de Procedimientos Administrativos establece una precisa y detallada regulación concerniente a los actos administrativos, la cual puede analizarse estudiando separadamente, los siguientes aspectos: en primer, lugar, lo relativo a la noción de los actos administrativos y su clasificación; en segundo lugar, los requisitos de validez de los actos; en tercer lugar, la invalidez de los actos administrativos y sus consecuencias; en cuatro lugar, la eficacia de los actos administrativos; en quinto lugar, la revisión de los actos administrativos en vía administrativa; y, por último, el análisis de la cuestión de los actos administrativos tácitos, derivados del silencio administrativo. Veamos todos estos aspectos separadamente.

Sobre los actos administrativos, véase en general, Allan R. Brewer-Carías, *Las Instituciones fundamentales del Derecho Administrativo y la Jurisprudencia Administrativa*, Caracas 1964, pp. 99-152; Luis Beltrán Guerra, *El Acto Administrativo. La teoría del procedimiento administrativo*, Caracas 1977; Eloy Lares Martínez, *Manual de Derecho Administrativo*, Caracas 1978, pp. 127-163; Hildegard Rondón de Sansó, "Introducción al estudio del acto administrativo" en *Libro Homenaje a la Memoria de Roberto Goldschmidt,* Caracas 1967, pp. 779-792.

La jurisprudencia sobre los actos administrativos puede consultarse en Allan R. Brewer-Carías, *Jurisprudencia de la Corte Suprema 1930-1974 y Estudios de Derecho Administrativo*, T. IV, Vol. 1, Caracas 1976, pp. 165 a 356.

I. LA NOCIÓN DEL ACTO ADMINISTRATIVO

En primer lugar, debemos analizar la noción del acto administrativo de acuerdo a la Ley Orgánica de Procedimientos Administrativos, y esta noción en realidad, exige el análisis de dos aspectos distintos: por una parte, la definición del acto administrativo que regula la Ley, y por la otra, la clasificación que de los actos administrativos se deriva de la Ley Orgánica.

1. La definición del acto administrativo

Sobre la definición del acto administrativo en nuestro país, véase Allan R. Brewer-Carías, "Las condiciones de recurribilidad de los actos administrativos en la vía contencioso-administrativa en el sistema venezolano" en *Perspectivas del Derecho Público en la segunda mitad del siglo XX. Libro Homenaje al Profesor Enrique Sayagués Laso*, Vol. V, Madrid 1969, p. 743 y ss.; Allan R. Brewer-Carías, "La impugnación de los actos administrativos de registro ante la jurisdicción contencioso-administrativa" en *Libro Homenaje a la Memoria de Joaquín Sánchez Coviza*, Caracas 1975, p. 425 y ss.; Allan R. Brewer-Carías, *Derecho Administrativo*, T. I, Caracas 1975, p. 391 y ss.; Allan R. Brewer-Carías, "El recurso contencioso-administrativo contra los actos administrativos de efectos particulares" en el Libro del Instituto de Derecho Público, *El control jurisdiccional de los poderes públicos en Venezuela*, Caracas 1965, p. 170 y ss.; Allan R. Brewer-Carías, "La Ley Orgánica de Procedimientos Administrativos y el Contencioso administrativo" en el libro del Instituto de Derecho Público, *El Procedimiento Administrativo* , Vol. IV del Archivo de Derecho Público y Ciencias de la Administración, Caracas 1982. En este trabajo se hace una completa revisión de la noción del acto administrativo en la doctrina nacional y en la jurisprudencia de la Corte Suprema de Justicia y de la Corte Primera de lo Contencioso Administrativo, cuya parte pertinente, con el título "La definición del acto administrativo en la doctrina, jurisprudencia y legislación" está destinado a publicarse en el *Libro Homenaje al Profesor Eloy Lares Martínez*, que prepara la Facultad de Ciencias Jurídicas y Políticas, UCV. Caracas 1982 (en preparación). Véase además, Hoy Lares Martínez, *Manual de Derecho Administrativo*, Caracas 1978, pp. 139-150; Hildegard Rondón de Sansó, "*Estudio Preliminar*" en *Ley Orgánica de Procedimientos Administrativos,* EJV, Caracas 1981, p. 22 y ss.

En cuanto a la jurisprudencia sobre la noción de acto administrativo, véase en Allan R, Brewer-Carías, *Jurisprudencia de la Corte Suprema 1930-1974 y Estudios de Derecho Administrativo*, T. III, Vol. I, Caracas 1976, pp. 168-186; y en Mary Ramos Fernández, "Jurisprudencia Administrativa y Constitucional" en *Revista de Derecho Público*, N° 1, Caracas 1980, p. 128; N° 3, Caracas 1980, p. 124; N° 5, Caracas 1981, p. 115; y N° 7, Caracas 1981, p. 149. En la doctrina administrativa, véase *Doctrina de la Procuraduría General de la República 1964*, Caracas 1965, pp. 23-24.

El Artículo 7 de la Ley, en efecto, ha establecido una definición del acto administrativo, incurriendo en lo que tradicionalmente se ha calificado como una falta de técnica legislativa, porque el Legislador, por principio, no debe definir conceptos jurídicos y mucho menos, conceptos jurídicos tan difíciles y controvertidos, como el del acto administrativo.

En todo caso, el Artículo 7 de la Ley, establece lo siguiente: "Se entiende por acto administrativo, a los fines de esta Ley, toda declaración de carácter general o particular emitida de acuerdo con las formalidades y requisitos establecidos en la Ley, por los órganos de la Administración Pública".

Esta definición del acto administrativo, sin duda, recoge lo que la doctrina ha calificado como definición orgánica del acto administrativo; es decir, la definición del acto por el órgano del cual emana. En esta forma, queda clara, de acuerdo al artículo 7 de la Ley, la noción de que el acto administrativo es una declaración de voluntad emitida por los órganos de la Administración Pública.

Al acoger esta definición orgánica del acto administrativo, la Ley, en realidad, ha realizado una definición inútil, incompleta y errada, porque en nuestro criterio, en el derecho administrativo venezolano, no es admisible la definición orgánica de los actos administrativos. Comentemos estos tres aspectos.

A. La definición inútil

En primer lugar, estimamos que la definición del Artículo 7 es una definición inútil, ya que queda claro, según lo dice textualmente la Ley, que la definición que se da al acto administrativo, es "a los fines de esta Ley". Es decir, se define el acto administrativo sólo a los fines específicos de una Ley, la de Procedimientos Administrativos.

Por tanto, ante esta definición, hay que estar consciente sobre cuál es la Ley a cuyos fines se define el acto: la Ley Orgánica de Procedimientos Administrativos que, según su Artículo 1°, se destina a regular la actividad de la Administración Pública Nacional, tanto Central, como con autonomía funcional, como de la Administración Pública Descentralizada con forma de derecho público estatal.

En consecuencia, de acuerdo al artículo 1° de la Ley, la Ley Orgánica de Procedimientos Administrativos se destina a regular la Administración Pública y, en consecuencia, es claro que sólo los actos administrativos que emanan de la Administración Pública, pueden ser regulados por la Ley. Por tanto, decir en el Artículo 7 que acto administrativo, a los efectos de esta Ley, son los emanados de la Administración Pública, es absolutamente inútil porque la Ley, en realidad, sólo puede regular los actos administrativos emanados de la Administración Pública. Se trata, por esto, insistimos, de una definición inútil dado el ámbito orgánico de aplicación de la Ley al cual se ha hecho referencia.

B. La definición incompleta y errada

Pero además, se trata de una definición incompleta y errada porque, definitivamente, en el Ordenamiento Jurídico Venezolano, el acto administrativo no es sólo el que emana de los órganos de la Administración Pública, sino que de acuerdo a los artículos 206 y 215* de la Constitución, así como de acuerdo al articulado de la Ley Orgánica de la Corte Suprema de Justicia, acto administrativo es también el acto sublegal que emana de las Cámaras Legislativas, por ejemplo, en ejercicio de la función administrativa (nombramiento del Secretario de una Comisión Parlamentaria, por ejemplo), o también el acto que emana de los órganos judiciales, también en ejercicio, por ejemplo, de la función administrativa (nombramiento del personal administrativo de la Corte Suprema).

En efecto, de acuerdo al ordenamiento venezolano, no sólo la actividad administrativa es una actividad residual, sino que además, puede tenerse como definitivo que no existe una coincidencia entre el acto administrativo, es decir, la actividad administrativa y el órgano que la produce. Por tanto, hemos considerado que constituyen acto administrativo, en primer lugar, las actividades de carácter sublegal realizadas, por supuesto, por la

* Art. 259 y 266,5 de la Constitución de 1999.

Administración Pública, tanto en función administrativa, como en función legislativa, como en función jurisdiccional. Este sería el campo normal de la actividad administrativa que regula la Ley Orgánica de Procedimientos Administrativos. Pero también se considera como acto administrativo, la actividad realizada por los tribunales de la República en ejercicio de la función administrativa e, inclusive, en ejercicio de la función legislativa cuando dictan, por ejemplo, reglamentos internos.

Y en tercer lugar, además, se considera que también constituyen actividad administrativa y emanan actos administrativos, los casos en los cuales las Cámaras Legislativas dicten actos de carácter sublegal, en ejercicio de la función administrativa.

Por supuesto, las actividades administrativas cumplidas por la Administración Pública, como complejo orgánico, son las que constituyen el campo normal de aplicación del derecho administrativo y el campo normal de regulación por parte de la Ley Orgánica de Procedimientos Administrativos, pero ello, por supuesto, no puede conducir a negar el carácter de acto administrativo de las actividades señaladas, realizadas tanto por las Cámaras Legislativas como por los Tribunales.

De lo anterior, por tanto, resulta claro que la noción del acto administrativo en el Ordenamiento Jurídico Venezolano, no puede derivarse de una sola definición orgánica, sino que tiene que ser establecida por una combinación de criterios orgánico, material y formal, y no puede condicionarse al ejercicio de una función específica del Estado. Así mismo, los actos administrativos emanan de todos los órganos estatales, es decir, se dictan por todos los órganos estatales en ejercicio de todas las funciones estatales y su individualización no puede estar fundamentada en la utilización del solo criterio orgánico, así como tampoco del solo criterio material, o del solo criterio formal, sino, insistimos, debe resultar de la mezcla y combinación de todos ellos.

No es aceptable la utilización exclusiva del criterio orgánico para definir el acto administrativo, como lo ha parcialmente querido hacer el Artículo 7 de la Ley Orgánica de Procedimientos Administrativos, pues quedarían fuera de la caracterización como actos administrativos, aquellos actos administrativos que dicten los funcionarios de las Cámaras Legislativas y los funcionarios de los órganos judiciales, por ejemplo, en los casos de administración de personal de estos órganos. En efecto, el Congreso ha dictado un Estatuto del Personal Administrativo del Congreso y lo mismo ha hecho la Corte Suprema de Justicia. Cualquier decisión del Presidente de la Cámara de Diputados o el Presidente de la Corte Suprema de Justicia en relación a la administración del personal que viole y lesione esos Estatutos, constituye un acto administrativo que puede ser, inclusive, recurrido en vía jurisdiccional. Por tanto, no es admisible, insistimos, la sola utilización del criterio orgánico para definir el acto administrativo, como lo ha hecho la Ley Orgánica de Procedimientos Administrativos.

Hemos señalado, sin embargo, que, en realidad, la Ley Orgánica de Procedimientos Administrativos define el acto administrativo en sentido orgánico, sólo a los efectos de esa Ley y, por supuesto, sólo a los efectos de la Administración Pública a la cual se aplica la Ley, podría definirse en forma orgánica el acto administrativo. Sin embargo, esa definición incompleta, imprecisa y errada, lo que puede, en algún momento, es conducir a confusión, porque podría pensarse que se trata de una definición universal y general del derecho administrativo, aplicable a otras Leyes como, por ejemplo, la Ley Orgánica de la Corte Suprema de Justicia que regula el contencioso-administrativo de nulidad de los actos administrativos, en cuyo caso, por supuesto, no podría jamás utilizarse el criterio orgánico.

Pero así como no es aceptable la sola definición del acto administrativo a través de un criterio orgánico, tampoco es aceptable la sola utilización del criterio formal de considerar a los actos administrativos como actos de carácter sublegal pura y simplemente, pues los actos judiciales, es decir, las sentencias, también tienen carácter sublegal.

Por último, tampoco sería aceptable la utilización exclusiva de un criterio material basado en la noción de función administrativa, pues quedarían excluidos de la noción de actos administrativos aquellos que son cumplidos en función legislativa, por ejemplo, los Reglamentos dictados por alguno de los órganos del Poder Ejecutivo o, inclusive, los actos dictados en función jurisdiccional, también por los órganos del Poder Ejecutivo, cuando deciden conflictos entre partes, de acuerdo al Ordenamiento Jurídico, o también los actos administrativos dictados en ejercicio de funciones legislativas por los órganos judiciales cuando dictan, por ejemplo, un reglamento interno.

En todos estos casos, se trata de actos administrativos y que, a otros efectos distintos de la Ley Orgánica de Procedimientos Administrativos, serían actos administrativos propiamente dichos y recurribles ante la jurisdicción contencioso-administrativa.

Por eso hay que señalar que esta definición orgánica del Artículo 7 de la Ley Orgánica de Procedimientos Administrativos, es una definición incompleta porque sólo se hace a los efectos de la Ley Orgánica de Procedimientos Administrativos. Si al contrario, intentamos definir el acto administrativo científicamente a nivel del Ordenamiento Jurídico Administrativo Venezolano y de nuestro derecho administrativo, tenemos que llegar a la conclusión de que para definir el acto administrativo, es necesario combinar diversos criterios, siendo ésta la única forma de reconducir a la unidad la heterogeneidad del acto administrativo.

C. Nuestra definición del acto administrativo

En esta forma, hemos definido el acto administrativo como toda manifestación de voluntad de carácter sublegal, realizada, primero por los órganos del Poder Ejecutivo, es decir, por la Administración Pública, actuando en ejercicio de la función administrativa, de la función legislativa y de la función jurisdiccional; segundo, por los órganos del Poder Legislativo (de carácter sublegal) actuando en ejercicio de la función administrativa; y tercero por los órganos del Poder Judicial actuando en ejercicio de la función administrativa y de la función legislativa. En todos esos casos, la declaración de voluntad constituye un acto administrativo cuando tiende a producir efectos jurídicos determinados, que pueden ser la creación, modificación o extinción de una situación jurídica individual o general o la aplicación, a un sujeto de derecho de una situación jurídica general.

En esta forma, considerando a todos los actos estatales dentro de una perspectiva global, quedarían excluidos de esta definición de actos administrativos, los actos cumplidos por los órganos del Poder Ejecutivo en función de gobierno, es decir, los actos de gobierno y que no son de rango sublegal sino que, al contrario, son de rango legal. También quedarían excluidos los actos cumplidos por los órganos del Poder Legislativo en función legislativa, como las Leyes, por ejemplo, o en función de gobierno, como serían también las Leyes o los actos parlamentarios sin forma de Ley; o en conexión con la función jurisdiccional como ciertos actos parlamentarios con forma de Ley; o en fin, en función administrativa de rango legal, como serian también ciertas Leyes o de actos parlamentarios sin forma de Ley. Por último, quedarían también excluidos de la noción de acto administrativo, los actos cumplidos por los órganos del Poder Judicial, actuando en ejercicio de la función jurisdiccional, es decir, las sentencias o autos de los tribunales.

Por tanto, de lo anterior resulta que en las definiciones tradicionales del acto administrativo que lo precisan, pura y sistemáticamente, como una declaración de voluntad realizada por la Administración, con el propósito de producir un efecto jurídico, el problema se reduce a determinar qué debe entenderse por Administración: o dicho término se define con un criterio orgánico, identificándose con los órganos de la Administración Pública como incorrectamente lo ha hecho el Artículo 7 de la Ley Orgánica de Procedimientos Administrativos; o dicho término se define con un criterio material, identificándolo con el ejercicio de la función administrativa, lo que también produciría una definición incompleta del acto administrativo; o dicho término se define con criterios combinados de orden material, formal y orgánico, como lo hemos hecho anteriormente.

En las dos primeras alternativas, la del criterio orgánico exclusivo como el que utiliza el Artículo 7 de la Ley Orgánica de Procedimientos Administrativos o el criterio funcional exclusivo, utilizadas para definir el acto administrativo, quedarían fuera de la calificación científica de actos administrativos diversos actos estatales que ni son judiciales, ni son legislativos ni son de gobierno y que, indudablemente, tienen carácter de actos administrativos.

En la última alternativa que hemos escogido, en cambio, así como todos los actos estatales encuentran su exacta calificación, también todos los actos administrativos cumplidos por la autoridad estatal que sea, encuentran también su debido encuadramiento.

Por tanto, insistimos, el Artículo 7 de la Ley Orgánica, al definir el acto administrativo con el solo criterio orgánico, ha establecido una definición inútil, incompleta e imprecisa, y que, en ningún caso, puede tenerse como base de definición a los efectos de identificar los actos administrativos recurribles en vía contencioso-administrativo, los cuales, de acuerdo a la reiterada jurisprudencia de la Corte Suprema de Justicia y a la misma regulación que establece la Ley Orgánica de la Corte Suprema de Justicia, en concordancia con los Artículos 206 y 215 de la Constitución, son no sólo aquellos que emanan de los órganos de la Administración Pública, es decir, del Poder Ejecutivo en general, sino también aquellos otros actos administrativos que, como tales, emanan de los órganos del Poder Legislativo y de los tribunales del país.

2. La clasificación de los actos administrativos

Sobre la clasificación de los actos administrativos, véase Allan R. Brewer-Carías, *Las Instituciones Fundamentales del Derecho Administrativo y la Jurisprudencia Administrativa*, Caracas 1964, p. 148 y ss.; Eloy Lares Martínez, *Manual de Derecho Administrativo*, Caracas 1976, p. 127 y ss.; Demetrio Zuleta Bracho, "Actos Jurídicos en la actividad del Estado. Clasificación material. Diferencia", en *Revista de la Facultad de Derecho, Universidad del Zulia*, Nº 40, Maracaibo 1974, pp. 173-179.

En cuanto a la jurisprudencia sobre la clasificación de los actos administrativos, véase en Allan R. Brewer-Carías, *Jurisprudencia de la Corte Suprema 1930-1974 y Estudios de Derecho Administrativo*, T. III, Vol. I, Caracas 1976, p. 186 y ss.; y T. V, Vol. I, Caracas 1978, p. 242; y en Mary Ramos Fernández, "Jurisprudencia Administrativa y Constitucional" en *Revista de Derecho Público*, Nº 2, Caracas 1980, p. 113.

Pero la Ley Orgánica de Procedimientos Administrativos, además de definir el acto administrativo, lo cual nos plantea los problemas anteriormente señalados, al establecer la noción de acto administrativo, a lo largo de su articulado permite establecer diversas clasificaciones de los actos administrativos, según los efectos de los actos, según sus destinatarios, según el contenido de las decisiones, según el sentido de las mismas, según la manifestación de voluntad, según su impugnabilidad y según la ejecución de los actos. Veamos separadamente estos diversos criterios.

A. Los actos administrativos según sus efectos

La clasificación de los actos administrativos según sus efectos, la realiza la Ley bajo dos ángulos. En primer lugar, según el contenido normativo o no normativo de los actos y en segundo lugar, según los destinatarios de los actos.

a. *Actos administrativos de efectos generales y actos administrativos de efectos particulares*

Véase Allan R. Brewer-Carías, "El recurso contencioso-administrativo de anulación contra los actos de efectos particulares" en el *Libro del Instituto de Derecho Público, El control jurisdiccional de los Poderes Públicos en Venezuela*, Caracas 1979, p. 171 y ss.; Allan R. Brewer-Carías, *El control de la constitucionalidad de los actos estatales*, Caracas 1977, p. 8 y ss.; Eloy Lares Martínez, "Actos generales y actos particulares" en *Libro Homenaje a Rafael Pizani*, Caracas 1979, p. 113-134.

En primer lugar, según el carácter normativo o no normativo de los actos administrativos, estos se clasifican en actos de efectos generales y actos de efectos particulares. Puede decirse así, que la Ley Orgánica de Procedimientos Administrativos acoge una primera forma de clasificación de los actos administrativos según sus efectos, en el sentido de que clasifica los actos administrativos en actos normativos (de efectos generales) y en actos administrativos no normativos (de efectos particulares). Esta es la clasificación que de acuerdo a lo establecido en la Ley Orgánica de la Corte Suprema de Justicia, permite distinguir los actos administrativos de efectos generales de los actos administrativos de efectos particulares. Los primeros son aquellos de contenido normativo, es decir, que crean normas que integran el Ordenamiento Jurídico; en cambio, los segundos, los actos administrativos de efectos particulares, son aquellos que contienen una decisión no normativa, sea que se aplique a un sujeto o a muchos sujetos de derecho. La Ley Orgánica de Procedimientos Administrativos puede decirse que identifica los actos administrativos de efectos generales, con los que ella califica en el Artículo 13 como "actos o disposiciones administrativas de carácter general" y los actos administrativos de efectos particulares a los que la misma norma califica como actos administrativos "de carácter particular". En esta norma, al prescribir que un acto administrativo de carácter particular no puede vulnerar lo establecido en una "disposición administrativa de carácter general", lo que está señalando es que un acto de efectos particulares (de contenido no normativo) no puede vulnerar un acto normativo o de efectos generales, acogiéndose, en este Artículo 13, el principio de la inderogabilidad singular de los reglamentes o de los actos administrativos de efectos generales.

Por tanto, puede decirse que, en el artículo 13 de la Ley está la clave para clasificar los actos administrativos, según su contenido o efectos según que sean normativos o no normativos, identificándose los actos de efectos generales, es decir, de contenido o carácter general, con los actos normativos, y en consecuencia los actos de efectos particulares o de contenido o carácter particular, con aquellos que no tienen contenido normativo.

Debe señalarse además, que esta noción del acto administrativo de carácter general, de efectos generales o de contenido normativo, está recogida en el artículo 72 de la Ley Orgánica al establecerse expresamente que, estos actos administrativos de carácter general, es decir, los de contenido normativo, son los que deben ser básicamente publicados en la *Gaceta Oficial de la República* para que puedan comenzar a surtir efectos. Excepcionalmente los actos administrativos de carácter particular, es decir, de contenido no normativo, cuando lo exija la Ley, deben ser publicados en la *Gaceta Oficial* para que comiencen a surtir efecto. De acuerdo a esta excepción, el principio general en cuanto a los actos administrativos de carácter particular, es decir, de contenido no normativo, es que estos comienzan a surtir efectos a partir de la notificación a los interesados, de acuerdo al Artículo 73 de la Ley.

b. *Actos administrativos generales y actos administrativos individuales*

Pero además, en relación a la clasificación de los actos según los efectos, la Ley Orgánica de Procedimientos Administrativos también permite clasificarlos según sus efectos, en relación a los destinatarios de los actos.

Así, puede decirse que la Ley Orgánica acoge la clasificación de los actos administrativos, según sus destinatarios, al distinguir los actos administrativos generales de los actos administrativos individuales. Los actos administrativos generales son aquellos que interesan a una pluralidad de sujetos de derecho, sea formado por un número indeterminado de personas o un número determinado; en cambio, los actos administrativos individuales, son aquellos que interesan a un solo sujeto de derecho. Esta distinción estimamos que se acoge en el artículo 72 de la Ley Orgánica al exigirse que también sean publicados en la *Gaceta Oficial de la República de Venezuela*, aquellos actos administrativos que interesen a un número indeterminado de personas, que no sean necesariamente actos normativos o de carácter general. Es decir, esta norma establece indirectamente la diferencia entre el acto de efectos generales o de contenido normativo y el acto general, el cual aun cuando pueda no tener contenido normativo, interese a un número indeterminado de personas. En estos casos, el acto es general porque interesa a un número indeterminado de personas, y no porque tenga necesariamente un contenido normativo. Por supuesto, también el acto general no normativo, puede tener por destinatarios a un número determinado de personas.

El acto individual, al contrario, es el acto destinado a un solo sujeto de derecho, el cual es, además, un acto de efectos particulares, de acuerdo a la clasificación anterior.

B. Los actos administrativos según el contenido

De acuerdo a las normas de la Ley Orgánica también pueden distinguirse los actos administrativos según la decisión que contengan, y esto puede también hacerse bajo dos ángulos: según que la decisión ponga o no fin al asunto administrativo; o según que creen o no derechos o establezcan obligaciones.

a. *Actos definitivos y actos de trámite*

Sobre la noción de acto definitivo y de trámite, véase Allan R. Brewer-Carías, "Las condiciones de recurribilidad de los actos administrativos en vía contencioso-administrativa" en *Revista del Ministerio de Justicia* Nº 54, Caracas 1966, p. 38 y ss.; y Allan R. Brewer-Carías, "El recurso contencioso-administrativo contra los actos de efectos individuales" en el *Libro del Instituto de Derecho Público, El control jurisdiccional de los Poderes Públicos en Venezuela*, Caracas 1979, p. 179 y ss. Véase además, *Dictámenes de la Consultaría Jurídica*. Contraloría General de la República, Vol. IV, Caracas 1969, p. 340.

En primer lugar, puede distinguirse el acto que pone fin al asunto administrativo, en cuyo caso sería un acto definitivo, del acto de trámite, que no pone fin al procedimiento ni al asunto, sino que, en general, tiene carácter preparatorio. Esta clasificación de los actos administrativos según el contenido, se deduce de los Artículos 9, 62 y 85 de la Ley.

En efecto, el Artículo 9 establece un principio general, y es que todos los actos administrativos de carácter particular, es decir, de efectos particulares, deben ser motivados, salvo los actos de simple trámite. Distingue aquí, por tanto, la Ley, el acto administrativo de trámite, el cual se opone, por supuesto, al acto administrativo definitivo.

El acto administrativo definitivo es, por ejemplo, el que regula el Artículo 62 de la Ley, es decir, el acto administrativo que decida el asunto; o el que se regula en Artículo 85 de la Ley, al hacer referencia al acto administrativo que ponga fin a un procedimiento administrativo.

En definitiva, la distinción, según el contenido de la decisión, se refiere a que el acto administrativo definitivo es el que pone fin a un asunto y en cambio, el acto administrativo de trámite, es el de carácter preparatorio para el acto definitivo.

Esta distinción además, trae una consecuencia importante: sólo los actos administrativos definitivos son los recurribles en vía administrativa de acuerdo al Artículo 85 de la Ley; es decir, los recursos administrativos, de acuerdo a este Artículo, proceden contra todo acto administrativo que ponga fin a un procedimiento. Excepcionalmente, sin embargo, se admite que pueda intentarse un recurso administrativo contra un acto de trámite, cuando de acuerdo a los mismos términos del Artículo 85, este acto imposibilite la continuación del procedimiento, cause indefensión o prejuzgue como un acto definitivo, aun cuando, en sí no sea un acto definitivo sino un acto de trámite.

b. *Actos creadores de derechos o que establecen obligaciones*

Otra distinción que la Ley prevé respecto de los actos administrativos y que también se refiere a su contenido, es la que se refiere al acto creador de derechos subjetivos o de intereses personales y legítimos a favor de los particulares, regulados en los Artículos 19, ordinal 2° y 82 de la Ley, y al acto administrativo que no crea derechos o intereses personales, legítimos y directos a favor de particulares, también regulado en esos mismos Artículos 19, ordinal 2° y 82 de la Ley.

Asimismo, según el contenido, la Ley establece la posibilidad de que se trate de actos que en lugar de crear derechos a favor de particulares, lo que establezcan sean obligaciones a cargo de particulares, y así se los regula en el Artículo 70 de la Ley.

C. Los actos administrativos según la manifestación de voluntad: actos administrativos expresos y tácitos

Por otra parte, también pueden clasificarse los actos administrativos, según el tipo de manifestación de voluntad. En efecto, la manifestación de voluntad que produce el acto administrativo, conforme al Artículo 18, debe ser expresa y formal, conteniendo el acto una serie de requisitos que deben manifestarse por escrito. Por tanto, el acto administrativo que regula la Ley Orgánica de Procedimientos Administrativos, en principio, es un acto administrativo expreso formalizado según el Artículo 18. Sin embargo, la Ley admite la figura de la manifestación de voluntad tácita de la Administración, derivada del silencio administrativo. Así se establece expresamente en el Artículo 4 de la Ley Orgánica, cuando se prevé que en los casos en los cuales un órgano de la Administración Pública no resolviera un asunto o un recurso dentro de los lapsos que prevé la misma Ley, y que están consagrados para los asuntos o peticiones en los Artículo 5, 60 y 67 y en materia de recursos administrativos en los Artículos 91, 94 y 99, se considera que ha resuelto negativamente pudiendo el interesado intentar el recurso inmediato siguiente. Por tanto, la Ley Orgánica de Procedimientos Administrativos en el Artículo 4, consagra el acto administrativo tácito de contenido negativo, derivado del transcurso del tiempo, es decir, del silencio administrativo.

D. Los actos administrativos según su impugnabilidad: Los actos administrativos firmes

En relación a los actos firmes, véase Allan R. Brewer-Carías, "Las condiciones de recurribilidad de los actos administrativos en vía contencioso-administrativa" en *Revista del Ministerio de Justicia* N° 54, Caracas 1966, p. 83 y ss.; y Allan R. Brewer-Carías, "El recurso contencioso-administrativo contra los actos de efectos individuales" en el libro del *Instituto de Derecho Público, El control jurisdiccional de los Poderes Públicos en Venezuela*, Caracas 1979, p. 180.

Otra clasificación de los actos administrativos que resulta de la Ley, se refiere a la impugnabilidad o no de los actos administrativos, y así se distingue el acto administrativo firme de aquel que no es firme, porque aun puede ser impugnado. El acto que no es firme es el que puede ser impugnado, sea por vía administrativa a través de los recursos administrativos regulados en el Artículo 85 y siguientes, sea por vía contencioso-administrativa. En cambio, el acto firme, es el acto que ya no puede ser impugnado por las vías ordinarias de recurso, y sobre el cual el único recurso que cabe, es el recurso de revisión. En ese sentido, el Artículo 97 de la Ley, al regular el recurso de revisión, señala que éste sólo procede contra los actos administrativos firmes, es decir, contra aquellos que no fueron impugnados en su oportunidad, y que vencidos los lapsos de impugnación, son actos administrativos inimpugnables.

E. Los actos administrativos según su ejecución

Sobre los actos materiales, véase Allan R. Brewer-Carías, "Las condiciones de recurribilidad de los actos administrativos en vía contencioso-administrativa" en *Revista del Ministerio de Justicia*, N° 54, Caracas 1966, p. 83 y ss.; y Eloy Lares Martínez, *Manual de Derecho Administrativo*, Caracas 1978, p. 126.

Por último, también en materia de clasificación de los actos administrativos, debe señalarse una clasificación según la ejecución y así se distingue el acto material de ejecución, del acto administrativo formal. El Artículo 78 de la Ley, en efecto, habla de actos materiales de ejecución que puedan menoscabar o perturbar los derechos de los particulares, los cuales no pueden realizarse sin que exista previamente un acto administrativo que sirva de fundamento a dichos actos materiales. Puede decirse en este sentido, que el acto material de ejecución previsto en el Artículo 78, se identifica con el acto de ejecución que regula el Artículo 8 de la Ley.

II. LOS REQUISITOS DE VALIDEZ DE LOS ACTOS ADMINISTRATIVOS

En general, sobre los requisitos de validez de los actos administrativos, véase Allan R. Brewer-Carías, *Las Instituciones Fundamentales del Derecho Administrativo y la Jurisprudencia Venezolana*, Caracas 1964, p. 121 y ss.; Eloy Lares Martínez, *Manual de Derecho Administrativo*, Caracas 1978, p. 151 y ss.; Hildegard Rondón de Sansó, "Estudio Preliminar" en *Ley Orgánica de Procedimientos Administrativos*, EJV, Caracas 1981, p. 25 y ss.; Gustavo Urdaneta "Guía de Lectura" en *Ley Orgánica de Procedimientos Administrativos*, EJV, Caracas 1981, p. 71 y ss.

La jurisprudencia en la materia puede verse en Allan R. Brewer-Carías, *Jurisprudencia de la Corte Suprema 1930-1974 y Estudios de Derecho Administrativo*, Caracas 1975, T. IV, Vol. I, p. 192 y ss.

Corresponde ahora, analizar el segundo aspecto fundamental de la regulación de los actos administrativos que trae la Ley Orgánica de Procedimientos Administrativos, relativo a los requisitos de validez de los actos. La Ley sigue, en efecto, la clasificación doctrinal tradicional al distinguir los requisitos de fondo de los requisitos de forma de los actos administrativos. Veamos separadamente estos diversos requisitos de validez que regula la Ley.

1. Los requisitos de fondo

En cuanto a los requisitos de fondo, la Ley, en diversas normas, establece una regulación precisa de los cinco clásicos requisitos de fondo de los actos administrativos: la competencia, la base legal, el objeto, la causa o motivos y la finalidad del acto. Analicemos separadamente estos diversos requisitos del acto.

A. La competencia

Sobre la competencia, véase Allan R. Brewer-Carías, *Introducción al Estudio de la Organización Administrativa Venezolana*, Caracas 1978, pp. 62-88; Allan R. Brewer-Carías, "Las Transacciones Fiscales y la indisponibilidad de la potestad y competencia tributaria" en *Revista de Derecho Tributario*, N° 18, Caracas 1967, pp. 1-36.

La jurisprudencia en la materia puede verse en Allan R. Brewer-Carías, Jurisprudencia de la Corte Suprema 1930-1974 y Estudios de Derecho Administrativo, T. III, Vol. I, Caracas 1976, p. 194 y ss.; y en Mary Ramos Fernández, "Jurisprudencia Administrativa y Constitucional" en *Revista de Derecho Público* N° 5, Caracas 1981, p. 116.

La competencia es la aptitud de obrar de las personas que actúan en el campo del derecho público, y particularmente, de los sujetos de derecho administrativo. La competencia, en esta forma, determina los límites entre los cuales pueden movilizarse los órganos de la Administración Pública. De acuerdo a la jurisprudencia reiterada de la Corte Suprema de Justicia, la competencia en el campo del derecho público, a diferencia de la capacidad como noción propia del derecho privado, es de texto expreso, por lo que sólo puede ser ejercida cuando expresamente se establece en la Ley, Esto lleva normalmente al funcionario a justificar siempre su competencia cuando dicta un acto administrativo. Por otra parte, la competencia, normalmente, es de ejercicio obligatorio para el funcionario y no puede renunciarse libremente, ni el funcionario puede desprenderse de ella, salvo que tenga una autorización legal expresa. Por eso, por ejemplo, la delegación sólo puede ser realizada cuando la Ley expresamente le atribuye esa competencia al funcionario. Por último, la competencia es normalmente constitutiva del órgano que la ejercita. No es por tanto, una potestad del órgano ejercerla o no, sino que es de la esencia de ese órgano.

Esta competencia puede ser atribuida en la Ley, por razón del territorio, de la materia, del tiempo o del grado o jerarquía que tiene el funcionario, de acuerdo a los diversos niveles de la organización.

La Ley Orgánica, en diversas normas, utiliza la palabra "administración u órgano competente" u otras similares, para determinar la competencia como base de actuación de los órganos administrativos. Por ejemplo, el Artículo 3, al hablar de las obligaciones de los funcionarios públicos de tramitar los asuntos, indica que la misma abarca los asuntos *cuyo conocimiento les corresponda.* Esta expresión, es sin duda, el signo de la competencia.

Por otra parte, por ejemplo, el Artículo 6 habla de los funcionarios a quienes compete la tramitación de un asunto, con lo cual también hay una referencia directa a la competencia, y el Artículo 12 habla de autoridad competente cuando regula los límites al poder discrecional.

En cuanto a los Ministros y su competencia, el Artículo 5° habla de los Ministros a quienes *corresponda la materia,* indicando allí el principio de tina competencia por razón de la materia. Esto mismo se regula en el Artículo 16 al *hacer referencia a la materia* que corresponda a diversos órganos y exigirse, por ejemplo, en el caso de las Resoluciones Ministeriales que correspondan a más de un Ministro, la necesidad de que la misma sea suscrita por aquellos a quienes concierna el asunto, con lo cual también hace una referencia a la competencia por razón de la materia.

Por su parte, el Artículo 18, ordinal V de la Ley, hace referencia a las desviaciones de la competencia; al exigir que, en caso de que el funcionario actúe por delegación, debe indicar exactamente el número y fecha del acto de delegación que confirió la competencia, indicándose, por tanto, expresamente, la necesidad de que el funcionario, cuando dicte el acto, en su manifestación externa, deba justificar su competencia. Es decir, deba indicarse la titularidad con que actúan los funcionarios o, en su caso, la delegación que confiere la competencia.

Asimismo, la competencia como requisito de validez de los actos administrativos, está también establecida en forma indirecta en el Artículo 19, ordinal 4, que establece como vicio de nulidad absoluta de los actos administrativos, cuando hubiesen sido dictados por autoridades manifiestamente incompetentes, con lo cual se establece, como requisito de validez de los actos, la competencia del titular del órgano que los dicta.

Por otra parte, el Artículo 36 de la Ley, al prescribir la inhibición, habla con precisión de la competencia legalmente atribuida, con lo cual da la indicación de que la competencia debe estar establecida en alguna Ley para poder ser ejercida por los funcionarios.

B. La base legal

La jurisprudencia sobre la base legal del acto puede consultarse en Allan R. Brewer-Carías, *Jurisprudencia de la Corte Suprema de Justicia 1930-1794 y Estudios de Derecho Administrativo*, T. III, Vol. I, 1976, pp. 201-206.

El segundo requisito de validez de los actos administrativos, es la base legal del acto que consiste en la necesaria concordancia entre las reglas que definen la competencia, es decir, los poderes de la Administración con las situaciones de hecho necesarias para motivar la decisión.

Es decir, todo acto administrativo debe ser dictado, aplicándose las reglas jurídicas adecuadas, las cuales requieren de una interpretación precisa, y que además, concuerden con la situación de hecho que da origen al acto administrativo. La base legal del acto, por tanto, es la norma o normas del Ordenamiento Jurídico que autorizan la actuación administrativa en relación a un caso concreto específico. Esta base legal del acto constituye lo que se denominan los supuestos legales o los fundamentos legales del acto. Como base legal, además de constituir un requisito de fondo, debe condicionar la motivación como requisito de forma, en el sentido de que ésta debe expresar los fundamentos legales del acto tal como lo exigen el Artículo 9 y el ordinal 5° del Artículo 18 de la Ley.

Se trata, por tanto, de un requisito de fondo de los actos administrativos. No puede dictarse ningún acto administrativo sin que tenga una base legal, es decir, sin que tenga una fundamentación en el Ordenamiento Jurídico, y esto derivado además, del señalado principio de la competencia. Es decir, si la competencia no puede presumirse, sino que tiene que ser de derecho estricto y expreso, sólo cuando el Ordenamiento Jurídico autorice la actuación, el funcionario público puede actuar y sólo puede actuar de acuerdo a las normas que se establecen en relación a las situaciones de hecho que se presenten para adoptar la decisión concreta.

C. La causa o motivo

Sobre los motivos de los actos administrativos, véase Allan R. Brewer-Carías, *Fundamentos de la Administración Pública*, Caracas 1980, T. I, p. 206 y ss.; Allan R. Brewer-Carías, "Los Límites al Poder Discrecional de las Autoridades Administrativas" en *Revista de la Facultad de Derecho*, UCAB, N° 2, Caracas 1966, p. 9 y ss.; Allan R. Brewer-Carías, "Consideraciones sobre la distinción entre la causa de los actos administrativos y la motivación como requisito de forma de los mismos" en *Revista de la Facultad de Derecho*, UCV, N° 49, Caracas 1971, p. 233 y ss.

La jurisprudencia sobre la causa de los actos administrativos puede consultarse en Allan R. Brewer-Carías, *Jurisprudencia de la Corte Suprema 1930-1974 y Estudios de Derecho Administrativo*, T. III, Vol. I, Caracas 1976, pp. 206-212, y en Mary Ramos Fernández, "Jurisprudencia Administrativa y Constitucional" en *Revista de Derecho Público*, N° 1, Caracas 1980, p. 136; N° 2, Caracas 1980, p. 115; N° 7, Caracas 1981, p. 149.

El tercer requisito de fondo de los actos administrativos, es el elemento causa, es decir, los motivos que provocan la actuación administrativa. En efecto, la Administración, cuando dicta un acto administrativo, no puede actuar caprichosamente sino que tiene que hacerlo, necesariamente, tomando en consideración las circunstancias de hecho que se corresponden con la base o fundamentación legal que autorizan su actuación.

Por tanto, puede decirse que, en general todo acto administrativo, para que pueda ser dictado, requiere que el órgano tenga competencia; que una norma expresa autorice la actuación; que el funcionario interprete adecuadamente esa norma; que constate la existencia de una serie de supuestos de hecho del caso concreto, y que esos supuestos de hecho concuerden con la norma y con los presupuestos de derecho, y todo ello es lo que puede conducir a la manifestación de voluntad que conduce al acto administrativo.

En tal sentido, los presupuestos fácticos o los supuestos de hecho del acto administrativo, son la causa o motivo de que, en cada caso, el acto se dicte.

El problema de la causa o motivo de los actos administrativos, se resuelve, por tanto, si se busca la razón justificadora del acto; es decir, las circunstancias de hecho que en cada caso autorizan a que un acto administrativo se dicte. La determinación del elemento causa entonces, viene dada por la contestación a la pregunta ¿por qué se dicta el acto? Y resulta que siempre la respuesta estará ubicada en una serie de circunstancias de hecho que se integran como elementos del acto administrativo, a través de esta noción de causa.

En definitiva, por tanto, la causa o motivos del acto administrativo, está configurada por las situaciones de hecho que autorizan la actuación del funcionario y que coinciden con las previstas en los supuestos de hecho que motivan legalmente la actuación.

En este sentido, la Ley Orgánica de Procedimientos Administrativos regula en varias normas la necesidad de existencia de estos supuestos o situaciones de hecho que conforman los motivos o causa del acto administrativo. Por ejemplo, en el Artículo 9 cuando prescribe la motivación, exige que esta motivación haga referencia a los hechos y a los fundamentos legales del acto, es decir, a los supuestos de hecho y de derecho; en otros términos, a la causa o motivo y a la base legal del acto.

Asimismo, el Artículo 12 de la Ley Orgánica, al regular los límites al poder discrecional, establece que la decisión que contiene el acto que se dicta, debe tener necesariamente una adecuación con el supuesto de hecho que autoriza la actuación, y este supuesto de hecho que regula el Artículo 12, es precisamente el elemento causa.

Asimismo, cuando se prescriben los requisitos de forma en el Artículo 18 de la Ley y se dice en el ordinal 5° que el acto debe contener una expresión sucinta de los hechos, la Ley está refiriéndose a la motivación como un requisito de forma que consiste en la expresión formal de los motivos, es decir, de las situaciones de hecho o causa de los actos administrativos.

Este requisito de fondo de los actos administrativos, es quizás, uno de los más importantes que se prevén para el control de la legalidad de los actos administrativos. La Administración, insistimos, para dictar un acto administrativo tiene que partir de la existencia de unos supuestos o circunstancias de hecho que justifiquen su actuación, pero a los efectos de que no se convierta en arbitraria la actuación del funcionario, la Administración está obligada, en primer lugar, a comprobar adecuadamente los hechos, y en segundo lugar, a calificarlos adecuadamente para subsumirlos en el presupuesto de derecho que autoriza la actuación.

Esto obliga, por tanto, a la Administración, a realizar, no sólo una labor de constatar la existencia de los presupuestos de hecho sino de probarlos y calificarlos adecuadamente. No puede la Administración presumir los hechos ni, por tanto, dictar actos fundados en hechos que no ha comprobado, porque podría suceder allí que el hecho no exista o que esté inadecuadamente configurado, y podría el acto estar viciado por falso supuesto.

La necesidad de comprobar los hechos como base de la acción administrativa y del elemento causa, está establecida expresamente por ejemplo en el Artículo 69 de la Ley: allí se establece que en los procedimientos sumarios, la Administración está obligada a comprobar de oficio "la verdad de los hechos y demás elementos de juicio necesarios para el esclarecimiento del asunto".

Por tanto, en los procedimientos administrativos, la Administración tiene la carga de la prueba de los presupuestos de hecho, es decir, de la causa y motivos del acto.

Por supuesto, los particulares también pueden probar estos hechos, y así el Artículo 58 de la Ley establece que los hechos que se consideren relevantes para la decisión de un procedimiento, pueden ser objeto de todos los medios de pruebas que establecen tanto el Código Civil, como el Código de Procedimiento Civil, así como el Código de Enjuiciamiento Criminal* y otras Leyes especiales.

Por tanto, debe señalarse que la comprobación de la causa, tiene que consistir, normalmente, en la constatación o apreciación de los hechos, por lo que la falsedad de los hechos o su errónea apreciación configura un vicio en la causa.

La causa o motivo como requisito de fondo de los actos administrativos, en todo caso, como lo veremos más adelante, debe distinguirse de la motivación, es decir, de la necesidad de expresión formal de los motivos de los actos administrativos. La necesidad formal de la motivación, considerada ésta como requisito de forma, consiste en que el acto debe tener una necesaria expresión de los motivos, de la causa, es decir, de los presupuestos de hecho, así como de los presupuestos de derecho que motivan la actuación de la Administración.

D. El objeto o contenido

El cuarto de los requisitos de fondo y de validez de los actos administrativos, es el objeto o contenido del acto; es decir, el efecto práctico que con el acto administrativo se pretende: por ejemplo, el nombramiento de un funcionario, el decomiso de un bien. En cuanto al objeto, como en relación a todo acto jurídico, en el acto administrativo debe ser determinado o determinable, debe ser posible y debe ser lícito. En la Ley Orgánica de Procedimientos Administrativos, diversas normas regulan el objeto de los actos administrativos.

En primer lugar, en relación al objeto del acto y a sus requisitos, puede decirse que el Artículo 19, ordinal 3° los establece al señalar como viciado de nulidad absoluta, todo acto administrativo cuyo contenido u objeto sea imposible o sea de ilegal ejecución. Por tanto, cuando el objeto del acto es en sí mismo un delito o sea de imposible ejecución, el acto administrativo se considera viciado de nulidad absoluta. En esta norma, por tan-

* Código Orgánico Procesal Penal *G.O.* N° 5.930 Extraordinario de 4-09-2009.

to, indirectamente, se prescribe los requisitos del objeto del acto en el sentido de que debe ser posible y lícito, a lo cual habría que agregar como requisito general del objeto, que el acto sea determinado o determinable.

Pero además de los requisitos genéricos del objeto del acto administrativo, en cuanto al contenido del mismo, la Ley prescribe otros elementos formales. Por ejemplo, el Artículo 62 exige que el acto administrativo definitivo, es decir, que decida un asunto, obligatoriamente debe resolver todas las cuestiones que hubiesen sido planteadas, tanto inicialmente como durante la tramitación. Por tanto, en cuanto al contenido del acto definitivo la Administración no puede eludir su decisión sobre algún asunto planteado, sino que necesariamente tiene que considerar en el acto y, por tanto, tienen que formar parte de su contenido, todos los asuntos que hubiesen sido planteados por los particulares o por la propia Administración, tanto inicialmente como durante la tramitación del procedimiento.

Asimismo, además de regular el contenido de la decisión en el procedimiento constitutivo del acto definitivo, en el Artículo 62, en los Artículos 88 y 89 de la Ley Orgánica de Procedimientos Administrativos se regula cuál debe ser el contenido de la decisión o de los actos administrativos, cuando éstos resuelvan un recurso administrativo. La Ley establece, así, en el Artículo 89, que el órgano administrativo que conozca de un recurso administrativo, debe resolver también todos los asuntos que se sometan a su consideración dentro del ámbito de su competencia, o que surjan con motivo del recurso, aun cuando no hayan sido alegados por los interesados. En este caso, se observa que también la Ley prescribe obligatoriamente un contenido de los actos administrativos que decidan recursos administrativos.

E. La finalidad

Sobre la finalidad de los actos administrativos, véase Allan R. Brewer-Carías, limites al Poder discrecional de las autoridades administrativas" publicado en *Jurisprudencia de la Corte Suprema 1930-1974* y *Estudios de Derecho Administrativo*, T. I, Caracas 1975, pp. 28 y ss.

La jurisprudencia sobre el tema puede consultarse en la misma obra, Tomo III, Vol. I, Caracas 1976, pp. 200-201.

El quinto de los requisitos de fondo del acto administrativo, es la finalidad, pues, toda actividad administrativa en el Estado Moderno, está condicionada por la Ley, siempre, a la consecución de determinados resultados. Por tanto, la Administración tiene que ceñirse obligatoriamente a los fines prescritos en la Ley, y no puede la Administración buscar resultados distintos a los perseguidos por el legislador, pues la Ley lo que prescribe es el logro de determinado y preciso fin. Por tanto, así como el elemento causa de los actos administrativos se busca preguntando ¿por qué se dicta el acto? el elemento fin del acto administrativo se obtiene preguntando ¿para qué se dicta el acto?

Ahora bien, precisamente, la determinación de este fin del acto es, sin duda, una de las conquistas fundamentales del Estado de Derecho, es decir, la exigencia de que la Administración cuando dicte el acto, se ajuste al fin prescrito en la norma.

La Ley Orgánica de Procedimientos Administrativos consagra indirectamente este requisito de la finalidad, tanto de los actos administrativos como del procedimiento. En efecto, al regular en el Artículo 12 los límites al poder discrecional, hace referencia al fin de los actos administrativos, como requisito de fondo, al prescribir que la decisión o acto administrativo debe tener una precisa adecuación con los fines de la norma. Es decir, debe estar ajustado a los fines de la norma jurídica, por lo que se presume que todo acto administrativo, cuando se dicta por un funcionario, tiene siempre un fin preciso en alguna norma que integra el Ordenamiento Jurídico.

Asimismo, puede decirse que la Ley prescribe que debe haber una finalidad del procedimiento prevista en las normas que regulan los procedimientos, y por eso hace responsable al funcionario en aquellos casos en que distorsione el fin del procedimiento. Así, en el Artículo 3 se establece el derecho de los particulares a reclamar ante el superior jerárquico, de la distorsión de cualquier procedimiento; y en el Artículo 100 se regula la sanción que se puede imponer a los funcionarios en caso de distorsión de cualquier disposición, procedimiento, trámite o plazo establecidos en la Ley, con lo cual se confirma, en el derecho positivo, la existencia de este quinto elemento de fondo de los actos administrativos que es la finalidad.

2. Los requisitos de forma

Sobre los requisitos de forma, véase la jurisprudencia en Allan R. Brewer-Carías, *Jurisprudencia de la Corte Suprema 1930-1974 y Estudios de Derecho Administrativo*, T. III, Vol. I, Caracas 1976, pp. 212-223; y en Mary Ramos Fernández, "Jurisprudencia Administrativa y Constitucional" en *Revista de Derecho Público*, N° 3, Caracas 1980, p. 128. Véase la doctrina administrativa en *Doctrina de la Procuraduría General de la República 1979*, Caracas 1980, p. 27.

Pero además de los requisitos de fondo, la Ley Orgánica de Procedimientos Administrativos, hace también referencia a los requisitos de forma de los actos administrativos. En general, estos requisitos de forma pueden clasificarse en tres grandes grupos: en primer lugar, las formalidades procedimentales del acto; en segundo lugar, la motivación del acto, y en tercer lugar, los requisitos concernientes a la manifestación externa o exteriorización del acto administrativo (formas).

A. Las formalidades procedimentales

En cuanto a la formación de la voluntad en los órganos colegiados, véase; Adriano Carmona Romay, "Teoría jurídica sobre la formación de la voluntad en los organismos colegiados" en *Revista de la Facultad de Derecho,* Universidad del Zulia, Maracaibo, 1962, pp. 11-30 y *Dictámenes de la Consultorio Jurídica 1969-1976*, Contraloría General de la República, T. IV, 1979, p. 70 y ss.

La jurisprudencia sobre el tema puede verse en Allan R. Brewer-Carías, *Jurisprudencia de la Corte Suprema 1930-1974 y Estudios de Derecho Administrativo*, T. III, Vol. I, Caracas 1976, p. 143 y ss.; y en Mary Ramos Fernández, "Jurisprudencia Administrativa y Constitucional" en *Revista de Derecho Pública*, N° 5, Caracas 1981, p. 118.

En cuanto a las formalidades procedimentales, uno de los principios que regula la Ley Orgánica, es el principio del formalismo, y tratándose de una Ley reguladora del Procedimiento Administrativo, se erige, por tanto, como requisito de forma del acto, la necesidad de que la Administración, en su actuación, se ciña exactamente a las prescripciones de la Ley Orgánica y, en particular, a las formalidades procedimentales que prescribe. Así, en efecto, el Artículo 1° de la Ley exige que la actividad de la Administración se ajuste a las prescripciones de la Ley; y también, el Artículo 12 señala que, aun en los casos en que se trate de un acto administrativo dictado en ejercicio de un poder discrecional, deben cumplirse los trámites, requisitos y formalidades necesarios para su validez y eficacia, configurándose, por tanto, el procedimiento y las formalidades y trámites, como un requisito de forma de los actos administrativos.

Asimismo, el Artículo 19, ordinal 4, cuando prescribe la nulidad absoluta como sanción a ciertos vicios de los actos administrativos, establece que procede en los casos en los cuales se hayan dictado los actos, con prescindencia total y absoluta del procedimiento legalmente establecido, con lo cual se confirma la necesidad de que los actos se adecuen al procedimiento que la Ley regula.

Más adelante se analizarán las diversas normas, requisitos, trámites y formalidades que conforman el procedimiento administrativo previsto en la Ley Orgánica, por lo que aquí interesa destacar es que el primer requisito de forma de los actos administrativos regulado en la Ley, es la necesaria adecuación de la formación de la voluntad al procedimiento legalmente pautado; procedimiento establecido no sólo para la formación de los actos administrativos, denominado también "procedimiento constitutivo" de los actos, sino también el procedimiento legalmente pautado para la impugnación de los actos administrativos en vía administrativa; es decir, el llamado procedimiento de impugnación de los actos administrativos. En este sentido, puede decirse sin duda que, precisamente, una de las finalidades de la Ley Orgánica de Procedimientos Administrativos, es regular las formalidades del procedimiento administrativo que debe seguirse en la formación de los actos administrativos.

B. La motivación

Sobre la motivación de los actos administrativos, véase Allan R. Brewer-Carías, "Consideraciones sobre la distinción entre la causa de los actos administrativos y la motivación como requisito de forma de los mismos", en *Revista de la Facultad de Derecho*, UCV, Nº 49, Caracas 1971, p. 233 y ss.; Hildegard Rondón de Sansó, "La motivación de los actos administrativos" en *Archivo de Derecho Público y Ciencias de la Administración*, Vol. II, Caracas 1970-71, pp. 199-238; Hildegard Rondón de Sansó, "Análisis Crítico de la Ley Orgánica de Procedimientos Administrativos" en *Revista del Consejo de la Judicatura*, N° 22, Caracas 1981, p. 19; Hildegard Rondón de Sansó, "Estudio Preliminar" en *Ley Orgánica de Procedimientos Administrativos*, EJV, Caracas 1981, p. 37.

La jurisprudencia sobre el tema puede consultarse en Allan R. Brewer-Carías, "La motivación de los actos administrativos en la Jurisprudencia Venezolana" en *Revista de la Facultad de Derecho*, Nº 33, UCV, Caracas 1966, pp. 151-166; Allan R. Brewer-Carías, *Jurisprudencia de la Corte Suprema 1930-1974 y Estudios de Derecho Administrativo*, T. III, Vol. I, Caracas 1976, pp. 223-268; y en la sección a cargo de Mary Ramos Fernández, "Jurisprudencia Administrativa y Constitucional" en *Revista de Derecho Público*, Nº 1, Caracas 1980, pp. 137-140; Nº 2, Caracas 1980, pp. 115-117; Nº 3, Caracas 1980, p. 129 y ss.; Nº 4, Caracas, 1980, p. 141; Nº 5, Caracas 1981, pp. 119-121; Nº 6, Caracas 1981, pp. 148-151; y Nº 7, Caracas 1981, p. 150.

En cuanto a la doctrina administrativa, véase *Doctrina de la Procuraduría General de la República 1964*, Caracas 1965, pp. 30-31; *idem* 1968, Caracas 1969, p. 9 y ss.; *ibídem*, 1969, Caracas 1970, pp. 23-24; *ibídem*, 1973, Caracas 1974, pp. 92, 334, 393; *ibídem*, 1974, Caracas 1975, p. 117.

Además de la regulación genérica del procedimiento administrativo y sus diversos trámites y formalidades, pueden distinguirse otros requisitos de forma que regula la Ley con precisión, y entre ellos está la necesidad de que el acto administrativo esté motivado, es decir, la motivación de los actos administrativos.

Este requisito de la motivación ha sido establecido expresamente en el Artículo 9 de la Ley Orgánica, con carácter general, al prescribir que todos los actos administrativos de carácter particular, es decir, de efectos particulares, deberán ser motivados excepto los de simple trámite, o salvo disposición expresa de la Ley, y a tal efecto, agrega el Artículo 9, en esa motivación deben nacer referencia a los hechos y a los fundamentos del acto.

La Ley Orgánica de Procedimientos Administrativos al establecer en esta forma la obligación general de motivar los actos administrativos, ha variado substancialmente la tradición jurisprudencial que venía delineándose en los últimos años. Se insiste, la Ley ha establecido con carácter general que, todo acto administrativo de efectos particulares tiene que ser motivado, y las únicas excepciones se refieren a los actos de simple trámite y a los actos respecto de los cuales, por disposición expresa de la Ley, esté excluida la motivación.

La jurisprudencia de la Corte Suprema de Justicia desde hace varias décadas, venía exigiendo el requisito de la motivación, como un requisito de forma de los actos, en el sentido de que ciertos actos administrativos, formalmente, debían expresar tanto la causa o motivo que los inspiraba como los supuestos legales o la base legal del acto; es decir, debían estar suficientemente razonados. Esta motivación se exigía, en primer lugar, respecto de los actos administrativos discrecionales; en segundo lugar, respecto de los actos administrativos sancionatorios; y en tercer lugar, respecto de los actos que impusieran obligaciones o que restringieran en alguna forma los derechos de los particulares. Este principio general se formulaba, además, en general, salvo que por expresa autorización legal, se excluyera que un determinado acto de esos tipos debía ser motivado. Así sucede, por ejemplo, en materia de la Ley general de Bancos y otros Institutos de Crédito, en la cual se establece, expresamente en su Artículo 11 que la negativa de autorización de funcionamiento de una empresa bancaria no requiere de motivación.

La jurisprudencia, por tanto, no había establecido la necesidad de la motivación para todos los actos administrativos, sino que, básicamente, la establecía para los actos sancionatorios y los que restringieran los derechos de los particulares y, también, para los actos discrecionales, ya que el control de los motivos en los actos discrecionales sólo podía hacerse en la medida en que estos actos fueran motivados; es decir, lo motivos fueran exteriorizados.

La Ley Orgánica, sin embargo, ahora ha formulado el principio con una amplitud y generalidad mayores, pues exige la motivación en todo caso, y sólo cuando la Ley expresamente excluya la obligación de motivar, es que ésta no es necesaria en los actos administrativos. Sin duda, este requisito de la motivación resulta innecesario en muchos actos administrativos.

En cuanto a las formalidades de la motivación, ciertamente no se requiere que el acto contenga una exposición detallada y analítica de todo cuanto concierne al mismo, pero eso no implica que no sea necesario que el acto, como lo exige el Artículo 9 de la Ley, haga referencia a los hechos y a los fundamentos legales del acto, o como lo exige el Artículo 18, ordinal 5°, que el acto contenga una expresión sucinta de los hechos, de los fundamentos legales pertinentes y, además, de las razones que hubiesen sido alegadas.

De acuerdo a esta norma, por tanto, la motivación va más allá de la sola expresión suscinta de hechos y de fundamentos legales, y exige que el funcionario analice las razones que hubiesen sido alegadas. En este sentido, por ejemplo, cuando el Artículo 62 exige que el acto administrativo que decida el asunto, tiene que resolver todas las cuestiones que se hubiesen planteado, tanto inicialmente corno durante la tramitación, implica que deben expresarse esas razones que hubiesen sido alegadas por los interesados y si las mismas se acogen o no por la autoridad administrativa.

C. La exteriorización del acto

Por último, dentro de los requisitos de forma de los actos administrativos, además de la formalidad procedimental y de la motivación, la Ley Orgánica de Procedimientos Administrativos prescribe determinadas formas en cuanto a la exteriorización de los actos administrativos.

En este sentido la Ley Orgánica, en principio, regula la manifestación expresa de voluntad de la Administración, y por tanto, exige que, como principio general, el acto administrativo sea expreso, y además deba estar revestido de la formalidad legal de constar por escrito, siendo este elemento escrito, una de las garantías fundamentales de los particulares para poder ejercer su derecho a la defensa. Por tanto, así como la motivación es un requisito formal básico para el ejercicio de este derecho a la defensa, también la exteriorización formal del acto que conlleva la motivación, debe considerarse como un requisito de validez de los actos y como un requisito para el ejercicio del derecho de la defensa.

El Artículo 18 de la Ley Orgánica de Procedimientos Administrativos, ha establecido por primera vez con carácter general en el ordenamiento positivo venezolano, los requisitos que debe contener el acto administrativo en su formulación expresa. Dicho Artículo, en efecto, prescribe diversas formas que son obligatorias cuando se exteriorice un acto administrativo por escrito, al indicar que necesariamente debe contener lo siguiente: Primero, el nombre del Ministerio u organismo al cual pertenece el órgano que dicte el acto; segundo, el nombre del órgano que emite el acto; tercero, el lugar y fecha donde el acto es dictado; cuarto, el nombre de la persona u órgano a quien va dirigido; quinto, la expresión suscinta de los hechos y de las razones que hubiesen sido alegados y de los fundamentos legales del acto; sexto, la decisión correspondiente, si fuera el caso; séptimo, el nombre del funcionario o funcionarios que lo suscriben, con indicación de la titularidad con que actúen e indicación expresa, en caso de actuar por delegación, del número y fecha del acto de delegación que confirió la competencia; y octavo el sello de la Oficina.

La Ley exige, además, que el original del respectivo instrumento debe contener la firma autógrafa del o de los funcionarios que lo suscriben, y sólo en los casos en los cuales la frecuencia de ciertos actos lo justifique se podrá disponer, mediante Decreto del Presidente de la República, que la firma de los funcionarios sea estampada por medios mecánicos que, en todo caso, deben ofrecer las garantías de seguridad necesarias.

En esta forma, la Ley ha prescrito los requisitos de forma del acto expreso, y exige que estos actos administrativos contengan todos estos elementos en su exteriorización formal. Pero la Ley, sin duda, no sólo regula los actos administrativos expresos, sino que también regula los actos administrativos tácitos.

En efecto, cuando en el Artículo 4 establece que vencidos determinados lapsos sin que se resuelvan los asuntos o recursos, se considerará que la Administración ha resuelto negativamente, la Ley está consagrando el acto administrativo tácito, es decir, la manifestación de voluntad derivada del silencio administrativo con efectos negativos. De acuerdo a esta norma, puede decirse que legalmente se presume que una vez transcurrido un lapso sin que exista una decisión concreta, surge un acto administrativo que es un acto denegatorio de lo solicitado.

La Ley, por supuesto, en estos casos, no prescribe forma alguna de los actos tácitos, sino sólo el transcurso del lapso, como condición para que se produzca esta decisión administrativa tácita negativa derivada del silencio administrativo, y todos esos lapsos previstos en días, tanto para las solicitudes, en los Artículos 5, 60 y 67 de la Ley, como para los recursos administrativos en los Artículos 90, 91, 94 y 99 de la Ley, deben contarse en días hábiles conforme lo exige el Artículo 42 de la misma Ley.

En esta forma, el silencio administrativo, es decir, la inactividad administrativa produce, de acuerdo al Artículo 4, un efecto jurídico, es decir, el efecto de denegar la petición o el recurso formulado, a los solos efectos de garantizar los derechos e intereses del administrado, particularmente su derecho a la defensa.

III. LA INVALIDEZ DE LOS ACTOS ADMINISTRATIVOS

En general, sobre la ilegalidad de los actos administrativos, véase Allan R. Brewer-Carías, *Las Instituciones Fundamentales del Derecho Administrativo y la Jurisprudencia Venezolana*, Caracas 1964, pp. 58-93; Allan R. Brewer-Carías, "Consideraciones sobre la ilegalidad de los actos administrativos en el Derecho Venezolano" en *Revista de Administración Pública*, N° 43, Madrid 1964, p. 427 y ss.; Allan R. Brewer-Carias, "El recurso contencioso-administrativo contra los actos de efectos individuales" en el libro del Instituto de Derecho Público, *El control jurisdiccional de los Poderes Públicos en Venezuela*, Caracas 1979, pp. 182 a 191; Eloy Lares Martínez, *Manual de Derecho Administrativo*, Caracas 1978, pp. 187-200; Lubin Maldonado "Lineamientos formales de la teoría de la ilegalidad" en *Revista de la Facultad de Derecho*, ULA, N° 11, Mérida, 1965, pp. 137-183.

La jurisprudencia sobre los vicios de los actos administrativos, véase en Allan R. Brewer-Carías, *Jurisprudencia de la Corte Suprema de Justicia 1930-1974 y Estudios de Derecho Administrativo*, T. IV, Vol. I, Caracas 1976, pp. 307-350.

Los actos administrativos son inválidos cuando han violado una norma constitucional o legal o cuando no cumplen los requisitos de validez mencionados. En estos casos, el acto administrativo está viciado de nulidad absoluta o anulabilidad, y es susceptible de ser impugnado tanto en vía administrativa como en vía contencioso-administrativa. En todos estos casos podría decirse que el acto está viciado por contrariedad al derecho y es susceptible de ser anulado.

La Ley Orgánica de Procedimientos Administrativos, en esta materia, le ha dado una amplia regulación a los vicios de los actos administrativos, y conforme a sus regulaciones pueden distinguirse tres causas de invalidez de los actos administrativos: la violación del derecho, los vicios de fondo de los actos y por último, los vicios de forma. Veamos separadamente estos diversos vicios o causas de invalidez.

1. La contrariedad al derecho

En primer lugar, los actos administrativos son inválidos y pueden ser anulados, por violación del ordenamiento jurídico que rige la actuación administrativa, es decir, por violación de algunas de las fuentes del derecho administrativo. La "contrariedad al derecho" conforme a la terminología del artículo 206 de la Constitución, es así la primera de las causas de invalidez de los actos.

Pueden distinguirse dos grandes vicios de los actos administrativos, derivados de esta contrariedad al derecho: el vicio de inconstitucionalidad, cuando el acto viole directamente la Constitución, o el vicio de ilegalidad propiamente dicho, que se produce cuando el acto vulnere una Ley u otro cuerpo normativo de rango legal o sublegal.

A. Los vicios de inconstitucionalidad

En particular, véase Allan R. Brewer-Carías, *El control de la constitucionalidad de los actos estatales*, Caracas 1977, pp.131-142.

El vicio de inconstitucionalidad de los actos administrativos se produce cuando un acto vulnere directamente una norma, un principio o un derecho o garantía establecido en la Constitución. En esos casos, el acto sería inconstitucional y susceptible de ser anulado.

Ahora bien, esta vulneración de la Constitución puede producirse en dos supuestos: cuando se viola una norma sustantiva del texto fundamental, como la que garantiza una libertad pública; o cuando se viola una norma atributiva de competencia a los órganos estatales, en cuyo caso estaríamos en presencia de un acto viciado de incompetencia, aun cuando de orden constitucional. En este último supuesto, se trataría de un vicio de fondo, la incompetencia, que analizaremos más adelante.

Interesa ahora retener, solo, los otros casos de violación directa de normas sustantivas de la Constitución, particularmente, las que consagran los derechos y garantías. En efecto, cualquier acto administrativo que vulnere directamente una garantía constitucional es un acto inconstitucional. Por ejemplo, la detención de una persona sin que haya orden escrita y sin que el detenido sea encontrado infraganti, es una vulneración del Artículo 60, ordinal 1° de la Constitución; el acto administrativo que sea discriminatorio, es decir, que sea contrario a la igualdad, sería violatorio del Artículo 61 del texto fundamental[*]. Por tanto, cualquier acto administrativo de efectos particulares que viole directamente la Constitución, es un acto viciado de inconstitucionalidad y si se trata de la violación de alguna garantía constitucional, el Artículo 46[**] del texto fundamental declara expresamente dicho acto como nulo y a los funcionarios que los dicten, responsables penal, civil y administrativamente. Este Artículo, en efecto señala; "todo acto que viole o menoscabe los derechos garantizados por esta Constitución, es nulo y los funcionarios que los ejecuten incurren en responsabilidad penal, civil y administrativa". En este caso, es la propia Constitución la que está sancionando con la nulidad, directamente, cualquier acto que viole una garantía constitucional, y en los términos del Artículo 19, ordinal 1° de la Ley Orgánica de Procedimientos Administrativos, son nulos de nulidad absoluta, los actos administrativos "cuando así esté expresamente determinado por una norma constitucional o legal". Por tanto, los actos violatorios de normas o garantías constitucionales, son nulos de nulidad absoluta.

---

* Art. 44,1 y 21 de la Constitución de 1999.

** Art. 25 de la Constitución de 1999.

Dentro de los vicios de inconstitucionalidad de los actos administrativos, vinculados a la regulación de los derechos y garantías constitucionales, está la violación de la reserva legal. En efecto, la Constitución, a lo largo de su normativa, reserva a la Ley formal diversas materias, y entre ellas, la limitación o regulación de los derechos y garantías constitucionales; la creación de infracciones y sanciones; y la creación o modificación de contribuciones o tributos. Los dos últimos supuestos han sido recogidos por la Ley Orgánica de Procedimientos Administrativos, y haremos referencia a ellos al hablar de los vicios de ilegalidad. En cuanto a la limitación, restricción o regulación de los derechos constitucionales, todas las normas pertinentes de los Artículos 43 y siguientes del texto fundamental,* las reservan a la Ley o a actos con rango y valor de Ley, por lo que todo acto administrativo que limite o regule directamente un derecho o garantía constitucional, es nulo en los términos del Artículo 46 de la Constitución, con vicio de nulidad absoluta conforme al ordinal Io del Artículo 19 de la Ley Orgánica de Procedimientos Administrativos.

Por otra parte, también estarían viciados de nulidad absoluta, los actos administrativos "acordados por requisición directa o indirecta de la fuerza, o por reunión de individuos en actitud subversiva", los cuales califica como nulos el Artículo 120 de la Constitución**.

B. Los vicios de ilegalidad

Pero además, los actos administrativos son inválidos por violación de la Ley o de las otras fuentes de la legalidad administrativa. En este campo, la Ley Orgánica de Procedimientos Administrativos, como hemos señalado, consolida el principio de la legalidad, al prever diversos casos de invalidez de los actos administrativos distintos a los derivados de la violación de los requisitos de forma o fondo de los actos administrativos.

Estos vicios de ilegalidad, entre otros, serían: la violación de la reserva legal; la violación de la jerarquía de los actos administrativos; la violación de los actos administrativos de efectos singulares; la retroactividad de los actos administrativos; la violación de la cosa juzgada administrativa; la violación de los límites a la discrecionalidad; y las violaciones legales en torno a la ejecución de los actos administrativos.

a. *La violación de la reserva legal*

En materia de sanciones, véase Allan R. Brewer-Carías, "Comentarios sobre el sistema de sanciones administrativas en la Ley de Protección al Consumidor" en *Revista de Derecho Público*, N° 7, Caracas 1981, p. 118 y ss.

Como se ha dicho, los actos administrativos serían inválidos en los casos en los cuales vulneren la reserva legal. En este sentido, la Ley Orgánica de Procedimientos Administrativos reafirma, legalmente, la reserva legal que se deriva de los Artículo 60, ordinal 2° y 224 de la Constitución*, en el sentido de que nadie puede ser sancionado por obligaciones cuyo incumplimiento no haya sido definido por la Ley como delito o falta; y

---

* Art. 19 y siguientes de la Constitución de 1999.

** Art. 25 de la Constitución de 1999.

* Art. 49, 6 y 317 de la Constitución de 1999.

de que no puede cobrarse ningún impuesto u otra contribución que no estén establecidos por Ley, ni concederse exenciones ni exoneraciones de los mismos sino en los casos por ella previstos.

En esta misma orientación, en efecto, la Ley Orgánica de Procedimientos Administrativos estableció, en el Artículo 10, que ningún acto administrativo puede crear sanciones, ni modificar las que hubieran sido establecidas en las leyes, ni crear impuestos u otras contribuciones de derecho público, salvo dentro de los límites determinados por la Ley. Por tanto, estarían viciados de ilegalidad e inconstitucionalidad los actos administrativos que creen infracciones y sanciones o que modifiquen las establecidas en las leyes, y los que creen impuestos u otras contribuciones o modifiquen los legalmente establecidos.

b. *La violación de la jerarquía de los actos*

Hemos visto que la Ley Orgánica, en su artículo 14 define la jerarquía de los actos administrativos, la cual está condicionada por la jerarquía de los órganos administrativos de quienes emanen los actos. La consecuencia de esa jerarquía legalmente establecida, es que de acuerdo al Artículo 13 de la Ley, ningún acto administrativo puede vulnerar lo establecido en otro de superior jerarquía; de lo contrario, el acto es inválido y susceptible de ser anulado.

c. *La violación de los actos administrativos de efectos generales*

Los actos administrativos de efectos generales, es decir, los actos normativos de la Administración, como los reglamentos, son esencialmente derogables o modificables por otros actos administrativos de efectos generales, de acuerdo al principio establecido en el Artículo 7° del Código Civil.

Por tanto, esos actos no pueden ser modificados o vulnerados en forma singular, por actos administrativos de efectos particulares. De allí la prohibición contenida en el Artículo 13 de la Ley Orgánica en el sentido de que ningún acto administrativo de efectos particulares puede vulnerar lo establecido en una disposición administrativa de efectos generales, aun cuando fueren dictados por una autoridad igual o superior a la que dictó el acto administrativo de efectos generales. De lo contrario, el acto es inválido, por ilegal, y sería susceptible de ser anulado.

d. *La retroactividad de los actos administrativos*

De acuerdo al principio general del derecho contenido en el Artículo 44 de la Constitución y en el Artículo 39 del Código Civil, los actos administrativos cumplen sus efectos hacia el futuro y en principio, no pueden tener efectos retroactivos. Rige en materia de los efectos de los actos administrativos, por tanto, el principio de la irretroactividad, por lo que todo efecto retroactivo de un acto administrativo lo viciaría de ilegalidad.

Este principio, indirectamente, lo recoge el Artículo 10 de la Ley Orgánica al prescribir que si bien la Administración puede modificar los criterios establecidos por sus órganos, para dictar sus actos administrativos, la nueva interpretación que adopte no puede aplicarse a situación anteriores, salvo que fuere más favorable a los administrados. De lo contrario, el acto sería inválido e ilegal, y susceptible de ser anulado.

e. *La violación de la cosa juzgada administrativa*

En particular, véase Allan R. Brewer-Carías, "Comentarios sobre la revocación de los actos administrativos" en *Revista de Derecho Público,* N° 4, Caracas 1980, p. 27 y ss.

La Ley Orgánica de Procedimientos Administrativos, ha establecido el principio general de que los actos administrativos que originen derechos subjetivos o intereses legítimos, personales y directos para un particular, son irrevocables una vez que han adquirido firmeza. Ello se deduce de la interpretación a contrario del Artículo 82 de la Ley, con lo cual se otorga valor de cosa decidida a los actos administrativos que originen esos derechos e intereses, de forma tal que no pueden ser revocados ni modificados por la Administración.

Al contrario, si un acto administrativo resuelve sobre un caso precedentemente decidido con carácter definitivo y que haya creado derechos particulares, salvo autorización expresa de la Ley, se considera que ha violado la cosa juzgada administrativa y se sanciona esa invalidez, con la nulidad absoluta de acuerdo al Artículo 19, ordinal 2° de la Ley Orgánica, Por tanto, los actos administrativos que violen la cosa juzgada administrativa en esos términos, son también inválidos.

f. *La violación de los límites a la discrecionalidad*

En particular, véase Allan R. Brewer-Carías, "Los límites al poder discrecional de las autoridades administrativas" en *Revista de la Facultad de Derecho,* N° 2, UCAB, Caracas 1965, pp. 9-35.

De acuerdo al Artículo 12 de la Ley Orgánica, el ejercicio del poder discrecional por las autoridades administrativas no es ilimitado ni puede conducir a la arbitrariedad, sino que al contrario tiene diversos límites como se ha analizado. En particular, dice el Artículo 12, los actos administrativos discrecionales deben mantener la debida proporcionalidad y adecuación entre su contenido y los supuestos de hecho que conforman sus motivos y deben tener, asimismo, la debida adecuación con los fines de la norma. Por tanto, todo traspaso a los límites a la discrecionalidad, que se derivan de los señalados principios de la racionalidad, proporcionalidad, justicia, equidad e igualdad, vicia el acto administrativo de ilegalidad, y lo hace susceptible de ser anulado.

g. *La violación de las normas de ejecución*

Los actos administrativos, de acuerdo a lo exigido en el Artículo 8 de la Ley, deben ser ejecutados por la Administración en el término establecido, y a falta de término, deben *ser ejecutados inmediatamente. Por lo tanto, la Administración no es libre de establecer modalidades de ejecución o eficacia de los actos administrativos, por lo que la condición y el término requieren de texto expreso que los autorice. En consecuencia, el sometimiento de los efectos de un acto administrativo a condición o término no establecido legalmente, vicia el acto de ilegalidad.*

Por otra parte, la ejecución de los actos administrativos está sometida a formalidades y a medios de ejecución forzosa expresamente establecidos en los Artículos 78 y 80 de la Ley Orgánica. El incumplimiento de las formalidades o la utilización de medios de ejecución no autorizados legalmente en el Artículo 80 de la Ley Orgánica o en alguna otra ley vicia al acto de ilegalidad, lo haría inválido, y susceptible de anulación.

2. La violación de los requisitos de validez

Hemos señalado que los actos administrativos, para su validez, están sometidos al cumplimiento de una serie de requisitos de fondo y forma. En cuanto a los requisitos de fondo, están la competencia, la base legal, el objeto, la causa y el fin del acto administrativo. Por tanto, la violación de las exigencias de estos requisitos, da origen a una serie de vicios de fondo de los actos administrativos, que se pueden estudiar en las siguientes categorías: incompetencia, ausencia de base legal, vicio en el objeto, vicio en la causa (abuso o exceso de poder) y vicio en el fin (desviación de poder). Veamos los separadamente.

A. La incompetencia

La incompetencia es el vicio que afecta a los actos administrativos cuando han sido dictados por funcionarios o personan que no estén autorizados legalmente para dictarlos, sea en virtud de que carecían de toda competencia, sea en virtud de que se extralimitaron en el ejercicio de las competencias que tenían para otra actuación.

El vicio de incompetencia de los actos administrativos puede dar origen a un vicio de inconstitucionalidad o de ilegalidad, según que las normas atributivas de las competencias tengan rango constitucional o legal. Por eso, debe distinguirse en la incompetencia, la usurpación de autoridad y de funciones, de la extralimitación de atribuciones.

a. *La incompetencia constitucional*

La incompetencia de orden constitucional se produce en dos casos: cuando una persona que carece en forma absoluta de competencia, usurpa la autoridad y ejerce sus competencias sin legitimidad alguna; o cuando un funcionario determinado usurpa las funciones atribuidas a otro órgano distinto del Estado. En estos casos, los actos administrativos así dictados están viciados de nulidad, y por ser dictados "por autoridades manifiestamente incompetentes" estarían viciados de nulidad absoluta conforme al Artículo 19, ordinal 4° de la Ley Orgánica.

a'. La usurpación de autoridad

Véase Allan R. Brewer-Carías, *Las Instituciones Fundamentales del Derecho Administrativo y la Jurisprudencia Venezolana*, Caracas 1964, pp. 60 y ss.; Allan R. Brewer-Carías, *El Control de la Constitucionalidad de los Actos Estatales*, Caracas 1977, pp. 131 y ss.

De acuerdo al Artículo 119 de la Constitución*, "toda autoridad usurpada es ineficaz y sus actos son nulos". Por tanto, el acto administrativo dictado con usurpación de autoridad es nulo, no puede producir efectos, y el vicio del mismo conforme a los ordinales 1° y 4° del Artículo 19 de la Ley Orgánica, seria de nulidad absoluta.

Ahora bien, un acto estaría viciado de usurpación de autoridad, cuando una persona, sin ningún tipo de investidura pública, asume una función pública y actúa como un funcionario, caso en el cual el Artículo 119 de la Constitución declara la ineficacia radical y total de tal autoridad usurpada, es decir, de quien sin tener autoridad formalmente

* Art. 138 de la Constitución de 1999.

concedida, ni título, ni investidura, asume una función, y desempeña las tareas propias de un funcionario. Por ejemplo, cuando una persona usurpa el cargo de Jefe Civil de una población, por más actos que dicte, con las formalidades necesarias, si esa persona no ha tenido nombramiento ni investidura oficial, esos actos que pueda dictar usurpando la autoridad, son actos nulos, viciados de nulidad absoluta, pues de acuerdo al Artículo 117 de la Constitución[**], sólo pueden ejercerse "atribuciones del Poder Público" de acuerdo a la Constitución y las leyes, y a ellas debe sujetarse su ejercicio. Por ello, si no hay investidura, el acto administrativo sería nulo, por usurpación de autoridad. En tal sentido, un caso típico de usurpación de autoridad se daría cuando, conforme a lo establecido en el Artículo 250 de la Constitución[***], alguien usurpe el gobierno y derogue la Constitución o ésta se deje de observar por acto de fuerza. En tales casos, los usurpadores de autoridad sí se han enriquecido ilícitamente, pueden ser sancionados con la confiscación de sus bienes, para resarcir a la República de los perjuicios que se le hayan causado, y sus actos, por supuesto, se consideran nulos. Pero el Artículo 250 indirectamente consagra la legitimidad para que una persona aun cuando no esté investida de autoridad pueda colaborar con el restablecimiento de la efectiva vigencia de la Constitución, abriendo así la posibilidad de que en ciertos casos, quien actúa sin autoridad, pero con fines plausibles, tenga legitimidad constitucional para ello. Esto está vinculado a la teoría del funcionario de hecho.

En consecuencia, cuando se habla de usurpación de autoridad, debe señalarse que en este supuesto de vicio de nulidad absoluta de los actos administrativos, se dan ciertas situaciones de hecho que dan origen a lo que se ha denominado la teoría del funcionario de hecho. En efecto, se ha reconocido en la doctrina administrativa que, en ciertas circunstancias excepcionales, ciertas personas, aun cuando no tengan título ni investidura, pueden ejercer algunas actividades públicas con fines de interés general, en situaciones de emergencia, por ejemplo, un terremoto o cualquier calamidad pública.

En estos supuestos, puede resultar necesario que alguien asuma, de hecho, el comando de la situación, en un momento determinado, y que actúe como autoridad, e inclusive que necesite adoptar decisiones que hasta puedan causar perjuicios. En estos casos, la doctrina ha considerado que aun cuando no se trate de un funcionario, como es un fin plausible el que persigue, puede reconocerse una obligación del Estado, por ejemplo, de indemnizar los daños que esa persona puede causar.

Por otra parte, para que se dé la teoría del funcionario de hecho, es necesario que se dé la asunción de autoridad por una persona no investida legalmente, con fines de interés general y plausible, en ciertas circunstancias excepcionales. Pero la teoría del funcionario de hecho, lo único que permite es que el Estado, en ciertos casos, reconozca los actos de quien no tenía autoridad, para proteger a los particulares que actuaron de buena fe; pero formalmente esos actos están contra el orden constitucional.

En todo caso, la usurpación de autoridad conforme a lo que establece el Artículo 119 de la Constitución", es un caso de incompetencia constitucional. Hemos visto que todo acto administrativo debe ser dictado por la autoridad competente, siendo el primer requisito de fondo de los mismos, la competencia. Por tanto, la usurpación de autoridad es una forma de incompetencia; la de mayor gravedad, pues es siempre manifiesta. Por

** Art. 137 de la Constitución de 1999.

*** Art. 333 de la Constitución de 1999.

ello, la usurpación de autoridad, como incompetencia constitucional encuadra, sin duda, dentro de lo establecido en el Artículo 19, ordinal 4° de la Ley Orgánica que sanciona con el vicio de nulidad absoluta, a los actos que "hubieren sido dictados por autoridades manifiestamente incompetentes".

Por otra parte, la usurpación de autoridad, además de viciar a los actos administrativos, acarrea una sanción penal. El artículo 214 del Código Penal establece, en efecto que será castigado con prisión de dos a seis meses "cualquiera que indebidamente asuma o ejerza funciones públicas" e igualmente, esa misma pena se aplicará al funcionario que siga ejerciendo las funciones después de haber sido removido.

b'. La usurpación defunciones

En particular, véase Allan R. Brewer-Carías, *Las Instituciones Fundamentales del Derecho Administrativo y la Jurisprudencia Venezolana*, Caracas 1964, p. 60 y ss.; Allan R. Brewer-Carías, *El control de la constitucionalidad de los actos estatales*, Caracas 1977, pp. 131 y ss.

La jurisprudencia puede consultarse en Allan R. Brewer-Carías, *Jurisprudencia de la Corte Suprema 1930-1974* y *Estudios de Derecho Administrativo*, T. III, Vol. I, Caracas 1976, pp. 308-329.

Además de la usurpación de autoridad, otro vicio de incompetencia constitucional es la usurpación de funciones. Hemos dicho que la Constitución, en su Artículo 118[**], establece que cada una de las ramas del Poder Público tiene sus funciones propias; pero los órganos a los que incumbe su ejercicio deben colaborar entre sí en la realización de los fines del Estado. Además, la Constitución, en el Artículo 117[*] exige que las atribuciones del Poder Público deben ejercerse de acuerdo a la Constitución y las Leyes que las definen. Por tanto, de acuerdo a estas normas, las diversas funciones del Estado se establecen en la Constitución y las Leyes, y ellas distribuyen esas funciones a los diversos órganos estatales. Por tanto, todo ejercicio de una función por otro órgano a quien no se le asigne, configuraría un vicio de usurpación de funciones.

En esta forma, la usurpación de funciones se produciría cuando un órgano de una de las ramas del Poder Público ejerce funciones de otro órgano de las ramas del Poder Público y en este contexto, rama del Poder Público debe interpretarse en sentido general, tanto respecto de la división del Poder en las ramas Nacional, Estadal y Municipal; como de la división de cada uno de esos poderes, en Legislativo, Ejecutivo y Judicial. Por tanto, si un órgano Municipal ejerce una función atribuida a un órgano de la República, usurpa funciones que la Constitución asigna a otros niveles territoriales; si los órganos del Poder Nacional ejercen funciones Municipales, habría usurpación de funciones municipales. Pero además, dentro de la República, por ejemplo, si un órgano administrativo ejerce funciones legislativas reservadas al Parlamento o funciones judiciales reservadas a los Tribunales, habría también usurpación de funciones. Por tanto, la usurpación de funciones se da en los dos aspectos: territorial y dentro de cada uno de los niveles territoriales, en las invasiones de funciones entre los órganos del Estado, en relación a las funciones que se le asignan constitucionalmente.

En estos casos, la usurpación de funciones es un vicio de orden constitucional, es una incompetencia constitucional. Por ejemplo, se produce cuando la Administración, a ni-

** Art. 136 de la Constitución de 1999.
* Art. 137 de la Constitución de 1999.

vel nacional, ejerce una función judicial y dicta una sentencia usurpando la labor de los jueces, o cuando el Congreso, en un momento determinado, usurpa una función administrativa que la Constitución reserva a la Administración. Por ejemplo, si el Congreso dictase una Ley estableciendo que el Congreso es quien nombra a un funcionario de la Administración Pública, usurparía una función del Poder Ejecutivo que es quien tiene la potestad de nombrar y remover funcionarios públicos: allí habría usurpación de funciones administrativas por el Legislador.

Lo mismo sucede entre los diversos niveles territoriales de la organización política. En efecto, la Constitución establece un sistema de descentralización política donde cada nivel tiene sus funciones y tareas propias. Por tanto, la República no puede asumir las funciones de un Estado, ni un Gobernador de Estado puede asumir las funciones de un Municipio. Si se produce esta interferencia, habría también usurpación de funciones.

Ahora bien, la usurpación de funciones también es un vicio de inconstitucionalidad y como tal, consiste, siempre, en una incompetencia manifiesta, que según el Artículo 19, ordinal 4° de la Ley Orgánica, acarrea la nulidad absoluta de los actos administrativos.

Sin embargo, para que exista un vicio de usurpación de funciones en un acto administrativo, como vicio de inconstitucionalidad, tiene que haberse producido una violación directa del texto fundamental; tiene que surgir, si se quiere, un antagonismo directo entre el acto administrativo y la norma constitucional. Ahora bien, en los actos administrativos de efectos particulares, por supuesto, no es frecuente encontrar estas violaciones directas de la Constitución, sin que de por medio exista una Ley. Recordemos el carácter sublegal de la actividad administrativa, y en virtud de ello, en general, en cualquier vicio de usurpación de funciones, éste, normalmente, conlleva la violación de una Ley. Por ejemplo, pensemos en el caso extremo: si un órgano del Poder Ejecutivo dicta una sentencia, habría usurpación de funciones judiciales por el Poder Ejecutivo, y una violación de la Constitución. Sin embargo, con precisión, la competencia de los Tribunales, en esta materia, no está en el texto fundamental sino en el Código Civil, el Código de Procedimiento Civil y la Ley Orgánica del Poder Judicial. Por ello, en ese caso, habría sí, una usurpación de funciones, pero necesariamente también habría vicios de ilegalidad porque se violarían una serie de leyes.

El acto administrativo sería nulo, de nulidad absoluta, por incompetencia manifiesta y violación de la Constitución, pero a la vez violaría una serie de normas de rango legal y precisamente, por violar esas leyes, es que puede decirse que habría vicios de inconstitucionalidad y de usurpación de funciones, vulnerándose en consecuencia, el Artículo 117 de la Constitución[*]. Sin embargo, un acto administrativo no podría violar solo y directamente este Artículo 117 de la Constitución, y por ello es que el Artículo 133 de la Ley Orgánica de la Corte Suprema de Justicia[**] prohíbe que los recursos de anulación contra los actos administrativos tengan como fundamento la sola infracción del Artículo 117 de la Constitución, por lo cual debe, siempre, denunciarse o la violación de otra disposición de la Constitución como directamente infringida por el acto impugnado, o la violación de las normas legales pertinentes infringidas.

* Art. 137 de la Constitución de 1999.

** Ley Orgánica del Tribunal Supremo de Justicia *G.O.* N° 39.522, de 01-10-2010.

b. *La incompetencia legal: la extralimitación de atribuciones*

En particular, véase Allan R. Brewer-Carias, *Las Instituciones Fundamentales del Derecho Administrativo y la Jurisprudencia Venezolana*, Caracas 1964, p. 64 y ss.

La jurisprudencia puede consultarse en Allan R. Brewer-Carías, *Jurisprudencia de la Corte Suprema 1930-1974 y Estudios de Derecho Administrativo*, T. III, Vol., I, Caracas 1976, pp. 329-332.

Véase además, la *Doctrina de la Procuraduría General de la República 1973*, Caracas 1974, p. 119.

Pero además de la incompetencia constitucional, también vicia los actos administrativos, el hecho de que sean dictados por funcionarios incompetentes, sea porque no tenían competencia alguna en la materia o territorio de que se trate, sea porque teniéndola, se extralimiten en el ejercicio de las atribuciones que tenían conferidas.

Pueden distinguirse, entonces, dos subtipos de incompetencia: aquellos casos en los cuales el funcionario ejerce competencias que no le corresponden, porque están asignada a otro órgano del Poder Ejecutivo, en cuyo caso habría una incompetencia directa; y los casos en los cuales el funcionario, ejerciendo la competencia que tiene ilegalmente, se extralimita en la misma, yendo más allá de lo que la Ley le prescribe.

La competencia insistíamos, tiene que ser expresa, y además ella es el límite de la acción del funcionario, por lo que éste no puede hacer nada que no le esté expresamente atribuido en la ley. Por tanto, cuando el funcionario ejerce una competencia que no le está asignada directamente, o al ejercer la competencia que le está asignada, se extralimita en su ejercicio, en ambos casos habría un vicio de ilegalidad, que afectaría de invalidez a los actos administrativos dictados.

En estos casos, el vicio de ilegalidad puede darse cuando la incompetencia afecta a la materia, al territorio, al grado jerárquico o al tiempo. Por ejemplo, si un funcionario de la Dirección de Prisiones, resuelve un problema relativo al Registro Mercantil, por más que ambos sean funcionarios del Ministerio de Justicia habría una incompetencia por la materia. Además, la incompetencia puede ser por el territorio: un funcionario de la Dirección del Ministerio de Agricultura y Cría en un Estado, al otorgar una concesión forestal en otro Estado, incurriría en una incompetencia por el territorio. También habría incompetencia por el grado jerárquico, cuando un funcionario inferior asume las funciones del superior y, asimismo, si el funcionario superior, asume las funciones del inferior, es decir, se avoca a conocer asuntos que estén directamente atribuidos al inferior, sin la autorización expresa de una Ley. Asimismo, siendo la competencia de ejercicio obligatorio, cualquier delegación no autorizada expresamente en la Ley, acarrearía la ilegalidad del acto administrativo dictado.

Ahora bien, la incompetencia legal no produce siempre las mismas consecuencias. Los efectos del vicio del acto dependen, en efecto, de lo manifiesto de la incompetencia, es decir, de que ésta sea burda, evidente o grosera; y en estos casos de incompetencia manifiesta, conforme al ordinal 4° del Artículo 19 de la Ley, se produce la nulidad absoluta del acto.

Ahora bien, determinar lo manifiesto de la incompetencia es una cuestión de hecho y de interpretación, así como del elemento de la competencia que rige el acto. La incompetencia absoluta sobre la materia, evidentemente que provocaría una incompetencia manifiesta: si el Ministro de Educación, por ejemplo, regula los precios de los artículos de primera necesidad. Sin embargo si dentro del Ministerio de Sanidad y Asistencia Social, el Director de Salud Pública dicta una medida que corresponde al Director de Malariología no es tan clara que la incompetencia sea manifiesta y abierta. Por tanto, dependerá de una situación de hecho el saber cuándo hay incompetencia manifiesta y cuándo la incompetencia es relativa, y por tanto, cuándo el vicio de incompetencia produce como consecuencia la nulidad absoluta de los actos administrativos o la nulidad relativa o anulabilidad; y en definitiva, cuándo es o no es convalidable el vicio. Insistimos, se trata de una situación de hecho y, en definitiva, tendrá que ser el Juez contencioso-administrativo, cuando un acto de ese tipo sea atacado por motivos de ilegalidad, quien deba, en cada caso, apreciar la magnitud del vicio.

B. La ausencia de base legal

El segundo requisito de fondo de los actos administrativos, lo constituye la base legal, es decir, los presupuestos o fundamentos de derecho del acto. Todo acto administrativo, en efecto, debe tener un fundamento legal y esta exigencia está en el Artículo 18, ordinal 5° y en el Artículo 9 cuando al exigir la motivación, prescriben que ella debe contener la fundamentación legal del acto, que no es otra cosa sino la expresión formal de un requisito de fondo que es la base legal del acto, es decir, con fundamento en qué norma se dicta el acto. El vicio en la base legal del acto administrativo, ocurre, por ejemplo, cuando el funcionario interpreta erradamente el fundamento legal: piensa que tiene una atribución o determinadas formas de ejercerla e interpreta erradamente la Ley. Además, puede existir el vicio cuando el acto, pura y simplemente, viola o vulnera las normas que le asignan competencia al funcionario, o las aplica mal.

Los vicios en la base legal son siempre vicios de nulidad relativa ya que los casos de nulidad absoluta están determinados en el Artículo 19 de la Ley Orgánica, el cual sólo hace referencia a cinco casos de nulidad absoluta, en cuya enumeración no menciona el vicio en la fundamentación legal.

C. Los vicios en el objeto

Otros vicios de los actos administrativos son los vinculados al objeto de los mismos. En efecto, el objeto y su licitud, posibilidad y determinación constituye el tercer requisito de fondo de los actos administrativos, por lo que el tercer grupo de vicios de los actos, además de la incompetencia y de la ausencia de la base legal, lo constituye los vicios en el objeto.

El objeto del acto es el contenido práctico que se quiere obtener con el mismo, es decir, lo constituye, lo que se persigue con el acto. Ese objeto, como el de todo acto jurídico, debe ser determinado, determinable, lícito y posible y, por tanto, la imposibilidad del objeto, su ilicitud e indeterminación, son vicios que afectan los actos administrativos. Por ejemplo, si se nombra a un individuo para ocupar un cargo que no existe, o para un cargo indeterminado, ese acto estaría viciado en el objeto. Ese nombramiento sería de cumplimiento imposible porque no existiría el cargo. Por otra parte, cuando el objeto del acto sea, por ejemplo, delito, también estaría viciado en el objeto: una orden de un funcionario superior para que el inferior robe o mate, es nula de nulidad absoluta. En estos casos, la Ley Orgánica de Procedimientos Administrativos en el Artículo 19,

Ordinal 39 sanciona con la nulidad absoluta, los actos administrativos cuando su contenido sea de imposible o ilegal ejecución. La Ley Orgánica, por tanto, solo sanciona con la nulidad absoluta dos casos: objeto ilícito y objeto imposible, y no hace referencia a la indeterminación del objeto que también es un vicio de los actos administrativos. Sin embargo, como hay que interpretar el Artículo 19 en sentido restrictivo, por la enumeración precisa que hace, el vicio de la indeterminación del objeto sería un vicio que daría origen a la nulidad relativa, pero no a la nulidad absoluta, por lo que sería un vicio subsanable y el acto que lo contenga, convalidable, conforme a los Artículos 20 y 81 de la Ley Orgánica.

D. El vicio en la causa: el abuso o exceso de poder

Véase, en particular, Allan R. Brewer-Carías, *Las Instituciones fundamentales del Derecho Administrativo y la Jurisprudencia Venezolana*, Caracas 1964, p. 66 y ss.; Allan R. Brewer-Carías, "El recurso contencioso-administrativo contra los actos de efectos individuales" en el libro del Instituto de Derecho Público, *El control jurisdiccional de los Poderes Públicos en Venezuela*, Caracas 1979, pp. 185 y ss.

La jurisprudencia sobre el tema puede consultarse en Allan R. Brewer-Carías, *Jurisprudencia de la Corte Suprema de Justicia 1930-1974 y Estudios de Derecho Administrativo*, T. III, Vol. I, Caracas 1976, pp. 339-344; y en Mary Ramos Fernández, "Jurisprudencia Administrativa y Constitucional" en *Revista de Derecho Público*, N° 2, Caracas 1980, p. 191; N° 3, Caracas 1980, p. 131.

El cuarto requisito de fondo de los actos administrativos, es la causa o los motivos de los mismos, configuradas por los presupuestos de hecho del acto. La causa es la razón justificadora del acto y esa razón, siempre, está vinculada a alguna circunstancia de hecho que va a motivar el acto, por lo que causa y motivo es lo mismo, en los actos administrativos.

Conforme a este requisito, cuando un acto administrativo se dicta, el funcionario debe, ante todo, comprobar los hechos que le sirven de fundamento, es decir, constatar que existen y apreciarlos. Por tanto, todos los vicios que afecten la constatación, la apreciación y calificación de los presupuestos de hecho, dan origen a vicios en la causa, que la jurisprudencia venezolana denomina "abuso o exceso de poder". Los hechos que motivan el acto, por ejemplo, pueden ser falsos, y si la Administración los toma como ciertos y dicta un acto, el mismo sería inválido. Además, los hechos pueden ser otros distintos a los que la Administración percibe o califica, en cuyo caso, la errada apreciación o calificación de los hechos, también invalidaría los actos dictados.

La Administración, por tanto, cuando al apreciar los hechos que son fundamento de los actos administrativos, los aprecia o comprueba mal o parte de falsos supuestos, y los dicta, provoca que dichos actos estén viciados en la causa. Por ejemplo, si se nombra un funcionario para un cargo que existe pero que no está vacante, pues está ocupado por un funcionario que no ha renunciado ni ha sido removido, el acto de nombramiento estaría viciado en la causa, pues la Administración apreció erradamente los hechos, al partir del supuesto de que existía una vacante, que no era tal. Por ejemplo, si un acto administrativo sanciona a una persona por una falta que no cometió; ese acto estaría viciado en la causa, pues al dictárselo, hubo una errada apreciación en los presupuestos de hecho, o hubo falsedad de ellos y la Administración lo apreció mal.

Puede haber también vicios en los motivos o presupuestos de hecho cuando la Administración no los prueba o lo hace inadecuadamente; es decir, cuando da por supuestos hechos que no comprueba, partiendo de la sola apreciación del funcionario o de una denuncia no comprobada. Por ejemplo, si se denuncia que un inmueble amenaza ruina, la Administración municipal no puede, pura y simplemente, ordenar su demolición, sino que debe comprobar con elementos técnicos, la situación. Tiene, por ejemplo, que realizar una experticia técnica que determine la ruina, para ordenar la demolición. Por tanto, la Administración no es libre de dar por supuesto determinados hechos, sino que tiene que comprobarlos y luego tiene que calificarlos, para determinar si son suficientes para tomar la decisión administrativa adecuada. Si en el caso citado, el inmueble tiene grietas, ello no basta para ordenar la demolición del inmueble, sino que la Administración tiene qué comprobar, adecuadamente, si esas grietas son realmente determinantes del estado de ruina del inmueble.

Sin duda, puede decirse que en el elemento causa es donde están la mayoría de los vicios de los actos administrativos, siendo esta, la parte más rica en cuanto a las exigencias de legalidad, sobre todo cuando la Administración tiene poder discrecional para apreciar la oportunidad y conveniencia de su actuación.

En efecto, por más discrecional que sea el poder de la Administración, los presupuestos de hecho siempre tienen que comprobarse, y es, precisamente, en este elemento causa del acto, donde están los más importantes límites al poder discrecional que hemos visto. Por ejemplo, hemos dicho que uno de los límites al poder discrecional conforme al Artículo 12 de la Ley Orgánica, es la debida proporcionalidad entre el acto y los supuestos de hecho que lo motivan, y para que haya proporcionalidad, ante todo, la Administración debe apreciar adecuadamente los hechos. Así, cuando la Ley autoriza a imponer una sanción entre dos límites según la gravedad de la falta, la Administración tiene que apreciar dicha gravedad lo que implica la apreciación de los hechos para poder determinar si son o no graves y poder aplicar la sanción. Por eso, el Artículo 12 de la Ley, cuando habla de la discrecionalidad, exige que haya una adecuación entre el contenido del acto y los supuestos de hecho y esta adecuación es, precisamente, que haya una causa probada y exactamente calificada por la Administración.

En todo caso, debe señalarse que los vicios en la causa, son vicios que producen la nulidad relativa o anulabilidad de los actos administrativos, conforme se indica en el artículo 20 de la Ley, ya que el Artículo 19 de la misma, no incluye, entre los vicios de nulidad absoluta, a los vicios en los motivos. Por tanto, serían, en principio, vicios convalidables. Sin embargo, ello a veces es imposible: un acto dictado en base a hechos absolutamente falsos e inexistentes no podría jamás ser convalidado, pues los hechos no podrían crearse.

E. El vicio en la finalidad: la desviación de poder

En particular, véase Allan R. Brewer-Carías, *Las Instituciones Fundamentales del Derecho Administrativo y la Jurisprudencia Venezolana*, Caracas 1964, p. 69 y ss.

La jurisprudencia sobre el tema puede consultarse en Allan R. Brewer-Carías, *Jurisprudencia de la Corte Suprema 1930-1974 y Estudios de Derecho Administrativo*, T. III, Vol. I, Caracas 1976, pp. 333-339; y en M. Ramos Fernández, "Jurisprudencia Administrativa y Constitucional", en *Revista de Derecho Público*, N° 3, Caracas, 1980, p. 131. Véase además, *Doctrina de la Procuraduría General de la República 1969*, Caracas 1970, pp. 73-75.

El último de los vicios del acto administrativo vinculado a sus requisitos de fondo, es el vicio en la finalidad. El acto administrativo, en efecto, debe cumplir siempre, los fines establecidos en la Ley, e inclusive, el mismo Artículo 12 de la Ley Orgánica exige que la decisión administrativa debe mantener siempre la adecuación "con los fines de la norma", con lo cual define la finalidad como un elemento básico del acto administrativo.

Por tanto, cuando un funcionario dicta un acto, tiene que cumplir los fines que la norma prevé; no puede usar su poder para fines distintos a los previstos en ella, por lo que si el funcionario usa su poder para otros fines distintos a los establecidos, el acto dictado está viciado en la finalidad; vicio que es el denominado en el Artículo 206 de la Constitución, como vicio de desviación de poder. Este Artículo del texto fundamental, en efecto, atribuye competencia a los Tribunales Contencioso-Administrativo para declarar la nulidad de los actos administrativos por contrariedad a derecho, "incluso por desviación del poder", con lo cual le da una consagración de orden constitucional a este vicio en la finalidad.

Este vicio, en consecuencia, se produce cuando el funcionario que tiene poder y competencia para tomar una decisión en una situación de hecho concreta, sin embargo, toma la decisión no para cumplir los fines previstos en la norma, sino para otros fines. Se trata por ello, de un vicio muy complejo, que exige una prueba, también muy difícil. Aquí no se trata de una incompetencia, de un objeto ilícito, o de una errada apreciación de los hechos, sino de un funcionario con competencia, ante una situación de hecho adecuada y debidamente calificada, y que dicta un acto formalmente perfecto, pero persiguiendo un fin distinto al prescrito en la norma. Por ello, este vicio de desviación de poder no puede presumirse, tiene que ser alegado y probado, lo cual es muy difícil, pues no es simple probar que el funcionario persiguió un fin distinto al autorizado. Por ejemplo, si un funcionario de policía tiene poder para arrestar a las personas que escandalizan en la vía pública por unas horas, y en efecto, ordena el arresto de un escandaloso, no sería fácil probar que el arresto no se hizo para mantener la tranquilidad pública que es lo que la norma le prescribe, sino porque el sujeto era su enemigo y quería vengarse de él.

En este caso, tendríamos un acto formalmente válido, pero estaría viciado de desviación de poder, para cuya comprobación habría que establecer indubitablemente hechos que autorizaran a determinar la desviación, es decir, que la Administración usó su poder para fines distintos a la norma, desviándolo hacia otros fines. Ahora bien, el fin desviado no sólo se produce cuando el funcionario dicta el acto para perseguir un fin personal o particular, sino aún en supuestos en que persiga otra finalidad pública, pero distintas a la que prevé la Ley.

Debe por último mencionarse, que los vicios en la finalidad de los actos, es decir, la desviación de poder no produce la nulidad absoluta de los actos administrativos, sino sólo su anulabilidad conforme a lo establecido en el Artículo 20 de la Ley Orgánica.

3. La violación de los requisitos de forma

En particular, véase Allan R. Brewer-Carías, *Las Instituciones Fundamentales del Derecho Administrativo y la Jurisprudencia Venezolana,* Caracas 1964, p. 72 y ss.

La jurisprudencia sobre el tema puede consultase en Allan R. Brewer-Carías, *Jurisprudencia de la Corte Suprema 1930-1974 y Estudios de Derecho Administrativo*, T. III, Vol. I, Caracas 1976, pp. 344-347; y en M. Ramos Fernández, "Jurisprudencia Administrativa y Constitucional" en *Revista de Derecho Público*, N° 5, Caracas 1981, p. 122; y N° 7, Caracas 1981, pp. 155-156.

Los actos administrativos, para su validez, además de tener que ajustarse a la legalidad y de cumplir una serie de requisitos de fondo, deben también cumplir unos requisitos de forma.

Estos son, el cumplimiento de los requisitos y trámites procedimentales para la formación de la voluntad administrativa; en segundo lugar, la exteriorización formal de los motivos a través de la motivación; y en tercer lugar, el cumplimiento de los requisitos formales de esa exteriorización. Los vicios en las formas hacen, así, también, inválidos los actos administrativos y susceptibles de ser anulados. Veamos estos diversos vicios.

A. El vicio en el procedimiento constitutivo

Véase la *Doctrina de la Procuraduría General de la República 1979*, Caracas 1980, p. 27 y ss.

Se ha señalado que los actos administrativos deben ajustarse, para que sean válidos, al procedimiento legalmente establecido, y a los trámites, etapas y lapsos prescritos en la Ley. Si una consecuencia traerá la Ley Orgánica de Procedimientos Administrativos, esa será la definitiva procedimentalización de los actos administrativos.

Por tanto, la violación de las formas procedimentales puede acarrear la invalidez de los actos. Sin embargo, esta violación de formas puede ser de dos clases: la violación de trámites y formalidades, o i violación de los derechos de los particulares en el procedimiento.

a. *La violación de trámites y formalidades*

En efecto, los actos administrativos dictados por la Administración, cuando ésta ha violado en su formación, una norma del procedimiento administrativo, se puede considerar que estarían viciados en su forma, y serían susceptibles de impugnación.

Pero queda claro que los vicios en el procedimiento siempre serían vicios que podrían producir la anulabilidad o nulidad relativa de los actos administrativos, conforme a lo previsto en el Artículo 20 la Ley Orgánica, y el único caso en el cual un vicio de forma podría llegar a producir la nulidad absoluta del acto, sería cuando el mismo se hubiere dictado "con prescindencia total y absoluta del procedimiento legalmente establecido" conforme al ordinal 4° Artículo 19 de la Ley Orgánica. Aquí no se trataría de la violación de un trámite, requisito y formalidad, ni de varios de ellos, sino de la ausencia total y absoluta del procedimiento legalmente prescrito, es decir, de la arbitrariedad procedimental evidente.

En esta forma, para que un vicio de forma pueda dar origen a la nulidad absoluta de un acto administrativo, es necesario que este se haya dictado, con ausencia total y absoluta del procedimiento que estaba legalmente establecido. Se produce, así, cuando el funcionario hizo caso omiso, totalmente, del procedimiento pautado. No se trata, por tanto, de un vicio de alguna fase del procedimiento o derivado de que no se cumplió un trámite procedimental, sino de la ausencia total y absoluta del procedimiento.

Aparte de este vicio derivado de la ausencia absoluta y total del procedimiento, los vicios del procedimiento, derivados de irregularidades en su tramitación, no dan origen a la nulidad absoluta de los actos dictados, sino a vicios de anulabilidad que podrían alegarse por el interesado.

Estos vicios en el procedimiento y en las tramitaciones, pueden ser de variada naturaleza. Por ejemplo, en la llamada Administración Consultiva, es muy frecuente que las Leyes establezcan como requisito previo para que un órgano administrativo decida, la necesidad de obtener una opinión o informe previo de otros órganos administrativos. En algunos casos, las leyes exigen la consulta previa obligatoria, distinta a las potestativas o facultativas. Por ejemplo, para que el Ministerio decida un asunto, puede pedir opinión del Consultor Jurídico, pero no está obligado a obtenerla, pues es libre de decidir sin la opinión del Consultor Jurídico. Sin embargo, en otros casos, se prescribe que para tomar una decisión el funcionario debe obtener una opinión previa. Así, por ejemplo, para regular el canon de arrendamiento de un inmueble, el Director de Inquilinato tiene que obtener un dictamen de expertos que determinen el valor del inmueble. En ese caso, la consulta es obligatoria, y su incumplimiento podría dar origen a un vicio de procedimiento. Pero además de ser obligatoria, la Ley puede establecerse que la consulta puede ser vinculante o no vinculante.

Es decir, el funcionario puede estar obligado a pedir una opinión o informe, pero puede ser libre de seguirla o no; en otros casos, no sólo el funcionario está obligado a obtener la consulta, sino que además está obligado a decidir siguiendo el dictamen del órgano consultivo. En ese caso, si la consulta es vinculante y el funcionario no sigue el criterio de la opinión, al dictar su acto, habría un vicio en el procedimiento, que provocaría la nulidad relativa de los actos administrativos.

En todo caso, respecto de la administración consultiva, si no hay una ley que lo establezca expresamente, conforme a lo previsto en los artículos 56 y 57 de la Ley Orgánica de Procedimientos, los informes y consultas, en principio, ni son obligatorios ni vinculantes.

También puede haber vicios en el procedimiento, en la formación de la voluntad, sobre todo de los órganos colegiados. En efecto, cuando la decisión administrativa deba adoptarse por un órgano colegiado, por ejemplo, un Concejo Municipal o un Consejo de Facultad, la Ley somete a una serie de formalidades precisas el funcionamiento de los órganos colegiados: por ejemplo, se necesita formular una convocatoria; elaborar previamente un orden del día; se requiere de un *quorum* para reunirse, y para decidir; se prescriben formalidades de la discusión y de la decisión, y entre ellas, la elaboración de actas de las sesiones, etc.

Por tanto, en la formación de la voluntad del órgano colegiado las normas que la regulan prescriben una serie de requisitos formales, cuya violación acarrea, también, vicios en el procedimiento, que darían origen a la nulidad relativa de los actos.

b. *La violación de los derechos de los particulares en el procedimiento*

Hemos señalado que una de las innovaciones fundamentales de la Ley Orgánica al regular el procedimiento administrativo, consistió en la consagración, con fuerza de derecho positivo, de una serie de derechos de los interesados en el procedimiento que, hasta ahora, sólo se habían consagrado jurisprudencialmente, como principios generales del derecho.

Entre esos derechos de los interesados en el procedimiento se destaca, ante todo, el derecho a la defensa, derivado del Artículo 68 de la Constitución. Esto llevó al Legislador a consagrar, en la Ley, normas precisas para asegurar a los interesados el derecho a ser oído (Artículos 49 y 68), el derecho a hacerse parte en un procedimiento (Artículo 23), el derecho a ser notificado (Artículos 48 y 73); el derecho a tener acceso al expediente administrativo (Artículo 59); el derecho a presentar pruebas (Artículos 48 y 58), y el derecho a ser informados de los medios disponibles para su defensa (Artículos 73 y 77).

Pues bien, la violación por la Administración, en cualquier procedimiento administrativo, de cualesquiera de estos derechos de los particulares en el procedimiento, provocaría la invalidez del acto administrativo y lo haría susceptible de anulación. Los vicios del acto, en estos casos, también serían vicios de nulidad relativa, en los términos del artículo 20 de la Ley Orgánica.

B. El vicio en la motivación

Véase en particular, Allan R. Brewer-Carías, *Las Instituciones Fundamentales del Derecho Administrativo y la Jurisprudencia Venezolana*, Caracas 1964, p. 74 y ss.; y 124 y ss. Véase la bibliografía referida al comentar el requisito de la motivación como requisito de validez de los actos administrativos en las pp. 101 y ss.; 122 y ss. y 158 y ss. de este libro.

La jurisprudencia puede consultarse en Allan R. Brewer-Carías, *Jurisprudencia de la Corte Suprema 1930-1974 y Estudios de Derecho Administrativo*, T. IV, Vol. I, Caracas 1976, p. 223 y ss. Véase además, *Doctrina de la Procuraduría General de la República 1979*, Caracas 1980, pp. 22 y 27.

Tal como se ha señalado, la Ley Orgánica ha previsto en sus Artículos 9 y Artículo 18, ordinal 59, la obligación que tiene la Administración de expresar formalmente los motivos que tuvo para dictar el acto, es decir, la necesidad de motivar sus actos mediante la expresión de los hechos y de los fundamentos legales del acto, así como de las razones que hubieren sido alegadas por el interesado. Este requisito, en esta forma, se ha establecido con carácter general para todos los actos administrativos, salvo para los actos de simple trámite o aquellos respecto de los cuales la Ley, expresamente, excluya la motivación.

El acto de trámite, como lo dice su nombre, es un acto de tramitación en el procedimiento y se diferencia del acto definitivo en que este es el que pone fin a un asunto, el que concluye el procedimiento ante la Administración. Los actos de trámite son los actos preparatorios para tomar una decisión, por ejemplo, el acto por el cual se ordena notificar a un particular, o se ordena evacuar ciertas pruebas, pedir unos informes o nombrar peritos.

En cambio, el acto definitivo es el que pone fin al asunto, y este es el que tiene que ser motivado, salvo que la Ley expresamente excluya de esta obligación. Por ejemplo, el artículo 10 de la Ley General de Bancos y otros Institutos de Crédito establece, que el Ejecutivo Nacional debe resolver las solicitudes de autorización para la promoción y funcionamiento de los Bancos, tomando en consideración las condiciones económicas y financieras, generales y locales, la honorabilidad y solvencia económica de los solicitantes, directores y administradores propuestos, así como la capacidad técnica de estos últimos y los informes, tanto de la Superintendencia de Bancos como del Banco Central de Venezuela, agregando en su parte final, que esas solicitudes podrán ser negadas "sin que tenga que dar razón alguna a los interesados", es decir, sin necesidad de motivar la negativa.

En consecuencia, en ausencia de una norma legal que excluya la motivación, todo acto administrativo definitivo tiene que ser motivado, mediante la expresión de los presupuestos de hecho y de derecho que le sirvieron de fundamento, y la ausencia de motivación o la deficiencia de la misma, vicia los actos administrativos, en un vicio que conforme al artículo 20 de la Ley Orgánica, origina la anulabilidad del acto administrativo, y por tanto, se hace susceptible de ser impugnado.

Debe señalarse que la jurisprudencia de la Corte Suprema de Justicia había venido exigiendo que sólo los actos que afectaran los derechos e intereses de los particulares, incidiendo en la esfera jurídica propia de un particular, como los actos sancionatorios, o los revocatorios, debían ser motivados. Parece, en efecto, lógico que cuando la Administración impone una multa, o una sanción, o le quita o restringe un derecho a un particular en alguna forma, debe exigirse la motivación. Pero la Ley Orgánica, en el Artículo 9, fue mucho más allá y ahora exige la motivación, materialmente, respecto a todos los actos administrativos siendo la excepción el caso de los actos de trámite, o cuando la Ley expresamente exima de la obligación de motivar.

En todo caso, el vicio en la motivación es un vicio de nulidad relativa, y que, además, puede dar origen, normalmente a la violación del derecho a la defensa. En efecto, si la Administración dicta un acto, por ejemplo, sancionatorio o revocatorio, sin motivarlos, su destinatario no tendría cómo defenderse. Por ello, el vicio de la motivación, acarrea siempre la vulneración del derecho a la defensa, cuando por ausencia de motivación el particular se encuentra indefenso ante la Administración y ante los propios Tribunales, donde no puede fundamentar realmente sus alegatos de defensa, porque no se le han comunicado los motivos del acto impugnado.

C. Los vicios en la exteriorización del acto

El tercero de los vicios de forma de los actos administrativos se produce en la exteriorización de los mismos, al violarse los requisitos previstos para su emisión. En efecto, el Artículo 18 de la Ley, por primera vez en nuestro ordenamiento, enumera con precisión qué es lo que debe contener un acto administrativo desde el punto de vista de la forma, y entre esos requisitos están: el nombre del organismo al cual pertenece el órgano que dicte el acto; nombre del órgano; lugar y fecha del acto; la persona a quien va dirigido; la motivación del acto; cuál es el contenido o la decisión respectiva; los funcionarios que lo suscriben, la firma autógrafa y el sello de la oficina.

La violación de alguno de estos requisitos del Artículo 18, también daría lugar a una irregularidad del acto y a un vicio de forma, que sólo podría dar origen a un vicio de nulidad relativa de los actos administrativos.

4. Consecuencias de la ilegalidad

En general, sobre las nulidades de los actos administrativos, véase Allan R. Brewer-Carias, *Las Instituciones Fundamentales del Derecho Administrativo y la Jurisprudencia Venezolana*, Caracas 1964, p. 87 y ss.; Allan R. Brewer-Carías, "Comentarios sobre las nulidades de los actos administrativos" en *Revista de Derecho Público*, N° 1, Caracas 1980, pp. 45-50; Tomás Gibbs, "Nulidad de los actos administrativos por ilegalidad o abuso de poder. El problema de la Constitución Nacional", en *Revista de Derecho y Legislación,* T. XXIX, Caracas 1940, pp. 187-194; Tomás Ramón Fernández, *La nulidad de los actos administrativos*, Caracas 1979; Hildegard Rondón de Sansó, "Estudio Preliminar" en *Ley Orgánica de Procedimientos Administrativos*, EJV, Caracas 1981, p. 28 y ss.

La jurisprudencia en la materia puede consultase en Allan R. Brewer-Carías, *Jurisprudencia de la Corte Suprema de Justicia 1930-1974 y Estudios de Derecho Administrativo,* T. III, Vol. I, Caracas 1976, p. 348 y ss.

Véase, además, la doctrina administrativa en la materia en *Doctrina de la Procuraduría General de la República 1964*, Caracas 1965, p. 33; *ídem* 1966, Caracas 1967, pp. 22-23; *ibídem* 1968, Caracas 1969, p. 26.

Ahora bien, no todos los vicios de los actos administrativos, que constituyen ilegalidades, producen las mismas consecuencias jurídicas. Por ello, interesa, además de estudiar las formas de la ilegalidad, analizar sus consecuencias. De acuerdo a la Ley Orgánica de Procedimientos Administrativos, las ilegalidades, derivadas de los vicios o irregularidades de los actos administrativos, dan origen a dos tipos de consecuencias: la nulidad absoluta de los actos, y la nulidad relativa de ellos, llamada también anulabilidad. La Ley Orgánica, con su regulación, puede decirse que pone fin, en buena parte, a las discusiones doctrinales que se habían sucedido con motivo del estudio de las irregularidades de los actos administrativos.

Ahora la Ley prescribe, con precisión, las consecuencias de las diversas violaciones por los actos administrativos del ordenamiento jurídico: la nulidad absoluta y la nulidad relativa, a cuyo estudio dedicaremos las líneas que siguen.

A. La nulidad absoluta

Sobre la nulidad absoluta véase en particular, Eloy Lares Martínez, *Manual de Derecho Administrativo*, Caracas 1978, pp. 190 y ss. Véase la jurisprudencia citada en M. Ramos Fernández, "Jurisprudencia Administrativa y Constitucional", en *Revista de Derecho Público,* N° 3, Caracas 1980, p. 132 y ss.

La nulidad absoluta es la consecuencia de mayor gravedad derivada de los vicios de los actos administrativos, y que provoca que estos no puedan, en forma alguna, producir efectos, pues el acto o, de nulidad absoluta, se tiene como nunca dictado; por ello, nunca podría ni puede producir efectos. Por eso la doctrina habla, en estos casos, de vicios de orden público y califica a los actos administrativos como actos inexistentes.

La nulidad absoluta, por tanto, es un vicio de tal importancia que afecta a los actos administrativos en casos realmente graves. Por ello, la Ley Orgánica de Procedimientos Administrativos en su Artículo 19 ha identificado, con precisión, los casos en los cuales se produce este vicio de nulidad absoluta. Veamos, por tanto, en primer lugar estos casos, para luego analizar los efectos de la nulidad absoluta.

a. *Los diversos casos de nulidad absoluta*

De acuerdo al Artículo 19 de la Ley Orgánica, los casos en los cuales se producen los vicios de nulidad absoluta son los siguientes:

En primer lugar, un acto estaría viciado de nulidad absoluta cuando así esté expresamente determinado por una norma constitucional o legal, tal como lo indica el ordinal 1° del Artículo 19 citado. Se requiere, por tanto, que una norma constitucional o legal establezca, expresamente, que una determinada violación de Ley produce la nulidad de pleno derecho de los actos administrativos.

En cuanto a la Constitución, los Artículos 46, 119 y 120, establecen expresamente casos en los cuales se sanciona con la nulidad una infracción de la Constitución. Son nulos, por tanto, los actos que violen o menoscaben los derechos y garantías constitucionales; los actos dictados en usurpación de autoridad; y los emanados por requisición directa o indirecta de la fuerza. Esta nulidad prescrita en normas constitucionales sin duda, se consigna como una nulidad absoluta y el acto que la adolezca no produce ningún efecto.

Por otra parte, leyes especiales establecen normas similares, al prescribir que ciertos actos contrarios a las mismas son nulos. En estos supuestos, la nulidad establecida sería, también una nulidad absoluta.

El segundo caso de nulidad absoluta, conforme al ordinal 2° del Artículo 19 de la Ley Orgánica se produce respecto de los actos administrativos violatorios de la cosa juzgada administrativa; como lo dice la norma: "cuando resuelvan un caso precedentemente decidido con carácter definitivo y que haya creado derechos particulares, salvo autorización expresa de la Ley". Por tanto, el acto que revoque un acto anterior definitivo y que haya creado derechos a favor de particulares, es nulo de nulidad absoluta, salvo que la Ley, expresamente, autorice esa revocación. Si esto no es así, toda violación de la cosa juzgada administrativa no autorizada expresamente en la Ley, da origen a un vicio de nulidad absoluta.

El tercer supuesto, de nulidad absoluta, regulado en el ordinal 3° del Artículo 19 de la Ley es el vicio en el objeto, cuando el objeto sea de imposible o de ilegal ejecución.

El cuarto caso de nulidad absoluta, regulado en el ordinal 4° del mismo Artículo 19 de la Ley se produce cuando el funcionario que dictó el acto sea manifiestamente incompetente. Ya nos hemos referido a este vicio de incompetencia manifiesta que se produce siempre en la incompetencia de orden constitucional y en los casos en los cuales la incompetencia de orden legal sea evidente, manifiesta, abierta.

Por último, en quinto lugar, conforme al mismo ordinal 4° del Artículo 19, también hay nulidad absoluta, cuando ha habido en la producción del acto prescindencia absoluta y total del procedimiento legalmente pautado.

Sólo estos cinco casos citados dan origen a la nulidad absoluta y ningún otro vicio de los actos administrativos, da origen a nulidad absoluta, sino a la anulabilidad.

b. *Los efectos de la nulidad absoluta*

Ahora bien ¿cuáles son los efectos de la nulidad absoluta? ¿Por qué es este un vicio tan grave? En primer efecto es que el acto nulo de nulidad absoluta, no puede crear ni producir ningún efecto, derecho u obligación, ni convertirse por tanto, en firme. En consecuencia, nadie podría alegar derechos adquiridos frente a un acto nulo de nulidad absoluta. Sobre él, ha dicho la Corte Suprema en alguna sentencia, nada útil puede levantarse por lo que no puede establecer una obligación ni crear ningún derecho.

Por eso, los actos nulos, de nulidad absoluta, se tienen como que nunca se han dictado porque si no pueden producir efectos, el acto se tiene como no dictado. Un acto cuyo contenido sea un delito, por ejemplo, es evidente que no puede producir efectos, se tiene como que no existe, y por eso se habla de inexistencia.

Como consecuencia de lo anterior, podría decirse también que el acto nulo de nulidad absoluta no podría nunca adquirir firmeza, y debería ser impugnable en cualquier momento. Así sucede en vía administrativa, pues el Artículo 83 de la Ley Orgánica de Procedimientos Administrativos permite que a solicitud de parte, en cualquier momento, la administración pueda revocarlo. Por tanto, no importaría, frente a los actos nulos de nulidad absoluta, que los lapsos para intentar los recursos administrativos estén vencidos, pues el acto no adquiriría firmeza. Lo mismo tendría que plantearse en vía contencioso-administrativa. A pesar de que la Ley Orgánica de la Corte Suprema de Justicia en su Artículo 134* no distinga y establezca con carácter general un lapso de caducidad para impugnar cualquier acto administrativo de efectos particulares, pensamos que si se trata de un acto administrativo nulo, de nulidad absoluta, al no adquirir nunca firmeza, podría ser impugnado en cualquier momento. El punto será, sin duda, motivo de discusión, pero lo cierto es que, de lo contrario, no tendría sentido el sistema cerrado de vicios de nulidad absoluta regulado en el Artículo 19 de la Ley Orgánica de Procedimientos Administrativos.

En segundo lugar, se trata de actos esencialmente revocables. Un acto administrativo nulo de nulidad absoluta, es esencialmente revisable en cualquier momento por la propia Administración, de oficio o a instancia de parte. Por ello el Artículo 83 de la Ley Orgánica de Procedimientos Administrativos, expresamente establece que "la Administración podrá, en cualquier momento, de oficio o a solicitud de particulares, reconocer la nulidad absoluta de los actos dictados por ella". La Ley Orgánica habla de "reconocer la nulidad absoluta de los actos dictados por ella", lo cual no es otra cosa que revocar los actos nulos de nulidad absoluta.

En tercer lugar, en caso de actos administrativos nulos de nulidad absoluta, su impugnación en vía administrativa alegándose ese vicio, podría dar origen a la suspensión de los efectos del acto por la Administración. En este sentido, el Artículo 87 de la Ley Orgánica permite a la Administración, suspender la ejecución de los actos en vía administrativa con motivo de la impugnación, cuando se alega nulidad absoluta.

En cuarto lugar, los actos nulos de nulidad absoluta nunca pueden ser convalidados. El hecho de que la Administración no pueda convalidar un acto nulo de nulidad absoluta, resulta por interpretación a contrario del Artículo 81 de la Ley Orgánica cuando prescribe, al contrario, que la Administración podrá convalidar en cualquier momento los actos anulables, es decir, los viciados de nulidad relativa, subsanando los vicios de que adolezcan. Con ello está además señalando que los actos viciados de nulidad absoluta no son convalidables, por lo que la Administración no puede, en forma alguna subsanar los vicios de nulidad absoluta. Esta imposibilidad de subsanación confirma lo señalado en relación a que estos actos no podrían adquirir firmeza y son esencialmente revocables.

En quinto lugar, otro efecto de los actos nulos, es que los funcionarios que los ejecuten, incurren en responsabilidad penal, civil y administrativa. Además, si el acto es nulo por ser violatorio de algún derecho o garantía constitucional, esta responsabilidad civil, penal o administrativa, está expresamente prevista en el artículo 46 de la Constitución.

En sexto lugar, otro efecto de la nulidad absoluta, por la gravedad de los vicios que la provocan, sería la posibilidad que tienen los particulares de resistirse a los efectos del acto y oponerse a su cumplimiento.

En séptimo lugar, puede señalarse que la declaratoria de la nulidad absoluta de un acto administrativo, sea que se haga por revocatoria de la Administración o por anulación

---

* Ley Orgánica del Tribunal Supremo de Justicia *G.O.* N° 39.522, de 01-10-2010.

por parte de los tribunales contencioso-administrativos, produce efectos hacia el futuro, es decir, el acto no podría producir efectos después de su revocación o anulación, y además, produce también efectos hacia el pasado y se tiene el acto como nunca dictado. Por tanto, cuando la Administración reconoce la nulidad absoluta revocando el acto, o cuando un tribunal declara la nulidad absoluta, anulando el acto, se tiene como que si el mismo nunca ha sido dictado y, por tanto, como si nunca produjo efectos. Por supuesto, habrá ciertas situaciones de hecho originadas por el acto, a pesar de su nulidad absoluta, que la Administración estaría obligada a reparar, mediante una indemnización.

Si por ejemplo, una entidad educativa niega la admisión a un estudiante por ser de raza amarilla, violando el Artículo 61 de la Constitución*, si se impugna el acto y luego de varios años el acto es anulado por la jurisdicción contencioso-administrativa, el daño causado sería irreparable de hecho, por lo que la reparación de los efectos cumplidos por el acto, daría origen a una indemnización que tendría derecho a exigir el lesionado.

Debe señalarse, además, que en caso de nulidad absoluta, la revocación o la anulación del acto tendría necesariamente que ser total, pues la nulidad parcial del acto sólo puede ocurrir en caso de vicios de nulidad relativa, conforme a lo establecido en el Artículo 21 de la Ley Orgánica de Procedimientos Administrativos.

Por último, en octavo lugar, debemos señalar como un efecto de los vicios de nulidad absoluta, que los mismos son vicios de orden público que, por tanto, proceden de pleno derecho. Esto provoca, como se dijo, que la Administración pueda reconocerlos de oficio, en cualquier momento. Pero lo importante es destacar este carácter de orden público de estos vicios, en su efecto en el ámbito jurisdiccional.

En primer lugar, pensamos que para la impugnación de los actos administrativos en base a un vicio de nulidad absoluta, no rige el lapso de caducidad previsto en la Ley Orgánica de la Corte Suprema de Justicia para el ejercicio de los recursos de anulación de actos de efectos particulares.

Por otra parte, debe señalarse que si bien los recursos contencioso-administrativos sólo proceden a instancia del interesado, y que los poderes inquisitorios del juez, conforme al Artículo 82 de la Ley Orgánica de la Corte Suprema de Justicia** están limitados a los casos en los cuales la Ley se los otorga expresamente, intentando un recurso, por determinados motivos, el juez contencioso-administrativo podría apreciar de oficio, los vicios de orden público, aun cuando no hubieren sido alegados por el recurrente. Esto se deduce, por otra parte, indirectamente del Artículo 87 de la propia Ley Orgánica de la Corte Suprema* que le permite continuar conociendo de un proceso, aun cuando se haya producido el desistimiento o la perención del procedimiento, en los casos en que estuviese envuelto un vicio de orden público del acto recurrido.

Estos vicios de orden público, en efecto, son los vicios de nulidad absoluta enumerados restrictivamente en el Artículo 19 de la Ley Orgánica de Procedimientos Administrativos, los cuales, insistimos, son los únicos que podrían ser apreciados de oficio por el juez.

---

* Art. 21 de la Constitución de 1999.

** Ley Orgánica del Tribunal Supremo de Justicia *G.O.* Nº 39.522, de 01-10-2010.

*** Ley Orgánica del Tribunal Supremo de Justicia *G.O.* Nº 39.522, de 01-10-2010.

B. La nulidad relativa

Sobre la anulabilidad, véase Eloy Lares Martínez, *Manual de Derecho Administrativo*, Caracas 1978, p. 196 y ss.

a. *Los diversos casos de anulabilidad*

Todos los otros vicios de los actos administrativos que no produzcan la nulidad absoluta □lo cual sólo sucede en los cinco casos señalados□ producen la anulabilidad del acto, es decir, la nulidad relativa, y así expresamente, lo establece el Artículo 20 de la Ley Orgánica al señalar que los vicios de los actos administrativos que no llegaren a producir nulidad absoluta de conformidad con el Artículo 19 de la Ley Orgánica los harán anulables, es decir, estarían viciados de nulidad relativa.

Ahora bien, contraponiendo los vicios de nulidad absoluta con los otros vicios de nulidad relativa, podemos también identificar los efectos de los vicios de anulabilidad.

b. *Los efectos de la anulabilidad*

Los actos administrativos viciados de nulidad relativa, en primer lugar, producen todos sus efectos mientras no sean anulados y, por supuesto, pueden crear derechos a favor de particulares y establecer obligaciones. Por tanto, mientras el acto anulable no sea revocado o anulado, produce todos sus efectos, y cuando sea revocado o anulado, si lo es, la revocación o anulación tiene efectos, en principio, sólo hacia un futuro, por lo que los efectos cumplidos mientras el acto estuvo en vigencia, son válidos.

En segundo lugar, el acto administrativo que tenga un vicio de nulidad relativa, es decir, sea anulable, puede ser impugnado sólo en determinados lapsos, tanto en vía administrativa, mediante los recursos administrativos, como en vía contencioso-administrativa, por lo que vencidos estos lapsos el acto queda firme, y ya no podría ser revocado por la Administración si crea derechos a favor de particulares.

El acto administrativo anulable firme creador de derechos a favor de particulares, por tanto, es un acto irrevocable por la Administración, y si esa revocación se produce, el acto revocatorio estaría viciado de nulidad absoluta en los términos señalados por el ordinal 2° del Artículo 19 de la Ley Orgánica de Procedimientos Administrativos.

En tercer lugar, la impugnación de un acto administrativo viciado de nulidad relativa en vía administrativa, por sí sola no puede provocar la suspensión de los efectos del acto administrativo en los términos del artículo 86 de la Ley Orgánica de Procedimientos Administrativos, salvo que su ejecución pudiera causar grave perjuicio al interesado, a juicio de la Administración.

En cuarto lugar, la Administración puede siempre convalidar en cualquier momento, sus actos anulables, como lo dice el citado artículo 81 de la Ley Orgánica, pudiendo subsanar los vicios de que adolezcan. Sin embargo, esto, en algunos casos, no parece posible. Por ejemplo, si el acto se basó en un falso supuesto, la Administración pensó que un hecho era real y no lo era ¿cómo va a convalidar el acto? La Administración no podría inventar los hechos. Por tanto, este principio legal tendría matices en su aplicación concreta.

En quinto lugar, el acto nulo, de nulidad relativa, anulable, es un acto que también acarrearía responsabilidad del funcionario que lo dicta con base en el Artículo 121 de la Constitución*, que prevé la responsabilidad de los funcionarios por los actos que cumplan en el ejercicio del Poder Público.

En sexto lugar, los actos anulables son de obligatorio cumplimiento. Mientras no se revoquen o sea declarada su nulidad en vía judicial, deben ser cumplidos por los particulares.

En séptimo lugar, cuando la nulidad se declare, si es que se declara o el acto se revoque, siendo el vicio de nulidad relativa, los efectos de la anulación son hacia el futuro, con lo cual estos actos cumplen sus efectos una vez que se han dictado, hasta que se anulen o revoquen. Los efectos cumplidos en el pasado, por tanto, quedan vigentes, al contrario de lo que sucede en la nulidad absoluta. Los tribunales contencioso-administrativo, sin embargo, conforme a lo establecido en el Artículo 131 de la Ley Orgánica de la Corte Suprema de Justicia*, podrían determinar en casos concretos, que los efectos de la anulación que produzcan se retrotraen hacia el pasado, aún tratándose de vicios de nulidad relativa. Por ejemplo, en los casos de vicios, que aún cuando sean de nulidad relativa, no serían subsanables, como sucede con ciertos vicios en la causa o motivo de los actos.

Por otra parte, debe señalarse que estos vicios de anulabilidad pueden afectar la totalidad o parte de los actos administrativos. La Ley Orgánica de Procedimientos Administrativos, en efecto, en su Artículo 21, establece que en los supuestos de nulidad relativa, si el vicio afectare sólo a una parte del acto administrativo, el resto del mismo, en lo que sea independiente, tendrá plena validez. La Constitución, por otra parte, al delimitar en su Artículo 206*** la competencia de anulación de los órganos de la jurisdicción contencioso-administrativa, establece que puede declarar la nulidad total o parcial del acto, y sin duda, la posibilidad de anulación parcial sólo procedería cuando los vicios sean de nulidad relativa.

Por último, en octavo lugar, debemos señalar que en la impugnación jurisdiccional de los actos administrativos basada en vicios de nulidad relativa, los motivos de ilegalidad aducidos en el recurso constituyen el objeto de la litis, y el proceso y decisión del juez debe contraerse al análisis de las denuncias presentadas por el recurrente. El juez, en esta materia, no tiene poderes inquisitorios, por lo que no puede, de oficio, invocar vicios de anulabilidad y anular un acto administrativo y ni siquiera tiene la posibilidad, para el caso en que un procedimiento perima o sea desistido por el recurrente, de continuar conociendo del asunto, pues conforme a lo establecido en el Artículo 87 de la Ley Orgánica de la Corte Suprema de Justicia*, ello sólo es posible en los casos de vicios de orden público, es decir, de nulidad absoluta.

Por tanto, vicios tales como la incompetencia no manifiesta, los vicios en la base legal, el abuso o exceso de poder, la indeterminación del objeto y la desviación de poder, no pueden ser apreciados de oficio por el juez.

---

* Art. 139 de la Constitución de 1999.

** Ley Orgánica del Tribunal Supremo de Justicia *G.O.* Nº 39.522, de 01-10-2010.

*** Art. 259 de la Constitución de 1999.

* Ley Orgánica del Tribunal Supremo de Justicia *G.O.* Nº 39.522, de 01-10-2010.

Debe hacerse mención, por ejemplo, al vicio de desviación de poder el cual, incorrectamente, ha sido apreciado, de oficio, en sentencias de 1981, por algunos tribunales con competencia contencioso-administrativa. Pensamos, al contrario que la desviación de poder, como vicio de los actos administrativos, en ningún caso puede ser apreciada de oficio por el juez.

Se trata de un vicio de nulidad relativa que requiere ser alegado expresamente por el recurrente, y que requiere además de una prueba de situaciones de hecho que lleven al juez a la convicción fáctica de que la autoridad competente desvió el fin previsto en la norma al dictar el acto administrativo.

Por tanto, además, jamás podría declararse nulo un acto por desviación de poder, en un juicio que se considere como de mero derecho, pues este vicio es precisamente, la antítesis del mero derecho.

Puede decirse que es unánime la posición de la doctrina en el sentido señalado, de considerar que el vicio de desviación de poder no plantea una cuestión de orden público, por lo que, insistimos deben ser expresamente invocado por el *recurrente*, y por ello *no puede ser apreciada de oficio* por el juez.

Por otra parte, este vicio impone al juez administrativo apreciar intenciones subjetivas del funcionario, por lo que no puede presumirse. Tiene que ser no sólo invocado por el recurrente, sino que, además, es a él a quien le incumbe la carga de la prueba.

Por tanto, la desviación de poder, como vicio de los actos administrativos, debe fundamentarse en hechos, no en meras conjeturas o apreciaciones personales del juez; sino en hechos alegados y probados por el recurrente.

En las sentencias mencionadas, sin que nadie lo hubiera alegado, sin que nadie lo hubiera probado, en juicios que el juez declaró como de mero derecho, también de oficio sin que nadie se lo hubiera solicitado, el juez, invocó la desviación de poder y anuló unos actos administrativos.

Al hacerlo, el juez incurrió en una ilegalidad, por violación de ley, ya que la Ley Orgánica de la Corte Suprema de Justicia no lo autoriza para apreciar de oficio vicios de los actos administrativos no alegados por los concurrentes y que no son de orden público. Al contrario, como hemos dicho, el Artículo 82* de la Ley es terminante al señalar que la Corte Suprema y todos los tribunales contencioso-administrativos, "conocerá de los asuntos de su competencia a instancia de parte interesada, salvo en los casos en que pueda proceder de oficio de acuerdo con la Ley". Por tanto, los poderes inquisitivos del juez contencioso-administrativo son de texto expreso, y sólo existen cuando haya una norma expresa atributiva de competencia, y ninguna norma atribuye al juez competencia para apreciar de oficio el vicio de desviación de poder de los actos administrativos.

Pero, es que además, ello no podría ser viable jurídicamente, por la naturaleza de este vicio, que requiere de prueba, siendo esta una de las cuestiones más delicadas e importantes que plantea. La prueba de la desviación de poder debe versar sobre la intención de la autoridad administrativa cuando usó de sus poderes, lo cual en general, no permitirá llegar jamás a un grado total de certidumbre, y debe resultar de elementos objetivos del expediente.

---

* Ley Orgánica del Tribunal Supremo de Justicia *G.O.* Nº 39.522, de 01-10-2010.

El problema de la desviación de poder, por tanto, exige, necesariamente al juez, cuando ha sido alegado y probado dicho vicio, apreciar situaciones de hecho, por lo que puede decirse que este vicio jamás se podría resolver en vía jurisdiccional como una cuestión de mero derecho.

Al contrario, la desviación de poder da origen, por esencia, a una cuestión o materia de hecho, que el juez tiene que apreciar de los elementos y pruebas que constan en el expediente, sin que pueda, en forma alguna, presumir esos hechos o imaginárselos.

Por tanto, en los juicios en los cuales el juez decida resolverlos como de mero derecho, jamás podría examinarse la desviación de poder, y menos de oficio, pues este vicio, se insiste, plantea siempre una materia de hecho, que debe ser alegada y probada por el recurrente, por tratarse de un vicio de nulidad relativa.

IV. LA EFICACIA DE LOS ACTOS ADMINISTRATIVOS

La Ley Orgánica de Procedimientos Administrativos al regular los actos administrativos, establece diversas normas relativas a sus efectos que deben ser analizadas. En primer lugar, se plantea la cuestión de cuándo comienzan a producir efectos los actos administrativos. En segundo lugar, cuál es la consecuencia de la producción de efectos del acto, y particularmente los aspectos relativos a la ejecución del acto; y en tercer lugar, cuándo concluyen los efectos del acto, es decir, cómo se produce el fin de los efectos de los actos administrativos.

El problema de los efectos es quizás una de las partes más importantes del estudio del acto administrativo, y quizás, el primer aspecto que debe analizarse cuando se estudian los efectos del acto, es la distinción entre validez y eficacia del acto administrativo y sus consecuencias. Un acto administrativo puede ser válido, si cumple con todas las condiciones de validez tanto de fondo como de forma que hemos analizado y que hagan que el acto esté de acuerdo al ordenamiento. En estos casos, el acto es válido, pero no necesariamente eficaz, pues la validez no implica la eficacia, sino que ésta, es decir, la producción de efectos, está condicionada por otros elementos que deben cumplirse, entre otros factores, para que un acto pueda ser obligatorio y ejecutable. Se plantea así, el problema del inicio de los efectos de los actos administrativos.

1. El comienzo de los efectos de los actos administrativos

Ante todo debe señalarse que para que los actos administrativos sean eficaces se requiere que sean formalmente del conocimiento de sus destinatarios. Si se trata de un acto administrativo de efectos particulares, en principio, debe ser notificado al particular, y si esto no se hace no puede comenzar a surtir efectos. Si se trata de un acto administrativo de efectos generales, el acto debe ser publicado, por lo que también, la eficacia está sometida a unos requisitos de realización posterior al cumplimiento de los requisitos de validez; y estos requisitos son, en principio, la publicación, o la notificación del acto administrativo, según que trate de un acto de efectos generales o de un acto de efectos particulares.

Pero antes de analizar el inicio de los efectos del acto administrativo mediante esos requisitos, debe indicarse que el acto solo puede cumplir efectos hacia el futuro, y que ese momento de eficacia puede estar sometida a condición o término. Por ello analizaremos, separadamente, la irretroactividad de los actos administrativos, su publicación o notificación según los casos y los modos de eficacia.

A. La irretroactividad de los actos administrativos

Ante todo debe tenerse en cuenta que el acto administrativo sólo puede producir efectos hacia el futuro, por lo que en materia administrativa rige el principio de la irretroactividad de los actos administrativos: no puede haber actos administrativos que surtan efectos hacia el pasado, sino sólo actos que surtan efectos hacia el futuro. En esta materia, rige ante todo como principio la norma del Artículo 44 de la Constitución relativa a la irretroactividad de la Ley que recoge el Artículo 3° del Código Civil según el cual, la Ley no tiene efecto retroactivo. Este principio relativo a la Ley, es aplicable a los actos administrativos, lo cual ha sido indirectamente recogido en el Artículo 11 de la Ley Orgánica, al regular la posibilidad de que la Administración establezca nuevas interpretaciones para la solución de los problemas que se le sometan a su consideración, estableciendo la imposibilidad de aplicar las nuevas interpretaciones a situaciones ya resueltas y pasadas. Por ello decimos que indirectamente, el Artículo 11 de la Ley Orgánica de Procedimientos Administrativos, regula el principio de la irretroactividad del acto administrativo.

Por tanto, cuando el acto comience a surtir efecto, estos sólo se producen hacia el futuro y nunca hacia el pasado. Por supuesto, si esto resulta absolutamente claro respecto a los actos de efectos generales o normativos, por ejemplo, los Reglamentos, el principio de la irretroactividad rige también para los actos administrativos de efectos particulares, los cuales de acuerdo al Artículo 11 no pueden producir efectos hacia el pasado, ni puede, un nuevo acto, modificar situaciones firmes anteriores.

Ahora bien, establecido que el acto administrativo sólo surte efectos hacia el futuro, debemos precisar el momento en el cual comienzan a surtir efectos, regulado expresamente en la Ley Orgánica de Procedimientos Administrativos, mediante dos sistemas: por una parte, la publicación, en ciertos casos, y por la otra, la notificación personal, en otros casos.

B. La publicación de los actos administrativos

Sobre la publicación de los actos administrativos véase *Doctrina de la Procuraduría General de la República 1963,* Caracas 1964, pp. 13-14; *idem* 1969, Caracas 1970, p. 25 y ss.

Véase la jurisprudencia en Allan R. Brewer-Carías, *Jurisprudencia de la Corte Suprema 1930-1974 y Estudios de Derecho Administrativo*, T. III, Vol. II, Caracas 1978, p. 280 y ss.

En cuanto a la publicación de los actos administrativos, el Artículo 72 de la Ley Orgánica establece, que los actos administrativos "de carácter general o que interesen a un número indeterminado de personas", deberán ser publicados en la *Gaceta Oficial* que corresponda al organismo político-territorial (República, Estados o Municipios) que tome la decisión. Por tanto, los actos administrativos de carácter general, los cuales según la terminología que hemos empleado, serían los actos de efectos generales, es decir, los actos normativos; así como los actos que interesen a una número indeterminado de personas, los cuales según la terminología que también hemos utilizado serían actos generales, deben necesariamente publicarse en la *Gaceta Oficial* del organismo respectivo para que comiencen a surtir efectos. Un Reglamento, por ejemplo, surte efectos a partir de su publicación en la *Gaceta Oficial*, al igual que cualquier acto normativo de la Administración. Aquí rige también, por vía analógica, el principio del Artículo 1° del Código Civil, según el cual, la Ley es obligatoria desde su publicación en la *Gaceta Oficial*, o desde la fecha posterior en que allí se indique.

Pero no sólo deben publicarse los actos administrativos de efectos generales y los actos administrativos generales, es decir, los destinados a un número indeterminado de personas aun cuando no sean de contenido normativo, sino que la Ley en el Artículo 72, establece que también serán publicados los actos administrativos de carácter particular cuando que así lo exija la Ley. Esta vendría a ser una excepción al principio enunciado antes en el sentido de que la publicación sólo se exige respecto de los actos de efectos generales y los actos destinados a un número indeterminado de personas. Por tanto, en principio, el acto individual, de efectos particulares, y el acto general, destinado a un número determinado de sujetos, no deben ser publicados, salvo que la Ley expresamente exija que un particular tipo de acto debe ser publicado. Por ejemplo, la Ley de Naturalización en su Artículo 13 establece la obligación de que el acto administrativo que declare la pérdida de la nacionalidad derivada, sea publicado en la *Gaceta Oficial*, y sólo es a partir del momento de la publicación que surte efecto; a pesar de que se trata de un acto individual destinado a un naturalizado que se le revoca su condición de venezolano. Ese acto es de efectos particulares, pero la Ley expresamente exige que se publique. Ese sería un típico ejemplo de esta excepción mediante la cual actos de efectos particulares, para surtir efectos, deben publicarse en *Gaceta Oficial*.

Pero fuera de esta excepción, el principio general que rige para los actos de efectos particulares, es que ellos comienzan a surtir efectos a partir de la notificación al interesado.

Debe agregarse, sin embargo, respecto a la publicación de los netos de efectos generales, que cuando la Ley establece esta obligación consagra también una excepción, y es que ciertos actos de efectos generales, pero de carácter interno hacia la Administración, no son de obligatoria publicación en *Gaceta Oficial*. Establece así la Ley Orgánica en su Artículo 72, que se exceptúan de la obligación de publicación en *Gaceta Oficial*, los actos administrativos referentes a asuntos internos de la Administración. Por tanto, las instrucciones, circulares y demás órdenes de un jerarca, destinadas sólo a los funcionarios del organismo, prescribiendo, cómo deben actuar y qué tipo de, actividades deben realizar, no necesitan ser publicadas, porque pueden hacerse conocer a través de cualquier otro medio de reproducción interna dentro del organismo. Por tanto, la obligación de publicar se refiere a los actos administrativos mencionados pero cuando van a producir efectos hacia los particulares, hacia afuera de la Administración; y para que surtan sus efectos y se presuman conocidos por todos, es necesaria la publicación.

C. La notificación de los actos administrativos

Sobre la notificación de los artos administrativos, véase Allan R. Brewer-Carías, *Las Instituciones Fundamentales del Derecho Administrativo y la Jurisprudencia Venezolana,* Caracas 1964, p. 74 y ss. y, 125 y ss.; Hildegard Rondón de Sansó, "Análisis crítico de la Ley Orgánica de Procedimientos Administrativos", en *Revista del Consejo de la Judicatura*, N° 22, Caracas 1981, pp. 22-23.

Véase la jurisprudencia en Allan R. Brewer-Carías, *Jurisprudencia de la Corte Suprema 1930-1974 y Estudios de Derecho Administrativo*, T. III, Vol. I, Caracas 1976, p. 280 y ss.; y en Mary Ramos Fernández, "Jurisprudencia Administrativa y Constitucional" en *Revista de Derecho Público*, N° 2, Caracas 1980, pp. 117 y 120; N° 6, Caracas 1981, p. 147; y N° 7, Caracas 1981, pp. 152-155.

En cuanto a la doctrina administrativa, véase *Doctrina de la Procuraduría General de la República 1963*, Caracas 1964, pp. 13-14; *ídem* 1966, Caracas 1967, pp. 17-21; *Ibídem* 1979, Caracas 1980, p. 27.

Ahora bien, tratándose de actos administrativos de efectos particulares, salvo la excepción antes mencionada, la Ley establece la obligación en el Artículo 73, de que sean notificados para que comiencen a surtir efectos, prescribiendo la notificación a los interesados de todo acto administrativo de carácter o de efectos particulares, que afecte los derechos subjetivos o los intereses legítimos, personales y directos de un interesado.

En ese caso, para que el acto comience a surtir efectos, es necesario hacérselo conocer expresa e individualmente al interesado mediante la notificación.

a. *Requisitos de la notificación*

En cuanto a los requisitos de la notificación, la Ley establece varios. En primer lugar, la notificación del acto debe contener el texto íntegro del mismo, exigencia muy importante que va a cambiar la tradición administrativa. No siempre la Administración, en la notificación, le indicaba al particular el texto íntegro de la decisión, sino que se limitaba a darle una información escueta en la cual, por ejemplo, le indicaba que había sido multado. En esos casos, el particular, para enterarse de los motivos, tenía que acudir al organismo y pedir copia de algunos otros actos o resoluciones. Esto sucede con frecuencia con las decisiones en los Concejos Municipales. Como órganos colegiados, a veces, el contenido del acto y sus motivos está en las discusiones que los concejales han tenido en la sesión respectiva y que constan en acta, y lo que normalmente la Administración Municipal notifica al particular, es la escueta decisión final, sin sus motivos.

El particular normalmente en estos casos, tiene que acudir al Concejo Municipal, pedir copia del Acta de la sesión respectiva, estudiarla y enterarse o deducir de lo que se discutió, cuáles fueron los motivos del acto que se le notifica.

Ahora, de acuerdo con el Artículo 73 de la Ley Orgánica, el oficio de notificación debe contener el texto íntegro del acto, de manera que con la sola notificación el particular esté enterado de todo lo que contiene el acto.

Además, la notificación conforme al mismo Artículo 73, debe indicar, si fuere el caso, los recursos que proceden contra el acto que se está notificando, con expresión de los términos para ejercerlo y de los órganos o Tribunales ante los cuales deben interponerse. Esta es una manifestación, como señalábamos anteriormente, del derecho a la defensa: se obliga a la Administración al notificar el acto al particular, además de informarle sobre el texto íntegro, le indique cuáles son las posibilidades de recurso que tiene contra el mismo, sea que se trate de un recurso administrativo jerárquico, o de reconsideración, o si es el caso, el recurso contencioso-administrativo que proceda con indicación de los lapsos para ejercerlos y de los organismos ante los cuales pueden interponerse. Esta exigencia, sin duda también va a cambiar radicalmente la tradicional forma de proceder de la Administración la cual normalmente no actúa en esa forma, y más bien, parecería que siempre ha buscado que el particular no se entere de que existe algún recurso, para que el acto quede firme.

Conforme a la Ley, en cambio, se exige que el funcionario informe al particular interesado, sobre cuáles son los mecanismos de defensa que tiene frente a la Administración.

La importancia de la notificación en los actos administrativos de efectos particulares es definitiva: sin la notificación, el acto no surte efectos, es decir, no es eficaz. Puede haber sido dictado y ser válido, pero si no se notifica con los requisitos mencionados no surte efecto. Inclusive, el Artículo 74 de la Ley lo establece expresamente al regular las llamadas notificaciones defectuosas, al precisar que las notificaciones que no llenen todas las menciones señaladas, es decir, no contengan el texto íntegro del acto y las indicaciones de los recursos y medios de defensa, se considerarán defectuosas, y no producirán ningún efecto. Por tanto, si la notificación se considera defectuosa, el acto no comienza a surtir efectos y, por tanto, tampoco comienzan a correr los lapsos que pueda haber para poder atacar o impugnar esos actos administrativos, por lo que el acto no adquirirá firmeza.

b. *La forma de realizar las notificaciones*

Por otra parte, la regulación de la Ley es detallada en cuanto a la forma en la cual debe hacerse la notificación del acto: debe entregarse en el domicilio o residencia del interesado o de su apoderado. Por tanto, no sólo puede hacerse en el domicilio, sino también en la residencia, y no sólo en la del interesado sino también en la de su apoderado. Anteriormente, hablamos del interesado y de su representación, y señalamos que conforme al Artículo 26 de la Ley Orgánica, se admiten dos formas de representación ante la Administración Pública, pues puede estar representado no sólo por su apoderado sino por un simple representante que debe indicarse en la solicitud. Sin embargo, en cuanto a la notificación, la Ley no permite que ésta se haga en cabeza del representante simple, sino sólo del apoderado o del propio interesado, y el apoderado debe ser constituido formalmente por documento autenticado a través de una Notaría, de acuerdo a los requisitos procedimentales ordinarios para el otorgamiento de poderes. Por tanto, si la notificación se hace en la residencia del representante no apoderado, regulado en el Artículo 25 de la Ley, esa notificación no se consideraría válida ni produciría efectos.

Por supuesto, no se exige que la notificación se haga personalmente al interesado o al apoderado, sino que la Ley, simplemente establece que debe hacerse en el domicilio y residencia, y se exigirá recibo firmado en el cual se deje constancia de la fecha en que se realiza la notificación, del contenido de la notificación, así como del nombre y cédula de la persona que la recibe, con lo cual permite que cualquier persona que esté en la residencia del domicilio la reciba, por supuesto, siempre que tenga vinculación con la persona que tiene allí su domicilio y su residencia. Puede ser un empleado de la oficina o de la casa que recibe la notificación, con lo cual la desformaliza, en el sentido de que no exige la notificación personalísima respecto al interesado o a su apoderado. Por otra parte, la notificación en esta forma puede hacerse por correo, pero con acuse de recibo, para lo cual el Instituto Postal Telegráfico deberá implementar una regulación específica.

c. *Las notificaciones impracticables*

Pero puede ocurrir que no se conozca el domicilio o la residencia ni del interesado ni del apoderado o que no haya nadie en el domicilio o la residencia, no habiendo forma de practicar la notificación, ya que ésta no se puede dejar físicamente en el lugar pura y simplemente. En estos casos, como es necesario que alguien la reciba, y si no hay nadie, no se puede practicar la notificación, se configuran, conforme al Artículo 76 de la Ley, las llamadas notificaciones impracticables. En estos casos, cuando resulte impracticable una notificación en la forma establecida, entonces puede publicarse el acto, por vía subsidiaria pero ello debe hacerse en un diario de mayor circulación en la entidad territorial donde la autoridad que conoce del asunto tenga su sede, y en ese caso, se entiende que el interesado queda notificado a los 15 días hábiles después de la publicación, debiendo advertirse ese hecho en el aviso. Por otra parte, si en la entidad territorial respectiva no hay una prensa diaria, la publicación debe hacerse en un diario de gran circulación de la capital de la República.

Debe advertirse, sin embargo, que no se trata de una publicación en la *Gaceta Oficial*, sino en un diario de mayor circulación de la entidad respectiva de la República. Por tanto, la Administración no puede, si no lograr notificar a un interesado, publicar el acto en la *Gaceta Oficial*, y si lo hace esta notificación no surte efectos. Sólo surtirían efectos, los actos administrativos de efectos particulares publicados en la *Gaceta Oficial*, cuando la Ley expresamente requiere que esa sea la forma en que comienzan su eficacia, conforme lo establece el Artículo 72 de la Ley Orgánica.

d. *Las notificaciones erradas y sus consecuencias*

Otro aspecto que debe analizarse respecto a la notificación, se refiere a las consecuencias que la información contenida en la misma, puede tener respecto al interesado. Hemos dicho que la notificación, de acuerdo al Artículo 73 de la Ley Orgánica, debe contener la indicación de cuáles son los recursos que el particular puede ejercer contra el acto administrativo, pero si la Administración se equivoca y da una información errada y el particular siguiendo la información equivocada, intenta un recurso improcedente, el lapso que transcurra para interponer el recurso correcto, no corre en su contra y no se afectan sus derechos. Por tanto, la Ley hace cargar en cabeza de la Administración los efectos de las notificaciones erradas y no en cabeza del interesado. El Artículo 77 así, expresamente señala que si sobre la base de una información errónea contenida en la notificación, el interesado hubiese intentado algún procedimiento que era improcedente, el tiempo transcurrido no será tomado en cuenta a los efectos de determinar el vencimiento de los lapsos que le corresponden para interponer el recurso apropiado.

D. Los modos del acto administrativo: la condición y el término

Sobre el tema, véase Allan R. Brewer-Carías, *Las Instituciones fundamentales del Derecho Administrativo y la Jurisprudencia Venezolana*, Caracas 1964, p. 136 y ss.

Véase la jurisprudencia, en Allan R. Brewer-Carías, *Jurisprudencia de la Corte Suprema 1930-1974 y Estudios de Derecho Administrativo,* T. IV, Vol. I, Caracas 1976, p. 289. Véase además, *Doctrina de la Procuraduría General de la República 1965*, Caracas 1966, p. 270.

Otros elementos que deben tenerse en cuenta respecto al comienzo de los efectos de los actos administrativos, son los modos de su eficacia, pues los actos pueden ser simples o estar acompañados de ciertas disposiciones suplementarias, como la condición o el término. En efecto, la Ley puede, en ciertos casos, sujetar el comienzo de los efectos de los actos administrativos, a acontecimientos futuros determinados. En cuanto a la condición, un acto administrativo sería condicional, cuando sus efectos, es decir, su eficacia depende de un acontecimiento futuro preciso. En estos casos se trataría de una condición suspensiva. Por ejemplo, el acto por el cual se otorga una visa de ingreso al país por un número de días o meses, comienza a surtir efectos, a partir de la fecha de ingreso al país; si esto no ocurre, no tiene efectos.

Puede también tratarse de un acto sometido a término y el término difiere de la condición en el sentido de que en este caso se determina el momento preciso en el cual el acto comienza a surtir efectos, lo cual no depende de un acaecimiento futuro e incierto. En estos casos se trataría de un término suspensivo. Por ejemplo, un acto administrativo que establezca la veda de cacería de algún animal, comienza a partir de un día preciso y normalmente también termina en un momento exacto. En estos casos, el acto estaría sometido a término suspensivo y extintivo.

Debe destacarse, en todo caso, que la Administración no es libre de someter el inicio de la eficacia de sus actos a condiciones o términos, sino que siempre, estos modos deben estar previstos en texto expreso. Toda condición a que se someta una actuación administrativa, no autorizada legalmente, vicia el acto administrativo de ilegalidad, por incompetencia.

2. La presunción de legalidad de los actos administrativos y sus consecuencias

Véase en particular. Allan R. Brewer-Carías, *Las Instituciones Fundamentales del Derecho Administrativo y la Jurisprudencia Venezolana*, Caracas 1964, p. 131 y ss.; Allan R. Brewer-Carías, "Aspectos de la ejecutividad y de la ejecutoriedad de los anos administrativos fiscales y la aplicación del principio *solve et repete*" en *Revista del Ministerio de Justicia*, N° 53, Caracas 1965, p. 80 y ss.

En cuanto a la jurisprudencia sobre la presunción de legitimidad y legalidad de los actos administrativos, véase en Allan R. Brewer-Carías, *Jurisprudencia de la Corte Suprema 1930-1974 y Estudios de Derecho Administrativo*, T. III, Vol. I, Caracas 1976, pp. 268-279; y en Mary Ramos Fernández "Jurisprudencia Administrativa y Constitucional" en *Revista de Derecho Público*, N° 1, Caracas 1980, p. 130; N° 4, Caracas 1980, p. 143; N° 5, Caracas 1981, p. 121; y N° 7, Caracas 1981, p. 152.

La consecuencia más importante de la eficacia de los actos administrativos, es que los actos adquieren una presunción de legitimidad, veracidad y legalidad. Es decir, el acto administrativo, al dictarse y ser eficaz, es decir, al notificarse, según los casos, se presume que es válido y legítimo. La eficacia del acto, por tanto, hace presumir la validez, tratándose esto de un privilegio de la Administración. Ahora bien, si el acto se presume legítimo y válido, puede ser ejecutado de inmediato. Por eso es que el Artículo 8 de la Ley Orgánica establece expresamente que el acto administrativo, una vez que es eficaz, puede ser ejecutado de inmediato y produce sus efectos mientras no sea revocado o anulado, es decir, mientras no sea extinguido formalmente por la Administración o por un Tribunal. En esta forma, el acto al dictarse y notificarse, se presume válido y produce sus efectos de inmediato y sigue produciéndolos hasta que sea anulado y revocado.

Por supuesto, este privilegio de ejecutoriedad tiene una excepción, que se produce en el caso de que el acto sea nulo de nulidad absoluta. El vicio de nulidad absoluta, ya hemos dicho, es de tal naturaleza de acuerdo al Artículo 19 de la Ley Orgánica, que no permite que el acto produzca efectos. En esos casos, la presunción de legalidad y legitimidad pensamos que no sería válida respecto del acto así viciado. Sin embargo, como los actos administrativos son de obligatorio cumplimiento, en la práctica, el acto viciado de nulidad absoluta, por más inválido que sea, en la práctica podrá ser ejecutado de inmediato. Inclusive, no debe olvidarse que como principio, aun cuando se intenten recursos contra ellos, sus efectos no se suspenden, salvo casos excepcionales y cuando se alegue la nulidad absoluta. En tal sentido, si el recurso administrativo se basa en la nulidad absoluta, de acuerdo al Artículo 87 de la Ley Orgánica, puede suspenderse la ejecución, es decir, los efectos del acto. Salvo este particular supuesto de la nulidad absoluta, el acto administrativo una vez que adquiere eficacia, se presume legítimo, veraz, justo y válido, y es por tanto ejecutable de inmediato.

La presunción de legalidad y de legitimidad trae como consecuencia, que quien pretenda desconocer la legitimidad y legalidad del acto, tiene que probarlo y por tanto, se invierte la carga de la prueba. Por ello, para desvirtuar esta presunción, que es *juris tantum,* el interesado debe intentar un recurso para impugnar el acto ante la Administración o ante los Tribunales, según el caso, y no sólo debe atacarlo, sino probar su acertó de que el acto es ilegal.

Otra consecuencia de la presunción de legitimidad del acto administrativo es que puede ser cumplido de inmediato. Así lo establece expresamente el Artículo 8 de la Ley: los actos administrativos que requieren ser cumplidos mediante actos, de ejecución, deberán ser ejecutados por la Administración, en el término establecido, si es que están sometidos a término suspensivo, y de lo contrario, se ejecutarán inmediatamente. En efecto, como el acto se presume legítimo, veraz, justo, oportuno y legal, el acto puede ser ejecutado de inmediato y si alguien pretende desconocer sus efectos, tiene que impugnarlo por las vías de control de legalidad, sea mediante un recurso administrativo ante la propia Administración, sea por medio de un recurso contencioso-administrativo ante los Tribunales Contenciosos-Administrativos.

Pero en todo caso, estos recursos contra los actos administrativos no suspenden los efectos del acto, es decir, los actos administrativos son ejecutables y los recursos que se intentan contra los mismos, no suspenden su ejecución. Sin embargo, si la Administración, de acuerdo al Artículo 87 de la Ley Orgánica, estima que la ejecución causa un gravamen irreparable, puede suspender la ejecución del acto. Lo mismo ocurre en materia contencioso-administrativo: si se intenta un recurso contencioso-administrativo puede alegarse ante el juez que la ejecución del acto causa un gravamen irreparable o de difícil reparación por la sentencia definitiva, pidiéndosele que suspenda la ejecución del acto mientras dure el juicio, tal como lo establece el Artículo 136 de la Ley Orgánica de la Corte Suprema de Justicia*. Sin embargo, si no hay esta decisión expresa que acuerde la suspensión de los efectos del acto, éste debe ser cumplido de inmediato.

3. La ejecutividad y ejecutoriedad de los actos administrativos

Véase, en general, sobre la ejecución de los actos administrativos, Allan R. Brewer-Carías, *Las Instituciones fundamentales del Derecho Administrativo y la Jurisprudencia Venezolana*, Caracas 1964, p. 130 y ss.; Allan R. Brewer-Carias, "Aspectos de la ejecutividad y de la ejecutoriedad de los actos administrativos fiscales y la aplicación del principio *solve el repele*" en *Revista del Ministerio de Justicia*, N° 53, Caracas 1965, p. 67 y ss., publicado también en la *Revista Control*

* Ley Orgánica del Tribunal Supremo de Justicia *G.O.* N° 39.522, de 01-10-2010.

Fiscal y Tecnificación Administrativa, N° 33, Caracas, 1965, pp. 17-26; Eloy Lares Martínez, *Manual de Derecho Administrativo*, Caracas 1978, pp. 162 y ss. En cuanto a la jurisprudencia, véase en Allan R. Brewer-Carías, *Jurisprudencia de la Corte Suprema 1930-1974 y Estudios de Derecho Administrativo*, T. III, Vol. I, Caracas 1976, pp. 285 y ss. y 303 y ss.

Hemos señalado que una de las consecuencias de la eficacia de los actos administrativos, en base a la presunción de legalidad que los acompaña, es la ejecución inmediata de los mismos prevista en el Artículo 8 de la Ley Orgánica de Procedimientos Administrativos, lo cual implica que los actos administrativos no sólo son ejecutivos, sino ejecutorios. Por tanto, al hablarse de la ejecución de los actos administrativos pueden distinguirse dos nociones íntimamente vinculadas, la ejecutividad y la ejecutoriedad de los actos administrativos.

A. La ejecutividad de los actos administrativos

Además de la referencia bibliográfica antes indicada, en particular, véase Hildegard Rondón de Sansó, "Estudio Preliminar" en *Ley Orgánica de Procedimientos Administrativos*, EJV, Caracas 1981, p. 33. En cuanto a la jurisprudencia, en particular, véase Allan R. Brewer-Carías, *Jurisprudencia de la Corte Suprema 1930-1974 y Estudios de Derecho Administrativo*, T. V, Vol. I, Caracas 1978, p. 498 y ss.

En cuanto a la ejecutividad de los actos administrativos, puede decirse que equivale, en materia administrativa, a la prescindencia de un proceso de cognición que declare formalmente el derecho o título jurídico que tiene la Administración para actuar, lo cual, en cambio, es esencial en las relaciones jurídicas que se resuelven en el proceso judicial ordinario.

En efecto, uno de los principios fundamentales del orden jurídico contemporáneo que regula las relaciones entre particulares, es el principio según el cual nadie puede hacerse justicia por sí mismo. Por tanto, cuando un particular quiera hacer valer un derecho contra otro, si no logra llegar amigablemente a un acuerdo con el otro particular, no puede hacer otra cosa que acudir a la autoridad judicial para que sea el juez el que constate su derecho y pueda, por tanto, exigir el cumplimiento de la obligación por parte del otro particular. En otras palabras, los particulares, en sus relaciones jurídicas, para exigirse mutuamente el cumplimiento de obligaciones, tienen que hacer que su derecho sea declarado por un juez el cual produce una decisión de carácter ejecutivo, la cual permite que pueda ejecutarlo a través de medidas judiciales.

La Administración, en cambio, puede decirse que no tiene necesidad de acudir ante un órgano judicial para que su derecho sea declarado formalmente, pues sus actos tienen carácter de título ejecutivo; y de allí su ejecutividad, es decir la posibilidad de ser ejecutados dé inmediato. Por tanto, la Administración, cuando dicta un acto administrativo tiene, en realidad, la facultad de declarar sus derechos mediante actos unilaterales que crean obligaciones para los administrados, y esos actos, en sí mismos, tienen fuerza de títulos ejecutivos. Es decir, el acto administrativo al dictarse, *per se*, es ejecutable, porque tiene carácter ejecutivo, y por eso la Ley Orgánica en el Artículo 8 establece que el acto debe ejecutarse de inmediato, lo cual sólo es posible porque tiene carácter ejecutivo. Por eso, podemos decir que esta ejecutividad del acto administrativo es un rasgo común de todos los actos, consecuencia del principio de la presunción de legitimidad que hemos visto. Como el acto se presume válido, legítimo, veraz y oportuno, ese acto es ejecutable de inmediato y, en sí mismo, tiene carácter ejecutivo.

B. La ejecutoriedad de los actos administrativos

Además de la referencia bibliográfica antes indicada, en particular, véase *Doctrina de la Procuraduría General de la República 1964,* Caracas 1965, p. 25; *ídem* 1965, Caracas 1966, pp. 18-19; *ibídem* 1973, Caracas 1974, pp. 90 y 269 y ss.

La ejecutoriedad de los actos administrativos, que es el otro aspecto, enfoca un problema distinto. Si la ejecutividad se refiere al carácter ejecutivo de los actos administrativos, la ejecutoriedad se refiere a la posibilidad de ejecución forzosa de los actos por la propia Administración que los dictó; o sea, la ejecutividad, como hemos visto, es el carácter de título ejecutivo del acto; la ejecutoriedad es la posibilidad que tiene la Administración, ella misma, de ejecutarlo. Por tanto, la Administración no sólo no tiene que acudir a un juez para que declare el título como veraz y válido para poder ser ejecutado, sino que tampoco tiene que acudir al juez para llevar a cabo su ejecución, porque ella puede ejecutarlo directamente. Esto distingue también esta situación de la Administración de la de los particulares, quienes en este caso tienen que cumplir un procedimiento judicial de ejecución.

En efecto, hemos dicho, los particulares tienen que acudir ante un juez para declarar su derecho con carácter ejecutivo, y una vez que tienen sus derechos declarados por el juez, pueden lograr su ejecución también por vía judicial. Es el juez quien va a ejecutar el título y embargar o rematar los bienes del deudor, por ejemplo. En cambio, la Administración no tiene que acudir al juez ni para una ni para la otra cosa, sino que en general, su acto tiene fuerza ejecutoria y la Administración puede ejecutarlo forzosamente.

En esta forma, la ejecutoriedad es la posibilidad de ejecución forzosa de los actos administrativos, por supuesto, que imponen deberes de hacer (obligaciones) o deberes de no hacer (prohibiciones) a los administrados; y puede considerarse como una característica de los actos administrativos, en virtud de la cual, la Administración no tiene necesidad de acudir ante una atondad judicial para iniciar un proceso de ejecución de sus actos, sino que ella puede directamente ejecutarlos, por sus propios nidios, en vía administrativa.

Ahora bien, la ejecutoriedad de los actos administrativos, como principio, está condicionada por varios factores. En primer lugar, se trata de una característica de ciertos actos administrativos, de aquellos que imponen obligaciones o prohibiciones, es decir, deberes de hacer o de no hacer; y en segundo lugar, es una facultad de la Administración de ejecutar sus actos directamente, pero no es una obligación. Por eso se habla, en estos casos, del privilegio de la Administración de acción de oficio, es decir, de ejecutar los actos por sí misma, a través de sus órganos, e inclusive, llegar al empleo de la fuerza pública.

La Ley Orgánica de Procedimientos Administrativos recoge también el principio de la ejecutoriedad de los actos administrativos, al regular en sus Artículos 78 y siguientes los medios de ejecución de los actos administrativos. En efecto, en primer lugar, el Artículo 78 establece como condición general para la ejecutoriedad de los actos administrativos, cuando se requiera la realización de actos de ejecución material que perturben derechos de los particulares, que previamente se dicte la decisión que sirva de fundamento a la ejecución. En otros términos, la ejecución material de actos administrativos, a través de actos materiales de ejecución, sólo puede realizarse cuando exista previamente un acto formal que declare el derecho de la Administración o imponga la obligación o la prohibición al particular. Es decir, tiene que existir un acto ejecutivo para que pueda haber ejecutoriedad.

En cuanto a la ejecutoriedad de los actos administrativos, como principio está regulada en el Artículo 79 de la Ley Orgánica que prescribe la ejecución forzosa, de oficio de los actos administrativos. Se trata del privilegio indicado de acción de oficio de la Administración. Por eso la norma dice que la ejecución de los actos será realizada de oficio por la propia Administración, salvo que por expresa disposición legal la ejecución deba ser encomendada a la autoridad judicial.

En efecto, hay casos en los cuales la ejecución forzosa no puede hacerse por la propia Administración, sino que tiene que ser realizada por el órgano judicial. Por ejemplo, si la Administración liquida un Impuesto, y emite una planilla de liquidación a cargo de un contribuyente, la Administración no puede cobrar forzosamente el impuesto en vía administrativa. Para cobrar la cantidad, la Administración tiene que acudir a la vía judicial por cobro de bolívares, pero en juicio, la planilla de liquidación tiene carácter de título ejecutivo. La Administración no tiene que probar el carácter ejecutivo de su título, es decir, del acto administrativo que se presume válido, pero para ejecutarlo no puede hacerlo directamente en esos casos de obligaciones de pago de sumas de dinero, sino que tiene que acudir a la vía judicial.

En todo caso, la ejecutoriedad de los actos administrativos implica el privilegio de ejecución de los mismos, por la propia Administración, con la posibilidad de utilización de medios coactivos. Por ello, la ejecutoriedad puede implicar la ejecución forzosa de los actos administrativos.

C. La ejecución forzosa

La ejecución forzosa, en esta forma, es la posibilidad que tiene la Administración de imponer, forzosamente, mediante la utilización de medios coactivos, el cumplimiento de sus decisiones a los particulares. Al tratarse de formas de limitación de los derechos de éstos, la ejecución forzosa está sometida a diversas regulaciones expresamente establecidas en la Ley, y en particular a algunos límites. En primer lugar, pueden determinarse límites en relación a la naturaleza de los actos administrativos, pues no todo acto puede ser ejecutado forzosamente por la Administración por sus propios medios; ello sólo procede respecto de aquellos actos que impongan obligaciones o deberes, o sea, constituyan órdenes o prohibiciones.

Por otra parte, es necesario que la ejecución forzosa esté expresamente establecida en la Ley. En este sentido, hemos señalado que el Artículo 79 de la Ley Orgánica de Procedimientos Administrativos establece, como principio general, que la ejecución forzosa de los actos administrativos procede, salvo que una Ley expresa establezca una vía distinta, de ejecución judicial del acto. Por tanto, si no hay una Ley que prevea la vía de ejecución judicial, se establece un principio a favor de la ejecución forzosa de los actos administrativos, en vía administrativa.

Por otra parte, la ejecución debe ser realizada dentro de los límites y por los medios que la Ley establece. La Administración no es libre de usar cualquier medio o acto material de ejecución, sino que tiene que utilizar los que la Ley expresamente prevea. Por ello, cuando se dice que la Administración puede ejecutar forzosamente, de oficio, sus actos administrativos, ello no lo puede hacer como quiera el funcionario, sino de acuerdo a los medios que la propia Ley le va a permitir utilizar.

¿Cuáles son estos medios de ejecución forzosa? La respuesta a esta pregunta depende del tipo de acto administrativo de que se trate. La Ley Orgánica de Procedimientos

Administrativos prevé, así, dos medios genéricos de ejecución forzosa de los actos administrativos, según que se trate de actos de ejecución personal por el obligado o de actos que pueden ejecutarse en forma subsidiaria; y ello lo regula en el artículo 80.

En caso de actos de ejecución personalísima por él obligado, se prevé como medio de ejecución forzosa, la sanción por incumplimiento; si la Ley establece una conducta determinada al particular y éste no se ajusta a lo prescrito, la Administración tiene la vía de la multa, para obligar al particular a ajustar su actuación, a lo prescrito ilegalmente. La Ley Orgánica expresamente establece en el Artículo 80, ordinal 2°, que en los casos en que se trate de actos de ejecución personal, es decir, que sólo pueden ser ejecutados personalmente por el particular obligado; si el obligado se resiste a cumplirlo, se le pueden imponer multas sucesivas, mientras permanezca en rebeldía. Por ejemplo, el pago de una liquidación de impuestos, si el interesado no la paga, la Administración puede ponerle una multa.

Ahora bien, señala esa misma norma, en caso de que el interesado obligado persista en su incumplimiento, será sancionado con nuevas multas iguales o mayores a las anteriores, y cada una de esas multas puede ser hasta de 10.000 bolívares. En esta forma por la vía de coacción sobre el patrimonio del interesado se le puede obligar a cumplir el acto, cuando es necesario que lo cumpla en forma personal.

Pero puede tratarse de un acto que no requiera de ejecución personal y que pueda ser de ejecución subsidiaria, lo cual da origen a la segunda forma de ejecución forzosa prevista en el Artículo 80, Ordinal 1° de la Ley. De acuerdo a esta norma, cuando se trate de actos susceptibles de ejecución indirecta con respecto al obligado, se procederá a la ejecución, bien por la Administración o por la persona que ésta designe, a costa del obligado. Por ejemplo, si la Administración ordena la demolición de un inmueble, el propietario está obligado a demolerlo; pero si el particular se niega a realizar la demolición, la Administración puede, por sus propios medios, proceder a la demolición, o estipular con un contratista la demolición a costa del obligado. En este caso concreto, además de esta consagración general, está expresamente prevista en las Ordenanzas Municipales, en caso de demolición de inmuebles, la ejecución subsidiaria. En el mismo sentido, por ejemplo, la Ley Forestal, de Suelos y Aguas por ejemplo, establece que en las concesiones forestales, quien explota madera, está obligado a sembrar determinados árboles, y lo mismo sucede en caso de las repoblaciones forestales que en un momento determinado puede imponérsele a un concesionario. En estos casos se prevé en la Ley, que si el obligado no cumple su deber personalmente, puede la Administración hacerlo directamente, a costa del obligado.

Pero además de estas dos formas de ejecución forzosa, previstas en forma genérica en la Ley Orgánica de Procedimientos Administrativos, muchas leyes especiales prevén los mismos u otros medios de ejecución forzosa.

Una de ellas es la coacción inmediata sobre el patrimonio. Con carácter general puede decirse que no existe en la legislación venezolana ninguna disposición que faculte a la Administración, por ejemplo, a apropiarse forzosamente de bienes de un particular como medio de ejecución de actos administrativos. Al contrario, hemos señalado que, por ejemplo, en los casos en los cuales la Administración tiene una acción por cobro de bolívares, tiene que acudir a la vía judicial para ejecutar sus actos.

Sin embargo, algunas leyes especiales consagran medios de ejecución forzosa que afectan el patrimonio de las personas, al regular el comiso como sanción administrativa. En las leyes relativas a las aduanas o al porte de armas, que prescriben determinadas conductas, el incumplimiento de los actos administrativos concretos dictados en base a sus disposiciones, puede dar origen, por ejemplo, al comiso de los bienes introducidos de contrabando o a las armas de porte ilícito. Por su parte, en materia sanitaria, el Reglamento General de Alimentos establece que cuando haya alimentos en mal estado o descompuestos, pueden ser decomisados por la autoridad sanitaria, y destruidos, configurándose como una lesión al patrimonio del interesado, por incumplimiento de normas sanitarias.

Por otra parte, también en leyes especiales se regulan formas de ejecución forzosa de los actos administrativos, a través de coerción directa sobre las personas, tal como sucede en materia de actos administrativos referentes a la policía de seguridad, salubridad, moralidad o en general, en materia de orden público general.

En materia de seguridad pública, por ejemplo, el arresto administrativo regulado en las Ordenanzas Municipales, es una forma de coerción directa sobre la persona, por supuesto, dentro de los límites constitucionales. También en materia sanitaria, una persona afectada de una enfermedad de las llamadas de denuncias obligatorias, puede ser recluida forzosamente, aun contra su voluntad, conforme a la Ley de Sanidad Nacional y el Reglamento respectivo. Por otra parte, puede en ciertos casos, ordenarse el tratamiento forzoso en ciertas enfermedades infecciosas: puede establecerse, por ejemplo, una vacunación obligatoria, estando las personas obligadas a soportar las medidas ejecutivas en relación a su persona.

D. La no suspensión de los efectos de los actos administrativos

En particular, véase Allan R. Brewer-Carías, "Los efectos no suspensivos del recurso contencioso-administrativo de anulación y sus excepciones" en *Revista de la Facultad de Derecho, UCV*, N° 37-38, Caracas 1968, pp. 293-302; Allan R. Brewer-Carías, "Comentarios en torno a la suspensión de los efectos de los actos administrativos en vía contencioso-administrativa" en *Revista de Derecho Público*, N° 4, Caracas 1980, pp. 189 a 195; Allan R, Brewer-Carías, "Aspectos procesales de la decisión sobre la admisibilidad o inadmisibilidad de los recursos contencioso-administrativos de anulación", en A. Moles Caubet y otros, *Contencioso-administrativo en Venezuela*, Caracas 1981, pp. 163 y ss. Véase, además, en particular, Allan R. Brewer-Carías, "Aspectos de la ejecutividad y la ejecutoriedad de los actos administrativos fiscales y la aplicación del principio *solve et repete*" en *Revista Control Fiscal y Tecnificación Administrativa*, N° 33, Caracas 1965, p. 17 y ss.; y en *Revista del Ministerio de Justicia*, N° 53, Caracas 1965, p. 67 y ss.

Una de las consecuencias fundamentales de la ejecutoriedad de los actos administrativos, derivada también del principio de la presunción de legitimidad y legalidad de los mismos, es la no suspensión de los efectos de los actos administrativos por razón de la interposición de recursos administrativos o jurisdiccionales contra los mismos. Se trata, en otros términos, del principio de los efectos no suspensivos de los recursos regulado indirectamente en el Artículo 87 de la Ley Orgánica de Procedimientos Administrativos y en el Artículo 136 de la Ley Orgánica de la Corte Suprema de Justicia*, según que se trate de un recurso administrativo o de un recurso contencioso-administrativo.

En cuanto a los recursos administrativos, el Artículo 87 consagra expresamente el principio del efecto no suspensivo de los recursos, al señalar textualmente que "la inter-

---

* Ley Orgánica del Tribunal Supremo de Justicia *G.O.* N° 39.522, de 01-10-2010.

posición de cualquier recurso no suspenderá la ejecución del acto impugnado, salvo previsión legal en contrario". Por tanto, la suspensión sólo se produce por vía de excepción, cuando la Ley lo establezca, o conforme al mismo Artículo, en los casos en los cuales el acto pueda causar grave perjuicio al interesado o cuando la impugnación se fundamente en un vicio de nulidad absoluta. En esos casos, la Ley Orgánica permite a la Administración suspender la ejecución de los actos, cuando el acto ha sido recurrido en vía administrativa.

En los casos de impugnación de los actos administrativos en vía judicial, el Artículo 135 de la Ley Orgánica de la Corte Suprema de Justicia[**] autoriza a los Tribunales Contencioso-Administrativos a suspender la ejecución de los actos administrativos, cuando éstos puedan causar gravamen irreparable o de difícil reparación por la sentencia que se dicte en definitiva.

El efecto no suspensivo de los recursos contra los actos administrativos, por tanto, tiene su excepción en estas dos normas que prevén la posibilidad de suspensión cuando puedan causar perjuicios innecesarios al particular. En los dos casos se prevé la posibilidad o necesidad de que la autoridad respectiva exija caución o fianza al particular para suspender los efectos del acto impugnado.

En materia administrativa, la Ley Orgánica de Procedimientos Administrativos en su Artículo 87 establece una obligación para la Administración de exigir la constitución previa de una caución para acordar la suspensión de los efectos del acto recurrido, siendo responsable el funcionario, por la insuficiencia de la caución aceptada. En cambio, en vía judicial, el Artículo 136 de la Ley Orgánica de la Corte Suprema de Justicia, lo que establece es la potestad del juez de exigir o no la caución para suspender los efectos de los actos recurridos.

Este carácter no suspensivo de los recursos administrativos o contencioso-administrativos, o si se quiere, el hecho de que la impugnación de los actos administrativos no suspenda su ejecución, ha originado en materia fiscal el principio denominado del "*solve et repete*", que significa en el lenguaje ordinario, "pague y después reclame", es decir, esté solvente y luego plantee el reclamo frente a la Administración. En materia fiscal, esto ha llevado a muchas leyes especiales a exigir como condición para poder ejercer el recurso contra el acto, la necesidad de pagar o afianzar el monto adeudado del impuesto o la sanción, convirtiéndose en una condición de admisibilidad de los recursos.

En materia contencioso-administrativa, el Artículo 122 de la Ley Orgánica de la Corte Suprema de Justicia prescribe así, que cuando la Ley exija como condición para admitir algún recurso contra el acto, que el interesado pague o afiance el pago de una cantidad líquida, deberá presentarse con el escrito de recurso, constancia de que se ha dado cumplimiento a dicho requisito.

E. La oposición a la ejecución

Al hablar de la ejecución de los actos administrativos, y frente al principio de que éstos deben ejecutarse de inmediato, se nos plantea el problema de la posibilidad que

---

** Ley Orgánica del Tribunal Supremo de Justicia *G.O.* Nº 39.522, de 01-10-2010.

puedan tener los particulares de oponerse a la ejecución. La Ley Orgánica, en efecto prevé una posibilidad de oposición a la ejecución, en los supuestos en los cuales se puede alegar la prescripción. En efecto, el Artículo 70 de la Ley Orgánica establece el principio según el cual las acciones provenientes de los actos administrativos, cuando creen obligaciones de hacer o de no hacer (mandatos o prohibiciones) a cargo de los particulares, prescriben en el término de cinco años. Por tanto, en esos casos, el particular obligado puede alegar la prescripción de las acciones provenientes de esos actos administrativos y oponerse a su ejecución.

A tal efecto, el Artículo 71 de la Ley Orgánica señala el procedimiento que debe seguirse cuando un particular se oponga a la ejecución de un acto alegando prescripción. Señala, en efecto, que cuando el interesado se oponga a la ejecución de un acto administrativo, alegando prescripción, la autoridad administrativa a quien le corresponda el conocimiento del asunto, debe proceder en un término de 30 días hábiles a verificar el tiempo transcurrido, así como las interrupciones o suspensiones que hubiesen habido en ese lapso de prescripción, si es el caso, y luego decidir lo pertinente.

4. La firmeza de los actos administrativos

A. Los actos administrativos firmes

Sobre los actos administrativos firmes, véase Allan R. Brewer-Carías, *Las Instituciones Fundamentales del Derecho Administrativo y la Jurisprudencia Venezolana*, Caracas 1964, p. 145; Allan R. Brewer-Carías, "Las condiciones de recurribilidad de los actos administrativos en la vía contencioso-administrativa" en *Revista del Ministerio de Justicia*, N° 54, Caracas 1966, pp. 83 y ss. La jurisprudencia sobre el tema puede consultarse en Allan R. Brewer-Carías, *Jurisprudencia de la Corte Suprema 1930-1974 y Estudios de Derecho Administrativo*, T. III, Vol. I, Caracas 1976, p. 294 y ss.; y T. V; Vol. I, Caracas 1978, p. 235 y ss.

Aparte del problema de la ejecución de los actos administrativos-otro punto de particular interés, sobre todo conceptual, derivado de la eficacia de los actos administrativos, es la firmeza de los mismos, es decir, determinar cuándo el acto administrativo es firme, y adquiere la estabilidad derivada de su permanencia en el tiempo.

Puede decirse, como principio general, que un acto administrativo que se ha dictado, que ha producido sus efectos y no ha sido extinguido expresamente por la autoridad administrativa o por una autoridad judicial, es decir, no se le ha revocado o anulado, adquiere estabilidad que es signo de la firmeza.

Ahora bien, la firmeza del acto que implica estabilidad de lo decidido, no conlleva o significa que haya cercenamiento de la garantía que tienen los particulares de poder reclamar contra los mismos; al contrario, en realidad, la firmeza de los actos administrativos se produce cuando el acto no ha sido impugnado en los lapsos establecidos para intentar los recursos administrativos o los recursos contencioso-administrativos, y éstos han caducado.

Hemos visto que un acto administrativo puede ser revisado a instancia de parte interesada, y que los interesados tienen derecho a pedir la revisión de los actos por la vía de los recursos administrativos regulados en los Artículos 85 y siguientes de la Ley, en los cuales se establece expresamente el lapso para interponerlos. Por ejemplo, en el Artículo 94 cuando regula el recurso de reconsideración, prescribe que debe ser interpuesto dentro de los 15 días hábiles siguientes a la notificación; es decir, al inicio de sus efectos. En cuanto al recurso jerárquico el Artículo 95 establece que el interesado puede, dentro de los 15 días hábiles siguientes a la decisión del recurso de reconsideración, interponer un recurso jerárquico ante el Ministro; y en el caso del recurso de revisión, el Artículo 98 señala que el mismo procede sólo dentro de un lapso de tres meses siguientes al acaecimiento de hecho que provoque la revisión. La Ley por tanto, establece expresamente los lapsos de caducidad para intentar los recursos administrativos ante la Administración.

En cuanto a los recursos contencioso-administrativos que puedan proceder contra los actos administrativos, el Artículo 93 de la Ley Orgánica de Procedimientos Administrativos, remite a la Ley Orgánica de la Corte Suprema de Justicia al prescribir que los lapsos para intentar los recursos contenciosos-administrativos son los establecidos en las leyes especiales. En esta materia, la Ley particular es la Ley Orgánica de la Corte Suprema de Justicia, cuyo Artículo 134* establece como principio general, que el recurso de nulidad contra un acto administrativo de efectos particulares, puede ser interpuesto ante los Tribunales Contencioso-Administrativos, dentro de un lapso de seis meses contados a partir de la notificación del acto o, si se trata de un acto de efectos temporales, dentro del lapso de 30 días hábiles a partir del inicio de su eficacia.

En esta forma, la Ley prescribe lapsos precisos para que un interesado pueda recurrir contra un acto administrativo y lo impugne en vía administrativa o judicial. Si ese lapso transcurre, el derecho a impugnar se extingue, pues se trata de un lapso de caducidad y extinguido el derecho a impugnar, el acto queda firme. Por tanto, la firmeza del acto administrativo surge cuando el acto es inimpugnable porque se han vencido los lapsos para poder intentar los recursos administrativos o los recursos contenciosos-administrativos. Por ello, acto firme equivale a acto no impugnable, porque ya no pueden ejercerse las vías de recursos que permite la Ley contra los mismos.

En efecto, que un acto sea firme, significa que ningún interesado tiene derecho a pedir la revisión del acto, y además, que vencidos los lapsos para impugnarlo, él adquiere estabilidad. Y es que la Administración necesita de que sus actos tengan cierta estabilidad, pues no pueden estar sujetos a que, en cualquier momento, cualquiera pueda reclamar contra los mismos. De lo contrario, la seguridad jurídica sería absolutamente imprecisa, pues no se sabría qué es lo que realmente estaría en vigencia y sería aplicable. Pero la firmeza de los actos administrativos no sólo implica su estabilidad en el sentido de que son inimpugnables por los particulares, sino que también implica que no son libremente revisables de oficio, por la Administración.

En efecto, si se trata de un acto administrativo que no crea derechos a favor de particulares, una vez firme el acto, podría ser revocado por la Administración en cualquier momento, pues hemos visto que en estos casos el acto es esencialmente revocable, conforme a lo establecido en el Artículo 82 de la Ley Orgánica. Pero si se trata de un acto administrativo creador de derechos a favor de particulares, vencidos los lapsos de impugnación, el acto adquiere firmeza y no sólo es inimpugnable por los interesados, sino irrevisable e irrevocable por la Administración, conforme a lo establecido en el Artículo 19, Ordinal 2° de la Ley Orgánica. Por ello, en estos casos se dice que el acto administrativo adquiere el efecto de la cosa juzgada administrativa.

---

* Ley Orgánica del Tribunal Supremo de Justicia *G.O.* N° 39.522, de 01-10-2010.

B. La cosa juzgada administrativa

En particular, sobre la cosa juzgada administrativa, véase Allan R. Brewer-Carías, *Las Instituciones Fundamentales del Derecho Administrativo y la Jurisprudencia Venezolana,* Caracas 1964, pp. 46 y ss. y 146 y ss.

En cuanto a la jurisprudencia, véase en Allan R. Brewer-Carías, *Jurisprudencia de la Corte Suprema 1930-1934 y Estudios de Derecho Administrativo*, T. III, Vol. I, Caracas 1976, p. 296 y ss. Véase además, *Doctrina de la Procuraduría General de la República 1964*, Caracas 1965, pp. 87-90.

La cosa juzgada administrativa o cosa decidida administrativa existe como principio de irrevisabilidad e irrevocabilidad de los actos administrativos, cuando éstos han creado derechos a favor de particulares. Sin embargo, para que un acto administrativo firme, creador de derechos a favor de particulares, adquiera fuerza de cosa juzgada administrativa, es decir, sea irrevisable e irrevocable, es necesario que el acto reúna varias condiciones.

En primer lugar, se trata de un propiedad que sólo pueden adquirir los actos que sean jurídicamente válidos y que no estén viciados de nulidad absoluta, porque si el acto tiene un vicio de nulidad absoluta, como hemos visto, el Artículo 83 de la Ley Orgánica, permite a la Administración en cualquier momento, de oficio o a solicitud de interesado, revocar el acto reconociendo la nulidad absoluta. Por tanto, no se podría alegar firmeza de un acto frente a un vicio de nulidad absoluta. Por ello, la cosa juzgada administrativa sólo se plantea respecto a los actos válidos y, en todo caso, respecto a los actos que no estén viciados de nulidad absoluta.

Por otra parte, la cosa juzgada administrativa, es una propiedad de los actos administrativos individuales, pues los actos de efectos generales son esencialmente revisables y derogables. En materia de Reglamentos se aplica el principio del Código Civil, según el cual las Leyes se derogan por otras Leyes (Artículo 7) por lo que los Reglamentos se derogan por otros Reglamentos, sin límite. Por ello, nunca podría decirse que hay firmeza de un Reglamento.

Pero como hemos dicho, además de ser una propiedad de los actos administrativos individuales no viciados de nulidad absoluta, la cosa juzgada administrativa sólo es propia de los actos que hayan creado derechos a favor de particulares. Si al contrario, el acto no crea derechos a favor de particulares, nunca produciría efecto de cosa juzgada y puede ser siempre revisado y revocado por la Administración, tal como lo establece el Artículo 82 de la Ley Orgánica.

La Ley Orgánica de Procedimientos Administrativos es tan rígida en el establecimiento del principio de la cosa juzgada administrativa y, por tanto, de la irrevocabilidad de los actos administrativos creadores de derechos a favor de particulares, que el Artículo 19, ordinal 2° de la Ley declara nulos, de nulidad absoluta, los actos que resuelvan un caso precedentemente decidido con carácter definitivo y que haya creado derechos a favor de particulares. Esta norma, en todo caso, plantea la discusión de si por razones de interés público, la Administración podría revocar actos administrativos creadores de derechos a favor de particulares y lesionar la cosa juzgada administrativa, indemnizando a los interesados debidamente. La Ley Orgánica, en realidad, es extrema en esta regulación, en el sentido de establecer una prohibición absoluta de revocar los actos que crean derechos a favor de particulares, sancionando la revocación con la nulidad absoluta. A pesar de ello sin duda, se planteará una discusión que tendrá que ser resuelta por la jurisprudencia resultante; puede haber ciertos casos en los cuales la Administración, aun en presencia de un acto que produzca cosa juzgada administrativa y que sea irrevocable, tenga la necesidad de revocarlo por razones de interés público, en cuyo caso debería admitirse la revocación pero previa indemnización al particular por los daños y perjuicios que le cause.

Hemos señalado que la cosa juzgada administrativa es una consecuencia directa de la firmeza del acto, es decir, el acto cuando ya no se puede impugnar, y el particular no puede reclamar contra él, adquiere fuerza de cosa juzgada y es irrevocable. Mientras se pueda impugnar, no puede decirse que hay cosa juzgada, porque si hay todavía un lapso para impugnarlo, puede un particular pedirla y la Administración revocar y revisar el acto. Es sólo después que vencen los lapsos de caducidad, que el acto es firme, ya no puede ser revocado y produce cosa juzgada. Pero vinculado a la noción de firmeza, hay otra noción del acto administrativo que es de primera importancia, y es la noción de definitividad del acto.

C. La definitividad del acto administrativo y su relación con la firmeza

Sobre los actos administrativos definitivos, véase Allan R. Brewer-Carías, "Las condiciones de recurribilidad de los actos administrativos en la vía contencioso-administrativa" en *Revista del Ministerio de Justicia*, N° 54, Caracas 1966, p. 83 y ss. Allan R. Brewer-Carias, "El recurso contencioso-administrativo contra los actos de efectos particulares" en el libro del Instituto de Derecho Público, *El control jurisdiccional de los Poderes Públicos en Venezuela*. Caracas 1979, p. 179 y ss.

La jurisprudencia sobre el tema puede consultarse en Allan R. Brewer-Carías, *Jurisprudencia de la Corte Suprema de Justicia 1930-1974 y Estudios de Derecho Administrativo*, T. III, Vol. I, Caracas 1976, p. 296 y ss.; T. V, Vol. I, Caracas 1978, p. 231 y ss.

Es frecuente, en efecto, la confusión entre definitividad y firmeza, mezclándose ambas expresiones, sobre todo cuando se usa la expresión de acto "definitivamente firme", como para significar que es firme, y no puede ser revisado. Sin embargo, las dos expresiones tienen una connotación distinta: la firmeza, hemos visto, es la irrevocabilidad, irrevisabilidad e inimpugnabilidad del acto. La definitividad apunta hacia otro aspecto totalmente distinto, por lo que no debe confundirse acto definitivo con acto firme. Acto firme, insistimos, es el acto que no es impugnable, porque se vencieron los lapsos para ello; el acto definitivo, en cambio, es el acto que pone fin a un asunto o procedimiento, independientemente de que sea o no susceptible de ser atacado e impugnado.

El acto definitivo, por tanto, es el acto que decide el asunto planteado ante la Administración. En este sentido el Artículo 62 de la Ley precisa la noción del acto definitivo, al hablar del acto administrativo que decida el asunto planteado ante la Administración, el cual debe resolver todas las cuestiones que hubiesen sido formuladas, tanto inicialmente como durante la tramitación; y es precisamente el acto definitivo el que conforme al Artículo 85 de la Ley puede ser impugnado.

Por tanto, el acto definitivo es el que decide el asunto, y en este sentido se opone al acto de trámite en un procedimiento.

Un procedimiento administrativo antes de llegar al acto definitivo, que es el resultado final y que pone fin al asunto, se cumple a través de muchos otros actos secundarios: la Administración puede pedir un informe a un organismo, puede ordenar citar a un particular, puede ordenar evacuar ciertas pruebas, puede realizar una experticia, puede, en fin, tomar muchas medidas del procedimiento, que serían actos de trámites.

Esas decisiones no resuelven el asunto, sino que son actos preparatorios para resolverlo. El acto definitivo así, es el acto final; los actos de trámite en cambio, son los que se desarrollan en el procedimiento y que preparan la decisión final

La Ley Orgánica de Procedimientos Administrativos recoge, indistintamente, estos conceptos. En el Artículo 62 menciona al acto definitivo, que es ese que pone fin a un asunto, y también el Artículo 19, en el ordinal 2°, se refiere al acto definitivo. En este caso, la norma sanciona con la nulidad absoluta, al acto que resuelva un caso precedentemente decidido "con carácter definitivo", es decir, que ya haya resuelto un asunto, siempre que haya creado derecho a favor de particulares.

Por otra parte, el Artículo 11 de la Ley Orgánica utiliza también la expresión, mezclándola con la firmeza. Este Artículo ya comentado, establece que los nuevos criterios que adopte la Administración, no pueden ser aplicados a situaciones anteriores, agregando, sin embargo, al final, que la modificación de los criterios no dará derecho a que los particulares pidan la revisión de los "actos definitivamente firmes"; es decir, de los actos que sean firmes en cuanto a que ya no pueden ser impugnados, porque se vencieron los lapsos para ello, y que además, sean definitivos, en cuanto a que sean actos que ya resolvieron definitivamente un asunto.

La expresión "acto de trámite" también está recogida en la Ley Orgánica, en el Artículo 9, cuando exige la motivación de los actos administrativos. Esta norma, en efecto establece que los actos administrativos de carácter particular deben ser motivados, salvo los de simple trámite, es decir, los que son preparatorios del acto definitivo en el procedimiento.

Por tanto, sólo los actos definitivos, que ponen fin al asunto, necesitan ser motivados, no siendo necesaria la motivación de los actos de trámite, que son los preparatorios del procedimiento para la obtención final de una decisión, salvo por supuesto, que la Ley lo exija expresamente, como ocurre, por ejemplo, respecto de los actos que alteren el orden de decisión de un asunto, o los actos que declaren confidenciales determinados documentos de acuerdo a lo establecido en los Artículos 34 y 59 de la Ley Orgánica de Procedimientos Administrativos.

Esta distinción entre acto definitivo y acto de trámite, tiene importancia pues sólo pueden ser recurridos en vía administrativa y jurisdiccional, en principio, los actos definitivos, es decir, los actos que pongan fin a un asunto. Por tanto, los recursos tanto administrativos, como contencioso-administrativos, no proceden contra el acto de trámite, porque se estima que este, por ser precisamente de trámite, no resuelve el asunto planteado ante la Administración. Así se establece expresamente en el Artículo 85 de la Ley Orgánica en relación a los recursos administrativos, al indicar que los interesados podrán interponer los recursos administrativos contra todo acto administrativo "que ponga fin a un asunto".

Por tanto, son los actos definitivos, que ponen fin a un asunto, los que pueden ser objeto de recurso, tanto administrativo como contencioso-administrativo, y como consecuencia, como principio, los actos de trámite no son recurribles ni en vía administrativa ni contencioso-administrativa.

Este principio, sin embargo, tiene excepciones reguladas en el mismo Artículo 85 de la Ley. En primer lugar, si el acto de trámite imposibilita la continuación del procedimiento, puede ser recurrido. Por ejemplo, iniciado un procedimiento por un particular para obtener un permiso de construcción, y siendo sólo el propietario quien puede pedir el permiso, la Administración, al recibir el expediente, podría resolver archivar el expediente porque estime que el solicitante no es propietario, no pudiendo expedir el permiso. Con una decisión de esta naturaleza, sin duda, no se está resolviendo el asunto, pues, no se está dando ni negando el permiso; simplemente, se trata de un acto de trámite que impide la continuación del procedimiento porque el funcionario considera que el solicitante no es el propietario. Se trata, insistimos de un acto de trámite, que no pone fin al asunto, pero sí imposibilita la continuación del procedimiento, y en este caso, la Ley autoriza el ejercicio del recurso administrativo.

En el mismo supuesto está el acto de trámite que cause indefensión, en el curso del procedimiento. Por ejemplo, en el procedimiento preparatorio de un acto administrativo que ordene la demolición de un inmueble, el interesado puede acudir ante la Administración, pues tiene derecho a hacerse parte, y probar que el inmueble no amenaza ruina, por ejemplo, mediante una experticia o una inspección ocular. Si la Administración le niega las pruebas, produciría indefensión, porque afectaría el derecho a la defensa. En este caso, el acto también sería recurrible en vía administrativa, aun cuando no sea definitivo.

Así mismo, de acuerdo al Artículo 85 de la Ley Orgánica, también serían impugnables los actos de trámite, cuando prejuzguen como definitivos, es decir, cuando el contenido del acto sea de tal naturaleza, que aun cuando sea de trámite, materialmente esté resolviendo el fondo del asunto y esté dando o negando lo pedido. Por tanto, en el caso de que el acto prejuzgue como definitivo, pues indique cuál es el criterio de la Administración para la resolución definitiva del asunto, el particular podría impugnarlo en vía administrativa.

En conclusión, el principio general de que los actos definitivos son los únicos impugnables y que los actos de trámite no son impugnables por las vías de recurso, encuentra su excepción en estos casos enumerados en el Artículo 85 de la Ley: cuando el acto, aun cuando sea de trámite, cause indefensión, prejuzgue sobre lo definitivo o impida o imposibilite la continuación del procedimiento.

D. Los actos administrativos que causan estado y su relación con la definitividad y firmeza

Sobre los actos administrativos que causen estado, véase Allan R. Brewer-Carías, "Las condiciones de recurribilidad de los actos administrativos en vía contencioso-administrativa" en *Revista del Ministerio de Justicia*, N° 54, Caracas 1966, p. 83 y ss.

Véase la jurisprudencia al respecto en Allan R. Brewer-Carías, *Jurisprudencia de la Corte Suprema 1930-1974 y Estudios de Derecho Administrativo*, T. V, Vol. I, Caracas 1978, p. 233 y ss. Véase, además, *Doctrina de la Procuraduría General de la República 1964*, Caracas 1965, p. 26 y ss.; *ídem* 1966, Caracas 1967, p. 30; *ibídem* 1973, Caracas 1974, p. 135.

Una tercera noción vinculada a los efectos del acto, y por tanto, a la firmeza y a la definitividad de los actos administrativos, es la causación de estado de los mismos. Es distinto al acto definitivo y al acto firme, el hecho de que cause estado, expresión que también se utiliza frecuentemente en la jurisprudencia y en la doctrina. El acto administrativo, hemos dicho, cuando es definitivo pone fin a un asunto; pero podría ser recurrible, según el grado jerárquico en el cual se dicta: si el acto se dicta por un inferior, el interesado puede acudir ante el superior por vía de recurso de reconsideración previo y luego el jerárquico y obtener una decisión final de la Administración. Es claro que la decisión del órgano inferior no es la decisión final de la Administración; es un acto definitivo porque el inferior está resolviendo el asunto, pero si se revisa el acto en vía jerárquica, la decisión del superior puede resolver el asunto en forma distinta.

En esta forma, el acto que causa estado, es el que dice la última palabra de la Administración, y por eso, es distinto el concepto de acto definitivo, de acto firme y de acto que cause estado. El acto definitivo, insistimos, es el que pone fin a un asunto; pero si bien un acto puede poner fin a un asunto, no necesariamente es la última palabra de la Administración, porque puede haber sido dictado por un funcionario inferior. En cambio, el acto que causa estado es el último que la Administración pueda decidir no existiendo otra vía administrativa posible a la cual recurrir para obtener otra decisión administrativa. El acto que causa estado, por tanto, es el que agota la vía administrativa, constituyendo la palabra final de la Administración, la cual se obtiene, normalmente, en el superior jerárquico.

Hay por tanto, tres nociones relativas al acto administrativo que deben quedar absolutamente claras: acto definitivo, acto firme y acto que cause estado, y que se refieren a situaciones diferentes: el acto definitivo es el acto que pone fin a un asunto, en cualquier nivel administrativo, inferior o superior; el acto firme es el acto que no es impugnable por ninguna vía, porque se vencieron los lapsos de impugnación; y el acto que cause estado, es el acto que pone fin a la vía administrativa.

Ahora bien, la distinción tiene importancia, pues precisamente, en vía jurisdiccional, el único acto administrativo que puede ser impugnado es el acto definitivo que cause estado, es decir, que pone fin a la vía administrativa. No se pueden impugnar los actos definitivos de un inferior directamente ante los Tribunales, y el recurrente conforme al Artículo 84 de la Ley Orgánica de la Corte Suprema*, está obligado a agotar las vías internas ante la Administración para luego poder, acudir a la vía contencioso-administrativo.

Ahora bien, en cuanto a los efectos de los actos administrativos hemos visto el inicio de los efectos, y el contenido de los efectos y sus consecuencias; interesa ahora, precisar el fin de los efectos de los actos administrativos, particularmente en virtud de su revisión en vía administrativa.

* Ley Orgánica del Tribunal Supremo de Justicia *G.O.* N° 39.522, de 01-10-2010.

V. EL FIN DE LOS EFECTOS DE LOS ACTOS ADMINISTRATIVOS

Los actos administrativos, de acuerdo a la Ley Orgánica de Procedimientos Administrativos, pueden finalizar por tres motivos distintos; en primer lugar, en virtud del propio acto; en segundo lugar, en virtud de alguna abstención del interesado; y en tercer lugar, en virtud de otro acto administrativo, que revoque el anterior o de un acto judicial que lo anule.

1. La extinción del acto en virtud del propio acto

La primera forma de extinción del acto administrativo y de sus efectos, en virtud del propio acto, se produce por el denominado agotamiento que es la forma normal, si se quiere, de extinción. En efecto, el acto administrativo, en muchas ocasiones, produce un efecto que se verifica una sola vez; un acto que impone una multa, por ejemplo, al pagarse la multa, se agota, y finalizan sus efectos; el acto de demolición de un inmueble, por ejemplo, al demolérselo, se agota. Se trata, por tanto, de la forma normal de extinción del acto.

La segunda forma de extinción de los actos administrativos en virtud del propio acto, es el decaimiento, que se produce cuando pierden su eficacia por circunstancias sobrevinientes, que hacen desaparecer un presupuesto de hecho o de derecho que los sustentaban. Por ejemplo, el acto de nombramiento de un funcionario, produce sus efectos mientras el funcionario esté en el ejercicio de sus funciones, pero esos efectos pueden decaer, si cambia la circunstancia de hecho que origino el acto. Por ejemplo, para nombrar un funcionario es necesario que sea venezolano, porque sólo los venezolanos pueden ocupar funciones públicas. Pero si se trataba de un venezolano por naturalización, y por ejemplo, se le revoca la naturalización, al perder la nacionalidad, el acto administrativo de nombramiento decae, se extingue por sí mismo. En este caso, habría una extinción del acto, por decaimiento derivado de la desaparición de uno de sus presupuestos de hecho.

En tercer lugar, puede también haber extinción del acto en virtud del propio acto, cuanto está sometido a una condición o un término resolutorios.

Por tanto, si se trata de una condición resolutoria, al cumplirse esta, es decir, al producirse el acontecimiento futuro pero incierto, el acto se extingue. Por ejemplo, si se concede una exoneración de impuestos a una empresa industrial, condicionada a su localización en una determinada región, si se traslada la misma, se extinguiría la exoneración por el advenimiento de la condición resolutoria.

Puede tratarse, también, de un acto sometido a término extintivo, es decir, cuyos efectos dependen de un acaecimiento futuro y cierto, en el cual se fija el momento en que el acto termina. Por ejemplo, un acto que establezca la veda de caza, es un acto que normalmente está sometido a un término suspensivo y extintivo, pues normalmente prohíbe la caza entre dos fechas. Por tanto, el acto no comienza a surtir efectos sino a partir de una fecha, y se extinguen sus efectos, cuando se verifique el término extintivo en la otra fecha.

2. La extinción del acto en virtud de una omisión de su destinatario

Pero el acto administrativo también puede extinguirse, no en virtud del propio acto, sino en virtud de una omisión del interesado destinatario o del beneficiario del acto. Cesan, axial, los efectos de algunos actos administrativos, por la abstención de una acción prescrita al particular, produciéndose lo que se denomina "la caducidad del acto administrativo". La caducidad es, así, la extinción del acto administrativo cuando el interesado beneficiario del mismo, incumple una obligación que el acto o la Ley le impone. Por ejemplo, la Ley de Propiedad Industrial establece que el titular de una marca de fábrica, cuando obtiene el registro de la marca, debe pagar unos impuestos en timbres fiscales, en un lapso determinado, y si no lo hace, caduca su registro de marca.

3. La extinción del acto en virtud de otros actos estatales: la revocación y la anulación

Sobre la revocación de los actos administrativos, véase Allan R. Brewer-Carías, *Las Instituciones Fundamentales del Derecho Administrativo y la Jurisprudencia Venezolana.* Caracas 1964, p. 140 y ss.; Allan R. Brewer-Carías, "Comentarios sobre la revocación de los actos administrativos" en *Revista de Derecho Público,* N° 4, Caracas 1980, pp. 27-30; Eloy Lares Martínez, *Manual de Derecho Administrativo*, Caracas 1978, p. 203 y ss.; Hildegard Rondón de Sansó, *"Estudio Preliminar" en Ley Orgánica de Procedimientos Administrativos,* EJV, Caracas 1981, p. 55 y ss.

Véase la jurisprudencia sobre el tema en Allan R. Brewer-Carías, *Jurisprudencia de la Corte Suprema 1930-1974 y Estudios de Derecho Administrativo,* T. IV, Vol. I, Caracas 1976, pp. 356 y ss., y en Mary Ramos Fernández, "Jurisprudencia Administrativa y Constitucional" en *Revista de Derecho Público,* N° 3, Caracas 1980, p. 127. Véase además, *Doctrina de la Procuraduría General de la República 1966*, Caracas 1967, pp. 26-27; *ídem* 1970, Caracas 1971, pp. 31-33.

Por último, también se produce la extinción del acto administrativo, en virtud de otro acto estatal. Puede tratarse de una sentencia de los Tribunales Contencioso-Administrativos que anule el acto, en cuyo caso, estamos en presencia de la anulación de los actos administrativos. Por tanto, la anulación del acto administrativo, es la extinción del acto en vía judicial, conforme a lo previsto en los Artículos 206 y 215* de la Constitución, que regulan la competencia de los órganos de la Jurisdicción Contencioso-Administrativo.

En cambio, si el acto se extingue por la propia Administración mediante otro acto administrativo, no estaríamos en presencia de una anulación, sino de una revocación. Por tanto, puede admitirse que la revocación es la extinción del acto en vía administrativa, por la propia Administración, mediante otro acto administrativo.

La anulación de un acto administrativo en vía contencioso-administrativo, sólo puede producirse a instancia de parte, es decir, un juez sólo puede declarar la nulidad de un acto administrativo, cuando algún particular interesado lo solicita. Por tanto, no podría un Tribunal, por su propia cuenta, iniciar un juicio y anular un acto. En cambio, lo revocación como forma de extinción de los actos administrativos, puede producirse de oficio o a petición de parte. A petición de parte se produce, cuando el particular impug-

* Art. 259, 266,5 y 215 de la Constitución de 1999.

ne el acto mediante el ejercicio de los recursos administrativos en los lapsos prescritos en los Artículos 85 y siguientes de la Ley Orgánica, o cuando se solicita, en cualquier tiempo, la revocación de un acto nulo, de nulidad absoluta, de acuerdo a lo establecido en el Artículo 83 de la Ley Orgánica. En estos casos, la revocación es posible sin limitación alguna. En consecuencia, aun cuando se trate de un acto que cree derechos a favor de particulares, si es impugnado en el lapso prescrito de los recursos, la Administración puede revocarlo sin límites, y lo mismo sucede si está viciado de nulidad absoluta.

En cambio, si el acto es un acto firme, porque se vencieron los lapsos para impugnarlo, se plantea el problema de la posibilidad de revocación de oficio por la Administración. En este caso, es necesario distinguir los dos supuestos que ya hemos mencionado. Si se trata de un acto que no crea derechos a favor de particulares, el acto es esencialmente revocable; la Administración puede revocarlo en cualquier momento, por cualquier motivo, como se establece en el Artículo 82 de la Ley Orgánica. En cambio, si se trata de un acto firme que crea derechos e intereses legítimos a favor de particulares, el acto es irrevocable por la Administración, como se regula en el Ordinal 2° del Artículo 19 de la Ley Orgánica. Sin embargo, este principio tiene algunos matices: la Administración no puede revocarlo por razones de oportunidad y conveniencia, es decir, por razones de mérito en ningún momento; y por razones de ilegalidad, en principio tampoco puede revocar los actos firmes creadores de derecho a favor de particulares, salvo que se trate de un acto viciado de nulidad absoluta, en cuyo caso, hemos señalado insistentemente la Administración, de acuerdo al Artículo 83 de la Ley Orgánica, puede, de oficio, en cualquier momento, reconocer la nulidad absoluta de sus actos, es decir, revocarlos por vicios de nulidad absoluta.

Por tanto, la revocación como forma de extinción de los actos administrativos, procede en primer lugar, a instancia del interesado, cuando se intenta un recurso y se solicita la revocación; en ese caso, sin límites, la Administración puede revocar sus actos. Pero si se trata de actos firmes, la Administración sólo puede revocar los actos que no creen derechos a favor de particulares, de acuerdo a lo previsto en el Artículo 82 de la Ley. Si se trata de un acto que, al contrario, crea derechos a favor de particulares, de acuerdo a lo previsto en el Artículo 19, ordinal 2 de la Ley Orgánica, la Administración no puede revocarlos salvo que exista un vicio de nulidad absoluta, en cuyo caso, de acuerdo al Artículo 83, la Administración sí puede revocar el acto aun cuando sea firme.

VI. LA CUESTIÓN DE LOS ACTOS TÁCITOS: EL SILENCIO ADMINISTRATIVO

1. Principios generales

A. La obligación de la Administración de decidir y sus regulaciones

En general, véase Allan R. Brewer-Carías, "Consideraciones en torno a la figura del silencio administrativo consagrado a los efectos del recurso contencioso-administrativo de anulación", en *Revista de Control Fiscal* N° 96, Caracas 1980, pp. 11 a 38; Allan R. Brewer-Carías, "El sentido del silencio administrativo negativo en la Ley Orgánica de Procedimientos Administrativos", en

Revista de Derecho Público, N° 8, Caracas 1981, pp. 27 a 34; Allan R. Brewer-Carías, "Aspectos procesales de la decisión sobre admisibilidad o inadmisibilidad en los recursos contencioso-administrativos de anulación", en A. Moles Caubet y otros, *Contencioso-administrativo en Venezuela*, Caracas 1981, pp. 148 y ss.

En nuestro país, a la base del procedimiento administrativo está, no sólo el derecho de petición sino el derecho de los particulares a obtener oportuna respuesta, regulado en el Artículo 67 de la Constitución* y en los Artículos 2 y 4 de la Ley Orgánica de Procedimientos Administrativos. Este derecho a obtener oportuna respuesta de los particulares, conlleva una obligación para la Administración, que es la obligación de decidir los asuntos que se sometan a su conocimiento.

Tradicionalmente, se había planteado el problema en el procedimiento administrativo venezolano, de que la Administración Pública, simplemente, no daba respuesta a las peticiones, ni resolvía los recursos, y la oportuna respuesta que exige la Constitución no se obtenía jamás, colocándose así, al particular, en una situación de indefensión, ya que no podía reclamar contra la inacción de la Administración.

La Ley Orgánica de la Corte Suprema de Justicia de 1976, comenzó a corregir, con carácter general el problema del silencio administrativo al prever la posibilidad de ejercer el recurso contencioso-administrativo de anulación ante la ausencia de decisión, por la Administración, de un recurso administrativo. Con anterioridad, algunas normas aisladas habían regulado en nuestro país, efectos concretos de la inacción de la Administración. Así, por ejemplo, es clásica la regulación de la Ley Orgánica de la Procuraduría General de la República, que establece, en el denominado procedimiento administrativo previo en las demandas contra la República, que transcurridos 60 días, sin que la Administración hubiera resuelto la petición o reclamo, se estima que ha negado la reclamación y queda así abierta la vía judicial para el particular.

Aparte de esta norma, también podían distinguirse regulaciones respecto del silencio administrativo en normas aisladas de carácter reglamentario: por ejemplo, el Reglamento de la Ley de Regulación de Alquileres estableció, desde 1960, el silencio negativo en algún caso de falta de decisión del Director de Inquilinato de recursos interpuestos contra sus decisiones; y más recientemente, en materia de trámites para la obtención de permisos de urbanización y construcción, con el objeto de aligerar el procedimiento, se estableció que el silencio en la tramitación tenía un efecto positivo. En efecto, en los Decretos N° 2.867 y 2.868 de 19-9-78 (*G.O.* 31.577 de 21-9-78) se estableció que las certificaciones que a los efectos de obtención de los permisos de construcción que deban expedir los Cuerpos de Bomberos y el Ministerio de Sanidad y Asistencia Social (aprobación sanitaria), deben ser otorgadas en un plazo no mayor de 10 días hábiles contados a partir de la fecha en que se introduzca la solicitud. Vencido este lapso sin que se hubiere dado respuesta afirmativa o negativa razonada a la solicitud, dichos Decretos establecen que "se considerará otorgada la certificación" en el caso de la certificación de los Cuerpos de Bomberos y en el caso de las aprobaciones sanitarias, si no ha habido pronunciamiento sobre el proyecto, "se entenderá a todos los efectos legales que el permiso ha sido concedido".

Sin embargo, a pesar de estas normas aisladas, debe insistirse en que no existía una Ley general que le diera efectos concretos al silencio ni posibilidades de ejercer accio-

* Art. 51 de la Constitución de 1999.

nes de protección de derechos, con motivo de la inacción de la Administración. Fue la Ley Orgánica de la Corte Suprema de Justicia la que le estableció en su Artículo 134* un efecto inmediato al silencio de la Administración en la resolución de recursos administrativos, al permitir el ejercicio del recurso contencioso-administrativo de anulación, para aquellos casos en que, intentado un recurso administrativo, particularmente el jerárquico, si no era decidido en un lapso de 90 días consecutivos por el Ministro, se le abren al particular dos posibilidades: la de esperar la decisión o la de acudir a la vía judicial en el lapso de seis meses, contados a partir del momento en que se vence ese lapso de 90 días, durante el cual se impone al Ministro la obligación de decidir.

El silencio administrativo regulado en la Ley Orgánica de la Corte Suprema de Justicia, en esta forma permitía ejercer el recurso contencioso administrativo de anulación contra un acto administrativo que no causaba estado, pero que había sido recurrido en vía administrativa y cuyo recurso no había sido decidido por la autoridad administrativa. Esta Ley Orgánica, en realidad, no asigna al silencio efecto alguno, ni positivo ni negativo y por tanto, en ese supuesto no puede decirse que hay un acto administrativo tácito que se recurra, sino que lo que la Ley planteaba, era garantizarle al particular una vía de recurso y protección para el caso de la inacción de la Administración. El recurso debía ejercerse, no contra un supuesto acto administrativo tácito denegatorio de lo pedido, que no era el caso, sino que se ejercía contra el acto administrativo del inferior que se había recurrido y cuyo recurso no había sido decidido. Es decir, se trataba de una excepción a la condición de recurribilidad del acto administrativo que exige que cause estado, o sea, que agote la vía administrativa.

La Ley Orgánica de Procedimientos Administrativos ha cambiado ahora todo este panorama. Recoge, por supuesto, como se ha analizado, en sus Artículos 2 y 4, el derecho del particular a obtener oportuna respuesta y recoge la obligación de la Administración de decidir. Además, establece lo responsabilidad administrativa de los funcionarios públicos en la resolución de los asuntos, de manera que éstos, de acuerdo al Artículo 3, están en la obligación de tramitar los asunta cuyo conocimiento le corresponda, y son responsables por las faltas en que incurran. La tramitación implica, por supuesto, la decisión del asunto, y ella además, debe pronunciarse en un lapso determinado.

B. La decisión tácita denegatoria

Ahora bien, el Artículo 4 de la Ley Orgánica de Procedimientos Administrativos, prevé con carácter general el efecto negativo del silencio administrativo cuando no se revuelvan los asuntos en los lapsos prescritos en la Ley. Establece así que en los casos en los cuales un órgano de la Administración Pública no resolviera un asunto o recurso dentro de los correspondientes lapsos, se considerará que ha resuelto negativamente, y el interesado podrá intentar el recurso inmediato siguiente, salvo disposición expresa de la Ley.

En esta forma, la Ley Orgánica de Procedimientos Administrativos, le da un valor negativo al transcurso del tiempo sin que haya decisión de la Administración; es decir, consagra el llamado silencio administrativo negativo, porque la Ley presume que por el

* Ley Orgánica del Tribunal Supremo de Justicia *G.O.* Nº 39.522, de 01-10-2010.

transcurso del lapso sin que haya habido decisión, se ha producido una decisión tácita denegatoria de lo solicitado, o del recurso interpuesto. La Ley consagra, por tanto, una gran innovación en relación a la situación anterior.

En primer lugar, regula los efectos del silencio, no sólo en relación a la no decisión, en los lapsos prescritos, de los recursos administrativos, como lo había hecho la Ley Orgánica de la Corte Suprema de Justicia, sino que regula el silencio también, en materia de solicitudes o peticiones. Por tanto, no sólo existe, ahora, una protección o garantía del particular de interponer un recurso contencioso cuando no se decida oportunamente un recurso administrativo, sino que también esa garantía existe cuando no se decida formalmente una petición o solicitud, en los lapsos prescritos. En esta forma, la Ley extiende los efectos del silencio tanto respecto a la petición o solicitud de asuntos como a los casos de recursos no decididos en los correspondientes lapsos.

Por otra parte, expresamente se consagra que el silencio administrativo en esos casos, tiene un efecto negativo, es decir, el transcurso del lapso, sin que se decida la solicitud o el recurso, produce una decisión tácita denegatoria o si se quiere, produce la presunción de que ha habido un acto administrativo negativo.

C. La responsabilidad de los funcionarios

La consagración de estos efectos del silencio, por otra parte, no releva a los órganos administrativos ni a los funcionarios, de las responsabilidades que les sean imputables por la omisión o demora, ni como se ha dicho, releva a la Administración de su obligación de decidir. Por tanto, el hecho de que se produzca la presunción legal de decisión tácita, no exonera a los funcionarios de las responsabilidades en que puedan incurrir. Es más, la Ley establece inclusive, que la reiterada negligencia de los responsables de la decisión de asuntos o recursos de manera que dé lugar a que éstos se consideren resueltos negativamente por vía de la aplicación de la presunción de silencio administrativo negativo, les acarreará necesariamente a esos funcionarios, amonestación escrita a los efectos de lo dispuesto en la Ley de Carrera Administrativa, sin perjuicio, por supuesto, de la aplicación del Artículo 100 de la Ley*, que establece sanciones para los casos dé retardo, omisión y de incumplimiento de plazos en el procedimiento administrativo.

D. Los casos de silencio regulados en la Ley

Ahora bien, el silencio administrativo, produce efectos negativos en tres casos fundamentales: en primer lugar, en los casos de solicitudes o peticiones que no sean resueltas en los lapsos prescritos; en segundo lugar, en los casos de procedimientos que se han iniciado de oficio por la Administración sobre determinados asuntos, que tampoco se resuelvan en los lapsos establecidos; y en tercer lugar, también se produce el silencio en los casos de recursos administrativos no decididos en los lapsos prescritos. Veamos separadamente estos tres supuestos.

---

* Art. 83,1 Ley del Estatuto de la Función Pública.

2. El silencio administrativo en las solicitudes

A. El lapso de decisión

En los casos de solicitudes o peticiones administrativos, a los efectos de determinar el lapso para la decisión que impone la Ley a los funcionarios, deben distinguirse las solicitudes que no requieren sustanciación de aquéllas que sí requieren sustanciación.

En efecto, toda petición, representación o solicitud de naturaleza administrativa dirigida por los particulares a los órganos de la Administración Pública y que no requiera sustanciación, debe ser resuelta dentro del lapso de 20 días hábiles siguientes a su presentación ante la autoridad administrativa, o a la fecha posterior en que el interesado hubiera cumplido los requisitos legales exigidos, tal como lo prescribe el Artículo 5 de la Ley. Por tanto, en los casos de solicitudes que no requieren sustanciación, es decir, cuya decisión puede adoptarse con la sola solicitud del interesado sin el cumplimiento de trámites adicionales, la decisión debe ser adoptada por la autoridad administrativa en un lapso de 20 días hábiles.

En cuanto a las solicitudes que sí requieren sustanciación, conforme a lo que establece el Artículo 60 de la Ley, la tramitación y resolución de los expedientes no podrá exceder de cuatro meses, salvo que medien causas excepcionales, de cuya existencia deberá dejarse constancia en el expediente, con indicación de la prórroga que se acuerde, y dicha prórroga o prórrogas no pueden exceder en su conjunto, es decir, en total de dos meses. Por tanto, de acuerdo a esa norma, la decisión de los asuntos que sí requieren sustanciación tiene que ser tomada en un lapso máximo de seis meses, en caso de que se acuerden prórrogas.

B. Garantías contra la inacción

Transcurridos estos lapsos sin que las peticiones o solicitudes hayan sido decididas, de acuerdo al Artículo 4 de la Ley, se entiende que la autoridad administrativa ha resuelto negativamente y el interesado puede intentar el recurso inmediato siguiente. Por tanto, se prevén garantías frente al silencio, y las mismas implican que se puede intentar el recurso inmediato siguiente, pero dependiendo de la decisión negativa tácita que se presume dictada. En efecto, si esa decisión negativa tácita no pone fin a la vía administrativa, se entiende que de acuerdo al Artículo 4, queda abierta la posibilidad de que se intente el recurso administrativo correspondiente conforme a los Artículos 85 y siguientes de la Ley.

En consecuencia, en el caso de una solicitud o petición que no sea resuelta en el lapso prescrito y que dé origen a un acto administrativo tácito negativo, el particular puede intentar el recurso de reconsideración previsto en el Artículo 94, si el acto no pone fin a la vía administrativa. Pero si se trata de un acto que sí pone fin a la vía administrativa, el que resulte del silencio administrativo negativo, al particular se le abren dos vías de recurso: por supuesto, le queda abierta siempre la vía del recurso contencioso-administrativo de anulación por tratarse de un acto que pone fin a la vía administrativa, pero también podría intentar el recurso de reconsideración contra la decisión, por ejemplo, de un Ministro, antes de acudir a la vía contenciosa.

Ahora bien, en estos casos de silencio administrativo que produce un acto administrativo tácito denegatorio de lo solicitado, la garantía que se le abre al particular para ejercer los recursos de impugnación, es realmente relativa. ¿Qué motivos se van a alegar en el recurso de impugnación contra el acto tácito denegatorio, si precisamente no ha habido decisión motivada que pueda impugnarse? Precisamente por ello, hemos señalado que en estos casos, la garantía del particular consiste realmente en obligar a la Administración a que decida. Así, en realidad, el silencio administrativo en estos casos, lo que abre es la posibilidad para el interesado, de acudir a los órganos de la jurisdicción contencioso-administrativa, conforme a lo prescrito en los Artículos 42, Ordinal 23* y 182, ordinal 1° de la Ley Orgánica de la Corte Suprema de Justicia, para obtener una decisión judicial que obligue a los funcionarios públicos obligados, a decidir los asuntos que se les planteen. Estas normas atribuyen a los Tribunales contenciosos-administrativos competencias para "conocer de la abstención o negativa" de los funcionarios públicos "a cumplir determinados actos a que están obligados por las leyes, cuando sea procedente, en conformidad con ellas". Por tanto, al estar obligados a decidir, conforme a los Artículos 2 y 4 de la Ley Orgánica de Procedimientos Administrativos, el silencio en la resolución de las solicitudes abriría esta vía de protección judicial a los interesados. De lo contrario, la garantía que pretende establecer el Artículo 4 de la Ley de Procedimientos Administrativos, podría, en estos casos, resultar nugatoria.

3. El silencio en los procedimientos de oficio

A. El lapso de decisión

El segundo supuesto del silencio administrativo negativo previsto en la Ley, es el silencio en el caso de los procedimientos que se inician mediante una actuación de oficio de la Administración, En efecto, de acuerdo a lo previsto en el Artículo 48 de la Ley, el procedimiento administrativo puede iniciarse de oficio, y en este caso, la autoridad administrativa competente, puede optar por seguir un procedimiento mediante mecanismos de sustanciación que, según el Artículo 60 de la Ley, como se ha señalado, debe ser resuelto en un lapso de cuatro meses más dos de prórroga; o puede optar por desarrollar un procedimiento sumario regulado en el Artículo 67 de la Ley, en cuyo caso debe tomar una decisión en un lapso de 30 días hábiles.

En uno u otro caso, por tanto, vencido el lapso de seis meses o de 30 días, según los casos, se produce una decisión tácita denegatoria derivada del silencio administrativo.

B. Garantías contra la inacción

En estos casos podrían entrar a jugar las garantías de recursos contra esas decisiones que establece el Artículo 4 de la Ley, y en este caso, también deben distinguirse los dos supuestos antes mencionados.

---

* Ley Orgánica del Tribunal Supremo de Justicia *G.O.* N° 39.522, de 01-10-2010.

Si la decisión tácita negativa es la emanada de un inferior jerárquico y, por tanto, no pone fin a la vía administrativa, el recurso que se abriría contra esa decisión, es el recurso administrativo correspondiente a los efectos de agotar la vía administrativa. En cambio si, al contrario, la decisión tácita negativa es la emanada de un superior jerárquico cuya decisión normalmente pone fin a la vía administrativa, el recurso que se abriría contra esa decisión es o el recurso de reconsideración que prevé el Artículo 94 de la Ley o, siempre, el recurso contencioso-administrativo de anulación, de acuerdo a lo prescrito en el Artículo 4° de la Ley.

En este caso, sin embargo, se aplicaría lo indicado anteriormente, en el sentido de que la verdadera garantía de los derechos del particular habría que ubicarla en la posibilidad que tienen de obtener una decisión judicial que obligue a los funcionarios a decidir, conforme a lo establecido en los Artículos 42, Ordinal 23 y 181, Ordinal 19 de la Ley Orgánica de la Corte Suprema de Justicia.

Sin embargo, debe advertirse en todo caso, que en estos supuestos de procedimientos de oficio, el acto tácito denegatorio, tendría que lesionar los derechos o intereses de un interesado, para que pueda ser recurrido. Por ejemplo, en el caso de que un inmueble amenace ruina, si la Administración Municipal inicia el procedimiento correspondiente para determina si debe demolerse o no la edificación, y transcurre el lapso de decisión, el acto tácito denegatorio beneficiaría al propietario, pero podría perjudicar a los propietarios vecinos, que tendrían interés en que se ordene la demolición correspondiente.

4. El silencio en los recursos administrativos

Por último, debe hacerse mención al silencio administrativo en los recursos administrativos. En efecto, hemos señalado que la Ley Orgánica de la Corte Suprema de Justicia de 1976, había regulado el silencio administrativo sólo para el caso de que intentado un recurso administrativo, la Administración no lo hubiera decidido en un lapso de 90 días consecutivos contados a partir de la fecha de la imposición del mismo, en cuyo supuesto, de acuerdo al Artículo 134 de la Ley Orgánica de la Corte Suprema, quedaba abierto el recurso contencioso-administrativo de anulación en el lapso de seis meses, a partir del vencimiento de ese mencionado lapso de 90 días consecutivos de silencio. En estos casos, la Ley Orgánica de la Corte Suprema de Justicia, como se ha señalado, no regulaba un efecto negativo del silencio, es decir, no establecía que se presumía que existía una decisión tácita denegatoria del recurso, sino que pura y simplemente, permitía ejercer el recurso contra el acto que no causaba estado, es decir, el que había sido recurrido en vía administrativa, y cuyo recurso no había sido decidido.

La Ley Orgánica de Procedimientos Administrativos ha variado sustancialmente esta situación y en el caso de los recursos administrativos, ahora prevé, en el Artículo 49, que cuando la Administración no resolviere un recurso dentro de los lapsos correspondientes, se considerará que ha resuelto negativamente, y el interesado puede intentar el recurso inmediato siguiente. Tratándose de recursos administrativos que ponen fin a la vía administrativa, de acuerdo al Artículo 93, la vía de recurso que queda abierta es la contencioso-administrativa, cuando aquellos recursos administrativos no hayan sido decididos en los plazos correspondientes.

La aplicación del silencio administrativo a los recursos administrativos, sin embargo, varía según que se trate de un recurso de reconsideración, de un recurso jerárquico o un recurso de revisión, ya que se establece en la Ley regulaciones distintas para estos casos. Veamos separadamente estos supuestos.

A. El silencio administrativo en el recurso de reconsideración

a. *Los lapsos de decisión*

El silencio administrativo en los recursos de reconsideración por supuesto, se produce al vencimiento de los lapsos que tiene la Administración para decidir. Ahora bien, la Ley Orgánica de Procedimientos Administrativos puede decirse que no establece un lapso único dentro del cual deban ser decididos todos los recursos de reconsideración, sino que establece diversos lapsos según el nivel ante el cual se intente el recurso y deba ser decidido.

En efecto, si se trata de un acto administrativo que no pone fin a la vía administrativa, es decir, de un acto dictado por un funcionario inferior en la jerarquía ministerial, por ejemplo, de acuerdo al Artículo 94 de la Ley, la decisión debe ser adoptada en un lapso de 15 días hábiles siguientes al recibo del expediente. En cambio, si la decisión ha sido dictada por un Ministro y es contra esta decisión del Ministro que se pide la reconsideración de acuerdo al Artículo 91 de la Ley Orgánica de Procedimientos Administrativos, el recurso debe ser resuelto en el lapso de 90 días hábiles siguientes a su presentación.

Podría darse un tercer supuesto que lamentablemente no regula en forma expresa la Ley; se trata del caso de que la decisión contra la cual se ejerce el recurso de reconsideración, sea una decisión que ponga fin a la vía administrativa, pero a un nivel inferior al de un Ministro; es decir, que se trate de una decisión, por ejemplo, de un Director respecto de la cual la Ley directamente señale que pone fin a la vía administrativa y que, por tanto, no es recurrible para ante el Ministro. El caso, por ejemplo, del Director de Inquilinato del Ministerio de Fomento, cuyas decisiones no son recurribles ante el Ministro, o de las decisiones del Administrador General del Impuesto sobre la Renta, cuyas decisiones tampoco son recurribles ante el Ministerio de Hacienda. En estos casos, se trata de decisiones administrativas que ponen fin a la vía administrativa, pues no son recurribles ante el superior; pero que causan estado a nivel inferior y no a nivel del Ministro. Para estos supuestos, la Ley no establece lapso preciso de decisión del recurso de reconsideración que se intente contra esas decisiones, por lo que tiene, que aplicarse, por vía analógica, el lapso más beneficioso para el recurrente, el cual sería el lapso de 15 días hábiles que prevé el Artículo 94 de la Ley.

b. *Garantías contra la inacción*

En estos tres supuestos, al vencimiento de los lapsos, se abre la posibilidad de que el particular, cuyo recurso de reconsideración no haya sido decidido, intente el recurso inmediato siguiente conforme al Artículo 49 de la Ley. Por tanto, la garantía contra el silencio negativo, es la posibilidad de intentar el recurso subsiguiente.

Sin embargo, este recurso subsiguiente también variará según el nivel en el cual se dictó el acto cuya reconsideración se pidió. En efecto, si se trata de un acto administrativo de una autoridad que no pone fin a la vía administrativa, contra el cual se pidió reconsideración, si aquélla no lo decide en el lapso de 15 días hábiles previsto en el Artículo 94, lo que queda abierto es el recurso jerárquico que establece el Artículo 95 de la Ley, para ante el Ministro, contra la negativa tácita del recurso de reconsideración derivada del silencio. En ese caso, el silencio administrativo durante el lapso de 15 días hábiles, le da derecho al recurrente a acudir directamente ante el Ministro durante los 15 días hábiles siguientes a la finalización del lapso de silencio, para intentar el recurso jerárquico. Por el contrario, si se trata de un acto administrativo que pone fin a la vía administrativa, sea porque esto sucede a nivel del Ministro, o en un nivel inferior, el recurso queda abierto contra el acto, es el recurso contencioso-administrativo de anulación, tal como se prevé en el Artículo 93 de la Ley.

Por supuesto, en estos casos, de acuerdo al Artículo 92 de la Ley, se establece expresamente, que si se ha interpuesto el recurso de reconsideración, el interesado tiene que esperar o que la Administración recurrida por vía de reconsideración decida expresamente el recurso, o que se venza el plazo que tiene la Administración para decidir, para poder acudir a la vía contencioso-administrativa. Si el lapso no se ha vencido o no se ha producido decisión en ese período, no puede acudirse a la vía contenciosa.

La garantía se da, insistimos, sólo cuando vencido el lapso para la decisión del recurso de reconsideración que pone fin a la vía administrativa, el interesado no ha obtenido respuesta y puede entonces recurrir contra el acto administrativo denegatorio tácito de que se trate. Los motivos de impugnación, por supuesto, serán los mismos que sirvieron de fundamento al recurso administrativo, siempre que sean motivos de ilegalidad.

B. El silencio administrativo en el recurso jerárquico

a. *El lapso de decisión*

En el supuesto del recurso jerárquico, la Ley establece, con carácter general, el lapso durante el cual debe decidirse el recurso. En efecto, el Artículo 91 de la Ley prescribe que el recurso jerárquico, el cual siempre debe intentarse ante el Ministro respectivo, o ante el órgano superior del Instituto Autónomo u organismo respectivo, deberá ser decidido en un lapso de 90 días hábiles siguientes a su presentación.

Por tanto, vencido este lapso de 90 días hábiles, sin que haya habido la decisión expresa del Ministro o superior jerárquico respectivo, respecto al recurso jerárquico, se estima que queda abierta la vía contencioso-administrativa de la que habla el Artículo 93 de la Ley, con la advertencia, por supuesto, de que es necesario que se venza el lapso sin que la Administración decida, para que opere la garantía del silencio de acuerdo al Artículo 92 de la Ley.

Por otra parte, debe señalarse que la Ley Orgánica, en este caso, al regular un lapso de 90 días para decidir y para que se opere el silencio administrativo, y que conforme a lo previsto en el Artículo 42 de la Ley, deben ser días hábiles, difiere del lapso que se había establecido en el Artículo 134 de la Ley Orgánica de la Corte Suprema de Justicia, en cuyo caso, a pesar de que también se trataba de un lapso de 90 días, esos días eran consecutivos. Puede decirse, por tanto, que el Artículo 134 de la Ley Orgánica de la Corte Suprema de Justicia ha quedado derogado, lo cual se corrobora por las diferencias que hay entre los Artículos 91 y 4 de la Ley Orgánica de Procedimientos Administrativos y el Artículo 134 de la Ley Orgánica de la Corte Suprema de Justicia. En este último, la

Ley Orgánica de la Corte Suprema de Justicia no estableció que hubiera un acto administrativo denegatorio tácito, sino simplemente, abría una vía de protección contra el acto administrativo que había sido recurrido en vía administrativa, cuando el recurso no era decidido oportunamente. En cambio, la Ley Orgánica de Procedimientos Administrativos, como hemos señalado, sí establece que se produce un acto administrativo tácito como consecuencia del silencio administrativo, que la Ley regula con efectos negativos. La discrepancia entre esas normas, en todo caso, deberá ser resuelta por la jurisprudencia.

b. *Garantías contra la inacción*

En todo caso, el vencimiento del lapso de los 90 días hábiles de que habla el Artículo 91 de la Ley, abre la garantía de recurso que prevén los Artículos 93 y 3 de la Ley Orgánica de Procedimientos Administrativos. En este caso, también debería distinguirse el tipo de recurso administrativo jerárquico intentado y sus efectos. Ciertamente, podría tratarse de un recurso administrativo jerárquico intentado, en el caso de decisiones de los Institutos Autónomos, o puede tratarse de un recurso jerárquico intentado dentro de una jerarquía ministerial.

En el caso de los recursos jerárquicos intentados contra las decisiones de Institutos Autónomos, tal como lo regula el Artículo 96 de la Ley, el recurso puede ser intentado, contra las decisiones de los órganos subalternos de un Instituto Autónomo, para ante los órganos superiores de los mismos. Analógicamente, en cuanto al lapso de decisión, se aplica el Artículo 91 de la Ley y, por tanto, el lapso que tiene el órgano superior del Instituto para decidir, es de 90 días hábiles. Si vencido este lapso el superior del Instituto Autónomo no decide el recurso, no se agota la vía administrativa, es decir, no se abre la vía contencioso-administrativa, porque de acuerdo al Artículo 96 las decisiones de los órganos superiores de los Institutos Autónomos, son recurribles, por vía jerárquica, ante el Ministro de adscripción respectivo, salvo disposición en contrario de la Ley. Por tanto, el silencio administrativo en los recursos intentados contra actos de los órganos subalternos de un Instituto Autónomo ante los superiores del organismo, lo que abre es la vía de un nuevo recurso jerárquico, pero contra la decisión tácita negativa del órgano superior del Instituto Autónomo para ante el Ministro de adscripción respectivo, de acuerdo al Artículo 96 de la Ley.

En cambio, si se trata de un recurso jerárquico intentado dentro de una jerarquía ministerial ante el Ministro, directamente, contra el acto de un órgano inferior de un Ministerio, y por tanto, si se trata de un recurso jerárquico que sí pone fin a la vía administrativa, lo que queda abierto directamente es el recurso contencioso-administrativo de acuerdo a lo previsto en los Artículos 4 y 93 de la Ley.

Debe señalarse que estas mismas normas se aplican para los casos de recursos jerárquicos interpuesto para ante las autoridades superiores de los órganos de la Administración Pública con autonomía funcional (Contraloría General de la República, Fiscalía General de la República, Consejo de la Judicatura, Consejo Supremo Electoral, Comisión Investigadora Contra el Enriquecimiento Ilícito), y contra ciertos órganos de la Administración Central independientes de los Ministerios (Procuraduría General de la República, Oficinas Centrales de la Presidencia de la República).

En todo caso, intentando el recurso jerárquico, es sólo después que se vence el lapso que tenga la Administración para decidir, es decir, los 90 días hábiles de que habla el Artículo 91, cuando se abre esta vía de protección del recurso contencioso contra la decisión administrativa tácita, tal como lo prescribe el Artículo 92 de la Ley.

C. El silencio administrativo en el caso del recurso de revisión

Por último, en el caso del recurso de revisión, éste tiene que ser decidido, de acuerdo al Artículo 99 de la Ley, en un lapso de 30 días hábiles siguientes a su presentación. Vencido este lapso de acuerdo a lo que se señala en los Artículos 4 y 93 de la Ley Orgánica de Procedimientos Administrativos, procede el recurso contencioso-administrativo de anulación contra la decisión administrativa tácita que se produzca por el silencio, ya que el recurso de revisión se intenta ante el Ministro.

Por supuesto, este mismo recurso de revisión puede intentarse ante los órganos superiores de los organismos de la Administración Pública que gozan de autonomía funcional y ante los órganos superiores de los organismos de la Administración Central, independientes de los Ministerios. En los casos de los Institutos Autónomos, dado el control jerárquico último que se atribuye a los Ministros de Adscripción, en principio, el recurso de revisión debe intentarse para ante el Ministro respectivo. En todos estos casos, las normas de los artículos 97 a 99 de la Ley Orgánica se deben aplicar analógicamente.

Sección Tercera: EL PROCEDIMIENTO ADMINISTRATIVO

La Ley Orgánica de Procedimientos Administrativos, por primera vez regula, en Venezuela, con carácter general, el procedimiento constitutivo de los actos administrativos, es decir, el procedimiento conforme al cual la Administración debe formar su voluntad y concluir manifestándola a través de un decisión concreta, de un acto administrativo. Antes de esta Ley puede decirse que no había en nuestro país, procedimiento administrativo establecido legalmente con carácter general. Múltiples leyes especiales, preveían procedimientos específicos, así como muchos reglamentos regulaban aspectos concretos del procedimiento, pero no había un cuerpo legal que regulara, en forma general, el procedimiento, como lo hace esta Ley Orgánica.

Venezuela se incorpora, así, a una tendencia que se observa en el Derecho Comparado de los países más avanzados en el campo del Derecho Administrativo, de regular orgánicamente el procedimiento administrativo. Para ello, los proyectistas se inspiraron en la Ley Española de Procedimientos Administrativos que tenía una larga tradición.

Antes de la vigencia de esta Ley Orgánica, el procedimiento administrativo en nuestro país estaba básicamente fundado en principios generales del derecho. La Ley Orgánica, ahora, en gran parte, positiviza esos principios generales, dándoles fuerza de Derecho Positivo escrito, con lo cual aquellos principios, ahora tienen un carácter mucho más vinculante para la Administración, que lo que sucedía anteriormente.

En ausencia de una Ley general como la Ley Orgánica de Procedimientos Administrativos, la situación anterior era la de una absoluta discrecionalidad del funcionario, para establecer el procedimiento, cuando no había un reglamento o ley especial que lo estableciera, y esta potestad había sido reconocida por la Corte Suprema de Justicia en jurisprudencia, al precisar que en ausencia de una ley especial que estableciera formas precisas de procedimiento, la Administración tenía discrecionalidad para determinar cuál podía ser la mejor forma de conducir el procedimiento administrativo hasta producir un acto administrativo. Esta discrecionalidad, llevó a la Corte a establecer, a través de varias sentencias, algunos mecanismos correctivos, y así, por ejemplo, una Je las normas que siempre formuló, fue la de considerar que el procedimiento civil era supletorio para el procedimiento administrativo, ordenando aplicar, en algunos casos, el Código de Procedimiento Civil que rige el procedimiento ante los tribunales ordinarios, en forma supletoria, al procedimiento administrativo, lo cual por supuesto era muy difícil. En algunos casos era posible: por ejemplo, en los supuestos de recurso jerárquico, en ausencia de un lapso específico, la Corte estimaba que debía aplicarse el lapso de cinco días para las apelaciones de sentencias que establece el Código de Procedimiento Civil.

Pero aparte de estos casos concretos de aplicación supletoria, sin duda, el formalismo excesivo del Código de Procedimiento Civil no podía llevarse a la Administración, por lo que la jurisprudencia contencioso-administrativa sostenía que en el procedimiento administrativo no podía existir la misma técnica formalista que en el proceso civil, con lo cual la aplicación supletoria del Código de Procedimiento Civil se hacía complicada.

En ausencia de esa ley general, leyes especiales para procedimientos muy precisos comenzaron a establecer normas relativas al procedimiento administrativo y en ausencia de regulaciones legales, los reglamentos también empezaron a regular procedimientos. Uno de ellos, y que debe ser citado cómo ejemplo, fue el Reglamento de la Ley de Regulación de Alquileres, que previo un conjunto de normas, lapsos, recursos, y en fin procedimientos, bastante detallados, y quizás en el momento en el cual se dictó, podría considerarse como el cuerpo normativo más completo que establecía las modalidades del procedimiento administrativo que debía seguirse ante el Ministerio de Fomento con motivo de las solicitudes y recursos en materia de regulación de alquileres.

Todo ese panorama disperso ha sido cambiado por la Ley Orgánica de Procedimientos Administrativos, y ahora encontramos una situación que, en principio es la contraria: una Ley que establece, con carácter general, y con el rango de orgánica, unos procedimientos que deben ser seguidos por la Administración Pública Central y descentralizada, y que debería ser de aplicación general.

Sin embargo, hemos señalado, al comentar el ámbito sustantivo de aplicación de la Ley, que conforme se establece en el Artículo 47 de la Ley Orgánica, los procedimientos administrativos contenidos en leyes especiales, se aplican con preferencia al procedimiento ordinario previsto en la Ley, en las materias que constituyan la especialidad.

Esta norma, en efecto, hasta cierto punto, limita al ámbito de aplicación de la Ley, pues ella, al establecer un procedimiento ordinario, prescribe que frente a este procedimiento ordinario y común puede haber procedimientos especiales, regulados en leyes especiales, que deben aplicarse con preferencia al general de la Ley. Sin embargo, se aclara, esta aplicación preferente se produce sólo en las materias que constituyan la especialidad; es decir, no basta simplemente que una ley especial prevea un procedimiento para considerar que ese procedimiento se aplica con preferencia al de la Ley Orgánica, sino que sólo hay preferencia de aplicación, cuando exista un aspecto que constituya una especialidad. Además, la aplicación preferente sólo concierne al procedimiento ordinario constitutivo del acto administrativo, que es el que regula el Capítulo I, del Título III en el cual está ubicado el Artículo 47.

Ahora bien, en relación al procedimiento regulado en la Ley, interesa aquí comentar las normas que lo regulan, lo cual haremos dividendo la exposición en cinco partes: en primer lugar, estudiando los principios generales del procedimiento; en segundo lugar, estudiando los elementos inquisitivos del procedimiento; en tercer lugar, analizando el elemento subjetivo en el procedimiento, es decir, cuáles son los sujetos de derecho que intervienen y que pueden intervenir en el procedimiento; en cuarto lugar, comentando los tipos de procedimientos que prevé la Ley; y por último, en quinto lugar, haciendo especial mención a las pruebas en el procedimiento administrativo.

En general, sobre el procedimiento administrativo, véase Eloy Lares Martínez, *Manual de Derecho Administrativo*, Caracas 1978, p. 619 y ss.; Hildegard Rondón de Sansó, *El Procedimiento Administrativo*, Caracas 1976, pp. 95 y ss.; Hildegard Rondón de Sansó, "Estudio Preliminar" en *Ley Orgánica de Procedimientos Administrativos*, EJV, Caracas 1981, p. 40 y ss.

En cuanto a la jurisprudencia véase en Allan R. Brewer-Carías, *Jurisprudencia de la Corte Suprema 1930-1974 y Estudios de Derecho Administrativo,* T. III, Vol. I, Caracas 1976, p. 139 y ss.; y en Mary Ramos Fernández, "Jurisprudencia Administrativa y Constitucional" en *Revista de Derecho Público*, N° 3, Caracas 1980, p. 119; y en N° 5, Caracas 1981, p. 110.

Véase además, en la doctrina administrativa, *Doctrina de la Procuraduría General de la República 1964*, Caracas 1965, pp. 190-191; *ídem* 1966, Caracas 1967, p. 231, *ibídem* 1973, Caracas 1974, p. 104.

I. PRINCIPIOS GENERALES DEL PROCEDIMIENTO ADMINISTRATIVO

Véase Hildegard Rondón de Sansó, "Estudio Preliminar" en *Ley Orgánica de Procedimientos Administrativos*, EJV, Caracas 1981, pp. 46 y ss.; y Gustavo Urdaneta, "Guía de Lectura", en *idem*. p. 79 y ss.

Conforme al Artículo 30 de la Ley Orgánica, la actividad administrativa debe desarrollarse con arreglo a "principios de economía, eficacia, celeridad e imparcialidad", principios que, sin duda, se erigen también en principios generales del procedimiento administrativo, y que estudiaremos a continuación. A dichos principios deben agregarse, sin embargo, otros que se derivan de toda la Ley Orgánica, y son el principio del formalismo y el principio inquisitivo.

1. Principio de formalismo

Hemos señalado anteriormente, que con precedencia a la vigencia de la Ley Orgánica, la jurisprudencia había estimado que no se podía aplicar, a la Administración Pública, el excesivo formalismo del Código de Procedimiento Civil, por lo que en ausencia de una normativa general, el procedimiento administrativo tenía cierta flexibilidad. Sin embargo, al dictarse la Ley Orgánica, al contrario, el primer principio que la informa es el principio de la formalidad, por lo que no será el arbitrio del funcionario el que va a determinar cómo debe seguirse un procedimiento, sino que es la Ley la que, como vamos a ver más adelante, prescribe una serie de formas, lapsos y trámites, que deben cumplirse como requisitos para que el acto administrativo sea válido. Por tanto, el primer principio del procedimiento administrativo es el de la formalidad, que encontramos definido en el Artículo 1° de la Ley Orgánica, cuando prescribe que: aquellos órganos a los cuales se aplica, deberán ajustar su actuación a las formalidades legales, o como dice el texto, "ajustarán su actividad" a las prescripciones de la Ley, lo cual se configura como una obligación legal de ajustar la actividad a las formas que prevé la Ley.

Por otra parte, este principio del formalismo se deduce también del Artículo 19, ordinal 4, cuando sanciona con el vicio de nulidad absoluta, aquellos actos dictados con prescindencia total y absoluta del procedimiento legalmente establecido. Por tanto, si hay un procedimiento legalmente establecido, la Administración debe cumplirlo y está obligada a ajustarse a él; si actúa con prescindencia total y absoluta del procedimiento, el acto dictado es nulo de nulidad absoluta, por lo que, no puede producir efectos jurídicos y puede ser revocado en cualquier momento. Si no se trata de una prescindencia absoluta y total del procedimiento, sino de una violación de alguna de las formas del mismo, no habría nulidad absoluta, sino sólo una nulidad relativa o anulabilidad, tal como lo define el Artículo 20 de la Ley, que podría dar origen a que los actos dictados puedan ser eventualmente impugnados o atacados por los particulares.

En todo caso, estos vicios son consecuencia de esta formalidad, como primer principio del procedimiento.

El formalismo, está regulado en otras normas en forma indirecta. Por ejemplo, no sólo la Administración debe ajustarse al procedimiento como una fórmula general del Artículo 19, sino que la Ley obliga a los funcionarios respectivos, a cumplir y tramitar los asuntos cuyo conocimiento les corresponde, y deben hacerlo sin retardar los procedimientos, sin omitir formas, sin distorsionar los procedimientos y sin incumplir fases del mismo. Esto se deriva del Artículo 3 de la Ley, conforme al cual los funcionarios al servicio de la Administración están obligados a tramitar los asuntos cuyo conocimiento les corresponde, y como toda obligación implica responsabilidad, son responsables por las faltas en que incurran. Así, la violación de una forma prescrita, origina responsabilidad del funcionario y el derecho del particular a reclamar contra la violación de las formas ante el superior. Por ello la Ley consagra, en ese mismo Artículo 3, un recurso de reclamo dándole al particular la posibilidad de reclamar ante el superior jerárquico por el retardo, omisión, distorsión, o por el incumplimiento de cualquier procedimiento, trámite o plazo en que incurran los funcionarios responsables del asunto.

Por tanto, el formalismo conlleva la obligación de la Administración y de los funcionarios de ajustarse a las formas originando su violación la responsabilidad del funcionario, por una parte, y, por la otra, el derecho del particular a reclamar contra las mismas en vía administrativa. Esta regulación, que parece elemental, no existía con anterioridad a la Ley Orgánica. Hasta ahora, los funcionarios incumplían normas de procedimiento y el particular no tenía ninguna vía de reclamo, formalmente regulada, como ésta que prescribe un procedimiento específico para poder reclamar ante el superior y quejarse de lo que está haciendo el funcionario inferior.

Por otra parte, la responsabilidad derivada del incumplimiento de las formas que está en el Artículo 3, se conecta con el Artículo 100 de la Ley, que establece las sanciones que deben imponerse a los funcionarios por retardo, omisión, distorsión o incumplimiento de cualquier disposición, procedimiento, trámite o plazo establecido en la Ley; y decimos que deben ser impuestas, y no sólo pueden, porque la Ley establece la obligación del superior jerárquico de iniciar el procedimiento sancionatorio. Por tanto, no es potestativo del funcionario superior, el sancionar o no al inferior que ha incurrido en retardo u omisión del procedimiento y que ha sido denunciado y comprobado, sino que es obligatorio, por lo que el Artículo 103*, inclusive, declara que incurre en falta grave que debe ser castigada de acuerdo a la Ley de Carrera Administrativa, el funcionario superior que no inicie el procedimiento para la aplicación de sanciones al inferior.

Hemos señalado que las formas prescritas en la Ley son obligatorias tanto respecto a la Administración como respecto a los funcionarios, como lo establecen los Artículos 1° y 3°. Pero, esta obligatoriedad de las formas, también se extienden a los particulares, especialmente en materia de lapsos. El Artículo 41 de la Ley, en efecto, señala que los términos o plazos que establece, así como los establecidos en otras leyes relativas a procedimientos administrativos, obligan por igual tanto a las autoridades y funcionarios competentes para el despacho de los asuntos, como a los particulares interesados en los mismos.

Para hacer que estos lapsos y plazos, sean efectivamente imperativos, la Ley en el Artículo 42 establece la forma como deben contarse en el procedimiento administrativo, recogiendo el sentido general de una de las regulaciones del Código de Procedimiento Civil, pero adaptado a la Administración Pública y su funcionamiento. Se establece así, por ejemplo, que en los términos y plazos que vengan establecidos por días, se computarán exclusivamente los hábiles, y se contarán siempre a partir del día siguiente a aquél en que tenga lugar la notificación o publicación del acto, es decir, a partir del momento en que comienza a surtir efectos.

2. Principios de la economía procesal

Además del principio del formalismo, otro principio general del procedimiento administrativo previsto en la Ley Orgánica, es el principio de la economía procesal.

En efecto, puede considerarse, en general, que los procedimientos se establecen para resolver los asuntos, y no para dilatarlos. Lamentablemente, la distorsión que ha sufrido el procedimiento civil manipulado por abogados y jueces inescrupulosos, ha llevado a considerar al procedimiento civil como un instrumento de dilación y no como un instrumento de solución de problemas. Por eso tenemos una justicia eterna, de larga duración, comandada, a veces, por jueces que olvidan que su misión fundamental es decidir en el fondo de los asuntos, y que consideran, al contrario, que el procedimiento civil sirve para no decidir. Lamentablemente esto ocurre con frecuencia en el procedimiento civil, quedando de lado el principio de la economía procesal, que exige, al contrario, decisiones en el tiempo más corto posible.

La Ley Orgánica de Procedimientos Administrativos, puede decirse que, afortunadamente, está imbuida por el principio de la economía procesal, es decir, por la necesidad de que se decida administrativamente con celeridad y economizando lapsos. Por tanto, si la Ley prescribe formas, es para que se manifieste adecuadamente la voluntad de la Administración, es decir, para que se dicte un acto y no para dilatar las decisiones.

Este principio de la economía procesal, en primer lugar, está formulado con carácter general en el Artículo 30 que prescribe que la actividad administrativa se debe desarrollar con arreglo a los principios de economía, eficacia, celeridad e imparcialidad. Ahora

---

* Art. 89,9 Ley del Estatuto de la Función Pública.

bien, este principio de la economía procesal, además, se encuentra formulado y ratificado en diversas normas de la Ley Orgánica. Entre ellas, deben destacarse todas aquellas que prevén la necesidad de que los funcionarios públicos adviertan oportunamente y de una sola vez, a los particulares, las fallas o deficiencias que observaren en sus solicitudes o peticiones, a los efectos de que aquéllas sean subsanadas. Estas normas, sin duda, contribuirán a agilizar los procedimientos administrativos, es decir, a economizar el proceso y a eliminar la práctica tradicional de nuestro procedimiento administrativo, que consistía en el sistema de advertir las fallas o deficiencias por "cuentagotas", parcialmente, en cada trámite, haciendo interminable el proceso. Esto tiende a ser evitado por la Ley Orgánica de Procedimientos Administrativos a través de varias normas que imponen al funcionario cuando recibe, por primera vez, la solicitud o el escrito, de advertirle al particular las fallas u omisiones para que las corrija. Por ejemplo, en el Artículo 5 la Ley establece, que en aquellos casos de peticiones que no requieren sustanciación, sino que se deban resolver con la presentación pura y simple de la petición en un lapso de 20 días hábiles, que la Administración debe informar al interesado por escrito y dentro de los 5 días hábiles siguientes a la fecha de la presentación de la solicitud, de las omisiones o incumplimiento por éste de algún requisito. Por tanto, obligatoriamente debe advertirse de esas fallas al inicio del procedimiento, para que el particular las subsane de manera que pueda ser resuelta la solicitud.

El principio, por otra parte, está establecido con carácter general en el Artículo 45 de la Ley cuando regula la recepción de documentos. Esta Ley, como hemos señalado, va a implicar un cambio de actitud administrativa frente al particular en materia de recepción de documentos. Ya las tradicionales receptorías de correspondencia de la Administración, deberán ser transformadas, pues ahora no bastará que las dirija un funcionario que apenas sabe leer y escribir y que se limitan a colocar un sello de recibo en las solicitudes. Ahora, conforme lo exige en el Artículo 45 de la Ley, los funcionarios que reciban la documentación, en el registro respectivo, deben advertir a los interesados de las omisiones y de las irregularidades que observen en las solicitudes, y sin poder negarse a recibirlas, por lo que también están obligados a recibir las peticiones a pesar de que falte cumplir alguna formalidad. Por tanto, el funcionario de registro tiene que ser ahora un funcionario de cierto nivel que conozca de los asuntos administrativos del organismo y que con su conocimiento, contribuya a que no se produzcan dilaciones derivadas de las fallas en las solicitudes.

Pero aun en el caso de que recibida una solicitud, no se tenga toda la información requerida, el Artículo 50 de la Ley establece en los procedimientos que sí requieren sustanciación, que cuando en el escrito faltare cualquiera de los requisitos exigidos en el Artículo 49 de la Ley, la autoridad que deba iniciar las actuaciones debe notificar al solicitante o presentante, comunicándole cuáles son las omisiones y faltas observadas, para que las subsane y las corrija en un lapso de 15 días hábiles. Si el interesado presentare oportunamente el escrito o solicitud con las correcciones exigidas, y ésta fuere de nuevo objetada por la Administración debido a nuevos errores u omisiones, el solicitante, dispone ese mismo Artículo, puede ejercer el recurso jerárquico contra la segunda decisión o bies corregir nuevamente sus documentos conforme a las indicaciones del funcionario. Por tanto, la Ley Orgánica prevé así mecanismos de defensa del particular, cuando estime que lo que se le está pidiendo no es lo legalmente exigible y que está destinado a que haya una dilación en el procedimiento, que se busca a través de la devolución o de la exigencia del cumplimiento de nuevos requisitos.

El principio de la economía procesal también está regulado al permitirse el envío de documentos a la Administración mediante el correo. Por ejemplo, con una Administración centralizada como la venezolana, muchas veces el administrado vive lejos de la oficina administrativa en la cual debe interponerse un escrito o recurso. Para evitar perjuicios derivados del incumplimiento de lapsos, la Ley, también, por razones de economía procesal, establece que puede utilizarse el correo para el envío o la presentación de documentos. Por tanto, en beneficio del particular, establece el Artículo 45, que se entiende que los administrados actúan en tiempo hábil cuando los documentos correspondientes fueren remitidos por correo al órgano competente, con anterioridad al vencimiento de los lapsos, y por supuesto, siempre que quede constancia de la fecha de remisión en el correo. Claro está, esto va a exigir, también, un cambio en el correo, que la misma Ley establece: el Ministerio de Transporte y Comunicaciones debe dictar un Reglamento pertinente para estos casos de recepción o presentación de documentos, lo cual ya ha hecho mediante Resolución N° 1304 de 30-12-81 (*G.O.* N° 32.385 de 4-1-82).

3. Principio de la eficacia

Sobre la reforma administrativa véase Allan R. Brewer-Carías, *Estudios sobre la Reforma Administrativa*, Caracas 1980; y el Informe sobre la Reforma de la Administración Pública Nacional, Comisión de Administración Pública, 2 Tomos, Caracas 1972.

Otro principio del procedimiento de los que define el Artículo 30 de la Ley, es el principio de la eficacia, que impone a la Administración el deber de actuar eficazmente en el procedimiento, y la eficacia tiene que ver con la productividad y con la racionalidad administrativa. La Ley establece, así, una serie de normas que conducen o deben conducir a la racionalidad administrativa para que haya una actuación clara de la Administración, y un procedimiento claramente establecido, y para que el particular sepa a qué atenerse frente a la Administración.

En efecto, muchas veces, la ineficacia administrativa se deriva de la falta de información existente, tanto del funcionario como del particular. La gran mayoría de las veces, el particular no sabe realmente qué es lo que tiene que hacer ante la Administración, y posiblemente, pierde, tiempo, tanto él como la Administración en esta ignorancia, hasta determinar qué es lo que hay que hacer y qué trámites hay que cumplir para lograr que se tome una decisión administrativa. La Ley, con base a este principio de la eficacia, tiende a establecer una serie de principios de actuación administrativa para hacer más eficaz la actuación administrativa, que podemos sub-dividir en los siguientes principios: principio de la uniformidad; principio de la racionalidad; principio de la información; principio de la unidad; y principio de la certeza.

A. La Uniformidad

En primer lugar, el Artículo 32 establece el principio de la uniformidad de los documentos y expedientes administrados, de manera que cada serie o tipo de documentos y procedimientos obedezca a iguales características. Esta uniformidad documental va a provocar, sin duda, una uniformidad de la acción administrativa.

Tradicionalmente, esta uniformidad no ha existido, y los diversos formularios y listas de requisitos en la Administración, ya configuran un museo viviente de formas y formalidades, distintas en cada caso, cuyo conocimiento se hace difícil por los administrados, y entorpece la marcha del procedimiento. La uniformidad contribuirá, por ello, a la eficacia: los particulares sabrán qué hacer y a qué atenerse en cada caso, y los funcionarios no tendrán que perder innumerables horas subsanando fallas e informando de ellas a los administrados.

B. La Racionalidad

Por otra parte, derivado del principio de la eficacia, el mismo Artículo 32 de la Ley define un principio de racionalidad, al exigir que la Administración racionalice sus sistemas y métodos de trabajo y vigile el cumplimiento de los mismos. La Administración, así, debe adoptar medidas y procedimientos más idóneos, siendo ésta una de las exigencias fundamentales de la reforma y de la eficacia de la Administración, para simplificar los procedimientos y métodos de trabajo.

Lamentablemente, la racionalidad no ha sido un signo característico de nuestra Administración. Muchas veces, actuaciones elementales y relativamente simples, han sido muy complicadas, como matricular un vehículo u obtener la licencia de conducir. Lo engorroso de los procedimientos, trámites y requisitos provocó precisamente en el área del tránsito terrestre, por lo absurdo y lento de los trámites, la aparición de gestores, es decir, de intermediarios entre Administración y administrado, para la realización de la tramitación. El gestor, por definición, es signo de ineficacia e irracionalidad administrativa, pues aquél aparece cuando el procedimiento es complicado, engorroso e ineficaz. Ahora, a veces, en lugar de eliminar los gestores simplificando los procedimientos, los hemos regularizado y se ha establecido, por ejemplo, en el Ministerio de Transporte y Comunicaciones, que el gestor tiene que obtener una licencia de gestoría. Así, en lugar de racionalizar el procedimiento, se ha legalizado la actuación del gestor, y ello posiblemente conducirá al absurdo de que si el particular va personalmente a la taquilla respectiva, posiblemente le van a exigir su licencia de gestor, para poder hacer el trámite, lo que tornará aún más irracional el procedimiento. En todo caso, la Ley tiende a evitar estos elementos de irracionalidad, al establecer la necesidad de que se racionalicen sistemas y métodos, lo que va a exigir, sin duda, una reforma administrativa funcional, que aún no se ha hecho.

C. La Información

Otro aspecto del principio de la eficacia, es que la Administración, conforme a la Ley Orgánica, está obligada a informar a los particulares, adecuadamente, qué es lo que deben saber para que pueda ser eficaz la actividad administrativa y la solicitud ante la Administración. Así, el Artículo 33 de la Ley impone, como obligación a las entidades públicas sometidas a la Ley, que deben preparar y publicar en *Gaceta Oficial de la República*, reglamentos e instrucciones referentes a la estructura, funciones, comunicaciones y jerarquía de las dependencias. Asimismo, en las dependencias que estén al servicio del público, debe informarse al público por medios adecuados, sobre los fines, competencias y funcionamiento de los distintos órganos y servicios. Con ello se busca que el particular sepa qué es lo que realmente debe hacer, para evitar perder tiempo averiguando ante quién es que tiene que dirigirse, qué debe llevar y qué es lo que debe hacer. Si este elemento de información se logra en el futuro, constituirá una revolución administrativa el hecho de que el administrado llegue a una oficina y se encuentre una serie de instructivos que prescriban qué se necesita para cada trámite y procedimiento, y que, además, el particular sea advertido, desde el inicio, como hemos visto, de las omisiones. Puede decirse que ese cuadro ideal es, precisamente, lo que persigue la Ley con estos principios de '^ eficacia, y será la aplicación sucesiva de la Ley lo que obligará y forzará a la Administración a adaptarse a ellos.

D. La Unidad

Otro principio de la eficacia administrativa es el principio de la unidad, sobre todo en la tramitación administrativa y en la integridad o unidad física del expediente administrativo que se lleve en la Administración.

Este principio está regulado en los Artículos 31 y 51 de la Ley. En efecto, el Artículo 31 exige, en primer lugar, que de todo asunto que se lleve ante la Administración debe formarse un expediente, y que ese expediente debe mantener una unidad, que afecta tanto a los asuntos que van a tramitarse de acuerdo al procedimiento, como de la decisión que va a adoptarse al final de este procedimiento; y esa unidad debe siempre caracterizar el expediente, aun cuando en el asunto que se tramite ante la Administración intervengan varios organismos, oficinas públicas, ministerios o institutos autónomos.

Este principio regulado en el Artículo 31, se conecta con el principio establecido en el Artículo 51, que exige que, iniciado un procedimiento, cualquiera que éste sea, debe procederse a abrir un expediente en el cual se recogerá toda la tramitación a que dé lugar el asunto. De nuevo se establece aquí el mismo principio de la unidad que exige que, a pesar de que pueda haber documentos en varios organismos de un mismo ministerio o en varios ministerios, debe tenderse a que exista un solo expediente, un solo lugar donde se recopilen todos los documentos, informes o dictámenes que tienen relación con el procedimiento. En este mismo sentido, ese Artículo 51 de la Ley expresamente exige que todas las comunicaciones entre las distintas autoridades que tengan que ver con el asunto al cual se refiere el procedimiento, así como de las notificaciones que se hagan a los particulares o de las publicaciones que se hagan de actos administrativos, debe anexarse siempre una copia al expediente.

Esta unidad del expediente tiene una enorme importancia pues va a corregir una situación defectuosa de la Administración, que se caracterizaba, precisamente, por la ausencia de unidad del expediente. En efecto, a veces, no todo lo relacionado con el asunto aparecería en el expediente y la Administración muchas veces sólo incorporaba al mismo los asuntos que a la Administración le interesaba incorporar y, normalmente, los documentos o los recaudos que podían beneficiar al particular o a la postura que éste sostenía, la Administración no las incorporaba. Había así, siempre, dos expedientes paralelos: uno que se mostraba y otro, que la Administración utilizaba para resolver el asunto. En esa forma, el particular no tenía realmente, la garantía, por la unidad del expediente, de poder conocer todos los aspectos que tenían que ver con el asunto. Por ejemplo si un particular hacía una reclamación ante un Ministerio y la Consultoría Jurídica del Ministerio opinaba a favor de la posición del interesado, normalmente la Administración no le mostraba ese dictamen al particular, porque implicaba, materialmente, darle la razón y avanzarle la opinión favorable del asesor jurídico del organismo.

Además, en el expediente no se incorporaban ese tipo de opiniones favorables, a la postura del particular, con lo cual se le restringía su derecho a tener acceso al expediente y, eventualmente, a la defensa, porque así como él puede tener derecho a estudiar los documentos que no lo favorezcan, para poder defenderse, también tiene derecho a conocer los que lo favorecen en su reclamo.

Con estos dos Artículos de la Ley y la regulación de este principio de la unidad del expediente, la Ley busca corregir esta situación y ahora, al exigir la unidad del expediente, se puede garantizar realmente que si el particular, como hemos visto, conforme al Artículo 59 de la Ley, tiene derecho a tener acceso al expediente, y a examinar y leer su contenido, ese derecho tiene un resultado concreto y es la posibilidad de examinar todo lo que el expediente contenga y no sólo una parte o uno de los varios expedientes que, paralelamente, pueda llevar la Administración. Por tanto, este principio de la unidad va a ser una condición real para garantizar el derecho a la defensa y el derecho que tiene el particular de tener acceso al expediente y de conocer todo lo que él contenga.

E. La Certeza

Dentro del mismo principio de la eficacia, donde hemos comentado todos estos principios de la uniformidad, racionalidad, información y unidad, también debe hacerse mención a las normas de la Ley que se refieren a la recepción de documentos, que son normas que mediante la certeza, buscan la eficacia administrativa.

En efecto, con los Artículos 44 y siguientes de la Ley, relativos a la recepción de documentos, se pretenden establecer principios generales para toda la Administración en cuanto a la recepción, recibo y registro de los documentos que se presenten, todo lo cual tiene influencia en la decisión de los asuntos, la cual debe hacerse, como hemos visto, de acuerdo al orden en que se han presentado y que conste del número de registro del documento.

El registro, en consecuencia, le otorga al particular y a la Administración, la certeza tanto de lo recibido documentalmente, como de la oportunidad en la cual se recibe por la Administración.

En todo caso, estos principios tienen que conducir a la Administración a que inicie un proceso de reforma respecto del funcionamiento de estas oficinas de recepción de documentos, de manera de establecer verdaderas unidades en las cuales pueda advertirse al particular, como la Ley lo exige, las fallas y las irregularidades que puedan observarse en la solicitud. Estas no podrán seguir siendo, las clásicas oficinas receptoras de correspondencia, sino nuevas unidades u oficinas que puedan ejercer la tarea que exige el Artículo 45 de la Ley, para lo cual ya se ha dictado el reglamento respectivo, mediante Decreto N° 1.364 de 30-12-81 (*G.O.* N° 32.385 de 4-1-82).

4. El principio de la celeridad

Además de los principios de la economía y la eficacia, el Artículo 30 de la Ley se refiere también al principio de la celeridad, el cual es otro de los principios generales del procedimiento administrativo.

A. La actuación de oficio

Este principio tiene varias manifestaciones. En primer lugar, la celeridad provoca, en la Ley, los supuestos en los cuales se permite a la Administración actuar de oficio, es decir, por su propia cuenta sin esperar que haya instancia de parte. En beneficio de la celeridad la Ley, entonces, consagra la posibilidad de que la Administración actúe por su propia cuenta, de oficio, estableciendo inclusive la responsabilidad de la Administración de sustanciar y dirigir el procedimiento. En esa forma no queda el procedimiento conducido por la sola instancia de parte del intensado, sino que la Administración, de oficio, tiene tanto el poder como la obligación de actuar.

En esta forma, perfectamente se pueden ubicar dentro de este principio de celeridad, todos aquellos casos en los cuales la Administración debe actuar de oficio. Por ejemplo, en cuanto a la iniciación del procedimiento, el Artículo 48 establece el principio fundamental de que el procedimiento se inicia a solicitud de parte, en los casos en que esto sea procedente, o de oficio, con lo cual la Administración puede iniciar procedimientos, sobre todo en aquellos casos de corrección de actividades de parte de los particulares. Por tanto, no tiene la Administración que esperar una denuncia de otro particular para actuar, sino que la Administración puede hacerlo de oficio, de acuerdo al Artículo 48 y allí se regula qué es lo que debe hacer la Administración en esos casos de iniciación de oficio.

Otra regulación de la actuación de oficio de la Administración, está en la sustanciación del procedimiento. La Administración tiene, de acuerdo a la Ley, el poder y la obligación para sustanciar el procedimiento de oficio. En efecto, la Administración, dice el Artículo 53, de oficio o a instancia del interesado debe cumplir, como obligación, todas las actuaciones necesarias para el mejor conocimiento del asunto que debe decidir siendo de su responsabilidad, de la Administración, impulsar el procedimiento en todos sus trámites. Por tanto, el impulso procesal no es sólo un asunto de los particulares que tengan interés y que intervienen en el asunto, sino que es la responsabilidad de la Administración el no dejar que el expediente se paralice, el cual debe impulsar a través de sus funcionarios, realizando todos los trámites que sean necesarios.

En el mismo sentido, y también como manifestación del principio de la celeridad, está la previsión de que la Administración debe comprobar, de oficio, la verdad de los hechos y demás elementos de juicio necesarios para esclarecer el asunto que ha sido sometido a su consideración, tal como se regula en el Artículo 69 de la Ley. En este caso, se trata de una autorización legal a la Administración para probar, de oficio los asuntos. Pero no sólo es una autorización, como poder, sino también se trata de una obligación en los procedimientos sumarios.

En efecto, planteado un asunto ante la Administración, por ejemplo, mediante una denuncia de un particular, la Administración debe iniciar, de inmediato, de oficio, la tramitación sustanciadora del procedimiento y realizar las pruebas necesarias para comprobar el hecho denunciado. Así, no tiene que esperar que quien denuncie un hecho, lo pruebe. Se insiste, la Administración está obligada a probar y a verificar esos hechos, para poder decidir. Aquí también encontramos un signo de esa celeridad en el sentido de que no sólo se espera a que la Administración reciba de los particulares los impulsos procesales, las pruebas y la sustanciación, sino que la Administración necesariamente debe hacerlo de oficio.

B. Las decisiones en serie

Pero además de manifestarse la celeridad en esta actuación de oficio de la Administración, habría otra manifestación también de la celeridad administrativa en aquellos casos en que la Administración debe tomar decisiones en serie, es decir, cuando se trata de decisiones que son iguales, repetitivas y similares. En estos casos, la Ley establece la posibilidad de seguir procedimientos expeditos para tomar esas decisiones, precisamente, en aras de la celeridad.

Por ejemplo, el Artículo 35 de la Ley señala que los órganos administrativos pueden utilizar procedimientos expeditos en la tramitación de todos aquellos asuntos que así lo justifiquen, quedando así a juicio de la Administración el utilizar formas expeditas de decisión de aquellos asuntos que lo justifiquen.

Además, agrega la norma que cuando los motivos y los fundamentos de resoluciones sean idénticos, se podrán usar medios de producción en serie de las mismas, siempre que no se lesionen las garantías jurídicas de los administrados. Por tanto, por más que sea automática o sean procesados por medios automatizados los actos administrativos, como por ejemplo, cuando se expide un certificado de solvencia o la liquidación de un impuesto, ello no implica que el particular no tenga sus derechos a reclamar como si se tratara de un acto administrativo formalmente e individualmente elaborado.

Otra regulación de esta producción en serie de los actos administrativos, consecuencia de la celeridad, está vinculada a las inhibiciones. La Ley establece en efecto, en su Artículo 36 una serie de causales de inhibición de funcionarios. Por ejemplo, cuando el funcionario tenga interés directo en el asunto que tramite, o cuando haya amistad o enemistad entre el funcionario y el solicitante o cuando haya habido una relación de servicio entre el funcionario y el interesado, la Ley prescribe que el funcionario que conoce de un asunto debe inhibirse en aras de la imparcialidad, como veremos más adelante. Pero, por supuesto, no se plantea esto en aquellos casos en que haya producción en serie de documentos. De la obligación de inhibición que establece el Artículo 36 de la ley, se exceptúan así, en el parágrafo único de dicho Artículo, los funcionarios que tengan a su cargo la expedición de certificados adoptados en serie o conforme a modelos preestablecidos, de modo que resulte en extremo difícil advertir la existencia de causas de inhibición. Por ejemplo, un particular puede tener una enemistad con el Administrador General del Impuesto sobre la Renta, pero no tendría sentido que dicho funcionario se fuera a inhibir de otorgar el certificado de solvencia de Impuesto sobre la Renta o de liquidar el impuesto sobre todo cuando esos actos se producen por medios automatizados. En esos casos, precisamente en aras de la celeridad, para impedir las dilaciones, se prevé esta excepción a la obligación de inhibición que exige el Artículo 36 de la Ley.

C. La no suspensión del procedimiento

Otra manifestación de la celeridad está en el carácter no suspensivo de los procedimientos administrativos. En primer lugar, en los casos de reclamo. En efecto, el Artículo 3 prevé responsabilidades y obligaciones de los funcionarios de tramitar con la diligencia debida los procedimientos, por lo que si hay retardo se permite reclamar ante el superior jerárquico contra el retardo. Asimismo, si hay omisión, distorsión o incumplimiento por parte del funcionario de cualquier trámite, se le da al particular interesado el derecho de reclamar formalmente, ante el superior. Pero en aras de la celeridad, la norma señala expresamente que la reclamación no acarrea paralización del procedimiento, ni debe obstaculizar la posibilidad de que sean subsanadas las fallas. Por tanto, si hay una distorsión a nivel inferior y se reclama ante el superior contra ese incumplimiento, ello no paraliza el procedimiento. El funcionario reclamado tiene la obligación de seguir la tramitación del procedimiento, y tiene también, la posibilidad de subsanar las fallas.

La celeridad también se manifiesta en el hecho de que la no recepción de dictámenes o informes administrativos, conforme al Artículo 56, no implica suspensión del procedimiento; en el carácter no suspensivo de la ejecución de los actos administrativos, por el hecho de que se interpongan recursos administrativos contra los mismos, conforme a lo previsto en el Artículo 27 de la Ley; así como en la necesidad de ejecución inmediata de los actos administrativos no sometidos a término suspensivo, conforme a lo prescrito en el Artículo 8 del texto.

5. El principio de la imparcialidad

El último de los principios generales del procedimiento que regula el Artículo 30, se refiere a la imparcialidad, el cual es un reflejo y garantía del principio de la igualdad, que es un principio general del derecho administrativo consagrado en el Artículo 61 de la Constitución, que prohíbe las discriminaciones fundadas en el sexo, raza, credo o condición social. La Administración, por tanto, debe tratar en igual forma a todos los particulares y no puede establecer ningún tipo de discriminación respecto de ellos. Esto implica el deber de imparcialidad: si debe haber igualdad, y no debe haber discriminación, la Administración no debe parcializarse por ninguna posición y debe mantener siempre una posición imparcial. Esto trae dos consecuencias concretas en la Ley. Por una parte, la obligación de respetar el orden que establece el Artículo 34 para la decisión de los asuntos. Ya hemos visto que cuando se introduce una solicitud, debe haber un registro numerado conforme al Artículo 47, y en consecuencia, de acuerdo al Artículo 34, el despacho de los asuntos debe hacerse respetándose rigurosamente el orden en que fueron presentados. Sólo si hay razones de interés público y si se motivan estas razones mediante resolución expresa, puede el Jefe de la Oficina respectiva modificar el orden, dejando constancia en el expediente de los motivos.

Pero por otra parte, dentro del mismo principio de la imparcialidad, la Ley regula también, en su Artículo 36, la obligación de los funcionarios de inhibirse del conocimiento de los asuntos en los cuales puedan tener interés o en los cuales tuvieran amistad íntima o enemistad con las personas interesadas, o hubiesen manifestado previamente su opinión en el mismo, o tengan alguna relación de servicio o de subordinación con las personas interesadas en el asunto. La inhibición es, en efecto, una garantía de imparcialidad; si el funcionario se encuentra en alguna de estas situaciones para que no se parcialice, la Ley lo obliga a inhibirse, e insistimos, esta inhibición procede no sólo cuando tenga interés personal, o amistad íntima o enemistad con el solicitante, sino también cuando hubiere intervenido como testigo en el caso, o el funcionario ya haya manifestado su opinión en relación al asunto y ya se sabe qué va a decidir, o cuando tuviese alguna relación de servicio o de subordinación con las personas interesadas en el dicho asunto.

En estos casos previstos en el Artículo 36, para mantener la imparcialidad, el funcionario debe plantear su inhibición, de acuerdo al Artículo 37, mediante escrito razonado. No se trata, aquí, en cuanto a la exigencia de la inhibición, de una potestad discrecional del funcionario, de inhibirse por cualquier motivo, lo cual podría conspirar contra la celeridad de los procedimientos. Si el funcionario se encuentra en alguna causal de inhibición, al contrario, conforme a lo previsto en el Artículo 37 debe razonarlo, por escrito, indicando los motivos para inhibirse del conocimiento de algún asunto. Esta inhibición debe ser decidida en definitiva, por el funcionario superior quien en un lapso breve de 10 días hábiles debe señalar si procede o no la inhibición del funcionario que crea encontrarse en alguna de las causales de inhibición. La Ley también le atribuye potestades al funcionario superior, de poder ordenar, de oficio, que los funcionarios inferiores, en algunos casos, se inhiban, en los supuestos en los cuales el funcionario superior tenga conocimiento a instancia de parte o de oficio, de que pueden esos funcionarios inferiores, estar en algunas de las causales de inhibición. En estos casos, el funcionario superior puede ordenar al inferior, directamente, que se abstenga de decidir determinados asuntos, los cuales en ese caso, debe decidir otro funcionario. En esta forma, no sólo se garantiza la imparcialidad, sino también la celeridad. Así de oficio, el superior, si sabe de una situación como la descrita, puede plantearlo directamente y ordenar que el funcionario inferior sé abstenga de conocer del asunto que pueda comprometer su imparcialidad.

II. LOS ELEMENTOS INQUISITIVOS DEL PROCEDIMIENTO ADMINISTRATIVO

Uno de los principios generales del procedimiento civil venezolano es su carácter dispositivo que deja a las partes la conducción y la fijación exclusiva de la litis, siendo el juez un mero arbitro del debate. Este carácter dispositivo del procedimiento implica cuatro elementos: en primer lugar, que no hay proceso sin demanda de parte; en segundo lugar, que las partes fijan el objeto del litigio; en tercer lugar, que el juez debe decidir exclusivamente en base a lo alegado y probado por las partes; y en cuarto lugar, que el juez no puede condenar a algo distinto a lo pedido por las partes. Estos son los cuatro elementos que caracterizan este régimen dispositivo. En materia administrativa, sin embargo, estos cuatro principios, no rigen totalmente y tienen variaciones porque se admiten ciertos elementos inquisitivos.

En particular, Allan R. Brewer-Carías, "La carga de la prueba en el derecho administrativo" en *Revista de Control Fiscal*, N° 81, Caracas 1976, pp. 23-52. Véase Luis Casado Hidalgo, "Presencia de elementos inquisitivos en la Ley Orgánica de Procedimientos Administrativos" en el libro del Instituto de Derecho Público, *El Procedimiento Administrativo*, T. IV del Archivo de Derecho Público y Ciencias de la Administración, Caracas 1982.

1. Instancia de parte y actuación de oficio

Véase lo sentado por la jurisprudencia en Mary Ramos Fernández, "Jurisprudencia administrativa y constitucional" en *Revista de Derecho Público*, N° 1, Caracas 1980, p. 123.

El primer aspecto es el relativo a la instancia de parte que rige en materia procesal civil, y que varía sustancialmente en materia administrativa.

En efecto, el procedimiento administrativo se desarrolla ante la propia Administración y, por tanto, como es la propia Administración Pública la que decide, deben distinguirse dos tipos de procedimientos; el procedimiento constitutivo del acto administrativo, y el procedimiento de impugnación del mismo. El principio de la instancia de parte varía en ambos casos.

A. La instancia de parte en el procedimiento constitutivo

El procedimiento constitutivo de los actos administrativos, es aquél conforme al cual la actividad procesal administrativa tiene por objeto dar origen a una decisión administrativa, es decir, busca formar la voluntad de la Administración.

Este procedimiento, podríamos decir con propiedad, que es un procedimiento de la propia Administración; es, en definitiva, una actuación básicamente de la Administración Pública, por lo que no puede hablarse, en términos generales, de la necesidad de instancia de parte, pues hay muchos procedimientos administrativos gubernativos que no la requieren, sino que es la propia Administración la que inicia el procedimiento v lo lleva hasta el final.

Es por ello, por ejemplo, que en materia administrativa, la Ley Orgánica de Procedimientos Administrativos en su Artículo 48 señala que "el procedimiento se iniciará a instancia de parte interesada, mediante solicitud escrita, o de oficio", y que en el Artículo 53 se obliga a la Administración a cumplir todas las actuaciones necesarias para el mejor conocimiento del asunto que deba decidir, siendo de su responsabilidad impulsar el procedimiento en todos sus trámites.

Sin embargo, en el campo de los procedimientos constitutivos de los actos administrativos, en cuanto a la iniciación del procedimiento, deben distinguirse los procedimientos autorizatorios de los procedimientos sancionatorios.

a. *Procedimientos autorizatorios*

Los procedimientos autorizatorios son aquellos que se producen cuando un particular solicita de la Administración un acto que le permita realizar una actividad, los cuales concluyen, en definitiva, mediante un acto autorizatorio: una autorización, un permiso o una licencia. En estos casos, por supuesto, rige el principio de la instancia de parte, no pudiendo la Administración iniciarlos de oficio.

b. *Procedimientos sancionatorios*

Pero no todos los procedimientos administrativos son del tipo autorizatorio donde, sin duda, se exige siempre la instancia de parte, sino que también están los procedimientos sancionatorios, en cuya iniciación no siempre es necesaria la instancia de parte.

La Administración, en general, más bien inicia de oficio los procedimientos sancionatorios; es la propia Administración, con sus funcionarios, quien tiene la iniciativa del procedimiento. En estos casos, por tanto, no puede decirse que rija el principio dispositivo, pues estos procedimientos pueden iniciarse, sea por denuncia de algún particular, sea de oficio por la propia Administración, abriéndose campo al carácter inquisitivo del procedimiento.

B. La instancia de parte en el procedimiento de impugnación

El procedimiento administrativo de impugnación de los actos administrativos, como su propio nombre lo indica, tiene por objeto un reclamo jurídico contra un acto, y por ello puede decirse que para su iniciación rige el principio dispositivo. Se requiere, por tanto, instancia del particular para iniciar el procedimiento, intentando el recurso de reconsideración, jerárquico o de revisión, conforme a los artículos 85 y siguientes de la Ley Orgánica de Procedimientos Administrativos.

Por tanto, estos procedimientos siempre se inician a instancia de parte interesada. Sin embargo, no es ésta la única forma mediante la cual la Administración puede revisar sus actos, ya que ésta puede revocar de oficio, en cualquier momento, sus actos que no hayan creado derechos subjetivos o intereses legítimos a favor de particulares, conforme al Artículo 82 de la Ley Orgánica de Procedimientos Administrativos, y puede, también, en cualquier momento, de oficio, revocar los actos administrativos viciados de nulidad absoluta, conforme a los Artículos 19 y 83 de la misma Ley Orgánica. En estos casos puede haber una acción de la Administración de revisión de sus propios actos, de oficio, iniciándose un procedimiento que no tiene su origen, en una solicitud o recurso.

Pero si bien en el procedimiento de impugnación de los actos administrativos, rige el principio dispositivo en cuanto a la iniciación del procedimiento, no sucede lo mismo durante la tramitación del procedimiento. Hemos visto que conforme a lo establecido en el Artículo 53, es responsabilidad de la Administración "impulsar el procedimiento en todos sus trámites", debiendo cumplir las actuaciones necesarias para el mejor conocimiento del asunto que deba decidir; y que la Administración puede, por tanto, plantear de oficio las cuestiones que estime conveniente. Por ello, en la decisión de los recursos administrativos, conforme al Artículo 89 de la Ley Orgánica, deben resolverse no sólo todos los asuntos que las partes interesadas sometan a consideración del órgano administrativo en el ámbito de su competencia, sino los "que surjan con motivo del recurso aunque no hayan sido alegados por los interesados".

2. El objeto del procedimiento administrativo y los elementos inquisitivos

El segundo elemento del carácter dispositivo y que varía en materia administrativa, es el del objeto del litigio que debe ser establecido por las partes.

En el procedimiento administrativo, la fijación del objeto de los mismos también depende del tipo de procedimiento: constitutivo o de impugnación.

A. El objeto del asunto en el procedimiento constitutivo

En el procedimiento constitutivo, si se inicia de oficio, como por ejemplo en los procedimientos sancionatorios, el objeto del asunto lo determina la Administración. Esta es la que, por ejemplo, realiza la inspección y levanta el acta respectiva. En cambio, si se trata de un procedimiento, por ejemplo, autorizatorio, que se inicia a instancia del interesado, el objeto del procedimiento lo determina el particular. Por eso, la Ley Orgánica de Procedimientos Administrativos establece en su Artículo 62 que el acto administrativo que decida el asunto debe resolver "todas las cuestiones que hubiesen sido planteadas, tanto inicialmente como durante la tramitación".

Por otra parte, en estos procedimientos, que se inician a instancia de parte, el objeto del mismo se extingue con el desistimiento de la parte interesada, conforme a lo establecido en el Artículo 64 de la Ley Orgánica de Procedimientos Administrativos. Sólo si hay razones de interés público que lo justifiquen, dice el Artículo 66 de la Ley, la Administración puede continuar la tramitación del procedimiento, a pesar del desistimiento.

B. El objeto del recurso en los procedimientos de impugnación

En el procedimiento de impugnación, la situación es distinta. Estos, como se dijo, sólo se inician a instancia de parte, conforme se establece en el Artículo 85 de la Ley Orgánica, pero el objeto de la impugnación puede ser variado por la Administración. La Ley, ya mencionamos, dispone en su Artículo 89 que el órgano administrativo deberá resolver todos los asuntos que se sometan a su consideración dentro del ámbito de su competencia, y asimismo, deberá resolver los asuntos "que surjan con motivo del recurso aunque no hayan sido alegados por los interesados", es decir, que sean determinados de oficio por la Administración.

3. La decisión conforme a lo probado por las partes y los elementos inquisitorios

Véase Allan R. Brewer-Carías, "La carga de la prueba en el Derecho Administrativo" en *Revista de Control Fiscal*, N° 81, Caracas 1976, pp. 23-52.

El otro principio derivado del carácter dispositivo del procedimiento ordinario, es que la decisión respectiva debe dictarse conforme a lo probado por las partes. Este es, quizás, uno de los principios básicos en materia procesal civil, y que no rige en materia administrativa.

En materia de procedimiento administrativo puede decirse que la Administración tiene los más amplios poderes de prueba, aun en aquellos procedimientos constitutivos que requieren instancia de parte.

En efecto, si bien el particular, cuando introduce una solicitud ante la Administración, está obligado a probar los hechos que dan origen a su solicitud, esto no excluye, en absoluto, que la Administración no pueda aportar todos los elementos de prueba y de conocimiento que juzgue convenientes para tomar la decisión administrativa. Esto, inclusive, ha sido consagrado en forma expresa en la Ley Orgánica de Procedimientos Administrativos en cuyo Artículo 53 se señala que la Administración, de oficio o a instancia del interesado, llevará a cabo todos los actos necesarios para lograr la determinación precisa de las circunstancias en atención a las cuales deberá decidir o en las palabras de la Ley "cumplirá todas las actuaciones necesarias para el mejor conocimiento del asunto que deba decidir". Más aun, en los procedimientos sumarios, que se inician de oficio, el Artículo 69 de la misma Ley Orgánica establece que "la Administración deberá comprobar de oficio la verdad de los hechos y demás elementos de juicio necesarios para el esclarecimiento del asunto".

El procedimiento administrativo, sobre todo el constitutivo, hemos dicho, es una actuación de la Administración, y como tal, en él la Administración tiene todas las posibilidades de probar lo que estime conveniente para tomar su decisión.

En los procedimientos administrativos de impugnación, la Administración también tiene la misma obligación de cumplir todas las actuaciones necesarias para el mejor conocimiento del asunto, y tiene, por tanto, los más amplios poderes en materia de pruebas.

4. La decisión ajustada a lo pedido y los elementos inquisitivos

El último elemento de confrontación entre el principio dispositivo del procedimiento civil y los elementos inquisitivos en el campo del Derecho Administrativo, está en que la decisión, de acuerdo al régimen dispositivo, debe ajustarse a lo pedido por las partes.

En materia administrativa y particularmente, en el campo de los procedimientos administrativos, el principio no rige en términos absolutos. También aquí debemos distinguir según se trate de procedimientos constitutivos o de impugnación.

A. La decisión en los procedimientos consultivos

Los procedimientos constitutivos, como hemos dicho, unos se inician a instancia de parte y otros de oficio. En los primeros, la decisión administrativa debe resolver, conforme a lo establecido en el Artículo 62, todas las cuestiones alegadas o pedidas por el particular, y en municipio, salvo que lo haga en un procedimiento distinto, no puede a Administración resolver cuestiones distintas a la pedida, sino sólo las que hubieren sido planteadas por los particulares. En los procedimientos sancionatorios que se inician por denuncia o a instancia de parte, la Administración no está obligada a sujetarse a lo alegado o pedido por el interesado, pues inclusive puede que esto nunca haya sucedido.

B. La decisión en los procedimientos de impugnación

En los procedimientos de impugnación de los actos administrativos iniciados mediante el ejercicio de un recurso, puede decirse que se amplía el objeto de la decisión y el carácter inquisitorio del proceso, pues la Administración no tiene que decidir ajustada a lo pedido por los recurrentes o las partes. Por ejemplo, hemos dicho, el funcionario decisor del recurso puede decidir cuestiones no alegadas por los interesados conforme a lo establecido en el Artículo 89 de la Ley, y es más, puede tomar una decisión que empeore la situación del recurrente.

En materia administrativa, se admite, así, la *reformatio in pejus* que permite al superior jerárquico, cuando conoce de un recurso administrativo, decidir en perjuicio del recurrente. Si se trata de una multa, por ejemplo, que es recurrida en vía administrativa, el superior jerárquico puede decidir el recurso, aumentando la multa de la cual se apela. En esos casos, la Administración ni siquiera declara sin lugar el recurso intentado por el particular, sino que le agrava la situación al recurrente aumentándole la multa. Esto nos comprueba, una vez más, que en materia administrativa no rige el principio dispositivo en términos absolutos.

III. EL ELEMENTO SUBJETIVO EN EL PROCEDIMIENTO ADMINISTRATIVO

En el procedimiento administrativo hay dos sujetos de derecho que intervienen: por una parte, un particular o administrado interesado; y por la otra, un ente público (República, Estado, Municipio, Instituto Autónomo) que actúa a través de un funcionario público titular de un órgano administrativo. La Ley trae algunas regulaciones precisas en relación a estos sujetos del procedimiento, que veremos separadamente, formulando algunos comentarios sobre el interesado, los funcionarios y la propia Administración, en particular, respecto a la responsabilidad administrativa.

1. El interesado

La Ley de Procedimiento Administrativo en la regulación concreta del procedimiento administrativo, ha querido depurarlo de trámites inútiles y dilatorios, exigiendo que participen en el procedimiento sólo quienes realmente tienen interés en el asunto que se plantea. Por eso, el derecho de petición que regula el Artículo 2 y que es una concreción del Artículo 67 de la Constitución que regula este derecho de petición, viene, hasta cierto punto, a limitar o restringir la petición desde el punto de vista subjetivo. En esto, la Constitución dice, en el Artículo 67, que todos tienen el derecho de representar o dirigir peticiones ante cualquier entidad o funcionario público, sobre los asuntos que sean de la competencia de éstos, y además tienen el derecho a obtener oportuna respuesta. Se trata de un derecho constitucional que se atribuye a todos los habitantes del país. Sin embargo, la Ley de Procedimientos Administrativos restringe el ámbito subjetivo del derecho de petición regulado en la misma, pues conforme al Artículo 2° del texto, son sólo las personas interesadas quienes podrán dirigir instancias y peticiones ante cualquier organismo, los cuales deben resolver dichas instancias o peticiones. Por tanto, la Ley precisa quiénes son los que de acuerdo a sus regulaciones pueden ejercerlo. No son, en realidad, todos, sino sólo las personas interesadas, con lo cual está calificando, subjetivamente, a quienes de acuerdo a su normativa, pueden dirigir una petición ante la Administración a iniciar un procedimiento.

Interesa destacar, respecto de los interesados, las regulaciones de la Ley sobre su concepto, su capacidad, su comparecencia en el procedimiento y sus obligaciones.

A. Concepto

Sobre el concepto de interés legítimo véase Allan R. Brewer-Carías, *Las Instituciones Fundamentales del Derecho Administrativo y la Jurisprudencia Venezolana*, Caracas 1964, p. 347 y ss.; Allan R. Brewer-Carías, "Las condiciones de recurribilidad de los actos administrativos en vía contencioso-administrativa" en *Revista del Ministerio de Justicia*, N° 54, Caracas 1966, p. 83 y ss.; Eloy Lares Martínez, *Manual de Derecho Administrativo*, Caracas 1978, p. 688 y ss.

En cuanto a la jurisprudencia véase en Allan R. Brewer-Carías, *Jurisprudencia de la Corte Suprema 1930-1974 y Estudios de Derecho Administrativo*, T. III, Vol. I, Caracas 1976, p. 149 y ss.; y en Mary Ramos Fernández, "Jurisprudencia Administrativa y Constitucional" en *Revista de Derecho Público*, N° 5, Caracas 1981, p. 110.

La noción de interesado, por tanto, es clave en la Ley Orgánica, por lo que la "persona interesada" a la cual se refiere el Artículo 2, debe vincularse necesariamente con la definición de "interesado" que trae el Artículo 22. Este Artículo señala, con precisión, que a los efectos de la Ley Orgánica de Procedimientos Administrativos, se consideran interesados a las personas naturales o jurídicas a las cuales se refieren los Artículos 112 y 121* de la Ley Orgánica de la Corte Suprema de Justicia, en los cuales se regulan los interesados que puedan intentar los recursos contencioso-administrativos de anulación contra los actos administrativos de efectos generales y de efectos particulares.

En consecuencia, si se trata de un acto administrativo de efectos generales, un reglamento por ejemplo, y alguien pretende dirigirse a la Administración para plantear un asunto sobre dicho acto, ese particular, conforme al Artículo 112 de la Ley Orgánica de la Corte Suprema de Justicia, debe alegar y probar que ha sido lesionado en sus derechos o intereses. No basta, en efecto, alegar el simple interés incalificado a la legalidad, sino que tiene que haber una lesión de un interés para poder ser parte de un procedimiento administrativo iniciado con motivo de un acto de efectos generales. Por tanto, si por ejemplo, se trata de un Reglamento de la Ley de Pilotaje que regula las funciones de los pilotos marítimos, quien puede reclamar contra este Reglamento ante la Administración, tiene que ser, por ejemplo, un piloto, un dueño de buque, o un miembro de la Marina Mercante. En consecuencia, algún interés o algún derecho tienen que ser lesionado para poder ser interesado, de acuerdo al Artículo 22 de la Ley de Procedimientos Administrativos y 112 de la Ley de la Corte Suprema de Justicia, en el caso de que se actúe frente a actos administrativos de efectos generales.

Pero si se trata de un acto administrativo de efectos particulares, es decir, de una manifestación de voluntad concreta de la Administración, individualizada, el interés exigido es de otra naturaleza y el Artículo 121 de la Ley Orgánica de la Corte Suprema de Justicia exige que sea un interés personal, legítimo y directo, es decir, aquel interés individualizado, especialmente protegido por el ordenamiento que le permite a un particular reclamar Contra un acto administrativo, cuando él es el destinatario del acto o cuando se encuentre una especial situación de hecho frente a la acción administrativa, que hace que ella lo lesione directamente.

En esta forma, puede decirse que en la Ley Orgánica existe una restricción al derecho de petición, pues la petición consagrada en el Artículo 67 de la Constitución sólo se garantiza como derecho a los interesados, en los términos del Artículo 22 de la Ley y los Artículos 112 y 121 de la Ley Orgánica de la Corte Suprema de Justicia.

Ahora bien, esta condición de interesado no necesariamente tiene que tenerse desde el principio del procedimiento. Para que se considere que una persona es interesada, no necesariamente tiene que haber sido peticionaria y haber iniciado el procedimiento, ya que la Ley expresamente extiende la condición de interesado, conforme al Artículo 23, a quienes ostenten las condiciones de titularidad o legitimidad requeridas, aun cuando no hubieren intervenido en la iniciación del proceso, por lo que pueden, sin embargo, en todo caso, apersonarse en el procedimiento posteriormente, en cualquier estado en que se encuentre la tramitación. Por tanto, si alguien inició un procedimiento, y, el procedimiento está en curso, cualquier otra persona que se considere interesada y que haya sido lesionada, por ejemplo, en su interés personal, legítimo y directo, puede, en cualquier momento, acudir y hacerse parte en el procedimiento y alegar defensas y presentar pruebas. En este caso, la Ley es más amplia, apartándose de la rigidez del procedimiento ordinario civil.

---

* Ley Orgánica del Tribunal Supremo de Justicia *G.O.* N° 39.522, de 01-10-2010.

B. La capacidad

Pero el interesado, de acuerdo a la Ley, es una persona natural o jurídica, que tenga la titularidad adecuada, derivada de un interés personal, legítimo y directo o de un derecho subjetivo, en su caso. Las condiciones de esas personas naturales o jurídicas para actuar en el campo del derecho, es decir, sus condiciones de capacidad jurídica, son esenciales en materia de derecho administrativo para que puedan actuar válidamente frente a la Administración. Sin embargo, ellas no están ni podrían estar reguladas en la Ley Orgánica, la cual, por supuesto, remite en su Artículo 24 al Código Civil en cuanto a esa regulación de las condiciones relativas a la capacidad jurídica de los administrados. La capacidad, por tanto, es la regulada en el Derecho Civil, derivada de la mayoría en las personas naturales o la existencia de la personalidad jurídica en el caso de las personas morales de acuerdo al Código Civil o al Código de Comercio. La Ley, en consecuencia, no entra a considerar los aspectos concretos de la capacidad jurídica, pero sin embargo, al remitir al derecho común, dice, "salvo disposición expresa de la Ley". Esta aclaratoria tiene interés pues la Ley, en muchos casos, condiciona la capacidad jurídica de los administrados. Por ejemplo, si bien la mayoría de edad en el Código Civil se produce a los 21 años y, en principio, para que cualquier persona pueda dirigirse a la Administración debe ser mayor de edad, si se trata de un problema electoral, dado que el derecho al sufragio lo tienen los mayores de 18 años, bastaría esa edad para iniciar un procedimiento ante el Consejo Supremo Electoral, reclamando algo sobre la inscripción electoral. Esa persona, aun cuando no sea capaz civilmente, sí lo es en materia administrativa, en virtud de que el Artículo 111[*] de la Constitución da la condición de elector a los 18 años. En la misma forma, la Ley, por razón de la edad, del sexo o de la condición social, puede establecer elementos condicionantes de la capacidad, que permitirían tener la condición de interesados. En efecto, habrá ciertas peticiones que sólo pueden presentar las mujeres y que no pueden presentar los hombres, como son las que se refieren a derechos de prestaciones por maternidad. Por otra parte, puede haber determinadas peticiones relativas a decisiones administrativas que van a beneficiar a ciertos grupos sociales. Por ejemplo, la Constitución impone al Estado la protección de los indígenas (Artículo 77)[**] y si hay medidas establecidas a favor de los indígenas, los interesados tendrán que tener la condición de indígenas. Por otra parte, no basta la capacidad derivada de la mayoría de edad, para pretender un derecho de la Administración que ha sido establecido sólo a favor de la población campesina conforme al mismo Artículo 77 de la Constitución, y en estos casos habría un condicionamiento legal especial a la capacidad general que establece el Código Civil.

C. La comparecencia y la representación

Ahora bien, los interesados pueden participar en el procedimiento en dos formas: sea personalmente, como principio general, y necesariamente, de acuerdo al Artículo 25 de la Ley, cuando sea expresamente requerida su comparecencia personal; o mediante un representante, y en tal caso, la Administración puede entenderse con el representante designado.

---

* Art. 64 de la Constitución de 1999.

** Art. 119 de la Constitución de 1999.

Esta representación del interesado puede hacerse de dos formas de acuerdo al Artículo 26 de la Ley: puede acreditarse, primero, mediante documento registrado o autenticado, y particularmente mediante poder otorgado con las formalidades del Código de Procedimiento Civil; o puede simplemente en la solicitud, indicarse quién será el representante. En esta forma, y al contrario de lo que sucede en materia procesal civil, la Ley de Procedimientos Administrativos es mucho más flexible, pues no sólo exige para la representación el poder autenticado o registrado, sino que permite la designación del representante del interesado mediante la simple designación del mismo, en la petición o recurso ante la Administración. Esto tiene enorme importancia pues desrigidiza el procedimiento administrativo. Anteriormente, para que alguien representara a un particular ante la Administración, debía hacerlo, en principio, igual a como se hace en el procedimiento ordinario, es decir, presentando un poder y acreditando tal representación. La práctica administrativa, sin embargo, venía aceptando la representación simple que ahora acoge formalmente la Ley.

Por supuesto, sea cual sea la forma como se designe al representante, de acuerdo al Artículo 27 de la Ley, el hecho de designarlo, no impide la intervención personal del interesado, directamente ante la Administración y, por supuesto, no exime al interesado de la obligación que pueda tener, en algún momento, de comparecer personalmente si es que debe hacerlo en esa forma.

Por otra parte, debe señalarse que la representación, de acuerdo a estos Artículos 25 y siguientes de la Ley, implica que la Administración puede entenderse con el representante. Sin embargo, ello no es absoluto, porque la Ley, en el Artículo 75 que se refiere a la notificación, varía la concepción que regula en esos Artículos 25 y siguientes. En efecto, allí se establece que cuando deba notificarse un acto administrativo a un interesado, la notificación debe hacerse en el domicilio o residencia del interesado, y además, agrega, en la del apoderado, pero no se refiere al representante simple. Por tanto, con el representante simple designado en el escrito de petición p recurso puede entenderse la Administración, salvo en lo que se refiere a la notificación, la cual no puede hacerse sino al interesado o a su apoderado designado mediante poder otorgado de acuerdo al Código de Procedimiento Civil.

Esto, sin duda, ha sido una inadvertencia del Legislador, porque de acuerdo a las normas del 25 y siguientes, debió también establecerse, que la notificación podía hacerse ante el representante simple. Sin embargo, a la Ley hay que darle el sentido que tiene, y ante esta regulación del Artículo 75, no puede haber notificación válida hecha al representante, sino sólo la realizada en la residencia o domicilio del interesado o de su apoderado.

D. Obligaciones

El interesado, dentro de ese marco de regulación que trae la Ley, tiene una serie de situaciones jurídicas que establecen deberes y derechos. Analicemos aquí, las obligaciones de los interesados, y en general de los particulares frente a la Administración.

a. *El deber de informar*

En primer lugar, la Ley regula un deber de los particulares de informar a la Administración. Este es un deber general de todos los establece que "los administrados" están obligados a facilitar a la Administración Pública, la información de que dispongan sobre el asunto concreto de que se trate, cuando ello sea necesario para tomar la decisión correspondiente y le sea solicitada por escrito. Se trata, por tanto, de una obligación de todo particular de suministrar información a la Administración, si ésta se la solicita por escrito. La Ley no establece sanciones frente al incumplimiento de esta obligación.

b. *El deber de comparecer*

Otra obligación establecida en la Ley es la obligación, también de todo particular o administrativo, de comparecer a las oficinas públicas cuando sean requeridos conforme al Artículo 29, previa notificación hecha por los funcionarios que sean competentes para tramitar los asuntos en los cuales aquellos interesados o aquellos administrados, puedan tener interés. En este caso, se exige la formalidad de una notificación regulada en los Artículos 73 y siguientes, para que pueda exigirse esta obligación de comparecer. La Ley tampoco trae, en este caso, sanciones para el incumplimiento de esta obligación. Sin embargo, tanto la violación del deber de informar como del deber de comparecer, podrían configurar la falta prevista en el Artículo 485 del Código Penal, el cual dispone castigo de arresto de 5 a 30 días o multa de 20 a 150 bolívares a quien "hubiere desconocido una orden legalmente expedida por la autoridad competente o no haya observado alguna medida legalmente dictada por dicha autoridad en interés de la justicia o de la seguridad o salubridad públicas".

c. *El deber de observar los lapsos*

Otro deber en este caso de los interesados, es el deber de cumplir los lapsos establecidos en la Ley. Hemos visto que el Artículo 41 prevé que los términos o plazos que establece la Ley o cualquier Ley en materia de procedimiento, obligan por igual y sin necesidad de apremio, tanto a las autoridades y funcionarios como a los particulares interesados, por lo que éstos también están obligados por los lapsos.

d. *El deber de instar el procedimiento*

También los interesados tienen la obligación de impulsar el procedimiento. En efecto, iniciado un procedimiento o si el interesado se hizo parte en un procedimiento, tiene la obligación de impulsarlo. La consecuencia del incumplimiento de esta obligación de impulsar el procedimiento, está en la perención regulada en el Artículo 64 de la Ley. Por tanto, si un procedimiento que ha sido iniciado a instancia de un interesado, se paraliza por dos meses porque no lo inste o no comparezca ante la Administración, y si se paraliza por causa imputable al interesado, se operará la perención de dicho procedimiento, es decir, el procedimiento se extingue. Ese término de dos meses comienza a partir de la fecha en la cual la autoridad administrativa notifique al interesado de un asunto concreto.

Se trata, en todo caso, como lo dice el Artículo 65, de una perención del procedimiento, no del derecho que el interesado pueda tener ni de las acciones que pueda intentar. Además, la declaratoria de perención no interrumpe el término de prescripción de dichos derechos y acciones.

Por otra parte, conforme a lo previsto en el Artículo 66, no obstante la perención, la Administración puede continuar la tramitación del procedimiento, si razones de interés público lo justifican. Por tanto, por ejemplo, si se inicia un procedimiento y existe un interés general en que ese procedimiento continúe por el problema planteado, el hecho de que el particular no vuelva a aparecer en el expediente, no debe necesariamente conducir a que se extinga el procedimiento. Puede la Administración, en este caso, juzgar que aun cuando el particular no comparezca, debe seguirse ese procedimiento y tomarse una resolución.

e. *El deber de ejecutar los actos*

Otra obligación de los interesados, regulada en la Ley, es la obligación de ejecutar los actos administrativos. En efecto, cuando la Administración dicta un acto, éste tiene carácter ejecutivo, por lo que deben ser ejecutados de inmediato conforme se establece en el Artículo 8 de la Ley.

Ahora bien, en principio, el acto administrativo debe ejecutarse por su destinatario, por lo que si la Administración, por ejemplo, dicta un acto de liquidación de un impuesto, el particular debe ejecutarlo, pagando el impuesto; si la Administración dicta un auto autorizando la construcción de un inmueble, el particular lo ejecuta construyendo; si la Administración dicta un auto ordenando la vacunación masiva en caso de una enfermedad, los particulares están obligados a soportar la ejecución del acto y dejarse vacunar; o si la Administración ordena la demolición de un inmueble, el particular debe demolerlo. Por tanto, en principio, la ejecución del acto administrativo normalmente debe ser hecha por el particular interesado. Por ello, la Ley expresamente establece que cuando se trate de actos que deben ser ejecutados personalmente por el obligado, éste debe ejecutarlos personalmente, y la Administración tiene medios, en el Artículo 80, ordinal 2°, para obligar a que el obligado ejecute el acto. En esta forma, cuando se trate de actos de ejecución personal y el obligado se resiste a cumplirlos, la Administración le puede imponer multas sucesivas mientras permanezca en rebeldía, por lo que a fuerza de multas se obliga al particular a ejecutarlo. Además, después de multas sucesivas, en caso de que persista el incumplimiento, la Ley prescribe que será sancionado con nuevas multas iguales o mayores a las que ya se hubieran aplicado, concediéndosele un plazo razonable, a juicio de la Administración, para que cumpla lo ordenado, siendo en todo caso, cada multa, de un monto de hasta 10.000 bolívares, salvo que otra Ley establezca una cifra mayor, en cuyo caso se aplicará la ley especial.

Pero si no se trata de un acto de ejecución personalísima y, por tanto, de un acto que puede ser susceptible de ejecución subsidiaria, en este caso también se prevé una obligación, pero de soportar la ejecución, y costear la actuación. El ordinal 1° del Artículo 80 señala que cuando se trata de actos susceptibles de ejecución indirecta con respecto al obligado, la Administración procederá a su ejecución bien por ella misma o por una persona que designe, a costa del obligado. Por ejemplo, si se ordena la demolición de una inmueble que amenaza ruina, el propietario está obligado a demolerlo; pero si se resiste, la Administración tiene dos vías para ejecutar el acto: o por sus propios medios demuele el inmueble a costa del interesado, quien debe pagar el costo de esa demolición, o encomienda a un contratista la tarea de que lo demuela a costa, también, del interesado. En consecuencia, aquí la obligación es de soportar la ejecución indirecta.

2. Los funcionarios

En cuanto al elemento subjetivo del procedimiento administrativo, además del interesado, debe hacerse mención, también, al funcionario que actúa en el procedimiento y, particularmente en relación a tres aspectos: la imparcialidad, la inhibición y la responsabilidad.

A. La imparcialidad

En efecto, el funcionario público, de acuerdo a la orientación que trae el Artículo 30 de la Ley, así como conforme a lo previsto en los Artículos 30 y 100 de la misma Ley Orgánica, debe actuar, ante todo, con imparcialidad. El Artículo 30 prescribe, como uno de los principios de la actividad administrativa, la imparcialidad y, así mismo, los Artículos 39 y 100 prescriben las sanciones para los casos en los cuales el funcionario pueda distorsionar el procedimiento utilizando su poder para fines no previstos en las normas, con lo cual reafirma el principio de la imparcialidad.

B. La inhibición

Véase Gustavo Urdaneta, "Guía de lectura" en *Ley Orgánica de Procedimiento Administrativos*, EJV, Caracas 1981, p. 81 y ss.

Ahora bien, la regulación concreta prevista en la Ley, en relación a la imparcialidad de los funcionarios, está en el establecimiento de la obligación de inhibirse que la Ley prescribe respecto a los funcionarios públicos, cuando pueda estar comprometida su imparcialidad.

En cuanto a la inhibición de los funcionarios la Ley regula, en primer lugar, las causas de inhibición y su consecuencia; en segundo lugar, la oportunidad de esa inhibición; en tercer lugar, la decisión de inhibición, y en cuarto lugar, las consecuencias de la inhibición.

a. *Las causas de inhibición*

En cuanto a las causas de inhibición, éstas están expresamente previstas en el Artículo 36 de la Ley. Allí se establece que los funcionarios administrativos deberán inhibirse del conocimiento del asunto cuya competencia les está legalmente atribuida, en los siguientes casos:

En primer lugar, cuando personalmente o bien, su cónyuge o algún pariente dentro del cuarto grado de consanguinidad o segundo de afinidad, tuvieren interés en el procedimiento; en segundo lugar, cuando tuvieren amistad íntima o enemistad manifiesta con cualquiera de las personas interesadas que intervengan en el procedimiento; en tercer lugar, cuando hubieren intervenido como testigos o peritos en el expediente de cuya resolución se trate, o si como funcionarios hubieren manifestado previamente su opinión en el mismo, de modo que pudieren prejuzgar ya la resolución del asunto o, tratándose de un recurso administrativo, que hubieren resuelto o intervenido en la decisión del acto que se impugna. Quedan en este supuesto, evidentemente, a salvo, los casos de revocación de oficio y de la decisión del recurso de reconsideración, que debe siempre resolver el propio funcionario, de acuerdo a lo que prescribe el Artículo 94 de la Ley.

Debe señalarse que el Artículo 36, al definir las causas de inhibición, establece una obligación para los funcionarios de inhibirse del conocimiento de los asuntos, por lo cual esta no es potestativa sino obligatoria. Sin embargo, el Artículo 36, en su parágrafo único, exceptúa de esta obligación sólo a los funcionarios que tengan a su cargo la expedición de certificados adoptados en serie o conforme a modelos preestablecidos, de modo que en esos casos resulte en extremo difícil advertir la existencia de alguna de las causas de inhibición.

b. *La oportunidad de la inhibición*

En cuanto a la oportunidad en la cual la inhibición debe ser formulada por el funcionario, el Artículo 37 señala que éste, dentro de los 2 días hábiles siguientes a aquél en el cual comenzó a conocer del asunto o en el cual sobrevino la causal de inhibición, deberá plantear su Inhibición en escrito razonado y, sin retardo, remitir el expediente a su superior inmediato.

c. *La decisión sobre la inhibición*

El funcionario superior, de acuerdo al Artículo 38, dentro de los 10 días hábiles siguientes contados a partir de la fecha de recepción del expediente, es quien debe decidir, sin más trámite, si es procedente o no la inhibición. En el caso de que el funcionario superior considere que la inhibición es procedente, designará, en la misma decisión, un funcionario de igual jerarquía que conozca del asunto y, al efecto, le remitirá el expediente sin retardo alguno, a los efectos de que continúe la tramitación y lo decida. En caso de que no existiere funcionario de igual jerarquía al que se hubiere inhibido, el funcionario superior debe designar un funcionario *ad hoc* que se encargue del expediente.

Ahora bien, en caso de que el funcionario superior no acepte la inhibición formulada por el funcionario inferior, devolverá el expediente al funcionario inhibido, quien está obligado a continuar conociendo del asunto.

Debe señalarse, por otra parte, que la inhibición no sólo puede ser planteada, como lo regulan los Artículos 36 al 38, por el funcionario que se considere incurso en alguna causal de inhibición, sino que también la inhibición puede ser decidida, de oficio, por el funcionario de mayor jerarquía en la entidad respectiva. En esta forma, el Artículo 39 de la Ley Orgánica prescribe que este funcionario que ocupe la mayor jerarquía en la entidad donde curse el asunto, puede ordenar, de oficio, o a instancia de los interesados, que los funcionarios incursos en alguna causal de inhibición de las previstas en el Artículo 36, se abstengan de toda intervención en el procedimiento, designando en el mismo acto, al funcionario que deba continuar conociendo del expediente. Esta norma permite a cualquier interesado en el caso de que estime que hay alguna causal de inhibición en el funcionario público, de dirigirse directamente al jerarca del organismo para plantearle la causal de inhibición, con el objeto de que el funcionario superior tome la providencia necesaria. La figura, sin embargo, no debe confundirse con la recusación del procedimiento civil, la cual no existe en materia administrativa.

Por supuesto, la Ley permite, también, que la decisión del funcionario superior de ordenar a algún funcionario inferior que se abstengan de seguir interviniendo en un procedimiento, puede ser adoptada de oficio.

d. *Las consecuencias de la inhibición*

Como se ha señalado, la consecuencia fundamental de la decisión de inhibición de un funcionario, es que no puede continuar conociendo de un asunto o interviniendo en su tramitación. Sin embargo, cuando se produce la inhibición de un funcionario, sea porque lo plantea él mismo de acuerdo al Artículo 37 de la Ley, o porque lo decida el superior jerárquico, conforme a lo que prescribe el Artículo 40 de la Ley, el funcionario que se haya inhibido deberá prestar la cooperación que le sea requerida por el funcionario a quien se hubiere encomendado la resolución del asunto.

C. La responsabilidad de los funcionarios públicos

Sobre la responsabilidad de los funcionarios públicos véase Allan R. Brewer-Carías, *Las Instituciones Fundamentales del Derecho Administrativo y la Jurisprudencia Venezolana*, Caracas 1964, p. 923 y ss.; Allan R. Brewer-Carías, "Aspectos de la actividad contralora sobre los funcionarios públicos" en *Revista del Colegio de Abogados del Distrito Federal*, N° 129, Caracas 1965, pp. 9-34; Allan R. Brewer-Carías, "Aspectos del control político sobre la Administración Pública" en *Revista de Control Fiscal,* N° 101, Caracas 1980, p. 107 y ss.; Allan R. Brewer-Carías, "Comentarios sobre la responsabilidad de los funcionarios públicos y la inconstitucionalidad del artículo 51 de la Ley Orgánica de Régimen Municipal" en *Revista de Derecho Público,* N° 2, Caracas 1980, pp. 179-183; Eloy Lares Martínez, *Manual de Derecho Administrativo*, Caracas 1978, p. 431 y ss.

El funcionario público que tenga a su cargo la sustanciación de un procedimiento, es responsable civil, penal y administrativamente, de sus acciones u omisiones en el mismo, o para emplear la terminología de los Artículos 3° y 100, del retardo, omisión, distorsión o incumplimiento de cualquier procedimiento, trámite o plazo.

Esta responsabilidad se deriva del principio fundamental del ordenamiento constitucional que prescribe la responsabilidad de los funcionarios públicos por todos los actos que realicen en ejercicio de sus funciones, y en los cuales violen la Ley, abusen de su poder o violen o menoscaben los derechos garantizados por la Constitución.

En tal sentido, el Artículo 121* de la Constitución declara que "el ejercicio del Poder Público acarrea responsabilidad individual por abuso de poder o por violación de Ley"; y el Artículo 46** del texto fundamental prescribe que "Todo acto del Poder Público que viole o menoscabe los derechos garantizados por esta Constitución es nulo, y los funcionarios y empleados públicos que los ordenen o ejecuten incurren en responsabilidad penal, civil y administrativa, según los casos, sin que les sirvan de excusas órdenes superiores manifiestamente contrarias a la Constitución y a las Leyes".

Se consagra, así, constitucionalmente y con carácter general, la responsabilidad personal e individual de los funcionarios públicos, por las acciones y omisiones que realicen en ejercicio de sus funciones, y que puede ser de carácter civil, penal o administrativa.

Así lo ratifica, además, el Artículo 55*** de la Ley de Carrera Administrativa. Por ello, en la Ley Orgánica de Procedimientos Administrativos, se reafirma el principio de la responsabilidad de los funcionarios, al prescribir, su Artículo 3, que los funcionarios y demás personas que presten servicios en la Administración Pública "son responsables por las faltas en que incurran" en la tramitación de los asuntos cuyo conocimiento les corresponda.

Ahora bien, las faltas en las cuales pueden incurrir los funcionarios públicos en la tramitación de los asuntos, cuyo conocimiento les corresponda, puede comprometer su responsabilidad penal, civil o administrativa, por lo que a continuación analizaremos las regulaciones más relevantes en la materia.

---

* Art. 1139 de la Constitución de 1999.

** Art. 25 de la Constitución de 1999.

*** Art. 79 Ley del Estatuto de la Función Pública.

a. *Aspectos de la responsabilidad penal de los funcionarios*

En materia penal, los funcionarios públicos son plenamente responsables, de conformidad con la Ley. El principio tradicional *nullum crimen nulla poena sine lege*, es decir, de que nadie puede ser condenado en causa penal sino por delitos tipificados en el Código Penal o en leyes especiales y con las penas establecidas en esos textos (Artículo 60*, de la Constitución), también se aplica a los funcionarios públicos. En esta forma, éstos pueden ser condenados por los delitos contra la independencia y la seguridad de la nación, en particular, los de traición a la patria y otros delitos contra ésta (Artículos 128 y siguientes del Código Penal □C.P.□); y por supuesto, por todos los delitos comunes que prevé el Código Penal, y en particular, por los delitos contra la cosa pública, los cuales están más directamente relacionados con el ejercicio de sus funciones (Artículos 195 y siguientes □C.P.□). Tales delitos se comentan especialmente a continuación:

a'. El peculado

El peculado es el delito en que incurrirían los funcionarios públicos cuando sustrajeren los dineros u objetos muebles cuya custodia o administración estén a su cargo en virtud de sus funciones. La pena prevista por este delito es de 3 a 10 años de presidio (Artículo 195 □C.P.□).

b'. La concusión

La concusión es el delito que se produciría si los funcionarios públicos, abusando de sus funciones, constriñeran a alguna persona a que dé o prometa a él o a un tercero alguna suma de dinero u otra ganancia o dádiva indebida. Está castigado con prisión de 8 meses a 5 años (Artículo 196 □C.P.□).

También habría concusión, si los funcionarios públicos abusando de sus funciones, indujesen a alguna persona a que dé o prometa a ellos mismos o a un tercero alguna suma de dinero u otra ganancia o dádiva indebida. La pena prevista en este caso es de prisión de 2 a 16 meses (Artículo 197 □C.P.□).

c'. La corrupción

a". La corrupción por actos debidos

La corrupción de funcionarios es el delito que se produciría si éstos, por propia o ajena cuenta, recibieran por algún acto de sus funciones, en dinero o en otra cosa, alguna retribución que no se le deba o cuya promesa acepte. La pena en este caso, es de prisión de 1 a 2 meses (Artículo 198 □C.P.□). Aun cuando a esta corrupción se la califique de impropia, parecería más fácil que se produzca.

b". La corrupción por actos indebidos

La corrupción de funcionarios propiamente tal, es el delito que se produciría si éstos, por retardar u omitir algún acto de sus funciones o por efectuar alguno que sea contrario al deber mismo que ellas imponen, recibieran o se hicieran prometer, dinero u otra utilidad, bien por sí, bien por medio de otra persona.

---

* Art. 49,6 de la Constitución de 1999.

En este caso la pena es de presidio de 3 a 5 años. La pena de presidio sería aumentada de 4 a 8 años, si el acto cometido tuviera por efecto: conferir empleos públicos, subsidios, pensiones u honores; hacer que se convenga en contratos en que esté interesada la Administración Pública; o favorecer a causar algún perjuicio o daño a alguna de las partes en un juicio civil o al culpable en un proceso penal (Artículo 199 □C.P.□).

d'. El abuso de autoridad

a". *Por actos arbitrarios*

El delito de abuso de autoridad se produciría si los funcionarios públicos abusando de sus funciones, ordenaren o ejecutaren en daño de alguna persona, cualquier acto arbitrario que no esté previsto especialmente como delito o falta por una disposición de la Ley. En este caso, la pena es de prisión de 15 días a un año, y si obra por interés privado, se aumentará en una sexta parte (Artículo 204 □C.P.□).

b". *Por incitación a la desobediencia de las leyes*

También se produciría el delito de abuso de autoridad, si el funcionario público, en ejercicio de sus funciones, excitare a alguna persona a desobedecer las leyes o las medidas tomadas por la autoridad. En este caso la pena sería de 15 días a 1 año de prisión (Artículo 204 □C.P.□).

c". *Por beneficio personal*

El delito de abuso de autoridad también se produciría si el funcionario público, por sí mismo, por interpuesta persona o por actos simulados, se procurase alguna utilidad personal en cualquiera de los actos de la Administración Pública en que ejerce sus funciones. En este caso la pena sería de prisión de 6 meses a 5 años (Artículo 205 □C.P.□).

e'. El incumplimiento de los deberes del funcionario

El Código Penal establece también como delito contra la cosa pública, las infracciones de los deberes de los funcionarios públicos, en los siguientes casos:

a". *La divulgación de secretos*

Este delito se produciría si el funcionario público comunicare o publicare los documentos o hechos de que está en conocimiento o posesión por causa de sus funciones y que deba mantener en secreto, o si favoreciera la divulgación de aquéllos. En este caso la pena es de arresto de 3 a 15 meses (Artículo 206 □C.P.□).

b". *La abstención de decidir*

Este delito se produciría si el funcionario público bajo cualquier pretexto, aunque fuere el del silencio, oscuridad, contradicción o insuficiencia de la ley, omitiera o rehusare cumplir algún acto de su ministerio. La pena en este caso sería de multa de 50 a 1.500 bolívares (Artículo 207 □C.P.□C.P.).

c". *La omisión o retardo de la denuncia penal debida*

Este delito se produciría si el funcionario público, habiendo adquirido en el ejercicio de sus funciones, conocimiento resultante de esas mismas funciones, de algún hecho punible por el cual ordene la Ley proceder de oficio, omitiera o retardase indebidamente dar parte de ello a la autoridad competente. En este caso, la pena es de multa de 50 a 1.000 bolívares (Artículo 208 □C.P.□).

b. *Aspectos de la responsabilidad civil de los funcionarios públicos*

Además de ser responsable penalmente, los funcionarios públicos son responsables civilmente por los daños y perjuicios que en ejercicio de sus funciones hubieren causado tanto al Estado como a los particulares. La obligación civil del funcionario público puede tener, entre otras, las siguientes fuentes previstas en el Código Civil: el enriquecimiento sin causa y los hechos ilícitos.

Conforme al Artículo 1.184 del Código Civil, "aquél que se enriquece sin causa en perjuicio de otra persona, está obligado a indemnizarla, dentro del límite de su propio enriquecimiento, de todo lo que aquélla se haya empobrecido". En cuanto a los hechos ilícitos, el Artículo 1.185 del Código Civil establece que "el que con intención, o por negligencia, o por imprudencia, ha causado un daño a otro, está obligado a repararlo. Debe igualmente reparación, quien haya causado un daño a otro excediendo, en ejercicio de su derecho, los límites fijados por la buena fe o por el objeto en vista del cual le ha sido conferido ese derecho".

Esta responsabilidad civil consagrada legalmente, por supuesto, abarca a los funcionarios públicos tanto frente al Estado mismo como frente a los particulares. En cuanto al enriquecimiento sin causa frente al Estado, ha sido regulado especialmente en una Ley contra el enriquecimiento ilícito.

a'. El enriquecimiento ilícito

El enriquecimiento ilícito de los funcionarios públicos, tendría lugar cuando durante el desempeño de sus cargos o dentro del año siguiente a su cesantía, se encontraren en posesión de bienes, sea por sí o por interpuesta persona, que sobrepasaren notoriamente sus posibilidades económicas (Artículo 25 de la Ley contra el Enriquecimiento Ilícito de Funcionarios o Empleados Públicos L.C.E.I.)*.

Para la determinación del enriquecimiento ilícito de los funcionarios públicos se deben tomar en cuenta: 1) Sus condiciones personales; 2) La cuantía de los bienes objeto del enriquecimiento en relación con el importe de sus ingresos y de sus gastos ordinarios; 3) La ejecución de actos que revelen falta de probidad en el desempeño del cargo y que tengan relación adecuada con el enriquecimiento (Artículo 25 L.C.E.I.). A los efectos de determinar el enriquecimiento, las declaraciones juradas de bienes que deben presentar los funcionarios públicos al aceptar y al cesar en su cargo (Artículo 3 L.C.E.I.), son fundamentales (Artículo 16 L.C.E.I.)**.

b'. La responsabilidad civil por hecho ilícito

Se ha señalado, además, que tanto frente al Estado como frente a los particulares, los funcionarios son responsables por los daños causados, con intención, o por negligencia, o por imprudencia (Artículo 1185 Código Civil). Por tanto, las decisiones de los fun-

---

* Artículo 46 Ley contra la Corrupción.

** Artículo 46 Ley contra la Corrupción.

cionarios públicos que intencionalmente o por negligencia o imprudencia causen daño al patrimonio público, y que surgen del despilfarro de los dineros públicos o mala administración de los mismos, pueden dar origen a acciones por responsabilidad civil que debe intentar el Ministerio Público (Artículo 220, ordinal 5° de la Constitución)***.

En particular, la Ley Orgánica de Procedimientos Administrativos establece el principio de la responsabilidad civil de los funcionarios frente al Estado por los daños y perjuicios causados al mismo, por sus actuaciones. En efecto, el Artículo 6° de la Ley precisa lo siguiente: "Cuando la Administración haya incurrido en mora o retardo en el cumplimiento de las obligaciones contraídas con los administrados y ello acarreare daño patrimonial, el funcionario o funcionarios a quienes competa la tramitación del asunto, además de las sanciones previstas en esta ley, será responsable civilmente por el daño ocasionado a la Administración". Aún cuando el Artículo utiliza la frase "obligaciones contraídas", la cual podría conducir a la interpretación de que se trataría de obligaciones derivadas de contratos, estimamos que el sentido de la norma se refiere a las obligaciones contraídas con los particulares, cualquiera que sea la fuente de las mismas.

En esa forma, si el retardo o mora en su cumplimiento, produce que la Administración tenga que responder ante los particulares por daños y perjuicios, el funcionario responsable, a su vez, es responsable frente a la Administración de los daños ocasionados a ella. Esta responsabilidad civil de funcionario, en todo caso, no excluye la aplicación de las sanciones administrativas pertinentes previstas en la ley.

Por último, debe señalarse también, que la Ley Orgánica hace responsable civilmente al funcionario público, por insuficiencia de la caución fijada, para la suspensión de efectos del acto administrativo, conforme a lo establecido en su Artículo 87.

c. *Aspectos de la responsabilidad administrativa de los funcionarios públicos*

Pero además de la responsabilidad penal y civil, los funcionarios públicos también pueden incurrir en responsabilidad administrativa por incumplimiento de sus deberes o por las acciones u omisiones en el ejercicio de sus funciones que impliquen violaciones de leyes y reglamentos administrativos.

La responsabilidad administrativa puede ser apreciada por la propia administración activa, la cual tiene competencia para imponer las sanciones disciplinarias previstas en la Ley de Carrera Administrativa. Además, puede ser apreciada por la Contraloría General de la República, a través de un procedimiento administrativo conforme a la Ley Orgánica (Artículo 81 y siguientes)* que la regula, en todos aquellos casos en los cuales se constate que los funcionarios públicos que tengan a su cargo o intervengan en cualquier forma en la administración, manejo o custodia de bienes o fondos públicos, hayan incurrido en errores, omisiones o negligencias.

Ahora bien, en cuanto a la responsabilidad administrativa regulada en el marco de la Ley Orgánica de Procedimientos Administrativos, debe señalarse que la misma puede conducir a la aplicación de dos tipos de sanciones administrativas: sanciones pecuniarias y sanciones disciplinarias.

*** Artículo 285,5 de la Constitución de 1999.

* Art. 89,9 Ley del Estatuto de la Función Pública.

a'. Las sanciones pecuniarias

En efecto, toda violación de la Ley Orgánica de Procedimientos Administrativos es susceptible de ser castigada mediante la imposición de sanciones pecuniarias, reguladas en el Artículo 100 de dicho texto. Esta norma, realmente, es muy general en la tipificación de las faltas sancionables, por lo que los funcionarios responsables materialmente de cualquier incumplimiento de cualquiera de las normas de la Ley, pueden ser sancionados con multa.

En tal sentido, el Artículo 100 establece que "el funcionario o empleado público responsable de retraso, omisión, distorsión o incumplimiento de cualquier disposición, procedimiento, trámite o plazo, establecido en la presente Ley, será sancionado con multa entre el cinco por ciento (5%) y el cincuenta por ciento (50%) de su remuneración total correspondiente al mes en que cometió la infracción, según la gravedad de la falta".

Por supuesto, conforme a los Artículos 3 y 101 de la Ley Orgánica, las sanciones pecuniarias que puedan aplicarse a los funcionarios por las violaciones a la Ley, se aplicarán sin perjuicio de las acciones civiles, penales o administrativas a que haya lugar, por lo que quedan a salvo, en particular, las sanciones disciplinarias previstas en la Ley de Carrera Administrativa.

Ahora bien, las sanciones administrativas previstas en el Artículo 100 de la Ley Orgánica pueden aplicarse, sea a instancia de parte interesada o de oficio, directamente por el Ministro respectivo.

a". *Las multas derivadas del recurso de reclamo*

En efecto, en primer lugar, la sanción puede ser aplicada como consecuencia de un recurso de queja o de reclamo iniciado por un interesado. Hemos señalado, que el Artículo 3° de la Ley Orgánica, al establecer la responsabilidad de los funcionarios por las faltas en que incurran en los procedimientos administrativos, les otorga a los interesados una vía formal de recurso de reclamo ante el superior jerárquico inmediato, por todo retardo, omisión, distorsión o incumplimiento de cualquier procedimiento, trámite o plazo en que incurrieren los funcionarios responsables del asunto.

Este recurso de reclamo debe interponerse ante el mencionado superior jerárquico inmediato en forma escrita y razonada y debe ser resuelto dentro de los 15 días hábiles siguientes. En estos casos de recurso de reclamo, dice el Artículo 3° "si el superior jerárquico encontrare fundado el reclamo, impondrá al infractor o infractores la sanción prevista en el Artículo 100 de la presente Ley, sin perjuicio de las demás responsabilidades y sanciones a que hubiere lugar". En relación a esta norma, parecería lógico entender que el "superior jerárquico" mencionado en la última parte del Artículo, debería ser el "superior jerárquico inmediato" ante el cual se reclama, lo que conduciría a afirmar que en los casos de recursos de reclamo, la sanción se debería imponer por el superior jerárquico inmediato del funcionario sancionado. Sin embargo, la interpretación del Artículo 3° debe hacerse en forma concordante con el Artículo 103 que precisa que la multa prevista en el Artículo 100 "será aplicada por el Ministro respectivo" o el funcionario superior en las otras organizaciones distintas a las ministeriales, regidas por la Ley, asignándose a "los superiores inmediatos del sancionado" la obligación de iniciar el procedimiento para la aplicación del a multa, so pena de incurrir en falta grave que se castigará de conformidad con la Ley de Carrera Administrativa".

Por tanto, de acuerdo a estas dos normas, en los casos de recurso de reclamo, si bien éste se plantea por ante el superior jerárquico inmediato, en realidad es para que éste inicie el procedimiento de multa y lo lleve a la decisión del Ministro o superior jerárquico correlativo, quien es el competente para aplicar la multa, mediante resolución motivada (Artículo 104).

b". *Las multas de oficio*

Pero por supuesto, no es necesaria la interposición de un recurso de reclamo para que se inicie un procedimiento de multa, sino que de acuerdo al comentado Artículo 103, cuando sea procedente, es una obligación del superior jerárquico inmediato iniciarlo de oficio, so pena de ser él mismo sancionado conforme a la Ley de Carrera Administrativa, si no lo hace.

c". *El procedimiento para la aplicación de las multas*

De acuerdo al Artículo 102 de la Ley, para la imposición de las multas se debe seguir el procedimiento establecido al efecto por la Ley Orgánica de la Hacienda Pública Nacional*, "en cuanto sea aplicable". El legislador, en esta materia, sin duda incurrió en una incongruencia, pues parece no tener sentido que en una Ley Orgánica de Procedimientos Administrativos, el procedimiento para la aplicación de las multas originadas en infracción de la propia Ley, no se rija por sus normas, sino por las de la Ley Orgánica de la Hacienda Pública Nacional, en cuanto sea aplicable.

Ahora bien, esta Ley Orgánica de la Hacienda Pública Nacional, en sus Artículos 420 y siguientes, establece algunas normas concernientes a la aplicación y apelación de las multas que deben destacarse, pues resultan aplicables para el caso de sanciones pecuniarias previstas en la Ley Orgánica de Procedimientos Administrativos.

De acuerdo al Artículo 420 de la Ley Orgánica de la Hacienda Pública Nacional, como paso previo a la imposición de una multa, se debe levantar un acta en la cual se harán constar específicamente todos los hechos relacionados con la infracción, acta que deben firmar, según el caso, el funcionario que la levanta, que debe ser el superior jerárquico inmediato, y el funcionario contraventor.

No garantiza la Ley Orgánica de Hacienda los derechos mínimos de defensa del sancionado, por lo que analógicamente, deberá aplicarse lo previsto en el Artículo 48 de la Ley Orgánica de Procedimientos Administrativos, en el sentido de que debe darse al funcionario la oportunidad de que pueda exponer sus pruebas y alegar sus razones en un lapso de 10 días hábiles.

Una vez adoptada la resolución que imponga la multa, por el Ministro o superior jerárquico respectivo, la cual debe ser motivada, debe pasársele copia de ella, junto con la planilla de liquidación, a fin de que consigne el monto de la multa en la Oficina del Tesoro en el lapso señalado en la planilla, más el término de distancia ordinario.

---

* Ley de Reforma Parcial de la Ley Orgánica de la Administración Financiera del Sector Público *G.O.* N° 39.465 de 14-07-2010.

En cuanto a la notificación de la multa, el Artículo 421 de la Ley Orgánica de la Hacienda Pública Nacional establece normas específicas que difieren de lo previsto en el Artículo 76 de la Ley Orgánica de Procedimientos Administrativos, para los casos de notificaciones impracticables.

Por último, debe señalarse que a los efectos del monto de la multa prevista en el Artículo 100 de la Ley Orgánica de Procedimientos Administrativos, debe aplicarse lo previsto en el Artículo 310 de la Ley Orgánica de la Hacienda Pública Nacional para los casos de contravenciones fiscales cuya sanción se establezca entre dos límites, en cuyo supuesto se debe aplicar el Código Penal*, teniendo en cuenta la mayor gravedad de la infracción.

En cuanto a los recursos contra las resoluciones ministeriales que impongan multas, el Artículo 105 de la Ley Orgánica de Procedimientos Administrativos establece que pueden ser recurridas en reconsideración, dentro de los 15 días hábiles siguientes a su publicación o notificación. El recurso debe ser decidido dentro de los 30 días hábiles siguientes, y contra la decisión del Ministro se podrá recurrir ante la Corte Suprema de Justicia en Sala Político-Administrativa, dentro del plazo muy breve de 5 días hábiles siguientes a la notificación.

b'. *Las sanciones disciplinarias*

a". El régimen de las infracciones y sanciones

Pero además de las sanciones pecuniarias que se pueden aplicar por violaciones a la Ley Orgánica a los funcionarios encargados de la tramitación de los asuntos, en materia administrativa, conforme a lo previsto en el Artículo 101 de la propia Ley Orgánica, también pueden imponerse las sanciones previstas en la Ley de Carrera Administrativa.

Conforme al Artículo 58 de esta Ley, independientemente de las sanciones previstas en otras Leyes, aplicables a los funcionarios públicos en razón del desempeño de sus cargos o por el ejercicio de sus funciones, y en particular, independientemente de las mencionadas sanciones pecuniarias que consagran el Artículo 100 de la Ley Orgánica de Procedimientos Administrativos, los funcionarios públicos quedan sujetos a las siguientes cuatro sanciones disciplinarias: amonestación verbal, amonestación escrita; suspensión del cargo, con o sin goce de sueldo; y destitución.

Los Artículos 60 al 62 de dicha Ley detallan las infracciones que pueden dar lugar a la aplicación de esas sanciones disciplinarias, así como los funcionarios a quienes corresponde la imposición de las mismas; y el Reglamento General de la Ley dictado a comienzos de 1982 (Decreto N° 1.378 de 15-1-82 en *G.O.* N° 2.905 Extra, de 18-1-82), establece las normas básicas de procedimiento, en las cuales se deja a salvo el derecho del funcionario respectivo, a ser oído y a la defensa (Art. 101 y ss.).

En cuanto a las infracciones que pueden dar origen a la aplicación de sanciones disciplinarias previstas en la Ley de Carrera Administrativa, debe señalarse que la Ley Orgánica de Procedimientos regula, además, dos casos específicos. Establece en su Artículo 4, parágrafo único, que la reiterada negligencia de los responsables de los asuntos o recursos que dé lugar a que éstos se consideren resueltos negativamente por la

---

* Código Penal *G.O.* N° 5768 Extraordinario de 13-4-2005.

aplicación del silencio administrativo, les acarreará amonestación escrita a los efectos de la Ley de Carrera Administrativa; por otra parte, en el Artículo 103, establece que constituye una falta grave que se castigará de conformidad a la Ley de Carrera Administrativa, el hecho de que un superior inmediato no inicie el procedimiento para la aplicación de una multa a un inferior, cuando ello sea procedente. La falta grave lógicamente daría origen a la destitución.

b". El procedimiento para la impugnación de las sanciones disciplinarias

Ahora bien, debe señalarse que la Ley de Carrera Administrativa establece diversos niveles de decisión en materia de sanciones disciplinarias, y además, prevé la recurribilidad ante el Tribunal de la Carrera Administrativa de las decisiones que se adopten. En consecuencia, en estos casos, el recurso respectivo en la vía contencioso-administrativa se rige por lo dispuesto en los Artículos 73 y siguientes de la Ley de Carrera Administrativa*, y entre otros aspectos, rige, por supuesto, el agotamiento previo de la instancia conciliatoria ante la respectiva Junta de Avenimiento.

Lo afirmado conduce entonces a señalar que en el supuesto de que un funcionario sea sancionado por contravenciones a la Ley Orgánica de Procedimientos Administrativos, y como consecuencia, se le impongan multas de acuerdo al Artículo 100 de esa Ley y sanciones disciplinarias de acuerdo a la Ley de Carrera Administrativa, el funcionario tiene necesariamente que acudir a dos vías de recurso, no acumulables: las multas debe recurrirías ante la Corte Suprema de Justicia en Sala Político-Administrativa, conforme al Artículo 105 de la Ley Orgánica de Procedimientos Administrativos y al Artículo 42 de la Ley Orgánica de la Corte Suprema de Justicia**, y las sanciones disciplinarias, ante el Tribunal de la Carrera Administrativa, conforme a la Ley de Carrera Administrativa. Esta situación, no sólo hace más onerosa la defensa, sino que puede provocar fallos contradictorios, de dos Tribunales, en relación al fondo de una misma infracción. Por ello, esta incongruencia legal deberá ser resuelta en el futuro por la Jurisprudencia.

3. La administración pública y la responsabilidad administrativa

Véase Allan R. Brewer-Carías, *Las Instituciones Fundamentales del Derecho Administrativo y la Jurisprudencia Venezolana*, Caracas, 1964, pp. 417 a 428; Allan R. Brewer-Carías, "Comentarios sobre el enriquecimiento sin causa como fuente de obligaciones administrativas", en *Revista de Control Fiscal*. N° 83, Caracas, 1976, pp. 9 a 17; Luis Beltrán Guerra, "La responsabilidad civil del Estado por los hechos ilícitos de los órganos de la Administración Pública", en *Revista de la Facultad de Derecho*, UCV, N° 53, Caracas, 1972, pp. 119 a 167.

Pero el elemento subjetivo en el procedimiento administrativo no se agota con la participación de los interesados y del funcionario público, como titular de un órgano administrativo, sino que formando parte de dicho elemento, debe destacarse que en el procedimiento también participa el ente público respectivo, como sujeto de derecho (República, Estado, Municipio, Instituto Autónomo), pues en definitiva, la relación jurídica que está en la base de aquél, se establece entre ese ente público y el interesado. Por tanto, no sólo el funcionario público es responsable personalmente, desde el punto de vista

* Art. 92 de la Ley del Estatuto de la Función Pública.

** Ley Orgánica del Tribunal Supremo de Justicia *G.O.* N° 39.522, de 01-10-2010.

penal, civil y administrativo, de las acciones u omisiones que realice en ejercicio de sus funciones y que puedan causar daño, sino que también, por dicha actuación del funcionario, puede quedar comprometida la responsabilidad de la Administración Pública frente al administrado.

En efecto, la Constitución declara expresamente la responsabilidad del Estado venezolano, al disponer el Artículo 47 que "en ningún caso podrán pretender los venezolanos ni los extranjeros que la República, los Estados o los Municipios los indemnicen por daños, perjuicios o expropiaciones que no hayan sido causados por autoridades legítimas en el ejercicio de su función pública".

Este reconocimiento de la responsabilidad del Estado, aunque en forma indirecta, tiene una importancia capital, pues, sin el reconocimiento de esta institución difícil sería calificar a nuestro sistema estatal como Estado de Derecho, y las garantías jurídicas de los administrados frente a la Administración quedarían incompletas.

Ahora bien, tenemos que señalar que la norma constitucional citada consagra la responsabilidad del Estado por daños causados por autoridades legítimas en el ejercicio de su función pública, es decir, en principio, por cualquier autoridad legítima en ejercicio de la función legislativa, jurisdiccional, administrativa o de gobierno.

No hay ninguna norma constitucional que excluya la responsabilidad del Estado en alguno de estos últimos supuestos. Sin embargo, sólo nos interesa destacar aquí la responsabilidad que pueda surgir para el Estado por su actividad administrativa y sobre ésta, debemos señalar que el Artículo 206 de la Constitución ha completado la disposición del Artículo 47 en materia de responsabilidad administrativa, al atribuir competencia a los órganos de la jurisdicción contencioso-administrativa para condenar a la Administración "a la reparación de daños y perjuicios originados en responsabilidad de la Administración".

El medio jurídico puesto a disposición de los particulares para exigir esa responsabilidad de la Administración y para obtener reparación por decisión de la jurisdicción contencioso-administrativa, es el recurso de plena jurisdicción. Por otra parte, sólo a la jurisdicción contencioso-administrativa le corresponde pronunciar jurisdiccionalmente condenas a la Administración por su responsabilidad.

Veamos entonces, el fundamento de la responsabilidad de la Administración en el sistema venezolano.

A. La responsabilidad por culpa

Se ha discutido en la doctrina si la responsabilidad de la Administración es una responsabilidad por hecho propio y, por tanto, directa, o si es una responsabilidad indirecta por el acto de sus funcionarios. No hay duda en afirmar que en nuestro ordenamiento, la responsabilidad de la Administración es una responsabilidad directa por hecho propio, pues los funcionarios no son unos entes extraños a la Administración sino que, como titulares de órganos, forman parte de ella y se integran en ella. Y es precisamente la teoría del órgano, en Derecho Público, la que ha dado, en nuestro concepto, el triunfo definitivo a esta concepción. Por ello la Constitución establece la responsabilidad de la Administración por los daños y perjuicios "causados por autoridades legítimas en el ejercicio de su función pública".

No se trata, entonces, de una responsabilidad fundada en el Artículo 1.191 del Código Civil, es decir, una responsabilidad fundada en culpa *in eligendo* o *in vigilando,* sino de una responsabilidad fundada en culpa *in comitendo* o *in omitendo* establecida en el Artículo 1.185 del Código Civil.

Este artículo establece que "el que con intención, o por negligencia, o por imprudencia ha causado un daño a otro, está obligado a repararlo". Según este mismo artículo, la Administración debe igualmente reparación cuando "haya causado un daño a otro, excediendo, en el ejercicio de su derecho, los límites fijados por la buena fe o por el objeto en vista del cual le ha sido conferido ese derecho".

Pero si bien es cierto que la responsabilidad de la Administración es una responsabilidad por hecho propio, no hay que perder de vista que es causada por la actuación de un funcionario que también es responsable personalmente, en principio, de los daños que cause.

Por tanto, se hace necesario distinguir la actuación de ese funcionario, que es imputada a la Administración, de la actuación de ese funcionario que le es imputada únicamente a él mismo; y cuando se trata de responsabilidad, entre la responsabilidad de la Administración y la responsabilidad personal del funcionario.

a. *La responsabilidad de la Administración*

La responsabilidad de la Administración se encuentra comprometida cuando por intención, negligencia o imprudencia, la actividad administrativa ha causado un daño al administrado. La actividad administrativa es aquella actividad realizada por una autoridad pública que se manifiesta por medio de actos administrativos, hechos jurídico-administrativos y relaciones jurídico-administrativas. Por tanto hay responsabilidad de la Administración extra contractual cuando, por intención, negligencia o imprudencia los actos y hechos jurídico-administrativos han causado un daño al administrado.

Sin embargo, a pesar de que todo hecho o acto de la Administración tiene que ser realizado por sus órganos, no siempre, en nuestro concepto, la exigencia de la responsabilidad a la Administración requiere la individualización del agente. En efecto, fuera de los casos en que el daño es causado con intención por la actividad administrativa, en que sí es necesaria la individualización del funcionario que ha obrado con intención para comprometer la responsabilidad de la Administración, en los casos de negligencia o imprudencia no es siempre necesaria esa individualización.

Cuando, por ejemplo, y aquí utilizamos conceptos y nociones elaborados por la jurisprudencia francesa, un Servicio Público ha funcionado mal, no ha funcionado o ha funcionado tardíamente, la negligencia o la imprudencia en el actuar de los funcionarios encargados de hacer funcionar bien el Servicio no necesita ser individualizada e identificado el funcionario, sino que basta con que esos hechos se hayan producido para comprometer la responsabilidad de la Administración; probando, por supuesto, el daño que ese mal funcionamiento, o funcionamiento tardío, o esa ausencia de funcionario del Servicio Público, haya producido al administrado reclamante.

También debemos señalar que la actividad ilegal de la Administración, sea por actos administrativos inconstitucionales o por actos administrativos ilegales propiamente dichos, cuando han producido un daño al administrado, comprometen la responsabilidad de la Administración. Consideramos que en estos casos puede hablarse de presunción de culpa de la Administración, ya que la violación de la Constitución, la violación de ley y la desviación de poder -que, en términos de responsabilidad civil, equivale al abuso de derecho- por un acto administrativo, o en general por una actividad administrativa, hacen presumir la existencia de una negligencia o imprudencia en el actuar administrativo, cuando no se trate de una intencionalidad. En todo caso, la ilegalidad debe haber producido un daño que debe probarse. Así, un simple vicio de forma no esencial puede ser simple y rápidamente convalidado, por lo cual no producirá daño.

Sin embargo, una violación de la Constitución o de las garantías constitucionales, una incompetencia manifiesta, una desviación de poder, sí son susceptibles de producir un daño capaz de comprometer la responsabilidad de la Administración.

Sin embargo, los daños causados por una usurpación de autoridad no son susceptibles de comprometer la responsabilidad de la Administración por no tratarse de una autoridad legítima en ejercicio de una función pública. El usurpador de autoridad, sin embargo, es responsable frente a la comunidad en los términos consagrados por el Artículo 250 de la Constitución.

b. *La responsabilidad del funcionario*

En principio, la Administración es responsable por todos los daños que causen sus autoridades legítimas en ejercicio de su función y sean ocasionados intencionalmente o por dolo, o culposamente por negligencia o imprudencia. Sin embargo, ello no excluye la responsabilidad personal del funcionario también en todo caso. Esto es lo que constituye el cúmulo de responsabilidades que analizaremos más adelante. Ahora sólo nos interesa destacar los casos en los cuales se compromete la responsabilidad personal del funcionario, sin que se comprometa la del Estado, y concretamente la de la Administración.

La responsabilidad civil del funcionario público se presenta, sin originar, su actuación, responsabilidad de la Administración, cuando el hecho ilícito por él cometido no tiene relación alguna con el ejercicio de sus funciones públicas. Es decir, cuando los daños que cause su actuación personal no tienen relación con el Servicio Público que desarrolla, ni fueron producidos con ocasión del ejercicio de sus funciones públicas. En estos casos, el único responsable de esos daños es el funcionario público y la Administración es totalmente irresponsable respecto de ellos.

La responsabilidad personal del funcionario también se encuentra comprometida, no sólo respecto a los particulares, sino también respecto a la propia Administración. Estos son los casos de la responsabilidad administrativa del funcionario. En este sentido, el funcionario público responde personalmente de los daños causados a la Administración por su hecho ilícito. De ahí que, en ciertos casos y principalmente para funciones relacionadas con el patrimonio del Estado, la Administración exija de los funcionarios públicos la prestación de una caución legal. Esta caución responderá de los daños que cause a la Administración el funcionario, por su actividad negligente, dolosa o imprudente, y servirá además de seguridad frente a la posible insolvencia del funcionario.

c. *El cúmulo de responsabilidad*

De conformidad con el Artículo 47 de la Constitución, la Administración es responsable de los daños y perjuicios que causen sus autoridades legítimas en el ejercicio de sus funciones públicas y administrativas. Por tanto, la Administración es responsable así esa autoridad legítima haya actuado dolosamente.

Pero no solamente la Administración es responsable de los daños que causen sus autoridades legítimas en el ejercicio de la función administrativa, sino que en el sistema venezolano esas autoridades legítimas son también responsables de los daños que causen en ejercicio de sus funciones públicas. En efecto, como se dijo, el artículo 46 de la Constitución establece que "todo acto del Poder Público que viole o menoscabe los derechos garantizados por esta Constitución es nulo, y los funcionarios y empleados públicos que lo ordenen o ejecuten incurren en responsabilidad penal, civil y administrativa, según los casos, sin que les sirvan dé excusa órdenes superiores manifiestamente contrarias a la Constitución y a las leyes". Y, es más, el Artículo 121 de la propia Constitución declara expresamente que "el ejercicio del Poder Público acarrea responsabilidad individual por abuso de poder o por violación de la ley".

Por tanto, en materia de responsabilidad administrativa, cuando esta responsabilidad surge por violación de la Constitución y los derechos que ella garantiza, por violación de la Ley o por un abuso de poder, se produce lo que se ha llamado el cúmulo de responsabilidad. En este cúmulo de responsabilidad solidaria, tanto el estado o la Administración como el funcionario público, personalmente, responden de los daños causados. Por tanto, hay una responsabilidad solidaria, de suerte que el particular lesionado puede dirigirse contra la Administración y contra el funcionario público. Entra en juego, entonces, el Artículo 1.195 del Código Civil.

Ahora bien, creemos que por razones de equidad esta responsabilidad solidaria tiene un atenuante. En efecto, hemos dicho que la Administración debe responder de todos los daños causados por sus autoridades legítimas en ejercicio de sus funciones públicas, así sean causados esos daños por dolo o intención de parte del funcionario. Esto es lo que se desprende del Artículo 47 de la Constitución.

Sin embargo creemos que el cúmulo de responsabilidades no se produce en forma absoluta y, por tanto, aunque la Administración responda pecuniariamente por los daños causados por dolo del funcionario, éste tendrá también una responsabilidad y, como consecuencia, la Administración podrá repetir de él lo pagado. Esto, por otra parte, es aplicación del Artículo 1.195 del Código Civil cuando establece, en los casos de responsabilidad solidaria, que quien ha pagado íntegramente la totalidad del daño, tiene acción contra el coobligado por una parte que fijará el juez, según la gravedad de la falta. Por tanto, como la falta es completa del funcionario por su dolo, la Administración tendrá acción por la totalidad de lo pagado.

En esta misma forma, si ha sido el funcionario público el que ha pagado, no tendrá acción contra su coobligado que es la Administración, por ser de él la totalidad de la falta. Esto sin embargo, está limitado a los casos de dolo del funcionario en el ejercicio de sus funciones, pero no se aplica, en nuestro concepto, a los otros casos.

Dados los supuestos señalados, en el sistema venezolano creemos que no puede darse el supuesto de la acumulación de culpas, entre la culpa del funcionario imputada a la Administración y la culpa del funcionario imputada a él mismo, y ello, porque la segunda, hemos dicho para que entre en juego tiene que haber sido realizada con independencia total del Servicio Público o del ejercicio de sus funciones públicas. Este supuesto, en cambio, sí puede darse en sistemas como el francés, qué distinguen netamente entre la "culpa del Servicio" y la "culpa del funcionario".

B. La responsabilidad sin culpa

Véase sobre esto, Hildegard Rondón de Sansó, "El riesgo administrativo" en *Revista de la Facultad de Derecho*, UCV, N° 10, Caracas 1957, pp. 283 y ss.

La responsabilidad de la Administración no sólo está fundamentada en la noción de culpa, sino que se da en algunos supuestos con la prescindencia absoluta de la noción de culpa y principalmente fundada en la noción de riesgo. La idea de riesgo, creación de la jurisprudencia francesa civilista, se fundamenta en la idea correlativa al provecho; puede decirse, en la relación provecho-carga.

De esta manera, toda persona que con ocasión de una actividad de la cual saca provecho crea un riesgo de causar daños, debe, si ese riesgo se realiza, responder del daño causado, ya que no sería justo sacar provecho de su actividad sin asumir las cargas.

Esta idea de riesgo está acogida en el Artículo 1.193 del Código Civil respecto a las cosas. En efecto, dicha disposición establece que

> "toda persona es responsable del daño causado por las cosas que tiene bajo su guarda, a menos que pruebe que el daño ha sido ocasionado por falta de la víctima, por el hecho de un tercero o por caso fortuito o fuerza mayor".

En materia de tránsito terrestre, la Ley vigente acoge la teoría del riesgo para establecer la responsabilidad del conductor. En efecto, el Artículo 21 señala que

> "el conductor está obligado a reparar todo daño material que cause con motivo de la circulación del vehículo, a menos que pruebe que el daño proviene de un hecho de la víctima o de un tercero que haga inevitable el daño y sea normalmente imprevisible para el conductor".

Estos dos casos de responsabilidad objetiva; fundada en la noción de riesgo, y con prescindencia absoluta del concepto de culpa, son perfectamente aplicables a la responsabilidad administrativa.

Ambas disposiciones establecen, lógicamente, una presunción *iuris et de jures*, permitiéndose, sin embargo, la exoneración de responsabilidad en los supuestos típicos de falta de la víctima, hecho de un tercero y caso fortuito o fuerza mayor. Observamos que la disposición de la Ley de Tránsito Terrestre no contempla como causal de exclusión de responsabilidad el caso fortuito o fuerza mayor, lo cual resulta incomprensible.

Ahora bien, en todo caso, el segundo fundamento de la responsabilidad de la Administración en el sistema venezolano radica en la idea de riesgo.

La doctrina refiere con frecuencia casos de "responsabilidad administrativa" no fundamentados en la idea de culpa o en la idea de riesgo, y que tienen su origen en daños causados por el ejercicio legal y legítimo del poder administrativo.

Estos casos, no los consideramos como casos de responsabilidad administrativa, sino que entran en los supuestos de lo que en Derecho administrativo se ha denominado la Teoría de la Indemnización.

IV. LOS TIPOS DE PROCEDIMIENTOS

1. Aspectos generales

A. Las diversas clases de procedimientos

Sobre las clases de procedimientos administrativos, véase Hildegard Rondón de Sansó, *El Procedimiento Administrativo*, Caracas 1976, p. 41 y ss.; Hildegard Rondón de Sansó, "Estudio Preliminar" en *Ley Orgánica de Procedimientos Administrativos,* EJV, Caracas 1981, p. 49 y ss.

La Ley Orgánica de Procedimientos Administrativos establece normas que regulan los diversos tipos de procedimientos, los cuales pueden estudiarse desde distintos ángulos.

En primer lugar, la distinción entre el procedimiento general y el procedimiento especial, surge del Artículo 47 que ya hemos comentado en diversas oportunidades. Conforme a esa norma hay un procedimiento general que regula la Ley Orgánica, y unos procedimientos especiales regulados en leyes especiales. En relación a esto, expresamente, el Artículo 47 establece que "los procedimientos administrativos contenidos en leyes especiales se aplicarán con preferencia al procedimiento ordinario", que regula la Ley Orgánica, "en las materias que constituyan la especialidad". El problema a determinar, en cuanto a la aplicabilidad preferente de los procedimientos especiales regulados en leyes especiales, es el que sugiere la parte del Artículo 47 que también hemos comentado, en relación a las materias que constituyen la especialidad, las cuales deben determinarse en cada caso, porque ellas son las que tienen aplicación preferente y no la globalidad de un procedimiento especial.

En segundo lugar, la Ley distingue tres tipos de procedimientos: por una parte, el procedimiento ordinario, que se regula en el Capítulo I del Título III relativo al procedimiento administrativo; además, regula en el Capítulo II, un procedimiento sumario que puede ser seguido por la Administración y, también, por último, podríamos señalar que hay un procedimiento simple, que es el que se verifica en aquellos casos en los cuales no se requiere sustanciación y que regula el Artículo 5 de la Ley.

Por ello, en tercer lugar pueden distinguirse los procedimientos, que requieren sustanciación de aquellos otros que no lo requieren y, en cuanto a lo que requiere sustanciación, éstos pueden ser ordinario o sumario, según los casos.

En definitiva, todas estas clasificaciones pueden agruparse en dos categorías globales: procedimientos que se inician de oficio o procedimientos que se inician a instancia de parte.

Los procedimientos que se inician a instancia de parte pueden o no requerir sustanciación. Si no requieren sustanciación, serían procedimientos simples regulados en el Artículo 5 de la Ley, y si requieren sustanciación, serían procedimientos ordinarios regulados en los Artículos 47 y siguientes de la Ley.

Los procedimientos que se inician de oficio, pueden ser ordinarios (Artículos 47 y siguientes) o sumarios (Artículos 67 y siguientes).

Por último, debe señalarse en cuanto a la distinción de los procedimientos, que es claro que la Ley trae también una distinción clásica y fundamental de los procedimientos, entre el procedimiento constitutivo o de formación de los actos administrativos, y el procedimiento de impugnación de los mismos, configurado, este último, por los recursos administrativos que estudiaremos más adelante.

B. Los términos y plazos

Por otra parte, también debe hacerse referencia a las regulaciones generales sobre términos y plazos que establecen los Artículos 41 al 43 de la Ley, y que inciden sobre la obligatoriedad de los mismos, su inicio y forma de su cómputo, y el vencimiento.

a. *La obligatoriedad de los términos*

El Artículo 41 de la Ley establece que los términos o plazos establecidos en la Ley Orgánica y en otras leyes relativas al procedimiento administrativo, obligan por igual, y sin necesidad de apremio, tanto a las autoridades y funcionarios competentes para el despacho de los asuntos, como a los particulares interesados en los mismos.

b. *Inicio de los plazos*

En cuanto al inicio de los plazos la Ley prevé expresamente en su Artículo 42 que éstos "se contarán siempre a partir del día siguiente de aquél en que tenga lugar la notificación o publicación del acto administrativo".

c. *Forma de cómputo*

Además, la Ley establece la forma de cómputo de los términos o plazos, según se indiquen por días ó sean mensuales o anuales.

a'. Lapsos de días

En cuanto a los términos o plazos que estén establecidos por días, el Artículo 42 prescribe que se computarán exclusivamente los días hábiles, salvo disposición en contrario. Por tanto, sólo cuando una ley disponga expresamente un lapso en días continuos se contarán en esa forma; de resto, si la ley habla solamente de días, se entiende que se trata de días hábiles.

La precisión general de la Ley Orgánica tiene importancia, lo cual se evidencia si se comparan dos lapsos previstos en el ordenamiento en materia de silencio administrativo. En efecto, el Artículo 134 de la Ley Orgánica de la Corte Suprema de Justicia, prevé un recurso contencioso-administrativo contra el acto que no cause estado, cuando no ha sido decidido el recurso administrativo, en un lapso de 90 días consecutivos, vencido el cual se abre el lapso del recurso contencioso. En el supuesto de la Ley Orgánica de Procedimientos Administrativos, por ejemplo, el lapso para que se decida el recurso jerárquico de acuerdo al Artículo 91 es también de 90 días, pero éstos se cuentan por días hábiles, lo cual representa mucho más de tres meses.

Por otra parte, el establecimiento de lapsos por días hábiles, revalorizará la Resolución anual que regularmente dicta la Oficina Central de Personal a comienzos de cada año, en la cual se establecen los días no laborables en la Administración Pública, pues de acuerdo con el Artículo 42 de la Ley Orgánica, debe entenderse por días hábiles los días laborables de acuerdo al calendario de la Administración Pública.

Por último, debe señalarse que esta forma de cómputo de los lapsos en días, por días hábiles, se aplica a todos los lapsos que por días establece la Ley. Así, los procedimientos que conforme al Artículo 5° no requieren sustanciación, deben concluir en un lapso de 20 días hábiles y los procedimientos que se realicen en forma sumaria deben concluir en un lapso de 30 días hábiles conforme a lo previsto en el Artículo 67 de la Ley. Asimismo todos los lapsos para interponer y decidir los recursos administrativos previstos en los Artículos 91 y siguientes de la Ley se cuentan también por días hábiles.

b'. Lapsos de meses y años: vencimiento

En cuanto a los lapsos establecidos por meses o años, el mismo Artículo 42 establece que concluirán en día igual al de la fecha del acto del mes o año que corresponda para completar el número de meses o años fijados en el lapso. En todo caso, si el lapso debe cumplirse en un día de que carezca el mes, se entiende vencido el último de ese mes, y si dicho día fuese inhábil, el término o plazo respectivo expirará el primer día hábil siguiente.

C. La utilización del correo

De acuerdo a lo establecido en el Artículo 43 de la Ley Orgánica, se entiende que los administrados han actuado en tiempo hábil cuando los documentos correspondientes fueren remitidos por correo al órgano competente de la Administración con anterioridad al vencimiento de los términos y plazos y siempre que haya constancia de la fecha en que se hizo la remisión.

La Ley exigió, a tales fines, que el Ministerio de Transporte y Comunicaciones dictase una reglamentación específica, y ello se realizó mediante una "Resolución Reglamentaria sobre recepción y remisión de documentos por correo" N° 1304 del 30 de diciembre de 1981 (*G.O.* 32.385 de 4-1-82), la cual ha sido comentada.

2. El procedimiento ordinario

En cuanto a las fases del procedimiento, véase Hildegard Rondón de Sansó, "Estudio Preliminar" en *Ley Orgánica de Procedimientos Administrativos*, EJV, Caracas 1981, p. 50 y ss.; Gustavo Urdaneta, "Guía de Lectura", en *ídem,* p. 83 y ss.

A. Procedencia

La Ley Orgánica de Procedimientos Administrativos no prescribe, en forma clara, cuándo debe seguirse necesariamente, el procedimiento ordinario y cuándo el sumario, y al contrario, otorga a la Administración en su Artículo 67 un excesivo poder discrecional para determinar, "cuando lo estime conveniente", seguir el procedimiento sumario.

Sin embargo, de esta norma puede sacarse como principio general que cuando un procedimiento requiera sustanciación, debe seguirse el procedimiento ordinario, salvo que la Administración decida expresamente seguir el procedimiento sumario, lo cual requeriría de decisión expresa.

Por otra parte, este poder discrecional de la Administración de optar por seguir un procedimiento sumario, no es ilimitado, y no puede coartar los derechos del interesado. Para su aplicación, por ejemplo, habría que distinguir el tipo de actuación de la Administración en el sentido de si es de oficio o a instancia de parte. En los procedimientos que se inician a instancia de parte y requieren sustanciación, siempre debe seguirse el procedimiento ordinario, y no puede la Administración disponer que se siga el procedimiento sumario, pues conforme al Artículo 67, éste se reserva a los que se pueden iniciar de oficio.

En estos procedimientos que se inician de oficio, y pueden conducir a la aplicación de sanciones, la garantía de los particulares exigiría la aplicación del procedimiento ordinario, en el cual se permite al particular ejercer adecuadamente su derecho a la defensa. Sin embargo, en todo caso, la Administración posee un poder discrecional amplio, que debe utilizar dentro de los límites establecidos en el Artículo 12 de la Ley Orgánica.

B. Iniciación

El procedimiento ordinario, de acuerdo al Artículo 48 de la Ley, puede iniciarse de oficio o a instancia de parte; y además, puede iniciarse en los casos en los cuales la Administración, conforme a lo indicado en el Artículo 68 de la Ley, determine convertir un procedimiento sumario en ordinario.

En este sentido, dicho Artículo 68 expresamente dispone que... "Iniciado el procedimiento sumario, el funcionario sustanciador con autorización de] superior jerárquico inmediato y previa audiencia de los interesados, podrá determinar que se siga el procedimiento ordinario, si la complejidad del asunto así lo requiere".

En todo caso, aquí se trata de una modalidad, porque la distinción básica, de iniciación del procedimiento ordinario a instancia de parte o de oficio sigue vigente, pues aun en estos casos de transformación de un procedimiento sumario en ordinario, hay que recordar que el procedimiento sumario se inicia también a instancia de parte o de oficio.

a. *Iniciación de oficio*

a'. Apertura

Sobre las "Actas" como forma de inicio de los procedimientos de oficio, véase la jurisprudencia en Allan R. Brewer-Carías, *Jurisprudencia de la Corte Suprema 1930-1974 y Estudios de Derecho Administrativo*, T. III, Vol. I, Caracas 1976, p. 155 y ss.; y en Mary Ramos Fernández, "Jurisprudencia Administrativa y Constitucional", en *Revista de Derecho Público*, Nº 1, Caracas 1980, p. 125; Nº 2, Caracas 1980, p. 111; Nº 6, Caracas 1981, p. 142.

Véase, además, la *Doctrina de la Procuraduría General de la República 1978*, Caracas 1979, p. 102.

Cuando el procedimiento se inicia de oficio, por la Administración, la Ley prescribe en el Artículo 48 que esta iniciación se haga formalmente y, por tanto, tiene que haber una especie de acto de trámite formal que ordene el inicio del procedimiento. Así, expresamente señala la norma que en caso de que el procedimiento se inicie de oficio, la autoridad administrativa competente o una autoridad administrativa superior, "ordenará la apertura de un procedimiento".

Por tanto, tiene que haber una decisión formal que acuerde la apertura del procedimiento y ese acto debe constar por escrito, siendo, por supuesto, un acto de trámite que debe aparecer al inicio del expediente.

Ahora bien, la Administración para iniciar un procedimiento de oficio, tiene que tener conocimiento de determinados hechos, y ello puede ocurrir por denuncia de algún particular o por la actuación de un funcionario.

Así, es muy frecuente que se planteen ante la Administración denuncias formales y escritas, firmadas o anónimas, verbales e inclusive por los medios de comunicación social, en las cuales se ponga en conocimiento de la Administración alguna situación que amerite la apertura del procedimiento. En estos casos, en base a cualesquiera de esos elementos, la Administración puede ordenar la apertura del procedimiento, si estima que determinados hechos ameritan una actuación administrativa.

Estos procedimientos que se inician de oficio mediante denuncias, son normalmente procedimientos de carácter sancionatorio en los cuales la Administración, al tomar conocimiento de un asunto está en la obligación de realizar una investigación o averiguación para concluir normalmente, en un acto sancionatorio.

Muchas veces, el acto inicial de apertura de un procedimiento, está motivado por una actuación de algún funcionario, que ha tomado conocimiento de determinados hechos. Se trata de "las actas" que determinados funcionarios tienen competencia para levantar respecto de determinados hechos, y que regula nuestro ordenamiento jurídico. Estas actas, en efecto, son determinantes en los procedimientos fiscales y, también, en los procedimientos sanciónatenos. En estos casos, la Ley atribuye facultades a funcionarios fiscalizadores para levantar un acta de hechos, que debe ser firmada por el funcionario y, normalmente, al realizarse en presencia del interesado, también éste debe suscribirla, y esa acta es lo que, normalmente, luego va a motivar la decisión formal de apertura del procedimiento.

b'. La audiencia del interesado

Sobre el derecho a la audiencia del interesado véase, Hildegard Rondón de Sansó, "Estudio Preliminar" en *Ley Orgánica de Procedimientos Administrativos*, EJV, Caracas 1981, p. 41 y ss. Véase, además, la jurisprudencia que recoge Mary Ramos Fernández en "Jurisprudencia administrativa y constitucional" en *Revista de Derecho Público*, N° 6, Caracas 1981, pp. 143-146; y en cuanto a la doctrina administrativa véase Doctrina de la Procuraduría General de la República 1969, Caracas 1970, p. 24.

En los procedimientos que se inician de oficio, el primer acto de trámite que debe realizarse en el procedimiento ordinario, una vez que se abre el expediente, es la audiencia del interesado. La Ley es rigurosa en los procedimientos de oficio, al exigir que abierto el expediente y el procedimiento, lo primero que debe hacer la Administración es notificar a los particulares cuyos derechos subjetivos o intereses legítimos, personales o indirectos, pudieren resultar afectados; notificación que debe realizarse de acuerdo a lo establecido en el Artículo 73 de la Ley Orgánica.

Debe señalarse que esta notificación tiene el efecto de configurarse, en estos procedimientos que se inician de oficio, en el momento en el cual comienza el término máximo de resolución de los expedientes, conforme a lo establecido en los Artículos 60 y 61 de la Ley.

La Ley habla de particulares, y no de interesados pues al tratarse del inicio de un procedimiento, y de oficio, lo que hay son simplemente particulares, administrados, que la Administración estima que están lesionados en sus derechos e intereses. Si estos particulares acuden ante la Administración, y se hacen parte, con la legitimación requerida, adquieren el carácter de interesados que prevé el Artículo 22 de la Ley. Al notificarse a esos particulares, la Ley establece que tienen un plazo de 10 días hábiles para que expongan sus pruebas y aleguen sus razones.

Esta norma, sin duda, al exigir que se notifique a los particulares cuyos derechos o intereses puedan resultar lesionados con la actividad administrativa, consagra la base para que puedan ejercer su derecho a la defensa. Sin embargo, al establecer un plazo parece limitar innecesariamente este derecho.

En efecto, el Artículo 48 concede a los interesados un lapso de 10 días hábiles para que expongan sus pruebas y aleguen sus razones. Esta norma debe interpretarse. En efecto, en otras normas como la del Artículo 23, la Ley señala que la condición de interesados la tienen personas aun cuando no hubieren intervenido en el inicio del procedimiento, agregando que en tal caso pueden "apersonarse, en el mismo, en cualquier estado en que se encuentre su tramitación". Por tanto, se prescribe la posibilidad del interesado de hacerse parte en el procedimiento en cualquier momento.

Ahora bien, si el interesado puede hacerse parte en cualquier estado del procedimiento, y si, además, el interesado tiene derecho a tener acceso al expediente, de acuerdo al Artículo 59, "en cualquier estado o grado del procedimiento", o sea, sin límites, no parece congruente que se interprete el Artículo 48 en el sentido de que el lapso de 10 días hábiles para que se expongan pruebas y se aleguen razones, es un lapso preclusivo en el sentido que después de esos 10 días hábiles, el interesado no pueda exponer otras pruebas y alegatos. En nuestro criterio, si el interesado puede hacerse parte en cualquier estado del procedimiento y si tiene acceso al expediente en cualquier momento y si, además, tiene el derecho a presentar pruebas de todos los hechos que se consideren relevantes conforme a todos los medios de prueba de acuerdo al Artículo 58, nos parece injusto que en un procedimiento ordinario que, como hemos visto, puede durar conforme al Artículo 60, seis meses, se concedan sólo 10 días hábiles para que el particular exponga sus pruebas y alegue sus razones. Pensamos que esa es la fase inicial de la audiencia del interesado, pero que no impide, en adelante, en cualquier momento en el procedimiento, que los interesados puedan aportar pruebas y razones al expediente.

En todo caso, la Ley habrá sólo de "exponer" pruebas, es decir, anunciarlas, pues resultaría absurdo que ese plazo fuera para evacuarlas.

Es muy importante, en todo caso, la exigencia de que debe haber una notificación formal para la audiencia inicial del interesado y para que se inicie el mencionado plazo de 10 días. Esto va a cambiar muchos procedimientos especiales en los cuales materialmente, la oportunidad de presentar alegatos, en ciertos casos, era el del levantamiento del acta inicial. En ese momento era en el cual, tradicionalmente, el interesado debía exponer sus alegatos y si no lo hacía en esa oportunidad, corría el riesgo de no poder desvirtuar los hechos que en ella constaban, posteriormente.

De acuerdo a la Ley Orgánica, ahora, aun cuando haya habido un Acta que haya estado, inclusive, firmada por el interesado, debe posteriormente notificársele de la apertura del expediente y del procedimiento y dársele este lapso inicial para una audiencia formal.

En definitiva, creemos que la norma debe interpretarse en beneficio de los interesados y no en su perjuicio y concluir en que lo que esta norma persigue es que al iniciarse un procedimiento de oficio, la Administración, obligatoriamente, tiene que notificar a quienes puedan tener interés para que queden enterados y puedan comparecer, pero sin limitar el derecho de los particulares.

b. *Iniciación a instancia de parte*

a'. El escrito

Además de la iniciación de oficio, la Ley regula la iniciación del procedimiento ordinario a instancia de parte y establece con precisión, que debe hacerse por solicitud escrita, conforme se regula en el Artículo 48. Ese escrito, además, debe reunir todos los requisitos exigidos en el Artículo 49 de la Ley, conforme al cual debe hacerse constar: el organismo al cual está dirigido el escrito; la identificación del interesado, y en su caso, de la persona que actúe como su representante, con expresión de los nombres y apellidos, domicilio, nacionalidad, estado civil, profesión y número de la cédula de identidad o pasaporte; la dirección del lugar donde deben hacerse las notificaciones pertinentes (esta exigencia es de gran importancia, sobre todo desde el punto de vista práctico, pues era muy frecuente que los particulares presentaran a la Administración una petición o solicitud, en la cual no constaba dónde debía notificárseles, y a veces un procedimiento se paralizaba simplemente porque no se sabía dónde notificar al interesado); los hechos, razones y pedimentos correspondientes, expresando con claridad la materia objeto de la solicitud; debe hacerse referencia a los anexos que se acompañan, si tal es el caso; así como a cualquier otra circunstancia que exijan las normas legales y reglamentarias; y por último, la solicitud debe llevar la firma del interesado, o de los interesados.

De acuerdo al Artículo 9, ordinal 8° de la Ley de Timbre Fiscal, las peticiones, representaciones, solicitudes y memoriales que se dirijan a los funcionarios de la Administración Pública, deben extenderse en papel sellado.

b'. El registro de la solicitud

La solicitud respectiva, conforme a lo establecido en el Artículo 44 debe ser presentada en el registro de presentación de documentos, en el cual debe dejarse constancia de su presentación. La organización y funcionamiento de este registro se ha determinado en el Reglamento parcial de la Ley dictado por Decreto N° 1364 de 30-12-81 (*G.O.* N° 32385 de 4-1-82).

c'. El recibo de la solicitud

Conforme al Artículo 46 de la Ley, se debe dar al interesado recibo de su solicitud y sus anexos, con indicación del número de registro que corresponda, lugar, fecha y hora de presentación. Puede servir de recibo la copia mecanografiada o fotostática del documento que se presente, una vez diligenciada y numerada por los funcionarios del registro. En todo caso, estos deberán advertir a los interesados de las omisiones y de las irregularidades que observen, pero sin que puedan negarse a recibirla, conforme a lo que pauta el Artículo 45 de la Ley Orgánica. Por ejemplo, si el escrito no está extendido en papel sellado debe advertirse al interesado para que inutilice las estampillas correspondientes.

La constancia del día de recibo de la solicitud es esencial, pues es la que permite contar el lapso para la resolución de los expedientes que prevé el Artículo 60 de la Ley. De acuerdo al Artículo 61 de la Ley, ese término se cuenta a partir del día siguiente del recibo de la solicitud o instancia del interesado; y si se remiten por correo, conforme al Artículo 43, a partir de la fecha de la remisión.

d'. La advertencia de omisiones

Una vez que el escrito o solicitud llegue a la oficina de registro de documentos, al funcionario que debe iniciar las actuaciones, conforme a lo previsto en el Artículo 50 de la Ley, éste debe comunicarle al interesado las omisiones o faltas observadas en la solicitud en relación a los requisitos enumerados en el Artículo 49, a los efectos de que el solicitante proceda a subsanarlos en un plazo de 15 días hábiles. Esta comunicación, por supuesto, debe consistir en una notificación en la forma prescrita en los Artículos 73 y siguientes de la Ley.

Si el interesado presentare oportunamente el escrito o solicitud con las correcciones exigidas, y ésta fuere objetada por la Administración, debido a nuevos errores u omisiones, el solicitante puede ejercer el recurso jerárquico contra la segunda decisión o bien corregir nuevamente sus documentos conforme a las indicaciones del funcionario.

En relación a esta norma, debe advertirse que la Ley exige un acto formal de trámite, que debe constar en el expediente, en el cual se formulen las objeciones. Por otra parte, debe mencionarse que este Artículo 50 establece el único caso en el cual la Ley permite el ejercicio de un recurso jerárquico sin la necesidad de un recurso de reconsideración previo, como es la norma general conforme al Artículo 95 de la Ley. Esto se debe, aparentemente, al hecho de que se trata de una actuación que se cumple ante un funcionario que ya ha actuado dos veces y que ha devuelto, en dos oportunidades, la solicitud para la corrección de omisiones y errores.

En caso de que el documento o petición haya sido presentado por correo, esta notificación para que el administrado subsane omisiones o fallas observadas en el escrito o solicitud, puede hacerse también por correo. En estos casos, el recibo y entrega de la notificación, conforme lo establece la Resolución Reglamentaria sobre recepción y remisión de documentos por correo, N° 1304 de 30-12-81 (*G.O.* 32385 de 4-1-82) debe hacerse conforme a las normas relativas a "la Correspondencia Oficial" del Reglamento de la Ley de Correos; y el plazo para subsanar las omisiones y faltas, se debe contar a partir del día siguiente de aquél en el cual tenga lugar la notificación.

e'. La audiencia de los interesados

La Ley, en los casos de procedimientos que se inician a instancia de parte, en general, regula los procedimientos autorizatorios comunes, en los cuales el solicitante, materialmente, es el único interesado.

Sin embargo, también hay procedimientos de esta naturaleza, en los cuales puede haber otros interesados distintos al solicitante, y en esos casos, necesariamente, aun cuando la Ley no lo establezca, debe notificarse a los particulares cuyos derechos o intereses puedan resultar lesionados, conforme a lo que establece el Artículo 48 que debe aplicarse analógicamente, y los Artículos 73 y siguientes de la Ley.

Además, puede tratarse de un procedimiento que se inicia a instancia de parte, mediante denuncia de determinados hechos, que puedan conducir a un pronunciamiento de carácter sancionatorio en contra de otro particular.

En estos casos, la Administración debe notificar a la otra persona y debe, aun cuando no lo establezca la Ley expresamente, darle audiencia al otro interesado. La Ley, en este campo falla, porque el Artículo 48 relativo a la audiencia del interesado, se refiere sólo a los procedimientos que se inician de oficio, pero no dice nada en relación a los procedimientos sancionatorios que se inician a instancia de otra parte. Sin embargo, en estos casos, la Administración, al recibir la denuncia, tendría que notificar a los interesados y convocarlos en la misma forma, para que expongan pruebas y alegatos y se hagan parte. En estos casos, en base al principio del derecho de la defensa, debe recurrirse analógicamente a lo previsto en la segunda parte del Artículo 48, para los casos en los cuales un procedimiento se inicia a instancia de parte.

En este supuesto, en todo caso, entran en juego los aspectos de especialidad previstos en leyes especiales. Recuérdese, por ejemplo, la solicitud de registro de una marca de fábrica, en cuyo caso es la Ley de Propiedad Industrial la que prescribe que la Administración debe convocar a todos los interesados mediante cartel, publicado en la prensa, a los efectos de que aquellos puedan alegar sus derechos sobre la marca.

f'. La paralización: perención

En los procedimientos que se inician a instancia de un particular, si se paralizan durante dos meses por causa imputable al interesado, de acuerdo al Artículo 64 de la Ley, se opera la perención. Sin embargo, la norma no es clara, y podría deducirse que, al indicar el Artículo que dicho término comienza a partir de la fecha en que la Administración notifique al interesado de la paralización, es al vencerse el plazo, sin que el interesado hubiere reactivado el procedimiento, que el funcionario procederá a declarar la perención.

C. La sustanciación del procedimiento

a. *Apertura del expediente*

Al iniciarse el procedimiento, se procederá a abrir expediente en el cual se recogerá toda la tramitación a que dé lugar el asunto. De acuerdo al Artículo 31 de la Ley, debe mantenerse siempre la unidad del expediente aunque deban intervenir en el procedimiento oficinas de distintos Ministerios o Institutos Autónomos. El Artículo 51 exige, además, que se anexen al expediente copia de las comunicaciones entre las distintas autoridades, así como de las publicaciones y notificaciones que se realicen.

La decisión de abrir el expediente corresponde a la autoridad que debe iniciar las actuaciones conforme al Artículo 50 de la Ley.

b. *Audiencia de los interesados*

Ya hemos señalado que en todo caso, sea que el procedimiento se inicie de oficio o a instancia de parte, debe procederse a notificar a los particulares cuyos derechos subjetivos o intereses legítimos, personales y directos puedan resultar afectados en el procedimiento, aplicándose analógicamente el Artículo 48 de la Ley.

c. *Acumulación*

El Artículo 52 de la Ley Orgánica regula expresamente que cuando el asunto sometido a la consideración de una oficina administrativa tenga relación íntima o conexión con cualquier otro asunto que se tramite en dicha oficina, el Jefe de la dependencia puede de oficio o a solicitud de parte, ordenar la acumulación de ambos expedientes, a fin de evitar decisiones contradictorias. En este caso, se trata, también de un acto formal de trámite, que debe constar en el expediente.

d. *Impulso procesal*

Aun tratándose de procedimientos que se inician a instancia de particulares, y a pesar de que éstos tengan la obligación de cumplir ciertos actos en el procedimiento, puede decirse que la Ley atribuye a la Administración la obligación de impulsar el procedimiento. Así, por ejemplo, el Artículo 53 de la Ley establece expresamente que "la Administración, de oficio o a instancia del interesado cumplirá todas las actuaciones necesarias para el mejor conocimiento del asunto que deba decidir, siendo de su responsabilidad impulsar el procedimiento en todos sus trámites".

Por tanto, sólo por causa imputable al interesado es que un procedimiento iniciado a instancia de parte, es que puede paralizarse. De lo contrario, la Administración debe obligatoriamente actuar de oficio.

e. *Informes y dictámenes*

Sobre la administración consultiva, véase Eloy Lares Martínez, *Manual de Derecho Administrativo*, Caracas 1978, pp. 505 y ss.

a'. Solicitud

La autoridad a quien corresponda la tramitación del expediente tiene la competencia para solicitar, de oficio o a instancia de parte conforme lo indica el Artículo 54 de la Ley, de otras autoridades u organismos, los documentos, informes o antecedentes que estime convenientes para la mejor resolución del asunto. Si es el interesado el que plantea ante dicha autoridad, el requerimiento de dichos documentos e informes, debe indicar la oficina dónde curse la documentación.

b'. Lapso de evacuación

El Artículo 55 de la Ley prescribe un plazo máximo de 15 días hábiles o de 20 días hábiles para la evacuación de los documentos, informes y antecedentes, según se soliciten de funcionarios del mismo organismo o de otros organismos, respectivamente.

Sin embargo, si el funcionario requerido considera necesario un plazo mayor, lo manifestará inmediatamente al requirente, con indicación del plazo que estime necesario, el cual no puede exceder en ningún caso del doble de los términos antes mencionados. Esta manifestación, por supuesto, también debe constar formalmente en el expediente.

c'. Efectos

Si bien es indudable la importancia que tiene la Administración consultiva, la Ley le da mayor importancia a la celeridad en el procedimiento, y de allí que prevea unos efectos no suspensivos de la actividad consultiva. Por eso, el Artículo 56 de la Ley establece como principio que la omisión de los informes y antecedentes no suspenderá la tramitación, salvo que existe disposición expresa en contrario. Sin embargo, aun cuando exista ese efecto no suspensivo, ello es sin perjuicio de la responsabilidad en que incurra el funcionario por la omisión o demora, quien además, puede ser sancionado de acuerdo a los Artículos 3° y 100 de la Ley.

d'. Carácter

Por último debe indicarse que la Ley establece como principio, el carácter no obligatorio y no vinculante de los informes o dictámenes. Así, textualmente el Artículo 57 de la Ley prescribe que "los informes que se emitan, salvo disposición legal en contrario, no serán vinculantes para la autoridad que hubiere de adoptar la decisión".

Por tanto, sólo en los casos en los cuales el dictamen sea obligatorio y vinculante, la continuación del procedimiento depende de la recepción del mismo.

De lo contrario, si no es de esa naturaleza, el procedimiento no debe paralizarse. Por ello la argumentación tradicional de los funcionarios, de que una decisión no se toma porque la Consultoría Jurídica no ha mandado su dictamen, no puede ser un motivo de suspensión.

e'. La prueba

Dentro del procedimiento, por supuesto, uno de los elementos centrales es la prueba de los hechos cuyo estudio realizaremos más adelante. Debemos aquí señalar, sin embargo, que la Administración tiene la responsabilidad y obligación de realizar todos los trámites que le conduzcan a un mejor conocimiento del asunto, dice el Artículo 53 de la Ley, y los medios de prueba son todos los que prevé el ordenamiento de los Códigos Civil, de Procedimiento Civil y de Enjuiciamiento Criminal, tal como lo prevé el Artículo 58. En efecto, este Artículo establece que "los hechos que se consideren relevantes para la decisión de un procedimiento podrán ser objeto de todos los medios de prueba..." lo cual se refiere no sólo a la Administración, sino también a los particulares interesados que se hayan hecho parte. Por tanto, la Administración, de oficio o a instancia de parte y los particulares pueden evacuar las pruebas pertinentes a través de todos los medios de prueba.

f. *Acceso al expediente*

Este derecho de los interesados a probar hechos, en todo caso, resulta de su derecho a tener acceso al expediente previsto en el Artículo 59 de la Ley. Es precisamente la posibilidad de tener un acceso pleno y total al expediente, lo que le puede permitir probar, defenderse y alegar, en definitiva, ante la Administración.

En efecto, este Artículo 59 de la Ley establece el derecho de los interesados y sus representantes "de examinar en cualquier estado o grado del procedimiento, leer y copiar cualquier documento contenido en el expediente, así como de pedir certificación del mismo".

Ya hemos analizado este derecho de los interesados y su amplitud derivada del principio de la unidad del expediente regulado en los Artículos 31 y 51 de la Ley. Todos los documentos, cualquiera que sea su clase, deben acumularse al mismo expediente, y los interesados tienen derecho a acceder a los mismos. Sólo quedarían excluidos del examen de los interesados, los documentos del expediente calificados como confidenciales por el superior jerárquico por decisión motivada, en cuyo caso dichos documentos deben ser archivados en cuerpos separados del expediente. Esta es, por tanto, la única excepción que establece la Ley respecto del principio de unidad del expediente.

En todo caso, no se trata de la declaratoria de confidencialidad "de un expediente", sino de determinados "documentos" que forman parte de un expediente, y dicha declaratoria constituye un acto formal de trámite del superior jerárquico, el cual, en los ministerios, es el Ministro. Al exigir el Artículo 59 que el acto de trámite sea motivado, constituye una excepción al principio regulado en el Artículo 9 de la Ley.

Ahora bien, aun cuando la Ley no prevea recurso alguno contra esa decisión que, se insiste, constituye un acto de trámite que expresamente debe ser motivado, sin embargo, ese acto podría tener efectos definitivos, como lo regula el Artículo 85, en el sentido "de que podría causar indefensión" y, en ese caso, podría ser recurrible en vía administrativa e inclusive, en vía contencioso-administrativa.

D. La terminación del procedimiento

a. *Duración*

De acuerdo a lo establecido en el Artículo 60 de la Ley, la tramitación y resolución de los expedientes no podrá exceder de cuatro meses, salvo que medien causas excepcionales, de cuya existencia se dejará constancia en forma expresa, mediante un acto formal de trámite, en el cual se indicará la prórroga o prórrogas, que no pueden exceder, en su conjunto, de dos meses. Por tanto, el procedimiento ordinario tiene un plazo máximo de duración de seis meses, período dentro del cual debe dictarse la decisión respectiva o vencido el cual se presume que hay un acto administrativo, tácito denegatorio derivado de la aplicación del Artículo 4° de la Ley.

Este término máximo de seis meses corre a partir del día siguiente del recibo de la solicitud o instancia del interesado, si se trata de un procedimiento que se inicia a instancia de parte, en los términos de los Artículos 49 y 46 de la Ley; o a partir del día siguiente de la notificación al interesado, cuando el procedimiento se hubiere iniciado de oficio, en los términos del Artículo 48 de la Ley.

b. *La decisión*

Dejando a salvo el supuesto de aplicación del silencio administrativo, la forma normal de terminación del procedimiento es mediante una decisión expresa. En este sentido, el Artículo 62 de la Ley establece expresamente que "el acto administrativo que decida el asunto resolverá todas las cuestiones que hubieren sido planteadas, tanto inicialmente, como durante la tramitación".

Esta norma, sin duda, establece la exigencia de la plenitud del contenido de la decisión, que debe resolver todas las cuestiones planteadas, por lo que el acto debe analizar "todas las razones que hubieren sido alegadas", como además lo exige el ordinal 5° del Artículo 18.

Debe señalarse que siempre, los procedimientos que se inicien de oficio, deben terminar con una decisión expresa o tácita. En cambio, los procedimientos que se inician a instancia de parte pueden además terminar por desistimiento o perención.

c. *El desistimiento*

El procedimiento administrativo también puede terminar por desistimiento del interesado regulado en el Artículo 63 de la Ley. En este caso, para que opere el desistimiento debe haber una solicitud formal escrita del interesado que haya iniciado el procedimiento, por lo que éste opera en los procedimientos que se inicien a instancia de parte. En caso de pluralidad de interesados, dice la Ley, "el desistimiento de uno de ellos no afectará a los restantes". En todo caso, el desistimiento formulado debe ser conocido y decidido por el funcionario que conozca del asunto quien debe formalizar el desistimiento por un auto escrito, que también es un acto de trámite, en el cual debe ordenar el archivo del expediente.

d. *Perención*

También puede terminar el procedimiento administrativo que se inicia a instancia de parte por perención regulada en el Artículo 64. Esta norma establece en efecto que "si el procedimiento se ha iniciado a instancia de un particular, se paraliza durante dos meses por causa imputable al interesado, se opera la perención de dicho procedimiento". De acuerdo a la Ley, además, "el término de la perención comenzará a partir de la fecha en que la autoridad administrativa notifique al interesado". Ya hemos señalado que aparentemente esta norma lo que consagra es que si un procedimiento se paraliza por cualquier causa y tiempo, la Administración debe notificarlo expresamente al particular, y si transcurren dos meses a partir de esa notificación sin que se hubiese reactivado el procedimiento, es que opera la perención y así debe declararse. Por eso la última parte del Artículo 64 de la Ley agrega que "Vencido el lapso sin que el interesado hubiere reactivado el procedimiento, el funcionario procederá a declarar la perención". Por tanto, si hay un procedimiento paralizado, la Administración debe formalmente notificar al particular el estado del procedimiento a objeto de que comparezca y lo reactive, y es a partir de esa notificación, que debe hacerse de acuerdo a lo previsto en los Artículos 73 y siguientes, cuando comienzan a contarse los dos meses para que se opere la perención.

Debe señalarse, además, que la perención sólo opera cuando hay causa imputable al interesado en la paralización del procedimiento. Esta causa debe ser identificada en la notificación y debe ser razonada en el acto que formalice la perención por lo cual éste, aun cuando también es un acto de trámite, debe ser motivado.

En todo caso, la perención, dice el Artículo 65, no extingue los derechos y acciones del interesado (sólo afecta el procedimiento) y tampoco interrumpe el término de prescripción de esos derechos o acciones.

e. *Continuación*

Excepcionalmente, el Artículo 66 de la Ley permite que aun cuando haya desistimiento o perención de un procedimiento, la Administración pueda continuar la tramitación de procedimiento si hay razones de interés público que lo justifiquen, lo cual debe decidirse expresamente en el expediente. Se trata de una vía excepcional, en los procedimientos que se inician a instancia de parte, que confirma la posición preponderante de la Administración en el impulso de los procedimientos.

3. El procedimiento sumario

A. Procedencia y duración

En cuanto al procedimiento sumario, la Ley lo regula en el Artículo 67, pero no determina cuándo es que debe optarse por el mismo. Este Artículo otorga una gran dosis de discrecionalidad a la Administración al permitirle optar por esta modalidad cuando lo estime conveniente.

Se trata, en todo caso, de un procedimiento que sólo puede iniciarse de oficio, por lo que no procede en los casos en los cuales hay instancia de parte, en cuyo supuesto debe seguirse el procedimiento ordinario.

Por tanto, se trata de un procedimiento que puede seguirse en las actuaciones que conducen a actos sancionatorios, siempre que se garanticen los derechos particulares.

El carácter sumario deriva, en todo caso, de la duración breve que prescribe el Artículo 67, de 30 días hábiles.

B. La audiencia del interesado

No establece la Ley expresamente en estos procedimientos sumarios, la notificación al interesado y la necesaria audiencia al mismo que debe darle la Administración como garantía a su defensa, si se trata de una actuación que puede lesionar sus derechos e intereses.

En efecto, no se olvide que estos procedimientos sumarios sólo pueden desarrollarse en los casos en los cuales la Administración puede actuar de oficio, y que requieren de un acto formal de trámite que ordene abrir el expediente y optar por la vía sumaria, porque así se estima conveniente. Es muy normal que esto suceda, precisamente, en procedimientos sancionatorios, que exigen la audiencia al interesado y la garantía de su derecho a la defensa. Por ello, estimamos que analógicamente debe siempre aplicarse el Artículo 48 de la Ley, que regula la audiencia del interesado en los procedimientos ordinarios que se inician de oficio, a los procedimientos sumarios.

Debe destacarse, en todo caso, que en estos procedimientos sumarios la Ley expresamente prevé la audiencia al interesado, sólo para la adopción de un acto de trámite consistente en la transformación del procedimiento sumario en procedimiento ordinario.

En efecto, el Artículo 68 de la Ley dispone que "iniciado el procedimiento sumario, el funcionario sustanciador, con autorización del superior jerárquico inmediato y previa audiencia de los interesados, podrá determinar que se siga el procedimiento ordinario, si la complejidad del asunto así lo requiere".

C. La carga de la prueba

En particular véase Allan R. Brewer-Carías, "La carga de la prueba en el Derecho Administrativo" en *Revista de Control Fiscal*, N° 81, Caracas 1976, pp. 23-52.

En relación a los procedimientos sumarios, otro aspecto de interés que debe destacarse es el relativo a la prueba y a la carga de la prueba. Tratándose de un procedimiento que se inicia de oficio, la Administración es quien actúa. Por ello, expresamente se establece que en este procedimiento sumario "la Administración deberá comprobar de oficio la verdad de los hechos y demás elementos de juicio necesarios para el esclarecimiento del asunto". Pensamos, en todo caso, que el Artículo 69 es un Artículo que en realidad, se aplica a todo el procedimiento administrativo que se inicia de oficio: la Administración hemos visto, tiene la obligación de tramitar y, por tanto, también tiene la obligación, en todo caso, de oficio, de comprobar la verdad de los hechos y demás elementos de juicio necesarios para el esclarecimiento de todo asunto.

Por otra parte, si se trata de un procedimiento que se inicia a instancia de parte y que tiene por objeto, por ejemplo, la obtención da autorizaciones, permisos o licencias de la Administración, por supuesto, la carga de la prueba también la tiene el particular que es el interesado, lo cual no le quita a la Administración esa potestad genérica probatoria regulada en la Ley.

4. El procedimiento simple

En cuanto a los procedimientos que se inician a instancia de parte, si no requieren sustanciación, no siguen el trámite del procedimiento ordinario, y deben desarrollarse en forma simplificada a través del procedimiento que calificamos como simple regulado en el Artículo 5 de la Ley.

Este procedimiento simple se aplica, en efecto, a las peticiones o solicitudes de naturaleza administrativa que no requiere sustanciación y respecto a las cuales basta simplemente con una solicitud para que la Administración responda, a cuyo efecto la Ley prevé un lapso general de decisión en 20 días hábiles contados a partir de la presentación de la solicitud.

Dentro de la regulación del Artículo 5, debe mencionarse que en relación a estas instancias de los particulares, la Administración está obligada a informar al interesado por escrito, y dentro de los 5 días hábiles siguientes a la fecha de la presentación de la solicitud, la omisión o incumplimiento por éste de algún requisito. No precisa la Ley el lapso durante el cual el particular debe corregir su solicitud, pero una vez formuladas las observaciones, el lapso general de 20 días para que se adopte la decisión, comienza a partir de la fecha en la cual el interesado hubiere cumplido los requisito" legales exigidos.

5. El procedimiento en caso de sanciones

En una evidente incongruencia de nuestro ordenamiento jurídico, la Ley Orgánica de Procedimientos Administrativos cuando prescribe en su Título V las sanciones a ser aplicadas por violación de sus normas, en lugar de que las mismas se apliquen conforme al procedimiento que ella misma regula, remite en su Artículo 102 al procedimiento establecido en la Ley Orgánica de la Hacienda Pública Nacional en cuanto sea aplicable.

La Ley Orgánica, sin embargo, establece algunas precisiones: las multas que regula el Artículo 100 deben ser aplicadas por el Ministro, por supuesto, en los Ministerios, y por los superiores jerárquicos respectivos en las otras administraciones a las cuales se aplica la Ley conforme al Artículo 1°.

Por otra parte, la Ley prescribe como una de las obligaciones de los funcionarios públicos que sean superiores inmediatos del funcionario sancionable, la de iniciar el procedimiento de multa so pena de incurrir en falta grave que se castigará de conformidad con la Ley de Carrera Administrativa*.

En todo caso, la decisión que imponga una multa, conforme al Artículo 104, debe ser motivada; mención evidentemente innecesaria en virtud de la exigencia general de motivación de todos los actos administrativos prevista en el Artículo 9 de la Ley.

Por último, en relación a las multas, el Artículo 105 establece el procedimiento de impugnación de las mismas. Como dichos actos se deben adoptar por el Ministro o el superior jerárquico correspondiente a la organización, la Ley establece la posibilidad de que sean recurridos por la vía del recurso de reconsideración dentro de los 15 días hábiles siguientes a su publicación o notificación. La Ley dice que "podrán ser recurridas en reconsideración" por lo que no es claro que sea un requisito para agotar la vía administrativa previo al contencioso. El recurso de reconsideración, si se intenta, debe ser decidido dentro de los 30 días hábiles siguientes.

En todo caso, contra la decisión del Ministro o el superior jerárquico respectivo se puede recurrir ante la jurisdicción contencioso-administrativa, para lo cual la Ley prevé un lapso brevísimo de impugnación de 5 días hábiles siguientes a la notificación.

V. LAS PRUEBAS EN EL PROCEDIMIENTO ADMINISTRATIVO

La prueba, tal como se entiende en el Proceso Civil, es una actividad procesal encaminada a demostrar la exactitud o la inexactitud de determinados hechos o actos, de manera que esta demostración pueda servir de fundamento para una decisión de la autoridad judicial. Por eso, la noción de prueba y toda la problemática de las pruebas, se han estudiado y se sigue analizando, básicamente, bajo el ángulo del Derecho Procesal Civil.

Sin embargo, por supuesto, también esta materia tiene interés en el campo del Derecho Administrativo, y ello porque también esta disciplina estudia una actividad procesal de dos órdenes: la actividad procedimental que se lleva a cabo ante la Administración Pública, en el llamado procedimiento administrativo o gubernativo, y la actividad procedimental que se desarrolla ante la jurisdicción contencioso-administrativa, es decir, los procedimientos que surgen con motivo de impugnaciones de actos administrativos ante los órganos de la jurisdicción contencioso-administrativa o con motivo de demandas que se puedan intentar contra los entes públicos.

El problema de la prueba en el Derecho Administrativo, aun cuando se nutre, para la resolución de los conflictos que se plantean, de todos los principios que provienen de Derecho Procesal Civil, sin embargo, tiene peculiaridades. No hay que olvidar que en el ámbito del Proceso Civil rige, en general, el principio dispositivo del proceso, según el cual, todas las actividades tendientes a acopiar el material de conocimiento que va a necesitar el juez para decidir, constituye una carga para las partes, y el juez no puede referirse, en su decisión, a otros hechos distintos que los acumulados, alegados y proba-

---

* Art. 89,9 Ley del Estatuto de la Función Pública.

dos por las partes. Este es el mandato que está en el Artículo 12 del Código de Procedimiento Civil. Por otra parte, en esta materia procesal civil, los medios de prueba son aquellos previstos tanto en el Código Civil como en el propio Código de Procedimiento Civil.

Estos principios, el de carácter dispositivo del procedimiento, el de la carga de la prueba y el de los medios de prueba que son tan claros en materia procesal civil, sin embargo, varían en materia administrativa, al menos en tres aspectos.

En primer lugar, por el ya mencionado carácter inquisitivo del procedimiento administrativo o si se quiere, de los elementos inquisitivos de ese procedimiento, en contraposición á lo que es el principio básico en materia procesal civil, su carácter dispositivo. En segundo lugar, por el problema de la carga de la prueba, que tiene también sus peculiaridades específicas en el campo administrativo, pues aun en aquellos procedimientos que se originan con motivo de impugnaciones por parte de particulares, ello no exime a la Administración de la obligación de probar los hechos que han dado, origen a la adopción de ciertos actos; y en tercer lugar, por el problema de los medios de prueba, que si bien en materia administrativa se admiten todos los previstos en el Código de Procedimiento Civil, tienen algunas peculiaridades o matices propios.

Como ya hemos estudiado el carácter inquisitivo del procedimiento administrativo, haremos referencia de seguidas a los otros dos aspectos: la carga de la prueba y los medios de prueba.

1. La carga de la prueba en el procedimiento administrativo

Véase, en general, Allan R. Brewer-Carías, "La carga de la prueba en el Derecho Administrativo" en *Revista de Control Fiscal*, N° 8, Caracas 1976, pp. 23-52; publicado también en los Cuadernos de Trabajo, N° 23, Instituto de Filosofía del Derecho, LUZ, Maracaibo, 1978.

El problema de la carga de la prueba en materia administrativa, es el de saber a quién corresponde la conducta y la carga de acreditar y probar los hechos. En materia civil el problema se plantea en forma diferente según que se trate de la prueba de obligaciones, o de probar hechos o actos jurídicos: en materia de obligaciones, el actor debe probar los hechos que acrediten la existencia de la obligación, y el demandado debe probar los hechos que acrediten la extinción de la obligación; pero en materia de actos y hechos jurídicos, se admite que las dos partes deben probar sus respectivas posiciones, o sea, que no existe una carga específica en alguna de ellas, sino que corresponde a ambas partes. Pues bien, puede decirse que éste es el principio que, en términos generales, rige en materia administrativa: tanto el particular como la Administración deben probar y tienen la carga de la prueba de los hechos o de los actos en los procedimientos administrativos y contenciosos-administrativos.

Sin embargo, en la aplicación de este principio influyen varios elementos. En primer lugar, la propia intervención de la Administración en los procedimientos administrativos gubernativos En ellos, la Administración no sólo es quien decide, sino que, a la vez, es parte y actora porque tiene a su cargo la conducción del procedimiento.

La Administración es, generalmente, la que lo inicia, conoce los requerimientos del particular y luego decide el asunto en perjuicio o a favor del interesado. Por tanto, este elemento de la intervención de la Administración provoca que la carga de la prueba tenga matices propios.

Otro elemento que incide en el problema de determinar la carga de la prueba, es el de la existencia de una presunción de legalidad, legitimidad y veracidad de los actos administrativos. En efecto, los actos administrativos, una vez dictados, gozan de esta presunción de legalidad, legitimidad y veracidad lo que provoca que toda impugnación de los mismos, revierta la carga de la prueba al particular impugnante.

En tercer lugar, otro elemento que influye en la determinación de la carga de la prueba, es el de los elementos inquisitivos del procedimiento administrativo a los cuales nos referimos anteriormente.

Ahora bien, al referirnos al problema de la carga de la prueba en el procedimiento administrativo debe advertirse que en estos casos, el comportamiento de la Administración no es uniforme. En efecto, no hay que olvidar que en algunos supuestos la Administración es parte de la relación jurídica que se establece con el particular, y además de ser parte de dicha relación, es quien decide. La Administración, por tanto, en estos casos es juez y parte. En el caso de multas, por ejemplo, la Administración es quien inicia el procedimiento, quien se enfrenta al particular y, en definitiva, quien decide dictando un acto que lo perjudica.

En otros casos, la Administración no es parte directa en el procedimiento, y a veces ni en la relación jurídica que en él se ventila, sino que limita su acción, realmente a decidir una controversia. Por ejemplo, en el supuesto de las decisiones en los procedimientos autorizatorios como podría ser el tendiente a obtener un registro de una marca de fábrica. En estos casos, el particular solicita el registro de una marca y en el procedimiento puede haber un oponente que comparezca en virtud de las publicaciones de avisos que deben hacerse. En ese caso, en realidad, se establece un conflicto entre particulares, que la Administración va a resolver como un árbitro, en relación a una relación jurídica en la cual no es parte. Piénsese, por ejemplo, en los procedimientos en materia de regulación de alquileres.

En estos casos, por ejemplo, el propietario que solicita una regulación del alquiler de un inmueble, puede encontrar la oposición de un inquilino, surgiendo así un conflicto de intereses entre partes que debe ser decidido por la Administración.

Este diferente comportamiento de la Administración en los procedimientos administrativos, debe tenerse en cuenta al estudiar el problema de la carga de la prueba. Sin embargo, no es éste el único aspecto que hay que tomar en cuenta, pues también en esta materia deben distinguirse los aspectos peculiares tanto del procedimiento constitutivo de los actos administrativos como de los procedimientos de impugnación de los mismos.

A. La carga de la prueba en el procedimiento constitutivo

Tal como hemos señalado, los procedimientos constitutivos de los actos administrativos, constituyen una actuación de la Administración. Por tanto, la carga fundamental de la prueba, en ellos, corresponde a la propia Administración.

No se olvide, como se ha señalado, que de acuerdo a lo establecido en el Artículo 53 de la Ley Orgánica de Procedimientos Administrativos, la Administración, de oficio, debe cumplir todas las actuaciones necesarias para el mejor conocimiento del asunto que debe decidir. Para ello, debe promover las pruebas que estime convenientes. Así, de acuerdo al Artículo 54, la autoridad administrativa es quien debe solicitar de las otras autoridades u organismos los documentos, informes o antecedentes que estime convenientes para la mejor resolución del asunto. Por otra parte, de acuerdo a lo previsto en el Artículo 58, los hechos que la Administración considere relevantes para la decisión de un procedimiento pueden ser objeto de todos los medios de prueba establecidos en los Códigos procesales nacionales.

En todo caso, aun cuando en principio, en los procedimientos administrativos, la Administración tiene la carga de la prueba, el problema de su determinación concreta varía según se trate de un procedimiento autorizatorio o sancionatorio.

a. *Procedimientos autorizatorios*

En un procedimiento autorizatorio, que se inicia a solicitud de parte interesada, por supuesto, quien solicita e inicia el procedimiento tiene la carga de la prueba. Así lo establecen, por ejemplo, algunas leyes especiales, como la Ley Forestal de Suelos y Aguas cuando prescribe, dentro de los requisitos para la obtención de concesiones o permisos para realizar deforestaciones, que el interesado acredite su carácter de propietario: En estos casos, sin duda, legalmente se le está imponiendo al particular, la carga de la prueba de su titularidad para poder obtener el permiso.

b. *Procedimientos sancionatorios*

Sin embargo, en materia de procedimientos sancionatorios, la carga de la prueba íntegramente corre a cargo de la Administración Pública. Sea que se inicien de oficio o por denuncia de parte, la Administración está obligada a probar los hechos que van a dar origen al acto que se va a dictar, es decir, a la imposición de la sanción. En estos procedimientos, que se inician normalmente de oficio, para el caso de que sean sumarios, la Ley Orgánica de Procedimientos Administrativos es aun más precisa en imponerle la carga de la prueba a la Administración, en su Artículo 69, al prescribir que "deberá comprobar de oficio la verdad de los hechos y demás elementos de juicio necesarios para el esclarecimiento del asunto".

Estos procedimientos sancionatorios, por otra parte, normalmente se inician con un acto que realiza la Administración, mediante el levantamiento, por el funcionario competente, de un Acta en la cual se deja constancia de determinados hechos, normalmente en presencia de los interesados. En estos casos, sin duda, es obligación de la Administración probar los hechos que van a fundamentar su decisión.

Por supuesto, este poder y obligación de la Administración de probar los hechos que fundamenten su decisión no puede conducir a la arbitrariedad y debe siempre respetar los derechos del particular interesado, en especial, el derecho a la defensa. Esto implica que frente a este poder de la Administración de probar los hechos, ello no debe hacerse a espaldas del interesado.

La Administración debe oír al interesado y éste tiene derecho a que se le notifique de todo procedimiento que se inicie de oficio, conforme se prevé en el Artículo 48 de la Ley Orgánica de Procedimientos Administrativos y a presentar en el procedimiento, por su parte, las pruebas que estime convenientes, asegurándose para ello, el debido acceso al expediente administrativo previsto en el Artículo 59 de la mencionada Ley.

Normalmente, este derecho a ser oído se garantiza al inicio mismo de los procedimientos sancionatorios, cuando se levanta el Acta respectiva en presencia del interesado, teniendo éste, derecho a dejar constancia en el Acta, de los elementos que crea convenientes para la defensa de sus intereses.

Pero como señalamos, no se garantiza el derecho a la defensa con el solo derecho a ser oído, sino que debe también garantizarse el derecho a ser notificado, y a aportar pruebas de manera que puedan desvirtuarse las afirmaciones que pueda hacer un funcionario público en el Acta respectiva.

En todo caso, en el procedimiento constitutivo es la Administración Pública la que aprecia las pruebas aportadas por las partes y las pruebas que la propia Administración ha elaborado. Sin embargo, en estos casos, la Administración no tiene que sujetarse necesariamente, para decidir, sólo a lo que prueben los interesados. La Administración puede tener otros elementos de convicción, aun cuando en ellos no hayan intervenido los particulares. Así se reconoce en el Artículo 62 de la Ley Orgánica.

En definitiva, por tanto, en los procedimientos constitutivos, y particularmente, sancionatorios, la carga de la prueba la tiene la Administración, lo cual significa que la Administración no puede imponer una sanción sin probar adecuadamente los hechos, teniendo ella la obligación de probarlos.

La consecuencia de esta obligación es la necesidad de la motivación de los actos, es decir, de que la Administración exprese formalmente los supuestos de hecho de los actos.

Esta exigencia de la motivación, en definitiva es la consecuencia de esta carga de la prueba que tiene la Administración. Por ello, para imponer una sanción, la Administración debe motivar su decisión, es decir, expresar cuáles fueron los elementos de convicción que tuvo para imponer la sanción, conforme lo exige el Artículo 9 de la Ley Orgánica de Procedimientos Administrativos.

B. La carga de la prueba en el procedimiento de impugnación

En cuanto a los procedimientos de impugnación de los actos administrativos, la situación varía en materia de carga de la prueba. En estos casos, no se trata de constituir un acto; ya el acto está dictado, y es un interesado quien lo impugna.

Ahora bien, ese acto impugnado, como señalamos anteriormente, goza de una presunción de legitimidad, de veracidad y de legalidad por lo que dicha presunción revierte la carga de la prueba en el impugnante, quien debe probar la fundamentación de su recurso, por ejemplo, la ilegalidad del acto.

Por tanto, por el solo hecho de la existencia de una presunción de legitimidad, legalidad y veracidad de los actos administrativos, se produce la inversión de la carga de la prueba, recayendo en el interesado impugnante. Esta inversión, sin duda, puede ser peligrosa, pues sería muy fácil para la Administración dictar un acto sin prueba alguna, para que luego, el interesado tenga que demostrar que el acto está mal dictado. Por ello, precisamente, la exigencia legal de la motivación de los actos administrativos, como requisito de legalidad formal de los mismos, que obliga a la Administración a dejar constancia expresa de los fundamentos legales y fácticos de sus decisiones.

Asimismo, por ello, la exigencia en los procedimientos constitutivos de carácter sancionatorio, de la necesidad de que se inicie el procedimiento con un Acta, revestida de una serie de elementos, en los cuales el funcionario debe dejar constancia, en presencia del interesado, de los hechos que, en definitiva, van a provocar el inicio del procedimiento y van a dar origen a la emisión posterior del acto.

Por tanto, aun cuando en los procedimientos de impugnación de los actos administrativos ante la Administración, se invierta la carga de la prueba y sea el interesado recurrente quien debe probar su alegato frente al acto dictado, esta situación no exime, en ningún caso, a la Administración de la obligación que siempre tiene de motivar sus actos administrativos y de comprobar la causa de los mismos.

2. Algunos medios de prueba en el procedimiento administrativo: la prueba por escrito

Sobre la prueba documental, véase Hildegard Rondón de Sansó, *El Procedimiento Administrativo*, Caracas 1976, p. 169 y ss.

Véase la jurisprudencia sobre los documentos administrativos en Allan R. Brewer-Carías, *Jurisprudencia* de *la Corte Suprema 1930-1974 y Estudios de Derecho Administrativo*, T. III, Vol. I, Caracas 1976, pp. 156 y ss., y 300 y ss.; y en Mary Ramos Fernández, "Jurisprudencia Administrativa y Constitucional" en *Revista de Derecho Público*, N° 3, Caracas 1980, p. 120; N° 6, Caracas 1981, p. 146.

El otro aspecto al cual queríamos referirnos, además de los elementos inquisitivos y de los problemas de la carga de la prueba, es el de los medios de prueba en el derecho administrativo.

En el procedimiento administrativo, en efecto, la Ley Orgánica de Procedimientos Administrativos se limita a señalar, en su Artículo 58, que "los hechos que se consideren relevantes para la decisión de un procedimiento podrán ser objeto de todos los medios de prueba establecidos en los Códigos Civil, y de Enjuiciamiento Criminal o en otras leyes". Se establece, por tanto, en esta materia, una gran amplitud probatoria en vía administrativa, con las únicas restricciones establecidas en la Ley Orgánica de la Administración Central.

La legislación venezolana ha venido estableciendo progresivamente, primero en el Estatuto Orgánico de Ministerios, luego en la Ley Orgánica de la Administración Central y posteriormente, en la Ley Orgánica de la Corte Suprema de Justicia, algunas normas específicas en materia de medios de prueba que modifican, en algo, los principios generales consagrados en materia civil.

En todo caso, la doctrina de la Corte Suprema había sido tradicional en señalar que en materia administrativa, los medios de prueba eran los del procedimiento civil y que nada autorizaba a pensar que había normas distintas. Así, en una sentencia de 12 de noviembre de 1954, la antigua Corte Federal señaló claramente que "conforme a nuestro ordenamiento jurídico nada autoriza, a falta de una reglamentación expresa y especial de la prueba en el derecho administrativo, a probar los hechos y actos que se discuten ante la jurisdicción contencioso-administrativa, por normas distintas a las establecidas en el derecho privado, que vienen así a ser la Ley común". (*G.F.*, N° 6, 1954, p. 202).

Ahora bien, este carácter del procedimiento civil, en materia de medios de prueba, de ser ley común, sigue rigiendo, pero con las excepciones establecidas en las reglamentaciones especiales previstas en la Ley Orgánica de la Administración Central. Queremos referirnos sólo a algunos aspectos específicos que en el campo de los procedimientos administrativos tiene la prueba documental.

En efecto, en materia de pruebas por escrito, hay algunas normas de la Ley Orgánica de la Administración Central que vale la pena destacar y que se refieren a la exhibición de documentos y al carácter de los documentos administrativos.

A. La exhibición de documentos

En materia administrativa, al igual que en materia procesal civil, se admite la exhibición de documentos. Esta prueba está expresamente regulada en la Ley Orgánica de la Administración Central de 1976, cuyas normas deben destacarse. Esta, en efecto, establece el principio de la reserva de los archivos de la Administración, con lo cual se establece un privilegio para el Estado de poder, en un momento determinado, declarar ciertos archivos reservados para el uso oficial e impedirle al particular que pueda promover la exhibición de determinados documentos que están en esos archivos reservados. Establece, en efecto, la Ley Orgánica en su Artículo 55 que no se podrá ordenar la exhibición o inspección general de los archivos de las dependencias de la Administración Pública Nacional, sino por los organismos a los cuales la Ley atribuya específicamente tal función. Nos encontramos aquí, ante todo, con el principio de la competencia: se requiere texto expreso que autorice realizar la exhibición o inspección general de los archivos.

La norma sin embargo agrega, que podrá acordarse judicialmente la copia, exhibición o inspección de determinados documentos, expedientes, libros o registros y esta providencia se ejecutará, a menos que por razones de seguridad u oportunidad para el Estado, el órgano superior respectivo resuelva que dichos documentos, libros, expedientes o registros tienen carácter reservado o confidencial. De esto resulta, por tanto, que la prueba de exhibición de documentos específicos se admite en general en materia contencioso-administrativa, cuando ha sido acordada por la autoridad judicial, con la sola excepción de que los documentos concretos hayan sido declarados como de carácter reservado o confidencial por la autoridad administrativa superior.

Por supuesto, esto nos plantea el problema del alcance de la reserva de los archivos, no sólo frente a razones de seguridad, que en algún caso justificarían en un momento determinado la reserva de documentos, sino frente a la amplia discrecionalidad que la Ley otorga a la Administración.

Debe observarse que la Ley permite a la Administración que discrecionalmente declare archivos como de carácter reservado o confidencial. Por ello, por razones de oportunidad podría la Administración declarar reservados determinados archivos y, por tanto, cerrarle al particular la posibilidad de la exhibición de documentos e, inclusive, de la inspección de los mismos.

Este problema de la reserva de los Archivos oficiales, recogido en la Ley Orgánica de la Administración Central de 1976, tradicionalmente estaba en las leyes y Estatutos de los ministerios y es además, un principio que recogen multitud de leyes administrativas especiales.

Así, por ejemplo, la Ley Orgánica del Ministerio Público, la Ley Orgánica de la Procuraduría General de la República y la Ley Orgánica de la Contraloría General de la República establecen normas específicas que declaran la reserva de los archivos oficiales. En todo caso, como se ha visto, la Ley Orgánica de Procedimientos Administrativos, al asegurar en su Artículo 59 el derecho del interesado a tener acceso al expediente, convierte la confidencialidad de documentos en algo realmente excepcional.

B. Los documentos administrativos

El segundo aspecto en materia de pruebas por escrito que debemos mencionar se refiere a la prueba documental y en particular, al problema del valor de los documentos administrativos. Podríamos formularnos la pregunta tradicional: ¿qué valor tiene un oficio de la Administración?, ¿es un documento público?

En esta materia podemos admitir, como principio general, que los documentos y actos administrativos tienen valor de documento público, siempre que en ellos se deje constancia de hechos jurídicos por un funcionario público que declara haber efectuado, visto u oído esos hechos, para lo cual tenía competencia expresa. Este es el principio del Artículo 1359 del Código Civil. En todos estos casos en los cuales un funcionario tenga competencia expresa para dejar constancia de hechos que efectúe, que vea y que oiga, el acto administrativo resultante tiene el valor de documento público.

Por supuesto, en estos casos, que no son la mayoría, la impugnación de esos documentos tiene que hacerse mediante la tacha si contienen actos jurídicos privados. Un acto del Presidente de un Concejo Municipal, por ejemplo, mediante el cual celebra un acto de matrimonio, es un acto administrativo, sin duda, pero el mismo no se puede impugnar por la vía contencioso-administrativa, sino que, como documento público, sólo puede ser impugnado por la vía judicial prevista en el Código Civil.

Puede decirse que la Corte Suprema de Justicia, no ha admitido, en general, el carácter de documento público de todos los actos administrativos. En una sentencia de 1971 se establece con claridad la doctrina de la Corte que sólo ha calificado como documento público, los actos administrativos contentivos de las actuaciones de los funcionarios públicos, un acta fiscal, por ejemplo, siempre que hayan sido dictados en ejercicio de su competencia o funciones propias.

En esta sentencia de 18-2-71 (*G.O.* 1472 Extraordinaria de 11-6-71) se estableció, en efecto, lo siguiente: "Se ha calificado como documentos públicos los instrumentos contentivos de actuaciones de los funcionarios públicos en ejercicio de su competencia o funciones propias, y consecuencialmente, ha sostenido el criterio de que la fuerza probatoria de los mismos no se puede destruir sino mediante el procedimiento de tacha.

Si bien es cierto que las actuaciones de los funcionarios públicos en la forma indicada, no pueden asimilarse por su diferente formación y estructura .jurídica, a los actos que en el derecho común se califican como documentos públicos, no lo es menos que la fe pública que la Ley atribuye a algunas de las actuaciones de los funcionarios, solamente es desvirtuable por el procedimiento de tacha".

En esa decisión, la Corte no se atreve a calificar estos actos administrativos como documentos públicos, pero establece el criterio de que por la similitud que el funcionario administrativo tiene, en su actuación, para declarar, ver o oír ciertos hechos, con fuerza de fe pública, tendrían tal carácter.

El problema a determinar es si por considerar a un acto administrativo como documento público, necesariamente tendría que desvirtuarse por el procedimiento de tacha.

La Corte Suprema en una sentencia de 27-7-70 refiriéndose a un tipo de documento esencial en materia administrativa como son las Actas que levantan ciertos funcionarios, al iniciar un procedimiento administrativo, señalaba que "son documentos en los cuales quien tenga competencia para levantarlas, puede dejar constancia de lo que él haya efectuado, del estado o situación de las cosas o lugares o de hechos o actos ocurridos en su presencia, en la fecha en que en ella se determina". (*G.O.* 1.481, Extr. de 25-8-71, p. 30).

En esta forma, estas actas tienen por objeto que el funcionario con competencia para ello, deje constancia de hechos que ve, que efectúa, que oye, y como tales, tienen un valor similar al de los documentos públicos. Su impugnación, sin embargo, no se efectúa por el procedimiento de tacha, pues no contienen situaciones jurídico privadas.

En todo caso, si todos los actos administrativos que tuvieran fuerza de documento público, tuvieran que ser impugnados por la vía de la tacha, materialmente no existiría el recurso contencioso de anulación, porque habría que acudir al procedimiento de tacha y no al recurso de nulidad. Por eso, el carácter de documento público y la consecuente tacha, sólo se reserva a los actos en los cuales el funcionario tenga competencia para ver, efectuar y oír determinados hechos o actos de carácter jurídico privado.

En materia de documentos administrativos, también hay una norma que debe destacarse, de gran importancia, y es la contenida en el Artículo 60 de la Ley Orgánica de la Administración Central, que prohíbe a los funcionarios públicos, la expedición de certificaciones de mera relación, es decir, aquellas que sólo tengan por objeto hacer constar el testimonio u opinión del funcionario declarante, sobre algún hecho o dato de su conocimiento de los contenidos en los expedientes archivados o en curso o de aquellos asuntos que hubiese presenciado con motivo de su función.

Por tanto, un funcionario público aun cuando sea competente para levantar un Acta de las que inician un procedimiento administrativo, no puede, en ningún caso, expedir las llamadas certificaciones de mera relación, en las cuales haga relación de hechos de los cuales tiene conocimiento, y si ésta se expide, la certificación no tiene valor jurídico alguno, no sirviendo de medio alguno de prueba.

Sección Cuarta: LOS RECURSOS ADMINISTRATIVOS

La Ley Orgánica de Procedimientos Administrativos puede decirse que establece dos tipos de procedimientos: un procedimiento constitutivo y un procedimiento de impugnación de los actos. En efecto, hemos dicho que los actos administrativos una vez formados a través del procedimiento constitutivo, al ser eficaces pueden ser ejecutados de inmediato, tal como lo establece el Artículo 8 de la Ley. Sin embargo, esta potestad de la Administración de ejecutar sus actos de inmediato, no implica que los derechos de los particulares claudiquen frente a la Administración, y que no puedan ejercer ningún tipo de defensa contra los actos administrativos que estimen ilegales. Al contrario, el ordenamiento jurídico otorga a los particulares medios jurídicos para poder impugnar o atacar jurídicamente los actos, cuando estimen que los mismos no se ajustan a la legalidad o al interés general. El ejercicio de estos recursos da origen al procedimiento de impugnación de los actos administrativos.

En términos generales, el ordenamiento jurídico regula dos tipos de procedimientos de impugnación de los actos administrativos. Por una parte, un procedimiento de impugnación de carácter jurisdiccional que se desarrolla ante los Tribunales Contencioso-Administrativos, de acuerdo al Artículo 206 de la Constitución. Pero por otra parte, también existe el procedimiento administrativo de impugnación, que se desarrolla ante la propia Administración con motivo del ejercicio de recursos contra los actos administrativos que ahora desarrolla con detenimiento la Ley Orgánica de Procedimientos Administrativos. Nos corresponde por ello estudiar los medios administrativos de impugnación de los actos administrativos para lo cual analizaremos, separadamente, los principios generales relativos a estos recursos, sus requisitos generales y luego, cada uno de los previstos en la Ley Orgánica de Procedimientos Administrativos: el recurso de reconsideración, el recurso jerárquico, y el recurso de revisión. Haremos además un comentario final sobre el recurso de reclamo, como vía formal de queja prevista en la Ley, aun cuando no se trate de un medio de impugnación de los actos administrativos.

En general, sobre los recursos administrativos, véase Allan R. Brewer-Carías, *Las Instituciones Fundamentales del Derecho Administrativo y la* Jurisprudencia *Venezolana*, Caracas 1964, pp. 78 y ss.; y 227 y ss.; Eloy Lares Martínez, *Manual de Derecho Administrativo*, Caracas 1978, p. 624 y ss.; Eloy Lares Martínez, "Los Recursos Administrativos" en el libro del Instituto de Derecho Público, *El Procedimiento Administrativo* , T. IV del Archivo de Derecho Público y Ciencias de la Administración, Caracas 1982; Hildegard Rondón de Sansó, "Estudio Preliminar" en *Ley Orgánica de Procedimientos Administrativos*, EJV, Caracas 1981, p. 57 y ss.; Gustavo Urdaneta, "Guía de Lectura" en *idem*, p. 89 y ss.

La jurisprudencia en materia de recursos administrativos, véase en Allan R. Brewer-Carías, "Los recursos administrativos o gubernativos en la jurisprudencia venezolana" en *Revista de la Facultad de Derecho*, UCV, Nº 29, Caracas 1964, pp. 171-200; en Allan R. Brewer-Carías, *Jurisprudencia de la Corte Suprema 1930-1974 y Estudios de Derecho Administrativo*, T. III, Vol. II, Caracas 1976, pp. 647-725; y en Mary Ramos Fernández, "Jurisprudencia Administrativa y Constitucional" en *Revista de Derecho Público*, Nº 3, Caracas 1980, p. 134.

I. PRINCIPIOS GENERALES

Al analizar los principios generales debemos estudiar, ante todo, la distinción entre los procedimientos judiciales de impugnación de los actos administrativos y estas vías de impugnación administrativa de los actos administrativos; para luego precisar el carácter y fundamento de los recursos administrativos como medio de impugnación.

1. Distinción entre las vías judiciales y administrativas de impugnación

Véase en particular, Allan R. Brewer-Carías, *Las Instituciones Fundamentales del Derecho Administrativo y la Jurisprudencia Venezolana*, Caracas 1964, pp. 385 y ss.

La distinción entre los recursos administrativos y los recursos contencioso-administrativos puede realizarse analizando la autoridad que conoce de los recursos; los motivos de impugnación que permiten su ejercicio; los poderes de quien los decide; y los actos decisorios.

En efecto, la primera distinción se basa en la autoridad que conoce de los recursos. En cuanto a los recursos contencioso-administrativos, es decir, las vías judiciales de impugnación de los actos administrativos se ejercen ante tribunales que forman parte del Poder Judicial y que conforman la Jurisdicción Contencioso-Administrativa a la cual se refiere el Artículo 206 de la Constitución y la Ley Orgánica de la Corte Suprema de Justicia. En cambio, los recursos administrativos que vamos a estudiar, se intentan ante la propia Administración, y es la propia Administración la que está llamada a conocer de estos medios, recursos o vías de impugnación administrativa de los actos administrativos.

Una segunda distinción resulta de los motivos de impugnación. Los medios jurisdiccionales de impugnación contencioso-administrativo que se ejercen ante tribunales especiales para juzgar la ilegalidad de los actos administrativos, sólo pueden intentarse por motivos de ilegalidad: no se puede acudir ante un tribunal a pedir la nulidad de un acto administrativo sino sólo cuando se alega que el acto es contrario a derecho, es decir, que viole el ordenamiento jurídico. En cambio, ante la Administración, por la vía de los recursos administrativos, los motivos son amplios, y todo motivo jurídicamente útil puede ser alegado. Por ello, se puede acudir a la administración pidiéndole que revise un acto no sólo porque es ilegal, sino porque se estime que el acto es inoportuno o inconveniente, y que en lugar de beneficiar al interés general, lo lesiona. Por tanto, además de motivos de ilegalidad, en vía administrativa pueden fundamentarse los recursos administrativos en motivos de mérito.

Otra distinción entre ambos tipos de recursos o medios de control de los actos administrativos se basa en los poderes de la autoridad que decide los recursos que se intenten. Si se trata de un recurso jurisdiccional, el Juez Contencioso-Administrativo, en base al principio general del proceso dispositivo que se admite en Venezuela, está sometido a lo alegado y probado en autos y no puede decidir más allá de lo que se le pida. El juez sólo tiene poderes propios de decisión o de actuación de oficio, cuando la Ley se los otorgue expresamente; de lo contrario está sometido a lo que el interesado le alegue y pruebe, por lo que no puede haber decisiones judiciales *ultrapetita ni extrapetita*. En cambio, en vía administrativa, la autoridad administrativa, cuando decide un recurso, no tiene límites determinados en la resolución de los recursos: la autoridad administrativa puede ir inclusive más allá de lo pedido y apreciar directamente, vicios o motivos de revisión de los actos. Un interesado, por ejemplo, puede haber intentado una reclamación contra un acto administrativo alegando ciertas ilegalidades, pero la Administración puede haber advertido que, en realidad, no eran esas sino otras las ilegalidades que afectaban al acto, y revocarlo, e incluso estimar que el acto era inoportuno o inconveniente y revocarlo, es decir, la Administración no está sometida a decidir los recursos administrativos, sólo en base a lo que se alegue o se le pida. Así se reconoce expresamente en el Artículo 89 de la Ley Orgánica.

Por último, otra distinción entre los recursos administrativos y los contencioso-administrativos está en el acto que decide el recurso. Si se trata de un recurso administrativo, la decisión del mismo por la Administración se produce mediante otro acto administrativo; en cambio, en el campo judicial, la decisión de los recursos jurisdiccionales contencioso-administrativos de impugnación de los actos, al ser emanada de un tribunal, constituye un acto judicial, una sentencia.

2. Los recursos administrativos como medios de impugnación administrativa

Los recursos administrativos puede decirse que han sido regulados por primera vez, con carácter general en el ordenamiento jurídico venezolano, en la Ley Orgánica de Procedimientos Administrativos. Hasta este momento, la construcción de los recursos había sido obra de la Doctrina y de la Jurisprudencia. Algunas leyes especiales regularon aisladamente algunos recursos jerárquicos, algunos recursos de revisión y algunos recursos de reconsideración, pero no había una normativa general sobre los mismos. Es con la Ley Orgánica cuando se establece, por primera vez, esta normativa general destinada a regularlos.

Ahora bien, de acuerdo a la Ley Orgánica pueden considerarse como tales recursos administrativos, los medios de impugnación administrativa contra los actos administrativos que se otorgan a los interesados en el procedimiento administrativo. Se trata, por tanto, siempre de medios jurídicos o de vías jurídicas formalmente establecidas; no es ya la simple petición de gracia que corresponde a cualquier particular, de siempre poder pedir cualquier pronunciamiento a la Administración sino que se trata de una vía de recurso, formalmente establecida, otorgada al interesado para proteger sus derechos. Por eso, hablamos de un medio de impugnación de los actos administrativos, que tiene el interesado para pedir, formalmente, la revisión de los actos administrativos ante la Administración, cuando el acto administrativo le lesione algún derecho o interés legítimo, personal v directo. Además, se trata de un medio administrativo porque es una vía jurídica de impugnación que se intenta ante la propia Administración, para que ésta, a través de un procedimiento, revise sus actos. Por otra parte, es un medio de impugnación y de revisión de los actos administrativos, no de los hechos ni de las actuaciones materiales de la Administración, sino de sus actos jurídicos. Por ello, estos recursos sólo pueden ser intentados ante la propia Administración, contra actos administrativos y por el interesado, es decir, el titular, al menos de un interés legítimo, personal y directo o, por supuesto, el titular de un derecho subjetivo.

3. Fundamento de los recursos administrativos

Estos recursos administrativos tienen un doble fundamento. Por una parte, se fundamentan en un derecho del interesado, y, a la vez, en una prerrogativa de la Administración. Se trata de un derecho del interesado porque el fundamento último del recurso administrativo, es el derecho de petición que establece el Artículo 67 de lo Constitución y repite el Artículo 2 de la Ley Orgánica de Procedimientos Administrativos. Una concreción importantísima de este derecho de petición es, precisamente, esta vía jurídica de impugnación de los actos administrativos.

Pero a la vez, los recursos administrativos están fundamentados en una prerrogativa de la Administración, que podríamos denominar la potestad de autotutela, es decir, el poder que tiene la Administración de revisar sus propios actos. Por eso, inclusive, la Ley Orgánica regula los recursos administrativos en el Título IV que se refiere a "La Revisión de los Actos Administrativos" en vía administrativa, y que permite el ejercicio por la Administración, de esta potestad de revisión de sus actos en vía administrativa.

II. CARACTERÍSTICAS GENERALES DE LOS RECURSOS ADMINISTRATIVOS

De acuerdo a las normas de la Ley Orgánica de Procedimientos Administrativos, pueden distinguirse diversas características generales de los recursos administrativos. En primer lugar, sus elementos comunes: elementos subjetivo, elemento objetivo y elemento formal; en segundo lugar, su carácter no suspensivo; en tercer lugar, sus motivos; y en cuarto lugar, los aspectos relativos a la decisión de los recursos.

Véase en general, Allan R. Brewer-Carías, *Las Instituciones Fundamentales del Derecho Administrativo y la Jurisprudencia Venezolana*, Caracas 1964, p. 233 y ss.

1. Elementos generales

A. Elemento subjetivo

El elemento subjetivo de los recursos administrativos se dirige tanto a determinar quién puede recurrir, cómo precisar ante quién se interpone el recurso y quién debe decidirlo.

a. *La legitimación activa*

En cuanto a la legitimación activa, es decir, determinar quién puede intentar los recursos administrativos, el Artículo 85 de la Ley Orgánica, que es el primero de los capítulos relativos a los recursos administrativos, establece que los interesados son los que pueden interponer los recursos. Por tanto, se trata de un medio jurídico de impugnación que la Ley reserva a los interesados, y ya hemos visto quiénes son, de acuerdo a la Ley, interesados. En efecto, se consideran tales, de acuerdo al Artículo 22 de la Ley, a los titulares de un interés personal, legítimo y directo, en la forma regulada en la Ley Orgánica de la Corte Suprema de Justicia cuando establece la legitimación en los juicios de nulidad contra los actos administrativos de efectos particulares. Por tanto, el primer elemento de la legitimación exige que el recurrente tenga la titularidad de un interés personal, legítimo y directo como base para poder intentar el recurso. Pero el Artículo 85 de la Ley va más allá, pues no sólo exige la condición de interesado para interponer los recursos, sino que prevé, además, la necesidad de que el acto recurrido lesione sus derechos subjetivos o sus intereses legítimos, personales y directos, por lo que en principio, debe probarse o acreditarse esa lesión.

b. *La Administración competente*

Sobre la interposición de los recursos administrativos, véase la jurisprudencia en Mary Ramos Fernández, "Jurisprudencia Administrativa y Constitucional" en *Revista de Derecho Público*, N° 7, Caracas 1981, p. 156. Véase la *Doctrina de la Procuraduría General de la República 1974,* Caracas 1975, p. 205.

En cuanto a la Administración, como parte del elemento subjetivo de los recursos, deben distinguirse los órganos ante los cuales se interponen éstos, de los órganos decisores del recurso. En efecto, de acuerdo a la norma general del Artículo 67 de la Constitución, que establece el derecho de petición, la Administración que conozca del recurso debe ser aquella que tenga competencia en el asunto concreto, y esa competencia debe ser por razón de la materia, del territorio y por el ámbito político-territorial: nacional, estadal o municipal.

Ahora bien, dependiendo del tipo de recurso, éste debe intentarse ante el mismo funcionario que conoce del asunto o que decidió el asunto que se impugna, o ante el superior jerárquico, según que se trate, respectivamente de un recurso de reconsideración, de un recurso de revisión o de un recurso jerárquico.

En efecto, el recurso de reconsideración, conforme a los Artículos 91 y 94 de la Ley, se interpone ante el mismo órgano que dictó el acto recurrido para que el mismo lo decida; el recurso jerárquico, conforme al Artículo 95 de la Ley Orgánica, debe interponerse "directamente para ante el Ministro", lo que podría dar a entender que ha de introducirse o presentarse "por ante" el funcionario que negó la solicitud de reconsideración para su remisión para ante el Ministro, quien debe decidirlo; y el recurso de revisión, conforme al Artículo 97 de la misma Ley, debe interponerse directamente "ante el Ministro" respectivo, para su decisión por éste.

B. Elemento objetivo

Pero además del elemento subjetivo, en los recursos administrativos se distingue también el elemento objetivo, es decir, el acto administrativo, el cual debe reunir ciertos requisitos.

En efecto, de acuerdo al Artículo 85 de la Ley el objeto de los recursos administrativos siempre es un acto administrativo. Sin embargo, se trata de un acto administrativo de efectos particulares, ya que los recursos administrativos no proceden contra los actos administrativos de efectos generales: un Reglamento, por ejemplo, no puede ser impugnado mediante un recurso administrativo, pues esta vía de impugnación de los actos administrativos sólo está reservada a los actos individuales o de efectos particulares.

Pero además de ser un acto administrativo de efectos particulares, el acto objeto de un recurso administrativo tiene que ser un acto definitivo, es decir, un acto que ponga fin a un asunto o a un procedimiento, y ya hemos distinguido el acto definitivo del acto de trámite. Este último es el preparatorio en un procedimiento; en cambio, el acto definitivo es el que pone fin al procedimiento.

La Ley, sin embargo, establece que aun cuando no se trate de un acto definitivo, que ponga fin a un asunto, un acto de trámite podría ser objeto de un recurso administrativo cuando imposibilite la continuación del procedimiento, cause indefensión o prejuzgue el asunto como si se tratara del acto definitivo. Por ejemplo, un acto de trámite que imposibilite la continuación del procedimiento, sería el acto por medio del cual la Administración rechaza un recurso porque estima que no se han cumplido los requisitos que establece la Ley para introducir la solicitud. El Artículo 50 de la Ley establece así, la posibilidad de que se intente un recurso jerárquico contra la decisión que objeta una solicitud por estimar la Administración que adolece de errores u omisiones.

Por otra parte, un acto administrativo de trámite causaría indefensión, cuando la Administración le niegue al particular, por ejemplo, una prueba que él pretende que debe aportar al procedimiento para demostrar determinados hechos a su favor. En ese caso, el acto de trámite lesiona además, el derecho a la defensa, pues le imposibilita defenderse.

En cuanto al acto de trámite que prejuzgue el procedimiento como definitivo se produciría, por ejemplo, con una notificación, que contenga indirectamente una decisión, pues le sugiere al interesado, que en un procedimiento sancionatorio, se encuentran elementos en su contra, exigiéndosele que comparezca solo a defenderse. En todos esos supuestos, por tanto, el acto, aun cuando no sea definitivo, es un acto que puede ser objeto de un recurso administrativo.

C. Elementos formales

Además de estos elementos subjetivos y objetivos, la Ley establece una serie de elementos o requisitos formales de todos los recursos administrativos. En efecto, el Artículo 86 de la Ley Orgánica establece el formalismo escrito, como base de un recurso, el cual debe intentarse mediante un escrito que reúna los extremos exigidos en el Artículo 49 de la Ley. Así, en ese escrito debe especificarse el organismo al cual está dirigido el recurso; la identificación del interesado o, en su caso, de la persona que actúe como su representante, con expresión de nombres y apellidos, domicilio, nacionalidad, estado civil, profesión, número de cédula de identidad o pasaporte en su caso; dirección del lugar donde deben hacerse las notificaciones, y los hechos, razones y pedimentos correspondientes, expresando con toda claridad cuál es la materia objeto del recurso. No basta, por tanto, un documento donde simplemente se diga "apelo" de tal decisión, sino que el particular está obligado a indicar, con precisión, cuáles son sus argumentos y sus razones para fundamentar el recurso. Además, debe también hacerse referencia a los anexos que acompañan al escrito del recurso, si los hay, y así mismo a cualquier otra circunstancia que exijan las normas legales y reglamentarias. El documento por último, debe estar firmado expresamente por los interesados.

Todos estos requisitos del Artículo 49 de la Ley, se exigen como condiciones de admisibilidad del recurso, por lo que cualquier incumplimiento de estos requisitos formales, puede provocar que el recurso pueda ser declarado inadmisible. Por ello, el Artículo 86 de la Ley Orgánica señala que cuando el recurso no llene los requisitos exigidos, no será admitido, a cuyo efecto, la Administración debe dictar una decisión motivada y notificada expresamente al interesado. En este caso, tratándose de un acto de trámite, la motivación requerida se configura como una excepción al principio del Artículo 9° de la Ley.

Debe observarse que en este caso, la Ley no garantiza el derecho a la información previsto respecto a las solicitudes, conforme al cual la Administración está obligada a advertir al particular qué es lo que le falta y qué requisitos no cumple. Particularmente hemos hecho referencia al Artículo 50, que establece la obligación de la Administración de notificar al particular las fallas u omisiones de las solicitudes para que las complete. En materia de recursos, sin embargo, no se consagra este derecho porque ya se supone que el particular ha tenido suficientes garantías, pues ya ha habido un procedimiento y un acto dictado. Después de todos esos trámites, si el interesado sigue cometiendo errores no puede seguir alegando su propia torpeza. Por eso, en este caso, la Ley establece, pura y simplemente, un formalismo mayor de manera que si no se cumple con él, debe declarar la inadmisión del recurso por la Administración, mediante acto motivado.

Sin embargo, un aspecto que atenúa un poco este formalismo, es el establecido en el mismo Artículo 86, y que prescribe que si hay algún error en la calificación del recurso por parte del recurrente interesado, el error no es obstáculo para que se tramite el recurso, siempre que del escrito se deduzca cuál es su verdadero carácter.

Si del escrito se evidencia, por ejemplo, que lo que se está intentando es un recurso jerárquico para que el superior jerárquico revise el acto del inferior, pero se lo califica erradamente y se le denomina recurso de revisión o de reconsideración, ello no es motivo para que se declare inadmisible el recurso, sino que la Administración debe darle el trámite adecuado y correcto, si ello se deduce de la documentación acompañada.

2. Carácter no suspensivo

Véase Allan R. Brewer-Carías, "Los efectos no suspensivos del recurso contencioso-administrativo de anulación y sus excepciones" en *Revista de la Facultad de Derecho UCV,* N° 37-38, Caracas 1968, pp. 293-302; Hildegard Rondón de Sansó, "Análisis crítico de la Ley Orgánica de Procedimientos Administrativos" en *Revista del Consejo de la Judicatura*, N° 22, Caracas 1981, p. 25 y ss.

En cuanto a la jurisprudencia véase Allan R. Brewer-Carías, *Jurisprudencia de la Corte Suprema 1930-1974 y Estudios de Derecho Administrativo*, T. III, Vol. II, Caracas 1976, p. 649 y ss.

Hemos señalado que los actos administrativos tienen carácter ejecutorio y, por tanto, pueden ser ejecutados de inmediato, aun contra la voluntad del interesado. En virtud de este principio puede decirse que existe un principio general de los recursos administrativos, y es el del carácter no suspensivo de los mismos. El interesado, cuando intenta un recurso administrativo, no puede pretender que con sólo intentar el recurso, el acto quede paralizado en su ejecución; al contrario, el principio es distinto, y está previsto expresamente en el Artículo 87 de la Ley. Esta norma, en efecto, dispone que la interposición de cualquier recurso no suspenderá la ejecución del acto impugnado, salvo cuando haya una previsión legal en contrario, es decir, cuando la propia Ley establezca la suspensión. Por ejemplo, en materia municipal, las ordenanzas que regulan la demolición de inmuebles, señalan que intentado un recurso contra el acto que ordena la demolición, ésta no puede ejecutarse hasta que el acto no esté firme, es decir, después de la decisión del superior. Sin embargo, cuando la Ley no prescribe nada, el principio es el contrario, es decir, que los recursos administrativos no tienen efectos suspensivos y, por tanto, los actos recurridos se cumplen de inmediato, aun cuando el particular, los impugne mediante recurso. La nueva Ley Orgánica, sin embargo, establece la posibilidad de que la Administración, al recibir el recurso, pueda suspender de oficio o a petición del recurrente el acto recurrido, cuando la ejecución de este acto de inmediato, pudiera causar un grave perjuicio al interesado o si la impugnación del acto se basa en nulidad absoluta, pues tratándose de un vicio tan grave, que en principio, provoca que el acto no pueda producir efectos, lo contrario sería ir en contra de las propias normas que regulan la nulidad absoluta. En estos casos, exige el Artículo 87, la Administración, para suspender los efectos del acto, obligatoriamente debe exigir la constitución previa de la caución o fianza que considere suficiente siendo el funcionario responsable por la caución aceptada insuficientemente.

La caución, en todo caso, se exige para garantizar que el recurrente responda por los daños y perjuicios que pueda ocasionar la inejecución del acto recurrido.

3. Los motivos del recurso

En particular, véase Allan R. Brewer-Carías, *Las Instituciones Fundamentales del Derecho Administrativo y la Jurisprudencia Venezolana*, Caracas 1964, p. 237 y ss.

En cuanto a los motivos de los recursos administrativos, por lo que concierne a los recursos jerárquicos y de reconsideración, los mismos pueden ser de cualquier naturaleza. Por tanto, pueden estar fundamentados en motivos de hecho, de oportunidad y conveniencia o de derecho. Por tanto, quien intenta la impugnación de un acto administrativo por vía de reconsideración o jerárquica puede alegar, tanto razones de ilegalidad si estima que el acto es contrario a la Ley, o razones de mérito, de inoportunidad, de inconveniencia o de hecho como fundamento de su recurso. Esta es una de las diferencias entre estos medios administrativos de impugnación de los actos administrativos, y los medios jurisdiccionales contencioso-administrativos.

4. La decisión del recurso

Véase en particular, Allan R. Brewer-Carías, *Las Instituciones Fundamentales del Derecho Administrativo y la Jurisprudencia Venezolana*, Caracas 1964, p. 238 y ss.

Sobre la *reformatio in pejus*, véase la jurisprudencia en Mary Ramos Fernández, "Jurisprudencia Administrativa y Constitucional" en *Revista de Derecho Público*, Nº 2, Caracas 1980, p. 113.

Los recursos administrativos constituyen una reclamación que se formula ante la Administración, contra un acto, para que la Administración lo revise. Por tanto, la Administración, cuando reviva el acto, dicta otro acto que es de carácter administrativo y de efectos particulares. Mediante ese acto administrativo por el cual se revisa otro anterior con motivo de un recurso administrativo, la Administración puede confirmar el acto anterior, revocarlo, modificarlo o sustituirlo por otro.

En tal sentido, por ejemplo, el Artículo 90 de la Ley Orgánica, en relación a los recursos de reconsideración y jerárquicos, establece que el órgano que los decida podrá confirmar, modificar o revocar el acto impugnado, así como ordenar la reposición en caso de vicios en el procedimiento, sin perjuicio de la facultad que tiene la Administración para convalidar los actos viciados de nulidad relativa.

Por tanto, la Administración tiene los más amplios poderes de revisión de sus actos administrativos cuando se ha intentado un recurso contra el mismo, y además, la Administración puede revocar el acto o modificarlo, no sólo conforme a lo pedido sino también alegando sus propias razones e inclusive empeorándole la situación al recurrente que intentó el recurso.

Por otra parte, la decisión del recurso debe ser plena. Así, conforme al Artículo 89 de la Ley, la decisión debe resolver todos los asuntos que se sometan a la consideración de la Administración, dentro del ámbito de su competencia y también, ésta debe resolver todos los asuntos que surjan con motivo del recurso, aunque no hayan sido alegados por los interesados. Esta norma del Artículo 89 confirma lo que antes señalamos, en el sentido de que la Administración tiene amplios poderes, no sólo para decidir conforme a lo alegado y probado en autos, sino para decidir lo que surja del expediente, aun cuando no haya sido alegado por los interesados.

5. Los diversos tipos de recursos administrativos

De acuerdo a los principios y características generales antes señaladas, la Ley Orgánica de Procedimientos Administrativos establece tres tipos de recursos administrativos: el recurso jerárquico, el recurso de reconsideración y el recurso de revisión. Estos son, por otra parte, los tres clásicos recursos administrativos que admitía el ordenamiento venezolano, y se diferencian, tanto por la autoridad que los decide como por los poderes y motivos para la decisión de los mismos.

El recurso jerárquico, para referirnos al que ha sido más importante y el que ha sido tradicionalmente regulado en el ordenamiento venezolano, es el que se intenta contra un acto administrativo de un funcionario inferior a los efectos de que el superior jerárquico lo revise. Como su nombre lo indica, mediante él, el interesado acude a la jerarquía administrativa, para que el superior pueda revisar los actos del inferior. Por ello, y para utilizar el término procesal se trata de una "apelación administrativa", o recurso de alzada, en definitiva, de una reclamación contra el acto ante el superior jerárquico, establecida ahora con carácter general en el Artículo 95 de la Ley Orgánica de Procedimientos Administrativos. Antes de la Ley, sin embargo, por regulaciones aisladas y por la Jurisprudencia, se consideraba que el recurso jerárquico procedía como principio general en materia administrativa, teniendo como fundamento, precisamente, un principio general de organización administrativa, el de la jerarquía, que implica el poder del superior de revisar los actos del inferior.

El segundo de los recursos administrativos que prevé la Ley, es el recurso de revisión: también se trata de un recurso que se intenta ante el superior jerárquico, pero en este caso, por motivos muy precisos, derivados de hechos que sobrevengan después que un acto se ha dictado. Tiene semejanza el recurso de revisión con el jerárquico en cuanto a que siempre es el superior jerárquico el que los decide; sin embargo, el recurso de revisión está sometido a unos motivos precisos, regulados en el Artículo 97 de la Ley, y en cambio, el recurso jerárquico puede intentarse por cualquier motivo jurídicamente útil.

El tercer recurso, el de reconsideración, se distingue de los dos anteriores, en que se intenta ante la propia autoridad que dictó el acto, para que lo revise. Por eso se habla de reconsideración: se le pide al funcionario reconsiderar su propia decisión.

Estudiaremos separadamente estos tres tipos de recursos administrativos. Hemos agregado además, algunos comentarios respecto del recurso de reclamo, aun cuando no se trate de uña impugnación de actos administrativos, por haber sido consagrado como vía formal de recurso en el Artículo 39 de la Ley Orgánica.

III. EL RECURSO DE RECONSIDERACIÓN

Sobre el recurso de reconsideración, véase Allan R. Brewer-Carías, *Las Instituciones Fundamentales del Derecho Administrativo y la Jurisprudencia Venezolana*, Caracas 1964, p. 260 y ss.; Hildegard Rondón de Sansó, "Estudio Preliminar" en *Ley Orgánica de Procedimientos Administrativos*, EJV, Caracas 1981, p. 26 y ss.

Véase la jurisprudencia pertinente en Allan R. Brewer-Carías, *Jurisprudencia de la Corte Suprema 1930-1974 y Estudios de Derecho Administrativo*, T. III, Vol. II, Caracas 1976, p. 687 y ss. Véase, además, *Doctrina de la Procuraduría General de la República 1966,* Caracas 1967, pp. 269-271.

El recurso de reconsideración, regulado específicamente en el Artículo 94 de la Ley Orgánica, y en general en los Artículos 85 y siguientes, tiene por objeto lograr que el propio funcionario que dictó un acto administrativo, reconsidere su decisión y la revise él mismo.

1. Objeto del recurso

El recurso de reconsideración procede, como se dijo, sólo contra los actos administrativos de efectos particulares, definitivos y que aún no sean firmes. Así se deduce del Artículo 85 de la Ley Orgánica en concordancia con lo previsto en el Artículo 94 del mismo texto. Además, el acto recurrido puede o no ser un acto que cause estado, ya que el recurso de reconsideración puede intentarse, por ejemplo, contra un acto administrativo que haya agotado la vía administrativa: un acto de un Ministro por ejemplo, como lo regula el Artículo 90 de la Ley Orgánica.

Debe señalarse, por último, en relación al objeto del recurso, que el único caso en el cual la Ley Orgánica excluye el recurso de reconsideración es respecto de los actos administrativos que se dictan como decisión de un recurso de reconsideración. En estos casos, dice el Artículo 94 de la Ley, contra esas decisiones "no puede interponerse de nuevo dicho recurso".

2. La interposición del recurso

El recurso de reconsideración, conforme al Artículo 94 de la Ley Orgánica debe ser interpuesto en un lapso de 15 días hábiles siguientes a la notificación del acto que se impugna; vencidos estos 15 días sin que se intente el recurso, el acto quedaría firme y no podría ser impugnable. Por tanto, al establecerse un lapso preciso para interponer el recurso, queda sobreentendido que el objeto del recurso, no puede ser un acto firme, sino un acto definitivo no firme.

Por otra parte, el recurso se interpone, conforme al Artículo 94 de la Ley, por ante la misma autoridad que dictó el acto, pues es dicho funcionario quien lo puede reconsiderar. Hay, por tanto, identidad entre la autoridad que recibe al escrito del recurso y la autoridad que lo decide.

3. La decisión del recurso

La Ley regula, además los principios relativos a la decisión del recurso: la autoridad decisora, el lapso de decisión, el contenido de la decisión y los poderes del funcionario al resolverlo.

A. Autoridad decisora

Como ha quedado dicho, el recurso de reconsideración no sólo debe interponerse ante el funcionario que dictó el acto impugnado, sino que es ese mismo funcionario quien debe decidir el recurso, reconsiderando o ratificando su decisión. Por razones prácticas es que el Artículo 94 de la Ley prescribe que contra el acto de decisión de un recurso de reconsideración no puede intentarse de nuevo dicho recurso, pues tratándose del mismo funcionario es difícil pensar en el éxito de un segunda pretensión de reconsideración.

B. Lapso de decisión

La Ley, por otra parte, impone al funcionario la obligación de decidir en un lapso determinado, lo que se configura como garantía al derecho constitucional de obtener oportuna respuesta de las peticiones administrativas. A tal efecto, se prevén diversos lapsos según que el acto impugnado ponga o no fin a la vía administrativa.

a. *Cuando el acto no causa estado*

En efecto, si se trata de un acto administrativo que no pone fin a la vía administrativa, es decir, que no causa estado, el funcionario debe resolver el recurso de reconsideración en un lapso de 15 días hábiles siguientes al recibo del mismo, conforme lo exige el Artículo 94.

En estos casos, por tanto, si se trata de un acto administrativo dictado por un funcionario inferior y que no agota la vía administrativa, la decisión debe producirse en un lapso de 15 días hábiles siguientes al recibo del escrito del recurso.

b. *Cuando el acto emana de un Ministro*

El lapso de decisión, por otra parte, es diferente cuando el acto pone fin a la vía administrativa. Normalmente, la vía administrativa finaliza a nivel del superior jerárquico; y en la Administración Central, normalmente en el Ministro. En estos casos se aplica el Artículo 91 de la Ley, que prescribe que el recurso de reconsideración, cuando quien deba decidir el recurso es el propio Ministro, por que sea un acto del Ministro el que se pide reconsiderar, deberá ser decidido en un lapso de 90 días hábiles siguientes a su presentación. Por tanto, si el acto pone fin a la vía administrativa a nivel del Ministro, el lapso de decisión es de 90 días hábiles.

c. *Cuando el acto causa estado a nivel inferior*

Habría que distinguir, además, un tercer supuesto de actos administrativos que ponen fin a la vía administrativa, pero en un nivel inferior en la jerarquía administrativa. La Ley Orgánica de Procedimientos Administrativos no regula este supuesto, por lo que entre los dos lapsos que regula para la decisión, el de 90 días hábiles y el de 15 días hábiles, debe optarse por el que beneficie más al particular; y ¿cuál es el lapso que beneficia más al particular? Sin duda el de 15 días hábiles. Por tanto, si el acto administrativo no pone fin a la vía administrativa al nivel del Ministro, pero sí le pone fin a un nivel inferior, el lapso de decisión, aplicando analógicamente el Artículo 94, sería el de 15 días hábiles contados a partir del recibo del recurso.

C. El contenido de la decisión

La decisión del recurso de reconsideración, en principio, debe ser expresa y ha de dictarse conforme a lo exigido en los Artículos 89 y 90 de la Ley Orgánica. Sin embargo, la Ley Orgánica, en beneficio de la defensa del interesado, establece la presunción de decisión tácita del recurso en caso de silencio administrativo. Por ello, veamos estos dos supuestos separadamente.

a. *La decisión tácita como consecuencia del silencio administrativo*

Si el recurso de reconsideración no se decide en los lapsos prescritos conforme a lo previsto en el Artículo 4° de la Ley Orgánica, se considera que ha sido resuelto negativamente y el interesado puede intentar el recurso siguiente. Con ello resulta que si no se decide el recurso de reconsideración en los 15 días hábiles o 90 días hábiles, según los casos, se estima que hay una resolución negativa tácita, y en ese supuesto, puede el interesado interponer el recurso siguiente correspondiente.

Si se trata de un acto que no pone fin a la vía administrativa, es decir, dictado por un inferior en la jerarquía, el recurso que procede es el recurso jerárquico, para poner fin a la vía administrativa. Pero si es un acto que pone fin a la vía administrativa, sea a nivel de Ministro o a nivel inferior en los casos establecidos en la Ley, el recurso que procede sería el recurso contencioso-administrativo conforme a lo prescrito en el Artículo 93 de la Ley Orgánica y lo establecido en la Ley Orgánica de la Corte Suprema de Justicia. Pero por supuesto, aquí también tiene su vigencia el Artículo 92 de la Ley Orgánica que señala que ese recurso contencioso-administrativo, no puede intentarse, mientras no se produzca la decisión respectiva en el recurso de reconsideración interpuesto, o venza el plazo que tenga la Administración para decidir; es decir, intentando un recurso de reconsideración, no puede acudirse a la vía contencioso-administrativa sin que la Administración decida el recurso o transcurra el lapso para decidirlo. Por tanto, si el interesado opta por intentar el recurso de reconsideración, debe esperar que el Ministro decida o transcurra el lapso, y luego, si el lapso se vence y no hay decisión, puede intentar el recurso contencioso-administrativo.

b. *La decisión expresa*

Fuera del caso del silencio administrativo, como todo acto administrativo, la decisión del recurso de reconsideración debe ser expresa, y debe versar, de acuerdo al Artículo 89 de la Ley Orgánica, tanto sobre los asuntos que se le sometan a la Administración por el interesado, como sobre todos los asuntos que surjan con motivo del recurso, aun cuando no hayan sido alegados por los interesados. Es el principio de la plenitud de la decisión.

Por otra parte, de acuerdo al Artículo 90, el poder de la autoridad al reconsiderar su acto es amplio: puede confirmar su acto; puede modificarlo en el sentido pedido o en cualquier otro sentido que estime conveniente; puede revocar el acto impugnado; puede también, si encuentra que hay un vicio del procedimiento, reponer el procedimiento al estado en que se reinicie algún trámite; y por último, si lo que se alegó fue un vicio de nulidad relativa, puede, simplemente, convalidar el acto, siempre que ello sea posible dada la naturaleza del vicio.

4. Efectos del recurso

El recurso de reconsideración puede decirse que tiene tres efectos fundamentales. En primer lugar, intentado un recurso de reconsideración y decidido el recurso, de acuerdo al Artículo 94 de la Ley Orgánica no puede intentarse un nuevo recurso de reconsideración, con lo cual la Ley pone fin a la posibilidad de una cadena interminable de reconsideraciones. Por ejemplo, si un Ministro dicta una decisión y el interesado le pide reconsideración y el Ministro la niega, no puede volverse a pedir al Ministro reconsideración de su decisión.

En segundo lugar, otro efecto del recurso de reconsideración, es que una vez que éste se intenta y se opta por esa vía, mientras no se decida el recurso o transcurra el lapso para decidir, no puede el interesado acudir a la vía contencioso-administrativa.

En tercer lugar, y este es quizás el efecto más importante, es que el recurso de reconsideración contra los actos administrativos que no ponen fin a la vía administrativa, es decir, que son dictados por un inferior jerárquico, constituye un requisito previo, de acuerdo a la Ley, para intentar el recurso jerárquico ante el superior. Por tanto, este efecto impide que contra un acto que no cause estado y que no pone fin a la vía administrativa, el interesado pueda agotarla directamente ante el superior por vía de recurso jerárquico.

En efecto, el Artículo 95 de la Ley Orgánica exige que previamente al recurso jerárquico deba agotarse el recurso de reconsideración, y sólo cuando éste se decida o cuando transcurra el lapso de decisión sin decidirse, es que puede acudirse a la vía jerárquica, e interponerse el recurso jerárquico. Esta innovación de la Ley Orgánica, en relación a la situación anterior y a todos los proyectos de ley elaborados, sin duda, resulta inconveniente y contraria al principio de celeridad previsto en el Artículo 30 de la Ley.

IV. EL RECURSO JERÁRQUICO

Sobre el recurso jerárquico, en particular, véase Allan R. Brewer-Carías, *Las Instituciones Fundamentales del Derecho Administrativo y la Jurisprudencia Venezolana*, Caracas 1964, p. 246 y ss.

En cuanto a la jurisprudencia, véase en Allan R. Brewer-Carías, *Jurisprudencia de la Corte Suprema 1930-1974 y Estudios de Derecho Administrativo*, T. III, Vol. II, Caracas 1976, p. 652 y ss.; y en Mary Ramos Fernández, "Jurisprudencia Administrativa y Constitucional" en *Revista de Derecho Público*, N° 1, Caracas 1980, p. 114. Véase, además, la *Doctrina de la Procuraduría General de la República 1973*, Caracas 1974, p. 267 y ss.

El segundo de los recursos administrativos que regula la Ley es el recurso jerárquico tradicionalmente aceptado en la legislación especial, y como principio general, por la jurisprudencia.

Ahora, la Ley Orgánica lo regula en particular, tanto en las disposiciones generales sobre los recursos administrativos, como en normas específicas relativas a su interposición, objeto, decisión y efectos.

1. La interposición del recurso

A. Requisitos

Tal como hemos señalado, el recurso jerárquico procede, sólo, cuando ya se ha intentado un recurso de reconsideración. Por ello, expresamente el Artículo 95 de la Ley Orgánica establece que el recurso jerárquico procederá cuando el órgano inferior decida no modificar el acto del cual es autor, en la forma solicitada en el recurso de reconsideración. Por tanto, el recurso jerárquico sólo puede intentarse contra el acto del inferior, cuando éste decida no modificar su acto, una vez que se le ha solicitado la reconsideración del mismo. Por supuesto, también procede el recurso jerárquico, cuando ha transcurrido el lapso de decisión previsto de 15 a 90 días hábiles, según los casos, y no ha habido decisión en vía de reconsideración, en cuyo caso se estima que ha sido negada la reconsideración por el silencio, conforme al Artículo 4° de la Ley.

Esta exigencia del recurso de reconsideración previo al jerárquico, obligatoriamente, no estaba en ninguno de los proyectos que dieron origen a la Ley, y no tiene justificación alguna, pues como se dijo, es contraria a la celeridad que requiere el procedimiento administrativo.

En todo caso, aparentemente, el único supuesto en el cual puede intentarse directamente un recurso jerárquico, es el previsto en el Artículo 50 de la Ley Orgánica en los casos en que se objete la solicitud de un particular por errores u omisiones de la misma.

B. Lapso de interposición

De acuerdo a la Ley Orgánica, el interesado debe intentar el recurso jerárquico dentro de los 15 días hábiles siguientes a la decisión del recurso de reconsideración, o al transcurso del lapso previsto legalmente para que se decidiera la reconsideración.

C. Autoridad

En relación al recurso jerárquico contra las decisiones de los órganos superiores de los institutos autónomos para ante los Ministerios de Adscripción, véase Jesús Caballero Ortiz, "El recurso jerárquico impropio" en el libro del Instituto de Derecho Público, *El Procedimiento Administrativo* , T. IV, del Archivo de Derecho Público y Ciencias de la Administración, Caracas 1982.

El recurso jerárquico puede interponerse directamente ante el Ministro o ante el superior jerárquico del organismo respectivo. Así lo establece el Artículo 95 de la Ley. Por tanto, si el interesado pidió reconsideración ante el inferior y el funcionario no reconsideró su decisión o no decidió en el lapso prescrito, el interesado puede ir directamente ante el Ministro a interponer su recurso jerárquico en el lapso de 15 días hábiles siguientes a la decisión del recurso de reconsideración o al vencimiento del lapso. No es necesario interponerlo por ante el funcionario inferior, aun cuando la redacción del artículo puede dar pie a que ello pueda hacerse.

Ahora bien, el Artículo 95 de la Ley Orgánica señala sólo el caso de recursos jerárquicos interpuestos en una jerarquía ministerial, los cuales deben ser introducidos por ante el Ministro, como superior jerárquico. Sin embargo, en el caso de recursos jerárquicos intentados contra actos de los Institutos Autónomos, el recurso debe interponerse por ante el superior jerárquico del Instituto Autónomo, de acuerdo al Artículo 96 de la Ley Orgánica.

En este campo, la Ley Orgánica trae una innovación al consagrar la posibilidad general de que contra el acto administrativo de un superior jerárquico de un Instituto Autónomo, se pueda intentar un recurso jerárquico para ante el Ministro de adscripción, salvo disposición contraria de la Ley. En este caso en realidad, se está rompiendo el principio de la descentralización y lesionando la autonomía. No hay que olvidar que el control propio de la descentralización, es el control de tutela, pero en este caso la Ley mezcla el control de tutela con el control jerárquico, porque se atribuye al Ministro de adscripción este control jerárquico respecto a un Instituto Autónomo. Con esta previsión, la

Ley Orgánica modifica radicalmente la situación anterior, conforme a la cual no podía intentarse ningún recurso jerárquico contra una decisión de un Instituto Autónomo para ante un Ministro de adscripción, salvo en los casos en los cuales excepcionalmente la Ley lo regulaba, y sólo había muy pocos casos.

Particularmente, por ejemplo en el caso del Instituto Agrario Nacional, en ciertas decisiones la Ley de Reforma Agraria permitía un recurso jerárquico para ante el Ministro de Agricultura y Cría. Con la Ley Orgánica de Procedimientos Administrativos, se ha invertido totalmente el principio y ahora, como principio general, se prevé que todo acto del superior jerárquico de un Instituto Autónomo, es recurrible por vía jerárquica ante el Ministro, salvo que la Ley expresamente lo excluya, lo cual no sucede en ningún caso.

2. Objeto del recurso

El acto recurrible en vía jerárquica debe también ser un acto definitivo, que ponga fin al asunto, pero más que acto definitivo, tiene que ser un acto que decida no modificar un acto anterior, cuanto ha sido pedida la reconsideración, es decir, realmente, es contra la negativa del funcionario a reconsiderar su propio acto definitivo, contra el cual procede el recurso jerárquico conforme lo regula el Artículo 85 de la Ley.

3. La decisión del recurso

A. Autoridad decisora

Hemos señalado que el recurso jerárquico se intenta directamente para ante el superior jerárquico del organismo respectivo, es decir, el Ministro en los ministerios, y por tanto, es el Ministro quien debe decidir el recurso. Si se intenta contra un acto de un inferior de un Instituto Autónomo, se interpone ante el órgano superior del Instituto Autónomo, y es éste quien debe decidir. En esta forma, la Ley elimina la cadena de recursos a lo largo de la jerarquía, y contra la decisión de un funcionario que en cualquier nivel niegue la reconsideración, se puede intentar el recurso jerárquico directamente ante el Ministro o el superior jerárquico del Instituto.

Por tanto, quien debe decidir el recurso jerárquico, es quien tiene la superior jerarquía del organismo respectivo. En este punto, debe hacerse mención a la regulación expresa que trae el Artículo 88 de la Ley Orgánica, de que no se pueden resolver, por delegación, los recursos intentados contra las propias decisiones de quien va a resolverlo. Por ejemplo, si se trata de un Director General de un Ministerio quien toma una decisión y se le pide reconsideración y la niega; contra esa decisión del Director General puede acudirse por vía jerárquica ante el Ministro.

Pero si el Ministro ha delegado sus funciones en el Director General, éste no puede resolver, por delegación, el recurso jerárquico intentado contra su propia decisión. En este caso hay una prohibición expresa de la Ley, por lo que aun cuando haya delegación, el Ministro debe decidir el recurso, como tal superior jerárquico, de acuerdo al Artículo 88 de la Ley.

B. Lapso de decisión

Tratándose de una decisión del Ministro, conforme a lo previsto en el Artículo 91 de la Ley Orgánica, el lapso para decidirlo es de 90 días hábiles siguientes a la presentación del recurso. Por supuesto, si se trata de un recurso contra un acto de un órgano inferior de un Instituto Autónomo interpuesto ante el superior del mismo, en ausencia de una previsión expresa de lapso, tiene que aplicarse, por vía analógica, el mismo lapso de los 90 días hábiles para la decisión del recurso.

Por otra parte, existiendo un lapso para la decisión, si no se decide el recurso dentro de los 90 días hábiles mencionados, en el caso de que sea un Ministro quien deba decidir, se aplica el Artículo 4° de la Ley Orgánica y queda abierta la vía contencioso-administrativa conforme a lo establecido en el Artículo 93 de la misma.

Sin embargo, si se trata de una decisión que debe adoptar el superior jerárquico de un Instituto Autónomo, y no lo hace en el plazo señalado, conforme a lo establecido en el Artículo 96 de la Ley Orgánica, lo que queda abierta es la posibilidad de intentar un nuevo recurso jerárquico para ante el respectivo Ministro de adscripción.

C. Contenido de la decisión

En cuanto al contenido de la decisión del recurso jerárquico rigen los comentados Artículos 89 y 90 de la Ley. En efecto, el superior jerárquico debe resolver así mismo, todos los asuntos que surjan con motivo del recurso, aun cuando no hayan sido alegados por el interesado.

En estos casos, también de acuerdo al Artículo 90, el superior jerárquico tiene poder para confirmar, modificar o revocar el acto impugnado, así como para ordenar la reposición del procedimiento, si se trata de vicio de procedimiento y también para convalidar el acto del inferior, si se estima que adolece solo de un vicio de nulidad relativa que puede ser subsanado.

4. Efectos del recurso

El efecto fundamental del recurso jerárquico es el de agotar la vía administrativa, por la decisión del Ministro. Así, la vía normal para agotar la vía administrativa, es el recurso jerárquico. Ahora bien, agotada esta vía, conforme a lo consagrado por el Artículo 93 de la Ley, queda abierta la vía contencioso-administrativa por ante los Tribunales Contenciosos-Administrativos con la advertencia de que para interponer los recursos contencioso-administrativos, uno de los requisitos procesales es, precisamente, el agotamiento de la vía administrativa.

V. EL RECURSO DE REVISIÓN

Sobre el recurso de revisión, en particular, véase Allan R. Brewer-Carías, *Las Instituciones Fundamentales del Derecho Administrativo y la Jurisprudencia Venezolana*, Caracas 1964, p. 264 y ss.; Gilberto Mejías, "El hecho desconocido o sobreviniente como requisito para la procedencia del recurso de revisión", en *Revista de Control Fiscal*, N° 97, Caracas 1980, pp. 159-186.

El tercer tipo de recurso que regula la Ley, es el recurso de revisión, el cual se caracteriza porque se interpone ante el superior jerárquico contra un acto firme y por motivos precisos.

1. Objeto del recurso

En efecto, el recurso de revisión sólo procede contra un acto administrativo firme y esto lo distingue de los recursos de reconsideración y jerárquico. En éstos, al estar previsto un lapso de interposición, proceden, precisamente contra actos que no sean firmes, porque no se ha vencido el lapso de impugnación. En cambio, en el caso del recurso de revisión, el objeto del recurso, normalmente, es un acto firme, es decir, no impugnable por vía de otro recurso, porque se han vencido los lapsos para impugnarlo.

Por otra parte, es precisamente porque se trata de recursos intentados contra actos firmes, que se establecen unos motivos específicos de apertura del recurso.

2. Los motivos del recurso

En efecto, de acuerdo a lo establecido en el Artículo 97 de la Ley, los motivos para interponer un recurso de revisión son sólo los siguientes:

Primero, cuando hubieren aparecido pruebas esenciales para la resolución del asunto, no disponibles para la época de la tramitación del expediente. Por ejemplo, si un expediente, se tramitó y resolvió habiendo quedado el acto firme y luego, posteriormente, aparecen pruebas esenciales que no se tuvieron en cuenta, puede revisarse el acto a través de este recurso.

En segundo lugar, cuando en la resolución objeto del recurso de revisión hubieren influido en forma decisiva, documentos o testimonios que fueron declarados posteriormente falsos por sentencia judicial definitivamente firme. Por ejemplo, si una declaración de herencia se hizo en base a un testamento y con fundamento en ella se dictó la liquidación de la herencia para el pago, por los sucesores, del Impuesto Sucesoral, y luego, por sentencia firme, se declara la nulidad del testamento, por supuesto, que habría derecho a solicitar la revisión del acto de impugnación.

La tercera causal del recurso de revisión se produce cuando la resolución cuya revisión se pide, hubiese sido adoptada por cohecho, violencia, soborno u otra manifestación fraudulenta, y ello hubiese quedado establecido en sentencia judicial definitivamente firme. En este caso-se requiere que haya una sentencia judicial posterior que pruebe que hubo un delito o violencia, es decir, un vicio en la voluntad.

En esta forma, el recurso de revisión procede por motivos muy específicos, lo que justifica que se intente contra actos administrativos que normalmente son firmes, como lo dice el propio Artículo 97 de la Ley Orgánica.

3. Interposición

La interposición de estos recursos de revisión, como lo dice el Artículo 97, se hace directamente ante el Ministro. En cuanto al lapso de interposición, aun cuando se trate de acto firme, se precisa en el Artículo 98 de la Ley Orgánica. En esta norma se establece que sólo procede este recurso de revisor dentro de los tres meses siguientes a la fecha de la sentencia, que establezca la manifestación fraudulenta o la falsedad de los documentos, conforme a lo previsto en los ordinales 2 y 3 del Artículo 97; o dentro de los tres meses siguientes a la fecha de haberse tenido noticia de la existencia de las pruebas esenciales que aparecen después de tramitado el asunto, de acuerdo al ordinal 1° del mismo Artículo.

4. La decisión

En cuanto a la decisión del recurso de revisión debe indicarse que dicho recurso lo decide el mismo funcionario que lo recibe, esto es, el Ministro. Hemos dicho que el recurso se interpone ante el Ministro y es el Ministro quien debe decidirlo como superior jerárquico, de acuerdo a lo establecido en el Artículo 97 de la Ley. En cuanto al lapso para decidir el recurso, en este caso se trata de un lapso especial de 30 días hábiles siguientes a la fecha de la presentación del recurso. Si el Ministro no decide la revisión solicitada en los 30 días, opera el silencio administrativo previsto en el Artículo 4° de la Ley, y por tanto, queda abierta la vía contencioso-administrativa, de acuerdo al Artículo 93 de la Ley. Como se trata de una decisión del Ministro de carácter tácito, agota la vía administrativa y queda abierta la vía contenciosa.

En este caso, también, los poderes del Ministro como órgano decisor, están regulados por el Artículo 89 de la Ley, que exige que resuelva no sólo los problemas planteados por quien solicita la revisión, sino cualquier otro asunto que surja con motivo del recurso, aún cuando no haya sido alegado por los interesados.

VI. EL RECURSO DE RECLAMO

Además de estos tres recursos que establece la Ley como medios de impugnación formal administrativa contra los actos administrativos, podría agregarse un cuatro recurso administrativo, aun cuando no para la impugnación de actos administrativos. Se trata, en efecto, de una reclamación contra omisiones, retardos e incumplimientos de los funcionarios, y es el recurso de reclamo que prevé el Artículo 3 de la Ley. Esta norma, en efecto, permite a los interesados reclamar ante el superior jerárquico inmediato (no se trata del superior jerárquico absoluto del organismo), contra el retardo, omisión, distorsión o incumplimiento de cualquier procedimiento, trámite o plazos, en que pudieran haber incurrido funcionarios públicos. En este caso, en realidad, se trata de un recurso de queja que permite reclamar ante el superior; y lo calificamos de recurso pues no se trata simplemente de la posibilidad de queja que cualquiera tiene en relación a cualquier organismo, sino que está sometido en el Artículo 3, a una serie de requisitos. En efecto, ese recurso se intenta ante el superior inmediato, por escrito, que debe ser razonado, donde el particular debe indicar qué es lo que se omitió o cuál fue el retardo o el incumplimiento, y ese recurso de reclamo debe ser resuelto dentro de los 15 días hábiles siguientes a su recepción. Este recurso de reclamo no tiene carácter suspensivo, como todo recurso, pues expresamente establece la norma que la reclamación no acarrea la paralización del procedimiento, ni obstaculizará la posibilidad de que sean subsanadas las fallas o las omisiones.

Por otra parte, tiene unos efectos determinados: el superior inmediato puede subsanar las faltas del inferior y debe tramitar el procedimiento a los efectos de que el superior jerárquico del organismo, si encuentra que el reclamo es fundado, conforme al Artículo 103 de la ley, imponga al funcionario infractor o a los infractores, las sanciones previstas en el Artículo 100, sin perjuicio de exigir las demás responsabilidades que establezca la Ley.

Sección Quinta: INCIDENCIA DE LA LEY ORGÁNICA EN LO CONTENCIOSO ADMINISTRATIVO

La Ley Orgánica de Procedimientos Administrativos, puede decirse que regula tres aspectos fundamentales que inciden sobre el procedimiento y los recursos contencioso-administrativos: en primer lugar, regula las condiciones de recurribilidad de los actos administrativos; en segundo lugar, regula las condiciones de admisibilidad de los recursos contencioso-administrativos de anulación; y en tercer lugar, regula, en forma indirecta, los efectos de las decisiones del juez Contencioso-Administrativo. Veamos estos tres aspectos separadamente.

En general, sobre el contencioso-administrativo en Venezuela, véase Allan R. Brewer-Carías, *Las Instituciones Fundamentales del Derecho Administrativo y la Jurisprudencia Venezolana*, Caracas 1964, pp. 293-461; y todos los trabajos recogidos en Allan R. Brewer-Carías, *Jurisprudencia de la Corte Suprema de Justicia 1930-1974 y Estudios de Derecho Administrativo*, T. V, Vols. I y II, Caracas 1978; Eloy Lares Martínez, Manual de Derecho Administrativo, Caracas 1978, pp. 651-698. Véanse además los trabajos de Martín Pérez Guevara, Humberto J. La Roche, José Guillermo Andueza, Antonio Moles Caubet, Enrique Silva Cimma, Hildegard Rondón de Sansó, Gonzalo Pérez Luciani, Enrique Pérez Olivares, Allan R. Brewer-Carías, Luis H. Farías Mata, Leopoldo Márquez Añez, Luis Beltrán Guerra, Tomás Polanco y Ezra Mizrachi, en el libro editado por el Instituto de Derecho Público, *El Control Jurisdiccional de los Poderes Públicos en Venezuela*, Caracas 1979; y asimismo, los trabajos de Antonio Moles Caubet, Gonzalo Pérez Luciani, José Guillermo Andueza, Hildegard Rondón de Sansó, Allan R. Brewer-Carías en Antonio Moles y otros, *Contencioso administrativo en Venezuela*, Caracas 1981.

I. LAS CONDICIONES DE RECURRIBILIDAD DE LOS ACTOS ADMINISTRATIVOS EN VÍA CONTENCIOSO-ADMINISTRATIVA

1. La cuestión del objeto de los recursos contencioso-administrativos de anulación

La Ley Orgánica de Procedimientos Administrativos hemos visto que regula los actos administrativos pero, ciertamente, sólo a los efectos de esa Ley, es decir, sólo los que resultan de la actuación de la Administración Pública Nacional, Central, Descentralizada y de las administraciones nacionales con autonomía funcional. Por tanto, definitivamente, la Ley Orgánica de Procedimientos Administrativos, no regula a los actos administrativos como objeto de los recursos contencioso-administrativos, sino sólo como manifestación de la Administración Pública, en sentido orgánico.

En este sentido, por tanto, debe quedar muy claramente establecido que la definición del acto administrativo formulada en el Artículo 7° de la Ley Orgánica de Procedimientos Administrativos, no es una definición que pueda tomarse como base para definir el objeto de los recursos contencioso-administrativos de anulación, ya que estos recursos pueden proceder contra actos administrativos emanados de otros órganos distintos de la Administración Pública y, particularmente, contra actos administrativos emanados del Poder Legislativo y del Poder Judicial. Precisamente por eso es que hemos calificado de inconveniente, inútil e imprecisa la definición del Artículo 1°.

Pero dejando aparte esta consideración, debe señalarse que a los efectos de la impugnación de los actos administrativos emanados de la Administración Pública en sentido orgánico, la Ley Orgánica de Procedimientos Administrativos prescribe, en forma indirecta, las condiciones de recurribilidad de esos actos administrativos de la Administración Pública por ante la Jurisdicción Contencioso-Administrativa, y puede decirse, en este sentido, que la Ley Orgánica de Procedimientos Administrativos, siguiendo la orientación de la Ley Orgánica de la Corte Suprema de Justicia, prescribe que los actos administrativos de la Administración Pública recurribles ante la jurisdicción contencioso-administrativa, sólo son los actos administrativos definitivos que hayan causado y que no sean firmes. Tres son, por tanto, las condiciones de recurribilidad de los actos administrativos que la Ley regula indirectamente, que vamos a analizar separadamente.

2. La definitividad de los actos administrativos

Sobre los actos administrativos definitivos, véase Allan R. Brewer-Carías, "Las condiciones de recurribilidad de los actos administrativos en la vía contencioso-administrativa" en *Revista del Ministerio de Justicia*, Nº 54, Caracas 1966, p. 83 y ss.; Allan R. Brewer-Carías, "El recurso contencioso-administrativo contra los actos de efectos particulares" en el libro del Instituto de Derecho Público, *El Control Jurisdiccional de los Poderes Públicos en Venezuela*, Caracas 1979, p. 179 y ss.

La jurisprudencia sobre el tema puede consultarse en Allan R. Brewer-Carías, *Jurisprudencia de la Corte Suprema de Justicia 1930-1974 y Estudios de Derecho Administrativo*, T. III Vol. I, Caracas 1976, p. 296 y ss.; y T. V, Vol. I, Caracas 1978, p. 231 y ss.

La primera condición de recurribilidad de los actos administrativos es que deben ser actos definitivos, o en otras palabras, el acto recurrible en vía contencioso-administrativa es el acto definitivo. La definitividad de los actos administrativos está establecida en diversas normas de la Ley, a las cuales ya hemos hecho referencia. El Artículo 99 de la Ley, por ejemplo, cuando habla de la motivación, exceptúa de la obligación de motivar a los actos de simple trámite y el acto de trámite se opone al acto definitivo, es decir, al acto que decide o resuelve un asunto. La motivación es así, una exigencia legal de los actos definitivos y no de los actos de trámite. El acto definitivo, por tanto, es el que de acuerdo al Artículo 62 decide el asunto que ha sido sometido a la Administración, y como acto que pone fin a un procedimiento, conforme al Artículo 85 de la Ley, es el acto que por esencia es recurrible ante la propia Administración Pública por vía de recurso administrativo.

En consecuencia, si el acto recurrible en vía administrativa es el acto definitivo, conforme al Artículo 85 de la Ley, con mayor razón sólo los actos definitivos son los actos impugnables ante la jurisdicción contencioso-administrativa.

Debe señalarse, sin embargo que por vía excepcional podría admitirse que un acto de trámite sea recurrible ante la jurisdicción contencioso-administrativa, como también puede ser recurrible ante la propia Administración por vía de recurso administrativo, en los siguientes casos: en primer lugar, si se trata de actos de trámite que pongan fin al procedimiento, por ejemplo, un acto que acuerde la inadmisibilidad de un recurso administrativo, conforme al Artículo 86 de la Ley; en segundo lugar, si se trata de un acto de trámite que imposibilite la continuación del procedimiento, por ejemplo, un acto que le niegue el carácter de interesado a un particular; en tercer lugar, si se trata de un acto de trámite que cause indefensión porque, por ejemplo, niegue una prueba determinada promovida por un interesado; y en cuarto lugar, si se trata de un acto de trámite que prejuzgue como definitivo y que, por tanto, por su contenido, contenga una decisión que equivalga a la definitiva o prejuzgue sobre la que se va a adoptar en el acto definitivo.

Salvo estos casos de actos de trámite recurribles, en principio, puede establecerse como condición de recurribilidad de los actos administrativos, el que el acto administrativo sea definitivo, es decir que ponga fin a un asunto en los términos de los Artículos 62 y 85 de la Ley Orgánica de Procedimientos Administrativos.

3. La necesidad de que el acto administrativo cause estado

Sobre los actos administrativos que causen estado, véase Allan R. Brewer-Carías, "Las condiciones de recurribilidad de los actos administrativos en vía contencioso-administrativa" en *Revista del Ministerio de Justicia*, N° 54, Caracas 1966, p. 83 y ss.

Véase la jurisprudencia al respecto en Allan R. Brewer-Carías, *Jurisprudencia de la Corte Suprema 1930-1974 y Estudios de Derecho Administrativo*, T. V, Vol. I, Caracas 1978, p. 233 y ss. Véase, además, *Doctrina de la Procuraduría General de la República 1964*, Caracas 1965, p. 26 y ss.; *ídem* 1966, Caracas 1967, p. 30; *ibídem* 1973, Caracas 1974, p. 135.

Pero además de que el acto sea definitivo, la segunda condición de recurribilidad de los actos administrativos a los cuales se refiere la Ley Orgánica de Procedimientos Administrativos, es la necesidad de que los actos administrativos causen estado, es decir, agoten la vía administrativa.

Expresamente, así, el Artículo 93 de la Ley, siguiendo la orientación de la Ley Orgánica de la Corte Suprema de Justicia, prescribe que sólo los actos que ponen fin a la vía administrativa, pueden ser recurridos en vía contencioso-administrativa, por lo que esta quedará abierta cuando, interpuestos los recursos que ponen fin a la vía administrativa, éstos hayan sido decididos en sentido contrario o distinto a lo solicitado o no se haya producido decisión en los casos correspondientes. En consecuencia, sólo los actos que causan estado, lo que equivale a poner fin a la vía administrativa, son recurribles ante la jurisdicción contencioso-administrativa.

4. La necesidad que el acto administrativo no sea firme

Sobre los actos administrativos firmes, véase Allan R. Brewer-Carías, *Las Instituciones Fundamentales del Derecho Administrativo y la Jurisprudencia Venezolana*, Caracas 1964, p. 145; Allan R. Brewer-Carías, "Las condiciones de recurribilidad de los actos administrativos en la vía contencioso-administrativa" en *Revista del Ministerio de Justicia*, N° 54, Caracas 1966, p. 83 y ss. La jurisprudencia sobre el tema puede consultarse en Allan R. Brewer-Carías, *Jurisprudencia de la Corte Suprema 1930-1974 y Estudios de Derecho Administrativo*, T. III, Vol. I, Caracas 1976, p. 294 y ss.; y T. V, Vol. I, Caracas 1978, p. 235 y ss.

En tercer lugar, son también recurribles ante la jurisdicción contencioso-administrativa, además de los actos definitivos y que causan estado, aquellos actos que no han adquirido firmeza, es decir, respecto de los cuales aún están abiertos los plazos para poder impugnarlos.

La Ley Orgánica de Procedimientos Administrativos expresamente establece en el Artículo 93, que los plazos para intentar los recursos contencioso-administrativos, son los establecidos por las Leyes correspondientes y, particularmente, por la Ley Orgánica de la Corte Suprema de Justicia la cual prescribe, en su Artículo 134*, un lapso general de seis meses para intentar el recurso contencioso-administrativo contra los actos administrativos de efectos particulares, salvo que se trate de actos de efectos temporales, en cuyo caso el lapso es uno breve de 30 días hábiles.

Aparte de prescribir los lapsos y remitir a la Ley Orgánica de la Corte Suprema de Justicia, cuando se habla de actos que no sean firmes y, por tanto, que sean recurribles, hay que destacar el Artículo 97 de la Ley Orgánica, que habla, al contrario, de actos administrativos firmes, contra los cuales procede el recurso de revisión. Al hacerse referencia, allí, al acto administrativo firme, es para destacar que no es normalmente impugnable por haberse vencido los lapsos de impugnación, y respecto al cual sólo se abre el recurso de revisión. Por eso, el recurso contencioso-administrativo, por interpretación a contrario, es el que procede sólo contra los actos administrativos que no sean firmes, y que equivale a que sean impugnables, es decir, a que los lapsos de impugnación aún no se hayan vencido.

II. LAS CONDICIONES DE ADMISIBILIDAD DEL RECURSO CONTENCIOSO-ADMINISTRATIVO DE ANULACIÓN CONTRA LOS ACTOS ADMINISTRATIVOS DE EFECTOS PARTICULARES

Vinculado a las condiciones de recurribilidad de los actos administrativos, la Ley Orgánica de Procedimientos Administrativos también regula las condiciones de admisibilidad de los recursos contencioso-administrativos, particularmente del recurso contencioso-administrativo de anulación. Sus regulaciones inciden sobre las tres condiciones clásicas de admisibilidad de ese recurso; la legitimación activa, el agotamiento de la vía administrativa y el lapso de caducidad para intentar el recurso.

Véase en particular Allan R. Brewer-Carías, *Las Instituciones Fundamentales del Derecho Administrativo y la Jurisprudencia Venezolana*, Caracas 1964, p. 346 y ss.; Allan R. Brewer-Carías, "El recurso contencioso-administrativo contra los actos de efectos particulares" en el libro del Instituto de Derecho Público, *El Control Jurisdiccional de los Poderes Públicos en Venezuela*, Caracas 1979, p- 191 y ss.; Allan R. Brewer-Carías, "Aspectos procesales de la decisión sobre la admisibilidad o inadmisibilidad de los recursos contencioso-administrativos de anulación", en Antonio Moles Caubet y otros, *Contencioso-administrativo en Venezuela*, Caracas 1891, pp. 125 y ss.

Véase la jurisprudencia en Allan R. Brewer-Carías, *Jurisprudencia de la Corte Suprema de Justicia 1930-1974 y Estudios de Derecho Administrativo*, T. V, Vol. I, Caracas 1978, p. 289 y ss.

---

* Ley Orgánica del Tribunal Supremo de Justicia *G.O.* N° 39.522, de 01-10-2010 y Ley Orgánica de la Jurisdicción Contencioso Administrativa *G.O.* N° 39.451 de 22-06-2010.

1. La legitimación activa

Sobre la legitimación activa y la noción de interés legítimo, véase Allan R. Brewer-Carías, *Las Instituciones Fundamentales del Derecho Administrativo y la Jurisprudencia Venezolana*, Caracas 1964, p. 347 y ss.; Allan R. Brewer-Carías, "Las condiciones de recurribilidad de los actos administrativos en vía contencioso-administrativa" en *Revista del Ministerio de Justicia*, N° 54, Caracas 1966, p. 83 y ss.; Eloy Lares Martínez, *Manual de Derecho Administrativo*, Caracas 1978, p. 688 y ss.

En cuanto a la jurisprudencia véase en Allan R. Brewer-Carías, *Jurisprudencia de la Corte Suprema 1930-1974 y Estudios de Derecho Administrativo*, T. III, Vol. I, Caracas 1976, p. 149 y ss.; y en Mary Ramos Fernández, "Jurisprudencia Administrativa y Constitucional" en *Revista de Derecho Público*, N° 5, Caracas 1981, p. 110.

En cuanto a la legitimación, ya se ha señalado que el Artículo 22 de la Ley Orgánica de Procedimientos Administrativos, considera como interesados, a las personas naturales o jurídicas a que se refieren los Artículos 112 y 121 de la Ley Orgánica de la Corte Suprema de Justicia*. Estos Artículos, regulan, en efecto, la legitimación para intentar los recursos contencioso-administrativos, y la misma, si se trata de un acto administrativo de efectos generales el que va a ser impugnado, corresponde a la persona natural o jurídica plenamente capaz, que sea afectada en sus derechos o intereses; y si se trata de un acto administrativo de efectos particulares, de acuerdo al Artículo 121 de la Ley, la legitimación corresponde a quienes tengan un interés personal, legítimo y directo, en impugnar el acto de que se trata. Por tanto, la legitimación activa que regula la Ley Orgánica de la Corte Suprema de Justicia en sus Artículos 112 y 121 está también aceptada en la Ley Orgánica de Procedimientos Administrativos en el Artículo 22 de la misma.

Pero debe advertirse que si bien en materia administrativa puede actuar, ante la Administración, el representante designado en el escrito del recurso o petición, y además, la persona a quien se le otorga un poder determinado, debe advertirse que sólo el último, es decir, el apoderado, mediante un documento registrado o autenticado, es quien puede intentar el recurso contencioso-administrativo de anulación, ya que ante la jurisdicción contencioso-administrativa, se necesita que exista la representación legal, a través del poder cuando se actúa en nombre de otro, conforme a lo que establece el Artículo 113 de la Ley Orgánica de la Corte Suprema de Justicia. Además, en la vía contencioso-administrativa se requiere la asistencia de abogado, lo cual no es necesario en vía administrativa.

2. El agotamiento de la vía administrativa

Sobre los actos administrativos que causen estado, véase Allan R. Brewer-Carías, "Las condiciones de recurribilidad de los actos administrativos en vía contencioso-administrativa" en *Revista del Ministerio de Justicia*, N° 54, Caracas 1966, p. 83 y ss.; Allan R. Brewer-Carías, "Aspectos procesales de la decisión sobre admisibilidad o inadmisibilidad en los recursos contencioso-administrativos de anulación", en Antonio Moles Caubet y otros, *Contencioso-administrativo en Venezuela*, Caracas 1981, pp. 147 y ss.

---

* Ley Orgánica del Tribunal Supremo de Justicia *G.O.* N° 39.522, de 01-10-2010 y Ley Orgánica de la Jurisdicción Contencioso Administrativa *G.O.* N° 39.451 de 22-06-2010.

Véase la jurisprudencia al respecto en Allan R. Brewer-Carías, *Jurisprudencia de la Corte Suprema 1930-1974 y Estudios de Derecho Administrativo*, T. V, Vol. I, Caracas 1978, p. 233 y ss. Véase, además, *Doctrina de la Procuraduría General de la República 1964*, Caracas 1965, p. 26 y ss.; *ídem* 1966, Caracas 1967, p. 30; *ibídem* 1973, Caracas 1974, p. 135.

Además de la legitimación activa, la Ley Orgánica de Procedimientos Administrativos, como se ha señalado, también regula la condición de admisibilidad de los recursos contencioso-administrativos, caracterizada por la necesidad de agotar la vía administrativa, tal como lo prescribe el ordinal 5° del Artículo 84 de la Ley Orgánica de la Corte Suprema de Justicia[**], en concordancia con lo prescrito en el Artículo 124, ordinal 29 de la misma Ley.

Ahora bien, en cuanto al agotamiento de la vía administrativa como una de las condiciones de admisibilidad de los recursos contencioso-administrativos, la Ley Orgánica de Procedimientos Administrativos regula esta materia en diversas formas, y particularmente, hay que hacer mención a dos tipos de regulaciones: en primer lugar, la relativa a los actos que directamente agotan la vía administrativa; y en segundo lugar, la relativa a aquellos supuestos en los cuales existan actos administrativos que no la agotan, en cuyo caso, la Ley prevé la posibilidad de su agotamiento. Estudiemos estos dos supuestos separadamente.

A. Los actos que agotan directamente la vía administrativa

En principio, el agotamiento de la vía administrativa se produce cuando exista una decisión del Ministro en la organización ministerial o de los funcionarios superiores en vía jerárquica, de las Oficinas Centrales de la Presidencia o de las administraciones con autonomía funcional, por ejemplo, el Contralor General de la República, el Fiscal General de la República, el Consejo Supremo Electoral o el Consejo de la Judicatura, en el caso de estos organismos. En el caso de la decisión del Ministro, que es la que regula en particular la Ley Orgánica de Procedimientos Administrativos, y cuyas normas habría que aplicarlas analógicamente a los otros supuestos, puede considerarse que esa decisión, por sí sola, agota la vía administrativa. Ello no obsta, sin embargo, para que el interesado pueda interponer, ante el propio Ministro, un recurso de reconsideración, el cual, de acuerdo al Artículo 91 de la Ley, debe ser decidido por el Ministro, en el lapso de 90 días hábiles siguientes a su presentación.

En este supuesto, en que el interesado, en lugar de acudir directamente a la vía contencioso-administrativa, intente este recurso de reconsideración, el Artículo 92 de la Ley señala que no podrá acudir ante la jurisdicción contencioso-administrativa, mientras no se produzca la decisión respectiva o no se venza el plazo que tenga el Ministro para decidir, es decir, los 90 días hábiles.

Por tanto, frente a una decisión que agota la vía administrativa, como es el caso de la decisión del Ministro, el particular tiene la posibilidad de acudir directamente a la vía contencioso-administrativa y tiene también, la posibilidad de intentar un recurso de reconsideración. Para el caso en que opte por esta segunda vía, mientras el recurso de reconsideración no se decida o venza el lapso de los 90 días hábiles para su decisión, el

---

** Ley Orgánica del Tribunal Supremo de Justicia *G.O.* N° 39.522, de 01-10-2010 y Ley Orgánica de la Jurisdicción Contencioso Administrativa *G.O.* N° 39.451 de 22-06-2010.

particular no puede acudir a la vía contencioso-administrativa. En todo caso, el plazo para intentar el recurso contencioso-administrativo, queda claro que comienza a correr a partir de la notificación al interesado de la decisión del Ministro, recurrida por vía de reconsideración, por lo que el lapso ese de 90 días hábiles previsto en la Ley, está incorporado en el lapso general de los seis meses previstos para el recurso contencioso-administrativo de anulación.

Debe señalarse, además, que en el ordenamiento de la Organización Administrativa venezolana, existen varios supuestos en los cuales se puede agotar la vía administrativa con un acto de un inferior dentro de la organización ministerial. En algunos supuestos, leyes especiales prescriben, como por ejemplo, en el caso del Impuesto sobre la Renta o en el caso de la materia inquilinaria, que la decisión administrativa que emana del Administrador General del Impuesto sobre la Renta o del Director de Inquilinato, por sí mismas agotan la vía administrativa y no son recurribles ante el Ministro; en estos casos, contra la decisión de esos órganos inferiores, puede acudirse a la vía contencioso-administrativa directamente o interponerse un recurso de reconsideración, regulado en los mismos términos antes comentados respecto a las decisiones de los Ministros.

B. Los actos que no agotan directamente la vía administrativa

Pero es necesario distinguir un segundo supuesto, cuando se exige el agotamiento de la vía administrativa, y es que el acto administrativo en concreto no agote directamente la vía administrativa, en cuyo caso, la vía administrativa debe agotarse mediante el ejercicio de los correspondientes recursos administrativos. En este caso, se pueden distinguir tres supuestos: en primer lugar, los casos en los cuales el agotamiento de la vía administrativa deba hacerse mediante un recurso de reconsideración; en segundo lugar, que es lo normal, el supuesto en el cual el agotamiento de la vía administrativa deba realizarse a través del ejercicio del recurso jerárquico; y en tercer lugar, el caso particular de los Institutos Autónomos, que regula la Ley.

a. *El agotamiento de la vía administrativa mediante el recurso de reconsideración*

El primer caso, es decir, cuando el agotamiento de la vía administrativa exija la interposición del recurso de reconsideración, está regulado en el Artículo 94 de la Ley. Allí se establece expresamente que si el acto no pone fin a la vía administrativa, el órgano ante el cual se interpone el recurso de reconsideración, debe decidirlo dentro de los 15 días hábiles siguientes al recibo del mismo. Este supuesto de que el agotamiento de la vía administrativa se produzca con el sólo recurso de reconsideración requiere, por supuesto, de una regulación expresa en ley especial. Puede decidirse que en general, no se consagra esta necesidad de agotar la vía administrativa mediante el ejercicio del recurso de reconsideración, sino que las leyes especiales, en realidad, consagran este recurso como una vía optativa. Por ejemplo, en la Ley de Mercado de Capitales, el Artículo 13 regula la posibilidad de que los interesados puedan intentar un recurso de reconsideración contra actos de la Comisión Nacional de Valores, ante la propia Comisión, pero no les impide renunciar a ejercer el recurso de reconsideración y dirigirse directamente ante la Corte Suprema de Justicia, en vía contencioso-administrativa. Lo mismo sucede en materia de Impuesto sobre la Renta: la decisión del Administrador del Impuesto sobre la Renta puede ser recurrida por vía de reconsideración, pero como una posibilidad de los contribuyentes, ya que éstos pueden directamente, sin agotar el recurso de reconsideración, acudir a la vía contencioso-administrativa contra la decisión de dicho Administrador. En todo caso, si en alguno de esos supuestos, se intentó el recurso de reconsideración, conforme al Artículo 92 de la Ley Orgánica de Procedimientos Administrativos, el interesado debe esperar a que ese se decida o que transcurra el plazo previsto para la decisión, para poder intentar el recurso contencioso-administrativo de anulación.

b. *El agotamiento de la vía administrativa mediante el recurso jerárquico*

El segundo supuesto del agotamiento de la vía administrativa, es el normalmente regulado y establecido tanto por la tradición jurisprudencial, como por las leyes especiales, y es el de la necesidad de agotar la vía administrativa con la decisión del superior jerárquico del organismo respectivo; y en el caso de los Ministerios, con la decisión del Ministro. Tradicionalmente, una decisión de Un inferior administrativo, podía ser recurrida directamente ante el Ministro, por vía jerárquica, y lograrse así, con la decisión del Ministro, el agotamiento de la vía administrativa.

La Ley Orgánica de Procedimientos Administrativos ha cambiado totalmente esta forma de actuación, y exige que, dictado un acto por un órgano inferior de un Ministerio, antes de acudirse a la vía jerárquica ante el Ministro, debe agotarse el recurso de reconsideración como paso previo al ejercicio del recurso jerárquico para agotar la vía administrativa. En efecto, de acuerdo al Artículo 94 de la Ley, este recurso de reconsideración debe intentarse contra los actos administrativos de efectos particulares; y una vez que se ha intentado este recurso de reconsideración, el Artículo 95 prescribe que el recurso jerárquico procederá sólo cuando el órgano inferior decida no modificar el acto del cual es autor, en la forma solicitada en el recurso de reconsideración.

En esta forma, los Artículos 94 y 95 establecen que, para agotar la vía administrativa cuando se trata de un acto de un órgano inferior, es necesario, previamente, ejercer el recurso de reconsideración, y luego, contra la decisión de no reconsiderar, dictada por el funcionario o contra el acto tácito derivado del silencio en la reconsideración, es que debe intentarse el recurso jerárquico en la forma prescrita en los Artículos 91, 92 y 95 de la Ley Orgánica.

En esta materia debe también hacerse referencia al caso especial de las multas que pueden ser impuestas con base a la Ley Orgánica de Procedimientos Administrativos, pues allí se establece una regulación particular. En efecto, en el caso de las multas a que se refiere el Artículo 100 de la Ley, de acuerdo al Artículo 103 deben ser aplicadas directamente por el Ministro, y prescribe la Ley, que estas resoluciones que impongan multas, de acuerdo al Artículo 105, podrán ser recurridas en vía de reconsideración dentro de los 15 días hábiles siguientes a la publicación o notificación de la multa. Este recurso de reconsideración debe ser decidido por el Ministro dentro de los 30 días hábiles siguientes, y contra la decisión del Ministro se puede recurrir ante la jurisdicción contencioso-administrativa, dentro de los 5 días hábiles a la notificación de esta decisión del Ministro.

En estos casos, sin duda, la Ley no es absolutamente clara en relación a establecer si la decisión original del Ministro agota la vía administrativa o si sólo puede intentarse el recurso contencioso-administrativo contra le decisión del Ministro que resuelve el recurso de reconsideración. Si éste último fuere el caso, el agotamiento de la vía administrativa, se produciría mediante el ejercicio del recurso de reconsideración.

C. El agotamiento de la vía administrativa en las decisiones de los Institutos Autónomos

En tercer lugar, debe hacerse referencia, cuando se trate de actos que no agoten la vía administrativa y a la necesidad de que éstos causen estado y por tanto, de que aquélla se agote, al supuesto le los actos emanados de los Institutos Autónomos.

En efecto, si se trata de un acto emanado de un órgano inferior de un Instituto Autónomo, a los efectos de intentar el recurso jerárquico previsto en el Artículo 96 de la Ley, en principio se exigiría previamente el que se intente un recurso de reconsideración ante el órgano subalterno, conforme se regula en el Artículo 94. Si este recurso no le da la razón al recurrente y el órgano inferior decide no modificar el acto en la forma solicitada en el recurso de reconsideración, tendría que intentarse el recurso jerárquico ante los órganos superiores del Instituto Autónomo, de acuerdo a los Artículos 95 y 96 de la Ley. Luego de dictada la decisión por el superior jerárquico del organismo autónomo o de vencido el lapso respectivo, es necesario que se intente un recurso jerárquico por ante el respectivo Ministro de adscripción, tal como lo exige el Artículo 96 de la Ley. Por tanto, en el caso de los Institutos Autónomos, habría que cumplir tres vías de recurso, a los efectos de agotar la vía administrativa: un recurso de reconsideración previo, en el caso de que la decisión sea dictada por un órgano inferior de un Instituto Autónomo; posteriormente, un recurso jerárquico ante los órganos superiores del Instituto Autónomo y, por último, un nuevo recurso jerárquico para ante el Ministro de adscripción respectivo, cuya decisión sería la que pondría fin a la vía administrativa de acuerdo al Artículo 96 de la Ley Orgánica de Procedimientos Administrativos.

3. El lapso de caducidad

A. Término de los lapsos

Véase en particular, Allan R. Brewer-Carías "Aspectos procesales de la decisión sobre la admisibilidad e inadmisibilidad en los recursos contencioso-administrativos de anulación", en Antonio Moles Caubet y otros, *Contencioso-administrativo en Venezuela*, Caracas 1981, pp. 152 y ss.

Pero además de traer regulaciones que inciden sobre la legitimación activa y el agotamiento de la vía administrativa, la Ley Orgánica de Procedimientos Administrativos, también contiene regulaciones que inciden sobre el lapso de caducidad, a los efectos de la interposición de los recursos contencioso-administrativos de anulación.

El Artículo 93 de la Ley, en efecto, establece en forma general que los plazos para intentar los recursos contencioso-administrativos, son los establecidos por las Leyes correspondiente y, por supuesto, los establecidos en la Ley Orgánica de la Corte Suprema de Justicia. Esta Ley, en su Artículo 134, prevé el lapso general de seis meses para intentar el recurso contencioso-administrativo de anulación, salvo que se trate de un acto administrativo de efectos temporales, en cuyo caso, el lapso de impugnación es de 30 días hábiles.

La Ley Orgánica de Procedimientos Administrativos, en estos casos, sin embargo, contiene una regulación respecto a un lapso brevísimo para intentar el recurso contencioso-administrativo de anulación, y es el previsto en su Artículo 105 en el caso de las multas que imponga el Ministro respectivo con motivo de violaciones a la Ley. En estos supuestos, expresamente la Ley señala que contra la decisión del Ministro se podrá recurrir ante la jurisdicción contencioso-administrativa, pero dentro del lapso de 5 días hábiles siguientes a su notificación.

Por otra parte, no debe olvidarse que muchas leyes especiales establecen lapsos particulares de caducidad para los recursos contencioso-administrativos de anulación, como por ejemplo, en la Ley de Mercado de Capitales, y en la Ley de Empresas de Seguro y Reaseguro, donde se prevén lapsos breves para acudir ante la Corte Suprema de Justicia. Asimismo, en todos aquellos casos de los llamados recursos jerárquicos impropios, que han sido considerados definitivamente por la Corte Suprema de Justicia a partir de 1981, como recursos contencioso-administrativo, están sometidos a lapsos breves de caducidad de 10 a 15 días, a los efectos de su interposición.

Véase dicha jurisprudencia en Mary Ramos Fernández, "Jurisprudencia Administrativa y Constitucional" en *Revista de Derecho Público*, N° 7, julio-sept. 1981, pp. 158 y ss.

B. Inicio de los lapsos

Otro aspecto muy importante al cual debe hacerse mención en relación al lapso de caducidad, es el relativo a la fecha de su inicio, lo cual hasta la entrada en vigencia de la Ley Orgánica de Procedimientos Administrativos, había sido regulado, con carácter general, en el Artículo 134 de la Ley Orgánica de la Corte Suprema de Justicia. En esa norma se establece que el lapso de caducidad se cuenta a partir de la publicación del acto administrativo en el órgano oficial respectivo, o de su notificación al interesado, si fuere procedente y aquélla no se efectuare, es decir, la Ley Orgánica de la Corte Suprema de Justicia no era precisa en prescribir cuándo debía publicarse un acto administrativo y cuándo debía notificarse y parecía dar una opción de publicación de los actos administrativos, aun los de efectos particulares, que la Administración, por su cuenta decidía.

Esta situación, sin embargo, ha sido modificada y regulada con precisión en la Ley Orgánica de Procedimientos Administrativos y en ese caso, estimamos que la Ley Orgánica de Procedimientos Administrativos es de aplicación preferente, respecto al momento en el cual los actos comienzan a surtir efectos y, por tanto, respecto al momento en el cual el lapso de caducidad se comienza a contar. En este supuesto, sin embargo, hay que distinguir dos casos.

En primer lugar, cuando se trate de un acto administrativo de efectos generales, es decir, de contenido normativo, o de un acto administrativo que interesa a un número indeterminado de personas, el Artículo 72 de la Ley Orgánica de Procedimientos Administrativos, establece que esos actos obligatoriamente deben ser publicados en la *Gaceta Oficial* que corresponde al organismo que tome la decisión.

Por tanto, en los supuestos de actos administrativos de efectos particulares que interesen a un número indeterminado de personas y que, por tanto, no sean de contenido normativo, el lapso de caducidad comienza a partir de la publicación en la *Gaceta Oficial* de Venezuela. Se trataría, en este caso, de actos que siendo generales pues interesan a un número indeterminado de personas, sin embargo, no tienen contenido normativo, estando su impugnación sometida a lapsos de caducidad. Por ejemplo, la convocatoria a una licitación o la convocatoria a un concurso, en cuyos casos, se trata de actos administrativos de efectos particulares, aun cuando generales porque interesan a un número indeterminado de personas.

El otro supuesto se refiere, en general, a los actos administrativos de efectos particulares. El Artículo 73 de la Ley Orgánica de Procedimientos Administrativos establece que los actos administrativos de efectos particulares deben ser notificados a los interesados cuando se afecten derechos subjetivos o los intereses legítimos, personales y directos de éstos.

La Ley regula la forma en la cual esta notificación debe hacerse en su Artículo 75 y prescribe que si la notificación es impracticable porque se desconozca, por ejemplo, el domicilio o residencia del interesado o de su apoderado, conforme a lo que prescribe en el Artículo 76, se procederá a la publicación del acto, no en la *Gaceta Oficial de la República* o de la entidad territorial respectiva, sino en un diario de mayor circulación. En estos casos, se entenderá que el interesado queda notificado a los 15 días hábiles después de publicada, circunstancia que debe advertirse en forma expresa en la comunicación.

En esta forma, por tanto, el lapso de caducidad para intentar el recurso contencioso-administrativo de anulación comienza sea a partir de la notificación efectuada en la forma prescrita en el Artículo 75 de la Ley, sea a partir del vencimiento del lapso de 15 días hábiles siguientes a la publicación de la notificación en un diario de mayor circulación, si la notificación en la residencia o domicilio del interesado es impracticable, conforme lo prescribe el Artículo 76 de la Ley.

En los casos en los cuales la Ley establezca expresamente que deben publicarse en la *Gaceta Oficial* determinados actos de efectos particulares, el lapso de caducidad, conforme al Artículo 72 de la Ley Orgánica, por supuesto, se iniciaría a partir de esa publicación.

C. Suspensión del lapso

Debe mencionarse también, en relación al lapso de caducidad previsto para los recursos contencioso-administrativos de anulación contra los actos administrativos de efectos particulares, que la Ley Orgánica de Procedimientos Administrativos prescribe la posibilidad de suspensión del lapso, cuando ha habido una información errónea de la Administración.

En efecto, el Artículo 73 de la Ley prescribe que en la notificación deben indicarse al particular, los recursos que proceden contra el acto notificado, con expresión de los términos para ejercerlos y de los órganos o tribunales ante los cuales se deben interponer esos recursos.

Pues bien, el Artículo 77 de la Ley señala que si sobre la base de una información errónea que esté contenida en la notificación, el interesado hubiere intentado algún procedimiento improcedente, el tiempo transcurrido no será tomado en cuenta a los efectos de determinar el vencimiento del lapso correcto que le corresponda para interponer el recurso apropiado. Se trata, por tanto, de un único supuesto del ordenamiento jurídico en el cual se establece la suspensión de un lapso de caducidad.

III. LOS EFECTOS DE LA SENTENCIA CONTENCIOSO-ADMINISTRATIVA

El tercer aspecto que regula la Ley Orgánica de Procedimientos Administrativos y que incide en el recurso contencioso-administrativo de anulación, se refiere a los efectos de la sentencia del recurso contencioso-administrativo de anulación. En efecto, el Artículo 131 de la Ley Orgánica de la Corte Suprema de Justicia* señala que en el fallo definitivo, el tribunal competente contencioso-administrativo, no sólo debe declarar si procede o no la nulidad del acto impugnado, sino que debe determinar los efectos de su decisión en el tiempo, es decir, si la anulación surte efectos sólo hacia el futuro a partir de la sentencia, lo cual es lo natural, o si los efectos de la anulación se retrotraen al momento en el cual el acto se dictó, teniéndose por tanto, como nunca dictado.

Ahora bien, sin duda, los efectos de la decisión en el tiempo de las sentencias contencioso-administrativas, van a depender, directamente, del tipo de vicio que afecte el acto administrativo, y, por tanto, que conlleve a la anulación del acto. En esta materia la regulación de la Ley Orgánica de Procedimientos Administrativos contenida en el Artículo 19, es de primera importancia, ya que precisa los casos de nulidades absolutas. En efecto, en estos casos de nulidades absolutas, una vez que por su motivo se declare la anulación de un acto, ello conlleva normalmente a que el acto se considere como si nunca ha producido efectos y, por tanto, se estime que la decisión judicial que anula un acto por considerarlo nulo, de nulidad absoluta, retrotrae sus efectos al momento en el cual el acto se dictó y, así mismo, en esta forma, se impide que un acto nulo, de nulidad absoluta, pueda producir efecto alguno.

En todo caso, conforme al citado Artículo 131 de la Ley Orgánica de la Corte Suprema de Justicia, el tribunal competente debe determinar, expresamente, los efectos de su sentencia en el tiempo, en la forma indicada, debiendo presumirse que si no lo hace, se entiende que surte efectos sólo hacia el futuro.

---

* Ley Orgánica del Tribunal Supremo de Justicia *G.O.* N° 39.522, de 01-10-2010 y Ley Orgánica de la Jurisdicción Contencioso Administrativa *G.O.* N° 39.451 de 22-06-2010.

LIBRO QUINTO:
SOBRE LOS RECURSOS ADMINISTRATIVOS (1964)

Este Libro Quinto del Tomo IV de este *Tratado de Derecho Administrativo*, está conformado por el Título IV del *libro Las Instituciones Fundamentales del Derecho Administrativo y la Jurisprudencia Venezolana*, Universidad Central De Venezuela, Caracas 1964, que fue mi Tesis Doctoral. Se conserva aqu'i el texto original.

INTRODUCCIÓN

El privilegio de la ejecutoriedad del acto administrativo, según el cual la Administración puede darles cumplimiento inmediato, incluso contra la voluntad de los propios interesados, sin necesidad de acudir a la vía judicial, no implica la sumisión absoluta de los derechos de los administrados a la voluntad de la Administración. Al contrario, el ordenamiento jurídico nacional pone en manos de los particulares, ciertos medios de impugnación de los actos administrativos para la defensa de sus intereses.

Si recordamos que la actuación de la Administración está sometida íntegramente al Principio de la Legalidad y a la verdad y equidad, es fácil comprender y concluir que esa sumisión al Derecho y a la equidad garantizada por nuestro sistema jurídico tiene medios de ser controlada por los administrados. De ahí los medios de impugnación de los actos administrativos.

Fundamentalmente, nuestra Constitución vigente reconoce y garantiza en manos de los administrados dos medios de impugnación de los actos administrativos: los medios de impugnación jurisdiccional de los actos administrativos y los medios de impugnación administrativa de los mismos actos.

Los primeros se derivan del derecho de todo ciudadano de utilizar los órganos de la Administración de Justicia para defender sus derechos e intereses[1]. Es la consagración de la garantía procesal que se manifiesta en el Recurso Contencioso-administrativo de

1 Artículo 67 de la Constitución (1961).

anulación de los actos administrativos[2]. Los segundos, es decir, los medios de impugnación administrativa o en la vía administrativa de los actos administrativos, se derivan del derecho de todo ciudadano de representar o dirigir peticiones ante cualquier autoridad pública sobre los asuntos de su competencia y a obtener oportuna respuesta[3]. Es la consagración constitucional de los Recursos Administrativos, objeto de estudio en el presente Título.

Las diferencias entre el Recurso Contencioso-administrativo de anulación y los Recursos Administrativos serán estudiadas al hablar en el Título V de la Jurisdicción Contencioso-administrativa[4].

La ausencia de una legislación sobre Procedimientos Administrativos no contenciosos hace difícil en Venezuela construir una Teoría del Recurso Administrativo. La regulación legal dispersa sobre los distintos tipos de recursos administrativos que admite nuestra legislación son a veces tan distintas que no se puede, en ciertos aspectos, dar normas generales para todos.

El estudio del tema nos demostrará la urgente necesidad que hay en nuestra Administración Pública de una regulación legal y sistemática sobre procedimientos administrativos no contenciosos.

Por ello intentaremos en una primera parte dar las normas generales que sobre Recursos Administrativos pueden extraerse de nuestro ordenamiento jurídico y de la jurisprudencia administrativa; en una segunda parte estudiaremos los diversos tipos de Recursos Administrativos que admite nuestro ordenamiento jurídico vigente, con sus implicaciones y procedimientos; en fin, en una tercera parte analizaremos los Recursos Administrativos Impropios, que, por su especialidad, revisten caracteres particulares y a los cuales no pueden aplicarse totalmente los principios que veremos en la Teoría General.

I. LA TEORÍA DEL RECURSO ADMINISTRATIVO

1. El concepto y naturaleza

A. Noción

Entendemos por recurso administrativo, el medio de impugnación administrativo de los actos administrativos.

---

2 *V.* artículo 206 de la Constitución.

3 Artículo 67 de la Constitución.

4 Sobre la Teoría de los Recursos Administrativos en la Doctrina y en el Derecho Comparado, *V.*: Jesús González Pérez, *Los Recursos Administrativos*, Instituto de Estudios Políticos, Madrid, 1960; Clavero, "Consideraciones generales sobre la Vía Gubernativa". *Estudios dedicados al profesor García Oviedo*, Sevilla, 1954, vol. I, pág. 233; E. Guicciardi, *La Giustizia Amministrativa*, 3ª edición, Cedam, Padua, 1957; Raquisco, *Ricorsi Amministrati*, Roma, 1936; J. M. Auby, "Les Recours Administratifs", AJ, 1955, Nº 12, p. 69; F. Garrido Falla, *Régimen de Impugnación de los actos administrativos*, Instituto de Estudios Políticos, Madrid 1956.

B. El análisis de la noción: la naturaleza jurídica del recurso

a. *Es un medio de impugnación*

El recurso administrativo es un medio de impugnación, es decir, es una vía abierta al administrado para atacar, para impugnar la validez del acto administrativo que lesiona sus derechos e intereses. La impugnación será entonces un acto del administrado dirigido a obtener la rescisión[5] de un acto administrativo. Rescisión que puede manifestarse por la revocación, reforma o sustitución del acto administrativo atacado.

b. *Es un medio de impugnación administrativo*

El recurso administrativo es un medio de impugnación administrativo, es decir, un recurso que se intenta ante la misma Administración contra un acto administrativo y para que la Administración misma lo decida por medio de otro acto administrativo que será siempre ejecutorio[6].

Este carácter administrativo del recurso es la principal diferencia que existe entre él y los recursos jurisdiccionales contencioso-administrativos. Es decir, que estos últimos, a pesar de ser dirigidos contra actos administrativos, son intentados ante un organismo jurisdiccional para ser resueltos por el mismo mediante un acto jurisdiccional. El recurso administrativo, al contrario, es decidido por la misma Administración por medio de un acto administrativo.

Por ello consideramos errada la opinión de la antigua Procuraduría de la Nación[7] al considerar que los recursos administrativos tenían carácter contencioso-administrativo. No debe confundirse lo jurisdiccional con lo administrativo. Son cosas distintas, con ámbitos y fines distintos. Son dos funciones diferenciadas del Estado. Es necesario que quede esto muy claro, ya que es la base para el desarrollo del tema.

La consecuencia fundamental del carácter administrativo del recurso es que forma parte del procedimiento administrativo no contencioso: por ello se ha distinguido en este último el procedimiento constitutivo y el procedimiento de impugnación del acto administrativo. Los recursos administrativos forman parte del procedimiento de impugnación de los actos administrativos en la vía administrativa o también llamada gubernativa.

---

5 Sobre esta noción de impugnación, aunque referido al Recurso de Casación, *V.* nuestro estudio "El Proceso de Impugnación en el Recurso de Casación", *Revista Rayas*, Órgano de los Estudiantes de la Universidad Católica Andrés Bello, N° 7-8, Caracas, 1962, p. 57.

6 *V.* al respecto, Jesús González Pérez, *Los Recursos..., cit.*, p. 22, donde expresa "El recurso administrativo se dirige a un órgano administrativo, no a un órgano imparcial e independiente del que dictó el acto impugnado... De ahí que el recurso administrativo sea una consecuencia de las prerrogativas de la Administración en el régimen administrativo, concretamente del privilegio que se conoce con el nombre de decisión ejecutiva. Pues si la Administración puede por sí, sin acudir a los Tribunales, dirimir los conflictos que surjan con las personas que con ella se relacionan, en ejercicio de esta prerrogativa decide los recursos que se deducen contra sus actos". Al respecto *V.* N. Rodríguez Moro, La ejecutividad del acto administrativo (con especiales referencias a lo Municipal), Instituto de Estudios de la Administración Local, Madrid, 1946.-

7 Criterio sustentado ante la Corte Federal en escrito de 30 de junio de 1959 y en escrito de 27 de enero de 1959. Informe de la Procuraduría de la Nación al Congreso, 1959, Caracas, 1960, pp. 367 y 386.

c. *Es un medio de impugnación administrativo de los actos administrativos*

El recurso administrativo se dirige contra un acto administrativo. Por ello, una vez constituido el acto por su procedimiento constitutivo, si se lo impugna, comienza un procedimiento distinto de impugnación del mismo acto formado que culmina con otro acto administrativo de decisión. No es posible, por tanto, ejercer recursos administrativos contra hechos de la Administración ni contra actos materiales de la misma. Sólo es posible ejercerlos contra actos administrativos.

2. El fundamento

A. Noción previa

La jurisprudencia de la antigua Corte Federal le ha dado una doble fundamentación a los recursos administrativos. En relación a los particulares ha sostenido que constituyen un derecho público subjetivo. En relación con la Administración, ha considerado que constituyen un derecho de ella a revisar sus propios actos. Analicemos esta doble fundamentación.

B. Un derecho público subjetivo

La no existencia de recursos administrativos traería como consecuencia que los administrados quedarían indefensos ante las resoluciones o actos de los funcionarios administrativos, las cuales podrían ejecutarse inmediatamente con fuerza del procedimiento de acción directa[8]. Por ello el recurso administrativo es un derecho de carácter público, de carácter general y de indiscutible interés social por cuanto con él se busca el equilibrio y el imperio de la justicia y la verdad[9].

En este sentido el recurso no es un derecho subjetivo privado sino un derecho público subjetivo que corresponde a todo ciudadano lesionado. Y esto es precisamente lo que ha consagrado la Constitución venezolana de 1961 como uno de los derechos individuales que ella garantiza. Así, señala su artículo 67: "Todos tienen derecho de representar o dirigir peticiones ante cualquier entidad o funcionario público sobre los asuntos que sean de la competencia de éstos y a obtener oportuna respuesta".

En este sentido, el derecho público subjetivo no sólo consiste entonces en el derecho de recurrir administrativamente sino también el derecho de obtener oportuna respuesta, es decir, el derecho de que la Administración decida el recurso.

Por otra parte, hasta tal punto es un derecho el recurrir administrativamente que la antigua Corte Federal ha admitido la posibilidad de la renuncia contractual del recurso[10].

---

8 CF□54□1, 5□8□58.

9 CF□127□1, 6□12□55; CF□94□3, 24□11□53. Sobre los Derechos Públicos subjetivos, *V.* F. Garrido Falla, "Las tres crisis del Derecho Público Subjetivo", *Estudios dedicados al profesor García Oviedo*, vol. I, p. 177; F. Garrido Falla, "Derechos Públicos Subjetivos", *Nueva Enciclopedia Jurídica*, T. VIII, 1955, p. 68.

10 CF□163□1, 19□7□57. No sucede lo mismo respecto al recurso contencioso-administrativo de anulación que no puede renunciarse contractual mente. *V.* al respecto el N° 354.

C. El derecho de revisión

Pero los recursos administrativos no sólo tienen su fundamento en un derecho público subjetivo de los ciudadanos, sino también en el derecho que tiene la Administración de revisar sus propios actos.

Ya hemos señalado que es de principio, y así lo ha sostenido la antigua Corte Federal[11], que los actos administrativos pueden ser revisados por la Administración sobre todo cuando no lesionan derechos legítimamente adquiridos, es decir, cuando los actos no han creado derechos o cuando se trata de actos nulos y, por tanto, incapaces de producir legítimos derechos. En ello está comprometido el buen nombre de la Administración, pues una de las peculiaridades precisamente del acto administrativo es su subordinación a la equidad y a la oportunidad. Advertido entonces un funcionario, de que su determinación no corresponde a las exigencias de la equidad, bien por haberse cometido error de derecho, bien porque no se apreciaron cabalmente las circunstancias de hecho, la sana lógica y el buen sentido han de inducirlo a la consiguiente rectificación, tanto más si no se lastima ningún derecho legítimamente adquirido. El mismo derecho asiste a los superiores en la jerarquía administrativa. No podría negarse las consecuencias hondamente perjudiciales que la inexistencia de recursos administrativos producirían a la Administración, pues se dificultaría en gran manera la posibilidad de corregir los errores o las arbitrariedades que pudieran cometer los funcionarios inferiores[12].

Por tanto, es derecho de la Administración el revisar sus propios actos cuando estos no han producido derechos legítimos a los particulares. Creemos, entonces, que la Administración puede, de oficio, revisar sus actos[13] cuando no han creado legítimamente derechos a los administrados y, entonces, en estos casos, los recursos administrativos sólo son los medios puestos a disposición de los particulares para obligar a la Administración a ejercer su derecho.

3. Los requisitos del recurso

A. Noción previa

La misma disposición constitucional[14] que consagra el derecho de todo ciudadano, de dirigir peticiones a cualquier autoridad pública, consagra también el derecho del administrado a obtener oportuna respuesta y, por tanto, la obligación por parte de la Administración de decidir y resolver lo solicitado. Sin embargo, para ello todo recurso administrativo debe conllevar determinados requisitos para su admisibilidad, referentes fundamentalmente a los sujetos y al objeto. Examinaremos entonces los elementos o requisitos objetivos y subjetivos para la admisibilidad de los recursos administrativos.

---

11 CF□33□2 , 17□7□53; CSJ□PA□12□1, 10□4□61

12 CF□54□1, 5□8□58.

13 En sentido contrario, según el Derecho español, *V.* Jesús González Pérez, *Los Recursos... cit.*, p. 25, y F. Garrido Falla, *Régimen de impugnación..., cit.*, p. 288.

14 Artículo 67 de la Constitución.

B. Los elementos subjetivos

a. *Referentes a la Administración*

Es requisito constitucional[15], para la admisibilidad del recurso administrativo, que sea interpuesto ante un órgano de la Administración sobre asuntos que sean de su competencia.

En primer lugar, la competencia debe referirse a la Administración nacional, estadal, municipal o autónoma. Es decir, el recurso ha de ser intentado ante la Administración a la cual pertenece el órgano que dictó el acto recurrido. En segundo lugar, y en el caso de la Administración nacional, el recurso debe ser interpuesto ante la Administración ministerial a la cual pertenece también el órgano que dictó el acto impugnado. Por último, dentro de la Administración nacional y en ésta la Administración ministerial competente, el recurso debe ser interpuesto ante el órgano competente en razón del territorio, del grado jerárquico, del tiempo y según los poderes legales que le son atribuidos.

b. *Referentes al recurrente*

No hay, sobre la legitimación del recurrente en los recursos administrativos, jurisprudencia alguna que trate específicamente el problema. Sin embargo, de una sentencia de la antigua Corte Federal creemos se deduce un requisito primordial referente al recurrente cuando afirma[16]: "De suerte que el titular de un interés legítimo que haya sufrido lesión como consecuencia de un acto administrativo determinado, debe ante todo interponer el recurso legal de apelación en el término que para el caso ha establecido la ley reguladora de la materia. Si así no lo hiciere, la decisión queda firme". De ello deducimos que, por lo menos, y además de la capacidad de obrar del derecho común, el recurrente debe ser titular de un interés legítimo. Decimos por lo menos, pues, si el recurrente es titular de un derecho subjetivo lesionado, con mayor razón y derecho podrá ejercer su recurso.

Sin embargo, no es lógico permitir el recurso sólo a los titulares de derechos subjetivos lesionados, entendiendo por Derecho subjetivo aquel poder atribuido por el ordenamiento jurídico a una voluntad determinada para la satisfacción de sus propios inter-

---

15 *Artículo* 67 de la Constitución. En materia de competencia administrativa, el Proyecto LPA 1963 trae dos disposiciones de distribución de competencias que es interesante destacar: *Artículo* 3: "En todo caso en que una disposición legal o reglamentaría atribuya determinada facultad al Ejecutivo Nacional se entenderá que es de la competencia del Ministro a quien corresponda la materia conforme a las normas del Estatuto Orgánico de Ministerios". "El Ministro, para decidir, se atendrá a las instrucciones generales y particulares que hubiere adoptado el Presidente de la República o el Consejo de Ministros, según los casos". *Artículo* 4: "En todo caso en que una disposición legal o reglamentaría atribuya determinada competencia a un Ministerio, sin especificar el órgano que debe ejercerla, se entenderá que la facultad de instruir el expediente y de resolver corresponde al organismo o dependencia del respectivo Ministerio que tuviese atribución en la materia correspondiente, jurisdicción territorial en el lugar donde fuere a ser ejercida la facultad legal o reglamentaria correspondiente".

16 CF□94□3, 2□4□11□53. En el Derecho francés, por ejemplo, no se exige ninguna condición de capacidad o interés para intentar los recursos administrativos. *V.* al respecto J. M. Auby, "Les Recours...", *cit.*, p. 117 y ss.

eses humanos[17] ya que ello constituiría un menoscabo al derecho público subjetivo de petición que hemos señalado anteriormente y que consagra nuestra Constitución.

Pero tampoco parece lógico permitir a los titulares de un simple interés ejercer los recursos administrativos. Un interés simple es ese interés vago e impreciso, no individualizado, perteneciente a cualquiera, no reconocido ni tutelado en modo directo por el ordenamiento jurídico y relativo al buen funcionamiento de la Administración. Permitir a los titulares de un tal interés simple, es decir, permitir a todos los ciudadanos recurrir administrativamente contra los actos administrativos, sería, ciertamente, crear el caos en la actuación de la Administración, la que se vería entorpecida cotidianamente en su buen funcionamiento.

Todo ello nos conduce a pensar, en base a esa referencia jurisprudencial que antes hemos señalado, y en base a algún Reglamento Administrativo que lo exige[18], que, para poder recurrir en la vía administrativa, es necesario ser titular de un interés legítimo y que ese interés legítimo haya sido lesionado.

Por otra parte, por interés legítimo entendemos ese que tienen ciertos habitantes, merced a la especial y particular situación de hecho en que se encuentran respecto a los demás y que exige una debida observancia por parte de la Administración, de las normas establecidas en interés general, puesto que de tal observancia o inobservancia pueden resultar beneficiados o perjudicados especialmente y de modo particular con relación a los demás habitantes.

Todo ello no quiere decir que los titulares de un simple interés no puedan dirigir peticiones a la Administración. Cierto que la norma constitucional confiere a todos el derecho de dirigir peticiones a la Administración y el derecho a que sean contestadas, pero dentro de esas peticiones los recursos administrativos aparecen revestidos de caracteres propios y especiales, y por cuanto constituyen medios de impugnación de los actos administrativos, sólo deben ser abiertos a los que por lo menos aduzcan en su favor la lesión de un interés legítimo.

C. El elemento objetivo

Todo recurso administrativo debe ser interpuesto contra un acto susceptible de ser recurrido, es decir, contra un acto administrativo. Por ello hablamos de los recursos administrativos como medios de impugnación de los actos administrativos. Entonces, sólo

17 En este sentido, *V.* la sentencia del Juzgado Primero de Primera Instancia en lo Civil de la Circunscripción Judicial del Distrito Federal y del Estado Miranda de 21 de noviembre de 1960, en el Informe de la Fiscalía General de la República presentado al Congreso, 1960, Caracas, 1961, p. 337.

18 Reglamento interior del Ministerio de Hacienda, Resolución de 4 de abril de 1940, artículo 2, ordinales 3 y 4, en CL, T. I, p. 1.374. En materia de interesados, el Proyecto LPA 1963 establece, en su artículo 12 que "tendrán capacidad para promover y actuar en toda clase de procedimientos administrativos quienes conforme a la Ley sean considerados como interesados", agregando en su artículo 13 que "se presumen interesados: 1) Quienes promuevan un procedimiento administrativo como titulares de derecho o intereses legítimos; 2) Quienes, sin haber iniciado un procedimiento administrativo puedan ser afectados en sus derechos e intereses legítimos por la tramitación o la Resolución que hubiere en el mismo". Por último, el artículo 14 del mismo Proyecto establece una presunción de interés legítimo cuando se promueva un procedimiento tendiente a poner en duda normas de carácter general que producirían normalmente un simple interés. En efecto, dicho artículo dispone: "Existe interés legítimo en todo ciudadano, civilmente capaz, cuando se trate de procedimientos administrativos relativos a la existencia o validez de normas legales o reglamentarias generales".

pueden recurrirse administrativamente aquellas manifestaciones de voluntad de la Administración con el objeto de producir un efecto jurídico determinado y no podrán ser objeto del recurso ni los hechos jurídicos de la Administración ni sus actos materiales.

Por otra parte, sólo los actos administrativos unilaterales pueden ser objeto de recursos administrativos, por lo que hay exclusión total de los contratos administrativos. Claro está, sin embargo, que los actos administrativos referentes a la ejecución de un contrato administrativo celebrado sí podrán ser objeto de recursos administrativos, y entonces el titular del interés legítimo será el cocontratante de la Administración.

Por último, debemos señalar que otro de los requisitos para la admisibilidad del recurso administrativo derivase del llamado principio *solve et repete*, es decir, el cumplimiento del acto administrativo en los casos en que sea necesario, previamente a la interposición del recurso. De ahí que es principio de los recursos administrativos que su interposición no produce efectos suspensivos en la ejecución del acto administrativo recurrido. A pesar de que éste es principio general aplicable a todos los recursos administrativos, hemos preferido tratarlo al hablar de cada recurso por razones de orden sistemático debido a la especialidad que en algunos casos implica.

4. Los motivos del recurso

A. Noción previa

La característica fundamental de los recursos administrativos, y esta es otra de las grandes diferencias que tienen con los recursos jurisdiccionales contencioso-administrativos de anulación, es que pueden ser interpuestos alegándose motivos de derecho y oportunidad.

B. Motivos de derecho

La interposición del Recurso Administrativo puede tener por fundamento la ilegalidad del acto administrativo recurrido. Así lo ha reconocido expresamente la Corte Federal[19]. Por otra parte, el Reglamento Interno del Ministerio de Hacienda, uno de los pocos y quizás el único que regula más o menos orgánicamente los recursos administrativos en una Administración ministerial, lo admite[20]. Es por ello por lo que no podemos aceptar la opinión del Decano, José Guillermo Andueza, cuando afirma "que la ley niega el recurso de alzada o jerárquico contra el acto ilegal", y que "en el recurso de súplica o de gracia la autoridad administrativa sólo se pronuncia sobre la oportunidad y conveniencia del acto pero no conoce de su legalidad"[21].

---

19 CF□54□1, 5□8□58.

20 *V.* su artículo 2.

21 *V.* en la publicación de las Naciones Unidas sobre las conclusiones y resumen de debates del Seminario sobre Los Recursos Judiciales o de otra Índole contra el ejercicio Ilegal o Abusivo del Poder Administrativo, celebrado en Buenos Aires del 31 de agosto al 11 de septiembre de 1959 (ST/TAO/HR/ 6), Naciones Unidas, Nueva York, 1960, pp. 50 y 32.

En ambos recursos, y en todos los recursos administrativos, puede invocarse como fundamento la ilegalidad del acto recurrido. Ello es consecuencia, por otra parte, del derecho de revisión de sus propios actos que tiene la Administración.

C. Motivos de hecho y oportunidad

Pero también, y fundamentalmente, el recurrente puede fundamentar su recurso en motivos extrajurídicos, es decir, en motivos de hecho o de oportunidad y conveniencia del acto recurrido.

Ya hemos señalado[22] que la apreciación de la oportunidad y conveniencia del acto administrativo corresponde por principio a la propia Administración.

Sólo la misma Administración puede apreciar sus propios actos en cuanto a su oportunidad y conveniencia, ya que es de la naturaleza de todo acto administrativo realizado en ejercicio de una facultad discrecional[23]que no pueda ser revisado o anulado por otro Poder en lo que se refiere al mérito[24]. Por tanto, no es posible ejercer un recurso contencioso-administrativo fundamentado en la inoportunidad o inconveniencia de un acto administrativo.

5. La decisión del recurso

A. El carácter de la decisión

La decisión del recurso administrativo que realiza la Administración constituye una resolución o acto administrativo unilateral e individual, y nunca jamás un acto jurisdiccional.

Esto ha sido declarado expresamente por la jurisprudencia de la antigua Corte Federal y de Casación cuando ya en 1937 señalaba[25] que "los órganos de la Administración activa no revisten en ningún momento el carácter o categoría de jueces, ni aun cuando resuelven autorizar o no el ejercicio de un derecho subjetivo. En las decisiones administrativas no debe confundirse la Administración activa con la jurisdicción administrativa. Nuestras leyes, en general, tienen decididos ambos conceptos en términos que no dan lugar a dudas".

---

22 *V.* N° 27.

Sobre los motivos de hecho, el Proyecto LPA 1963 establece la facultad de la Administración de revisar y corregir de oficio, en cualquier momento, los "errores materiales, de hecho o de cálculo en que se hubiere incurrido en los actos administrativos".

23 Sobre la discrecional i dad y el Poder discrecional, véanse N° 21 y ss.

24 CF□85□1, 6□11□58.

25 Sentencia de 7-12-37 en Resumen CFC en SPA, 1936-1939, p. 173 (Memoria 1938, T. I, p. 377).

Véanse también las sentencias de la Corte Federal y de Casación de 29-3-38 (Memoria 1939, T. 1, p. 199) y de 15-12-36 (Memoria 1937, T. I, p. 237).

Por ello es incomprensible e inadmisible la opinión de Luis Torrealba Narváez cuando afirma que los recursos administrativos tienen carácter jurisdiccional[26], lo que, además de estar en contradicción total con nuestro ordenamiento jurídico legal y jurisprudencial, está en contra de la unanimidad de la doctrina.

La función jurisdiccional en Venezuela es monopolio del Poder Judicial, y sólo los órganos jurisdiccionales pueden dictar actos jurisdiccionales. Es más, afortunadamente la jurisdicción contencioso-administrativa en nuestro país la ejerce el mismo Poder Judicial. Así está declarado en nuestra Constitución vigente.

En definitiva, las decisiones emanadas de la autoridad administrativa cuando resuelve un recurso administrativo, ya lo hemos dicho, son actos administrativos. Y ello porque, como ha declarado la antigua Corte Federal y de Casación[27], los actos de carácter administrativo lo son por su propia naturaleza por la cuestión que en ellos se ventila, y no cambia ese carácter ni suspende ni restringe la facultad del funcionario a quien la ley le da competencia para conocer y decidir, la circunstancia de que otra autoridad conozca de asunto semejante y aun conexo con aquél.

B. Los poderes de la Administración al decidir

En virtud del recurso interpuesto contra un acto administrativo, la Administración decisora puede confirmarlo, modificarlo, revocarlo o declarar el recurso inadmisible por falta de los requisitos del mismo, es decir, por falta de capacidad o interés en el recurrente o por falta de competencia del órgano llamado a decidir.

Uno de los efectos primordiales del recurso administrativo es la ampliación de los poderes de la Administración decidora en cuanto a la revisión del acto administrativo.

En efecto, esta ampliación de poderes se manifiesta fundamentalmente en la revocación del acto administrativo. Si bien es cierto, como ya hemos señalado[28], que la Administración tiene derecho a revisar sus propios actos y a revocarlos de oficio, esa potestad tiene una limitación importante: el respeto a los derechos legítimamente adquiridos en razón de dicho acto por los particulares. Es decir, la administración no puede revocar sus actos cuando éstos han creado derechos a favor de particulares.

Sin embargo, esa limitación desaparece cuando se intenta un recurso administrativo. En virtud de la decisión del recurso, que la Administración debe realizar[29], ella puede revocar sus propios actos, así sean creadores de derechos subjetivos a favor de particulares.

Lo mismo sucede respecto a la modificación del acto administrativo: Cuando el acto ha creado derechos a favor de terceros, la Administración no puede reformarlo o modificarlo en perjuicio de sus beneficiarios.

---

26 Luis Torrealba Narváez, "Consideraciones acerca de la Jurisdicción Contencioso-administrativa, su procedimiento y algunas relaciones de éste con el de la Jurisdicción Judicial Civil". Tesis de Grado. Anales de la Facultad de Derecho, Caracas, 1951, pp. 474 y 492.

27 CFC□CP□40□I, 30□10□52.

28 Al respecto *V.* la sentencia de la CFC de 4-8-49 en *Gaceta Forense*, año 1, N° 2, p. 123. *V.* también CF□2□1, 24□2□56. CFC□CP□16□1, 30□5□52.

29 Artículo 67 de la Constitución.

Sin embargo, y en virtud de la decisión del recurso administrativo correctamente interpuesto y admitido, la Administración sí puede modificar el acto recurrido así sea en perjuicio de su beneficiario[30].

C. Los efectos de la decisión

Al hablar de los efectos de la decisión debemos distinguir entre los varios supuestos ya señalados:

Cuando la decisión es de inadmisibilidad del recurso, sea por falta de capacidad o de interés legítimo en el recurrente, sea por falta de competencia del órgano que decide, o sea porque no se está recurriendo de un acto administrativo, los efectos de la decisión son la inadmisibilidad del recurso y, seguramente, la firmeza del acto impugnado por haberse vencido los lapsos de impugnación, si los hay.

Si la decisión es confirmatoria del acto, éste seguirá produciendo sus efectos jurídicos, reafirmados por la nueva decisión.

Si la decisión es modificatoria del acto impugnado, las modificaciones tendrán efecto desde el momento de la publicación o notificación de la decisión.

Por último, si la decisión es revocatoria, tal como antes hemos señalado, si la revocación se produce por razones de mérito, es decir, por razones de oportunidad y conveniencia, el acto revocado dejará de producir efectos hacia el futuro. En cambio, si la decisión es revocatoria por razones de ilegalidad y se trata de un acto administrativo nulo, de nulidad absoluta, el acto revocado no producirá efectos desde su origen, es decir, la decisión revocatoria tendrá efectos hacia el futuro y hacia el pasado. Sin embargo, tratándose de un acto anulable, la decisión revocatoria sólo tendrá efectos hacia el futuro.

D. Las formalidades de la decisión

Dada la ausencia de legislación procedimental administrativa, los órganos decisores de la Administración han carecido de normas precisas en cuanto al aspecto formal de sus decisiones, limitándose generalmente a una sucinta expresión declaratoria de la voluntad afirmativa o negativa de la Administración en el supuesto planteado[31].

Sin embargo, ello es cierto, aun dentro de un adecuado régimen de procedimiento administrativo, no es posible equiparar en su aspecto formal la decisión administrativa con la sentencia jurisdiccional. El procedimiento administrativo no puede estar dotado de la misma técnica formalista que el proceso civil ordinario, ni la decisión administrativa debe tener todos los requisitos de la sentencia judicial según el Código de Procedimiento Civil. Así lo ha sostenido la actual Corte Suprema de Justicia[32].

La Corte ha sido fiel a estos conceptos y, al efecto, ha sostenido que el hecho de que la autoridad administrativa decisora utilizara argumentos similares a los expuestos por

---

30 Constituye lo que se ha denominado la *reforntatio in pejus* cuando el beneficiario del acto es el mismo recurrente. En este sentido, *V.* la sentencia: CSJ□PA□2□1, 9□2□61

31 CSJ□PA□17□3, 19□2□62.

32 CSJ□PA□17□3, 19□2□62.

el funcionario a quien correspondió dictar la decisión apelada, no puede considerarse como una irregularidad, ya que nada impide que un órgano decisor de segundo grado haga suyas, por considerarlas procedentes y ajustadas a derecho, las consideraciones de una decisión apelada[33].

También ha indicado la Corte que no es requisito indispensable, para la validez de una decisión administrativa, la circunstancia de que en ella no se mencionen y analicen todos y cada uno de los alegatos de hecho y de derecho invocados por el interesado en el curso del procedimiento[34].

Sin embargo, a pesar de la libertad relativa de formas que la Corte ha reconocido a los órganos administrativos decisores[35], ha sido siempre cuidadosa en exigir la motivación de sus decisiones, pues la ausencia de fundamentos abre amplio campo a) arbitrio del funcionario decisor. Además, la motivación de la decisión administrativa no sólo es conveniente como justificativo de la acción administrativa, sino como medio de permitir el control jurisdiccional sobre la exactitud de los motivos y su correspondencia con los textos legales en que se funda la decisión[36]

E. El silencio administrativo

Por mandato expreso de la Constitución[37], la Administración está obligada a responder las peticiones que le dirijan los particulares, y éstos tienen el consiguiente derecho a obtener oportuna respuesta. Por tanto, en nuestro ordenamiento jurídico vigente sobre recursos administrativos, la Administración está obligada a responder y, entonces, su decisión debe ser expresa.

Si bien es cierto que en Venezuela está admitida la doctrina del silencio administrativo por la Ley de la Procuraduría de la Nación y del Ministerio Público[38], esa consagración tiene fines muy particulares relativos a la apertura de la vía judicial a los administrados cuando el silencio administrativo se produce en el procedimiento administrativo previo a las demandas contra la República. Este procedimiento administrativo previo se produce, y es de obligatorio cumplimiento, cuando se va a instaurar judicialmente una acción contra la República. Entonces se reclama previamente ante la Administración. El silencio de ésta produce la denegación tácita de la petición, considerándose que ha habido decisión de la Administración. El particular puede entonces ocurrir libremente a

---

33 CSJ□PA□43□1, 5□7□61.

34 CSJ□PA□43□1, 3□7□61.

35 *V.* la Sentencia de la Corte Federal y de Casación de 7-12-37 en Resumen CFC en SPA, 1936-1939, p. 14 (Memoria 1938, T. I, p. 374).

36 CF□1, 9□8□57.

Sobre la motivación de la decisión, el Proyecto LPA 1963 ha establecido, en su artículo 71, que la Resolución que dé por terminado un procedimiento administrativo "deberá ser motivada, salvo cuando la Ley expresamente determine lo contrario". Respecto al contenido de la Resolución, el artículo 72 del referido Proyecto señala que "la Resolución deberá contener la determinación del órgano que la aporta, con indicación expresa, en su caso, de actuar por delegación, la expresión sucinta del caso, las razones en que se fundamente, los fundamentos legales correspondientes y la decisión respectiva. La Resolución expresará, además, su fecha y el lugar en donde hubiere sido dictada y el original contendrá la firma autógrafa del funcionario o funcionarios que la hubieren adoptado y el sello de la oficina".

37 Artículo 67 de la Constitución.

38 *V.*, asimismo, el artículo 63 de la Ley de la Procuraduría y del Ministerio Público.

la vía judicial ordinaria o contencioso-administrativa de plena jurisdicción[39], no atacando por nulidad la decisión tácita de la Administración sino demandando a la República ante los Tribunales competentes.

Fuera de este caso particular, el silencio administrativo no tiene consagración en nuestra legislación vigente y, por tanto, no puede considerarse decidido un recurso administrativo por el silencio guardado por la Administración.

Ello no quiere decir que no pueda instaurarse un recurso contencioso-administrativo de anulación ante la inacción de la Administración. Ciertamente que sí, pero no fundado en la doctrina del silencio administrativo, sino fundamentado en una ilegalidad o inconstitucionalidad de la Administración por su inacción.

Nos explicamos: una vez intentado un recurso administrativo, la Administración está obligada a responder y decidirlo. Si no lo hace oportunamente, y si la ley, en ejecución de la norma constitucional, ha establecido una oportunidad, podrá recurrirse a la vía contencioso-administrativa de anulación basándose en la inacción da la Administración. Sin embargo, y como no está consagrado con carácter general el silencio administrativo en la legislación vigente, no podría considerarse la inacción de la Administración como una denegación tácita del recurso administrativo interpuesto y considerarse entonces agotada la vía administrativa y recurrir a la vía contencioso-administrativa.

Sí la ley, por el contrario, no establece oportunidad alguna, ante la inacción de la Administración queda solamente la alegación de un vicio de inconstitucionalidad por violación del artículo 67 de la Constitución.

En definitiva, la Administración en Venezuela está obligada a decidir expresamente los recursos administrativos que se interpongan oportunamente por los particulares, por imperativo constitucional.

Por otra parte, si en la futura Ley de Procedimientos Administrativos se instaura en Venezuela con carácter general, la doctrina del silencio administrativo, esto es, se erige una presunción legal de respuesta denegatoria ante el mutismo de la Administración[40],

---

39 Respecto a la doctrina del silencio administrativo en el Derecho Comparado, *V.*: J. Masip Acevedo, *El Silencio en el Derecho Administrativo Español,* Trabajos de la Cátedra de Derecho Administrativo de la Universidad de Oviedo, Oviedo, 1934; F. Garrido Falla, "La llamada doctrina del Silencio Administrativo", *RAP*, N° 16, 1955, p. 85 y ss.; N. Pérez Serrano, *El Silencio Administrativo en la doctrina jurisprudencial*, Madrid, 1952; J. M. Boquera Oliver, "Algunas dificultades de la actual regulación del Silencio Administrativo", *RAP*, N° 30, 1959, p. 85; R. Bielsa, "Garantías contra el Silencio de la Administración Pública". *Estudios de Derecho Público*, 2ª edición, T. I; R. Resta, *Il silenzio nell'esercizio della funzione amministrativa*, 1932; U. Forti. "Il silenzio della Pubblica Amministrazione e suoi effetti processuali", *Riv. Dir. Processuali Civile*, 1932, I, p. 137; R. Montagna, "Il Silenzio della Pubblica Amministrazione". *Studi per el Consiglio di Stato*, vol. II, p. 363; C.M. Jaccarino, "Ammisibilità di pronuncia da parte dell autorità gerarchica dopo el 'silenzio-rigetto' sul ricorso gerarchico", FI, III, 1951, p. 37; U. Fragola, *La dichiarazione tacita di volontà della Pubblica Amministrazione*, Nápoles, 1938.

40 En efecto, el Proyecto LPA 1963 establece, en su artículo 73, que "se considerará negada toda solicitud que no hubiere sido resuelta a los seis meses de su fecha. Esta disposición no excluye el deber de la Administración de dictar resolución". En relación con el recurso jerárquico, el señalado proyecto instituye la teoría del silencio al disponer, en su artículo 91, que "interpuesto el recurso de apelación y pasados tres meses sin haber sido resuelto, se entenderá denegado". Respecto a la posibilidad de ejercer el recurso contencioso-administrativo con base al silencio de la Administración, el artículo 123 del Proyecto establece que "cuando cualquier interesado hubiere formulado una pretensión ante la autoridad administrativa, y ésta no le hubiere comunicado su decisión dentro del plazo de seis meses, se considerará denegada (a pretensión formulada y en tal caso el interesado podrá interponer contra dicha negativa recurso contencioso-administrativo, si no existiere el recurso Jerárquico o de revisión. ÚNICO: Si la

debe tenerse muy presente que el silencio administrativo no debe ser instituido para dispensar a la Administración de su obligación de resolver, como podría entenderse, sino como una garantía del particular para que, ante la pereza administrativa, pueda utilizar los medios jurídicos de protección procedentes[41] y no quedar al arbitrio de los deseos y vicios de los funcionarios administrativos.

Por último, es necesario observar que en ciertos casos de recursos de reconsideración, como el contemplado en el artículo 34 del Reglamento de la Ley de Regulación de Alquileres, se ha establecido el silencio administrativo pero sin ninguna consecuencia jurisdiccional, pues se niega todo recurso contra dicho silencio.

II. LOS RECURSOS ADMINISTRATIVOS

1. Introducción

Nuestra legislación y jurisprudencia administrativas reconocen fundamentalmente dos recursos administrativos: el Recurso Jerárquico y el Recurso de Reconsideración. Sin embargo, aunque de menos importancia, algunas normas consagran un tercer Recurso de Revisión, distinto de los dos anteriores. El estudio particular de estos tres recursos será el objeto del presente Capítulo.

Además, existen en nuestro ordenamiento jurídico vigente otros recursos administrativos que, por sus caracteres especiales, denominamos Recursos Administrativos Impropios, y que serán objeto de estudio en el Capítulo Cuarto.

2. El recurso jerárquico

A. Noción

El Recurso Jerárquico o de alzada, también denominado por algunas leyes Recurso de Apelación[42], es la reclamación que contra un acto administrativo se interpone para ante el superior jerárquico en el orden administrativo, por estimar que dicho acto lesiona un interés legítimo o un derecho subjetivo[43]. Por tanto es aquel medio de impugnación del acto administrativo ejercido para ante et superior jerárquico de la autoridad administrativa que dictó el acto impugnado.

---

ley estableciere un plazo distinto del determinado en este artículo para que la autoridad decida sobre las pretensiones formuladas ante ella, deberá el interesado atenerse a dicho plazo a los efectos determinados en este artículo".

41 Jesús González Pérez, *Los recursos..., cit.*, p. 33.

42 Sobre el recurso jerárquico en la doctrina y derecho comparado, *V.*: C. Puchetti. "Ricorso gerarchico, Padua, 1958; R. Bielsa, El Recurso jerárquico, Ed. De Palma. Buenos Aires, 1958; Gascón Hernández, "Sobre el Recurso Jerárquico", *Revista de Estudios Políticos*, N° 5, Madrid; B. Bergeron, *Le recours hiérarchique*, París, 1923: L. Hautmann, *Del Ricorso gerarchico*, Florencia, 1911; A. De Valles, "Per un sistema dei ricorso gerarchici". FA, 1930, T. IV, p. 37; A. Amorth, "Ricorso gerarchico", *Nuovo Digesto Italiano*, XI, p. 668.

43 CF□54□1. 5□8□58.

Tradicionalmente, algunas leyes han reconocido desde hace ya algún tiempo el recurso de apelación ante el superior jerárquico. La ausencia de un procedimiento administrativo uniformemente regulado, sin embargo, hizo que la Corte, en otros tiempos, considerara que sólo era admisible cuando una ley expresamente lo consagrara[44].

Esta opinión ha sido rectificada por la Corte, y ya desde 1954[45] encontramos decisiones expresas que consagran el recurso jerárquico como un derecho público subjetivo y, por tanto, como un medio normal y ordinario de apelación que, al contrario, requiere ley expresa para ser negado[46].

En este sentido, la antigua Corte Federal ha señalado[47] que "es de principio que en el Estado de Derecho la apelación es concedida a todo aquel que se sienta lesionado por una decisión administrativa; siendo taxativos los casos en que no procede el recurso". El silencio de la ley a este respecto no significa, entonces, que el derecho no existe[48]. Por tanto, sólo cuando la ley niega expresamente el derecho a recurrir puede decirse que no existe.

Pero en todo caso tal negación ha de entenderse limitada al caso específicamente contemplado por la ley, sin que pueda extenderse a otras situaciones por interpretación analógica. Por ello, como la negativa de ese derecho a recurrir constituye una derogatoria de los principios □ya que la apelación es la regla J. G. Andueza□, debe ceñirse el intérprete estrictamente a los precisos términos de la ley, cuando el recurso es negado[49].

En definitiva, la jurisprudencia considera el recurso jerárquico como un derecho de los administrados cuya existencia, por tanto, no necesita declaración expresa.

Hasta tal punto es esto cierto, es decir, el hecho de que el recurso jerárquico constituye un derecho de los administrados, que la propia Corte Federal ha admitido la posibilidad de renuncia contractual del recurso, y al efecto ha expuesto: "Ahora bien, la apelación es un recurso ordinario que la ley concede exclusivamente en beneficio de las partes; y como tal puede ser renunciado válidamente, pues ello no envuelve la renuncia general de las leyes sino de un derecho o beneficio concreto y determinado; que ambos contratantes estaban en cabal aptitud de apreciar y de medir sus efectos y consecuencias; y de consentirlo voluntariamente"[50].

---

44 Por ejemplo, y aunque refiriéndose a los recursos jerárquicos impropios (véanse N° 241 y ss.), la Corte Federal y de Casación, en sentencia de 23 de abril de 1942 (Memoria de 1943, T. I, p. 245), expresaba que "en los asuntos administrativos, a diferencia de lo que ocurre en los asuntos judiciales, no hay lugar a la apelación sino cuando expresamente consagra ese derecho la ley respectiva en el caso de que se trate".

45 CF□94□3, 24□11□53. CF□127□I, 6□12□55. CF□54□1, 5□8□58.

46 Esta es, por otra parte, la posición en el Derecho comparado. A tal efecto, *V.*: E. Guiccardi, *La giustizia...*, *cit.*, p. 114; J. M. Aubry, "Les Recours...", *cit.*, p. 118; J. González Pérez, *Los Recursos...*, *cit.*, p. 131. Este es, por otra parte, el criterio que también acoge el Proyecto LPA 1963 cuando establece, en su artículo 89, que "el recurso de apelación será procedente contra todo acto administrativo dictado por órganos subalternos a un Ministro o al órgano superior de un Instituto autónomo, siempre y cuando la Ley no determine que la decisión sea inapelable".

47 CF□127□1, 6□12□55; CF□163□1, 19□7□57.

48 CF□54□1, 5□8□58.

49 CF□127□1, 6□12□55.

50 CF□163□1, 19□7□57.

B. Fundamento

El recurso jerárquico, además de los fundamentos ya señalados, tiene un fundamento específico y es la noción de jerarquía administrativa que implica subordinación de parte de los funcionarios inferiores ante los superiores[51]. La noción de jerarquía, por tanto, está implícita en la Organización Administrativa y en este orden, el superior jerárquico —el Ministro en la Administración nacional— es el decisor y es quien, en última instancia, debe decir la voluntad de la Administración. De otra manera podría verse el superior jerárquico obligado a aceptar y cumplir una decisión dictada por un funcionario inferior aun estando en desacuerdo con él mismo, y ello es inadmisible[52].

Por tanto, el fundamento específico del recurso jerárquico reside en la propia jerarquía administrativa. Por ello, los actos de la Administración autónoma no están sujetos a recurso jerárquico para ante una autoridad extraña a ella[53].

Asimismo, los actos administrativos municipales no pueden ser recurridos administrativamente ante ninguna autoridad[54]. Ello no indica, sin embargo, que dentro de la organización de la institución autónoma, por ejemplo, no pueda recurrirse de los actos de los funcionarios inferiores ante el superior jerárquico en dicha Administración.

C. Requisitos del recurso

a. *El elemento subjetivo*

Además de los requisitos generales para todos los recursos administrativos, debemos señalar respecto al recurso jerárquico uno especial: El recurso es decidido por la Administración misma, pero dentro de la entidad administrativa correspondiente, por el superior jerárquico del funcionario cuyo acto es impugnado. Es decir, el acto administrativo es impugnado para ante una autoridad administrativa distinta y jerárquicamente superior a aquella que dictó el acto recurrido.

---

51 CF—14—1, 16—6—53. *V.* al respecto: J. M. Hernández Ron. "La Jerarquía Administrativa en Venezuela", *Revista del Colegio de Abogados del Distrito Federal*, año IV, N° 18, 1940, p. 79 y ss.; Hugot-Derville, *Le principe hiérarchique dans l'Administrativon française*, París, 1913; Ranelleti, "Il poteri del superiore nella gerarchia amministrativa", FA, IV, 1930, p. 53; Ragnisco, "Poteri dell'autorità superiore e ricorso in via gerarchica", Riv. Dir. Pub., I, 1942, p. 172; Gascón Hernández, "Unidad, competencia y jerarquía como principios de la organización administrativa". *Estudios en homenaje al profesor Gascón y Marín*, Madrid, 1952; Di Malta, *Essai sur la notion de pouvoir hiérarchique*, Librairie Générale de Droit et de Jurisprudence, Paris, 1961.

52 En este sentido, *V.* el escrito de la Procuraduría de la Nación ante la Corte Federal de fecha 26-7-57, Informe Je la Procuraduría al Congreso, 1957-1958, Caracas, 1958, p. 423.

53 CF—75—2, 20—10—60. Es conveniente indicar la excepción a este principio consagrada en el artículo 201 de la Ley de Reforma Agraria. *V.* nota N° 73 de este Título. Sobre el problema en la doctrina y el Derecho comparado, *V.*: R. Bielsa, "El contralor en las entidades autárquicas", *Revista de la Facultad de Ciencias Económicas, Comerciales y Políticas, Rosario*, 1937; R. Bielsa, "Él Recurso Jerárquico y las decisiones de las entidades autárquicas", misma Revista, T. VI, p. 41; J. M. Boquera O., "Recursos contra las decisiones de entidades autárquicas institucionales", *RAP*, N° 18, 1955, p. 127; H. H. Heredia, *Contralor Administrativo sobre entes autárquicos*, Buenos Aires, 1942.

54 Artículo 29 de la Constitución.

Pero este elemento, unido al de la jerarquía, exige que, en todo caso, esa jerarquía sea respetada: es decir, que no se salten los órganos superpuestos, pasándose directamente de un funcionario inferior a la jerarquía superior, saltando por sobre algún funcionario que sirve de órgano de relación entre aquél y ésta[55]. Y ello porque la jerarquía administrativa, como la competencia, es de orden público.

b. *El elemento objetivo*

El recurso jerárquico, como todo recurso administrativo, debe interponerse para ante el superior jerárquico, contra un acto administrativo. Pero este acto administrativo, a los efectos del recurso jerárquico, debe reunir ciertos caracteres especiales entre los cuales el más importante es que no cause estado, es decir, que no agote la vía administrativa.

En efecto, para poderse interponer el recurso para ante el superior jerárquico el acto recurrido debe haber sido dictado por un órgano administrativo inferior, que no agote la vía administrativa. Así, los actos administrativos dictados por los Ministros no son susceptibles de ser recurridos jerárquicamente. En esta misma forma, los actos administrativos de la jerarquía superior de los institutos autónomos tampoco serán, en principio, susceptibles de recurso jerárquico. Lo mismo podemos decir, por último, de las Administraciones municipales y estadales. Si hemos considerado la jerarquía administrativa como fundamento del recurso de apelación, fácil es llegar a esta conclusión.

Claro está que una Ley Especial podría establecer en casos similares un recurso administrativo ante un órgano de tutela no superior jerárquico. Sin embargo, por tratarse de una excepción, necesitan ley expresa que los autorice. Nuestra legislación conoce de una excepción, además de la de los recursos administrativos impropios que estudiaremos más adelante[56]; y, al contrario, ha sido cuidadosa en negar el recurso: por ejemplo, la Ley del Instituto Nacional de Cooperación Educativa, institución autónoma, establece que no se admitirá recurso administrativo alguno contra las decisiones del Consejo Administrativo del Instituto[57].

Esta disposición establece expresamente, para disipar las dudas, que la vía administrativa termina con la decisión de alzada y que contra ésta no habrá recurso administrativo alguno, permitiéndose, por supuesto, los recursos contencioso-administrativos que sean procedentes.

Esta misma solución la acoge la propia Constitución respecto a la Administración municipal. Al efecto establece, en su artículo 29, que "los actos de los Municipios no podrán ser impugnados sino por ante los órganos jurisdiccionales de conformidad con esta Constitución y las leyes". En definitiva, el acto administrativo recurrible jerárquicamente no debe poner fin a la vía administrativa.

---

55 CF□180□1, 8□57 en relación a la interpretación del artículo 275 de la Ley del Trabajo. En relación con esta materia, el Proyecto LPA 1963 establece, en su artículo 92 que "en todo caso en que la Ley o los Reglamentos internos de un determinado organismo administrativo no señalaren otro órgano, el funcionario competente, para conocer y decidir de las apelaciones será el respectivo Ministro o en su caso, el órgano supremo o superior de los respectivos Institutos autónomos".

56 Al respecto, el Proyecto LPA 1963 ha establecido, en su artículo 94, que "contra las decisiones de los Ministros del Despacho, del Procurador General, de la República, del Fiscal General de la República y del Contralor General de la República no cabe el recurso de apelación". Por otra parte, la excepción a que hacemos referencia es la consagrada en el artículo 201 de la Ley de Reforma Agraria, que permite la "apelación" administrativa de algunas decisiones del Directorio del Instituto Agrario Nacional para ante el Ministro de Agricultura y Cría.

57 Artículo 20 de la Ley. CF□75□2, 20□10□60.

D. La interposición del recurso

a. *La oportunidad*

El recurso jerárquico, quizás el mejor y más dispersamente regulado en nuestra legislación, exige para su interposición un lapso determinado que varía generalmente entre cinco y diez días hábiles[58]. Sin embargo, ha señalado la antigua Corte Federal que ante el silencio de la ley, las disposiciones del Código de Procedimiento Civil tienen al respecto carácter supletorio y entonces se aplica el artículo 176 *ejusdem*, según el cual "el término para intentar la apelación es de cinco días, salvo disposición especial"[59].

En la misma decisión[60], y respecto a la oportunidad en que debe comenzar el término para recurrir, la Corte ha señalado que "en el juicio ordinario, cuando llega la oportunidad de sentencia, las partes están a derecho, y si por cualquier circunstancia extraordinaria no ocurriere así, deberán ser citadas previamente al acto de la decisión, con indicación del día y hora en que ella habrá de ser pronunciada. Es lógico, pues, que el lapso de apelación comience a correr desde la audiencia siguiente, ya que los interesados están en cuenta, o deben estarlo, de la automática apertura de ese lapso. En la tramitación administrativa no ocurre tal cosa", y ello porque generalmente "las actuaciones de los funcionarios no están sometidas a plazos previamente determinados; esas actuaciones, por lo general no son públicas en el sentido de que el interesado no tiene acceso fácil al expediente y, por lo tanto, el procedimiento se desarrolla prácticamente a sus espaldas". Por ello en el procedimiento administrativo es unánimemente aceptada la práctica, sancionada hoy por casi todas las leyes sobre la materia, "que la notificación de las resoluciones se haga de ordinario por su publicación en el órgano oficial cuando el acto es general. Pero si el acto es individual, es preciso su notificación por medio de oficio al interesado, dejándose constancia, también escrita, del día y la hora en que se entrega al propio interesado". Si no se logra localizar a éste, "un elemental principio de justicia requiere que el interesado sea notificado por cartel que se publicará en el órgano oficial destinado a este efecto, con fijación de un plazo prudencial, vencido el cual, sin que se presente el interesado a notificarse, se considera iniciado el lapso de apelación". En los otros casos dicho lapso comenzará desde la publicación o desde la notificación personal del acto al interesado.

Esta solución de la Corte, además de estar enmarcada dentro de claros principios de procedimiento, es justa. La Administración Pública no puede tener interés, ya lo hemos dicho, en cercenar o desconocer el derecho de los particulares de defender sus derechos subjetivos o sus legítimos intereses contra la posible equivocación, descuido o negligencia de funcionarios de categoría inferior; por el contrario, su deber y conveniencia estriba en que el orden jurídico prevalezca incólume y que el imperio de la ley no se menoscabe ni desvirtúe; y por ello ha señalado la misma Corte que "el particular que

---

58 En Francia, por ejemplo, no se exige ningún término para la interposición del recurso. *V.* Auby, "Les Recours...", *cit.*, p. 118. Sobre el problema en el Derecho italiano, *V.* La Torre, "Sul termine stabilito per el ricorso gerarchico", *Rivista Amministrativa della República Italiana*, 1940, p. 728; Giacobelli. "Garatteri ed effeti del término per el "ricorso gerarchico", Riv. Dir. Pub., I, 1933, p. 318.

Al efecto, el Proyecto LPA 1963 establece, en su artículo 87, que "todo recurso de apelación o de revisión deberá intentarse dentro de los quince días hábiles siguientes a la fecha del acto recurrido".

59 CF□54□1, 5□8□58

60 CF□54□1, 5□8□58.

reclama contra una violación de ésta es en realidad un coadyuvador de la Administración en el cumplimiento de ese deber, no su opositor o contrario..."[61]. Por tanto, el recurrente debe interponer su recurso en el término que le señalen las leyes.

La no interposición del recurso en su oportunidad produce la caducidad del derecho a recurrir[62], ya que el lapso es de caducidad[63] y, por tanto, produce también la firmeza del acto administrativo[64].

Ahora bien, si vencido el lapso de apelación la autoridad competente oye el recurso interpuesto extemporáneamente, comete una violación de la cosa juzgada administrativa.

Ya que se quebranta este principio, ha declarado la Corte Federal[65] "cuando en presencia de una decisión de la cual no se admite apelación, o si ésta ha caducado, no quedando, por tanto, a la parte ningún recurso que ejercer contra ella, es revisada, sin embargo por una autoridad de alzada".

Ello produciría un vicio de ilegalidad en el acto administrativo que decide el recurso extemporáneo, susceptible entonces de ser recurrido por la vía contencioso-administrativa de anulación.

b. *La autoridad competente*

a'. La autoridad *a quo*

Es principio general en el procedimiento administrativo, según la jurisprudencia de la Corte, que los recursos jerárquicos "para ante" el superior, deben ser interpuestos "por ante" el organismo que dictó el acto impugnado. Por tanto, corresponde a dicho organismo admitir o negar el recurso como organismo *a quo* que es[66]. Admitido el recurso por la autoridad que dictó el acto, ésta debe remitirlo para su decisión al superior jerárquico.

b'. El recurso jerárquico de hecho

La antigua Corte Federal ha admitido expresamente[67] la posibilidad de interposición del recurso jerárquico de hecho, cuando interpuesto por el interesado el recurso ordinario, éste ha sido negado por la autoridad que dictó el acto impugnado. En este caso, entonces, la autoridad competente para admitir el recurso es la misma autoridad *a quem*, es decir, el superior jerárquico que debe decidir.

61 CF□54□1, 5□8□58.

62 CF□97□1, 15□6□56.

63 *V.* al respecto el Informe de la Procuraduría de la Nación al Congreso, 1959, Caracas, 1960, p. 462.

64 CF□94□3, 24□11□53.

65 CF□97□1, 15□6□56.

66 CF□54□1, 5□8□58. En cambio, el Proyecto LPA 1963 establece, en su artículo 90, que "el recurso de apelación se podrá interponer tanto ante el órgano que dictó el acto recurrido como ante el superior jerárquico respectivo al cual corresponda decidir la apelación".

67 CFC□CP□76□1, 11□6□52. Esta decisión de la Corte es dada en aplicación del artículo 424 de la Ley Orgánica de la Hacienda Nacional vigente en esa época, que permitía el recurso jerárquico de hecho en las multas fiscales, por aplicación analógica, y más, cuando es principio general del derecho la admisibilidad del recurso de hecho.

c. Los *efectos de la interposición*

a'. El efecto suspensivo

Ha sostenido reiteradamente la antigua Corte Federal[68] que "en principio, los recursos contra los actos administrativos no tienen efectos suspensivos, ya que admitir lo contrario equivaldría a hacer posible paralizaciones de la acción administrativa por voluntad de los particulares".

Esta es la consecuencia fundamental de la ejecutoriedad de los actos administrativos[69], que permite a la Administración obtener su cumplimiento aun contra la voluntad de los particulares. Por otra parte, este principio de la ejecutoriedad del acto administrativo y de que los recursos administrativos no suspenden los efectos del acto es aplicable a todos los recursos y no solamente al recurso jerárquico.

El principio de que el recurso 110 suspende la ejecución del acto está en relación con el conocido aforismo *solve et repete*, según el cual, y especialmente en materia fiscal, el reclamo contra los impuestos o multas fiscales no exime de la obligación de pagar.

La legislación venezolana ha consagrado en sus leyes fiscales este principio. Sin embargo, ha sido tolerante el legislador patrio al permitir que en determinados casos el previo pago para recurrir puede ser sustituido por afianzamiento. Pero también en este caso la constitución de la garantía viene a ser requisito de tan ineludible cumplimiento como lo es el propio pago en aquellas situaciones en las que no se admite fianza. El cumplimiento de tales presupuestos crea una situación impeditiva que no tiene posibilidad de subsanación y, por tanto, constituye un supuesto típico de inadmisibilidad del recurso[70].

Por todo lo expuesto no compartimos, por contraria al sentido de nuestra legislación y a lo establecido en otros fallos, lo expresado por la antigua Corte Federal en 1954[71] en el sentido de que "a falta de disposición legal expresa, los recursos administrativos se oyen libremente", es decir, en su efecto suspensivo y devolutivo. Lo anteriormente señalado indica lo errado de esta afirmación respecto al efecto suspensivo. El principio es el contrario: la regla es que el remeso no tiene efectos suspensivos.

Pero este principio, como cualquiera, tiene sus lógicas excepciones. En primer lugar, el legislador, por disposición expresa, puede señalar que el recurso sí suspenda la ejecución del acto administrativo. El legislador es soberano.

---

68 CF□88□1, 29□7□59; CF□7□1, 25□1□60. El mismo principio es aplicable a los recursos contencioso-administrativos. Al respecto, el Proyecto LPA 1963 establece, en su artículo 88, que "la interposición de cualquier recurso no causa la suspensión del acto recurrido, salvo mando tal ejecución pueda causar gravamen irreparable o de mucha consideración en cuyo caso el órgano ante el cual se recurre podrá, de oficio o a petición de parte, acordar tal suspensión pudiendo, si lo estima conveniente, exigir al interesado la constitución de caución suficiente".

69 *V.* Nº 97.

70 CF□88□1, 29□7□59. En este sentido se ha pronunciado la Procuraduría de la Nación. *V.* el Informe al Congreso, 1959, Caracas, 1960, pp. 456 y 461. En materia de multas administrativas, el Proyecto LPA 1963 establece, en su artículo 100, que "la apelación deberá interponerse ante el mismo funcionario que impuso la multa o ante un Juez de la localidad. El apelante deberá pagar la multa o afianzarla a satisfacción del funcionario que la impuso, requisito sin el cual no se dará curso a la apelación...".

71 CF□126□1, 9□11□54.

Pero, en segundo lugar, creemos que también es posible que el recurso suspenda la ejecución del acto cuando la conveniencia administrativa lo requiera. En efecto, ante un acto administrativo que podría producir daños irreparables al administrado, la Administración tiene dos vías: por una parte, ejecutar el acto de inmediato, y entonces atenerse a las consecuencias de la decisión del superior jerárquico, que si es revocatoria daría derecho al administrado a exigir reparación por daños y perjuicios a la Administración por el daño o gravamen irreparable que produjo la ejecución del acto revocado; por otra parte, suspender la ejecución del acto cuando lo considere conveniente, y esa conveniencia está supeditada al temor de que el acto sea revocado.

Por tanto, en principio los recursos administrativos, y concretamente el recurso jerárquico, no producen efectos suspensivos. Sin embargo, creemos que la excepción a este principio puede provenir del legislador o de la conveniencia de la propia Administración.

b'. El efecto devolutivo

Respecto al efecto devolutivo ha señalado la antigua Corte Federal que en el recurso jerárquico rige el antiguo aforismo *tantum devolutum quantum appelantum*, es decir que, en virtud de ese efecto, el recurso trasmite al conocimiento del superior la causa controvertida, en la extensión y medida a que quedó reducido el debate en el momento de la apelación[72]. Sin embargo, creemos que este principio no es del todo general ni válido para todos los recursos administrativos en el orden jerárquico.

En efecto, ello depende de la materia controvertida. Si lo que se controvierte en la apelación o recurso es más bien un litigio entre particulares, donde la Administración actúa en cierta forma imparcialmente, la apelación hecha por una de las partes en litigio tiene efectos devolutivos regidos par el principio *tantum devolutum quantum appelantum*.

Tal es el caso, por ejemplo, de las apelaciones que antes se realizaban ante el Ministro de Fomento en materia de inquilinato. En estos casos el organismo decisor actuaba imparcialmente y decidía así, ante un conflicto entre particulares, entre inquilinos y propietarios[73].

Sin embargo, cuando el recurso jerárquico se intenta por ante el superior de la jerarquía administrativa contra el acto del inferior, porque este acto perjudica a un particular sin beneficiar a otro, el efecto devolutivo del recurso es más amplio que el contenido en el aforismo citado.

En efecto, el superior jerárquico en estos casos conoce de todo el problema, pues no hay derechos adquiridos por un tercero. En estos casos la Administración podría, si así lo cree justo y equitativo, hasta modificar el acto con mayor perjuicio para el recurrente. Estamos entonces ante el hecho denominado *reformatio in pejus*.

En todo caso quedaría abierta, por el agotamiento de la vía administrativa, la vía jurisdiccional contencioso-administrativa al administrado perjudicado en su interés legítimo o en su derecho subjetivo.

---

72 CF□126□1, 9□11□54.

73 Este es el caso regulado en la decisión de la Corte Federal antes señalada: CF□126□1, 9□11□54.

E. El procedimiento del recurso

La ausencia de legislación sobre procedimientos administrativos se manifiesta profundamente cuando se habla del procedimiento que debe seguirse en la sustanciación y decisión del recurso jerárquico. En esta materia, ni siquiera las leyes especiales que conceden el recurso indican el procedimiento a seguir.

Sin embargo, creemos que en su esquema fundamental se siguen las normas del procedimiento ordinario previsto en el Código de Procedimiento Civil[74], aún más cuando la Corte, en varias oportunidades, ha considerado dicho Código como supletorio en el procedimiento administrativo[75].

Sin embargo, algunas normas dispersas sobre el particular existen en Venezuela. Tal es el caso del Reglamento Interno del Ministerio de Hacienda[76] que establece, al hablar del recurso jerárquico, que "el apelante o reclamante puede promover junto con su apelación o reclamo las pruebas que juzgue pertinentes y, en caso de que la evacuación de esas pruebas o de las que ordene evacuar de oficio el Ministro requieran más tiempo que el prefijado para el despacho del asunto, podrá éste prorrogarlo a su juicio comunicándolo así al interesado".

Es decir, en esta Administración ministerial las pruebas deben promoverse junto con el recurso, y el Ministro, como autoridad decisora e interesada, también puede ordenar la evacuación de ciertas pruebas, de oficio.

En el mismo Reglamento se señala que el Ministro deberá decidir el recurso en el máximo de sesenta días hábiles, a contar de la fecha en que haya sido intentado o interpuesto el recurso[77]. Por tanto, si la evacuación de las pruebas requiere mayor número de días a juicio del Ministro, éste podrá prolongar el lapso de evacuación pero, en todo caso, la decisión debe ser rendida en el lapso prescrito.

F. La decisión del recurso

Como antes señalamos, algunas normas establecen un plazo determinado dentro del cual el Ministro debe decidir el recurso jerárquico ante él interpuesto. Sin embargo, no hay tampoco norma alguna de carácter general al respecto.

En todo caso debemos señalar que la decisión del recurso, como todo acto administrativo, ha de ser motivada.

---

74 En este mismo sentido, J. G. Andueza, *El Control en Venezuela de los Actos Ilegales de la Administración Pública*, Caracas, 1959, p. 17.

75 CF□54□1, 5□8□58.

76 Artículo 2, ordinal 3, aparte único del Reglamento dictado por Resolución de 4 de abril de 1940, CL, T. I, p. 1.374.

77 Artículo, ordinal 3. Debe señalarse en todo caso, respecto al procedimiento administrativo, que entre los dispositivos vigentes el que mejor lo regula es el Reglamento de la Ley de Regulación de Alquileres. *V.* al efecto nuestro "Estudio sobre la Ley de Regulación de Alquileres de 1° de agosto de 1960", *Revista del Colegio de Abogados del Distrito Federal*, N° 113, p. 217 y ss.

Por otra parte, la decisión del Ministro puede ser confirmatoria, modificatoria, revocatoria o declarativa de inadmisibilidad del recurso por extemporaneidad, falta de capacidad o interés en el recurrente o falta de competencia en la autoridad decisora. Ya sobre esto hemos hablado[78].

G. El recurso jerárquico como requisito procesal del recurso contencioso-administrativo de anulación

Es de principio, y así lo ha aceptado la antigua Corte Federal, que el recurso contencioso-administrativo de anulación contra los actos ilegales de la Administración no puede ser llevado ante el órgano jurisdiccional competente sino después de haberse agotado la vía administrativa. De suerte que el titular de un interés legítimo que haya sufrido lesión como consecuencia de un acto administrativo determinado, debe ante todo interponer el recurso legal de apelación o recurso jerárquico en el término que para el caso ha establecido la ley reguladora de la materia. Si así no lo hiciere, la decisión queda firme. Y ello porque realmente conviene al orden social la estabilidad de los actos de la Administración Pública, sin perjuicio, claro está, de la garantía debida a los administrados quienes tienen a su alcance las vías adecuadas para hacer valer sus derechos[79]. Este criterio, por otra parte, ha sido ratificado por la actual Corte Suprema de Justicia[80] .

Por tanto, el agotamiento de la vía administrativa por interposición del recurso jerárquico solamente, es en Venezuela requisito procesal para la interposición del recurso contencioso-administrativo de anulación[81].

3. El recurso de reconsideración

A. Noción

El recurso de reconsideración es aquel que se ejerce contra un acto administrativo revocable, ante la misma autoridad que dictó el acto, para que ésta lo reconsidere en razón de su equidad.

---

78 *V.*, asimismo, el Reglamento Interno del Ministerio de Hacienda señalado, artículo 2, ordinal 3°. Al respecto, el artículo 93 del Proyecto LPA 1963 establece que "al decidirse la apelación deberá confirmarse, modificarse o revocarse el acto impugnado. El recurso podrá decidirse ordenándose la reposición del procedimiento si hubieren habido vicios de forma en su tramitación".

79 CF□94□3, 24□11□53; CF□54□1, 5□8□58.

80 CSJ□PA□90□1, 4□12□61.

81 Es interesante observar el Derecho comparado: En España se acepta igual solución pero extendida a todos los recursos administrativos. *V.*: J. González Pérez, *Los recursos..., cit.*, p. 125. En Francia, la situación es radicalmente distinta: En principio no es necesario agotar los recursos administrativos para acudir a la vía contenciosa: el recurrente puede escoger uno de los dos recursos, puede intentarlos simultáneamente o puede ejercer el recurso administrativo después del jurisdiccional, salvo disposición legal expresa en contrario. *V.* Auby, "Les Recours...", *cit.*, p. 122. El Proyecto LPA 1963 exige, para el agotamiento de la vía administrativa, la interposición del recurso de apelación y del recurso de revisión. En efecto, el artículo 122 establece que "el recurso contencioso-administrativo sólo será admisible contra los actos respecto de los cuates no existieren o se hubieren agotado los recursos jerárquicos o de revisión".

B. Fundamento

El fundamento del recurso de reconsideración está en el derecho de la Administración de revisar sus propios actos[82].

C. Requisitos del recurso

a. *El elemento subjetivo*

Respecto al recurrente, rigen los principios señalados anteriormente, es decir, debe tener por lo menos interés legítimo en recurrir.

Respecto a la autoridad administrativa que conoce del recurso, y esta es su característica específica, debe ser la misma que dictó el acto recurrido. Es decir, el recurso de reconsideración sólo puede ser intentado ante la misma autoridad administrativa que dictó el acto que se recurre para que ella lo decida.

b. *El elemento objetivo*

Otra de las características diferenciadoras de este recurso administrativo radica en el acto administrativo recurrido. En efecto, debe tratarse de un acto administrativo revocable, es decir, un acto administrativo que no haya creado derechos legítimamente a favor de particulares. Este requisito especial se deduce, por un lado, de nuestra jurisprudencia de la antigua Corte Federal[83], y por otro lado, del Reglamento Interno del Ministerio de Hacienda, que establece en su artículo 2, ordinal 4, segunda parte, la posibilidad para el ministro de "reconsiderar sus propias decisiones cuando se trate de actos revocables".

De esta forma los derechos adquiridos por particulares en razón de un acto administrativo ya firme quedan incólumes. La Administración no puede reconsiderar sus propios actos cuando éstos son irrevocables, es decir, cuando han creado legítimamente derechos a favor de terceros.

Por otra parte, el acto administrativo puede ser un acto firme, es decir, contra el cual no se interpuso el recurso jerárquico en la oportunidad correspondiente o contra el que decida un recurso jerárquico sin que se haya utilizado la vía contenciosa. En razón pre-

---

82 La denominación de recurso de "reconsideración" es empleada por el Reglamento Interno del Ministerio de Hacienda, artículo 2, ordinal 4, aparte segundo. Asimismo, es empleado por el Reglamento de la Ley de Regulación de Alquileres. Sobre esta última, *V.* nuestro "Estudio sobre la Ley de Regulación de Alquileres de 1° de agosto de 1960", RCADF, N° 113, 1960, p. 224. Por ello acogemos la denominación "recurso de reconsideración". No consideramos acertada la denominación "recurso de gracia o súplica" que emplea J. G. Andueza para calificar este recurso de reconsideración. Al efecto, véanse los N° 254 y ss. con sus notas. Menos aún consideramos acertada la denominación "recurso de reposición" que le dan a este recurso de reconsideración Eloy Lares Martínez y José Gabriel Sarmiento N., copiando la terminología de la legislación española, sin mirar de cerca nuestras propias instituciones. *V.* la ponencia del Colegio de Abogados del Distrito Federal redactada por los citados autores, presentada a la Conferencia Interamericana de Derecho Procesal reunida en San Juan de Puerto Rico en julio de 1962, edición multigrafiada, p. 7. Respecto a la legislación española, *V.*: Gascón Hernández, "El Recurso de Reposición" en *Revista de la Facultad de Derecho de Madrid,* 1942, p. 212 y ss. La misma terminología española es censurada por Alcalá-Zamora y Castillo, "Nueva ley reguladora de la jurisdicción contencioso-administrativa en España", Boletín del Instituto de Derecho Comparado de México, N° 31, 1958, p. 93, citado por J. González Pérez, Los Recursos..., *cit.*, p. 150. Por otra parte, debemos observar que el Proyecto LPA 1963 no incluye, en su articulado, disposición alguna sobre este recurso, a pesar de que está vigente en nuestro ordenamiento jurídico actual.

83 CF□33□2, 17□7□53

cisamente, de que puede intentarse el recurso de reconsideración contra actos administrativos firmes, es que se indica que sólo pueden ser recurridos por esta vía los actos revocables.

En efecto, hemos señalado que la Administración tiene derecho de revisar sus propios actos cuando no han creado derechos a favor de particulares. Además, también hemos señalado que la Administración sí puede revisar sus actos creadores de derechos, antes de su firmeza, es decir, con ocasión de un recurso jerárquico, generalmente[84]. Por tanto, y esto es lógico, una vez firme el arto, éste no puede ser revisado sí ha creado derechos a favor de terceros[85].

Así, sólo contra actos administrativos revocables que no han creado derechos a favor de particulares, sea porque no son susceptibles de hacerlo, sea porque son nulos, de nulidad absoluta, es que es posible interponer el recurso de reconsideración. Dada las varias leyes especiales que regulan un recurso de reconsideración, para su construcción uniforme, nos hemos guiado fundamentalmente por el Reglamento Interno del Ministerio de Hacienda, varias veces citado, ya que es la regulación con mayor carácter general en la materia y también por la jurisprudencia administrativa señalada. Debe tenerse presente esta advertencia.

D. La interposición del recurso

Para la interposición del recurso de reconsideración no se exige ningún requisito de término. Por ello precisamente es que puede ejercerse contra actos administrativos firmes. Por ello es que sólo puede ejercerse contra actos administrativos revocables y, por último, por ello es que la jurisprudencia no lo ha considerado como un requisito procesal a la apertura de la vía contencioso-administrativa de anulación. Sólo el recurso jerárquico reviste este último carácter.

Ya que no se exige ningún término para interponer el recurso, menos aún tendrá su interposición efectos suspensivos sobre la ejecución del acto, sobre todo cuando se intenta contra un acto ya firme.

Por los caracteres específicos de este recurso, consideramos que no es necesaria una ley expresa que lo autorice, para que haya posibilidad de interponerlo.

---

84 También con ocasión a los recursos de reconsideración, se puede producir una importante excepción. En efecto, en ciertos casos particulares una ley expresamente señala término para la interposición del recurso. En estos supuestos puede entonces intentarse el recurso contra actos administrativos que fueran irrevocables si estuvieran firmes, pero que no lo son aún por estar abierto el lapso de interposición del recurso. Una excepción de este tipo está consagrada en el artículo 34 del Reglamento de la Ley de Regulación de Alquileres. Sin embargo, este recurso no tiene ulteriores consecuencias jurisdiccionales. Por otra parte, debemos observar que algunas leyes establecen la posibilidad de una reconsideración de oficio sin necesidad de recurso alguno. Tal es el caso contemplado en la Ley de Impuesto sobre la Renta, artículo 81, que establece la posibilidad, para la Administración, de reconsiderar un acto administrativo contra el que se ha recurrido jurisdiccionalmente ante el Tribunal de Apelaciones del Impuesto sobre la Renta. Observamos que esta reconsideración no es ya un recurso del interesado sino, claramente, un derecho de la Administración de volver a reconsiderar un acto ya recurrido judicialmente, para evitar la vía contenciosa en caso de que no se dé cumplimiento y curso a la apelación, porque no confirme su propio acto. Al respecto *V.* N° 412.

85 A esta conclusión llega la antigua CFC, pero lamentablemente, a nuestro juicio, con razonamientos inadecuados: CFC□CP□16□1, 30□5□52. Asimismo *V.* CF□33□2, 17□7□53.

E. Los motivos del recurso

Al recurso de reconsideración se aplican los supuestos generales estudiados al hablar de los Motivos de los Recursos Administrativos, es decir, puede intentarse por motivos de derecho, de hecho y de oportunidad.

Al efecto ha señalado la antigua Corte Federal[86], que "advertido un funcionario de que su determinación no corresponde a las exigencias de la equidad, bien por haberse cometido error de derecho, bien porque no se apreciaron cabalmente las circunstancias de hecho, la sana lógica y el buen sentido han inducido a la consiguiente rectificación, tanto más si no se ha lastimado ningún derecho adquirido... En ello está comprometido el buen nombre de la Administración, pues una de las peculiaridades del acto administrativo es, precisamente, su subordinación a la equidad y oportunidad".

Por tanto, al interponerse el recurso, el recurrente puede aducir motivos de derecho o legalidad, motivos de hecho y motivos de oportunidad y conveniencia.

En este sentido establece el Reglamento Interno del Ministerio de Hacienda que el Ministro "puede reconsiderar sus propias decisiones cuando se trata de actos revocables y se aduzca que se ha omitido la apreciación de algún dato o que se ha incurrido en errores de hecho o cálculo o se presente documento o recaudo no presentado anteriormente capaz de influir en lo decidido"[87].

F. Efectos de la decisión

Resuelto el recurso de reconsideración, se abre el término del recurso contencioso-administrativo de anulación sí el órgano que reconsidera es el último en la jerarquía administrativa. Esto es perfectamente admisible pues es la jurisdicción contencioso-administrativa quien en último término debe decidir si la Administración obró, en la reconsideración, conforme a derecho.

Sin embargo, en este caso el recurso contencioso-administrativo sólo puede ser dirigido contra el acto de reconsideración, contra la nueva decisión, y en ningún momento debe pensarse que es contra el acto impugnado por la vía de reconsideración. Este acto quedó firme y ningún recurso puede ya intentarse contra él.

Por otra parte, si la reconsideración la hace un inferior jerárquico, la decisión del recurso de reconsideración no abre nuevamente ni el recurso jerárquico ni menos aún el contencioso. El acto recurrido quedó firme por el vencimiento del lapso de caducidad del recurso jerárquico.

---

86 CF□33□2, 17□7□53.

87 Artículo 2, ordinal 4, parte segunda. No establece dicho Reglamento disposición alguna sobre motivos de legalidad en el recurso de reconsideración. Sin embargo, la jurisprudencia de la Corte anteriormente citada así lo admite, con lo que estamos de acuerdo.

4. El recurso de revisión

A. Noción

El recurso de revisión es aquel que se ejerce contra un acto administrativo revocable y firme, ante el superior de la jerarquía administrativa, para que lo revise en razón de su equidad.

B. Fundamento

El fundamento del recurso de revisión está, por una parte, en el derecho de la Administración en revisar sus propios actos, y, por otra parte, en el poder de la más alta jerarquía en la Entidad Administrativa, de controlar y revisar las actuaciones de sus inferiores jerárquicos.

El nombre de recurso de revisión es empleado por el Reglamento Interno del Ministerio de Hacienda antes citado. Es el único texto que lo consagra expresamente. Sin embargo, por su carácter de recurso administrativo propiamente dicho, creemos que, como los recursos antes estudiados, no necesita ley expresa para su existencia. Su fundamento y especialidad lo justifican.

C. Requisitos del recurso

a. *El elemento subjetivo*

Respecto al recurrente, como todos los recursos antes analizados, el recurso de revisión exige por lo menos un interés legítimo lesionado. Así, una de las causas por la cual el Ministro en la rama administrativa puede "no entrar a conocer el fondo del asunto", es cuando el solicitante o recurrente carezca de interés legítimo.

Respecto a la Administración, el recurso se interpone ante el superior jerárquico de más alto rango, es decir, ante el Ministro en la Administración ministerial.

Esto lo diferencia del recurso jerárquico, que debe ser interpuesto por ante el órgano que dictó el acto, para ser enviado al superior jerárquico. Por otra parte, es el mismo Ministro quien decidirá el recurso, por lo que en esto se asemeja al recurso jerárquico".

b. *El elemento objetivo*

Una de las especialidades de este recurso es que sólo puede intentarse contra actos administrativos firmes, es decir, contra actos que no pueden ya impugnarse por el recurso jerárquico por haberse vencido el término para ejercerlo. Esto lo diferencia, entonces, radicalmente, del recurso jerárquico, admisible sólo dentro de un plazo y, por tanto, contra actos no firmes.

Por otra parte, y al igual que el recurso de reconsideración, consideramos que sólo es admisible contra actos revocables, es decir, contra actos no creadores de derechos a favor de particulares. Las mismas razones que allí expresamos son válidas para este recurso.

Consideramos también, y en razón de su especialidad, que puede ser intentado este recurso de revisión directamente ante el Ministro, sin respetar la jerarquía administrativa. Y ello porque, precisamente, no se trata de un recurso jerárquico.

D. Interposición del recurso

Dado que sólo puede interponerse este recurso de revisión contra actos administrativos firmes y revocables, no se exige ningún plazo determinado para que se intente. En este aspecto reviste los mismos caracteres del recurso de reconsideración, es decir, no es presupuesto procesal para intentar el recurso contencioso-administrativo, ni su interposición suspende la ejecución del acto, ya que se trata de un acto firme produciendo todos sus efectos.

E. Los motivos del recurso

La especialidad del recurso exige motivos determinados pues, como hemos visto, no se trata de un recurso jerárquico.

En efecto, este criterio ha sido acogido por el Reglamento Interno del Ministerio de Hacienda varias veces citado, cuando dispone en el artículo 2, ordinales 1 y 4, que unas de las atribuciones del Ministro como autoridad jerárquica en la Administración activa del Departamento de Hacienda es la de "revisar, a petición de los interesados o de oficio, las actuaciones de los funcionarios de la jerarquía cuando se pida gracia respecto a lo dispositivo de ellas o se alegue que el funcionario carece de facultades legales o las ha extralimitado o que ha actuado por interés distinto al de la Administración, o que ha incurrido en errores de hecho o de cálculo".

Debemos aclarar, antes de continuar, que esta disposición consagra propiamente dos recursos: uno de gracia y otro de revisión. Respecto al recurso de gracia o súplica hablaremos más adelante, al estudiar los Recursos Administrativos Impropios. Aquí sólo nos interesa destacar las últimas causales a partir de la segunda, que se refiere al recurso de revisión.

Según este artículo, pueden alegarse en el recurso de revisión motivos de legalidad o de derecho, por extralimitación de atribuciones o incompetencia manifiesta del funcionario que dictó el acto o por desviación de poder en la actuación de éste. Agregamos también en estos motivos los concernientes a la alegación de la nulidad absoluta de un acto administrativo. También pueden alegarse motivos de hecho cuando el funcionario que dictó el acto incurrió en errores de hecho o de cálculo. El Ministro no puede pronunciarse sobre el fondo del asunto cuando se alegue un motivo distinto a los señalados, según dispone el mismo Reglamento[88].

---

88 Artículo 2, ordinal 5. El Proyecto LPA 1963 establece la posibilidad de interposición del recurso de revisión, según el artículo 95, en los siguientes casos: "1) Cuando hubieren aparecido documentos de valor esencial para la resolución del asunto y que hubieren sido desconocidos para la época de la tramitación del expediente; 2) Cuando se hubiere incurrido en manifiesto error de hecho que aparezca del expediente; 3) Cuando en la resolución hubieren influido en forma decisiva documentos o testimonios declarados falsos por sentencia judicial definitivamente firme; 4) Cuando la resolución hubiere sido adoptada por cohecho, violencia, soborno u otra manifestación fraudulenta y ello hubiere quedado establecido en sentencia definitivamente firme". Por otra parte, agrega el artícu-

Vemos, entonces, que el recurso de revisión no es más que un medio de obligar al Ministro a revisar un acto administrativo, para lo cual tiene facultad de hacerlo de oficio. Es decir, es un medio puesto a disposición de los particulares interesados para obligar a la Administración a ejercer su derecho.

F. Efectos de la decisión

La decisión del recurso por el superior de la jerarquía administrativa no abre, respecto al acto administrativo originalmente recurrido, la vía contencioso-administrativa. Y ello porque el superior jerárquico de la Entidad Administrativa revisa el acto por medio de este recurso de revisión cuando no se ha intentado el recurso jerárquico. De lo contrario decidiría un recurso jerárquico y no un recurso de revisión.

Pues bien, si solamente revisa un acto firme y revocable porque no se ha intentado el recurso jerárquico, mal podría abrirse la vía jurisdiccional del recurso contencioso-administrativo de anulación, cuando es presupuesto procesal para éste el haberse agotado la vía administrativa por el ejercicio del recurso jerárquico, que en el caso del recurso de revisión no se ha intentado.

Ahora bien, ello no indica que no pueda recurrirse por la vía contencioso-administrativa, por razones de ilegalidad, la nueva decisión del Ministro con abstracción total, eso sí, del acto revisado.

III. LOS RECURSOS ADMINISTRATIVOS IMPROPIOS

1. Introducción

Además del recurso administrativo antes estudiados, es decir, del recurso jerárquico, el más tratado por la jurisprudencia, y de los recursos de reconsideración y de revisión, tratados parcialmente por ella, y todos dispersa e incompletamente contemplados por el legislador, existen en Venezuela varios recursos que denominamos Recursos Administrativos Impropios, y que tienen la esencial característica de que, por su especialidad, requieren ley expresa que los permita. Por tanto no se aplica a estos recursos impropios los principios señalados en la Introducción de este Título, sobre la posibilidad de los recursos administrativos sin ley expresa que los autorice.

La razón de ser de esta contradicción al principio general radica en la especialidad de la materia objeto de ellos, o en la interferencia en alguna u otra forma, en su formación y decisión, de una autoridad no correspondiente, orgánicamente, a la Administración; concretamente, por la interferencia de una autoridad del Poder Judicial actuando en función administrativa.

---

lo 96 que "el recurso de revisión no procede sino dentro de los tres meses siguientes a la fecha de la sentencia a que se refieren los números 3 y 4 del artículo anterior, de la fecha del acto en el caso previsto en el número 2 del mismo artículo o de haberse tenido noticias de la existencia de los documentos a que se hace referencia en el número 1° del mismo artículo". Entonces es ilógica la disposición del artículo 87 del mismo Proyecto cuando establece que "todo recurso de... revisión deberá intentarse dentro de los quince días hábiles siguientes a la fecha del acto recurrido".

Estudiaremos, entonces, como recursos administrativos impropios el llamado recurso jerárquico impropio, el recurso de gracia y, principalmente, el económico-administrativo y, por último, el problema de los recursos intentados ante el Tribunal de Apelaciones de Inquilinato.

2. El recurso jerárquico impropio

A. Noción

El artículo 7, ordinal 31 de la Ley Orgánica de la Corte Federal, vigente por mandato de la Constitución[89], da atribución a la actual Sala Político-administrativa de la Corte Suprema de Justicia para "conocer de los recursos jerárquicos interpuestos dentro del término de ley contra decisiones de la Administración nacional en materia fiscal, cuando la competencia para ello no esté atribuida a otro Tribunal".

Además de esta atribución general en materia fiscal, la Corte tiene atribuciones similares declaradas por innumerable cantidad de textos legales. En estos textos invariablemente se señala que de la decisión del Ministro "se podrá apelar para ante la Corte[90].

Según estos textos, podemos decir que el llamado recurso jerárquico impropio es aquel recurso administrativo que concede la ley expresamente al particular lesionado en su interés legítimo o en su derecho subjetivo, contra un acto administrativo de un Ministro para ante la Corte Suprema de Justicia, por razones de mérito o ilegalidad o, más ampliamente, por inconformidad con la decisión apelada.

B. Particularidad del recurso

a. *Es un recurso administrativo*

El recurso jerárquico impropio es un recurso administrativo, pues la Corte, al decidirlo, conoce del mérito o fondo del acto administrativo impugnado. La antigua Corte Federal ha establecido[91] que "es de la naturaleza de todo acto realizado en ejercicio de una facultad discrecional el que no pueda ser revisado o anulado por otro poder en lo que concierne al mérito o fondo.

---

89 *V.* la Disposición Transitoria decimoquinta de la Constitución.

90 Por ejemplo, el artículo 13 de la ley de Naturalización. Esta expresión "apelación ante la Corte" la hemos visto mantenida en esta materia de naturalización en la Disposición Transitoria Cuarta de la Constitución, que dispone: "Mientras la ley establece las normas sustantivas y procesales correspondientes, la pérdida de nacionalidad por revocatoria de naturalización se ajustará a las disposiciones de la legislación vigente pero el interesado podrá apelar de la decisión administrativa ante la Corte Suprema de Justicia en el plazo de seis meses, a partir de la fecha de publicación de la revocatoria, en la *Gaceta Oficial*". El empleo de este término por la Constitución, así sea en su parte transitoria, nos indica la naturaleza administrativa de la "apelación", distinta del recurso contencioso-administrativo de anulación regulado por el propio texto constitucional en su artículo 206 y Disposición Transitoria decimoquinta. La misma expresión la encontramos también en el artículo 436 de la Ley Orgánica de la Hacienda Nacional.

91 CF□85□1, 6□11□58.

Esta conclusión resulta evidente porque, de lo contrario, esa facultad discrecional no sería tal ni propia de un poder; pero sí puede ser materia de revisión por lo que se refiere a la incompetencia del funcionario que lo dictó o defecto de forma del acto, o a su ilegalidad, en cuyos casos procede su revocación o anulación".

De esta doctrina de la Corte se deduce claramente lo que ya en otras oportunidades hemos señalado: la Corte Suprema de Justicia no puede conocer por vía contencioso-administrativa, como órgano actuando en función jurisdiccional, sino de la ilegalidad de los actos administrativos que ante ella se impugnen. No puede por tanto, la Corte, conocer del fondo o mérito, es decir, de la oportunidad y conveniencia de un acto impugnado ante ella por vía contencioso-administrativa. Es de la naturaleza de los actos administrativos, dice la Corte, "el que no puedan ser revisados o anulados en lo que se refiere al mérito o fondo por otro poder", es decir, por el Poder Judicial. Por tanto el mérito de los actos administrativos, su oportunidad y conveniencia tienen un control innato: la propia Administración o cualquier autoridad actuando en función administrativa.

En consecuencia, cuando la Corte Suprema de Justicia conoce del recurso jerárquico impropio, controlando la legalidad y la oportunidad y conveniencia del acto recurrido, no conoce como órgano jurisdiccional contencioso-administrativo sino como autoridad pública actuando en función administrativa. Por ello este recurso es un recurso administrativo y no jurisdiccional.

En esto está de acuerdo José Guillermo Andueza cuando afirma que "este recurso de apelación se diferencia del procedimiento contencioso-administrativo y se asemeja al procedimiento jerárquico, en que no supone ilegalidad de ninguna especie en el acto impugnado, sino únicamente desacuerdo del interesado con el mismo[92].

b. *Es un recurso administrativo impropio*

Ante todo, este recurso jerárquico impropio es esto último, pues no se ejerce propiamente ante una autoridad jerárquica.

La Corte Suprema de Justicia no es autoridad jerárquica del Ministro. Por ello es impropio. Creemos que la denominación "jerárquico" que emplea la propia Ley Orgánica de la Corte se debe a que los redactores de la Ley de 1953, que es la vigente, entendieron por recurso jerárquico el recurso administrativo, ya que de estos últimos el más empleado y el más conocido en nuestra legislación es el jerárquico.

Por otra parte, es impropio porque requiere ley expresa para su procedencia, contrariamente a lo que sucede en los recursos administrativos[93]. También es impropio porque, contrariamente a lo que sucede en el recurso jerárquico, no es posible intentar el recurso contencioso-administrativo de anulación contra la decisión que en él recaiga, ya que es la misma Corte la competente para conocer de éste[94].

---

92 J. G. Andueza, *El Control en Venezuela...*, *cit.*, pp. 29 y 30.

93 Sentencias de la CFC de 23-4-42 y de 21-11-46 en Resumen CFC en SPA, 1940-1951, pp. 29 y 30. Asimismo las sentencias de 7-10-46, 24-11-46, 27-7-48 y 7-10-48 de la antigua Corte Federal y de Casación, citadas por J. G. Andueza, *El Control en Venezuela..*, *cit.*, p. 26.

94 J. G. Andueza, *El Control en Venezuela...*, *cit.*, p. 30.

c. *Importancia histórica*

En la evolución de la legislación administrativa venezolana, este recurso de apelación ante la Corte tiene la especialidad de haber sido la primera vía que el legislador aceptó para la revisión de los actos del Poder Administrativo. Admitido a duras penas por la jurisprudencia, que veía con recelo "la intervención de un Poder en la esfera de otros", fue paulatinamente abriéndose paso y preparando el camino al auténtico recurso contencioso-administrativo[95].

Por tanto, la importancia de este recurso es meramente histórica, y ya aceptado definitivamente el recurso contencioso-administrativo en nuestra Constitución, creemos que debe desaparecer. Aún más, cuando la jurisdicción contencioso-administrativa, en su competencia de plena jurisdicción, tiene facultad para disponer lo necesario para el restablecimiento de las situaciones jurídicas subjetivas lesionadas por la actividad administrativa[96]. Sin embargo, su desaparición sólo puede ser regulada por una legislación que, a la vez, uniforme todos los procedimientos administrativos.

C. Requisitos del recurso

a. *El elemento subjetivo*

Respecto al recurrente, entran en juego las normas generales sobre recursos administrativos señaladas anteriormente, es decir, por lo menos debe estar asistido de un interés legítimo.

Respecto al órgano decisor, ya hemos señalado su particularismo: es la Corte Suprema de Justicia, en Sala Político-administrativa, actuando en función administrativa, quien decide el recurso. De ahí la necesidad de ley expresa que lo permita.

Por ello ha señalado la antigua Corte Federal y de Casación que "la intervención judicial —porque al fin y al cabo es un órgano del Poder Judicial— en los procesos de competencia del Poder Ejecutivo, que tienen siempre y naturalmente por objeto materias administrativas, es de derecho estricto o, más propiamente, es excepcional, porque la interferencia de un Poder en asuntos de la competencia de otro Poder sólo puede aceptarse contra el principio de la independencia que les es propia, en casos y circunstancias especialísimos que el legislador toma en cuenta para permitir u ordenar esa intervención.

De ahí que las Resoluciones ministeriales sean revisables por la Corte Federal y de Casación solamente en los casos en que alguna ley haya creado expresamente contra ellas el derecho de apelación o cualquier otro recurso.

Esta conclusión, que es apenas aplicación de los principios constitucionales y legales que establecen y garantizan la independencia de los Poderes Públicos y su interdependencia en los casos limitados en que proceda, aparece explícitamente sancionado en el artículo 426 de la Ley Orgánica de la Hacienda Nacional, pues él establece que 'cuando la ley conceda expresamente el derecho de recurrir de la decisión del Ministro u orga-

95 J. G. Andueza, *El Control en Venezuela. .., cit.*, p. 30.
96 Artículo 206 de la Constitución.

nismo respectivo, ante la Corte Federal y de Casación, deberá hacerse uso de él dentro del término de diez días a contar de la fecha en que se hubiere notificado la decisión'[97]."

Aparte de lo que se dice sobre la separación de Poderes en este fallo, que por otra parte la Corte la ha considerado atenuada[98], no puede negarse lo fundamentado del razonamiento: la Corte actúa en función administrativa excepcionalmente, por lo que necesita para ello norma expresa atributiva de competencia.

b. *El elemento objetivo*

Como en todo recurso administrativo, el objeto del recurso jerárquico impropio es un acto administrativo pero con la característica de que debe ser dictado generalmente por la más alta jerarquía ministerial, es decir, actos administrativos dictados por el Ministro.

D. El procedimiento del recurso[99]

a. *Noción previa*

Las leyes especiales que conceden esta "apelación" ante la Corte no establecen procedimiento alguno. Por tanto, debe aplicarse el procedimiento mismo que establece la Ley Orgánica de la Corte Federal. En efecto, los artículos 25 y siguientes de dicha ley establecen un procedimiento para ciertos casos específicos y para los casos en que no se haya previsto un procedimiento especial. Por tanto, en el recurso jerárquico impropio sí debe aplicarse el procedimiento previsto en la Ley de la Corte, contrariamente a lo que sostuvo recientemente la Corte Suprema de Justicia[100].

Examinaremos rápidamente las disposiciones relacionadas con la interposición del recurso, el emplazamiento, las pruebas, la relación, los informes y la decisión del recurso.

b. *Interposición del recurso*

Generalmente las leyes especiales establecen, para recurrir, un lapso que varía entre tres y diez días. Sí no se establece lapso determinado, debe interponerse en el de tres meses señalado por la Ley Orgánica de la Corte Federal[101].

El recurso puede interponerse por ante el Ministro para ante la Corte cuando la Ley lo señala. De lo contrario, debe interponerse directamente ante la Corte[102]. En el primer caso, el Ministro debe enviar, junto con el escrito del recurso, el expediente administrativo correspondiente. De lo contrario, la Corte pedirá a la autoridad administrativa respectiva el envío de los autos. Iniciado el procedimiento, debe notificarse al Procurador General de la República[103].

---

97 Sentencia de 21-11-46 en Resumen CFC en SPA, 1940-1951, p. 29. Esta sentencia ha sido criticada, en nuestro concepto injustamente, por Tomas Polanco, "La Administración Pública", *Tesis de Grado. Anales de la Facultad de Derecho*, Caracas, 1951, p. 291 y ss.

98 CFC□SF□37□1, 26□5□51.

99 Un buen resumen del procedimiento de este Recurso, *V.* en J. G. Andueza, *El Control en Venezuela...*, *cit.*, p. 27.

100 CSJ□PA□76□1, 20□6□62.

101 Artículo 25 de la Ley Orgánica de la Corte Federal.

102 Artículo 25 de la Ley Orgánica de la Corte Federal.

103 Artículo 27 de la Ley Orgánica de la Corte Federal.

c. *Emplazamiento de los interesados*

Una vez hecha la notificación correspondiente al Procurador General de la República, "la Corte emplazará por cartel que se publicará en la *Gaceta Oficial de la República de Venezuela* a todos los que se crean interesados, a fin de que concurran dentro de un lapso prudencial a hacerse parte en el recurso"[104].

d. *Las pruebas*

Vencido el lapso de emplazamiento, los interesados, y observamos que la ley habla aquí de interesados y no de "los que se crean interesados", lo que presume la prueba del interés legítimo, promoverán, dentro de las cinco audiencias siguientes, las pruebas que estimen pertinentes, las cuales se evacuarán dentro de las diez audiencias posteriores al vencimiento de las cinco dichas, sin concederse término de distancia. La Corte Federal, por otra parte, queda facultada para solicitar y hacer evacuar de oficio las informaciones y pruebas que considere convenientes[105].

e. *Relación e informes*

Si no se hubieren promovido pruebas, o si promovidas, hubiere transcurrido el lapso de evacuación, comenzará la relación durante la cual podrán evacuarse las pruebas de confesión, experticia e inspección ocular que se hubieran promovido dentro del primer lapso de cinco audiencias. Hecha la relación, que no podrá tener una duración mayor de cuarenta y cinco días, la Corte fijará audiencia para oír informes. Oídos éstos, se procederá a dictar sentencia, pudiendo antes dictarse auto para mejor proveer.

E. Decisión del recurso

Llegada la oportunidad de dictar sentencia, la Corte decidirá el recurso, y en la resolución del mismo podrá confirmar, revocar o reformar la decisión impugnada o reponer el procedimiento.

Puede observarse, ciertamente, que las facultades de la Corte son extremadamente amplias; sin embargo, ello se explica por la naturaleza del recurso, como ya hemos señalado.

3. El recurso de gracia o suplica

A. Noción previa y precisión terminológica

Hemos visto anteriormente cómo nuestro Derecho positivo y la jurisprudencia del Tribunal Supremo en materia administrativa reconocen la existencia de tres recursos administrativos propiamente dichos: El recurso jerárquico, el recurso de reconsideración y el recurso de revisión.

---

104 Artículo 25 de la Ley Orgánica de la Corte Federal.

105 Artículos 25 y 28 de la Ley Orgánica de la Corte Federal.

Estos tres recursos son, como hemos visto, verdaderos medios jurídicos de impugnación de los actos administrativos, dados para protección de los administrados y en conformidad con el derecho que asiste a la Administración, de revisar sus propios actos.

El Decano, José Guillermo Andueza, ha afirmado que "en nuestra legislación se encuentra con frecuencia consagrado el llamado recurso de gracia o súplica, a favor del administrado, a quien se impone una sanción administrativa o que es objeto de una medida administrativa que atañe a sus legítimos intereses", y ha añadido que "interpuesto el recurso de gracia, el órgano administrativo que dictó el acto lo revisa en vista de los principios de equidad y oportunidad"[106]. De esta afirmación podemos observar que a lo que se refiere el citado autor es al recurso de reconsideración que ya hemos estudiado, pero erradamente, en nuestro concepto, lo califica de recurso de gracia o súplica debido, quizás, a la importación de términos utilizados en otros sistemas jurídicos como el francés, sin tener en cuenta preferentemente la terminología empleada por nuestro legislador.

En efecto, en Francia el recurso que nuestras leyes especiales califican de recurso de reconsideración es llamado Recurso Gracioso[107]. Pero el empleo de esa terminología, que jurídicamente no tiene explicación, históricamente sí la tiene. El recurso de gracia o súplica, como la misma palabra lo indica, es un acto de favor, de gracia y no de justicia. Este recurso de gracia, históricamente puede considerarse como el origen de los actuales recursos administrativos y tuvo vigencia en la Monarquía. Pero actualmente, cuando se recurre administrativamente de un acto, en cualquier sistema jurídico del molde del Estado de Derecho no se hace pidiendo "gracia", ni se hace "suplicando", sino en ejercicio de un derecho y fundamentándose en derecho. El hecho de que todavía en Francia se emplee el término "gracioso" para calificar a un recurso jurídico de reconsideración o de reposición, como se llama en el sistema español[108], tiene sólo una explicación histórica y un sabor tradicionalista típico del sistema francés. Pretender importar términos que no tienen, en este momento, una razón jurídica para su empleo en su sistema de origen, para implantarlos en nuestro sistema, constituye, en nuestra opinión, un afán confusionista.

Ello no impide, sin embargo, que nuestro derecho positivo admita en ciertos casos particulares un verdadero recurso de gracia o súplica distinto radicalmente del recurso de reconsideración y del de revisión. Tal es el caso, por ejemplo, del recurso de gracia económico-administrativo contemplado en la Ley de Impuesto sobre la Renta, o del recurso de gracia establecido en el Reglamento Interno del Ministerio de Hacienda cuando dispone, en su artículo 2, ordinales 1 y 4, que el Ministro tiene facultad para revisar, a petición de los interesados, "las actuaciones de los funcionarios de la jerarquía, cuando se pida gracia respecto a lo dispositivo de ellas".

Pero antes de pasar a examinar someramente estos recursos de gracia, y principalmente el económico-administrativo, debemos señalar que los incluimos entre los que hemos llamado recursos administrativos impropios, pues no poseen, a nuestro juicio, un fundamento jurídico como lo tienen los recursos administrativos antes estudiados, sino pura y simplemente un fundamento de favor. Es decir, el legislador, soberano en dar o

106 J. G. Andueza, El Control en Venezuela..., *cit.*, p. 15
107 J. M. Auby, "Les Recours...", *cit.*, p. 117 y ss.
108 *V.* J. González Pérez, *Los Recursos...*, *cit.*, p. 149 y ss.

negar recursos administrativos[109], después de negarlos en ciertos casos, admite para ciertas causales especiales la posibilidad de pedir "gracia" o "favor" al superior de la jerarquía administrativa, "suplicándosele" revise el acto administrativo dictado por un inferior jerárquico.

Veremos seguidamente uno de los típicos recursos de gracia que admite nuestra legislación, para estudiar luego sus características fundamentales.

B. El recurso de gracia económico-administrativo

a. *Regulación legal*

La Ley de Impuesto sobre la Renta, en su artículo 66, establece que el Ejecutivo Nacional, y concretamente el Ministro de Hacienda[110], "podrá, por vía de gracia y a solicitud de parte, eximir o rebajar las multas impuestas en virtud de la misma ley cuando concurran circunstancias que demuestren falta de intención dolosa en el contribuyente".

De la redacción de esta disposición se deduce claramente lo siguiente: En primer lugar, se trata de un recurso de gracia o súplica, como hemos indicado en el número anterior. En segundo lugar, y por ser un recurso, el Ministro no puede conceder el favor o la gracia de oficio sino a solicitud de parte interesada. En tercer lugar, la concesión de la gracia es una facultad discrecional de la Administración.

b. *El procedimiento*

La solicitud de gracia deberá ser presentada ante la oficina que practicó la liquidación de la multa correspondiente[111] dentro del término de cinco días a contar de la fecha de recibo de la planilla de liquidación o del día en que el acto quedó definitivamente firme[112].

La petición de gracia deberá ser interpuesta mediante escrito razonado, con exposición clara y precisa de los hechos y acompañado de las pruebas que el interesado juzgue pertinentes[113].

c. *La decisión*

La decisión del Ministro respecto a la solicitud de gracia puede ser denegatoria de la misma o de exención o rebaja de la multa objeto del recurso. Es conveniente observar que no se trata de revocación del acto administrativo que impuso la multa, sino de exención o rebaja del pago que ella impone.

---

109 CF□116□2, 15□10□54.

110 *V.* el artículo 144 del Reglamento de la Ley de Impuesto sobre la Renta de 11 de enero de 1956 (*Gaceta Oficial*, Extraordinaria, Nº 479 de 3-2-56). Debemos observar que este recurso de gracia establecido actualmente en el artículo 66 de la Ley, antes de la reforma de 1955 estaba permitido interponerlo contra las decisiones de la entonces Junta de Apelaciones del Impuesto sobre la Renta, en materia de calificación de la Renta o de inconformidad del contribuyente con la liquidación fiscal, por ante el Ministro de Hacienda.

111 Artículo 144 del Reglamento de la Ley de Impuesto sobre la Renta.

112 Artículo 66 de la Ley de Impuesto sobre la Renta.

113 Artículo 44 del Reglamento.

Esta característica es fundamental y por ello, además de las que veremos seguidamente, es por lo que calificamos a este recurso como un recurso administrativo impropio, ya que no se trata propiamente de un medio de impugnación de los actos administrativos, sino de una petición de favor o gracia.

En todo caso, en las peticiones de gracia, además de todas aquellas circunstancias que configuran el caso, el Ministro deberá tomar en consideración los antecedentes del contribuyente, según su expediente.

Por último, para obtener la exención o rebaja de la multa no es necesaria la prueba de ausencia de culpa, sino que basta solamente la comprobación de la ausencia de intención dolosa en la actuación del contribuyente[114].

C. Las características del recurso

Las mismas condiciones excepcionales de su existencia, ya que constituye una reminiscencia de sistemas jurídicos superados en los cuales la Administración, por no estar sometida a un Principio de Legalidad como hemos estudiado, propio del Estado de Derecho, conllevan a que estos recursos de gracia exijan ley expresa que los autorice para su admisibilidad. Y ello pues, jurídicamente, el recurso de gracia no constituye un derecho del administrado sino al contrario, un derecho de la Administración. Es una institución propia del Estado Policía[115] trasplantada por cierto tradicionalismo al Estado Moderno.

Por otra parte, el recurso de gracia es una institución que se ejerce, en nuestro sistema jurídico, contra actos administrativos firmes, es decir, contra los cuales no hay recurso administrativo alguno como es el caso del recurso de gracia económico-administrativo, o contra los cuales los recursos administrativos se ejercieron o dejaron de ejercerse. Por ello, el lapso para interponerlo se cuenta en el recurso de gracia económico-administrativo "desde el día en que el acto quedó definitivamente firme".

Por las mismas razones, en la mayoría de los casos no se exige lapso alguno de interposición.

Pero quizás la característica más importante de este recurso, y es la que lo distingue netamente de todos los anteriormente vistos, es que puede interponerse respecto a un acto administrativo firme por decisión jurisdiccional en el cual ya hay cosa juzgada. Es decir, puede ser intentado después que haya recaído una decisión jurisdiccional en el asunto. Y ello pues, como hemos visto, el Ministro al conceder la gracia no revoca el acto administrativo que sigue vigente, sino que atenúa sus efectos, rebajando o eximiendo del pago de una multa si es el caso.

En efecto, en el recurso de gracia económico-administrativo, éste se ejerce respecto al acto que impuso la multa, sea el acto administrativo que la impuso directamente o sea ese mismo acto administrativo confirmado por un acto jurisdiccional de lo contencioso-económico.

---

114 Artículo 66 de la Ley.

115 Que es otra cosa distinta en sustancia e históricamente del llamado Estado-Gendarme.

De esta manera vemos cómo la propia Ley de Impuesto sobre la Renta permite el recurso jurisdiccional ante el Tribunal de Apelaciones del Impuesto sobre la Renta contra multas impuestas por incumplimiento de la ley[116] y separadamente permite el recurso de gracia contra esas mismas multas sin establecer, por supuesto, ningún índice de orden en la interposición de los mismos.

4. Los recursos en materia de inquilinato

A. Introducción

Siendo aún estudiante de la Facultad de Derecho de la Universidad Central de Venezuela, y a los pocos meses de salir publicada la Ley de Regulación de Alquileres de 1° de agosto de 1960, publicamos en la *Revista del Colegio de Abogados del Distrito Federal* un estudio sobre la naturaleza jurídica de los procedimientos que establecía la nueva Ley[117]. Dicho estudio trajo como consecuencia la aparición de criterios divergentes sobre el tema central que él trataba. Lamentablemente, dichas opiniones y criterios, como a veces es costumbre en nuestro medio doctrinal, no fueron nunca publicadas y, por tanto, no obtuvimos el fin que perseguíamos al permitir publicar ese trabajo y que era el mover alguna opinión, contraría o conforme sobre el asunto, ya que la mejor manera de resolver los problemas jurídicos es por la síntesis de las opiniones divergentes.

Sin embargo, el problema de la naturaleza jurídica de los procedimientos establecidos en la Ley sigue aún en pie y hemos podido observar que hay tres soluciones distintas: por una parte, la Corte Suprema de Justicia en múltiples sentencias que comienzan con la de 20 de junio de 1961[118] ha sostenido que se trata de procedimientos jurisdiccionales; en segundo lugar, alguna opinión ha sostenido que se trata de procedimientos jurisdiccionales contencioso-administrativos; por último, y es el criterio que sostuvimos en aquel estudio y en el cual permanecemos ahora con nuevos argumentos, consideramos que los procedimientos creados por la nueva Ley constituyen procedimientos administrativos.

Sabemos que el razonamiento se hace difícil cuando se rebaten opiniones hasta cierto punto aéreas, pues estas opiniones, como no han sido escritas, se limitan a enunciar una posible solución sin razonar el porqué de ese enunciado. Trataremos, entonces, de buscar nosotros los fundamentos de esas opiniones contrarias en una primera parte; en una segunda parte analizaremos cómo esos fundamentos no son sólidos, reafirmando nuestro ya viejo criterio con el ánimo de que el problema se aclare definitivamente con la reforma de los dispositivos legales.

---

116 Artículo 74, ordinal 3.

117 El trabajo, con el título Estudio sobre la Ley de Regulación de Alquileres, de 1° de agosto de 1960, fue presentado en la Cátedra de Trabajos Prácticos de Derecho Procesal I que dictaba el profesor Miguel Santana Mujica. En su calidad de Secretario de la Junta Administradora del Colegio de Abogados del Distrito Federal en aquella época, me solicitó ofreció la publicación del mismo en la *Revista del Colegio*, apareciendo en el N° 113, de julio-septiembre de 1960, pp. 217 a 232.

118 CSJ□PA□39□1, 20□6□61.

No abordaremos en esta oportunidad el estudio del procedimiento de los recursos en materia de Inquilinato; para ello nos remitimos a nuestro citado trabajo aparecido en la Revista del Colegio de Abogados.

Addendum: Estudio sobre la Ley de regulación de alquileres de fecha 1º de agosto de 1960 (1960).

Se recoge aquí el trabajo, intitulado "Estudio sobre la Ley de Regulación de Alquileres de 1° de agosto de 1960," publicado de la *Revista del Colegio de Abogados del Distrito Federal*, Nº 113, Año XXIII, Caracas, julio-septiembre 1960, pp. 217-232. Por lo demás, se trató de nuestro primer escrito en materia jurídica publicado en una *Revista* especializada.

Hemos considerado necesario para tratar las materias que nos proponemos elaborar un sistema general acerca de la distinción clásica entre la función administrativa y la función jurisdiccional. Una vez tratado este punto, tendremos base suficiente para poder analizar la vigente Ley de Regulación de Alquileres y su Reglamento, situando el procedimiento que ella estipula dentro de los llamados procedimientos administrativos, y calificando las decisiones de los órganos administrativos que contempla, como actos administrativos.

a. *Distinción entre función jurisdiccional y función administrativa*

Situando las dos funciones dentro del sistema general de la "Pirámide Jurídica" creada por Hans Kelsen, nos resulta que tanto la función administrativa como la función jurisdiccional son ejecución directa de la legislación, por contraposición a ésta, que es ejecución directa de la Constitución.

Una vez situadas las dos funciones dentro del sistema jurídico general, y una vez, distinguidas de la legislación, nos queda diferenciarlas entre sí.

La diferencia más palpable entre ellas, y será la que nos hará descubrir las funciones en el sistema jurídico general, es que la administración es la ejecución de la Ley realizada por órganos jerárquicamente subordinados, en los cuales los órganos inferiores dependen de los superiores, tanto por la revisión que éstos hacen de los actos de aquéllos, como por las órdenes que los superiores dan a los inferiores por medio de las Instituciones y Circulares. En cambio, la jurisdicción es la ejecución de la Ley realizada por órganos que forman un complejo coordinado, y que son independientes entre sí. La jerarquía de las Instancias en los órganos jurisdiccionales, significa solamente una competencia de derogación, en ningún caso una competencia del superior sobre la instancia del inferior.

Advertimos que hablamos de jurisdicción en el sentido de la declaración de lo que es derecho en un caso concreto, con fuerza de verdad legal (cosa juzgada) dictada por órganos coordinados entre sí y no subordinados. De esta manera no toda jurisdicción es judicial. Es cierto que la Justicia no puede realizar en cuanto tal otra actividad que no sea la jurisdiccional; pero no toda jurisdicción es judicial, pues existe también una jurisdicción administrativa, que corresponde al llamado procedimiento contencioso-administrativo.

En definitiva al distinguir nosotros la administración de la jurisdicción, abarcamos dentro de ésta tanto a la llamada jurisdicción judicial como a la jurisdicción contenciosa-administrativa.

Otras formas de diferenciar la administración de la jurisdicción radican en la posición del administrador y del juez frente al derecho. Mientras la finalidad del Juez es la de hacer observar el derecho a los particulares, es decir, la observancia del derecho por parte de los particulares; el administrador considera el derecho como un límite puesto a su propia conducta, y la observancia del derecho es para él, solamente un medio de conseguir sus fines de carácter social.

Otra diferencia que podemos citar entre la actividad jurisdiccional y la actividad administrativa, es que la primera ofrece el carácter de secundaria, guardada en reserva por el Estado para ponerla en obra sólo cuando el derecho sea transgredido o amenazado; la administración, en cambio, es siempre una actividad primaria, en el mismo sentido en que es primaria la actividad del particular que negocia, dentro de los límites establecidos por la Ley, para satisfacer sus propios intereses.

Debemos advertir que descartamos el criterio orgánico de diferenciación, pues consideramos como principio fundamental que el acto se determina por su propia calidad o contenido y no por la naturaleza del órgano del cual procede. En esta forma encontramos que el Juez, que es un órgano jurisdiccional, al nombrar a los empleados de su Tribunal realiza una función administrativa y no una función jurisdiccional.

b. *Recursos jurisdiccionales y recursos administrativos*

Ahora bien, una vez distinguida la actividad administrativa de la actividad jurisdiccional, como consecuencia de ello, también tendremos que distinguir entre los recursos administrativos, internos a la administración, llamados también gubernativos o jerárquicos, de los recursos jurisdiccionales, externos a la administración, que pueden ser judiciales o contencioso-administrativos.

Se entiende pues, por recurso gubernativo el que se plantea ante la propia administración pública, la cual, al decidir viene a revisar sus propios actos. Esta revisión puede ser hecha por el propio órgano administrativo que dictó el acto o por su superior jerárquico.

Por el contrario, se entiende por recurso jurisdiccional el que se dirige y plantea ante un organismo independiente de la administración pública, facultado para decidir en derecho con efectos de sentencia.

c. *Carácter de los procedimientos establecidos en la ley de regulación de alquileres de 19 de agosto de 1960*

Consecuencia lógica de los dos apartes anteriores y del análisis de la Ley, es que los procedimientos creados en ella, al igual que en la Ley derogada, son procedimientos netamente administrativos. Es decir, son procedimientos que corresponden a la función administrativa por contraposición a la función jurisdiccional.

Por tanto, la nueva Ley de Regulación de Alquileres no crea una nueva jurisdicción en el sentido que le hemos dado a ésta, como tampoco existía una jurisdicción en la Ley derogada, pues la función que ejercen los órganos contemplados en la Ley es una función administrativa y no jurisdiccional.

La nueva Ley crea un nuevo procedimiento y un nuevo órgano con forma de Tribunal pero con funciones administrativas, que es el Tribunal de Apelaciones de Inquilinato, encargado de conocer el recurso jerárquico de apelación, en sustitución del órgano administrativo clásico que era el Ministro de Fomento.

La actividad de este nuevo órgano es netamente administrativa; sus actos, son actos administrativos. En él último Capítulo de este estudio analizaremos detenidamente este órgano y su naturaleza jurídica, dando razones motivadas y fundadas de nuestra opinión.

d. *Nociones sobre procedimientos administrativos*

Cuando se habla de un procedimiento administrativo, hemos de delimitar los conceptos, en relación con las ideas anteriormente expuestas.

En primer lugar, habría que distinguir un procedimiento "constitutivo" del acto administrativo; es decir, un conjunto de trámites para dar nacimiento al acto administrativo. Este procedimiento constitutivo del acto administrativo comprende, para nosotros, tanto la forma de integración de la voluntad administrativa, es decir, procedimiento de formación de la voluntad administrativa, como la forma de la declaración de dicha voluntad, es decir, la manera como se manifiesta externamente el acto administrativo.

En segundo lugar, debemos distinguir los llamados recursos internos. El título de "recurso" implica la idea de un procedimiento no de configuración o constitución del acto administrativo, sino de impugnación del mismo, puesto que el recurso, ya se ejerza ante la propia administración o ante Tribunales separados de la misma, presupone un acto administrativo previamente configurado, mediante un procedimiento constitutivo.

Con respecto al procedimiento constitutivo, la jurisprudencia venezolana ha acogido la doctrina que señala la obligatoriedad de integrar el acto administrativo con arreglo a lo establecido por la Ley. Y en el caso de que ésta no prescriba forma alguna, el funcionario o agente habrá de recurrir al procedimiento que considere más adecuado para formar la voluntad administrativa (Sentencia de la Corte Federal y de Casación de 7 de diciembre de 1937).

Una vez establecidos estos conceptos, podemos entrar a analizar los procedimientos que se establecen en la nueva Ley de Regulación de Alquileres, haciendo la salvedad una vez más, de que no se trata de procedimientos jurisdiccionales ni judiciales, sino de procedimientos administrativos *strictu sensu*.

e. *Procedimientos constitutivos del acto administrativo previstos en la nueva Ley De Regulación de Alquileres*

a'. Organismo competente

El organismo encargado de llevar a cabo el procedimiento constitutivo del acto administrativo, es la Dirección de Inquilinato del Ministerio de Fomento, por disposición expresa del artículo 6 del Reglamento de Ley de Regulación de Alquileres y del Decreto Legislativo sobre desalojo de Vivienda. Dicha Dirección tendrá competencia en el Distrito Federal y en el Distrito Sucre del Estado Miranda (Artículo 7 del Reglamento). En el resto del País, las funciones atribuidas a la Dirección de Inquilinato serán ejercidas por los respectivos Concejos Municipales (Artículo 7, Parágrafo único).

b'. Diversos procedimientos administrativos en materia de Fijación de alquileres

Para poder exponer los diversos procedimientos constitutivos de los actos administrativos que resultan de la Ley que estudiamos, hemos preferido sistematizarlos y dividirlos para su mejor comprensión, sin perjuicio de que la Ley prevea que algunos de ellos deban ser intentados simultáneamente.

La Ley de Regulación de Alquileres vigente prevé en líneas generales los siguientes procedimientos: Procedimiento para la fijación del canon máximo de arrendamiento; Procedimiento para obtener la autorización previa para arrendar, por un canon convencional, el inmueble no regulado; Procedimiento para obtener la exención de Regulación; Procedimiento en caso de desalojo; Procedimiento para el ejercicio del derecho de Preferencia; Procedimiento en casos de Reintegros; Procedimiento para solicitar un nuevo canon cuando el resultado de la rebaja no produzca los rendimientos establecidos en el Decreto N° 184, y además el Procedimiento para pedir que sea ajustado y revisado el canon de arrendamiento resultante de la rebaja, cuando este fuere superior al que correspondería por la aplicación de los porcentajes del Decreto N° 184.

De todos estos procedimientos estipulados en la Ley, escogeremos para su estudio, dos de ellos, los cuales nos darán una idea general de los procedimientos constitutivos del acto administrativo previstos en la nueva Ley.

a''. *Solicitud para arrendar previamente por un canon convencional*

a. *Solicitud.* Quien aspire a dar en arrendamiento o subarrendamiento un inmueble que aún no hubiere sido regulado, deberá solicitar razonadamente del Director de Inquilinato, autorización para ello y manifestar el canon convencional (Artículo 31 del Reglamento).

b. *Plazo para contestar la Solicitud.* La Dirección de Inquilinato deberá contestar la solicitud dentro del plazo de 5 días hábiles siguientes a la fecha de su presentación.

c. *Silencio administrativo.* El transcurso de dicho lapso sin obtención de respuesta equivaldrá a la negativa (Artículo 32 del Reglamento).

d. Procedimiento de Revisión del Acto Administrativo.

e. *Reconsideración.* Si la autorización es negada, el interesado tendrá derecho a solicitar en escrito motivado, dentro de 5 días hábiles siguientes al plazo anterior, la reconsideración del caso.

f. *Plazo para la reconsideración.* La reconsideración deberá ser resuelta dentro de los 10 días hábiles siguientes a la solicitud.

g. *Silencio administrativo.* El silencio de la Dirección de Inquilinato equivaldrá a nueva negativa.

h. *Imposibilidad de nueva reconsideración.* Una vez resuelta la reconsideración anterior, no habrá derecho a otra reconsideración (Artículo 34 del Reglamento).

La solicitud a que nos hemos referido debe ser acompañada de la petición de regulación o de exención según el caso (Artículo 31, parágrafo único).

b''. *Solicitud para la fijación de alquileres*

a. *Solicitud.* La solicitud de fijación de alquiler máximo, deberá estar acompañada de toda información necesaria para que la Dirección de Inquilinato disponga de los elementos de juicio suficientes para determinar el valor del inmueble y para decidir (Artículo 35 del Reglamento).

b. *Publicación y notificación de la solicitud.* La Dirección de Inquilinato publicará en el Boletín la solicitud y la notificará al ocupante del inmueble o al arrendador o subarrendador según el caso.

c. *Plazo para continuar la tramitación.* En la publicación y notificación anterior se advertirá que al término de 5 días hábiles contados a partir de la publicación se procederá a continuar la tramitación (Artículo 36 del Reglamento).

d. *Lapso probatorio.* Vencido el lapso anteriormente señalado, todo interesado tiene el derecho a presentar, dentro de los 8 días hábiles siguientes, a la consideración de la Dirección de Inquilinato, cualesquiera pruebas, opiniones, informaciones, documentaciones o noticias en que fundamente sus pretensiones (Artículo 37 del Reglamento).

e. *Contestación.* Dentro de los 5 días hábiles siguientes a) término fijado para el lapso probatorio, todo interesado tiene el derecho de contradecir razonadamente cualesquiera pruebas, opiniones, informaciones, documentaciones y noticias que el otro interesado hubiere presentado (Artículo 38 del Reglamento).

f. *Avalúo.* Vencido el lapso anterior, se abrirá un lapso de 30 días hábiles durante los cuales se procederá a determinar el valor del inmueble cuya regulación se hubiere solicitado. La Dirección de Inquilinato podrá extender dicho lapso hasta 60 días más cuando razones de importancia lo hicieren necesario (Artículo 39 del Reglamento).

g. *Resolución.* Una vez efectuada la determinación del valor del inmueble, y dentro de los 10 días hábiles siguientes a la conclusión del avalúo, el Director de Inquilinato dictará Resolución en la cual fijará el monto de la Resolución (Artículo 48 del Reglamento). Dicha Resolución será motivada (Artículo 13 de la Ley).

h. *Notificación o publicación de la Resolución.* La Resolución de la Dirección de Inquilinato será notificada personalmente a las partes interesadas. Si la notificación no pudiere hacerse personalmente, se dará publicación a un resumen de la de cisión. Transcurridos 10 días después de la publicación o aviso, se entenderá que los interesados han sido notificados, circunstancia que se hará constar en el texto del aviso (Artículo 14 de la Ley). Con esta decisión termina el procedimiento constitutivo del acto.

i. *Apelación.* De la decisión de la Dirección de Inquilinato y en el término de los 5 días hábiles siguientes a la notificación de la decisión respectiva, se oirá apelación. La apelación deberá interponerse por ante la misma Dirección de Inquilinato (Artículo 15 de la Ley; Artículos 89 y 90 del Reglamento).

j. *Efectos de la Apelación.* Hasta tanto dicha apelación sea decidida quedará vigente la Regulación efectuada por la Dirección de Inquilinato (Artículo 15 de la Ley). Es decir, que la interposición del Recurso Jerárquico no produce la suspensión de los efectos de la Resolución.

c'. Observación

Como ya dijimos, hemos escogido de los procedimientos estipulados en la Ley de Regulación de Alquileres, dos de ellos. Uno que permite el recurso jerárquico de apelación y otro que no lo permite, admitiendo este último, sin embargo, el procedimiento de revisión del acto administrativo, por la misma autoridad que lo dictó.

Hemos prescindido de considerar quienes pueden solicitar y recurrir como también las formas que deben llenar las solicitudes, por considerar que no entran en el tema que tratamos.

En el Capítulo siguiente examinaremos propiamente el procedimiento del recurso jerárquico originado por la apelación de la Resolución de la Dirección de Inquilinato, en materia de fijación de alquileres.

f. *Procedimiento de impugnación del acto administrativo en materia de fijación de alquileres, previsto en la nueva Ley*

a'. Organismo competente

Generalmente el recurso se ejerce ante el funcionario que dictó el acto, para que éste lo envíe al superior jerárquico que es quien ha de decidir, y en la gran mayoría de los casos ese Superior jerárquico es la autoridad suprema de la rama ejecutiva respectiva, es decir el Ministro.

Ahora bien, de conformidad con los artículos 17 de la Ley de Regulación de Alquileres y 83 del Reglamento, el organismo encargado de oír las apelaciones es el Tribunal de Apelaciones de Inquilinato, con sede en Caracas y jurisdicción en el Distrito Federal y el Distrito Sucre del Estado Miranda.

En las jurisdicciones en las cuales no tuviere competencia el Tribunal de Apelaciones, las facultades que correspondan al mismo serán ejercidas por los respectivos Juzgados de Distrito, con arreglo a las normas procedimentales fijadas en el Reglamento.

Al final del presente Capítulo analizaremos detenidamente la naturaleza jurídica de este Tribunal, y la función de los Juzgados de Distrito señalados.

b'. Procedimiento administrativo en materia de impugnación del acto administrativo

A. *Remisión del expediente.* Una vez interpuesto el recurso, el organismo inferior respectivo remitirá el expediente al Tribunal, en forma segura, el día hábil siguiente al vencimiento del lapso concedido para la apelación (Artículo 91 del Reglamento).

B. *Recibo del Expediente.* Recibido el expediente por el Tribunal, el Secretario estampará en él nota de recibo con expresión del día y de la hora (Artículo 93 del Reglamento).

C. *Entrada al Recurso.* Dentro de los 3 días siguientes al recibo del expediente, el Tribunal le dará entrada al recurso, designará Ponente, y ordenará la notificación por oficio al Procurador de la Nación.

D. *Orden de comparecencia.* El Tribunal en el mismo auto anterior, dispondrá que en la 2ª audiencia comparezcan los interesados a exponer lo que estimen conveniente (Artículo 94 del Reglamento).

E. *Comparecencia.* El día de la comparecencia de los interesados, el Tribunal oirá sus alegatos y ordenará agregar a los autos los escritos que presentaren (Artículo 95 del Reglamento).

F. *Lapso probatorio*. El procedimiento quedará abierto a pruebas, de pleno derecho, por el término de 8 audiencias, dentro de las cuales las partes podrán promover y evacuar las pruebas que estimen convenientes (Artículo 96 del Reglamento). Este lapso podrá ser aumentado a 20 audiencias por el Tribunal cuando se trate de realizar experticias que requieran ese tiempo (Artículo 97 del Reglamento).

G. *Conclusiones*. Dentro de la 3ª audiencia siguiente al vencimiento del lapso probatorio, el Tribunal fijará oportunidad para recibir las conclusiones escritas de los interesados (Artículo 98 del Reglamento).

H. *Sentencia*. El Tribunal dictará sentencia dentro de la tercera audiencia siguiente a la presentación de las conclusiones escritas de los interesados. Puede por ocupaciones preferentes, diferir el acto para una audiencia posterior que no podrá pasar de la quinta. Con esta decisión termina el recurso jerárquico o gubernativo de impugnación del acto administrativo.

I. *Recurso contencioso-administrativo de anulación*. El Artículo 92 del Reglamento dispone que las sentencias del Tribunal de Apelaciones serán "apelables" para ante la Corte Federal mediante escrito razonado, dentro de las 5 audiencias siguientes a su publicación, "cuando se denunciare violación de la Ley".

En el aparte que sigue explicaremos por qué denominamos este recurso como recurso contencioso-administrativo de anulación por ilegalidad, y no la pretendida "apelación" como dice el Reglamento.

g. *Naturaleza jurídica de los procedimientos y de los actos emanados del Tribunal de Apelaciones de Inquilinato*

Ante todo, debemos decir que los redactores de la Ley y el Reglamento no tuvieron noción clara de lo que estaban haciendo y de lo que estaban creando. Fue una elaboración hecha sin ninguna técnica jurídica, donde se dejaron de regular numerosos casos problemáticos, lo que nos induce a pensar también, aunque en menor grado, que es una ley hecha sin tomar en cuenta en su debida forma la Política Jurídica.

Con respecto a la naturaleza de los procedimientos en ella contemplados, opinamos, como ya dijimos, que son procedimientos administrativos. El hecho de que el Reglamento disponga que en todo lo no previsto en el, él Tribunal de Apelaciones dará cumplimiento a las disposiciones del Código de Procedimiento Civil y de la Ley Orgánica del Poder Judicial en cuanto fuesen aplicables, no nos indica que sea un procedimiento judicial. Bien tenemos entendido, y esto debemos tenerlo como guía del razonamiento, que el acto no se determina por la naturaleza del órgano que lo dicta, sino por su propio contenido.

De esta forma, las decisiones emanadas de la Dirección de Inquilinato entendido está que son típicas "Resoluciones Ministeriales", es decir, actos administrativos. Además, las decisiones emanadas del Tribunal de Apelaciones de Inquilinato, son también actos administrativos. Como consecuencia de ello, los procedimientos tendientes a dar nacimiento a esos actos administrativos, son también procedimientos administrativos.

En apoyo de estas afirmaciones alegamos las siguientes razones:

1.- El procedimiento constitutivo del acto administrativo que se realiza en la Dirección de Inquilinato, es el típico procedimiento administrativo. Con respecto a ello no existen dudas. Estas pueden surgir con respecto al procedimiento de impugnación del acto tramitado por ante el Tribunal de Apelaciones. Si este fuese un procedimiento judicial distinto del procedimiento administrativo, la vía administrativa se agotaría con la Resolución de la Dirección de Inquilinato, y como consecuencia de ello, esa Resolución podría recurrirse por ilegalidad o violación de la Ley por ante la Corte Federal por disposición del Artículo 133 de la Constitución Nacional. Pero bien sabido es, y ha sido doctrina sustentada reiteradamente por la Procuraduría de la Nación, que las Resoluciones de la Dirección de Inquilinato no pueden recurrirse por ante la Corte Federal por ilegalidad, sin antes haber agotado la vía administrativa por medio del recurso gubernativo. Consideramos que la vía administrativa se agotaba en el Ministro en la Ley derogada, y ahora se agota ante el Tribunal de Apelaciones. Por tanto los procedimientos son administrativos y la función que ejerce este órgano híbrido es una función administrativa. Sus decisiones son actos administrativos que marcan el fin de la vía administrativa, y son los únicos contra los cuales se puede intentar el recurso contencioso-administrativo por ilegalidad ante la Corte Federal.

No se ha creado una especialización judicial si entendemos esto como jurisdicción. No hay una nueva jurisdicción. Indudablemente y así lo dice la Ley y su Exposición de Motivos que al Tribunal de Apelaciones de Inquilinato se le ha dado "forma" judicial. Ello no lo dudamos. Es más, la Exposición de Motivos de la Ley nos dice que "... el Ministerio de Justicia al ser consultado en virtud de estarse estudiando la reforma al sistema judicial, consideró conveniente, como "fórmula transitoria", la acogida en el Proyecto. Ella, si bien es una excepción con relación a la legislación vigente, no es grave si pensamos en la inminente reforma que requiere el Poder Judicial. En fin, por no ser una solución definitiva y por estar determinada la existencia de esta disposición en el Proyecto, por una ausencia de clara legislación contencioso-administrativa, esperamos que en debate esclarecedor podría muy bien, aprovechando la oportunidad que brinda este proyecto, sentar su opinión sobre las necesarias reformas que reclama la organización de nuestro Poder Judicial".

De todo esto se desprende que la intención de los redactores de la Ley, fue la de crear un procedimiento contencioso-administrativo. Lograron relativamente la forma, pero no lograron el contenido.

Consideramos que el problema está en determinar si la función que ese órgano ejerce es función administrativa o jurisdiccional y si sus actos son administrativos o jurisdiccionales. Concluimos, como ya hemos expresado, que su función es administrativa, y sus actos son actos administrativos.

Esta misma función administrativa, por disposición expresa de la Ley, es la que ejercen en el interior del País, los Jueces de Distrito. Su forma es judicial, su función típica es jurisdiccional. Pero al decidir en esta materia cumplen función administrativa y no jurisdiccional. Nos apoyamos en el ya tantas veces citado axioma que consideramos fundamental: el acto no se califica por el órgano del cual procede, sino por su propio contenido.

2.- Otra razón que nos induce a creer en lo afirmado hasta ahora, es la similitud que existe entre el Tribunal de Apelaciones de Inquilinato y la antigua Junta de Apelaciones del Impuesto sobre la Renta, hoy Tribunal de Apelaciones del Impuesto sobre la Renta.

En efecto, en referencia a la existencia de un órgano de apelación independiente del órgano que dictó la decisión impugnada, nuestra legislación previo un órgano de esta naturaleza en materia de Impuesto sobre la Renta: la Junta de Apelaciones del Impuesto sobre la Renta. Sus decisiones se consideraban actos administrativos. Así lo afirmó la Corte Federal en sentencia de 4 de agosto de 1954, pero la doctrina venezolana discutió su naturaleza y afirmó que se trataba de un Tribunal Federal, y que en consecuencia sus decisiones no eran actos administrativos. Ella conocía de un recurso administrativo contencioso, que podernos llamar externo. Esta doctrina fue acogida por la Corte Federal en sentencia de 15 de octubre de 1954, y a partir de ese momento reiteradamente ha declarado que carece de competencia para conocer de la ilegalidad de las decisiones que ese Tribunal adopte por no ser ellas actos administrativos. (En este sentido también, sentencia de la Corte Federal de 14 de octubre de 1956).

Analizada esta experiencia venezolana, afirmamos, con apoyo en lo expuesto, que las decisiones del Tribunal de apelaciones de Inquilinato si son actos administrativos. Esto lo demuestra la posibilidad existente de que sí puedan ser recurridos dichos actos por ante la Corte Federal con el recurso contencioso-administrativo de anulación por ilegalidad. Esta posibilidad está expresamente señalada en la Ley. En efecto, el artículo 92 del Reglamento dispone que las sentencias del Tribunal de Apelaciones, serán "apelables" para ante la Corte Federal, mediante escrito razonado, dentro de las cinco audiencias siguientes a su publicación, "cuando se denunciare violación de la Ley".

Ante todo debemos observar, que la palabra "apelables" está mal empleada. El recurso de que se habla allí no es una apelación, es un recurso contencioso-administrativo, es la impugnación por vía contenciosa del acto administrativo por ilegalidad.

Aclarado esto, observamos que por la única vía que puede llevarse a cabo esa supuesta "apelación" o recurso, es por la demanda o denuncia de una violación de la Ley, tal como indica el Artículo citado.

Es decir, que la única forma de atacar el acto del Tribunal de Apelaciones es por ilegalidad por ante la Corte Federal en recurso contencioso-administrativo, lo que nos demuestra una vez más, el carácter de acto administrativo que poseen las decisiones de ese Tribunal.

El procedimiento contencioso-administrativo comenzará cuando se recurra ante la Corte Federal, a los actos administrativos del Tribunal de Apelaciones, por ilegalidad a violación de la Ley.

B. La naturaleza jurídica de los procedimientos establecidos en la Ley de Regulación de Alquileres

a. *Carácter de procedimientos judiciales*

A raíz de un recurso interpuesto contra la sentencia de 11 de abril de 1961 del Tribunal de Apelaciones de Inquilinato, de conformidad con el artículo 92 del Reglamento de la Ley de Regulación de Alquileres, la Corte Suprema de Justicia, en sentencia de 20 de junio de 1961[119] estableció su incompetencia para conocer de recurso alguno establecido en una disposición reglamentaria, pues sólo por ley, de conformidad con la Constitución vigente, pueden ser atribuidas competencias a la Corte.

Ahora bien, en los razonamientos de dicha sentencia se estableció que "examinando la Ley de Regulación de Alquileres, que es de la naturaleza especial que rige la materia del recurso interpuesto, cabe observar que en el Capítulo III, que trata del procedimien-

119 CSJ□PA□39□1, 20□6□61.

to, se establece, como único recurso de apelación, el que pueda interponerse conforme al artículo 15 *ejusdem*, contra las decisiones emanadas de los organismos encargados de la regulación".

"En este caso, y de acuerdo con el artículo 17 de la misma Ley, los órganos jurisdiccionales competentes para conocer de la apelación son: a) En los Estados y Territorios Federales, los respectivos Jueces de Distrito o los de igual competencia en la localidad; b) En el Distrito Federal y Distrito Sucre del Estado Miranda (y en las demás localidades donde fueren creados), los Tribunales y organismos especiales que se constituyan, los cuales tramitarán y decidirán las apelaciones de que conozcan, de conformidad con las disposiciones del Código de Procedimiento Civil para los juicios breves".

"Aparte del recurso de apelación expresado, no concede la Ley especial que regula la materia ningún otro recurso; de lo que claramente se deduce que fue intención del legislador mantener, en todo caso, solamente dos instancias o grados en el procedimiento previsto en esta ley: el primero, que se realiza ante los respectivos organismos reguladores, que son de índole administrativa; y el segundo y último, ante un órgano jurisdiccional o tribunal especial que, como se expresó en la Exposición de Motivos de la Ley, ha venido a sustituir el recurso que antiguamente se interponía ante el Ministerio de Fomento".

De los párrafos transcritos de la sentencia se deduce claramente que la opinión de la Corte Suprema fue la de considerar al Tribunal de Apelaciones de Inquilinato como un órgano jurisdiccional o tribunal especial actuando en función jurisdiccional y, como consecuencia, de considerar el procedimiento y los recursos ante él desarrollados como jurisdiccionales.

La posición de la Corte es netamente formal: porque un Reglamento[120] denomine a un órgano determinado como Tribunal y le asigne a éste el procedimiento de los juicios breves establecido en el Código de Procedimiento Civil y denomine como sentencias los actos que de él emanan, se trata, entonces, de un órgano jurisdiccional que realiza funciones jurisdiccionales, con procedimientos jurisdiccionales y por medio de actos jurisdiccionales. Simplemente y nada más.

Consideramos que la Corte se dejó llevar por la "tiranía del formalismo", sin buscar la naturaleza misma del problema que se le planteaba. Se limitó a declarar que era incompetente por una razón formal incontestablemente justa, sin analizar otras razones legales en favor de su competencia que no sólo eran y son justas, sino equitativas.

b. *Carácter de procedimientos contencioso-administrativos*

La segunda posición, como antes señalábamos, es más difícil de constatar, pues sólo se trata de opiniones sueltas; y aún más difícil es señalarle paternidad.

Sin embargo, por no decir que está fundamentada en razones banales porque la novedad de la materia y el decir que se trata de una parte de "lo contencioso-administrativo" le da mucha importancia al Tribunal de Apelaciones de Inquilinato, podemos buscar el origen de esta posición en la Exposición de Motivos de la Ley cuando dice: "El Ministerio de Justicia, al ser consultado en virtud de estarse estudiando la reforma al sistema judicial, consideró conveniente, como fórmula transitoria, la acogida por el Proyecto.

120 Debemos observar que es sólo el Reglamento quien denomina al órgano en cuestión Tribunal de Apelaciones de Inquilinato, ya que la ley, y esa fue la intención del legislador, se limita a señalar "los organismos o tribunales" sin definir su naturaleza apriorísticamente (artículo 17 de la Ley).

Ella, si bien es una excepción con relación a la legislación vigente, no es grave si pensamos en la inminente reforma que requiere el Poder Judicial. En fin, por no ser una solución definitiva y por estar determinada la existencia de esta disposición en el Proyecto por una clara legislación contencioso-administrativa, esperamos que en un debate esclarecedor podría muy bien, aprovechando la oportunidad brindada por el Proyecto, sentar su opinión sobre las necesarias reformas que reclama la organización de nuestro Poder Judicial".

Por otra parte, esta posición la hemos visto sostenida por José Gabriel Sarmiento Núñez y Eloy Lares Martínez, indirectamente, en la Ponencia presentada por el Colegio de Abogados del Distrito Federal a la Conferencia Interamericana de Derecho Procesal reunida en San Juan de Puerto Rico en julio de 1962.

Veamos en los números que siguen los insolubles problemas que estas dos posiciones plantean y la solución que consideramos la más racional porque menos problemas engendra, pero no por ello, inmune a las críticas.

C. El carácter de recurso administrativo de los ejercidos ante el Tribunal de Apelaciones de Inquilinato

a. *Noción previa*

Creemos que la solución más adecuada y acorde a nuestro ordenamiento jurídico vigente es la de considerar a los procedimientos desarrollados ante el Tribunal de Apelaciones de Inquilinato como procedimientos administrativos, y los recursos, como recursos administrativos aunque impropios.

Sin embargo, antes de analizar nuestra posición queremos plantear todos los interrogantes que presentan las dos posiciones antes señaladas. Así podremos fijar mejor nuestro criterio.

b. *Los recursos intentados ante el Tribunal de Apelaciones de Inquilinato no son recursos jurisdiccionales*

La afirmación de que los procedimientos desarrollados ante el Tribunal de Apelaciones de Inquilinato constituyen procedimientos jurisdiccionales conduce a afirmar que ante ese "órgano jurisdiccional", como ante cualquier otro, se desarrolla un verdadero proceso.

Sin pretender hablar de temas particulares del Derecho Procesal, un lego puede constatar que para que haya proceso es necesario que haya un contradictorio, es decir, que haya dos partes con pretensiones opuestas y, por tanto, que haya un demandante y un demandado.

Pero ante esta constatación cabe preguntarse:

- ¿Quiénes son las partes contrarias en el procedimiento del Tribunal de Apelaciones de Inquilinato?

- ¿Quién es el demandante y quién es el demandado?

- ¿Son, acaso, de una parte el apelante y de otra parte la Administración cuyo acto es apelado?

- ¿Son acaso el inquilino y el propietario arrendador?

Al formularnos estas preguntas surge una incongruencia asombrosa entre la teoría y la práctica: Por una parte, el Reglamento establece que se apela de un acto administrativo del organismo regulador y que el Tribunal de Apelaciones, al recibir la apelación, debe notificar al Procurador General de la República. Nos preguntamos aquí: ¿Es un interesado el Procurador? ¿Debe él defender el acto atacado?

Por otra parte, la realidad del procedimiento es otra: hay dos partes de hecho siempre, el inquilino de una parte y el propietario o arrendador de otra. Son dos partes que defienden sus derechos. Y entonces, ¿cuál es el objeto de la notificación al Procurador? ¿Será para que coadyuve a una de esas partes? Y realmente, ¿ha comparecido el Procurador alguna vez ante el Tribunal de Apelaciones? ¿Qué ha hecho?

Aparte de estas consideraciones, encontramos otras: "El juicio breve principiará por diligencia, donde se expresarán los nombres del demandante y el demandado, con la designación del objeto y fundamento de la demanda", dice el artículo 701 del Código de Procedimiento Civil. Ahora bien, ¿cuál demanda? ¿Qué es lo que se demanda ante el Tribunal de Apelaciones de Inquilinato? ¿La nulidad del acto administrativo o el reintegro de una suma de dinero? ¿La rebaja de un alquiler o la subida del mismo? Pero, ¿se demanda realmente? La Ley y el Reglamento hablan pura y simplemente de apelación. ¿Puede afirmarse en Derecho que se apela de lo administrativo para ante un Tribunal judicial? ¿Es esto correcto? No lo creemos. Sólo se apela de lo judicial a lo judicial y por defecto de terminología algunas veces, de lo administrativo a lo administrativo, pero nunca de lo administrativo a lo judicial. A menos que se cometa la locura de decir que el procedimiento que se desarrolla ante el organismo regulador también es judicial. Pero si no hay tal apelación ni tal demanda, ¿qué hay? Se contestará entonces hay un recurso. Y de esta forma, ¿no volvemos al inicio? ¿Qué se recurre? ¿Contra qué o contra quién se recurre?.. .

c. *Los recursos intentados ante el Tribunal de Apelaciones de Inquilinato no son recursos jurisdiccionales contencioso-administrativos*

Parte de los interrogantes que nos planteábamos anteriormente pueden volverse a plantear aquí.

En todo caso, si se tratase de un procedimiento contencioso-administrativo de anulación, el Juez competente sólo podría confirmar o anular el acto recurrido. No podría nunca resolver el fondo del asunto debatido; su labor es sólo de contralor de la legalidad del acto administrativo. Pero es fácil constatar que en los procedimientos que analizamos no se solicita ninguna declaratoria de nulidad por ilegalidad. Sólo se apela y, por tanto, el organismo *a quem* conoce íntegramente del asunto.

Esto podría hacernos pensar entonces en la posibilidad de un procedimiento contencioso-administrativo de plena jurisdicción que, por sus caracteres, se asemeja al proceso ordinario y que tiene la esencial característica de que siempre la parte demandada es la Administración por medio de formal demanda. De los interrogantes señalados en el número anterior vemos claramente que no se demanda a la Administración y que, por tanto, nadie la defiende.

No tratándose, entonces, de recursos contencioso-administrativos de anulación o de plena jurisdicción, esta posición es inaceptable.

Y, lamentablemente para los que puedan pensar en esta posibilidad, nuestra Constitución, como veremos, sólo admite en esencia estos dos recursos contencioso-administrativos[121].

d. *Los recursos intentados ante el Tribunal de Apelaciones de Inquilinato son recursos administrativos*

Hemos visto los problemas que plantean las dos posiciones anteriores. Creemos que la que desarrollaremos en este número es la que menos problemas engendra, por lo cual la seguimos acogiendo.

Pero para la verdadera comprensión de esta solución debemos partir de una premisa ya enunciada en varias oportunidades: Los actos jurídicos, y entre ellos los actos administrativos, se determinan por su propia calidad o contenido y no por la naturaleza del órgano del cual procedan[122].

Esta premisa, fundamental para el estudio claro y preciso de los fenómenos del Derecho Administrativo, pues está desligada de la tiranía del formalismo, ha sido acogida por la antigua Corte Federal y de Casación cuando establecía que "los actos de carácter administrativo, como los judiciales, lo son por su propia naturaleza, por la cuestión que en ellos se ventila y no cambia ese carácter ni suspende ni restringe la facultad del funcionario a quien la ley da competencia para conocer y decidir la circunstancia de que otra autoridad conozca de asunto semejante o aun conexo con aquél"[123]. Por tanto, ha sostenido en otra oportunidad la misma Corte, que "no son los nombres o denominaciones, sino su naturaleza o contenido, lo que da a los actos tanto de los funcionarios como de los particulares su verdadero carácter, su significación o fisonomía propia"[124].

Esta premisa fundamental que ahora insistimos en destacar ya la habíamos señalado en nuestro estudio de 1960. Sin embargo, dado que no se llamaba con insistencia la atención sobre ella, sino que se daba en cierta forma por sabida, no fue meditada en su debida forma.

El estudio de la función administrativa y de la actividad administrativa no puede ser llevado a cabo racionalmente con un criterio orgánico o formal, sino que debe basarse en la nota material y de contenido de los actos realizados en ejercicio de esa función, es decir, debe realizarse ateniéndose a la propia naturaleza de los actos en estudio. Por ello abordaremos desde este punto de vista los procedimientos, recursos y actos que emanan del Tribunal de Apelaciones de Inquilinato que participan de una misma y sola naturaleza: la administrativa.

En primer lugar, entonces, debemos señalar que el hecho de que el órgano encargado de resolver las apelaciones en materia de Inquilinato sea llamado "Tribunal" en unos casos, o sea, propiamente un Tribunal en otros casos[125] no nos puede indicar la naturaleza de los actos que ante él se desarrollan y que de él emanan. El hecho de que el Reglamento de la Ley de Regulación de Alquileres señale un procedimiento de juicio bre-

121 Artículo 206 de la Constitución. *V.* Título V, N° 266 y ss.

122 *V.* nuestro "Estudio sobre la Ley de Regulación de Alquileres...", *loc. cit.*, p. 220 y ss. Véanse, asimismo, N° 79 y ss.

123 CFC□40□1, 30□10□52.

124 CFC□CP□3□1, 4□4□51.

125 *V.* artículo 17 de la Ley de Regulación de Alquileres y artículo 83 del Reglamento.

ve según el Código de Procedimiento Civil, e indique que los "Jueces" del nuevo Tribunal serán nombrados por la Corte Suprema de Justicia según el procedimiento regular, y que se regirán por las disposiciones de la Ley Orgánica del Poder Judicial, tampoco nos indica, ni nos puede indicar, la naturaleza de los actos que ahí se cumplen. Por último, el hecho de que la Ley y el Reglamento califiquen el acto que con motivo de la Ley de Regulación de Alquileres de esos Tribunales emanan, como "sentencias", tampoco puede indicarnos la verdadera naturaleza de él. Repetimos lo que ha establecido la jurisprudencia administrativa de la Corte: "No son los nombres o denominaciones, sino su propia naturaleza o contenido lo que da a los actos... su verdadero carácter, su significación o fisonomía propia"[126].

Entonces, sí la naturaleza de los actos debe buscarse en relación a "la cuestión que en ellos se ventila"[127], examinemos ésta para desenmascarar el problema.

La materia de Inquilinato, originalmente dispuesta por el Código Civil con el signo de la autonomía de la voluntad, fue regulada en relación con la fijación de los alquileres máximos de arrendamiento por diversas disposiciones administrativas que comenzaron en 1942 con la creación de la Junta Reguladora de Precios, y pasando luego por la Comisión Nacional de Abastecimiento, la Dirección de Inquilinato del Ministerio de Fomento, y terminando con el pastel orgánico de la actual Ley de Regulación de Alquileres, con sus originales desaciertos[128].

Toda la legislación sobre Regulación de Alquileres ha tenido por objeto la restricción de la autonomía de la voluntad en los contratos de arrendamiento. Así lo ha sostenido la antigua Corte Federal cuando señalaba que "las decisiones relacionadas con la regulación de alquileres son de incuestionable orden público ya que tienen por mira el bienestar general y no los intereses o conveniencias particulares de determinada persona y es obvio que los propietarios y los inquilinos tienen restringida su voluntad por imperativos insuperables cuando se trata de la estipulación concerniente al tipo de alquiler que han de cobrar los unos y pagar los otros. Y siendo así, como innegablemente lo es, la misión de la autoridad administrativa encargada de la regulación de alquileres no es precisamente la de aprobar las convenciones privadas de aquéllos, sino la de imponer su determinación con absoluta prescindencia del querer de las partes. Sí así no fuera, no sólo desaparecería el carácter de orden público que tiene la materia, sino que se frustrarían lamentablemente los altos propósitos perseguidos por la Administración en favor de la economía general; y los organismos creados con tal finalidad no tendrían razón de ser, pues su función estaría limitada a cohonestar las estipulaciones de los interesados"[129].

De esta sentencia, y de las otras citadas de la antigua Corte Federal y de Casación, se deduce claramente cuál es la cuestión que se ventila ante el Tribunal de Apelaciones de

126 CFC□CP□3□1, 4□4□51.

127 CFC□CP□40□1, 30□10□52.

128 Sobre un completo estudio de la historia del problema de inquilinato en Venezuela, y de la actual Ley y su Reglamento, *V.*: Carlos Angarita Trujillo, *Comentarios sobre la Ley de Regulación de Alquileres y su Reglamento*, Edime, Caracas-Madrid, 1962. "La materia de este estudio ha sido objeto de algunas críticas que pueden verse en las notas bibliográficas aparecidas" en la *Revista del Ministerio de Justicia*, Nº 40, Caracas, 1962, p. 395, y *Revista Rayas*, Nº 7-9, Caracas, 1962, p. 55. Lamentablemente, dicho trabajo no trata en ningún aspecto el problema que nosotros aquí estudiamos.

129 CF□21□1, 25□3□54. En este mismo sentido *V.*: CFC□SF□15□1, 23□2□53; CFC□CP□47□1, 15□12□52.

Inquilinato: principalmente la fijación de alquileres máximos y, subsidiariamente, en dependencia de ésta, el procedimiento en caso de reintegro. Además, el Tribunal conoce del ejercicio del derecho de preferencia y de la imposición de multas administrativas. Todos estos procedimientos son netamente administrativos, ya que eran los que se ventilaban antes de la publicación de la Ley ante el Ministro de Fomento como superior jerárquico de la Dirección de Inquilinato, en virtud del recurso jerárquico.

Y observamos entonces, si se tratara de una apelación propiamente dicha ante un organismo jurisdiccional que actúa jurisdiccionalmente, y decide por acto jurisdiccional, ¿sería posible la reformado *in pejus*? ¿No es la reformado *in pejus* una noción extraña al procedimiento judicial venezolano? Sobre el problema véase el autorizado criterio de Luis Loreto[130]. Pero si la *reformatio in pejus* es extraña al procedimiento jurisdiccional ordinario del Código de Procedimiento Civil, ya hemos visto que no es nada raro en Derecho administrativo y en los procedimientos de los recursos administrativos. Hemos visto cómo, en virtud del ejercicio de un recurso jerárquico, la Administración decisora puede reformar el acto recurrido, así sea en perjuicio del recurrente. Por ello, la llamada apelación administrativa, de lo administrativo para ante lo administrativo, es netamente distinta de la apelación judicial, de lo judicial para ante lo judicial. Y por ello es que no debe hablarse de apelación de lo administrativo para ante lo judicial. También hemos visto que, cuando la ley permite una apelación de este último tipo, el órgano jurisdiccional al decidir actúa en ejercicio de la función administrativa y decide por un acto administrativo con forma de sentencia: Tal es el caso de los recursos jerárquicos impropios que conoce la Corte y que antes hemos estudiado.

El hecho de que las funciones administrativas que desarrollan algunas disposiciones legislativas de Inquilinato hayan sido atribuidas a unas autoridades formal y orgánicamente jurisdiccionales, no puede engañarnos respecto a la naturaleza de los actos que de ellas emanan. No debemos atender a los nombres y denominaciones sino a la naturaleza intrínseca del acto.

Si el Reglamento de la Ley de Regulación de Alquileres creó un Tribunal que, según el legislador, ha podido ser muy bien un órgano administrativo, fue para descargar de un volumen de trabajo intenso que iba al Ministro de Fomento y su Consultoría Jurídica. Por ello se lo sustituyó por un órgano distinto formalmente, pero que decide la misma materia con el mismo contenido y de la misma naturaleza: la administrativa.

Por otra parte, si esa misma atribución fue dada a los Jueces de Distrito fuera del área metropolitana de Caracas, fue con el único propósito de desconcentrar un Servicio de la Administración con la conciencia de que, si esa desconcentración se hacía por medio de órganos administrativos ad hoc, creaba un grave problema burocrático y presupuestario. Por ello se dio a los Jueces de Distrito la atribución de hacer lo que hacía el Ministro de Fomento, y a las Municipalidades la atribución local de hacer lo que ejecuta en el área metropolitana la Dirección de Inquilinato del mismo Ministerio.

Como podemos ver, es el Reglamento en realidad quien crea casi todo y quien intenta ordenar, sin mucho triunfo, el caos establecido por la Ley.

Los redactores del Reglamento seguramente estaban conscientes de la importancia que tenía la existencia de un control de la legalidad de los actos administrativos, control

---

130 Luis Loreto, "Adhesión a la Apelación (Contribución a la Teoría de los recursos en materia civil)", *Studia Jurídica*, N° 2, Facultad de Derecho, U.C.V., Caracas, 1958, p. 233 y 235.

que existía en materia de Inquilinato respecto a los actos del Ministro de Fomento y que correspondía a la Corte como jurisdicción contencioso-administrativa. Ellos sabían la existencia anterior de este control y su importancia, y, a nuestro parecer, conscientes de que se trataba de actos administrativos los emanados del Tribunal de Apelaciones de Inquilinato, "recordaron" en el artículo 92 del Reglamento que éstos podían ser recurribles por ilegalidad para ante la Corte Suprema de Justicia, y solamente "recordaron" y no establecieron, pues esa atribución está en el artículo 7, ordinal 9° de la Ley Orgánica de la Corte Federal. En nuestro concepto, los redactores del Reglamento no pretendieron crear una atribución para la Corte, sino que pura y simplemente reafirmaron el control de la legalidad de los actos administrativos admitido en nuestra legislación. Entonces, ¿por qué la Corte no tuvo en cuenta todos estos argumentos para admitir el recurso que le fue interpuesto, en lugar de declararse incompetente? No creemos que los redactores del Reglamento, entre los cuales estaban dos profesores de nuestras Universidades, no supieran que no podían otorgar competencia a la Corte por un Reglamento. Entonces, ¿por qué la Corte, en lugar de ir al fondo del problema, sólo se dejó tiranizar por el formalismo, que felizmente no siempre la ha dominado? ¿Exceso de trabajo... ?

En definitiva, si se admite que estamos en presencia de un recurso administrativo que podríamos calificar también como recurso jerárquico impropio con sus primordiales características, quedaría a salvo el derecho y la garantía de loa administrados a la legalidad, ya que habría siempre la posibilidad de obtener una revisión de la misma Corte Suprema de Justicia en su competencia contencioso-administrativa de anulación, y ello porque la decisión del recurso de apelación ante el Tribunal de Apelaciones sería un acto administrativo con forma de sentencia. El mismo carácter revestiría la decisión de los Jueces de Distrito.

Pero si admitimos que se trata de un recurso jurisdiccional y de una sentencia propiamente dicha en su fondo, ese derecho a la Legalidad quedaría quebrantado como actualmente lo está por las reiteradas sentencias de la Corte al negar su competencia en el recurso, y como seguramente lo seguirá estando hasta que haya un cambio de criterio y, por tanto, de magistrados.

La hipótesis de que se trata de un procedimiento contencioso-administrativo queda descartada por el fondo del asunto que se ventila, ya que no se ataca al acto por ilegalidad ni se demanda a la República directamente ante el Tribunal de Apelaciones. Y, por otra parte, si fuera un procedimiento contencioso-administrativo, la última instancia estaría siempre en manos de la Corte Suprema de Justicia y no en manos de un Tribunal especial o de un Juzgado de Distrito.

La hipótesis de que se trata de un procedimiento judicial normal tiene también una objeción en un sentido similar; la ausencia de un recurso de casación, contralor nato de la legalidad en esos procedimientos, quebranta la justicia y la equidad.

En definitiva, advertimos no nos mueve un criterio dogmático de condenación a las posiciones que se oponen a la opinión que sostuvimos y que mantenemos. Consideramos que nuestra posición es la que menos problemas plantea y más garantías dan a los administrados. En todo caso, la Ley y el Reglamento requieren una urgente reforma desde el punto de vista estrictamente jurídico, aparte de las modificaciones que en otros sentidos algunos han propugnado.

LIBRO SEXTO:

PRINCIPIOS DEL PROCEDIMIENTO ADMINISTRATIVO EN AMÉRICA LATINA (ESTUDIO DE DERECHO COMPARADO) (2003)

Este Libro Sexto de este Tomo IV del Tratado de Derecho Administrativo recoge el libro sobre *Principios del Procedimiento Administrativo en América Latina,* publicado por la Universidad Nuestra Señora del Rosario y la Editorial Legis, Bogotá 2003, el cual estuvo precedido de la siguiente Nota Explicativa:

" Este libro tiene su origen en el curso que dicte sobre "Principios del procedimiento administrativo en la legislación de América Latina" en la Maestría de Derecho Administrativo de la Universidad Colegio Mayor Nuestra Señora del Rosario, en 1998 y 2000. Para su preparación, asumí el reto de analizar las leyes de procedimiento administrativo que se han dictado en nuestros países para, precisamente, identificar los principios que las rigen. De ese estudio sale este libro, por lo que agradezco a la Universidad la oportunidad y el motivo de haberlo emprendido.

El tiempo que he dedicado al tema del procedimiento administrativo ha sido largo, y coincide con las décadas de desarrollo del derecho administrativo contemporáneo en nuestros países en la segunda mitad del siglo XX.

Hace más de 40 años publiqué lo que sería mi primer estudio jurídico dedicado, precisamente, al tema del procedimiento administrativo. En 1960 se había sancionado la Ley de Regulación de Alquileres (*G.O.* Nº 26.319 de 01-08-60) y en la misma se reguló por primera vez en Venezuela, con criterio moderno, un procedimiento administrativo especial.

En ese año estudiaba tercer año de derecho y ya mi inclinación por el derecho administrativo estaba delineada. El Centro de Estudiantes de Derecho ya había publicado los Esquemas de Derecho Administrativo I (Universidad Central de Venezuela, (multigrafiado), Caracas 1960, 96 páginas), que había preparado con motivo del Curso de Derecho Administrativo I que nos había dado el Profesor Gonzalo Pérez Luciani. Por tanto, al promulgarse la Ley de Regu-

lación de Alquileres, en el Curso de Prácticas de Derecho estudié la regulación del procedimiento administrativo que establecía dicha ley. El trabajo "Estudio sobre la Ley de Regulación de Alquileres de 1960" fue entonces publicado en la Revista del Colegio de Abogados del Distrito Federal, N° 113, como colaboración estudiantil (Año XXIII, Caracas, julio-septiembre 1960, pp. 217 a 232).

En esos años el procedimiento administrativo, en realidad, comenzaba a ser objeto de estudio en el derecho administrativo contemporáneo, como consecuencia de la sanción de la Ley de Procedimiento Administrativo en España en 1958 y de la Ley de Régimen Jurídico de la Administración de 1957. Para ese entonces ya Jesús González Pérez se ocupaba del tema, como se ha seguido ocupando en el curso de las últimas cuatro décadas, con su obra *El Procedimiento Administrativo* cuya primera edición fue de 1964, y la *Revista de Administración Pública* que se inició en Madrid en 1950 bajo la dirección de Eduardo García de Enterría, contenía muchos trabajos sobre el tema.

Sobre el procedimiento administrativo me volví a ocupar varios años después, en 1964, con ocasión de la elaboración del Proyecto de Ley de Procedimientos Administrativos para el Ministerio de Justicia, en el cual trabajé conjuntamente con los Profesores Sebastián Martín Retortillo, quien ese año estuvo con nosotros en el Instituto de Derecho Público de la Universidad Central de Venezuela y Francisco Rubio Llorente, quien trabajaba con el Profesor Manuel García Pelayo en el Instituto de Estudios Políticos de la misma Universidad. Varios años pasaron y, en 1972, retomé el Proyecto, el cual con algunas modificaciones lo incorporé al "Informe sobre la Reforma de la Administración Pública Nacional" (T. 2, Caracas 1972, pp. 505 a 524) que presenté al gobierno como Presidente de la Comisión de Administración Pública de la Presidencia de la República, cargo que ocupé entre 1969 y 1972.

En 1981 se sancionó en Venezuela la Ley Orgánica de Procedimientos Administrativos y con ocasión de ello, publiqué el texto de la Ley en la Colección de Textos Legislativos N° 1 de la Editorial Jurídica Venezolana, Caracas 1981, 160 páginas, (12 ediciones) con estudios de Hildegard Rondón de Sansó, Gustavo Urdaneta y mío propio. Con ocasión de la promulgación de la Ley dicté muchas conferencias y dirigí múltiples seminarios sobre la misma, el más importante de los cuales dio origen al libro *Procedimiento Administrativo* que como obra colectiva publiqué en el Archivo de Derecho Público y Ciencias de la Administración, T. IV, Caracas 1983, 500 páginas, del Instituto de Derecho Público, institución que dirigí entre 1978 y 1987.

En 1982, además, apareció mi libro *El derecho administrativo y la Ley Orgánica de Procedimientos Administrativos* que ya cuenta con tres reimpresiones. (Colección Estudios Jurídicos, N° 16, Editorial Jurídica Venezolana; 1ª edición, Caracas 1982, p. 448; 2ª edición, Caracas 1985; 3ª edición, Caracas 2002, p. 570).

Con motivo del Curso que me correspondió dictar, como Profesor asociado en el Tercer Ciclo de Derecho Administrativo de la Universidad de París II, en el marco del Curso de Derecho Administrativo Comparado a cargo de los Pro-

fesores Rolando Drago y De Forges, me volví a ocupar del tema. El curso sobre los Principios del Procedimiento Administrativo en Francia, España y algunos países de América Latina lo dicté en el año académico 1989-1990, y su texto fue publicado en París, *Les principes de la procedure administrative non contentieuse: études de droit comparé (france, espagne, amérique latine)*, con prólogo de Frank Moderne, (Editorial Económica, París 1992, p. 167), y en Madrid, *Principios del Procedimiento Administrativo*, con prólogo de Eduardo García de Enterría, (Editorial Civitas, Madrid 1990, p. 200).

Por último, como señalaba al inicio en 1998, la Universidad Colegio Mayor Nuestra Señora del Rosario me invitó como profesor de la Maestría de Derecho Administrativo a dictar un curso sobre los Principios del Procedimiento Administrativo en la legislación de América Latina. Dicho curso lo dicté, de nuevo, en el 2000. Desde el inicio, el curso lo enfoque con un criterio completamente diferente al que había seguido en el curso de París de 1990, analizando tales principios exhaustivamente en las leyes de procedimiento administrativo de América Latina: Argentina, Brasil, Colombia, Costa Rica, Honduras, México, Perú, Uruguay y Venezuela.

La preparación del curso de Bogotá tomó mucho tiempo, muchas horas y deliberadamente pedí a la Universidad que lo grabara, lo que se hizo en video, para poder transcribirlo posteriormente y preparar un texto escrito. La trascripción del curso tomó un buen tiempo y el trabajo fundamental en ello lo hizo mi asistente legal en 1999-2000, la ahora abogado María Fernanda Valdés, entonces estudiante de los últimos años de su carrera de derecho. De nuevo, y ahora por escrito, quiero expresarle mi profundo agradecimiento por su dedicación, pues su trabajo de trascripción y complementación de la versión inicial con mis notas originales, constituyen la base de este libro.

Posteriormente, al texto le he hecho múltiples revisiones y correcciones e, incluso, lo he complementado con referencias a leyes dictadas en nuestro continente con posterioridad al dictado de los cursos, como la Ley de Brasil (1999) y la Ley peruana (2001).

He estado vinculado a la Universidad del Rosario de Bogotá por muchos años, desde la época en la cual Carlos Holguin Holguin, era Rector; Álvaro Tafur, Decano de la Facultad de Jurisprudencia y Consuelo Sarriá su colaboradora destacada. Ellos abrieron la Universidad al ámbito latinoamericano como quizás ninguna otra Universidad lo ha hecho en nuestro continente.

Por ello, además, en mi condición de Profesor Honorario de dicha Universidad (1978), cuando el coordinador de la Maestría de Derecho Administrativo William Zambrano Cetina me pidió que dictara el curso que ahora se publica, acepté gustosamente. En la actualidad dirige la Maestría mi amigo de tantos años, casi como los que tenemos dedicados al estudio del derecho administrativo, Jaime Vidal Perdomo; razón de más para considerar un honor que la Universidad publique este libro.

Por último, no puedo dejar de agradecer a mis secretarias Arelis Torres Amaro, Francis Gil y Mirna Pinto todas las múltiples trascripciones de este texto, el cual una y otra vez he revisado y actualizado y lo han corregido consecuentemente. Sin su constancia y dedicación, por tanto, este libro no sería tal. Isla de Margarita, enero 2002."

Sección Primera: LA CODIFICACIÓN DEL PROCEDIMIENTO ADMINISTRATIVO Y SUS PRINCIPIOS

I. LAS LEYES LATINOAMERICANAS REGULADORAS DEL PROCEDIMIENTO ADMINISTRATIVO

Si algo ha caracterizado la evolución del derecho administrativo en América Latina durante los últimos treinta años, ha sido el hecho de su codificación, particularmente plasmada en la sanción de leyes reguladoras del procedimiento administrativo en general.

Este proceso puede decirse que se inició en Argentina donde, después de algunas regulaciones legales provinciales, se sancionó la primera de las leyes sobre procedimientos administrativos que se han dictado en América Latina, la *Ley de Procedimientos Administrativos*, N° 19.549 de 1972, reformada por la Ley N° 21.682.

Luego siguió el Decreto con fuerza de ley N° 640/973, sobre *Procedimientos Administrativos*, dictado en Uruguay en 1973, sustituido por el Decreto 500/991 de 1991, sobre *Normas Generales de Actuación Administrativa y Regulación del Procedimiento en la Administración Central.*

Un lustro más tarde se sancionó la *Ley General de la Administración Pública* de Costa Rica, de 1978, la cual no sólo regula el procedimiento administrativo, sino todos los aspectos esenciales del derecho administrativo, por lo que constituye casi un "manual" de esta rama del derecho redactado en forma de artículos. En ellos se encuentra explicado el derecho administrativo como si se tratase del desarrollo de un programa de un curso sobre esta disciplina, expuesto en un muy hermoso y rico texto. Esta Ley fue elaborada, entre otros, por mi recordado amigo el profesor Eduardo Ortíz Ortíz, quien dejó en ella una huella importante. Es un ejemplo claro de la codificación, no sólo del procedimiento administrativo sino, como se dijo, de todo el derecho administrativo.

Posteriormente siguió la *Ley Orgánica de Procedimientos Administrativos* de Venezuela, de 1981; la cual, en la materia, ha sido recientemente complementada, con la *Ley sobre Simplificación de Trámites Administrativos* (Decreto-Ley N° 368 de 05-10-99) y con la *Ley Orgánica de la Administración Pública* de 17-10-01.

Unos años más tarde, en 1984, se produjo la reforma del *Código Contencioso Administrativo* de Colombia, al cual se le incorporó un nuevo "Libro" sobre "Procedimientos Administrativos", recientemente complementado con las disposiciones del Decreto N° 266 de 2000 de Normas para la Simplificación Administrativa.

En 1987, por otra parte, se dictó la *Ley de Procedimiento Administrativo* de Honduras.

Luego de un período de casi diez años, se dictó la Ley Federal de Procedimiento Administrativo de México, de 1994; y más recientemente, en Brasil se sancionó la Ley N° 9.784 que regula el proceso administrativo en el ámbito de la Administración Pública Federal de 29-01-99 y en abril de 2001, se dictó en el Perú la Ley N° 27.444 del Procedimiento Administrativo General, siendo ésta la última de las leyes relativas al procedimiento administrativo sancionadas en América Latina.

Este proceso de codificación del procedimiento administrativo en América Latina ha originado, también, el *Reglamento de Procedimientos Administrativos de la Secretaría General de la Comunidad Andina*, de 1997, en el cual se recogen todos los principios generales desarrollados por las legislaciones nacionales.

Tal y como ha sido la característica de la evolución de la legislación relativa al derecho administrativo, este conjunto de leyes ha tenido en cada país como antecedente, en una forma u otra, un conjunto de disposiciones reglamentarias, incluso establecidas como normativa general, como sucedió en Uruguay. En tal sentido, en Ecuador también se ha dictado el Estatuto del Régimen Jurídico Administrativo de la Función Ejecutiva dictado por Decreto Ejecutivo N° 1634 de 1994. Antes, en Ecuador, se dictó la Ley N° 50 de Modernización del Estado, Privatizaciones y Prestación de Servicios Públicos por parte de la Iniciativa Privada de 1993, que contiene normas de racionalización administrativa.

También debe mencionarse como otro antecedente reglamentario general, el denominado *Reglamento de Normas Generales de Procedimiento Administrativo* de Perú, dictado por Decreto Supremo N° 006-67-56 de 1967. En principio, podría decirse que éste fue el primer cuerpo normativo sobre el tema en América Latina; sin embargo, debido a su rango reglamentario, de aplicación supletoria sólo cuando las leyes u otros reglamentos especiales no se opusieran a su contenido, no tuvo efectiva aplicación y, por tanto, a pesar de que en 1992, mediante Decreto Ley N° 26111, hubiera sido elevado a rango legal, tuvo poca influencia en la formación del derecho administrativo en el Perú. En todo caso, en la actualidad, con la Ley N° 27.444 de 2001, el Perú cuenta con un riquísimo y muy bien redactado texto que regula, en 243 artículos, todos los aspectos formales del derecho administrativo, lo que sin duda, repercutirá en el desarrollo de esta disciplina en ese país.

Los comentarios que a continuación formulamos sobre los principios del procedimiento administrativo en América Latina, en todo caso, los hemos elaborado teniendo como base los nueve textos normativos anteriormente mencionados. Todos tienen un rasgo común y es la influencia de la legislación española a través de las ya derogadas *Ley de Régimen Jurídico de la Administración del Estado* de 1957 y *Ley de Procedimientos Administrativos* de 1958. Estos textos fueron sustituidos en España por la *Ley 30/1992 de Régimen Jurídico de las Administraciones Públicas y del Procedimiento Administrativo Común*, la cual, por otra parte, ha influido en la redacción de la Ley peruana de 2001. Por tanto, en una forma u otra, los textos españoles han influido toda la legislación de América Latina, aún cuando en algunos casos más directamente que en otros, como por ejemplo ha sido el caso de la *Ley Orgánica de Procedimientos Administrativos* venezolana de 1981.

Otro rasgo común de este conjunto normativo es que abarcan todo el proceso de producción de las decisiones administrativas, lo que conduce a una muy importante regulación en relación con los actos administrativos. Por ello puede considerarse que casi todas estas leyes, son básicamente, leyes relativas al régimen jurídico del acto administrativo. Así se resume en la Ley del Perú, en cuyo artículo 29, al definir el procedimiento administrativo, se lo entiende como él:

> "Conjunto de actos y diligencias tramitados en las entidades, conducentes a la emisión de un acto administrativo que produzca efectos jurídicos individuales o individualizables sobre intereses, obligaciones o derechos de los administrados."

En todo caso, estas regulaciones legales sobre el procedimiento administrativo han tenido en toda América Latina, la enorme importancia de haber contribuido al desarrollo del derecho administrativo formal, al punto de que podría decirse que en cada uno de los países, su evolución puede dividirse en dos etapas: antes y después de la respectiva *Ley de Procedimientos Administrativos*. Así también ocurrió en España, donde la evolución y desarrollo del derecho administrativo puede dividirse en las mismas dos etapas: antes y después de la *Ley de Régimen Jurídico de la Administración* y de la *Ley de Procedimientos Administrativos* de 1957-1958.

No hay duda de que esta positivización de los principios generales del derecho administrativo ha sido lo que más ha contribuido al desarrollo de nuestra disciplina y al afianzamiento del principio de la legalidad.

II. LA MOTIVACIÓN DE LAS LEYES

En todos los países de América Latina, puede decirse que, en general, la motivación de estos cuerpos normativos reguladores tanto del procedimiento como de los actos administrativos, ha sido, por una parte, el establecimiento de un régimen de la acción de la Administración para la producción de sus actos administrativos y por la otra, la previsión de un régimen de garantías de los administrados frente a la Administración. Estas leyes reflejan, por ello, la lucha permanente que ha caracterizado al propio derecho administrativo, dirigida a la búsqueda de un balance entre los privilegios de la Administración y los derechos de los particulares. Estas leyes, por ello, constituyen una suerte de equilibrio entre ambos motivos, regulando, por un lado, el desarrollo de la actividad de la Administración para obtener la adecuada satisfacción de los intereses públicos, pero buscando por el otro, la garantía de los particulares.

Por ello, por ejemplo, en los *Considerandos* de la Ley de Honduras de 1987 se señala que en el Estado Moderno:

> "La satisfacción de los *intereses públicos* exige el respeto de las formas creadas como *garantía de los derechos* de los particulares frente a la actividad administrativa."

Asimismo, en los *Considerandos* del Decreto 500/991 de Uruguay, se precisa la motivación de todo su conjunto normativo, al establecer que tiene por objeto regular la actuación de la Administración:

> "A fin de servir con objetividad los *intereses generales* con sometimiento pleno al Derecho y para mejor tutelar los *derechos e intereses* legítimos de los administrados."

De ello resulta este rasgo común de las regulaciones sobre procedimientos administrativos, de buscar el mejor cumplimiento de los fines de la Administración y servir con objetividad los intereses generales y, a la vez, tutelar los derechos e intereses de los particulares. Eso lo señala expresamente, por ejemplo tanto el artículo 1° de la Ley 9.784 de Brasil, como el artículo III (finalidad) del Título Preliminar de la Ley 27.444 del Perú.

Pero además, también puede identificarse como otra motivación general de las leyes de procedimiento administrativo la de procurar que la actuación de la Administración en sus relaciones con los particulares se realice con el menor formalismo posible. Por ello, en los mismos *Considerandos* del Decreto uruguayo se señala, también, que el texto tiene por objeto agilizar y dar flexibilidad al procedimiento administrativo, "evitando la realización o exigencias de trámites, formulismos o recaudos innecesarios o arbitrarios que compliquen o dificulten su desenvolvimiento".

Esta, sin duda, es una finalidad cuya consecución ha motivado la sanción de estas Leyes, la cual, sin embargo, en la práctica, no puede decirse que se haya logrado concretar siempre. En muchas Administraciones pervive la tensión entre el funcionario o la Administración que tiene el poder, y que lo ejerce, y el ciudadano o particular que se enfrenta al poder; tensión que, en general, no se resuelve precisamente a favor del administrado. Incluso, a pesar de las recientes leyes sobre simplificación de trámites administrativos de Colombia o Venezuela, por ejemplo, el administrado no siempre tiene los mecanismos para poder exigir, realmente, que se apliquen estos elementos de flexibilidad, de reducción del formalismo y de eliminación de trámites innecesarios. De ello resulta que al no existir un efectivo instrumento de protección, como sucede en muchos países, el funcionario con frecuencia utiliza estos mecanismos para imponerle al particular, en definitiva, la voluntad de la Administración, incluso a veces arbitrariamente.

Un ejemplo concreto de esta tensión se evidencia en muchas Administraciones, en el contraste entre el principio de la publicidad y el principio del secreto: para el funcionario, en general, todo es secreto y reservado; en cambio, el particular lo que necesita es que se le permita tener acceso a los documentos de la Administración.

Por ello, en muchos países se han venido haciendo esfuerzos para abrir el acceso de los particulares a los archivos y a los recaudos de la Administración, y se lo ha consagrado incluso, como derecho constitucional, como sucedió en la Constitución de Venezuela de 1999 (art. 143).

III. LA ENUMERACIÓN DE LOS PRINCIPIOS DEL PROCEDIMIENTO ADMINISTRATIVO EN LAS LEYES

Otra característica que tiene el régimen del procedimiento administrativo en América Latina, es la de la enumeración *expressis verbis* de los propios principios que deben guiar el procedimiento administrativo. Por ello, en nuestros países, el tema de los principios del procedimiento no sólo es un tema teórico, de sola elaboración doctrinal, sino que deriva de su enumeración y desarrollo expreso en los textos normativos, incluso en algunos casos, con rango constitucional. Es el caso, por ejemplo, de la Constitución de Venezuela de 1999, en cuyo artículo 141 se precisa que:

> "*Artículo* 141: La Administración Pública está al servicio de los ciudadanos y se fundamenta en los principios de honestidad, participación, celeridad, eficacia, eficiencia, transparencia, rendición de cuentas y responsabilidad en el ejercicio de la función pública, con sometimiento pleno a la ley y al derecho."

Pero en general, ha sido en las leyes de procedimiento administrativo donde se han enumerado estos principios.

Así, salvo el caso de Costa Rica, en cuyo texto normativo no hay un artículo específico destinado a enumerar los principios del procedimiento administrativo, en el resto de la legislación latinoamericana, las leyes sobre procedimiento administrativo destinan normas expresamente a regularlos.

Se destaca, como ejemplo la Ley de Honduras, en cuyos *Considerandos* se precisa que "la actividad administrativa debe estar presidida por principios de *economía, simplicidad, celeridad y eficacia* que garanticen la buena marcha de la Administración", a fin de lograr una pronta y efectiva satisfacción del interés general (art. 19).

Asimismo, la Ley argentina expresamente señala en su artículo 1.b, los principios que rigen en el procedimiento administrativo, los cuales son la "*celeridad, economía, sencillez y eficacia en los trámites*".

En el caso de Venezuela, además de los principios de celeridad, *economía, sencillez y eficacia,* la Ley Orgánica de Procedimientos Administrativos agrega el principio de *imparcialidad* (art. 30) y, adicionalmente, la Ley de Simplificación de Trámites Administrativos enumera los siguientes principios conforme a los cuales se deben elaborar los planes de simplificación, que son:

"1. La presunción de buena fe del ciudadano

2. La simplicidad, transparencia, celeridad y eficacia de la actividad de la Administración Pública.

3. La actividad de la Administración Pública al servicio de los ciudadanos.

4. La desconcentración en la toma de decisiones por parte de los órganos de dirección."

Estos principios los repite el artículo 12 de la LOAP al precisar que la actividad de la Administración Pública se desarrollará con base en "los principios de economía, celeridad, simplicidad administrativa, eficacia, objetividad, imparcialidad, honestidad, transparencia, buena fe y confianza". Asimismo, se efectuará dentro de parámetros de racionalidad técnica y jurídica.

En Ecuador, igualmente, la Ley de Modernización del Estado precisó que los procesos de modernización se sujetarán a los principios de eficiencia, agilidad, transparencia, coparticipación en la gestión pública y solidaridad social.

En el Código de Colombia, además de todos estos principios, se agregan otros como los de *publicidad, contradicción y conformidad* con el propio *Código* (art. 3); es decir, el principio de legalidad objetiva.

En la Ley Federal de México, se sigue la misma orientación del texto colombiano, y se agrega a la enumeración, también, el principio de la *buena fe* (art. 13).

Hay otros textos, como el Decreto del Uruguay, donde la enunciación de los principios es muy extensa y comprensiva, como resulta del artículo 2, conforme al cual la Administración Pública debe servir con objetividad los intereses generales con sometimiento pleno al derecho y debe actuar de acuerdo a los siguientes principios generales: "a) Imparcialidad; b) Legalidad objetiva; c) Impulsión de oficio; d) Verdad material; e) Economía, celeridad y eficacia; f) Informalismo en favor del administrado; g) Flexibilidad, materialidad y ausencia de ritualismos; h) Delegación material; i) Debido procedimiento; j) Contradicción; k) Buena fe, lealtad y presunción de verdad salvo prueba en contrario; l) Motivación de la decisión; y m) Gratuidad."

En el mismo sentido se destaca la Ley de Brasil, la cual destina al tema de los principios del procedimiento administrativo un extenso artículo, con el siguiente texto:

"*Artículo 2°. A Administraçao Pública obedecerá, dentre outros, aos principios da legalidade, finalidade, motivaçao, razoabilidade, proporcionalidade, moralidade, ampla defesa, contraditório, segurança juridica, interesse público e eficiência.*

Parágrafo único. Nos processos administrativos serão observados, entre outros, os critérios de:

I. *atuação conforme a lei e o direito;*

II. *atendimento a fins de interesse geral, vedada a reúncia total ou parcial de poderes ou competências, salvo autorizaçã em lei;*

III. *objetividade no atendimento do interesse público, vedada a promoção pessoal de agentes ou autoridades;*

IV. *atuação segundo padrões éticos de probidade, decoro e boa-fé;*

V. *divulgação oficial dos atos administrativos, ressalvadas as hipóteses de sigilo previstas na Constitução;*

VI. *adequação entre meios e fins, vedada a imposição de obrigações, restrições e sanções em medida superior àquelas estritamente necessárias ao atendimento do interesse público;*

VII. *indicação dos pressupostos de fato e de direito que determinarem a decisão;*

VIII. *observância das formalidades essenciais a garantia dos direitos dos administrados;*

IX. *adoção de formas simples, suficientes para propiciar adequado grau de certeza, segurança e respeito aos direitos dos administrados;*

X. *garantia dos direitos à comunicação, à apresentações de alegações finais, à produção de provas e à interposição de recursos, nos processos de que possam resultar sanções e nas situações de litigio;*

XI. *proibição de cobrança de despesas processuais, ressalvadas as previstas em lei;*

XII. *impulsão, de oficio, do processo administrativo, sem prejuízo da atuação dos interessados;*

XIII. *interpretação da norma administrativa da forma que melhor garanta o atendimento do fim público a que se dirige, vedada aplicação retroactiva de nova interpretação.*"

En todo caso, con la Ley del Perú de 2001 puede decirse que se completa este proceso de positivización de los principios del procedimiento administrativo, al precisar en el artículo IV del Título Preliminar que el procedimiento administrativo, sin perjuicio de la vigencia de otros principios general del derecho administrativo, se sustenta fundamentalmente en los siguientes principios, que se enumeran a título enunciativo y no taxativo: principio de legalidad; principio del debido procedimiento; principio del impulso de oficio; principio de razonabilidad; principio de imparcialidad; principio de informalismo; principio de presunción de veracidad; principio de conducta procedimental; principio de celeridad; principio de eficacia; principio de verdad material; principio de participación; principio de simplicidad; principio de uniformidad; principio de predictibilidad; principio de privilegio de controles posteriores.

Estos principios, además, como lo señala el artículo 2 de la Ley de Brasil, deben servir como *criterio interpretativo* para resolver las cuestiones que puedan suscitarse en la aplicación de las normas de procedimiento. En el mismo sentido, se regula en la Ley de Honduras (art. 19 y 114) y la Ley del Perú (artículo IV del Título preliminar), donde se señala no sólo que los principios deben servir de criterio interpretativo para resolver las cuestiones que puedan suscitarse en la aplicación de las reglas de procedimiento, sino además, como parámetros para la generación de otras disposiciones administrativas de carácter general, y para suplir los vacíos en el ordenamiento administrativo.

Por ello, una enumeración extensísima de principios del procedimiento administrativo, como la contenida en las leyes de Brasil, de Uruguay y de Perú, sin duda, tiene la ventaja de permitir al juez contencioso-administrativo ejercer un control más efectivo y con mayor amplitud en relación con la actividad administrativa.

Pero por supuesto, mucho más importante que la sola enumeración de los principios, es la definición, en los textos legales, del contenido de los mismos. Es lo que hacen el Código colombiano y más extensamente, la Ley del Perú; orientación que sigue el Reglamento sobre procedimientos administrativos de la Secretaría General de la Comunidad Andina.

Por ejemplo, en relación con el principio de *economía* enumerado en todas las Leyes, el Código colombiano, en su artículo 2, señala que en virtud del mismo se debe tener en cuenta:

> "Que las normas de procedimiento se utilicen para agilizar las decisiones; que los procedimientos se adelanten en el menor tiempo y con la menor cantidad de gastos de quienes intervengan en ellos; que no se exijan más documentos y copias que los estrictamente necesarios, ni autenticaciones ni notas de presentación personal sino cuando la ley lo ordene en forma expresa".

En relación, por ejemplo, con el principio del *debido procedimiento*, la Ley del Perú dispone en el artículo IV, 1.2 del Título Preliminar, que los administrados gozan de todos los derechos y garantías inherentes al debido procedimiento administrativo, que se rige por los principios de derecho administrativo, que comprende el derecho a exponer sus argumentos, a ofrecer y producir pruebas y a obtener una decisión motivada y fundada en derecho.

Por otra parte, al referirse al principio de *celeridad*, el mismo artículo 2 del Código colombiano señala que en virtud del mismo:

> "Las autoridades tendrán el impulso oficioso de los procedimientos, suprimirán los trámites innecesarios, utilizarán formularios para actuaciones en serie cuando la naturaleza de ellas lo haga posible y sin que ello releve a las autoridades de la obligación de considerar todos los argumentos y pruebas de los interesados."

La Ley del Perú, por su parte, en relación con este mismo principio de *celeridad*, dispone en el artículo IV, 1.9 del Título Preliminar, como obligación para quienes participan en el procedimiento, el que deben ajustar su actuación de tal modo que:

> "Se dote al trámite de la máxima dinámica posible, evitando actuaciones procesales que dificulten su desenvolvimiento o constituyan meros formalismos, a fin de alcanzar una decisión en tiempo razonable, sin que ello releve a las autoridades del respeto al debido procedimiento o vulnere el ordenamiento."

Por otra parte, en cuanto al principio de la *eficacia*, la norma del Código colombiano señala que el mismo tiene por objeto lograr la finalidad del procedimiento "removiendo de oficio los obstáculos puramente formales y evitando decisiones inhibitorias".

La Ley del Perú, en relación con este principio de la eficacia, en el mismo artículo IV del Título Preliminar, es aún más explícita, al señalar:

"*1.10 Principio de eficacia.* Los sujetos del procedimiento administrativo deben hacer prevalecer el cumplimiento de la finalidad del acto procedimental, sobre aquellos formalismos cuya realización no incida en su validez, no determinen aspectos importantes en la decisión final, no disminuyan las garantías del procedimiento, ni causen indefensión a los administrados.

En todos los supuestos de aplicación de este principio, la finalidad del acto que se privilegie sobre las formalidades no esenciales deberá ajustarse al marco normativo aplicable y su validez será una garantía de la finalidad pública que se busca satisfacer con la aplicación de este principio".

En todos estos casos, sin duda, al precisarse el contenido de los principios, el Juez contencioso-administrativo dispone de mayores elementos para poder ejercer su competencia de control sobre la actuación de la Administración.

Todas estas normas nacionales relativas a la enumeración y definición de los principios del procedimiento administrativo fueron, precisamente, las que influyeron en la sanción del Reglamento de procedimientos administrativos que rige para la Secretaría General de la Comunidad Andina, en el cual también se precisa que en los procedimientos que se sigan ante la Secretaría General, ésta se debe regir por los siguientes principios:

"Legalidad, economía procesal, celeridad, eficacia, igualdad de trato a las partes, transparencia, uso de los procedimientos y formalidades para lograr el cumplimiento de los objetivos de la norma y racionalización de la actividad administrativa".

No debe olvidarse, sin embargo, que en América Latina, antes de que se comenzaran a dictar las leyes generales sobre procedimientos administrativos, los principios antes mencionados habían venido construyéndose con la ayuda de la doctrina, por obra del juez contencioso-administrativo, sin texto normativo expreso.

Por ello es que el derecho administrativo en América Latina puede dividirse en las dos etapas mencionadas: antes y después de las leyes que han regulado todos esos principios, los cuales, antes, habían ido creando la jurisprudencia y delineando la doctrina. En todo caso, a medida que estos principios se han ido estableciendo en texto expreso, se han reforzado los instrumentos que le han permitido al juez ejercer con mayor precisión el control de legalidad, catapultándose, en consecuencia, tanto la jurisprudencia como la doctrina.

Por ejemplo, el que se encuentre en el Decreto uruguayo y en las Leyes de Perú y Venezuela, la enunciación expresa del principio de la buena fe puede considerarse como una revolución en el régimen jurídico de la Administración Pública, porque en la práctica de algunas Administraciones, lamentablemente, lo que el funcionario busca normalmente es la manera de obstaculizar las pretensiones del interesado, y el administrado, a su vez, la manera de engañar a la Administración.

El principio de la *buena fe*, al contrario, tiene que convertirse en el instrumento que pueda garantizarle al particular que puede confiar en la Administración y en el funcionario, y viceversa. En consecuencia, encontrar este principio expresamente consagrado en el derecho positivo permite al Juez poder controlar más la actuación de la Administración.

En relación con este principio de la *buena fe*, la Ley del Perú lo enuncia, dentro del principio de conducta procedimental (art. IV, Título Preliminar), así:

> "1.8 *Principio de conducta procedimental.* La autoridad administrativa, los administrados, sus representantes o abogados y, en general, todos los partícipes del procedimiento, realizan sus respectivos actos procedimentales guiados por el respeto mutuo, la colaboración y la buena fe. Ninguna regulación del procedimiento administrativo puede interpretarse de modo tal que ampare alguna conducta contra la buena fe procesal."

Incluso, en la Ley venezolana sobre Simplificación de Trámites Administrativos se formula el principio de que:

> "*Artículo* 9: De acuerdo con la presunción de buena fe, los trámites administrativos deben mejorarse o rediseñarse para lograr el objetivo propuesto en la generalidad de los casos y no para cubrir posibles excepciones al comportamiento normal del ciudadano. En consecuencia, en todas las actuaciones que se realicen ante la Administración Pública, se debe tener como cierta la declaración del administrado, salvo prueba en contrario."

Este principio, por otra parte, se recoge como "presunción de veracidad" en el artículo 3° del Decreto N° 266 de 2000 de Colombia sobre simplificación de trámites.

También debe tenerse en cuenta que en Europa y, particularmente, en España, derivado del principio de la *confianza legítima*, que es uno de los principios contemporáneos desarrollados por el derecho alemán y el derecho de la Comunidad Europea, se han venido desarrollando nuevos mecanismos para regular la actividad de la Administración en relación con los particulares y respecto de la relación jurídica que surge siempre entre ambos. Por ello, encontrar este principio, no ya derivado de la jurisprudencia, sino en el derecho positivo, sin duda, puede permitir un avance y un enriquecimiento posterior de gran importancia en nuestra disciplina.

IV. PLAN DEL ESTUDIO

Ahora bien, el conjunto de principios a través de los cuales puede realizarse un análisis comparativo de todas las leyes de procedimientos administrativo existentes en América Latina, puede agruparse en los siguientes siete grandes principios, que constituyen las partes fundamentales de este estudio:

I. *El principio de la legalidad,* en el cual se agrupan el principio del sometimiento al derecho y paralelismo de las formas, el principio de la jerarquía de los actos y el régimen de la discrecionalidad.

II. *Los principios de la organización administrativa,* entre ellos, los de jerarquía, desconcentración, descentralización, coordinación, cooperación y lealtad interinstitucional.

III. *El principio de la eficacia*, el cual, a su vez, agrupa un conjunto de principios como el principio de la instrumentalidad, el principio de la economía procesal, el principio del informalismo, el principio *favor acti*, el principio *conservatio acti* o de la finalidad, el principio de la presunción de legalidad, el principio *pro actione* y el principio de la caducidad.

IV. *El principio de la participación*, que informa todo lo relativo al derecho de petición, al principio de la legitimación, al principio de igualdad y al principio de la publicidad.

V. *El principio de la oficialidad*, donde se incluyen el principio inquisitivo, el principio de la objetividad, el principio de la imparcialidad y de la transparencia, el principio de celeridad y el principio ejecutivo.

VI. *El principio de la celeridad.*

VII. *Los principios sobre los actos administrativos*, relativos al régimen de los requisitos de legalidad y de las nulidades de los mismos.

VIII. *El principio del debido procedimiento*, que comprende el principio del contradictorio, el derecho a la defensa, el principio de gratuidad, el principio de motivación, y los principios de confianza legítima, de la buena fe, de la lealtad y de verdad material.

IX. *El principio de la confianza legítima y la decisión del procedimiento.*

X. *El principio del control interno*, que corresponde todo el sistema de recursos administrativos.

Este último aspecto tiene un peso importante en el régimen de los procedimientos administrativos, al punto de que puede decirse que las primeras leyes que regularon estos temas en América Latina fueron las referidas a los recursos administrativos, tanto en las leyes especiales como en forma general. Como ejemplo debe mencionarse el caso de Argentina en los años treinta, donde se reguló legislativamente al recurso jerárquico, siendo, sin duda, los decretos y leyes relativos al mismo el antecedente de los primeros cuerpos normativos relativos al procedimiento administrativo.

Sección Segunda: EL PRINCIPIO DE LA LEGALIDAD

Las leyes de procedimiento administrativo, ante todo, tienden a reforzar el principio de legalidad, es decir, el sometimiento de la Administración al derecho de manera de garantizar la situación jurídica de los particulares frente a la misma. En consecuencia, como lo indica la ley peruana en el artículo IV, 1.1 del Título Preliminar:

Las autoridades administrativas deben actuar con respeto a la Constitución, la ley y al derecho, dentro de las facultades que le estén atribuidas y de acuerdo con los fines para los que les fueron conferidas.

Todas las leyes de procedimiento administrativo puede decirse que refuerzan el principio de legalidad para garantizar el sometimiento de la Administración a la totalidad de las fuentes del derecho; principio que se puede analizar comparativamente, desglosándolo en cuatro otros principios fundamentales: el principio del sometimiento de la Administración al derecho; el principio de la jerarquía, que por vía interpretativa de las leyes permite afianzar la legalidad, los principios de la organización administrativa que configuran también un marco de la legalidad; y, por último, el principio de los límites a la discrecionalidad, es decir, la reducción de la arbitrariedad que también encuentra consagración positiva.

I. EL PRINCIPIO DEL SOMETIMIENTO DE LA ADMINISTRACIÓN AL DERECHO

1. El sometimiento al derecho y sus fuentes

El solo hecho de que se dicte una ley de procedimientos administrativos puede considerarse como un enunciado formal de que la Administración tiene que someterse al derecho y, a su vez, de que ese sometimiento puede ser objeto de control por los tribunales contencioso-administrativos. Se trata, nada más y nada menos, que de uno de los signos de afianzamiento del Estado de derecho.

Ahora bien, ese sometimiento al derecho, como principio del Estado de derecho, tiene diverso alcance según los órganos del Estado y los diversos actos estatales. Por ejemplo, las leyes dictadas por el Congreso o Parlamento y los *interna corporis* son actos estatales que sólo están sometidos a la Constitución en cuanto que se dictan en ejecución directa e inmediata de la misma; asimismo, los llamados "actos de gobierno" del Ejecutivo Nacional son también actos dictados en ejecución directa e inmediata de la Constitución, por lo que el derecho que los condiciona es el que contiene la Constitución. En esos casos, por ello, no puede haber una ley que se interponga entre la Constitución y un *interna corporis* o un acto de gobierno. Por ello, el ámbito de derecho aplicable a un acto del Estado depende de la posición del órgano que lo dicta y de la forma en que emana en relación con la Constitución.

En cuanto a la actividad administrativa, ésta, al ser de rango sublegal, por supuesto que no sólo está sometida a la Constitución sino también a todas las otras fuentes del ordenamiento jurídico, respetándose "la jerarquía normativa" de las fuentes, como lo indica la Ley de Honduras (art. 2) e, incluso, a las fuentes no escritas. De allí la importancia de los principios generales del derecho administrativo que han guiado la elaboración de las leyes de procedimiento administrativo formulados inicial y paulatinamente a través de su aplicación jurisprudencial, y que han terminado siendo positivizados en las leyes.

Como consecuencia de ello, al analizar el sometimiento de la Administración al principio de legalidad, conforme a las leyes de procedimiento administrativo se constata que ya no se trata sólo de un principio general del derecho, pues el mismo tiene cada vez con más frecuencia y precisión una expresión formal en los textos. Uno de estos enunciados está, por ejemplo, en la Ley de Brasil que impone como criterio a ser observado en los procedimientos administrativos, "la actuación conforme a la Ley y al derecho" (art. 2, Parágrafo Único, I); y en el Reglamento de la Comunidad Andina, al disponer su artículo 5° que precisamente en virtud del *principio de legalidad*

> "La Secretaría deberá someterse en su actuación a las normas del ordenamiento jurídico de la Comunidad" ajustándose a lo establecido "en el Acuerdo de Cartagena, en el Tratado de Creación del Tribunal de Justicia del Acuerdo de Cartagena, y en las Decisiones de la Comisión de la Comunidad Andina y del Consejo Andino de Ministros de Relaciones Exteriores" (art. 8).

Otras leyes nacionales también enuncian este principio en forma expresa. Por ejemplo, la Ley General de Costa Rica señala que: "La Administración Pública actuará sometida al ordenamiento jurídico..." (art. 11,1); agregando en otro artículo (art. 13), que:

> "La Administración estará sujeta, en general, a todas las normas escritas y no escritas del ordenamiento administrativo y al derecho privado supletorio del mismo, sin poder derogarlos ni desaplicarlos para casos concretos."

Este principio de *legalidad* o de actuación en conformidad con el derecho, por tanto, implica que las actividades que realicen todos los órganos que ejercen el Poder Público y no sólo los que conforman la Administración Pública, deben someterse a la Constitución y a las leyes. La consecuencia de ello, en un Estado de derecho como el que organiza la Constitución de 1999, es que las actividades contrarias al derecho están sometidas al control tanto de la jurisdicción constitucional (art. 334) como de la jurisdicción contencioso administrativa (art. 259), cuyos tribunales pueden anularlos.

En relación con la Administración Pública, la LOAP expresa formalmente el principio, vinculándolo a la competencia, para lo cual, además, precisa la jerarquía de las fuentes del derecho aplicable a la Administración, así:

> "*Artículo* 4°. La Administración Pública se organiza y actúa de conformidad con el principio de legalidad, por el cual la asignación, distribución y ejercicio de sus competencias se sujeta a la Constitución de la República Bolivariana de Venezuela, a las leyes y a los actos administrativos de carácter normativo, dictados formal y previamente conforme a la ley, en garantía y protección de las libertades públicas que consagra el régimen democrático a las personas."

Se destaca de esta norma, como se dijo, la indicación formal de la jerarquía de las fuentes del derecho: 1) la Constitución, 2) las leyes y 3) los actos administrativos normativos; y la referencia al principio teleológico de la sumisión a la ley, cuyo fin es la garantía y protección de las libertades públicas propias del régimen democrático. Las fuentes del derecho, además, para ser tales, deben haberse dictado formal y previamente a la actividad que se regule, lo que implica la proscripción de la retroactividad de la ley.

El principio de la *legalidad*, además, se erige como un principio en el cual se fundamenta la Administración Pública, definiéndose como "el sometimiento pleno a la ley y al derecho" (art. 141), y es una de las misiones fundamentales de los órganos del Poder Ciudadano, consistente en velar por "la aplicación del principio de la legalidad en toda la actividad administrativa del Estado" (art. 274).

Adicionalmente, el artículo 8 de la LOAP recoge la previsión del artículo 7 de la Constitución, y precisa que "todos los funcionarios de la Administración Pública están en la obligación de cumplir y hacer cumplir la Constitución". Toda autoridad, por tanto, deriva y debe ejecutarse conforme a la Constitución.

Por otra parte, la Ley General de Costa Rica, consagra en su propio texto no sólo la sujeción de la Administración a la ley escrita, sino también a las normas no escritas del ordenamiento jurídico. Incluso llega a enumerar con precisión y expresamente la jerarquía de las fuentes, las cuales el artículo 6,1 sujeta al siguiente orden: "a) La constitución Política; b) Los tratados internacionales y las normas de la Comunidad Centroamericana; c) Las leyes y los demás actos con valor de ley; d) Los decretos del Poder Ejecutivo que reglamentan las leyes de los otros Supremos Poderes en la materia de su competencia; e) Los demás reglamentos del Poder Ejecutivo, los estatutos y los reglamentos de los entes descentralizados; y f) Las demás normas subordinadas a los reglamentos, centrales y descentralizadas."

Además, en la Ley General, se enumeran las siguientes fuentes no escritas: "la costumbre, la jurisprudencia y los principios generales de derecho", que deben servir para interpretar, integrar y delimitar el campo de aplicación del ordenamiento escrito y tendrán el rango de la norma que interpretan, integran o delimitan (art. 7).

La Ley del Perú puede decirse que ha culminado este proceso de positivización de las fuentes del derecho administrativo, como fuentes del procedimiento administrativo. Por una parte, indica que "el ordenamiento jurídico-administrativo integra un sistema orgánico que tiene autonomía respecto de otras ramas del derecho" (art. V, Título Preliminar), consagrando así la autonomía del derecho administrativo para lo cual precisa el mismo artículo V,1 que "el ordenamiento jurídico administrativo integra un sistema orgánico que tiene autonomía respecto de otras ramas del Derecho".

Por otra parte, enumera las siguientes fuentes del derecho administrativo:

2.1 Las disposiciones constitucionales

2.2 Los tratados y convenios internacionales incorporados al Ordenamiento Jurídico Nacional.

2.3 Las leyes y disposiciones de jerarquía equivalente

2.4 Los Decretos Supremos y demás normas reglamentarias de otros poderes del Estado.

2.5 Los demás reglamentos del Poder Ejecutivo, los estatutos y reglamentos de las entidades, así como los de alcance institucional o provenientes de los sistemas administrativos.

2.6 Las demás normas subordinadas a los reglamentos anteriores.

2.7 La jurisprudencia proveniente de las autoridades jurisdiccionales que interpreten disposiciones administrativas.

2.8 Las resoluciones emitidas por la Administración a través de sus tribunales o consejos regidos por leyes especiales, estableciendo criterios interpretativos de alcance general y debidamente publicadas. Estas decisiones generan precedente administrativo, agotan la vía administrativa y no pueden ser anuladas en esa sede.

2.9 Los pronunciamientos vinculantes de aquellas entidades facultadas expresamente para absolver consultas sobre la interpretación de normas administrativas que apliquen en su labor, debidamente difundidas.

2.10 Los principios generales del derecho administrativo.

Sin embargo, en cuanto a la jurisprudencia, a los precedentes, a las consultas interpretativas y a los principios generales del derecho administrativo, señala la ley que: "sirven para interpretar y delimitar el campo de aplicación del ordenamiento positivo al cual se refieren". (art. V, 3, Título Preliminar).

Por otra parte, para completar el proceso de positivización del principio de la legalidad, el artículo 8 de la Ley General de Costa Rica agrega también este enunciado:

> El ordenamiento administrativo se entenderá integrado por las normas no escritas necesarias para garantizar un equilibrio entre la eficiencia de la Administración y la dignidad, la libertad y los otros derechos fundamentales del individuo.

Con ello también encuentra consagración en el derecho positivo el enunciado del principio del necesario equilibrio entre el Poder de la Administración (la eficiencia de la Administración) y los derechos de los particulares.

Aparte de esto, la Ley costarricense señala otros principios a los cuales queda sometida la Administración, como son los relativos al servicio público, "para asegurar su continuidad, su eficiencia, su adaptación a todo cambio en el régimen legal o en la necesidad social que satisfacen y la igualdad en el trato de los destinatarios, usuarios o beneficiarios" (art. 4).

Ahora bien, este principio del sometimiento de la Administración al derecho encuentra en este conjunto de leyes una consagración expresa en tres aspectos que hay que destacar: en primer lugar, en el carácter siempre sublegal de la actividad de la Administración y del acto administrativo; en segundo lugar, en la regulación misma del régimen de los procedimientos, que tiene carácter obligatorio, proscribiéndose las vías de hecho; y, en tercer lugar, aún cuando no haya regulación general del procedimiento, en la importancia del principio del paralelismo de las formas como un elemento que debe guiar la actuación de la Administración.

2. El carácter sublegal de la actividad administrativa

A. El respeto a la legalidad

Toda actividad administrativa es de carácter y rango sublegal; por ello, el acto administrativo se distingue del acto de gobierno del Ejecutivo Nacional y de los actos del Parlamento, que son siempre de rango legal, por ser dictados en ejecución directa e inmediata de la Constitución y sometidos, por tanto, al solo control de la Jurisdicción Constitucional. En cambio, los actos administrativos, al ser siempre de rango sublegal, están sometidos al control de la conformidad con el derecho (y no sólo con la Constitución) que ejercen los tribunales de la Jurisdicción Contencioso Administrativa.

Ahora bien, el carácter sublegal de la actividad administrativa que implica el sometimiento o sujeción de la Administración a la ley, exige precisar el esquema de relaciones entre la Ley y el acto normativo de la Administración (reglamento).

En tal sentido puede decirse que, con carácter general en América Latina, al contrario de lo que sucede en el sistema constitucional francés, no hay áreas normativas reservadas a la Administración. La función normativa por excelencia corresponde al legislador, órgano que tiene la posibilidad de ejercer con los solos límites constitucionales, su potestad normativa. Por tanto, el principio del derecho francés de la existencia de áreas reservadas al Poder Ejecutivo para ser reglamentadas, que limitan la potestad reguladora del legislador, no existe en América Latina. Al contrario, en nuestros países, la potestad normativa del legislador en principio es ilimitada en cuanto a las materias que puede abarcar, por lo que puede regular todo dentro del marco de la Constitución. Es decir, la competencia normal de carácter normativo corresponde al Parlamento, no habiendo áreas reservadas al reglamento; al contrario, lo que sí puede haber y existen son áreas reservadas al legislador, lo que configuran la reserva legal como limitación a la potestad reglamentaria.

En consecuencia, el primer principio que deriva del carácter sublegal de la actividad administrativa es el del necesario respeto a la ley; cuyo antecedente normativo, en todo caso, se encuentra en la legislación española, específicamente en la Ley de Procedimientos Administrativos de 1957, que estableció el principio de que "la Administración no podrá dictar disposiciones contrarias a las leyes..." (art. 57). En sentido similar, la Ley de Honduras precisa que los órganos de la Administración no pueden, mediante actos de carácter general "alterar el espíritu de la ley, variando el sentido y alcance de ésta" (art. 40.a). Esta ha sido un principio tradicional del constitucionalismo venezolano que impone a la potestad reglamentaria el límite de que con ella no se puede "alterar el espíritu, propósito y razón de la Ley" (art. 236,10).

B. El respeto a la reserva legal

De lo anterior resulta, por tanto, que si bien no existen áreas de regulación normativa reservadas al Reglamento, que siempre está sometido y subordinado a la ley; en cambio, sí existen áreas que están reservadas al legislador, que implican una limitación a la potestad reglamentaria y al acto administrativo normativo. Estas áreas de la reserva legal derivan tanto de principios constitucionales como de normas expresas de la Constitución.

En efecto, no es infrecuente encontrar en las Constituciones reservas legislativas expresas, por ejemplo, en materia de organización administrativa, como sucede en el caso venezolano, donde la Constitución precisa, por ejemplo, que "La Ley determinará lo relativo a la organización y funcionamiento de la Contraloría General de la República..." (art. 290); o que "La organización de los Municipios y demás entidades locales se regirá... por las normas que para desarrollar los principios constitucionales establezcan las leyes orgánicas nacionales, y por las disposiciones legales que en conformidad con aquéllas dicten los Estados" (art. 169). Por lo tanto, en materia de organización, en estos casos, es la Constitución la que establece expresamente la reserva legal.

Estas materias de reserva legal, por tanto, no pueden ser objeto de regulación mediante reglamentos. Como lo precisa la Ley de Honduras, los órganos de la Administración no pueden mediante actos de carácter general, "regular, salvo autorización expresa de una Ley, materias que sean de la exclusiva competencia del Poder Legislativo" (art. 40.b).

En otros casos, la reserva legal deriva de principios constitucionales que comienzan a encontrar su expresión positiva en las leyes. En efecto, las áreas reservadas al Legislador y que implican un límite a la potestad reglamentaria normativa, derivan de tres ámbitos clásicos de regulaciones constitucionales: el régimen de los derechos y garantías constitucionales, es decir, la limitación de los derechos humanos; el establecimiento de sanciones e infracciones; y el establecimiento de tributos y contribuciones; todas áreas de regulación reservadas al legislador.

Estos ámbitos de reserva legal, si bien se han ido construyendo por la jurisprudencia, es decir, tanto por el juez administrativo como por el juez constitucional, ahora comienzan a encontrar su expresión concreta en textos normativos, como las leyes de procedimientos administrativos.

En particular, en cuanto al régimen de derechos y garantías constitucionales, la Ley General de la Administración de Costa Rica establece que: el mismo "está reservado a la ley." (art. 19,1).

En el caso de Venezuela, en cuanto al régimen sancionatorio e impositivo, la Ley Orgánica de Procedimientos Administrativos establece que:

> "Ningún acto administrativo podrá crear sanciones, ni modificar las que hubieran sido establecidas en las leyes, crear impuestos u otras contribuciones de derecho público, salvo dentro de los límites determinados por la Ley" (art. 10).

En esta forma se regula la reserva legal en materia de sanciones, lo cual se corrobora en la Ley de Honduras, que establece que los órganos de la Administración no pueden, mediante actos de carácter general, "establecer penas, ni prestaciones personales obligatorias, salvo aquellos casos en que expresamente lo autorice la Ley" (art. 40.c).

En sentido similar, la Ley General de la Administración Pública de Costa Rica dispone que:

> "Los reglamentos, circulares, instrucciones y demás disposiciones administrativas de carácter general no podrán establecer penas ni imponer penas, exacciones, tasas, multas ni otras cargas similares" (art. 124).

Se encuentran así, en la legislación de Costa Rica, las tres clásicas áreas constitucionales de reserva legal consagradas en forma expresa en la Ley General: el régimen de los derechos constitucionales, el régimen de las sanciones e infracciones, y el régimen de los tributos o exacciones, que sólo pueden establecerse por ley.

II. LA REGULACIÓN DEL PROCEDIMIENTO ADMINISTRATIVO

1. El régimen legal del procedimiento

A. El ámbito de aplicación

Otro signo del desarrollo legislativo del principio del sometimiento de la Administración al derecho es el hecho de la regulación formal expresa del procedimiento mismo, lo que ha dado origen a un cuerpo de enunciados sobre el ámbito de aplicación de estas leyes, basado en su obligatoria aplicación y acatamiento.

a. *El principio de la generalidad*

El principio fundamental que rige en esta materia es el de la generalidad, es decir, dictada una ley de procedimiento administrativo, ésta establece un régimen básico, común (de allí la nueva denominación de la ley española como ley de "Régimen Común") o general que se aplica a toda la Administración Pública, salvo excepciones siempre expresas.

Por supuesto, hablar de la Administración Pública exige precisar si ésta debe definirse desde el punto de vista orgánico o funcional, y lo cierto, en general, es que las leyes de procedimiento administrativo han optado por un criterio orgánico para definir su ámbito de aplicación, siendo la excepción la definición de dicho ámbito de aplicación mediante criterios funcionales.

Esta excepción se da, sin embargo, en el caso de Brasil y Colombia. La Ley de Brasil, en efecto, prescribe que los preceptos de la misma "se aplican a los órganos de los Poderes Legislativos o Judicial de la Unión, cuando desempeñen la *función administrativa*" (art. 1, Parágrafo 1°).

Por su parte, en Colombia, el Código Contencioso Administrativo, en el libro sobre Procedimientos Administrativos, prescribe que sus normas se aplican al *ejercicio de la función administrativa*, sea cual sea el órgano o entidad que la ejerza: puede tratarse de los órganos de todas las ramas del Poder Público, de entidades descentralizadas, de órganos desconcentrados de rango constitucional y de entidades privadas "cuando unos y otros cumplan funciones administrativas" (art. 1).

Por ello, la definición del ámbito de aplicación del Código de Colombia es funcional; sea quien sea que ejerza la función administrativa se rige por sus normas, trátese de un órgano del Congreso, de la Administración, o de las entidades particulares cuando dictan actos administrativos.

En esta misma orientación se ubica la Ley del Perú, en la cual si bien se dispone que "será de aplicación para todas las entidades de la Administración Pública, la misma entiende por "entidad" o "entidades" de la Administración Pública para los fines de su aplicación, las siguientes: "1. El Poder Ejecutivo, incluyendo Ministerio y Organismos Públicos Descentralizados; 2. El Poder Legislativo; 3. El Poder Judicial; 4. Los Gobiernos Regionales; 5. Los Gobiernos Locales; 6. Los Organismos a los que la Constitución Política del Perú y las leyes confieren autonomía; 7. Las demás entidades y organismos, proyectos y programas del Estado, cuyas actividades se realizan en virtud de potestades administrativas y, por tanto se consideran sujetas a las normas comunes de derecho público, salvo mandato expreso de ley que las refiera a otro régimen; y 8. Las personas jurídicas bajo el régimen privado que prestan servicios públicos o ejercen función administrativa, en virtud de concesión, delegación o autorización del Estado, conforme a la normativa de la material" (art. 1).

Esta norma se complementa con lo dispuesto en el artículo II, según el cual la ley "regula las actuaciones de la función administrativa del Estado y el procedimiento administrativo común desarrollados en las entidades" (art. II, 1, Título Preliminar).

Pero, como antes se dijo, esta definición funcional es excepcional, en cuanto al ámbito de aplicación de las leyes de procedimiento administrativo, pues en el resto de los países latinoamericanos se ha optado por el criterio orgánico. Normalmente se aplican a la Administración Pública Centralizada (Venezuela, art. 1°, Uruguay, art. 1°, México, art. 1° y Argentina, art. 1°); y en algunos casos, la aplicación de las leyes se extiende a la Administración Pública Descentralizada funcionalmente (Venezuela y Argentina).

b. *El principio de extensión*

Ahora bien, una consecuencia del criterio orgánico para precisar el ámbito de aplicación de las leyes de procedimiento administrativo, es la previsión en general, en su texto, de la posibilidad de extensión de su aplicación a otros órganos no comprendidos en dicho ámbito orgánico, como norma supletoria, siempre que haya posibilidad de su aplicación.

En aquellos países de régimen federal, (por ejemplo, Argentina, Brasil, México y Venezuela), la distribución territorial del Poder Público en forma vertical hace que los órganos políticos estadales y municipales tengan autonomía, inclusive para regular los procedimientos administrativos, no existiendo una sola y general ley nacional de procedimientos administrativos. Por ello, en México y en Brasil, la Ley se denomina "ley federal" de procedimientos administrativos, para distinguirla de las leyes de cada uno de los Estados de la Federación sobre procedimientos administrativos. En el caso argentino, la "ley nacional" de procedimientos administrativos es distinta e independiente de las leyes provinciales sobre procedimientos administrativos, las cuales, incluso, históricamente son anteriores a la ley nacional.

En el caso de Venezuela sucede lo mismo: siendo la forma del Estado la de un Estado federal, la Ley Orgánica de Procedimientos Administrativos nacional en principio no está destinada a los Estados y Municipios, entidades que tienen autonomía normativa para regular sus propios procedimientos administrativos. Sin embargo, por el principio de la extensión, la propia Ley Orgánica nacional señala que las disposiciones de la misma rigen respecto de los Estados y Municipios, "en cuanto les sea aplicable" (art. 1°). En esta forma, a través de este principio de extensión se permite, a nivel de los principios del procedimiento, controlar la legalidad de la actuación de los Estados y los Municipios, hayan estos dictados o no sus propias leyes u ordenanzas sobre procedimientos administrativos.

En Venezuela, incluso, el principio de extensión condujo a prever la aplicabilidad de la Ley Orgánica a lo que eran las Administraciones Públicas funcionalmente autónomas de rango constitucional, como la Contraloría General de la República, el Consejo de la Judicatura y el Ministerio Público; entidades que han sido configuradas, en la Constitución de 1999, como órganos que forman parte de la penta división del Poder Público. Por ello, a la Contraloría General de la República y a la Fiscalía General de la República habría que agregar, entre esas entidades a las cuales se aplicaría la ley "en cuanto su normativa les sea aplicable", a la Defensoría del Pueblo, al Consejo Nacional Electoral e, incluso, a la Dirección Ejecutiva de la Magistratura del Tribunal Supremo de Justicia, creada con la eliminación del Consejo de la Judicatura.

Puede decirse, que este principio de la extensión ha adquirido una nueva dimensión en la Constitución venezolana de 1999 al haber establecido no sólo la forma federal del Estado sino al haber dispuesto a nivel nacional (Poder Público Nacional) la antes mencionada penta división del Poder Público (Legislativo, Ejecutivo, Judicial, Ciudadano y Electoral) y haber regulado a la Administración Pública. En efecto, la Constitución de 1999 contiene un extenso Título IV relativo al "Poder Público", cuyas normas se aplican a todos los órganos que ejercen el Poder Público tal como lo indica el artículo 136: en su distribución vertical o territorial (Poder Municipal, Poder Estadal y Poder Nacional); y, en el nivel Nacional, en su distribución horizontal (Legislativo, Ejecutivo, Judicial, Ciudadano y Electoral).

En dicho Título se incorporó una sección relativa a "la Administración Pública", cuyas normas se aplican a todos los órganos y entes que ejercen esos Poderes Públicos. De allí que lo primero que debe determinarse es cuáles son los órganos estatales que ejercen el Poder Público y que pueden considerarse como tal "Administración Pública".

Ante todo, por supuesto, están los órganos de los diversos niveles del Poder Público (Nacional, Estadal y Municipal) que ejercen el Poder Ejecutivo. En consecuencia, las normas que contiene la sección se aplican a todas las "Administraciones Públicas" *ejecutivas* de la República (administración pública nacional), de los Estados (administración pública estadal), de los Municipios (administración pública municipal) y de las otras entidades políticas territoriales que establece el artículo 16 de la Constitución, entre las cuales se destacan los Distritos Metropolitanos cuyos órganos ejercen el Poder Municipal.

Pero la Administración Pública del Estado venezolano, en los tres niveles territoriales de distribución vertical del Poder Público, no se agota en los órganos y entes de la Administración Pública *ejecutiva* (que ejercen el Poder Ejecutivo), pues también comprende los otros órganos de los Poderes Públicos que desarrollan las funciones del Estado de carácter sublegal. En tal sentido, en el nivel nacional, los órganos que ejercen el Poder Ciudadano (Fiscalía General de la República, Contraloría General de la República y Defensoría del Pueblo) y el Poder Electoral (Consejo Nacional Electoral), sin la menor duda, son órganos que integran la Administración Pública del Estado, organizados con autonomía funcional respecto de los órganos que ejercen otros poderes del Estado. En cuanto a los órganos que ejercen el Poder Judicial, los que conforman la Dirección Ejecutiva de la Magistratura mediante la cual el Tribunal Supremo de Justicia ejerce la dirección, gobierno y administración del Poder Judicial, también son parte de la Administración Pública del Estado.

En consecuencia, en los términos de la sección segunda del Título IV de la Constitución, la Administración Pública del Estado no sólo está conformada por órganos que ejercen el Poder Ejecutivo, sino por los órganos que ejercen el Poder Ciudadano y el Poder Electoral, y por la Dirección Ejecutiva de la Magistratura que en ejercicio del Poder Judicial tiene a su cargo la dirección, el gobierno y la administración del Poder Judicial.

Para desarrollar los principios constitucionales relativos a la Administración Pública, se ha dictado la Ley Orgánica de la Administración Pública, la cual, como lo indica su artículo 1°, tiene por objeto general:

> "1° Establecer los principios y bases que rigen la organización y el funcionamiento de la Administración Pública;
>
> 2° Establecer los principios y lineamientos de la organización y funcionamiento de la Administración Pública Nacional y de la administración descentralizada funcionalmente;
>
> 3° Regular los compromisos de gestión;
>
> 4° Crear mecanismos para promover la participación y el control sobre las políticas y resultados públicos; y
>
> 5° Establecer las normas básicas sobre los archivos y registros públicos."

Siendo una ley nacional, por supuesto, sus disposiciones son básicamente "aplicables a la Administración Pública Nacional" (art. 2). La Ley, sin embargo, no define qué ha de entenderse por ello; pero de su normativa se deduce que abarca la Administración Pública que conforman los órganos que ejercen el Poder Ejecutivo Nacional y aquéllos que conforman la Administración Pública nacional descentralizada sometida al control de aquél, con forma de derecho público.

En cuanto a la Administración Pública que conforman los demás órganos del Poder Público Nacional, es decir, los que a nivel nacional ejercen el Poder Judicial, el Poder Ciudadano y el Poder Electoral, las disposiciones de la Ley Orgánica sólo se les aplican "supletoriamente" (art. 2). En cuanto a los órganos que ejercen el Poder Legislativo, respecto de las funciones administrativas que realicen, conforme al artículo 2 de la Ley Orgánica, también se les podrán aplicar sus disposiciones supletoriamente.

En relación con los órganos de los Poderes Públicos que derivan de la distribución territorial del Poder Público, conforme al artículo 2 de la LOAP "los principios y normas (de la Ley Orgánica) que se refieran en general a la Administración Pública, o expresamente a los Estados, Distritos metropolitanos y Municipios, serán de obligatoria observancia por éstos, quienes desarrollarán los mismos dentro del ámbito de sus respectivas competencias".

En cuanto a las demás regulaciones de la Ley Orgánica, rige el mismo principio de su posible aplicación supletoria a las Administraciones Públicas de los Estados y Municipios (art. 2).

c. *Los procedimientos excluidos*

Como excepción al principio de la generalidad, muchas leyes de procedimiento administrativo establecen excepciones expresas y precisas respecto de su aplicabilidad a determinados procedimientos. En Venezuela, por ejemplo, quedan excluidos de la aplicación de la Ley Orgánica de Procedimientos Administrativos, "los procedimientos concernientes a la seguridad y defensa del Estado" (art. 106).

En sentido similar, el Código colombiano precisa que sus normas:

> "No se aplicarán en los procedimientos militares o de policía que por su naturaleza, requieren decisiones de aplicación inmediata, para evitar o remediar una perturbación de orden público en los aspectos de defensa nacional, seguridad, tranquilidad, salubridad y circulación de personas y cosas". (art. 1).

En Colombia también se excluyen de la aplicación del Código los procedimientos "para ejercer la facultad de libre nombramiento y remoción" (art. 1).

En Argentina, en esta materia, la Ley de Procedimientos Administrativos autoriza al Poder Ejecutivo para dictar el procedimiento administrativo que regirá respecto de los organismos militares y de defensa y seguridad, a propuesta de éstos, adoptando los principios básicos de la Ley y su reglamento. (art. 2).

En México, la Ley federal establece una amplia exclusión de la aplicabilidad de la Ley, al disponer que la misma no será aplicable a:

> "Las materias de carácter fiscal, financiero, responsabilidades de los servidores públicos, electoral, competencia económica, justicias agraria y laboral, así como al Ministerio Público en ejercicio de sus funciones constitucionales." (art. 1).

B. Los procedimientos especiales y el principio de supletoriedad

Otro principio derivado de la regulación del procedimiento administrativo es el principio de supletoriedad vinculado al régimen de los procedimientos especiales.

En efecto, en todas las leyes de procedimiento administrativo se señala que pueden haber procedimientos especiales, que serían los aplicables en el caso concreto, conforme al principio de la especialidad. Paralelamente, sin embargo, se regula el principio de la supletoriedad, en el sentido de que en estos procedimientos especiales se aplica el régimen general de la Ley, en todo lo no regulado en los referidos procedimientos especiales.

Es el caso del Código Colombiano, en cuyo artículo 1° se prescribe que los procedimientos administrativos regulados por leyes especiales, se rigen por éstas y, en todo lo no previsto en ellas, se aplican las disposiciones del Código. En igual sentido, el régimen venezolano de la Ley Orgánica de Procedimientos Administrativos señala que si hay procedimientos regulados en leyes especiales, estos se aplican con preferencia al procedimiento ordinario previsto en la Ley, en las materias de su especialidad (art. 47). La supletoriedad también la regula con precisión la Ley peruana, al disponer que los procedimientos especiales creados y regulados como tales por ley expresa, atendiendo a la singularidad de la materia, "se rigen supletoriamente por la presente ley en aquellos aspectos no previstos y en los que no son tratados expresamente de modo distinto" (art. II, 2).

En esta forma, el principio supletorio es un rasgo común de estas leyes de procedimiento administrativo, que también recogen las leyes de México (art. 2), de Argentina (art. 2), de Brasil (art. 68) y de Honduras (art. 2).

C. El régimen supletorio del procedimiento civil

Otro principio general supletorio que se puede identificar en el régimen de las leyes de procedimiento administrativo, es el relativo a la aplicabilidad de las normas procesales generales respecto de los procedimientos administrativos. Entre las leyes de procedimiento administrativo que regulan este aspecto están las de Costa Rica, México, Honduras y Perú.

En efecto, la Ley General de Costa Rica destinada a regular los procedimientos que se desarrollan ante la Administración, precisa que en ausencia de disposición expresa de su texto se deban aplicar "supletoriamente", en lo que fueren compatibles, las otras leyes que contengan normas procesales, que son, la Ley de la Jurisdicción Contencioso Administrativa y el Código de Procedimiento Civil (art. 229). En sentido similar, el artículo 150 de la Ley de Honduras dispone que:

> "*Artículo* 150. Para la resolución de cuestiones no previstas expresamente en esta Ley, serán de aplicación supletoria los principios generales del procedimiento administrativo y, en su defecto, las normas del Código de Procedimientos Civiles siempre que no fueren incompatibles con el régimen establecido por la misma."

En el Perú, la Ley del Procedimiento Administrativo General dispone que "la regulación propia del derecho procesal civil es aplicable sólo en cuanto sea compatible con el régimen administrativo" (art. IV,2); y en México, la Ley Federal también prescribe que el Código Federal de Procedimiento Civil se aplicará, supletoriamente a esta Ley, en lo conducente (art. 2).

En todo caso, éste ha sido uno de los temas tradicionalmente más discutidos en relación al régimen procesal administrativo. Las leyes administrativas están regidas por el principio del informalismo y el principio de la flexibilización de la acción administrativa, por lo que, como principio, el Código de Procedimiento Civil no debería aplicarse al procedimiento administrativo. Incluso en países como Venezuela, los tribunales contencioso-administrativos han tenido un rechazo sistemático respecto de admitir la aplicación de los principios del Código de Procedimiento Civil al procedimiento administrativo, precisamente, entre otros factores, por los principios del informalismo y antiritualismo que deben regir al procedimiento administrativo.

Por ello, en los casos de Costa Rica y de México, donde sí se remite expresamente al Código de Procedimiento Civil para lo no previsto en la ley, podría identificarse una fuerte contradicción entre el antiformalismo del procedimiento administrativo y el excesivo formalismo que caracteriza las normas de procedimiento civil.

D. El principio de exclusividad

Ahora bien, regulado un procedimiento administrativo, sea en una ley especial o en una ley general de procedimiento administrativo, dicho procedimiento es el que debe aplicarse exclusivamente, siendo el único válido y admisible.

Por tanto, una vez regulado un procedimiento administrativo, puede decirse que queda eliminado todo ámbito de discrecionalidad de la Administración respecto de poder escoger o aplicar un procedimiento cualquiera.

Este es uno de los principios claves derivados de la garantía de los particulares frente a la Administración, el que exclusivamente se aplique el procedimiento que regula la ley, no teniendo el funcionario poder discrecional alguno para aplicar cualquier otro procedimiento. Lo contrario atentaría contra el régimen mismo del procedimiento.

Por tanto, como garantía de los particulares, en materia de procedimiento administrativos, el principio de exclusividad conduce, en relación a la Administración al principio de obligatoriedad.

2. La obligatoriedad del procedimiento

A. El principio de la imperatividad

En efecto, regulado legalmente un procedimiento, el mismo es de obligatoria aplicación. Así lo señala la Ley Federal mexicana, al prescribir que las disposiciones sobre procedimiento administrativo:

> "Son aplicables a la actuación de los particulares ante la Administración Pública Federal, así como a los actos a través de los cuales se desenvuelve la función administrativa" (art. 12)

Sin embargo, en las leyes de procedimiento administrativo se pueden identificar algunos supuestos en los que si bien se regula el procedimiento administrativo, el mismo podría no ser obligatorio. Es el caso, por ejemplo, de procedimientos que no afecten a los particulares. El procedimiento administrativo en último término, es una garantía de los particulares, por lo que, en definitiva, como lo señala la Ley de Honduras, los órganos y entidades de la Administración Pública, "estarán sujetos a la presente Ley, cuando declaren, reconozcan o limiten los derechos de los particulares" (art. 1).

Por su parte, la Ley General de Costa Rica también establece expresamente, en su artículo 308, que el procedimiento ordinario que regula será de observancia obligatoria en cualquiera de los siguientes casos:

> "a. Si el acto final puede causar perjuicio grave al administrado, sea imponiéndole obligaciones, suprimiéndole o denegándole derechos subjetivos, o por cualquier otra forma de lesión grave y directa a sus derechos o intereses legítimos; y
>
> b. Si hay contradicción o concurso de interesados frente a la Administración dentro del expediente."

Por ello, también agrega la Ley General de Costa Rica que el trámite que regula, se aplica "cuando el acto final haya de producir efectos en la esfera jurídica de otras personas" (art. 215), es decir, pueda causar perjuicios o afectar a otros particulares, o cuando exista una contradicción o participación de particulares.

B. Las clases de procedimiento

Lo antes dicho permite distinguir los procedimientos administrativos según sus efectos y, entre ellos, los que afecten a los particulares y los que no los afecten, de lo que deriva su obligatoriedad.

Por ello, si el procedimiento es de efectos internos exclusivamente respecto de los órganos de la Administración, la Ley de Costa Rica prescribe que la Administración puede regularlo discrecionalmente. En consecuencia, la obligatoriedad es total cuando el procedimiento implique actos o acciones que vayan a afectar a los administrados, como lo señala la Ley de Honduras. Al contrario, cuando ésta afectación a los particulares no existe, la Administración tendría la libertad de escoger cualquier otra modalidad de procedimiento.

Una excepción a la obligatoriedad se encuentra en la Ley Federal mexicana cuando se refiere a aquellos casos en que "medie una situación de emergencia o urgencia, debidamente fundada y motivada", supuesto en el cual la autoridad puede emitir el acto administrativo sin las formalidades del procedimiento, pero siempre respetando las garantías individuales (art. 61).

Con ello, en situaciones excepcionales podría obviarse el principio de la obligatoriedad, así como también el procedimiento, y dictarse el acto sin regirse por la norma preestablecida, pero siempre respetando las garantías de los particulares.

C. El principio de la responsabilidad

La obligatoriedad del procedimiento trae como consecuencia, en todas las leyes, la aplicación del principio de la responsabilidad; por tanto, la mora o la no aplicación del procedimiento o trámites compromete la responsabilidad tanto de la Administración como del funcionario.

Así está expresamente regulado en la ley venezolana (art. 6), en el Código colombiano y en la ley peruana. En la primera, se declara responsable al funcionario por "retardo, omisión, distorsión o incumplimiento de cualquier disposición, procedimiento, trámite o plazo" establecido en la Ley (art. 100); y en el Código de Colombia se destina uno de los títulos del Libro Primero a la responsabilidad del funcionario por no aplicar el procedimiento administrativo en la forma legalmente prescrita. (arts. 76 a 79). La responsabilidad disciplinaria, en estos casos, en general, origina la aplicación de sanciones pecunarias como se dispone en el art. 151 de la ley de Honduras; en el art. 68 de la ley de Brasil; y en el art. 100 de la ley de Venezuela.

En la ley del Perú, además, se detallan los supuestos de responsabilidad de los funcionarios por falta administrativa en el procedimiento administrativo, en los siguientes casos:

> "1.Negarse a recibir injustificadamente solicitudes, recursos, declaraciones, informaciones o expedir constancia sobre ellas.
>
> 2. No entregar, dentro del término legal, los documentos recibidos a la autoridad que deba decidir u opinar sobre ellos.
>
> 3. Demorar injustificadamente la remisión de datos, actuados o expedientes solicitados para resolver un procedimiento o la producción de un acto procesal sujeto a plazo determinado dentro del procedimiento administrativo.
>
> 4. Resolver sin motivación algún asunto sometido a su competencia.
>
> 5. Ejecutar un acto que no se encuentre expedito para ello.
>
> 6. No comunicar dentro del término legal la causa de abstención en la cual se encuentre incurso.
>
> 7. Dilatar el cumplimiento de mandatos superiores o administrativo o contradecir sus decisiones.

8. Intimidar de alguna manera a quien desee plantear queja administrativa o contradecir sus decisiones.

9. Incurrir en ilegalidad manifiesta.

10. Difundir de cualquier modo o permitir el acceso a la información confidencial."

En la Ley de Honduras, por su parte, se regula el procedimiento de queja ante el superior inmediato del presunto responsable, en relación con "los retrasos injustificados o defectos de tramitación durante el procedimiento", a los efectos de la determinación de la responsabilidad disciplinaria, con intervención de la Contraloría General de la República (art. 117). La ley del Perú también regula en detalle el procedimiento de queja contra los defectos de tramitación (art. 158).

3. El principio del paralelismo de las formas

Un principio que también se debe indicar como consecuencia de la regulación del procedimiento administrativo, es el principio del paralelismo de las formas.

Es decir, regulado un procedimiento para la producción de actos administrativos, cualquier modificación posterior del acto dictado, aun cuando no esté regulada expresamente, debe seguir las mismas formas y formalidades prescritas para la producción del acto inicial. Este principio puede tener una aplicación importante, porque muchas veces el ordenamiento sólo regula el procedimiento para la emisión del acto, pero no sus modificaciones. El principio del paralelismo de las formas obliga a que las modificaciones también se rijan por los mismos principios que guiaron la emisión.

La consagración de este principio, por ejemplo, está en la ley del Perú, la cual al regular la potestad de la Administración para rectificar los errores materiales o aritméticos en los actos administrativos indica que "la rectificación adopta las formas y modalidades de comunicación o publicación que corresponda para el acto original" (art. 201,2).

En todo caso, se trata de un principio que ha sido admitido por la jurisprudencia con mucha frecuencia, el cual puede conducir a nuevos ámbitos de control de la legalidad.

4. La proscripción de las vías de hecho

La consecuencia de la regulación del procedimiento y del necesario sometimiento a la ley que lo regula es la necesidad de que la Administración, en su actuación, tenga que seguir siempre las vías legales. La consecuencia de esto es que quedan proscritas las vías de hecho, las cuales existirían en toda actuación de la Administración que se aparte del procedimiento legalmente establecido o cuando la Administración pretenda adoptar una decisión sin que exista un acto previo que la autorice.

Este principio se encuentra regulado, por ejemplo, en la Ley Orgánica venezolana, en materia de ejecución de actos administrativos, al establecer que:

> "Ningún órgano de la Administración podrá realizar actos materiales que menoscaben o perturben el ejercicio de los derechos de los particulares, sin que previamente haya sido dictada la decisión que sirva de fundamento a los actos" (art. 78).

En sentido similar, la Ley de Honduras prescribe que:

> "Ninguna actuación material que límite derechos de los particulares podrá iniciarse sin que previamente haya sido adoptada y legalmente comunicada la decisión que le sirva del fundamento jurídico" (art. 20).

Por ello, la actuación de la Administración mediante actos materiales se considera como una vía de hecho si no tiene su fundamento en un acto administrativo formal previo de la propia Administración.

En el caso de la legislación argentina, la regulación de las "vías de hecho" es expresa al imponer a la Administración la abstención de "comportamientos que importen vías de hecho administrativas lesivas de un derecho o garantía constitucionales" (art. 9.a).

Incluso se califica como "vía de hecho" la actuación consistente en poner en ejecución un acto administrativo cuando está pendiente algún recurso administrativo de los que impliquen efectos respecto de la ejecución del acto; o cuando habiéndose resuelto, no hubiere sido notificado (art. 9.b).

III. EL PRINCIPIO DE LA JERARQUÍA DE LOS ACTOS

1. El respeto a la jerarquía de los actos administrativos

El segundo principio del procedimiento administrativo derivado del principio de la legalidad es el de la jerarquía, que también tiene su antecedente formal en la Ley española de Régimen Jurídico de la Administración del Estado, de 1957, que prescribía que "ninguna disposición administrativa podrá vulnerar los preceptos de otra de grado superior". (art. 23, 1)

Esa norma fue recogida textualmente en la legislación venezolana, al establecer el artículo 13 de la Ley Orgánica que "ningún acto administrativo podrá violar lo establecido en otro de superior jerarquía". Consecuente con esta prescripción, el ordenamiento venezolano, además, establece el orden jerárquico de los actos administrativos, así: "decretos, resoluciones, órdenes, providencias y otras decisiones dictadas por órganos y autoridades administrativas." (art. 14)

Por tanto, el principio de jerarquía en la organización administrativa rige en materia de legalidad, obligando a que los actos administrativos de los órganos inferiores se sometan a los dictados por los superiores.

2. El principio de la inderogabilidad singular de los reglamentos

El segundo principio derivado del principio de la jerarquía es el que en España se ha llamado "principio de la inderogabilidad singular de los reglamentos", es decir, la obligación que tiene la Administración de respetar los actos normativos cada vez que se dicte un acto individual o de efectos particulares. No sólo se trata de que el órgano inferior respete el acto normativo dictado por el órgano superior, sino de que el mismo órgano que dictó un acto normativo lo respete al dictar un acto de efectos particulares e, incluso, que el órgano superior respete el acto normativo del inferior al dictar un acto administrativo de efectos particulares.

Este principio también tiene relación con el principio del paralelismo de las formas: el reglamento sólo puede ser modificado por otro reglamento, dictado por la misma autoridad que produjo el primero, conforme al mismo procedimiento. Por tanto, dictado un acto administrativo normativo en una determinada área de competencia, el mismo no puede ser modificado o derogado singularmente cuando se dicte un acto administrativo individual, aún cuando éste lo dicte un órgano superior, el mismo órgano, o uno inferior.

Este principio encuentra regulación expresa en la Ley Orgánica venezolana, en cuyo artículo 13 se señala que los actos administrativos de carácter particular no pueden "vulnerar lo establecido en una disposición administrativa de carácter general, aún cuando fueren dictados por autoridad igual o superior a la que dictó la disposición general".

En el caso de la Ley General de Costa Rica, su artículo 13 establece que:

> "La Administración estará sujeta en general a todas las normas escritas y no escritas del ordenamiento administrativo, y al derecho privado supletorio del mismo, sin poder derogarlos ni desaplicarlos para casos concretos.
>
> La regla anterior se aplicará también en relación con los reglamentos, sea que éstos provengan de la misma autoridad, sea que provengan de otra superior o inferior competente."

En consecuencia, dictada una norma reglamentaria ésta no puede derogarse singularmente mediante un acto individual, sino que tiene que ser o derogada o modificada por autoridad superior o la misma autoridad, mediante otro acto reglamentario.

El enunciado de este principio también se encuentra en el Reglamento de la Comunidad Andina cuando precisa que "los actos de la Secretaría General que generen efectos particulares no podrán vulnerar lo establecido en las Resoluciones de carácter normativo" (art. 9).

En Honduras, la ley es todavía más precisa al prescribir que los órganos de la Administración, incluso mediante actos de carácter general, no pueden "vulnerar los preceptos de otro acto de carácter general dictado por un órgano de grado superior" (art. 40.d).

IV. EL RÉGIMEN DE LA DISCRECIONALIDAD

Así como Adolf Merkl definió el derecho administrativo como "el derecho del procedimiento administrativo" y Maurice Horiou lo había definido como el derecho relativo a las personas jurídico públicas; Marcel Waline, por su parte, también definió esta disciplina jurídica como "el derecho relativo al poder discrecional" con lo que se pone de manifiesto la importancia que tiene el ejercicio del poder discrecional en relación con los procedimientos administrativos.

En efecto, la discrecionalidad se da, como lo ha señalado la jurisprudencia venezolana, cuando el ordenamiento jurídico le otorga al funcionario cierta libertad para elegir entre uno y otro curso de acción, para hacer una u otra cosa, o hacerla de una u otra manera, apreciando la oportunidad o conveniencia de la medida a tomarse. En los casos de ejercicio de poderes discrecionales, es la Ley la que permite a la Administración apreciar la oportunidad o conveniencia del acto según los intereses públicos, sin predeterminar cuál es la situación de hecho. En esos casos, la Administración tiene la elección, sea de las circunstancias ante las cuales dictará el acto, sea del acto que se dictará ante una situación de hecho, por lo que es posible afirmar que "la potestad discrecional es más una libertad de elección entre alternativas igualmente justas" (Corte Primera de lo Contencioso Administrativo, sentencia de 1-6-2001).

Por ello, en algunas de las leyes de procedimientos administrativos se ha regulado el ejercicio de la potestad discrecional, entendida como la posibilidad que da la ley al funcionario de adoptar decisiones según su apreciación de la oportunidad y conveniencia, pudiendo normalmente adoptar varias decisiones que de acuerdo a la apreciación de los hechos y a la finalidad de la norma, todas, si se aplican, podrían ser igualmente justas.

1. La reducción de la discrecionalidad: los conceptos jurídicos indeterminados

En todo caso, si algo ha caracterizado al derecho administrativo en las últimas décadas en todos nuestros países, como lo enunció hace años Eduardo García de Enterría en un célebre trabajo sobre La lucha contra las inmunidades del poder; es el proceso de redefinición del ámbito de la discrecionalidad y de limitación de la misma. Este puede decirse que es el signo común del derecho administrativo y, en particular, de las leyes de procedimiento administrativo.

El esfuerzo de la doctrina y de la jurisprudencia de las últimas décadas ha consistido, entonces, en deslastrar a los funcionarios de ciertas áreas de actuación que antes se consideraban como parte del poder discrecional y que, progresivamente, se han ido eliminando de dicho ámbito, como es el caso de la utilización de "conceptos jurídicos indeterminados" en la atribución de competencias. El tema deriva de la doctrina alemana y se ha desarrollado por la doctrina española, permitiendo sacar del ámbito de la discrecionalidad actuaciones que no lo son, porque son más bien parte de la legalidad, del sometimiento estricto a la ley. Los "conceptos jurídicos indeterminados", en realidad, no le dejan a la Administración la libertad de optar entre varias posibilidades en su actuación, sino que al tener la Administración una sola posibilidad justa de actuar, ya no hay poder discrecional. Es lo que en Italia se ha denominado la "discrecionalidad técnica", así llamada precisamente para indicar que no es discrecionalidad porque el juicio depende de elementos técnicos, y al depender de ellos, sólo es viable una solución y no múltiples.

Por su interés estimamos que debe destacarse una sentencia de 1993 de la Sala Político-Administrativa de la antigua Corte Suprema de Justicia de Venezuela, en la que se analizó con precisión el tema de los conceptos jurídicos indeterminados, al decidir sobre la impugnación de una decisión ministerial basada en el Reglamento de Radiodifusión Audiovisual, el cual, en uno de sus artículos establecía que las estaciones televisoras sólo podían transmitir programas recreativos que contribuyeran a la sana diversión, "sin ofender la moral pública ni exaltar la violencia y el delito" (art. 1).

Con fundamento en esta norma, el Ministerio correspondiente decidió clausurar un programa de televisión, arguyendo que en determinado horario se había proyectado "una escena de una obra de teatro en la cual se ofende la moral pública, por cuanto apareció la figura de un hombre desprovisto de vestimenta", con lo cual se habría infringido, en esta forma, la norma antes mencionada. Se trataba de una escena de una obra de teatro brasileña que personificaba el nacimiento de un héroe mitológico indígena.

Dicho acto administrativo fue impugnado en la oportunidad pertinente, y la Sala Político-Administrativa de la antigua Corte Suprema de Justicia, en fecha 19-5-83, razonó como sigue en la decisión que dictó:

> "El presupuesto de hecho □ofensa a la moral pública□ incorpora a la norma uno de aquellos elementos que la doctrina administrativa ha denominado conceptos jurídicos indeterminados, y que se diferencian claramente de las llamadas potestades discrecionales. Mientras éstas dejan al funcionario la posibilidad de escoger según su criterio una entre varias soluciones justas, no sucede lo mismo cuando se trata de la aplicación de un concepto jurídico indeterminado. Se caracterizan estos últimos por ser conceptos que resulta difícil delimitar con precisión en su enunciado, pero cuya aplicación no admite sino una sola solución justa y correcta, que no es otra que aquélla que se conforme con el espíritu, propósito y razón de la norma.
>
> La aplicación del concepto jurídico indeterminado por la Administración Pública constituye una actividad reglada y por consiguiente sujeta al control de legalidad por parte del órgano jurisdiccional competente. De allí la importancia que tiene de establecer la significación y el alcance del concepto moral pública empleada por la norma y que ha sido invocada como fundamento de la Resolución impugnada..."

Luego entró la Corte a analizar el concepto de moral pública así:

> "**6.** La moral es el conjunto de valores que distinguen a una civilización, a un pueblo o a un individuo. El respeto y preservación de algunos de estos valores conciernen sólo al individuo y constituyen un problema de conciencia y de propia satisfacción espiritual. En cambio existen otros valores individuales cuya conservación y acatamiento son considerados necesarios por una determinada colectividad o por un pueblo. Son aquellas reglas de conducta que deben ser observadas como garantías del orden público y de la convivencia social.
>
> El empleo por la norma de la expresión moral pública, evidencia en primer lugar que lo que con ella se trata de preservar no son reglas atinentes a la moral individual, sino aquéllas cuya violación podría afectar de alguna manera el buen orden social y la pacífica convivencia de los ciudadanos.
>
> La determinación de tales reglas no puede ser el producto de la concepción individual o subjetiva de algún funcionario. Configurando una manifestación de la cultura general de un pueblo en un momento de su evolución histórica, su determinación tiene que ser el resultado de una investigación objetiva acerca de la conducta, sentimiento, opiniones y reacciones de la colectividad frente a determinados hechos.
>
> 7. La moral pública es dinámica. Cambia con el correr de los tiempos y la evolución de las costumbres. De aquí que para juzgar si una determinada actuación ofende efectivamente a la moral pública, menester es atenerse al criterio dominante en el medio social en que aquella se realizó.
>
> En el estado actual de la evolución cultural de Venezuela, sería inexacto sostener que toda manifestación del cuerpo humano desprovisto de vestimenta que afecte a la moral pública o constituya objeto de escándalo o de repudio por parte de la colectividad" (*Revista de Derecho Público,* N° 34, Caracas, 1988, p. 69).

Con este razonamiento, la Corte anuló la decisión impugnada.

Otro ejemplo en esta materia es el concepto de "utilidad pública" para que proceda la expropiación de bienes. En relación con el mismo, la situación es que hay o no hay utilidad pública, pero no la puede haber a medias. Así mismo sucede con la noción de "precio justo", también en materia de expropiación; lo que implica que el mismo es justo o no lo es, y para ello es que hay elementos técnicos para determinarlo.

El tema, en todo caso, es el de la reducción a la libertad de apreciación cuando hay una sola solución justa, aplicándose entonces la noción de los conceptos jurídicos indeterminados. Este principio se encuentra consagrado en la legislación de Costa Rica al disponer la Ley General, que la actuación de la Administración "en ningún caso podrá consistir en dictar actos contrarios a reglas unívocas de la ciencia o de la técnica" (art. 16). Se destaca, entonces, esta remisión a los principios de la ciencia y de la técnica, que no pueden violarse al dictarse un acto administrativo.

2. Los límites a la discrecionalidad y la proscripción de la arbitrariedad

Por otra parte, en las leyes de procedimiento administrativo debe destacarse un esfuerzo legislativo encomiable por establecer límites a la discrecionalidad. En tal sentido, las leyes de Venezuela (art. 12), Honduras (art. 19) y Costa Rica (art. 15,1) y el Reglamento de la Comunidad Andina (art. 10), establecen el principio de que en el caso de actos discrecionales, siempre debe haber una adecuación a los fines de la norma y el acto debe ser proporcional a los hechos o causa que lo originen, conformándose, así, los principios de racionalidad, razonabilidad, justicia, equidad, igualdad, proporcionalidad y finalidad, como límites a la discrecionalidad.

La Ley General de Costa Rica establece, en efecto, de manera expresa que un acto discrecional es inválido, "cuando viole reglas elementales de lógica, de justicia o de conveniencia, según lo indiquen las circunstancias de cada caso" (art. 160). En todo caso, la Administración debe adoptar sus resoluciones en el caso de las actuaciones discrecionales con apego, "a los límites de racionalidad y razonabilidad implícitos en aquél" (art. 261,1).

En la misma orientación, el artículo 16 de la misma Ley General agrega que en ningún caso pueden dictarse actos contrarios "a principios elementales de justicia, lógica o conveniencia". En todo caso, el Juez puede controlar la conformidad con estas reglas no jurídicas de los elementos discrecionales del acto, como si ejerciera el control de legalidad.

En la Ley venezolana, también se destaca este principio general de la limitación al poder discrecional al disponerse en el artículo 12 lo siguiente:

> "*Artículo* 12. Aún cuando una disposición legal o reglamentaria deje alguna medida o providencia a juicio de la autoridad competente, dicha medida o providencia deberá mantener la debida proporcionalidad y adecuación con el supuesto de hecho y con los fines de la norma, y cumplir los trámites, requisitos y formalidades necesarios para su validez y eficacia."

El mismo principio se encuentra en el Código colombiano, así

> "*Artículo* 36. En la medida en que el contenido de una decisión, de carácter general o particular, sea discrecional, debe ser adecuada a los fines de la norma que la autoriza, y proporcional a los hechos que le sirven de causa."

Por su lado, en la Ley del Perú, entre los principios del procedimiento administrativo que enumera y describe el artículo IV del Título Preliminar, se destaca el de razonabilidad señalándose, al efecto, que:

> "Las decisiones de la autoridad administrativa, cuando creen obligaciones, califiquen infracciones, impongan sanciones, o establezcan restricciones a los administrados, deben adaptarse dentro de los límites de la facultad atribuida y manteniendo la debida proporción entre los medios a emplear y los fines públicos que deba tutelar, a fin de que respondan a lo estrictamente necesario para la satisfacción de su cometido" (art. IV, 1.4).

Debe señalarse, particularmente, que este principio de la razonabilidad se encuentra muy desarrollado en Argentina donde se originó, tanto para control de la constitucionalidad de las leyes como en materia de control de la actividad de la Administración particularmente en el ámbito del poder discrecional. En tal sentido, el principio de la razonabilidad, con términos como equivalencia, proporción, adecuación, igualdad, paridad, justa distribución, dar a cada quien lo que le corresponde, se ha utilizado con frecuencia por la jurisprudencia en Argentina y Uruguay para definir los límites a la discrecionalidad.

Por último, debe señalarse que una norma similar a la colombiana y a la venezolana se ha recogido en el Reglamento sobre Procedimientos Administrativos de la Secretaría General de la Comunidad Andina, que establece que (art. 10):

> "Cuando una norma del ordenamiento jurídico de la Comunidad Andina disponga la aplicación de alguna medida por parte de la Secretaría General, dicha medida o providencia deberá mantener la debida proporción con los supuestos de hecho y con los fines de la norma y cumplir los trámites, requisitos y formalidades necesarios para su validez y eficacia."

En todo caso, con enunciados de esta naturaleza en una ley y, en particular, en una ley de procedimiento administrativo, sin duda el juez contencioso administrativo dispone de efectivas herramientas para controlar la legalidad de la actuación de la Administración, más allá de los aspectos formales de tal actuación.

Sección Tercera: LOS PRINCIPIOS DE LA ORGANIZACIÓN ADMINISTRATIVA

I. EL PRINCIPIO DE JERARQUÍA

1. La organización jerárquica y la potestad de dirección

Los órganos de la Administración Pública deben estar jerárquicamente ordenados y relacionados de conformidad con la distribución vertical de atribuciones en niveles organizativos. En consecuencia, como lo indica el artículo 28 de la Ley Orgánica de la Administración Pública de Venezuela, los órganos de inferior jerarquía están sometidos a la dirección, supervisión y control de los órganos superiores de la Administración Pública con competencia en la materia respectiva (art. 28).

En consecuencia, los órganos administrativos pueden dirigir las actividades de sus órganos jerárquicamente subordinados mediante instrucciones y órdenes.

Cuando una disposición específica así lo establezca o se estime conveniente por razón de los destinatarios o de los efectos que puedan producirse, las instrucciones y órdenes de servicio se deben publicar en la *Gaceta Oficial* que corresponda (art. 43).

De lo anterior deriva entonces que una de las consecuencias esenciales del principio jerárquico es la posibilidad que tiene el órgano superior de dar instrucciones y directrices, así como de coordinar y vigilar la actuación de los órganos inferiores.

Estos principios se encuentran enunciados en leyes como la de Uruguay, que da la potestad al jerarca de:

> "Dirigir con carácter general la actividad de sus funcionarios, en todo cuanto no haya sido objeto de regulación por los órganos jerárquicos, mediante instrucciones que harán conocer a través de circulares" (art. 10).

En esta materia, la Ley General de Costa Rica trae una extensa regulación sobre relaciones interorgánicas (relaciones de dirección, de jerarquía y de obediencia) que deben destacarse. En efecto, precisa que la jerarquía implica la potestad de dirección:

> "Cuando dos órganos de administración activa tengan diversa competencia por razón de la materia y uno de ellos pueda ordenar la actividad del otro, imponiéndole las metas de la misma y los tipos de medios que habrá de emplear para realizarlas, dentro de una relación de confianza incompatible con órdenes, instrucciones o circulares" (art. 99).

En cuanto a la relación jerárquica, es la que existe:

> "Entre superior e inferior cuando ambos desempeñen funciones de la misma naturaleza y la competencia del primero abarque la del segundo por razón del territorio y de la materia" (art. 101).

A tal efecto, el superior jerárquico tiene las siguientes potestades (art. 102):

> "a) Dar órdenes particulares, instrucciones o circulares sobre el modo de ejercicio de las funciones por parte del inferior, tanto en aspectos de oportunidad y conveniencia como de legalidad, sin otras restricciones que las que se establezcan expresamente;
>
> b) Vigilar la acción del inferior para constatar su legalidad y conveniencia, y utilizar todos los medios necesarios o útiles para ese fin que no estén jurídicamente prohibidos;
>
> c) Ejercer la potestad disciplinaria;
>
> d) Adoptar las medidas necesarias para ajustar la conducta del inferior a la ley y a la buena administración, revocándola, anulándola o reformándola de oficio, o en virtud de recurso administrativo;
>
> e) Delegar sus funciones y avocar las del inmediato inferior, así como sustituirlo en casos de inercia culpable, o subrogarse a él ocupando temporalmente su plaza mientras no regrese o no sea nombrado un nuevo titular, todo dentro de los límites y condiciones señalados por esta ley; y
>
> f) Resolver los conflictos de competencia o de cualquier otra índole que se produzcan entre órganos inferiores."

La Ley del Perú también establece estas competencias del superior jerárquico, al disponer en su artículo VII, Título Preliminar, que las autoridades superiores pueden dirigir u orientar con carácter general la actividad de los subordinados a ellas mediante circulares, instrucciones y otros análogos. Dichos instrumentos, sin embargo, no pueden crear obligaciones nuevas a los administrados. En todo caso, estos sí pueden invocar a su favor estas disposiciones, en cuanto establezcan obligaciones a los órganos administrativos en su relación con los administrados.

2. El principio de la obediencia debida

Vinculado al principio de la jerarquía también está el *principio de la obediencia debida*, es decir, el deber de obediencia que tiene el funcionario inferior en relación con las ordenes o instrucciones del superior; y el tema de la excusa debida, es decir, los supuestos en los cuales un funcionario no está obligado a acatar la decisión del superior.

Dispone el artículo 28 de la Ley Orgánica de la Administración Pública de Venezuela que el incumplimiento por parte de un órgano inferior de las órdenes e instrucciones de su superior jerárquico inmediato obliga a la intervención de éste y acarrea la responsabilidad de los funcionarios o funcionarias a quienes sea imputable dicho incumplimiento, "salvo lo dispuesto en el artículo 8 de esta Ley" (art. 28).

Este artículo 8 recoge el principio del artículo 25 de la Constitución venezolana de 1999 en el sentido de establecer la responsabilidad de los funcionarios públicos por las violaciones de los derechos garantizados en la Constitución "sin que les sirvan de excusa órdenes superiores". En consecuencia, si la orden del superior implica una violación de un derecho constitucional, y si el funcionario inferior la cumple, compromete su propia responsabilidad. La "salvedad" que parece implica la norma del artículo 28 de la LOAP sería que el funcionario inferior no incurriría en responsabilidad por incumplimiento de una orden superior, cuando la misma implique violación de un derecho constitucional.

Este tipo de normas, sin embargo, no es frecuente en las leyes de procedimiento administrativo, salvo en la Ley General de Costa Rica, la cual establece expresamente que todo servidor público está obligado a obedecer las órdenes particulares, instrucciones o circulares del superior, siempre que el acto provenga de un superior jerárquico, sea o no inmediato (art. 107), agregando que "deberá desobedecer las órdenes que contengan actos manifiestamente arbitrarios o que constituyan abuso de autoridad u otro delito o que comporten realizar actos extraños a la competencia del inferior." (art. 108,1).

En ese caso se regula la excusa debida, por lo que el funcionario tiene la posibilidad y el deber de no cumplir las órdenes arbitrarias.

II. EL PRINCIPIO DE DESCONCENTRACIÓN

Otros principios vinculados al de la jerarquía y a su desviación y atenuación son los clásicos relativos a la organización administrativa. En primer lugar, está el principio de la desconcentración, mediante la cual dentro de una misma organización general se transfieren competencias del superior al inferior jerárquico, quien las ejerce plenamente. Mediante la desconcentración se rompe con la jerarquía o el grado, porque normalmente al desconcentrarse una función, se pone fin a la vía administrativa en el órgano en el cual se desconcentra la competencia.

La Ley del Perú regula el régimen de la desconcentración, al establecer en su artículo 74, que:

> "A los órganos jerárquicamente dependientes se les transfiere competencia para emitir resoluciones, con el objeto de aproximar a los administrados las facultades administrativas que conciernan a sus intereses."

Esta materia ha sido también regulada con precisión en Venezuela, en la Ley Orgánica de la Administración Pública, cuyo artículo 31 dispone que para el cumplimiento de las metas y objetivos de la Administración Pública, se puede adaptar la organización a determinadas condiciones de especialidad funcional y de particularidad territorial, transfiriendo atribuciones de sus órganos superiores a sus órganos inferiores, mediante acto normativo de conformidad con la presente Ley.

En todo caso, la desconcentración funcional o territorial, transfiere únicamente la atribución. La persona jurídica en cuyo nombre actúe el órgano desconcentrado será responsable patrimonialmente por el ejercicio de la atribución o el funcionamiento del servicio público correspondiente, sin perjuicio de la responsabilidad que corresponda a los funcionarios y funcionarias que integren el órgano desconcentrado y se encuentren encargados de la ejecución de la competencia o de la gestión del servicio público correspondiente (art. 32).

La Ley Orgánica de la Administración Pública precisa, además, que los ministerios u otros órganos de control, nacionales, estadales, de los distritos metropolitanos o municipales, respecto de los órganos desconcentrados, tienen las siguientes atribuciones numeradas en el artículo 177:

> "1. Definir la política a desarrollar por tales entes, a cuyo efecto formularán las directivas generales que sean necesarias.
>
> 2. Ejercer permanentemente funciones de coordinación, supervisión y control.
>
> 3. Evaluar en forma continua el desempeño y los resultados de su gestión e informar oportunamente al Presidente o Presidenta de la República, gobernador o gobernadora, alcalde o alcaldesa, según corresponda.
>
> 4. Informar trimestralmente al organismo u órgano nacional, estadal del distrito metropolitano o municipal, encargado de la planificación acerca de la ejecución de los planes por parte de los entes.
>
> 5. Proponer al Presidente o Presidenta de la República, gobernador o gobernadora, o alcalde o alcaldesa, según corresponda, las reformas necesarias a los fines de crear, modificar o eliminar las entidades descentralizadas funcionalmente que respectivamente le estén adscritas.
>
> 6. Las demás que determinen las leyes nacionales, estadales y las ordenanzas y sus reglamentos."

Por último, el artículo 31 de la misma Ley Orgánica de la Administración Pública aclara que la desconcentración de atribuciones en órganos inferiores de los entes públicos también puede revertirse mediante la modificación o derogación del instrumento jurídico que le dio origen.

III. EL PRINCIPIO DE LA DESCENTRALIZACIÓN

En segundo lugar, está el principio de descentralización, con el cual también se rompe la jerarquía, pero en el sentido de que la competencia sale de la organización general que la tenía y se atribuye a una persona jurídica distinta, surgiendo un sujeto de derecho como entidad descentralizada funcionalmente.

La Ley Orgánica de la Administración Pública de Venezuela también es precisa en esta materia, distinguiendo dos tipos de descentralización: la territorial y la funcional.

En cuanto a la descentralización político territorial, con el propósito de profundizar la democracia y de incrementar la eficiencia y eficacia de la gestión de la Administración Pública, el artículo 30 de la LOPA dispone que se pueden descentralizar competencias y servicios públicos de la República a los Estados y Municipios, y de los Estados a los Municipios, de conformidad con la Constitución y la ley. Recoge, así, esta norma los principios descentralizadores que están establecidos en los artículos 157, 158 y 165 de la Constitución.

En cuanto a la descentralización funcional, el artículo 29 de la LOAP dispone que los titulares de la potestad organizativa pueden crear entes descentralizados funcionalmente cuando el mejor cumplimiento de los fines del Estado así lo requiera, en los términos y condiciones previstos en la Constitución y en la Ley.

El mismo artículo 29 de la LOAP establece los siguientes dos tipos de entes descentralizados funcionalmente.

En primer lugar, los entes descentralizados funcionalmente con forma de derecho privado, los cuales están conformados por las personas jurídicas constituidas y regidas de acuerdo a las normas del derecho privado en los términos de la LOAP, y son de dos tipos:

> "a. Entes descentralizados funcionalmente sin fines empresariales, que son aquellos entes descentralizados funcionalmente que no realicen actividades de producción de bienes o servicios destinados a la venta y cuyos ingresos o recursos provengan fundamentalmente del presupuesto de la República, los Estados, los Distritos Metropolitanos, o los Municipios.
>
> b. Entes descentralizados funcionalmente con fines empresariales, que son aquellos cuya actividad principal sea la producción de bienes o servicios destinados a la venta y cuyos ingresos o recursos provengan fundamentalmente de esta actividad."

En segundo lugar, están los entes descentralizados funcionalmente *con forma de derecho público*, conformados por aquellas personas jurídicas creadas y regidas por normas de derecho público, las cuales pueden perseguir fines empresariales o no empresariales, al igual que pueden tener atribuido el ejercicio de potestades públicas.

En relación con estos últimos, sólo por ley pueden crearse las personas jurídicas de derecho público; principio que deriva de lo dispuesto en el artículo 142 de la Constitución al prever que los institutos autónomos sólo pueden crearse por ley; y que tales instituciones, así como los intereses públicos en corporaciones o entidades de cualquier naturaleza, están sujetos al control del Estado, en la forma que la ley establezca.

Conforme al mismo artículo 29 de la LOAP la descentralización funcional puede revertirse por medio de la modificación del acto que le dio origen.

Tanto la descentralización funcional como la territorial transfieren la titularidad de la competencia y, en consecuencia, transfieren cualquier responsabilidad que se produzca por el ejercicio de la competencia o de la gestión del servicio público correspondiente, en la persona jurídica y en los funcionarios y funcionarias del ente descentralizado (art. 32).

IV. EL PRINCIPIO DE LA COORDINACIÓN

Por último, está el principio de la coordinación, esencial para integrar la voluntad de órganos inferiores situados en distintos planos.

Conforme al artículo 23 de la Ley Orgánica de la Administración Pública de Venezuela, las actividades que desarrollen los órganos y entes de la Administración Pública deben estar orientadas al logro de los fines y objetivos del Estado, para lo cual deben coordinar su actuación bajo el principio de unidad orgánica.

La organización de la Administración Pública debe comprender la asignación de competencias, relaciones, instancias y sistemas de coordinación necesarios para mantener su orientación institucional de conformidad con la Constitución y la ley.

V. EL PRINCIPIO DE COOPERACIÓN

Conforme al principio establecido en el artículo 136 de la Constitución venezolana, la Administración Pública Nacional, la de los Estados, la de los Distritos metropolitanos y la de los Municipios deben colaborar entre sí y con las otras ramas de los Poderes Públicos en la realización de los fines del Estado (art. 24).

VI. EL PRINCIPIO DE LEALTAD INTERINSTITUCIONAL

Dispone el artículo 25 de la Ley Orgánica de la Administración Pública de Venezuela que la Administración Pública Nacional, la de los Estados, la de los Distritos metropolitanos y la de los Municipios deben actuar y relacionarse de acuerdo con el principio de lealtad institucional y, en consecuencia, deben:

> "1. Respetar el ejercicio legítimo de sus competencias por parte de las otras administraciones.
>
> 2. Ponderar, en el ejercicio de las competencias propias, la totalidad de los intereses públicos implicados y, en concreto, aquellos cuya gestión esté encomendada a las otras administraciones.
>
> 3. Facilitar a las otras administraciones la información que precisen sobre la actividad que desarrollen en el ejercicio de sus propias competencias.
>
> 4. Prestar, en el ámbito propio, la cooperación y asistencia activas que las otras administraciones pudieran requerir para el ejercicio de sus competencias."

Sección Cuarta: EL PRINCIPIO DE LA EFICACIA

El segundo de los principios del procedimiento administrativo que incluyen en su enumeración todas las leyes de procedimiento administrativo de América Latina, es el principio de la *eficacia*. Así sucede en las leyes de Argentina (art. 1), de Venezuela (art. 30), de Honduras (art. 19), de Brasil (art. 2) y de México (art. 13), y en el Decreto de Uruguay (art. 2).

Pero una definición precisa del principio de la eficacia se encuentra tanto en el Código colombiano (art. 3), como en la Ley de Perú (art. IV, 10,1), como principio de interpretación del procedimiento; textos a los cuales hemos hecho referencia anteriormente. En ellos se privilegia, en el procedimiento administrativo, el logro de su finalidad (para lo cual deben removerse todos los obstáculos formales y dilaciones innecesarias); el cual debe prevalecer sobre los formalismos cuya realización no incida en su validez ni disminuyan las garantías de los administrados.

Sobre este principio de la eficacia, el artículo 19 de Ley Orgánica de la Administración Pública de Venezuela dispone que la actividad de los órganos y entes de la Administración Pública debe perseguir el cumplimiento eficaz de los objetivos y metas fijados en las normas, planes y compromisos de gestión, bajo la orientación de las políticas y estrategias establecidas por el Presidente de la República, por el gobernador, el alcalde según el caso (art. 19).

En todo caso, el funcionamiento de los órganos y entes de la Administración Pública, debe comprender el seguimiento de las actividades, así como la evaluación y control del desempeño institucional y de los resultados alcanzados (art. 18).

Por su parte, en relación con este principio, la Ley de Honduras prescribe que "las cuestiones incidentales que se suscitaren en el procedimiento, incluso las que se refieren a la nulidad de actuaciones, no suspenderán el curso del procedimiento, salvo la recusación" (art. 39).

En esta forma, el principio de la eficacia implica el principio de la conservación, del saneamiento o de la convalidación de los actos administrativos, a los efectos de que los procedimientos puedan lograr su finalidad.

En consecuencia, el logro del fin propuesto es lo que siempre debe orientar el desarrollo del procedimiento; fin que está vinculado tanto al interés general, como al interés de la Administración y al del administrado. El objetivo del procedimiento administrativo, en definitiva, es la satisfacción de esos fines en el menor tiempo y con el menor costo posible.

Este principio de interpretación del procedimiento administrativo, por tanto, implica varios principios que las leyes latinoamericanas recogen y que analizaremos comparativamente a continuación: el principio de la instrumentalidad; el principio de simplicidad y de la economía procedimental; el principio de la presunción de la legalidad y validez, es decir, el del logro de los efectos de los actos, comenzando por presumir que son válidos y eficaces; el principio *favor acti*; el principio de la conservación del acto; el principio *pro actione* o de la interpretación más favorable a lo solicitado, a la acción o al requerimiento, cuando se trate de procedimientos que se inicien a petición de parte; y el principio de la caducidad del procedimiento cuando no se cumplen las obligaciones por parte del interesado en la continuación del mismo, así como el de la prescripción de la actuación administrativa.

I. EL PRINCIPIO DE LA INSTRUMENTALIDAD: EL OBJETO Y LA FINALIDAD DEL PROCEDIMIENTO

El principio de la instrumentalidad exige interpretar el procedimiento administrativo, no como un fin en sí mismo, sino como un instrumento o cauce para alcanzar un fin. Lo que importa en el tratamiento del procedimiento, por tanto, es la finalidad perseguida.

Esa finalidad, como se dijo, puede desdoblarse en tres, tal y como lo precisan las leyes de procedimiento administrativo: primero, el interés general; segundo, el interés del ciudadano, y tercero, el interés de la propia Administración en la relación jurídica (principios de racionalización del procedimiento administrativo).

1. El cumplimiento de la acción administrativa

El procedimiento administrativo, ante todo, tiene por finalidad "establecer el régimen jurídico aplicable para que la actuación de la administración sirva a la protección del interés general" (art. III, Título Preliminar, Ley del Perú), o en otras palabras, tiene por objeto asegurar el cumplimiento de la acción administrativa, vinculada al logro de un interés general (art. 209 Código de Colombia).

Por ello, la Ley de Honduras establece que los principios del procedimiento administrativo buscan "garantizar la buena marcha de la Administración" (*Considerandos*); y la Ley General de Costa Rica precisa que "el procedimiento administrativo servirá para asegurar el mejor cumplimiento posible de los fines de la Administración" (art. 214,1); agregando que "la norma administrativa deberá ser interpretada en la forma que mejor garantice la realización del fin público a que se dirige" (art. 10).

Por su parte, el Código colombiano exige que:

> "Los funcionarios tendrán en cuenta que la actuación administrativa tiene por objeto el cumplimiento de los cometidos estatales como lo señalan las leyes, la adecuada prestación de los servicios públicos y la efectividad de los derechos e intereses de los administrados, reconocidos por la ley" (art. 2).

2. La protección y garantía de los derechos de los administrados

Pero además del logro de los fines propios del interés general que orientan la acción administrativa, el procedimiento tiene por finalidad la protección de los derechos e intereses de los administrados.

Esto está expresado en la Constitución de Venezuela al establecer que la Administración está al servicio de los administrados (art. 141); en la propia Ley General de Costa Rica, donde se precisa que el procedimiento administrativo debe desarrollarse, "con respeto para los derechos subjetivos e intereses legítimos del administrado."(art. 10,1 y 214,1); y en la de Honduras, la cual establece que el procedimiento se regula "como garantía de los derechos de los particulares frente a la actividad administrativa" (*considerandos*). En igual sentido, se expresa el artículo III, Título Preliminar de la Ley del Perú.

De lo anterior resulta que la satisfacción de los "derechos de los particulares" también constituye un elemento central de la finalidad del procedimiento administrativo. De allí ese principio de interpretación, que recoge el artículo 2° del Código colombiano, al exigir de los funcionarios que en su actuación también tengan en cuenta "la efectividad de los derechos e intereses de los administrados." (art. 2).

Como se dijo, la Constitución venezolana de 1999 en forma expresa establece que "la Administración Pública está al servicio de los ciudadanos" (art. 141); lo que reitera el artículo 3° de la Ley Orgánica de la Administración Pública, sustituyendo, sin embargo, la expresión ciudadanos por "particulares", agregando que en su actuación la Administración Pública debe dar preferencia a la atención de los requerimientos de la población y a la satisfacción de sus necesidades (art. 5).

Por su parte, el artículo 3 de dicha Ley Orgánica, señala que el "principal objetivo" de la organización y funcionamiento de la Administración Pública, es dar eficacia a los principios, valores y normas consagrados en la Constitución y, en especial, conforme se indica en el artículo 19 de la Constitución

> "garantizar a todas las personas, conforme al principio de progresividad y sin discriminación alguna, el goce y ejercicio irrenunciable, indivisible e interdependiente de los derechos humanos".

La Administración Pública, agrega el artículo 5 de la Ley Orgánica de la Administración Pública, debe asegurar a los particulares la efectividad de sus derechos cuando se relacionen con ella; además, debe tener entre sus objetivos, la continua mejora de los procedimientos, servicios y prestaciones públicas, de acuerdo con las políticas fijadas y teniendo en cuenta los recursos disponibles, determinando al respecto las prestaciones que proporcionan los servicios de la Administración Pública, sus contenidos y los correspondientes estándares de calidad.

3. Los principios de la simplicidad, de la uniformidad y de la racionalidad administrativa

Pero además de los fines anteriores, también podría identificarse un tercer fin que guía la interpretación del procedimiento y que tiene que ver con la racionalización de la actividad administrativa, es decir, con los principios de la simplicidad, de la normalización o de la uniformización que se han querido establecer en muchos procesos de reforma administrativa y que regulan algunas leyes.

Estos principios del procedimiento administrativo los define la Ley del Perú, en el artículo IV del Título Preliminar, así:

> "1.13 *Principio de simplicidad.* Los trámites establecidos por la autoridad administrativa deberán ser sencillos, debiendo eliminarse toda complejidad innecesaria; es decir, los requisitos exigidos deberán ser racionales y proporcionales a los fines que se persigue cumplir.
>
> 1.14 *Principio de uniformidad.* La autoridad administrativa deberá establecer requisitos similares para trámites similares, garantizando que las excepciones a los principios generales no serán convertidos en la regla general. Toda diferenciación deberá basarse en criterios objetivos debidamente sustentados."

En esta orientación, la Ley Orgánica venezolana establece como obligación general, el que "la Administración *racionalizará* sus sistemas y métodos de trabajo y vigilará su cumplimiento" (art. 32), regulando además, la uniformización de los documentos y expedientes, y el desarrollo de procedimientos en serie a los efectos de simplificar y racionalizar la actividad. (art. 35).

Por su parte, el artículo 12 de la Ley Orgánica de Administración Pública de Venezuela dispone que la simplificación de los trámites administrativos será tarea permanente de los órganos y entes de la Administración Pública, así como la supresión de los que fueren innecesarios, todo de conformidad con los principios y normas que establezca la ley correspondiente.

Por ello, estando la Administración Pública al servicio de los ciudadanos y, en general, de los particulares o administrados, la misma, debe desarrollar su actividad y organizarse de manera que los particulares:

> "1. Puedan resolver sus asuntos, ser auxiliados en la redacción formal de documentos administrativos, y recibir información de interés general por medios telefónicos, informáticos y telemáticos.
>
> 2. Puedan presentar reclamaciones sin el carácter de recursos administrativos, sobre el funcionamiento de la Administración Pública.
>
> 3. Puedan acceder fácilmente a información actualizada sobre el esquema de organización de los órganos y entes de la Administración Pública, así como a guías informativas sobre los procedimientos administrativos, servicios y prestaciones que ellos ofrecen" (art. 6).

En particular, debe recordarse que la Ley de Simplificación de Trámites Administrativos venezolana de 1999, se destinó específicamente a desarrollar, en detalle este principio de la simplificación con el objeto de racionalizar las tramitaciones que realizan los particulares ante la Administración Pública; mejorar su eficiencia, pertinencia y utilidad, a fin de lograr mayor celeridad y funcionalidad en las mismas; reducir los gastos operativos; obtener ahorros presupuestarios; cubrir insuficiencias de carácter fiscal y mejorar las relaciones de la Administración Pública con los ciudadanos.

La Ley de Brasil, además, expresamente dispone que:

> "*Artículo* 7°. Los órganos y entidades administrativas deberán elaborar modelos y formularios uniformes para asuntos que impliquen pretensiones equivalentes."

Otro ejemplo de esta orientación normativa, puede encontrarse en el Reglamento de la Secretaría General Andina, el cual recoge en su artículo 5 estos principios, así:

> "En virtud del principio de uso de los procedimientos y formalidades para lograr el cumplimiento de los objetivos de la norma y de racionalización de la actividad administrativa, la Secretaría General deberá asegurarse de que las exigencias normativas en materia de procedimientos administrativos y de formalidades sean interpretadas en forma razonable y usadas sólo como instrumentos para alcanzar los objetivos de la norma."

En esta forma, por tanto, la expresión formal del principio de la instrumentalidad, es decir, del procedimiento como instrumento, como principio que debe guiar la interpretación y la aplicación de las normas por la Administración y por el juez administrativo, puede considerarse como un rasgo común en todas las normas de América Latina.

4. El principio de la sujeción a los planes, metas y objetivos

De acuerdo con la Ley Orgánica de la Administración Pública de Venezuela, los órganos y entes de la Administración Pública, en su funcionamiento, deben sujetarse a las políticas, estrategias, metas y objetivos que se establezcan en los respectivos planes estratégicos y compromisos de gestión (art. 18).

En particular, en cuanto a la actividad de las unidades administrativas sustantivas de los órganos y entes de la Administración Pública, se debe corresponder y ceñir a su misión, y la actividad desarrollada por las unidades administrativas de apoyo técnico y logístico se debe adaptar a la de aquéllas (art. 19).

5. El principio de la adecuación de los medios financieros a los fines

La Ley Orgánica de la Administración Pública establece en esta materia un conjunto de principios que deben destacarse:

La asignación de recursos a los órganos y entes de la Administración Pública se debe ajustar estrictamente a los requerimientos de su funcionamiento para el logro de sus metas y objetivos. En todo caso, el funcionamiento de la Administración Pública debe propender a la utilización racional de los recursos humanos, materiales y presupuestarios (art. 20).

La Administración Pública además, debe procurar que sus unidades de apoyo administrativo no consuman un porcentaje del presupuesto destinado al sector correspondiente mayor que el estrictamente necesario. A tales fines, los titulares de la potestad organizativa de los órganos y entes de la Administración Pública, previo estudio económico y con base en los índices que fueren más eficaces de acuerdo al sector correspondiente, deben determinar los porcentajes mínimos de gasto permitido en unidades de apoyo administrativo (art. 20).

Por otra parte, conforme al artículo 21 de la LOAP el tamaño y la estructura organizativa de los órganos y entes de la Administración Pública deben ser proporcionales y consistentes con los fines y propósitos que les han sido asignados. Las formas organizativas que adopte la Administración Pública deben ser suficientes para el cumplimiento de sus metas y objetivos y deben propender a la utilización racional de los recursos del Estado.

Sin perjuicio de sus unidades estratégicas propias, el artículo 20 de la Ley Orgánica autoriza a los órganos de la Administración Pública para incluir oficinas técnicas de carácter estratégico, integradas por un cuerpo multidisciplinario de asesores cuya remuneración se puede establecer por vía contractual con base en honorarios profesionales u otras modalidades fijadas de conformidad con la ley, al margen de la escala de los sueldos y salarios de la Administración Pública, con el objeto de obtener una asesoría técnica de máxima calidad y eficiencia.

6. El principio de la privatización

Como lo señala el artículo 20 de la Ley Orgánica de la Administración Pública de Venezuela, en los casos en que las actividades de los órganos y entes de la Administración Pública, en ejercicio de potestades públicas que por su naturaleza lo permitan, fueren más económicas y eficientes mediante la gestión del sector privado o de las comunidades, dichas actividades deben ser transferidas a éstos, de conformidad con la ley, reservándose la Administración Pública la supervisión, evaluación y control del desempeño y de los resultados de la gestión transferida (art. 20).

7. La desviación del procedimiento administrativo

La consecuencia del principio de la instrumentalidad referido a la finalidad del procedimiento conduce a plantear lo que la jurisprudencia francesa, desde hace varias décadas, venía identificando como un vicio específico del acto administrativo, derivado del viejo vicio de la desviación de poder, pero aplicado al procedimiento, denominado "vicio de desviación de procedimiento". Si los procedimientos se establecen para una determinada finalidad, la consecuencia es que la utilización de un procedimiento para fines distintos a los establecidos en las normas origina, no ya un vicio de desviación de poder en el resultado, es decir, en el acto administrativo, sino un vicio propio de desviación del procedimiento, que afecta el acto resultante.

En el derecho venezolano, el tema se planteó en diversas ocasiones ante la antigua Corte Suprema de Justicia en relación con el procedimiento expropiatorio. Si el procedimiento expropiatorio tiene por objeto y finalidad lograr el apoderamiento forzoso de la propiedad privada para un fin determinado, que tiene que estar previamente declarado en la ley como de utilidad pública o interés social, de acuerdo a los principios generales de la materia, es evidente que este procedimiento no se puede desarrollar para cumplir otros fines. Sin embargo, no era infrecuente hace algunas décadas, por ejemplo, la utilización del procedimiento expropiatorio para congelar la propiedad urbana: se decretaba la expropiación de un área de una ciudad, no para expropiarla efectivamente ni para que el Estado se apoderara de esa tierra e hiciera un desarrollo social, sino para congelar el desarrollo urbanístico. En esos casos, el Estado muchas veces ni siquiera tenía los recursos necesarios para ejecutar la expropiación, ni los planos de las obras, por lo cual el Decreto de afectación de un área urbana, en realidad, no tenía por objeto ejecutar expropiación alguna, sino otros fines de ordenamiento urbanístico indirecto, a través del congelamiento del uso de la propiedad. La consecuencia era que decretada una afectación a los efectos de expropiación de un área importante de la ciudad, las autoridades municipales no otorgaban los permisos o autorizaciones urbanísticas necesarias, lo que ponía en evidencia, una clara desviación del procedimiento. En más de una ocasión, este tema se planteó ante la jurisdicción contencioso-administrativa, mediante la impugnación de Decretos de afectación que no tenían por objeto expropiar sino otros fines distintos a los previstos en la norma.

Esta aproximación al tema confirma el principio general de interpretación del procedimiento administrativo, de su instrumentalidad, que debe guiar tanto la actividad del juez como la de la Administración, en la aplicación de los procedimientos administrativos.

II. EL PRINCIPIO DE ECONOMÍA PROCEDIMENTAL

1. La reducción de los trámites e instancias

Como consecuencia del principio de la eficacia, el principio de la economía procedimental también informa el procedimiento administrativo, a los efectos de que el cumplimiento del fin propuesto, se logre con el menor costo y en la forma más rápida posible. Es con este principio de la economía con el que se busca evitar trámites inútiles e innecesarios; agilizar las diligencias; y eliminar las demoras innecesarias.

De allí el principio general, que deriva del artículo 116 de la Ley de Honduras, así:

> "*Artículo* 116. Los funcionarios responsables de la tramitación de los expedientes adoptarán las medidas que conduzcan a evitar todo entorpecimiento o demora por innecesarias diligencias."

Además, del principio de la economía procesal deriva el de la concentración de los actos procesales (principio de la concentración), que la Administración debe seguir, a los efectos, por ejemplo, de aproximar actos procesales de manera que puedan cumplirse en forma simultánea para evitar dilaciones.

Por ello, expresamente, las leyes de Brasil (art. 8), del Perú (art. 149) y de Honduras regulan por ejemplo, la acumulación de expedientes; esta última indicando que:

> "*Artículo* 66. Cuando se tramiten dos o más expedientes separados que, no obstante, guarden una íntima conexión entre sí y puedan ser resueltos por un mismo acto, el órgano competente, de oficio o a petición de los interesados, podrá disponer su acumulación."

Del principio de la economía procedimental, también deriva todo el régimen regulador de las instancias administrativas de revisión, a los efectos de que, por ejemplo, existan sólo dos instancias de revisión: la que corresponde a la autoridad que dicta el acto y la que corresponde a una autoridad superior que lo revise; siendo contrarios al principio de economía procesal aquellos procedimientos administrativos que establecen una larga cadena de recursos en vía administrativa.

Es el caso, lamentablemente, de la Ley Orgánica de Procedimientos Administrativos de Venezuela, que estableció de manera inconveniente una larga cadena de recursos administrativos, que antes no existían, cuando se trata de la impugnación de actos administrativos dictados por las autoridades de un Instituto Autónomo. En estos casos, conforme a dicha Ley Orgánica, si se trata de un acto administrativo dictado por una autoridad inferior de un Instituto Autónomo, debe acudirse en reconsideración ante la misma autoridad; luego, en vía jerárquica, ante la autoridad superior del Instituto, y luego, para poder acudir al contencioso administrativo, se debe agotar la vía administrativa ante el Ministro de adscripción. Por lo cual, la impugnación de actos administrativos emanados de institutos autónomos se convierte en una tarea casi imposible, dado el régimen contrario al principio de la economía procedimental que, al contrario, lo que busca es la simplificación y el desarrollo del procedimiento en la forma menos costosa.

Debe destacarse, de nuevo, que en el Código colombiano también se encuentra una definición del principio de economía, al exigirse que:

> "Las normas de procedimiento se utilicen para agilizar las decisiones, que los procedimientos se adelanten en el menor tiempo y con la menor cantidad de gastos de quienes intervienen en ellos, que no se exijan más documentos y copias que los estrictamente necesarios, ni autenticaciones ni notas de presentación personal sino cuando la ley lo ordene en forma expresa" (art. 3).

El mismo principio lo recoge el Reglamento de la Comunidad Andina en el cual, a pesar de la influencia de la legislación colombiana, se lo califica como principio de economía procesal; al disponer su artículo 5° lo siguiente:

> "En virtud del principio de economía procesal, la Secretaría General tendrá en cuenta que las normas de procedimiento se utilicen para agilizar la adopción de Resoluciones, que los procedimientos se adelanten en el menor tiempo y con la menor cantidad de gastos de quienes intervienen en ellos, y que no se exijan mas documentos y copias que los estrictamente necesarios."

Estos son los dos únicos cuerpos normativos que definen en detalle el principio de economía en el procedimiento administrativo. En cambio, en la generalidad de las leyes de procedimiento sólo se realiza la enunciación del principio de "economía", simplemente sin definir el contenido, como sucede con las leyes argentina (art. 7), hondureña (art. 19), venezolana (art. 30), uruguaya (art. 2) y mexicana (art. 13).

Sin embargo, en el Decreto de Uruguay se desarrolla el principio al prescribir en su artículo 8 que:

> "En el procedimiento administrativo deberá asegurarse la celeridad, simplicidad y economía del mismo y evitarse la realización o exigencia de trámites, formalismos o recaudos innecesarios o arbitrarios que compliquen o dificulten su desenvolvimiento."

Más recientemente, sin embargo, se han sancionado Leyes especialmente destinadas a simplificar los procedimientos, como ha sucedido con la Ley de Simplificación de Trámites Administrativos de Venezuela de 1999 y el Decreto N° 266 de 2000 de Colombia.

En todo caso, este principio de la economía procedimental en las distintas leyes de América Latina, plantea diversas soluciones e implica otros principios, por ejemplo, el principio del informalismo o del informalismo de las formalidades; el principio *favor acti* y el principio de la conservación de los actos administrativos.

2. El informalismo: la anti-formalidad

El principio del informalismo de las formalidades procedimentales encuentra una definición formal en la Ley de Argentina al definirse el "informalismo", en el artículo 1,c), como la:

> "Excusación de la inobservancia por los interesados de exigencias formales no esenciales y que puedan ser cumplidas posteriormente."

La misma definición está en el artículo 9 del Decreto 500/991, de Uruguay, así:

> "En el procedimiento administrativo se aplicará el principio del informalismo en favor del administrado, siempre que se trate de la inobservancia de exigencias formales no esenciales y que puedan ser cumplidas posteriormente."

En la Ley del Perú, también se define el principio del informalismo, en forma detallada en el artículo IV, Título Preliminar, así:

> "*1.6 Principio de informalismo.* Las normas de procedimiento deben ser interpretadas en forma favorable a la admisión y decisión final de las pretensiones de los administrados, de modo que sus derechos e intereses no sean afectados por la exigencia de aspectos formales que puedan ser subsanados dentro del procedimiento, siempre que dicha excusa no afecte derechos de terceros o el interés público."

Este principio del informalismo, por supuesto, también se relaciona con el carácter instrumental del procedimiento, de manera que éste no se convierta en un fin en sí mismo, puramente adjetivo, que pueda revertir, por el excesivo formalismo, contra el administrado, convirtiéndose menos en una garantía y más en una carga.

No sólo este principio tiende a obviar los efectos del incumplimiento de trámites no esenciales por parte de los particulares, sino que también puede aplicarse a la propia Administración, en el sentido de que siempre que el acto administrativo aparezca expresado en forma clara y comprensible podrán obviarse algunas exigencias no esenciales.

Esto se encuentra expresado en la Ley General de Costa Rica, la cual materialmente hace presumir que existe un acto administrativo cuando haya "comportamientos y actividades materiales de la Administración que tengan un sentido unívoco y sean incompatibles con una voluntad diversa" (art. 137).

En estos casos, dichas manifestaciones sirven para expresar el acto, aún cuando éste no tenga la forma exigida, siempre que de forma unívoca así pueda deducirse, de manera que la Administración no pueda, ella misma excusarse por la ausencia de un elemento formal para que pueda haber una manifestación de voluntad, y así deba ser entendida.

Este informalismo en las leyes de procedimiento administrativo trae regulaciones variadas que conducen a otro principio, que es el principio de la flexibilidad del procedimiento y de los trámites procedimentales mediante, por ejemplo, la eliminación del principio de la preclusividad de los lapsos y de actos procesales (arts. 23 y 60 de la Ley venezolana), propio del procedimiento civil. Igualmente, mediante la posibilidad de alegación por parte de los particulares en cualquier momento (art. 62 de la Ley venezolana), por ejemplo, porque no exista un lapso preciso de contestación, y aún cuando algunas leyes de procedimiento lo establezcan, si ese lapso transcurre ello no debe impedir que se pueda alegar en cualquier momento, sin que pueda la Administración rechazar alegatos que se formulen posteriormente al lapso formal establecido para ello. También, mediante la utilización de cualquier tipo de pruebas (art. 58 de la Ley venezolana); y la intrascendencia en la calificación de los recursos (art. 86 de la Ley venezolana). Es decir, por el hecho de que un administrado particular se equivoque en la calificación del recurso que interpone, siempre y cuando de su escrito se deduzca claramente de qué tipo de recurso se trata, la Administración no puede rechazarlo y, al contrario, está obligada a interpretarlo en favor del particular y de flexibilizar esta ausencia de cumplimiento del formalismo en la calificación del recurso (art. 213 Ley peruana).

3. El principio de la colegialidad

En relación con el informalismo, en contraste, en determinados procedimientos expresamente se exige una serie de requisitos de carácter formal para el cumplimiento de la actividad administrativa.

Se trata, en particular, de los casos en los cuales actúan cuerpos colegiados, en los cuales la formación de la voluntad normalmente requiere del cumplimiento de una serie de requisitos formales para integrarla. En estos casos, normalmente se está en presencia de un procedimiento complejo que, por lo general, tiene sucesivas fases que van desde la convocatoria, a los efectos de poder llevar al conocimiento de los integrantes del cuerpo colegiado el inicio del procedimiento, hasta los requisitos del "quórum" para la instalación, para la discusión y para la decisión, lo cual contrasta de manera directa con el informalismo.

En estos casos, al contrario, el elemento formal adquiere, por ejemplo gran importancia para expresar la voluntad del cuerpo colegiado una vez que se adopta una decisión. Por ello, algunas leyes como la peruana dedican expresamente un conjunto de normas (arts. 95 a 102) a regular los "órganos colegiados".

Un aspecto formal de primera importancia en la actuación de los órganos colegiados, por ejemplo, se refiere a la necesidad de que tomada una decisión, la misma debe expresarse en el acta de la sesión del cuerpo. Una vez que se levanta dicha acta, y se aprueba, se presume que el acto que se llevó a cabo quedó expresado en el acta y ésta sustituye todo lo que pudo haber ocurrido en la sesión en la cual se adoptó el acto, la cual no podrá volver a repetirse ya que tuvo su oportunidad única. Por ello, ese elemento formal se configura en esencial. Por ejemplo, en materia electoral, una vez que se levanta el acta de escrutinio de votos por la mesa o junta electoral, el acto queda resumido en el acta. Esto se aplica también a las decisiones de los Concejos Municipales y del Consejo de Ministros. Aprobada el acta de la sesión, el acto o decisión tomados quedan subsumidos en dicho documento (acta).

4. El principio *favor acti*: (*favor administrationis*)

El principio *favor acti* implica que la Administración debe interpretar el procedimiento de manera que sea favorable a la emisión del acto administrativo, es decir, a la obra de la Administración. Por tanto, ante el no acatamiento de elementos formales en el procedimiento, debe preferirse evitar la ineficacia o plantear una ineficacia parcial, que concluir con la ineficacia total del acto. Es decir, el procedimiento debe interpretarse de manera que efectivamente pueda haber una decisión, sin que la falta de cumplimiento de determinadas formalidades afecten el acto y la propia voluntad de la Administración.

Este principio *favor acti* o también, *favor administrationis*, por ejemplo, tiene relación con el tema del funcionario de hecho; es decir, aquél que no estando investido de autoridad de manera regular, adopta alguna decisión que, sin embargo, debe ser reconocida por la Administración, siempre que haya actuado de buena fe, sobretodo en relación con los administrados.

Sobre este tema es de destacar que Ley General de Costa Rica dedica un capítulo entero al régimen del "funcionario de hecho", definiéndolo así:

> "*Artículo* 115. Será funcionario de hecho el que hace lo que el servidor público regular, pero sin investidura o con una investidura inválida o ineficaz, aún fuera de situaciones de urgencia o de cambios ilegítimos de gobierno, siempre que se den las siguientes circunstancias:
>
> a. Que no se haya declarado todavía la ausencia o la irregularidad de la investidura, ni administrativa ni jurisdiccionalmente; y
>
> b. Que la conducta sea desarrollada en forma pública, pacífica, continua y normalmente acomodada a derecho."

Si reúnen estas características, las decisiones de los funcionarios de hecho se tienen como válidas con respecto a la propia Administración y al particular. Así lo precisa la legislación de Costa Rica:

> "1. Los actos de un funcionario de hecho serán válidos aunque perjudiquen al administrado y aunque éste tenga conocimiento de la irregularidad de la investidura de aquél.
>
> 2. La Administración quedará obligada o favorecida ante terceros por virtud de los mismos" (art. 116).

La Ley General, además, llega a establecer responsabilidades a cargo de los funcionarios de hecho en relación con la Administración y con los administrados, por los daños que ocasionen en su ejercicio, declarando que "La Administración será responsable ante los administrados por la conducta del funcionario de hecho" (art. 118,2).

5. El principio de la finalidad y de la conservación

A. El principio *conservatio acti*: la subsanabilidad de los actos de la Administración y de los interesados y la corrección de errores materiales

Si el objetivo del procedimiento es lograr un fin determinado que normalmente se alcanza con la emisión de un acto administrativo, el principio es que deben hacerse todos los esfuerzos por que el mismo se conserve posteriormente.

De allí el principio de la *conservatio acti* que persigue que los errores que puedan tener los actos administrativos deben subsanarse sin que se afecte el acto mismo, una vez que con lo actuado se pueda alcanzar la finalidad perseguida. Así lo establece la Ley de Honduras al señalar que el órgano que declare la nulidad de actuaciones:

> "Dispondrá siempre la conservación de aquellos actos y trámites cuyo contenido hubiera permanecido, de no haberse realizado la infracción origen de la nulidad" (art. 39).

En igual sentido, se dispone en la Ley peruana, (art. 13.3), la cual agrega que la nulidad de un acto debe considerarse que sólo implica la de los sucesivos en el procedimiento, cuando estén vinculados a él (art. 13,1 Ley del Perú).

Este principio conduce por supuesto, a la necesidad de la corrección de errores materiales de los actos administrativos, lo que se encuentra regulado expresamente en las leyes de Venezuela, Honduras y Costa Rica y en el Reglamento de la Comunidad Andina.

En la Ley Orgánica de Venezuela, este principio se regula así:

> "*Artículo* 84. La administración podrá en cualquier tiempo corregir errores materiales o de cálculo en que hubiere incurrido, en la configuración de los actos administrativos."

La Ley General de Costa Rica también precisa que: "En cualquier tiempo podrá la Administración rectificar los errores materiales o de hecho y los aritméticos" (art. 157); a lo que agrega la Ley de Honduras, que ello puede hacerse "siempre que la enmienda no altere lo sustancial del acto o decisión" (art. 128). La regulación también la recoge la Ley del Perú, agregando, sin embargo, que la rectificación de los errores sea "con efecto retroactivo" (art. 201.1).

El mismo principio se expresa en el Reglamento de la Secretaría General de la Comunidad Andina así:

> "*Artículo* 35. Los errores materiales o de cálculo de los actos de la Secretaría General podrán ser corregidos en cualquier momento."

Es precisamente en virtud de este principio de la corrección de errores materiales, que deriva del principio del informalismo y de la economía procedimental, que la Administración no tiene por qué concluir siempre con la revocación del acto incorrecto, pudiendo siempre corregirlo, de oficio o a petición de parte, en cualquier momento. Es un principio de lógica administrativa que, sin embargo, encuentra su expresión formal en estas leyes de procedimiento administrativo, incluso en relación con los actos de los administrados. En tal sentido, la Ley de Honduras dispone que:

> "*Artículo* 115. Para evitar nulidades, la Administración señalará a la parte interesada los defectos de que adolezcan los actos producidos por ésta y ordenará que se subsanen de oficio o por el interesado dentro de un plazo de tres días."

B. La convalidación, la enmienda, el saneamiento y la conversión

Aún en presencia de vicios o irregularidades más sustanciales en los actos administrativos, que no puedan resolverse con la sola corrección de errores materiales o aritméticos, el principio de que los actos deben ser mantenidos, de que deben conservarse y de que debe haber la posibilidad de subsanar los vicios que puedan afectarlos formalmente, siempre que no impliquen su nulidad absoluta; ha originado el principio de conservación de los actos administrativos con vistas a su finalidad, dando origen a las técnicas de convalidación, enmienda, saneamiento o conversión para evitar la extinción de los mismos.

En efecto, un principio general que puede derivarse de las regulaciones de las leyes latinoamericanas es el de que la convalidación de los actos administrativos sólo puede referirse a la corrección de vicios de nulidad relativa o de anulabilidad, y no puede implicar la corrección de vicios de nulidad absoluta. Por tanto, si lo que afecta al acto administrativo son vicios de orden público, de indefensión o violaciones de derechos y garantías constitucionales, éstos vicios no podrían ser subsanados y convalidarse el acto administrativo.

La convalidación procederá, entonces, sólo cuando existan errores formales en la voluntad, en la competencia o de formalidades sustanciales que, sin embargo, puedan ser corregidos por la Administración para conservar el acto.

En esta materia, por otra parte, pueden distinguirse las técnicas de convalidación, de saneamiento y de conversión que la Ley General de Costa Rica identifica con precisión.

En *primer lugar*, en cuanto a la convalidación, ésta se produce cuando dictado un acto administrativo que sea relativamente nulo por vicio en la forma, en el contenido o en la competencia, se dicta un nuevo acto administrativo que lo convalide, con indicación precisa del vicio y de la corrección. En estos casos, conforme a la Ley General de Costa Rica, "la convalidación tiene efecto retroactivo a la fecha del acto convalidado" (art. 187,2).

En la Ley venezolana, en materia de convalidación del acto administrativo, sólo se indica, pura y simplemente, que "la administración podrá convalidar en cualquier momento los actos anulables, subsanando los vicios de que adolezcan" (art. 81).

En sentido similar se regula en la Ley de Brasil, debiendo ser objeto la convalidación de una decisión en la que se evidencie que no acarrea lesión al interés público ni perjudica a terceros (art. 55).

La Ley de Honduras es particularmente detallada al regular la convalidación de los actos administrativos, así:

> "*Artículo* 126. La Administración podrá convalidar los actos anulables, subsanando los vicios de que adolezcan, salvo que se hubiere interpuesto recurso contra los mismos.
>
> Si el vicio consistiera en la incompetencia la convalidación podrá realizarse por el órgano competente cuando sea superior jerárquico del que dictó el acto.
>
> Los actos viciados por la falta de alguna autorización podrán ser convalidadas mediante el otorgamiento de la misma por el órgano competente.
>
> Lo dispuesto en el párrafo precedente no será aplicable a los casos de omisión de informes, dictámenes o propuestas obligatorias."

La Ley peruana es todavía más precisa al regular la "enmienda" de los actos administrativos como consecuencia de la "conservación" de los mismos, precisando que cuando el vicio del acto administrativo por el incumplimiento a sus elementos de validez, no sea trascendente, "prevalece la conservación del acto, procediéndose a su enmienda por la propia autoridad emisora" (art. 14.1).

A los efectos de la "enmienda", dicha ley precisa con claridad cuando los actos administrativos están afectados por vicios no trascendentes, indicando los siguientes:

> "*14.2.1.* El acto cuyo contenido sea impreciso o incongruente con las cuestiones surgidas en la motivación.
>
> *14.2.2.* El acto emitido con una motivación insuficiente o parcial.
>
> *14.2.3.* El acto emitido con infracción a las formalidades no esenciales del procedimiento, considerando como tales aquellas cuya realización correcta no hubiera impedido o cambiado el sentido de la decisión final en aspectos importantes, o cuyo incumplimiento no afectare el debido proceso del administrado.
>
> *14.2.4.* Cuando se concluya indudablemente de cualquier otro modo que el acto administrativo hubiese tenido el mismo contenido, de no haberse producido el vicio.

14.2.5. Aquellos emitidos con omisión de documentación no esencial."

En la legislación argentina, esta convalidación se denomina, en general, "saneamiento" y se desdobla en "ratificación" y "confirmación" de los actos administrativos, así:

"*Artículo* 19. El acto administrativo anulable puede ser saneado mediante:

a. Ratificación por el órgano superior, cuando el acto hubiere sido emitido con incompetencia en razón de grado y siempre que la avocación, delegación o sustitución fueren procedentes;

b. Confirmación por el órgano que dicte el acto subsanando el vicio que lo afecte."

Conforme a esa misma norma, "los efectos del saneamiento se retrotraerán a la fecha de emisión del acto objeto de ratificación o confirmación", es decir, que los efectos del acto de saneamiento son retroactivos, por lo cual el principio es que el acto original surte sus efectos desde que se dictó, aun cuando la convalidación o el saneamiento sea posterior.

En *segundo lugar*, además de la convalidación (enmienda o saneamiento), la Ley General de Costa Rica la distingue de lo que en ella se califica como "saneamiento" y que se reduce a una convalidación de sólo defectos de forma. En efecto, el artículo 188 de la Ley General establece:

"1. Cuando el vicio del acto relativamente nulo consista en la ausencia de una formalidad sustancial, como una autorización obligatoria, una propuesta o requerimiento de otro órgano, o una petición o demanda del administrado, éstos podrán darse después del acto, acompañados por una expresa manifestación de conformidad con todos sus términos.

2. Lo anterior no podrá aplicarse a la omisión de dictámenes ni a los casos en que las omisiones arriba indicas produzcan nulidad absoluta, por impedir la realización del acto final.

3. El saneamiento producirá efecto retroactivo a la fecha del acto saneado."

En *tercer lugar,* además de la convalidación y el saneamiento, también se regula formalmente la figura de la conversión del acto administrativo. Esta se produce cuando un acto tiene elementos válidos y otros viciados, pudiendo la autoridad, posteriormente, corregir estos vicios y con los elementos válidos que tenía, convertir al acto en un nuevo acto.

Así los precisa la Ley de Honduras, en su artículo 127, al disponer que:

"El acto nulo que, sin embargo, contenga todos los requisitos constituidos de otro distinto, podrá ser convertido en éste y producirá sus efectos, en su caso, si así lo consistiera el interesado."

En estos supuestos, se habla de conversión, como producto del principio de la conservación, en cuyo caso, contrariamente a la convalidación y al saneamiento, no hay efecto retroactivo, sino que la conversión tiene efectos a partir del momento en que el nuevo acto queda perfeccionado. En este sentido, la Ley argentina señala:

"*Artículo* 20. Si los elementos válidos de un acto administrativo nulo permitieren integrar otro que fuere válido, podrá efectuarse su conversión en éste consintiéndolo el administrado. La conversión tendrá efectos a partir del momento en que se perfeccione el nuevo acto."

Se destaca, en el régimen argentino, la necesidad del consentimiento del administrado para la conversión.

En relación a la misma institución de la conversión, la Ley General de Costa Rica también la regula, disponiendo el artículo 189 lo siguiente:

> "El acto inválido, absoluta o relativamente nulo, podrá ser *convertido* en otro válido distinto por declaración expresa de la Administración a condición de que el primero presente todos los requisitos formales y materiales del último. La conversión tiene efectos desde su fecha."

En *cuarto lugar*, en algunos casos se establece como principio que el acto convalidado debe producir efectos desde su fecha; y en otros, que los efectos, tanto de la convalidación como del saneamiento de un acto administrativo, se retrotraen a la fecha de emisión del acto objeto de ratificación o confirmación (art. 19, Ley de Argentina; art. 187.1 y 188.3, Ley General de Costa Rica).

En cuanto a la conversión esta produce efectos a partir del momento en que se perfeccione el nuevo acto (art. 20, Ley de Argentina; art. 189, Ley General de Costa Rica).

III. EL PRINCIPIO *PRO ACTIONE*

El principio *pro actione* implica la necesidad de que las solicitudes se interpreten a favor de lo que se solicita en la petición.

El principio está consagrado expresamente en la legislación de Costa Rica cuando establece que las normas de procedimiento "deberán interpretarse en forma favorable a la admisión y decisión final de las peticiones" (art. 224).

En cuanto a la admisión de la solicitud o de las peticiones presentadas por los interesados, el principio tiene consecuencias concretas en el caso de la legislación de Colombia (art. 11), de Venezuela, (art. 45) de Honduras (art. 115), y del Perú (arts. 125 y 126), pues la Administración está obligada a advertir a los particulares los errores o las omisiones que puedan tener las peticiones, para que dichos errores u omisiones no conlleven su inadmisibilidad.

Como consecuencia, no se puede negar la petición que haga un administrado por causa de una omisión en la formulación de la misma, estando la Administración obligada a observarle los errores cometidos en la petición, para que el particular los corrija.

IV. EL PRINCIPIO DE LA TERMINACIÓN ANTICIPADA POR CONCILIACIÓN

En muchos casos, los procedimientos administrativos se desarrollan originándose una controversia entre interesados con intereses o derechos contrapuestos, en los cuales se plantea un conflicto entre partes, que la Administración debe resolver. Son los denominados "procedimientos trilaterales" en la Ley del Perú, que se regulan como uno de los procedimientos especiales (art. 219).

Entre las normas de esta ley relativas a dicho procedimiento, se destaca la obligación que se impone a la Administración de "favorecer y facilitar la solución conciliada de la controversia" (art. 221.2), regulándose la figura de la siguiente manera:

> "*Artículo* 228. Conciliación o transacción extrajudicial.
>
> *228.1* En los casos en los que la Ley lo permita y antes de que se notifique la resolución final, la autoridad podrá aprobar acuerdos, pactos, convenios o contratos de los administrados que importen una transacción extrajudicial o conciliación, con el alcance, requisitos, efectos y régimen jurídico específico que en cada caso prevea la disposición que lo regule, pudiendo tales actos poner fin al procedimiento administrativo y dejar sin efecto las resoluciones que se hubieren dictado en el procedimiento. El acuerdo podrá ser recogido en una resolución administrativa.

228.2 Los citados instrumentos deberán constar por escrito y establecer como contenido mínimo la identificación de las partes intervinientes y el plazo de vigencia.

228.3 Al aprobar los acuerdos a que se refiere el numeral 228.1, la autoridad podrá continuar el procedimiento de oficio si del análisis de los hechos considera que podría estarse afectando intereses de terceros o la acción suscitada por la iniciación del procedimiento entrañase interés general."

Esta regulación es excepcional en la legislación de América Latina, pues en general, las Leyes de procedimiento no regulan la conciliación como forma de solución de controversias ante la Administración en los procedimientos administrativos.

V. EL PRINCIPIO DE LA CADUCIDAD DEL PROCEDIMIENTO

Como se ha analizado, todo procedimiento administrativo tiene una finalidad específica que debe cumplirse conforme al principio del informalismo, a los efectos de la producción de los resultados establecidos en la norma. Sin embargo, el procedimiento no puede permanecer abierto indefinidamente, por lo que en los casos en los cuales el particular interesado debe cumplir determinadas actuaciones, de manera que si no las cumple, rige el principio de la caducidad del procedimiento.

Este principio se recoge en algunas leyes de procedimiento administrativo, como la Ley de Honduras la cual prescribe, en general, que:

"Transcurrido un plazo o la prórroga otorgada en tiempo, quedará caducado el derecho y perdido irrevocablemente el trámite o recurso que hubiere dejado de utilizarse, sin necesidad de apremio, haciéndose constar de oficio el transcurso del término y continuándose el procedimiento respectivo" (art. 49).

En la Ley argentina, por otra parte, se establece que "transcurridos sesenta (60) días desde que un trámite se paralice por causa imputable al administrado, el órgano competente le notificará que, si transcurrieren otros treinta (30) días de inactividad, se declarará de oficio la caducidad de los procedimientos, archivándose el expediente" (art. 1.e). Se garantiza, en estas normas, la necesidad de que previo a la declaración de la caducidad, la Administración debe poner en mora al particular.

En todo caso, operada la caducidad, el interesado podría formular nuevamente sus pretensiones en un nuevo expediente, por lo que la caducidad regulada es sólo del procedimiento y no del derecho o de la acción. Por ello, la Ley General de en Costa Rica regula que "la caducidad del procedimiento no producirá por sí sola la caducidad o prescripción de las acciones del particular" (art. 341).

Así en la Ley General de Costa Rica también se regula la caducidad del procedimiento, que se produce cuando "se paralizare por más de seis meses en virtud de causa imputable al interesado que lo ha promovido" y siempre que la abstención de actuación por parte del interesado no tenga su causa en el hecho de haberse operado el silencio positivo o negativo o cuando el expediente se encuentre listo para la resolución final (art. 340).

En cuanto a Honduras, la Ley también prescribe que se declarara la caducidad de la instancia cuando por causa imputable al interesado se hubiere paralizado un procedimiento promovido por éste durante treinta días, salvo que el asunto pueda afectar el interés general y así lo decida la autoridad administrativa (art. 80 y 77).

Con este mismo lapso, se regula la institución en la Ley peruana, calificándosela de "abandono del procedimiento" (art. 191).

Sin embargo, se precisa en el artículo 81 de la Ley de Honduras que no procederá la declaración de la caducidad de la instancia, en los casos siguientes:

> "a) Cuando no constare en el expediente que el interesado fue debidamente requerido para la aportación de documento o cumplimiento del trámite legalmente indispensable para la continuación del procedimiento, con apercibimiento de que de no cumplirlo dentro del plazo de quince días, se declarará la caducidad de la instancia.
>
> b) Cuando el interesado cumpliere el trámite o requisito o justificare las causas que se lo impidan, antes de producirse la declaración de la caducidad de la instancia aunque hubiere transcurrido el plazo legal para acordarla."

La Ley reitera el principio de que la declaración de la caducidad de la instancia no impide que el interesado pueda ejercer sus pretensiones en un nuevo procedimiento, pero la instancia caducada, no interrumpe el plazo de prescripción (art. 82).

VI. LA PRESCRIPCIÓN DE LAS SANCIONES

Otro tema en relación al desarrollo de los procedimientos que regulan las leyes de procedimiento administrativo en América Latina, es el que se refiere a la prescripción de las sanciones administrativas.

En la Ley Federal mexicana, por ejemplo, se prevé que "la facultad de la autoridad para imponer sanciones administrativas prescribe en 5 años" (art. 79). En el Código colombiano también se regula la prescripción, aun cuando se la califica como "caducidad", al disponer su artículo 38 que:

> "Salvo disposición especial en contrario, la facultad que tienen las autoridades administrativas para imponer sanciones caduca a los tres (3) años de producido el acto que pueda ocasionarlas."

En sentido similar, el Decreto uruguayo regula la prescripción de las faltas administrativas, en un lapso de 8 años, previendo que la prescripción "se suspende por la resolución que disponga una investigación administrativa o la instrucción de un sumario por la falta administrativa en cuestión" (art. 172).

En la Ley del Perú, no sólo se regula detalladamente el procedimiento sancionatorio en general, sino que también con gran precisión, el artículo 231 regula el tema de la prescripción, así:

> "233.1 La facultad de la autoridad para determinar la existencia de infracciones administrativas prescribe en el plazo que establezcan las leyes especiales, sin perjuicio de los plazos para la prescripción de las demás responsabilidades que la infracción pudiera ameritar. En caso de no estar determinado, prescribirá en cinco años computados a partir de la fecha en que se cometió la infracción o desde que cesó, si fuera una acción continuada.
>
> 233.2 El plazo de prescripción sólo se interrumpe con la iniciación del procedimiento sancionador, reanudándose el plazo si el expediente se mantuviera paralizado durante más de un mes por causa no imputable al administrado.
>
> 233.3 Los administrados plantean la prescripción por vía de defensa y la autoridad debe resolverla sin más trámite que la constatación de los plazos, debiendo en caso de estimarla fundada, disponer el inicio de las acciones de responsabilidad para dilucidar las causas de la inacción administrativa."

En la Ley Orgánica venezolana, no se regula con carácter general la prescripción de las sanciones administrativas, existiendo sólo normas específicas en ordenamientos especiales. Por ejemplo, la prevista en el art. 117, Parágrafo Único de la Ley Orgánica de Ordenación Urbanística de 1987, dispone que:

> "Las acciones contra las infracciones de la presente ley prescribirán a los 5 años a contar de la fecha de la infracción, a menos que la prescripción fuese interrumpida por actuaciones de la autoridad administrativa urbanística o municipal correspondiente."

En cambio, lo que sí regula la Ley Orgánica de Procedimientos Administrativos de Venezuela es la prescripción respecto de "las acciones provenientes de los actos administrativos creadores de obligaciones a cargo de los administrados," lo cual se produce "en el término de cinco años (art. 70). Agrega la Ley Orgánica que:

> "*Artículo* 71. Cuando el interesado se oponga a la ejecución de un acto administrativo alegando la prescripción, la autoridad administrativa a la que corresponda el conocimiento del asunto procederá, en el término de treinta (30) días, a verificar el tiempo transcurrido y las interrupciones y suspensiones habidas, si fuere el caso, y a decidir lo pertinente."

Sección Quinta: EL PRINCIPIO DE PARTICIPACIÓN

La codificación del procedimiento administrativo en América Latina como manifestación del afianzamiento del principio de la legalidad ha sido concebida teniendo en cuenta, básicamente, la debida protección de los administrados, en el sentido de que si bien las leyes han prescrito normas y fases procedimentales que deben guiar la actuación de la Administración, ello se ha hecho con miras a establecer garantías jurídicas de los administrados frente a la Administración.

Por ello, incluso, la Ley del Perú identifica como uno de los principios del procedimiento administrativo en el artículo IV del Título Preliminar, al "principio de la participación" el cual se describe así:

> "*1.12 Principio de participación.* Las entidades deben brindar las condiciones necesarias a todos los administrados para acceder a la información que administren, sin expresión de causa, salvo aquellas que afectan la intimidad personal, las vinculadas a la seguridad nacional o las que expresamente sean excluidas por ley; y extender las posibilidades de participación de los administrados y de sus representantes, en aquellas decisiones públicas que les puedan afectar, mediante cualquier sistema que permita la difusión, el servicio de acceso a la información y la presentación de opinión."

Las regulaciones destinadas a asegurar la participación de los administrados, en todo caso, inciden no sólo en el comienzo del procedimiento, sino en su instrucción y sustanciación, y en la decisión del mismo.

I. EL DERECHO DE PETICIÓN Y LA OPORTUNA RESPUESTA

1. Participación ciudadana y derecho de petición

Debe destacarse, en primer lugar, el clásico derecho de petición y a la obtención de oportuna respuesta, pues en materia de procedimiento administrativo, el origen del tema de la participación está, sin duda, en este derecho de petición, el más clásico de los derechos individuales. En la Constitución de Venezuela de 1999, se resume de la siguiente forma:

> "*Artículo* 51. Toda persona tiene el derecho de representar o dirigir peticiones ante cualquier autoridad o funcionario público sobre los asuntos que sean de la competencia de éstos, y de obtener oportuna y adecuada respuesta. Quienes violen este derecho serán sancionados conforme a la ley, pudiendo ser destituidos del cargo respectivo."

Un derecho similar está garantizado en casi todas las Constituciones modernas, partiendo del principio establecido en la Enmienda N° 1 a la Constitución de los Estados Unidos de Norteamérica, en 1789.

Este derecho de peticionar y de obtener oportuna respuesta, además, se repite en las diversas leyes de procedimiento administrativo de América Latina. Se trata, en definitiva, del derecho a dirigir instancias o peticiones ante cualquier autoridad, y el correlativo deber de éstas de responder las instancias o peticiones o, en su caso, indicar los motivos por los cuales no se consideran y resuelven.

Por ello, incluso, la Ley Orgánica de Procedimientos Administrativos de Venezuela reitera la declaración constitucional, precisando el derecho de petición administrativa, así:

> "*Artículo* 2. Toda persona interesada podrá, por sí o por medio de su representante, dirigir instancias o peticiones a cualquier organismo, entidad o autoridad administrativa. Estos deberán resolver las instancias o peticiones que se les dirijan o bien declarar, en su caso, los motivos que tuvieren para no hacerlo."

Este derecho, por otra parte, ha tenido un importante desarrollo en Venezuela en los últimos años, después de la entrada en vigencia de la Ley Orgánica de Amparo sobre Derechos y Garantías Constitucionales (equivalente a la tutela colombiana) del año 1988; haciéndose efectivo el derecho a obtener oportuna respuesta de la Administración, la cual, tradicionalmente, era una Administración que no respondía a las peticiones de los particulares.

Este derecho se consagra también, en el Código Contencioso Administrativo colombiano (arts. 5 a 24); y en el artículo 106 de la Ley del Perú, además, se lo detalla, en la siguiente forma:

> "106.1 Cualquier administrado, individual o colectivamente, puede promover por escrito el inicio de un procedimiento administrativo ante todas y cualesquiera de las entidades, ejerciendo el derecho de petición reconocido en el Artículo 2 inciso 20) de la Constitución Política del Estado.
>
> 106.2 El derecho de petición administrativa comprende las facultades de presentar solicitudes en interés particular del administrado, de realizar solicitudes en interés general de la colectividad, de contradecir actos administrativos, las facultades de pedir informaciones, de formular consultas y de presentar solicitudes de gracia.
>
> 106.3 Este derecho implica la obligación de dar al interesado una respuesta por escrito dentro del plazo legal."

2. El derecho de petición y sus garantías

Las leyes de procedimiento administrativo han regulado en detalle las diversas clases de peticiones ante la Administración y sus garantías, en la siguiente forma:

En *primer lugar*, en cuanto al derecho a peticionar se distinguen las simples peticiones de información o de consulta o solicitudes en interés general, del derecho de peticionar con fundamento en un derecho subjetivo o en un interés personal, legítimo y directo, por ejemplo, aquellas peticiones tendientes a lograr una decisión que cree o declare un derecho. En este último caso, las leyes exigen una legitimación concreta para poder introducir peticiones, que corresponde a los "interesados" (art. 48 Ley de Venezuela; art. 284 Ley de Costa Rica), es decir, a quienes tengan un interés personal, legítimo y directo en el asunto (art. 22 Ley de Venezuela).

La Ley de Honduras precisa, además, quiénes son los interesados, al establecer en su artículo 55, que:

> "Se considerarán parte interesada en el procedimiento, los titulares de derecho subjetivos o intereses legítimos que lo promuevan y aquéllos a quienes pudiere afectar en sus derechos subjetivos o intereses legítimos la resolución que hubiera de dictarse y se apersonen en el procedimiento administrativo espontáneamente, o por citación del órgano competente para resolver cuando éste advierta su existencia durante la sustanciación del procedimiento."

En general, casi todas las leyes de procedimiento administrativo hacen un tratamiento similar, aunque quizás la ley que regula con mayor detalle este tema es el Código colombiano de 1984.

La Ley del Perú, por otra parte, en cuanto a la legitimación, también distingue las solicitudes formuladas en interés general de la colectividad de las formuladas en interés particular del administrado. En relación con estas últimas, dispone que el artículo 107 de dicha Ley que cualquier administrado con capacidad jurídica tiene derecho a presentarse personalmente o hacerse representar ante la autoridad administrativa, para solicitar por escrito la satisfacción de su interés legítimo, obtener la declaración, el reconocimiento u otorgamiento de un derecho, la constancia de un hecho, ejercer una facultad o formular legítima oposición.

En cuanto a la solicitud en interés general de la colectividad, el artículo 108 de dicha Ley del Perú legitima a las personas naturales o jurídicas para poder presentar petición o contradecir actos ante la autoridad administrativa competente, "aduciendo el interés difuso de la sociedad". Esta facultad comprende la posibilidad de comunicar y obtener respuesta sobre la existencia de problemas, trabas u obstáculos normativos o provenientes de prácticas administrativas que afecten el acceso a las entidades, la relación con administrados o el cumplimiento de los principios procedimentales, así como a presentar alguna sugerencia o iniciativa dirigida a mejorar la calidad de los servicios, incrementar el rendimiento o cualquier otra medida que suponga un mejor nivel de satisfacción de la sociedad respecto a los servicios públicos.

En *segundo lugar*, al regular el derecho de petición las leyes prescriben la forma de las peticiones en cuanto a los elementos formales que deben contener, referidos a la identificación del peticionante o solicitante, la precisión del objeto de la solicitud y los fundamentos o motivos de la petición (art. 285, Ley de Costa Rica; art. 49, Ley de Venezuela; art. 5°, Código de Colombia; art. 113, Ley del Perú).

En *tercer lugar*, tratándose de peticiones o solicitudes de los interesados, las leyes de procedimiento administrativo generalmente establecen regulaciones relativas a la recepción y registro de documentos (arts. 44-46, Ley de Venezuela; art. 50, Ley de Honduras; art. 117, Ley del Perú), a los efectos de dejar constancia auténtica, entre otros aspectos, de la fecha de las peticiones. Eso tiene importancia procedimental, por la obligación que las leyes imponen a los funcionarios de respetar el orden riguroso de presentación de las peticiones al momento de decidir sobre las mismas y así evitar favoritismos (art. 296, Ley de Costa Rica). Deben destacarse, en esta materia, las novedosas regulaciones de la Ley peruana sobre la recepción de las solicitudes por medios alternativos, por intermedio de entidades desconcentradas (art. 121) o por transmisión de datos a distancia (art. 123).

En *cuarto lugar*, como garantía esencial del derecho de petición, se consagra la obligación de la Administración de recibir las peticiones. Por ello, la Ley Orgánica de la Administración Pública de Venezuela dispone en su artículo 9°, que los funcionarios de la Administración Pública:

> "Tienen la obligación de recibir y atender, sin excepción, las representaciones, peticiones o solicitudes que les formulen los particulares en las materias de su competencia ya sea vía fax, telefónica, electrónica, escrita u oral; así como de responder oportuna y adecuadamente tales solicitudes, independientemente del derecho que tienen los particulares de ejercer los recursos administrativos o judiciales correspondientes, de conformidad con la ley."

En caso de que un funcionario público se abstenga de recibir las representaciones o peticiones de los particulares o no den adecuada y oportuna respuesta a las mismas, deben ser sancionados de conformidad con la ley (Art. 9).

En *quinto lugar*, las leyes de procedimiento administrativo, al regular las peticiones como derecho de los administrados, también establecen el derecho de éstos de desistir de sus peticiones o de renunciar a su derecho (art. 63, Ley de Venezuela; art. 76, Ley de Honduras). En el mismo orden de ideas, las leyes regulan la extinción del procedimiento por perención, cuando éste se paraliza por un lapso (2 meses en la Ley venezolana, por ejemplo) por causas imputables al interesado, contado a partir de la notificación que le haga la Administración (art. 64, Ley de Venezuela).

Sin embargo, en general, las leyes prescriben que, no obstante el desistimiento o perención, la Administración puede continuar la tramitación de los procedimientos si razones de interés público lo justifican (art. 66, Ley de Venezuela; art. 8°, Código de Colombia; art. 77, Ley de Honduras).

En *sexto lugar*, tratándose de un derecho de petición con garantía de oportuna respuesta, las leyes de procedimiento administrativo reafirman la obligación de la Administración y de sus funcionarios de resolver, rápida y oportunamente, las peticiones (art. 31, Código de Colombia), prescribiendo, además, plazos para las decisiones.

Así, por ejemplo, la Ley Orgánica de Procedimientos Administrativos de Venezuela establece los lapsos según los tipos de procedimientos: si se trata de procedimientos simples, que no requieren sustanciación, la Administración está obligada a decidir las peticiones en un lapso de 20 días; en cambio, si el procedimiento requiere sustanciación, la Ley establece un lapso de 4 meses para la decisión, con posibilidades de prórroga no superior a 2 meses. En consecuencia, existiendo lapsos para la decisión, entra en juego el silencio administrativo como garantía de los particulares (art. 4).

Por último, en *séptimo lugar*, la consecuencia de la regulación del derecho de petición y del derecho de obtener oportuna respuesta es la declaración formal en las leyes de procedimiento administrativo de la responsabilidad de los funcionarios públicos por el retardo, omisión, distorsión o incumplimiento de cualquier procedimiento (art. 51, Constitución de Venezuela).

3. Las clases de peticiones

El Código Colombiano, en su artículo 4°, establece la clasificación general del ejercicio del derecho de petición, al establecer que las actuaciones administrativas podrán iniciarse:

"1. Por quienes ejerciten el derecho de petición, en interés general;

2. Por quienes ejerciten el derecho de petición, en interés particular;

3. Por quienes obren en cumplimiento de una obligación o deber legal;

4. Por las autoridades, oficiosamente."

La Ley peruana, por su parte, precisa que "El derecho de petición administrativa comprende las facultades de presentar solicitudes en interés particular del administrado, de realizar solicitudes en interés general de la colectividad, de contradecir actos administrativos, las facultades de pedir informaciones, de formular consultas y de presentar solicitudes de gracia"; además del derecho a formular denuncias (art. 105).

El derecho de peticionar ante cualquier autoridad se encuentra también consagrado, por ejemplo, en las leyes de Uruguay (art. 117) y Venezuela (art. 2°), pero sin la precisión y detalle que establecen el Código colombiano o la Ley peruana.

Así, el artículo 11 de la Ley uruguaya siguiendo la disposición pertinente de la Constitución, establece que "todo habitante tiene derecho de petición por ante todas y cualesquiera autoridades de la República".

En todo caso, en las leyes de procedimiento administrativo, salvo el enunciado de este derecho generalmente de rango constitucional que está en la base de toda la regulación del procedimiento administrativo, no se encuentra una clasificación de los procedimientos derivados de las peticiones que se formulan y que dan origen a los actos administrativos y a la clasificación de los mismos.

En tal sentido debe recordarse la clasificación que ha difundido desde hace años la doctrina italiana, entre los procedimientos declarativos, ablatorios, concesorios o autorizatorios, los cuales en definitiva, engloban todas las peticiones que pueden formular los particulares en ejercicio de un derecho; o los procedimientos que la Administración, de oficio, inicia para sancionar o tomar determinadas medidas que restrinjan la esfera jurídica de los administrados.

En todo caso, conforme a las leyes de procedimiento administrativo, se pueden distinguir seis tipos de peticiones: las relativas a consultas e informaciones; las peticiones de gracia; las peticiones relativas a derechos subjetivos o intereses legítimos; las peticiones formuladas en representación de intereses difusos o colectivos; las peticiones formuladas en cumplimiento de un deber legal; y las denuncias obligatorias.

A. Las peticiones generales: consultas e informaciones

En relación con el derecho a formular consultas y requerir informaciones que tienen los particulares, el Código de Colombia establece que el derecho de petición incluye el de formular consultas escritas o verbales a las autoridades, en relación con las materias a su cargo, y sin perjuicio de lo que dispongan normas especiales. Estas consultas deben tramitarse con economía, celeridad, eficacia e imparcialidad y resolverse en un plazo máximo de treinta (30) días. Las respuestas en estos casos no comprometen la responsabilidad de las entidades que las atienden, ni son de obligatorio cumplimiento o ejecución (art. 25).

A tal efecto, los reglamentos internos de los órganos de la Administración, deben atribuir a uno o más funcionarios o empleados el deber especial de absolver las consultas del público, y de atender las demás peticiones generales (art. 26).

En estos casos, por supuesto, los peticionantes no requieren de un interés específico y, como lo dice la Ley de Honduras, basta "que ostenten capacidad con arreglo a las normas de derecho civil" (art. 54).

La Ley del Perú, por su parte, en relación con las peticiones de información y consultas, precisa que el derecho de petición incluye el de solicitar la información que obra en poder de las entidades, para lo cual las entidades deben establecer mecanismos de atención a los pedidos sobre información específica y prever el suministro de oficio a los interesados, incluso vía telefónica, de la información general sobre los temas de interés recurrente para la ciudadanía (art. 110).

El derecho de petición, además, conforme a la Ley del Perú, incluye las consultas por escrito a las autoridades administrativas, sobre las materias a su cargo y el sentido de la normativa vigente que comprende su accionar, particularmente aquélla emitida por la propia entidad. Para ello, cada entidad debe atribuir competencia para absolver las consultas a una o más de sus unidades sobre la base de los precedentes de interpretación seguidos en ella (art. 111).

B. Las peticiones de gracia

La Ley peruana regula, además, expresamente, las peticiones de gracia, es decir, aquéllas en las cuales el administrado puede solicitar al titular del órgano administrativo competente la emisión de un acto sujeto a su discrecionalidad o a su libre apreciación, o prestación de un servicio cuando no cuenta con otro título legal específico que permita exigirlo como una petición de interés particular (art. 112.1).

C. Las peticiones relativas a derechos subjetivos o intereses legítimos

En las leyes de procedimiento administrativo, por supuesto, se regulan en forma privilegiada las peticiones relativas a derechos subjetivos o intereses legítimos. En este caso, la iniciativa del comienzo del procedimiento y la determinación de si se requiere el ejercicio de un derecho de petición o de si puede iniciarse de oficio, depende de los tipos de procedimientos.

Como se dijo, generalmente las leyes de procedimiento no establecen una tipología de los procedimientos de acuerdo con los efectos del acto administrativo que resulte de su desarrollo; sin embargo, de ello dependerá la precisión de cuándo puede o debe iniciarse el procedimiento a petición de parte interesada y cuándo puede o debe iniciarse de oficio. La excepción es la Ley peruana, en cuyo artículo 107 se regulan las solicitudes en interés particular del administrado, indicando que cualquier administrado con capacidad jurídica tiene derecho a presentarse personalmente o hacerse representar ante la autoridad administrativa, para solicitar por escrito "la satisfacción de su interés legítimo, obtener la declaración, el reconocimiento u otorgamiento de un derecho, la constancia de un hecho, ejercer una facultad o formular legítima oposición"(art. 107).

En esta forma, conforme a la tipología difundida por la doctrina italiana y de acuerdo a la naturaleza de los efectos de los actos administrativos que resultan de los procedimientos administrativos, podrían distinguirse cuatro tipos de procedimientos: los declarativos, los "ablatorios", los concesorios y los autorizatorios.

En *primer lugar*, se destacan los procedimientos declarativos, que son los que tienen por objeto la emisión de actos administrativos que otorgan certeza respecto de hechos jurídicos relevantes, y pueden consistir también en declaraciones de ciencia o de conocimiento y en verificaciones. En este sentido, puede decirse que todos los procedimientos administrativos que concluyen en actos de registro o de inscripción, por ejemplo, de la propiedad, de patentes o marcas, de vehículos, naves o aeronaves, son procedimientos declarativos. Asimismo, los procedimientos para establecer la identificación de las personas.

Estos procedimientos declarativos requieren, en general, para su inicio, instancia de parte interesada, y sólo en casos excepcionales donde esté interesado el orden público, podrían iniciarse de oficio, como en materia de identificación de las personas.

En *segundo lugar,* están los procedimientos "ablatorios", denominados así en la doctrina italiana por el uso del vocablo latino "*ablatio*", que denota la acción de quitar, cortar o eliminar. Estos procedimientos tienen, como consecuencia la restricción de los derechos individuales, por lo que generalmente se inician de oficio por la Administración. Ejemplos de estos procedimientos son los procedimientos expropiatorios, de requisición o sancionatorios que afecten una cosa (comiso) o el patrimonio de una persona (multa). Una importante regulación sobre los procedimientos sancionatorios está en el artículo 230 la Ley peruana en la cual, incluso, se formulan los siguientes principios especiales respecto de la potestad sancionadora administrativa:

> "1. Legalidad. Sólo por norma con rango de ley cabe atribuir a las entidades la potestad sancionadora y la consiguiente previsión de las consecuencias administrativas que a título de sanción son posibles de aplicar a un administrado, las que en ningún caso habilitarán a disponer la privación de libertad.
>
> 2. Debido procedimiento. Las entidades aplicarán sanciones sujetándose al procedimiento establecido respetando las garantías del debido proceso.
>
> 3. Razonabilidad. Las autoridades deben prever que la comisión de la conducta sancionable no resulte más ventajosa para el infractor que cumplir las normas infringidas o asumir la sanción; así como que la determinación de la sanción considere criterios como la existencia o no de intencionalidad, el perjuicio causado, las circunstancias de la comisión de la infracción y la repetición en la comisión de infracción.
>
> 4. Tipicidad. Sólo constituyen conductas sancionables administrativamente las infracciones previstas expresamente en normas con rango de ley mediante su tipificación como tales, sin admitir interpretación extensiva o analogía. Las disposiciones reglamentarias de desarrollo pueden especificar o graduar aquellas dirigidas a identificar las conductas sancionables a las previstas legalmente, salvo los casos en que la ley permita tipificar por vía reglamentaria.
>
> 5. Irretroactividad. Son aplicables las disposiciones sancionadoras vigentes en el momento de incurrir el administrado en la conducta a sancionar, salvo que las posteriores le sean más favorables.

6. Concurso de infracciones. Cuando una misma conducta califique como más de una infracción se aplicará la sanción prevista para la infracción de mayor gravedad, sin perjuicio que puedan exigirse las demás responsabilidades que establezcan las leyes.

7. Continuación de infracciones. Para imponer sanciones por infracciones en las que el administrado incurra en forma continua, se requiere que hayan transcurrido por lo menos treinta (30) días desde la fecha de la imposición de la última sanción y se acredite haber solicitado al administrado que demuestre haber cesado la infracción dentro de dicho plazo.

8. Causalidad. La responsabilidad debe recaer en quien realiza la conducta omisiva o activa constitutiva de infracción sancionable.

9. Presunción de licitud. Las entidades deben presumir que los administrados han actuado apegados a sus deberes mientras no cuenten con evidencia en contrario.

10. *Non bis in idem*. No se podrá imponer sucesiva o simultáneamente una pena y una sanción administrativa por el mismo hecho en los casos que se aprecie la identidad del sujeto, hecho y fundamento."

En *tercer lugar*, están los procedimientos concesorios, los cuales tienen por objeto actos administrativos que amplían la esfera jurídica subjetiva de los administrados. El otorgamiento de concesiones tradicionalmente se ubica en estos procedimientos concesorios; sin embargo, cada vez más importantes son otros procedimientos, como los relativos a la obtención de subvenciones, o los procedimientos que atribuyen una calificación jurídica a las personas, como la concesión de la nacionalidad. Estos procedimientos concesorios, por supuesto, requieren siempre instancia de parte y no pueden iniciarse de oficio.

Por último, en *cuarto lugar*, deben mencionarse los procedimientos autorizatorios que tienen por objeto la emisión de actos administrativos que permiten a un particular ejercer un derecho, por la remoción de un obstáculo jurídico que legalmente existe para su ejercicio pleno. Son los más comunes en las relaciones entre la Administración y los administrados, y dan origen a autorizaciones, permisos y licencias para que los particulares puedan ejercer derechos o realizar actividades. Estos procedimientos, en general, requieren instancia de parte y no pueden iniciarse de oficio.

D. Las peticiones relativas a asuntos de interés general: los intereses difusos y colectivos

Con la protección constitucional o legal, cada vez más creciente, de los intereses colectivos y difusos, como ha sucedido, por ejemplo, en la Constitución venezolana (art. 26), las leyes de procedimiento administrativo, como la Ley peruana, regulan las solicitudes en interés general de la colectividad. El artículo 108 de esta Ley, al referirse a la solicitud en interés general de la colectividad, precisa que las personas naturales o jurídicas pueden presentar petición o contradecir actos ante la autoridad administrativa competente, "aduciendo el interés difuso de la sociedad". Esta facultad comprende la posibilidad de comunicar y obtener respuesta sobre la existencia de problemas, trabas u obstáculos normativos o provenientes de prácticas administrativas que afecten el acceso a las entidades, la relación con administrados o el cumplimiento de los principios procedimentales, así como a presentar alguna sugerencia o iniciativa dirigida a mejorar la calidad de los servicios, incrementar el rendimiento o cualquier otra medida que suponga un mejor nivel de satisfacción de la sociedad respecto a los servicios públicos".

E. Las peticiones en cumplimiento de un deber legal

Por otra parte, deben destacarse las peticiones formuladas en cumplimiento de un deber legal, a cuyo efecto, el Código colombiano indica que cuando una norma imponga a una persona el deber de presentar una solicitud, una declaración tributaria o de otra clase o una liquidación privada, o el de realizar cualquier otro acto para iniciar una actuación administrativa, las autoridades no podrán impedirlo ni negarse a recibir el escrito con el que se pretenda cumplir el deber. En estos casos, cuando las autoridades no lo admitan, el interesado debe realizar los actos necesarios para cumplir su deber ante el correspondiente funcionario del Ministerio Público, y el funcionario debe ordenar iniciar el trámite legal, e impondrá las sanciones disciplinarias pertinentes (art. 27).

F. El derecho a denunciar y las denuncias obligatorias

Por último, se destacan los procedimientos iniciados por denuncia. La Ley peruana, en su artículo 105 regula, al efecto, el derecho a formular denuncias, estableciendo que todo administrado está facultado para comunicar a la autoridad competente aquellos hechos que conociera contrarios al ordenamiento, sin necesidad de sustentar la afectación inmediata de algún derecho o interés legítimo, ni que por esta actuación sea considerado sujeto del procedimiento. Esta comunicación debe exponer claramente la relación de los hechos, las circunstancias de tiempo, lugar y modo que permitan su constatación, la indicación de sus presuntos autores, partícipes y damnificados, el aporte de la evidencia o su descripción para que la administración proceda a su ubicación, así como cualquier otro elemento que permita su comprobación.

La presentación de la denuncia, por supuesto, obliga a la administración a practicar las diligencias preliminares necesarias y, una vez comprobada su verosimilitud, a iniciar de oficio la respectiva fiscalización. El rechazo de una denuncia, en todo caso, debe ser motivado y comunicado al denunciante, si estuviese individualizado (art. 105).

La legislación de América Latina regula, además, las denominadas denuncias obligatorias, en cumplimiento de un deber legal de colaboración con las autoridades, es decir, cuando se impone a las personas el deber de presentar una denuncia respecto de determinados hechos.

En el Código Colombiano, se regula lo que se encuentra consagrado en tantas normas de carácter especial administrativo, como es el deber de denuncia obligatoria, por ejemplo, en materia sanitaria. Se trata de normas administrativas que no tienen carácter penal ni sancionatorio, pero que en resguardo de la salud pública, imponen al particular la denuncia obligatoria de determinados hechos de los cuales tenga conocimiento. Esto se encuentra regulado en viejas normas, como el Reglamento de las Enfermedades de Denuncia Obligatoria de Venezuela, el cual impone la obligación a los particulares de denunciar ante la Administración, enfermedades que puedan ser contagiosas y que requieran la atención de la Administración sanitaria.

Aparte de esto, está el deber de denuncia que se le impone a los funcionarios, y que regulan todos los ordenamientos. En este sentido, el Decreto de Uruguay establece una amplia regulación (arts. 175 a 181) sobre el tema de las denuncias y de las informaciones de urgencia, consagrando el deber de denuncia a cargo de los funcionarios, respecto de las irregularidades de que tuviera conocimiento por razón de sus funciones, de las que se cometieren en su dependencia o cuyos efectos ella experimentara particularmente (art. 175).

4. El rol del Ministerio Público o del Defensor de los Derechos Humanos

Dentro de las tareas que corresponden al Ministerio Público, está la de velar por el respeto y la efectividad de los derechos constitucionales en forma general. Por ello, en Colombia se establece como obligación del Ministerio Público el velar por el ejercicio y la efectividad del derecho de petición, a cuyo efecto, sus funcionarios tienen a su cargo conforme el artículo 75 del Código.

> "1. Instruir debidamente a toda persona que, por manifestación propia, desee o deba formular alguna petición;
>
> 2. Escribir la petición de que se trate, si la persona no pudiere hacerlo por sí misma y ello fuere necesario, comprobando en este caso que se cumplan las formalidades previstas en este Código;
>
> 3. Recibir y hacer tramitar las peticiones o recursos que las autoridades, por cualquier motivo, no hayan querido recibir;
>
> 4. Aplicar medidas disciplinarias o solicitar su aplicación al que sea competente, a los funcionarios que, sin causa justificada, dificulten o hagan ineficaz el ejercicio del derecho de petición o incurran en las conductas previstas en el artículo siguiente;
>
> 5. Vigilar en forma constante y directa los sistemas para el cobro de las tarifas de los servicios públicos, y asegurar que los reclamos y recursos se tramiten en forma rápida y legal."

En esta forma, sobre todo a nivel local, pues estas obligaciones del Ministerio Público se refieren a sus agentes a nivel municipal, se establece una garantía para el efectivo ejercicio del derecho de petición.

II. LA FORMA DE LAS PETICIONES Y SU TRAMITACIÓN

1. La presentación de las peticiones

Uno de los campos de regulación de las leyes de procedimiento administrativo de América Latina en relación con la participación en los casos de procedimientos que se inician a solicitud de parte, es el relativo a la forma de las peticiones, y al principio de la colaboración de parte de la Administración, a los efectos de la corrección de las mismas. Por tanto, no sólo se trata de la posible intervención del Ministerio Público para que las peticiones se presenten en forma adecuada, sino de la regulación del deber de colaboración que la Administración tiene con el administrado para la corrección de las peticiones.

A. El principio de la escrituriedad

Ante todo, en cuanto al inicio del procedimiento administrativo, se destaca, el principio de la escrituriedad o de la forma escrita de las peticiones. Conforme a ello, en principio, las peticiones deben presentarse por escrito y todas las leyes así lo regulan. Sin embargo, también en este punto debe destacarse el Código colombiano, en el cual se prevé la petición oral como forma admitida de inicio del procedimiento, indicando que si quien presenta una petición verbal afirma no saber o no poder escribir y pide constancia de haberla presentado, el funcionario la debe expedir en forma suscinta (art. 5).

La Ley de Brasil también admite las peticiones orales (art. 6).

B. El contenido del escrito y sus anexos

Por otra parte, todas las leyes enumeran con bastante amplitud el contenido que deben tener las peticiones escritas, en el sentido de identificación del peticionario, identificación de la autoridad a la cual está dirigida, los hechos en que se funda la petición, los fundamentos de derecho y los documentos que han de acompañarse.

Como ejemplo, aparte de la Ley peruana, ya citada (art. 113), se destaca el artículo 5° del Código colombiano el cual dispone que las peticiones escritas deben contener, por lo menos los siguientes elementos:

> "1. La designación de la autoridad a la que se dirigen;
>
> 2. Los nombres y apellidos completos del solicitante y de su representante o apoderado, si es el caso, con indicación del documento de identidad y de la dirección;
>
> 3. El objeto de la petición;
>
> 4. Las razones en que se apoya;
>
> 5. La relación de documentos que se acompañan;
>
> 6. La firma del peticionario, cuando fuere el caso."

En cuanto a la Ley mexicana, aparte de establecer que la Administración Pública Federal no puede exigir más formalidades que las expresamente previstas en la ley, precisa que:

> "Las promociones deberán hacerse por escrito en el que se precisará el nombre, denominación o razón social de quien o quienes promuevan, en su caso de su representante legal, domicilio para recibir notificaciones, así como nombre de la persona o personas autorizadas para recibirlas, la petición que se formula, los hechos o razones que dan motivo a la petición, el órgano administrativo a que se dirigen y lugar y fecha de su emisión. El escrito deberá estar firmado por el interesado o su representante legal, a menos que no sepa o no pueda firmar, caso en el cual, se imprimirá su huella digital.
>
> El promovente deberá adjuntar a su escrito los documentos que acrediten su personalidad, así como los que en cada caso sean requeridos en los ordenamientos respectivos" (art. 15).

De igual forma, el artículo 49 de la Ley Orgánica de Procedimientos Administrativos de Venezuela precisa que cuando el procedimiento se inicie por solicitud de persona interesada, en el escrito se debe hacer constar lo siguiente:

> "1. El organismo al cual está dirigido;
>
> 2. La identificación del interesado, y en su caso, de la persona que actúe como su representante con expresión de los nombres y apellidos, domicilio, nacionalidad, estado civil, profesión y número de la cédula de identidad o pasaporte;
>
> 3. La dirección del lugar donde se harán las notificaciones pertinentes;
>
> 4. Los hechos, razones y pedimentos correspondientes, expresando con toda claridad la materia objeto de la solicitud;
>
> 5. Referencia a los anexos que lo acompañan, si tal es el caso;
>
> 6. Cualesquiera otras circunstancias que exijan las normas legales o reglamentarias;
>
> 7. La firma de los interesados."

Y en Brasil, el artículo de la Ley 9.784 de Procedimiento Administrativo de la Federación, hace una enumeración similar respecto de lo que debe contener el escrito de la petición:

"I. *órgão ou autoridade administrativa a que se dirige*;

II. *identificação do interessado ou de quem o represente*;

III. *domicílio do requerente ou local para recebimento de comunicações*;

IV. *formulação do pedido, com exposição dos fatos e de seus fundamentos*;

V. *data e assinatura do requerente ou de seu representante*."

El artículo 285 la Ley General de Costa Rica también precisa que la petición de la parte deberá contener lo siguiente:

"a. Indicación de la oficina a que se dirige;

b. Nombre y apellidos, residencia y lugar para notificaciones de la parte y de quien la representa;

c. La pretensión, con indicación de los daños y perjuicios que se reclamen, y de su estimación, origen y naturaleza;

d. Los motivos o fundamentos de hecho; y

e. Fecha y firma."

Debe señalarse, por último, que la Ley mexicana (art. 42), y el Decreto uruguayo (art. 19), plantean incluso la posibilidad de utilizar el fax y otros medios similares de transmisión a distancia para la formulación de las peticiones. En sentido similar, se regula en el artículo 4° del Decreto 266 de 2000 de Colombia; y en el artículo 123 de la Ley del Perú.

Por otra parte, en general se exige que a la petición escrita se acompañen las copias de los documentos que se indiquen en la misma.

C. Los timbres fiscales y el principio de la gratuidad

Uno de los instrumentos fiscales más frecuentes en los países de América Latina está constituido por el sistema de timbres o estampillas que deben pagarse e inutilizarse con motivo de la realización de trámites administrativos y, particularmente, de la formulación de peticiones ante la Administración. Estos timbres configuran como un instrumento para la percepción de tasas por los servicios administrativos.

La existencia de estos instrumentos fiscales plantea la discusión sobre la existencia o no del principio de la gratuidad en materia de peticiones administrativas. El Código colombiano, al referirse a este punto en específico, hace la siguiente distinción, en cuanto a que "el simple ejercicio del derecho de petición es distinto de la acción de litigar en causa propia o ajena y no causará impuesto de timbres" (art. 39).

Por lo tanto, en el derecho colombiano, si se trata del ejercicio de un derecho de petición en interés propio habría sujeción al pago de timbres fiscales, pero éste no sería el caso del ejercicio de un derecho de petición general. Es el mismo principio que rige en Venezuela: el pago de timbres fiscales es obligatorio cuando se ejerce el derecho de petición en interés particular o de un derecho propio; en cambio, si se trata de una simple petición no es necesario el pago de timbres fiscales.

En el caso de otras leyes, por ejemplo, la de Uruguay (arts. 19 a 21), no se establece ningún tipo de timbres.

El tema de los "derechos de tramitación" está particularmente regulado en la Ley del Perú, en cuyo artículo 44 se dispone que en los procedimientos administrativos, procede establecer derechos de tramitación cuando su desarrollo implique para la entidad la prestación de un servicio específico e individualizable a favor del administrado, o en función del costo derivado de las actividades dirigidas a analizar lo solicitado. En todo caso, se establece como condición para la procedencia de este cobro: que la entidad esté facultada para exigirlo por una norma con rango de ley.

Por otra parte, el mismo artículo de la Ley de Perú establece que no procede establecer cobros por derecho de tramitación para procedimientos iniciados de oficio, ni en aquellos en lo que son ejercidos el derecho de petición graciable o el de denuncia ante la entidad por infracciones funcionales de sus propios funcionarios o que deban ser conocidas por las Oficinas de Auditoría Interna (art. 44,3).

D. El principio de colaboración: las correcciones a la petición

Debe señalarse, por otra parte, una vez precisada la forma escrita y el contenido de las peticiones, que en todas las leyes de procedimiento administrativo de América Latina también se encuentra regulado el principio de colaboración de la Administración, conforme al cual no se deben rechazar las peticiones que no cumplan las formas, sino que, en principio, el funcionario debe advertirle al administrado los errores para que pueda corregirlas y pueda volver a presentarlas ante la Administración. Esto está regulado en forma expresa en Colombia (art. 27), en Costa Rica (sólo defectos subsanables, art. 287), en México (art. 43), en Venezuela (art. 50), en Brasil (art. 6°), en Honduras (art. 115), en Perú (arts. 125 y 126) y en Uruguay (art. 26). En definitiva, se trata de un derecho, hasta cierto punto del administrado, para que la Administración colabore con su derecho de petición y le advierta los errores en sus peticiones.

Así lo establece, expresamente, el artículo 50 de la Ley Orgánica de Procedimientos Administrativos de Venezuela:

> "*Artículo* 50. Cuando en el escrito o solicitud dirigida a la Administración Pública faltare cualquiera de los requisitos exigidos en el artículo anterior, la autoridad que hubiere de iniciar las actuaciones lo notificará al presentante, comunicándole las omisiones o faltas observadas a fin de que en el plazo de quince (15) días proceda a subsanarlos.
>
> Si el interesado presentare oportunamente el escrito o solicitud con las correcciones exigidas, y ésta fuere objetada por la administración debido a nuevos errores u omisiones, el solicitante podrá ejercer el recurso jerárquico contra la segunda decisión o bien corregir nuevamente sus documentos conforme a las indicaciones del funcionario."

En la Ley General de Costa Rica, sin embargo, se establece en forma expresa que las peticiones pueden ser rechazadas cuando no se identifique al peticionante, no se precise el contenido de la pretensión o la petición no esté firmada, en cuyo caso se produce el archivo de la petición (art. 285, 2, 3).

E. La reforma de la petición

Por último, debe señalarse que en materia administrativa, los peticionantes también tienen derecho a modificar o ampliar su petición, como lo dice la Ley de Honduras, siempre que se basen en hechos esencialmente idénticos a los invocados en la petición inicial, y no se haya realizado la audiencia final dada a los interesados (art. 67).

2. La recepción de las peticiones, la copia, el registro y el orden de tramitación

Otra regulación que también está establecida en casi todas las leyes de procedimiento administrativo, en forma expresa, es la obligación de las autoridades de llevar un Registro de toda la documentación que se consigne en las oficinas públicas (art. 117, Ley del Perú); y a los efectos del recibo de la petición, la exigencia de acompañar copia de la petición para que ésta le sea devuelta sellada al peticionante, como recibo, la cual tendrá el mismo valor legal que el original. Este hecho que siempre fue práctica administrativa, se ha formalizado en las leyes a los efectos de la certificación, como sucede, por ejemplo, en el Código de Colombia (art. 5), en la Ley del Perú (art. 114), en el Decreto de Uruguay (art. 22 y 25), y en la de Venezuela (art. 46).

En el artículo 25 del Decreto de Uruguay, en particular se resume esta regulación así:

> "*Artículo* 25. Todo funcionario que reciba un escrito deberá anotar bajo su firma en el propio escrito, la fecha en que lo recibe, el número de hojas que contenga, la mención de los documentos que se acompañan y copias que se presentan. Como constancia de la recepción del mismo, se entregará al interesado la copia a que se refiere el artículo 22 del presente decreto, sin perjuicio de otras formas de constancia que por razón del trámite sea conveniente extender."

La regulación también aparece precisa en la Ley de Honduras, al disponerse lo siguiente:

> "*Artículo* 53. Toda persona que presente un escrito podrá acompañar *copia simple del mismo* y exigir en el acto, que se coteje y se le devuelva, con nota que exprese la fecha y hora de la presentación, con el sello de la oficina y firma del empleado que la reciba."

De los documentos que acompañe podrá presentar copia y pedir que previo cotejo se le devuelvan los originales salvo disposición en contrario.

De una u otra circunstancia, el encargado del Registro dejará constancia en el expediente.

Por otra parte, en las leyes de Costa Rica (art. 296), México (art. 46), Venezuela (art. 34) y Uruguay (art. 25), hay normas precisas que establecen la obligación de la Administración de respetar el orden de las peticiones para su consideración; orden que se deriva del Registro de las mismas, que debe ser en forma rigurosa. Debe recordarse que en gran parte, la sanción de estas leyes de procedimiento tuvieron por objeto asegurar la igualdad de todos los particulares, mediante la ordenación del trámite de las peticiones. En esta forma, este principio del "orden riguroso", formulado con esta misma expresión, está consagrado en la Ley de Costa Rica (art. 296).

Esta misma expresión se encuentra en la Ley de México, así:

> "*Artículo* 46. En el despacho de los expedientes se guardará y respetará el orden riguroso de tramitación en los asuntos de la misma naturaleza; la alteración del orden sólo podrá realizarse cuando exista causa debidamente motivada de la que quede constancia.

El incumplimiento a lo dispuesto en el párrafo anterior, será causa de responsabilidad del servidor público infractor."

De igual manera lo establece la Ley Orgánica Venezuela cuyo artículo 34 dispone que en el despacho de todos los asuntos "se respetará *rigurosamente el orden* en que éstos fueron presentados". Sin embargo, sólo por razones de interés público y mediante providencia motivada, el jefe de la oficina puede modificar dicho orden, dejando constancia en el expediente.

Este orden riguroso se establece, por supuesto, en favor del administrado, para que se tramiten los asuntos de acuerdo al orden de presentación y no se le dé un trato de favor a otro interesado que presente una petición con posterioridad y se resuelva primero. El principio es que se resuelvan las peticiones de acuerdo al orden de presentación; principio que busca eliminar el favoritismo y la parcialidad en los trámites administrativos. El orden debe respetarse, incluso, ante el pago de derechos de tramitación, para lo cual la Ley del Perú dispone que las entidades "no pueden establecer pagos diferenciados para dar preferencia o tratamiento especial a una solicitud distinguiéndola de las demás de su mismo tipo, ni discriminar en función al tipo de administrado que siga el procedimiento" (art. 45).

3. La obligación y término para responder

Otro principio derivado del derecho de petición y a la obtención de oportuna respuesta que está también en todas las leyes de procedimiento administrativo, es la obligación o deber de decidir que se impone al funcionario respectivo que debe tomar la decisión. Por ello, la Ley de Uruguay es precisa y terminante al señalar que:

"*Artículo* 118. Toda autoridad administrativa está obligada a decidir sobre cualquier petición que le formule el titular de un derecho subjetivo o de un interés legítimo en que se dicte o ejecute un determinado acto administrativo."

Así se consagra, igualmente, en el Reglamento de la Comunidad Andina (art. 3), en la Ley de Costa Rica (art. 329), en la Ley de Venezuela (art. 2) y en la Ley de Brasil (art. 48). En el Código de Colombia, incluso se lo califica de "deber primordial" el de dar "rápida y oportuna resolución a las peticiones" (art. 31).

En cada país, se establece un particular lapso de decisión a los efectos de poder ejercer una tutela o un amparo. En el Código colombiano se consagran lapsos muy breves, de diez o quince días (art. 6°); sin embargo, cuando se trata de un asunto complejo que requiere sustanciación, el lapso se debe fijar de manera discrecional por la autoridad competente para decidir, siempre que no se exceda de tres (3) meses. En la Ley de Brasil, la Administración tiene un plazo de hasta treinta (30) días para decidir, sólo prorrogable por igual período de tiempo (art. 49).

En otras leyes, como el caso de Venezuela, se establece el principio de que si se trata de una petición que no requiere sustanciación, se debe resolver en veinte (20) días, y si se trata de una petición que requiere sustanciación, se debe resolver en un tiempo máximo de cuatro (4) meses con posibilidad de prórroga por dos (2) meses más, es decir, máximo seis (6) meses (art. 60). Esto por lo que se refiere a la ley general de procedimientos administrativos, ya que en las leyes especiales se establecen lapsos variables.

Por ejemplo, en materia urbanística, en Venezuela, la Ley Orgánica de Ordenación Urbanística establece un lapso de 90 días para el otorgamiento de la Certificación de Variables Urbanas fundamentales respecto de una urbanización, y de 30 días para la certificación en el caso de una edificación (art. 85).

4. La queja y la responsabilidad administrativa

Por último, la consecuencia de esta obligación de respuesta oportuna también está regulada en casi todas las leyes. Se trata del recurso de queja por la ausencia de respuesta oportuna (Costa Rica), llamado "recurso de reclamo" en Venezuela y en el Uruguay. Se trata de un procedimiento especial para la determinación de la responsabilidad disciplinaria, con motivo de la formulación de la queja frente a la demora del funcionario, la cual debe presentarse ante el superior.

En el caso de la ley venezolana, se permite la formulación de queja contra los funcionarios que no respondan adecuadamente o que no le den el tratamiento adecuado a la petición, por lo que el reclamo es contra el "retardo, omisión, distorsión o incumplimiento de cualquier procedimiento, trámite o plazo" (art. 3°). Estos motivos de la queja deben formularse ante el superior jerárquico, originándose un procedimiento destinado a verificar la responsabilidad del funcionario y la imposición de la sanción correspondiente.

Por ejemplo, el artículo 84 de Decreto de Uruguay establece la responsabilidad del funcionario y el recurso de reclamo de la siguiente manera:

> "*Artículo* 84. En cualquier etapa de la sustanciación el interesado podrá reclamar contra los defectos de tramitación y, en especial, los que supongan paralización, infracción de los plazos preceptivamente señalados u omisión de trámite, que puedan subsanarse antes de la resolución definitiva del asunto. La reclamación debidamente fundada, con mención expresa del precepto infringido, deberá presentarse ante el jerarca del organismo, quien previa vista de los funcionarios señalados en el artículo anterior, dispondrá las medidas administrativas o disciplinarias pertinentes."

De la misma manera, en la Ley de Costa Rica se indica que en todo momento podrá reclamarse en queja contra los defectos de tramitación y, en especial, los que supongan paralización, infracción de plazos preceptivamente señalados u omisión de trámites que puedan subsanarse antes de la resolución definitiva del asunto.

La queja debe presentarse ante el superior jerárquico de la autoridad o funcionario que se presuma responsable de la infracción o falta, citándose el precepto infringido y acompañándose copia simple del escrito. Si la queja fuere acogida, se debe amonestar al funcionario que hubiere dado origen a ella y, en caso de reincidencia o falta grave, puede ordenarse la apertura del expediente disciplinario que para tal efecto determine el Estatuto de Servicio Civil (art. 358 y 359).

III. LA LEGITIMACIÓN EN EL PROCEDIMIENTO Y EL PRINCIPIO DEL CONTRADICTORIO

La consecuencia fundamental del principio del contradictorio en materia de procedimientos administrativos es que en el mismo también existe la noción de parte. Así, en la relación Administración-administrados, ambos extremos son parte en el procedimiento, considerándose parte, también, a todos los otros administrados que puedan resultar afectados por el acto administrativo.

En la Ley peruana se habla de "sujetos del procedimiento", a cuyo efecto, el artículo 50 dispone que son tales: por una parte, los Administrados, es decir, la persona natural o jurídica que, cualquiera sea su calificación o situación procedimental, participa en el procedimiento administrativo; y por la otra, la autoridad administrativa, es decir, el agente de las entidades que bajo cualquier régimen jurídico, y ejerciendo potestades públicas conducen el inicio, la instrucción, la sustanciación, la resolución, la ejecución, o que de otro modo participan en la gestión de los procedimientos administrativos.

La Ley General de la Administración Pública de Costa Rica, en la misma orientación dispone que puede ser parte en el procedimiento administrativo, además de la Administración, todo el que tenga interés legítimo o un derecho subjetivo que pueda resultar directamente afectado, lesionado o satisfecho, en virtud del acto final; debiendo ser dicho el interés de la parte, actual, propio y legítimo, pudiendo ser moral, científico, religioso, económico o de cualquier otra índole (art. 275).

La noción de parte, por tanto, referida a los administrados, se asimila a la de interesados (art. 22 Ley de Venezuela y art. 9° de la Ley 9.784 de Brasil), y éstos, en definitiva, son los siguientes: en *primer lugar,* quienes promuevan el procedimiento como titulares de derechos o intereses legítimos; en *segundo lugar,* los que sin haber iniciado el procedimiento, ostenten derechos que puedan resultar directamente afectados por la decisión que en el mismo se adopte; y en *tercer lugar*, aquellos cuyos intereses legítimos, personales y directos puedan resultar afectados por el acto administrativo y se apersonen en el procedimiento en tanto no haya recaído resolución definitiva (art. 23 Ley de Venezuela; art. 55 Ley de Honduras).

Así lo precisa la Ley peruana, al indicar en su artículo 51 que se consideran administrados respecto de algún procedimiento administrativo concreto:

> "1. Quienes lo promuevan como titulares de derechos o intereses legítimos individuales o colectivos.
>
> 2. Aquellos que, sin haber iniciado el procedimiento, posean derechos o intereses legítimos que pueden resultar afectados por la decisión a adoptarse."

Adicionalmente, la Ley de Brasil en su artículo 9° agrega dos tipos de interesados más: "*as organizações e associações representativas, no tocante a direitos e interesses coletivos*"; *Y* "*as pessoas ou as associações legalmente constituídas quanto a direitos ou interesses difusos.*"

Se introduce, de esta manera, en la regulación del procedimiento administrativo, las figuras de los representantes de los intereses colectivos y difusos como legitimados para actuar frente a la Administración en sede administrativa.

Por otra parte, debe señalarse que las personas tienen derecho a ser notificados de todo inicio de un procedimiento administrativo, cuando la decisión del mismo "pueda afectar sus derechos e intereses", como lo dice la Ley de Uruguay (art. 17).

Además, el derecho a la defensa en el procedimiento administrativo implica el derecho de todo interesado a hacerse parte en el procedimiento, es decir, cuando éste no se haya iniciado a instancia suya, sino de oficio o a instancia de otra persona, si su interés personal, legítimo y directo o su derecho subjetivo puede resultar lesionado, afectado o satisfecho en el procedimiento.

Este derecho a hacerse parte implica el derecho a apersonarse en el procedimiento, en cualquier estado en que se encuentre la tramitación y siempre que en el mismo no hubiere recaído resolución definitiva.

1. Los interesados

Ya hemos señalado que en el procedimiento administrativo, en general, interesado es el que ostenta un interés personal, legítimo y directo en el asunto de que se trate (art. 109.2, Ley del Perú), porque le afecta un derecho subjetivo o su interés personal y legítimo; porque es destinatario de la decisión que se adopte; o porque tiene en relación con el asunto, una especial situación de hecho que permite que su interés o derecho pueda ser afectado.

En general, las leyes de procedimiento administrativo, como hemos visto, se refieren al interesado en términos similares, constituyendo una novedad, como se dijo, la regulación de la Ley de Brasil, al agregar los representantes de los intereses colectivos y difusos (art. 9).

En el caso de Venezuela, la Ley Orgánica de Procedimientos Administrativos define al interesado en relación al proceso contencioso-administrativo (arts. 22 y 23), de manera que el interesado en el procedimiento administrativo es quien tenga tal condición de interesado en el proceso contencioso-administrativo, y en la ley que regula el contencioso-administrativo se le da tal carácter al titular de un derecho subjetivo o de un "interés personal, legítimo y directo" (art. 121 Ley Orgánica de la Corte Suprema de Justicia).

Sin embargo, en jurisprudencia reciente de la Sala Político-Administrativa del Tribunal Supremo de Justicia, se ha considerado que conforme con la nueva Constitución de 1999 y su regulación del derecho de acceso a la justicia (art. 26), basta que el interés sea legítimo para tener la legitimación activa en las acciones de nulidad de actos administrativos.

En Colombia se ha llegado a la misma precisión que en Venezuela, pero por vía jurisprudencial, porque el Código, en su parte contenciosa no es tan estricto en la definición del interés personal, legítimo y directo como legitimación para actuar, incluso, sólo habla de interés simple o simple interés. Por ello, ha sido la jurisprudencia la que ha precisado la legitimación para actuar en el contencioso respecto de aquél quien se vea afectado en su derecho subjetivo o en su interés personal, legítimo y directo por un acto administrativo.

En Venezuela, además, establecida en la nueva Constitución la protección de los intereses colectivos y difusos (arts. 26; 280 y 281,2), sin duda, las organizaciones que representen dichos intereses también tendrían el carácter de interesados en el procedimiento administrativo, tal como lo regula expresamente la Ley de Brasil.

Los interesados, por supuesto, pueden realizar todas las actuaciones que estimen necesarias en el procedimiento, siempre que no estén prohibidas (art. 54.1, Ley del Perú); y además, tienen un cúmulo de derechos en el procedimiento administrativo, los cuales han sido enumerados detalladamente en el artículo 55 de la Ley peruana, así:

> "1. La precedencia en la atención del servicio público requerido, guardando riguroso orden de ingreso.

2. Ser tratados con respeto y consideración por el personal de las entidades, en condiciones de igualdad con los demás administrados.

3. Acceder, en cualquier momento, de manera directa y sin limitación alguna a la información contenida en los expedientes de los procedimientos administrativos en que sean partes y a obtener copias de los documentos contenidos en el mismo sufragando el costo que suponga su pedido, salvo las excepciones expresamente previstas por ley.

4. Acceder a la información gratuita que deben brindar las entidades del Estado sobre sus actividades orientadas a la colectividad, incluyendo sus fines, competencias, funciones, organigramas, ubicación de dependencias, horarios de atención, procedimientos y características.

5. A ser informados en los procedimientos de oficio sobre su naturaleza, alcance y, de ser previsible, del plazo estimado de su duración, así como de sus derechos y obligaciones en el curso de tal actuación.

6. Participar responsable y progresivamente en la prestación y control de los servicios públicos, asegurando su eficiencia y oportunidad.

7. Al cumplimiento de los plazos determinados para cada servicio o actuación y exigirlo así a las autoridades.

8. Ser asistidos por las entidades para el cumplimiento de sus obligaciones.

9. Conocer la identidad de las autoridades y personal al servicio de la entidad bajo cuya responsabilidad son tramitados los procedimientos de su interés.

10. A que las actuaciones de las entidades que les afecten sean llevadas a cabo en la forma menos gravosa posible.

11. Al ejercicio responsable del derecho de formular análisis, críticas o a cuestionar las decisiones y actuaciones de las entidades.

12. A exigir la responsabilidad de las entidades y del personal a su servicio, cuando así corresponda legalmente, y

13. Los demás derechos reconocidos por la Constitución o las leyes."

En esta materia de los derechos de los administrados en el procedimiento administrativo, el artículo 7 de la Ley Orgánica de la Administración Pública de Venezuela establece el siguiente conjunto de derechos de los particulares en sus relaciones con la Administración Pública:

"1. Conocer, en cualquier momento, el estado de la tramitación de los procedimientos en los que tengan interés, y obtener copias de documentos contenidos en ellos.

2. Identificar a las autoridades y a los funcionarios o funcionarias al servicio de la Administración Pública bajo cuya responsabilidad se tramiten los procedimientos.

3. Obtener copia sellada de los documentos que presenten, aportándola junto con los originales, así como a la devolución de éstos, salvo cuando los originales deban obrar en un procedimiento.

4. Formular alegatos y presentar documentos en los procedimientos administrativos en los términos o lapsos previstos legalmente.

5. No presentar documentos no exigidos por las normas aplicables al procedimiento de que se trate.

6. Obtener información y orientación acerca de los requisitos jurídicos o técnicos que las disposiciones vigentes impongan a los proyectos, actuaciones o solicitudes que se propongan realizar.

7. Acceder a los archivos y registros de la Administración Pública en los términos previstos en la Constitución de la República Bolivariana de Venezuela y la ley.

8. Ser tratados con respeto y deferencia por las autoridades, funcionarios y funcionarias, los cuales están obligados a facilitarles el ejercicio de sus derechos y el cumplimiento de sus obligaciones.

9. Ejercer, a su elección y sin que fuere obligatorio el agotamiento de la vía administrativa, los recursos administrativos o judiciales que fueren procedentes para la defensa de sus derechos e intereses frente a las actuaciones u omisiones de la Administración Pública, de conformidad con la ley."

2. La representación

Otra regulación de interés concerniente a los interesados es la que se refiere a la simplificación de la representación en materia administrativa. En algunos casos, las leyes de procedimiento administrativo remiten a los requisitos del derecho común; en otros, establecen principios menos formalistas que los establecidos en materia civil o procesal civil.

En Venezuela, por ejemplo, la Ley Orgánica de Procedimientos Administrativos permite que en todos los casos en que no se requiera la comparecencia personal del interesado, los administrados pueden hacerse representar mediante simple designación en la petición o recurso ante la Administración, sin perjuicio de que tal representación se pueda acreditar también por documento autenticado (arts. 25 y 26).

Conforme a esta orientación, en general, en las leyes de procedimiento administrativo la representación del legitimado o del interesado no necesita la formalidad de la representación que se pueda exigir en materia de procedimiento judicial ordinario, es decir, no es necesario un poder autenticado para ejercer la representación de un particular legitimado ante la Administración. Así se regula, por ejemplo, en la Ley de Uruguay (arts. 24, 82 y 156), en la del Perú (art. 115) y en el Reglamento de la Comunidad Andina (arts. 25 y 26), textos que sólo exigen una representación simple, sin poder, con su sola indicación ante el funcionario, sin que sea necesaria, ni siquiera, la condición de abogado del representante. En este sentido el Reglamento de la Comunidad Andina resume la situación así:

"*Artículo* 25. Cuando la Secretaría General no requiera expresamente la participación personal de los interesados, éstos podrán hacerse representar en los procedimientos administrativos y, en tal caso, se entenderá con el representante que designe el interesado.

La representación podrá ser otorgada por simple designación en comunicación escrita dirigida por el interesado a la Secretaría General.

La designación de representante no impedirá la intervención de quien se hubiera hecho representar."

Esta flexibilización de la representación viene a constituir, entonces, una garantía para la formulación de peticiones y para la participación de los administrados ante la Administración.

En contraste con esta flexibilización general, sin embargo, la Ley de Honduras prescribe la necesidad de poder autenticado y la condición de abogado de los representantes en los procedimientos administrativos (art. 56).

3. La participación y la notificación a los terceros interesados

Por otra parte, en relación a la noción de parte en el procedimiento administrativo, en algunas leyes como la Ley General de la Administración Pública de Costa Rica, se regula la figura del coadyuvante administrativo, referida a aquellos que sólo están indirectamente interesados en el acto final o en su denegación o reforma, aunque su interés sea derivado, o no actual, en relación con el que es propio de la parte a la cual coadyuva (art. 226). En estos casos, el coadyuvante lo puede ser tanto del promotor del expediente como de la Administración o de la contraparte (art. 227), y no podrá pedir nada para sí, ni podrá cambiar la pretensión a la que coadyuva.

Puede, sin embargo, hacer todas las alegaciones de hecho y de derecho, y usar todos los recursos y medios procedimentales para hacer valer su interés excepto en lo que perjudique al coadyuvado (art. 278).

Se establece, en esta forma, el derecho del tercero interesado en participar en el procedimiento administrativo. Por tanto, si en el curso del procedimiento hay la evidencia de que hay terceras personas interesadas, la Administración está en la obligación de convocarlas.

Esto se regula, con precisión, en la Ley peruana, al disponer su artículo 60 respecto de los "terceros administrados", que si durante la tramitación de un procedimiento es advertida la existencia de terceros determinados no comparecientes cuyos derechos o intereses legítimos puedan resultar afectados con la resolución que sea emitida, dicha tramitación y lo actuado les deben ser comunicados mediante citación al domicilio que resulte conocido, sin interrumpir el procedimiento.

Si se trata de terceros administrados no determinados, la citación debe ser realizada mediante publicación o, cuando corresponda, mediante la realización del trámite de información pública o audiencia pública, conforme a esta Ley. En todo caso, los terceros pueden apersonarse en cualquier estado del procedimiento, teniendo los mismos derechos y obligaciones de los participantes en él.

En el caso colombiano, el Código exige, para la convocatoria de los terceros interesados, la publicidad en un periódico de amplia circulación nacional o local, según el caso (art. 15).

4. El principio de igualdad

En relación con los interesados, otro principio evidente que rige en el procedimiento administrativo, es el principio de la igualdad. A pesar de que no se encuentra expresamente establecido en las leyes de procedimiento, el principio deriva del régimen constitucional del derecho de la igualdad. Sin embargo, debe destacarse la norma del Reglamento de la Secretaría General de la Comunidad Andina, que dice:

> "*Artículo* 5. En virtud del principio de igualdad de trato a las partes, la Secretaría General deberá asegurar y garantizar los derechos de todos los interesados, incluyendo el de poder participar activamente en todo procedimiento que les concierna, sin ningún género de discriminación."

5. Los deberes de los administrados

Los interesados no sólo tienen el derecho a participar en los procedimientos administrativos; también tienen deberes, entre los cuales están los que destaca la reciente Ley de Brasil, en su artículo 4°, así:

"I. *expo os fatos conforme a verdade;*

II. *proceder com lealdade, urbanidade e boa-fé;*

III. *não agir de modo temerário;*

IV. *prestar as informações que lhe forem solicitadas e colaborar para o esclarecimiento dos fatos.*"

En la Ley del Perú, también se regulan los deberes de los administrados en el procedimiento administrativo, enumerándose en el artículo 56, los siguientes:

"1. Abstenerse de formular pretensiones o articulaciones ilegales, de declarar hechos contrarios a la verdad o no confirmados como si fueran fehacientes, de solicitar actuaciones meramente dilatorias, o de cualquier otro modo afectar el principio de conducta procedimental.

2. Prestar su colaboración para el pertinente esclarecimiento de los hechos.

3. Proporcionar a la autoridad cualquier información dirigida a identificar a otros administradores no comparecientes con interés legítimo en el procedimiento.

4. Comprobar previamente a su presentación ante la entidad, la autenticidad de la documentación sucedánea y de cualquier otra información que se ampare en la presunción de veracidad."

En cuanto al deber de información, en particular, la misma Ley del Perú dispone que en los procedimientos investigatorios, los administrados están obligados a facilitar la información y documentos que conocieron y fueren razonablemente adecuados a los objetivos de la actuación para alcanzar la verdad material, en las instrucción del expediente (art. 57).

IV. LA PARTICIPACIÓN PROCEDIMENTAL

En el procedimiento administrativo también puede identificarse el principio de la participación procedimental, que no se refiere al derecho del administrado a peticionar o el de un tercero interesado en participar en el procedimiento y a que se le notifique, sino referido en general al derecho ciudadano a la participación en las tareas administrativas, como característica de los Estados democráticos contemporáneos.

1. El derecho de participar en la elaboración de actos de efectos generales

El derecho a la participación ciudadana en los asuntos públicos se ha regulado, incluso, en las Constituciones (art. 62 de la Constitución de Venezuela), por lo que en las leyes de procedimiento administrativo de América Latina también se encuentran reguladas diversas manifestaciones formales de este derecho.

Quizás las más destacadas regulaciones en la materia se refieren a la elaboración de los textos de carácter general, lo que tiene su antecedente comparativo en el derecho anglosajón. En efecto, desde hace décadas una de las características de la Administración en esos países, que se erige como uno de los pilares fundamentales del procedimiento administrativo en materia de actos de efectos generales, es el derecho de la comunidad y de todas sus organizaciones, de participar en la elaboración de los actos de carácter general. A veces, incluso, por el exceso de participación la Administración no decide rápidamente, pues el empeño importante y democrático de oír a todos los interesados hace que las decisiones, normalmente, no se adopten sino después de mucho tiempo.

En todo caso, este principio de la participación de los administrados en la formulación o elaboración de los actos de carácter general comienza a encontrar cabida y regulación expresa en leyes de procedimiento administrativo de América Latina. Por ejemplo, está expresamente regulado en la Ley de Costa Rica que exige que se conceda "a las entidades representativas de intereses de carácter general o corporativo afectados por la disposición, la oportunidad de exponer su parecer..." (art. 361), y en el Decreto 266 de 2000 de Colombia que establece la obligación de publicar los proyectos de actos administrativos normativos en los diarios oficiales e, incluso, a nivel local, de notificar mediante bandos a la población, dando un plazo no menor de una semana para la recepción de observaciones, sugerencias o propuestas (arts. 31 y ss.). Sólo después de vencido el lapso es que se puede expedir el acto, debiendo motivarse la aceptación o rechazo de los planteamientos formulados.

La Ley peruana también regula los casos de información pública para la adopción de normas administrativas, estableciendo el artículo 185.2 que el período de información pública corresponde ser convocado particularmente cuando se aprueben normas administrativas que afecten derechos e intereses ciudadanos.

La Ley mexicana, por otra parte, también regula este derecho de participación y obligación de la Administración de someter al conocimiento de los interesados los actos administrativos de carácter general. Incluso, la necesidad de la publicación de los proyectos es la forma más efectiva de garantizar este derecho. Esto se ha consagrado desde hace años en España, de manera que es lo normal que no sólo los proyectos de reglamentos y de actos de efectos generales se publiquen en el Boletín Oficial del Estado, sino también los proyectos de leyes.

En particular, como se dijo, la Ley Federal mexicana establece, en su artículo 4, lo siguiente:

> "Cuando así lo establezcan las leyes, los proyectos de reglamentos, decretos, acuerdos y demás actos administrativos de carácter general, cuando afecten el interés público deberán ser publicados previamente en el Diario Oficial de la Federación, para dar oportunidad a los interesados de formular observaciones sobre las medidas propuestas, dentro del plazo que las leyes señalen para tales efectos y, en su defecto, dentro del plazo de sesenta días siguientes a la publicación.
>
> Los instructivos, manuales y formatos que expidan las dependencias de la Administración Pública Federal deberán publicarse previamente a su aplicación, en el Diario Oficial de la Federación."

Sin duda, la publicidad es la mejor garantía de la participación y de la ordenación de la actividad administrativa lo que se lograr si por ejemplo, los particulares pueden tener a su disposición un proyecto de reglamento antes de su adopción, para poder formular observaciones; sin embargo, en la realidad sucede lo contrario, los proyectos de la Administración son por lo general secretos, y muchas veces se mantienen guardados por los funcionarios sin mostrarlos a los interesados por lo que, desgraciadamente, sólo cuando salen publicados, constituyen una sorpresa para todos.

Este derecho a la participación ciudadana en el proceso de elaboración de los Reglamentos y demás actos administrativos de efectos generales lo ha regulado detalladamente la Ley Orgánica de la Administración Pública de Venezuela, de 2001.

En efecto, de acuerdo con el artículo 136 de la LOAP, cuando los órganos o entes públicos, en su rol de regulación, propongan la adopción de normas legales, reglamentarias o de otra jerarquía, deben remitir el anteproyecto para su consulta a las comunidades organizadas y las organizaciones públicas no estatales inscritas en el registro señalado anteriormente (art. 135).

Esta obligación de consulta por tanto, se aplica en los casos de emisión de decretos leyes dictados mediante delegación legislativa (ley habilitante), o de reglamentos de cualquier tipo.

En el oficio de remisión del anteproyecto correspondiente se debe indicar el lapso durante el cual se recibirán por escrito las observaciones, y el cual no comenzará a correr antes de los diez días hábiles siguientes a la entrega del anteproyecto correspondiente.

Paralelamente al procedimiento anterior, el mismo artículo 135 de la LOAP dispone que el órgano o ente público correspondiente debe publicar en la prensa nacional la apertura del proceso de consulta indicando su duración. De igual manera lo debe informar a través de su página en la internet, en la cual se debe exponer él o los documentos sobre los cuales verse la consulta.

Durante el proceso de consulta, cualquier persona puede presentar por escrito sus observaciones y comentarios sobre el correspondiente anteproyecto, sin necesidad de estar inscrito en el registro a que se refiere el artículo anterior.

El resultado del proceso de consulta no tiene carácter vinculante. En todo caso, una vez concluido el lapso de recepción de las observaciones, el órgano o ente público debe fijar una fecha para que sus funcionarios o funcionarias, especialistas en la materia que sean convocados y las comunidades organizadas y las organizaciones públicas no estatales intercambien opiniones, hagan preguntas, realicen observaciones y propongan adoptar, desechar o modificar el anteproyecto propuesto o considerar un anteproyecto nuevo (art. 135).

El artículo 137 de la LOAP establece que el órgano o ente público no puede aprobar normas para cuya resolución sea competente, ni remitir a otra instancia proyectos normativos que no sean consultados, de conformidad con lo antes indicado.

Las normas que sean aprobadas por los órganos o entes públicos o propuestas por éstos a otras instancias serán nulas de nulidad absoluta si no han sido consultadas según el procedimiento antes indicado (art. 137).

Sin embargo, en casos de emergencia manifiesta y por fuerza de la obligación del Estado en la seguridad y protección de la sociedad, el Presidente de la República, el gobernador, el alcalde, según corresponda, pueden autorizar la aprobación de normas sin la consulta previa.

En este caso, las normas aprobadas deben ser consultadas seguidamente bajo el mismo procedimiento a las comunidades organizadas y las organizaciones públicas no estatales. El resultado de la consulta deberá ser considerado por la instancia que aprobó la norma y ésta puede ratificarla, modificarla o eliminarla (art. 137).

2. Las consultas públicas obligatorias: vinculantes o no vinculantes

Entre las regulaciones interesantes y generales en esta materia, está la Ley de Brasil, donde se regulan las audiencias públicas en los procedimientos en los cuales esté envuelto un "asunto de interés general", y no sólo en los que tengan por objeto la elaboración de normas de efectos generales; estableciendo el artículo 31, en esos casos que:

> "1° *A abertura da consulta pública será objeto de divulgação pelos meios oficiais, a fim de que pessoas físicas ou jurídicas possam examinar os autos, fixandose prazo para oferecimento de alegações escritas.*
>
> 2° *O comparecimento à consulta pública não confere, por si, a condição de interessado do processo, mas confere o direito de obter da Administração resposta fundamentada, que poderá ser comum a todas as alegações substancialmente iguais.*"

La Ley agrega además, con carácter general, que antes de tomar una decisión, a juicio de la autoridad administrativa según la relevancia de la cuestión, se puede realizar una audiencia pública para los debates de la materia objeto del procedimiento (art. 32). La Administración, además, en materias relevantes, puede establecer otros medios de participación de los administrados, directamente o por medio de organizaciones o asociaciones legalmente reconocidas (art. 33).

Si bien en la Ley Orgánica de Procedimientos Administrativos de Venezuela no hay regulaciones relativas a estos mecanismos de participación en la decisión de asuntos de interés general, el principio, sin embargo, se ha recogido en leyes especiales, como por ejemplo, en la Ley Orgánica de Ordenación del Territorio y en la Ley Orgánica de Ordenación Urbanística donde se establece la consulta pública obligatoria de todos los proyectos de planes de ocupación del suelo o de desarrollo urbanístico a nivel de urbanizaciones. Se establece, así, la necesidad de publicar el plan o proyecto y convocar a todos los interesados para que puedan expresar sus observaciones sobre el mismo. Por supuesto, en estos casos, las consultas no son vinculantes y simplemente lo que buscan es que la Administración pueda tener el mayor ámbito de conocimiento de los intereses generales, particulares, colectivos o difusos para la elaboración de estas ordenanzas o planes nacionales de ocupación del suelo (art. 28, LOOT; art. 27, LOOU).

La más reciente ley de procedimiento administrativo de América Latina, que es la Ley del Perú, es la que contiene regulaciones más precisas sobre esta participación ciudadana en los mismos, mediante audiencias públicas. En efecto, el artículo 182, precisa que las normas administrativas prevén la convocatoria a una audiencia pública, como formalidad esencial para la participación efectiva de terceros, cuando el acto al que conduzca el procedimiento administrativo sea susceptible de afectar derechos o intereses cuya titularidad corresponda a personas indeterminadas, tales como en materia medio ambiental, ahorro público, valores culturales, históricos, derechos del consumidor, planeamiento urbano y zonificación; o cuando el pronunciamiento sobre autorizaciones, licencias o permisos que el acto habilite incida directamente sobre servicios públicos.

En estas audiencias públicas cualquier tercero, sin necesidad de acreditar legitimación especial, está habilitado para presentar información verificada, para requerir el análisis de nuevas pruebas, así como para expresar su opinión sobre las cuestiones que constituyan el objeto del procedimiento o sobre la evidencia actuada; no pudiendo, sin embargo, formular interpelaciones a la autoridad en la audiencia.

La importancia de la regulación radica, además, en la previsión del artículo 182.3, que establece que la omisión de realización de la audiencia pública "acarrea la nulidad del acto administrativo final que se dicte".

En todos estos supuestos, la convocatoria de las audiencias públicas, de acuerdo con el artículo 183 de la ley, debe hacerse en el Diario Oficial y en uno de los medios de comunicación de mayor difusión local, según la naturaleza del asunto, con una anticipación no menor de tres (3) días a su realización, el día, lugar y hora de realización, los plazos para inscripción de participantes, el domicilio y teléfono de la entidad convocante, dónde se puede realizar la inscripción, se puede acceder a mayor información del asunto, o presentar alegatos, impugnaciones y opiniones.

3. La participación y los intereses difusos y colectivos

Otro tema que no encuentra regulación formal en casi ninguna de las leyes de procedimiento administrativo es el de la participación en relación con los intereses difusos y colectivos, tan desarrollada en los últimos años, como mecanismo para asegurar el acceso a la justicia. Sin embargo, en la mayoría de las legislaciones latinoamericanas no se regula ni se utiliza siquiera la expresión de intereses difusos o intereses colectivos que tienen que ver con la participación, sobre todo, en el caso de los actos de efectos generales o que afecten intereses generales.

Por ello, la nueva Ley Federal de procedimiento del Brasil consagra una innovación importantísima en materia de procedimiento administrativo en el derecho comparado, ya que es la primera que hace referencia expresa, en una norma, a las organizaciones o asociaciones representativas de intereses colectivos y difusos como partes interesadas legitimadas para actuar en sede administrativa (art. 9°, III y IV).

Incluso, en la misma línea, otra norma de esta Ley amplía las posibilidades de participación en el procedimiento administrativo durante la instrucción del mismo, indicando que los órganos y entidades administrativas, en materias relevantes, pueden establecer otros medios de participación de los administrados, directamente o por medio de organizaciones o asociaciones legalmente reconocidas (art. 33).

Sin embargo, debe señalarse que en leyes especiales se encuentran regulaciones en este sentido. Por ejemplo, en Venezuela, la Ley de Protección al Consumidor y del Usuario establece los derechos de los usuarios y de los consumidores, y se regulan las asociaciones de usuarios y de los consumidores que son típicas organizaciones de representación de intereses difusos. Otro caso es el de la Ley Orgánica de Régimen Municipal y de la Ley Orgánica de Ordenación Urbanística, que aseguran la participación de las asociaciones de vecinos como representantes de intereses colectivos, en la toma de ciertas decisiones en materia urbanística.

4. El deber de participar

En algunas leyes, como la venezolana, se establece además la obligación de los particulares de colaborar con el procedimiento; en definitiva, de informar cuando la Administración así se lo requiera. Así, el artículo 28 dispone:

> "*Artículo* 28. Los administrados están obligados a facilitar a la Administración Pública la información de que dispongan sobre el asunto de que se trate, cuando ello sea necesario para tomar la decisión correspondiente y les sea solicitada por escrito."

En esta forma, se consagra un deber de colaboración y participación y, además, un deber de comparecencia (art. 29); lo que también establece expresamente la Ley de Brasil, en el título que dedica a los deberes de los administrados (art. 4, IV).

En el caso de la Ley de Honduras, este deber de participar se regula mediante la comparecencia de los particulares, de carácter obligatoria, pero sólo cuando "así esté previsto en una disposición legal o reglamentaria" (art. 59); o "sea indispensable" como lo indica la Ley de Simplificación de Trámites Administrativos de Venezuela de 1999 (art. 11).

5. El derecho a la información

Otro derecho cuya regulación ha sido importante y reciente en la Administración contemporánea, es el derecho del interesado a ser informado de la organización administrativa, del procedimiento, del estado del mismo y de las personas que intervienen en su instrucción, lo que, lamentable, pero normalmente, es parte del secreto de la Administración, o del área secreta y reservada del funcionario.

Frente a esto, sin embargo, incluso se han incorporado normas de rango constitucional para asegurar el derecho a la información administrativa, como el artículo 143 de la Constitución de Venezuela de 1999, que dispone:

> "*Artículo* 143. Los ciudadanos y ciudadanas tienen derecho a ser informados e informadas oportuna y verazmente por la Administración Pública sobre el estado de las actuaciones en que estén directamente interesados e interesadas, y a conocer las resoluciones definitivas que se adopten sobre el particular. Asimismo, tienen acceso a los archivos y registros administrativos, sin perjuicio de los límites aceptables dentro de una sociedad democrática en materias relativas a seguridad interior y exterior, a investigación criminal y a la intimidad de la vida privada, de conformidad con la ley que regule la materia de clasificación de documentos de contenido confidencial o secreto. No se permitirá censura alguna a los funcionarios públicos o funcionarias públicas que informen sobre asuntos bajo su responsabilidad."

A fin de dar cumplimiento a estos principios, la Ley Orgánica de la Administración Pública dispone (art. 12) que los órganos y entes de la Administración Pública deberán utilizar las nuevas tecnologías que desarrolle la ciencia, tales como los medios electrónicos, informáticos y telemáticos, para su organización, funcionamiento y relación con las personas.

En tal sentido, por disposición expresa de la Ley Orgánica, cada órgano y ente de la Administración Pública debe establecer y mantener una página en la internet, que debe contener, entre otra información que se considere relevante, los datos correspondientes a su misión, organización, procedimientos, normativa que lo regula, servicios que presta, documentos de interés para las personas, así como un mecanismo de comunicación electrónica con dichos órganos y entes disponible para todas las personas vía internet (art. 12). Esta obligación debe cumplirse por todos los órganos y entes de la Administración Pública antes del 17 de abril de 2002 (Disposiciones Transitorias Primera, LOAP).

Adicionalmente, la misma Ley Orgánica establece que la Administración Pública Nacional, de los Estados, de los Distritos metropolitanos y de los Municipios deben establecer sistemas que suministren a la población la más amplia, oportuna y veraz información sobre sus actividades, con el fin de ejercer el control social sobre la gestión pública. Cualquier particular puede solicitar de los órganos y entes de la Administración Pública la información que desee sobre la actividad de éstos de conformidad con la ley (art. 138).

Todos los órganos y entes de la Administración Pública deben mantener permanentemente actualizadas y a disposición de las personas, en las unidades de información correspondientes, el esquema de su organización y la de los órganos adscritos, así como guías informativas sobre los procedimientos administrativos, servicios y prestaciones aplicables en el ámbito de su competencia y de sus órganos adscritos (art. 139).

En cuanto a los documentos en poder de la Administración Pública, el artículo 158 de la LOAP, dispone que será objeto de periódica publicación la relación de los documentos que estén en poder de las Administración Pública sujetos a un régimen de especial publicidad por afectar a la colectividad en su conjunto y cuantos otros puedan ser objeto de consulta por los particulares.

También deben ser objeto de publicación regular las instrucciones y respuestas a consultas planteadas por los particulares u otros órganos administrativos que comporten una interpretación del derecho positivo o de los procedimientos vigentes a efectos de que puedan ser alegadas por los particulares en sus relaciones con la Administración (art. 158).

En particular, respecto del procedimiento administrativo, la Ley de Honduras, dispone:

> "*Artículo* 118. En cualquier momento los interesados podrán solicitar se les informe sobre el estado de la tramitación. Asimismo, podrán solicitar que se les extienda certificación de aquellos actos que ya hubiesen sido notificados y la Administración debe extenderlas sin dilación, excepto de aquellos actos a los cuales la Ley atribuya carácter reservado o secreto."

La Ley sobre Simplificación de Trámites Administrativos de Venezuela de 1999, también recoge este principio así:

> "*Artículo* 38. Toda persona que haya presentado una petición, reclamación, consulta o queja ante los órganos y entes de la Administración Pública, tiene derecho a conocer el estado en que se encuentra su tramitación y a que se le informe el plazo dentro del cual se atenderá la misma."

Por su parte, conforme al artículo 37 de la misma Ley, la Administración tiene "el deber de ofrecer a los ciudadanos información completa, oportuna y veraz en relación con los trámites que se realicen ante los mismos".

Por último, la Ley de Brasil, también dispone que los administrados tienen derecho a:

> *"ter ciência da tramitação dos processos administrativos em que tenha a condição de interessado, ter vista dos autos, obter cópias de documentos neles contidos e conheder as decisões proferidas" (art. 3, II).*

Adicionalmente, en este tema deben mencionarse las disposiciones de la Ley sobre Simplificación de Trámites Administrativos de Venezuela, de 1999, que desarrollan los principios del derecho a la información administrativa, con la siguiente precisión:

> "*Artículo* 39. Los funcionarios públicos tienen la obligación de atender las consultas telefónicas que formulen los particulares sobre información general acerca de los asuntos de su competencia, así como las que realicen los interesados para conocer el estado de sus tramitaciones. A tal efecto, cada organismo implementará un servicio de información telefónico que satisfaga las necesidades del ciudadano, haciendo empleo racional de los recursos humanos, presupuestarios y tecnológicos de que disponga actualmente."

Además, se exige a la Administración el establecimiento de servicios de información y atención al público, así:

"*Artículo* 40. Cada uno de los organismos sujetos a la aplicación de este Decreto-Ley, deberá crear un servicio de atención al público, encargado de brindar toda la orientación y apoyo necesario al particular en relación con los trámites que realice en dicho organismo, así como recibir y procesar las denuncias, sugerencias y quejas que, en torno al servicio y a la actividad administrativa, formulen los mismos. Se prestarán igualmente servicios de recepción y entrega de documentos, solicitudes y requerimientos en general.

Artículo 42. Los órganos y entes de la Administración Pública, podrán crear oficinas o ventanillas únicas en donde se realice la totalidad de la actuación administrativa que implique la presencia del interesado en relación con un mismo trámite.

Artículo 43. Los órganos y entes de la Administración Pública deberán implementar adicionalmente horarios especiales de atención al público, a fin de que los administrados puedan cumplir con mayor facilidad sus obligaciones y adelantar los trámites ante los mismos."

V. EL PRINCIPIO DE LA PUBLICIDAD

Otro principio importante en materia de procedimiento administrativo, el cual, además, es el que puede garantizar o no el derecho de la participación, es el principio de la publicidad administrativa, es decir, que, en general, los asuntos que se tramitan ante la Administración, deben ser públicos y de acceso del público.

Este principio se manifiesta, por supuesto en concreto, respecto de las decisiones de la Administración, como lo regula el Código de Colombia: "en virtud del principio de publicidad, las autoridades darán a conocer sus decisiones mediante las comunicaciones, notificaciones o publicaciones que ordenan este Código y la ley" (art. 3°).

Asimismo, el Reglamento de la Secretaría de la Comunidad Andina contiene una norma inspirada en el mismo principio que dispone que:

> "En virtud del principio de transparencia, los actos y documentos oficiales de la Secretaría General, salvo aquellos que tengan carácter confidencial, estarán disponibles al público y los interesados" (art. 5).

En particular, en cuanto a los reglamentos, resoluciones y actos administrativos de carácter general dictados por la Administración Pública, la Ley Orgánica de la Administración Pública de Venezuela establece que deberán ser publicados, sin excepción, en la *Gaceta Oficial de la República*, según el caso, en el medio de publicación oficial del Estado, Distrito metropolitano o Municipio correspondiente (art. 13).

La norma recoge el principio general del comienzo de la eficacia de los actos administrativos de efectos generales (normativos) o de carácter general (destinados a varios sujetos de derecho), sujetándolo a la publicación en la *Gaceta Oficial*.

El artículo 13, sin embargo, además de referirse a los reglamentos (siempre de carácter normativo) y a los actos administrativos de carácter general, menciona a las "resoluciones". Estas, conforme a la Ley Orgánica de Procedimientos Administrativos (art. 16) son los actos administrativos que emanan de los Ministros del Ejecutivo Nacional, por lo que las mismas, sean o no de efectos generales o de carácter general, deben publicarse en la *Gaceta Oficial*.

En cuanto a los Estados, Distritos Metropolitanos y Municipios, los actos de los mismos de orden normativo o de carácter general, también deben publicarse en la correspondiente "publicación oficial" de las entidades respectivas.

1. La tensión entre la publicidad y el secreto administrativo

En todo caso, uno de los grandes retos del Estado de derecho en el mundo contemporáneo, en cuanto a las relaciones entre la Administración y los administrados, es el de la sustitución del principio del secreto administrativo por el principio contrario, el de la publicidad de las actuaciones administrativas. Esa sustitución, sin embargo, puede decirse que aún no se ha logrado en la práctica, y en muchos países continúa vigente el principio del secreto discrecional, conforme al cual la Administración tiene la potestad de mantener en secreto cualquier documento o información, mediante su declaración como reservado, con lo cual los particulares no tienen seguridad de recibir la información que necesitan para controlar la actividad administrativa. En esta forma, el secreto de la actuación administrativa y el misterio que la recubre, no sólo frente a los particulares (al exterior), sino entre los diversos órganos de la propia Administración (al interior), en efecto, sigue siendo una práctica administrativa en las Administraciones contemporáneas, la mayoría de las veces para encubrir arbitrariedades, irresponsabilidades e incompetencias de los funcionarios. Por ello, "secreto" y "administración ineficiente" constituyen un binomio históricamente inseparable.

En todo caso, lamentablemente, aún existe en las Administraciones públicas la tradición de considerar como secretos los asuntos que se tramitan en ellas, en particular, pero absurdamente, cuando precisamente favorecen las pretensiones de los administrados.

2. La información administrativa y el derecho de acceso a los archivos y documentos públicos

Como se ha dicho, la Administración, en general, en nuestros países, se ha comportado como una Administración secreta, donde el misterio y la reserva se manejan discrecionalmente, lo que a veces constituye un mecanismo para encubrir irresponsabilidades de los funcionarios. Esfuerzos se han hecho en algunos países para contrarrestar la reserva de los documentos oficiales, como se hizo en Colombia con la Ley N° 57 sobre publicidad de los actos y documentos oficiales (Ley 57 de 05-07-1985). Se trata de una Ley única en el ámbito latinoamericano. Hasta ese momento no había ninguna otra ley que planteara el tema de la publicidad de los actos y de los documentos oficiales, que es un signo, por ejemplo, de todas las Administraciones europeas y sobre todo, de las anglosajonas, en las cuales se han dictado leyes de publicidad que garantizan el acceso a los documentos oficiales y a los actos oficiales.

Sin embargo, esto no ha sido común en América Latina, aún en los regímenes democráticos, pues la práctica continúa siendo el secreto o la reserva, es decir, el principio ha sido más bien el contrario, la práctica de mantener reservados los archivos de la Administración.

En Venezuela, el artículo 147 de la Constitución regula el derecho de acceder a los archivos y registros administrativos, sin perjuicio de los límites aceptables dentro de una sociedad democrática en materias relativas a seguridad interior y exterior, a investigación criminal y a la intimidad de la vida privada, de conformidad con la ley que regule la materia de clasificación de documentos de contenido confidencial o secreto.

Este derecho lo regula igualmente el artículo 155 de la Ley Orgánica de la Administración Pública, al disponer que toda persona tiene el derecho de acceder a los archivos y registros administrativos, cualquiera sea la forma de expresión, gráfica, sonora o en imagen o el tipo de soporte material en que figuren, salvo las excepciones establecidas en la Constitución y en la ley que regule la materia de clasificación de contenido confidencial o secreto.

Este derecho de acceso a los archivos y registros de la Administración Pública debe ser ejercido por los particulares de forma que no se vea afectada la eficacia del funcionamiento de los servicios públicos, debiéndose, a tal fin, formular petición individualizada de los documentos que se desee consultar, sin que quepa, salvo para su consideración con carácter potestativo, formular solicitud genérica sobre una materia o conjunto de materias.

No obstante, cuando los solicitantes sean investigadores que acrediten un interés histórico, científico o cultural relevante, se podrá autorizar el acceso directo de aquellos a la consulta de los expedientes (art. 156).

En materia específica del procedimiento administrativo, en todo caso, comienza a regularse el principio expreso de la publicidad del procedimiento, específicamente para las partes o interesados. Así, la Ley Orgánica de Procedimientos Administrativos de Venezuela establece el principio general de que los interesados y sus representantes tienen el derecho de examinar en cualquier estado o grado del procedimiento el expediente correspondiente, y de leer y copiar cualquier documento contenido en el mismo, así como de pedir certificación de cualquier documento (art. 59). En igual sentido se regula la Ley General de Costa Rica (art. 272) y en el Decreto 266 de 2000 de Colombia (art. 5).

Este derecho de acceso a los elementos del expediente es lo que, en el derecho brasileño, se ha denominado "direito de vista", el cual debe tratarse de un vista completa, sin censuras (art. 3, II de la Ley). Este derecho de vista implica que la parte está facultada para el examen de toda la documentación constante en autos o, según se expresa en el resto de las legislaciones latinoamericanas, de todos los "antecedentes" de la cuestión a ser resuelta.

3. Las actuaciones administrativas reservadas

Las leyes de procedimiento administrativo establecen, sin embargo, la excepción, en el sentido de que se exceptúan de este derecho de acceso los documentos que sean calificados como confidenciales por el superior jerárquico, los cuales deben entonces ser archivados en cuerpos separados del expediente.

En tal sentido, pero en forma amplia, la Ley General de la Administración Pública de Costa Rica establece que:

> "No habrá acceso a las piezas del expediente cuyo conocimiento pueda comprometer secretos de Estado o información confidencial de la contraparte, o en general, cuando el examen de dichas piezas confiera a la parte un privilegio indebido o una oportunidad para dañar ilegítimamente a la Administración, a la contraparte o a terceros, dentro o fuera del expediente" (art. 273,1).

Es importante destacar que la Ley costarricense presume que tienen la condición de reservados, salvo prueba en contrario, los proyectos de resolución, así como los informes para órganos consultivos y los dictámenes de éstos antes de que hayan sido rendidos (art. 273,2).

En todo caso, el tema de la reserva permanece en las leyes, en relación con los asuntos de seguridad y defensa. Así se establece, por ejemplo en el Código de Colombia:

> "*Artículo* 19. Toda persona tiene derecho a consultar los documentos que reposen en las oficinas públicas y a que se le expida copia de los mismos, siempre que dichos documentos no tengan carácter reservado conforme a la Constitución (Constitución Nacional, artículo 38) o la ley, o no hagan relación a la defensa o seguridad nacional."

Existen otros procedimientos reservados, además de los señalados, como el que se establece en el Decreto de Uruguay según el cual, los procedimientos disciplinarios son de carácter secreto (art. 174). De manera que todo funcionario que interviene en uno de estos procesos está obligado a mantener el secreto del procedimiento disciplinario.

Hay posibilidad de reserva, además, en procedimientos que tienen que ver con asuntos empresariales o económicos, por ejemplo, los relativos a la libre competencia que se establece en protección de los propios particulares, donde las partes pueden pedir a la entidad que mantenga confidencial el procedimiento a los efectos de la protección de sus propios derechos.

Puede haber también reserva derivada de la protección al derecho a la intimidad, en los procedimientos que tienen que ver con el derecho a la privacidad. Allí está, además, el fundamento de la acción de habeas data que también se ha consagrado expresamente en Colombia y Venezuela, como un mecanismo de tutela específico, que viene del derecho portugués y vinculado al amparo.

En particular en la reciente Constitución venezolana de 1999 se consagró el derecho de *habeas data*, así:

> "*Artículo* 28. Toda persona tiene el derecho de acceder a la información y a los datos que sobre sí misma o sobre sus bienes consten en registros oficiales o privados, con las excepciones que establezca la ley, así como de conocer el uso que se haga de los mismos y su finalidad, y de solicitar ante el tribunal competente la actualización, la rectificación o la destrucción de aquellos, si fuesen erróneos o afectasen ilegítimamente sus derechos. Igualmente, podrá acceder a documentos de cualquier naturaleza que contengan información cuyo conocimiento sea de interés para comunidades o grupos de personas. Queda a salvo el secreto de las fuentes de información periodística y de otras profesiones que determine la ley."

En materia de las reservas concernientes al derecho a la privacidad y a la intimidad, el artículo 46 de la Ley brasileña limita el derecho de acceso a aquellos documentos contenidos en el expediente que estén protegidos por el "sigilo" o el *"direito à privacidade à honra e à imagem":*

La enunciación general de este principio de reserva por causas de "sigilo" se encuentra en la misma Ley brasileña en el art. 2°,V del Parágrafo único, al señalar como uno de los principios que deben guiar el procedimiento administrativo, la "*divulgação oficial dos atos administrativos, ressalvadas as hipóteses de sigilo previstas na Constituição*".

En el Reglamento de la Secretaría de la Comunidad Andina se establece expresamente la posibilidad de que el interesado solicite que se declaren confidenciales determinados documentos. Esto tiene que ver con el tema empresarial o comercial que se señaló anteriormente, el cual sí exige en determinados casos, la reserva, a petición de los propios interesados de manera que no se divulguen. El Reglamento, en tal sentido, dispone:

> "*Artículo* 20. A solicitud de cualquier interesado, la Secretaría General informará del estado de la tramitación de sus expedientes.

Cuando lo solicite el interesado el Secretario General podrá declarar confidenciales determinados documentos que sean presentados, siempre que éstos no hubieran sido divulgados y su divulgación pudiera ocasionar perjuicio a la parte que los proporcionó o a un tercero.

El interesado que solicite la confidencialidad sobre documentos presentados deberá justificar su petición y acompañar un resumen no confidencial, el cual formará parte del expediente público."

Pero lo que permanece todavía en algunas legislaciones, aparte de esas áreas de reserva que son clásicas (seguridad y defensa, cuestiones empresariales y comerciales, derecho a la intimidad y a la privacidad), son aquellas áreas de reserva discrecionales. Por ejemplo, la Ley de Uruguay establece expresamente que:

"*Artículo* 80. Los documentos o piezas podrán ser calificados como secretos, confidenciales o reservados, de acuerdo con las normas legales o reglamentarias vigentes o a dictarse.

El carácter del asunto puede asignárselo el funcionario o la persona que lo origine, pudiendo ser modificado en cualquier sentido por el órgano superior de decisión.

El mero hecho de que los informes o dictámenes sean favorables o adversos a los interesados no habilita a darles carácter de reservados."

En esta forma, queda a juicio de la Administración la posibilidad de calificar algún documento como reservado.

En el caso de la Ley argentina también se establece que el Poder Ejecutivo está facultado para:

"Determinar las circunstancias y autoridades competentes para calificar como reservadas o secretas las actuaciones, diligencias, informes o dictámenes que deban tener ese carácter, aunque estén incluidos en actuaciones públicas" (art. 2,6).

Ahora bien, frente a estas normas reguladoras de materias secretas o reservadas de los expedientes administrativos, tanto la Ley costarricense como la Ley venezolana, exigen que la calificación como confidencial se haga mediante acto motivado, con lo cual el tradicional poder discrecional en esta materia, queda algo limitado.

En todo caso, en estos supuestos pueden ejercerse recursos contra el acto administrativo que declare reservados determinados expedientes, y para ello se prevé expresamente el recurso de revisión o el de reconsideración e, incluso, el jerárquico.

4. Los principios relativos al expediente administrativo

A. La formación del expediente

En el momento en que las leyes de procedimiento administrativo fueron dictadas, particularmente en el caso de Venezuela, puede decirse que no existía regulación formal del expediente administrativo, hoy en día tan común, que exige que de todo asunto debe abrirse un expediente administrativo, el cual debe tener una unidad específica y el cual deben incorporarse todos los documentos; expedientes que, además, constituyen una pieza fundamental, desde el punto de vista de la Administración, para el control contencioso-administrativo.

En el caso de Venezuela, por ejemplo, lo primero que el juez debe decidir en el procedimiento contencioso administrativo de anulación contra los actos administrativos, incluso de oficio, al admitir el recurso, es pedir a la Administración correspondiente, el expediente administrativo. En esta forma, este se convierte en un elemento fundamental de prueba judicial.

Antes de la entrada en vigencia de la Ley Orgánica de Procedimientos Administrativos venezolana, en cambio, no existía normativa alguna que exigiera la necesidad de formación de un expediente administrativo y de que, por tanto, debe haber un sólo expediente y no dos o varios, como hacían usualmente los funcionarios uno guardado en los archivos y contentivo de una serie de documentos e informes de los cuales no se informaba al administrado, a veces con piezas que lo favorecían; y otro, el expediente que estaba disponible para la consulta por los interesados.

La idea de la unidad del expediente y de que en él debe conservarse todo lo concerniente al procedimiento, no sólo lo derivado de las peticiones, sino también los informes y dictámenes de otras Administraciones que tiene que ver con el asunto, por tanto, es de origen reciente. No es frecuente, incluso a pesar de todos estos textos expresos que regulan el expediente, realmente encontrar un expediente completo, y siendo también frecuente todavía que el funcionario deje fuera ciertos documentos cuando no son favorables a la posición que tiene el funcionario o cuando sean favorables a la posición del administrado. Normalmente el funcionario, cuando no ha tomado su decisión, no los enseña, aún cuando existe en todas las leyes el principio del expediente único y de que toda la documentación debe estar en él acumulada, bien de oficio o a petición de parte interesada, con lo que se viola a la vez el principio de publicidad y el derecho a estar informado.

En todo caso, este principio de la unidad del expediente está establecido expresamente en la Ley de Venezuela (arts. 31, 51 y 52); en el Reglamento de la Comunidad Andina (arts. 21-24); en el Código Colombiano (art. 29); en la ley de Uruguay con un detalle extensísimo, donde se establecen todas las normas relativas al expediente y al tema de su unidad (arts. 30; 34-38; 49-55); y en la Ley del Perú (art. 150).

En esta última Ley (art. 153), en particular, se regula el principio de la intangibilidad del expediente, en la siguiente forma:

> "153.1 El contenido del expediente es intangible, no pudiendo introducirse enmendaduras, alteraciones, entrelineados ni agregados en los documentos, una vez que hayan sido firmados por la autoridad competente. De ser necesarias, deberá dejarse constancia expresa y detallada de las modificaciones introducidas.
>
> 153.2 Los desgloses pueden solicitarse verbalmente y son otorgados bajo constancia del instructor y del solicitante, indicando fecha y folios, dejando una copia autenticada en el lugar correspondiente, con la foliatura respectiva.
>
> 153.3 Las entidades podrán emplear tecnología de microformas y medios informáticos para el archivo y tramitación de expedientes, previendo las seguridades, inalterabilidad e integridad de su contenido, de conformidad con la normatividad de la materia.
>
> 153.4 Si un expediente se extraviara, la administración tiene la obligación, bajo responsabilidad de reconstruir el mismo, independientemente de la solicitud del interesado, para tal efecto se aplicarán, en lo que le fuera aplicable, las reglas contenidas en el Artículo 140° del Código Procesal Civil."

B. El derecho de acceso al expediente y a obtener copias

Vinculado con el régimen del expediente, está la regulación expresa del derecho de acceso al expediente, es decir el derecho que tienen los interesados de acceder al expediente administrativo en cualquier estado o grado del procedimiento. Esto se consagra expresamente en la Ley venezolana, en la Ley uruguaya, en el Código colombiano, en la Ley de mexicana y en la Ley brasileña (arts. 3°, II y art. 46); así como el derecho de leer y copiar cualquier documento contenido en el expediente. Por supuesto, como se ha dicho, se exceptuarán los documentos calificados como confidenciales por el superior jerárquico, según lo establece la Ley venezolana, los cuales deben ser archivados en cuaderno separado (art. 59).

Por supuesto, con esta declaratoria de confidencialidad se rompe la unidad del expediente, exigiéndose que la misma se haga mediante acto motivado. Este es el único requisito que establece la ley venezolana, lo que, por supuesto, ha dado origen a una cantidad de abusos, como por ejemplo, procedimientos donde hasta recortes de periódicos se han calificado como "confidenciales" por el funcionario, simplemente porque no estaban favoreciendo la posición de la Administración.

El principio del acceso a la información del expediente y su excepción se regulan en el artículo 160 de la Ley del Perú, con detalle, en la siguiente forma:

> "160.1 Los administrados, sus representantes o su abogado, tienen derecho de acceso al expediente en cualquier momento de su trámite, así como a sus documentos, antecedentes, estudios, informes y dictámenes, obtener certificaciones de su estado y recabar copias de las piezas que contiene, previo pago del costo de las mismas. Sólo se exceptúan aquellas actuaciones, diligencias, informes o dictámenes que contienen información cuyo conocimiento pueda afectar su derecho a la intimidad personal o familiar y las que expresamente se excluyan por ley o por razones de seguridad nacional de acuerdo a lo establecido en el inciso 5° del Artículo 20° de la Constitución Política. Adicionalmente se exceptúan las materias protegidas por el secreto bancario, tributario, comercial e industrial, así como todos aquellos documentos que impliquen un pronunciamiento previo por parte de la autoridad competente.
>
> 160.2 El pedido de acceso podrá hacerse verbalmente y se concede de inmediato, sin necesidad de resolución expresa, en la oficina en que se encuentre el expediente, aunque no sea la unidad de recepción documental."

En la Ley Orgánica de la Administración Pública, por otra parte, se precisa que el derecho de acceso a los archivos y registros conlleva el de obtener copias simples o certificadas de los mismos, previo pago o cumplimiento de las formalidades que se hallen legalmente establecidas (art. 157).

Por otra parte, todo aquel que presentare petición o solicitud ante la Administración Pública tiene derecho a que se le expida, de conformidad con la Constitución y la ley respectiva, copia certificada del expediente o de sus documentos (art. 168).

Conforme al artículo 171 de la LOAP, para expedir copias certificadas por procedimientos que requieran del conocimiento y de la intervención de técnicos especiales, el órgano superior respectivo debe nombrar un experto para ejecutar la copia, quién debe prestar juramento de cumplir fielmente su cometido, antes de realizar el trabajo.

Los honorarios del experto, de ser necesario, se deben fijar previamente en acto verificado ante el funcionario correspondiente y deben ser por cuenta del solicitante, quien debe consignarlos de conformidad con el reglamento respectivo.

Los gastos y derechos que ocasionen la expedición de copias certificadas, conforme a lo establecido en los artículos anteriores, deben ser por cuenta de los interesados.

Las copias certificadas que solicitaren los interesados y las autoridades competentes se deben expedir por el funcionario correspondiente, salvo que los documentos y expedientes hubieran sido previa y formalmente declarados secretos o confidenciales de conformidad con ley que regule la materia de clasificación de documentos de contenido confidencial o secreto (art. 169).

5. El principio de la presunción de certeza de las actas administrativas y los documentos administrativos

El principio de la presunción de certeza de los documentos administrativos, en general, no encuentra regulación en las leyes de procedimiento administrativo. Se trata, en todo caso, de un tema de discusión normal en la Administración, que incide en el valor legal de los documentos administrativos.

Sin embargo, las leyes especiales que tratan el tema, al igual que se ha desarrollado en la jurisprudencia, establecen la presunción de certeza de actas fiscales de inspección. Esos documentos, procesalmente pueden ser considerados como documentos públicos o auténticos, dentro de la clasificación general de los Códigos Civiles.

El documento auténtico, en efecto, hace fe pública de lo que el funcionario ve, oye o efectúa y, en general, se refiere al documento que emana de un Registrador o de un Notario quienes legalmente dan fe pública de lo que ven, oyen, o efectúan. Pero muchos otros funcionarios, de acuerdo con las leyes administrativas, también efectúan, ven y oyen hechos y dejan constancia de ellos en virtud de ley. Por tanto, se le debería dar al documento administrativo que producen el mismo valor que al documento auténtico, referente a que goza de presunción de certeza de lo que contiene, así como de las mismas vías de impugnación que existen a nivel del procedimiento ordinario; esto por lo que respecta al documento en sí mismo, y no respecto del acto contenido dentro del mismo. En Venezuela, por ejemplo, la jurisprudencia ha venido configurando la noción de documento administrativo, de manera de no sólo aplicar la categoría de documento auténtico o privado del Código Civil, sino más bien, buscando configurar una categoría propia como documento administrativo, derivado de su propio valor probatorio.

En todo caso, y respecto de los documentos presentados por los administrados en el expediente, la Ley peruana enuncia el principio de la veracidad, considerando que en la tramitación del procedimiento administrativo, se presume que los documentos y declaraciones formuladas por los administrados en la forma prescrita por esta Ley, responden a la verdad de los hechos que ellos afirman; aún cuando tal presunción admite prueba en contrario (art. IV, 1,7).

Este principio de la presunción de veracidad lo repite la mencionada ley en el artículo 42, en siguiente forma:

> "42.1 Todas las declaraciones juradas, los documentos sucedáneos presentados y la información incluida en los escritos y formularios que presenten los administrados para la realización de procedimientos administrativos, se presumen verificados por quien hace uso de ello, así como de contenido veraz para fines administrativos, salvo prueba en contrario.

42.2 En caso de las traducciones de parte, así como los informes o constancias profesionales o técnicas presentadas como sucedáneos de documentación oficial, dicha responsabilidad alcanza solidariamente a quien los presenta y a los que los hayan expedido."

VI. EL DESISTIMIENTO, LA RENUNCIA, LA PERENCIÓN Y LA CADUCIDAD DEL PROCEDIMIENTO

El último aspecto de regulación del principio de la participación en las leyes de procedimiento administrativo, se refiere al derecho del interesado de desistir de sus peticiones o de renunciar a su derecho ante la Administración.

El principio, en efecto, se recoge en todas las leyes. Por ejemplo, en la de Honduras se dispone que en cualquier momento la parte interesada puede desistir de su petición, lo cual deberá formular por escrito ante el órgano competente para resolver (art. 76).

En sentido similar se establece en el Código colombiano (art. 8), en la ley de Brasil (art. 51), en la Ley mexicana (art. 57) y en la de Venezuela (art. 63); agregando la Ley de Costa Rica, también, el derecho de los interesados en renunciar a su derecho (art. 337) o a los "derechos disponibles" como lo indica la Ley de Brasil (art. 51).

En algunos casos se prevén regulaciones bastante extensas, como en Uruguay (arts. 86-90) donde se exige que la Administración acepte el desistimiento, similar a la homologación al desistimiento judicial de una acción, en la siguiente forma:

> "*Artículo* 88. La Administración aceptará de plano el desistimiento o la renuncia y declarará concluido el procedimiento, salvo lo previsto en el artículo 86, o que se hubieren presentado en el mismo tercer interesado que insten a su continuación, en el plazo de diez días a contar de la vista que del desistimiento otorgará la Administración.
>
> Si la cuestión en trámite fuese de interés general, la Administración seguirá el procedimiento de oficio."

De esta norma, implícitamente se infiere que la Administración podría, en algunos supuestos, negar el desistimiento. Y esto se hace evidente en el segundo párrafo, cuando indica que una vez desistido el procedimiento la Administración puede, de oficio, abrirlo en cualquier momento. Pero lo que no puede hacer la Administración, es no aceptar el desistimiento o renuncia que haga una persona de su petición.

La posibilidad de que la Administración continúe el procedimiento a pesar del desistimiento o de la renuncia cuando esté envuelto una cuestión de interés general se acepta expresamente en el Código Colombiano, el cual exige una resolución motivada (art. 8), y en las Leyes de Costa Rica (art. 339,3), de Honduras (art. 77), de Venezuela (art. 66) y de Brasil (art. 51,2).

En todo caso, el desistimiento sólo afecta a los interesados que lo formulen (art. 338 Ley de Costa Rica), sin que esta renuncia o desistimiento pueda lesionar el derecho de otros interesados en el procedimiento. Este principio, cuando hay pluralidad de interesados, se recoge también en las leyes de Venezuela (art. 63) y de Honduras (art. 78).

En la última de las leyes de procedimientos administrativos, que es la del Perú, se recogen todos estos principios del desistimiento del procedimiento administrativo, en forma detallada, de la siguiente manera:

"Artículo 189. Desistimiento del procedimiento o de la pretensión

189.1 El desistimiento del procedimiento importará la culminación del mismo, pero no impedirá que posteriormente vuelva a plantearse igual pretensión en otro procedimiento.

189.2 El desistimiento de la pretensión impedirá promover otro procedimiento por el mismo objeto y causa.

189.3 El desistimiento sólo afectará a quienes lo hubieren formulado.

189.4 El desistimiento podrá hacerse por cualquier medio que permita su constancia y señalando su contenido y alcance. Debe señalarse expresamente si se trata de un desistimiento de la pretensión o del procedimiento. Si no se precisa, se considera que se trata de un desistimiento del procedimiento.

189.5 El desistimiento se podrá realizar en cualquier momento antes de que se notifique la resolución final en la instancia.

189.6 La autoridad aceptará de plano el desistimiento y declarará concluido el procedimiento, salvo que, habiéndose apersonado en el mismo terceros interesados, instasen éstos su continuación en el plazo de diez días desde que fueron notificados del desistimiento.

La autoridad podrá continuar de oficio el procedimiento si del análisis de los hechos considera que podría estarse afectando intereses de terceros o la acción suscitada por la iniciación del procedimiento extrañase interés general. En ese caso, la autoridad podrá limitar los efectos del desistimiento al interesado y continuará el procedimiento."

Sección Sexta: EL PRINCIPIO DE OFICIALIDAD

El principio de la oficialidad puede decirse que informa todo el procedimiento administrativo desde el punto de vista de la Administración, pues el mismo, en definitiva, es un asunto de la Administración que constituye y enmarca su actuación.

Por supuesto, como se ha visto, el particular tiene derecho a participar en el procedimiento, ya que puede instar a la Administración para iniciar su actividad, pero en definitiva, su desarrollo es un problema y asunto de la propia Administración. Por ello, una vez desencadenado el procedimiento administrativo de oficio por la Administración o por iniciativa de parte interesada, el desarrollo y movilización del mismo está a cargo de la propia Administración, por lo que es a ella a quien le compete, y no a un tercero, impulsarlo de oficio, para la realización de la secuencia de actos que deben concluir con la emisión de un acto administrativo definitivo.

Pero por supuesto, hay procedimientos que sólo pueden iniciarse por exclusivo interés de los particulares, en cuyo caso, la Administración no tiene el deber de proseguirlos por sí sola, por lo que puede darlos por terminados antes del término legal previsto para su conclusión, ante la inercia del interesado, aplicándose aquí lo ya señalado sobre la caducidad de los procedimientos.

Ahora bien, este principio de la oficialidad comprende cinco aspectos fundamentales conforme a los cuales se puede sistematizar el análisis de todas las normas de las leyes latinoamericanas en la materia; y éstos son: en *primer lugar*, el principio de la iniciación de oficio (iniciativa oficial), es decir, la posibilidad de que el procedimiento se inicie, además de a instancia de parte, de oficio por la Administración; en *segundo lugar*, el principio inquisitivo, como guía de todo el procedimiento administrativo, denominado también principio de instrucción; en *tercer lugar*, el principio de objetividad, que se encuentra regulado también en todas las leyes; en *cuarto lugar*, el principio de celeridad y, en *quinto lugar*, el principio ejecutivo o ejecutorio en relación con los actos administrativos.

I. EL PRINCIPIO DE LA INICIATIVA OFICIAL: LA INICIACIÓN DE OFICIO Y LA AUDIENCIA DE LOS INTERESADOS

Todas las leyes sobre procedimiento administrativo establecen el principio clásico de que el mismo puede iniciarse de oficio, es decir, por iniciativa de la propia Administración, o a petición de parte, es decir, con base en el ejercicio del derecho de petición. Esta expresión se repite en absolutamente todas las leyes de América Latina: de Argentina (art. 1), de México (art. 14), de Uruguay (art. 15), de Honduras (art. 60), de Venezuela (art. 48), de Colombia (art. 28), de Perú (art. 103) y de Brasil (art. 5).

Cuando se inicia el procedimiento de oficio, en todo caso, puede ser porque el funcionario actúa por disposición de un superior o por iniciativa propia, y siempre mediante un acto motivado (art. 15, Ley de Uruguay; art. 60.a, Ley de Honduras; art. 48, Ley de Venezuela).

Ahora bien, como garantía del derecho de la defensa, las leyes disponen que aún iniciado de oficio, aún siendo el procedimiento tarea de la Administración, esta está obligada a dejar participar en el mismo a los administrados interesados. Esta disposición se encuentra en todas las leyes como elemento fundamental para garantizar el derecho a la defensa.

Así lo precisa, por ejemplo, la Ley Orgánica venezolana al disponer que en los casos de iniciación de oficio, la autoridad administrativa debe notificar a los particulares cuyos derechos subjetivos o intereses legítimos, personales y directos pudieren resultar afectados, concediéndoles un plazo de diez (10) días para que expongan sus pruebas y aleguen sus razones (art. 48).

Estos principios se recogen detalladamente en la Ley peruana, cuyo artículo 104, destinado a regular el inicio de oficio, dispone lo siguiente:

> "104.1. Para el inicio de oficio de un procedimiento debe existir disposición de autoridad superior que la fundamente en ese sentido, una motivación basada en el cumplimiento de un deber legal, o el mérito de una denuncia.
>
> 104.2. El inicio de oficio del procedimiento es notificado a los administrados determinados cuyos intereses o derechos protegidos puedan ser afectados por los actos a ejecutar, salvo en caso de fiscalización posterior a solicitudes o a su documentación, acogidos a la presunción de veracidad. La notificación incluye la información sobre la naturaleza, alcance y de ser previsible, el plazo estimado de su duración, así como de sus derechos y obligaciones en el curso de tal actuación.
>
> 104.3. La notificación es realizada inmediatamente luego de emitida la decisión, salvo que la normativa autorice que sea diferida por su naturaleza confidencial basada en el interés público."

II. EL PRINCIPIO INQUISITIVO

Como se ha dicho, en virtud de que el procedimiento administrativo, ante todo, es un asunto de la Administración, el principio fundamental que lo rige es el principio inquisitivo, el cual, de acuerdo como lo establece en la Ley argentina implica la "impulsión e instrucción de oficio", sin perjuicio de la participación de los interesados en las actuaciones (art. 1.a).

Esto está establecido como principio del procedimiento administrativo en la Ley del Perú (artículo IV, Título Preliminar), así:

> "*1.3 Principio de impulso de oficio.* Las autoridades deben dirigir e impulsar de oficio el procedimiento y ordenar la realización o práctica de los actos que resulten convenientes para el esclarecimiento y resolución de las cuestiones necesarias."

Esta misma expresión se encuentra en las leyes de Brasil (art. 29) y de Costa Rica (art. 222) y, en sentido similar, se desarrolla en la Ley del Perú (art. 159). De ello deriva el principio de que la Administración debe "impulsar de oficio en todos sus trámites" (art. 64, Ley de Honduras) el procedimiento administrativo, con lo cual la conducción del procedimiento, la prueba y las medidas que puedan adoptarse a lo largo del mismo deben ser iniciativa de la Administración y no requieren el impulso procesal de los interesados, sin perjuicio de que éstos puedan participar en el procedimiento. En consecuencia, la Administración es la responsable de al menos esos tres elementos en el procedimiento: la conducción del procedimiento; la sustanciación del mismo; las pruebas y las medidas preventivas, sin perjuicio de que en cada una de esas fases puedan actuar los particulares.

Por ello, la Ley de Venezuela establece que:

> "*Artículo* 53. La Administración, de oficio o a instancia del interesado, cumplirá todas las actuaciones necesarias para el mejor conocimiento del asunto que deba decidir, siendo de su responsabilidad impulsar el procedimiento en todos sus trámites."

1. La conducción del procedimiento por la Administración

A. La sustanciación

En cuanto a la conducción del procedimiento, lo primero que corresponde a la Administración, por tanto, es la sustanciación del mismo. Esto se establece en todas las leyes de procedimiento administrativo, como resulta del mencionado artículo 53 de la Ley venezolana.

En particular, la Ley mexicana indica que:

> "*Artículo* 49. Los actos necesarios para la determinación, conocimiento y comprobación de los hechos en virtud de los cuales deba pronunciarse resolución, se realizarán de oficio por el órgano que tramite el procedimiento."

En sentido similar se establece en la Ley del Perú, al regular el "impulso del procedimiento" en el artículo 145, estableciendo que la autoridad competente, aun sin pedido de parte, debe promover toda actuación que fuese necesaria para su tramitación, superar cualquier obstáculo que se oponga a regular tramitación del procedimiento; determinar la norma aplicable al caso aun cuando no haya sido invocada o fuere errónea la cita legal; así como evitar el entorpecimiento o demora a causa de diligencias innecesarias o meramente formales, adoptando las medidas oportunas para eliminar cualquier irregularidad producida.

Además, en cuanto a los actos de instrucción, el artículo 159,1 de la misma Ley peruana dispone que:

> "Los actos de instrucción necesarios para la determinación, conocimiento y comprobación de los datos en virtud de los cuales debe pronunciarse la resolución, serán realizados de oficio por la autoridad a cuyo cargo se tramita el procedimiento de evaluación previa, sin perjuicio del derecho de los administrados a proponer actuaciones probatorias."

Sin embargo, el hecho de que corresponda a la Administración realizar las acciones de conducción del procedimiento, no exime al interesado de los deberes de impulso que le corresponden. Por tanto, como dice la Ley de Costa Rica, la inercia de la Administración no debe excusar la del administrado para efectos de caducidad del procedimiento (art. 222).

En la Ley de Uruguay el principio, sin embargo, se formula así:

> "*Artículo* 56. La impulsión del procedimiento se realizará de oficio por los órganos intervinientes en su tramitación, a cuyos efectos la autoridad correspondiente practicará las diligencias y requerirá los informes y asesoramientos que correspondan, sin perjuicio de la impulsión que puedan darle los interesados.
>
> La falta de impulsión del procedimiento por los interesados no produce la perención de las actuaciones, debiendo la Administración continuar con su tramitación hasta la decisión final."

La Administración, además, en la sustanciación del procedimiento, puede solicitar a los particulares, informes y otros datos de investigación y estos deben facilitarlos conforme a lo que se determine en la Ley (art. 58, Ley de Honduras). Este deber es consecuencia del deber de colaboración de los interesados con la Administración, que en la Ley de Brasil implica el de "presentar las informaciones que le fueren solicitadas y colaborar en el esclarecimiento de los hechos" (art. 4, IV). En sentido similar se regula en la Ley del Perú (art. 169).

B. Las verificaciones, las inspecciones y las actas

La Administración, en el curso de los procedimientos administrativos, conforme a las leyes especiales, puede realizar las verificaciones o las inspecciones que sean necesarias en el sitio requerido. Esto es frecuente en procedimientos en materia fiscal o sanitaria. En estos casos, la Administración realiza normalmente inspecciones o verificaciones y levanta actas para dejar constancia de estas visitas. Dichas figuras, por lo general, están reguladas en leyes especiales.

Una excepción la encontramos en la Ley mexicana, que tiene una regulación extensa, con carácter general, que detalla el procedimiento administrativo sobre estas inspecciones y verificaciones y consagra la posibilidad general de realizar verificaciones en los establecimientos del administrado, con la exigencia formal de que tiene que haber orden escrita. El artículo 62 de la Ley Federal de México, en efecto, dispone lo siguiente:

> "*Artículo* 62. Las autoridades administrativas, para comprobar el cumplimiento de las disposiciones legales y reglamentarias, podrán llevar a cabo visitas de verificación, mismas que podrán ser ordinarias y extraordinarias; las primeras se efectuarán en días y horas hábiles, y las segundas en cualquier tiempo."

Los requisitos para la realización de la verificación los detalla el artículo 63, al exigir que los verificadores, para practicar visitas, deben estar provistos de orden escrita con firma autógrafa expedida por la autoridad competente, en la que debe precisarse el lugar o zona que ha de verificarse, el objeto de la visita, el alcance que deba tener y las disposiciones legales que lo fundamenten.

Esta posibilidad de visitas y verificaciones, sin embargo, tiene como límite el derecho constitucional a la inviolabilidad del hogar doméstico.

En Venezuela, por ejemplo, el artículo 47 de la reciente Constitución de 1999, dispone:

> "*Artículo* 47. El hogar doméstico y todo recinto privado de las personas son inviolables. No podrán ser allanados sino mediante orden judicial, para impedir la perpetración de un delito o para cumplir, de acuerdo con la ley, las decisiones que dicten los tribunales, respetando siempre la dignidad del ser humano.
>
> Las visitas sanitarias que se practiquen, de conformidad con la ley, sólo podrán hacerse previo aviso de los funcionarios o funcionarias que las ordenen o hayan de practicarlas."

Es de destacar que la garantía de la inviolabilidad se extiende a los "recintos privados" de las personas, por lo que ni en el domicilio ni en dichos recintos privados (oficina, otra residencia) podrían realizarse visitas e inspecciones administrativas, salvo con orden judicial. Se exceptúa, sólo, el caso de las visitas sanitarias.

Una regulación tan general como la que está en la Ley mexicana, antes indicada, aparentemente permitiría el acceso y además obligaría a los particulares a permitir el acceso y dar facilidades e informes a los verificadores; ello en contraste con la regulación constitucional en Venezuela, donde sólo por vía judicial se puede realizar este tipo de visitas y por vía administrativa sólo en materia sanitaria y previa notificación al particular.

En todo caso, cuando se realicen visitas o inspecciones debe levantarse un acta circunstanciada, como lo establece la Ley mexicana, en presencia de testigos, debiéndose dejar copia a la persona con quien se entendió la diligencia, aún cuando se haya negado a firmarla (art. 66). En el acta, conforme a la Ley mexicana, se debe hacer constar lo siguiente:

> I. Nombre, denominación o razón social del visitado;
>
> II. Hora, día, mes y año en que se inicie y concluya la diligencia;
>
> III. Calle, número, población o colonia, teléfono u otra forma de comunicación disponible, municipio o delegación, código postal y entidad federativa en que se encuentre ubicado el lugar en que se practique la visita;
>
> IV. Número y fecha del oficio de comisión que la motivó;
>
> V. Nombre y cargo de la persona con quien se entendió la diligencia;
>
> VI. Nombre y domicilio de las personas que fungieron como testigos;
>
> VII. Datos relativos a la actuación;
>
> VIII. Declaración del visitado, si quisiera hacerla; y
>
> IX. Nombre y firma de quienes intervinieron en la diligencia incluyendo los de quien la hubiere llevado a cabo. Si se negaren a firmar el visitado o su representante legal, ello no afectará la validez del acta, debiendo el verificador asentar la razón relativa."

C. Los informes administrativos

Otro aspecto relativo a la conducción del procedimiento, también regulado en las leyes latinoamericanas, es el que se refiere a los informes u opiniones que puede solicitar la Administración y a la formación de expedientes con documentos interadministrativos.

En efecto, normalmente, en la sustanciación de un expediente se requieren de informes de otras oficinas públicas distintas a la que conduce el procedimiento o de otras unidades administrativas. Las leyes, en general, le asignan a la Administración que está a cargo del procedimiento, la responsabilidad de la tramitación de la solicitud de esos informes o antecedentes, necesarios para la mejor resolución del asunto. Ello, por tanto, no es responsabilidad del particular, el cual sin embargo, cuando sea quien formule la solicitud, debe indicar la oficina donde cursa la documentación (art. 54 de la Ley venezolana).

Esto lo resume la Ley peruana, en su artículo 167, al regular la solicitud de documentos a otras autoridades, así:

> "*167.1*La autoridad administrativa a la que corresponde la tramitación del asunto recabará de las autoridades directamente competentes los documentos preexistentes o antecedentes que estime conveniente para la resolución del asunto, sin suspender la tramitación del expediente.
>
> *167.2* Cuando la solicitud sea formulada por el administrado al instructor, deberá indicar la entidad donde obre la documentación y, si fuera de un expediente administrativo obrante en otra entidad, deberá acreditar indubitablemente su existencia."

Inclusive, se establece que cuando estos informes no pueden ser evacuados o entregados, ello no puede ni debe implicar la paralización del procedimiento. En consecuencia, no puede haber excusa interadministrativa para que el procedimiento se paralice por falta de entrega de un informe entre autoridades administrativas.

Lo que resulta de lo anterior es que la carga por la procura de los informes de otros órganos públicos no se puede trasladar a los interesados. Esto lo regula expresamente la Ley sobre Simplificación de Trámites Administrativos de Venezuela de 1999, al disponer su artículo 46, que cuando los órganos y entes de la Administración Pública requieran comprobar la existencia de alguna circunstancia o requisito necesario para la culminación de una determinada tramitación y el mismo repose en los archivos de otro organismo público, se debe proceder a solicitar la información por cualquier medio, "sin que en ningún caso se transfiera dicha carga al particular". Los organismos a quienes se solicite la información deben dar prioridad a la atención de dichas peticiones y las deben remitir haciendo uso en lo posible de los medios automatizados disponibles al efecto.

En todo caso, estos informes u opiniones pueden ser obligatorios o facultativos, vinculantes o no, según lo que se regule en cada Ley especial o en cada norma que los exija aún cuando, salvo disposición en contrario, se considera, como principio, que no son vinculantes (art. 57 de la Ley venezolana). Como lo indica expresamente la Ley Federal mexicana:

> "*Artículo* 54. Los informes u opiniones solicitados a otros órganos administrativos podrán ser obligatorios o facultativos, vinculantes o no. Salvo disposición legal en contrario, los informes y opiniones serán facultativos y no vinculantes al órgano que los solicitó y deberán incorporarse al expediente."

D. Las obligaciones de la Administración

En relación con la conducción del procedimiento administrativo, en la Ley mexicana se encuentra una norma que establece un largo elenco de diez obligaciones de la Administración, que no están dispersas en el texto legal, y que es de interés destacar, pues resume la situación general en la materia. Se trata del artículo 16 de la Ley Federal, que establece:

"Artículo 16. La Administración Pública Federal, en sus relaciones con los particulares, tendrá las siguientes obligaciones:

I. Solicitar la comparecencia de éstos, sólo cuando así esté previsto en la ley, previa citación en la que se hará constar expresamente el lugar, fecha, hora y objeto de la comparecencia, así como los efectos de no atenderla;

II. Requerir informes, documentos y otros datos durante la realización de visitas de verificación, sólo en aquellos casos previstos en ésta u otras leyes;

III. Hacer del conocimiento de éstos, en cualquier momento, del estado de la tramitación de los procedimientos en los que tengan interés jurídico, y a proporcionar copia de los documentos contenidos en ellos;

IV. Hacer constar en las copias de los documentos que se presenten junto con los originales, la presentación de los mismos;

V. Admitir las pruebas permitidas por la ley y recibir alegatos, los que deberán ser tomados en cuenta por el órgano competente al dictar resolución;

VI. Abstenerse de requerir documentos o solicitar información que no sean exigidos por las normas aplicables al procedimiento, o que ya se encuentren en el expediente que se está tramitando;

VII. Proporcionar información y orientar acerca de los requisitos jurídicos o técnicos que las disposiciones legales vigentes impongan a los proyectos, actuaciones o solicitudes que se propongan realizar;

VIII. Permitir el acceso a sus registros y archivos en los términos previstos en ésta u otras leyes;

IX. Tratar con respeto a los particulares y a facilitar el ejercicio de sus derechos y el cumplimiento de sus obligaciones; y

X. Dictar resolución expresa sobre cuantas peticiones le formulen; así como en los procedimientos iniciados de oficio, cuya instrucción y resolución afecte a terceros, debiendo dictarla dentro del plazo fijado por la ley."

En la nueva Ley de procedimientos administrativos de Brasil también se encuentra una enumeración de los derechos que corresponden a los administrados frente a la Administración, lo cual implica el correlativo deber de la Administración de garantizar estos derechos al administrado en el curso del procedimiento administrativo. En tal sentido señala el artículo 3°:

"Artículo 3°. O administrado tem os seguinte direitos perante a Administração, sem prejuizo de outros que lhe sejam assegurados:

I. *Ser tratado com repeito pelas autoridades e servidores, que deverão facilitar o exercicio de seus direitos e o cumprimento de suas obrigações*;

II. *Ter ciência da tramitação de interessado, ter vista dos autos, obter cópias de documentos neles contidos e conhecer as decisões proferidas;*

III. *Formular alegações e apresentar documentos antes da decisão, os quais serão objeto de considerecação pelo órgão competente*;

IV. *Fazer-se assistir, facultativamente, por advogado, salvo quando obrigatória a representação, por força de lei.*"

En la misma orientación de las leyes mexicana y de Brasil, la Ley peruana también enumera, en un sólo artículo (art. 75), el siguiente conjunto de deberes de las autoridades respecto del procedimiento administrativo y de sus partícipes.

"1. Actuar dentro del ámbito de su competencia y conforme a los fines para los que les fueron conferidas sus atribuciones.

2. Desempeñar sus funciones siguiendo los principios del procedimiento administrativo previstos en el Título Preliminar de esta Ley.

3. Encausar de oficio el procedimiento, cuando advierta cualquier error u omisión de los administrados, sin perjuicio de la actuación que les corresponda a ellos.

4. Abstenerse de exigir a los administrados el cumplimiento de requisitos, la realización de trámites, el suministro de información o la realización de pagos, no previstos legalmente.

5. Realizar las actuaciones a su cargo en tiempo hábil, para facilitar a los administrados el ejercicio oportuno de los actos procedimentales de su cargo.

6. Resolver explícitamente todas las solicitudes presentadas, salvo en aquellos procedimientos de aprobación automática.

7. Velar por la eficacia de las actuaciones procedimentales, procurando la simplificación en sus trámites, sin más formalidades que las esenciales para garantizar el respeto a los derechos de los administrados o para propiciar certeza en las actuaciones.

8. Interpretar las normas administrativas de forma que mejor atienda el fin público al cual se dirigen, preservando razonablemente los derechos de los administrados.

9. Los demás previstos en la presente Ley o derivados del deber de proteger, conservar y brindar asistencia a los derechos de los administrados, con la finalidad de preservar su eficacia."

E. El principio de la economía

La Administración, en la conducción del procedimiento administrativo, como lo indica la Ley de Brasil, cuando se trata de actos de instrucción que exija la actuación de los interesados, deben realizarse de la manera que sea menos onerosa para estos (art. 29,2).

2. Las medidas preventivas o cautelares

Algunas leyes de procedimiento administrativo regulan medidas preventivas o cautelares provisionales o de seguridad que pueden dictarse en el curso del procedimiento. Es el caso de la Ley de Uruguay, que establece:

"*Artículo* 16. Iniciado el procedimiento, la autoridad competente para resolverlo podrá adoptar las medidas provisionales que estime oportunas para asegurar la eficacia de la resolución que pudiera recaer, si existieren elementos de juicio suficientes para ello.

No se podrán dictar medidas provisionales que puedan causar perjuicios graves o irreparables."

En la Ley de Brasil, de igual manera, se establece la posibilidad de que en casos de riesgo inminente, la Administración Pública puede, motivadamente, adoptar providencias cautelares aún sin la previa manifestación de los interesados al respecto (art. 45). Es decir, que esta potestad cautelar que se le otorga a la Administración es de carácter discrecional, porque no se exige que el interesado se manifieste previamente sobre la necesidad de esta cautela, y quizás el único control que se puede ejercer sobre esta potestad discrecional es que los motivos por los cuales la Administración fundamente esta medida estén conformes a derecho.

En el caso de la Ley de Honduras, también se prevé la posibilidad del órgano administrativo de adoptar las medidas provisionales que estime pertinentes, siempre que hubieren razones suficientes para ello, evitando con ello causar perjuicios irreparables a la parte interesada (art. 65).

En otras leyes, como la de México, estas medidas preventivas se denominan medidas de seguridad (arts. 81 y 82), pero están destinadas sólo a proteger la salud y la seguridad pública.

La regulación más detallada en la materia es quizás, la que establece la Ley peruana, en cuyo artículo 146 se indica que iniciado el procedimiento, la autoridad competente mediante decisión motivada y con elementos de juicio suficientes puede adoptar, provisoriamente bajo su responsabilidad, las medidas cautelares establecidas en esta Ley u otras disposiciones jurídicas aplicables, mediante decisión fundamentada, si hubiera posibilidad de que sin su adopción se arriesga la eficacia de la resolución a emitir (art. 146.1). Sin embargo, no se pueden dictar medidas que puedan causar perjuicio de imposible reparación a los administrados (art. 146.4).

Las medidas cautelares pueden ser modificadas o levantadas durante el curso del procedimiento, de oficio o a instancia de parte, en virtud de circunstancias sobrevenidas o que no pudieron ser consideradas en el momento de su adopción (art. 146,2).

En todo caso, las medidas caducan de pleno derecho cuando se emite la resolución que pone fin al procedimiento, cuando haya transcurrido el plazo fijado para su ejecución, o para la emisión de la resolución que pone fin al procedimiento (art. 146.3).

3. La oposición a los actos de trámite

Conforme al principio inquisitivo, la Administración como conductora del procedimiento, está en la obligación de realizar todos los trámites necesarios para su conclusión.

Sin embargo, para resguardar los derechos de los interesados, éstos pueden oponerse a los actos de trámite, tanto los relativos a medidas cautelares como los de cualquier otra naturaleza. Esta posibilidad está prevista expresamente en la Ley Federal mexicana, que establece:

> "*Artículo* 84. La oposición a los actos de trámite en un procedimiento administrativo deberá alegarse por los interesados durante dicho procedimiento, para su consideración, en la resolución que ponga fin al mismo. La oposición a tales actos de trámite se hará valer en todo caso al impugnar la resolución definitiva."

III. LOS PRINCIPIOS SOBRE LA PRUEBA

El segundo aspecto del principio inquisitivo que regulan las leyes de procedimiento administrativo, aparte de la responsabilidad de la Administración de conducirlo, se refiere a los principios sobre la prueba en materia administrativa.

1. La carga de la prueba: la Administración y los interesados

Siendo el procedimiento administrativo asunto de la Administración, la carga de la prueba, ante todo, es también responsabilidad de aquélla, (art. 162, Ley del Perú), como principio general, sin perjuicio de las pruebas que puedan aportar los interesados.

La Ley de Honduras, en este sentido, por ejemplo, establece:

> "*Artículo* 69. Cuando el órgano competente para resolver no tenga por ciertos los hechos alegados por la parte interesada o ésta lo solicitare, podrá acordar la apertura a prueba por un término no inferior a diez días ni superior a veinte, e incumbirá al interesado la de los hechos de que derive su derecho y no resulten del expediente.
>
> En todo caso, la Administración podrá disponer de oficio y en cualquier momento, la práctica de cuantas pruebas se estimen pertinentes para la más acertada decisión del asunto."

Una regulación similar se establece en la Ley del Perú (art. 163).

Por tanto, en principio, la Administración es la que tiene que probar. Pero por supuesto, ello varía según el tipo de procedimiento de que se trate. Por ejemplo, en el procedimiento ablatorio es la Administración la que tiene la carga fundamental de la prueba, porque normalmente se inicia de oficio. Así lo ha destacado la Corte Primera de lo Contencioso Administrativo de Venezuela, en sentencia de 1° de junio de 2000, señalando:

> "Dentro de los procedimientos administrativos iniciados de oficio, y más aun en aquellos de naturaleza sancionatoria, corresponde a la Administración demostrar los hechos que dieron lugar a la iniciación de dichos procedimientos. Esto es así, ya que para poder proceder a la aplicación de la sanción al particular encausado, deben existir en el expediente Administrativo suficientes hechos comprobados que verifiquen la ocurrencia del ilícito administrativo y, en consecuencia, la procedencia de la sanción correspondiente...
>
> Y lo anterior no significa que el particular interesado en el procedimiento administrativo este exento de probar y evacuar pruebas, ya que la carga probatoria esencial de la Administración se refiere al establecimiento del ilícito administrativo, por lo que el encausado deberá traer al proceso los hechos y alegaciones que obren a su favor y que consideren necesario para el efectivo ejercicio de su derecho a la defensa y al debido proceso; siendo esta actividad probatoria del interesado no solo una manifestación del ejercicio de su derecho a la defensa, sino coadyuvante y complementaria de la actividad probatoria de la Administración, todo con la finalidad de esclarecer los hechos y precisar con exactitud las consecuencias jurídicas de los mismos."

En cambio, en el procedimiento autorizatorio no sucede lo mismo, pues la carga de la prueba básicamente está a cargo del solicitante, cuando, por ejemplo, en leyes especiales, para obtener una autorización o un permiso, se requieran determinadas condiciones que el particular tiene que probar. Por ejemplo, un interesado, para desarrollar urbanísticamente un inmueble, lo menos que debe hacer es probar su carácter de propietario del inmueble. Por ello, de acuerdo al tipo de procedimiento, hay pruebas que tiene que aportar el administrado. Pero aparte de esto, en general, puede considerarse que es la Administración la responsable del proceso probatorio en el procedimiento administrativo.

Por ello, la Ley General de Costa Rica prescribe expresamente que:

> *"Artículo* 221. En el procedimiento administrativo se deberán verificar los hechos que sirven de motivo al acto final en la forma más fiel y completa posible, para lo cual el órgano que lo dirige deberá adoptar todas las medidas probatorias pertinentes o necesarias, aún si no han sido propuestas por las partes y aún en contra de la voluntad de éstas últimas."

Una norma similar se consagra en el artículo 27 del Reglamento de la Secretaría de la Comunidad Andina y, en el artículo 34 del Código Colombiano.

2. El principio de investigación de la verdad material

En relación con la obligación de la Administración de probar, surge el principio expresado formalmente en las leyes de procedimiento administrativo de América Latina, vinculado con el objetivo del procedimiento, tendiente a la investigación de la verdad real de los hechos. Así se enuncia, como uno de los principios del procedimiento administrativo en el artículo IV, Título Preliminar, de la Ley del Perú:

> "1.11 *Principio de verdad material.* En el procedimiento, la autoridad administrativa competente deberá verificar plenamente los hechos que sirven de motivo a sus decisiones, para lo cual deberá adoptar todas las medidas probatorias necesarias autorizadas por la ley, aun cuando no hayan sido propuestas por los administrados o hayan acordado eximirse de ellas.
>
> En el caso de procedimientos trilaterales la autoridad administrativa estará facultada a verificar por todos los medios disponibles la verdad de los hechos que le son propuestos por las partes, sin que ello signifique una sustitución del deber probatorio que corresponde a éstas. Sin embargo, la autoridad administrativa estará obligada a ejercer dicha facultad cuando su pronunciamiento pudiera involucrar también al interés público."

En sentido similar lo expresa la Ley de Costa Rica:

> *"Artículo* 297.1. La Administración ordenará y practicará todas las diligencias de pruebas necesarias para determinar la verdad real de los hechos, objeto del trámite, de oficio o a petición de parte."

En la Ley Orgánica de Procedimientos Administrativos de Venezuela el principio se establece respecto de los procedimientos sumarios indicándose que la Administración debe "comprobar de oficio la verdad de los hechos" y demás elementos de juicio necesarios para el ofrecimiento del asunto (art. 69). En estos procedimientos, por su naturaleza, la propia Administración es la que tiene la carga de la prueba y su objetivo es determinar la verdad real de los hechos. Se busca, en esta forma, superar el criterio de la verdad formal que pueda aparecer de las actas, y permitir y obligar a la Administración a escudriñar en los hechos de manera de determinar, realmente, la verdad material de los mismos.

3. Los medios de prueba

En cuanto a los medios de prueba, las leyes de procedimientos administrativos, en general, remiten a lo dispuesto en los Códigos de Procedimiento Civil, en los Códigos Civiles e, incluso, en el caso de la Ley venezolana, en el Código Orgánico Procesal Penal, (art. 58 Ley de Venezuela; art. 70 Ley de Uruguay).

De lo anterior deriva, entonces, el principio de que en materia administrativa se pueden acreditar los hechos "por cualquier medio de prueba" como dice la Ley de Honduras; o por "los medios de prueba necesarios", como lo señala la Ley peruana (art. 166); o como lo dice la Ley Federal mexicana, que "se admitirán toda clase de pruebas" (art. 50). La Ley de Uruguay también señala que se admitirá "cualquier medio de prueba" (art. 70); y, según la Ley de Costa Rica estos medios de prueba "podrán ser todos los que estén permitidos por el derecho público, aunque no sean admisibles por el derecho común" (art. 298); los cuales la Ley del Perú, enumera como "presentación de documentos e informes, proponer experticias, testimonios, inspecciones y demás diligencias permitidas" (art. 162.2).

Debe indicarse en materia de medios de prueba, por una parte, las regulaciones expresas de la prueba de testigos y peritaje en la Ley peruana (arts. 175 y 176); y por la otra, una restricción general, en el sentido de que no se admite la prueba de confesión frente a los funcionarios. En la legislación venezolana se denominan posiciones juradas o confesión, y las mismas no se admitían por prohibición expresa de la Ley Orgánica de la Administración Central. Esta Ley Orgánica, sin embargo, fue derogada por la Ley Orgánica de la Administración Pública, en la cual desapareció la prohibición. La Ley de Procedimientos Administrativos tampoco prevé restricciones, estableciendo simplemente que los hechos que se consideren relevantes, pueden ser objeto de todo medio de prueba.

La restricción con relación a la prueba de confesión, se encuentra también consagrada expresamente en México, donde no se permite "la confesional de las autoridades" (art. 50), y está prevista también en la Ley de Costa Rica, según la cual "la Administración no podrá confesar en su perjuicio" (art. 301, 1.). La Ley peruana también establece sobre la actuación probatoria de las autoridades administrativas, que las autoridades de entidades no prestan confesión, salvo en procedimientos internos de la administración; sin perjuicio de ser susceptibles de aportar elementos probatorios en calidad de testigos, informantes o peritos, si fuere el caso (art. 177).

En todo caso, se debe señalar que el artículo 170 de la Ley Orgánica de la Administración Pública, conforme se establecía en la Ley Orgánica derogada, prohíbe la expedición de certificaciones de mera relación, es decir, aquellas que sólo tengan por objeto hacer constar el testimonio u opinión del funcionario declarante sobre algún hecho o dato de su conocimiento de los contenidos en los expedientes archivados o en curso, o de aquellos asuntos que hubiere presenciado por motivo de sus funciones.

Sin embargo, pueden expedirse certificaciones sobre datos de carácter estadístico, no confidenciales o secretos, que consten en expedientes o registros oficiales que no hayan sido publicados y siempre que no exista prohibición expresa al respecto.

Por último, en cuanto a las pruebas documentales, deben destacarse las regulaciones de la Ley sobre Simplificación de Trámites Administrativos de Venezuela de 1999, establecidas conforme al principio de la presunción de buena fe del interesado, y que disponen:

> "*Artículo* 14. Los órganos y entes de la Administración Pública aceptarán la presentación de instrumento privado en sustitución de instrumento público y de copia simple o fotostática en lugar de original o copia certificada de documentos que hayan sido protocolizados, autenticados o reconocidos judicialmente, salvo los casos expresamente previstos en la Ley.

Artículo 15. No se podrá exigir el cumplimiento de un requisito cuando éste, de conformidad con la normativa aplicable, debió acreditarse para obtener la culminación de un trámite anterior ya cumplido. En este caso, dicho requisito se tendrá por cumplido para todos los efectos legales.

Artículo 16. No se exigirán comprobantes de pago correspondientes a períodos anteriores como condición para aceptar un nuevo pago a la Administración. En estos casos, dicha aceptación no implica el pago de períodos anteriores que se encuentren insolutos.

Artículo 17. Los órganos y entes sujetos a la aplicación de este Decreto-Ley, no podrán exigir la presentación de solvencias emitidas por los mismos para la realización de trámites que se lleven a cabo en sus dependencias, salvo los casos expresamente previstos en la Ley."

Sobre estos mismos aspectos de la prueba documental, la Ley peruana dispone que las entidades estén obligadas a recibir los siguientes documentos e informaciones en vez de la documentación oficial, a la cual reemplazan con el mismo mérito probatorio:

"41.1.1 Copias simples o autenticadas por los fedatarios institucionales, en reemplazo de documentos originales o copias legalizadas notarialmente de tales documentos. Las copias simples serán aceptadas, estén o no certificadas por notarios, funcionarios o servidores públicos en el ejercicio de sus funciones y tendrán el mismo valor que los documentos originales para el cumplimiento de los requisitos correspondientes a la tramitación de procedimientos administrativos seguidos ante cualquier entidad. Sólo se exigirán copias autenticadas por fedatarios institucionales en los casos en que sea razonablemente indispensable

41.1.2 Traducciones simples, con la indicación y suscripción de quien oficie de traductor debidamente identificado, en lugar de traducciones oficiales.

41.1.3 Las expresiones escritas del administrado contenida en declaraciones con carácter jurado mediante las cuales afirman su situación o estado favorable en relación con los requisitos que solicita la entidad, en reemplazo de certificaciones oficiales sobre las condiciones especiales del propio administrado, tales como antecedentes policiales, certificados de buena conducta, de domicilio, de supervivencia, de orfandad, de viudez, de pérdida de documentos, entre otros.

41.1.4 Instrumentos privados, boletas notariales o copias simples de las escrituras públicas, en vez de instrumentos públicos de cualquier naturaleza, o testimonios notariales, respectivamente

41.1.5 Constancias originales suscritas por profesionales independientes debidamente identificados en reemplazo de certificaciones oficiales acerca de las condiciones especiales del administrado o de sus intereses cuya apreciación requiera especiales actitudes técnicas o profesionales para reconocerlas, tales como certificados de salud o planos arquitectónicos, entre otros. Se tratará de profesionales colegiados sólo cuando la norma que regula los requisitos del procedimiento así lo exija.

41.1.6 Copias fotostáticas de formatos oficiales o una reproducción particular de ellos elaborada por el administrador respetando integralmente la estructura de los definidos por la autoridad, en sustitución de los formularios oficiales aprobados por la propia entidad para el suministro de datos."

Además, en el artículo 40 de dicha ley se enumeran, en detalle, los documentos e información que la Administración no puede solicitar a los administrados:

"40.1.1 Aquella que la entidad solicitante posea o deba poseer en virtud de algún trámite realizado anteriormente por el administrado en cualquiera de sus dependencias, o por haber sido fiscalizado por ellas, durante cinco (5) años anteriores inmediatos, siempre que los datos no hubieren sufrido variación ni haya vencido la vigencia del documento entregado. Para acreditarlo, basta que el administrado exhiba la copia del cargo donde conste dicha presentación, debidamente sellado y fechado por la entidad ante la cual hubiese sido suministrada.

40.1.2 Aquella que haya sido expedida por la misma entidad o por otras entidades públicas del sector, en cuyo caso corresponde recabarlas a la propia entidad a solicitud del administrado.

40.1.3 Presentación de más de dos ejemplares de un mismo documento ante la entidad, salvo que sea necesario notificar a otros tantos interesados.

40.1.4 Fotografías, salvo para obtener documentos de identidad, pasaporte o licencia o autorizaciones de índole personal o por razones de seguridad nacional. Los administrados tendrán libertad de escoger la empresa en la cual sean obtenidas las fotografías, con excepción de los casos de digitalización de imágenes.

40.1.5 Documentos de identidad personal distintos a la Libreta Electoral o Documento Nacional de Identidad. Asimismo, sólo se exigirá para los ciudadanos extranjeros carnet de extranjería o pasaporte según corresponda.

40.1.6 Recabar sellos de la propia entidad, que deben ser acopiados por la autoridad a cargo del expediente.

40.1.7 Documentos o copias nuevas, cuando sean presentadas otras, no obstante haber sido producidos para otra finalidad, salvo que sean ilegibles.

40.1.8 Constancia de pago realizado ante la propia entidad por algún trámite, en cuyo caso el administrado sólo queda obligado a informar en su escrito el día de pago y el número de constancia de pago, correspondiendo a la administración la verificación inmediata."

Por último, en cuanto a la prueba de exhibición o inspección judicial de documentos, debe señalarse que de acuerdo con el artículo 165 de la Ley Orgánica de la Administración Pública de Venezuela, no se puede ordenar la exhibición o inspección judiciales de los documentos, archivos y registros administrativos de los órganos y entes de la Administración Pública, sino por los órganos a los cuales la ley atribuye específicamente tal función.

Sin embargo, señala la norma que puede acordarse judicialmente la copia, exhibición o inspección de determinado documento, expediente, libro o registro administrativo y se debe ejecutar la providencia, a menos que el órgano superior respectivo hubiera resuelto con anterioridad otorgarle al documento, libro, expediente o registro la clasificación como secreto o confidencial, de conformidad con la Constitución y la ley que regule la materia de clasificación de contenido confidencial o secreto (art. 165).

4. La evacuación de las pruebas y participación de los interesados

En cuanto a la evacuación de las pruebas, las leyes de Honduras, Uruguay y Costa Rica establecen normas específicas. Por ejemplo, la Ley de Honduras establece normas sobre testigos, que permite a la Administración la posibilidad de interrogarlos libremente (art. 70), sobre experticia (art. 71) y sobre inspección *in situ* (art. 73).

Por su parte, la Ley de Uruguay también contiene normas específicas sobre la prueba de testigos, y cómo evacuarla (art. 72); sobre la designación de peritos en los casos de experticia (art. 73); sobre a quién corresponden los gastos del diligenciamiento de la prueba (art. 74), los cuales, por supuesto, corresponden a quien la promueva. Si es la Administración la que promueve la experticia, ésta debe correr con los gastos, o si es el particular quien la promovió, le corresponde a éste. Esta Ley establece detalles sobre los gastos que corren a cargo de la Administración o de las partes que soliciten la evacuación.

En sentido similar, sobre los gastos de las actuaciones probatorias, el artículo 178 de la Ley peruana, dispone que en el caso de que la actuación de pruebas propuestas por el administrado importe la realización de gastos que no deba soportar racionalmente la entidad, ésta podrá exigir el depósito anticipado de tales costos, con cargo a la liquidación final que el instructor debe practicar documentalmente al administrado, una vez realizada la probanza.

La Ley de Brasil, como ya se señaló, establece el principio de la economía en materia de prueba, en el sentido de que si el procedimiento requiere de instrucción, las actuaciones que se exijan de los interesados deben realizarse del modo que sea menos oneroso para ellos (art. 29,2).

Un aspecto que queda siempre en situación de tensión, es el relativo a las exigencias probatorias en relación con la reserva de los archivos de la Administración. El derecho a probar, el derecho a la información y el derecho a la defensa del interesado tiene que privar frente a la idea atávica del secreto y la reserva de los archivos oficiales.

Por otra parte, si bien la carga de la prueba y su conducción es básicamente un asunto de la Administración, lo que es evidente, sea o no expresado en las leyes, es que los administrados tienen derecho a participar en el procedimiento de evacuación de pruebas o, como lo dice el Decreto de Uruguay, los interesados tienen derecho a controlar las pruebas y su evacuación. Así se establece expresamente en el artículo 71 del Decreto:

> "*Artículo* 71. Las partes tienen derecho a controlar la producción de la prueba; a tal efecto, la Administración les comunicará con antelación suficiente el lugar, fecha y hora en que se practicará la prueba y les hará saber que podrán concurrir asistidos por técnicos."

En el caso de la Ley mexicana se exige que el órgano administrativo notifique a los interesados, con una anticipación de tres días, el inicio de las actuaciones necesarias para el desahogo de las pruebas que hayan sido admitidas (art. 52).

Sin embargo, una prescripción de este tipo que obligue a la Administración a notificar con anterioridad al interesado para que éste sepa cuándo se inicia la evacuación, no está en las otras leyes. Esto, por supuesto, garantiza no sólo la participación del interesado sino sus derechos en el procedimiento de manera de no verse sorprendido por ejemplo, con una experticia o con otra prueba cuya evacuación la haga la Administración, por ejemplo, a su manera.

Deben destacarse, por otra parte, las disposiciones de la Ley sobre Simplificación de Trámites Administrativos de Venezuela de 1999, que se refieren al tema de las pruebas bajo el ángulo del principio de la buena fe del interesado. En tal sentido se señala con carácter general que los órganos y entes de la Administración Pública no exigirán a los administrados pruebas distintas o adicionales a aquellas expresamente señaladas por Ley (art. 12); agregando que:

> "*Artículo* 13. Los órganos y entes de la Administración Pública se abstendrán de exigir algún tipo de prueba para hechos que no hayan sido controvertidos, pues mientras no se demuestre lo contrario, se presume cierta la información declarada o proporcionada por el ciudadano en su solicitud o reclamación."

5. La licitud de los medios de prueba

Por supuesto, en relación con las pruebas en el procedimiento administrativo también es aplicable el principio de que no se pueden aceptar como pruebas, las que hubiesen sido obtenidas ilícitamente. Lo señala la Constitución de Venezuela, en artículo 49, 1: "Serán nulas las pruebas obtenidas mediante violación del debido proceso"; y en materia de procedimientos administrativos, es norma expresa de la Ley de Brasil así *"São inadmissíves no processo administrativo as provas obtidas por meios ilícitos"* (art. 30).

6. La presunción de veracidad

La Ley del Perú, con gran acierto, también consagra el principio de la presunción de veracidad en relación las pruebas aportadas por los administrados, al establecerlo como uno de los principios del procedimiento administrativo (artículo IV 1,7, Título Preliminar), así:

> *"Principio de presunción de veracidad.* En la tramitación del procedimiento administrativo, se presume que los documentos y declaraciones formuladas por los administrados en la forma prescrita por esta Ley, responden a la verdad de los hechos que ellos afirman. Esta presunción admite prueba en contrario."

7. La apreciación de las pruebas

La Administración, para decidir, debe apreciar libremente y en su conjunto el resultado de las pruebas, de acuerdo con la sana crítica. Este es el principio que recoge el artículo 74 de la Ley de Honduras.

En todo caso, para los efectos de la apreciación final de las pruebas, la Ley de Honduras establece el principio de la audiencia a los interesados, para tal fin. Así se dispone en el artículo 75:

> *"Artículo* 75. Transcurrido el término probatorio ...de oficio se dará vista de las actuaciones a los interesados para que dentro del plazo común de diez días, aleguen sobre todo lo actuado y sobre el valor y alcance de las pruebas producidas."

IV. EL PRINCIPIO DE LA OBJETIVIDAD

El tercer principio del procedimiento administrativo implícito en el principio de la oficialidad, es el principio de la objetividad el cual también se encuentra regulado en las leyes de procedimiento administrativo. Así lo expresa claramente la Ley 9.784 de Brasil, al señalar que en los procedimientos administrativos, entre otros criterios debe ser observado "el de la objetividad en la atención del interés público" (art. 2,III).

1. La satisfacción del interés general y las políticas públicas

La objetividad apunta en el procedimiento administrativo, en primer lugar, a la satisfacción del interés general, sin discriminaciones y sin inclinar la balanza a favor de un particular, es decir, sin violar el principio de la igualdad.

La Administración, en efecto, debe servir a los intereses generales con objetividad; aun cuando para ello no necesariamente debe considerarse neutra. No debe olvidarse que la Administración es una organización instrumental de la acción política del Estado y del gobierno, por ello, tiene subordinación a una determinada orientación política.

Esto implica, entonces, que la objetividad en la consecución de los intereses generales está siempre vinculada a la orientación política del gobierno, no pudiendo la Administración estar al margen de la misma. De ello deriva que la objetividad en el procedimiento no es absoluta, sino relativa, pues la Administración está vinculada al gobierno, y actúa dentro de la política formulada por éste.

Adicionalmente, debe tenerse en cuenta que la actividad de la Administración al satisfacer las necesidades colectivas, también está al servicio de los particulares, y esto debe cumplirlo con objetividad; como lo establece el artículo 35 de la Ley sobre Simplificación de Trámites Administrativos de Venezuela de 1999:

> "*Artículo* 35. La actividad de los órganos y entes de la Administración Pública debe esta dirigida a servir eficientemente a los particulares, mediante la plena satisfacción de las necesidades colectivas. En tal sentido, el funcionario público es, ante todo, un servidor público."

En todo caso, el principio de la objetividad está garantizado frente a los administrados por el principio de la imparcialidad y las normas de inhibición.

2. El principio de imparcialidad

En efecto, dentro de los principios generales que rigen el procedimiento administrativo está el principio de la imparcialidad, derivado del principio de igualdad y no discriminación de los administrados, conforme al cual, la Administración, en el curso del procedimiento y al decidirlo, no debe tomar partido, ni inclinar la balanza o beneficiar ilegítimamente a una parte en perjuicio de otra, sino que debe tomar su decisión únicamente conforme al ordenamiento jurídico y con la finalidad de interés general que la motiva.

Así lo recoge el Código colombiano, como principio general, en una enumeración que hace en el artículo 3:

> "*Artículo* 3. En virtud del principio de imparcialidad la autoridades deberán actuar teniendo en cuenta que la finalidad de los procedimientos consiste en asegurar y garantizar los derechos de todas las personas sin ningún género de discriminación; por consiguiente, deberán darles igualdad de tratamiento, respetando el orden en que actúen ante ellos."

También lo establece, como principio del procedimiento administrativo, el artículo IV del Título Preliminar de la Ley del Perú, así:

> "*1.5* Principio de imparcialidad. Las autoridades administrativas actúan sin ninguna clase de discriminación entre los administrados, otorgándole tratamiento y tutela igualitarios frente al procedimiento, resolviendo conforme al ordenamiento jurídico y con atención al interés general."

Adicionalmente a la exigencia de igualdad de tratamiento a los administrados; en la norma colombiana antes indicada está presente la idea del orden, en el sentido de que debe respetarse el orden en que éstos actúen ante los órganos administrativos. Es la idea del "orden riguroso" en los trámites que también se establece en todas las otras leyes (Venezuela, por ejemplo), como antes se indicó.

3. Las inhibiciones y abstenciones y las recusaciones de funcionarios

La consecuencia de la previsión general del principio de la objetividad en materia administrativa, es que el funcionario tiene la obligación de inhibirse de conocer de los asuntos en los cuales pueda estar afectada su imparcialidad.

Esto, en general, se establece en todas las leyes de procedimiento administrativo, como una obligación del funcionario de inhibirse o de abstenerse (se usan las dos expresiones) del conocimiento del asunto cuando esté incurso en alguna causal que comprometa su imparcialidad.

Normalmente, las leyes prevén estas causales de inhibición y recusación y no remiten en forma supletoria a las que se regulan en el Código de Procedimiento Civil, salvo la Ley argentina (art. 6) y el Código colombiano (art. 30).

En todas las leyes se establece, además de la obligación de inhibirse, la posibilidad de recusación; esto, salvo en el caso de Venezuela, lo cual fue excluido al momento de discutirse la Ley Orgánica de Procedimientos Administrativos, pensando que si se contemplaba la recusación, materialmente se paralizarían todos los procedimientos administrativos. El contraste ha sido que en muchos casos resulta difícil poder apartar a un funcionario del trámite de un procedimiento, a pesar de que está parcializado, o que tiene una actitud hostil hacia el interesado. Sólo habría medios indirectos, pues en virtud de que la decisión que le ordene separarse a un funcionario del conocimiento de un asunto, le corresponde al superior jerárquico, un mecanismo real de solicitud de inhibición puede plantearse indirectamente ante el superior, como si se tratase de una forma de recusación.

Ahora bien, en general, lo que se regula expresamente en todas las leyes, como lo tiene establecido el artículo 36 de la Ley Orgánica de Procedimientos Administrativos de Venezuela, siguiendo la orientación del artículo 20 de la Ley española de Procedimiento Administrativo de 1957, ya derogada, es la obligación de inhibirse o abstenerse que tiene todo funcionario cuando esté en duda su imparcialidad como consecuencia de esta obligación es que surge la posibilidad de recusación por parte de los interesados.

En términos generales, este deber de abstención se produce en los casos siguientes:

1. Cuando el funcionario tenga interés en el procedimiento, el cual puede ser personal o bien de su cónyuge o de algún pariente dentro del cuarto grado de consanguinidad o segundo de afinidad. Esta es una causal general para que el funcionario deba inhibirse o para que pueda ser recusado. Se trata de la aplicación concreta, en materia administrativa, del principio *nemo judex in causa sua* conforme al cual, el funcionario público no debe intervenir en los procedimientos en los cuales tenga interés. (art. 15, Ley de Honduras; art. 18, Ley de Brasil; art. 21, Ley de México, I, II, III; art. 88,3, Ley del Perú).

2. Otra causal es la que se refiere a la amistad íntima o enemistad manifiesta del funcionario con cualquiera de las personas interesadas que intervengan en el procedimiento (art. 20, Ley de Brasil; art. 15, Ley de Honduras; art. 21, IV de la Ley mexicana; art. 88,4, Ley del Perú). En algunos casos esa vinculación se presume, como se regula en el Código de Colombia, que contiene una causal muy vinculada al hecho político colombiano y es que el funcionario haya sido parte de las listas de candidatos a cuerpos colegiados de elección popular inscritas o integradas también por el interesado (art. 30.1), ya que se presume que al haber estado en la misma lista, se origina un vínculo que debe provocar la inhibición o a la recusación.

3. Otra de las causales es, por ejemplo, haber intervenido como testigo o perito en el expediente de cuya resolución se trate, o si como funcionario hubiere manifestado previamente su opinión en el mismo, de modo que pudiera prejuzgar sobre la resolución del asunto, o tratándose de un recurso administrativo, hubiere resuelto o intervenido en la decisión del acto que se impugna (art. 18,III Ley de Brasil; art. 15, de la Ley de Honduras; art. 21, V, Ley mexicana; art. 88,2, Ley del Perú).

4. Por último, otra causal se da cuando el funcionario hubiere tenido una relación de servicio o de subordinación con cualquiera de los directamente interesados en el asunto (art. 21, VI, Ley mexicana; art. 88,5, Ley del Perú). En este campo, por ejemplo, el Código de Colombia agrega como causal que el funcionario haya sido recomendado por el interesado para llegar al cargo que ocupa o cuando lo haya designado como referencia con el mismo fin (art. 30,2).

En todos estos casos, como se dijo, el funcionario público tiene el deber de inhibirse, abstenerse o excusarse. A tal efecto, los interesados pueden solicitar al superior jerárquico que decida la inhibición de los funcionarios inferiores en los casos en los cuales están incursos en las situaciones antes mencionadas. Esta solicitud, en Venezuela, no es una recusación formal, sino es en realidad, una petición que formula el interesado respectivo ante el superior jerárquico, y que también éste último puede plantear de oficio (art. 30, Ley de Venezuela; art. 30, Código de Colombia; art. 32, Reglamento de la Comunidad Andina; art. 19, Ley de Brasil; art. 89,2, Ley del Perú), para resolver si procede o no la inhibición. Por supuesto, siendo una petición formalmente regulada que se puede dirigir al superior jerárquico, el objetivo es que éste decidida si procede la inhibición del funcionario que lleva el procedimiento, acto que en sí mismo podría ser impugnado. La Ley de Honduras, sin embargo, excluye recurso alguno contra tal decisión (art. 18), al igual que la Ley del Perú (art. 93).

Si la inhibición procediere, el superior jerárquico debe entonces indicar cuál funcionario debe conocer el asunto (art. 6, Ley de Argentina; arts. 37 y 38, Ley de Venezuela; art. 236, Ley de Costa Rica).

Por otra parte, si el superior jerárquico decide que no procede la inhibición, entonces puede abrirse la vía contencioso administrativa y el interesado puede formular de nuevo su planteamiento en sede judicial como garantía del derecho a la defensa.

En definitiva, lo que se quiere resaltar es que la abstención, la inhibición, la excusa o la suspensión, según se denomina en los diversos ordenamientos jurídicos, es una obligación del funcionario pero, a su vez, la recusación es un derecho que se le da a los interesados en todas estas leyes, salvo en el caso de la Ley venezolana, para lograr la inhibición de los funcionarios que estén incursos en algunas de las causales señaladas, estableciendo un procedimiento sumario que ha de ser resuelto por el superior jerárquico.

Por otra parte, las leyes de procedimiento varían en cuanto a los efectos de la actuación del funcionario incurso en una causal de inhibición: la Ley General de Costa Rica establece el principio de la invalidez (art. 237.3.b); y, en general, la no abstención en los casos en que proceda, da lugar a responsabilidad del funcionario (art. 237.1 Ley de Costa Rica; art. 19, Ley de Brasil; art. 17, Ley de Honduras; art. 91, Ley del Perú).

4. La presunción de licitud o inocencia y el principio de la buena fe del interesado

También vinculado al principio de la objetividad está el de la presunción de licitud, particularmente importante en los procedimientos sancionatorios, como derecho fundamental de las personas. La regulación de la presunción de licitud, como presunción de inocencia, se encuentra en la Ley de Uruguay cuando habla del procedimiento disciplinario de funcionarios como un procedimiento especial, así:

> "*Artículo* 170. El funcionario público sometido a un procedimiento disciplinario tiene derecho al respeto de su honra y al reconocimiento de su dignidad; y se presumirá su inocencia mientras no se establezca legalmente su culpabilidad por resolución firme dictada con la garantía del debido proceso" (Convención Americana de Derechos Humanos, "Pacto de San José de Costa Rica", art. 8 numerales 2 y 11).

En los procedimientos sancionatorios, la Ley peruana define la "presunción de licitud", estableciendo que las entidades "deben presumir que los administrados han actuado apegados a sus deberes mientras no cuenten con evidencia en contrario" (art. 230,9).

Lo que interesa destacar en relación al principio de objetividad, es que el principio de la presunción de licitud debe ser un principio fundamental dentro de la actuación de la Administración, el cual no siempre se respeta, en el sentido de que exista presunción de que el derecho reclamado por el particular es justo. Frente a ello se desarrolla el llamado principio *favor pro accione* o posición favorable al accionante, el cual debería ser un principio fundamental en materia de procedimiento, sin embargo, no siempre lo es. Casi siempre lo que le toca a un administrado es enfrentarse a una Administración que, en principio, piensa que no tiene la razón y que considera que sería inadecuado darle la razón a quien la pide, situación que conduce a que casi siempre el funcionario busque rechazar las peticiones de los particulares.

En todo caso, este principio de la presunción de inocencia no se encuentra siempre regulado en el procedimiento administrativo en general, es decir, la presunción de que hay un buen derecho, y de que el particular está actuando de buena fe. Deben destacarse, en este sentido, sin embargo, los esfuerzos que las Constituciones y algunas leyes especiales vienen haciendo para erigir el principio de la buena fe del interesado como principio del procedimiento administrativo. Se destaca, así, el artículo 83 de la Constitución de Colombia, que postula que las actuaciones de las partes y de las autoridades públicas deben ceñirse a los postulados de la buena fe; y la Ley sobre Simplificación de Trámites Administrativos de Venezuela, de 1999, que al prescribir la necesidad de simplificar los trámites administrativos, señala que ello debe realizarse con base en los siguientes principios: la presunción de buena fe del ciudadano; la simplicidad, transparencia, celeridad y eficacia de la actividad de la Administración Pública; la actividad de la Administración Pública al servicio de los ciudadanos; y la desconcentración en la toma de decisiones por parte de los órganos de dirección (art. 8).

En desarrollo del principio de la presunción de buena fe del ciudadano, esa Ley establece que los trámites administrativos deben mejorarse o rediseñarse para lograr el objetivo propuesto en la generalidad de los casos y no para cubrir las posibles excepciones al comportamiento normal del ciudadano. En consecuencia, en todas las actuaciones que se realicen ante la Administración Pública, se debe tener como cierta la declaración del administrado, salvo prueba en contrario (art. 9). Este es el principio de la presunción de veracidad que establece la Ley del Perú (art. IV, 1,7 y art. 42), y al cual antes nos hemos referido.

Por otra parte, en la Ley de Simplificación de Trámites Administrativos de Venezuela también se exige a los órganos y entes de la Administración Pública, en sus respectivas áreas de competencia, que realicen un inventario de los documentos y requisitos cuya exigencia pueda suprimirse de conformidad con la presunción de buena fe, aceptando en sustitución de los mismos las declaraciones juradas hechas por el interesado o un representante con carta poder (art. 10).

Además y salvo los casos establecidos expresamente por Ley, el artículo 11 de la Ley dispone que no será indispensable la comparecencia personal del interesado para realizar tramitaciones ante la Administración Pública, debiéndose exigir la presentación de carta poder a la persona que actúe en su representación.

Adicionalmente, y para el control administrativo del respeto del principio de la presunción de buena fe, la misma Ley establece que los trámites administrativos deben estar acompañados de un idóneo mecanismo de control posterior, así como de sanciones aplicadas con rigor a quienes violen la confianza dispensada por la Administración Pública (art. 18).

El principio de la buena fe también se recoge en la Ley del Perú, al regular el "principio de la conducta procedimental" (art. IV, Título Preliminar), así:

> "*1.8 Principio de conducta procedimental.* La autoridad administrativa, los administrados, sus representantes o abogados y, en general, todos los partícipes del procedimiento, realizan sus respectivos actos procedimentales guiados por el respeto mutuo, la colaboración y la buena fe. Ninguna regulación del procedimiento administrativo puede interpretarse de modo tal que ampare alguna conducta contra la buena fe procesal."

V. EL PRINCIPIO EJECUTIVO

1. El principio de la ejecutoriedad

El último de los principios derivados del principio de la oficialidad, es el principio de la ejecutoriedad que implica la posibilidad no sólo de que los actos de la Administración se consideren ejecutivos y se obvie el proceso de cognición para que el derecho esté declarado; sino, para que, también en estos casos, se obvie el proceso de ejecución y la Administración pueda ejecutar sus propios actos, por sí misma, e incluso, en forma forzosa, sin necesidad de acudir a los tribunales, con facultad, incluso de ser necesario, como principio general, de recurrir a la fuerza pública.

El principio se establece, por ejemplo, en la Ley General de la Administración Pública de Costa Rica donde se define la ejecutoriedad como la potestad de la Administración:

> "De ejecutar por sí, sin recurrir a los tribunales, los actos administrativos eficaces, válidos o anulables, aún contra la voluntad o resistencia del obligado, sujeta a la responsabilidad que pudiera resultar" (art. 146.1).

Sin embargo, es evidente que en muchos casos la legislación establece expresamente supuestos en los cuales la ejecución del acto administrativo requiere de intervención judicial. Sin embargo, si la ejecución judicial no está expresamente prevista, el principio es el de la posibilidad para la Administración de ejecutar sus propias decisiones.

Así está prescrito, como principio, en la Ley Orgánica de Venezuela, al establecer que:

> "La ejecución forzosa de los actos administrativos será realizada de oficio por la Administración, salvo que por expresa disposición legal deba ser encomendada a la autoridad judicial" (art. 79).

Por supuesto, debe advertirse que, en todo caso, las legislaciones exigen que para que la Administración inicie actuaciones materiales que menoscaben, limiten o perturben el ejercicio del derecho de los particulares, previamente debe haberse adoptado la decisión que les sirva de fundamento (art. 78 Ley de Venezuela). De allí que se obligue a los órganos que ordenen actos de ejecución material, comunicar por escrito al interesado el acto administrativo que autorice la actuación administrativa. De ello deriva el principio de que toda la actuación material que no esté precedida de un acto administrativo válido y eficaz, puede considerarse como una vía de hecho.

2. Los medios de ejecución y la ejecución forzosa

Sobre los medios de ejecución de los actos administrativos, la Ley de Honduras, por ejemplo, establece que:

> "*Artículo* 93. Las resoluciones de los órganos de la Administración Pública se ejecutarán por los medios siguientes: a. Ejecución forzada sobre el patrimonio mediante el procedimiento de apremio; b. Ejecución subsidiaria; y, c. Cumplimiento forzoso."

En esta norma, en realidad, lo que se regula es uno de los medios de ejecución, que es la ejecución forzosa de los actos administrativos por la propia Administración. Esto procede, conforme lo indica el artículo 194 de la Ley del Perú, en los siguientes casos:

> "1. Que se trate de una obligación de dar, hacer o no hacer, establecida a favor de la entidad.
>
> 2. Que la prestación sea determinada por escrito de modo claro e íntegro.
>
> 3. Que tal obligación derive del ejercicio de una atribución de imperio de la entidad o provenga de una relación de derecho público sostenida con la entidad.
>
> 4. Que se haya requerido al administrado el cumplimiento espontáneo de la prestación, bajo apercibimiento de iniciar el medio coercitivo específicamente aplicable.
>
> 5. Que no se trate de acto administrativo que la Constitución o la ley exijan la intervención del Poder Judicial para su ejecución."

Sin embargo, en ausencia de una enumeración precisa como la anterior, el problema que se plantea al analizar la ejecución forzosa, es el de determinar cuándo puede la Administración ejecutar sus actos o cuándo debe para ello acudir a la autoridad judicial.

En el caso de Venezuela, como se dijo, se establece que la ejecución forzosa "será realizada de oficio por la Administración, salvo que por expresa disposición legal deba ser encomendada a la autoridad judicial" (art. 79). Con ello se establece la excepción al principio de la ejecución forzosa por la propia Administración, debiendo ésta acudir a la autoridad judicial para que ésta ejecute el acto administrativo. Sin embargo, esa excepción se convierte muchas veces en la regla porque siempre que se trata de afectar el patrimonio de las personas, por ejemplo, resulta necesario que se realice a través de la vía judicial. En la legislación venezolana no hay norma alguna que permita a la Administración ejercer apremio formal sobre el patrimonio de un particular, como sucede por ejemplo, en Costa Rica, para ejecutar sus actos administrativos.

En todo caso, es frecuente que leyes latinoamericanas establezcan diversos supuestos de ejecución forzosa de los actos administrativos exigiéndose que, en forma previa, se conmine o intime al interesado a la ejecución voluntaria, es decir, que haya una puesta en mora con carácter previo (art. 150,1 Ley General de Costa Rica).

En el caso de Venezuela, la norma que regula los medios de ejecución forzosa de los actos por la Administración cuando ella proceda, indica que se llevará a cabo conforme a las normas siguientes:

> "1. Cuando se trate de actos susceptibles de ejecución indirecta con respecto al obligado, se procederá a la ejecución, bien por la administración o por la persona que ésta designe, a costa del obligado.
>
> 2. Cuando se trate de actos de ejecución personal y el obligado se resistiere a cumplirlos, se le impondrán multas sucesivas mientras permanezca en rebeldía y, en el caso de que persista en el incumplimiento, será sancionado con nuevas multas iguales o mayores a las que ya se le hubieren aplicado, concediéndole un plazo razonable, a juicio de la administración, para que cumpla lo ordenado. Cada multa podrá tener un monto de hasta diez mil bolívares (Bs. 10.000,00), salvo que otra ley establezca una mayor, caso en el cual se aplicará ésta."

Igual principio está establecido en el Código colombiano, al señalar que "cuando un acto administrativo imponga una obligación a un particular y éste se resistiere a cumplirla, se le impondrán multas sucesivas mientras permanezca en rebeldía, concediéndole plazos razonables para que cumpla lo ordenado" (art. 65).

No hay, sin embargo, en este Código la previsión del apoderamiento directo sobre el patrimonio. De las normas de procedimiento administrativo vigentes en América Latina, pude decirse que sólo está previsto este principio, con carácter general, en el caso de la Ley General de Costa Rica, que establece como medios de la ejecución administrativa los siguientes:

> "a) Ejecución forzada mediante apremio sobre el patrimonio del administrado, cuando se trate de un crédito líquido de la Administración, todo con aplicación de las normas pertinentes del Código de Procedimientos Civiles sobre embargo y remate, con la salvedad de que el título ejecutivo podrá ser la certificación del acto constitutivo del crédito expedida por el órgano competente para ordenar la ejecución" (art. 149).

En el caso de la Ley peruana, su artículo 196 precisa los siguientes medios de ejecución forzosa de los actos administrativos, que se adoptarán "respetando siempre el principio de razonabilidad": ejecución coactiva; ejecución subsidiaria; multa coercitiva y compulsión sobre las personas.

En particular, en cuanto a las multas, el artículo 199 de dicha Ley dispone que cuando así lo autoricen las leyes, y en la forma y cuantía que éstas determinen, la entidad puede, para la ejecución de determinados actos, imponer multas coercitivas, reiteradas por períodos suficientes para cumplir lo ordenado, en los siguientes supuestos: a) actos personalísimos en que no proceda la compulsión sobre la persona del obligado; b) actos en que, procediendo la compulsión, la Administración no la estimara conveniente; y c) actos cuya ejecución pueda el obligado encargar a otra persona.

Ahora bien, entre los diversos supuestos de ejecución forzosa previstos en las Leyes de América Latina, pueden establecerse los siguientes principios:

En *primer lugar*, en cuanto a la ejecución por constreñimiento sobre el patrimonio mediante multas, como se ha dicho, si se trata de actos de ejecución personalísima y el obligado se resiste a cumplirlo, la Administración le puede imponer multas sucesivas por los montos legalmente prescritos. Mientras permanezca en rebeldía y, en caso de que persista en el incumplimiento, se le pueden imponer nuevas multas iguales o mayores a las que se le hubieren aplicado, concediéndosele un plazo razonable para que cumpla lo ordenado (art 80,2, Ley de Venezuela).

Sin embargo, en definitiva, el cobro efectivo de la multa se hace por vía judicial y para ello el título ejecutivo respectivo es el acto de imposición de la multa. Es decir, este acto goza de ejecutividad, (como lo define el Código de Colombia "mérito ejecutivo", art. 68), pero el cobro efectivo tiene que hacerse por la vía judicial. Es, en definitiva, el sistema de ejecución de los actos administrativos apoyado por sanciones.

Debe destacarse, por otra parte, que en otras legislaciones se prevé expresamente el principio de la ejecución forzosa de los actos administrativos que impongan a los administrados una obligación personalísima de no hacer o soportar, mediante compulsión directa sobre las personas en los casos en que la ley expresamente lo autorice, y siempre con la garantía del debido respeto a la dignidad de la persona humana y a los derechos y garantías constitucionales (art. 200, Ley del Perú).

La Ley de Honduras, en particular, regula el denominado cumplimiento forzoso en estos casos, estableciendo que siempre que la Ley lo autorice "cuando la obligación sea personalísima, de dar, de hacer o de tolerar o no hacer se procederá al cumplimiento forzoso" (art. 109). En estos casos de cumplimiento forzoso "la Administración obtendrá el concurso de la fuerza pública, utilizando la coacción dentro de los límites legales. En estos casos, la Administración también podrá decomisar bienes y clausurar establecimientos" (art. 110).

Por otra parte, si la obligación personalísima consistiera en un hacer, y no se realizase la prestación, el obligado debe resarcir los daños y perjuicios, a cuya liquidación y exacción se puede proceder en vía administrativa (art. 149,1,c Ley de Costa Rica; art. 111 Ley de Honduras). En el Perú, en cambio, los daños y perjuicios, en este caso, deben regularse en vía judicial (art. 200).

En *segundo lugar*, cuando se trate de actos que por no ser personalísimos, son susceptibles de ejecución indirecta con respecto al obligado, la Ley Orgánica de Venezuela (art. 80,1), la Ley General de Costa Rica (art. 149,1,c), la Ley de Honduras (art. 107), y el Código de Colombia (art. 65), autorizan a la Administración a proceder a la ejecución, bien por sus propios órganos o por la persona que designe, a costa del obligado. Es la denominada "ejecución subsidiaria" que se regula también en la Ley del Perú, (art. 198).

En *tercer lugar*, deben destacarse los supuestos de ejecución de obligaciones de dar cantidades de dinero, respecto de los cuales las leyes de Honduras (art. 94) y de Costa Rica (art. 149,1,a) prevén la ejecución forzosa en vía administrativa mediante apremio sobre el patrimonio, exigiéndose, sin embargo, la necesaria intervención de un juez para autorizar la entrada en el domicilio de los deudores y excluyéndose expresamente la posibilidad del ejercicio de interdictos contra las actuaciones de la Administración.

En Colombia también se establece esta ejecución forzosa en materia impositiva, autorizándose a cobrar directamente los montos debidos e, incluso, a proceder forzosamente. Esto, en Venezuela y en las otras leyes, no está establecido de la misma manera. En el caso venezolano el cobro de impuestos sólo se puede hacer por vía judicial.

VI. EL PRINCIPIO DEL CONTROL PROCEDIMENTAL POSTERIOR

Así como la Administración, conforme al principio de oficialidad, tiene a su cargo la conducción del procedimiento en todas sus etapas, también tiene, al final, el privilegio del ejercicio del control sobre las actuaciones cumplidas tanto por los funcionarios como por los administrados. La Ley del Perú define este principio con precisión en el artículo IV, Título Preliminar, así:

> "*1.16. Principio de privilegio de controles posteriores.* La tramitación de los procedimientos administrativos se sustentará en la aplicación de la fiscalización posterior; reservándose la autoridad administrativa, el derecho de comprobar la veracidad de la información presentada, el cumplimiento de la normatividad sustantiva y aplicar las sanciones pertinentes en caso que la información presentada no sea veraz."

El mismo principio se regula en la Ley de Simplificación de Trámites Administrativos de Venezuela, al establecer en sus artículos 19 y 20, las siguientes reglas:

> "*Artículo* 19. A los efectos de este Decreto-Ley, el control posterior comprende el seguimiento y verificación que realiza la Administración Pública a las declaraciones formuladas por el interesado o su representante y está orientado a identificar y corregir posibles desviaciones, abusos o fraudes. Este control se debe ejecutar en forma permanente, sin que implique la paralización de la tramitación del expediente respectivo ni gasto alguno para el ciudadano."

Las autoridades encargadas de la prestación de los servicios serán responsables de asegurar las acciones de fiscalización posterior.

> *Artículo* 20. En el diseño del control posterior, se deberá hacer empleo racional de los recursos humanos, materiales y presupuestarios de los que actualmente disponga la Administración Pública. El Estado propenderá la dotación de la infraestructura y los medios necesarios para un efectivo control posterior."

Sección Séptima: EL PRINCIPIO DE CELERIDAD

I. LA FORMULACIÓN LEGAL DEL PRINCIPIO

El cuarto de los principios derivados del principio de oficialidad y que también se ha formulado en forma expresa en las leyes de procedimiento administrativo, es el principio de la celeridad.

En efecto, si el procedimiento es un asunto de la Administración, es decir, si la Administración es la responsable del procedimiento, el principio consecuencial establecido en garantía de los particulares, es que debe ser desarrollado con la mayor rapidez y celeridad posible. Como lo establece la Ley peruana en el art. IV del Título Preliminar:

> "*1.9 Principio de celeridad.* Quienes participan en el procedimiento deben ajustar su actuación de tal modo que se dote al trámite de la máxima dinámica posible, evitando actuaciones procesales que dificulten su desenvolvimiento o constituyan meros formalismos, a fin de alcanzar una decisión en tiempo razonable, sin que ello releve a las autoridades del respeto al debido procedimiento o vulnere el ordenamiento."

Este principio también encuentra una definición precisa en el Código colombiano y en el Reglamento de la Secretaría de la Comunidad Andina, que copia todas las definiciones que trae el artículo 3 del Código colombiano, así:

> "*Artículo* 3. En virtud del principio de celeridad, las autoridades tendrán el impulso oficioso de los procedimientos, suprimirán los trámites innecesarios, utilizarán formularios para actuaciones en serie cuando la naturaleza de ellas lo haga posible y sin que ello releve a las autoridades de la obligación de considerar todos los argumentos y pruebas de los interesados."
>
> El retardo injustificado es causal de sanción disciplinaria, que se puede imponer de oficio o por queja del interesado, sin perjuicio de la responsabilidad que pueda corresponder al funcionario.

En otras legislaciones también se enuncia, como es el caso por ejemplo, de la Ley General de Costa Rica:

> "*Artículo* 225.1. El órgano deberá conducir el procedimiento con la intención de lograr un máximo de celeridad y eficiencia, dentro del respeto al ordenamiento y a los derechos e intereses del administrado.
>
> 2. Serán responsables la Administración y el servidor por cualquier retardo grave e injustificado.
>
> *Artículo* 269.1. La actuación administrativa se realizará con arreglo a normas de economía, simplicidad, celeridad y eficiencia.
>
> 2. Las autoridades superiores de cada centro o dependencia velarán, respecto de sus subordinados, por el cabal cumplimiento de este precepto, que servirá también de criterio interpretativo en la aplicación de las normas de procedimiento."

Adicionalmente, el artículo 148 de la Ley del Perú establece con precisión, diversas reglas generales para asegurar la celeridad en el procedimiento (además de las relativas a la celeridad en la recepción de peticiones, art. 118), así:

> "1. En el impulso y tramitación de casos de una misma naturaleza, se sigue rigurosamente el orden de ingreso, y se resuelven conforme lo vaya permitiendo su estado, dando cuenta al superior de los motivos de demora en el cumplimiento de los plazos de ley, que no puedan ser removidos de oficio.
>
> 2. En una sola decisión se dispondrá el cumplimiento de todos los trámites necesarios que por su naturaleza corresponda, siempre y cuando no se encuentren entre sí sucesivamente subordinados en su cumplimiento, y se concentrarán en un mismo acto todas las diligencias y actuaciones de pruebas posibles, procurando que el desarrollo del procedimiento se realice en el menor número de actos procesales.
>
> 3. Al solicitar trámites a ser efectuados por otras autoridades o los administrados, debe consignarse con fecha cierta el término final para su cumplimiento, así como el apercibimiento, de estar previsto en la normativa.
>
> 4. En ningún caso podrá afectarse la tramitación de los expedientes o la atención del servicio por la ausencia, ocasional o no, de cualquier autoridad. Las autoridades que por razones de licencia, vacaciones u otros motivos temporales o permanentes se alejen de su centro de trabajo, entregarán a quien lo sustituya o al superior jerárquico, los documentos y expedientes a su cargo, con conocimiento de los administrados.
>
> 5. Cuando sea idéntica la motivación de varias resoluciones, se podrán usar medios de producción en serie, siempre que no lesione las garantías jurídicas de los administrados; sin embargo, se considerará cada uno como acto independiente.

6. La autoridad competente, para impulsar el procedimiento, puede encomendar a algún subordinado inmediato la realización de diligencias específicas de impulso, o solicitar la colaboración de otra autoridad para su realización. En los órganos colegiados, dicha acción debe recaer en uno de sus miembros.

7. En ningún caso la autoridad podrá alegar deficiencias del administrado no advertidas a la presentación de la solicitud, como fundamento para denegar su pretensión."

II. EL PRINCIPIO DE LA SIMPLICIDAD

En cuanto al principio de la simplicidad, este lo define la Ley del Perú, entre los principios del procedimiento administrativo (art. IV, Título Preliminar), así:

"*1.13 Principio de simplicidad.* Los trámites establecidos por la autoridad administrativa deberán ser sencillos, debiendo eliminarse toda complejidad innecesaria; es decir, los requisitos exigidos deberán ser racionales y proporcionales a los fines que se persigue cumplir."

Indica, además la Ley del Perú, que en todo caso, los procedimientos administrativos se deben desarrollar "de oficio, de modo sencillo y eficaz, sin reconocer formas determinadas, fases procesales, momentos procedimentales rígidos para realizar determinadas actuaciones o responder a precedencia entre ellas", (art. 144).

La Ley venezolana sobre Simplificación de Trámites Administrativos, de 1999, por su parte, establece sobre este mismo principio, que:

"*Artículo* 21. El diseño de los trámites administrativos debe realizarse de manera que los mismos sean claros, sencillos ágiles, racionales, pertinentes, útiles y de fácil entendimiento para los particulares, a fin de mejorar las relaciones de éstos con la administración, haciendo eficaz y eficiente la actividad de la misma."

Además, la mencionada Ley, al desarrollar el principio de "la simplicidad, transparencia, celeridad y eficacia de la actividad de la Administración" señala que cuando un derecho o una actividad hayan sido regulados de manera general, la Administración no puede exigir requisitos adicionales, no contemplados en dicha regulación (art. 22). Con carácter general, además se dispone que la Administración no puede exigir para trámite alguno, la presentación de copias certificadas actualizadas de partidas de nacimiento, matrimonio o defunción, así como de cualquier otro documento público, salvo los casos expresamente establecidos por Ley (art. 29).

Adicionalmente, se dispone que los órganos y entes de la Administración Pública se deben abstener de exigir copias certificadas de la partida de nacimiento como requisito para el cumplimiento de una determinada tramitación, cuando sea presentada la cédula de identidad (art. 30).

Por otra parte, se dispone que no se exigirá la presentación de copias certificadas o fotocopias de documentos que la Administración tenga en su poder, o de los que tenga la posibilidad legal de acceder, en virtud del principio de colaboración que debe imperar entre los órganos de la Administración Pública, en sus relaciones interorgánicas y con las demás ramas del Poder Público (art. 23).

Además, en aras de la simplicidad, la Ley agrega a los siguientes políticas que deben desarrollar los entes públicos:

> "*Artículo* 25. Mediante el establecimiento de reglas claras y sencillas de fácil cumplimiento para el ciudadano, que permitan la corresponsabilidad en el gasto público y eliminen la excesiva documentación, los órganos y entes sujetos a la aplicación de este Decreto-Ley, eliminarán las autorizaciones innecesarias, solicitudes excesivas de información de detalle y, en general, la exigencia de trámites que entorpezcan la actividad administrativa, salvo los casos expresamente establecidos en la Ley."

Por último, el artículo 26 de la Ley dispone en particular, que los órganos y entes de la Administración Pública deberán identificar y disponer la supresión de los requisitos y permisos no previstos en la Ley, que limiten o entraben el libre ejercicio de la actividad económica o la iniciativa privada.

III. LOS FORMULARIOS Y LA TRAMITACIÓN EN SERIE

La celeridad y simplificación administrativa han dado origen en casi todas las leyes de procedimiento administrativo a previsiones sobre racionalización y reforma administrativa en el funcionamiento de la Administración, tendientes a prever formularios que deban elaborarse para agilizar los procedimientos; regulaciones sobre decisiones que deben adoptarse en serie, por medios mecánicos sin requisitos manuales (el sello, por ejemplo) y que, incluso, puedan ser emitidas con firmas troqueladas impresas de manera de agilizar el procedimiento.

En la Ley Orgánica de Venezuela (arts. 32 y 35) y en el Decreto de Uruguay (arts. 39-48), se detallan este tipo de normas sobre racionalización administrativa de los trámites. En particular, el artículo 39 de esta última Ley dispone:

> "*Artículo* 39. Los procedimientos de trabajo deberán ser diseñados y revisados con arreglo a las reglas de racionalización administrativa. En los procedimientos administrativos reiterativos se procurará el uso de formularios. Su diseño, así como el trámite al que pertenecen, deberán ser aprobados por el jerarca correspondiente para su puesta en práctica, previa determinación de la necesidad de su existencia, de la evaluación de la relación costo-beneficio, de la congruencia de los datos que el formulario contiene en relación al procedimiento al que sirve, de su vinculación con otros formularios en uso y de la evaluación del diseño, formato y calidad propuestos para su confección."

La Ley peruana, por su parte, señala que las entidades deben disponer el empleo de formularios de libre reproducción y distribución gratuita, mediante los cuales los administrados, o algún servidor a su pedido, completando datos o marcando alternativas planteadas proporcionan la información usual que estima suficiente, sin necesidad de otro documento de presentación (art. 154,1).

Dichos formularios también son utilizados cuando las autoridades deben resolver una serie numerosa de expedientes homogéneos, así como para las actuaciones y resoluciones recurrentes, que sean autorizadas previamente (art. 154,2).

IV. LOS PLAZOS Y TÉRMINOS

1. La obligatoriedad

Otro aspecto que se regula detalladamente derivado del principio de la celeridad, es el relativo a los plazos y términos. En primer lugar, está su carácter obligatorio, por lo que todas las leyes traen el enunciado de que los plazos y términos son obligatorios tanto para la Administración como para los particulares.

La Ley de Venezuela, por ejemplo, dice:

> "*Artículo* 41. Los términos o plazos establecidos en ésta y en otras leyes relativas a la materia objeto de la presente, obligan por igual, y sin necesidad de apremio, tanto a las autoridades y funcionarios competentes para el despacho de los asuntos, como a los particulares interesados en los mismos."

Con idéntico texto se regula el tema en la Ley de Uruguay (art. 110); y en el mismo sentido se regula en la Ley del Perú (art. 131), en la Ley Argentina (art 1,11) y en la Ley de Honduras (art. 42), insistiéndose en el postulado de que los plazos "serán obligatorios para los interesados y para la Administración".

El incumplimiento de estos términos y plazos por parte de las autoridades y funcionarios competentes genera responsabilidad administrativa de los mismos (art. 116, Ley de Uruguay; art. 143, Ley del Perú).

2. Los plazos para decidir

La mayoría de las leyes establece, además, principios en relación a los plazos para decidir, lo que da origen a la figura del silencio administrativo.

Por ejemplo, en Venezuela, el principio es que si se trata de un procedimiento que no requiere sustanciación el plazo para decidir que tiene la Administración es de 20 días (art. 5); pero, si es un procedimiento que requiere de sustanciación el plazo para decidir es de hasta cuatro meses, prorrogables por dos meses más (arts. 60 y 61). En los otros ordenamientos los plazos varían: 2 meses, en el caso de Costa Rica (art. 261); 20 a 30 días, en el caso de Uruguay (arts. 106-109); en el caso colombiano de 10 a 15 días; en México 4 meses (art. 17); en Brasil 30 días (art. 49); en Perú 30 días (art. 142); y en Honduras 60 días (art. 84, b).

3. La forma de cómputo de los plazos y las prórrogas

Otras normas que también se encuentran en todas las leyes sobre procedimiento administrativo, son las que regulan la forma de cómputo de los plazos, particularmente en cuanto a los establecidos por días. En la Ley venezolana se establece expresamente el principio, que está en todas las demás leyes, de que los lapsos por días se computan por días hábiles administrativos (art. 42 Ley de Venezuela).

Así se establece también expresamente, en la Ley de Honduras (art. 46); en la Ley Argentina (art. 1 d) y e); en la Ley mexicana (arts. 28-32); en la Ley de Uruguay (arts.

112-114); en la Ley del Perú (art. 134,1); en la Ley de Costa Rica (arts. 256-258) y en la Ley de Brasil (art. 23). En Colombia también se establecen días hábiles, aun cuando ello no se regula en el Código expresamente.

La única de las leyes que no se refiere a días hábiles, curiosamente, es el Reglamento de Procedimientos Administrativos de la Comunidad Andina donde los días se entienden por días calendario, salvo que se los califique expresamente como hábiles (arts. 30 y 31), es decir, establece el principio contrario, quizás porque en las Administraciones nacionales, los "días hábiles" resultan de la exclusión en el cómputo de los días feriados, los días sábado o domingo y días de fiestas nacionales, o sea, días no laborables oficialmente.

Normalmente la Administración debe publicar anualmente una lista, en la cual se deben señalar cuáles son los días no laborables, los días de fiestas nacionales, sábados y domingos. Así lo señala, por ejemplo, el artículo 137 de la Ley del Perú. En Venezuela, incluso, se publica una Resolución del Ministerio del Interior al inicio de cada año donde se indica con antelación cuáles son los días feriados, los días de fiestas nacionales y si éstas caen en días de semana, cuales son los no laborables, todo, a los efectos del cómputo de los lapsos.

Los plazos, en general, pueden prorrogarse. En tal sentido, se destaca la regulación de la Ley de Honduras, de carácter general sobre la materia, que dispone:

> "*Artículo* 44. La Administración, salvo precepto expreso en contrario, podrá conceder a petición de los interesados una prórroga de los plazos establecidos que no exceda de la mitad de los mismos, cuando concurran las circunstancias siguientes: que se pida antes de expirar el plazo; que se alegue justa causa; y, que no se perjudique a terceros. No se concederá más de una prórroga del plazo respectivo. Contra la providencia que concede o deniegue la prórroga no será admisible recurso alguno."

En la Ley de Brasil (art. 49) se exige que el acto que acuerde la prórroga siempre deba ser motivado. En la legislación del Perú, en cambio, se regula el principio contrario, de la improrrogabilidad de los plazos, cuando están "fijados por norma expresa" (art. 136,1).

Sin embargo, también se establece la posibilidad de que la autoridad competente pueda otorgar prórroga a los plazos establecidos para la actuación de pruebas o para la emisión de informes o dictámenes, cuando así lo soliciten antes de su vencimiento, los administrados o los funcionarios, respectivamente. Esta prórroga es concedida por una única vez mediante decisión expresa, siempre que el plazo no haya sido perjudicado por causa imputable a quien la solicita y siempre que aquella no afecte derechos de terceros (art. 136,2,3).

4. El principio no suspensivo del procedimiento y sus excepciones

Otra norma que se encuentra en casi todas las leyes de procedimientos administrativos, como principio general en relación con los plazos y términos, es la que establece que los plazos y, consecuentemente, el procedimiento, "no se suspenden" (art. 67 Ley de Brasil).

A este respecto dice la Ley mexicana:

> *"Artículo* 47. Las cuestiones incidentales que se susciten durante el procedimiento no suspenderán la tramitación del mismo, incluyendo la recusación, en la inteligencia que de existir un procedimiento incidental de recusación, éste deberá resolverse antes de dictarse resolución definitiva o en la misma resolución."

Como principio, también se establece, por ejemplo, en la Ley de Venezuela (art. 56), que la omisión de informes administrativos a tiempo, tampoco suspende la tramitación del procedimiento.

Debe destacarse, sin embargo, que excepcionalmente, en la Ley de Costa Rica se prevé la posibilidad para suspender los plazos de oficio o a petición de parte, cuando exista causa de fuerza mayor, (arts. 259 y 263).

5. La abreviación de lapsos y la celeridad en caso de urgencia o necesidad

Por otra parte, en cuanto al adelantamiento de los plazos, en la legislación del Perú se lo regula, así:

> *"Artículo* 141. Adelantamiento de plazos. La autoridad a cargo de la instrucción del procedimiento mediante decisión irrecurrible, puede reducir los plazos o anticipar los términos, dirigidos a la administración, atendiendo razones de oportunidad o conveniencia del caso."

Por su parte, en la Ley General de Costa Rica también se destaca una norma que permite abreviar los lapsos, por "razones de necesidad o conveniencia evidentes" y así poder tomarse, en caso de urgencia, decisiones finales sin que se cumpla todo el lapso establecido. Se trata de la única legislación que permite ambos aspectos: suspender y abreviar los lapsos.

El artículo 322 de la Ley de Costa Rica, en efecto, establece lo siguiente:

> "1. Si razones de necesidad o conveniencia evidentes exigen que el procedimiento sea decidido antes de estar listo para el acto final, el órgano director podrá adoptar una decisión provisional, de oficio o a instancia de parte, advirtiéndolo expresamente.
>
> 2. Dicha resolución podrá ser impugnada y ejecutada por sí misma, esto último previa garantía de daños y perjuicios si lo exigen la Administración o la contraparte.
>
> 3. La resolución provisional tendrá que ser sustituida por la final, sea ésta revocatoria o confirmatoria.
>
> 4. La resolución provisional no interrumpirá ni prorrogará los términos para dictar el acto final."

Además, la misma Ley General establece que en casos de urgencia y para evitar daños graves a las personas o daños irreparables a las cosas, puede prescindirse de una o de todas las formalidades del procedimiento e, incluso, crearse un procedimiento sustitutivo especial (art. 226).

V. LA GLOBALIDAD DE LA DECISIÓN

Todos los asuntos planteados en el procedimiento administrativo deben ser objeto de una decisión y no de múltiples; de ahí la obligación que tiene la Administración de decidir al término del procedimiento, todas las cuestiones planteadas tanto por las partes como de oficio. Este principio también está vinculado a la celeridad y está expresamente establecido, por ejemplo, en la Ley venezolana, que señala:

"*Artículo* 62. El acto administrativo que decida el asunto resolverá todas las cuestiones que hubieren sido planteadas, tanto inicialmente como durante la tramitación."

En sentido similar se establece en la Ley de Honduras (art. 83). En México el acto debe también decidir expresamente "todos los puntos propuestos por las partes o establecidos por la ley" (art. 3, XVI). La Ley de Costa Rica contempla igualmente, que en el acto que pone fin al procedimiento deben resolverse "todas las cuestiones surgidas durante el curso del procedimiento" (art. 227,1). En el caso del Código colombiano, se prevé asimismo que deben resolverse "todas las cuestiones planteadas, tanto inicialmente como durante el trámite" (artículo 35).

En consecuencia, puede haber planteamientos que pueden formularse desde el inicio del trámite (petición) y, además, pueden haber planteamientos que surjan durante el trámite, formulados tanto de oficio como a petición de parte, lo que implica que puede haber nuevos elementos que surjan durante el procedimiento, dado los principios de flexibilidad y antiformalismo. En estos casos, la decisión debe abarcar todos esos planteamientos.

Sin embargo, debe señalarse que como consecuencia del principio del debido proceso, todos los asuntos antes referidos, que no hubieren sido formulados o propuestos por los interesados, para que puedan ser considerados en la decisión final, deben haberles sido notificados y debe habérseles asegurado audiencia previa. Así lo establece expresamente la Ley argentina (art. 7.c) para garantizar el derecho a la defensa y el derecho a que se oiga al particular sobre esos asuntos. Por ello, la legislación argentina consagra, como derecho de los administrados, el derecho "a una decisión fundada", como parte del derecho al "debido proceso adjetivo" (art. 1,f,3), garantizándoseles que si surge un nuevo asunto que plantea la Administración y que va a ser objeto de resolución, debe dárseles la oportunidad a los interesados de oponerse o contradecir dicho planteamiento.

Un aspecto que debe señalarse, y que solo está regulado en la Ley de Honduras (art. 75), es la necesidad de que concluido el procedimiento, antes de que se adopte formalmente la decisión, debe entregársele al particular el proyecto de decisión en una audiencia final, para garantizar el derecho a la participación, y el derecho a la defensa. Lamentablemente esto no está regulado, en general, en América Latina, y normalmente el proyecto de decisión permanece bien guardado y secreto antes de que se publique, de manera que siempre es una sorpresa para el interesado.

Por tanto, la audiencia del interesado que, en algunos países, es al inicio del procedimiento, debería ocurrir al final del mismo, de manera que se pueda, en ella, discutir sobre todo lo que ya está en el expediente o sobre lo que esté como proyecto de decisión, antes de que la Administración la adopte finalmente.

VI. EL SILENCIO ADMINISTRATIVO

Otra regulación que se encuentra en todas las leyes y que deriva también del principio de celeridad, es la relativa al silencio administrativo y sus efectos, a pesar de la obligación que siempre tiene la Administración de decidir en un plazo determinado.

1. La obligación de decidir y los efectos de su incumplimiento

En efecto, objetivo final de todo procedimiento administrativo es la producción de un acto administrativo, es decir, la adopción de una decisión por parte de la Administración. A tal efecto, iniciado un procedimiento administrativo, particularmente a instancia de parte o cuando en él tengan interés los administrados, la Administración está obligada a decidir. En otras palabras, la Administración no es libre de decidir, constituyendo esta obligación, la contrapartida del derecho de petición que también conlleva el derecho a obtener oportuna respuesta.

Conforme a ello, iniciado un procedimiento administrativo producto o no del ejercicio de un derecho de petición, la Administración está obligada a desarrollarlo de oficio y, en definitiva, a adoptar la decisión correspondiente. Por supuesto, si se trata de un procedimiento iniciado mediante el ejercicio del derecho de petición, éste conlleva también el derecho a obtener oportuna respuesta. Por eso la Ley de Venezuela exige de las autoridades administrativas, el que "deberán resolver las instancias o peticiones que se les dirijan o bien declarar, en su caso, los motivos que tuvieren para no hacerlo" (art. 2).

La Ley del Perú reafirma esta obligación de decidir que tienen los funcionarios, incluso, cuando exista deficiencia de las fuentes, al disponer que las autoridades administrativas no podrán dejar de resolver las cuestiones que se les proponga, por deficiencia aquéllas, debiendo, en tales casos, acudir a los principios del procedimiento administrativo previstos en la Ley; en su defecto, a otras fuentes supletorias del derecho administrativo, y sólo subsidiariamente a éstas, a las normas de otros ordenamientos que sean compatibles con su naturaleza y finalidad (art. VIII).

Sin embargo, es bien conocida la actitud tradicional de la Administración, en muchos casos, de simplemente no decidir determinados asuntos, lo que exigió del legislador, en regulaciones aisladas, el establecer un efecto generalmente negativo o de rechazo al silencio de la Administración en un lapso determinado, configurándose una decisión implícita susceptible de recurso ante el contencioso-administrativo. Este régimen legislativo llevó a la jurisprudencia a identificar al silencio administrativo como un principio general del procedimiento con el objeto de garantizar la situación de los administrados frente a la inacción administrativa, otorgándole efectos jurídicos generalmente negativos.

Conforme a este principio del silencio de la Administración, cuando ésta tiene legalmente prescrito un lapso para decidir, aquél debe ser considerado como equivalente a una decisión implícita de rechazo o de aceptación, a los efectos de permitir al administrado acudir a la vía contencioso-administrativa. Tal principio lo regula expresamente, por ejemplo, la Ley del Perú, al establecer ambos tipos de silencio administrativo y los tipos de procedimientos se producen (arts. 33 y 34).

En todo caso, puede decirse que uno de los aspectos de mayor interés en la codificación del procedimiento administrativo en América Latina ha sido, precisamente, el establecimiento de reglas generales tendientes a garantizar la situación de los administrados frente al silencio de la Administración, entre las cuales están tanto el principio del silencio negativo como del silencio positivo, y la posibilidad de acudir a la vía contencioso-administrativa contra la carencia de la Administración.

En estos casos, la Administración está obligada a decidir, pues el silencio se establece en beneficio del particular para poder recurrir, lo que no exime a la Administración de su obligación de decidir. De manera que el principio general es que el funcionario de la

Administración sigue obligado a tomar una decisión, quedando comprometida su responsabilidad por la demora en que incurra. Así lo regulan expresamente las legislaciones (art. 4°, Ley de Venezuela; art. 239, Ley de Costa Rica; y art. 48, Ley de Brasil).

En todo caso, lo importante de las regulaciones legislativas relativas al silencio negativo, es que el principio de la decisión tácita se establece en beneficio exclusivo de los administrados como garantía a sus derechos de protección, por lo cual, el recurrir contra el acto tácito no es una carga impuesta a los interesados, los cuales en todo caso pueden esperar la decisión expresa.

La situación general de estos principios los resume la Ley del Perú, al regular expresamente los efectos del silencio administrativo, así: en cuanto a los procedimientos administrativos sujetos a silencio administrativo positivo, estos quedan automáticamente aprobados en los términos en que fueron solicitados si transcurrido el plazo establecido, la entidad no hubiera comunicado al administrado el pronunciamiento (art. 188,1). En estos casos, el silencio administrativo tiene para todos los efectos el carácter de resolución que pone fin al procedimiento, sin perjuicio de la potestad de nulidad de oficio (art. 188,2).

En cuanto al silencio administrativo negativo, éste tiene por efecto habilitar al administrado para la interposición de los recursos administrativos y acciones judiciales pertinentes (art. 188,3). Sin embargo, en estos casos, aun cuando opere el silencio administrativo negativo, la administración mantiene la obligación de resolver, bajo responsabilidad, hasta que se le notifique que el asunto ha sido sometido a conocimiento de una autoridad jurisdiccional o el administrado haya hecho uso de los recursos administrativos respectivos (art. 188,4).

Por otra parte, debe tenerse en cuenta que el silencio no es un acto, ni debe considerarse como tal, salvo que la ley disponga lo contrario. Como lo señala la Ley de Costa Rica, el silencio de la administración "no podrá expresar su voluntad salvo ley que disponga lo contrario" (art. 139).

En consecuencia, si hay un derecho a oportuna respuesta, la garantía del derecho es darle efectos al silencio, pero la obligación de responder sigue estando en manos de la Administración.

2. El silencio administrativo negativo

El principio general y tradicional de los efectos del silencio de la Administración en los procedimientos administrativos, puede decirse que ha sido el silencio negativo. Así se consagra en casi todas las legislaciones: de Costa Rica (art. 241); de Uruguay; de México (art. 17); de Argentina (art. 10); de Colombia (art. 40) y de Venezuela.

La Ley del Perú también lo regula, estableciendo los siguientes casos en los cuales opera el silencio negativo:

> "*34.1.1.* Cuando la solicitud verse sobre asuntos de interés público, incidiendo en la salud, medio ambiente, recursos naturales, la seguridad ciudadana, el sistema financiero y de seguros, el mercado de valores, la defensa nacional y el patrimonio histórico cultural de la nación.
>
> *34.1.2.* Cuando cuestionen otros actos administrativos anteriores, salvo los recursos en el caso del numeral 2 del artículo anterior.
>
> *34.1.3.* Cuando sean procedimientos trilaterales y los que generen obligación de dar o hacer a cargo del Estado.

34.1.4. Los procedimientos de inscripción registral.

34.1.5. Aquellos a los que, en virtud de la ley expresa, sea aplicable esta modalidad de silencio administrativo."

En todo caso, un ejemplo de su formulación más general está en el artículo 4 de la Ley Orgánica de Venezuela, que prescribe que:

"Artículo 4°. En los casos en que un órgano de la Administración Pública no resolviere un asunto o recurso dentro de los correspondientes lapsos, se considerará que ha resuelto negativamente y el interesado podrá intentar el recurso inmediato siguiente, salvo disposición expresa en contrario. Esta disposición no releva a los órganos administrativos, ni a sus personeros, de las responsabilidades que le sean imputables por la omisión o la demora."

En general, pueden distinguirse tres supuestos diferentes de casos de silencio tácito denegatorio:

En *primer lugar*, el silencio respecto de la decisión de solicitudes o peticiones que, conforme al Código de Colombia, "transcurrido el plazo de dos meses contados a partir de la presentación de una petición sin que se haya notificado decisión que la resuelva, se entenderá que ésta es negativa" (art. 40). En otras legislaciones, al principio antes indicado se agrega la necesidad de que el interesado ponga en mora a la Administración, conforme a lo cual, sólo después de denunciada la mora es que se puede considerar desestimada la petición, al efecto de deducir, frente a la denegación presunta, el correspondiente recurso administrativo o jurisdiccional, según proceda, o esperar la resolución expresa de su petición. Este principio de la puesta en mora a la Administración, como condición para que se produzca decisión presunta derivada del silencio de la Administración, se establece en la legislación argentina (art. 10).

En *segundo lugar*, el silencio tácito denegatorio también se produce por el transcurso del tiempo en los procedimientos que se inician de oficio y que, por tanto, no resultan del ejercicio del derecho de petición. El transcurso del tiempo permitiría el ejercicio del recurso respectivo siempre que, por supuesto, el acto tácito negativo lesione intereses personales, legítimos y directos. Por ejemplo, si un inmueble amenaza ruina y la Administración no resuelve el procedimiento iniciado de oficio para ordenar o no su demolición, los vecinos interesados podrían intentar los recursos respectivos.

En *tercer lugar*, este silencio puede producirse en materia de ejercicio de recursos administrativos, en el sentido de que si no son resueltos por la Administración en los lapsos prescritos, se presume que la Administración los ha declarado sin lugar, procediendo, entonces, la posibilidad de ejercer, según los casos, el recurso administrativo subsiguiente o el recurso contencioso-administrativo (art. 215, Ley del Perú).

3. El silencio administrativo positivo

El principio general en materia de silencio administrativo con efectos positivos, y salvo el caso de la legislación de Costa Rica y del Perú, es que debe ser establecido por ley especial, en cada caso. Así lo regula expresamente el Código de Colombia (art. 41), y la Ley de Argentina (art. 10). En otros países, como Venezuela, aún sin previsión en la ley de procedimientos administrativos, en leyes especiales como las relativas a la ordenación del territorio y a la ordenación urbanística, se regula la figura del silencio positivo en materia de autorizaciones, aprobaciones y permisos.

En contraste con el régimen del silencio positivo establecido sólo en leyes especiales, el artículo 33 de la Ley del Perú dispone en general los siguientes casos en los cuales se produce el silencio positivo:

> "1. Solicitudes cuya estimación habilite para el ejercicio de derechos preexistentes, salvo que mediante ella se transfiera facultades de la administración pública o que habilite para realizar actividades que se agoten instantáneamente en su ejercicio.
>
> 2. Recursos destinados a cuestionar la desestimación de una solicitud cuando el particular haya optado por la aplicación del silencio administrativo negativo.
>
> 3. Procedimientos en los cuales la trascendencia de la decisión final no puede repercutir directamente en administrados distintos del peticionario, mediante la limitación, perjuicio o afectación a sus intereses o derecho legítimos.
>
> 4. Todos los otros procedimientos a instancia de parte no sujetos al silencio negativo taxativo contemplado en el artículo siguiente, salvo los procedimientos de petición graciable y de consulta que se rigen por su regulación específica."

Por su parte, la Ley General de Costa Rica, en forma excepcional en el derecho comparado, consagra con carácter general la figura del silencio administrativo positivo en los casos de procedimientos autorizatorios.

La Ley de Modernización del Estado de Ecuador, por su parte, establece el principio general de que "en todos los casos, vencido el respectivo término se entenderá por el silencio administrativo, que la solicitud o pedido ha sido aprobada o que la reclamación ha sido resuelta a favor del reclamante" (art. 28).

Estas otras legislaciones (Perú, Honduras y Costa Rica) se establece el silencio positivo como norma general cuando se trata de autorizaciones o aprobaciones que deban acordarse en ejercicio de funciones de fiscalización y tutela. En este último sentido, el artículo 330 de la Ley General de Costa Rica, en efecto, establece que:

> "1. El silencio de la Administración se entenderá positivo cuando así se establezca expresamente o cuando se trate de autorizaciones o aprobaciones que deban acordarse en el ejercicio de funciones de fiscalización y tutela.
>
> 2. También se entenderá positivo el silencio cuando se trate de solicitudes de permisos, licencias y autorizaciones."

En definitiva, esta norma establece dos supuestos de silencio administrativo positivo: en primer lugar, en las relaciones interorgánicas (internas) de la Administración, cuando se trate de autorizaciones o aprobaciones que, con motivo del ejercicio de funciones de fiscalización y tutela, pongan en relación los órganos superiores con los inferiores dentro de una misma estructura jerárquica o en relación de descentralización funcional. Asimismo se regula en la Ley de Honduras (art. 29).

Pero, a pesar de que la Ley de Costa Rica no lo precise, debe entenderse que la figura del silencio positivo no puede darse, por ejemplo, respecto de las funciones de fiscalización y control que órganos constitucionales, como la Contraloría General de la República, realizan respecto de los órganos de la Administración Central o Descentralizada.

El segundo supuesto del silencio administrativo positivo consagrado en forma general, se refiere a los casos de solicitudes de permisos, licencias y autorizaciones, es decir, a los procedimientos autorizatorios, en los cuales, precisamente, las leyes especiales en otros países generalmente los regulan. Este principio es muy similar al previsto en la ley especial que rige en Venezuela para las autorizaciones sobre la ocupación del suelo o en materia de urbanismo.

Pero, en el caso del Perú y de Costa Rica, se trata de un principio general muy novedoso ya que no es frecuente que las legislaciones establezcan este principio general del silencio positivo en materia de uno de los procedimientos generales fundamentales administrativos, como lo es el procedimiento autorizatorio para la obtención de licencias, permisos y autorizaciones de la Administración.

La Ley de Costa Rica no regula, sin embargo, la forma práctica de eficacia del acto tácito positivo, lo cual sí se precisa en el Código de Colombia, al prescribir que "la persona que se hallare en las condiciones previstas en las disposiciones legales que establecen el beneficio del silencio administrativo positivo, protocolizará la constancia o copia de la petición, junto con su declaración jurada de no haberle sido notificada una decisión dentro del término previsto". En esta forma, la escritura y sus copias producirán todos los efectos legales de la decisión favorable que se pidió, y es deber de todas las personas y autoridades reconocerla así (art. 42).

En todo caso, tratándose de un acto administrativo tácito declarativo de derechos a favor de los interesados, el acto administrativo producto del silencio positivo es un acto irrevocable por la Administración (art. 331,2, Ley de Costa Rica). El art. 41, del Código de Colombia, en cambio, establece diversos supuestos de revocación.

VII. LA GARANTÍA CONTRA LA CARENCIA ADMINISTRATIVA

La ficción jurídica que deriva tanto del silencio negativo como del silencio positivo, sin duda, se han establecido en el ordenamiento jurídico como garantía de los derechos de los administrados para que, transcurrido un tiempo de inacción, puedan ejercer su derecho a la defensa mediante la interposición de los recursos administrativos o contencioso administrativos correspondientes.

En consecuencia, a falta de acto expreso, la garantía contra el silencio de la Administración al no resolver un recurso, consiste en asegurar el ejercicio del derecho de acceso a la justicia contenciosa administrativa.

Sin embargo, la garantía del silencio negativo, cuando se trata de una solicitud o de una petición en materia de procedimientos autorizatorios, puede considerarse como una garantía muy relativa pues, en la práctica, los administrados no obtienen ninguna garantía a sus derechos con el hecho de que se considere que el silencio de la Administración produce tácitamente el rechazo a su solicitud. Por ejemplo, si se solicita una autorización y la Administración no responde, lo que interesa es la obtención el permiso y el interesado no obtiene nada con que se presuma que se ha negado su petición. Además, esta presunción de negativa de la petición, que es un acto tácito denegatorio, que carece de motivos y de motivación sería materialmente irrecurrible, pues no habría "vicios" que alegar, razón por la cual no habría garantía efectiva del derecho del administrado frente al silencio administrativo respecto de las peticiones.

En realidad, en los casos de abstención o negativa de la Administración a decidir, la verdadera garantía jurídica del administrado está en poder exigir al juez que obligue a la Administración a decidir, mediante el ejercicio de un recurso contencioso administrativo, no contra un acto que no existe, sino contra la carencia de la Administración. Esta posibilidad, por ejemplo, nunca se ha aceptado por el sistema contencioso administrativo francés, que requiere la existencia de un acto expreso o tácito para que puedan intentarse los recursos jurisdiccionales. Sin embargo, al inicio de la aplicación del Tratado de la Comunidad Económica del Carbón y del Acero (CECA), y con motivo de la competencia de la Corte de Justicia de las Comunidades Europeas, se creyó encontrar en el artículo 35 del Tratado de la CECA un recurso contra la carencia, precisamente, contra la abstención o negativa de las Altas Autoridades de la Comunidad en adoptar determinadas decisiones; pero ello no prosperó definitivamente, imponiéndose la tradición francesa.

Este problema plantea la necesidad de buscar alternativas de garantías en materia del silencio en el caso de peticiones, es decir, del trámite del procedimiento constitutivo del acto que no están reguladas en las leyes de procedimiento administrativo. La regulación general, en materia de silencio negativo, ha estado, sin duda, básicamente en el procedimiento de impugnación del acto administrativo cuando se permite acudir a la vía contencioso-administrativa.

En este sentido, debe destacarse que en el sistema venezolano de las acciones contencioso-administrativas, se han planteado vías para obtener garantías frente a las conductas omisivas de la Administración, a través del recurso por abstención o negativa (recurso contra la carencia), expresamente establecido en la Ley Orgánica de la Corte Suprema de Justicia de Venezuela desde hace décadas, y que le atribuye competencia a los tribunales contencioso-administrativos para "conocer de la abstención o negativa de los funcionarios nacionales a cumplir determinados actos a que estén obligados por las leyes, cuando sea procedente, en conformidad con ellas (art. 42 ord. 23, y, en el mismo sentido, art. 182 ord. 1 de la Ley Orgánica de la Corte Suprema de Justicia, Venezuela).

Como lo ha precisado la jurisprudencia contencioso-administrativa:

> "El recurso de abstención se inscribe dentro del género de las acciones contencioso-administrativas, cuya característica común es la de permitir el control de la legalidad y la de restablecer los intereses legítimos violados. De modo que es perfectamente posible revisar la legalidad en un procedimiento de un recurso de abstención, cuya finalidad no es la nulidad de actuación alguna, sino de calificar de legítima o no, una omisión tácita o expresa de la Administración en actuar, para que de resultar ilegal, el Tribunal supla tal abstención o negativa, proveyendo el acto o el trámite omitido o negado... En conclusión, que el recurso de abstención, llamado de carencia, puede intentarse contra una negativa expresa o presunta (inactividad) de la Administración a cumplir un acto. Lo determinante es, pues, que el fin de la pretensión sea la de lograr por la intervención del Tribunal Contencioso-Administrativo el cumplimiento del acto que la Administración ha dicho que no cumple, o que simplemente se abstiene de cumplir, siempre y cuando el recurrente tenga derecho a ello, y exista la norma que contemple el deber de la Administración de actuar" (Sentencia de la Corte Primera de lo Contencioso-Administrativo de 28 de octubre de 1987, *Revista de Derecho Público*, N° 32, Caracas, 1987, p. 118).

El recurso contencioso-administrativo contra la carencia u omisión, completa, así, el cuadro de las garantías de los administrados ante la negativa expresa o tácita (inacción) de la Administración a decidir un asunto, cuando la sola presunción de decisión tácita denegatoria o positiva, no satisfaga los derechos o intereses de los administrados.

Este recurso tiene cierta equivalencia con la acción de cumplimiento regulada en la Constitución de Colombia, (art. 87) y desarrollada en la Ley 393 (1997), que regula esta acción, la cual procede "contra toda acción u omisión de la autoridad que incumpla o ejecute actos o hechos que permitan deducir inminente incumplimiento de una ley o acto administrativo ".

Pero, en general, tanto la regulación venezolana, mediante la acción en carencia contra las omisiones administrativas, o la acción de cumplimiento colombiana, que consagra la garantía frente a la omisión en el procedimiento constitutivo, son de carácter excepcional. Con ellas, en todo caso, se busca que al particular en el procedimiento constitutivo, por ejemplo, le otorguen una autorización, y no que se presuma que no se la van a dar y no poder accionar para que se la concedan. La acción por omisión tiene por objeto permitir al particular acudir ante el juez para que éste ordene que le concedan lo que pide, si verdaderamente el particular tiene derecho a ello y reúne los requisitos. En su defecto, la acción tiene por objeto que el juez sustituya a la Administración, lo que sucede con la acción en carencia, mediante la cual el juez contencioso-administrativo, en definitiva, otorga lo que la Administración no le concede al particular. Es decir, se trata de una acción muy efectiva, y lo más probable es que la evolución de la acción de cumplimiento en Colombia llegue a la misma solución.

En todo caso, en este supuesto no se trata de una acción de tutela que, en el caso de Venezuela, sería un amparo contra la omisión, que presenta el problema de que debe fundamentarse en la violación de derechos constitucionales.

Sección Octava: LOS PRINCIPIOS SOBRE LOS ACTOS ADMINISTRATIVOS

I. LOS ACTOS ADMINISTRATIVOS EN LAS LEYES DE PROCEDIMIENTO ADMINISTRATIVO

1. El régimen de los actos administrativos

La codificación del procedimiento administrativo en América Latina, como se ha señalado, no sólo tiene por objeto regular los aspectos procesales de los trámites y actuaciones realizados por la Administración para la producción de sus actos, sino que ha incidido, materialmente, sobre el régimen mismo de los actos administrativos, regulando sus elementos o requisitos, el proceso de su elaboración, su forma o presentación, su eficacia, su ejecución y su impugnación en vía administrativa. Incluso, algunas leyes definen el acto administrativo, establecen sus clasificaciones y, por supuesto, regulan el tema de las nulidades con gran detalle.

Realmente, por tanto, bajo el nombre de leyes de procedimiento administrativo se han dictado leyes reguladoras de la actividad administrativa y, en particular, de los actos administrativos.

Para sólo destacar un ejemplo, el artículo 120 de la Ley General de Costa Rica, formula la siguiente clasificación de los actos administrativos: externos e internos, según que vayan destinados o no al administrado; y en concretos y generales, según que vayan destinados o no a un sujeto identificado. El acto concreto está sometido, en todo caso, al general y el interno al externo (art. 120).

Es decir, que lo que realmente regulan estas leyes es el régimen de los actos administrativos dictados por los órganos de la Administración Pública Nacional, Central o Descentralizada (Ley General de Costa Rica, art. 1.21; Ley de Argentina, art. 1); extendiéndose su aplicación, en algunos casos, a los órganos nacionales con autonomía funcional, comprendiendo estos últimos, órganos de rango constitucional que no están integrados a los tres órganos clásicos del Estado (Legislativo, Ejecutivo y Judicial) pero que cumplen funciones administrativas: Contralorías Generales, Ministerio Público, Consejo Superior de la Magistratura, etc. (Ley de Venezuela, art. 1; Código de Colombia, art. 1), los cuales incluso, en la nueva Constitución de Venezuela de 1999, aparecen calificados como órganos del Poder Público (art. 136).

Además, en general, en los Estados con forma federal las leyes nacionales no se aplican a los actos administrativos de los Municipios o de las entidades político-territoriales (Estados o Provincias en los Estados Federales), aún cuando en algunos casos tienen aplicación supletoria respecto de las mismas (Ley de Venezuela, art. 1).

Por supuesto, tratándose de leyes relativas a los actos administrativos, es evidente que dado su ámbito orgánico de aplicación, relativo a los órganos del Poder Ejecutivo (Administración Pública) y otros órganos administrativos de rango constitucional, en general quedarían fuera de la regulación de dichas leyes, el régimen de los actos administrativos en sentido material dictados por los órganos del Poder Legislativo y del Poder Judicial en ejercicio de funciones administrativas, así como el de los actos administrativos dictados por entidades privadas pero en ejercicio de prerrogativas del Poder Público.

La Ley del Perú (art. I, Título Preliminar) y el Código de Colombia (arts. 1 y 82), sin embargo, en este último supuesto, someten a sus prescripciones, a los actos administrativos de las entidades privadas cuando cumplan funciones administrativas. La impugnación en vía contencioso-administrativa, sin embargo, como lo establece el Código colombiano, es posible respecto de todos los actos administrativos, tanto los "expedidos en cualquiera de las ramas del Poder Público" como los emanados de "las entidades privadas cuando cumplan funciones públicas" (art. 128.1).

En definitiva, todas estas leyes hacen un especial énfasis sobre el acto administrativo o, como dice la Ley de Honduras, "los actos de la Administración sujetos al derecho administrativo" (art. 22), de manera que cuando se las analiza globalmente, el tema del acto administrativo es el común denominador que generalmente se considera.

2. La definición del acto administrativo

Algunas leyes, incluso, como se ha dicho, definen el acto administrativo. Como lo hace la Ley de Uruguay:

> "*Artículo* 120. Acto administrativo es toda manifestación de voluntad de la Administración que produce efectos jurídicos."

Se acoge, de esta manera, una definición de "acto administrativo", desde el punto de vista orgánico, referido a la Administración.

Igualmente en Venezuela, la Ley Orgánica dispone:

> "*Artículo* 7. Se entiende por acto administrativo, a los fines de esta Ley, toda declaración de carácter general o particular emitida de acuerdo con las formalidades y requisitos establecidos en la Ley, por los órganos de la Administración Pública."

Estas definiciones orgánicas en nuestro criterio, son totalmente inconvenientes, pues conducen a disponer que las leyes se aplican sólo a la Administración Pública como organización que ejerce el Poder Ejecutivo.

En contraste, podría mencionarse el Código Colombiano que si bien no define al acto administrativo, da pie para identificar una definición funcional del mismo vinculada al ejercicio de la función administrativa. En este sentido se identifica como acto administrativo a cualquier manifestación de voluntad para producir efectos jurídicos, que se dicte en ejercicio de la función administrativa, por cualquier órgano del Estado e, incluso, por los particulares (arts. 1 y 82).

Esta puede considerarse la definición más conveniente. A la misma conclusión se ha llegado, por supuesto, en países como Venezuela, mediante su elaboración doctrinal o jurisprudencial, determinándose, así, la existencia de administrativos que pueden ser emanados igualmente por particulares, por los órganos legislativos, y por los tribunales cuando ejercen función administrativa.

Por ello, si se trata de definir al acto administrativo, más conveniente resultaría la definición de la ley peruana, que establece en su artículo 1°, que son actos administrativos, las declaraciones de las entidades que, en el marco de normas de derecho público, están destinadas a producir efectos jurídicos sobre los intereses, obligaciones o derechos de los administrados dentro de una situación concreta. En cambio, la misma norma dispone que no son actos administrativos los actos de administración interna de las entidades destinados a organizar o hacer funcionar sus propias actividades o servicios y los comportamientos y actividades materiales de las entidades.

3. Los requisitos de los actos administrativos

Los actos administrativos, tal como lo precisa el Código colombiano, están configurados por "las conductas y las abstenciones capaces de producir efectos jurídicos y en cuya realización influyen de modo directo e inmediato la voluntad o la inteligencia" (art. 83), lo que lo distingue de los hechos administrativos; y su validez depende de "que se conformen sustancialmente con el ordenamiento jurídico, incluso en cuanto al móvil del funcionario público" (art. 128, Ley General Costa Rica).

En la precisión de esta conformidad con el ordenamiento jurídico, es decir, en su conformidad con la legalidad, por supuesto, juegan un papel fundamental los elementos de los actos administrativos, tanto de fondo como de forma, los cuales se encuentran regulados en las diversas leyes de procedimiento administrativo.

II. LOS REQUISITOS DE FONDO DE LOS ACTOS ADMINISTRATIVOS

En *primer lugar,* están los elementos de fondo de los actos administrativos o requisitos de validez que se refieren, en general, a la competencia, a la manifestación de voluntad, a la base legal, a la causa o presupuestos de hecho y de derecho, a la finalidad y al objeto de los actos administrativos, respecto de los cuales el derecho positivo ha venido precisando aspectos que, anteriormente, sólo la jurisprudencia y la doctrina habían definido.

1. Los principios relativos a la competencia

El primer requisito o elemento de fondo de los actos administrativos, como lo afirman expresamente la Ley de Procedimientos Administrativos de Argentina, es que deben "ser dictados por autoridad competente" (art. 7.a); agregando la Ley de Honduras, que ello debe ocurrir "respetando los procedimientos previstos en el ordenamiento jurídico" (art. 24). La competencia, así, es uno de los elementos esenciales de todo acto administrativo, entendiendo por tal competencia la aptitud legal de los órganos administrativos para dictar un acto administrativo.

La competencia, entonces, es la primera condición de validez de los actos administrativos, los cuales deben ser dictados por la autoridad, órgano o funcionario público designado a los efectos de su emisión.

Este principio fundamental está expresamente establecido en las leyes. Por ejemplo, la Ley de México dispone entre los elementos y requisitos del acto administrativo, el que deben:

> "Ser expedidos por órgano competente, a través de servidor público, y en caso de que dicho órgano fuere colegiado, reúna las formalidades de la ley o decreto para emitirlo" (art. 3,I).

De ello deriva que el tema de la competencia no es un tema sólo de principios sino de rango legal. Así se insiste en la Ley de Costa Rica, que establece, que:

> "*Artículo 129*. El acto deberá dictarse por el órgano competente y por el servidor regularmente designado al momento de dictarlo, previo cumplimiento de todos los trámites sustanciales previstos al efecto y de los requisitos indispensables para el ejercicio de la competencia."

La Ley del Perú, en el artículo 3,1, relativo a los "requisitos de validez de los actos administrativos" también se refiere a la competencia, así:

> "1. Competencia. Ser emitido por el órgano facultado en razón de la materia, territorio, grado, tiempo o cuantía, a través de la autoridad regularmente nominada al momento del dictado y en caso de órganos colegiados, cumpliendo los requisitos de sesión, quórum y deliberación indispensables para su emisión."

A. La competencia expresa y la no presunción de competencia

El primer principio relativo a la competencia en materia administrativa, es que la misma no se presume; por el contrario, debe emanar de una norma expresa que la atribuya al órgano, es decir, como lo afirmó la antigua Corte Suprema de Justicia de Venezuela, "debe emerger del texto expreso de una regla de derecho, ya sea la Constitución, la Ley, el Reglamento o la Ordenanza", por lo que " a falta de disposición expresa, la autoridad carece de cualidad para efectuar el acto" (Sentencia de 28 de enero de 1968, *Gaceta Oficial*, N° 27.367 de 13 de febrero de 1964 y sentencia de 11 de agosto de 1965, *Gaceta Oficial*, N° 27.845 de 22 de septiembre de 1965). Este principio respecto de la competencia, en todo caso, contrasta con el de la capacidad en el derecho privado, la cual se presume, siendo la incapacidad la excepción. En el ámbito del derecho público, al contrario, la competencia requiere texto expreso, y así se regula, además, textualmente en las leyes de procedimiento administrativo.

Como lo ha señalado antigua Corte Suprema de Justicia de Venezuela:

> "La competencia es, ciertamente, la medida de la potestad atribuida por la Ley a cada órgano, de modo que no habrá competencia ni, desde luego, actuación administrativa válida, si no hay pre-

viamente el señalamiento, por norma legal expresa, de la atribución que se reconoce al órgano y de los límites que la condicionan. En este mismo orden de ideas, al ser la competencia resultado de una declaración normativa, el ejercicio de atribuciones en defecto de dicha declaración implica, por una parte una acción administrativa de facto y, por la otra, una extralimitación de atribuciones o, la más grave, usurpación de funciones" (Sentencia de la Sala Político Administrativa, *Revista de Derecho Público,* N° 43, Caracas, 1990, p. 65).

Este principio lo reafirma la Ley argentina al establecer expresamente que:

> "La competencia de los órganos administrativos será la que resulte, según los casos, de la Constitución Nacional, de las Leyes y de los Reglamentos dictados en su consecuencia..." (art. 3).

La Ley del Perú también puntualiza sobre la fuente de competencia administrativa, que tiene su fuente en la Constitución y en la ley, y es reglamentada por las normas administrativas que de aquéllas se derivan (art. 61,1).

En este campo, según la jurisprudencia venezolana:

> "El principio de la legalidad se presenta con toda su rigidez, ordenándole al órgano que haga sólo aquello para lo cual está facultado, bien por norma expresa o bien por un margen de libre apreciación que ha de acordarle igualmente una disposición expresa" (Sentencia de la Corte Primera de lo Contencioso-Administrativo de 16 de diciembre de 1982 en *Revista de Derecho Público,* N° 13, Caracas, 1982, p. 118).

Al hablar de la competencia se puede también hacer referencia al tema de los denominados "poderes implícitos" y que se refieren, básicamente, a la potestad reglamentaria atribuida a los Ministros derivada de su carácter de superior jerárquico, obligados a tomar todas las medidas necesarias para el buen funcionamiento de la Administración. También pueden considerarse como poderes implícitos, los que derivan del principio del "paralelismo de las competencias", según el cual, a falta de disposiciones expresas que determinen la autoridad competente, por ejemplo, para remover un funcionario, ese poder corresponde, de pleno derecho, a la autoridad investida del poder de nominación.

De ello resulta que un principio fundamental de interpretación de la competencia es el principio jerárquico, del cual precisamente, derivan estos poderes implícitos, como el nombramiento o remoción de funcionarios inferiores, la potestad reglamentaria, y la potestad de dictar instrucciones.

Pero la presunción de la competencia en la organización administrativa también puede referirse al inferior jerárquico, como lo dispone la ley peruana, en los casos de competencia desconcentrada en el sentido de que cuando una norma atribuya a una entidad alguna competencia o facultad sin especificar qué órgano a su interior debe ejercerla, debe entenderse que corresponde "al órgano de inferior jerarquía de función más similar vinculada a ella en razón de la materia y de territorio", y, en caso de existir varios órganos posibles, al superior jerárquico común (art. 62,1).

Particularmente, conforme a la misma Ley compete a estos órganos resolver los asuntos que consistan en la simple confrontación de hechos con normas expresas o asuntos tales como: certificaciones, inscripciones, remisiones al archivo, notificaciones, expedición de copias certificadas de documentos, comunicaciones o la devolución de documentos. Además, cada entidad es competente para realizar tareas materiales internas necesarias para el eficiente cumplimiento de su misión y objetivos (art. 63,2,3).

En todo caso, en relación con el principio de que la competencia tiene que derivar de texto expreso, la determinación del mismo depende de la organización política o administrativa de cada Estado. En unos casos, el texto expreso que define la competencia es el texto constitucional. En materia de competencias político-territoriales, por ejemplo, en un Estado Federal, como Argentina, Brasil, México y Venezuela, evidentemente que es la Constitución la que define los principios relativos a la distribución de competencias entre el nivel nacional, el estadal (provincial) y el municipal, de manera que en esta asignación de competencias, las normas atributivas de las mismas son de rango constitucional. Cualquier extralimitación en el ejercicio de las competencias respectivas entre los tres niveles de descentralización política, por tanto, constituiría una usurpación de funciones y un vicio de inconstitucionalidad.

Además, para la determinación la norma atributiva de competencia, el otro principio fundamental en la materia es el de la reserva legal, en el sentido de que en todo supuesto en que la regulación de una materia esté reservada al legislador, sólo la *ley formal* puede atribuir competencia para dictar actos administrativos, sin que pueda hacerlo el reglamento, el cual sólo debe limitarse a desarrollar lo que se establezca en las leyes.

Esto es evidente en las materias reservadas a la ley, por lo que sólo una ley puede establecer las competencias sancionatorias, tributarias y que impliquen limitación a los derechos y garantías de las personas. También puede haber reserva constitucional, en el sentido de que determinadas distribuciones de la competencia deben estar en el propio texto constitucional.

Estos principios de la necesidad de texto expreso y de la reserva legal aparecen consagrados en las leyes de procedimientos administrativos. Un ejemplo de ello está en la Ley de Costa Rica, al establecer que "la competencia será regulada por ley, siempre que contenga la atribución de potestades de imperio" (art. 59,1).

Además, en dicha Ley se detalla cómo se limita la competencia por razón del territorio, del tiempo, de la materia y del grado; y también por la naturaleza de la función que corresponda a un órgano dentro del procedimiento administrativo en que participa. (art. 60,1 y 2).

En definitiva, no sólo se trata de consideraciones doctrinales las que definen la competencia, sino que ella se regula en los textos legales, estableciéndose también sus limitaciones.

B. LA COMPETENCIA OBLIGATORIA Y LA SANCIÓN DE NULIDAD

La consecuencia fundamental de la atribución de competencia a los órganos administrativos por ley, es que el ejercicio de la misma no es potestativo para la Administración, sino que el principio general es que la competencia es de ejercicio obligatorio, no constituyendo una facultad del funcionario, salvo que así esté establecido por ley, como una potestad discrecional.

Esto lo puntualiza el artículo 3 de la Ley argentina al establecer que el ejercicio de la competencia:

> "Constituye una obligación de la autoridad o del órgano correspondiente y es improrrogable, a menos que la delegación o sustitución estuvieren expresamente autorizadas; la avocación será procedente a menos que una norma expresa disponga lo contrario."

Por ello, la Ley de Honduras dispone que "la competencia es irrenunciable y se ejercerá por los órganos que la tengan atribuida por Ley" (art. 3); y la Ley de Costa Rica agrega que, además de ser obligatoria, es irrenunciable, es intransmisible y es imprescriptible y "sólo por ley podrán establecerse compromisos de no ejercerla" (art. 66). El mismo principio lo recoge la Ley Orgánica de la Administración Pública de Venezuela, al precisar que la competencia es irrenunciable, indelegable, improrrogable y no puede ser relajada por convención alguna, salvo los casos expresamente previstos en las leyes y demás actos normativos (art. 26). En consecuencia, toda actividad realizada por un órgano manifiestamente incompetente o usurpada por quien carece de autoridad pública es nula y sus efectos se tendrán por inexistentes (art. 26).

La mayor precisión en esta materia, está en el artículo 63 de la Ley del Perú, que dispone el carácter inalienable de la competencia administrativa, con estas normas:

> "*63.1.* Es nulo todo acto administrativo o contrato que contemple la renuncia a la titularidad, o la abstención del ejercicio de las atribuciones conferidas a algún órgano administrativo.
>
> *63.2.* Sólo por ley mediante mandato judicial expreso, en un caso concreto, puede ser exigible a una autoridad no ejercer alguna atribución administrativa.
>
> 63.3. La demora o negligencia en el ejercicio de la competencia o su no ejercicio cuando ello corresponda, constituye falta disciplinaria imputable a la autoridad respectiva."

En consecuencia, conforme al artículo 65 de la misma Ley peruana el ejercicio de la competencia es una obligación directa del órgano administrativo que la tenga atribuida como propia, salvo el cambio de competencia por motivos de delegación o avocación, según lo previsto en la Ley. Por tanto, el encargo de gestión, la delegación de firma y la suplencia no suponen alteración de la titularidad de la competencia (art. 65,1,2).

En todo caso, conforme a la misma Ley peruana, la competencia de las entidades consagradas en la Constitución no puede ser cambiada, alterada o modificada (art. 65,3).

C. La desviación de la competencia

La consecuencia del principio de que la competencia es improrrogable, es decir, que es de ejercicio obligatorio, es que el funcionario no puede deshacerse de ella, a menos que la delegación o la avocación estuvieren expresamente autorizadas.

Así lo expresa la Ley 9.784 de Brasil, al establecer que la competencia es "irrenunciable", y se ejerce por los órganos administrativos a los que les fue atribuida como propia, salvo los casos de delegación y avocación legalmente admitidos (art. 11).

Por tanto, el principio en los casos de competencias legalmente previstas, es que toda desviación de la misma por delegación o avocación debe ser autorizada expresamente por la ley; teniendo, además, carácter temporal (art. 70, Ley del Perú).

a. *La avocación*

En materia de avocación, el principio tradicional del derecho administrativo ha sido que la autoridad administrativa superior no puede libremente sustituirse en las autoridades subordinadas en el ejercicio de su poder de decisión.

Por ello, en la Ley de Brasil se establece que sólo de manera excepcional y por motivos relevantes debidamente justificados se podrá admitir la avocación temporal de competencias atribuidas a los órganos jerárquicamente inferiores (art. 15). Hasta cierto punto, este es el principio que recoge la Ley de Honduras, al señalar que:

"Artículo 6. Salvo disposición legal en contrario, el órgano superior no podrá avocarse en el conocimiento de asuntos atribuidos por la Ley a la competencia exclusiva de un órgano inferior."

En sentido similar la ley peruana dispone, en el Artículo 69 relativo a la avocación de competencia, que:

"69.1. Con carácter general, la ley puede considerar casos excepcionales de avocación de conocimiento, por parte de los superiores, en razón de la materia, o de la particular estructura de cada entidad.

69.2. La entidad delegante podrá avocarse al conocimiento y decisión de cualquier asunto concreto que corresponda decidir a otra, en virtud de delegación."

Sin embargo, en la Ley argentina en materia de avocación se establece el principio contrario, en el sentido de que "la avocación será procedente a menos que una norma expresa disponga lo contrario" (art. 3).

En esta misma orientación de permisividad general del avocamiento, el artículo 41 de la LOAP autoriza al Presidente de la República, al Vicepresidente Ejecutivo, a los Ministros, a los Viceministros, a los Gobernadores, a los Alcaldes, y a los superiores jerárquicos de los órganos y entes de la Administración Pública, para poder avocarse al conocimiento y resolución de un asunto cuya resolución corresponda ordinariamente o por delegación a sus órganos jerárquicamente subordinados, cuando razones de índole técnica, económica, social, jurídica o de interés público lo hagan pertinente.

La avocación comprende las actividades materiales y las decisiones que correspondan al ejercicio de las atribuciones aplicables al caso, de conformidad con las formalidades que determinen la LOAP y el Reglamento respectivo.

El mismo artículo 41 de la LOAP dispone que, en todo caso, la avocación se debe realizar mediante acuerdo motivado que debe ser notificado a los interesados en el procedimiento, si fuere el caso, con anterioridad al acto administrativo definitivo que se dicte.

Contra el acuerdo de avocación no opera recurso, aunque podrá impugnarse en el recurso que, en su caso, se interponga contra el acto administrativo definitivo que se dicte (art. 41).

b. *La asignación genérica de competencia y su desviación*

En realidad, puede considerarse que ni la avocación ni la delegación requieren texto expreso en los casos en los cuales la atribución legal de competencia se asigne, no a un órgano determinado, como a un Ministro, directamente, sino a la organización específica, es decir, "al Ministerio" como un todo. En estos casos, conforme al tema de los poderes implícitos, la competencia se presume atribuida al superior jerárquico (el Ministro) (Ley General de Costa Rica, arts. 62 y 70), y éste normalmente, la distribuye entre los distintos órganos que conforman el Ministerio, por vía de reglamento.

Por ello, la Ley de Honduras dispone que el superior jerárquico:

"Podrá delegar el ejercicio de sus funciones para asuntos concretos, siempre que la competencia sea atribuida genéricamente al Ramo de la Administración de que forman parte el superior y el inferior" (art. 4).

Y conforme a la Ley de Costa Rica:

"La distribución interna de competencia, así como la creación de servicios sin potestades de imperio, se podrá hacer por reglamento autónomo, pero el mismo estará subordinado a cualquier Ley futura sobre la materia" (art. 59.2).

En estos supuestos, además de ser el reglamento de organización la fuente de la competencia de los distintos órganos; habiendo sido el Ministro el que distribuye la competencia, se presume que tiene el poder genérico de avocación, en el mismo sentido que tiene el ejercicio de las competencias derivadas de la propia jerarquía administrativa, tales como revisar las decisiones del inferior; dirigir con carácter general la actividad de los inferiores mediante instrucciones y circulares; y delegar el ejercicio de competencias que se atribuya en los inferiores.

Un caso particular en esta materia lo consagra la Ley de Brasil (art. 17), donde se establece que en los supuestos en que no exista una competencia legal específica, el procedimiento administrativo deberá ser iniciado por ante la autoridad de menor grado jerárquico para decidir. Por lo tanto, en este caso, como ya se señaló respecto del Perú (art. 62), las atribuciones generales de competencia no las asume el superior jerárquico sino el inferior.

En todo caso, el principio del ejercicio obligatorio de la competencia sólo se ve desviado cuando exista la posibilidad de delegación de la misma hacia el inferior jerárquico, o cuando haya la posibilidad de avocación de la competencia por parte del superior jerárquico. Estas son las dos formas clásicas de desviación de la competencia, que encuentran regulación incluso con gran detalle en algunas leyes. La Ley de Costa Rica, incluso, destina uno de sus capítulos a regular: "De la Distribución y de los Cambios de la Competencia", con una Sección Primera sobre la "Desconcentración"; y una Sección Segunda sobre "Cambios de Competencia en General", donde establece que las competencias pueden ser transferidas por "a) Delegación; b) Avocación; c) Sustitución del titular o de un acto; d) Subrogación; y e) Suplencia." (art. 84). Y luego destina las Secciones subsiguientes de manera específica, con varios artículos, para analizar cada una de estas figuras, en el sentido de regular cuándo se producen y qué requisitos requieren.

c. *La delegación*

Particular referencia debe hacerse a la delegación, como posibilidad que tiene el superior jerárquico de desviar el ejercicio de la competencia que le ha sido asignada por ley, en un órgano inferior, para lo cual se requiere texto expreso que la autorice. La Ley General de la Administración Pública de Costa Rica, en esta materia, ha positivizado los principios que pueden ser considerados como fundamentales en la materia así (arts. 89 y 90):

a. La delegación deberá ser publicada en el Diario Oficial;

b. La delegación podrá ser revocada en cualquier momento por el órgano delegante.

c. No podrán delegarse potestades delegadas, es decir, no se permite la subdelegación.

d. No podrá hacerse una delegación total ni tampoco de las competencias esenciales del órgano, que le dan nombre o que justifican su existencia.

e. No podrá hacerse delegación sino en órganos o funcionarios que sean inferiores dentro de una misma organización, y entre órganos de la misma clase, por razón de la materia, del territorio y de la naturaleza de la función.

f. El órgano colegiado no puede delegar sus funciones."

Principios similares están recogidos en la Ley de Brasil (art. 14). La Ley del Perú, también los recoge con precisión, en el Artículo 67 dedicado a la delegación de competencia:

"*67.1.* Las entidades pueden delegar el ejercicio de competencia conferida a sus órganos en otras entidades cuando existan circunstancias de índole técnica, económica, social o territorial que lo hagan conveniente.

67.2. Son indelegables las atribuciones esenciales del órgano que justifican su existencia, las atribuciones para emitir normas generales, para resolver recursos administrativos en los órganos que hayan dictado los actos objeto de recurso, y las atribuciones a su vez recibidas en delegación.

67.3. Mientras dure la delegación, no podrá el delegante ejercer la competencia que hubiese delegado, salvo los supuestos en que la ley permite la avocación.

67.4. Los actos administrativos emitidos por delegación indican expresamente esta circunstancia y son considerados emitidos por la entidad delegante.

67.5. La delegación se extingue: a) Por revocación o avocación; b) Por el cumplimiento del plazo o la condición previstos en el acto de delegación."

Además, debe destacarse el principio de que en los actos administrativos adoptados por delegación, debe hacerse constar expresamente esta circunstancia, como lo precisan la Ley Orgánica de Procedimientos Administrativos de Venezuela (art. 18,7), la Ley 9.784 de Brasil (art. 14,3º) y la Ley de Honduras (art. 5). Esta última, además, recoge el principio general de que "la responsabilidad que se derive de la emisión de los actos será imputable al órgano delegado"(art. 5).

En algunas leyes, y siguiendo los principios generales en esta materia, se precisan las materias que no pueden ser objeto de delegación, como lo indica la Ley de Brasil (art. 13) respecto de:

"I. *A edição de atos de carácter normativo*;

II. *A decisão de recursos administrativos*;

III. *As matérias de competêcia exclusiva do órgão ou autoridade*."

La más reciente regulación legal en materia de delegación está contenida en la Ley Orgánica de la Administración Pública de Venezuela, de octubre de 2001, la cual distingue tres tipos de delegación: la interorgánica, la subjetiva y la de gestión.

En cuanto a la delegación interorgánica, el artículo 34 autoriza al Presidente de la República, al Vicepresidente Ejecutivo, los Ministros, los Viceministros, los Gobernadores, los Alcaldes y los superiores jerárquicos de los órganos y entes de la Administración Pública para delegar las atribuciones que les estén otorgadas por ley a los órganos o funcionarios inmediatamente inferiores bajo su dependencia, de conformidad con las formalidades que determine la LOAP y su Reglamento (art. 34).

Los funcionarios del órgano al cual se haya delegado una atribución serán responsables por su ejecución (art. 37).

Los actos administrativos derivados del ejercicio de las atribuciones delegadas, a los efectos de los recursos correspondientes, se tendrán como dictados por la autoridad delegante (art. 37).

En cuanto a la delegación intersubjetiva, el artículo 33, por otra parte, denomina así el acto mediante el cual la Administración Pública Nacional, la de los Estados, la de los Distritos metropolitanos y la de los Municipios deleguen las competencias que les estén otorgadas por ley a sus respectivos entes descentralizados funcionalmente, de conformidad con las formalidades que determine la presente Ley y su reglamento (art. 33).

La delegación intersubjetiva, en los términos establecidos por la LOAP, transfiere la responsabilidad por su ejercicio al ente delegado. Los funcionarios o funcionarias del ente delegado encargados del ejercicio de la competencia delegada serán responsables personalmente por su ejecución, sin perjuicio de la responsabilidad personal del funcionario o de los funcionarios que integren los órganos encargados de su ejecución en dicho ente (art. 36)

En cuanto a la delegación de gestión y de firma, el artículo 38 de la LOAP autoriza al Presidente de la República, al Vicepresidente Ejecutivo, los Ministros, los Viceministros, los Gobernadores, los Alcaldes y las autoridades de superior jerarquía de la República, de los Estados, de los Distritos metropolitanos, de los Municipios y de los entes de la Administración Pública, para delegar la gestión, total o parcial de determinadas atribuciones a los órganos bajo su dependencia, así como la firma de documentos en funcionarios o funcionarias adscritos a los mismos, de conformidad con las formalidades previstas en la LOAP y su Reglamento (art. 38).

Conforme al artículo 38 de la LOAP, en ningún caso procede la delegación de firmas en los supuestos de actos administrativos de carácter sancionatorio ni en los casos en los cuales no procede la delegación interorgánicas a intersubjetiva previstos en el artículo 35 de la LOAP.

En todo caso, los actos administrativos que se firmen por delegación de gestión indicarán esta circunstancia y señalarán la identificación del órgano delegante (art. 42).

El acto contentivo de la delegación cualquiera sea su tipo, intersubjetiva o interorgánicas, y de la delegación de gestión, debe ser motivado, identificar los órganos o entes entre los que se transfiera el ejercicio de la competencia o la gestión administrativa y determinar la fecha de inicio de su vigencia.

En los casos de delegación, en que no se determine la fecha de inicio de su vigencia, se entiende que ésta comienza desde su publicación en la Gaceta Oficial de la República o el medio de divulgación oficial del Estado, del Distrito metropolitano o del Municipio correspondiente (art. 42).

Conforme al artículo 35 de la LOAP y sin perjuicio de lo dispuesto en la Constitución o en leyes especiales, la delegación intersubjetiva o interórganica no procede en los siguientes casos:

> "1. Cuando se trate de la adopción de disposiciones de carácter normativo.
>
> 2. Cuando se trate de la resolución de recursos en los órganos administrativos que hayan dictado los actos objeto de recurso.
>
> 3. Cuando se trate de competencias o atribuciones ejercidas por delegación.
>
> 4. En aquellas materias que así se determinen por norma con rango de ley."

Las delegaciones intersubjetivas y su revocación deben publicarse en la *Gaceta Oficial* de la Administración Pública correspondiente (art. 35). Las resoluciones administrativas que se adopten por delegación deben indicar expresamente esta circunstancia y se consideran dictadas por el órgano delegante (art. 35). La delegación será revocable en cualquier momento por el órgano que la haya conferido (art. 35).

d. *La desconcentración*

Además de la delegación y la avocación, la desconcentración y la descentralización también constituyen formas de desviación de la competencia, que requieren texto expreso.

La desconcentración es una desviación permanente de la competencia, que se produce cuando es la ley la que directamente atribuye la competencia específica a un órgano inferior, por ejemplo, de un Ministerio. Se trata de una desviación que se dirige a un órgano y no a un funcionario, atribuyéndose al órgano inferior en una relación de jerarquía, la resolución de asuntos, poniendo fin a la vía administrativa y rompiendo el principio jerárquico. Materialmente, por ello, la desconcentración es una ruptura permanente del principio jerárquico que debe estar contenida en una ley.

Por supuesto, cuando hay una ruptura del principio jerárquico por causa de una disposición de ley, es decir, cuando hay desconcentración, no procedería el avocamiento por parte del funcionario de superior jerarquía. En otras palabras, el funcionario superior jerárquico, cuando haya desconcentración de competencia legalmente establecida, no podría asumir por vía de avocamiento la competencia que ha sido atribuida por ley al funcionario inferior.

Es el caso, por ejemplo, en Venezuela, de las Comisiones u órganos permanentes de la Administración Pública como por ejemplo, la Superintendencia de Protección y Promoción de la Libre Competencia, la Comisión Nacional de Valores y la Comisión Nacional de Telecomunicaciones, y demás administraciones independientes, las cuales, si bien en principio están integradas a la organización de un Ministerio, sin embargo, sus decisiones o resoluciones agotan la vía administrativa, en el sentido que por ley tienen la competencia para decidir, sin que tales decisiones puedan ser revisadas en vía jerárquica por el Ministro de adscripción; ya que éste no podría avocarse al conocimiento de las materias que les conciernen a estas Administraciones.

Incluso, en la Ley sobre Protección del Niño y del Adolescente de 1998 de Venezuela se crea la Comisión Nacional de Derechos del Niño y del Adolescente, como entidad autónoma respecto de todos los órganos del Poder Público, incluso del Poder Ejecutivo, lo que realmente no tiene sentido pues ello sólo la Constitución podría disponerlo.

La Ley General de la Administración Pública de Costa Rica, incluso, precisa que habría desconcentración mínima, "cuando el superior no pueda avocar competencias del inferior, ni revisar o sustituir la conducta del inferior, de oficio o a instancia de parte" (art. 83,2); y habría desconcentración, máxima "cuando el inferior esté sustraído además a órdenes, instrucciones o circulares del superior". (art. 83,3).

e. *La descentralización*

La descentralización, que también es otra forma de desviación de la competencia requiere así mismo, de ley expresa y normalmente debe ser hecha mediante ley. Se trata de una desviación de la competencia cuando la misma se atribuye a un órgano con personalidad jurídica propia, distinta del que descentraliza. Se trata de la denominada *descentralización funcional* que requiere la creación, por ley, por ejemplo, de un instituto autónomo o un establecimiento público con personalidad jurídica propia.

Por ello, la Constitución venezolana, por ejemplo, establece como principio que los institutos autónomos sólo pueden crearse por ley (art. 142); exigiendo que una ley nacional establezca "las condiciones para la creación de entidades descentralizadas para la realización de actividades sociales o empresariales, con el objeto de asegurar la razonable productividad económica y social de los recursos públicos que en ellas se inviertan" (art. 300).

Conforme a estas normas constitucionales, la Ley Orgánica de la Administración Pública de Venezuela de 2001, establece detalladamente el régimen general de la organización de la administración pública descentralizada tanto nacional, como estadal y municipal.

Conforme se ha dicho, la descentralización administrativa funcional tiene por objeto la creación de personas jurídicas a las cuales se transfiere la titularidad de determinadas competencias y la responsabilidad de ejecutarlas (arts. 29 y 32 LOAP), pudiendo realizarse esta descentralización funcional mediante la creación de personas jurídicas con forma de derecho público o con forma de derecho privado.

En la LOAP sólo se regula una de las formas jurídicas de derecho público para la descentralización administrativa funcional constituida por la figura del instituto autónomo, el cual se define en el artículo 95 de la LOAP, como una persona jurídica de derecho público de naturaleza fundacional, creado por ley nacional, estadal u ordenanza municipal conforme a las disposiciones de esta Ley, dotado de patrimonio propio e independiente de la República, de los estados, de los distritos metropolitanos y de los municipios, según sea el caso, con las competencias o actividades determinadas en la ley que lo cree.

Sin embargo, las formas jurídicas de derecho público estatales no se agotan en los institutos autónomos, pues también los establecimientos públicos corporativos, como las universidades nacionales y aquellas personas jurídicas de derecho público específicas, como el Banco Central de Venezuela (establecimientos públicos asociativos), son formas jurídicas de derecho público estatales para la descentralización funcional.

La creación de los institutos autónomos, como se dijo, sólo puede realizarse mediante ley conforme lo establece el artículo 142 de la Constitución, a cuyo efecto, el artículo 96 de la LOAP dispone que la ley nacional, estadal u ordenanza que cree un instituto autónomo debe contener:

> "1. El señalamiento preciso de su finalidad, competencias y actividades a su cargo.
>
> 2. La descripción de la integración de su patrimonio y de sus fuentes ordinarias de ingresos.
>
> 3. Su estructura organizativa interna a nivel superior, con indicación de sus unidades administrativas y señalamiento de su jerarquía y atribuciones.
>
> 4. Los mecanismos particulares de control de tutela que ejercerá el órgano de adscripción.
>
> 5. Los demás requisitos que exija la presente Ley."

En cuanto a las formas jurídicas de derecho privado de la Administración Pública descentralizada funcionalmente, la LOAP regula a las sociedades mercantiles del Estado, a las fundaciones del Estado y a las asociaciones civiles del Estado. En particular, el artículo 100 de la LOAP define a las empresas del Estado como las sociedades mercantiles en las cuales la República, los estados, los distritos metropolitanos y los municipios, o alguno de los entes descentralizados funcionalmente regulados en la Ley Orgánica, solos o conjuntamente, tengan una participación mayor al 50% del capital social. La Ley Orgánica, en consecuencia autoriza a la República, a los Estados, a los municipios, a los distritos metropolitanos, para constituir sociedades anónimas y de responsabilidad limitada, incluso como únicos accionistas (art. 103).

En todo caso, la creación de las empresas del Estado debe ser autorizada respectivamente por el Presidente de la República en Consejo de Ministros, los gobernadores y los alcaldes según corresponda, mediante decreto o resolución de conformidad con la ley (art. 101). Estas empresas del Estado pueden constituirse con un único accionista, estableciéndose así, en el artículo 104 de la LOAP, la excepción al régimen del contrato de sociedad que establece el Código de Comercio para la constitución de sociedades mercantiles. Las empresas del Estado adquieren la personalidad jurídica con la protocolización de su acta constitutiva en el registro mercantil correspondiente a su domicilio, donde se debe archivar un ejemplar auténtico de sus estatutos y de la Gaceta Oficial de la República o del medio de publicación oficial correspondiente donde aparezca publicado el decreto que autorice su creación (art. 101).

Pero además de la descentralización funcional debe también destacarse la *descentralización política*, que se produce al transferirse competencias de una entidad política territorial a otra en un Estado descentralizado. Por ejemplo, en la Federación venezolana se dispone que la Asamblea Nacional podrá atribuir a los Municipios o a los Estados determinadas materias de la competencia nacional, a fin promover la descentralización (art. 157); competencia que se ejerció con la Ley Orgánica de Descentralización, Delimitación y Transferencia de Competencia de los órganos del Poder Público de 1989.

Esta desviación de la competencia, de rango constitucional, porque se refiere a las competencias asignadas al Poder Nacional en la Constitución (art. 156), cuando se produce, origina una modificación de la Constitución por lo que la ley respectiva adquiere rango constitucional. En la Constitución Venezolana, además, se define el proceso de descentralización política como una política nacional, para profundizar la democracia, acercando el poder a la población y creando las mejores condiciones, tanto para el ejercicio de la democracia como para la prestación eficaz y eficiente de los cometidos estatales (art. 158).

D. El carácter de orden público

Por último, en relación con la competencia como requisito de los actos administrativos, debe mencionarse el vicio de incompetencia que resulta de la violación de los principios anteriores relativos a la competencia, legalmente prescritos.

Hay leyes que prevén este principio expresamente, como la Ley de Costa Rica, en la cual se establece que, en vía administrativa, "la incompetencia será declarable de oficio en cualquier momento por el órgano que dictó el acto, por el superior jerárquico o, a instancia de parte, por la autoridad de contralor" (art. 67,1). En igual sentido se regula en la Ley de Honduras (art. 7).

Por ello, el vicio de incompetencia se considera siempre como un vicio de orden público, de manera que la Ley de Argentina en su artículo 14,6 considera que:

> "El acto administrativo es nulo, de nulidad absoluta e insanable... cuando fuere emitido mediando incompetencia en razón de la materia, del territorio, del tiempo o del grado, salvo, en este último supuesto, que la delegación o sustitución estuvieren permitidas."

La Ley de Honduras, en cambio, sólo califica el vicio como de la nulidad absoluta cuando se trate de incompetencia "absoluta" (art. 34,a), y la Ley de Venezuela, cuando se trate de "incompetencia manifiesta" (art. 19.4) la cual, como lo señaló la antigua Corte Suprema de Justicia de Venezuela, "puede ser alegada en cualquier estado y grado de la causa, inclusive en alzada y acarrea la posibilidad para el juez de pronunciar la dicha nulidad absoluta, aún de oficio" (*Vid.* Sentencia de la Sala Político Administrativa de 26 de marzo de 1984, ratificada en sentencia de 5 de diciembre de 1985. Además la sentencia de la Corte Primera de lo Contencioso Administrativo de 9 de diciembre de 1985, *Revista de Derecho Público*, N° 25, Caracas, 1986, pp. 144 y 108).

La importancia procesal de este vicio alegado en vía contencioso-administrativa, además, radica en que invierte la carga de la prueba que normalmente corresponde al recurrente, por la presunción de legalidad de los actos administrativos. Así lo tiene decidido la jurisprudencia venezolana al sentar el principio de que cuando el recurrente alega la incompetencia del funcionario, se invierte la carga de la prueba y es entonces a la Administración a quien le corresponde probar la competencia (*Vid.* Sentencia de la Corte Primera de lo Contencioso Administrativo de 9 de diciembre de 1985, *ídem*, p. 108).

Por otra parte, el Código colombiano trae una norma (art. 33) preventiva para el caso de la incompetencia y es aquella disposición que obliga al funcionario incompetente a informar al peticionante de su imposibilidad de resolver la petición por no ser el competente para ello:

> "Si el funcionario a quien se dirige la petición, o ante quien se cumple el deber legal de solicitar que inicie la actuación administrativa, no es el competente, deberá informarlo en el acto al interesado, si éste actúa verbalmente; o dentro del término de diez (10) días, a partir de la recepción si obró por escrito; en este último caso el funcionario a quien se hizo la petición deberá enviar el escrito, dentro del mismo término, al competente, y los términos establecidos para decidir se ampliarán en diez (10) días."

Una regulación similar está en la Ley de Honduras (art. 7).

En esta Ley se establecen, además, los pasos a seguir cuando un órgano administrativo entienda que es el competente para el conocimiento de un asunto que se tramite ante cualquier inferior, en cuyo caso, debe pedirle "las razones que ha tenido para conocer el asunto", con fundamento en lo cual el superior resolverá lo procedente en un lapso de tres días (art. 8). También se regula la situación inversa, cuando un órgano estime que le corresponde el conocimiento de un asunto que se tramite ante un superior, en cuyo caso se limitará a exponerle las razones, para que el superior sea el que resuelva (art. 9).

E. Los conflictos de competencia

El requisito de la competencia también incide en el problema de la resolución de los conflictos de competencia que se puedan suscitar entre los órganos administrativos.

De nuevo en esta materia está presente el principio jerárquico, como se señaló respecto de la Ley de Honduras, ya que se le atribuye al superior jerárquico la resolución de los conflictos de competencia.

Así, la Ley de Costa Rica establece el principio general en el sentido de que los conflictos de competencia entre órganos del Poder Ejecutivo o de un mismo ente deben ser siempre resueltos, en vía administrativa, y no pueden ser llevados en ningún caso a los Tribunales; y como principio, dispone que los:

> "Conflictos administrativos entre órganos del Poder Ejecutivo o de un mismo ente, se resolverán por el superior jerárquico común de los órganos en conflicto" (art. 71).

Lo interesante de la regulación establecida en la Ley de Costa Rica es la prohibición que consagra de que los conflictos interadministrativos se lleven a los tribunales y, por ello, la obligación de que los mismos se resuelvan en vía administrativa.

La Ley de Costa Rica, además, hace una distinción entre los conflictos de competencia que pueden presentarse dentro de un mismo ministerio (arts. 73 a 75); los conflictos de competencia entre distintos ministerios (arts. 76 y 77); los conflictos de competencia entre el Estado y otros entes, o entre éstos (arts. 78 a 80); y, los conflictos de competencia planteados por el interesado (arts. 81 y 82); en fin, contempla toda una gama de posibilidades de conflictos.

Esta ley es un caso único de regulación detallada del tema de los conflictos de competencia, con el principio básico de que los mismos deben resolverse en vía administrativa. Esto es muy válido sobre todo en los Estados Unitarios, como Costa Rica, donde aún en el supuesto de conflictos entre el Presidente y entidades descentralizadas o entre ministros y entidades descentralizadas, es el Presidente de la República el que debe resolver el conflicto.

De igual manera, este principio de la resolución administrativa de los conflictos entre ministerios o entre entidades administrativas o autárquicas (como se les llama en Argentina), es decir, el principio de que estos conflictos debe resolverlos el Ejecutivo está consagrado también en la Ley argentina (arts. 4 y 5) y en la Ley de Honduras (art. 10).

En Venezuela, la Ley Orgánica de la Administración Pública regula la solución de los conflictos de atribuciones, estableciendo que cuando el órgano que esté conociendo de un asunto se considere incompetente debe remitir las actuaciones al que estime con competencia en la materia. Si este último órgano se considera a su vez incompetente, el asunto debe ser resuelto por el órgano superior jerárquico común a ambos (art. 44).

Los interesados pueden solicitar a los órganos que estén instruyendo el procedimiento que declinen el conocimiento del asunto en favor del órgano competente. Del mismo modo, pueden solicitar a este último que requiera la declinatoria del órgano que esté conociendo del asunto (art. 44).

Los conflictos antes mencionados sólo pueden suscitarse entre unidades administrativas integrantes del mismo órgano o ente y con respecto a asuntos sobre los cuales no haya recaído decisión administrativa definitiva o finalizado el procedimiento administrativo (art. 44).

Debe destacarse, por otra parte, la disposición de la Ley de Honduras que permite la adopción de medidas provisionales durante la solución de los conflictos de competencia, así:

> "*Artículo* 13. Cuando hubiere peligro de grave e irreparable daño mientras el conflicto está pendiente de decisión, el órgano que está conociendo del asunto deberá adoptar de oficio o a petición de parte interesada las medidas provisionales que estime procedentes, dando inmediata comunicación a los demás y, en su caso, a los interesados."

Ahora bien, en cuanto a la regulación en Estados federales o descentralizados como es el caso de Argentina, la ley nacional sólo se refiere a los conflictos entre las autoridades del Poder nacional, mas no regula los conflictos interterritoriales. La razón principal es que se trata de un Estado federal donde el Poder nacional es distinto al Poder de las provincias o el Poder municipal. Es el mismo caso de Venezuela, donde hay una trilogía de distribución vertical del poder público.

En esos casos de conflictos entre los Poderes nacional, estadal y municipal evidentemente que no son de carácter interadministrativo, son interterritoriales, de carácter político y la solución debe corresponder a los órganos de control constitucional. En Venezuela es la Sala Constitucional del Tribunal Supremo de Justicia, quien tiene atribuida formalmente la competencia para resolver las controversias constitucionales que se susciten entre cualesquiera de los órganos del Poder Público (art. 336, ord. 9).

Pero incluso, tratándose de conflictos entre entidades territoriales en el Estado federal venezolano, en relación con competencias administrativas, la Constitución de Venezuela requiere que sean resueltos por la jurisdicción contencioso administrativa. Así el artículo 266, ordinal 4 atribuye al Tribunal Supremo de Justicia en Sala Político Administrativa, competencia para:

> "Dirimir las controversias administrativas que se susciten entre la República, algún Estado, Municipio u otro ente público, cuando la otra parte sea alguna de esas mismas entidades, a menos que se trate de controversias entre Municipios de un mismo Estado, caso en el cual la ley podrá atribuir su conocimiento a otro tribunal."

Por último, debe destacarse la regulación del artículo 64 de la Ley peruana que norma el conflicto de competencias entre la autoridad administrativa y la autoridad judicial, en la siguiente forma:

> "*64.1* Cuando, durante la tramitación de un procedimiento, la autoridad administrativa adquiere conocimiento que se está tramitando en sede jurisdiccional una cuestión litigiosa entre dos administrados sobre determinadas relaciones de derecho privado que precisen ser esclarecidas previamente al pronunciamiento administrativo, solicitará al órgano jurisdiccional comunicación sobre las actuaciones realizadas.
>
> *64.2* Recibida la comunicación, y sólo si estima que existe estricta identidad de sujetos, hechos y fundamentos, la autoridad competente para la resolución del procedimiento podrá determinar su inhibición hasta que el órgano jurisdiccional resuelva el litigio.
>
> La resolución inhibitoria es elevada en consulta al superior jerárquico, si lo hubiere, aun cuando no medie apelación. Si es confirmada la resolución inhibitoria es comunicada al Procurador Público correspondiente para que, de ser el caso y convenir a los intereses del Estado, se apersone al proceso."

2. Los principios relativos a la manifestación de la voluntad

El segundo de los requisitos fundamentales o condiciones de validez de los actos administrativos lo constituye la manifestación de voluntad, la cual deriva de la propia definición del acto. Un acto administrativo simplemente no existe si no hay una manifestación de voluntad emanada de un órgano administrativo.

Esta manifestación, por supuesto, en principio debe ser expresa (art. 8, Ley Argentina), y no presunta. Sin embargo, en la Ley de Honduras se establece que:

> "*Artículo* 28. En los casos previstos por la Ley, el comportamiento de la Administración Pública, que sea unívoco e incompatible con una voluntad distinta, producirá los mismos efectos de una resolución expresa."

Por otra parte, esta manifestación de voluntad de la Administración que constituye el acto administrativo, es para producir efectos jurídicos, y ello es precisamente lo que lo distingue de los hechos administrativos, que también son acaecimientos que producen efectos jurídicos, pero que no son producto de una manifestación de voluntad. En este sentido, el artículo 83 del Código Colombiano define los hechos administrativos como:

> "Los acontecimientos y las omisiones capaces de producir efectos jurídicos, pero en cuya realización no influyen de modo directo e inmediato la voluntad o la inteligencia."

La manifestación de voluntad es, entonces, una exigencia para que exista el acto administrativo; la cual tiene que haber sido emitida libremente por el órgano administrativo competente. El principio lo establece el artículo 130 de la Ley General de Costa Rica al prescribir que:

> "El acto deberá aparecer objetivamente como una manifestación de voluntad libre y consciente, dirigida a producir el efecto jurídico deseado para el fin querido por el ordenamiento."

La consecuencia, por supuesto, es que los vicios del consentimiento provenientes del derecho civil, también se aplican a la manifestación de voluntad en el acto administrativo, pudiendo resultar viciado cuando sean el producto de un error, de una actividad dolosa o de la violencia.

La violencia o la intimidación, por ejemplo, cuando se ejercen sobre el funcionario para forzar la emisión de un acto administrativo, por supuesto que lo vician de nulidad absoluta. En consecuencia, todo acto producto de la violencia, de requisición directa o indirecta de la fuerza o producto de la reunión de individuos en actitud subversiva, como lo decía la Constitución Venezolana de 1961 (art. 120), debe ser declarado nulo de nulidad absoluta.

En cuanto al error como vicio de la manifestación de voluntad, éste se produce cuando la voluntad real de la Administración es radicalmente distinta a la formalmente declarada. Por ejemplo, cuando se nombra a una persona para una función pública, distinta a la que se quiere nombrar, por homonimia. En este caso, en realidad, puede decirse que no habría error de derecho o de hecho que constituyen vicios en la base legal o en los motivos de hecho de los actos administrativos, sino más propiamente error en la manifestación de voluntad de la Administración.

También puede producirse el vicio de dolo en la manifestación de voluntad de la Administración, cuando el acto es producto de maquinaciones dolosas del administrado o del funcionario que lo dicta. Esto puede darse en procedimientos iniciados a solicitud de parte interesada, en los cuales esta tiene la carga de la prueba de los presupuestos del acto y para ello suministra informaciones o documentos falsos; también se produce este vicio por actuaciones del funcionario, cuando son contrarias a la buena fe (lo que puede conllevar, además, una desviación de poder), o cuando tenga por existentes, para adoptar su decisión, hechos o antecedentes que son inexistentes o falsos.

Estos vicios en la manifestación de voluntad en los actos administrativos que, en general, acarrean la nulidad absoluta de los mismos, han sido resumidos por el artículo 14,1 de la Ley de Argentina, al establecer que se producen:

> "Cuando la voluntad de la Administración resultare excluida por error esencial; dolo, en cuanto se tengan como existentes hechos o antecedentes inexistentes o falsos; violencias física o moral ejercida sobre el agente; o por simulación."

En la Ley de Costa Rica se establece un enunciado similar (art. 130); al igual que en la Ley de México al disponer, como elemento o requisito del acto, el que debe "ser expedido sin que medie error sobre el objeto, causa o motivo, o sobre el fin del acto"; y además, que debe "ser expedido sin que medie dolo o violencia en su emisión" (art. 3).

En cuanto al error manifiesto, el artículo 95 de dicha Ley lo identifica como un motivo para que la Administración deje sin efectos el acto administrativo.

De lo anterior resulta, en todo caso, que no solo es a través de la construcción derivada del Código Civil que se pueden elaborar las condiciones de validez de la manifestación de voluntad en los actos administrativos, sino que este principio comienza a ser consagrado expresamente en leyes en el campo del derecho administrativo.

3. Los principios relativos a la base legal

El requisito de la base legal se refiere al fundamento de derecho, a la causa jurídica o al motivo de derecho de los actos administrativos. Por ello, la Ley de Honduras dispone que los actos deberán sustentarse "en el derecho aplicable" (art. 25).

En efecto, la base legal de los actos administrativos es su fundamento de derecho, es decir, las normas legales o reglamentarias que autorizan la actuación del funcionario. En otras palabras, es el "motivo de derecho" del acto administrativo, que autoriza la decisión concreta que contiene. Esta base o fundamento legal constituye, junto con los presupuestos de hecho, uno de los elementos que deben exteriorizarse formalmente en la motivación del acto administrativo (Ley de Venezuela, arts. 9 y 18.5).

Ahora bien, para que un acto administrativo sea válido y produzca efectos no sólo tiene que tener un fundamento legal, que debe efectivamente existir al momento de dictarse el acto (no antes o después), sino que debe ser el que efectivamente autoriza la actuación, es decir, debe además ser exacto. La existencia y la exactitud de la base legal son, así, un requisito o elemento de validez del acto administrativo, de manera que su inexistencia, por ejemplo, cuando la base legal no existe, haya sido derogada o aún no ha sido promulgada, produce su nulidad; al igual que su inexactitud, derivada del hecho de que el funcionario se atribuya una base legal que en ningún caso puede fundamentar su acto.

Como lo tiene precisado la jurisprudencia francesa desde hace años: en primer lugar, la base legal debe ser exacta, de manera que si la Administración funda su decisión en un texto cuando debió fundarlo en otro distinto, el acto está viciado; y en segundo lugar, la base legal debe existir, de manera que si aún no existe y, por ejemplo, se aplica prematuramente una ley que aún no ha entrado en vigencia; o ya no existe, porque, por ejemplo, el texto está derogado o cesó en aplicación, el acto administrativo también está viciado.

La antigua Corte Suprema de Justicia de Venezuela en sentencia de 17-03-90, sobre el primer aspecto señalado resolvió lo siguiente:

> "Los actos de efectos particulares como requisito de forma deben contener en su mismo texto cuál es la base legal aplicable en criterio de la Administración; sin embargo, a pesar de haberse cumplido con ese requisito, puede suceder que el acto carezca de base legal, ya que las normas invocadas por la Administración no atribuyen la competencia alegada y al analizarse el resto del ordenamiento jurídico se determina que dicho órgano no tiene esa competencia, es decir, un acto administrativo de efectos particulares puede establecer perfectamente los presupuestos de derecho, con lo cual se cumple con el requisito formal de la motivación, pero si las normas señaladas ni ninguna otra confieren competencia para dictar el acto administrativo, dicho acto carecerá de base legal y, en consecuencia, será susceptible de anulación" (Sentencia de la Sala Político Administrativa, *Revista de Derecho Público,* N° 42, Caracas, 1990, pp. 104 y 105).

Debe agregarse, además, a los vicios en la base legal de los actos administrativos, los casos de ilegalidad o inconstitucionalidad de la misma, es decir, por ejemplo, cuando el acto administrativo se fundamenta en un reglamento viciado en sí mismo de ilegalidad, y que es anulado por el órgano judicial. La Ley Orgánica de la Corte Suprema de Justicia de Venezuela, que regula el proceso contencioso-administrativo, por ejemplo, permite el ejercicio del recurso de anulación contra un acto administrativo de efectos particulares cuando se alega la ilegalidad o inconstitucionalidad del acto general que le sirve de fundamento (art. 132), lo que configura este supuesto de vicio de la base legal, por ilegalidad de la misma.

También está vinculada a la base legal o los motivos de derecho del acto administrativo, la correcta y adecuada interpretación y alcance que el autor del acto debe darle a su fundamento legal. Por tanto, aún cuando la base legal exista, sea exacta y legal, el acto administrativo podría estar viciado en la misma, por error de derecho, es decir, por el errado alcance o sentido que se atribuye a la norma legal que autoriza la actuación, o en palabras de la jurisprudencia venezolana, "cuando el órgano que emite el acto interpreta erradamente determinada norma jurídica, es decir, la aplica mal" (Sentencia de la Corte Primera de lo Contencioso Administrativo, de 26 de mayo de 1983, p. 142, *Revista de Derecho Público*, N° 15, Caracas, 1983, p. 142), lo que no es otra cosa que una falsa interpretación de la Ley.

Este vicio de la base legal de los actos administrativos, denominado "error de derecho" también lo ha calificado la jurisprudencia venezolana como un vicio "de falso supuesto" el cual:

> "Puede referirse indistintamente al error de hecho o al error de derecho de la Administración, es decir, a la falsa, inexacta o incompleta apreciación por parte de la Administración del elemento causa del acto integralmente considerada" (Sentencia de la Corte Primera de lo Contencioso Administrativo de 12 de abril de 1988, *Revista de Derecho Público*, N° 34, Caracas, 1988, pp. 92-94).

4. Los principios relativos a los presupuestos de hecho

El presupuesto de hecho de los actos administrativos constituye sus motivos de hecho, que son parte esencial de su causa, la cual está configurada no sólo por la base legal o fundamentos de derecho del acto, antes señalados, sino por sus presupuestos de hecho.

En cuanto a su previsión expresa en las leyes, su consagración está en la Ley argentina, según la cual, constituye un requisito esencial del acto administrativo el que "deberá sustentarse en los hechos y antecedentes que le sirvan de causa y en el derecho aplicable" (art. 7,b). Este principio también se recoge, textualmente, en el artículo 25 de la Ley de Honduras.

Ahora bien, en cuanto a los presupuestos de hecho de los actos administrativos, ante todo, y para que éstos se emitan, el funcionario está obligado a determinarlos con precisión; determinación que en esa etapa de la actuación no comportaría ningún elemento de apreciación ni juicio sobre los mismos, sino de simple constatación de los hechos que constituyen el presupuesto fáctico del acto.

En esta determinación la Administración debe siempre comprobar los hechos de manera de constatar que sean ciertos y no falsos; y debe calificarlos correctamente para adoptar su decisión conforme a la base legal y atribución de competencia que tiene.

De lo anterior deriva, ante todo, que los hechos también deben existir, ser exactos y estar debidamente comprobados por la Administración. Esto entra dentro del área del control que ejerce el juez contencioso administrativo y que se refiere, además de respecto del error de derecho, del error manifiesto de apreciación, a la desviación de poder y al control de la existencia y exactitud material de los hechos.

Por lo tanto, los actos administrativos están viciados cuando se fundan en hechos inexistentes, por ejemplo, si se sanciona a un funcionario por falta no cometida, o si se fundan en hechos inexactos, que no hayan sido comprobados por la Administración.

Como lo ha establecido la jurisprudencia venezolana: toda decisión administrativa debe estar "determinada por la comprobación previa de las circunstancias de hecho previstas en la norma, claramente estatuidas para obligar a la Administración a someter sus actos, en cada caso, al precepto jurídico preexistente", por lo que en un caso concreto, al no existir prueba alguna de los hechos que motivan una decisión, ésta resulta "manifiestamente infundada" y por tanto viciada de nulidad "por haberse fundado en hechos no comprobados" (Sentencia de la antigua Corte Suprema de Justicia de Venezuela en Sala Político-Administrativa, de 22 de mayo de 1963, *Gaceta Forense*, N° 40, 1963, p. 237).

Los hechos que motivan un acto administrativo, por tanto, primero, deben existir realmente y ser exactos o como lo dice la Ley de Costa Rica, que el motivo debe "existir tal y como ha sido tomado en cuenta para dictar el acto" (art. 133).

Segundo, los hechos deben estar debidamente comprobados, y si bien le corresponde básicamente a la Administración la carga de dicha prueba, ello no excluye el derecho y a veces la obligación de los administrados a aportar las pruebas. La Administración, por tanto, no puede dar por probados los hechos con sus solos elementos administrativos, sino que debe tomar en cuenta las pruebas del expediente administrativo en su globalidad, estando obligada a decidir, siempre, "conforme a lo probado en el expediente" (Sentencia de la antigua Corte Suprema de Justicia de Venezuela en Sala Político-Administrativa, de 8 de junio de 1964, en *Gaceta Forense*, N° 44, 1964, pp. 119-121).

Por ello, otra de las áreas de control del juez contencioso administrativo es el que se refiere al control del error manifiesto de apreciación de los hechos, como límite al ejercicio del poder discrecional, para frenar la arbitrariedad en la comprobación de los hechos, cuando esta se realiza más allá de los límites de la razonabilidad.

Este vicio en la comprobación de los presupuestos de hecho ha sido también calificado por la jurisprudencia venezolana, como vicio de "falso supuesto", el cual consiste en la falsedad de los supuestos o motivos en que se basó el funcionario que dictó el acto; considerándose que para que pueda invalidarse una decisión por falso supuesto, "es necesario que resulten totalmente falsos el o los supuestos que sirvieron de fundamento a lo decidido", excluyéndose la anulación sólo cuando algunos de los hechos fueron falsos, pero no así el resto de los que motivaron el acto administrativo (Sentencia de la Corte Primera de lo Contencioso-Administrativo de 7 de noviembre de 1985 en *Revista de Derecho Público,* N° 24, Caracas, 1985, p. 125. En igual sentido, sentencia de la antigua Corte Suprema de Justicia de Venezuela en Sala Político-Administrativa, de 7 de noviembre de 1988, *Revista de Derecho Público*, N° 34, Caracas, 1988, p. 94).

Pero además de que los hechos existan y sean debida y racionalmente comprobados, el autor del acto administrativo debe realizar una segunda operación, y es "adecuarlos al supuesto legal" (Sentencia de la antigua Corte Suprema de Justicia de Venezuela, de 3 de julio de 1961, *Gaceta Forense*, N° 33, 1961, p. 20); es decir, lo que se denomina la calificación jurídica de los hechos conforme a lo cual el funcionario debe verificar si los hechos son de naturaleza tal que justifiquen legalmente la decisión, lo cual también es controlable por el juez contencioso-administrativo. Este control también concierne a la aplicación de los conceptos jurídicos indeterminados, que no constituyen discrecionalidad.

Por tanto, en relación a los presupuestos de hecho de los actos administrativos como elementos de validez, estos deben existir, ser exactos, estar debidamente comprobados; pruebas conforme a las cuales la Administración debe decidir, calificando los hechos conforme a lo prescrito en el fundamento legal del acto. Consecuencialmente, todo acto administrativo dictado con base en hechos inexactos, falsos, no comprobados o apreciados erradamente, está viciado de ilegalidad.

En particular, en esta operación de calificación jurídica de los hechos, la antigua Corte Federal de Venezuela, en 1957 consideró como exceso de poder los supuestos en los cuales un funcionario, sin violar precepto legal alguno, hace uso indebido del poder que le es atribuido, porque tergiverse o altere la verdad de los presupuestos de hecho (Sentencia de 9 de agosto de 1957 en *Gaceta Forense*, N° 17, 1957, pp. 132-137). El vicio, también calificado de "falso supuesto", se produce cuando hay:

> "Una mala apreciación de los elementos materiales existentes en el procedimiento administrativo, de modo que se haga producir a la decisión, efectos diferentes a los que hubiera producido si dicha apreciación hubiera sido hecha correctamente" (Sentencia de la Corte Primera de lo Contencioso-Administrativo, de 4 de noviembre de 1986, *Revista de Derecho Público*, N° 28, Caracas, 1986, p. 91).

En definitiva, como lo afirma la jurisprudencia venezolana:

> "La correcta apreciación de los hechos que fundamentan las decisiones administrativas constituyen un factor esencial para la legalidad y corrección de las mismas, y consecuentemente, un medio adecuado para poder verificar su control judicial con miras al mantenimiento de tales fines" (Sentencia de la antigua Corte Suprema de Justicia en Sala Político-Administrativa, de 9 de junio de 1988, *Revista de Derecho Público*, N° 35, Caracas, 1988, p. 97).

En esa misma decisión, la Corte agregó:

> "Constituye ilegalidad el que los órganos administrativos apliquen las facultades que ejercen, a supuestos distintos de los expresamente previstos por las normas, o que distorsionen la real ocurrencia de los hechos o el debido alcance de las disposiciones legales, para tratar de lograr determinados efectos sobre la base de realidades distintas a las existentes o a las acreditadas en el respectivo expediente administrativo, concreción del procedimiento destinado a la correcta creación del acto" (*Idem*)

En la Ley de Costa Rica, por su parte, incluso se exige que la causa tenga proporción con el contenido del acto, haciendo referencia el artículo 133, al tema de la proporcionalidad así:

> "1. El motivo deberá ser legítimo y existir tal y como ha sido tomado en cuenta para dictar el acto.
>
> 2. Cuando no esté regulado deberá ser proporcionado al contenido y cuando esté regulado en forma imprecisa deberá ser razonablemente conforme con los conceptos indeterminados empleados por el ordenamiento."

En fin, todo lo referente a la determinación, a la constatación y a la comprobación de los hechos, a todo el tema probatorio, y a la calificación de los hechos para emitir el acto, gira en torno a este requisito de la causa, los presupuesto de hecho o los motivos del acto administrativo.

5. Los principios relativos al objeto

Otro de los elementos del acto administrativo, como de todo acto jurídico, es el objeto o contenido, es decir, el efecto práctico que se pretende con el mismo. Por ejemplo, el nombramiento de un funcionario, el decomiso de un bien, la demolición de un inmueble o el otorgamiento de un permiso.

Como lo ha señalado la antigua Corte Suprema de Justicia de Venezuela en sentencia de su Sala Político Administrativa de 13-8-91:

> "Uno de los elementos de todo acto administrativo es su contenido. Y se entiende por contenido del acto administrativo... el efecto práctico que el sujeto emisor se propone lograr a través de su acción, y el cual puede ser positivo o negativo, en el sentido de que mediante el acto se puede aceptar o negar una solicitud o se puede disponer que se realice algún hecho o acto o puede negarse tal realización. Constituyen requisitos para la validez del "contenido de un acto administrativo" que éste sea determinado o determinable, posible y lícito; en forma tal, que la imposibilidad física de dar cumplimiento el acto administrativo, constituye un vicio que determine su nulidad absoluta, pues, la presunción de legitimidad que apareja el acto administrativo no puede prevalecer contra la lógica y, por eso, el ordinal 3° del artículo 19 de la Ley Orgánica de Procedimientos Administrativos sanciona con la nulidad absoluta a los actos cuyo contenido sean de imposible o ilegal ejecución"(En *Revista de Derecho Público,* N° 47, Caracas, 1991, p. 111).

Este elemento del acto administrativo se encuentra consagrado en las leyes de procedimiento administrativo, las cuales recogen los principios que derivan del ámbito del derecho civil pero que la jurisprudencia administrativa ha venido adoptando, y de allí su consagración en estas leyes.

Por eso, el principio general de que el objeto del acto administrativo tiene que ser determinado o determinable, debe ser posible y tiene que ser lícito. Así lo expresa, por ejemplo, la Ley de Costa Rica:

> "1. El contenido deberá de ser lícito, posible, claro y preciso y abarcar todas las cuestiones de hecho y derecho surgidas del motivo, aunque no hayan sido debatidas por las partes interesadas.
>
> 2. Deberá ser, además, proporcionado al fin legal y correspondiente al motivo, cuando ambos se hallen regulados" (art. 132).

La Ley de Honduras exige en el mismo sentido, que el objeto de los actos administrativos "debe ser lícito, cierto y físicamente posible" (art. 24); siguiendo así, el texto de la Ley argentina que establece lo siguiente:

> "El objeto debe ser cierto y física y jurídicamente posible; debe decidir todas las peticiones formuladas, pero puede involucrar otras no propuestas, previa audiencia del interesado y siempre que ello no afecte derechos adquiridos" (art. 7,c).

En la Ley mexicana, a su vez, se establece el mismo principio, al exigirse que el acto administrativo deba:

> "Tener objeto que pueda ser materia del mismo; determinado o determinable; preciso en cuanto a las circunstancias de tiempo y lugar, y previsto por la Ley" (art. 3,II).

La Ley peruana, en todo caso, es bien detallada al regular el objeto o contenido de los actos administrativos, así:

> "5.1. El objeto o contenido del acto administrativo es aquello que decide, declara o certifica la autoridad.

5.2. En ningún caso será admisible un objeto o contenido prohibido por el orden normativo, ni incompatible con la situación de hecho prevista en las normas; ni impreciso, obscuro o imposible de realizar.

5.3. No podrá contravenir en el caso concreto disposiciones constitucionales, legales, mandatos judiciales firmes; ni podrá infringir normas administrativas de carácter general provenientes de autoridad de igual, inferior o superior jerarquía, e incluso de la misma autoridad que dicte el acto.

5.4. El contenido debe comprender todas las cuestiones de hecho y derecho planteadas por los administrados, pudiendo involucrar otras no propuestas por éstos que hayan sido apreciadas de oficio, siempre que otorgue posibilidad de exponer su posición al administrado y, en su caso, aporten las pruebas a su favor."

La consecuencia de estas exigencias legales respecto del objeto, es que un acto administrativo cuyo contenido sea indeterminado, de imposible ejecución, ilegal en sí mismo o de ilegal ejecución, no puede ser válido y estaría viciado. Así, la Ley venezolana indica que los actos administrativos están viciados de nulidad absoluta, "cuando su contenido sea de imposible o de ilegal ejecución" (art. 19.3); o como lo dice la Ley de Honduras, "aquellos cuyo objeto sea imposible o configure un delito" (art. 34, ord. b).

Por ejemplo, el nombramiento como funcionario de una persona fallecida o un decreto de expropiación de unos inmuebles que ya han sido expropiados. (*Vid.* Sentencia de la antigua Corte Suprema de Justicia de Venezuela en Sala Político-Administrativa, de 8 de enero de 1970, Caso *Nelson C.A.*, *Gaceta Oficial*, N° 29.122, de 16 de enero de 1970).

6. Los principios relativos a la finalidad de la actividad administrativa

La actividad administrativa en el Estado de Derecho está condicionada por la ley, siempre, a la obtención de determinados resultados. Por ello el artículo 131,2 de la Ley de Costa Rica prescribe que "los fines principales del acto serán fijados por el ordenamiento".

Estos fines, por tanto, determinados en el ordenamiento jurídico, implican que un acto administrativo será válido, como también lo señala la Ley General de Costa Rica, sólo cuando "se conforme sustancialmente con el ordenamiento jurídico, incluso en cuanto al móvil del funcionario que lo dicta" (art. 128).

Es en este sentido que la Ley peruana define el requisito de la finalidad de los actos administrativos así:

"*3.3. Finalidad Pública.* Adecuarse a las finalidades de interés público asumidas por las normas que otorgan las facultades al órgano emisor, sin que pueda habilitársele a perseguir mediante el acto, aún encubiertamente, alguna finalidad sea personal de la propia autoridad, a favor de un tercero, u otra finalidad pública distinta a la prevista en la Ley. La ausencia de normas que indique los fines de una facultad no genera discrecionalidad."

Ahora bien, en relación con la finalidad del acto administrativo se puede hacer una distinción entre el fin genérico de la acción administrativa y la finalidad específica del acto. Estos fines de la actividad administrativa pueden ser específicos, teniendo en cuenta la particular actuación de la Administración, o en todo caso, son los fines genéricos "de servicio público o que informan la función administrativa" (Sentencia de la antigua Corte Federal de Venezuela de 28 de septiembre de 1954, *Gaceta Forense,* N° 5, 1954, pp. 217-218).

Sobre el tema del fin genérico puede ubicarse una norma contenida en el Código colombiano que se refiere a la finalidad en general de la actuación de la Administración, que debe regir todo el procedimiento administrativo, pero que se aplica también, en particular, al acto administrativo, al establecer expresamente en su artículo 2 que:

> "Los funcionarios tendrán en cuenta que la actuación administrativa tiene por objeto el cumplimiento de los cometidos estatales como lo señalan las leyes, la adecuada prestación de los servicios públicos y la efectividad de los derechos e intereses de los administrados, reconocidos por la Ley."

Esta es la finalidad general de todo procedimiento administrativo y de todo acto administrativo, por lo que aún cuando el ordenamiento jurídico no establezca un fin específico a la acción administrativa concreta, el funcionario no tiene discrecionalidad respecto de los fines, sino que siempre está sometido a la consecución de los fines genéricos de servicio público que, como lo establece expresamente la Ley General de la Administración Pública de Costa Rica, "el juez deberá determinarlos con vista de los otros elementos del acto y del resto del ordenamiento" (art. 131.2).

Pero aparte de la finalidad general, el acto administrativo debe tener, a su vez, un fin específico. Cada acto administrativo debe emitirse para la consecución de un fin que debe estar establecido en la ley. Es por ello que la consecuencia de la necesaria obtención de determinados resultados por la Administración, como lo ha indicado la jurisprudencia venezolana, es que:

> "La Administración Pública no puede procurar resultados distintos de los perseguidos por el legislador, aún cuando aquéllos respondan a la más estricta licitud y moralidad pues lo que se busca es el logro de determinado fin, que no puede ser desviado por ningún motivo, así sea plausible éste" (Sentencia de la antigua Corte Federal de Venezuela de 28 de septiembre de 1954, *Gaceta Forense,* N° 5, 1954, pp. 217-218).

En la Ley argentina, el mismo artículo que se ha analizado sobre los requisitos del acto administrativo, establece sobre el tema de la finalidad, que debe:

> "Cumplirse con la finalidad que resulte de las normas que otorgan las facultades pertinentes del órgano emisor, sin poder perseguir encubiertamente otros fines, públicos o privados, distintos de los que justifican el acto, su causa y objeto. Las medidas que el acto involucre deben ser proporcionalmente adecuadas a aquella finalidad" (art. 7.f).

En el caso mexicano se establece que, entre los elementos y requisitos del acto, el mismo debe "cumplir con la finalidad de interés público regulado por las normas en que se concreta, sin que puedan perseguirse otros fines distintos" (art. 3,III).

En cuanto a la Ley de Honduras, ésta indica que "la finalidad de los actos será aquella que resulte de las normas que le atribuyen potestades al órgano emisor" (art. 27).

En consecuencia, como lo establece expresamente la Ley General de Costa Rica, "la persecución de un fin distinto del principal, con detrimento de éste, será desviación de poder" (art. 131.3).

Se utiliza así, en esta Ley, la terminología acuñada en Francia para identificar el vicio en la finalidad del acto administrativo, y que sanciona de ilegalidad tanto los casos en los cuales el acto administrativo sea extraño al interés general, como los casos en los cuales aún adoptados en interés general, los fines que motivan la actuación no sean los que justifican el otorgamiento de los poderes de actuar al funcionario específico.

A diferencia del sistema francés, sin embargo, donde el vicio es pura creación jurisprudencial, en América Latina se lo ha consagrado legislativamente e, incluso, en algunos casos, en las Constituciones como sucede en la Constitución de Venezuela, la cual, al definir el objeto de la jurisdicción contencioso-administrativa indica, entre otros, el de "anular los actos administrativos generales o individuales contrarios a derecho, incluso por desviación de poder" (art. 259). Una norma con igual redacción estaba consagrada en la Constitución de 1961, y con base a ella la jurisprudencia venezolana ya se había ocupado de precisar la existencia de este vicio de desviación de poder, así:

> "Hay desviación de poder cuando el acto aún siendo formal y sustancialmente acorde con la Ley, sin embargo, no lo es desde el punto de vista teleológico por cuanto la Administración, al dictarlo, no persigue con ello el fin a cuyo logro le fue acordada la facultad para hacerlo, sino un fin distinto que es por sí mismo contrario a derecho. A través de este vicio la jurisprudencia que lo concibió y posteriormente la doctrina que delineó sus modalidades y finalmente, la norma expresa que lo consagra, tienden a establecer un control sobre la intención de la Administración, algo que va más allá del simple examen de la apariencia del acto, para permitir que se escudriñe en los motivos reales y concretos que tuvo su autor. La desviación de poder, para que se tipifique no requiere ni siquiera que el fin distinto perseguido por el proveimiento sea contrario a la ley, basta con que sea contrario al objetivo que con el acto específico que se dicta se trata de conseguir" (Sentencia de la Corte Primera de lo Contencioso-Administrativo de 14 de junio de 1982, *Revista de Derecho Público*, N° 11, Caracas, 1982, p. 134. *Vid.* también, sentencia de la antigua Corte Suprema de Justicia de Venezuela de 15 de noviembre de 1982, *Revista de Derecho Público*, N° 12, Caracas, 1982, pp. 134-135).

Por ello, por ejemplo, la Corte Primera de lo Contencioso-Administrativo de Venezuela, anuló un acto administrativo disciplinario, porque el mismo:

> "No fue la limpia aplicación de un procedimiento disciplinario sino que encubrió una venganza de las autoridades, circunstancias éstas constitutivas de desviación de poder, figura que el art. 206 de la Constitución (de 1961) sanciona como un vicio capaz de acarrear la nulidad del acto" (Sentencia de 13-8-86, *Revista de Derecho Público*, N° 28, Caracas, 1986, p. 92).
>
> En definitiva, ha exigido la misma Corte Primera en Venezuela, que para que:
>
> "El vicio de desviación de poder se tipifique es necesario que un acto aparentemente válido en cuanto a su forma y contenido persiga sin embargo un objetivo torcido, desviado, distinto al que tuvo en miras el legislador cuando le otorgó al órgano facultad de actuar. De allí que, no puede alegarse válidamente tal vicio si no se demuestra que el objetivo del acto no fue el querido por el legislador sino una razón oculta, de distinta naturaleza a la prevista en la norma legal. Es necesario demostrar desde el punto de vista valorativo que el objetivo fue "desviado", esto es, "torcido", destinado a una meta diferente a la que se propuso la norma" (*Revista de Derecho Público*, N° 13, Caracas, 1983, p. 121).

III. LOS REQUISITOS DE FORMA DE LOS ACTOS ADMINISTRATIVOS

Los requisitos de forma de los actos administrativos, denominados también de legalidad externa, están configurados tanto por las formalidades necesarias para la producción de los mismos, como por los elementos formales de la exteriorización de los actos, en particular, la forma escrita y la motivación. Se pueden distinguir, por tanto, las formalidades de los actos administrativos, constituidas por las diversas operaciones que condicionan la emisión y la entrada en vigor del acto; de las formas, que son las menciones del escrito que traducen las diversas condiciones de regularidad del acto, particularmente, la motivación o la exteriorización de motivos.

1. Las formalidades y la sujeción al procedimiento

El primero de estos requisitos es la necesaria sujeción del acto al procedimiento. Tal como lo expresa la Ley argentina, antes de la emisión del acto administrativo "deben cumplirse los procedimientos esenciales y sustanciales previstos y los que resulten implícitos del ordenamiento jurídico" (art. 7.d).

En sentido similar, se establece en el art. 24 de la Ley de Honduras y en el artículo 3,5 de la Ley peruana. Asimismo, el art. 129 de la Ley General de Costa Rica establece que el acto administrativo deberá dictarse "previo cumplimiento de todos los trámites sustanciales previstos al efecto".

En este sentido, el procedimiento se identifica con las formalidades que deben cumplirse previamente a la adopción del acto. Por ello, en la Ley Federal de México se encuentra un postulado igual, al indicar entre los elementos y requisitos del acto administrativo, el "ser expedido sujetándose a las disposiciones relativas al procedimiento administrativo previstas en la ley" (art. 3,VII).

Ahora bien, siempre deben de considerarse como sustanciales las formalidades establecidas para garantizar los derechos de los administrados, como por ejemplo, las que prescriben la audiencia de los mismos, como información previa a una decisión o para asegurar el derecho a la defensa (*audi alteram parte*).

En este sentido, precisamente, en la Ley de Costa Rica se distinguen las formalidades sustanciales y otras que no son sustanciales, considerándose como "sustanciales o esenciales todas las formalidades relativas a las garantías de los administrados", y entre éstas, aquellas cuya omisión "*causare indefensión*" (art. 223).

Además, también deben considerarse como esenciales las formalidades cuyo incumplimiento podría cambiar el sentido de la decisión. De allí que, por ejemplo, cualquier incumplimiento de una forma que origine indefensión sería una violación a una forma sustancial. Por ello la precisión que hace la Ley General de Costa Rica sobre formalidades sustanciales al entender como tal aquéllas "cuya realización correcta hubiera impedido o cambiado la decisión final en aspectos importantes" (art. 223.2)".

Como se ha señalado, con frecuencia, los textos legales exigen en el curso del procedimiento la intervención previa y obligatoria de órganos consultivos, cuya opinión puede ser vinculante o no vinculante para el órgano que dicta el acto. En las leyes de Costa Rica y Argentina, además, se regula como esencial la opinión jurídica previa.

En efecto, en la Ley General de Costa Rica se establece que es necesario para que un acto administrativo agote la vía administrativa y sea definitivo en vía administrativa "que el órgano que lo emita consulte previamente al Asesor Jurídico de la correspondiente administración" (art. 356,1).

En la de Argentina se considera como:

> "Esencial el dictamen proveniente de los servicios permanentes de asesoramiento jurídico cuando el acto pudiere afectar derechos subjetivos e intereses legítimos" (art. 7.d).

En estos casos, por supuesto, no se prevé el carácter vinculante del dictamen jurídico. Es decir, según estas leyes, los órganos de opinión jurídica deben ser obligatoriamente consultados, pero como una consulta obligatoria no vinculante.

En otros casos, la formalidad sustancial consiste en exigir, para la emisión de un acto administrativo por un órgano, la formulación de una propuesta de parte de otro órgano administrativo. Esta proposición puede consistir solamente en dejar la iniciativa de la decisión al órgano proponente, o puede consistir en una proposición llamada imperativa, de manera que la intervención del órgano proponente tiene por efecto esencial, limitar el poder de decisión del órgano que toma la decisión. Es el caso generalizado de los concursos para la nominación de funcionarios, cuya evaluación y proposición corresponde a un jurado o comisión calificadora que es la que luego propone el nombramiento a la autoridad decisora, sin que ésta pueda variar en forma alguna la propuesta.

En todo caso, y salvo determinación expresa de la ley, el órgano administrativo al cual corresponda tomar una decisión, tiene libertad de consultar a otras autoridades u organismos, como lo señala la Ley de Venezuela, y solicitar los "informes, documentos o antecedentes que estime convenientes para la mejor resolución del asunto" (art. 54). Sin embargo, la omisión de los informes y antecedentes no suspende la tramitación, salvo disposición expresa en contrario, sin perjuicio de la responsabilidad en que incurra el funcionario por la omisión o demora (art. 56).

2. La forma escrita

No sólo el principio de escrituridad es general al procedimiento administrativo, sino que también se aplica al acto administrativo, el cual, en principio, debe ser escrito y llevarse a documento. Por ello, conforme a la Ley de Uruguay "la forma es el modo o manera de documentarse y dar a conocer la voluntad administrativa" (art. 27).

Conforme a ello, casi todas las leyes exigen expresamente la forma escrita de los actos administrativos, como las de Costa Rica (art. 134), del Perú (art. 4,1), de Uruguay (art. 27), de Argentina (art. 8), de México y de Brasil (art. 22,1°), las cuales expresamente establecen que "el acto se manifestará por escrito", pero permitiendo, en general, otras formas cuando la naturaleza o las circunstancias lo exijan, como la forma verbal.

La Ley de Honduras, dispone también como principio que:

> "*Artículo* 23. Los actos se producirán por escrito, indicando la autoridad que los emite y su fecha, salvo que la Ley, las circunstancias o la naturaleza del acto exijan o permitan una forma distinta."

De allí resulta que el acto administrativo debe ser escrito, pudiendo, sin embargo, ser mecánico o verbal, siempre que con la decisión no se afecten los derechos o intereses de los administrados.

En todo caso, debe destacarse lo regulado en la Ley de Uruguay sobre la posibilidad de forma verbal del acto administrativo, solo "si mediare urgencia o imposibilidad de hecho" en cuyo caso, siempre, con posterioridad, debe "documentarse por escrito el acto en la primera oportunidad posterior en que sea posible" para así dejar constancia por escrito de lo que se ha decidido (art. 28).

3. El contenido formal y la firma

El principio sobre la forma de los actos administrativos está resumido en el artículo 8 de la Ley de Argentina, que establece que:

"El acto administrativo se manifestará expresamente y por escrito; indicará el lugar y fecha en que se lo dicta y contendrá la firma de la autoridad que lo emite; sólo por excepción y si las circunstancias lo permitieren podrá utilizarse una forma distinta."

Una formulación similar está en el artículo 4,2 de la Ley del Perú, y en el artículo 134 de la Ley General de Costa Rica al exigir que el acto administrativo se exprese por escrito, indicando "el órgano agente, el derecho aplicable, la disposición, la fecha y la firma, mencionando el cargo del suscritor".

El artículo 18 de la Ley venezolana, en este sentido, expresa más detalladamente este requisito, al indicar que todo acto administrativo deberá contener:

1. Nombre del Ministerio u organismo al que pertenece el órgano que emite el acto;
2. Nombre del órgano que emite el acto;
3. Lugar y fecha donde el acto es dictado;
4. Nombre de la persona u órgano a quien va dirigido;
5. Expresión sucinta de los hechos, de las razones que hubieren sido alegadas y de los fundamentos legales pertinentes;
6. La decisión respectiva, si fuere el caso;
7. Nombre del funcionario o funcionarios que los suscriben, con indicación de la titularidad con que actúen, e indicación expresa, en caso de actuar por delegación, del número y fecha del acto de delegación que confirió la competencia.
8. El sello de la oficina."

La norma agrega, además, que el original del respectivo instrumento contendrá la firma autógrafa del o de los funcionarios que lo suscriban; previendo que en el caso de aquellos actos cuya frecuencia lo justifique, se podrá disponer mediante decreto, que la firma de los funcionarios sea estampada por medios mecánicos que ofrezcan garantías de seguridad.

En igual sentido se regula en la Ley del Perú:

"*4.4.* Cuando deban emitirse varios actos administrativos de la misma naturaleza, podrá ser empleada firma mecánica o integrarse en un solo documento bajo una misma motivación, siempre que se individualice a los administrados sobre los que recae los efectos del acto. Para todos los efectos subsiguientes, los actos administrativos serán considerados como actos diferentes."

Esta exigencia final de la firma, por supuesto, se complementa con la necesaria firma en los casos de refrendo ministerial, lo que en general es de rango constitucional.

Debe destacarse, dentro de las exigencias de forma de los actos administrativos, el requerimiento de la Ley venezolana de que deben contener la expresión sucinta de los fundamentos legales pertinentes (art. 18.5). Es lo que se denomina en el derecho francés, el sistema de "visas" del acto administrativo, que exige, entre otros aspectos, la expresión formal de la base legal del acto, es decir, de las normas legales o reglamentarias que autorizan su emisión.

La Ley de México, a su vez, también formula toda una enumeración de aquello que debe contener un acto administrativo. En el artículo 3° se precisan los aspectos siguientes: acto escrito; firma autógrafa de la autoridad que lo expida; mención del órgano del cual emana; ser expedido sin que medie error respecto a la identificación del expediente; lugar y fecha de emisión; contenido de la decisión; y mención de los recursos que procedan.

Un caso que debe destacarse por el detalle que contiene, es el artículo 124 de la Ley de Uruguay, donde no sólo se enumera qué debe contener el acto, sino que se detalla cómo debe conformarse el acto, con una parte expositiva y una dispositiva.

En cuanto a la parte expositiva, la norma precisa que debe contener:

> "1. Un "Visto". La finalidad del "Visto" es situar la cuestión que va a ser objeto del acto;
>
> 2. Uno o varios "Resultandos" puestos a continuación del "Visto", en los que se deben exponer los hechos que constituyan los antecedentes del acto administrativo de que se trate. Los decretos y ordenanzas pueden prescindir de los "Resultandos";
>
> 3. Uno o varios "Considerandos", en los que se desarrollan los fundamentos de derecho, las doctrinas aplicables, las razones de mérito y la finalidad perseguida;
>
> 4. Un "Atento", en el que se citan o se hace referencia a las reglas de derecho y a las opiniones o asesoramientos recabados en que el acto se fundamenta."

En todo caso, cuando no existe ninguna cuestión de hecho ni se plantea ningún problema de derecho la norma permite que pueda prescindirse de los "Resultandos" y de los "Considerandos" y consistir la parte expositiva en un "Visto" y un "Atento".

En cuanto a la parte dispositiva, el mismo artículo 124 de la Ley de Uruguay señala que debe ir numerada en las resoluciones y articulada en los Decretos y Ordenanzas, con la siguiente precisión:

> "El acápite de la parte dispositiva debe mencionar al órgano que adopta el acto administrativo, a lo que seguirá un "Decreta" o un "Resuelve", si el acto es dictado por el Poder Ejecutivo, y un "Dispone" o un "Resuelve" si el acto es dictado por un Ministerio.
>
> No se admitirá en la parte expositiva ninguna otra expresión que las citadas precedentemente."

El Reglamento de la Comunidad Andina sigue la orientación de la legislación de Venezuela antes indicada, en cuanto al detalle del contenido escrito de las resoluciones (art. 7).

4. La motivación de los actos administrativos

Por último, entre los requisitos de forma de los actos administrativos está la motivación, calificada en la Ley de Honduras como obligatoria, exigiendo que se expresen suscintamente tanto los hechos antecedentes en los cuales se sustenta el acto y que le sirven de causa, como el derecho aplicable. Solo se excluyen de esta obligación, los actos que sean manifestación de opiniones o de conocimiento técnico (art. 25 y 26). Lo mismo se precisa en la Ley venezolana, al exigir que el acto administrativo contenga "expresión suscinta de los hechos, de las razones que hubieren sido alegadas y de los fundamentos legales pertinentes" (art. 18, 5°). En igual sentido, la Ley del Perú (art. 3,4).

La motivación de los actos administrativos, por tanto, como requisito de forma, consiste en la necesaria expresión formal en el texto de los mismos, de sus motivos, tanto los que son de derecho, incluso los que configuran la base legal, como los motivos de hecho que provocan la actuación administrativa (supuestos de hecho).

Además, la motivación es una garantía al ejercicio del derecho a la defensa de los interesados, particularmente ante decisiones que restrinjan el ejercicio de las libertades públicas; las medidas de policía: las medidas sancionatorias; los actos relativos a autorizaciones cuando establecen condiciones restrictivas o imponen sujeciones; las que retiren o abroguen una decisión creadora de determinados derechos; las que priven un derecho o establezcan la caducidad; las que opongan una prescripción; o las que rechacen una ventaja cuya atribución constituya un derecho para las personas que reúnen las condiciones legales para su obtención. En fin, las decisiones administrativas que impliquen una lesión a los derechos individuales o una restricción a la esfera jurídica de los administrados requieren ser motivados.

Inicialmente fue la jurisprudencia la que fue construyendo el principio de la motivación de los actos administrativos, pero luego han sido las leyes de procedimientos administrativos los que lo han consolidado. Por ejemplo, la Ley General de Costa Rica, en su artículo 136, establece que serán motivados con mención, sucinta al menos, de sus fundamentos:

a. Los actos que impongan obligaciones o que limiten, supriman o denieguen derechos subjetivos;

b. Los que resuelvan recursos;

c. Los que se separen del criterio seguido en actuaciones precedentes o del dictamen de órganos consultivos;

d. Los de suspensión de actos que hayan sido objeto del recurso;

e. Los reglamentos y actos discrecionales de alcance general; y

f. Los que deban serlo en virtud de ley."

La misma norma exige que la motivación pueda consistir en la referencia explícita o inequívoca a los motivos de la petición del administrado, o bien a propuestas, dictámenes o resoluciones previas que hayan determinado realmente la adopción del acto, a condición de que se acompañe su copia.

Una disposición similar, enunciativa de los casos en los que es necesaria la motivación de los actos administrativos la tiene, igualmente, la Ley de Brasil, expresando que:

"Artículo 50. *Os atos administrativos deverão ser motivados, com indicação dos fatos e dos fundamentos jurídicos, quando*:

I. *Neguem, limitem ou afetem direitos ou interesses*;

II. *Imponham ou agrevem deveres, encargos ou sanções*;

III. *Decidam processos administrativos de concurso ou seleção pública*;

IV. *Dispensem ou declarem a inexighilidade de proceso licitatório*;

V. *Decidam recursos administrativos*;

VI. *Decorram de reexame de oficio*;

VII. *Deixem de aplicar jurisprudencia firmada sobre a questão ou discrepem de pareceres, laudos, propostas e relatórios oficiais*;

VII. Importem anulação, revogação, suspensão ou convalidação de ato administrativo."

En estos casos, conforme al mismo artículo:

§ 1° *A motivação debe ser explicita, clara e congruente, podendo consistir em declaração de concordância com fundamentos de anteriores pareceres, informações, decições ou propostas, que neste caso, serão parte integrante do ato.*

§ 2° *Na solução de vários assuntos da mesma natureza, pode ser utilizado meio mecânico que reproduza os fundamentos das decisões, desde que não prejudique direito ou garantía dos interessados.*

§ 3° *A motivação das decisões de órgãos colegiados e comissões ou de decisões orais constará da respectiva ata ou de termo escrito.*"

Por otro lado, en otros países rige el principio general de que todo acto administrativo debe ser motivado, sin necesidad de precisar lista alguna. Este es el caso de Venezuela, donde la Ley Orgánica de Procedimientos Administrativos dispone:

"Los actos administrativos de carácter particular deberán ser motivados, excepto los de simple trámite, o salvo disposición expresa de la Ley. A tal efecto, deberán hacer referencia a los hechos y a los fundamentos legales del acto" (art. 9).

La Ley de Modernización del Estado de Ecuador, también dispone que:

"Todos los actos emanados de los órganos del Estado, deberán ser motivados. La motivación debe indicar los presupuestos de hecho y las razones jurídicas que han determinado la decisión del órgano, en relación con los resultados del procedimiento previo. La indicación de los presupuestos de hecho no será necesaria para la expedición de actos reglamentarios" (art. 31).

En igual sentido se expresa la Ley de México al exigir que todo acto administrativo deberá estar "fundado y motivado" (art. 3). Igualmente, la Ley de Argentina que dispone que los actos administrativos:

"Deberán ser motivados, expresándose en forma concreta las razones que inducen a emitir al acto, consignando, además, los hechos y antecedentes que le sirven de causa y en el derecho vigente" (art. 7,e)

El mismo principio lo establece la Ley de Uruguay:

"*Artículo* 123. Todo acto administrativo deberá ser motivado, explicándose las razones de hecho y de derecho que lo fundamentan. No son admisibles fórmulas generales de fundamentación, sino que deberá hacerse una relación directa y concreta de los hechos del caso específico en resolución, exponiéndose además las razones que con referencia a él en particular justifican la decisión adoptada."

La idea de la prohibición de las "fórmulas generales de fundamentación" es un tema que se ha exigido siempre en la jurisprudencia, pero aquí se encuentra una norma expresa al respecto.

En esta forma, la motivación de los actos administrativos constituye una exigencia del derecho a la defensa, con fundamento expreso en los textos legales. Por ello, en la última de las leyes de procedimiento administrativo de América Latina que es la del Perú se la regula, en detalle, en su artículo 6 en la forma siguiente:

"*6.1.* La motivación deberá ser expresa, mediante una relación concreta y directa de los hechos probados relevantes del caso específico, y la exposición de las razones jurídicas y normativas que con referencia directa a los anteriores justifican el acto adoptado.

6.2 Puede motivarse mediante la declaración de conformidad con los fundamentos y conclusiones de anteriores dictámenes, decisiones o informes obrantes en el expediente, a condición de que se les identifique de modo certero, y que por esta situación constituya parte integrante del respectivo acto.

6.3 No son admisibles como motivación, la exposición de fórmulas generales o vacías de fundamentación para el caso concreto o aquellas fórmulas que por su oscuridad, vaguedad, contradicción o insuficiencia no resulten específicamente esclarecedoras para la motivación del acto."

La norma concluye indicando que no precisan motivación los siguientes actos: las decisiones de mero trámite que impulsan el procedimiento; cuando la autoridad estima procedente lo pedido por el administrado y el acto administrativo no perjudica derechos de terceros; y cuando la autoridad produce gran cantidad de actos administrativos sustancialmente iguales, bastando la motivación única (art. 6.4).

IV. EL PRINCIPIO DE LA PRESUNCIÓN DE LA LEGALIDAD Y LEGITIMIDAD

Si el principio de la eficacia en el procedimiento administrativo tiende a asegurar la obtención de un determinado resultado y que el acto pueda surtir efectos dentro de la finalidad perseguida; el principio de la presunción de la legalidad y legitimidad persigue afianzar la posibilidad de que el acto surta efectos y que se presuma válido, legítimo y legal una vez que se ha perfeccionado y se ha dictado, para que así pueda cumplirse la finalidad del procedimiento.

La presunción de legalidad y legitimidad, por tanto, origina la presunción de validez y con ella la eficacia del acto. Como lo indica la Ley de Honduras:

> "*Artículo* 30. Se presume la legitimidad de los actos administrativos.
>
> La Administración tiene potestad de ejecutarlos a través de sus órganos competentes, previo apercibimiento."

Por su parte, el artículo 9 de la Ley del Perú formula el principio de la "presunción de validez", indicando que "todo acto administrativo se considera válido en tanto su pretendida nulidad no sea declarada por autoridad administrativa o jurisdiccional, según corresponda".

1. La validez y la eficacia

La validez de un acto administrativo consiste en su conformidad con el ordenamiento jurídico, consecuencia del respeto a la legalidad o del sometimiento a las exigencias del derecho.

Por ello, el artículo 8 de la Ley del Perú señala sobre la "validez del acto administrativo" que "es válido el acto administrativo dictado conforme al ordenamiento jurídico".

La eficacia, por su parte, consiste en la producción de efectos del acto administrativo o en la aplicación del acto a sus destinatarios para que surta efectos respecto a ellos.

En esta forma, el acto válido puede ser o no eficaz, dependiendo de las condiciones de eficacia que se regulen en los ordenamientos. Por ejemplo, cuando se haya dictado un acto válido pero que no se ha notificado, el mismo no puede surtir sus efectos; no es eficaz, pero es válido. A la vez, el acto puede ser inválido por no estar acorde con el ordenamiento jurídico, pero puede producir efectos mientras no sea formalmente declarado nulo por la autoridad competente para ello.

A este respecto la Ley General de Costa Rica dispone que:

> "Será válido el acto administrativo que se conforme sustancialmente con el ordenamiento jurídico, incluso en cuanto al móvil del funcionario que lo dicta" (art. 128).

Esto implica que la adecuación al ordenamiento jurídico (al principio de la legalidad) condiciona la validez, precisamente, a través del cumplimiento de los requisitos que para ello se regulan en las leyes de procedimientos administrativos.

Por otra parte, el acto válido, en principio, surte efectos hasta tanto no sea declarada la invalidez del mismo por la autoridad competente. Así lo dice, por ejemplo, expresamente la Ley Federal mexicana:

> "*Artículo* 8. El acto administrativo será válido hasta tanto su invalidez no haya sido declarada por autoridad administrativa o jurisdiccional, según sea el caso."

En síntesis, el acto administrativo, una vez dictado, es válido y, en principio, produce efectos. Dicha validez perdura como consecuencia del principio de la eficacia hasta que el acto no sea revocado o declarado nulo por la autoridad administrativa o judicial o, simplemente, hasta que el acto se extinga normal o naturalmente sin que tenga que ser anulado o revocado por autoridad alguna.

2. Los requisitos de eficacia

Como se ha dicho, el acto administrativo válido o conforme con el ordenamiento jurídico, en principio, produce efectos, pero éstos pueden estar sometidos a variadas condiciones que deban cumplirse a los efectos de que el mismo pueda producir sus consecuencias jurídicas y que deben cumplirse, sea en la propia Administración o respecto de destinatarios del acto.

A. Los requisitos en la Administración: la aprobación y la autorización

En primer lugar, se destacan aquellos requisitos de eficacia que deben cumplirse en el seno de la propia Administración y que, en general, se configuran como autorizaciones y aprobaciones.

En efecto, con frecuencia las leyes exigen que para que un acto administrativo surta efectos tiene que ser autorizado previamente por otro órgano administrativo, o tiene que ser aprobado por otra entidad pública.

Incluso, en muchos casos, tratándose de algunos actos del Ejecutivo, se requiere de autorizaciones previas o aprobaciones posteriores de los órganos legislativos. En todo caso, se trata del régimen de las aprobaciones y autorizaciones como condición de eficacia de los actos administrativos.

Esto encuentra regulación expresa en muchas leyes. Por ejemplo, en el caso mexicano, la Ley Federal de Procedimientos Administrativos, establece:

> "*Artículo* 10. Si el acto administrativo requiere aprobación de órganos o autoridades distintos del que lo emita, de conformidad a las disposiciones legales aplicables, no tendrá eficacia sino hasta en tanto aquélla se produzca."

En igual sentido se establece en la Ley de Honduras al disponer su artículo 31 que "los actos sujetos a aprobación no producirán sus efectos en tanto la misma no se haya ejercido".

Normalmente, por supuesto, la aprobación es un acto posterior al acto sujeto a aprobación, el cual sólo puede comenzar a surtir efectos cuando ella se produzca. En cambio, la autorización es una condición previa a la propia emisión del acto autorizado.

En el caso de la Ley General de Costa Rica, también se regula en forma expresa la aplicación de dicho requisito de autorización, que debe ser previa, como condición de eficacia. Así, el artículo 145 de la Ley General establece:

> "*Artículo* 145. 1. Los efectos del acto administrativo podrán estar sujetos a requisitos de eficacia, fijados por el mismo acto o por el ordenamiento.
>
> 2. Los requisitos de eficacia producirán efecto retroactivo a la fecha del acto administrativo, salvo disposición expresa en contrario del ordenamiento.
>
> 3. Cuando el acto requiera autorización de otro órgano la misma deberá ser previa.
>
> 4. Cuando el acto requiera aprobación de otro órgano, mientras ésta no se haya dado, aquél no será eficaz, ni podrá comunicarse, impugnarse ni ejecutarse."

B. Los requisitos en relación con los destinatarios: la publicación y la notificación

Pero en relación con los destinatarios del acto administrativo, los requisitos de eficacia se rigen por el principio del conocimiento (principio de publicidad) por parte de los interesados, para que el acto tenga eficacia.

Por ejemplo, la Ley argentina señala sobre la "eficacia del acto" que:

> "*Artículo* 11. Para que el acto administrativo de alcance particular adquiera eficacia debe ser objeto de notificación al interesado y el de alcance general, de publicación."

Por tanto, en general, el comienzo de los efectos de los actos administrativo regulados en las leyes de procedimientos administrativos, está vinculado a la notificación o la publicación de los mismos; constituyendo una obligación de la Administración practicar la notificación o efectuar la publicación (art. 18, Ley del Perú).

Sin embargo, a pesar de que la notificación y la publicación sean requisitos de eficacia, los administrados podrían, antes de cumplirse con estos requisitos, pedir el cumplimiento de estos actos si tienen conocimiento de los mismos y no causan perjuicios a terceros (art. 11 de la Ley de Argentina). En esta forma, en ausencia de notificación o publicación, puede haber un cumplimiento voluntario sobre todo en el caso de los actos de efectos particulares.

En igual sentido, en la Ley Federal mexicana en su artículo 9, se regula el principio de que se exceptúa del requisito de notificación, en los casos de:

> "El acto administrativo por el cual se otorgue un beneficio al particular, caso en el cual su cumplimiento será exigible por éste al órgano administrativo que lo emitió desde la fecha en que se dictó o aquélla que tenga señalada para iniciar su vigencia; así como los casos en virtud de los cuales se realicen actos de inspección, investigación o vigilancia conforme a las disposiciones de ésta u otras leyes, los cuales son exigibles a partir de la fecha en que la Administración Pública Federal los efectúe."

En igual sentido, si bien la Ley peruana requiere la "notificación legalmente realizada" para que se produzca la eficacia del acto administrativo (art. 16.1), precisa sin embargo que:

"*Artículo* 16.2. El acto administrativo que otorga beneficio al administrado se entiende eficaz desde la fecha de su emisión, salvo disposición diferente del mismo acto."

En general, puede decirse que en todas las leyes se recogen los mismos principios. En el caso de Costa Rica, de nuevo se destaca que la Ley General dedica un Capítulo entero al tema "Sobre la eficacia" de los actos administrativos, que inicia con el artículo 140, cuyo texto es el siguiente:

"*Artículo* 140. El acto administrativo producirá su efecto después de comunicado al administrado, excepto si le concede únicamente derechos, en cuyo caso lo producirán desde que se adopte."

Conforme a esto y en beneficio del particular, si el acto administrativo es, por ejemplo, consecuencia de una petición de un derecho, la declaración o la concesión del derecho por la Administración aún sin notificación formal del acto, produce efectos si su contenido es sólo el otorgamiento del derecho a quien lo pide. Esto, para que la exigencia de la notificación no se convierta en una limitación a que el acto administrativo pueda comenzar a surtir efectos de inmediato, en el caso de actos que sólo otorgan derechos.

Adicionalmente, la Ley General de Costa Rica precisa en su artículo 334, que "es requisito de eficacia del acto administrativo su debida comunicación al administrado, para que sea oponible a éste". Además, en su artículo 141, señala expresamente que "la debida comunicación será el punto de partida para los términos de impugnación del acto administrativo"; es decir, la notificación de los actos de efectos individuales como condición para el inicio de sus efectos, coincide con el momento en el cual se inician los términos para los lapsos de impugnación de los actos administrativos.

Por su parte, la Ley Federal mexicana con toda precisión, establece que "el acto administrativo será válido, eficaz y exigible a partir de que surta efectos la notificación legalmente efectuada..." (art. 9)

Por supuesto, la notificación es indispensable para que el acto de efectos particulares surta efectos, salvo, como lo dice la Ley de Honduras, "respecto de las personas para las que no fuese exigible la notificación personal", en cuyo caso la publicación producirá los efectos de la notificación (art. 33).

Por supuesto, en general, la notificación no es necesaria respecto de los actos administrativos de efectos generales, que comienzan sus efectos a partir de la publicación de los mismos. La distinción la recoge la Ley Orgánica de Venezuela, previéndose que la publicación es un requisito de eficacia no sólo de los actos normativos, que son los que normalmente aparecen publicados en el Diario o *Gaceta Oficial*, sino para los actos generales de efectos particulares, porque en definitiva se dirigen a un número determinable de sujetos (art. 72). En la legislación peruana, en los casos de actos que tengan varios destinatarios, el principio es que deben ser notificados personalmente a todos (art. 22).

En efecto, respecto al tema de la publicación, el principio es que el acto administrativo de efectos generales debe publicarse, sobre todo el de carácter normativo, o el que sea de carácter general no normativo cuando afecte a un número determinable de personas. Dicha publicación debe efectuarse en el Diario o *Gaceta Oficial* cuando se trate de actos administrativos nacionales; si se trata de actos administrativos dictados por entidades territoriales descentralizadas, si existen dichas *Gacetas Oficiales* en la entidad, deberá hacerse la publicación estableciéndose sustitutivamente, como lo desarrolla el Código colombiano, la posibilidad de la publicación en un periódico de amplia circulación en el territorio donde sea competente quien expidió las decisiones (art. 46).

En cuanto a las notificaciones de los actos administrativos hay principios comunes que puedan identificarse en casi todas las leyes:

En *primer lugar*, el principio de la notificación personal al interesado o al apoderado o al representante legal, mediante acto escrito, oficio, telegrama, carta o cualquier otro medio. Esto se encuentra expresamente establecido en el Código colombiano (art. 44), en la Ley Orgánica de Venezuela (art. 73), en la Ley General de Costa Rica (art. 243) y en la Ley de Honduras (arts. 87 y 88). La Ley peruana agrega "correo electrónico" o "cualquier otro medio que permita comprobar fehacientemente su acuse de recibo y quien lo recibe, siempre que el empleo de cualquiera de estos medios hubiese sido solicitado expresamente por el administrado" (art. 20,1,2).

En *segundo lugar*, la precisión del lugar de la notificación, es decir, dónde deben hacerse las notificaciones, que puede ser en el domicilio o residencia del interesado o en el lugar que estos hayan señalado como "domicilio procesal", similar al que puede indicarse conforme a los Códigos de Procedimiento Civil.

En *tercer lugar*, la recepción de la notificación debe ser personal, pero las leyes, en general, permiten que esta notificación pueda hacerse a la persona que se encuentre en el domicilio o la residencia. Es el caso de Venezuela, donde para agilizar los efectos del acto, si la persona destinataria no está en ese lugar, puede dejarse la notificación del acto con quien lo reciba, siempre que sea el domicilio o la residencia de la persona (art. 75).

En igual forma se establece en la Ley peruana (art. 21,4). Esto, para distanciar el principio de la notificación de los actos administrativos de los principios de la citación procesal contenidos en las normas del procedimiento civil, que son mucho más rigurosos.

En todo caso, cuando se desconozca el domicilio o la residencia del destinatario, las leyes de procedimiento administrativo establecen mecanismos alternativos de fijación de edictos en el Despacho del órgano administrativo (art. 45 del Código colombiano; art. 88 Ley de Honduras) o de publicación del acto (art. 22.1.2 de la Ley del Perú) o del edicto (art. 35 de la Ley Federal mexicana, art. 76, Ley Orgánica de Venezuela). En estos casos, el emplazamiento se debe publicar en un periódico, igual que el emplazamiento en el proceso judicial.

En el caso colombiano, la institución del edicto colocado en lugar público puede considerarse de eficacia relativa, por lo que hay que destacar la importancia de la regulación en el caso venezolano, donde la notificación no procede por edicto colocado en una oficina pública, sino que es obligatorio publicarlo en un diario de mayor circulación (art. 76). En el caso de México se exige la publicación en el Diario Oficial y en un periódico de mayor circulación (art. 37).

Un aspecto importante a destacar es que si bien la publicación es una forma de suplir la ausencia de notificación personal, lo que no puede la Administración es recurrir libremente a la publicación sustituyendo la exigencia de notificación personal (Ley del Perú, art. 20.2). Es decir, si el acto administrativo es de efectos particulares y tiene destinatarios, tiene que haber notificación personal y no puede la Administración pretender que con el hecho de publicarlo en la *Gaceta Oficial*, la cual además muy poca gente lee, pueda presumirse que se notificó el acto. Por tanto, como principio, la publicación no puede sustituir la exigencia de la notificación personal.

En *cuarto lugar*, la precisión del contenido de la notificación. En todas las legislaciones se sigue el principio de la legislación española, según el cual la notificación debe contener el texto íntegro del acto administrativo que se notifica, con la indicación de los recursos que proceden contra el mismo. Es el caso particularmente de la Ley venezolana (art. 73), del Código colombiano (arts. 44 y 47), de la Ley de Honduras (art. 89) de la Ley General de Costa Rica (art. 245) y de la Ley peruana (art. 24).

Por otra parte, si la propia Administración se equivoca en la indicación al particular de cuál es el recurso que tiene que interponer y el particular usa erradamente el recurso indicado, expresamente se señala en la Ley venezolana que el tiempo que pueda transcurrir no se cuenta a los efectos de la caducidad, cuando se corrija la introducción del recurso (art. 77). Por tanto, el error en que pueda inducir la Administración al particular, no lo afecta en el sentido de que pueda llegarse a considerar que habrían caducado los recursos. En forma general esta situación se regula en la Ley peruana, no sólo en relación con los recursos, sino con cualquier acto procedimental, así:

> "*24.2* Si en base a información errónea, contenida en la notificación, el administrado practica algún acto procedimental que sea rechazado por la entidad, el tiempo transcurrido no será tomado en cuenta para determinar el vencimiento de los plazos que correspondan."

La indicación sobre el necesario contenido de los actos administrativos la traen expresamente todas las legislaciones, particularmente en forma expresa en los casos de Venezuela (art. 74), Perú (arts. 26 y 27) y Colombia (art. 48), al regular las notificaciones defectuosas. En consecuencia, si la notificación no contiene todos los elementos establecidos, no produce efectos y no comienzan a correr para el particular los lapsos de impugnación; salvo a partir de la fecha en que se haga manifestación expresa en tal sentido por el notificado o se interponga el recurso procedente, como lo indica la Ley de Honduras (art. 91).

Por último, debe destacarse la regulación detallada de la legislación mexicana sobre la posibilidad de que el particular interesado, aún sin notificación, pueda darse por notificado, conocer voluntariamente el acto y ejercer los recursos de impugnación ante la Administración (art. 41).

La regulación deriva de la discusión sobre si la Administración puede presumir que el particular conocía el acto y si por esa vía, puede alegar la caducidad, por ejemplo, de su impugnación. En principio, dicha presunción no debe darse, salvo que haya manifestación concreta de alguna actuación del particular ante la Administración (art. 27.2, Ley del Perú). Pero como principio, la Administración no puede alegar la caducidad de los recursos con fundamento en que "presume" que el particular conocía el acto, salvo que el particular se haya dado por notificado formalmente ante la Administración o haya dado por conocido el acto formalmente y lo haya impugnado ante los órganos jurisdiccionales. Por tanto, si el particular actúa en el procedimiento y se da por notificado, aún cuando no haya sido notificado personalmente, la Administración sí puede estimar que tuvo conocimiento del acto desde el momento en que ha actuado y que su recurso feneció o caducó si no lo ha ejercido en el tiempo establecido.

Por ello, incluso, el artículo 19 de la Ley peruana expresamente "dispensa de notificación" en los siguientes casos:

> "*19.1.* La autoridad queda dispensada de notificar formalmente a los administrados cualquier acto que haya sido emitido en su presencia, siempre que exista acta de esta actuación procedimental donde conste la asistencia del administrado.

19.2. También queda dispensada de notificar si el administrado tomara conocimiento del acto respectivo mediante su acceso directo y espontáneo al expediente, recabando su copia, dejando constancia de esta situación en el expediente.

C. La condición y el término en los actos administrativos

Los actos administrativos, como todo acto jurídico, pueden tener supeditado el inicio de sus efectos o la duración de los mismos, a condición o término. Sin embargo, en el derecho administrativo, la materia requiere texto expreso por lo que, en ningún caso la Administración puede someter la eficacia de sus actos, discrecionalmente, a estas modalidades.

La regulación de la materia en las leyes de procedimientos administrativos, sin embargo, es excepcional. La disposición más precisa está en la Ley peruana, en cuyo artículo 2, se regulan las modalidades del acto administrativo, así:

> "*2.1.* Cuando una ley lo autorice, la autoridad, mediante decisión expresa, puede someter el acto administrativo a condición, término o modo, siempre que dichos elementos incorporables al acto, sean compatibles con el ordenamiento legal, o cuando se trate de asegurar con ellos el cumplimiento del fin público que persigue el acto.
>
> *2.2.* Una modalidad accesoria no puede ser aplicada contra el fin perseguido por el acto administrativo."

De resto se puede mencionar la Ley Federal mexicana, donde está una previsión expresa de que el acto administrativo puede estar sometido a condición o término, pero regulado en una forma indirecta cuando precisa las formas de extinción del acto administrativo. En tal sentido, el artículo 11 señala que el acto se extingue de pleno derecho cuando la formación del acto está sometida a una condición o término suspensivo y éste no se realiza, o cuando está sometido al acaecimiento de una condición resolutoria, en cuyo caso se extingue. Es decir, es una regulación indirecta de la condición y el término, por vía de la previsión de la extinción del acto.

Por tanto, puede decirse que, salvo en la Ley del Perú, el principio positivo de que el acto administrativo puede estar sometido a condición o término no se encuentra regulado en forma expresa en las leyes de procedimientos administrativos. Ello confirma la conclusión de que la condición o término en relación a los efectos de los actos administrativos, sólo puede existir por texto expreso lo que, en definitiva, es una limitación a la potestad discrecional.

3. La firmeza de los actos administrativos

La firmeza del acto administrativo se produce cuando el mismo es totalmente irrevisable, es decir, cuando no puede ser impugnado por los particulares y no pueda ser revocado por la Administración. Este principio de la firmeza justifica que el acto pueda ser totalmente ejecutado, y que haya que cumplirlo necesariamente. Por ello, la Ley General de Costa Rica señala al respecto que "la Administración deberá dar cumplimiento a los actos administrativos firmes..." (art. 228).

Incluso, algunas legislaciones vinculan la eficacia del acto con la firmeza, como ocurre con la Ley de Honduras que establece que "los actos de la Administración de carácter particular adquieren eficacia al ser firmes" (art. 31).

Ahora bien, la definición precisa de la firmeza de los actos administrativos normalmente no se encuentra en textos legales expresos. En general, como se dijo, está vinculada al concepto de la inimpugnabilidad del acto administrativo; aquél que ya no es recurrible. En tal sentido, la única de las leyes que trae una definición de la firmeza es el Código colombiano que precisa en su artículo 62 que los actos administrativos quedarán firmes:

"1. Cuando contra ellos no proceda ningún recurso;

2. Cuando los recursos interpuestos se hayan decidido;

3. Cuando no se interpongan recursos, o cuando se renuncie expresamente a ellos;

4. Cuando haya lugar a la perención, o cuando se acepten los desistimientos."

Este mismo principio es el que se aplica en todos los demás países, aún cuando en la legislación no se incluya una definición expresa.

4. El principio de la ejecutividad y el carácter ejecutivo del acto administrativo

La consecuencia de la presunción de legalidad y de legitimidad del acto administrativo es el principio de la ejecutividad, es decir, la posibilidad de que el mismo, sin que exista una declaración judicial, pueda ser ejecutado, precisamente por el carácter ejecutivo que tiene.

El principio se encuentra en algunas leyes de procedimientos administrativos en América Latina, como la Ley argentina que establece:

> "*Artículo* 12. El acto administrativo goza de presunción de legitimidad: su fuerza ejecutoria faculta a la Administración a ponerlo en práctica por sus propios medios -a menos que la ley o la naturaleza del acto exigieren la intervención judicial- e impide que los recursos que interpongan los administrados suspendan su ejecución y efectos, salvo que una norma expresa establezca lo contrario."

En igual sentido se regula en la Ley de Honduras, donde se establece que al presumirse la legitimidad de los actos administrativos "la Administración tiene potestad de ejecutarlos a través de sus órganos competentes, previo apercibimiento" (art. 30). En la Ley peruana se dispone que "los actos administrativos tendrán carácter ejecutorio, salvo disposición legal expresa en contrario, mandato judicial o que estén sujetos a condición o plazo conforme a ley" (art. 192).

El Código colombiano, sin embargo, define, tanto el principio de la ejecutividad como el de la ejecutoriedad del acto administrativo derivado de la presunción de legitimidad: condiciones que expresamente reconoce el Código colombiano como característica de los actos administrativos, al destacar el "carácter ejecutivo y ejecutorio de los actos administrativos" (art. 64), distinguiendo claramente entre ejecutividad y ejecutoriedad.

La ejecutividad, por tanto, es el carácter ejecutivo de los actos de la Administración, lo que implica la sustitución de lo que en vía judicial ordinaria sería el proceso de cognición ante un juez para la declaración del derecho que se pretende. En el derecho administrativo se considera que el acto administrativo dictado es, en sí mismo, el derecho declarado con fuerza de título ejecutivo, sin que la Administración tenga necesidad de acudir ante el juez para que declare el derecho.

El principio de ejecutividad o principio de la "*décision exécutoire*" del derecho francés, está así regulado en las leyes de América Latina, aún cuando no siempre en forma expresa.

En todo caso, la ejecutividad del acto administrativo está relacionada con la eficacia: si el acto deja de ser eficaz pierde su carácter de ejecutivo. Así se regula en la Ley del Perú (aún cuando calificando la ejecutividad como ejecutoriedad), cuyo artículo 193 regula la pérdida de efectividad y ejecutoriedad del acto administrativo, en los siguientes casos:

"193.1.1. *Por suspensión provisional conforme a ley,*

193.1.2. *Cuando transcurrido cinco años de adquirido firmeza, la administración no ha iniciado los actos que le competen para ejecutarlos.*

193.1.3. *Cuando se cumpla la condición resolutiva a que estaban sujetos de acuerdo a ley.*"

De lo anterior resulta, en todo caso, que una vez dictado el acto administrativo, por su carácter ejecutivo, la Administración puede proceder a su ejecución, siempre que la misma pueda hacerse en vía administrativa.

Esto conduce, en realidad, al otro principio, el de la ejecutoriedad, es decir, la posibilidad que tiene la Administración de ejecutar los actos administrativos por sí misma, en los casos en los cuales la ley o la naturaleza del acto no exijan ejecución judicial. En efecto, muchos actos administrativos requieren de ejecución judicial, sobre todo aquéllos que, por ejemplo, impliquen efectos sobre el patrimonio de las personas. En Venezuela, este tipo de actos requieren de ejecución judicial; por ejemplo, para el cobro de una multa o de un impuesto, la Administración tiene que recurrir a la vía judicial para la ejecución, no existiendo mecanismos de apremio por parte la Administración, directamente, sobre el patrimonio del particular.

En todo caso, el estudio del principio ejecutorio de los actos administrativos, se ha hecho anteriormente, al analizar el principio de la oficialidad en el procedimiento administrativo.

5. La suspensión de efectos de los actos administrativos

Los actos administrativos, como se ha dicho, por la presunción de legitimidad y veracidad que tienen, al ser notificados comienzan a surtir efectos y pueden ser ejecutados, de manera que como principio, el ejercicio de recursos contra los mismos no suspende sus efectos. Este es el principio general en las leyes de procedimientos administrativos, de América Latina.

Por ello, el régimen de Colombia puede considerarse excepcional, al establecer el principio contrario, de los efectos suspensivos de los recursos, consagrado en el artículo 55 del Código, que establece que "los recursos se concederán en el efecto suspensivo...". Por supuesto, este régimen excepcional, en el balance entre interés general y el interés particular, está más en favor de la garantía de los derechos de los particulares.

En general, el resto de las leyes de América Latina establecen el principio contrario, que es el clásico, de los efectos no suspensivos de los recursos.

Así, por ejemplo, el artículo 87 de la Ley Orgánica venezolana establece que "la interposición de cualquier recurso no suspenderá la ejecución del acto impugnado, salvo previsión legal en contrario", como, precisamente, la prevista en el Código Orgánico Tributario para los actos administrativos de naturaleza tributaria.

En igual sentido, la Ley General de Costa Rica establece en general, que "los recursos administrativos no tendrán efecto suspensivo de la ejecución" (art. 148); y la Ley peruana precisa que "la interposición de cualquier recurso, excepto los casos en que una norma legal establezca lo contrario, no suspenderá la ejecución del acto impugnado" (art. 216,1).

En cuanto a los recursos contencioso-administrativos, en general, también tienen los mismos efectos no suspensivos, pero teniendo el juez contencioso-administrativo amplísimos poderes cautelares de suspensión.

Por otra parte, como se dijo, siempre existe la posibilidad de que intentada una reclamación, un recurso o una solicitud, la Administración puede decidir la suspensión de efectos de los actos impugnados. En algunos casos, en leyes como la de Venezuela, por ejemplo, se limita la posibilidad de suspensión de efectos para los casos en los cuales se formule un alegato de nulidad absoluta o cuando el acto si se ejecuta se estime que pueda causar gravamen o perjuicio irreparable. En estos casos, la Administración puede suspender los efectos del acto (art. 87 de la Ley venezolana).

Esto es paralelo a lo que podría llamarse la suspensión de facto, que es la común: dictado un acto administrativo y recurrido el mismo, aún cuando formalmente el recurso no tenga efectos suspensivos, no es común ver a la Administración ejecutándolo, sobre todo cuando puede afectar el patrimonio del particular, cuando por ejemplo, pueda implicar una demolición o una multa. Por otra parte, es muy difícil ver a la Administración cobrando una multa cuando hay un recurso pendiente, produciéndose de hecho la suspensión.

En todo caso, en la legislación de Costa Rica se establece el mismo principio del carácter no suspensivo de los recursos administrativos, admitiéndose, sin embargo, la posibilidad para la Administración, de poder "suspender la ejecución cuando la misma puede causar perjuicios graves o de imposible o difícil reparación" (art. 148).

En la Ley argentina, el mismo principio está consagrado así:

> "*Artículo 12.* La Administración podrá, de oficio o a pedido de parte y mediante resolución fundada, suspender la ejecución por razones de interés público, o para evitar perjuicios graves al interesado, o cuando se alegare fundadamente una nulidad absoluta."

Una norma idéntica está consagrada en la Ley de Honduras (art. 30). La Ley peruana, por su parte, destina al tema la siguiente normativa desarrollada con todo detalle:

> "*216.2.* No obstante lo dispuesto en el numeral anterior, la autoridad a quien competa resolver el recurso podrá suspender de oficio o a petición de parte la ejecución del acto recurrido cuando concurra alguna de las siguientes circunstancias:
>
> a. Que la ejecución pudiera causar perjuicios de imposible o difícil reparación.
>
> b. Que se aprecie objetivamente la existencia de un vicio de nulidad trascendente.
>
> *216.3.* La decisión de la suspensión se adoptará previa ponderación suficientemente razonada entre el perjuicio que causaría al interés público o a terceros la suspensión y el perjuicio que causa al recurrente la eficacia inmediata del acto recurrido.

216.4. Al disponerse la suspensión podrán adoptarse las medidas que sean necesarias para asegurar la protección del interés público o los derechos de terceros y la eficacia de la resolución impugnada.

216.5. La suspensión se mantendrá durante el trámite del recurso administrativo o el correspondiente proceso contencioso-administrativo, salvo que la autoridad administrativa o judicial disponga lo contrario si se modifican las condiciones bajo las cuales se decidió."

Debe destacarse, sin embargo, que esta potestad de la Administración de suspender los efectos de los actos administrativos impugnados, encuentra una restricción extrema en la ley venezolana, al exigir obligatoriamente que el órgano respectivo requiera del interesado la constitución de caución suficiente, haciendo responsable al funcionario de la insuficiencia de la caución (art. 87).

6. La extinción natural del acto administrativo

Otro tema vinculado a la presunción de validez y legitimidad y al cumplimiento de los efectos del acto administrativo, como lo señala la Ley Federal mexicana, es que el acto produce sus efectos como acto válido, hasta tanto sea declarada su invalidez por una decisión administrativa o judicial, según que se revoque o se anule (art. 8).

Sin embargo, esto hay que contrastarlo con los mecanismos de extinción natural de los actos administrativos, es decir, que sin que haya una revocación o una anulación, el acto puede extinguirse por diversas razones: porque se agotó su objeto; porque se extinguió su finalidad; porque se extingue su plazo, en caso de tenerlo; porque se produce el término extintivo o la condición resolutoria. También se produce la extinción natural del acto, cuando se trata de un acto que sólo beneficia a un particular y éste puede renunciar al derecho que le otorga. También constituye una forma de extinción natural del acto, el denominado decaimiento, cuando lo que se extingue es el presupuesto de hecho o el presupuesto de derecho del acto, y al desaparecer uno de estos elementos esenciales, el acto decae.

Todos estos medios de extinción natural se enumeran en la Ley Federal mexicana así:

"*Artículo* 11. El acto administrativo de carácter individual se extingue de pleno derecho, por las siguientes causas:

I. Cumplimiento de su finalidad;

II. Expiración del plazo;

III. Cuando la formación del acto administrativo esté sujeto a una condición o término suspensivo y éste no se realiza dentro del plazo señalado en el propio acto;

IV. Acaecimiento de una condición resolutoria;

V. Renuncia del interesado, cuando el acto hubiere sido dictado en exclusivo beneficio de éste y no sea en perjuicio del interés público; y

VI. Por revocación, cuando así lo exija el interés público, de acuerdo con la ley de la materia."

Otra forma de extinción regulada especialmente en la Ley argentina, es la caducidad del acto administrativo cuando el interesado no cumple las condiciones fijadas en el mismo (art. 21), lo que es un principio general del derecho administrativo. La Ley exige, sin embargo, la previa constitución en mora del particular y la concesión de un plazo suplementario razonable para el cumplimiento (art. 21).

V. LA CONSECUENCIA DE LA ILEGALIDAD DE LOS ACTOS ADMINISTRATIVOS

1. El régimen de las nulidades

La precisión, en todas las leyes de procedimiento administrativos, de los requisitos de validez de los actos, es decir, de los requisitos de fondo (la competencia, manifestación de voluntad, base legal, causa, objeto, finalidad) y de los requisitos de forma (formalidades, forma, motivación), conduce a que en las propias leyes se haya establecido el régimen de las nulidades, es decir, se hayan regulado las consecuencias de las violaciones de estos requisitos. En esta forma, todo lo que se refiere a la teoría de las nulidades en el derecho administrativo, es decir, a la teoría de las consecuencias de la ilegalidad, por violación de los requisitos de legalidad o de fondo, está regulado expresamente en las legislaciones.

En efecto, como lo señala la Ley General de Costa Rica:

> "La falta o defecto de algún requisito del acto administrativo, expresa o implícitamente exigido por el ordenamiento jurídico, constituirá un vicio de éste" (art. 158.1).

Sin embargo, no todo vicio afecta la validez de los actos administrativos, o en otros términos, no todas las faltas o defectos en los elementos o requisitos de los actos administrativos, producen la nulidad de los mismos. La invalidez y, consecuentemente, la posibilidad de anular los actos administrativos sólo se produce cuando el acto administrativo tenga una "inconformidad sustancial con el ordenamiento jurídico" (art. 158 Ley General de Costa Rica). En otros términos, las infracciones insustanciales no invalidan los actos administrativos ni conducen a que se declare su nulidad, sin perjuicio de la responsabilidad disciplinaria del funcionario (art. 158.5 Ley General de Costa Rica). En este sentido, el art. 16 de la Ley de Argentina establece que:

> "La invalidez de una cláusula accidental o accesoria de un acto administrativo no importará la nulidad de éste, siempre que fuere separable y no afectare la esencia del acto emitido."

A. La nulidad absoluta y la nulidad relativa

Ahora bien, una de las consecuencias más importantes del proceso de codificación del derecho administrativo y de la regulación legislativa de los elementos del acto administrativo en América Latina, es la previsión expresa del régimen de las nulidades de los mismos, y, particularmente, el establecimiento, por ley, de los casos de nulidad absoluta y sus consecuencias.

Como se ha dicho, la invalidez del acto administrativo no tiene siempre la misma gravedad de origen ni los mismos efectos, ya que puede manifestarse como resultado de un vicio de nulidad absoluta o de nulidad relativa, según la gravedad de la violación cometida. El problema de la teoría de las nulidades de los actos administrativos radica, entonces, precisamente en determinar cuándo el vicio del acto administrativo acarrea la nulidad absoluta del mismo, y cuándo ello no ocurre, resultando sólo un vicio de nulidad relativa o anulabilidad, pues los efectos de uno u otro vicio en el mundo del derecho son totalmente distintos.

En este sentido se pueden distinguir dos grandes sistemas para la determinación de los vicios derivados del incumplimiento de los requisitos de fondo y de forma, y las consecuencias que se derivan de cada uno de ellos.

a. *La nulidad absoluta vinculada a los vicios sustanciales*

Un primer sistema prescribe, en general, que la violación de los requisitos de fondo (o los requisitos constitutivos de los actos), cuando por ejemplo, faltan totalmente, produce la nulidad absoluta.

La Ley General de Costa Rica, al respecto, establece que "habrá nulidad absoluta del acto cuando falten totalmente uno o varios de sus elementos constitutivos, real o jurídicamente" (art. 166).

El otro supuesto que también está establecido en la Ley General de Costa Rica, tiene que ver con la definición de los elementos sustanciales. Esto conduce a la discusión de qué es y qué no es un elemento sustancial, para poder definir la frontera entre nulidad absoluta y nulidad relativa respecto de lo cual, la Ley General de Costa Rica señala que:

> "Habrá nulidad relativa del acto cuando sea imperfecto uno de sus elementos constitutivos, salvo que la imperfección impida la realización del fin, en cuyo caso la nulidad será absoluta" (art. 167).

Conforme a estas normas, entre los vicios de nulidad absoluta estarían, por ejemplo, la incompetencia manifiesta y la ausencia de objeto o de base legal o de la propia manifestación de voluntad.

En todo caso, este primer supuesto identificatorio de la nulidad absoluta, basado en la ausencia de los elementos del acto o en solo su imperfección, deja, en la práctica, muy imprecisa la frontera entre los dos tipos de vicios de los actos administrativos, con lo que su determinación sería casuística.

En el caso de la Ley Federal de México, puede decirse que sigue la misma orientación de la Ley General de Costa Rica, declarando materialmente la nulidad de los actos cuando haya "omisión o irregularidad de los elementos y requisitos exigidos" para su validez (art. 5), los cuales también se enumeran, como en la Ley argentina, detalladamente.

Por lo tanto, en la aplicación de la ley también se abre allí la discusión del tema sobre la frontera entre la nulidad absoluta y la nulidad relativa, el cual en definitiva, es el tema central del régimen de las nulidades en derecho comparado.

b. *La nulidad absoluta como numerus clausus*

El segundo sistema para determinar la nulidad absoluta, se inspira en la Ley española de 1957, y se caracteriza por la enumeración expresa, en la Ley, de los casos precisos que originan dicha nulidad absoluta, es decir, de los casos en los cuales los vicios la producen. De ello resulta que no todo incumplimiento o violación de los requisitos de fondo origina nulidad absoluta, sino sólo algunos que están expresamente determinados, como *numerus clausus* en la ley.

Por ejemplo, en el caso español, tradicionalmente se consideraban como nulidades de pleno derecho, los actos dictados por órgano manifiestamente incompetente, es decir, no sólo cuando había incompetencia sino que ésta debía ser manifiesta; o, cuando el objeto o contenido del acto fuere imposible o constituyera delito; o cuando fuese dictado con prescindencia total y absoluta del procedimiento legalmente establecido (art. 47.1 Ley de España de 1957). Se trataba, en resumen, de vicios graves en la competencia, del vicio en el objeto del acto y de vicios en las formalidades sustanciales. La vieja Ley española de Régimen Jurídico de la Administración del Estado, además, agregaba a estos vicios de nulidad absoluta, los casos de violación de la reserva legal y de respeto a la jerarquía de los actos (arts. 23 a 28 y art. 47.2).

Ahora bien, este sistema ha encontrado cabida en las leyes latinoamericanas.

Por ejemplo, el artículo 34 de la Ley de Honduras establece que sin perjuicio de lo establecido en leyes especiales, el acto administrativo es nulo, en los siguientes casos:

"a. Los dictado por órgano absolutamente incompetente;

b. Aquéllos cuyo objeto sea imposible o configure un delito;

c. Los dictados prescindiendo total y absolutamente del procedimiento establecido;

d. Los que se emitan infringiendo las normas que contienen las reglas esenciales para la formación de la voluntad de los órganos colegiados;

e. Los de carácter general que infrinjan los límites señalados a la potestad reglamentaria."

En Venezuela, también se sigue el sistema del *numerus clausus* en los vicios de nulidad, al disponer el artículo 19 de la Ley Orgánica que "los actos de la Administración son absolutamente nulos" en los siguientes casos:

"1. Cuando así esté expresamente determinado por una norma constitucional o legal;

2. Cuando resuelvan un caso precedentemente decidido con carácter definitivo y que haya creado derechos particulares, salvo autorización expresa de la Ley.

3. Cuando su contenido sea de imposible o ilegal ejecución, y;

4. Cuando hubieren sido dictados por autoridades manifiestamente incompetentes, o con prescindencia total y absoluta del procedimiento legalmente establecido."

En igual sentido está establecido en la Ley del Perú, cuyo artículo 10 al regular las causales de nulidad, establece que son vicios del acto administrativo, que causan su nulidad de pleno derecho, los siguientes:

"1. La contravención a la Constitución, a las leyes o a las normas reglamentarias

"2. El defecto o la omisión de alguno de sus requisitos de validez, salvo que se presente alguno de los supuestos de conservación del acto a que se refiere el Artículo 14°.

3. Los actos expresos o lo que resulten como consecuencia de la aprobación automática o por silencio administrativo positivo, por los que se adquiere facultades, o derechos, cuando son contrarios al ordenamiento jurídico, o cuando no se cumplen con los requisitos, documentación o trámites esenciales para su adquisición

4. Los actos administrativos que sean constitutivos de infracción penal, o que se dicten como consecuencia de la misma."

Sin embargo, es de destacar que de estas enumeraciones quedarían fuera otras violaciones que también podrían constituir vicios de nulidad absoluta, como el error manifiesto en el acto. Si, por ejemplo, se le otorgó un indulto a una persona que no debía ser indultada de haberse sabido quien era. En ese caso habría un error de hecho, por lo que el acto sería nulo de nulidad absoluta.

Ahora bien, siguiendo la enumeración de la Ley venezolana, se podría identificar un primer supuesto general de nulidad absoluta que se refiere a tal vicio, *cuando así esté expresamente determinado por una norma constitucional o legal.* Esto exige que la

Constitución o la Ley, expresamente, en forma específica, determinen la consecuencia de la nulidad por la violación de una norma, lo que está expresamente previsto, por ejemplo, respecto de los actos que violen los derechos y garantías constitucionales y los actos dictados en usurpación de funciones (art. 25 y 138 de la Constitución de Venezuela).

En *segundo lugar*, agrega la legislación venezolana como vicio de nulidad absoluta, los casos de actos administrativos revocatorios de actos precedentes de carácter irrevocable, es decir, actos que hayan creado derechos a favor de particulares (art. 19.2).

En *tercer lugar*, está el vicio en el objeto cuando sea de imposible o ilegal ejecución (art. 19,3).

En *cuarto lugar*, está el vicio de incompetencia manifiesta (art. 19,4), sobre el cual la antigua Corte Suprema de Justicia de Venezuela, en una sentencia de 19-10-98, estableció el siguiente criterio:

> "Inherente a la validez de todo acto administrativo es que emana de una autoridad administrativa competente, es decir, que tenga la potestad para dictarlo en razón de que se encuentre facultada legalmente para ello. La competencia implica el poder legal de realizar un acto jurídico y, respecto de la Administración □cuando actúa en el campo jurídico público□, únicamente existe cuando la ley expresamente la otorga.
>
> En cuanto al vicio de incompetencia básicamente pueden distinguirse tres tipos de irregularidades: la llamada usurpación de autoridad, la usurpación de funciones y la extralimitación de funciones.
>
> La usurpación de autoridad ocurre cuando un acto es dictado por quien carece en absoluto de investidura pública. Este vicio se encuentra sancionado con la nulidad absoluta del acto, conforme a lo dispuesto en el artículo 119 de la Constitución Nacional.
>
> La usurpación de funciones comprende la situación en la que determinado órgano administrativo con investidura pública ejerce funciones igualmente públicas atribuidas a otro Poder del Estado.
>
> Finalmente, la extralimitación de funciones consiste fundamentalmente en la realización por parte de la autoridad administrativa de un acto para el cual no tiene competencia legal expresa.
>
> Todo acto dictado por una autoridad incompetente se encuentra viciado. Ahora bien, el vicio de incompetencia de que adolezca no apareja necesariamente la nulidad absoluta del acto, ya que conforme a lo dispuesto en el ordinal 4° del artículo 19 puesto, es necesario que la incompetencia sea manifiesta.
>
> Así si la incompetencia es "manifiesta vale decir notoria y patente, de modo que sin particulares para dictarlo, o que se pueda determinar que el ente que la dictó no estaba facultado para ello, la nulidad será absoluta (ordinal 4° del artículo 19 de la Ley Orgánica de Procedimientos Administrativos). Si la incompetencia no es manifiesta la nulidad será relativa (artículo 20, *ejusdem*).
>
> En resumen, puede decirse que la usurpación de autoridad determina la nulidad absoluta del acto, conforme a lo previsto en el artículo 119 de la Constitución Nacional; ahora bien la usurpación de funciones y la extralimitación de funciones, como de ostentabilidad como se presente el vicio de incompetencia" (Sentencia de la Sala Político Administrativa, *Revista de Derecho Público*, N° 40, Caracas, 1989, pp. 85 y 86).

En *quinto lugar*, está el vicio de ausencia total y absoluta del procedimiento legalmente prescrito (art. 19,4), sobre el cual la Corte Primera de lo Contencioso Administrativo de Venezuela, estableció lo siguiente:

"Fuera de este caso, los vicios en el procedimiento son de nulidad relativa, respecto de los cuales no existen en nuestro ordenamiento jurídico reglas generales que regulen su incidencia en la anulación de los actos administrativos, y ha sido la propia jurisprudencia la que ha ido estableciendo los criterio para la valorización de este tipo de vicio.

Por este respecto la posición dominante de esta Corte y de la jurisprudencia de nuestro Máximo Tribunal es considerar que cuando la ley no declara expresamente nulo el acto por falta de un determinado trámite, sino que esta es anulable, la apreciación de su defecto entraña nulidad, depende de la importancia que revista el trámite o la forma incumplida, el derecho que afecta, que produzca indefensión o que prive de algún elemento esencial de conocimiento que incida en el fondo o contenido de las actuaciones administrativas, desnaturalizándolas es su esencia. Esto en infracción de las mismas sólo adquiere relieve cuando su existencia, como antes lo anotamos, ha supuesto una disminución efectiva, real y trascendente de garantía, incidiendo así en la decisión de fondo y alterando evidentemente su sentido en perjuicio del administrado y aun de la propia Administración. En consecuencia, su inobservancia es irrelevante cuando, de todas maneras, se logra la finalidad que el legislador persigue al exigir la forma o el trámite incumplido" (Sentencia de 29-9-87, *Revista de Derecho Público*, N° 32, Caracas, 1987, pp. 81 y 82).

El sistema del *numerus clausus*, también se sigue en el Reglamento de la Secretaría de la Comunidad Andina, al establecer su artículo 12 que las Resoluciones y los actos de la Secretaría General serán nulos de pleno derecho en los siguientes casos:

"a. Cuando contravengan el ordenamiento jurídico de la Comunidad Andina;

b. Cuando su contenido sea de imposible o de ilegal ejecución; y,

c. Cuando hubiesen sido dictados por personas incompetentes o con prescindencia de normas esenciales del procedimiento."

Conforme a esta normativa, estimamos que el primer caso, que origina nulidad absoluta de los actos *cuando contravengan el ordenamiento jurídico de la Comunidad*, constituye, sin duda, una regulación muy general para una nulidad de pleno derecho, porque hasta un vicio de forma podría originar nulidad absoluta. El tercer supuesto hace contraste con lo que contempla la legislación de Venezuela, que se refiere a la incompetencia manifiesta, por lo que no toda incompetencia origina nulidad absoluta sino anulabilidad, en el caso de que no sea manifiesta.

En el caso argentino, la Ley es aún mucho más amplia en la precisión de los casos de vicios de nulidad absoluta, al señalar su artículo 14 que el acto administrativo es nulo, de nulidad absoluta e insanable, en los siguientes casos:

"a. Cuando la voluntad de la Administración resultare excluida por error esencial; dolo, en cuanto se tengan como existentes hechos o antecedentes inexistentes o falsos; violencia física o moral ejercida sobre el agente; o por simulación absoluta;

b. Cuando fuere emitido mediante incompetencia en razón de la materia, del territorio, del tiempo o del grado, salvo, en este último supuesto, que la delegación o sustitución estuvieren permitidas; falta de causa por no existir o ser falsos los hechos o el derecho invocados; o por violación de la ley aplicable, de las formas esenciales o de la finalidad que inspiró su dictado."

Se destaca en la enumeración de esta el vicio de nulidad absoluta por la *falta de causa, por no existir o ser falsos los hechos o el derecho invocado*. Ésta, como se dijo, por ejemplo, no está en la enumeración de vicios de la Ley venezolana, pero evidentemente que constituye un vicio de nulidad absoluta, porque si la causa del acto es falsa o no existe, es decir, es falso el hecho o el derecho invocado, por supuesto que el acto debe estar viciado de nulidad absoluta.

c. *La nulidad relativa*

Ahora bien, la consecuencia de la enumeración de los casos de nulidad absoluta, es la indicación residual legislativa de que cualquier otra infracción del ordenamiento jurídico, es decir, cualquier otro vicio de los actos administrativos que no llegue a producir la nulidad absoluta, o como lo dice la Ley argentina, cualquier irregularidad u omisión que no llegue a impedir la existencia de algunos de los elementos esenciales del acto, solamente los harán anulables, es decir, viciados de nulidad relativa (art. 2 Ley de Venezuela; art. 15 Ley de Argentina).

De lo anterior resulta, por tanto, que en general, en las legislaciones de América Latina, los vicios en los elementos de fondo de los actos administrativos cuando son graves y manifiestos, como la incompetencia manifiesta; vicios en la manifestación de voluntad; violación de la Constitución o violación grave de las leyes; inexistencia de los presupuestos de hecho; y ausencia absoluta y total del procedimiento legalmente prescrito, producen la nulidad absoluta de los mismos. De lo contrario, conducen a vicios de nulidad relativa o anulabilidad, incluyendo los casos de desviación de poder y de violación a los límites de la discrecionalidad (art. 160 Ley General de Costa Rica).

Así se establece expresamente en la Ley de Honduras, al indicar:

> "*Artículo* 35. Son anulables los actos que incurran en cualquier infracción del ordenamiento jurídico, incluso el exceso y la desviación del poder.
>
> En el exceso de poder se comprende la alteración de los hechos, la falta de conexión lógica entre la motivación y la parte dispositiva del acto, la contradicción no justificada del acto con otro anteriormente dictado y cualquier otro vicio inherente al objeto o contenido del acto."

Es de destacar, sin embargo, en materia de vicios de forma, que si bien la ausencia absoluta y total del procedimiento legalmente prescrito es la que conduce a la nulidad absoluta, la jurisprudencia en algunos países ha admitido que las violaciones de las formalidades sustanciales, como las que están destinadas a proteger los derechos de los administrados, se pueden asimilar a la nulidad absoluta (Sentencia de la Corte Primera de lo Contencioso Administrativo de Venezuela de 26 de junio de 1986, *Revista de Derecho Público*, N° 27, 1986, p. 101).

Esto está regulado en forma expresa en la Ley de Honduras, así:

> "*Artículo* 36. El defecto de forma sólo determinará la anulabilidad cuando el acto carezca de los requisitos formales indispensables para alcanzar su fin o de lugar a la indefensión de los interesados."

Por tanto, los vicios de forma, en principio, conducen a la anulabilidad de los actos administrativos, salvo que afecten los requisitos formales indispensables para alcanzar el fin del acto, en cuyo caso la irregularidad ni siquiera conduce a la invalidez. Se trata, en definitiva, respecto de los vicios de forma, de la distinción elaborada por la jurisprudencia francesa en cuanto a violación de formalidades sustanciales o no sustanciales, considerándose como sustanciales, como se dijo, aquellas establecidas para proteger a los administrados o cuyo incumplimiento podría modificar la decisión del fondo.

Solo faltaría por indicar los efectos del incumplimiento de los lapsos para la adopción de los actos administrativos. La Ley de Honduras regula la materia indicando que:

> "*Artículo* 37. Las actuaciones administrativas realizadas fuera del tiempo establecido sólo implicarán la anulación del acto, si así lo impusieran la naturaleza del término o plazo, y la responsabilidad del funcionario causante de la demora si a ello hubiere lugar."

B. Los efectos de las nulidades

La declaratoria de nulidad de los actos administrativos origina una serie de situaciones y consecuencias jurídicas, las cuales resume la Ley de México al indicar en su artículo 5°, lo siguiente:

> "El acto administrativo que se declare jurídicamente nulo será inválido; no se presumirá legítimo ni ejecutable; será subsanable, sin perjuicio de que pueda expedirse un nuevo acto. Los particulares no tendrán obligación de cumplirlo y los servidores públicos deberán hacer constar su oposición a ejecutar el acto, fundando y motivando tal negativa. La declaración de nulidad producirá efectos retroactivos.
>
> En caso de que el acto se hubiera consumado, o bien, sea imposible de hecho o de derecho retrotraer sus efectos, sólo dará lugar a la responsabilidad del servidor público que la hubiere emitido u ordenado."

Ahora bien, en esta materia y en términos generales, de las diversas leyes del procedimiento administrativo, resulta lo siguiente:

En *primer lugar*, el acto administrativo viciado de nulidad absoluta no puede presumirse legítimo, por lo que la Administración no puede ordenar su ejecución. Es más, una vez declarado nulo, los funcionarios deben oponerse a su ejecución (art. 12.2, Ley del Perú). En cambio, si el vicio es de nulidad relativa rige el principio de la presunción de legitimidad del acto administrativo mientras lo contrario no sea declarado en vía judicial (art. 7 Ley mexicana). También como lo indica la Ley peruana, los administrados no están obligados al cumplimiento de un acto administrativo declarado nulo (art. 12.2).

Además, la ejecución de los actos administrativos viciados de nulidad absoluta compromete la responsabilidad de los funcionarios ejecutores (arts. 169, 170 y 176, Ley General de Costa Rica; art. 12,3, Ley del Perú). En Venezuela, por ello, si se alega un vicio de nulidad absoluta al ejercerse un recurso administrativo, la Administración puede suspender la ejecución del acto (art. 87, Ley de Venezuela).

En *segundo lugar*, la nulidad absoluta es un vicio que afecta la totalidad del acto y no puede ser convalidado, por lo que el principio de la *conservatio actis* no rige para los casos de nulidad absoluta. La Ley de Honduras, sin embargo indica, como principio, que la invalidez de una parte del acto no se comunicará a las demás, excepto en el caso de que estas dependan de aquéllas o resulte que, sin la parte viciada, el acto no habría sido dictado (art. 38). En igual sentido se regula en la Ley del Perú, así:

> "*13.2.* La nulidad parcial del acto administrativo no alcanza a las otras partes del acto que resulten independientes de la parte nula, salvo que sea su consecuencia, ni impide la producción de efectos para los cuales no obstante el acto pueda ser idóneo, salvo disposición legal en contrario."

En cambio, en general, la nulidad relativa puede afectar parcialmente un acto administrativo y en todo caso, puede ser convalidada (arts. 172 y 187, Ley General de Costa Rica; arts. 21 y 81, Ley de Venezuela).

En *tercer lugar*, la nulidad absoluta de los actos administrativos puede ser declarada por la Administración, en cualquier momento, es decir, los actos viciados de nulidad absoluta pueden siempre ser revocados por la Administración. Un ejemplo de esta previsión lo encontramos en la Ley venezolana:

> "*Artículo* 83. La administración podrá en cualquier momento, de oficio o a solicitud de particulares, reconocer la nulidad absoluta de los actos dictados por ella."

En este supuesto podría hablarse de la existencia de un recurso administrativo sin plazo alguno de caducidad, para solicitar de la Administración el reconocimiento de la nulidad absoluta de sus actos (art. 81, Ley de Venezuela).

Sin embargo, en la Ley de Brasil el derecho de la Administración de anular actos administrativos de los cuales deriven efectos favorables para sus destinatarios decae a los cinco años, salvo comprobada mala fe (art. 54). En la Ley del Perú también se establece en este sentido que:

> "*202.3* La facultad para declarar la nulidad de oficio de los actos administrativos prescribe al año, contado a partir de la fecha en que hayan quedado consentidos.
>
> *202.4.* En caso de que haya prescrito el plazo previsto en el numeral anterior, sólo procede demandar la nulidad ante el Poder Judicial vía el proceso contencioso administrativo, siempre que la demanda se interponga dentro de los dos (2) años siguientes a contar desde la fecha en que prescribió la facultad para declarar la nulidad en sede administrativa."

Por otra parte, los actos administrativos creadores de derechos a favor de particulares, así estén viciados de nulidad relativa, son irrevocables por la propia Administración (arts. 173 y 174, Ley General de Costa Rica; arts. 17 y 18, Ley de Argentina; arts. 19.2 y 81, Ley de Venezuela), al punto de que la Ley venezolana vicia de nulidad absoluta la revocación de un acto que cree derechos a favor de particulares, aunque adolezca de un vicio de nulidad relativa. Es el principio de la violación de la cosa juzgada cuando no hay vicio de nulidad absoluta.

En *cuarto lugar*, la anulación de un acto administrativo viciado de nulidad absoluta, en principio, produce efectos *ex tunc*, es decir, tiene efectos declarativos y retroactivos a la fecha del acto; el cual se entiende como nunca dictado (art. 171, Ley General de Costa Rica; art. 12,1, Ley del Perú). En cambio, en principio, la anulación de un acto administrativo nulo relativamente produce efectos *ex nunc*, es decir, sólo para el futuro, excepto cuando el efecto retroactivo sea necesario para evitar daños al destinatario del acto administrativo, a terceros o al interés público (art. 178, Ley General de Costa Rica).

En *quinto lugar*, en ciertos supuestos, la nulidad absoluta de los actos administrativos permite que se pueda solicitar su nulidad en vía jurisdiccional, en cualquier tiempo, como por ejemplo en los casos de violación de derechos y garantías constitucionales (art. 5°, Ley Orgánica de Amparo sobre Derechos y Garantías Constitucionales, Venezuela), en cuyo caso no habría lapso de caducidad para intentar el recurso contencioso administrativo de anulación.

En cambio, el recurso de nulidad contra los actos administrativos de efectos particulares, cuando se fundamente en vicios de nulidad relativa, debe intentarse en un lapso de tiempo determinado (por ejemplo, 6 meses), sin perjuicio de que con posterioridad pueda oponerse siempre la ilegalidad como excepción (art. 136, Ley Orgánica de la Corte Suprema de Justicia, Venezuela).

En *sexto lugar*, tratándose de vicios de nulidad absoluta, los mismos pueden ser apreciados de oficio por el juez contencioso-administrativo en el curso de un proceso. En cambio, en los casos de vicios de nulidad relativa, tienen que ser alegados por el recurrente para que puedan ser apreciados por el juez contencioso-administrativo (art. 87, Ley Orgánica de la Corte Suprema de Justicia, Venezuela).

En *séptimo lugar*, algunas de las legislaciones latinoamericanas regulan expresamente los supuestos de convalidación, saneamiento y conversión de los actos administrativos cuando adolezcan de algunos de los vicios de nulidad relativa. En tal sentido, por ejemplo, lo regula la Ley argentina calificándose el procedimiento como "ratificación" (art. 19,1).

Por último, en *octavo lugar*, otra consecuencia de la nulidad es la responsabilidad del funcionario: si el acto es nulo de nulidad absoluta no puede considerarse ni ejecutivo ni ejecutorio ni se presume legítimo, por lo que su ejecución por el funcionario origina responsabilidad. Esta responsabilidad incluso, está consagrada a nivel constitucional en aquellos casos de actos violatorios de derechos constitucionales (art. 25 Constitución de Venezuela). Por supuesto, esa nulidad absoluta tiene que constatarse, en estos casos, al revocarse el acto en vía administrativa o al anularse en vía judicial.

C. La revocación de los actos nulos

Como se ha dicho, el acto nulo de nulidad absoluta puede ser revocado por la Administración en cualquier momento. Así lo establece la Ley venezolana (art. 83); la Ley argentina (art. 17); la Ley General de Costa Rica (art. 183,1); y la Ley del Perú (art. 202,1).

La Ley de Brasil establece un término de 5 años para que la Administración pueda ejercer esta potestad (art. 54); término que la Ley del Perú fija en 2 años (art. 202,4).

En el caso de Colombia, el Código dedica un título completo a la revocación de los actos administrativos, con diversas causales indicadas en el artículo 69, así:

> "Los actos administrativos deberán ser revocados por los mismos funcionarios que los hayan expedido o por sus inmediatos superiores, de oficio o a solicitud de parte, en cualquiera de los siguientes casos:
>
> 1. Cuando sea manifiesta su oposición a la Constitución Política o a la ley;
> 2. Cuando no estén conformes con el interés público o social, o atenten contra él;
> 3. Cuando con ellos se cause agravio injustificado a una persona."

De esta norma surgen aspectos que deben precisarse. La "oposición manifiesta" a la Constitución debe consistir, por supuesto, en una oposición burda, grosera; pero la "oposición" a la ley abre un gran campo para que pueda haber infinidad de causas, lo que impediría que pudiera construirse totalmente el régimen de la nulidad absoluta.

El segundo supuesto muestra una cláusula que podría originar gran discrecionalidad, por la presencia de conceptos jurídicos indeterminados como el "interés público"; y la tercera y última causal también plantea un espectro muy amplio de posibilidades.

D. Los límites a la revocatoria de los actos anulables

Otra norma que trae el Código Colombiano (art. 71) con respecto al tema de la revocación, establece que:

> "La revocación podrá cumplirse en cualquier tiempo, inclusive en relación con actos en firme o aun cuando se hayan acudido a los tribunales contencioso administrativos, siempre que en este último caso no se haya dictado acto admisorio de la demanda."

En contraste con esta norma, como dijimos anteriormente, según la legislación de Venezuela, la potestad revocatoria que tiene la Administración respecto de los actos nulos de nulidad absoluta, no se pierde por el hecho de que se haya intentado un recurso y este esté en proceso de decisión. Si el acto es nulo de nulidad absoluta y no ha creado derechos en favor de los administrados, la Administración puede corregir su error y no es necesario que se sujete a un proceso para eventualmente llegar al mismo resultado, que es la extinción del acto.

Por lo tanto, según la legislación venezolana, el único límite a la potestad revocatoria de la Administración es que el acto haya creado o declarado derechos en favor del o los administrados.

Por otra parte, en las legislaciones de México y Argentina, se establece el principio de que el acto considerado anulable es considerado válido y, por tanto, gozará de presunción de legitimidad y ejecutividad (art. 7 Ley Federal de México) hasta tanto no sea debidamente anulado en sede judicial (art. 15 Ley de Argentina).

2. Responsabilidad por los actos administrativos ilegales

Un principio general en el tema de la responsabilidad administrativa, es el de la responsabilidad de la Administración y del funcionario, por lo actos administrativos ilegales. En la Ley de Costa Rica se encuentra expresamente consagrada esta responsabilidad del funcionario, cuando dicte actos ilegales, así:

> "*Artículo* 200. 1. Siempre que se declare la invalidez de actos administrativos, la autoridad que la resuelva deberá pronunciarse expresamente sobre si la ilegalidad era manifiesta o...
>
> 2. En caso afirmativo, deberá iniciar de oficio el procedimiento que corresponda para deducir las responsabilidades consiguientes.
>
> *Artículo* 201. La Administración será solidariamente responsable con su servidor ante terceros por los daños que éste cause en las condiciones señaladas por esta ley."

En la Ley del Perú se establece que la resolución que declare la nulidad de un acto administrativo debe, además, disponer lo conveniente para hacer efectiva la responsabilidad del emisor del acto inválido (art. 11,3). La declaración de nulidad de un acto administrativo, aclara la misma Ley peruana, sin embargo, no presupone necesariamente derecho a indemnización (art. 238,2).

3. Las irregularidades del acto

Pero aparte de los vicios de los actos administrativos que puedan dar lugar a nulidad absoluta o relativa, pueden haber otra serie de irregularidades que pueden ser de carácter procedimental, en cuyo caso rige el principio del *conservatio acti*, es decir, que no son irregularidades de tal naturaleza que puedan afectar al acto y que no producen su la nulidad. Es el caso, por ejemplo, de irregularidades en cláusulas accesorias que son separables del acto y que, por ello, no lo afectan ni dan origen a su nulidad. Esto, por lo general, se aplica a los vicios o a las irregularidades de forma en el procedimiento, siempre que se cumpla el fin del acto y el del procedimiento, lográndose el objetivo legalmente establecido (art. 16, Ley Argentina, art. 7, Ley de Uruguay, art. 36, Ley de Honduras), y no se lesionen derechos de los particulares.

En estos casos, por más que el acto adolezca de alguna irregularidad (falta de sello, falta de firma, etc.), no tendría sentido plantear su revocación en vía administrativa o su anulación en vía judicial.

Sección Novena: EL PRINCIPIO DEL DEBIDO PROCEDIMIENTO

I. LA PRIMACÍA DEL PRINCIPIO

El procedimiento administrativo, a pesar de la informalidad, debe garantizar la situación jurídica de los administrados, conforme a las reglas del debido proceso o debido procedimiento, las cuales tienen primacía ante los demás principios.

La expresión "debido proceso" puede decirse que comenzó a tomar cuerpo, en sus inicios, en Argentina y Uruguay por la traducción del término *due process*; por ello, la expresión "debido proceso" está acuñada sólo en las leyes de Argentina y de Uruguay. Por ejemplo, en la ley uruguaya se establece que,

> "*Artículo* 5. Los interesados en el procedimiento administrativo gozarán de todos los derechos y garantías inherentes al debido proceso de conformidad con lo establecido por la Constitución de la República, las leyes y las normas de Derecho Internacional aprobadas por la República."

Estos derechos implican un procedimiento de duración razonable que resuelva sus pretensiones.

En esta forma, el principio del debido proceso es una expresión legal. De la misma manera sucede en Argentina, cuya Ley lo califica como el "derecho de los interesados al debido proceso adjetivo" (art. 1.f).

En cambio, en el resto de las legislaciones latinoamericanas se habla del derecho a la defensa. Como textualmente lo indica la Ley General de Costa Rica:

> "El derecho de defensa deberá ser ejercido por el administrado en forma razonable. La Administración podrá excepcionalmente limitar su intervención a lo prudentemente necesario y, en caso extremo exigirle el patrocinio o representación de un abogado, sin llegar a la supresión de los derechos de audiencia y defensa antes consagrados, fuera del caso de urgencia previsto por el artículo 219" (art. 220).

En Venezuela, la Constitución incluye al derecho a la defensa, dentro de la garantía del debido proceso (art. 49), tanto en los procedimientos judiciales como en los procedimientos administrativos; al contrario de la mayoría de las Constituciones que regulan el derecho a la defensa básicamente en el área judicial, es decir, en la misma norma donde se regula el derecho de acceso a la justicia.

Ahora bien, este principio del debido procedimiento puede analizarse estudiando los siguientes principios fundamentales: en *primer lugar*, el principio del contradictorio; en *segundo lugar*, el derecho a la defensa en el procedimiento administrativo, en concreto; en *tercer lugar*, el principio de la gratuidad; en *cuarto lugar*, el principio de la motivación de los actos administrativos, que es parte del tema del régimen de los actos administrativos pero su enfoque, en las leyes, lo configura más como un mecanismo de garantía del derecho a la defensa, que de la pura racionalización administrativa; en *quinto lugar*, el principio de la confianza legítima, que empieza a tomar cuerpo en las leyes de procedimiento administrativo conforme a la doctrina europea y, *por último*, el tema de la garantía de la tutela judicial efectiva y su relación con el principio del agotamiento de la vía administrativa, tema clásico en las regulaciones del contencioso administrativo y del procedimiento administrativo.

II. EL PRINCIPIO DEL CONTRADICTORIO

La primera de las garantías del debido proceso o debido procedimiento deriva del principio del contradictorio que también rige en el procedimiento administrativo, que no es más que la necesaria confrontación de criterios que debe existir antes de que la Administración decida, entre la Administración y los administrados e, incluso, en muchos casos, entre varios administrados.

Por supuesto, el procedimiento administrativo ya no es sólo un procedimiento que se refiere a una relación jurídica entre la Administración y un particular, como era la fórmula clásica de realización de la actuación de la Administración, unilateralmente, en relación a un particular. Al contrario, cada vez con más frecuencia los conflictos que van a resolverse en un procedimiento administrativo son de carácter inter-privado o inter interesados, en los cuales la Administración, muchas veces actúa como un árbitro (ya no sólo como juez y parte). Por ejemplo, la oposición a un registro en el campo de la propiedad industrial; o una denuncia en relación a prácticas contrarias a la competencia, en definitiva, originan conflictos entre partes interesadas, en los cuales la Administración decide de acuerdo a la legalidad, si la actuación privada está o no ajustada a la norma en cuestión que la rige. En estos casos, en definitiva, lo importante es destacar que se trata de un conflicto entre particulares. Por eso adquiere tanta importancia el principio del contradictorio, lo que ha llevado, incluso, a la Ley peruana a regular como procedimiento especial, el denominado "procedimiento trilateral", definido como "el procedimiento administrativo contencioso seguido entre dos o más administrados ante las entidades de la administración" (art. 219,1).

En todo caso, como lo declara expresamente el Código colombiano "en virtud del principio de contradicción, los interesados tendrán oportunidad de conocer y de controvertir esas decisiones por los medios legales. (art. 3).

Habría que agregarle a esta norma, que además de poder controvertir las decisiones de la Administración, los particulares también pueden controvertir las posiciones que otros particulares puedan tener en el conflicto que se desarrolla ante la Administración.

Por tanto, el contradictorio es el principio que permite a cualquier particular interesado intervenir en el procedimiento como contraparte del iniciador, como coadyuvante del interesado que lo inicia e, incluso, como coadyuvante de la propia Administración, cuando se trate de un procedimiento en el cual la Administración está enfrentada al propio particular. Es por ello que cuando los derechos o intereses de los particulares puedan resultar afectados por el acto administrativo, la contradicción es la garantía del derecho a la defensa.

III. EL DERECHO A LA DEFENSA

1. La garantía de la defensa

Entre las motivaciones centrales del proceso de codificación del procedimiento administrativo en América Latina, sin duda está el garantizar efectivamente el derecho a la defensa, el cual, con razón, ha sido considerado "tan viejo como el mundo" y, por tanto, inherente a la persona humana.

Su formulación jurisprudencial histórica se la sitúa en el famoso Caso *Dr. Bentley's*, decidido en 1723 por una Corte inglesa, en el cual el Juez Fortescue, al referirse al mismo como un principio de *natural justice*, señaló:

> "*The objection for want of notice can never be got over. The laws of God and men both give the party an opportunity to make his defence, if he has any. I remember to have heard it observed an occasion, that even God himself did not pass sentence upon Adam before he was called upon to make his defense, "Adam (says God) where are thou? Hast thou not eaten of the tree whereof I commanded thee that thou shuldest not eat?. And the same question was put to Eve also (Dr. Bentley's case: The King v. The Chancellor, Ec., of Cambridge (1723), Stra. 557." Vid. Las referencias en Cooper v. The Board of Works for Wandsworth District (1863), 14. C.B. (n.s.) 180,* en S. H. Bailey, C. A. Cross y J. F. Garner, *Cases and materials in Administrative Law*, London, 1977, pp. 348-351).

En dicha decisión se resolvió que el *Chancellor* de la Universidad de Cambridge, Dr. Bentley, no podía haber sido desprovisto de sus títulos o grados académicos, sin habérsele informado previamente de los cargos formulados en su contra y sin habérsele dado la oportunidad de responderlos. De ahí surgió la formulación judicial del principio del derecho a la defensa en el derecho inglés, como uno de los principios de *natural justice*, tan viejo como el mundo.

En el mundo contemporáneo, muchas Constituciones consagran el derecho a la defensa como un derecho constitucional. En este sentido, el artículo 49,1, de la Constitución de Venezuela de 1999 establece que:

> "La defensa y la asistencia jurídica son derechos inviolables en todo estado y grado de la investigación y del proceso. Toda persona tiene derecho a ser notificada de los cargos por los cuales se le investiga, de acceder a las pruebas y de disponer del tiempo y de los medios adecuados para ejercer su defensa. Serán nulas las pruebas obtenidas mediante violación del debido proceso. Toda persona declarada culpable tiene derecho a recurrir del fallo, con las excepciones establecidas en esta Constitución y la ley."

Por otra parte, de acuerdo a jurisprudencia reiterada de la antigua Corte Suprema de Justicia de Venezuela (en Sala Político Administrativa), este derecho de defensa "constituye una garantía inherente a la persona humana y es, en consecuencia, aplicable en cualquier clase de procedimientos que puedan derivar en una condena" (Sentencia de 23 de octubre de 1986, *Revista de Derecho Público*, N° 28, Caracas, 1986, pp. 88-89). Pero aún en ausencia de tales declaraciones, tradicionalmente se lo ha garantizado no sólo en la vía jurisdiccional, sino ante la Administración. Por ello, incluso, en el artículo 49,1 de la Constitución de Venezuela se indica que "el debido proceso se aplicará a todas las actuaciones judiciales y administrativas".

Ahora bien, en materia de procedimiento administrativo, el derecho a la defensa ha tenido múltiples desarrollos de manera que, incluso, se habla de "los derechos de la defensa", cuyos principios han sido objeto de una amplia regulación en las leyes de procedimiento administrativo de América Latina.

De eso se trata la estructuración de un procedimiento administrativo: por una parte, garantizar la eficacia de la actividad administrativa; pero por la otra, garantizar los derechos de los particulares. De allí todo el conjunto de normas que traen las leyes de procedimiento administrativo referentes al derecho que tiene todo particular a ser oído, de hacerse parte, de poder promover pruebas, de tener acceso al expediente, de ser informado. Se trata en definitiva del derecho de ejercer todos los medios para su defensa. Como lo precisa el artículo 161 de la Ley del Perú:

> "*161.1.* Los administrados pueden en cualquier momento del procedimiento, formular alegaciones, aportar los documentos u otros elementos de juicio, los que serán analizados por la autoridad, al resolver.
>
> *161.2.* En los procedimientos administrativos sancionadores, o en caso de actos de gravamen para el administrado, se dicta resolución sólo habiéndole otorgado un plazo perentorio no menor de cinco días para presentar sus alegatos o las correspondientes pruebas de descargo."

En materia administrativa, con razón, el derecho a la defensa se ha considerado no sólo como una exigencia del principio de justicia, sino también del principio de eficacia "porque asegura un mejor conocimiento de los hechos, contribuye a mejorar la Administración y garantiza una decisión más justa" (Sentencia de la Corte Primera de lo Contencioso Administrativo (Venezuela) de 15 de mayo de 1986, *Revista de Derecho Público*, N° 26, Caracas, 1986, p. 110).

Como lo ha expresado la antigua Corte Suprema de Justicia de Venezuela:

> "El derecho a la defensa debe ser considerado no sólo como la oportunidad para el ciudadano encausado o presunto infractor de hacer oír sus alegatos, sino como el derecho de exigir del Estado el cumplimiento previo a la imposición de toda sanción, de un conjunto de actos o procedimientos destinados a permitirle conocer con precisión los hechos que se le imputan y las disposiciones legales aplicables a los mismos, hacer oportunamente alegatos en su descargo y promover y evacuar pruebas que obren en su favor. Esta perspectiva del derecho a la defensa es equiparable a lo que en otros Estados de Derecho ha sido llamado como el principio del debido proceso" (Sentencia de 17 de noviembre de 1983, Sala Político-Administrativa, *Revista de Derecho Público*, N° 16, Caracas, 1983, p. 151).

Todo esto configura, en términos generales, el debido procedimiento adjetivo o el derecho a la defensa, cuyo desarrollo en la legislación tiene varios aspectos fundamentales, que se analizan a continuación.

2. El derecho a ser notificado (el régimen de las notificaciones)

Con anterioridad se ha tratado el tema de las notificaciones como elemento para el inicio de los efectos del acto administrativo. Sin embargo, en este caso, se trata de las notificaciones en el curso del procedimiento. En esta forma, la Ley General de Costa Rica señala que:

"Todo acto de procedimiento que afecte derechos o intereses de las partes o de un tercero, deberá ser debidamente comunicado al afectado, de conformidad con esta Ley" (art. 239).

La Ley de Brasil también dispone que:

"Artículo 28. *Devem ser objeto de intimação os atos do porcesso que resultem para o interessado em imposição de deveres, ônus, sanções ou restrição ao exercicio de direitos e atividades e os atos de outra natureza, de seu interesse."*

Por tanto, cada vez que haya un acto de procedimiento que pueda afectar derechos de los particulares, la Administración debe notificárselos (art. 104,2, Ley del Perú).

Por supuesto, la primera manifestación de este derecho se plantea al iniciarse el procedimiento, sea de oficio o a instancia de parte. Como lo regula el Código colombiano:

"Cuando de una petición o de los registros que lleve una autoridad, resulte que hay terceros determinados que pueden estar directamente interesados en las resultas de la decisión, se les citará para que puedan hacerse parte y hacer valer sus derechos... En el acto de citación se dará a conocer claramente el nombre del peticionario y el objeto de la petición" (art. 14).

En la Ley de Uruguay, se insiste en el mismo derecho así:

"Si de la petición resulta que la decisión puede afectar derechos o intereses de otras personas, se les notificará lo actuado a efectos de que intervengan en el procedimiento, declarando lo que les corresponda. En caso de comparecer deben hacerlo en la misma forma que el peticionario y tendrán los mismos derechos que este" (art. 10).

En esta materia hay extensas regulaciones en algunas leyes, como por ejemplo, en la Ley General de Costa Rica, en la que se encuentra un gran número de artículos que con gran detalle regulan la forma de comunicación de los actos del procedimiento, la forma de las citaciones o la forma de las notificaciones (art. 239 a 254).

Por tanto, el tema de la notificación no sólo es regulado como exigencia del comienzo de la eficacia de los actos administrativos, sino como garantía de que toda actuación que en el curso del procedimiento pueda causar un gravamen irreparable o que pueda afectar en alguna forma a los interesados, debe informárseles. Por tanto, decisiones para dar audiencia a los interesados o sobre la apertura o evacuación de pruebas, conforme a la Ley de Uruguay (art. 91), deben ser notificadas a los interesados.

De lo anterior resulta, en consecuencia, que cada vez que en el curso de un procedimiento administrativo surjan nuevos elementos que deben ser objeto de la decisión, porque por el principio de la globalidad de la decisión debe considerarse todo lo que surja en el procedimiento, y estos hechos no estén en la petición original, deben ser notificados al particular o particulares interesados, así sea de oficio por la Administración, a los efectos de que puedan argumentar y ejercer su derecho a la defensa. La Ley mexicana expresamente se refiere a esta situación de nuevos hechos que surjan del expediente y que, por lo tanto, deben ser notificados al particular así:

"Artículo 96. Cuando hayan de tenerse en cuenta nuevos hechos o documentos que no obren en el expediente original derivado del acto impugnado, se pondrá de manifiesto a los interesados para que, en un plazo no inferior a cinco días ni superior a diez, formulen sus alegatos y presenten los documentos que estime procedentes.

No se tomarán en cuenta en la resolución del recurso, hechos, documentos o alegatos del recurrente, cuando habiendo podido aportarlos durante el procedimiento administrativo no lo haya hecho."

3. El derecho de acceso al expediente

El tema del expediente administrativo, que ya se ha analizado, no se limita sólo al principio de la unidad del expediente, el cual exige que haya un sólo cuerpo de documentos que lo conforme; sino también incide en el derecho de los interesados de examinar, en cualquier estado y grado del procedimiento, dicho expediente administrativo. Así lo establecen expresamente todas las leyes: la Ley General de Costa Rica (arts. 217, 272-274); la Ley venezolana (art. 59); la Ley de Uruguay (arts. 12 y 79); el Código de Colombia (art. 29); la Ley mexicana (arts. 33 y 34) y el Reglamento de la Comunidad Andina (art. 19).

Se trata, por tanto, de una regulación constante en las leyes de procedimiento administrativo de América Latina que implica el derecho a examinar el expediente en el estado en que se encuentre, el derecho a obtener copias del mismo, el derecho a leerlo y consultarlo; e, incluso, en el caso de Uruguay, el derecho del interesado de retirar el expediente de la Oficina para su estudio, siempre que el retiro no represente un obstáculo para el trámite normal del procedimiento (art. 79). Por supuesto, el retiro del expediente se hace bajo la responsabilidad del abogado patrocinante, de manera que no podrá hacerlo el interesado directamente sino a través de su representante y sólo por un lapso de días que no debe exceder de dos (art. 79). De todas formas, se trata de una regulación excepcional.

Queda a salvo, en todo caso, el tema de los documentos confidenciales o secretos, ya analizado.

4. El derecho de audiencia

Además del derecho a ser notificado, a hacerse parte y a tener acceso al expediente administrativo, la manifestación más importante del derecho a la defensa es el derecho a ser oído, a cuyo efecto la Administración, antes de decidir un asunto que pueda afectar derechos o intereses de un administrado, debe darle audiencia. Es el principio conocido como *audi alteram partem*, que en materia administrativa significa la obligación para la Administración de oír previamente a los interesados. Por ello, el artículo 35 del Código colombiano exige que la decisión se adopte sólo "habiéndose dado oportunidad a los interesados para expresar sus opiniones".

El principio, incluso, en cuanto a las actuaciones administrativas, tiene rango constitucional en Venezuela al establecerse, dentro de las garantías del debido proceso, que:

> "Toda persona tiene derecho a ser oída en cualquier clase de proceso, con las debidas garantías y dentro del plazo razonable determinado legalmente... quien no hable castellano o no pueda comunicarse de manera verbal, tiene derecho a un intérprete" (art. 49,3).

El principio general en la materia lo enuncia la Ley argentina al regular el derecho de los interesados al debido proceso adjetivo y establecer, como parte del mismo, "el derecho a ser oído", es decir, la posibilidad de "exponer las razones de sus pretensiones y defensas antes de la emisión de actos que se refieran a sus derechos subjetivos o intereses legítimos" (art. 1.f.1).

Ahora bien, algunas legislaciones regulan la oportunidad para que se verifique esta audiencia al interesado. En el caso de la vieja Ley española de Procedimiento Administrativo de 1957 se prescribía que el acto de audiencia debía tener lugar una vez instruidos los expedientes e inmediatamente antes de redactarse la propuesta de resolución. A tal efecto, debían ponerse de manifiesto los expedientes a los interesados para que, en un plazo no inferior de diez días ni superior a quince, alegasen y presentasen los documentos y justificaciones que estimasen pertinentes (art. 91,1).

Es decir, conforme a este principio, que se recoge en la Ley de Uruguay, la audiencia al interesado viene a ser el acto final del procedimiento. Es decir, cuando ya está lista la sustanciación del procedimiento y se acopió toda la información en el expediente, la Administración, antes de tomar la decisión definitiva, le debe dar audiencia al particular, para que, fundamentándose en toda la información recopilada, pueda formular sus alegatos.

Así lo dispone el artículo 34 de dicha Ley de Uruguay:

> "Terminada la instrucción o vencido el término de la misma, cuando de los antecedentes resulte que pueda recaer una decisión contraria a la petición formulada, o se hubiere deducido oposición, deberá darse vista por el término de diez días a la persona o personas a quienes el procedimiento se refiera."

En el caso de la Ley de Venezuela, en cambio, la audiencia del interesado se prevé formalmente que debe realizarse al inicio del procedimiento, inmediatamente después de su apertura, lo cual evidentemente es inconveniente, pues el expediente aún no ha sido instruido. En realidad, la audiencia de los interesados para que tenga sentido el ejercicio de su derecho a ser oído, debe producirse una vez que la instrucción del asunto ha terminado y todos los documentos relativos al mismo están en el expediente. Sin embargo, dicha Ley establece que ordenada la apertura del procedimiento, se debe notificar a los particulares cuyos derechos subjetivos o intereses legítimos, personales y directos puedan resultar afectados, concediéndoles un plazo de 10 días para que expongan sus pruebas y aleguen sus razones (art. 48).

En todo caso, esto no significa por supuesto, que por el principio del derecho a la participación y la intervención de los particulares en cualquier estado y grado del procedimiento, al final del mismo no puedan los interesados formular sus alegatos finales, como si se tratara de una audiencia final. Sin embargo, en la Ley esto no está previsto expresamente, prescribiéndose una oportunidad inicial para esa audiencia. Pero en este caso no existe el carácter preclusivo de los lapsos; por tanto, el interesado debe formular sus alegatos en los diez días siguientes a la notificación de la apertura del procedimiento, pero el hecho de que no los alegue en ese momento no significa que no pueda alegarlos posteriormente. Simplemente se trata una formalidad que se entiende que no tiene consecuencias en caso de no cumplirse con el lapso establecido.

Por otra parte, hemos señalado que conforme a lo establecido en la Ley argentina, la Administración debe decidir todos los asuntos que surjan en el expediente, por lo que si algunos de esos asuntos no alegados por las partes son considerados de oficio por la Administración, deben ser decididos previa audiencia del interesado (art. 7.c). El mismo principio podría señalarse en el caso de las legislaciones que prevén la audiencia del interesado al inicio del procedimiento: si en el curso de la instrucción del expediente, surgen otros elementos no alegados por el interesado pero que afecten sus derechos o intereses, la Administración debe comunicárselos antes de decidir, para asegurarle su derecho a la defensa.

La audiencia del interesado puede ser un acto oral y privado como lo establece la Ley General de Costa Rica (arts. 218 y 309), en cuyo caso, el derecho a la defensa se debe ejercer por el administrado en forma razonable, pudiendo la Administración limitar la intervención del interesado a lo "prudentemente necesario" (art. 220).

En todo caso, la audiencia del interesado debe materializarse en una defensa en forma escrita, a los efectos de que se incorpore al expediente. El acto de la audiencia al interesado, por supuesto, debe realizarse en presencia de la autoridad que debe decidir el asunto, y el interesado puede estar asistido de abogado, como manifestación del derecho de todo interesado de escoger los medios de su defensa (art. 220 de la Ley General de Costa Rica).

La Ley argentina, además, en caso de representación del interesado por quienes no sean abogados, exige la asistencia obligatoria de un abogado en los casos en que se planteen o debatan cuestiones jurídicas (art. 1.f.1).

Ahora bien, es evidente que la audiencia del interesado no es una exigencia que deba cumplirse formalmente en todo tipo de procedimiento. En la tipología de procedimientos que hemos mencionado, que distingue entre procedimientos declarativos, ablatorios, concesorios y autorizatorios, por supuesto, la audiencia formal de los interesados se impone en los procedimientos ablatorios cuya consecuencia es la eliminación o restricción de los derechos de los afectados. En tal sentido, la jurisprudencia contencioso administrativa en Venezuela ha formulado el siguiente criterio respecto de un tipo de los procedimientos ablatorios, es decir, los sancionatorios:

> "La audiencia del interesado, como actuación procedimental, es necesaria y esencial en los procedimientos denominados sancionatorios, por cuanto en estos casos la Administración impone, mediante la audiencia del interesado, formalmente al administrado de la existencia de un procedimiento en su contra que tiene como causa una presunta actuación ilícita de éste y de que de establecer su veracidad le acarrearía una sanción.
>
> Ahora bien, en los procedimientos autorizatorios por el contrario, el impulso procesal lo tiene el administrado; la Administración va a resolver una petición, una exigencia del particular, por lo cual, no se hace necesario la audiencia del interesado. En estos procedimientos no se afecta con su omisión, el derecho a la defensa, por cuanto el procedimiento ordinariamente se inicia a instancia del interesado, y el pronunciamiento tendrá, en caso de ser favorable, un contenido beneficioso para el administrado" (Sentencia de la Corte Primera de lo Contencioso Administrativa, (Venezuela), de 7 de julio de 1988, *Revista de Derecho Público*, N° 35, Caracas, 1988, p. 91).

Sin embargo, como se ha señalado, aún en los supuestos de procedimientos autorizatorios, si por ejemplo, en el curso de los mismos surge alguna oposición de parte de otros interesados, en esos supuestos la Administración debe asegurar el derecho a la defensa, dándole audiencia al interesado solicitante.

Así se regula expresamente en el art. 34 del Decreto N° 640 de Uruguay, al disponerse que:

> "Terminada la instrucción o vencido el término de la misma, cuando de los antecedentes resulte que pueda recaer una decisión contraria a la petición formulada, o se hubiere deducido oposición, deberá darse vista por el término de diez días a la persona o personas a quienes el procedimiento se refiera."

En todo caso, en los procedimientos sancionatorios es donde el trámite de audiencia al interesado es más riguroso. Se destaca, así, la exigencia de la vieja Ley española de que en dichos procedimientos debía formularse un "pliego de cargos" en el que se debían exponer los hechos imputados, el cual debía ser notificado a los interesados para que en un plazo de 8 días pudiera contestarlos (art. 136). Con posterioridad, contestado el pliego de cargos o transcurrido el plazo para hacerlo, el funcionario instructor debía formular una propuesta de resolución que debe notificarse a los interesados, para que éstos, en un plazo de 8 días, puedan alegar cuanto consideren conveniente a su defensa (art. 137).

El mismo principio lo regula expresamente el Decreto N° 640 de Uruguay en los procedimientos administrativos seguidos de oficio, "con motivo de la aplicación de sanciones o de la imposición de un perjuicio a determinado administrado", en cuyo caso no debe dictarse resolución sin previa audiencia al interesado para que pueda articular su defensa (art. 40).

De la misma manera se regula en la Ley Federal de México:

> "*Artículo* 56. Concluida la tramitación del procedimiento administrativo y antes de dictar resolución se pondrán las actuaciones a disposición de los interesados, para que en su caso, formulen alegatos, los que serán tomados en cuenta por el órgano competente al dictar resolución.
>
> Los interesados, en un plazo no inferior a cinco días ni superior a diez, podrán presentar por escrito sus alegatos.
>
> Si antes del vencimiento del plazo los interesados manifestaran su decisión de no presentar alegatos, se tendrá por concluido el trámite."

En la Ley del Perú, al regularse los caracteres del procedimiento sancionador, se exige lo siguiente:

> "*234. 3.* Notificar a los administrados los hechos que se le imputen a título de cargo, la calificación de las infracciones que tales hechos pueden construir, y la expresión de las sanciones que, en su caso, se le pudiera imponer, así como la autoridad competente para imponer la sanción y la norma que atribuya tal competencia.
>
> *234.4.* Otorgar al administrado un plazo de cinco días para formular sus alegaciones y utilizar los medios de defensa admitidos por el ordenamiento jurídico conforme al numeral 162.2 del Artículo 162°, sin que la abstención del ejercicio de este derecho pueda considerarse elemento de juicio en contrario a su situación.

5. El derecho a formular alegaciones y a probar

El derecho a la audiencia trae, como consecuencia, no sólo el derecho a formular los alegatos en cualquier momento del procedimiento, sino el de presentar pruebas. Tal como la establece la Ley General de Costa Rica, en su artículo 309:

> "El procedimiento ordinario se tramitará mediante una comparecencia oral y privada, ante la Administración, en la cual se admitirá y recibirá toda la prueba y alegatos de las partes que fueren pertinentes."

Incluso, en el Código colombiano se establece el derecho a presentar pruebas "sin requisitos ni términos especiales" (art. 34), es decir, sin que haya algún formalismo de términos.

Lo importante en el derecho a formular alegaciones y pruebas, es que si la Administración, que es básicamente la que tiene la carga de la prueba, presenta pruebas, está obligada a notificar a los particulares a los efectos de que estos puedan formular sus alegatos.

Así lo establece expresamente la Ley argentina indicando, como parte del derecho al debido proceso, *el derecho a ofrecer y producir pruebas*, lo que consiste en el derecho de ofrecer prueba y que ella se produzca si fuere pertinente, debiendo la Administración requerir y producir los informes y dictámenes necesarios para el esclarecimiento de los hechos, todo con el contralor de los interesados y sus profesionales, quienes pueden presentar alegatos y descargos una vez concluido el período probatorio (art. 1,f,2). Por tanto, existe la obligación de notificar a los interesados, de cualquier actuación de la propia Administración que pueda incidir en la decisión del procedimiento.

IV. EL PRINCIPIO DE LA GRATUIDAD DEL PROCEDIMIENTO (LAS TASAS Y COSTAS)

Otro aspecto del debido proceso es el principio de la gratuidad, el cual, como principio, se encuentra consagrado en la Ley General de Costa Rica, en el sentido de que:

> "En el procedimiento administrativo no habrá lugar a la imposición de costas a favor o en contra de la Administración ni del interesado" (art. 328).

En consecuencia, en el campo del procedimiento administrativo no hay nada parecido al tema de las costas procesales; lo que precisa también, expresamente la Ley del Perú (art. 47,2).

Otro tema es el de los "costos" procesales, por ejemplo, de copias de los documentos que contenga el expediente administrativo o de cualquier documento que se quiera obtener durante el procedimiento. Estos si son a cargo del interesado, si él los causa. Esto lo establece así, el artículo 24 del Código colombiano:

> "*17.* La expedición de copias dará lugar al pago de las mismas cuando la cantidad solicitada lo justifique. El pago se hará a la tesorería de la entidad o en estampillas de timbre nacional que se anularán, conforme a la tarifa que adopte el funcionario encargado de autorizar la expedición.
>
> En ningún caso el precio fijado podrá exceder al costo de la reproducción.
>
> *18.* Si en la respectiva oficina no se pudieren reproducir los documentos o la tarifa señalada fuere elevada a juicio del peticionario, el jefe de aquélla indicará el sitio en el cual un empleado de la oficina sacará las copias a que hubiere lugar. En este caso, los gastos serán cubiertos en su totalidad por el particular."

En sentido similar, el artículo 47,1 de la Ley peruana regula el tema de los gastos administrativos reembolsables, disponiendo que sólo se producen "cuando una ley expresamente lo autoriza", definiéndolos así:

> "Son gastos administrativos aquellos ocasionados por actuaciones específicas solicitados por el administrado dentro del procedimiento. Se solicita una vez iniciado el procedimiento administrativo y es de cargo del administrado que haya solicitado la actuación o de todos los administrados, si el asunto fuera de interés común; teniendo derecho a constatar y, en su caso, a observar, el sustento de los gastos a rembolsar."

Aparte está el tema de las tasas que se puedan cobrar en relación a la actuación de la Administración, proveniente de las leyes de impuestos de timbres fiscales, ya mencionado anteriormente.

El principio rige en Venezuela, donde la Ley de Timbre Fiscal establece, con criterio fiscalista, la necesidad de inutilizar estampillas o papel sellado (que ha sido transferido a los Estados) en los trámites administrativos, con lo que se podría conducir a lesionar el derecho a la defensa, cuando se trate de actuaciones que puedan afectar a un particular en un procedimiento, sobre todo en materia de permisos y autorizaciones.

Sección Décima: EL PRINCIPIO DE LA CONFIANZA LEGÍTIMA Y LA DECISIÓN DEL PROCEDIMIENTO

Otro principio del debido procedimiento, que comienza a tomar fuerza, sobretodo en la doctrina alemana y que deriva también de las normas de la Unión Europea, es el que se resume con la expresión de "principio de la confianza legítima", que debe existir como base de la relación jurídica entre la Administración y los particulares. Dicho principio tiene varias implicaciones: la decisión debe ser adoptada conforme a la verdad material que tiene que buscar la Administración y el respeto al principio de la buena fe y de la lealtad mutua, es decir, del respeto mutuo entre la Administración, el funcionario y el particular. También aquí surge el principio de la seguridad jurídica en sus variadas manifestaciones y el principio de la irrevocabilidad de los actos administrativos que, una vez dictados, también por cuestiones de seguridad jurídica, deben mantenerse, salvo los casos de nulidad absoluta.

I. LA DECISIÓN CONFORME A LA VERDAD MATERIAL

El primer principio que deriva de la confianza legítima, es el principio de la verdad real o verdad material de los hechos como objetivo del procedimiento, a cuya consecución está obligada la Administración para tomar la decisión. Por eso, la Administración tiene siempre la carga de la prueba, lo cual está expresamente establecido en las leyes de Costa Rica (art. 297), Uruguay (art. 4), Perú (art. 162,1) y Venezuela (art. 69).

La Ley de Uruguay, por ejemplo, dice:

> "*Artículo* 4°. La Administración está obligada a ajustarse a la verdad material de los hechos, sin que la obliguen los acuerdos entre los interesados acerca de tales hechos ni la exima de investigarlos, conocerlos y ajustarse a ellos, la circunstancia de no haber sido alegados o probados por las partes."

En el caso de la Ley peruana, como se ha dicho, el principio se erige como un principio del procedimiento administrativo, en el artículo IV, Título Preliminar:

> "*1.11 Principio de verdad material.* En el procedimiento, la autoridad administrativa competente deberá verificar plenamente los hechos que sirven de motivo a sus decisiones, para lo cual deberá adoptar todas las medidas probatorias necesarias autorizadas por la ley, aun cuando no hayan sido propuestas por los administrados o hayan acordado eximirse de ellas."

En el caso de procedimientos trilaterales la autoridad administrativa estará facultada a verificar por todos los medios disponibles la verdad de los hechos que le son propuestos por las partes, sin que ello signifique una sustitución del deber probatorio que corresponde a éstas. Sin embargo, la autoridad administrativa estará obligada a ejercer dicha facultad cuando su pronunciamiento pudiera involucrar también al interés público.

II. EL PRINCIPIO DE LA BUENA FE, DE LEALTAD Y DEL RESPETO MUTUO

Entre las nuevas tendencias del derecho administrativo, que sólo encuentran regulaciones aisladas en las leyes, está el ya mencionado principio de la buena fe, el cual se encuentra también previsto en la Ley de Uruguay, así:

> "*Artículo* 6°. Las partes, sus representantes y abogados patrocinantes, los funcionarios públicos y, en general, todos los partícipes del procedimiento, ajustarán su conducta al respeto mutuo y a la lealtad y buena fe."

El principio, ya analizado, está detalladamente regulado en la Ley de Simplificación de Trámites Administrativos de Venezuela de 1999 (arts. 9 a 20), que regula la "presunción de buena fe" de manera que la Administración, en todas sus actuaciones, "debe tener como cierta la declaración del administrado" (art. 9). Este principio lo recoge expresamente, también, la Ley del Perú, (art. IV, 1.7; art. 42).

Estas normas, sin embargo, son excepcionales en el derecho positivo.

En todo caso, el principio de la buena fe debe regir tanto para el particular como para la Administración, (art. IV, 1.8 de la Ley del Perú) de manera que entre los deberes del interesado, conforme a la Ley de Brasil, esta "el proceder con lealtad, urbanidad y buena fe", no actuar de modo temerario y "exponer los hechos conforme a la verdad" (art. 4).

La lealtad, exige, por tanto, el hecho de no ocultar, ni de una parte ni de otra, hechos o documentos que interesen al procedimiento. Este respeto mutuo responde a ese principio que comienza a construirse como el de la "confianza legítima".

De lo anterior derivan también el principio de que las faltas y errores del funcionario y de la Administración en el curso del procedimiento administrativo, no pueden imputarse al interesado.

III. EL PRINCIPIO DE LA SEGURIDAD JURÍDICA

También están relacionados con el principio de la confianza legítima, otra sería de principios vinculados a la seguridad jurídica en las relaciones entre la Administración y los particulares, entre ellos, el principio de la predictibilidad, la proscripción de la *reformatio in pejus*, el principio *non bis in idem*, la presunción de inocencia, y el principio de la irretroactividad.

1. El principio de la predictibilidad

El procedimiento administrativo debe desarrollarse conforme a reglas preestablecidas y conocidas por los administrados, de manera que no haya sorpresas en cuanto a la conducta de la Administración. Todas las fases del procedimiento deben, por tanto, ser predecibles; de allí el principio de la predictibilidad, definido por la ley peruana en el artículo IV del Título Preliminar, así:

> "*1.15* Principio de predictibilidad. La autoridad administrativa deberá brindar a los administrados o sus representantes información veraz, completa y confiable sobre cada trámite, de modo tal que a su inicio, el administrado pueda tener una conciencia bastante certera de cuál será el resultado final que se obtendrá."

2. La proscripción de la *reformatio in pejus*

Por otra parte, el carácter inquisitivo y contradictorio del procedimiento administrativo y, por tanto, la obligación que tiene la Administración de decidir todas las cuestiones que surjan en el mismo, sea de oficio o formuladas por quienes intervengan en él y no sólo lo formulado en un recurso, plantea el problema de determinar si la *reformatio in pejus* es o no admisible en la decisión de los recursos administrativos. El problema no se plantea, realmente, sino en el procedimiento de revisión de los actos administrativos, y no en los procedimientos constitutivos.

Por ello, en la legislación peruana se especifica expresamente, que en los procedimientos administrativos iniciados a petición de parte interesada, la resolución debe ser congruente con las peticiones formuladas por éste, "sin que en ningún caso pueda agravar su situacional inicial" (art. 187,2).

En efecto, en el campo procesal judicial puede decirse que rige el principio de la prohibición de la *reformatio in pejus*, lo que significa que el Tribunal *ad quem*, al decidir, no puede modificar el fallo del inferior en perjuicio del propio apelante si la contraparte a su vez no apeló la sentencia del *a quo*. Ese principio, por supuesto, es una consecuencia del carácter dispositivo del proceso civil, que no se da en los mismos términos en el procedimiento administrativo, dado su carácter inquisitivo.

Por tanto, en general se puede señalar, ante todo, que la prohibición de la *reformatio in pejus* no se plantea como principio, en los casos en los cuales el recurso administrativo se funda en motivos de legalidad o en los casos en los cuales, con motivo del ejercicio de un recurso por razones de mérito, surgen, de oficio, cuestiones de ilegalidad. La Ley General de Costa Rica, por ello, prescribe que "el recurso podrá ser resuelto aún en perjuicio del recurrente cuanto se trate de nulidad absoluta" (art. 351,2).

En realidad, sea cual sea la naturaleza del vicio, la competencia de la autoridad revisora del acto administrativo, cuando están en juego cuestiones de ilegalidad, es de ejercicio obligatorio, de manera que incluso puede revocar el acto administrativo basándose en otras razones de ilegalidad distintas a las alegadas por el interesado.

En el mismo sentido, la decisión basada en cuestiones de legalidad puede, incluso, conducir a la Administración a modificar el acto recurrido para adaptarlo a la legalidad. En tal modificación, la situación del recurrente podría resultar agravada si, por ejemplo, la Administración encuentra que la multa impuesta debió ser superior a la establecida en el acto recurrido, dadas las circunstancias agravantes precisadas con motivo del recurso. En sentido contrario a la *reformatio in pejus*, sin embargo, se pronunció la Corte Suprema de Justicia de Venezuela en una sentencia en materia hacendaria de 17 de abril de 1980 (*Revista de Derecho Público*, N° 2, Caracas, 1980, p. 113).

Sin embargo, en los casos en los cuales surjan nuevos elementos de ilegalidad distintos a los alegados por las partes, el principio del respeto al derecho a la defensa exige que el funcionario notifique a los interesados de tal circunstancia, para que expongan sus alegatos con anterioridad a la adopción de la decisión, tal como lo garantizaba la Ley española de Procedimiento Administrativo (art. 119). En la jurisprudencia de la Corte Suprema de Justicia (Venezuela), sin embargo, en virtud de no estar prevista expresamente esta audiencia previa al interesado como lo consagraba la Ley española, se ha considerado que la autoridad administrativa no está obligada a notificar a los interesados, lo que encontramos altamente inconveniente. (*Vid.* sentencia de la Sala Política-Administrativa de 9 de febrero de 1989, *Revista de Derecho Público*, N° 37, Caracas,

1989, p. 83. *Vid.*, además, de la misma Corte, sentencia de 16 de octubre de 1986, *Revista de Derecho Público*, N° 28, Caracas, 1986, p. 97; y de la Corte Primera de lo Contencioso Administrativo de 18 de abril de 1985, *Revista de Derecho Público*, N° 22, Caracas, 1985, p. 164).

Cuando las cuestiones debatidas en el recurso administrativo sean cuestiones de mérito o conveniencia, el tema de la *reformatio in pejus* se plantea con más interés. En general se estima que en esos supuestos, la revocación del acto administrativo sólo puede ocurrir con el acuerdo del recurrente, y su modificación no puede hacerse sino a favor del mismo. Sin embargo, en presencia de normas legales como las de la Ley Orgánica de Venezuela, conforme a la cual, el órgano administrativo "debe resolver todos los asuntos que se sometan a su consideración dentro del ámbito de su competencia o que surjan con motivo del recurso, aunque no hayan sido alegadas por los interesados" (art. 89), es decir, que surjan de oficio; podría admitirse la *reformatio in pejus*, siempre que se respete el derecho a la defensa y se notifiquen al interesado, previamente a la decisión, las nuevas cuestiones surgidas para que formule sus alegatos.

Sin embargo, derivado del principio de la confianza legítima, en la doctrina europea comienza a imponerse el criterio de que, por ejemplo, si la Administración impuso una sanción, con motivo del ejercicio de un recurso no es correcto que pueda agravarse la situación del particular. Por ello, la previsión de la Ley General de Costa Rica que reduce la *reformatio in pejus* a los casos de nulidad absoluta (art. 351), lo que está en la lógica de tal nulidad, ya que si el acto es absolutamente nulo hay que eliminarlo del ámbito jurídico, aún cuando esto agrave la situación del particular.

3. El principio *non bis in idem*

Como parte de los principios del debido procedimiento, de la seguridad jurídica y de la confianza legítima, en el procedimiento administrativo rige también el principio del *non bis in idem* que, a la vez, es un principio de rango constitucional.

La Constitución de Venezuela de 1999 establece, por ejemplo, dentro de las garantías del debido proceso, que "ninguna persona podrá ser sometida a juicio por los mismos hechos en virtud de los cuales hubiese sido juzgada anteriormente" (art. 49, ord. 7).

El principio, entonces, de aplicación también en las actuaciones administrativas, impide la aplicación de dos sanciones que afecten la situación del particular con base en los mismos hechos. En tal sentido, la Ley del Perú, al enumerar los principios de la potestad sancionadora, identifica el *non bis in idem*, indicando que "no se podrá imponer sucesiva o simultáneamente una pena y una sanción administrativa por el mismo hecho en los caos que se aprecie la identidad del sujeto, hecho y fundamento" (art. 230,10).

4. La presunción de licitud o de inocencia

La confianza legítima y la buena fe, por otra parte, como ya se ha señalado, exigen en materia administrativa el respeto al principio de la presunción de licitud o de inocencia; o como lo dice la Constitución de Venezuela de 1999, que "toda persona se presume inocente mientras no se pruebe lo contrario" (art. 49,7).

Lamentablemente, sin embargo, no es infrecuente en la práctica administrativa en nuestros países, encontrar la actitud del funcionario enmarcada en el principio contrario: la presunción de que el ciudadano está en situación de ilicitud, de que actúa de mala fe, en perjuicio de la Administración y de los intereses generales.

5. El principio de la irretroactividad

Otro principio derivado de la seguridad jurídica, es el principio de la irretroactividad de los actos administrativos. Como se ha señalado, el comienzo de los efectos de los actos administrativos se sitúa en el momento en el que se hacen del conocimiento de los interesados, sea mediante su publicación o mediante su notificación. La consecuencia de ello es que de acuerdo al principio y garantía constitucional de la irretroactividad de la ley, extensible a todas las actividades públicas, no es posible admitir la retroactividad de los efectos de los actos administrativos. Es decir, el principio general en esta materia es que los actos administrativos solo pueden producir efectos hacia el futuro, siendo inconstitucional e ilegal la aplicación de un acto administrativo hacia el pasado; principio que no sólo se aplica a los actos reglamentarios sino también a los actos de efectos particulares.

En América Latina, el principio de la irretroactividad de los actos administrativos, aparte de tener fundamento constitucional y haber sido aplicado por la jurisprudencia como principio general (*Vid.* por ejemplo, la jurisprudencia venezolana en las decisiones de la Corte Suprema de Justicia en Sala Político Administrativa, de 11 de agosto de 1983, *Revista de Derecho Público*, N° 16, Caracas, 1983, pp. 156-157, y de 9 de abril de 1987, *Revista de Derecho Público*, N° 30, Caracas, 1987, pp. 110-111), también está establecido respecto de los actos administrativos en las leyes de procedimiento administrativo, aplicándose tanto a los de carácter reglamentario como a los efectos particulares.

Así se establece, por ejemplo, en la Ley General de Costa Rica, al prescribir que "el acto administrativo producirá efectos en contra del administrado únicamente para el futuro" (142,1).

Indirectamente, además, el principio se establece en la Ley venezolana al regularse la posibilidad, para la Administración, de poder modificar los criterios establecidos por sus órganos, pero agregando que "la nueva interpretación no podrá aplicarse a situaciones anteriores salvo que fueren más favorables a los administrados" (art. 11); principio que ha sido aplicado por la jurisprudencia de la Corte Primero de lo Contencioso Administrativo (sentencia de 19 de marzo de 1987, *Revista de Derecho Público*, N° 30, Caracas, 1987, pp. 111-112). En igual sentido se ha regulado en la Ley del Perú (art. VI, Título Preliminar).

Ahora bien, en la legislación latinoamericana, el principio de la no retroactividad de los actos administrativos tiene diversas excepciones.

En *primer lugar,* en general se admite la retroactividad de los actos administrativos cuando produzcan efectos favorables a los interesados. Como lo dice la Ley argentina:

> "*Artículo* 13. El acto administrativo podrá tener efectos retroactivos -siempre que no se lesionen derechos adquiridos- cuando se dictare en sustitución de otro revocado o cuando favoreciere al administrado."

Sin embargo, en estos casos es indispensable que los supuestos de los motivos del acto hubieran tenido existencia a la fecha a la cual se retrotraiga la eficacia del acto y que éste no lesione derechos o intereses legítimos de otras personas (art. 142,2 de la Ley General de Costa Rica; art. 17,1, Ley del Perú).

En *segundo lugar*, también se establece en la citada Ley argentina (art. 13), que los actos administrativos tendrán efectos retroactivos siempre que no lesionen derechos adquiridos, cuando se dicten en sustitución de otro acto anulado, sea por la Administración o por decisión judicial. Como lo establece también la Ley General de Costa Rica:

El acto administrativo tendrá efectos retroactivos en contra del administrado cuando se dicte para anular actos absolutamente nulos que favorezcan a éste; o para consolidar, haciéndolos válidos y eficaces, actos que lo desfavorezcan (art. 143).

6. El valor de los precedentes y los cambios de criterios administrativos

Por razones de seguridad jurídica, la Administración debe ser coherente en sus decisiones, por lo cual, en general, debe respetar los criterios establecidos en decisiones precedentes. Incluso, el artículo VI,1 de la Ley del Perú le da valor de precedente a los actos administrativos, en la siguiente forma:

> "1. Los actos administrativos que al resolver casos particulares interpreten de modo expreso y con carácter general el sentido de la legislación, constituirán precedentes administrativos de observancia obligatoria por la entidad, mientras dicha interpretación no sea modificada. Dichos actos serán publicados conforme a las reglas establecidas en la presente norma."

Pero hemos señalado, además, que la Administración puede cambiar de criterios en sus decisiones, para lo cual, conforme a las Ley General de Costa Rica (art. 136), los actos administrativos mediante los cuales la autoridad se separe de un criterio seguido en actuaciones precedentes, debe ser necesariamente motivado. De esta norma deriva, por tanto, indirectamente, que la Administración puede cambiar de criterio en la decisión de determinados asuntos, no estando sujeta por los precedentes en forma indefinida.

El mismo principio lo recoge la Ley del Perú (art. VI, Título Preliminar, 2) y la Ley venezolana agregando, como antes se dijo, que "la nueva interpretación no podrá aplicarse a situaciones anteriores" (art. 11), con lo cual se refuerza el principio de la irretroactividad, como garantía del administrado frente a la Administración, de manera que los cambios de criterio que pueda adoptar no pueden estar destinados sólo para el tratamiento de un caso específico. De lo contrario, ello implicaría una aplicación retroactiva de la nueva interpretación, y la única forma de aceptarla retroactivamente sería cuando el nuevo criterio sea más favorable para el administrado (art. VI, Título Preliminar, 2, Ley del Perú).

La norma venezolana dice así:

> "*Artículo* 11. Los criterios establecidos por los distintos órganos de la Administración Pública podrán ser modificados, pero la nueva interpretación no podrá aplicarse a situaciones anteriores, salvo que fuere más favorable a los administrados. En todo caso, la modificación de los criterios no dará derecho a la revisión de los actos definitivamente firmes."

IV. EL AGOTAMIENTO DE LA VÍA ADMINISTRATIVA Y LA TUTELA JUDICIAL EFECTIVA

1. El principio del agotamiento de la vía administrativa para acceder a la justicia administrativa

Un principio general en materia de procedimiento administrativo y del contencioso-administrativo, que en muchos casos se convierte en un obstáculo al acceso a la justicia administrativa, es el de la necesidad de que se agote la vía administrativa antes de que se pueda plantear la revisión judicial del acto administrativo, quedando como un privilegio de la Administración el poder de decir la última palabra sobre el asunto, y que antes de que se lleve el acto a la revisión ante la jurisdicción contencioso-administrativa, la Administración pueda pronunciarse sobre su impugnación.

En efecto, en general, en América Latina se exige como condición de admisibilidad de los recursos contencioso-administrativos, el agotamiento previo de la vía administrativa, lo que en muchos casos exige el ejercicio previo de recursos administrativos. Así, por ejemplo, la Ley Orgánica de la Corte Suprema de Justicia de Venezuela, que regula la jurisdicción contencioso-administrativa, establece como condición de admisibilidad del recurso el que el acto administrativo recurrido "agote la vía administrativa", es decir, que dicho acto sea la última palabra de la Administración en cuanto que emane del superior jerárquico (art. 84,5 y 124,2). En igual sentido se regula en la Ley del Perú (art. 218,1). Se trata de un privilegio de la Administración, de poder revisar sus actos administrativos, antes de que se sometan a control judicial.

Ahora bien, el agotamiento de la vía administrativa puede ocurrir sin que se intente recurso administrativo alguno, lo que sucede en los casos de actos dictados por el superior jerárquico, un Ministro por ejemplo, o por órganos desconcentrados cuyas decisiones agoten la vía administrativa y no sean susceptibles de recurso jerárquico. De resto, si se trata de un acto administrativo dictado por un funcionario de inferior jerarquía en una organización administrativa, el interesado, antes de acudir a la vía contencioso-administrativa debe agotar los recursos administrativos, es decir, en el caso de Venezuela, debería interponer el recurso de reconsideración y luego, el jerárquico.

La Ley Orgánica de Venezuela, en estos casos, en efecto, establece que:

> "La vía administrativa quedará abierta cuando interpuestos los recursos que ponen fin a la vía administrativa, éstos hayan sido decididos en sentido distinto al solicitado, o no se haya producido decisión en los plazos correspondientes" (art. 93).

Este principio del agotamiento de la vía administrativa, como paso previo para acudir a la vía contencioso administrativa, por tanto, puede decirse que es general en América Latina, y consagrado expresamente en las legislaciones de Costa Rica (art. 356), Colombia (art. 63 y 135) y Argentina (art. 23), las cuales si bien prevén el sistema de recursos administrativos, en muchos casos admiten la impugnación contencioso-administrativa de actos administrativos que *per se* agoten la vía jerárquica, sin que sea necesario intentar un recurso administrativo previo.

Se destaca en este sentido, la norma del artículo 218 de la Ley del Perú, que considera como "actos que agotan la vía administrativa" los siguientes:

"a. El acto respecto del cual no proceda legalmente impugnación ante una autoridad u órgano jerárquicamente superior en la vía administrativa o cuando se produzca silencio administrativo negativo, salvo que el interesado opte por interponer recursos de reconsideración, en cuyo caso la resolución que se expida o el silencio administrativo producido con motivo de dicho recurso impugnativo agota la vía administrativa; o

b. El acto expedido o el silencio administrativo producido con motivo de la interposición de un recurso de apelación en aquellos casos en que se impugne el acto de una autoridad u órgano sometido a subordinación jerárquica; o

c. El acto expedido o el silencio administrativo producido con motivo de la interposición de un recurso de revisión, únicamente en los casos a que se refiere el Artículo 210° de la presente Ley; o

d. El acto que declara de oficio la nulidad o revoca otros actos administrativos en los casos a que se refieren los Artículos 202° y 203° de esta Ley; o

e. Los actos administrativos de los Tribunales o Consejos Administrativos regidos por leyes especiales."

2. Los recursos administrativos como obstáculo procesal a la tutela judicial efectiva

Por supuesto, el principio del necesario agotamiento de la vía administrativa, como privilegio procesal de la administración para que el interesado pueda acudir a la vía judicial contencioso-administrativa, se puede convertir en un obstáculo procesal que lesione la garantía constitucional de acceso a la justicia. Por ello, incluso, algunas leyes de procedimientos administrativos, como la mexicana, establecen el ejercicio de recursos administrativos como una opción del interesado y no como una obligación, disponiendo lo siguiente:

"*Artículo* 83: Los interesados afectados por los actos y resoluciones de las autoridades administrativas que pongan fin al procedimiento administrativo, a una instancia o resuelvan un expediente, podrán interponer recurso de revisión o intentar las vías judiciales correspondientes."

Ahora bien, por su interés, debe destacarse una reciente sentencia de la Corte Primera de lo Contencioso-Administrativo de Venezuela, de 24 de mayo de 2000, en la cual dicho Tribunal consideró contrario a la garantía del acceso a la justicia y de la tutela judicial efectiva, el establecimiento de recursos o peticiones previas para agotar la vía administrativa antes de poder acudir a la vía judicial. Aún cuando posteriormente la Corte cambió de criterio (sentencia de 26-4-01), aquella sentencia debe comentarse.

En efecto, la Corte Primera realizó una interpretación integral, concordada y progresiva de varios artículos de la Constitución de 1999 (arts. 2, 3, 25, 257 y 259) utilizando como criterio lo expuesto en la Exposición de Motivos, donde la Corte consideró que podría observarse claramente "la voluntad del constituyente de eliminar cualquier obstáculo para el acceso a la jurisdicción y específicamente lo relativo al agotamiento de la vía administrativa", en referencia a lo cual dicha Exposición señaló que:

Con el objeto de hacer efectiva la tutela judicial de los administrados y garantizar su derecho de libre acceso a la justicia, la ley orgánica deberá eliminar la carga que tienen los administrados de agotar la vía administrativa antes de interponer el recurso contencioso administrativo de nulidad, lo cual debe quedar como una opción a elección del interesado, pero no como un requisito de cumplimiento obligatorio.

De igual manera consideró la Corte Primera que el artículo 26 de la Constitución plantea el deber del Estado de garantizar a los ciudadanos el acceso a los órganos de la administración de justicia, obligación que constituye parte fundamental de la República, como Estado democrático, social, de derecho y esencialmente de justicia consagrado por la Constitución. De ello, dedujo lo siguiente:

> "Los recursos contenciosos administrativos son los instrumentos utilizados para poner en marcha la jurisdicción contencioso administrativa, provocando así el examen de la actividad realizada por la Administración, con el objeto de obtener un pronunciamiento expreso sobre su legalidad; ahora bien, conforme a lo establecido en el artículo 26 de nuestra Carta Magna, dicho pronunciamiento debe ser obtenido de forma expedita y con prontitud, lo cual se ve afectado por la obligatoriedad de interponer un recurso administrativo tras otro o de agotar previamente la gestión conciliatoria, antes de alcanzar la jurisdicción.
>
> De otra parte, la oportunidad que dan estos requisitos a la Administración para corregir su ilegal actividad, se contrapone con la necesidad de una tutela jurisdiccional inmediata; afectándose además el principio de que todo acto administrativo que viole o menoscabe los derechos y garantías consagradas constitucionalmente es nulo de nulidad absoluta, pues para ello habría que esperar la revisión del acto por parte de la Administración.
>
> Asimismo, la aplicación reiterada de los mencionados requisitos, ha demostrado, que rara vez la Administración modifica su criterio o corrige su conducta, pues generalmente ésta se abstiene de emitir pronunciamiento alguno y cuando lo hace, el jerarca siempre se basa en el acto que revisa, por lo que generalmente ratifica oportuna y extemporáneamente el mismo.
>
> Por otra parte, cuando es efectivo el agotamiento de la vía administrativa, se obtiene un proveimiento de la máxima autoridad del ente que se trate, y en la mayoría de los casos, tal posición corresponde a los Ministros, en razón de lo cual, sólo correspondería a la Sala Político Administrativa del Tribunal Supremo de Justicia, el conocimiento de casi todos los recursos incoados, congestionándose así la tarea jurisdiccional de nuestro Máximo Tribunal.
>
> También conviene señalar que el artículo 139 de la vigente Constitución, establece que "El ejercicio del Poder Público acarrea responsabilidad individual por abuso o desviación de poder o por violación de esta Constitución o de la ley", en virtud de lo cual, los funcionarios que emitan actos ilegales o inconstitucionales, serían responsables por los daños y perjuicios producto de su ilegal actividad, sin embargo, el agotamiento de la vía administrativa trae como consecuencia que esta responsabilidad se diluya, pues el transcurso del tiempo entre la emisión del acto y la declaratoria de nulidad del mismo, haría difícil la ubicación precisa del funcionario responsable, y además en el caso de actos ratificados en sede administrativa se plantearía la duda de si lo correcto sería sancionar al máximo jerarca y al emisor directo del acto o únicamente al autor originario del acto lesivo.
>
> En conclusión, en atención a los anteriores razonamientos y a la interpretación concordada y progresiva del preámbulo y de los artículos 2, 3, 25, 26, 257 y 259 de la Constitución vigente, considera esta Corte que el agotamiento de la vía administrativa y la realización de la gestión conciliatoria, no deberían constituir formalidades esenciales, ya que el objetivo del recurso contencioso administrativo es retar la legalidad del acto actual, que causa gravamen al particular, restableciéndole prontamente los derechos que le fueron vulnerados, sin que el administrado tenga que ser sometido a la espera y a la expectativa de que la Administración en ejercicio de su potestad de autotutela corrija su errónea actividad."

Con fundamento en las anteriores consideraciones, concluyó la Corte Primera su sentencia, ejerciendo el control difuso de la constitucionalidad de las leyes conforme lo autoriza tanto la Constitución (art. 334) como el Código de Procedimiento Civil (art. 20), acordó la desaplicación al caso concreto de las normas que regulan el agotamiento de la vía administrativa como condición previa de acceso a la justicia contencioso-administrativa (artículos 92 y 93 de la Ley Orgánica de Procedimientos Administrativos, artículo 124, ordinal 2° de la Ley Orgánica de la Corte Suprema de Justicia y parágrafo único del artículo 15 de la Ley de Carrera Administrativa), por considerar que las mismas menoscaban derechos y garantías constitucionales y con la finalidad, por tanto:

> "De flexibilizar los formalismos que impiden el acceso de los particulares a la tutela judicial efectiva y a la justicia material, y con miras a la extensión del alcance de la jurisdicción contencioso administrativa en su función de garante de los derechos individuales de los administrados frente las actuaciones del Poder Público.

Concluyó la Corte Primera, sin embargo, aclarando lo siguiente:

> Ahora bien, no obstante considerar esta Corte que el agotamiento de la vía administrativa y de la gestión conciliatoria no es necesario para acudir a la vía contencioso administrativa, ello no es óbice para que el particular que se considere afectado en virtud de un acto administrativo, decida agotar previamente la vía administrativa o realizar la gestión conciliatoria antes de acudir a la jurisdicción contenciosa en materia funcionarial, pues el derecho del particular a accionar en la sede de su preferencia debe ser respetado, así como también debe respetarse la potestad de autotutela que detenta la Administración y en ejercicio de la cual ésta puede revisar y corregir por sí misma sus actuaciones administrativas (sentencia de 24 de mayo de 2000).

3. El principio de la doble instancia

La garantía del debido procedimiento que se aplica al ámbito de las actuaciones administrativas, como lo establece el artículo 49 de la Constitución de Venezuela, impone, en todo caso, un límite a la cadena de revisiones en vía administrativa, que debe conducir a limitarla a una doble instancia.

Por ello el principio del Código de Colombia es que para agotar la vía administrativa sólo es obligatorio interponer el recurso de apelación (jerárquico) (art. 63); estableciendo la Ley General de Costa Rica que "en el procedimiento administrativo habrá en todos los casos una única instancia de alzada, cualquiera que fuere la procedencia del acto recurrido" (art. 350,1).

En cambio, es totalmente contraria a este principio de la doble instancia la previsión de la Ley venezolana, por ejemplo, en los recursos contra los actos administrativos de los institutos autónomos para agotar la vía administrativa, que exige primero el agotamiento de la vía administrativa mediante recurso jerárquico ante la máxima autoridad del instituto autónomo, y luego, el ejercicio de otro recurso jerárquico ante el Ministro de adscripción, lo que es un atentado a la tutela judicial efectiva y a la garantía de acceso a la justicia.

Debe destacarse, por último, que la Ley de Brasil, establece que los recursos administrativos se tramitarán en un máximo de tres (3) instancias (art. 57).

4. La proscripción del *solve et repete*

En general, puede decirse que siguiendo otra tradición de privilegios de la Administración, uno de los principios clásicos del procedimiento administrativo y contencioso-administrativo, ha sido el denominado *solve et repete* (paga y después reclama) que en los casos de imposición de multas o liquidación de impuestos, por el principio de no suspensión de efectos de los actos administrativos, constituye una restricción al acceso a la justicia.

El principio lo recoge la Ley de Honduras al disponer:

> "*Artículo* 132: Para darle trámite a un recurso interpuesto contra una resolución dictada en ocasión de la Ley del Impuesto sobre la Renta, será requisito indispensable que el interesado acredite haber entrado en la Tesorería General de la República o cualquier otro órgano competente, la cantidad que él hubiere reconocido deber al Estado en la declaración que provoca el ajuste o reparo que impugna o acredite debidamente documentado, el compromiso del pago respectivo."

Este principio, sin embargo, ha tenido una evolución de mitigación que debe destacarse. En *primer lugar*, por la previsión de casos en los cuales el ejercicio de un recurso tiene efectos suspensivos respecto de los actos recurridos, como lo prevé en materia impositiva el Código Orgánico Tributario venezolano. En *segundo lugar,* por el proceso progresivo de prevalencia del principio de la tutela judicial efectiva que ha conducido a considerar inconstitucional el principio del *solve et repete* tanto en España como en Italia.

El principio lo recogía el Código de Colombia al señalar que el recurrente debía "acreditar el pago o el cumplimiento de lo que el recurrente reconoce deber" (art. 52.5); pero la norma fue declarada inconstitucional por la Corte Constitucional.

Ahora bien, el principio tradicional del *solve et repete* dentro de las condiciones de admisibilidad de las acciones contencioso administrativas de anulación, está consagrado en el artículo 122 de la Ley Orgánica de la Corte Suprema de Justicia de Venezuela que establece lo siguiente:

> "Cuando la ley exija como condición para admitir algún recurso contra el acto, que el interesado pague o afiance el pago de una cantidad líquida, deberá presentarse también constancia de que se ha dado cumplimiento a dicho requisito a menos que la misma ya haya sido agregada al expediente administrativo, en cuyo caso así se hará constar en la solicitud."

La consecuencia de ello es que si dichos documentos no se presentan, el juez debía declarar inadmisible el recurso, conforme a lo establecido en el artículo 84, ordinal 5° de la Ley Orgánica de la Corte Suprema de Justicia.

Este requisito de admisibilidad, como se ha dicho, se ha desarrollado como un privilegio de la Administración, el cual progresivamente ha sido cuestionado en todas partes. Así, el Tribunal Constitucional italiano, en 1973, lo declaró inconstitucional, y en España, después de promulgada la Constitución de 1978 que garantiza el derecho a obtener tutela efectiva de los jueces en el ejercicio de derechos e intereses legítimos, se ha zanjado definitivamente la colisión que con dicho derecho se planteaba por la exigencia del pago o afianzamiento previo, lo cual ya, en 1983, fue considerado inconstitucional.

El problema también se ha planteado en Venezuela, con la consideración del principio como inconstitucional, por significar una violación al derecho a la defensa que garantiza la Constitución, al imponer una limitación intolerable al acceso a la justicia y al derecho a la tutela judicial frente a la Administración. Y así, después de dos sentencias de la antigua Corte Suprema en Corte Plena en las cuales la Corte no anuló las normas legales que preveían el principio de *solve et repete*, conforme a los alegatos de que eran inconstitucionales desestimándolos por razones inter-temporales de vigencia de las normas impugnadas (Véase sentencia de 15-10-85 y de 26-10-88, *Revista de Derecho Público* N° 25, 1985, pp. 149 y 150 y N° 37, 1988, pp. 99-102); la Sala Político Administrativa de la anterior Corte Suprema, en sentencia de 14-10-90, resolvió definitivamente el asunto, y por vía de control difuso de la constitucionalidad, consideró inconstitucional, por violación del derecho a la defensa previsto en el Texto Fundamental, la exigencia legal del *solve et repete* y, en consecuencia, aplicó preferentemente la Constitución, inaplicando la norma legal que lo consagraba, que en el caso concreto, era el artículo 137 de la Ley Orgánica de Aduana.

En dicha sentencia, en efecto, la antigua Corte Suprema señaló lo siguiente:

> "Que el artículo 68 de la Carta Magna postula, con ejemplar criterio de amplitud, el derecho universal a la defensa, cuando confiere rango constitucional al acceso sin limitaciones económicas, de los justiciables ante los órganos de la administración judicial para lograr la tutela de sus derechos e intereses, garantía fundamental que -en criterio de la Sala- se vería afectada, de aplicarse cualquier norma que pretendiera limitarla o desvirtuarla en su propia esencia. Los términos de la norma de rango superior son, sin lugar a dudas, contundentes: "Todos pueden utilizar los órganos de la administración de justicia, para la defensa de sus derechos e intereses, en los términos y condiciones establecidas por la ley, la cual fijará normas que aseguren el ejercicio de este derecho a quienes no dispongan de medios suficientes". Y añade, en párrafo separado: "la defensa es un derecho inviolable en todo estado y grado del proceso".

En tales circunstancias, observa la Sala la inmotivada restricción (derivada del principio *solvé et repete*), constituiría una declaración del legislador que debe ser desatendida por el juez, vista su inconstitucionalidad.

En vista de ello, la Sala acudió a los poderes de control difuso de la constitucionalidad que calificó como un principio general del derecho recogido, por lo demás, en el artículo 20 del Código de Procedimiento Civil, y formalmente reconoció:

> "La preferente aplicación del artículo 68 de la Constitución sobre los artículos 1347 de la Ley Orgánica de Aduanas y 462 de su Reglamento; textos □legal y reglamento□ que en cuanto condicionan económicamente el acceso de los particulares al poder Judicial, constituye una violación flagrante del derecho a la defensa, garantizado por la transcrita norma constitucional. En virtud de lo cual, se abstiene la Sala de aplicar los señalados artículos al caso de autos, y así lo declara igualmente" (Véase en *Revista de Derecho Público*, N° 44, 1990, pp. 162 a 165).

En esta forma, la antigua Corte Suprema de Justicia declaró que consideraba como inconstitucionalidad la exigencia del requisito del *solve et repete* como condición de admisibilidad de los recurso de nulidad y aplicando preferentemente la Constitución, se abstuvo de aplicar las normas legales y reglamentarias que en el caso concreto la preveían.

La decisión de la Corte tiene una importancia fundamental y se inserta en la consideración del contencioso como un medio de tutela judicial de los derechos e intereses particulares frente a la Administración; y si bien, los efectos de la sentencia sólo son *inter partes* y no *erga omnes* □en virtud de que no se dictó como consecuencia de una acción de inconstitucionalidad□, su valor de precedente es incuestionable y definitivo en el campo contencioso-administrativo, razón por la cual su doctrina es invocada para la inaplicabilidad de las normas legales que regulan el principio *solve et repete*, por violar el derecho constitucional a la defensa.

5. El procedimiento administrativo previo a las demandas contra el Estado

Un último aspecto que debe destacarse en la consideración del derecho a la tutela judicial efectiva, es la regulación tradicional, también como privilegio de la Administración, de un procedimiento administrativo previo a las demandas judiciales que puedan intentarse contra la Administración.

En tal sentido, y dejando aparte el contencioso-administrativo, la Ley argentina dispone que:

> "El Estado Nacional no podrá ser demandado judicialmente sin previo reclamo administrativo dirigido al Ministerio que corresponda.
>
> El reclamo versará sobre los mismos hechos y derechos que se invocarán en la eventual demanda judicial y será resuelto por el Poder Ejecutivo" (art. 30).

La Ley argentina prevé un plazo para la decisión del reclamo, vencido el cual sin que hubiese decisión, el reclamante tiene abierta la vía judicial (art. 31).

Este procedimiento previo a las demandas contra la República ha sido tradicional en Venezuela, establecido en la Ley Orgánica de la Procuraduría General de la República; y se encuentra también detalladamente regulado en la Ley de Honduras (art. 146 y ss.).

V. EL PRINCIPIO DE LA IRREVOCABILIDAD DE LOS ACTOS ADMINISTRATIVOS

Otro de los principios derivados de la confianza legítima y que también es parte fundamental del régimen de los actos administrativos, es el principio de la irrevocabilidad de los actos administrativos o de la no revisión de los mismos, una vez que éstos han sido dictados, salvo en los casos autorizados por la ley.

1. La revisión de oficio de los actos administrativos

En efecto, el principio de la irrevocabilidad de los actos administrativos encuentra una excepción general en todos aquellos casos en los cuales la Administración puede revisarlos, de oficio, por estar autorizada legalmente.

En tal sentido, el procedimiento administrativo, en general, puede decirse que se desarrolla en dos fases: en *primer lugar*, el procedimiento constitutivo de los actos administrativos, tendiente a la formación y emisión de los mismos; y, en *segundo lugar*, el procedimiento de revisión de los actos administrativos que se desarrolla una vez que estos se dictan, y que tiene por objeto ratificarlos, corregirlos, reformarlos o modificarlos, revocarlos o anularlos.

Este procedimiento de revisión puede iniciarse de oficio o a instancia de parte, en este último caso mediante el ejercicio por los interesados, de los recursos administrativos de reconsideración, jerárquico o de revisión, o mediante la petición de que se declare su nulidad absoluta.

La revisión de oficio de los actos administrativos está establecido en las leyes de procedimiento administrativo y si bien la Administración puede iniciarlos *motu propio*, puede haber también requerimientos de los interesados, es decir, instancia de parte.

El *primer* supuesto de revisión de oficio de los actos administrativos se refiere a la posibilidad que tiene la Administración, siempre, de modificar los que son de efectos generales, es decir, los actos normativos o reglamentarios. Estos pueden ser reformados o derogados, dadas las características de generalidad e impersonalidad de las situaciones jurídicas que regulan. Por supuesto, estas modificaciones pueden también ser solicitadas por los interesados, en virtud "del derecho de petición en interés general" como lo califica el Código colombiano (arts. 5 a 8). En estos casos, se destaca la garantía que tienen los ciudadanos de ser oídos antes de la modificación mediante el sistema de audiencias y consultas públicas que regulan algunas leyes.

En *segundo lugar*, como se ha visto, las leyes de procedimiento administrativo prevén la posibilidad para la Administración, en cualquier momento, de corregir o rectificar los errores materiales, de hecho, de cálculo, o aritméticos en que se hubiere incurrido en la configuración de los actos administrativos (por ejemplo, art. 157, Ley General de Costa Rica; art. 201, Ley del Perú; art. 73, Código de Colombia; art. 84, Ley de Venezuela). Los interesados, por supuesto, también pueden solicitar esta revisión de los actos administrativos.

En *tercer lugar*, los actos administrativos que no originen derechos subjetivos o intereses legítimos, personales o directos a favor de particulares, pueden ser revocados en cualquier momento por la Administración, sea por la misma autoridad que los dictó o por el superior jerárquico (por ejemplo art. 82 Ley de Venezuela; art. 18 Ley de Argentina). Esta decisión también puede adoptarse de oficio o a petición de parte.

En *cuarto lugar*, la Administración puede "de oficio o a instancia de parte", reconocer o declarar la nulidad absoluta de los actos administrativos, en los casos enumerados en las leyes de procedimiento administrativo. Así se establece expresamente, por ejemplo, en las legislaciones de Venezuela (art. 83) de Argentina (art. 17), de Costa Rica (art. 174) y de Honduras (art. 119). En todo caso, si el acto administrativo ha sido confirmado por sentencia judicial contencioso-administrativa, en ningún caso es revisable por la Administración (art. 205,1).

Es de destacar, además, que el hecho de que las leyes mencionadas permitan expresamente iniciar a instancia de parte este procedimiento de revisión de los actos administrativos en los casos de vicios de nulidad absoluta, pone de manifiesto la existencia efectiva de un "recurso administrativo" específico, cuyo objetivo es el pedir la declaración de nulidad absoluta de un acto administrativo conforme a los casos taxativamente enumerados en las leyes, pero con la especialísima característica de que la petición puede formularse en cualquier momento, sin que exista lapso de caducidad o prescripción alguno, excepto en la legislación de Brasil (5 años) y del Perú (1 año). Esto conlleva consecuencias importantes, en cuanto a la posterior recurribilidad de los actos administrativos nulos, de nulidad absoluta, en vía judicial.

En efecto, si en cualquier momento se puede requerir de la Administración que reconozca y declare la nulidad absoluta de los actos administrativos, aún cuando estos estén firmes, ello significa que la instancia del interesado abre siempre la posibilidad de emisión de un nuevo acto administrativo que declare o no la nulidad absoluta, contra el cual puede, en definitiva, ejercerse los recursos jurisdiccionales contencioso-administrativos que procedan. Por ello, en consecuencia, ante actos administrativos viciados de nulidad absoluta, siempre será posible obtener una revisión judicial de los mismos.

Por último, en *quinto lugar*, debe señalarse que aún en los casos en los que se admite la revisión de oficio de los actos administrativos, si el ejercicio de tal potestad produce efectos inequitativos o lesiona derechos de interesados, la misma no debe ejercerse. Como lo señala la Ley de Honduras:

"*Artículo* 125: Las potestades de anulación, revocación y modificación de oficio no podrán ser ejercidas cuando por prescripción de acciones; por el tiempo transcurrido u otras circunstancias, su ejercicio resultase contrario a la equidad, al derecho de los particulares o a las leyes."

2. El acto administrativo firme y la cosa juzgada administrativa

La firmeza de los actos administrativos se produce cuando los mismos son irrecurribles o inimpugnables por los interesados. Como lo indica el artículo 212 de la Ley del Perú:

"*Artículo* 212. *Acto Firme*. Una vez vencidos los plazos para interponer los recursos administrativos se perderá el derecho a articularlos quedando firme el acto."

Por su parte, el acto administrativo definitivo es el que pone fin o resuelve un asunto, y eso lo distingue del acto de trámite. La firmeza, en cambio, tiene que ver con la inmodificabilidad del acto administrativo, con las excepciones antes señaladas de revisión de oficio o particularmente a petición de parte.

Ahora bien, si el acto administrativo firme crea derechos a favor de particulares, se dice que crea cosa juzgada administrativa, lo que lo hace irrevocable por la Administración, al punto de que una de las causales de nulidad absoluta de los actos administrativos, como se ha dicho, por ejemplo, en la Ley venezolana, es "cuando resuelvan un caso precedentemente decidido con carácter definitivo y que haya creado derechos particulares" (art. 19,2).

3. El principio de intangibilidad de los actos administrativos: los límites a la revocación y los derechos adquiridos

Puede decirse que una consecuencia del principio de la irretroactividad de los actos administrativos, es el principio general de que los derechos o situaciones jurídicas subjetivas adquiridos o declarados por actos administrativos individuales, no pueden ser eliminados posteriormente por otros actos administrativos. Es el principio general de la intangibilidad de las situaciones jurídicas nacidas de actos individuales, o de la irrevocabilidad de los actos administrativos de efectos particulares creadores de derechos a favor de los administrados; principio que ha tenido consagración legal expresa en las leyes de procedimiento administrativo de América Latina.

La fórmula de la Ley argentina puede considerarse que resume, en general, la posición del derecho administrativo latinoamericano, al prescribir que:

"El acto administrativo regular, del que hubieren nacido derechos subjetivos a favor de los administrados, no puede ser revocado, modificado o sustituido en sede administrativa una vez notificado" (art. 18).

Una variante de esta formulación está en la Ley del Perú, la cual prescribe que "los actos administrativos declarativos o constitutivos de derechos o intereses legítimos no pueden ser revocados, modificados o sustituidos de oficio por razones de oportunidad, mérito o conveniencia" (art. 203,1).

De estas fórmulas derivan varias consecuencias:

En *primer lugar*, el principio de la intangibilidad de las situaciones jurídicas derivadas de un acto administrativo sólo se aplica a los actos creadores de derecho a favor de particulares, por lo que los actos administrativos que no creen derechos a favor de particulares pueden ser revocados en cualquier momento. Como lo establece la Ley venezolana:

> "Los actos administrativos que no originen derecho subjetivos o intereses legítimos, personales y directos para un particular, podrán ser revocados en cualquier momento, en todo o en parte, por la misma autoridad que los dictó, o por el respectivo superior jerárquico" (art. 82).

El mismo principio lo recoge el Reglamento de la Comunidad Andina (art. 34).

En *segundo lugar*, el principio de la irrevocabilidad de los actos administrativos creadores de derecho, por supuesto, sólo se aplica a los actos administrativos válidos y regulares, capaces de dicha creación, por lo que si el acto está viciado de nulidad absoluta, no puede crear dichos derechos y es esencialmente revocable (art. 83 Ley venezolana).

En *tercer lugar*, el principio de la irrevocabilidad de los actos administrativos creadores de derechos a favor de particulares, se considera que tiene completa aplicabilidad a partir del momento en el cual el acto administrativo quede firme, es decir, a partir del momento en que su legalidad no pueda ser cuestionada directamente ante el juez administrativo. En consecuencia, el acto creador de derechos a favor de particulares, en principio, podría ser revocado por razones de legalidad dentro del lapso de caducidad previsto para la interposición del recurso de anulación; o como lo señala la Ley de Honduras, "cuando infrinja manifiestamente la ley, siempre que no aparezca firme y con sentido" (art. 121).

En *cuarto lugar*, el principio de la irrevocabilidad rige en tanto en cuanto el particular que deriva derechos del acto administrativo, no consienta su revocación, tal como lo regula el Código de Colombia (art. 73).

Por último, y en cuanto a los principios relativos a la irrevocabilidad de los actos administrativos regulares y firmes creadores de derecho a favor de los particulares, debe señalarse que las legislaciones latinoamericanas admiten como excepción, los casos en los cuales la revocación esté acompañada de una indemnización.

Así lo establece expresamente la Ley argentina (art. 18), la Ley del Perú (art. 205) y la Ley General de Costa Rica (art. 155), la cual establece que si el acto revocatorio no contiene el reconocimiento y el cálculo de la indemnización completa de los daños y perjuicios causados, el acto revocatorio estaría viciado de nulidad absoluta (art. 155.1). En Honduras, la ley expresamente señala que la revocación de un acto administrativo, sólo dará lugar a indemnización cuando la misma esté prevista expresamente en la Ley (art. 123).

En Venezuela, en cambio, frente al establecimiento del principio general de la nulidad absoluta el acto revocatorio de uno precedente creador de derecho a favor de particulares (art. 19,2), podría argumentarse que tal nulidad no se produciría, si la revocación estuviese acompañada de la indemnización correspondiente, por la eliminación del derecho, por supuesto, con suficiente motivación conforme al interés público.

Por tanto, aún cuando el acto cree derechos a favor de particulares, podría ser revocado por la Administración mediando indemnización, porque nunca se podría impedir a la Administración, en último término, hacer prevalecer el interés general sobre el interés particular. Así como la Administración puede expropiar cualquier bien o derecho, ello, también podría aplicarse analógicamente en este caso.

La regulación, en Venezuela, lo que busca es proteger a los particulares contra la arbitrariedad de la Administración de revocar discrecionalmente sus actos administrativos, pero no debe interpretarse en el sentido de impedir a la Administración la posibilidad de revocación del acto creador de derechos, pues indemnizando al particular se sustituiría su derecho adquirido por el acto anterior, con un título distinto.

En cuanto a las excepciones al principio de la irrevocabilidad de los actos administrativos declarativos o constitutivos de derechos o intereses legítimos, debe destacarse las previsiones de la Ley del Perú, al establecer en el artículo 203, que excepcionalmente, cabe la revocación de actos administrativos, con efectos a futuro, en cualquiera de los siguientes casos:

> "*2.1.* Cuando la facultad revocatoria haya sido expresamente establecida por una norma con rango legal y siempre que se cumplan los requisitos previstos en dicha norma.
>
> *2.2.* Cuando sobrevenga la desaparición de las condiciones exigidas legalmente para la emisión del acto administrativo cuya permanencia sea indispensable para la existencia de la relación jurídica creada.
>
> *2.3.* Cuando apreciando elementos de juicio sobrevinientes se favorezca legalmente a los destinatarios del acto y siempre que no se genere perjuicios a terceros."

En estos casos, dispone el artículo 203,3 que esta revocación sólo puede ser declarada por la más alta autoridad de la entidad competente, previa oportunidad a los posibles afectados para presentar sus alegatos y evidencia en su favor.

Sección Décima Primera: EL PRINCIPIO DEL CONTROL INTERNO: EL DERECHO A RECURSOS

I. EL DERECHO A RECURRIR

La garantía por excelencia del derecho a la defensa, es el derecho de los interesados a impugnar o atacar, en sede administrativa, los actos administrativos emanados como resultado del procedimiento administrativo. Ello permite el ejercicio, por la Administración, del control interno sobre sus actos administrativos.

Puede decirse que la regulación de este derecho a recurso fue, quizás, el primer cuerpo normativo del derecho de la defensa en materia administrativa; por eso, las regulaciones sobre el procedimiento administrativo en América Latina comenzaron por leyes relativas a recursos administrativos en general. Ese fue el caso, por ejemplo, de la Ley argentina sobre recursos jerárquicos de los años cuarenta. Por ello, el tema de los recursos ha sido una parte esencial de la codificación del procedimiento administrativo.

Si en el procedimiento administrativo se distingue, en general, el procedimiento constitutivo del procedimiento de impugnación del acto administrativo; el régimen de los recursos corresponde precisamente a esta segunda parte del procedimiento, es decir, al procedimiento de impugnación de los actos administrativos. Por eso, su régimen constituye una parte medular de todo el procedimiento administrativo y está influido por todos los principios anteriormente analizados que están en todas las leyes de procedimientos administrativos.

Por supuesto, para ejercer este derecho a recurrir se exige, siempre, por una parte, un acto administrativo previo, de manera que no hay derecho a recurso si no hay acto previo; y, por otra parte, se necesita una decisión motivada, ya que poco se lograría al pretender ejercer un recurso gubernativo sin una decisión motivada, es decir, sin motivos respecto de los cuales se pueda reaccionar o cuestionar.

De ahí la duda sobre la efectividad de la figura del silencio administrativo respecto de las peticiones, que deriva del hecho de que no habiendo acto administrativo, se presume negada una petición por el hecho del silencio administrativo. En definitiva, nada logra el administrado con recurrir contra un acto administrativo presuntamente negado, si no tiene argumentos que alegar porque no hay motivos contra los cuales pueda formular una defensa. En esos casos, el objetivo del interesado, cuando formula una petición de, por ejemplo, una autorización o un permiso, es la obtención de una respuesta positiva de la Administración, por lo que la presunción de un acto negativo no le garantiza nada. Por eso, realmente, la garantía frente al silencio administrativo en el procedimiento constitutivo del acto administrativo, es la acción en carencia o la acción de cumplimiento o, en su caso, si hay violación de derechos constitucionales, la tutela o el amparo contra la omisión para la obtención de una decisión positiva, que es, en definitiva, lo que busca el administrado.

Por tanto, como ya hemos señalado, el ejercicio del derecho a la defensa está íntimamente vinculado al derecho a la motivación de los actos administrativos (art. 1°, f.3, Ley de Argentina; art. 18.5, Ley de Venezuela), condición indispensable para que pueda tener efectividad. Como lo ha señalado la jurisprudencia contencioso administrativa venezolana:

> "El derecho a la defensa en el procedimiento administrativo está íntimamente vinculado al derecho a la motivación, porque el conocimiento oportuno de los motivos de la acción administrativa es lo que puede determinar la eficacia y acierto de las decisiones que se dicten, su correcta adecuación al derecho objetivo y el debido equilibrio entre los intereses públicos y particulares involucrados en la decisión, e iniciativa de los interesados. Basta, por lo tanto, con que el acto administrativo no esté debidamente motivado, para que se considere que tácitamente ha existido indefensión de los particulares que han podido oponerse a la decisión, antes de que ésta llegue a afectar sus intereses legítimos, personales y directos, y de allí la necesidad de hacer referencia también a las razones que han sido alegadas entre los requisitos de la motivación" (Sentencia de la Corte Primera de lo Contencioso Administrativo de 14 de marzo de 1988, *Revista de Derecho Público*, N° 34, Caracas, 1988, p. 86).

Sin motivación de los actos administrativos, por tanto, no habría posibilidad real de ejercer el derecho a la defensa mediante el ejercicio de recursos contra los mismos, es decir, el derecho a recurrir sería nugatorio.

Otro elemento de base respecto del derecho a recurrir, es el que deriva de la formalidad de la notificación del acto, que debe contener el texto íntegro del mismo y, por supuesto, la información sobre los recursos administrativos de los cuales dispone el interesado para poder ejercer su derecho a la defensa, ya sea para dar inicio al procedimiento de revisión o bien para interponer el recurso gubernativo de impugnación de los actos administrativos, y los lapsos de los que dispone para ejercerlos.

En este sentido, por ejemplo, el Código de Colombia establece el derecho de los interesados a ejercer los recursos administrativos que consagra el ordenamiento jurídico, exigiendo que se indique expresamente, en el texto de la notificación o publicación del acto administrativo:

> "Los recursos que legalmente proceden contra las decisiones de que se trate, las autoridades ante quienes deben interponerse y los plazos para hacerlo" (art. 47).

En igual sentido se regula en la Ley venezolana (arts. 73 y 74).

Por último, el derecho a recurrir como medio de defensa contra los actos administrativos, exige la previsión formal de medios de recursos administrativos, es decir, de los que puedan formularse ante la propia Administración. Ello conduce a estudiar el régimen de los recursos administrativos como parte del procedimiento de impugnación de los actos administrativos.

II. LOS DIVERSOS RECURSOS ADMINISTRATIVOS

Las leyes de procedimiento administrativo de América Latina regulan diversos tipos de recursos gubernativos o administrativos, como vías formales de petición puestas a disposición de los interesados para solicitar la revisión de los actos administrativos en sede administrativa.

La terminología varía de una ley a la otra, por lo que convencionalmente proponemos la clasificación general en tres clases de recursos: el de reconsideración, el jerárquico y el de revisión. Pero antes de analizar cada uno de estos recursos, debemos referirnos a las diversas clasificaciones legales.

1. Clasificación general

En primer lugar, puede distinguirse una clasificación general de los recursos administrativos, diferenciando los que serían recursos ordinarios, de los que serían *recursos extraordinarios*.

Como lo regula con precisión la Ley General de Costa Rica:

> "*Artículo* 343. Los recursos serán ordinarios o extraordinarios. Serán ordinarios el de revocatoria o reposición y el de apelación. Será extraordinario el de revisión."

En el caso colombiano, por ejemplo, el Código establece un régimen propio del *recurso ordinario* y no regula especialmente algún *recurso extraordinario* de carácter administrativo, como el llamado "recurso de revisión" que sí se encuentra en las demás leyes.

Ahora bien, entre los *recursos ordinarios* que consagran las leyes de procedimiento administrativo latinoamericanas, están los siguientes:

En primer lugar, el *recurso de reconsideración* (Ley venezolana), que también regula la Ley peruana y que se denomina recurso de reposición, tanto en la Ley de Honduras como en el Código colombiano; o *recurso de revocatoria* según la Ley General de Costa Rica. Se trata del recurso que se ejerce ante la propia autoridad que dictó el acto, para la reconsideración de la decisión, su revocatoria o la reposición del procedimiento para dictar una nueva decisión.

En segundo lugar, el *recurso jerárquico*, clásicamente conocido con esa denominación en casi todas las legislaciones, pero que en Perú, en Honduras y en Colombia se denomina recurso de apelación. En general, sin embargo, en todas las leyes administrativas se ha superado o rechazado el término de "apelación" para reducirlo a la vía judicial y distinguirlo, así, del recurso jerárquico en sede administrativa. A su vez, en el caso de México, se conoce este recurso como "recurso de revisión". En todo caso, se trata del recurso que se ejerce ante la autoridad jerárquica superior a la que dictó el acto.

Pero además de los recursos ordinarios, en las leyes de procedimiento administrativo se distingue el *recurso de revisión*, que es un *recurso extraordinario*, porque tiene la característica de que se ejerce contra actos administrativos firmes. En cambio, los ordinarios se ejercen contra actos recurribles que, por ello, no han adquirido firmeza. Por esta razón, este recurso de revisión no encuentra regulación en el Código colombiano, el cual sólo establece recursos contra actos administrativos que no sean firmes.

El recurso de revisión, por su carácter extraordinario, requiere de una serie de causales específicas referidas, por ejemplo, a la necesidad de hechos sobrevenidos surgidos con posterioridad a la emisión del acto, y que permiten acudir ante el superior jerárquico para pedir su revisión. El superior jerárquico es, entonces, el llamado a determinar, por ejemplo, si después de emitido el acto se ha dictado una sentencia; se han modificado los presupuestos de hecho del acto administrativo o estos han desaparecido; o han aparecido documentos que no se conocían con anterioridad; es decir, este recurso extraordinario requiere de causales específicas para su procedencia.

2. El recurso de reconsideración

El primero de los recursos administrativos es el llamado recurso de reconsideración, de reposición, de revocatoria o de revocación, como vía formal de petición puesta a disposición de los administrados para solicitar de la misma autoridad que adoptó una decisión, que la reconsidere, revise, modifique o revoque.

Se trata del recurso administrativo más común y generalizado, cuya característica fundamental es que pone en funcionamiento el principio de la autotutela de la Administración, porque es el recurso que permite acudir ante "el mismo funcionario que tomó la decisión, para que la aclare, modifique o revoque", como lo dice el Código colombiano (art. 50 CPAC). Por ello, este recurso procede siempre, cualquiera que sea la jerarquía del funcionario que adopte la decisión.

La característica básica del recurso es que se ejerce ante el propio órgano que dictó la decisión. Así está regulado en todas las leyes, pero con terminologías y lapsos de interposición distintos. En el Perú, además, la ley requiere que se sustente "en nueva prueba" (art. 208).

Incluso, en el caso de Venezuela, se distingue el recurso de reconsideración según que el acto impugnado agote o no la vía administrativa. Si el acto no agota la vía administrativa, el recurso de reconsideración debe intentarse como paso previo al recurso jerárquico o de apelación (art. 94).

Esta es una disposición excepcional entre el conjunto de leyes latinoamericanas, porque en todas las otras no se establece este carácter de agotamiento previo del recurso de reconsideración para acudir al recurso jerárquico. Por ello, la Ley del Perú dispone que "este recurso es opcional y su no interposición no impide el ejercicio del recurso de apelación" (art. 208).

Por otra parte, si el acto administrativo agota la vía administrativa, aun cuando quede abierta la vía contencioso-administrativa, sin embargo, el particular puede ejercer, antes de ir a la vía judicial, el recurso de reconsideración ante la autoridad que agote la vía administrativa, es decir, ante el superior jerárquico en concreto. De igual manera, este recurso está consagrado, en estos términos, en la Ley de Uruguay (art. 142) y en el Reglamento de la Secretaría de la Comunidad Andina (arts. 37 y 44).

3. El recurso jerárquico

El otro recurso administrativo de carácter ordinario es el recurso jerárquico, llamado también "recurso de apelación" en Colombia, Perú y Honduras y "recurso de alzada" en Costa Rica. Se trata del recurso que se intenta ante el superior jerárquico de la organización a la cual pertenece el autor del acto administrativo atacado, a los efectos de obtener su aclaratoria, revisión o revocación. En algunos países, como en el Perú, la Ley exige que el recurso se intente por ante la misma autoridad que expidió el acto para que lo eleve ante el superior jerárquico, y además, que "se sustente en diferente interpretación de las pruebas producidas o cuando se trate de cuestiones de puro derecho" (art. 209).

En todo caso, con este recurso se ponen en marcha los poderes de dirección, revisión y control del superior jerárquico, y las propias relaciones de jerarquía entre los órganos administrativos.

Por tanto, para que proceda el recurso jerárquico tiene que existir relación jerárquica, y si el principio de la jerarquía no tiene vigencia como consecuencia de desviaciones formales de la competencia, no puede intentarse el recurso jerárquico.

Por eso, este recurso no procede cuando ha habido un proceso de descentralización o desconcentración administrativa, los cuales tienen por efecto poner fin a la vía administrativa en determinados niveles de la organización administrativa, distintos al del superior jerárquico. Esto sucede, por ejemplo, en las relaciones entre la Administración descentralizada con los órganos de la Administración central, por lo que en principio este recurso se excluye en los casos de relaciones interorgánicas de tutela. Por ello, en el Código colombiano se excluye la apelación o el recurso jerárquico contra las:

> "Decisiones de los ministros, jefes de departamento administrativo, superintendentes y representantes legales de las entidades descentralizadas o de las unidades administrativas especiales que tengan personería jurídica" (art. 50).

La excepción a este principio, que es el general, se encuentra en la regulación, muy inconveniente por lo demás, de Venezuela, la cual, respecto de los institutos autónomos, que son órganos descentralizados, sin embargo previó la necesidad de un recurso jerárquico, que no es propiamente jerárquico, sino que es un recurso de alzada, "ante el respectivo Ministro de adscripción" (art. 96).

Con esta norma de la Ley Orgánica, por tanto, se hace interminable el camino para acceder a la justicia y se distorsiona la desviación de la competencia que se ha producido, precisamente con motivo de la descentralización funcional. Esta es una regulación que no tiene antecedentes en el derecho comparado, y viola, incluso, el principio de la doble instancia.

Por último, debe agregarse que normalmente el recurso jerárquico intentado ante el superior jerárquico de la organización, tiene como resultado poner fin a la vía administrativa, por lo que al decidirse o no en un lapso de tiempo, deja abierta la vía contencioso-administrativa.

4. El recurso de revisión

El recurso administrativo que puede considerarse como de carácter extraordinario, es el denominado recurso de revisión, el cual, a pesar de que se intenta ante el superior jerárquico, se distingue del recurso jerárquico, en primer lugar, porque se intenta contra un acto firme, es decir, contra un acto que ya es irrecurrible, porque ya fue objeto, o lo pudo haber sido, de los recursos administrativos ordinarios. Como consecuencia de ello, en segundo lugar, este recurso de revisión se distingue del recurso jerárquico porque sólo puede intentarse con fundamento en unas causales que las leyes prevén, como es el caso de Costa Rica, Argentina, Honduras y Venezuela. En el caso del Perú, sin embargo, el recurso de revisión, aún cuando también es de carácter extraordinario, lo que lo caracteriza es que lo decide una tercera instancia de competencia nacional, si las dos instancias anteriores fueron resueltas por autoridades que no son de competencia nacional (art. 210).

Por ejemplo, en la Ley venezolana (art. 84) este recurso de revisión contra los actos administrativos firmes puede intentarse ante el Ministro respectivo, en los siguientes casos:

"1. Cuando hubieren aparecido pruebas esenciales para la resolución del asunto, no disponibles para la época de la tramitación del expediente.

2. Cuando en la resolución hubieren influido, en forma decisiva, documentos o testimonios declarados falsos por sentencia judicial definitivamente firme.

3. Cuando la resolución hubiere sido adoptada por cohecho, violencia, soborno u otra manifestación fraudulenta y ello hubiere quedado establecido en sentencia judicial, definitivamente firme."

Es decir, en la base de estas causales están hechos o actos sobrevenidos que de haberse conocido en su momento, hubieren cambiado radicalmente las circunstancias o los elementos de hecho y de derecho que dieron origen al acto.

En el mismo sentido, el artículo 22 de la Ley argentina señala que puede disponerse en sede administrativa la revisión de un acto firme:

"a. Cuando resultaren contradicciones en la parte dispositiva, háyase pedido o no su aclaración;

b. Cuando después de dictado se recobraren o descubrieren documentos decisivos cuya existencia se ignoraba o no se pudieron presentar como prueba por fuerza mayor o por obra de tercero;

c. Cuando hubiere sido dictado basándose en documentos cuya declaración de falsedad se desconocía o se hubiere declarado después de emanado el acto;

d. Cuando hubiere sido dictado mediando cohecho, prevaricato, violencia o cualquier otra maquinación fraudulenta o grave irregularidad comprobada."

En el mismo sentido se expresa la Ley General de Costa Rica (art. 353), donde se establece que podrá interponerse recurso de revisión ante el jerarca de la respectiva Administración contra aquellos actos finales firmes en que concurra alguna de las circunstancias siguientes:

"a. Cuando al dictarlos se hubiere incurrido en manifiesto error de hecho que aparezca de los propios documentos incorporados al expediente;

b. Cuando aparezcan documentos de valor esencial para la resolución del asunto, ignorados al dictarse la resolución o de imposible aportación entonces al expediente;

c. Cuando en el acto hayan influido esencialmente documentos o testimonios declarados falsos por sentencia judicial firme anterior o posterior del acto, siempre que, en el primer caso, el interesado desconociera la declaración de falsedad; y

d. Cuando el acto se hubiera dictado como consecuencia de prevaricato, cohecho, violencia u otra maquinación fraudulenta y se haya declarado así en virtud de sentencia judicial."

Por su parte, en la Ley de Honduras se establece (art. 141), que contra las resoluciones firmes puede interponerse recurso extraordinario de revisión cuando concurra alguna de las circunstancias siguientes:

"a. Que el acto se hubiese dictado con evidente y manifiesto error de hecho, que afecte a la cuestión de fondo, siempre que dicho error resulte plenamente demostrado de los documentos incorporados al expediente;

b. Que después de adoptada la resolución aparezcan documentos decisivos ignorados por fuerza mayor al dictarse la resolución o de imposible aportación entonces al expediente;

c. Que la resolución hubiera recaído en virtud de documento que al tiempo de adoptarse aquélla ignorase alguno de los interesados haber sido reconocido y declarado falso en sentencia judicial firme, o cuya falsedad se reconociese o declarase después;

ch. Que habiéndose adoptado la resolución en virtud de prueba testifical fuesen los testigos condenados en sentencia judicial firme por falso testimonio dado en las declaraciones que sirvió a aquélla de fundamento; y,

d. Que la resolución se hubiese dictado con prevaricación, cohecho, violencia u otra maquinación fraudulenta, y se haya declarado así por sentencia judicial firme."

En todos estos casos se trata de un recurso para que la Administración pueda revisar actos firmes y, por tanto, inimpugnables por la vía de los recursos ordinarios.

III. EL OBJETO DE LOS RECURSOS

En general, el objeto de los recursos administrativos lo constituye un acto administrativo definitivo de efectos particulares. Por ello, el Código de Colombia excluye el recurso respecto de los actos de carácter general (art. 49); aún cuando, al contrario, la Ley de Uruguay excepcionalmente permite el ejercicio de un recurso contra una norma de carácter general (art. 166). Igual se establece en la Ley de Honduras (art. 129).

En el caso de la Ley de Uruguay, expresamente el artículo 166 regula esto en la forma siguiente:

"Artículo 166. La resolución que haga lugar al recurso interpuesto contra una norma de carácter general, implicará la derogación, reforma o anulación de dicha norma según los casos. Sus efectos serán generales y, en los casos de anulación o derogación o reforma por razones de legitimidad serán además con efectos retroactivos ("*ex tunc*"), sin perjuicio de que subsistan:

a. los actos firmes y estables dictados en aplicación de la norma impugnada; y

b. los derechos adquiridos directamente al verificarse el supuesto de hecho previsto en dicha norma sin necesidad de acto de ejecución alguno que no resulten incompatibles con el derecho del recurrente."

En todos los casos previstos en este artículo, la resolución del recurso deberá publicarse en el "Diario Oficial".

Por otra parte, en principio, los recursos proceden contra los actos administrativos definitivos, es decir, conforme al Código de Colombia, aquéllos "que ponen fin a una actuación administrativa, los que deciden directa o indirectamente el fondo del asunto" (art. 50).

Excepcionalmente, sin embargo, se admite la posibilidad de impugnar, por vía de recurso, a los actos de trámite, siempre que imposibiliten continuar el procedimiento, causen indefensión o prejuzguen como definitivo. En estos casos, como lo regula la Ley venezolana, se abre la posibilidad de la impugnación de estos actos de trámite (art. 85). En sentido similar se regula en el Código de Colombia (art. 49) y en la Ley del Perú (art. 206,2).

Por lo tanto, el objeto de los recursos ordinarios es, en principio, el acto definitivo y que no sea firme por no haberse vencido los lapsos previstos para su impugnación.

Por otra parte, el recurso jerárquico sólo puede intentarse contra un acto que no agote la vía administrativa; y en algunos casos, como en la legislación de Venezuela, el objeto de un recurso jerárquico sólo puede ser un acto administrativo que resuelva un recurso de reconsideración previamente intentado (art. 95).

Además, debe mencionarse que, en general, las leyes de procedimiento administrativo de América Latina admiten el ejercicio de los recursos administrativos contra los actos administrativos tácitos denegatorios que resulten del silencio administrativo.

Por último, debe destacarse el artículo 345 de la Ley General de Costa Rica, el cual precisa cuáles son los actos administrativos que pueden ser objeto de recursos ordinarios:

> "1. En el procedimiento ordinario cabrán los recursos ordinarios únicamente contra el acto que lo inicie, contra el que deniega la comparecencia oral o cualquier prueba y contra el acto final.
>
> 2. La revocatoria contra el acto final del jerarca se regirá por las reglas de la reposición de la Ley Reguladora de la Jurisdicción Contencioso Administrativa.
>
> 3. Se considerará como final también el acto de tramitación que suspenda indefinidamente o haga imposible la continuación del procedimiento."

IV. LOS MOTIVOS DE LOS RECURSOS

En cuanto a los motivos de los recursos administrativos, puede decirse que, en general, y con la excepción del régimen del Perú, existe un régimen común, salvo en el caso del recurso de revisión que está condicionado a determinados motivos expresamente establecidos.

En efecto, los recursos ordinarios proceden cuando se alega cualquier infracción del ordenamiento jurídico, es decir, cualquier motivo de ilegalidad, y también, por supuesto, cualquier motivo de mérito, es decir, de oportunidad y conveniencia que el particular pueda alegar ante la Administración. En el Perú, sin embargo, deben existir nuevas pruebas para sustentar estos recursos (arts. 208 y 209).

Los recursos administrativos, por tanto, no sólo son vías de revisión gubernativa fundamentadas en razones de ilegalidad, sino que pueden ser intentados por motivos de oportunidad y conveniencia. Así lo establece la Ley General de Costa Rica: "por motivos de legalidad o de oportunidad" (art. 342) y la Ley de Brasil: "por razones de legalidad o de mérito" (art. 56).

Aclara por ejemplo, el Reglamento de la Comunidad Andina, que los recursos proceden contra los actos "por estar viciados en sus requisitos de fondo o de forma, e incluso por desviación de poder" (art. 39).

En Uruguay, los recursos de anulación se deben fundamentar en que el acto impugnado es contrario a una regla de derecho o implica desviación, abuso o exceso de poder (art. 151). En el caso de la Ley de Honduras, también se precisa el motivo de los recursos así:

> "*Artículo* 130. Los recursos de apelación y reposición podrán fundarse en cualquier infracción del ordenamiento jurídico, incluso el exceso de poder y la desviación de poder; y, cuando las resoluciones fueren dictadas en ejercicio de potestades discrecionales, en razones vinculadas a la oportunidad o conveniencia del acto impugnado."

La Ley del Perú, por su parte, dispone que los recursos administrativos pueden intentarse contra los actos administrativos que se supone violan, desconocen o lesionan un derecho o interés legítimo (art. 206,1).

Otro tema vinculado al de los motivos de los recursos, es el de la oportunidad para formular la fundamentación de los mismos. En el procedimiento administrativo, por el principio de la informalidad o flexibilidad consagrado expresamente en algunos países, como en Uruguay, la Ley permite que la fundamentación del recurso, que constituye un derecho del recurrente, pueda cumplirse con posterioridad a su presentación (art. 155). En esta forma no se exige que en el propio texto del recurso se incluya toda su fundamentación, como al contrario sucede en Venezuela y Colombia, donde el propio texto del recurso debe contener toda la fundamentación, al punto de que puede considerarse como una causal de inadmisibilidad y de rechazo, el que el texto del recurso no contenga todos los elementos que exija la Ley, entre ellos la fundamentación. (arts. 49 y 86 de la Ley de Venezuela).

V. LA INTERPOSICIÓN DE LOS RECURSOS Y SU INADMISIBILIDAD

Lo primero que debe señalarse respecto de la interposición de los recursos administrativos, es lo referente a la identificación del acto objeto de los mismos y que, en principio, deben contener los motivos de reclamo, salvo que la Ley permita su fundamentación posterior.

Además, las leyes de procedimiento administrativo establecen otra serie de elementos que inciden sobre la admisibilidad de los recursos como medios formales de impugnación de los actos administrativos, y que normalmente se refieren a la legitimación, al principio de la participación de los interesados, a las formalidades, al lapso de interposición y a la decisión de los recursos.

1. La legitimación activa y la intervención de los interesados

En cuanto a legitimación, puede señalarse que invariablemente el principio general es que la legitimación activa está reservada a los interesados, es decir, a quienes tengan interés personal, legítimo y directo en el acto que se impugna (art. 85, Ley de Venezuela; art. 52, Código de Colombia; art. 127, Ley de Uruguay; art. 129, Ley de Honduras).

Este interés personal, legítimo y directo puede derivar de un derecho subjetivo, del hecho de ser destinatario del acto o de estar en una especial situación de hecho que hace que surja el interés en relación a ese acto administrativo concreto.

Por ello, la Ley uruguaya establece expresamente que:

> *"Artículo 152.* Podrán interponer recursos administrativos, los peticionarios y las personas que se consideren directamente lesionadas en sus derechos o intereses por el acto administrativo impugnado."

La Ley de Brasil, además, precisa la legitimación para intentar los recursos, abriéndola a los representantes de intereses colectivos y difusos, así:

> *"Artículo* 58. *Têm legitimidade para interpor recurso administrativo*:
>
> I. *Os titulares de direitos e interesses que forem parte no processo*;
>
> II. *Aqueles cujos direitos ou interesses forem indiretamente afetados pela decisão recorrida*;
>
> III. *As organizações representativas, no tocante a direitos e interesses coletivos*;
>
> IV. *Os cidadãos ou associações, quanto a direitos ou interesses difusos.*"

Se destaca, por otra parte, el supuesto del recurso de revisión que en el caso de la Ley de Honduras, se permite que sea interpuesto por el Procurador General de la República "en interés de la legalidad de la actividad administrativa" (art. 145).

En cuanto a la intervención de los interesados en el procedimiento, la Ley uruguaya establece claramente el principio general en esta materia, así:

> *"Artículo* 153. Cuando los recursos se interpusieren contra un acto administrativo declarativo o constitutivo de una situación jurídica subjetiva, se dará intervención en los procedimientos al interesado en que el acto impugnado se mantenga.
>
> En el caso de comparecer deberá hacerlo en la misma forma que el recurrente y tendrá los mismos derechos que éste."

2. El plazo de interposición y su inicio

En casi todas las leyes, y con gran variación numérica, se regulan los términos de interposición de los recursos, en lapsos que van desde 3 días, por ejemplo, en Costa Rica (art. 346), hasta 15 días en el caso de Venezuela (art. 94 y 95).

De acuerdo con la regulación concreta que cada país establece, se trata de un lapso de caducidad que se inicia con la notificación del acto administrativo, cuando comienza la etapa de revisión del acto impugnado. Por supuesto, aun sin notificación, el particular puede, en cualquier momento, recurrir el acto dándose por notificado. Inclusive, así lo regula la expresamente Ley de Uruguay, al indicar que:

> "Si el acto no ha sido notificado personalmente ni publicado en el Diario Oficial, según corresponda, el interesado podrá recurrirlo en cualquier momento" (art. 142,2).

Por tanto, este puede considerarse como un principio general que aun cuando no haya habido notificación, el interesado puede darse por notificado e impugnar el acto a través de los recursos que proceden, de manera que no es necesaria o indispensable la notificación directa para poder intentar el recurso.

Sin embargo, en la misma Ley de Uruguay se establece una garantía para el interesado, en estos casos de ausencia de notificación del acto, al expresar que:

> "En ningún caso el conocimiento informal del acto lesivo por parte del interesado suple a la notificación personal o a la publicación en el "Diario Oficial", según corresponda, por lo que no hace correr el cómputo del plazo para recurrir. No obstante, el interesado, si lo estimare del caso, podrá ejercitar sus defensas jurídicas dándose por notificado" (art. 143).

La Ley argentina, por su parte, regula los casos de peticiones fuera de lapso, una vez caducados los recursos, así:

> "Una vez vencidos los plazos establecidos para interponer recursos administrativos se perderá el derecho para articularlos; ello no obstará a que se considere la petición como denuncia de ilegitimidad por el superior, salvo que éste resolviera lo contrario por motivos de seguridad jurídica o que, por estar excedidas razonables pautas temporales, se entienda que medió abandono voluntario del derecho" (art. 1,e,6).

Por otra parte, la Ley argentina también regula el principio de que aún cuando los recursos hubiesen sido mal calificados, adolezcan de defectos formales insustanciales o fueren deducidos ante órgano incompetente por error excusable, sin embargo, su interposición no interrumpe el curso de los plazos (art. 1,e,7).

3. El escrito de interposición

En la mayoría de los textos legales se establecen los requisitos formales de la interposición de recursos, exigiendo que deben intentarse por escrito, con las mismas indicaciones requeridas para las solicitudes o peticiones. (art. 86, Ley de Venezuela; art. 52, Código de Colombia). Ninguna de las leyes de procedimiento administrativo permite la interposición verbal de un recurso gubernativo, pues las leyes siempre hablan del escrito del recurso.

En muchos casos los recursos deben cumplir las mismas condiciones de las peticiones que, en particular, se detallan en la legislación: se exige, así, la identificación del acto administrativo recurrido, del órgano ante el cual se dirige, del recurrente, y la expresión de los motivos o fundamentos del recurso.

Así se indica, por ejemplo, en la legislación de México (art. 86) y de Uruguay (art. 154) donde, incluso, se señala que cualquiera que sea la forma documental, siempre tiene que cumplirse una serie de requisitos, así:

> "*Artículo* 154. Cualquiera sea la forma documental utilizada para la interposición de los recursos (escrito en papel simple, formulario o impreso, telegrama colacionado certificado con aviso de entrega, télex, fax, o cualquier otro medio idóneo), siempre deberá constar claramente el nombre y domicilio del recurrente y su voluntad de recurrir traducida en la manifestación de cuáles son los recursos que se interponen y la designación del acto administrativo que impugna."

En todo caso, entre los requisitos formales está la motivación del recurso, al punto de que como sucede en Brasil (art. 60), en Venezuela (art. 86) y en Colombia (art. 53), si no se llenan esos requisitos debe haber una decisión motivada de inadmisibilidad del recurso.

En esta materia, por tanto, varía el principio de la colaboración que rige respecto de las peticiones, y que exige a la Administración colaborar con el interesado a los efectos de advertirle los errores de su petición para que los corrija. En materia de recursos, en cambio, la regulación es mucho más formalista, de manera que si no se presenta el recurso conforme a los requisitos exigidos, no se le devuelve al particular para que lo corrija, si no que se lo declara inadmisible. Por tanto, en esta materia no rige el principio de la colaboración sino, al contrario, se establece la declaratoria de inadmisibilidad del recurso, mediante resolución motivada.

En cuanto al principio *solve et repete*, debe señalarse que aún cuando algunas leyes lo consagran, exigiéndose que con el recurso se "acredite el pago o el cumplimiento de lo que el recurrente reconoce deber" (art. 52 del Código colombiano), en general no tiene vigencia por las razones de inconstitucionalidad que anteriormente se han expuesto.

4. La interposición conjunta y subsidiaria

En algunas legislaciones se admite la posibilidad de interposición conjunta o subsidiaria de recursos; un ejemplo de esto se encuentra en la legislación de Uruguay (art. 164), conforme a la cual se puede intentar el recurso de reconsideración y, subsidiariamente, el jerárquico, de la manera siguiente:

> "*Artículo* 164. En los casos en que se hayan interpuesto en forma conjunta y subsidiaria los recursos de revocación y jerárquico, o de revocación y de anulación, o de revocación, jerárquico y de anulación, el recurrente podrá presentarse ante los órganos competentes para resolver los recursos subsidiarios a efectos de urgir la resolución de los recursos en trámite, a medida que se vayan operando las correspondientes confirmaciones fictas del acto impugnado.
>
> Recibido el petitorio, el órgano referido requerirá, sin más trámite, al órgano que dictó la resolución recurrida, o, en su caso, al órgano competente para decidir el recurso subsidiario siguiente al de revocación..."

Este principio también está establecido en el Código colombiano indicándose que el recurso jerárquico puede interponerse directamente o en subsidio del de reposición (art. 51).

En cambio, debe indicarse que un principio como ese no puede aplicarse en el sistema venezolano, porque en el mismo se exige que el recurso jerárquico sólo puede intentarse cuando se niegue el de reconsideración, por lo que nunca se pueden interponer ambos al mismo momento. Sólo una vez dictada la decisión del recurso de reconsideración es que se podría intentar el recurso jerárquico.

5. La autoridad competente

La autoridad competente para conocer del recurso de reconsideración o de reposición es la misma autoridad que dictó el acto. Por tanto, el recurso se debe intentar directamente ante esa autoridad.

En el caso del recurso jerárquico, hay dos posibilidades para interponerlo: por una parte, se puede intentar ante el inferior para ante el superior, como sucede en el Perú; o como sucede en el caso de la legislación venezolana, se puede intentar directamente ante el superior, es decir, no se acude ante el órgano que dictó el acto recurrido sino que se acude directamente ante el superior jerárquico, para que adopte la decisión. Esto ocurre, igualmente, en los sistemas donde existe el recurso de revisión, que es extraordinario, en cuyo caso también se interpone directamente ante el superior jerárquico para que conozca del recurso, sin necesidad de interponerlo ante el inferior.

La regulación positiva de esta materia, sin embargo, varía en la Ley General de Costa Rica, en la cual la interposición de los recursos ordinarios debe efectuarse ante el órgano director del procedimiento, de manera que cuando se trate de la apelación, aquél se limitará a emplazar a las partes ante el superior y remitirá el expediente sin admitir ni rechazar el recurso, acompañando un informe sobre las razones del recurso (art. 349).

En el caso de Uruguay, la Ley regula esta materia de la manera siguiente:

> "*Artículo* 160. Tratándose de actos administrativos dictados por el Poder Ejecutivo, actuando en acuerdo, el recurso de revocación podrá presentarse ante el Ministerio actuante, de ser varios el que figure en primer término, o bien ante la Secretaría de la Presidencia de la República. En este último caso, previo registro de su entrada, será remitido al Ministerio que corresponda, donde se sustanciará y someterá, oportunamente, al acuerdo del Poder Ejecutivo, con el proyecto de resolución respectivo.
>
> Si el acto administrativo hubiese sido dictado por el Consejo de Ministros, el recurso de revocación se presentará ante la Secretaría de la Presidencia de la República, la que procederá en la forma señalada por el respectivo Reglamento del Consejo de Ministros."

Por otra parte, en materia de actos dictados en delegación de atribuciones, el artículo 161 de la Ley de Uruguay establece que los recursos podrán presentarse indistintamente ante el órgano delegante o ante el órgano delegado. En este último caso, el órgano delegado lo sustanciará y someterá oportunamente al órgano delegante con el proyecto de resolución respectivo.

VI. LOS EFECTOS DE LA INTERPOSICIÓN DE LOS RECURSOS

1. Los efectos suspensivos y no suspensivos

Otro aspecto fundamental derivado de la interposición de los recursos, es el de los efectos que produce, que pueden ser suspensivos o no suspensivos.

Puede decirse que el principio general en todo el ordenamiento jurídico comparado, es el de los efectos no suspensivos de los recursos administrativos; siendo la legislación colombiana una excepción, al establecer, en general, el principio contrario de que los recursos se concederán con efectos suspensivos (art. 55).

La regla general en América Latina, por tanto, sigue el clásico principio de ejecutoriedad del acto administrativo, que implica que el acto puede ejecutarse a pesar de la impugnación, por lo que los recursos no tienen efectos suspensivos.

En la Ley venezolana, en esta forma, expresamente se señala lo siguiente:

> "*Artículo* 87: La interposición de cualquier recurso no suspenderá la ejecución del acto impugnado, salvo previsión legal en contrario."

La excepción es, por tanto, el carácter suspensivo de los recursos contra los actos administrativos, previéndose con carácter general, en Venezuela, sin embargo, los efectos suspensivos de los recursos sólo en materia tributaria. Ello está regulado en el Código Orgánico Tributario, donde se establece que la interposición de los mismos sí tiene efectos suspensivos.

Ahora bien, ante el principio general de los efectos no suspensivos de la ejecución de los actos administrativos con motivo del ejercicio de los recursos administrativos, como antes se ha señalado, las leyes de procedimiento administrativo han establecido la posibilidad de que la autoridad administrativa pueda, de oficio o a petición de parte, suspender los efectos de los actos recurridos, cuando estime que la ejecución pudiere causar gravamen irreparable (art. 61, Ley de Brasil).

También en Venezuela y en Uruguay se establece, además, que cuando se intente un recurso fundamentado en la nulidad absoluta del acto recurrido, la autoridad puede suspender los efectos del mismo, incluso con la previsión de que puede exigir una fianza o caución, con la finalidad de responder por los daños que pueda causar la suspensión de efectos del acto impugnado.

Así lo establece el único aparte del mismo artículo 87 de la Ley Orgánica de Venezuela, anteriormente citado:

> "El órgano ante el cual se recurra podrá, de oficio o a petición de parte, acordar la suspensión de los efectos del acto recurrido en el caso de que su ejecución pudiera causar grave perjuicio al interesado, o si la impugnación se fundamentare en la nulidad absoluta del acto. En estos casos, el órgano respectivo deberá exigir la constitución previa de la caución que consideren suficiente. El funcionario será responsable por la insuficiencia de la caución aceptada."

Esta posibilidad de suspensión de los efectos de los actos por daños graves o por perturbaciones graves, también se prevé en la legislación de Uruguay (art. 150).

En otros países, como en México, la Ley Federal le da efectos suspensivos a la interposición de los recursos, en forma similar al caso colombiano, pero sometido a las siguientes condiciones establecidas expresamente en el artículo 87 de la misma:

> I. Lo solicite expresamente el recurrente;
>
> II. Sea procedente el recurso;
>
> III. No se siga perjuicio al interés social o se contravengan disposiciones de orden público;
>
> IV. No se ocasionen daños o perjuicios a terceros a menos que se garanticen éstos para el caso de no obtener resolución favorable; y
>
> V. Tratándose de multas, el recurrente garantice el crédito fiscal en cualesquiera de las formas previstas en el Código Fiscal de la Federación.
>
> La autoridad deberá acordar, en su caso, la suspensión o la denegación de la suspensión dentro de los cinco días siguientes a su interposición, en cuyo defecto se entenderá otorgada la suspensión."

Por tanto, en el caso mexicano, puede decirse que la suspensión de efectos no es automática, es decir, no es *ex lege;* hay que solicitarla y hay que fundamentarla debidamente.

Además, debe señalarse que en esta regulación se condiciona la suspensión al afianzamiento, con lo cual, de nuevo aparece el fantasma del *solve et repete*, no ya pagando antes del reclamo, sino a través del otorgamiento de cauciones suficientes para garantizar, antes de reclamar o simplemente para reclamar. Las mismas cuestiones de inconstitucionalidad que anteriormente se han expuesto, también afectarían está exigencia.

2. Los efectos preclusivos

Otro tema vinculado con la interposición de los recursos, es el del carácter preclusivo o no de dicha imposición respecto a la vía judicial.

En la Ley venezolana, por ejemplo, se establece el principio general de que si se hace uso de los recursos administrativos o gubernativos, es decir, una vez interpuesto un recurso de reconsideración o jerárquico, el interesado no puede acudir a la vía judicial contencioso administrativa mientras no se decida el recurso en sede administrativa o transcurra en su totalidad el lapso prescrito para la decisión (art. 92). En consecuencia, si se opta por la vía administrativa hay que esperar que la Administración decida, para luego acudir a la vía judicial contencioso administrativa o, en su caso, hacer valer el principio del silencio negativo.

El mismo principio se recoge expresamente en el Reglamento de la Comunidad Andina, en el sentido de que interpuesto un recurso, el interesado no podrá impugnar el mismo acto ante el Tribunal de Justicia de la Comunidad Andina, mientras no se produzca la Resolución respectiva o no se venza el plazo que tenga la Secretaría General para resolver (art. 43).

Este principio se sigue igualmente en Colombia, en el sentido de que si se acude a la vía gubernativa hay que esperar que se resuelva el recurso gubernativo antes de acudir al contencioso administrativo.

En cambio, en el caso mexicano, se encuentra una disposición que abre alternativas, en el sentido de que "el recurrente podrá esperar la resolución expresa o impugnar en cualquier tiempo la presunta confirmación del acto impugnado" (art. 94).

Es decir, incluso antes de que transcurra el lapso de decisión se puede acudir ante el juez, por lo que en este caso la interposición del recurso no tendría efectos preclusivos.

VII. LA TRAMITACIÓN DE LOS RECURSOS

Sobre la tramitación de los recursos, las legislaciones recogen todos los principios que hemos señalado para la fase del procedimiento constitutivo del acto administrativo. Hay, sin embargo, disposiciones específicas que deben destacarse.

1. La autoridad competente

En principio, la autoridad competente para tramitar los recursos es la que debe decidirlos. Sin embargo, en el caso de Uruguay, la autoridad competente para tramitarlos es la que tiene a su cargo la sustanciación y, por ello "podrá disponer su acumulación y resolver en una sola decisión..." (art. 162), todos los recursos que se intenten contra un acto, así sean intentados por diversos particulares. Se destaca en esta disposición el principio de la acumulación de actos para que haya mayor celeridad en la resolución del procedimiento.

2. Las pruebas

Siendo los recursos administrativos vías formales para impugnar los actos administrativos, es evidente que en el procedimiento administrativo que se desarrolla para su resolución, la Administración debe asegurar el derecho de defensa de los interesados. Es por ello que interpuesto un recurso contra un acto administrativo que reconociere un derecho, debe asegurarse la intervención en el procedimiento a los interesados en que se mantenga el acto, a cuyo efecto debe notificárseles a fin de que puedan alegar y presentar los documentos y justificaciones que estimen pertinentes. (art. 62, Ley de Brasil; art. 128, Ley de Uruguay).

Los principios sobre las pruebas son los mismos tanto en el procedimiento de revisión de los actos administrativos como los que están establecidos en el procedimiento constitutivo de los mismos, antes analizados. Sin embargo, por supuesto, en este caso, tratándose del ejercicio de recursos, hay una mayor carga de la prueba para el recurrente, ya que si el recurrente es quien impugna el acto, le corresponde probar sus alegaciones lo que, por supuesto, no exime a la Administración de su potestad de probar (art. 134 de la Ley de Honduras).

Por ejemplo, en el Reglamento de la Comunidad Andina se establece que:

> "*Artículo* 40. Salvo que un acto sea impugnado por razones de incompetencia de la Secretaría General, o por lo previsto en decisiones sobre temas especiales, al interesado recurrente corresponde probar los vicios que en su opinión afectan al acto recurrido."

Es de destacar en esta reglamentación de la Comunidad Andina, el reconocimiento del principio de la inversión de la carga de la prueba cuando se trate de alegatos de vicios de incompetencia, en cuyo caso, es la Administración la que debe probar su competencia.

Por otra parte, en el Código colombiano se encuentra una clara regulación del tema de las pruebas en el procedimiento administrativo relativo a los recursos administrativos, precisándose su oportunidad, los medios de prueba que se admiten y el término o lapso dentro del cual deberán ser promovidas.

En efecto, en cuanto a los recursos de reposición y de apelación, el Código dispone que siempre debe resolverse de plano, a no ser que al interponer el de apelación se haya solicitado la práctica de pruebas, o que el funcionario que ha de decidir el recurso considere necesario decretarlas de oficio (art. 57).

En el procedimiento administrativo de impugnación, al igual que en el procedimiento constitutivo, son admisibles todos los medios de prueba señalados en el Código de Procedimiento Civil (art. 57), siendo los gastos que ocasione la práctica de una prueba a cargo de quien la pide y si son varios o si se decretan de oficio, se deben distribuir en cuotas por igual entre todos los interesados (art. 57)

3. El término de instrucción y la responsabilidad administrativa

En el trámite de los recursos, esto es, en el procedimiento administrativo de impugnación, al igual que en el trámite del procedimiento constitutivo del acto administrativo, también se establecen lapsos de instrucción durante el cual debe ser resuelto; lapsos que varían en cada legislación. Por ejemplo, en la Ley de Uruguay, la Administración tiene 30 días para decidir (art. 146); y en la Ley Orgánica de Venezuela, se establece un lapso de 90 días para la resolución del recurso de reconsideración y del jerárquico, contados a partir de su presentación (art. 91).

En todo caso, como siempre existe un lapso dentro del cual debe decidirse, se aplican también, en consecuencia, todos los principios relativos a la responsabilidad del funcionario por retardo u omisión antes mencionados, y que pueden dar origen a responsabilidad administrativa.

Por ello, la Ley de Uruguay dispone que se considerará falta grave el retardo u omisión de las providencias del trámite o de la omisión de los informes, diligencias o asesoramientos ordenados (art. 163).

4. El desistimiento de los recursos

Las diversas leyes de procedimiento administrativo también regulan la figura del desistimiento de los recursos, como es el caso de la Ley del Perú (art. 190) y del Código de Colombia; este último establece que:

> "*Artículo* 54. El recurrente podrá desistir de los recursos, directamente o mediante apoderado expresamente autorizado para ello."

VIII. LA DECISIÓN DE LOS RECURSOS

1. El órgano competente

La competencia para decidir los recursos administrativos corresponde a la autoridad competente para tramitarlos o a la autoridad competente ante la cual se interponga el recurso. Si se trata de un recurso de reconsideración, se debe interponer ante la misma autoridad que dictó el acto, a la cual corresponde decidir; si se trata de un recurso jerárquico o de apelación, es al superior jerárquico a quien le corresponde decidir.

La decisión de los recursos administrativos, por otra parte, corresponde al órgano respectivo conforme a sus propias competencias. Por ello, conforme a la Ley de Honduras:

> "*Artículo* 136. No se podrán resolver por delegación, recursos de apelación o revisión contra actos dictados por el propio órgano a quien se ha conferido las facultades delegas."

En otro sentido, la Ley venezolana dispone en esta materia que:

> "*Artículo* 88. Ningún órgano podrá resolver, por delegación, los recursos intentados contra sus propias decisiones."

En consecuencia, si se intenta un recurso de alzada o de apelación contra un acto que dictó un funcionario inferior de un Ministerio, por ejemplo, el cual, en principio, debe ser resuelto por el Ministro, no podría admitirse que el Ministro delegue la competencia para decidir los recursos en el propio funcionario que dictó el acto. De lo contrario, el recurso jerárquico se convertiría en un recurso de reconsideración o de reposición.

2. El plazo para decidir y el silencio administrativo negativo

En cuanto a los aspectos procedimentales, las leyes de procedimiento administrativo de América Latina, en general, establecen lapsos para que la Administración decida los recursos administrativos, consagrando, en general, el principio del silencio administrativo negativo (art. 60, Código de Colombia; art. 352, Ley General de Costa Rica; art. 91, 94 y 95 Ley de Venezuela; art. 215, Ley del Perú; art. 121, Ley de Uruguay), en caso de no decidirse el recurso en el lapso prescrito.

Por tanto, en materia de recursos administrativos, el silencio administrativo negativo es el principio general, ya que el silencio administrativo positivo, como principio, se establece sólo en materia de peticiones.

En el caso de los recursos gubernativos, por tanto, vencido el lapso que tiene la Administración para decidir sin que se hubiese producido decisión alguna, se entenderá como rechazado el recurso, sin que ello exima a la autoridad administrativa de su obligación de decidir, ni de la responsabilidad por el retraso.

Así lo establece la Ley de Uruguay, al disponer:

> "*Artículo* 145. Toda autoridad administrativa está obligada a resolver los recursos administrativos que se interpongan contra sus decisiones, previo los trámites que correspondan para la debida instrucción del asunto, dentro del término de ciento veinte días a contar de la fecha de cumplimiento del último acto que ordene la ley o el reglamento aplicable.
>
> Si no lo hiciere, se entenderá rechazado el recurso administrativo. En ningún caso el vencimiento de los plazos respectivos exime al órgano competente para resolver el recurso de que se trate de su obligación de dictar resolución sobre el mismo."

Por tanto, siempre existe la posibilidad de que la propia Administración resuelva el recurso, a pesar de que se haya producido el rechazo. Sin embargo, se puede plantear la discusión de si una vez intentado el recurso contencioso administrativo contra el silencio presunto, la Administración pierde o no la potestad de decidir.

En el caso de Colombia, puede decirse que si se perdería, porque ya estaría el juez contencioso administrativo conociendo del caso; en Venezuela, en cambio, no hay norma alguna que regule este supuesto. Sin embargo, hemos sostenido el criterio de que si la Administración dicta un acto, y se recurre contra éste, pero la decisión nunca se dicta sino que se produce el silencio negativo; al intentarse la acción contenciosa administrativa, cuyo objeto será anular el acto, es decir, hacer desaparecer el acto, durante el juicio la Administración puede reconocer el vicio y revocar el acto administrativo. No tendría sentido la tutela judicial efectiva si se obligara al administrado a seguir un juicio cuando se puede lograr el mismo objetivo con el reconocimiento por parte de la Administración del vicio que afecta el acto que dictó. No hay razón alguna para que esto no se haga así, manteniéndose el principio de la tutela judicial efectiva.

3. El contenido y la globalidad de la decisión

La fase final del procedimiento de impugnación es la decisión del recurso, respecto de la cual, la Ley venezolana establece que:

> "*Artículo* 89. El órgano administrativo deberá resolver todos los asuntos que se sometan a su consideración dentro del ámbito de su competencia o que surjan con motivo de recurso aunque no hayan sido alegados por los interesados."

Por tanto, aparte de los supuestos de decisión tácita denegatoria producto del silencio administrativo negativo, la decisión de los recursos debe ser expresa, y en ella la Administración está obligada a resolver "todas las cuestiones planteadas por los interesados y cuáles se deriven del expediente" (art. 135 de la Ley de Honduras). En igual sentido se establece en el Reglamento de la Comunidad Andina (art. 42); en la Ley del Perú (art. 217), y en la Ley de México (art. 92).

Aquí, de nuevo, se plantea la necesidad de garantizar el derecho a la defensa, pues puede haber procedimientos de recursos donde hayan sólo alegatos de las partes, o pueden plantearse, en los mismos, asuntos que no hayan sido alegados por éstas.

Estos asuntos que no hubiesen sido alegados al inicio del recurso, según señala la Ley venezolana, pueden y deben ser decididos, pero no se garantiza expresamente a las partes el derecho a ser oídas. Esto, en cambio, está regulado expresamente en casi todas las legislaciones. Por ejemplo, en Argentina, antes de decidirse el recurso, la Administración tiene que dar al interesado la oportunidad para que formule sus alegatos sobre los nuevos motivos de impugnación o sobre los otros asuntos que se hayan podido presentar en el transcurso de la tramitación del recurso.

La decisión, por tanto, debe resolver todas las cuestiones de legalidad o conveniencia aducidas por el recurrente y los interesados o que surjan en el curso del procedimiento, y como resultado de ello, el órgano competente para decidir, como lo establece la Ley venezolana, podrá:

> "Confirmar, modificar o revocar el acto impugnado, así como ordenar la reposición en caso de vicios en el procedimiento, sin perjuicio de la facultad de la administración para convalidar los actos anulables" (art. 90 LOPA).

Esta enumeración del contenido variado de las decisiones la repiten casi todas las leyes: la de Honduras (art. 135); la de Brasil (art. 64); la de México (arts. 88 a 93), la de Uruguay (arts. 165 y 167); la de Costa Rica (art. 351); el Código de Colombia (art. 59); y el Reglamento de la Comunidad Andina (art. 42).

En esta materia, también se plantea el tema de la *reformatio in pejus*, es decir, si dictado un acto administrativo y el particular lo recurre, es o no posible que el superior en su decisión empeore la situación del recurrente en sede administrativa, ya que si bien en vía judicial la proscripción de la *reformatio in pejus* es una garantía, no está así establecido en vía administrativa. Por tanto, puede ocurrir que en sede administrativa, una vez dictado un acto o impuesta una multa por una violación ambiental o urbanística, por ejemplo, el funcionario superior pueda constatar que la infracción es más grave de lo que había sido apreciado por el funcionario inferior y que no corresponde, por tanto, la multa impuesta sino otra de mayor cuantía, y eso podría conducir a que se desmejore la condición del recurrente.

El trámite del recurso es un procedimiento que se lleva a cabo en vía administrativa con motivo de la impugnación del acto administrativo. Por tanto, el procedimiento administrativo, en definitiva no termina con la constitución del acto, pues luego debe iniciarse otra fase que es la de impugnación. En ambas, la Administración debe procurar determinar la verdad de los hechos y aplicar los presupuestos de derecho que se corresponden a esos hechos. Si el funcionario que dictó el acto original se equivocó, en la revisión en vía jerárquica el funcionario superior puede aplicar la medida que sea legalmente adecuada, aún cuando desmejore la condición del particular, distinguiéndose así el procedimiento administrativo del procedimiento judicial, donde sí está proscrita la *reformatio in peius*.

En todo caso, el artículo 351 de la Ley de Costa Rica es claro al consagrar el principio de la *reformatio in pejus* en sede administrativa, aún cuando en relación con el vicio de nulidad absoluta así:

"1. Al decidirse el recurso de apelación, se debe resolver sobre su admisibilidad y, de ser admisible, se confirmará, modificará o revocará el acto impugnado. En todo caso:

2. El recurso podrá ser resuelto aun en perjuicio del recurrente cuando se trate de nulidad absoluta."

El principio contrario en materia sancionatoria, y siguiendo los principios ya señalados de la confianza legítima, lo establece la Ley de Brasil, al prescribir que "de la revisión de un procedimiento no puede resultar el agravamiento de la sanción" (art. 65).

4. La notificación de la decisión

Por último, en cuanto a la notificación de la decisión de los recursos administrativos, también en esta materia rigen los principios que hemos señalado sobre la notificación de los actos administrativos a los fines del inicio de sus efectos, y a los fines del inicio de los lapsos de impugnación que corresponden contra el acto que resuelva un recurso administrativo o gubernativo, en particular, ante los órganos de la jurisdicción contencioso-administrativa.

ÍNDICE GENERAL

LIBRO CUARTO:

LIBRO QUINTO:

www.ingramcontent.com/pod-product-compliance
Lightning Source LLC
LaVergne TN
LVHW082344011026
849160LV00024B/1010